中国个人金融年鉴

CHINA PERSONAL FINANCE ALMANAC

（2008～2009）

主　编：杨家才　肖远企

西苑出版社

图书在版编目(CIP)数据

中国个人金融年鉴. 2008～2009/杨家才,肖远企主编. —北京:西苑出版社,2009. 11

ISBN 978-7-80210-601-7

Ⅰ. 中… Ⅱ. ①杨…②肖… Ⅲ. 金融—中国—2008～2009—年鉴 Ⅳ. F832-54

中国版本图书馆 CIP 数据核字(2009)第 193732 号

中国个人金融年鉴 2008～2009

主　　编	杨家才　肖远企
出版发行	西苑出版社
通讯地址	北京市海淀区阜石路 15 号　　邮政编码:100143
	电　　话　010-88635032　　传　　真:010-88229240
网　　址	www. xycbs. com　　E-mail:chinafinn@126. com
印　　刷	北京振兴源印务有限公司
经　　销	全国新华书店
开　　本	889mm×1194mm　1/16
字　　数	1100 千字
印　　张	42. 5
版　　次	2009 年 11 月第 1 版
印　　次	2009 年 11 月第 1 次印刷
书　　号	ISBN 978-7-80210-601-7
定　　价	480. 00 元

《中国个人金融年鉴·中国工商银行个人金融》编辑委员会

《中国个人金融年鉴·中国农业银行个人金融》编辑委员会

《中国个人金融年鉴·中国银行个人金融》编辑委员会

《中国个人金融年鉴·中国建设银行个人金融》编辑委员会

《中国个人金融年鉴·交通银行个人金融》编辑委员会

《中国个人金融年鉴·华夏银行个人金融》编辑委员会

编辑说明

2008～2009 版《中国个人金融年鉴》是集权威性、信息性和形象性为一体个人金融的最大资讯文库。通过全国金融机构个人金融文献资料和珍贵图片，全景展示了中国个人金融改革的历史成就和发展前景。《中国个人金融年鉴》是由中国银行业监督管理委员会、主要商业银行等单位联合编撰。

2008～2009 版《中国个人金融年鉴》共约 180 万字。全书分设 12 个版块：

1. 图片资料——用摄影图片反映金融银行系统主要领导同志及个人金融部门负责人视察个人金融的重要活动；用摄影图片反映展示个人金融机构的形象及个人金融的新产品。

2. 专文特刊——专文刊载中国银行业监督管理委员会领导的重要讲话和权威文稿。

3. 金融文献——特别刊载中国银监会银行监管部领导和全国主要的商业银行总行领导的重要讲话、工作报告和研究文献。

4. 金融论坛——刊载各主要商业银行个人金融部门负责同志及各省市区金融机构主要领导的讲话报告和研究文稿等。

5. 大事简记——以大事记的形式记录全国主要的商业银行个人金融工作中发生的重大事件。

6. 金融创新——记录主要商业银行个人金融市场的创新发展和介绍个人金融的新产品。

7. 投资理财——展示个人金融投资理财、房地产金融、汽车金融及其产品。

8. 法律法规——收录中国人民银行、相关部委、国家外汇管理局、中国银行业监督管理委员会、主要商业银行等单位发布的有关金融工作的法律法规。

9. 金融监管——介绍中国银行业监督管理委员会对金融银行业务的监督管理工作概况。

10. 金融先锋——展示主要商业银行、省市区分行个人金融的工作成就，展示“前沿”典型个人金融机构的风采。

11. 统计资料——主要以图表形式集中反映全国个人金融行业的主要经济金融指标和统计数据。

12. 附录——介绍了个人金融行业的技术比赛活动、学术活动、优质服务活动；收集了个人金融行业涌现出的先进集体和先进个人名单。

2008～2009 版《中国个人金融年鉴》中相关文稿、统计数据分别来源于中国银行业监督管理委员会、全国主要的商业银行等。文稿顺序以各单位总会（行）提供的排列为准。特此说明。

中国银行业监督管理委员会蒋定之副主席

中国银行业监督管理委员会银行监管一部主任杨家才（左）、中国工商银行董事长姜建青

中国银行业监督管理委员会银行监管一部主任杨家才

2008 年 9 月 19 日，中国工商银行张福荣副行长在山西出席中高级管理人员财富管理业务培训班并讲话

2008 年 10 月 30 日，中国工商银行个人客户经理营销技能比赛在杭院隆重举行，张福荣副行长出席开幕式并讲话

中国工商银行个人金融业务部李卫平总经理

中国农业银行杨琨副行长出席会议期间接受新闻媒体采访

中国农业银行全国个人业务工作会议上杨琨副行长向优秀单位颁奖

中国农业银行苏州分行财富管理中心揭牌仪式

交通银行钱文挥副行长主持沃德杯全民健康健身行动启动仪式

交通银行叶迪奇副行长主持零售业务工作会议

交通银行个人金融部王卫东总经理主持沃德财富论坛活动

交通银行深圳分行深圳通卡启动仪式

交通银行桂林分行举办2008年“中国精英基金投资管理人风云会”

交通银行黑龙江分行成功举办“财富之旅，激情启航”沃德客户游江活动

交通银行浙江省分行慈溪支行沃德财富服务中心

交通银行湖北省分行妇女节客户关怀感恩活动

交通银行黑龙江省分行阿城支行大厅

华夏银行樊大志行长（左）出席华夏银行与中国妇女活动中心战略合作协议签约仪式

华夏银行李翔副行长（左）出席华夏银行北京分行财富中心开幕仪式

华夏银行个人业务部樊燕明总经理在北京分行财富管理中心开幕仪式上致辞

中国个人金融年鉴

(2008 ~ 2009)

目　　录

编委名单
编辑说明
图片资料

第一编　专文特刊

中国银行业监督管理委员会会领导关于金融经济的文献 ······ (3)

第二编　金融文献

一、中国银监会银监一部领导关于金融经济的文献 ······ (11)
二、中国银监会银监二部领导关于金融经济的文献 ······ (26)
三、中国工商银行总行领导关于金融经济的文献 ······ (29)
四、中国农业银行总行领导关于金融经济的文献 ······ (35)
五、中国银行总行领导关于金融经济的文献 ······ (40)
六、交通银行总行领导关于金融经济的文献 ······ (43)

第三编　金融论坛

一、全国个人金融论坛 ······ (49)
(一)中国工商银行总行个人金融论坛 ······ (49)
(二)中国农业银行总行个人金融论坛 ······ (52)
(三)中国银行总行个人金融论坛 ······ (57)
(四)交通银行总行个人金融论坛 ······ (59)
(五)华夏银行总行个人金融论坛 ······ (61)
(六)经济金融学术权威论坛 ······ (63)
二、地方个人金融论坛 ······ (66)
(一)中国工商银行省市区分行个人金融论坛 ······ (66)
(二)中国农业银行省市区分行个人金融论坛 ······ (174)
(三)中国银行省市区分行个人金融论坛 ······ (293)
(四)交通银行省市区分行个人金融论坛 ······ (320)

第四编　大事简记

一、中国工商银行个人金融大事简记 ······ (333)
二、中国农业银行个人金融大事简记 ······ (340)
三、中国银行个人金融大事简记 ······ (341)
四、中国建设银行个人金融大事简记 ······ (343)
五、交通银行个人金融大事简记 ······ (349)
六、华夏银行个人金融大事简记 ······ (350)

第五编　金融创新

一、中国工商银行个人金融市场的新发展 ······ (355)
中国工商银行个人金融发展综述 ······ (355)
二、中国农业银行个人金融市场的新发展 ······ (359)
(一)中国农业银行个人金融发展综述 ······ (359)
(二)中国农业银行个人金融新产品简介 ······ (363)
三、中国银行个人金融市场的新发展 ······ (364)
(一)中国银行个人金融发展综述 ······ (364)
(二)中国银行个人金融新产品与服务 ······ (365)
四、中国建设银行个人金融市场的新发展 ······ (370)
(一)中国建设银行个人存款与投资业务发展综述 ······ (370)

(二)中国建设银行财富管理与私人银行业务发展综述……(371)
(三)中国建设银行住房金融与个人信贷业务发展综述……(373)
(四)中国建设银行信用卡业务发展综述……(374)
(五)中国建设银行电子银行业务发展综述……(375)
(六)中国建设银行个人金融新产品简介……(376)

第六编 投资理财

投资理财金融论坛……(383)

第七编 法律法规

全国金融业相关的法律法规……(389)

第八编 金融监管

一、全国国有商业银行监管综述……(395)
二、全国股份制商业银行监管综述……(399)
三、全国城市商业银行监管综述……(402)

第九编 金融先锋

一、商业银行省市区分行个人金融发展概况……(407)
(一)中国工商银行省市区分行个人金融发展概况……(407)
(二)中国农业银行省市区分行个人金融发展概况……(441)
(三)中国银行省市区分行个人金融发展概况……(484)
(四)交通银行省市区分行个人金融发展概况……(493)
(五)华夏银行省市区分行个人金融发展概况……(509)
二、全国著名个人金融机构形象展示……(514)
(一)中国工商银行典型个人金融机构形象展示……(514)
(二)中国农业银行典型个人金融机构形象展示……(556)
(三)交通银行典型个人金融机构形象展示……(594)
(四)华夏银行典型个人金融机构形象展示……(601)

第十编 统计资料

一、综合统计……(607)
(一)人民币现行利率表……(607)
(二)金融机构人民币贷款基准利率调整表……(608)
(三)金融机构人民币存款基准利率调整表……(609)
(四)关于储蓄存款利息计算若干问题的解答……(610)
二、个人金融统计……(612)
(一)中国工商银行个人金融业务统计……(612)
(二)中国农业银行个人金融业务统计……(616)
(三)中国银行个人金融业务统计……(618)
(四)中国建设银行个人金融业务统计……(620)
(五)交通银行个人金融业务统计……(622)
三、2007~2008年全国商业银行个人金融机构排行榜……(624)
(一)中国工商银行2007~2008年储蓄机构排行榜……(624)
(二)中国农业银行2007~2008年储蓄机构排行榜……(630)
(三)中国银行2007~2008年储蓄机构排行榜……(640)
(四)交通银行2007~2008年储蓄机构排行榜……(646)

附 录

一、全国个人金融学术活动和个人金融技术比赛活动……(655)
二、全国个人金融先进集体和个人……(656)

第 一 编

专文特刊

中国银行业监督管理委员会会领导关于金融经济的文献

合作、发展、共赢：经济全球化条件下的银团贷款

——蒋定之副主席在“APLMA第十届亚太区银团贷款市场年会”上的演讲

尊敬的各位嘉宾、女士们、先生们：

大家好！非常高兴出席“第十届亚太区银团贷款市场年会”。值此，我谨代表中国银监会和刘明康主席，对亚太区贷款市场公会成立十周年暨本届年会的顺利举办表示祝贺，并就“经济全球化条件下的银团贷款”这个议题，从以下三个方面，与大家一起交流看法。

一、经济全球化和银团贷款的发展

经济全球化促进了全球范围内的资源优化配置，深化了国际分工，加速了国际产业转移和产业升级，推动了全球生产力的提升。我们欢迎全球化的进程，因为它给世界各国带来了难得的发展机遇，它是不可阻挡的发展趋势和潮流。

经济全球化带来银团贷款市场的迅猛发展，银团贷款成为了国际金融市场最重要的一种融资方式，甚至超过债券和股票融资。银团贷款在支持基础设施建设、加快国际产业升级、促进并购重组等方面，发挥了非常重要的作用。经济全球化需要银团贷款这个载体，银团贷款需要经济全球化这个原动力。作为全球经济最活跃的地区，亚太区的银团贷款市场取得了世人瞩目的成就，增长很快，潜力巨大。

银团贷款是一种先进而科学的融资模式，我认为其最基本的特点有三：

第一，强化合作与分工。人类社会化大生产是一个合作与分工不断强化的过程，合作与分工紧密相连，共同推进了经济社会的科学发展。银团贷款是一种强化合作与分工的机制。银团贷款是多边贷款方式，既聚集了资金，又分散了风险。各家银行分工协作，共担风险，构成了一个整体的风险揭示、风险控制和风险管理的团队。银团贷款是专业贷款方式，既加强了专业审贷、专业管理，又实现了共同发展、互利共赢。各家银行发挥自身专业优势和特色品牌，相互之间优势互补，团结协作，共同组建银团，提高整体专业化水平，改善银行业整体形象。更为重要的是，专业化审贷水平提高了，风险管理水平提高了，金融服务能力提高了，全社会的资源配置才能得到优化，金融发展才有坚实的经济基础，经济金融才能协调发展。当我们沉浸在专业分工带来世界经济繁荣的同时，我们应该重新认识分工与合作的共生关系，更加重视合作对于经济社会发展的重要意义。

第二，坚持发展与共赢。发展是人类永恒的主题。深化分工与合作的目的就是为了发展。银团贷款坚持合作状态下的集体理性原则，目标就是为了实现银企、银行业的共同发展和互利共赢。有了这样的目标，银行业才不会陷入一次性博弈的“囚徒困境”，银行业的合作才会长久、持续和稳定，进而采取帕累托有效的策略，促进市场细分和差别竞争，逐步形成相对稳定的行业分工和角色分工，不断开展自主性、差异化的金融创新，不断推动银行业均衡、持续向前发展。否则，银行业机构各自为政，封闭经营，同质发展，只能无序低效竞争，原地徘徊，无法前行，也不能享受到资源流动带来的福利增进；或者相互间不正当竞争，缺乏诚信和责任感，最终引起市场失灵，甚至金融危机。

第三，强调市场和自律约束。现代化的市场经济越来越强调市场约束、自律约束和外部监管的相互作用，同时更强调市场约束和自律约束的基础性作用。银团贷款是银行加强同业合作的市场化行为，源起和发展于市场约束和自律约束。

银行首先应该是独立的、自律约束的市场竞争主体，公司治理良好，实行自负盈亏，风险自担。只有这样，其风险意识才能加强，合作意识才能提高，银团贷款才有自发发起和良性发展的可能。

市场约束应该通过强化自律约束，增强诚信、规范与合作意识。市场约束主要包括“三公”原则下的市场竞争，以及信息透明度建设。一方面，银团贷款不排斥竞争，而是鼓励竞争。竞争促进了专业化分工和金融创新，促进了银行之间的诚信建设和互相监督，增进了信息透明度和市场公平，也促进了银团贷款的迅猛发展。相反，没有竞争，只有垄断的银团贷款，必然妨碍信息共享和市场公平，合作基础上的集体理性就会被打破，银团成员必然在分散自身风险的同时，制造新的风险。另一方面，银团贷款市场的发展，凸现信息透明度建设的重要性。20世纪80年代以来，银团贷款进入了并购融资、资产证券化和二级市场分销为主要特点的发展新高潮，有其积极意义。但我们也看到，贷款涉及的项目越来越大，越来越复杂，信息不对称也日益显著，而牵头行的垄断特征以及资产打包证券化分销，更加大了市场买卖双方的信息不对称，信息在传递中逐渐失真、漏损。银团贷款持有到期的稳定的合作关系被打破，代之以公开市场的证券买卖关系。与一般的公司债券和股票相比，结构化证券的信息传递链条更多，更为复杂。市场投资者如何获取准确的信息，成为结构化证券的一大难题。我们不反对资产证券化和二级市场分销，但认为其进程，应该与信息透明度建设相匹配。一个解决问题的办法，就是对最了解贷款的银行设定持有到期的承贷下限。

市场离不开监管。加大风险监管力度，加强公会自律建设，提高银行审慎经营管理水平，促进市场约束和自律约束，是巴塞尔新资本协议和有效银行监管核心原则所强调的基本做法。加大国际间同业交流与监管合作，加强信息共享，实现均衡、普惠和共赢，更成为金融全球化背景下，各国实现金融稳定发展的普遍要求。

概括来说，合作和分工是途径，发展和共赢是目标，市场约束、自律约束和外部监管是保证。

二、中国银团贷款市场的发展和制度建设

改革开放30年来，中国银团贷款市场逐步发育，制度建设日臻完善。近5年来，在中国银监会积极倡导和推动下，在中国银行业协会的自律约束下，“合作、发展、共赢”的经营理念，在中国银行业得到广泛认同，银团贷款发生了跨越式发展，不仅体现在规模上的增长，而且更体现为“质”的发展。

首先，银团贷款制度框架逐步完善。借鉴学习国际先进经验和良好实践，中国建立了包括审慎监管、行业自律、市场约束“三位一体”的银团贷款制度框架。中国银监会出台了有利于中外银行共同执行的《银团贷款业务指引》，用于引导、鼓励、规范银行业机构广泛开展银团贷款业务。《银团贷款业务指引》体现了“合作、发展、共赢”的宗旨，遵循了经营者自负和市场化运作的原则，坚持互惠互利和反不正当竞争，规范了银团贷款的相关行为。《银团贷款业务指引》并未局限于中国的传统做法，也不排斥银团贷款收费、银团贷款转让等市场经营行为，而是吸收借鉴了国际上的通行做法，建立了与国际接轨、与国际对话、与国际合作的广阔平台。

第二，银行业金融服务水平日益提高。改革开放以来，随着经济全球化进程的加快，中国金融服务需求发生了巨大而深刻的变化。在这一进程中，银团贷款市场的发展，进一步促进了银行业金融服务水平的提高，金融创新不断深化。不仅大型项目融资有了更加便利、更加专业、更加个性化的服务，而且银团贷款派生出了保理业务、财务顾问业务及其它中间业务，并促进了社会中介机构分工的深化，以及市场约束的强化，进一步推动了银行业服务理念的改变、技术的进步和产品的创新。

第三，银行业发展方式转变有所突破。本着“合作、发展、共赢”的理念，银行业更注重加强与企业、银行、消费者和社会各界的沟通与交流，积极履行社会责任，塑造新型的公共关系，以推动自身发展方式的转变，实现与企业、社会共同的可持续发展。银团贷款成为了银行转变发展方式的重要载体。

第四，银团贷款国际化步伐明显加快。改革开放是中国新时期最鲜明的特点，是加快中国发展的必由之路。改革开放以来，尤其是近些年，随着加入世贸组织，中国融入经济全球化的深度和广度进一步加强，银团贷款国际化进程明显加快。国际银团贷款经常出现在中国的金融市场上，带来了资金和先进的经验，促进了中国对外经贸发展和社会建设，我们表示欢迎。另外，我们也看到，中资银行或旗下公司日益活跃在亚太地区的银团贷款市场，广泛传播了“合作、发展、共赢”的理念，在国际上的牵头行市场排名或项目融资评比中，屡获殊荣，为促进国际银团贷款市场的繁荣与稳定，为推动经济全球化深入持续发展，做出了重要贡献。

中国银团贷款市场发展的实践证明，我们制定的制度框架是符合中国国情的，是与市场约束和风险管理水平相匹配的。“次贷危机”的发生及演化，给我们的一大启示就是，市场约束没有跟上结构化证券发展的要求，缺乏诚信和社会责任感的个体理性，导致了过度的风险分散和风险转移，最终使得市场整体风险上升。所以，在市场信息披露不够充分的情况下，我们不应完全放弃贷款持有到期的原则，最了解贷款的银团成员必须始终持有一定比例的贷款，以此保障信息传递，维护市场信心。正是基于这样的思想，为保证银团贷款切实发挥风险共担、利益共享的机制，我们制定了《银团贷款业务指引》，并特别强调以下四点。其一，强调牵头行在贷前审慎尽职调查的责任，不得放松贷款审查标准，不准违背基本的信贷原则；其二，强调牵头行承担正向信号传递的责任，对牵头行的承贷比例设有下限规定，对其分销给其他银团成员的比例设有下限规定。我们认为，作为发起者的牵头行要与大家同甘共苦，要善始善终，只有这样才能促进互利合作，避免信息不完全导致市场失灵。其三，强调代理行负责贷后管理的责任，牵头行应予以大力协助，既发挥专业化分工的效率优势，又有效制约成员行和借款人可能出现的道德风险。其四，强调风险处置过程中，银团会议和银行债权委员会的重要作用。这四点基本做法，贯彻了在“成本可算、风险可控、信息透明”原则下，发展金融创新的监管理念，促进了银行业的审慎经营。

三、亚太区银团贷款市场展望

当前，全球经济跌宕起伏，“次贷危机”继续扩大，全球性通胀加大，资本市场动荡经济增长放缓，国际银团贷款市场也必将受到这些因素的影响。亚太区更不例外。

由于亚太区经济仍处于较快的增长阶段，且地区内的经贸关系进一步巩固，可以预计，区内的银团贷款市场仍将保持活跃。具体说到中国，我认为，由于中国的银团贷款市场正处于不断发育阶段，国内市场将继续保持快速有序的发展，并将在亚太区银团贷款市场中，发挥日益重要的作用，承担更重要的角色。我们欢迎国际银行界积极参与中国市场，也支持中资银行稳步推进“走出去”战略，积极参与国际市场。中资银行要逐步形成经济全球化条件下，参与国际经济合作与竞争的新优势。

“次贷危机”的发生和演化，又一次向世人发出警示。随着金融全球化的加快，世界变得越来越小，依存度变得越来越高。国际社会亟须加强互信基础上的深入合作，实现共同发展和互利共赢。实际上，这已经成为全球化条件下，各经济体之间以及每个经济体内部，弥补市场失灵，完善市场机制，迫切需要解决的问题。国际银团贷款市场的可持续发展，同样需要坚持合作、发展、共赢的理念，倡导市场约束、诚实守信与社会责任感。

我们注意到，国际社会已经开展了深入而广泛的思考，

并且已经开始行动起来。这次年会的召开，就是一个具体的行动。所以，我们相信，经济全球化将不断深入发展下去，发挥其积极的作用，不断推动包括中国在内的亚太区经济的繁荣稳定，不断促进银团贷款市场又好又快地发展，给国际社会和人类带来更多的好处。

谢谢大家！

（2008 年 6 月 5 日）

美国金融危机的九个警示

中国银监会党委副书记、副主席　蒋定之

这一个时期以来，世界的目光都聚焦在同一个事件上，这个事件就是至今仍未见底、仍在蔓延的美国金融危机。这场金融危机以出人意料的迅猛之势愈演愈烈，发展到今天已上升和演变为一场全球性的金融危机，广泛而深刻地影响甚至改变着当今世界经济金融格局。

因应这场危机，世界各国都在采取有力的应对措施，力挽狂澜。在这场全球性的救市行动中，国际间的合作努力是空前一致的，这对化解这场危机的意义不言而喻。

危机还在继续。在这样一个时候，对这场金融危机作出全面的寻根究源、研究和反思，还不是时候。不过，从我们实际工作的感受来讲，也可以得出一些基本的认识与警示。

警示之一：要当心金融创新过度带来的风险

如果金融创新不能评估和可控，如果金融创新的目的是为了逐利，那么，这种创新活动带来的一定是金融市场的泡沫、危机和灾难。美国本轮金融风暴是次贷危机蔓延的结果，是次贷危机与美国金融创新过度和不恰当使用金融衍生品的产物。美国房贷机构房利美和房地美购买商业银行和房贷公司流动性差的贷款，通过资产证券化将其转换成债券在市场上发售，投资银行又利用其金融工程技术，通过创新再将次债进行分割、打包、组合并在市场上分别出售。由此，衍生层次不断叠加，信用链条拉长，市场主体不去关注资产的质量，而是考虑在购买了衍生产品之后，如何通过打包、分拆和证券化处理，再将衍生出来的新产品卖给下家。其结果，没有人去关心这些衍生金融产品的真正基础价值，从而助长推动了极度的短期投机趋利化，最终酿成了严重的金融市场危机。借鉴美国金融危机的教训，我们有必要对金融创新进行重新审视，既要看到其对金融发展推进器的作用，又要对其令人防不胜防的放大风险一面有一个清醒的认识，把金融创新的风险置于可控范围内。

警示之二：要当心投资者心中无数和过度投机带来的风险

投机是市场的润滑剂，但若是漠视风险的过度投机，就会严重损害市场稳定的基础，甚至引发金融危机。回顾历史上大大小小的金融危机，几乎没有一次不与过度投机有关。无论上世纪 30 年代的经济金融危机、1997 年的亚洲金融危机，还是目前美国的金融危机，很大程度上都是由投机行为泛滥、不注重风险管控而引发的。

近年来，在高利润的诱惑和激烈竞争的压力下，传统上以赚取佣金收入为主、对资本金要求很低的投资银行，大量介入次贷市场和复杂衍生金融产品的投资。目前，投资银行从事的业务中很多与衍生品相关，而衍生金融产品又具有众所周知的杠杆效应，可以放大收益和风险，交易主体只需交少量保证金，就可以完成高回报大额交易。“钱不够就借”，投资银行实际上悄然变成了追逐高风险、高回报，使用高财务杠杆化的“对冲基金”。高杠杆率使得投资银行对融资依赖增强，在市场较为宽松时，尚可通过资本市场融资来填补交易的资金缺口，而一旦信贷紧缩，自身财务状况恶化，评级公司降低其评级使融资成本上升，便可能造成投资银行无法通过融资维持流动性。贝尔斯登、雷曼兄弟、美林、高盛、摩根斯坦利等著名美国投资银行及其交易对手出现的流动性危机，都是源于高财务杠杆率支配下的过度投机行为。美国投资银行平均表内杠杆率为 30 倍，表外杠杆率为 20 倍，总体高达 50 倍。房利美和房地美的杠杆率则高达 62．5：1。

美国五大投资银行的教训告诉我们，要想实现金融市场和金融体系的稳定与可持续发展，就必须采取有效措施抑制过度投机，严防投机泛滥，尤其是投资者对风险要有一个底线，设置一个容忍度，绝不能依靠过高的杠杆率进行盲目投资。投资者只有将风险控制在可接受范围之内，方能立于不败之地。孙子兵法中讲，“知己知彼，百战不殆”。用这句话观察和审视市场投资，就是说，投资者必须既了解自己的财务及风险状况，同时又要了解交易对手和所投资的金融产品的风险状况，绝不能无视交易对手和金融产品的风险，运用过高的杠杆率盲目投资，否则“殆”是必然的结果，这个“殆”就是市场投资行为的失败甚至破产。

警示之三：要当心市场无序和放松监管带来的风险

一个有序市场的基础是法制和监管。建立在法制和监管基础上的市场运行的基本规则和制度，是一个健康的金融体系赖以运行的基石。市场主体一旦脱离监管和法制的约束，过度追求盈利，盲目竞争，市场就可能滑向无序，金融危机就极易发生。

这次美国金融危机表明，时至今日，美国自由金融主义的发展模式已经走到了顶峰。衍生品过度泛滥，盲目信奉市场主义放松监管，最终必然导致金融市场的系统性崩溃。在危机前的美国金融市场中，这种问题突出表现在三个方面：一是新金融产品自由方便进入市场。危机前，通过柜台交易，不需要论证，也没有监管，只要有对手购买，新的金融产品就可以进入市场。金融机构不停地创造出各种各样眼花缭乱的复杂产品，违背基本经济规律的、不透明的金融衍生品和证券化产品充斥美国金融市场。二是评级机构不负责任。评级机构将很多高风险金融产品冠以高级别评级标签，使一些高风险衍生金融产品轻易地在市场流转。评级机构这种背离基本信用基础的评级行为，起到了对次贷危机推波助澜的作用。三是信息披露不充分。投资机构把住房抵押贷款打包证券化，并在此基础上创造出大量衍生金融产品，把风险转移到投资银行、商业银行、资本市场，转移给社会公众和全世界。在这个分散转移风险的过程中，投资机构没有把与风险相关的信息传递给投资者，资产证券化过程中的严重信息不对称导致市场失灵。

早在3年前，有经济学家就发出警告，由美国房地产带来的金融危机将蔓延全世界。然而，遗憾的是，这些警告并未引起美国监管当局的重视。如果美国监管机构能够及早对华尔街的无序市场进行更严厉的审查和监管，那么多高风险的次贷衍生金融产品就不可能在市场上蔓延充斥，更不会获得评级机构“优质”的评级，贝尔斯登、雷曼兄弟等大型投资银行或许就不会像多米诺骨牌一样倒掉。因此，金融运行过程中，必须注意防止金融风险的积累及其向金融危机的转化，必须加强对金融活动的日常监管和调控，及时发现金融运行中的不稳定因素，扭转金融市场的无序状态。

警示之四：要当心本末倒置，忽视存款业务带来的风险

这次金融危机清晰地表明，无论是对于商业银行还是投资银行来说，稳定的资金来源都是至关重要的。

对于商业银行来说，如果抛弃存款立行的基本原则，过多地依赖货币市场和资本市场融资，一旦市场信心出现问题，流动性危机就有可能马上显现。英国北岩银行的倒闭就是一个典型案例。北岩银行的主要业务是向英国居民提供购房抵押贷款，但与大多数银行依靠储户存款作为融资主要来源的做法不同，该行主要通过在银行同业市场上拆借资金和向市场出售抵押贷款证券来融资。当市场流动性充足的时候，这种做法能以低成本借到资金，而且其向市场出售抵押贷款证券也相对比较容易。但是，在市场流动性出现困难的情况下，北岩银行不但无法从其他银行借到钱，而且它的抵押贷款证券也难以在市场上出售，因而就不可避免地陷入融资困境。所以，次级债危机一发生，北岩银行就首遭流动性危机。

对于投资银行来说，主要是通过从货币市场上短期融资或者通过资本市场筹集资金，由于缺乏足够的资本金和没有储蓄存款的支持，其流动性就凸显重要，面对瞬息万变的市场形势，很有可能出现支付危机。贝尔斯登、美林、雷曼兄弟等美国投资银行就是这方面的例子。这三家投资银行只是在短期借贷基础上维持着一个巨大的资产组合，随着市场信心出现问题，其信用迅速被瓦解和颠覆，它们随即成为被市场看空的对象，最终等待的是破产或被收购的命运。高盛和摩根士丹利也只有变身商业银行或者银行控股公司，才能够从法律上完全合法地从美联储拿到贷款或者流动性资金，从而避免破产或被收购的结局。

一般说来，在经营的安全性和稳健性上，商业银行比投资银行更有优势，因为商业银行必须满足巴塞尔协议中8%的最低资本金要求，而且有储蓄存款作为稳定的资金来源，加上各国银行监管当局都有一套严格的监管标准。在这里，我想特别强调一下“存款立行”对于商业银行可持续发展的重要性。对于我国的商业银行以及银行控股公司来说，要毫不动摇地坚持这个观念，重点抓好存款这项主业，不要过度寄希望于资本市场筹资，商业银行一定要做到“存款立行、风控保行、服务兴行、科技强行”。

警示之五：要当心高回报掩盖下的金融风险

近年来，在美国房地产市场持续上涨的形势下，金融机构纷纷降低贷款标准，贷款质量大幅下降。商业银行将次级抵押贷款证券化处理后卖给房贷融资机构，然后，房贷融资机构将买来的资产又进行证券化成为次级债，再卖给投资银行等机构。在房价上涨和低利率时代，没有人怀疑次级抵押贷款的质量，过长的信用链条问题被掩盖，投资银行的资产出售也相对容易，其信用支撑其在货币市场融资，流动性也不成问题，投行的暴利神话不断延续。但是，一旦情况有变，经济泡沫破裂，基础资产的风险就会很快传染到信用链条的各个层次。投资者为了自保，缓解流动性不足，纷纷收缩信用，出售资产，从而导致资产价格急跌、暴跌和金融危机。美国金融危机表明，当资产价格在上升过程中，风险被弱化和掩盖了，人们看到的只是经济的繁荣、投资金融衍生产品所带来的丰厚利润，而资产价格下跌时，绷紧的信用链条最终在房地产领域断裂，迅速向上游并通过各种渠道的债权债务关系向全球蔓延。因此，银行业金融机构始终不能忽视经济繁荣时期丰厚回报掩盖下的各种风险。

警示之六：要当心投资集中度过高带来的风险

现在，多数国家都将外汇储备投资于美元，一些大型国际金融机构在投资时也是以美元计价的资产为主。但是，以2007年4月新世纪金融公司的破产为发端，次贷危机在顷刻间爆发，市场信心迅速动摇。随着美国政府救市计划的实施，在接管“两房”以及通过动用政府资金解救其他金融财团之后，美国财政赤字快速增长，这必将进一步压缩经济增长和民间福利的空间，最终有可能造成美元进一步贬值和经济衰退，从而给国际投资者所持有的以美元计价的资产带来巨额损失。在经济繁荣时期，人们往往对金融体系的脆弱性缺乏认识，容易被一些经济繁荣的表象所迷惑。这次金融危机给投资者的一个深刻教训就是，投资者要更加注重投资结构的多元化，实现风险分散，防止资产过于集中于一个区域、一种货币而可能引发的风险。

警示之七：要当心在投资决策中过于依赖抽象的数学模型而导致的风险

不准确的投资模型，使得华尔街分析师、精算师忽略系统性错误，并在证券化分析、系统风险估算甚至违约概率计算上出现预测失误，最终成为导致这次美国系统性金

融危机的一个重要诱因。数学模型依赖一些脱离现实市场条件的抽象假设和历史数据，因而只能在一定范围内作为投资决策的参考，不能作为投资决策的最终依据。数学模型是静止的，而资本市场是生动活泼、瞬息万变的。如果一味地依赖数学模型指导投资决策，就会无异于“刻舟求剑”。“舟”就好比是我们的金融资产，“水”就好比是我们的资本市场，金融资产这条“舟”每时每刻都在资本市场这个“水”中进退，它的价格和风险状况一直是处于变动状态之中的。过分依赖模型进行投资决策是不科学的，在实践中也是要碰壁的、吃亏的，我们必须对模型的计算结果给予科学的判断，这是一个科学的风险管理不能或缺的。

警示之八：要当心高激励离开合理边界带来的风险

有关机构的研究数据表明，2007 年美国大企业高管薪水的水平是普通员工的 275 倍。这一比例，在大约 30 年前仅为 35：1。金融机构对高管的激励措施往往与短期证券交易收益挂钩，在诱人的高薪驱动下，华尔街的“精英”们为了追求巨额短期回报，纷纷试水“有毒证券”，借鉴金融创新从事金融冒险。美国房贷机构、经纪公司将贷款发放给没有还贷能力的借款人，商业银行、投资银行则将房贷资产打包卖给投资者，重奖之下放弃授信标准。离开合理边界的高薪激励，是这场金融危机的始作俑者和罪魁祸首之一。目前来看，之所以救市措施没有见到预期成效，原因之一也在于没有能做到“花钱买机制”。在美国，许多民众认为，目前政府救市是由纳税人买单，而没有涉及高薪激励和风险控制机制的改革。为此，美国政府救助大型金融机构时，对高管的激励性薪酬及税收抵扣等也提出了限制条件，以增强市场信心，恢复稳定市场秩序。任何行业的收入都要有一个合理的边界，不能离开相应的行业标准和适当兼顾社会公平原则。

警示之九：要当心背离服务经济职能带来的风险

美国金融危机之所以会发展成全球性金融危机，一个重要的原因，是虚拟经济高度膨胀，虚拟经济与实体经济严重失衡。从上世纪 80 年代开始，美国把大量的制造业转移到了拉美和东南亚，而把美国本土打造成贸易、航运和金融等服务业中心，利用专利、标准和品牌等手段，控制着产业的高端，而后信息技术的推广使美国的虚拟经济达到巅峰。在本世纪初，美国网络经济泡沫破灭后，金融业加快发展，金融创新的衍生产品大量涌现。这些衍生金融产品不是出于服务经济社会发展之需要，而是发自金融机构甚至单个机构、部门、个人逐利之动机。这种金融活动搞得越多，危害越大。教训告诉我们，金融是第三产业，金融的发展应立足于市场分工，履行服务于实体经济和社会发展的职能，任何脱离实体经济和社会发展需要的金融活动都是没有希望的。

以上九个“警示”昭示我们：银行业金融机构要实现科学发展，必须尊重事物发展的客观规律，既要适度进行金融创新，更要注重风险管控，追求稳健的可持续发展。一句话，违背规律就要受到规律的惩罚，忽视风险就要付出冒险的代价！

第二编

金融文献

一、中国银监会银监一部领导关于金融经济的文献

我国银行当前面临的九种风险分析

中国银监会银行监管一部主任 杨家才

银行是经营风险的特殊企业，风险始终与之相伴。加强风险管理是银行永远不变的主题。当前，我国银行改革发展进入了新的历史发展时期，但所处的国内外经济金融形势不确定性明显增强。在此情况下，增强忧患意识，有效识别风险并进行科学管理，愈显得重要。为此，本文分析了我国银行当前面临的九种风险隐患，以期引起银行管理者、经营者的关注，并未雨绸缪，对症下药，将其风险化解于未然之时。

一、"三高一汰"风险

"三高一汰"风险，是指高污染、高能耗、高价房行业和淘汰类落后产能企业的银行信贷资金面临损失的可能性。近年来，我国银行对这些行业、企业的贷款规模持续大幅增加，在各项贷款中的比重也维持在较高水平，与此同时，其风险隐患亦呈加剧之势。一是行业基本面可能发生变化。随着这些行业潜在过剩产能的不断释放、国内资源环境要素价格的进一步理顺以及国内外市场需求增速的逐步放缓，这些行业的经营环境可能发生转折，导致信用风险普遍增加。二是国家宏观调控力度加大，政策组合效应不断显现。一些强制性的行政措施直接导致部分企业运转困难，而对淘汰类落后产能的"关停炸转"更直接加大了银行信用风险。近两年来的宏观调控政策的组合效应正在不断释放且影响程度逐步加深。受此影响，部分行业、企业已经出现出口乏力、流动性下降和"三项资金"增加等情况，信贷风险压力逐步增大。三是行业群体波动风险加大。随着宏观调控力度的加大，这些行业群体脆弱性将逐步加剧，可能引发资源型地区的信贷集中性风险。特别地，随着房价的不断走高，银行过分依赖于抵押房产价格上涨的预期而大量放贷，带来了较大的风险隐患。

二、"大户不良"风险

"大户不良"风险，是指银行的贷款和不良贷款日益集中于大客户，并由此导致贷款损失持续增加的可能性。从目前的统计数据来看，大户不良已经成为银行不良贷款的主体。银监会对银行大客户贷款风险的监管取得了较为明显的成效，但是大户不良的增长态势并未得到有效遏制。2007年4季度末，银行的不良大户家数不减反增，新增家数超过退出家数较多，而且新增大户的平均不良率较高，不良规模也较大。这种趋势说明，在经济上行期，大户不良风险容易被流动性过剩和经济表面繁荣所掩盖，但随着宏观调控力度的加大以及货币政策的从紧，这些风险便像潮水退过后的海滩一样快速暴露。许多国外实证研究显示，经济下行期的违约率、违约损失率和企业之间违约相关性均明显高于经济上行期，商业银行信用风险具有亲周期性。

今后一段时期，"大户不良"风险可能增大。一是引发大户不良的原因难以消除，且诱因有所增加。长期以来，相当一部分集团客户利用多头授信过度融资或利用下属公司互为担保虚假套取银行贷款。一方面集团客户内部经营管理链条太长，环节较多，信息传递不畅，容易导致内控失效，出现效益下降、财务失控，甚至于资金链断裂等问题；另一方面银行存在信息严重不对称，难以识别风险和管控风险，从而引发"大户不良"风险。在当前经济不确定性明显增加的情况下，由于风险诱因增多，更多的大户可能将陷入财务困难并加大"大户不良"风险。二是对"三高一汰"行业的宏观调控将直接增加大户不良风险。随着宏观调控力度加大，涉及"三高一汰"行业的集团客户中，将有一部分面临财务压力而无法偿还银行贷款。三是从紧货币政策将使银行与大客户的依赖加深。银行可能主动调整贷款客户结构，将贷款资源优先用于满足大客户的融资需求，进一步加大集中风险。

三、"四假骗贷"风险

"四假骗贷"风险，是指一些客户通过提供虚假基础信息骗取银行贷款，从而给银行带来损失的可能性。

2007年银监会组织的银行大户不良检查中，发现了许多"四假骗贷"的案例，有的利用一种手段骗贷，有的利用多种手段骗贷，有的行为比较恶劣，情节比较严重。"四假骗贷"包括：第一，"假权证"骗贷，是指企业编造权证或使用假权证来套取银行贷款。"假权证"主要包括假土地证、假他项权证和假工商登记等。这些"假权证"，有的是借款企业从国家有关部门开出的，有的是借款企业自己制作的，还有的是借款企业在贷款过程中"掉包"，把真权证换成假权证。第二，"假报表"骗贷，是指借款企业向银行提供虚假财务报表以骗取贷款。有的是借款企业蓄意编造虚假财务报表；有的则是借款企业与中介机构串通，由中介机构出具虚假审计报告。第三，"假注资"骗贷，是指个人、机构用虚假资本注册公司来套取银行贷款。"假注资"的形式包括：以假验资证明注册、借款注册后再归还、资产注册不过户、专业公司代为注册、注册后抽逃资本金等。第四，"假按揭"骗贷，主要是指房地产开发商、汽车销售商以虚假销售来骗取贷款。在"假按揭"中，并没有出现个人购买住房和汽车的真实交易，而是房地产开发商或汽车销售商恶意制造虚假交易信息，套取银行贷款。

根据现代信贷理论可知，对借款人（企业）未来收入的合理预期、对其财产性因素的合理判断以及对其还款意愿的准确判断，是银行信贷决策的三个关键因素。但是，“四假骗贷”向银行传递了错误的基础信息，导致银行对信贷决策因素的错误判断，形成信贷风险。“假报表”使银行误读了借款人的过往业绩，导致对第一还款来源（借款人未来收入）错误判断。“假权证”使银行误读了借款人的正向信号传递，导致对第二还款来源（担保、抵质押品等财产性因素）错误判断。“假注资”使银行误读了借款人或担保人的正向信号传递和履约能力，导致对第二还款来源和还款意愿的错误判断。“假按揭”使银行误读了所有关键因素的信息，成为银行个人住房按揭信贷风险的主要诱因。

当前，银行要积极防控“四假骗贷”风险，原因在于：第一，有效的社会信用体系尚未建立，信息共享机制也不完善，难以及时发现恶意造假行为并对之进行有力惩处，给“四假骗贷”提供了可乘之机。第二，一些中介机构未能勤勉尽责，执业不规范，有的恶意出具虚假报告，传递虚假信息，人为放大了信贷风险。第三，在宏观调控力度加大、货币政策从紧的形势下，一方面，一些依靠虚假信息骗贷的企业可能将面临经营困难，引起风险暴露，陈案暴发；另一方面，一些企业资金链趋紧，可能铤而走险，新发“四假骗贷”。

四、“双脱双错”风险

“双脱双错”风险，是指由于货币逐步脱离金融中介和实质经济，以及存贷款的期限和金额出现错配，而使银行遭受损失的可能性。具体说来，“双脱”指货币脱媒和货币脱物；“双错”指人民币存贷款期限错配和外币存贷款比例错配。

近年来，货币脱媒即货币脱离金融中介的现象较为明显，具体表现为：储蓄存款增幅同比下降，而居民投资类金融资产同比大幅增加；贷款在企业融资渠道结构中的占比降低，而直接融资的占比上升等。再者，货币脱物即货币脱离实质经济，虚拟运行的现象较为突出，具体表现为：同业存款持续增加；投资收益对工业企业利润增加的贡献度较大，而企业主营业务利润的贡献度却持续下降；社会财富集聚于资本市场和房地产市场，货币过多地追逐资产品，导致资产价格涨幅过快等。

货币脱媒和货币脱物都是我国金融深化改革的产物，改善了金融结构，推动了货币化进程，这是需要肯定的。但与此同时，由于资产品市场运行不规范、价格波幅较大和银行未能积极应对等原因，货币脱媒和货币脱物也给银行经营和宏观经济运行带来一定的冲击。第一，储蓄存款分流，同业存款大量增加，使银行负债的稳定性降低，流动性管理难度加大。第二，越来越多的大型和中小型优质企业通过资本市场筹集资金，银行优质客户流失，传统业务受到替代，利润空间受到影响。世界各国（包括美国）的银行，在货币脱媒过程中都曾受到较为严重的影响，这一点银行必须加以重视，积极应对。第三，货币过度游离于物质生活之外，进入虚拟经济，加重了经济运行中的泡沫成分，放大了经济大起大落的风险。第四，资金脱离金融中介和实质经济，增加了货币当局监控货币供应量的难度，也使得货币政策传导机制更为复杂，无形中加大了货币政策操作的难度和宏观调控的难度。

另外，银行人民币存贷款期限错配，即人民币贷款期限超过存款期限的现象也较为突出，具体表现为：活期存款占比不断上升，定期存款占比不断下降；中长期贷款增速加快，占比上升。这种存贷错配风险被流动性过剩掩盖了，但随着经济形势的变化，可能日益突出并加大银行管理流动性的难度，严重时还可能带来流动性风险。再者，外汇存贷款比例错配，即外汇贷款金额超过外汇存款金额的情况也普遍存在，具体表现为外币存贷差缺口持续扩大。近年来，受人民币升值预期和美元利率持续走低的影响，一些银行外汇储蓄存款持续下降，外汇贷款需求却十分旺盛，外汇存贷比持续上升。外汇存贷款错配，既加大了银行外汇流动性管理的难度，又增加了汇率风险及信用风险。

五、“理财缩水”风险

“理财缩水”风险，是指银行代客理财产品的收益率下降、交易量萎缩，进而导致银行声誉受损或资产出现损失的可能性。

从2006年下半年开始，受资产价格上涨、财富效应放大的影响，银行的理财业务持续快速发展。但是，受国内资本市场估值水平逐步下调和国际金融市场动荡的影响，银行“理财缩水”风险日渐显露并有加剧的趋势。一是赎回风险。一旦理财产品实际收益率达到“两个跌破”，即跌破投资人的预期底限和存款利率，则理财业务将面临大量赎回风险。二是声誉风险。一方面，银行的销售人员对理财产品的风险揭示不充分，容易误导客户；另一方面，国内许多客户自担风险的意识不强，即使银行对风险进行充分揭示，他们仍然将风险责任归咎于银行，甚至引发诉讼纠纷。三是市场风险。受国际资本市场大幅震荡影响，代客境外理财（QDII）产品净值面临缩水；受人民币升值压力持续加大的影响，代客境外理财（QDII）产品收入的汇兑损失可能继续扩大；受央行基准利率变动的预期影响，部分债券型理财产品市价波幅可能加大。事实上，银行“理财缩水”风险已经显现，2008年有些银行理财产品收益已经缩水，并达到“两个跌破”，且“零收益”现象增多，引起客户抱怨和投诉。因此，银行应不断提高理财产品信息透明度，充分揭示风险，加强投资者风险教育，并采取有效措施，防范化解风险。

六、“投资受损”风险

“投资受损”风险，是指银行由于从事购买债券、收购兼并等投资业务而导致资产出现损失的可能性。当前，银行的投资业务呈现三个特点：一是发展较快。截至2007年末，大型银行投资总额约占资产总额的30%。二是产品结构以债券投资为主。债券投资在投资总额中的比重达98%。三是海外并购步伐加快。

投资业务发展加快，给银行带来新的发展机遇，同时也带来了以下四种风险：一是关联交易风险，即银行和它所投资的金融机构之间容易产生关联交易。二是汇率风险，即人民币升值给银行的境外投资收入带来的汇兑损失。三是资产市值风险，即受金融市场动荡的影响，投资本身遭受账面亏损。目前主要包括对海外机构的股权投资后，所持股份的市值损失；以及投资相关债券的市值损失。对此，银行应该予以关注。在国际金融市场持续动荡，美国经济衰退风险上升的情况下，银行应审慎选择并购投资的时机，避免对外投资遭受巨额亏损的风险。四是资本缩水，指所投资的金融机构持续亏损，导致银行资本缩水。在全球资本市场不确定性明显增加的背景下，一方面要防范已投资机构发生亏损导致的资本缩水问题，另一方面要审慎投资，避免发生新的风险。

七、“外汇敞口”风险

“外汇敞口”风险，是指银行由于持有外汇资产而遭受损失的可能性，主要包括汇兑损失风险和信用风险。近年来，我国国际收支持续“双顺差”，人民币连续升值且升值压力依然较大，加之我国实行较为严格的结售汇制度，结果导致银行外汇敞口净额连年增加，汇兑损失风险随之加大。再者，银行将较多的外汇运用到信贷资产上，且外汇存贷错配较为严重，可能引发信用风险。一方面，由于国家出口退税政策变化以及美国经济衰退风险上升，一些出口企业的财务状况可能受到影响，加大信贷风险。另一方面，如果资产价格下降，或美元价值发生逆转，则一些实际用于套利的外汇借款人可能难以偿还贷款，引发信用风险。

八、“银投连接”风险

“银投连接”风险，是指银行将传统的存贷款业务和新兴投资理财业务结合在一起，创造出新的复合型金融产品而导致银行受损的可能性。“银投连接”名义上是金融创新，实际上有违规经营之嫌。

当前，“银投连接”主要有以下四类：一是信托贷款连接，指银行深度参与信托公司的信托计划发行。具体做法是，项目由银行提出，销售由银行代理，贷款服务商由银行担任，最后信托计划由银行用贷款置换。此种信托计划发行的实质，是银行绕“贷款规模”发放贷款。二是资产证券化回售连接，指银行并没有将贷款支持的证券“真实出售”。具体做法是，银行将资产证券化之后的贷款卖给投资类公司，但投资类公司并不真实支付价款，而是从银行获取贷款用于账面支付；而且，一旦卖给投资类公司的证券资产不能变现，投资类公司仍将委托银行负责清收。从这一过程可以看出，虽然贷款进行了资产证券化，但银行只是做了一个“托”，并没有把风险转移出去。三是资产转让回购连接，指银行之间以承诺回购为前提的贷款出售。实际上，卖贷款是假，届时再回购是真，其目的是减少某一时点的资产规模或提高某一时点的资产质量或减少拨备计提。某个特定时点过后，原来作为卖方的银行又将已出售的贷款回购过来。四是储投连接，指银行将客户的储蓄存款与投资理财连接起来的行为。具体做法是：银行和客户签订协议，一旦客户的存款余额高于某个标准，无需客户再发指令，银行即直接将高出的部分划入客户的理财账户，代为理财。这种情况下，如果出现理财投资亏损，或者理财产品的收益率未达预期的水平，则客户可能会将责任归于银行，甚至进行法律诉讼，从而使银行遭受声誉风险。

九、“网络宕机”风险

“网络宕机”风险，是指由于业务需求量剧增，银行信息系统的速度突然放慢甚至终止运行，交易无法正常进行，并最终使银行声誉和资产遭受损失的可能性。

近年来，有的银行已经发生了“网络宕机”事故。例如，因主机监控软件存在一些缺陷，导致业务交易阻塞，所有营业网点无法正常开展业务；对计算机系统进行升级，但由于没有避开业务高峰期，导致个人业务系统运行不畅，业务办理速度缓慢，部分代理证券业务受阻；股民保证金第三方存管系统出现故障，经维修后才恢复正常。这些事故对银行的声誉产生了一定的影响，已引起监管部门和各银行的高度重视。网络宕机事故暴露了银行信息系统的薄弱环节， 是有的银行的核心业务系统平均使用率较高，运转负荷压力较大，亟待升级；二是虽然银行都投入巨资建设了异地灾备中心，但适时切换工作不到位，存在有“备”无“换”的问题，一旦出现灾害影响，将难以启动备份系统。2008 年奥运会期间，银行服务需求量，尤其是信用卡业务服务需求量将大幅增加，会给银行业务处理系统带来前所未有的挑战。对此，银行应采取有效措施，切实解决信息系统的薄弱环节，严防网络宕机事故的发生，确保奥运会期间银行服务的安全和高效。

以上九种潜在风险并不是孤立的，而是互相联系、互相影响，银行要做到科学识别、系统防范、全面管理，进而推动整体竞争力迈上一个新的台阶。

九项机制护航大型银行稳健运行

——杨家才主任在大型银行监管工作会议上的讲话

同志们：

前天，刘主席、蒋副主席分别就 2009 年大型银行的科学发展和监管工作的总体思路作了重要讲话。两位主席的讲话非常重要，我们一定要在今年的大型银行监管工作中抓好落实。今天，我主要谈谈 2009 年的大型银行监管工作重点。

近两年来，银行监管一部一直注重结合宏观经济和大型银行经营形势的变化特点，就如何提升大型银行监管的有效性进行探索。2007年初，为适应四家大型银行股改工作全面完成的新形势，银行监管一部及时将转变监管方式作为当年监管工作的重点，明确要从以下九个方面优化大型银行监管方式：量化资本监管、强化履职监管、深化大户监管、优化现场监管、细化非经营信息监管、固化并表监管、简化非现场监管、突出法人监管、推进跨境监管。2008年初，针对经济过热、经济出现泡沫的新形势，银行监管一部及时将防范和化解风险作为当年大型银行监管工作的重点，提示大型银行高度重视和密切警惕经济繁荣表象下所蕴藏的银行风险。在去年的年度工作会议上，我代表银行监管一部着重指出了当时大型银行面临的以下九类风险：三高一汰、大户不良、四假骗贷、双错双脱、理财缩水、投资受损、外汇敞口、银投连接、IT宕机。去年的实践表明，银行监管一部年初对这九类风险的预测是比较准确的，对九类风险的及早提示也为大型银行后来有效应对愈演愈烈的次贷危机赢得了时间和空间。

与前两年相比，今年大型银行面临的宏观经济形势更加复杂，宏观经济能否在积极财政政策的刺激下走出下行区间尚有待观察。这个判断主要是基于以下四个方面的理由：

第一，国家统计局公布的今年1月份的宏观经济数据表明，目前经济仍然处于下行阶段

1月份，CPI同比增幅降至1%，工业品出厂价格（PPI）同比下降3.3%，比上月降幅扩大了2.2个百分点。特别是用电量指标更加说明问题。根据中国电力企业联合会内部统计数据，2009年1月，全国规模以上电厂发电量为2476.37亿千瓦时，同比下降12.30%；全社会用电量同比下滑12.88%，其中广东、浙江等东部发达省份的用电量同比下滑两成以上。可以初步判断，目前工业经济仍在延续去年10月份以来的下滑势头。

第二，目前尚未出现新的出口替代市场

1998年亚洲金融危机之后，我国及时将美欧开发为新的出口市场，改变了以前出口过于依赖东南亚市场的状况，从而继续发挥了出口需求对经济增长的拉动作用，有效缓解了亚洲金融危机的影响。现在，在次贷危机引发全球金融经济危机、美欧主要市场经济国家陷入经济萧条的大形势下，仅仅依靠独联体、非洲和拉丁美洲市场，我国的出口需求增长难免乏力。

第三，国内农村消费市场仍未得到启动

农村是我国最具潜力的巨大市场，只有充分激发农民的消费需求，才能真正刺激内需，缓解外部需求不足的问题，拉动经济增长，但目前我国农村需求依然未见有明显增长。

第四，积极财政政策的乘数效应尚未显现

凯恩斯的宏观经济学理论告诉我们，积极财政政策效应的发挥在很大程度上依赖于乘数效应，也就是政府投资对社会民间投资的带动效应。反之，如果政府投资不能带动民间投资，对私人投资产生"挤出效应"，那么积极财政政策效应就会出现衰减。美国上世纪30年代的罗斯福新政和我国1998年积极财政政策的实践也充分证明了这个道理。去年11月初我国的积极财政政策就已经出台，但至今我国民间投资仍没有有效跟进，投资主体单一，投资的主力军仍然是政府；投资项目业过于集中化，中央财政投资集中于"铁公机"（即铁路、公路和机场）；地方财政投资集中于"房地美"（即经济适用房和廉租房开发、土地整理以及城市美化、亮化工程）。

面对宏观经济形势不确定性增加、经济可能继续下行的现状，今年大型银行"促增长、防风险"的任务非常艰巨，工作难度很大，特别是在流动性宽松的情况下，可能面临"早贷早死、晚贷晚死、不贷等死"和"有投无回、不投无利"的信贷困境。要走出信贷困境，在贯彻政府宏观调控政策、促进经济增长的同时有效防控风险，大型银行就必须借"危"抓机，苦练内功，将完善内部运行机制作为今年工作的重点，着力建设现代银行制度运行的微观基础，增强自动应对和控制风险的能力。系统论竭力主张机制建设对于系统和经济组织运行的极端重要性，认为在理想状态下，只有具备良好的机制，才可以使经济组织接近于一个自适应系统——在外部条件发生不确定变化时，能自动地迅速作出反应，调整原定的运行方式；市场越是充满不确定性，机制在经济组织应对风险中的作用就越重要。当前，为有效控制风险，实现稳健发展，各级监管部门要督促大型银行尽快建设健全战略决策、资本约束、风险缓释、产品退出、履职评价、业绩考核、尽职免责、护权维稳、社会责任等九项机制。

一、战略决策机制

所谓战略决策机制，是指大型银行为实现银行价值最大化而建立的一套旨在明确战略决策主体、界定战略决策内容、规范战略决策程序的制度安排。战略是指"组织的努力方向"，包括"战略方针、战略决策、战略实施、战略控制"，其中战略决策在其中起着关键作用。银行战略要解决好三个问题：银行现在在哪里？银行将要去哪儿？银行怎样去那儿？好的银行战略必须包括四个要素：一是银行产业的未来发展方向；二是本银行现有和潜在的竞争优势；三是贯彻盈利的公司价值理念；四是目标易于量化、分解且阶段性目标明确。国际先进银行的经营实践表明，良好的经营管理模式和丰富的金融产品、服务是银行战略制胜的关键。

当前我国大型银行在战略决策机制方面主要存在以下缺陷：一是董事会在战略制定中的核心作用发挥不够，董事会战略委员会的决策水平和专业水平亟待提高；二是五家大型银行战略同质化问题突出，"最佳"、"一流"、"零售转型"等词汇出现频率较高，很难实质性地指导五家大型银行细分市场、找准定位、提高核心竞争能力；三是战略多变、缺乏稳定性和执行力。战略被制定后，很难得到一以贯之的执行，频繁变化的现象较为普遍。四是战略缺乏透明性。银行战略只为高管、董事等少数人员所掌握，大部分普通员工无法知道本行的战略目标和战略远景。

在完善战略决策机制方面，2009年，银行监管部门应推动大型银行制定清晰的战略决策程序、合理高效的议事规则，明确相关决策主体的权利和责任，并重点做好以下工作：一是提高董事会的战略决策水平。以新一届董事会成立和农业银行股改为契机，大型银行要切实提高董事会战略委员会的专业水平，增强议事和决策能力，促使董事会在战略制定中发挥核心作用。二是确保银行战略符合金融运行的规律。在银行战略的决策过程中要注重科学论证，确保银行战略符合金融运行的规律。其具体体现就是大型银行当前要重点将“板块整合”、“信贷开路”、“产品进攻”、“平台机制”、“文化引领”列入战略决策内容。“板块整合”，就是按照流程银行原则，可以将银行业务整合为消费金融、产业金融、财富金融、投资金融等不同的板块；“信贷开路”，就是要坚持信贷作为主业，发挥信贷在各项业务中的开路先锋功能；“产品进攻”，就是注重金融产品的创新，以创新求发展；“平台机制”，就是要注重建设网络平台、信息平台、管理平台和销售平台；“文化引领”，就是文化变革必须与战略转型同步进行。三是战略要符合本行实际，并一以贯之。银行战略的提出要紧密结合本行的历史及经营现状，具有鲜明的自身特点，体现自身的核心竞争能力；战略一经提出，就必须保持一定的稳定性，不能频繁更改，并且在全行公布，增强战略的透明度，让全体员工了解战略的内容、监督战略的执行情况。

二、资本约束机制

所谓资本约束机制，是指大型银行建立的旨在使资本能够在制约资产盲目扩张和优化资产结构方面自动地发挥作用的一系列制度安排。其主要内容是以经济资本为核心的财务预算管理制度和以风险调整后资本利润率（RAROC）为核心的绩效考核制度，目标是确保银行的非预期损失随时在资本的覆盖范围之内。资本约束机制的建立，可以促使商业银行树立资本至上的理念，限制其资产的过度扩张，并优化资产结构，同时还能预警银行破产，防止风险外溢，推动金融创新。在取消信贷规模控制的新形势下，资本约束已经成为商业银行赖以实现科学发展的基础机制。

尽管近几年来五家大型银行都已经不同程度地引入资本约束机制，但当前大型银行资本约束机制仍存在以下两类缺陷：一是追求贷款速度和贷款规模增长的传统思想仍然存在，尤其是大型银行部分基层行仍然存在盲目实行资产扩张的现象；二是风险计量及管理水平不足，难以对银行风险尤其是市场风险进行有效计量和监测。我国大型银行将在2010年底开始全面实施新巴塞尔资本协议，因而当前完善资本约束机制的任务特别迫切。

2009年，在完善大型银行资本约束机制方面，各级银行监管部门要重点做好以下几项工作：一是按照新资本协议要求，推动大型银行开发内部评级模型，切实提高风险计量、监测和控制水平。二是因行而异，提出差别化的最低资本充足率要求。新资本协议的要义就是赋予监管部门一定的自由裁量权，在高于8%的基础上，根据实际风险状况对不同的商业银行提出不同的资本充足率要求。对于操作风险频发、信贷资产质量较差的大型银行，银监会可以将其最低资本充足率要求提高到13%甚至15%。三是按季计算风险资产调整后的资本充足率，并提出不同风险资产的业务要求。要通过资本监管手段，引导大型银行适度控制高风险资产，合理控制不同风险权重资产的比例，实现可持续发展。四是强化并表监管。适应大型银行综合化经营程度日益提高的现实，监管部门要了解五家大型银行集团及其附属机构并表后的资本充足率状况，关注银行集团内部各机构（包括附属公司）之间的风险传染和风险蔓延。五是严格次级债发行的市场准入管理。今年，凡是申请发行次级债的大型银行，都必须向监管部门提交董事会预先确定的长期资本补充规划以及核心资本和附属资本之间的合理分配比率。

三、风险缓释机制

所谓风险缓释机制，是指大型银行在抵（质）押、担保和资产证券化等信用衍生工具的基础上建立的旨在转移或降低信用风险的一系列制度安排。通过引入风险缓释机制，可以有效分散、降低、转让大型银行既有的风险，增强大型银行的稳健运行和抗风险能力。

当前，我国大型银行在风险缓释机制运用方面面临下列挑战：一是贷款担保缺位和虚假担保现象屡控难抑。贷款担保机制的不完善影响了大型银行对小企业的服务效率，一些大型集团客户内部关联企业之间互相担保、套取大型银行资金的现象也时有发生。二是违规抵押现象较为普遍。抵押贷款中不同程度地存在抵押资产产权失效、无法处置、司法执行困难、虚假按揭、重复抵押的现象。三是资产价格下行增加抵押贷款风险。房地产市场下行压力加大，以房地产为抵押的贷款存在较大风险。四是在风险评估、计量能力不足的情况下，大量持有衍生金融工具会造成风险隐匿和风险延缓。五是以卖出风险为目的的资产证券化、资产转让业务存在大量的虚假出售现象，有的附有回购和返售条款，风险并未真正转移。

2009年，针对大型银行风险缓释机制中暴露出的缺陷，各级银行监管部门要重点做好以下几项工作：一是督促大型银行各级分支机构建立起各类风险资产及其缓释工具的登记、评估制度。各级分支行要按季将各类风险资产及其缓释工具按真实的市场价值进行登记；一旦出现抵押资产缩水现象，应根据结果及时增补押品。二是制定担保标的物的风险管理指引。抵押品在风险缓释功能上相当于典当铺的当物，它的风险必须引起重视。要通过制定风险管理指引，切实解决当前大型银行中普遍存在的重复抵押、高估抵押和虚假抵押的问题。三是加强资产证券化的真实出售管理，绝不允许大型银行各级分支机构在资产证券化协议或贷款转让协议中附加回购、返售条款。四是督促大型银行实施动态拨备，并及时进行贷款核销。各行一旦出现不良贷款，要及时提取拨备；如果今后资产质量好转，可进行拨备回拨。大型银行各级分支机构要充分利用财政部新出台的政策，对银行追索两年以上仍无法收回债权的50万元以下的对公贷款，依据账销案存的原则，及时给予核销。

四、产品退出机制

所谓产品退出机制，是指大型银行建立的旨在确保高风险或出现亏损的金融产品能够退出市场的一系列制度安排。产品退出机制失灵将对银行业市场效率造成损害：一是损害竞争机制发挥作用的基础，因为市场经济中优胜劣汰的实现有赖于通畅的市场准入和退出机制；二是亏损业务或产品不能有效退出，会增加银行的“逆向选择”动机，驱使银行业向高风险运行；三是金融产品尤其是代理理财产品的持续亏损，最终会损害存款人和金融消费者的利益。

目前大型银行产品退出机制的现状是，只有准入机制，缺乏准出机制，致使大型银行中一部分事实上处于亏损状态的业务和产品得以长期保留。大型银行分支机构众多、行政层级复杂、链条过长的特征加剧了产品市场退出机制失灵的程度和危害。

2009 年，针对产品退出机制的建设，各级银行监管部门应重点做好以下几项工作：一是引导大型银行董事会制定适合本行特点的差异化的业务、产品规划，加强自我约束，切实将市场退出机制引入内部产品及业务。二是督促大型银行实施有度的市场退出，在突出主业、保留并拓展拥有核心竞争力的业务的前提下，主动退出一些对利润贡献较小、对整体风险影响较大、不良资产发生率较高、耗费成本较大的业务。三是根据大型银行各级分支行的风险管控能力和守法合规情况，对有关业务使用“叫停”和“禁入”的监管手段。去年监管工作重点是强化责任追究，今年则是要强调叫停产品和业务，不能单方面寄希望于商业银行的“边干边改”。

五、履职评价机制

所谓履职评价机制，就是指大型银行建立的旨在对其董事及高级管理人员的履职行为定期进行有效评价的一系列制度安排。履职评价机制具有较强的理论和监管实践基础。银行风险具有鲜明的人文特征，管理者的道德风险和经理人的政治攀附是导致商业银行运营风险的重要因素。从管理学的角度来看，对于企业来说，人是最大的财富、最大的资源，但同时也是最大的风险，因而，高管及董事的履职不当是引发银行风险的关键要素。此外，强调银行高管层在银行运营中的重要作用，将高管层视为使银行达到监管要求的第一责任人，也是英国奉行的原则导向监管模式的重要思想。

当前大型银行尤其是股改银行已经开始向流程银行转变，但是在很大程度上仍然是维持部门银行制度和分支行制度，每个分支行都事实上作为一个独立的经营单元而存在。分支行的高管在履职过程中普遍存在以下缺陷：一是认管不服管。大型银行各级高管都承认监管部门的监管，但是否真正心服口服，还不能确定。二是违纪不违法。因为违纪只会受到纪律处分，一般不影响任职和升迁。三是履职不尽责。各级银行高管普遍在履职方面做的较好，但不够尽责，致使银行问题照出、“不良”照增。四是损公不废私。在现场检查的“见钱”、“见人”方面，很多机构宁愿选择“见钱”，即宁愿选择以银行名义接受罚款，而不愿牵涉到个人“官帽子”的得失、升降。

2009 年，围绕大型银行董事及高管的履职评价机制建设，各级监管部门应重点做好以下几项工作：一是建立健全任职资格的“三考”制度。针对近几年来一些董事、高管缺乏银行从业经历的问题，为保证其专业水平和决策水平，很有必要实行考试、考核、考察制度。为增强考试和考核的公正性，应建立统一题库，并设立邀请独立性较强的专家学者参加的专家委员会。每次考试的题目都从题库中抽取，考核的专家从常设的专家委员会中随意抽取 3 ~ 5 名专家委员，以确保考试、考核的公正性，切实解决“监管俘虏”和“监管寻租”问题。至于对董事、高管的考察，是鉴于现在异地交流、横向调动频繁，对于不了解的拟任高管，不仅要考试考核，还要像入党和提干一样到原地考察其行为和操守。二是实施大型银行高管履职情况的评价和再评价。各大型银行要制定并实施董事、高管的年度履职评价办法，并将履职评价结果作为高管升迁决策的参考。银监会通过履职检查，对银行的履职评价结果实施再评价。去年银监会针对履职评价制度已经提出了一些要求，今年各行董事会要以正式文件将履职评价制度下发各分支行，具体明确“谁来评”、“怎么评”的问题。这里需要特别强调的是，大型银行在履职评价方面，还要加强对股权董事履职情况的评价，确保股权董事在履职过程中将银行利益置于股东的利益之上。三是建立任职资格退出制度。根据履职评价结果，对于不合格、履职不力的董事或高管，银监会及其派出机构应该取消或劝退其任职资格。四是持续的董事、高管培训制度。各级银行监管部门应推动大型银行重视对高管的持续培训工作，切实提高董事尤其是股权董事和高管人员的专业水平和履职能力。

六、业绩考核机制

所谓业绩考核机制，就是指大型银行建立的旨在对银行从业人员的业绩进行考核评价并据以决定其薪酬的一系列制度安排。业绩考核机制的理论基础是委托代理理论，其目的是解决道德风险和逆向选择问题。1996 年度诺贝尔经济学奖获得者詹姆斯·莫里斯和威廉·维克里提出，检验业绩考核机制和薪酬激励机制有效性的标准是实现“激励相容”，即使得代理人在实施其效用最大化的行为中，能同时自动实现委托人利益的最大化。

当前，大型银行在业绩考核方面主要存在以下缺陷：一是高管薪酬与业务表现关联度不够高。高管薪酬由董事会预先制定。即使银行出现巨额亏损，银行高管照样可以享受预先设定的高薪，无需退还。二是绩效薪酬差距过大。从 2000 年至 2007 年，国有银行高管和员工的年均薪酬总额比从 5.57 倍逐年上年为 18.23 倍；高管平均年福利额与员工平均年福利额的比从 2000 年的 5 倍增长到 2007 年的 14 倍。三是对基层行待遇不公。考核对象主要集中在基层行，出现考核向下集中、薪酬向上集中的趋势，有的甚至产生了“指标压死人、考核烦死人、兑现气死人”的怨言。四是考核指标不合理。不能体现考核利润与考核风险、短期业绩与长期业绩之间的平衡；考核指标过于倚重利润指标，在高指标、高奖金的激励下，风控防线屡屡被突破，经营风险屡屡被后移，留下风险隐患。美国次贷危机就是活生生的例证。

2009 年，针对大型银行业绩考核机制，各级银行监管部门应督促大型银行重点做好以下几项工作：一是制定透明的业绩考核办法。各级监管部门要加强对各行绩效考核办法的监管，审查其指标分配是否存在层层加码、层层加水的现象。二是设置简明合理的业绩考核指标、权重，尽量降低职级因素在业绩考核和薪酬分配体系中的权重。三是建立内外部相对公平的薪酬制度。薪酬制度既要注重大型银行内部的公平，也要顾及社会公平。四是实行财务资源（业务费）的合理配置。各行要制定出统一、具有可操作性的财务资源（业务费用）分配办法，切实杜绝当前大型银行分支行普遍存在的业务费用向管理层集中、费用由行长个人支配的现象。

七、尽职免责机制

所谓尽职免责机制，就是指大型银行建立的旨在确保达到尽职要求的从业人员能够获取问责豁免的一系列制度安排。尽职免责机制的功能是对经济主体提供激励，失职问责机制的功能是对经济主体施加约束，两者共同构成企业责任机制的核心内涵，是辩证的统一，不可偏废。激励过度，会弱化企业员工的责任意识，从而滋长风险；约束过度，则会抑制企业员工工作的积极性，从而降低效率。基于银行业具有强外部性、高风险、高杠杆率和严重信息不对称的行业特点，在银行业责任机制中，发挥约束作用的失职问责机制必然处于基础地位，是尽职免责机制发挥激励作用的前提条件；免责只是对银行员工设定一定的容错率和容忍度，但不是无原则的，其实施的前提是对失职者的严格问责。

近年来，失职问责机制建设在我国大型银行中取得了长足进展，在推动大型银行提高贷前审查效率、降低不良贷款、防范金融风险方面发挥了重要作用。相对来说，尽职免责机制建设显得不足，在一定程度上束缚了大型银行员工工作的积极性和某些业务的开展。为有效降低意外事件等外界不可控力给授信业务带来的风险，消除信贷人员的顾虑，促进授信业务尤其是一些风险相对较高的贷款业务（如小企业贷款）的可持续发展，当前大型银行亟须完善尽职免责机制。

2009 年，围绕尽职免责机制的健全，各级银行监管部门应督促大型银行各级分支机构做好以下几项工作：一是尽快制定履职尽责办法。各行总行可以先制定出一套比较笼统的原则，然后由各分支行负责制定实施细则。二是制定具体的问责、免责条款。各级分支机构要层层结合本单位实际，针对不同岗位制定具体、明确、可操作的问责、免责条款，并加强培训，让每个岗位的每位员工都能熟练掌握与自己工作职责相关的失职问责与尽职免责条款。这里必须特别强调的是，对于贷款“三查”、大额风险集中度控制、理财产品的信息披露、现金管理等一些涉及风险底限防范、易于出现员工道德风险甚至引发案件的业务领域，各行必须按照业务和岗位制定清楚的问责条款，严格执行失职问责制度，不能有丝毫动摇。三是建立起每位员工的问责、免责档案，作为年终对员工进行考核的依据。四是定期在本行内部公开问责、免责的有关情况，以增强每位员工尽职尽责的自觉性。

八、护权维稳机制

所谓护权维稳机制，就是指大型银行建立的旨在确保在最短时间内有效应对客户投诉、集体上访、不当舆论等突发事件，切实保护金融消费者和银行权益、维护金融业及社会稳定的一系列制度安排。当前，大型银行的一些不良行为在一定程度上已经给金融消费者的利益造成了损害。比如，代理理财产品销售风险提示不足，误导客户盲目购买理财产品，最后给客户造成巨额亏损；IT 故障给基金申购客户造成投资损失；部分业务收费太高且不透明；ATM 机吞卡、自动停卡现象时有发生。尤其是在代理、存取款、结算、信用卡等业务领域，金融消费者与大型银行之间的纠纷频繁发生。由于利益受损，部分客户采取了向大型银行和银行监管部门投诉、集体上访等维权方式，有的还被新闻媒体利用，进行渲染，形成了危害商业银行声誉和社会形象的不当舆论。对于这种现象，大型银行一定要高度重视，通过不断健全护权维稳机制，进行正向引导、审慎应对，尽可能在最短时间内、以最低成本给予妥善处理，既要有效维护银行自身的声誉和社会形象，更要切实保护广大金融消费者的利益。如果应对、处理不当，则很容易引发公众反感，带来系统性信任风险，并最终影响金融业及整个社会的稳定。更为重要的是，大型银行要坚持“以客户为中心”的战略理念，将维护金融消费者的利益置于各项工作的首位，加大对损害客户利益的员工的问责与惩戒力度，从源头上消除维权事件和不当舆论产生的动因。

2009 年，在完善护权维稳机制方面，各级银行监管部门要督促大型银行重点做好以下工作：一是建立柜面客户疏导制度；二是制定代理产品风险披露规则；三是制定客户投诉处理规则；四是建立负面信息的应对化解机制；五是制定协解人员上访及其他群体事件的处置预案；六是建立对侵害客户利益的员工的严格问责制度；七是建立对受损金融消费者的利益补偿机制。各级银行监管部门要督促大型银行各级分支机构着力建设好上述制度，尤其要重视客户投诉机制的建设情况，因为很多金融消费者不仅投诉商业银行，由于金融产品都经过监管部门审批，部分金融消费者还会投诉监管部门。

九、社会责任机制

所谓社会责任机制，就是指大型银行建立的，旨在确保其在追求利润最大化的经营过程中能够同时有效履行对社会应承担的责任的一系列制度安排。“社会责任”的概念最早由亚当·斯密提出，他在 1759 年出版的《道德情操论》中特别强调了人的同情心和道德在经济发展中的基础作用，他写道：“即使是最残忍的恶棍，最麻木不仁的匪徒，也不至于完全没有这种感觉（同情）”，并进而指出：“如果一个社会的经济发展成果不能真正分流到大众手中，那么它在道义上将是不得人心的，而且是有风险的，因为它注定要威胁社会稳定。”在座的很多同志都对亚当·斯密的《国富论》中“看不见的手”理论很熟悉，却可能不了解他对道德、伦理和社会责任在经济发展中作用的重视。20 世纪 90 年代以后，社会责任的概念在企业中开始盛行，并逐渐被银行业金融机构所重视。银行业社会责任，主要是指商业银行在实现股东利润最大化的过程中，要主动维护内部员工、金融消费者、存款人、社会公众等其他利益相关者的利益。

2009 年，在健全社会责任机制方面，各级监管部门应推动大型银行做好以下几项工作：一是按照“赤道原则”和《京都议定书》的总体要求，制定对环境保护负责的信贷准入制度。二是尽快制定向弱势行业、弱势群体倾斜的信贷政策，让金融服务能够惠及包括弱势行业、弱势群体在内的所有金融消费者。当前，各大型银行要针对“三农”、小企业、学生、再就业者以及其他弱势群体制定更加优惠的信贷政策，加大对这些弱势群体的信贷支持力度。其中“三农”贷款和小企业贷款尤其要引起重视。我国目前的经济发展阶段仍然符合发展经济学中刘易斯—费景瀚—拉尼斯模型中所提出的二元经济结构特征，传统的农业部门和现代的工业部门仍然并存在我国经济中，并且我国下一步经济发展的热点很有可能就是农村，对农村的金融服务必须引起各家大型银行的高度重视。农业银行要加紧建设“三农事业部”，县级以下支行的职责就是为农村提供金融服务。对于农户贷款，要按照其自身特点制定切合实际的信贷规则，不可照搬公司信贷标准。比如，有的银行对农户小额信用贷款，就按“三贷三不贷”原则掌握，即：“多可贷、少可贷、不务正业不能贷；迟可贷、早可贷、过了农时不能贷；穷可贷、富可贷、不讲信用不能贷”。对于小企业贷款，各家大型银行要从总行开始设立小企业专营信贷部，其信贷业务按照刘主席提出的“六项机制”操作实施，也不能照搬大企业贷款评审机制。比如，有的银行在小企业贷款上主要看“三品”，即借款人的人品是否可靠？产品是否有销路？抵押品是否有效？三是制定“卖者有责”的操作守则。针对拟销售的金融产品，各行要公开披露作为发行者的责任，注意向金融消费者及时提示风险、披露信息，防止对金融消费者的误导。四是积极支持社会公益慈善事业，有效提高银行的外在形象。五是实现行业利益、股东利益和员工利益的自我约束。各家银行在收益上应加强自我约束，适度注意社会公平，防止收入水平与其他行业相差太大而遭受非议和攻击，进而影响大型责任银行的社会形象。

以上九项机制互相联系、互相补充、互为联动。在实际运行中应互相配合，发挥协同效应。比如，风险缓释机制、资本约束机制同属于风险管理的范畴，部分风险缓释机制可以有效缓解银行的资本压力；尽职免责机制、履职评价机制、业绩考核机制的目的都是提升董事及高管人员的责任感，并且尽职免责机制和履职评价机制是业绩考核机制赖以存在的重要基础。如果其中一项机制的运行缺乏效率，就有可能引发整个机制的失灵，从而不利于大型银行的风险控制和稳健运行。

推动大型银行加速建设、健全以上九项机制，应该成为今年大型银行监管工作的重点。非现场监管和现场检查人员要密切协作，科学分工，确保大型银行九项机制建设工作能够顺利推进。非现场监管人员应该将职责定位于引导大型银行做好机制的构建工作；而现场检查人员则应着重检查九项机制的运行是否有效，机制本身是否已经在理念上被银行全体从业人员所接受，在实际经营中发挥指导作用，并发展成企业文化的一部分。

谢谢大家！

优化大型银行监管的九项措施

中国银监会银行监管一部主任　杨家才

提高大型银行监管的有效性，就是要将外部监管压力、市场监督约束和银行自我约束相结合。大型银行监管就是要弥补市场缺陷，培育而不替代市场，不断强化市场约束，利用市场机制把外部监管的压力转化为银行自我约束的内部动力机制。监管工作的主要精力应放在监管结果和有效性上，有所为有所不为，抓重点，抓难点。监管措施的改进和创新，应该从如何通过外部监管压力推动银行加强自我约束的角度出发。按照这一思路，本文提出了九项主要监管措施，并对各项措施的原理、内容和作用进行了阐述。

各国银行监管当局的监管目标基本一致，就是促进银行业稳定，提高银行业效率，我国也不例外。虽然各国的银行业市场结构和集中度有所差别，但是都存在若干个大型银行和众多的中小银行。从西方发达国家监管当局的经验来看，对于不同规模和市场影响力的银行，宜采取不同的监管方式。相对而言，各国的监管资源更多向大型银行倾斜，因为大型银行风险管理控制得好，银行体系就相对安全；大型银行竞争秩序维护得好，市场竞争就相对公平；大型银行的国际竞争力强，一国银行业的国际竞争力就强。可见，大型银行监管工作对于落实法定监管目标有重要意义。

一、大型银行监管的特点

与西方发达国家的大型银行相比，我国大型银行正处在转型与变革时期，具有许多特殊性，并决定了大型银行监管工作也存在鲜明的特点。

（一）银行规格高，监管难度大

大型银行是我国经济改革的产物，成立之初，定位于专业银行，既从事商业性业务，又从事政策性业务，在《商业银行法》颁布之后，逐步过渡为商业银行，至今仍具有较浓的行政色彩。近年来，经过股改之后，各银行初步建立了现代企业制度，但每家银行及其分支机构均对应较高的行政级别。同时，由于大型银行规格高、资产规模大，总行和各级行既是全国和地方经济建设资金的主要提供者，又成为了宏观调控政策落实的主要载体。各级银行及其负责人与各级政府、部门行政对应关系明确。在中国这样仍处于转型期的国家里，大型银行监管队伍在履行监管职责的过程中，的确存在这样或那样的监管难度。巴塞尔有效银行监管核心原则中强调的监管独立性及监管权利的执行落实等方面存在一定的难点。大型银行各级管理层在落实监管措施时往往会打一定的折扣，尤其是各级监管机构的窗口指导和道义劝说等原则性监管措施难以得到较好落实。

（二）银行规模大，监管任务重

经初步统计，截至2006年末，我国五家大型银行总资产约为27万亿元，占全国金融总资产的55%；网点遍布城乡，大约6.86万个，占比37.3%；人员众多，大约141.4万人，占全国金融从业人员的52%。五家大型银行资产规模和机构网点庞大，区域差别和城乡差别较大，人员构成复杂。银行自身管理难度较大，内部控制相对薄弱，风险隐患居多。监管人员不仅需要督促银行深化股改进程、巩固股改成果，贯彻落实好国家的宏观调控政策，而且要进行大量的现场检查和非现场监管，监管任务繁重。在股改银行上市之后，每个网点发生的风险，都可能成为新闻舆论聚焦银行和监管机构的焦点。虽然市场监管力量在加大，但无形中增加了监管机构的工作压力。

（三）银行规制杂，监管制约多

五家大型银行的发展历史相对较长，而且处于经济快速转型变革的时期。在各个不同的改革阶段，每家银行都出台了大量的内部规章制度。各种内部规章制度既多又杂，行际间不具可比性。另外，各行之间的报表不相同，科目不一致；同一银行内部，会计报表和统计报表不尽统一，信贷报表和会计报表不尽统一，信息透明度不够强。银行规制杂，使非现场监管和现场检查的制约增多，影响了监管资源的有效使用。

（四）银行层级多，监管范围广

大型银行组织结构较为复杂，突出的特点是层级多，分为总行、分行、二级分行、支行，城市里的支行下面还有管辖支行、分理处、储蓄所，最多的达6个层级。银行组织结构层级多，委托代理链条长，结果导致制度执行力层层衰减，管理成本和委托代理成本逐层提高，内部控制难以做到及时、全面和有效。银行层级多，风险隐患广，使得监管范围扩大，一方面分散了监管力量，另一方面也使得监管机构内部组织体系多层化，同样带来委托代理问题和管理成本问题。

二、优化大型银行监管的总体思路

针对以上监管特点，大型银行监管应有所为有所不为，分轻重缓急，抓重点和难点，采取更有效的市场化监管方式，突出法人监管，加强联动监管，合理配置监管资源，化外部监管压力为银行自我约束的内部动力，不断提高监管的有效性。

（一）以提高监管有效性为目的，利用好“三大支柱”，推进市场化导向监管

巴塞尔新资本协议提出了银行监管的三大支柱，即最低资本要求、监管当局的监督检查和以信息披露为基础的市场约束。新资本协议不仅鼓励各行采用内部评级法来确定风险，而且将监管机构的外部监管、银行自我约束和市场约束三者结合起来，体现了金融全球化、自由化和金融创新不断加强的市场要求，反映了银行监管的市场化发展趋势。

监管目标的实现来自监管机构的外部监管、市场约束和银行自我约束三个动力。监管机构的外部监管就是弥补市场失灵，防范银行股东和经理人的道德风险，保护广大存款人和消费者的利益，促进金融稳定，提高金融效率。如斯蒂格利茨所言，“市场是脆弱的，如果放任自流就会趋向不公正和低效率，而公共管制正是对社会的公正和需求所做的有效的和仁慈的反应。”但是，银行自我约束和市场约束永远是外部监管力量发挥作用的基础。美联储董事罗伦斯·梅尔曾说：“内部管理和市场约束是维护银行体系安全、稳健的第一道坚实防线”。

大型银行监管就是要弥补市场缺陷，培育而不替代市场，不断增强市场约束，利用市场机制把外部监管的压力转化为银行自我约束的动力机制，顺应原则导向监管的国际趋势。因此，应将监管的主要精力放在监管结果和有效性上，制定可以测度的指标来衡量监管目标的完成情况（如不良率、银行投诉、案件、银行竞争力等），强调高管层对达到监管要求负首要责任，监管制度的设计应体现激励相容的监管机制，例如，依法量化营运资本监管，采取好人举手、预先承诺、累进扣分的履职监管等方式，实行正向激励，有保有压，区别对待。有所为有所不为，抓重点，抓难点。从如何通过外部监管的压力推动银行加强自我约束的角度出发，改进和创新监管手段，整合和优化监管资源，完善联动机制，不断提高监管有效性。

（二）以促进银行加强自我约束、改善内部运行机制为重点，以法治事，强化履职问责，完善有效监管手段

采取量化营运资本监管、强化高管履职准入准出监管、深化大户监管、优化现场检查、细化非经营信息监管、固化并表监管制度、简化非现场监管、突出法人监管、推进跨境监管等九项措施，大力倡导和推行以法治事、以事评人、履职问责的市场化监管方式。实现上下联动监管，利用量化统一的监管激励和约束机制，推动银行体制、运行机制的自我良性转变和金融生态环境的完善。利用公正、公平、高效的现场检查和非现场监管手段，严格履行监管职责，打击违法犯罪，整肃银行纪律，树立监管权威，推动银行内部控制制度的完善和执行力的提高。

（三）以提高工作效率为出发点，整合监管资源，优化监管流程，提高监管的专业化水平

突出法人监管，做好监管工作流程优化。按“条现横非、条专块序”的原则，整合监管资源，体现非现场检查管“面”，现场检查管“点”、“线”的特点，做到点面结合，上下联动。实行现场检查的专业分工和条线管理，推进序时检查和专项检查相结合，提高现场检查的专业化水平。根据机构监管原则设置非现场处，加强总会的非现场监管水平；按横向属地原则简化非现场监管，实现报送简化、程序简化、人员精干和工作精细，使非现场工作更有针对性地服务于本级监管工作。通过九项措施的落实，不断优化监管手段，集约监管资源，切实推进银行加强自我约束，进而建立有效监管的长效机制。

三、优化大型银行监管的九项措施

（一）量化资本监管

1. 资本监管是第一法宝

资本监管可以说是银行监管的第一法宝，资本充足率的要求是巴塞尔新资本协议的第一支柱。资本监管实际上是一种强化自律约束的监管机制，具有重要作用。一是强化所有者的责任。资本监管要求所有者必须以足够的资本承担经营风险。有了资本约束，股东才会有足够的动力对管理层进行有效的激励与约束，通过加强内部控制和风险管理，优化资产组合，减少风险资产总量，最大化股东财富。二是防止银行的风险外溢。没有资本约束的情况下，所有者为了自身的股权受益的最大化，一般会选择过度负债经营、规模扩张和高风险的信贷决策。而管理层往往存在一定的道德风险，追求规模扩张和高风险贷款决策带来的权力地位和薪金奖励，或者尽可能地偷懒，不作为、少作为。这些都构成了对存款人和消费者的利益侵害。有了资本约束，以上的情况才会减少，而且一旦发生风险，首先会以资本进行抵冲，防范风险外溢到存款人身上。三是维护金融稳定和市场的“三公”原则。制定统一的资本监管要求，可以促进市场竞争的公平，监管机构在监管过程中也可以用统一标准履行职责，体现“三公”原则。最低资本充足率的要求，为缓释金融风险提供了较大的空间。监管机构可以根据银行资本充足率的情况采取不同的监管措施，强化所有者的责任，勒令其补充资本、处置资产或改善管理。在所有者权益无法抵偿风险资产的情况下，启动市场退出机制，控制风险。

2. 资本监管相对不足

我国大型银行的资本监管发挥了一定作用，取得了一定成效。但从目前的情况看，仍然存在一些不足。一是重资本充足率监管，轻营运资本监管。只有总行层面有资本充足率的监管要求，各分支行没有营运资本充足的监管要求。各银监局和银监分局缺乏资本监管的手段，难以对其辖内银行分支机构进行有效的风险为本监管。各家银行的分支行往往以总行才有资本充足率要求或总行达标为由，推诿执行各银监局和银监分局提出的合理控制信贷规模、增速和优化资产组合等监管措施，大型银行区域性风险难以得到有效控制。银行资金在区域间的流动难以发挥优化资源配置的功效。二是重资本总量监管，轻资本个量监管。对资本构成中各因素的量和结构的变化缺乏足够重视。三是重静态资本监管，轻动态资本监管。资本的计算难以做到动态的计算和调整。动态资本就是根据新的《国际会计准则》要求，银行按照每一时段的市场价值重新计算资本。

为充分发挥资本监管的功效，使其变成控制总量风险和结构风险的最有力手段，有效发挥其强化银行自律约束机制的作用，就应把资本监管量化。首先应量化营运资本监管，其次是逐步量化资本个量和动态资本。本文主要谈量化营运资本监管的设想。

3. 量化营运资本监管的方式

量化营运资本监管的依据是中国银监会2006年2号主席令第37条的规定。第37条明确规定，国有商业银行申请设立分行，除需要具备其他条件外，必须“具有拨付营运资金的能力：拨付营运资金不少于1亿元人民币或等值自由兑换货币，拨付各分支机构营运资金总额不超过申请人资本净额的60%”。第44条明确规定，中资商业银行设立支行，除需要具备其他条件外，必须“具有拨付营运资金的能力：上一级管辖行拨付营运资金不得低于人民币1000万元或等值的自由兑换货币；拨付给支行的营运资金累计不得超过拨付行资本净额或营运资金的60%”。主席令明确规定了分行和支行营运资本的最低限额和使用比例，但目前国内银行及监管机构并没有将其运用到对分支行的资本约束或资本监管中。我们应探索量化营运资本监管的方式，以下是一些初步的设想。

一是按四、六开的办法核定每一家分行或支行的营运资本。每一家分行、每一家支行的营运资本必须不低于主席令规定的设立时营运资本最低限额的要求，每一家分行、每一家支行的营运资本的40%用于本部经营，60%可用于再设分支机构。二是按盈亏与资产损失核算营运资本净额。遵循“准确分类—提足拨备—做实利润—资本充足”的持续监管思路，根据日常非现场监管信息和现场监管情况，各派出机构核定辖内的大型银行分支行的营运资本净额。三是根据营运资本净额的增减情况，采取不同的监管措施。设计相应的统一标准，按营运资本净额减少比例的不同档次采取不同的资产业务准入措施，督促其限期改正，补充营运资本或核销处置不良资产。当然，新设立分支行可以享受一定的宽限期。凡是按规定计提资产损失准备和扣减涉案损失后出现亏损，即营运资本受到侵蚀的银行分支行，根据营运资本受侵蚀的程度，监管机构可以限制其从事部分乃至全部资产业务，直至要求其从辖内退出，并要求上级行妥善处理后续事宜。如果该分支行坚持在辖内继续发展，上级行必须把不良资产核销或处置，并恢复营运资本净额。该分支行业务的恢复，根据其经营情况和营运资本的充足程度逐步准入。

4. 量化营运资本监管的现实意义

一是防范大银行“大而不倒”的道德风险。量化营运资本监管，就是要设计有效的监管手段，强化各派出机构对区域性风险的监管能力。根据营运资本的充足状态实行差别监管，有效利用区域性的市场准入和退出机制，防范大银行“大而不倒”的道德风险。二是实现银行体制和机制的转变。通过营运资本监管这一外部监管的压力，强化上级行与下级行的委托责任和代理责任，逐步理顺上级行与下级行管理层之间的委托代理关系，改善激励约束机制，减少道德风险，降低委托代理成本，加强内部控制和制度的执行力。三是控制银行信贷过度扩张，优化资产组合结构。营运资本的大小决定了分支行信贷扩张的规模，而资产组合的风险状况又影响了营运资本净额的大小。量化营运资本监管可以通过外部监管压力，激励每个地区的每家银行为营运资本保值增值而战，而不是为扩大规模而战，改变各分支机构过分注重规模和经济效益的短期行为，实现公平的经风险调整的绩效考评。四是防范区域性金融风险，改善金融生态环境。对营运资本净额不足的银行，适当限制其资产业务，可以促使上级行处置不良资产和补充营运资本，化解风险。对营运资本净额完全亏损的银行，实行业务限制或启动退出机制，可以促进资金在区域间的优化配置，同时也对风险重灾区的企业或有关部门起到警示和惩戒作用。各相关部门为了本地区的经济发展，也会逐渐改变对金融债权保护的消极态度，从而使区域金融生态环境得到一定改善。

（二）强化履职监管

1. 强化履职监管的必要性

国际通用的最有效的银行监管方式是资本监管，且放之四海而皆准，在我国也起到了很好的作用。但由于大型银行公司治理具有天生缺陷，此监管方式的功效不免要打折扣。五家大型银行虽然经过股改并上市，但是，由于中小股东普遍存在信息收集成本和监督成本过高的情况，“搭便车”现象普遍，而控股股东的终极所有者无法人格化，存在一定的缺位问题，所以五家大银行的委托代理关系和公司治理具有天生的特殊性和缺陷。资本所有者虚拟化，股东利益最大化的理性人假设不成立，无法对银行管理层进行有效监督约束和激励，因而资本监管有效性受到一定影响。

中国资本市场仍处于转型发展阶段，而非有效市场，经理人市场也不发育，所以无法通过有效市场的股价来反映企业的真实价值和经理层的业绩，也无法通过成熟的经理人市场的评价体系对现任管理层进行评价或形成潜在的压力。

由于没有人格化的终极所有者，大型银行的委托代理关系缺乏硬约束，各级委托人也是代理人，代理人也是委托人，再加上层级较多，代理成本较高，软约束问题更为普遍，管理层的道德风险行为较为普遍。此外，银行管理层普遍存在政治攀附心理，特别是分支行行长，为了自己在位时的政治前途或退休之后的政治名誉（在地方人大或地方政协谋个位子），往往以贷款作为见面礼，攀附地方政府，形成风险隐患。

综上所述，监管机构必须强化对大型银行各级管理层的履职监管。强化履职监管是目前国际监管通行的有效规则。巴塞尔有效银行监管原则强调高管人员的责任和监管机构对其履职的监管责任。目前发达国家和巴塞尔委员会逐步推行的原则导向的监管，更加强调银行高管层的责任，认为高管层是银行达到监管要求的第一责任人。在我国逐步转向原则导向监管的形势下，加强履职监管具有特殊的意义。

另外，从管理学的角度看，之所以要进行人力管理，因为人是最大的财富、最大的资源，但也是最大的风险。一个企业的成功，需要经过全体人员几代人的努力，但要搞跨一个企业，一个人就够了，就像拥有103年历史的巴林银行因尼克·里森一个人而被搞垮一样。我们应该通过设计市场化的正向激励的履职监管制度，充分发挥人的潜力，规避人的风险。

2. 各级高管履职和履职监管存在的问题

大型银行各级高管履职过程中普遍存在“四不”问题：一是认管不服管。大型银行各级高管都承认银监会和各派出机构是法定的监管机构，但是否真的心服口服，还不能确定。二是违纪不违法。因为违纪只是会受到纪律处分，一般不影响任职和升迁，而违法是一定要被摘掉“官帽子”的。三是履职不尽责。银行高管只是履职，但不够尽责，使银行问题照出，“不良”照增。四是损公不废私。银行出问题后，以银行名义接受罚款，罚的是公家的钱，不牵涉到“官帽子”的得与失、升与降，有的人竟然还可以异地交流做“官”或升迁做“官”。

造成上述问题的原因是目前对高管人员的履职考核是“准入不准出”，即只有高管人员的准入办法，没有准出办法，缺乏淘汰机制。上述“四不问题”没有一项触犯《任职资格办法》中关于取消任职资格的条款。所以，在所有者缺位的情况下，只有采取恰当的方式，通过强化高管人员准入和准出两种机制，才能加强履职监管。

3. 强化履职监管的模式选择

从管理学的发展进程来看，我们已经历了物本管理时期和事本管理时期，现在进入了人本管理的知识经济时代，要挖掘人的潜能，提高工作效率。强化履职监管就是坚持人本管理的原则，依法进行监管，激励银行高管有所作为。

古人云：小智者治事，大智者治人，睿智者治法。银监会就是以法进行监管，通过治法来治事治人。强化大型银行高管履职监管就是要做到有法可依，有章可循。对银行高管人员进行履职监管，是《银监法》赋予的职责和权利。银监会已经制定了相关的任职资格和履职监管的办法，起到了很好的作用，但是对高管人员履职问责规定略显宽泛。对于大型银行各级高管人员履职监管需要制定操作性更强的市场化监管制度，即“好人举手、预先承诺”的量化履职监管指标考核制度，引入准出制度和淘汰制度。

“好人举手”，就是高管人员在达到任职资格规定之后，先要决定举手做好人，承诺遵纪守法，承诺具有所任职务的经营管理能力，并自负其责，接受监管。先表态、再做事，诚信为先。“预先承诺”，是借用美联储对银行的监管方法，即高管人员每一时期期初预先承诺其经营目标，监管当局在期后进行审核，视其完成情况采取相应的监管措施。“好人举手、预先承诺”都体现了自律承诺的市场化监管原则和激励相容的制度设计原理。

大型银行高管履职监管指标考核制度就是实行“好人举手”自律承诺，根据银监会审慎监管的原则，设计简洁量化的监管指标，用以考核高管人员“预先承诺”管理能力和行为规范的落实情况，根据其落实情况采取相应的监管措施。

制定该制度的依据就是《银监法》和《任职资格管理办法》。《银监法》第37条的规定：“银行业金融机构违反审慎经营规则的……逾期未改正的，或者其行为严重危及该银行业金融机构的稳健运行、损害存款人和其他客户合法权益的，经国务院银行业监督管理机构或者其省一级派出机构负责人批准，可以区别情形，采取下列措施：……（五）责令调整董事、高级管理人员或者限制其权利……”

该制度的制定和执行均坚持以事治人、客观评价的原则。参照交通管理局对驾驶员的扣分管理办法和足球裁判黄牌警告、红牌下场的裁判原理，按“统一总分，累进扣分、年度清零”的方式进行履职考核。考核方法分为年度综合考评和单项考评。考核的实施按属地原则落实。

根据银监会审慎监管的原则，选择五至六项监管指标，如不良率、案件、资本充足率、国内其他部门的处罚结果等指标，核定考核基数，按进步度设定考核指标。统一扣分标准，统一处罚尺度。按扣分情况分三个档次落实监管措施，即责令调整职务、否决高一级资格、诫免谈话。该制度执行之后，监管机构不再按以前的方式界定哪个高管是优秀、称职、及格或不及格，而是界定高管“好人举手、预先承诺”的落实情况，根据落实情况界定哪位高管应该调整职务、否决高一级资格或诫免谈话。

制定了量化履职监管考核指标制度，就有了考核高管履职的统一度量衡，有利于监管机构执法的公开、公正、公平，提高监管透明度，树立监管权威。

（三）深化大户监管

1. 大客户贷款是监管的重点

据初步统计，五家大型银行中，有信贷关系的公司客户为85.8万户。其中，贷款余额5000万元以上的大客户为3.3万户，占公司客户总数的7.7%，贷款余额共计8万亿元，占贷款总额的65%，不良贷款余额占比65%。每户贷款余额5000万元以上且不良贷款比例50%以上的客户为2117户，不良余额共计2699.3亿元，占不良贷款总额的24.77%。每户贷款余额5000万元以上且不良贷款比例100%的客户为1917户，不良贷款余额共计2286.3亿元，占不良贷款总额的20.98%。如果将农行股改可能消化掉的包袱扣除，不良贷款的总金额和大不良客户会明显下降。

鉴于以上的分析，大客户是大型银行贷款的主要对象，也是不良贷款集中的客户，理应成为监管重点。深化大户监管，既可以集中有限的监管资源，避免过于分散，又可以抓住问题的主要矛盾，做出成效。鉴于此，银监会出台了《商业银行大户不良贷款监管办法》。大客户监管目标就是要降低不良，化解风险。

2. 大客户监管方法及检查重点

大客户监管方法就是“双向台账、逐户检查、分户处置”。双向台账，就是把2117个不良大户分解到每个省局，同时按行别分解到五家大型银行，双向建立台账。要求每家银行总行每个季度与银监会对账，明确说明不良率50%以上的大客户名单变化情况以及变化的原因。各省局同样需要建立台账，反映大客户的变化情况及变化原因。逐户检查，就是监管机构要对2117个不良大户贷款的来龙去脉逐一进行检查，启用延伸检查权，逐一查清。逐户检查实行谁主查、谁负责的方式，即：对有问题的客户，检查人员若没有查出，没有尽责，就要进行监管问责。分户处置，就是根据对每一户的检查结果，依法合规进行处置，包括重组盘活、破产核销、抓人追债等处置方式，化解风险。

大客户检查就是要查清贷款的全过程，重点弄清产生不良贷款的原因。多年的监管经验表明，银行产生不良贷款的原因无外乎六个方面：一是客户违法骗贷；二是有关政府部门出具伪证；三是外部力量干预，如行政干预等；四是银企共同串谋；五是审贷失职渎职；六是非人为因素，如天灾人祸、经济周期、宏观调控等。每个检查组都必须尽职检查，弄清是以上哪个原因形成的不良，做到“宁可挂一，不怕漏万”。“一”要突出重点，足够定性，铁证如山。对于取证过程中，其他相关部门配合或不配合的情况，要一一记录在案。

3. 深化大户监管的重要意义

一是减少不良贷款。通过检查摸清不良贷款的成因，便于督促银行进行风险处置。二是打击违法犯罪。对于违法骗贷、出具伪证和银企串谋等行为，构成违法或犯罪的，严格按规定程序移送相关机构惩处。三是整肃银行纪律。对于银行职员违法违纪行为和审贷失职渎职行为，严格按照监管机构相关规定进行处罚，并责令银行进行内部处理。四是树立监管权威。通过专业化的现场检查，查清银行、企业及其他相关部门、人员的违纪、违法和犯罪行为，树立专业检查的权威。通过公平、公正和公开的行政执法，树立秉公监管的权威。通过对大户贷款的延伸检查和公正执法，增加专业监管的社会影响力和威慑力，树立保护银行债权和存款人利益的权威。

（四）优化现场监管

1. 对传统现场监管方式的分析

传统的现场检查方式一般采取面面俱到、大范围的地毯式检查；或者是专注于某一科目的科目式检查；或者是采取突然袭击的突击式检查。这些检查方式起到了一定作用，但是也存在较为明显的弊端。往往由于涉及面太广，检查出的问题较多，法不责众而收场；或者由于缺乏计划性、连贯性和一致性，每次都来去匆匆，检查不够深入，缺乏对银行经营状况的全面了解，检查效果不佳。主要原因是：未能按风险为本的理念，依照风险大小合理分配监管资源；未能合理安排专项检查与全面检查的关系；未能合理地安排监管团队，明确监管责任；未能进行专业化分工，提高检查的专业水平并提高工作效率。此外，在现场检查的组织体系和岗位设置上，总会和派出机构、各派出机构之间存在一定的差异，监管资源未进行优化配置，影响了监管效率。

2. 优化现场检查的改进思路

优化现场检查的改进思路概括起来是：“条线模式，纵横结合；条现横非，条专块序；序时检查，专项检查”。条现横非，就是现场检查实行条线型管理，实行流程作业，全国统一安排，各省局的现场检查处分别实施，并要结合当地风险实际；总会和各省局按专业设置主查人和检查岗位，实行专业化分工作业，总会统一调配监管资源；非现场监管实行横向属地负责制，总会按机构监管原则设立非现场处，强化非现场监管职能，省局根据情况自行设置非现场处。条专块序，就是专项检查由总会统一按条线型进行管理，序时检查由省局自行安排。序时检查，就是对辖内的银行机构按照一定的周期轮回和顺序进行全面检查。专项检查，就是对某专项问题、专业产品安排专门检查。

3. 优化现场检查的方法和意义

专项检查的方法概括起来就是，条线管理，专业分工，组团包干，失职问责。由总会统一安排，调配资源，全国一盘棋。实行省局组团包干的形式，减少人际交往的时间成本，提高效率，同时也便于以“省局组团”明责问责。实行专业分工，提高检查的专业化水平，提高工作效率。

序时检查的方法概括起来就是，按险排队，依序定时；全面检查，周期轮回；组团包干，失职问责。序时检查，就是省局开展的对辖内银行网点的现场检查。现场检查过程中，按风险的大小和重要性进行排队。根据辖内银行现场检查的排序确定检查的时间安排。序时检查是对银行网点和风险的全面检查摸底，定期轮回，周期可以为 3 ~ 5 年，由各省局根据情况自行确定。每次现场检查都实行组团包干的形式，由主查人负责，强化履职问责。

现场检查的工作安排应符合心理学和管理学的要求。一个现场检查组一般人数最多五个人，人多了关系复杂了，效率反而低。现场检查过程中一次外出的持续时间一般 10 天左右，最多不超过两周。根据经验总结和心理学的常识，人在外出差的心理底限一般不超过 2 周，时间长了，工作效率就下降。在检查过程中，应学会变换工作，查账、学习、写心得体会、讨论等应相互切换，提高工作效率。前苏联著名科学家亚历山大·亚里山德洛维奇·柳比歇夫在他的著作《奇特的一生》中，对人类的有效工作时间进行了研究。他从 24 岁开始核算人们在 24 小时内的有效工作时间，核算的结果是：不变换工作，有效工作时间 5.8 小时。

现场检查应以效率为先，应抓住重点，一查即准、一击即倒。现场检查的总体要求就是“三铁两见”。“三铁”是现场检查铁面无私、检查取证铁板钉钉、行政处罚铁案不翻。“两见”是见钱（罚款），见人（处分人）。

优化现场检查具有一定的现实意义。它体现了风险为本的监管理念，即高风险多检查，低风险少检查；提高检查效率，准确打击，各个击破；明确监管责任，即谁检查谁负责，属地原则；统配监管资源，人、财、物统一配置，量力而行；公平监管考评，以查处问题和序时检查任务作为主要标准衡量，省局计划，总会备案，按季报表，半年通报。

（五）细化非经营信息监管

1. 非经营信息监管是重要的监管环节

大型银行经过股改后陆续上市，有的在境内外两个证券市场挂牌上市，成为公众公司，社会关注度提高。银行按证券监管要求执行强制性信息披露制度，同时按国际财务会计准则和境内会计准则进行审计，披露两者的差异。银行的各种经营信息和非经营信息都成为市场关注的焦点。银行股票发行上市，严格信息披露，催生了千千万万个编外监管者，市场监管力量得到加强。监管机构一方面应积极利用市场监管的力量，另一方面也应关注市场上有关大型银行的积极和消极的各类信息，减少信息不对称，积极寻求主动。另外，由于各银行之间资产负债业务同质化现象较为严重，存在一定的无序竞争，或者由于内部管理不善、激励约束机制不健全等原因造成服务质量问题，或者由于没有履行必要的社会责任等原因，引起社会较大反响，产生声誉风险。

以上这些信息将对银行产生重大影响，对监管工作也会产生一定影响，处理不好将影响到银行监管机构的良好形象。

2. 非经营信息监管的内容和方法

非经营信息监管的主要内容包括来自有关部门的行政处罚、舆论报道、银行案件、客户诉求、高管丑闻、队伍状况、信息披露、社会责任等信息。对于非经营信息监管主要采取如下的方式：一是完善报告报备制度，要求银行及时报告或报备重大事项；二是实行舆情监测制度，监管人员要密切关注社会各界对银行的反映，密切关注银监会出台制度办法后社会各界的反映，安排监管人员轮流专职负责；三是实行专人关注制度，要求主监管员密切关注银行的经营和非经营信息；四是要求监管人员“了解你的银行”，即了解其所监管银行的过去、现在和未来。

（六）固化并表监管

1. 固化并表监管是新形势发展的需要

近几年，大型银行积极参与国际竞争，发展国际业务和跨境业务，境外分支机构增多，如在境外设立法人机构或分支机构、收购法人银行等。大银行顺应形势变化和市场需求的需要，大力发展综合经营，新办各种非银行金融机构，逐渐形成了一业为主、混业经营的金融集团公司。根据巴塞尔《有效银行监管核心原则》第 24 条并表监管原则，银行监管的一项关键内容就是对银行集团进行并表监管，有效地监测并在适当时对集团层面各项业务的方方面面提出审慎要求。第 25 条母国和东道国的关系原则要求，跨境业务的并表监管需要母国银行监管当局与其它有关监管当局、特别是东道国监管当局之间进行合作及交换信息。跨境并表监管的水平已经成为发达国家市场准入的重要参考指标。固化并表监管就是要将并表监管的做法固定下来，不断改进和完善，形成制度。固化并表监管是国内大型银行业务发展新形势下提出的监管要求，是国际通行原则的监管要求，也是大型银行走向国际化的客观要求。

2. 并表监管的内容和方式

并表监管是为控制银行或银行集团的总体风险，对其合并报表的母子公司进行全面监管的一种制度安排。并表监管的范围包括控股 50% 以上的被投资机构以及风险关联度较高的具有实际控制权的银行及非银行机构等。并表监管是风险为本的监管，主要内容包括市场准入、高管任职资格、资本充足率要求、风险管理、产品服务、业务等。并表监管不是并表核算。

银监会鼓励大型银行在有效评估和管控风险的前提下，进行综合化经营和跨境发展，设立子行、分支行和各类非银行金融机构。一方面要求大型银行具有相应的风险管理能力，合理利用各种金融产品配置资产组合降低风险，另一方面要求必须拥有对子公司 51% 以上的绝对控股权，并以自己的名称进行冠名，如工银某某公司、中银某某公司等，将集团的声誉风险连在一起，发挥自我约束机制和市场约束机制的作用。

并表监管的方式主要有以下几种：一是发挥母公司的股权传导作用。通过并表监管的制度安排，加强母公司的自我约束，通过对并表公司的股权约束，完善子公司和分支机构的内部控制和风险管理。二是加强跨业跨境监管机构合作。通过合作沟通，减少信息不对称，避免监管真空，形成监管合力。三是委托中介机构。这也是国际通行的做法，既可以节约监管资源，又可以发挥中介机构熟悉跨业、跨境经营环境的信息优势和专业优势。四是加强并表监管的现场检查和非现场监管。按条线管理的原则，依照功能检查的要求，分专业建立跨境检查人才库，实行主查人负责的组团包干责任检查制度；遵循风险为本的检查原则，依照风险大小、整改情况、国际影响力等合理安排检查时间和频率；进一步细化非现场监管分工，优化并表监管非现场检查职能，做好信息收集和风险监测分析。

（七）简化非现场监管

1. 简化非现场监管的必要性

大型银行股改后，实现了数据大集中，加大了流程银行建设力度，其业务条线垂直化和机构扁平化改革日益深入，总行对分支机构的管控力度明显加强，分支机构准法人机构的运营模式已经发生重大变化。与之相应，各分支机构非现场监管分析报告包含的法人信息越来越少，对于法人监管的作用日益减弱，仍按月、按季报送总会不仅已无必要，反而增加了各银监局的工作量，占用了各银监局的大量人力，也使得原本已经被缩减的大型银行现场检查人力资源更加紧张，客观上制约了监管有效性的提高。

2. 简化非现场监管的内容

鉴于此，必须简化非现场监管。“简化”有两层含义，一是简化手续，使流程简单化；二是简约工作，使分析精细化。简化手续，就是按横向属地原则加强非现场监管，不再要求各银监局按月、按季向总会报送分支机构非现场监管分析报告，简化不必要的报送和工作量，实现报送简化、程序简化、人员精干化、工作精细化，使非现场工作更有针对性地服务于本级监管工作。由此腾挪空间，充实现场检查力量，优化监管资源配置，提高监管收益成本比。简约工作，就是从原来程式化的、八股化的非现场监管报告撰写工作中解脱出来，根据本级监管需求，以风险为本，有的放矢地开展非现场监管工作，着实提高风险监测、识别、预警和提示的水平。

（八）突出法人监管

1. 突出法人监管是客观需要

银监会成立伊始，就明确提出“管法人、管风险、管内控和提高透明度”的监管新理念。这一理念产生于中国的银行业监管实践，符合中国银行业及其监管发展的要求，也适应国际银行业监管发展的趋势，即强化以公司治理为基础的风险为本的原则导向监管。毛主席说过“内因”是变化的“根据”，“外因”是变化的“条件”。外部监管要发挥作用，就必须要求银行加强对包括合规风险在内的所有风险的管控，就必须严格监管银行的内控制度建设和执行情况，就必须要求银行真实、规范披露信息以强化市场约束。我们看到，银行各类风险主要由法人承担，内控制度主要由法人制定，风险管理和内部审计主要由法人垂直管控，信息披露主要由法人统一集中管理。我们也看到，随着流程银行改革的推进，大型银行前、中、后台日渐分离；前台业务线按产品制造和销售服务进行专业化分工，逐步实行扁平化垂直管理；中后台等支持部门也将逐步成立集团统一的业务支持团队，实行集中化管理。可以说，“三管一提高”理念中，“管法人”这个前提和基础条件变得越来越重要，没有了这个前提和基础条件，其他三个理念已经很难实现。与之相应，过去的总会监管总部、派出机构监管分支机构的分割监管方式，已经越来越不合时宜，而发展方向就是突出法人集中监管。

2. 突出法人监管的工作安排

突出法人监管，就是以监管总行为主，重在加强大型银行法人机构的公司治理、内部控制和风险管理能力建设，强化其内部运行机制的建立和完善。突出法人监管，须做以下工作流程优化：一是按“条线横非”的原则，加强监管资源集成。强化法人现场检查资源的垂直条线管理和专业化分工，做到资源统一调度、成本收益合理平衡。加强法人非现场监管资源配置，提高风险监测分析水平，做到风险的整体把握、预警防范的统一行动。以此加强系统性风险监管、银行战略风险监管、经济周期风险监管，切实推动“区别对待、有保有压”政策的落实和银行体制机制的改革。二是围绕法人监管，推进两大系统建设，有效联动上下三支监管队伍。重点加强现场检查分析系统的开发和非现场监管系统的应用，有效发挥总会对法人海量数据综合分析的优势，做到法人监管精确制导、派出机构现场核查的事半功倍的效果。同时，派出机构重点监测检查并上报重大的经营性信息和一些非经营信息，服务于法人监管。三是工作程序和信息反馈上，也以总行为主。例如，凡举报、投诉等全部转给银行总行，不再转给派出机构，以减少中间环节并强化总行法人责任。

（九）推进跨境监管

1. 国际化战略面临严峻挑战

近几年来，大型银行国际化步伐明显加快，初步形成了“以亚洲为主，兼顾欧美”的境外经营网络，并将不断深入“走出去”战略，设立境外分支机构，开展境外兼并收购，深度拓展境外市场。与此同时，我们看到，全球的银行体系发生了重大的变化。随着金融全球化和自由化的发展，过去的30年里，“金融脱媒”获得了几何级的增长，“发起—持有”模式被“发起—分销”模式所替代。虽然金融风险在新的经营模式下得到转移分散，但其复杂性、关联性和传染性也呈现几何级的增长，跨表、跨业、跨市场、跨国的风险相互交织、相互渗透、日趋复杂。因此，大型银行“走出去”战略意义重大，但挑战也前所未有。

2. 推进跨境监管的工作重点

国内外的实践证明，有效的跨境监管是实现跨表、跨业、跨市场、跨境风险有效隔离的重要手段，也是得到东道国准入许可的重要条件，更是稳妥推进“走出去”战略的必然要求。银监会从不干预银行的战略决策，但有责任不断推进大型银行跨境监管工作。首先，要加强以资本监管为基础的并表监管能力建设。督导银行完善母银行与海外附属机构之间以及境内外之间的防火墙制度，有效防范跨表、跨业、跨市场、跨国的风险传染，建立覆盖所有境外机构、涵盖全风险类别的并表管理体系。其次，加强对境外证券投资风险的监测预警工作和境外分支机构的现场检查工作。密切关注国际经济金融的热点难点问题，建立境外债券投资风险分析制度，及时掌握市场风险变化情况，要求各行做好压力测试和情景分析，有效发挥非现场监管的风险监测、预警和提示作用。结合各行风险特点，有针对性地开展并表管理检查、跨境业务检查、投资类业务检查，做到敢走出去、重在大国、查出问题和重点突破。利用境外现场检查之际，切实加强与境外监管机构的沟通与合作，推动跨境国际监管合作的不断深化。其三，督导我国大型银行在有效评估和管控风险的前提下，稳步推行"走出去"战略。要求大型银行将加强全面风险管理和并表管理能力建设有机结合，当作重中之重的工作来抓，全面提高风险管理和内部控制能力；继续苦练内功、弥补差距，加强境外市场调研，了解国际市场运行的游戏规则，利用好境内外两个市场的资源，发挥好横跨境内外两个市场的优势，将"走出去"战略扎实稳健地推向深入。

以上九个方面的措施需要相互配合，发挥监管合力，通过资本监管、履职监管和市场监管约束的传导机制，转化为银行自我约束的内部动力，促进银行体制和机制的自我良性转变，进而提高监管效率，建立监管长效机制。抓住了主要矛盾和矛盾的主要方面，启动了银行自我约束的机制，监管机构不用到处去做"救火队员"，就可以解决监管难度大、任务重、制约多、范围广的问题，不断促进银行业的稳定，提高银行业的效率。

作者简介：

杨家才，男，生于1961年4月，湖北钟祥人，武汉大学商学院研究生毕业，经济学硕士，高级经济师。

曾任职中国人民银行武汉分行副行长、中国银监会湖北监管局副局长、中国银监会安徽监管局局长。现任职中国银监会银行一部主任。

还担任武汉大学研究生校外指导老师，华中科技大学、中南财经政法大学金融学院、安徽大学经济学院等兼职教授。

曾出版《存款保险制度及中国模式》、《体味金融监管》、《农村信用社基础理论与实务》、《新理念下的银行监管》、《银行监管通论》、《中国城市商业银行并购与重组：徽商银行模式研究》等著作。

曾在《金融研究》、《中国金融》、《金融时报》、《银行家》等杂志报刊发表论文数十篇。

研究方向：金融理论和银行监管。

二、中国银监会银监二部领导关于金融经济的文献

以流程银行改革为突破　构建现代化银行管理体系

中国银监会银行监管二部主任　肖远企

伴随着改革开放，我国银行业也历经了30周年的坎坷与成长，并获得了空前的发展。特别是近5年，通过借鉴欧美同行的先进经验，国内商业银行纷纷实施了流程化改造，极大提升了管理模式的跨越式发展，有效增强了核心竞争力。流程银行建设已逐渐成为我国商业银行改革发展的必然趋势，并被认为是我国银行业的“第二次革命”。

一、流程银行管理模式的兴起

20世纪80年代，欧美国家的商业银行在充分借鉴工业生产企业管理创新成果的基础上，率先在银行业推动了以流程再造为核心的管理体制改革。其核心是，商业银行按照为客户提供最方便、最优质服务的原则，根据客户类别，将全行业务分设成一系列能以最快速度反应和满足客户不断变化的需求的业务流程，并将经营决策点直接定位于业务流程执行的地方。其特点是，商业银行在业务流程中建立控制程序，强调业务条线的系统营销和系统管理职能，确保各大业务在相互独立的前提下在银行内部畅通无阻地流动，因而具有机构扁平化、业务垂直化、合规部门地位突出以及以顾客需要为中心的特点。

在组织结构上，流程银行一般实行扁平化结构和引入战略业务单元制（Strategic Business Unit，简称SBU），同时对前中后台进行严格分工。在SBU制下，各战略业务单元在其内部实行系统垂直管理，统一核算利润，单独向银行高级管理层报告业绩，对本单元的损益负责。SBU由于具有提高经营透明度、增加银行对员工的控制力、落实员工责任制等优势，因而已经成为国际先进银行普遍采用的管理模式。

相对“部门银行”而言，流程银行的管理模式具有以下三方面优势：

一是有助于解决银行同质化竞争的问题。当前，国内银行竞争力较弱的一个突出表现就是同质化竞争严重，不具备与银行自身资源和特点相适应的竞争能力。而外资银行的核心优势恰恰基于功能完善的业务流程的高度差异化的产品服务能力、定价能力、风险控制能力、成本优化能力和内部运作效率，这些潜在竞争力正是目前国内银行最明显的“短板”，也是与外资银行最大的差距。建立流程银行的管理模式不失为解决银行同质化竞争问题的更优路径。

二是有助于解决银行运营效率及成本控制力低下的问题。“部门银行”遵循的是传统的分工理论，以银行自我管理为中心，按照职能分工构建内部组织体系，往往造成流程分割。在金融竞争日益市场化、金融产品日益复杂化和组合化、客户需求日益个性化的发展趋势下，对客户需求的响应和调动内部资源的能力都受到体制阻隔，部门之间由于资源或权力占有的协调不畅，形成过高的交易费用和经营成本。而流程银行管理模式按照最有利于满足客户需求和创造客户价值的营运流程重新设计和组装，重建完整的业务流程，实现内部运营的高效率，最大限度地简化流程和节省成本。

三是有助于解决银行风险管理能力低下的体制性问题。传统的“部门银行”体制呈现出部门之间、总分行之间的权力分割和资源割据，容易造成内部人控制和风险监管虚化，风险问责不落实等问题，实践中往往表现为“风险最大化”或“风险逃避”，最终使总行失去对风险的控制。建设扁平化、集中化、专业化的流程银行组织模式，通过精简管理层次、优化资源配置、集中后台处理等，能够从制度层面上解决银行风险控制的问题。

二、我国商业银行在流程银行改革中的探索

面对外部竞争环境的变化以及监管部门的政策导向，国内商业银行也逐渐认识到传统“部门银行”体制的弊端，并加快了流程再造和组织结构重组的进程。归纳起来，主要集中在以下四方面：

（一）按照业务条线垂直化管理的要求建立战略单元的管理模式

一些股份制改革的国有商业银行根据业务部门系统化管理职能的特点，建立以管理流程为主线的多个业务单元，实行从服务内部客户到服务外部客户的服务流程体系和以独立核算为核心的绩效考核体系。例如，工商银行按照资产、零售、新兴三大业务板块改造其上海分行的业务管理体制。中国银行对一级分行业务线和产品线进行改革，目前，其部分分行已经初步建立了公司业务战略单元和理财业务战略单元。又如2001年，招商银行与台湾中国信托商业银行合作，在上海设立了国内首家按照国际标准、第一个实行全成本核算的信用卡中心，率先突破了部门银行模式。包头市商业银行、台州市商业银行等先后引进德国IPC公司小企业融资技术，成功塑造了微小企业融资核心业务流程。目前，在股份制银行中，已有交行、招商、浦发、民生等针对银行卡、网上银行、中小企业等新兴业务按照利润中心的原则建立了集中经营的战略单元，兴业银行也提出要按照“流程银行”理念尽快调整组织架构，加快零售银行总部建设。

（二）推行扁平化管理，精简管理层级

扁平化管理是流程银行的重要特征，通过减少管理环

节，提高价值链管理效率，以实现贴近市场、快速应变、增强战略和管理执行的能力。其中，国有商业银行主要是实行二级分行对城区各分支机构和网点的直接管理，比如，中行取消了原城区管辖支行。深发展在新桥进入后取消了分管副行长管理层级，建立从总行信贷风险执行总监到分行或业务线高级信贷主管的授信垂直业务线。招行、民生等银行通过建立授信、稽核等区域管理中心贴近或连接市场，实现垂直化管理。

（三）推行集中化管理，实现前中后台分离

集中化管理是国际银行业普遍采用的管理模式，通过对大量占用人力和时间的各种单证、会计业务处理实行后台流水线作业，对风险控制、不良资产管理等集中到总行或区域管理中心集中控制，极大提高了业务管理效率，降低了风险并减少了运营成本。目前，国内银行也开始借鉴国际银行业的先进经验，加强对资金清算、单证、放款、资金配置、授信等进行集中化、专业化的运作管理。比如，民生银行较早实现对会计业务的集中后台处理，使前台集中精力开展营销服务。2004 年下半年，工行成立独立于分行管辖之外的内审局及分布在各地的内审分局，由总行直接领导。而招行早在 1999 年就在总行层面设立了“单证处理中心”这一独立运作的二级部门，集中处理深圳本地和异地中小规模分行的国际结算业务。此外，各主要银行都已按照单中心或多中心模式基本实现了全行的数据集中管理。

（四）依托科技信息平台建设，构建差异化流程

流程再造的一个核心理念是一切按照客户服务的需要，建立最有价值和有区别的流程。目前，各家银行都在加快流程的重建，主要是剔除低价值的操作环节，对过去相对繁琐的管理环节进行精简，尤其是信贷审批、业务操作等环节，建立质量控制和问责制度。比如，对零售业务按照客户价值不同进行渠道分流，分别实行标准化服务和定制化服务，对公司客户实行团队营销，针对小企业和大公司客户的不同特点采取不同的审批流程等，提高了流程效率和差异化服务的能力。在部分流程的设计上采用并行方式，改变过去顺次作业的做法，比如，产品研发和信用评估同步、市场开发与风险调查同步等。同时，经过重新设计、梳理后的流程在新的 IT 架构中得到了初步的运用，进一步推动国内银行向模块化、集约化管理推进。

三、我国商业银行在流程银行改革中面临的难点

难点一：组织架构形似而非神似的问题。当前，我国银行尚处于业务条线垂直化改革初期，还远未达到国外银行按战略业务单元组织经营活动的层次。以大型银行为例，虽然与花旗银行等外资银行相比，都采取了矩阵式的组织架构，但花旗银行主要是按业务条线管理，而我国大型银行目前仍主要是按地域管理，仅做到了“块中带条”。除了信用卡等少数业务条线外，还未全面对各业务条线进行利润分析、成本和预算控制，利润核算仍以分行为中心。而部分小银行把流程银行改革简单理解为内部组织重构，仅在职能调整、部门整合和人员配置上做文章，或者陷入“先部门后流程”的改革误区。

难点二：来自内部诸多矛盾的协调问题。矩阵管理模式强化了各垂直管理的业务条线权限，分支行管理权限则被大大削弱，协调和平衡分支行与业务条线之间的关系存在较大阻力。如招商银行信用卡中心在向其他业务条线移植过程中就遭遇了巨大困难，最终只能采取渐进式改革。各大型银行分支机构普遍存在员工年龄结构、知识结构老化问题，与流程银行改革要求的全能型的人才要求相比，差距较大。流程银行集约化经营可能导致员工的减员分流，也是改革面临的一大难题。

难点三：中小商业银行核心业务流程专业不突出问题。由于金融市场差异化程度逐渐加深，消费者的选择偏好倾向于多样化。在流程银行改革过程中，中小商业银行应将自身发展战略定位于大型银行难以提供或不愿意提供的、特殊的金融产品和服务，在有限的业务规模和业务能力上突出核心业务流程。但当前我国中小银行大多属于跟随型市场定位战略，与大型银行经营同质化趋势严重。

难点四：流程文化铸造的问题。银行的流程再造需要有相应的流程文化作支撑，其主要内容包含效率意识、协作意识、重新意识和合规意识，要求每位员工具备对客户、市场变化的迅速反应能力、成本和风险管理的高效率，在工作团队中精诚协作，具备创新意识和合规文化意识。但长期部门银行滋生的低效率以及“官僚文化”的改变还需要较长时间。如深圳平安银行仅用 12 个月就完成了流程银行“硬件”建立的大部分工作，而“软件”（文化）建设则较为漫长。

难点五：银行监管工作的跟进问题。我国银行监管构模式主要适应于传统部门银行特点，监管资源的配置是“自下而上”的。而流程银行事业部制改革导致的营运中心分散化，后台处理集中化，资金在总行的直接管理与统一调配等，对银行监管部门法人监管途径和模式、属地监管原则以及分支机构监管方式和内容都提出了新的挑战。

四、在流程银行改革中需关注的几个问题

（一）遵循的总体原则

我国流程银行改革应坚持“有所为有所不为”的原则，根据各类机构自身业务特点、市场细分和风险承受能力，选择不同的改革路径和推进方式，通过改革进一步强化业务条线功能，优化人力结构，打造流程银行文化，构建 IT 信息平台，并通过监管方式的变革，为改革营造宽松的外部环境。

1. 因行定策，根据自身战略定位和业务特点选择改革模式

流程银行建设没有统一模式，事实上，部分在华外资银行也进行了业务流程的本土化改造。如东亚银行其香港母行是纯条线运作模式，但其内地子银行强化了区域管理行块的作用。我国东、中、西部发展差距较大，政府主导型的区域经济发展模式也对银行的管理模式、组织架构和业务流程也有较大影响，全国性银行在强化垂直业务条线运作的同时，宜选择“条块结合”的矩阵管理模式。中小银行则应根据自己的发展战略定位、业务特点及核心竞争

优势来决定流程再造的模式选择，以保持在不同细分市场中的领先地位。

2. 循序渐进，稳步推进流程银行建设

如大型银行在不触动分支行传统利益范围和现有组织架构的前提下，可选择产品相对单一的部分业务和产品线为切入点进行试点，在总结经验、完善制度的前提下再逐步推广的渐进式改革方式。中小商业银行在采取推倒重来的激进式改革策略时，在核心业务流程的选择上也要审慎，使其能真正发挥自身竞争优势，减少流程再造本身带来的风险。在改革过程中，要善于借助外部力量来加快推动改革进程，充分利用境外战略投资者的人才优势、技术优势和管理优势，引进外国专家、求助专业咨询机构来规划流程项目和相应的运行机制，尽量减少流程缺陷。

（二）需关注的几个问题

1. 关注管理层的决心

“流程银行”成功的关键在于领导层，管理层的重视是顺利推动的根本保证。因为从某种意义上讲，流程再造是针对权力的重新配置，是对原有利益格局的重新调整。因此，流程再造和许多改革一样存在这样的难题：改革依赖分支机构和现有职能部门的支持，但是改革的目标却是削弱分支机构和某些职能部门的职权。对各商业银行而言，流程再造不仅仅是对总行各职能部门的一次利益重新调整，更是对省分行及以下各级分行行长的重新定位。商业银行原来总行和分行之间实行授权——转授权体制，而流程再造将削弱甚至取消分行对分行内部各业务部门的转授权，因而削弱了各级行长的权限，与之相适应，业务协调的权利也将从强调横向协调转变为纵向协调与横向协调并重。因此，流程再造不可避免地面临巨大的阻力，考验着管理层的抱负、意识和领导艺术。只有领导层为业务流程改革造一个很好的“势”，“流程银行”才能完整地构建起来。

2. 关注“流程再造”中的“流程”

目前，国内银行并不缺少相关的风险管理规章制度，但风险防范机制却难以确立。原因是，国内银行对风险防范的流程设计缺失或不合理，对权利的监督制约机制没有设计到风险防范的流程中去，或设计的根本就不合理。而流程银行再造的始点是先定流程，后定机构设置和人员配置。通常而言，在商业银行业务流程再造过程中，商业银行一般根据市场和客户的需要，在设计总行、外部组织形式以及对接这三个层次上的业务流程后，再根据流程的实际需要，整合或撤并职能重叠或有悖于流程银行要求的部门，最后才配置人员和设定职能。有关研究表明，在流程再造中，流程决定组织机构的设定，而非相反。商业银行因流程需要而设定职能、配置人员，而不是因人设事。换句话说，在流程再造中，流程的设计最重要。

3. 关注相关配套制度的实施

流程银行并非万能，尽管与传统的“部门银行”相比，流程银行在控制风险上具有较大的优势，但是，一个好的流程作用的充分发挥还需要其他制度安排的配合。相同的流程与这些正式或非正式制度安排的不同搭配，将形成不同效率、不同风险控制水平以及对不同客户需求做出不同反应速度的“流程银行”。配套流程银行改革的这些正式或非正式的制度安排应至少包括：（1）员工素质；（2）观念和价值观；（3）企业文化；（4）激励制度；（5）考核制度；（6）组织转型及其与流程的拟合度等。这需要员工的业务技能、沟通能力、协同工作等综合素质全面提高；需要将以技术、产品或行长为中心的经营观念，转变为以顾客为中心；需要创造性地应用信息技术建立统一的信息共享平台，规划、设计、开发新的信息系统；需要打破传统金字塔型的组织结构，通过规模调整、职能转变，使银行的组织形式向扁平化、精益化的方向发展；需要改变旧的企业文化来适应新的流程，不能让旧的企业文化对新的流程产生阻碍。

此外，银行监管模式的转变也需跟上商业银行进行流程银行改造的步伐。现阶段，一是重心上移，加强监管资源在银行法人层面的配置，增加对总行的监管力量。二是尽快提高监管科技含量和信息化水平，构建现场检查数据库，运用先进的数据挖掘和分析技术开展计算机辅助现场检查，真正构建对流程银行的全方位有效监管。三是实施人力资源集成，改变“人盯机构”的传统监管模式，构建现场、非现场的条线监管框架，通过加强培训提高监管人员素质，建立相应的专家人才库，努力提高监管的专业化水平。

三、中国工商银行总行领导关于金融经济的文献

坚定发展信心 明确目标任务 进一步提高我行个人金融业务市场竞争力

——张福荣副行长在中国工商银行个人金融业务工作会议上的讲话

同志们：

这次会议是在纪念改革开放30周年暨工商银行成立25周年的背景下召开的一次重要会议。会议的主要任务是，认真贯彻总行发展战略研讨会精神，回顾股改3年来全行个人金融业务发展情况，分析当前经营形势，谋划未来3年发展思路及明年工作任务，动员全行开拓创新，扎实工作，全面提升市场竞争力，努力实现打造中国第一零售银行的发展目标。下面，我讲几点意见。

一、三年来全行个人金融业务的发展成就及经验

股份制改革以来的3年，全行紧紧围绕打造“中国第一零售银行”的总体目标，坚持“以客户为中心、以市场为导向”的经营理念，深入推进“大个金”发展战略，在快速发展中创造了良好的经营业绩，为全行经营转型及3年发展规划目标的实现作出了重要贡献。

（一）经营贡献持续提升

2008年前11个月，全行个人金融业务实现税前利润606亿元，较2005年提高约1.92倍，3年复合增长率超过40%，成为全行增长最快的利润来源之一。其中，实现个人中间业务收入144.94亿元，四大行占比第一，近3年复合增长率达到63%。2008年前11个月，全行个人金融业务实现营业贡献824.82亿元，完成年度预算的85.54%，近3年营业贡献年复合增长率达到33%。个金业务营业贡献在全行的占比超过30%。

（二）客户结构持续改善

截至2008年11月末，全行个人金融资产5万元以上的中高端客户达到2082.23万户，个人金融资产100万元到800万元的财富客户达到31.76万户。中高端客户金融资产占全部客户资产的比重已达到77.94%，其中财富客户金融资产占比已达到12.28%。理财金账户客户数达到439万户，三年增长约252万户。

电子银行和信用卡客户也快速增长。截至2008年11月末，个人网上银行客户5546万户，3年间增长了4060万户；个人电话银行客户4746.82万户，3年间增长了2874万户；手机银行客户1368.59万户，3年间增长了1335.66万户。信用卡客户达到2660万户，3年间增长2060万户。

（三）各项业务持续协调发展

一是储蓄业务与理财业务实现协调快速发展。截至2008年11月末，全行人民币储蓄存款余额达到37780亿元，分别较2006年和2007年末增加6088亿元和6404亿元，余额占比居同业之首。与此同时，全行个人客户金融资产余额达到48000亿元，包括银行类理财产品、基金、保险、国债在内的各类个人理财销售额达到17088.75亿元，也位居同业首位。

二是个人信贷业务实现规模、质量和效益的同步提升。截至2008年11月末，全行个人贷款余额达8044亿元，在四大行中的占比30%，居同业第一。今年累计发放个人贷款2954亿元，新增606亿元，其中个人住房新增贷款占到89.4%，全行个人贷款不良率控制在1.38%，资产质量保持良好水平。今年已实现利息收入507亿元，同比多增141.08亿元；近3年个人贷款利息收入年复合增长率达到34.04%。

三是个人理财业务市场领先优势进一步加强。截至2008年11月末，全行累计销售银行类个人理财产品11849.40亿元，三年复合增长率达到873.32%，在四大行中占比超过50%。代理保险已成为我行个人中间业务收入的重要来源，今年已完成代销984.14亿元，分别较2006年和2007年有了大幅增加。第三方存管业务新增客户达到247.60万户。全年代理国债销售611.67亿元，进一步巩固了第一大国债代销商地位。面对今年以来国内外资本市场深幅调整的不利因素，我行在代理基金销售额、代理基金业务收入、客户数量等主要指标上继续保持同业占比第一。

四是个人结算及代收代付业务保持平稳增长。截至2008年11月末，全行实现个人结算业务收入22亿元，分别较2006年和2007年增加了6亿元和1.82亿元；四大行占比为45.51%。同时，全行加大代发工资等代收代付业务发展力度，代发工资户数已经达到50969家，金额达到1452.25亿元，并促进了其他业务的捆绑营销和联动发展。

五是牡丹灵通卡和ATM离柜业务保持快速发展。截至2008年年11月末，全行牡丹灵通卡发卡量已达1.89亿张，其中牡丹灵通卡·e时代卡7874.18万张，占41.34%，三年复合增长率达到246.19%。牡丹灵通卡消费额大幅攀升，3年分别实现消费额2495亿元、4539亿元和4859亿元，在四大行中占比第一。ATM交易迅猛增长，受理能力持续增强，2008年前11个月累计交易额已达14037.66亿元，比3年前增加了8884.51亿元；单机日均交易量为297笔，比3年前提高了57笔。

（四）风险管理持续加强

3年来，全行个人金融专业千人发案率始终控制在0.2以下，案件起数与涉案金额逐年下降，其中2007年较2006年分别下降52%和79%，2008年（前11个月）较2007年

进一步下降25%和28%，是近10年来的历史最低水平。

3年的经营成果和发展实践充分证明，总行党委关于打造“中国第一零售银行”的战略目标、思路和举措是完全正确的，各行结合实际、落实总行决策部署的工作是积极有效的。同时我们也在几年的创新实践中，对个人金融业务的发展规律有了更加深入的认识和思考。

第一，必须坚持把转变思想观念作为打造中国第一零售银行的行动前提。近年来全行对个人金融业务发展重要性的认识不断提高，经营理念不断更新。总行提出“大个金”发展战略，就是立足于以客户为中心，着眼于资源整合，致力于提升个人金融业务核心竞争力而采取的重要举措；之后又提出打造“中国第一零售银行战略”，并将其作为全行第一发展战略，则是在深刻研究分析经济金融形势变化的基础上，为加快全行经营转型、实现可持续增长作出的战略选择。在正确思想、科学理念的指导下，我们通过实施“两化”改革，全面推动了经营机制和管理体制的转变；通过实施核心竞争力项目，全面促进了网点转型和服务水平提升；通过实施统一客户视图和中高端客户重点发展战略，全面推进了客户结构的优化和调整；通过实施产品和业务创新，全面带动了资产、负债和中间业务的协调发展。正是由于全行上下思想认识的逐步统一、经营理念的与时俱进，才保证了个金业务的持续健康快速发展。

第二，必须坚持把改进和完善服务体系作为打造中国第一零售银行的核心内容。零售业务是“渠道为王”、“服务制胜”。三年来，全行在网点服务、渠道建设、流程再造等方面做了大量艰苦细致的工作，取得了显著的成效。深入推进了个人理财中心核心竞争力项目，建立了标准化的客户服务流程，推广了个人客户营销管理系统（PBMS），充实了客户经理和非现金柜员力量，目前已实施核心竞争力项目的网点数量达到6035家。全行建立起统一客户视图下的网点分类管理体系，形成财富中心、贵宾理财中心、理财网点和金融便利店等四个层次，并通过理财金账户服务升级活动和构建“六专”贵宾理财服务体系，初步形成了具备统一网点模式、统一标识形象的中高端客户专属服务平台。目前，全行财富中心和贵宾理财中心已分别新建、改造100家和3000家。大力发展电子银行业务，目前电子银行交易占比已经提高到39.4%，较2005年末增长13.3%。启动实施并基本完成了涉及137个项目的流程再造工作，从治标和治本层面解决了影响服务效率的突出问题。实施“五个统一”工程，建立了全行统一的个人金融业务客户信息平台、营销管理平台、账户核算平台、综合对账管理平台和业务考核平台。目前全行已清理了1.26亿条无效个人客户信息和6900万户无效账户。特别值得一提的是，全行在奥运金融服务中，以“零差错、零投诉”的高水准服务，为展示全行良好企业形象和服务水平做出了努力，银监会和人民银行分别授予我行“中国银行业迎奥运文明规范服务系列活动组织奖”和“奥运支付环境建设优秀单位奖”。个金战线的同志们在奥运金融服务中做了大量工作，发挥了重要作用，值得表扬和肯定。实践证明，改善服务的各项措施为全行个人金融业务的发展创造了一个良好的平台，对全行竞争力的提升起到了重要促进作用。

第三，必须坚持把健全体制机制作为打造中国第一零售银行的重要支撑。全行2005年底开始进行“专业化经营、系统化管理”改革，目的在于对个金业务的经营管理体系进行一次比较全面彻底的优化和完善，主要是解决营销体系和考核体系的问题。目前，所有二级分行均已实施了“两化”改革，个金专职分管行长制度也逐步建立。同时，注重加强专业员工队伍建设，目前已建立了超过3万余人的个人客户经理队伍，其中获得金融理财师（AFP）和国际金融理财师（CFP）资格的员工分别达7275人和1086人，在国内金融同业中居第一位。此外，在全行范围内组织了大堂经理业务技能比赛、客户经理营销技能比赛、“双佳”评选等活动。启动了个人业务销售激励项目试点工作，逐步建立起以业绩价值为基础的个人客户经理考核激励机制。实践证明，新的体制机制的建立，提高了经营管理活力和效率，激发了员工的积极性和主动性，对个金业务发展起到了积极的支撑和推动作用。

第四，必须坚持把业务和产品创新作为打造中国第一零售银行的不竭动力。个金业务创新工作贯穿了发展的各个领域和各个层面，贯穿了发展的全过程。在同业率先推出了基金定投、利添利账户理财、T+0快速赎回、代客境外理财“东方之珠”、“灵通快线”超短期理财、存贷通、循环授信创新型产品，促进了理财类业务和贷款业务的发展。在国内首家推出符合人民银行标准的磁条加芯片双介质借记卡。启动和推进牡丹灵通卡产品升级项目，进一步提升了客户用卡便利性和安全性。推出财富管理业务，依托财富中心向财富管理客户提供个性化、全方位的金融服务和其他增值服务。实践证明，创新能力的高低直接决定了个人金融业务发展的持久竞争力，持续的创新使得我们的营销手段更加丰富，利润来源得到拓展，服务质量和效率不断提高。

第五，必须坚持把风险防控作为打造中国第一零售银行的基本保障。全行按照“内控优先、制度先行”的原则，建立了以章程办法、业务手册、操作规程、操作指南为主体的较为完备的个人金融业务制度体系，加强了IT系统对风险的硬控制；以业务流程优化再造为契机，进一步实现了业务前台营销与中后台处理的人员和系统分离。加强了代理业务的合规销售，按照有关规定做好对客户的风险提示，正确宣传，正确引导。实践证明，只有切实增强风险防范能力，才能为个人金融业务的持续健康发展创造良好环境。

以上经验是全行个人金融业务改革发展实践的结晶，是践行科学发展观的成果，我们要在今后的工作中坚持运用并不断加以丰富。三年来个人金融业务取得的显著成绩，是在总行党委正确领导下，全行个金员工辛勤努力、奉献进取的结果，这里我代表总行向大家，并通过你们向个金专业的全体员工表示慰问和感谢！

二、当前及今后一个时期全行个人金融业务发展面临的形势和任务

未来一个时期全行个人金融业务发展面临严峻挑战。

国际金融危机还在蔓延，全球经济衰退趋势明显，国内经济下行风险加大，特别是房地产和汽车市场低迷、消费热点降温，股票市场波动性增大、投资者信心严重不足，对个人金融业务的市场拓展和风险防控带来双重考验。而金融同业纷纷把个人金融业务作为战略发展方向和重点，加大资源投入，加快发展速度，使我行巩固个人金融业务市场优势地位的压力和难度进一步加大。

同时我们也要认识到，在明年及今后一个时期中国经济仍将保持平稳较快发展的大背景下，个人金融业务发展也面临着重大机遇。随着国家改善民生、扩大消费政策的实施，城乡居民收入水平将不断提高，居民消费意愿和消费能力将不断增强，为个人信贷、银行卡等业务的发展创造了更多的金融需求和更大的市场空间；国家完善多层次资本市场体系，以及居民投资理财意识的增强，为个人理财业务发展带来了新的商机；金融脱媒和利率市场化的演进，对银行加快经营转型提出了更加紧迫的要求，为个金业务发展提供了巨大的推动力量。

在复杂多变的经营环境下，全行个人金融业务能否变压力为动力、化挑战为机遇，关键还在于我们能否进一步解决好自身存在的深层次矛盾和问题。问题主要有：一是思想认识不到位，业务发展还有一定摇摆性。一些分支机构对个金业务的重要性仍然认识不足，或者在业务发展过程中存在摇摆性，没有把第一零售银行战略作为全行推进转型、提升核心竞争力的重要内容来坚定不移地贯彻执行。具体表现为，对个金业务资源投入不到位，人员配备不到位，考核不到位，缺乏有利于业务持续发展的长效机制。二是竞争力有待进一步提升。全行个金业务在总体保持竞争优势的同时，在业务结构、经营效率和高端市场等领域，还存在竞争优势不足、市场地位不稳固的问题。如我们的人均利润还低于有的商业银行，网均利润在同业中并不领先；中高端客户占比还不高；作为核心基础业务的储蓄存款新增市场份额还落后某一家商业银行等等。三是服务工作还不适应客户的需要。经过这几年来的努力，我行的服务水平已经得到了很大的提升，但是服务渠道、流程、产品还有许多亟待改进的地方，还缺乏统一的服务标准，服务效率和客户满意度还有待提高。

在制定新一轮3年发展战略规划时，董事长提出了“建设全球最盈利、最优秀、最受尊重银行”的发展远景。个人金融业务也初步形成了未来3年的发展规划，并将在这次会议上进行讨论。未来3年的总体目标是，全行个人金融业务创造的税前利润应占到全行的40%；人民币储蓄存款余额突破5万亿元；个人贷款年均新增15%以上，余额突破1万亿元；中间业务收入保持每年10%以上的增速；确保主要业务市场占比同业第一；中高端客户数量达到3700万，占客户总量的比重提升到20%以上。经过几年的不懈努力，使我行成为业务规模最大、产品种类最全、客户满意度最高、品牌美誉度最佳、盈利能力最强、客户服务首选的中国第一零售银行。

为实现这一发展目标，未来一个时期全行要重点加强三项工作：

（一）深化以“两化”为核心的个人金融业务经营管理体制改革

全行“两化”改革已经推进了近三年，可以说专业化经营的改革目标已初步实现，基本搭建起了零售银行业务专业化经营的体制机制框架，实现了个人金融业务的统一资源配置，统一市场开发和营销。相对来说，难度更大的系统化管理改革稍显滞后，而这一工作非常重要，只有建立了科学合理的以流程为基础的分层客户服务体系和以价值创造为导向的绩效考评体系，才能调动一线客户经理的主观能动性，增强网点的市场竞争力，为新的市场环境下个人金融业务的竞争发展创造体制机制优势。因此，必须要进一步加强改革的组织推动工作，认真论证实践直辖市分行和直属分行的“两化”改革，并重视巩固和扩大改革成果，充分发挥新机制和新体制对业务发展的促进作用，不断提升业务发展层次和水平。

（二）实施以个人客户服务精细化管理为主要内容的服务质量改善工程

客户是核心竞争力最主要的组成部分。为此，总行提出要全面推行个人客户服务精细化管理，实际上就是对核心竞争力项目的深化和延展，目的就是要实现服务操作的“精、准、细、严”。即通过完善精细化服务规范来解决“精”的问题，建立适应不同类别网点、不同层次客户需求的服务标准体系，推进基础服务规范化、个性服务差别化；通过完善网点服务检查工作机制来解决“准”的问题，建立规范量化检查表格、引入第三方公司进行客户满意度监测，准确掌握我行服务质量信息，促进服务管理常态化；通过完善客户经理服务质量考核体系来解决“细”的问题，以考核细化保证操作细化、管理细化、执行细化；通过完善制度和流程来解决“严”的问题，严格控制偏差，严格执行服务标准和制度，使服务理念融入全行员工日常工作和行为中，形成客户服务持续改进的推动机制。

（三）加强以协同营销为重要手段的市场拓展工作

对于银行来说，协同营销在为顾客创造、传递更大价值的同时，还可以有效降低营销成本，创造更多的盈利机会，实现客户与银行的双赢。而要加强协同营销，必须在公私业务部门之间、在个人业务部门之间、在境内外机构之间实现客户资源共享和营销资源共享，实现捆绑销售和综合考核。要制定开展协同营销的工作规划，明确工作进度要求和各阶段工作目标，确保在较短时间内形成整体竞争优势。要在系统建设上实现客户信息的完整展现，为挖掘客户相关需求、提供综合解决方案创造硬件基础。要构建整体联动，协同营销的管理平台，在制度上提高各业务部门之间营销工作的一致性和各产品之间的关联性，在工作流程上提高客户服务的整合性。要在考核中增加协同营销有关内容，在现有考核单一产品销售指标的基础上，增加重点产品覆盖率和交叉销售率等综合考核指标。

三、多策并举，确保个人金融业务2009年工作目标的实现

2009年全行个人金融业务主要经营目标为：金融资产5万元以上客户增加到2400万；个人金融资产销售额13250亿元，其中储蓄存款新增5000亿元；个人贷款新增

900亿元；实现个人中间业务收入201亿元。为完成上述目标，全行要重点做好以下几项工作：

（一）继续推进“两化”改革，完善大个金经营体制

一要以推进“双重管理、双线考核”为工作重点，建立针对“财富管理中心—贵宾理财中心—理财网点—金融便利店”的四类网点统计体系、指标评价体系和考核体系，定期公布四类网点绩效评价排名结果，为各行配置资源，改善网点经营，提升网点竞争能力提供科学依据。二要尽快完成“两化”绩效评价系统中的全部参数设定，做好相关培训和系统应用工作，特别是完善对支行网点和客户经理的考核，并适时将考核结果与其他月度、季度考核相衔接，充分调动网点和客户经理的积极性。三要继续扩大改革覆盖面，直辖市分行在前期选择支行试点的基础上，要形成较为成熟的改革方案；直属分行要继续深化改革；对于新组建的机构，必须按照“两化”改革方案设置零售业务部门组织机构和人员岗位。四要深化二级分行个人金融业务专职副行长负责制，落实专职副行长业绩与个人金融业务部门绩效相挂钩的捆绑考核办法，激励其更好地履行职责。五是深入研究个人金融业务专营机构经营发展模式，提高网均、人均贡献度，提升竞争力。

（二）实施个人客户服务精细化管理，全面提升服务水平

2009年，要抓紧制定并施行个人客户精细化服务规范，在全面执行核心竞争力项目的基础上，制定各类营业网点在业务分区、环境管理、人员配备等各个层面的具体细化的运营标准规范，制定针对网点不同岗位员工的服务规范。要建立全方位、常态化的网点服务检查工作机制，采取日常检查、专项检查、交叉检查和客户满意度调查等方式，强化网点服务工作的检查监督。要尽快建立全行客户服务质量考核体系，从财务、顾客满意度、市场占有率、新增目标客户、员工满意度等几个维度开展对各分行的服务精细化考核，努力做到考评客观有效。考核的重点要放在中高端客户的服务上，放在中高端客户关系的维护上，放在中高端客户的拓展和营销上，确保中高端客户有大幅度增加。

（三）加强个人金融业务协同营销机制的建设，形成业务发展的整体合力

一要加强公私协同营销，各行个金部门要与公司、机构等部门密切协作，充分利用我行法人客户资源，实施“走出去”的营销策略，主动向目标客户营销我行个人金融业务，增进银企合作关系。二要做好个人业务部门间的协同营销，个金、电子银行、信用卡等部门要统筹制定个人业务年度发展计划，统一下达任务指标，统一考核；统一个人目标客户定位，确保各部门主要营销资源均用于目标客户的市场开拓；建立网点分层服务体系、客户经理服务体系以及网上银行、电话银行分层服务体系的协调发展机制，提升多渠道服务品质和营销能力。三要加强个人金融业务产品协同营销，制定多产品交叉销售方案和套餐式金融服务方案，在为客户办理单项业务时挖掘其他产品的交叉销售机会。同时，针对个人金融业务的重点目标客户，适时推出在同业市场具有竞争力产品，其中针对专属贵宾客户开发的理财产品占比不低于30%。四要加强境内外协同营销，以海外华人、驻外员工较多企事业单位为目标客户，在境外机构推广我行服务品牌，并在境内外互通贵宾理财服务，促进我行境内外零售业务和国际业务互动发展。

（四）加强对省分行营业部的业务指导，实施针对性的区域发展策略

总行和一级分行都要加强对一级分行营业部的直接业务指导，促其加快发展，尽快扭转市场竞争的不利态势。2009年，各一级分行营业部个人金融主要业务的市场占比必须有所提升，特别是处于第三、第四位的营业部要做出规划和安排，在2009年上半年摆脱落后状态，实现跃升；已处领先地位的要继续扩大领先优势。各分行要适应区域经济特点，实施城市导向的区域发展战略，在提升一级分行营业部竞争发展能力的同时，巩固在中小城市的市场优势地位，中小城市行要在软硬件建设、自助设备和特色服务等方面狠下工夫，快速提升网均效益。要将经济发达地区县级城市行打造为个人金融业务新的区域增长点，总行已经按所在经济圈和GDP排名等要素，明确了重点县级城市行范围，2009年将重点在这些地区加大个金资源投入，争取在较短的时间内实现我行县级区域市场地位的提升。

（五）进一步完善渠道建设，不断提高营销能力

目前，按财富管理中心、贵宾理财中心、普通理财网点和金融便利店分类的网点改造工作已经全面铺开，并且初见成效。2009年，要再建1000家贵宾理财中心，并完善已建成理财中心的业务流程和管理机制，巩固我行的渠道领先优势。要加快个人贷款中心推广，将个人贷款中心纳入全行网点建设规划，推进形成高效的业务处理枢纽和有力的营销渠道支点。要细化网点业绩评价，从业务分流、存贷款规模、产品销售、业务收入、客户结构等方面开展考核管理。要加快推进个人金融业务流程再造二期工程，实现个人金融业务处理流程的全面优化，并促进网点由业务处理型向营销服务型转变。个人客户经理是主动开展市场营销和服务中高端客户的重要力量，2009年要继续增加配备10000人，形成一支稳定的能够走出去的营销队伍。总行将统一组织CFP培训1000人，推动分行自行组织CFP培训500人、AFP培训2000人，并对现有金融理财师实行标准化的年审考试机制，增加个人客户经理资格认证考试频率到每年两次。各行要全面强化金融理财师团队管理，在进行财务指标考核的同时，从团队协作意识、工作态度与质量等多个方面进行综合评价和激励，促进金融理财师充分发挥作用。

（六）高度重视储蓄存款的基础地位，实现稳定发展

只有储蓄业务持续稳定发展才能为个人金融业务的转型发展、为全行的持续创新提供有力保障。因此，推进经营转型不是要不要增加存款的问题，而是以什么样的方式和怎样的成本发展存款问题。针对当前市场实际，全行必须在思想上正确认识存款业务在转型发展中的基础地位，在工作方法上创新思路，强化措施。要重视业务背后客户这个根本因素，通过改进服务来稳定客户，通过强化营销和为客户创造价值来竞争、吸引客户，通过代发工资等手段从源头上抓住优质客户，带动存款增长。要把握好新的市场环境下资金流转规律，增强各类个金产品与储蓄存款之间的协同互动效应。特别是要抓住增加居民收入、扩大消费的政策机遇，有针对性地研究制定营销措施，加大吸存揽储力度。要探索主动负债发展模式，调整存款的期限结构，降低付息成本，进一步增强盈利能力。2009年，全行要实现储蓄存款增量同业第一；一级分行营业部、重点城市行要确保储蓄增量市场位次有所提升。

（七）坚持营销与管理并重，推动个人信贷业务又好又快发展

2009年，个贷业务发展总的思路是，坚持打造“第一按揭银行”目标不动摇，切实落实联动管理措施，确保按揭资源不流失，同时要大力拓展二手房和纯按揭个人住房贷款业务；扎实做好个人经营贷款的市场拓展工作；推动个人汽车贷款业务发展，积极推进个人综合消费贷款、个人质押贷款业务发展；以提高业务综合贡献为目标，注重发展个人委托性贷款及个贷非息业务，尤其是住房公积金委托贷款业务。一要将个人信贷客户的金融资产和金融服务纳入个金统一客户视图，继续深化个贷营销标准化项目工程，建立分散营销与集中处理的高效个人贷款运营体系，将个人贷款的受理工作适当延伸，理财中心要辟出专门区域，设置专门人员负责个贷营销工作。二要在防范风险的前提下，实现个人信贷业务的精细化管理。根据各一级分行区域市场特点、业务规模和管理水平等情况，灵活实施差别化政策，给予不同业务创新权限和贷款授权。三要加强产品创新，尽快完善个人经营贷款的循环贷款功能，不断丰富个人信用贷款功能。四要提高对贷款客户的服务水平，结合个人金融统一客户视图，对个人贷款客户实行差别服务和风险定价。要加强对我行贷款客户交叉产品的营销，努力使我行400余万个人贷款存量客户成为我行理财金、信用卡、电子银行等产品的目标客户，促进个人贷款综合贡献度和经营效益的进一步提升。

（八）不断突破发展瓶颈，努力实现个人中间业务的新跨越

一要实现代发工资业务的较大突破。2009年全行要新增代发工资单位户数10万户，新增代发工资总额4500亿元，新增代发工资职工4000万户。代发工资额在城镇单位就业人员劳动报酬总额中的占比要达到40%；代发工资职工总数在全国城镇就业人员中的占比要达到35%；各级行、各部门要明确职责，按照总行制定的分类标准，着力营销以中高端和潜力客户为主的优质单位，努力实现一、二类代发工资单位占明年新发展单位的75%以上。新增代发工资职工中高端客户占比不低于25%。要大力拓展网银代发工资客户，新营销的代发工资单位中网银代发工资客户占比应不低于80%。要注重客户资源的挖掘，努力通过交叉销售提高代发工资业务的综合收益。

二要稳步推进个人理财业务的发展。要稳定和争揽优质客户，确保明年个人本外币理财产品销售额达到3200亿元以上。要注重利用行内资源，积极拓宽产品供给渠道。已获授权开办区域性理财业务的分行，要加快产品开发，做好销售工作，促进特色业务的发展。要积极探索与券商、保险公司、基金公司、信托公司等非银行金融机构的合作，丰富和补充我行个人理财产品体系，并逐步实现理财业务与保险业务、证券业务、信托业务的一体化经营。要以“灵通快线”系列低成本产品为基础，大力拓展现金管理型产品，使其成为我行个人理财业务的基础收入产品。

三要稳健发展代理保险业务。代理保险工作中，必须坚持集中定价、统一签约，由个人金融业务部门负责代销产品协议的签订，把好产品准入关。要积极加强同保险公司的沟通协调，树立平等合作的理念，着力解决双方合作中的问题，争取保险公司向我行配置相应的资源，提高我行在同业竞争中的地位。要提高对客户的需求识别和风险分析能力，根据客户实际进行针对性营销，坚决避免违规销售、误导及不当销售的行为。

四要坚定做好基金代销业务，继续保持市场占比第一。要加强对证券市场和基金产品的研究，提高我行基金理财服务内涵；要根据客户需求和风险偏好做好客户的资产配置建议，实现各类风险收益特征基金产品销售的协调发展；要落实好基金销售激励机制，激发一线员工营销基金的积极性；要有效利用我行渠道优势和优秀基金管理公司的产品优势，拓展中高端客户群体；要坚持发行与持续营销并举，继续抓好基金定投、利添利账户理财等业务的营销工作。

五要持续做好灵通卡业务营销，推进服务升级。主要瞄准金融资产5000元～20万元的中端及潜力目标客户营销灵通卡，其中，2009年新增持卡人5万元以上的中高端客户占比要达到20%以上。继续做好灵通卡与代发工资、个人理财、保险、基金、个人信贷等业务的捆绑销售。紧盯节假日等消费高峰期，组织开展统一主题的刷卡促销系列活动和季节性专题促销活动，不断提高积分奖励回馈计划的吸引力，提升客户的满意度和忠诚度。积极稳妥地推进灵通卡产品升级，在2009年完成全部灵通卡升级更换为牡丹灵通卡·e时代。

六是要积极推介个人结算业务。要抓住个人结算需求较大的良好机遇，提前开展集中营销活动。同时，要继续坚持“本外币一体化”的发展思路，通过组织出国金融服务营销活动，稳定有个人外汇业务需求的中高端客户，带动因私购汇、资信证明、旅行支票、外汇汇款等业务的发展。

（九）积极发展财富管理业务

2009年，财富管理业务拓展的众多基础性工作已基本完成，2009年将进入业务发展的关键年。全行要乘势而上，加快升级发展，进一步巩固和扩大财富客户市场占比。2009年，全行财富客户数量要达到45万人以上，财富客户金融资产占全行个人客户金融资产比例要超过15%。要加强调查研究，尽快建立起清晰的财富管理客户识别体系。要升级和新建并举，加快财富客户的服务渠道建设，确保2009年建成财富管理中心200家。要打造高素质的财富管理专业团队，建设形成1600人左右的财富管理客户经理队伍，在总行和一级分行组建100人左右的后台支撑团队。要按照财富客户的需求特征、风险偏好与金融消费模式，设计专属产品。要以财富规划和资产管理为核心，重点向财富客户推介资产综合规划、资产配置和投资组合管理服务。以尊贵、安全、私密、便捷的客户体验为主线，尽快构建具有我行特色的财富客户高效服务流程。

（十）加大投入，树立良好的个人金融服务品牌形象

总行将按照打造强势品牌的要求，加大品牌传播和广告宣传投入力度，根据市场状况，组织一系列营销宣传活动。各行要按总行统一要求，步调一致地做好组织实施工作，在全国范围内营造出强大宣传声势。要做到三个注重：一要注重以点带面，充分发挥重点产品与服务的带动作用，以理财金账户、幸福贷款、财富管理和牡丹灵通卡四大品牌为主线，组织做好市场推广和营销宣传活动。二要注重内容和时机的选择，根据新业务、新产品的开发情况，根据当地市场热点及同业竞争情况，确定传播重点，适时推出新的广告宣传。三要注重宣传方式选择，精心构思品牌传播策划，加强新闻媒体公关，通过整合营销传播提高品牌知名度和美誉度，促进品牌资产增值，带动个金业务发展。

（十一）全面提升风险管理和内控水平

一要合规销售，降低客户投诉风险。这要作为2009年风险控制的重要内容。随着资本市场的深度调整，针对银行理财产品和代理基金、保险的投诉事件也呈现多发趋势。这类现象的背后，既有投资者的必要风险意识不足的问题，也有销售人员与客户沟通不够的问题。必须切实做好对客户风险承受能力的评估，将风险提示做得更加细致透彻，确保客户了解风险并愿意承担风险，避免潜在纠纷。二要继续严密内控管理，细化监督内容，避免个别营销人员的非规范操作。三要密切关注个人贷款潜在风险。总体上，我行个人住房贷款质量较为稳定、客户结构较好、担保较为充足、抵御房价下跌的能力较强，贷款风险可控。但是，若房地产市场继续处于销售不畅、价格回落的低迷状态，可能潜存着部分楼盘房价下跌导致购房者违约、部分贷款抵押物贬值、个别企业制造假按揭骗取银行贷款的冲动加大等风险。对这些问题，我们要密切关注，早作研究，提前做好应对准备。

最后，我再强调一下2009年一季度个人金融业务的营销工作。我们必须在旺季揽存中夺得更多的市场份额，才可能完成全年新增储蓄存款的目标，同时为理财产品的销售创造条件。各行要根据客户投资心态，加强宣传推介，做好代理基金、银行类理财产品和保险等的交叉销售。总行确定2009年一季度营销目标为：力争新增储蓄存款3500亿元，各类理财产品销售2000亿元，个人贷款新增量230亿元，个人中间业务收入50亿元。各行要高度重视总行下达的目标任务，统一认识，提高执行力，确保完成工作任务。

同志们：2009年是我们新的三年规划的第一年，也是我们改革发展的关键之年，全行要着眼长远，确立更高目标，坚定发展信心，大力拓展市场，提升服务品质，加强风险管理，确保个人金融业务健康、持续、快速发展，在新的起点上实现更大的跨越！

四、中国农业银行总行领导关于金融经济的文献

提高认识　强化措施　在新的起点上推进基金及理财产品销售业务持续稳健发展

——杨琨副行长在2008年全国基金及理财产品销售工作会议上的讲话

同志们：

这次基金及理财产品销售工作会议是在我行股改关键时期召开的一次重要会议。会议的主要议题是，总结2007年基金及理财产品销售工作，在分析资本市场和同业竞争形势的基础上，按照总行党委提出的“3510”发展战略，安排部署2008年基金及理财产品销售工作。下面我代表行党委讲几点意见。

一、2007年基金及理财产品销售工作回顾

2007年，各级行认真贯彻年初全行基金工作会议精神，紧紧围绕年初确定的各项目标，牢牢把握资本市场快速发展的历史性机遇，强化“以客户为中心”的经营理念，大力整合营销渠道，不断创新金融产品和服务形式，圆满完成了年初确定的基金及理财产品销售工作的各项目标任务，为促进我行业务转型、优化收入结构、提高盈利能力做出了积极的贡献。

（一）基金及理财业务快速发展，促进了收入增长和经营结构改善

2007年，经过全行共同努力，基金及理财产品的销售取得了历史性突破，全年共代理销售基金3520.38亿元，其中主销基金1970.48亿元，辅销基金1549.90亿元，基金销售规模首次超过储蓄存款增量，比储蓄存款增量多1617.38亿元。实现基金销售收入53亿元，较上年增长6.6倍，在中间业务收入中的占比提高到22.7%，成为全行第二大中间业务。全年共发行本外币理财产品171.5亿元，同比增加76.62亿元。其中，“本利丰”人民币理财产品销售93.04亿元，较上年增加了56.33亿元；“汇利丰”个人外汇结构性理财产品销售4.05亿美元；“汇利丰·金土地”个人人民币结构性理财产品发行11.99亿元；“境外宝（QDII）”产品发行额33.02亿元；代理券商集合计划销售总额5亿元；代理销售面向个人客户的产险产品约400种，寿险产品130种，实现保险手续费收入13.5亿元，较上年增加2.5亿元。基金及理财产品的热销，有效地锁定和拓展了一批优质个人客户，拉动和促进了银行卡、存款、结算、汇兑等业务的综合发展。

（二）加快了网点转型步伐，营销渠道不断拓宽

基金及理财业务的快速发展促进了经营网点按照业务分流、客户分层、功能分区的要求实现营业现场流程的优化和提升，改善了销售环境，办理理财、基金、国债等高附加值业务的低柜服务区和服务高端客户的贵宾区比例不断扩大，大堂经理、客户经理、低柜柜员、理财师等营销型队伍差异化、个性化营销服务工作有效递进，金钥匙理财中心、财富管理中心等骨干网点的分销主渠道作用日益突出。同时，零售业务渠道建设进一步加快，基金及理财产品销售促进了我行电子银行业务的快速发展，网上代销额约170亿元，占比5%，网上直销销售额达396亿元。

（三）加强了合规文化建设，投资者教育收效显著

进一步健全了基金和理财产品营销流程和后续服务流程，完善了理财产品销售过程中的客户风险评价和风险提示工作；加强了自律监管工作，违规操作数量明显降低；深入开展执行力教育工作，政策制度的执行和岗位职责的履行普遍得到强化，基金及其他个人理财业务违规现象显著降低；积极开展投资者教育工作，投资者的理财意识和风险意识普遍得到加强，价值投资理念得到宣扬并被逐步接受，受到监管部门、同业及投资者的一致肯定。

（四）产品创新能力增强，“金钥匙”理财品牌逐步树立

在业内首创基金定期定额赎回功能，并将定期定额业务的起点金额降至100元，有效提升了客户覆盖率和市场占有率，在“2007中国国际金融（银行）技术暨设备展览会和2007金融服务展”上，我行“金钥匙·基金宝”基金定期定额业务获得“金融业务创新奖”。“金钥匙·本利丰”人民币理财品牌和产品在国内多个评选活动中屡获殊荣。金钥匙理财荣获2007华夏理财总评榜“卓越理财品牌”奖；“金钥匙·本利丰”人民币理财第十一期新股申购型产品获《理财周报》“2007年中国新股申购型银行理财产品最具潜力奖”。随着“传世之宝”个人实物黄金业务等创新业务的试点推广，我行个人理财业务产品线将更为丰富，个人金融品牌系列的形象和内涵建设将进一步提升。

回顾2007年的工作，有几点经验值得认真总结：

（一）各级行领导的高度重视是基金及理财产品销售工作取得突出成绩的根本保证

总行党委高度重视基金及理财产品销售工作，连续多年将基金销售工作会议列入全年第一个专业会议，多次召开理财业务工作座谈会，坚持早部署、早安排、早落实，把基金及理财产品销售作为提高中间业务收入，促进经营转型的重要突破口。各分行严格落实总行确定的任务目标和营销策略，确保基金及理财产品销售工作的有效开展。广西等分行将基金销售额按一定比例等同储蓄存款增量进行考核，安排专项费用和效益工资与基金、理财产品等中间业务收入完成额挂钩考核；上海、深圳、北京等分行加

强了辖内理财业务开展情况的统计分析，根据辖内经营行的销售业绩及时将有关手续费、奖励工资核实并分配兑现到经营行和一线员工，有效提高了基层行的营销热情。

（二）以客户为中心积极实施差异化营销策略，是加快业务集约化发展的重要手段

浙江、深圳、四川、湖北、重庆、江苏、河北等分行积极借助 PCRM、CFE 等客户关系管理系统，加强了客户的筛选、识别、细分和挖掘工作，优化配置网点的人力资源，推进业务流程再造，将服务分流和差异化营销工作落到实处，通过锁定中高端客户资源取得了事半功倍的功效，实现了业务增长方式的转变。各分行加强了与基金公司、证券公司的深层合作，积极开展形式多样、内容广泛的营销宣传活动，如云南分行的“百县百场”投资理财服务巡讲、广西分行的“投资理财进县域百场巡讲”、甘肃分行的“基金垄上行”及深圳分行的“投资理财进社区”等活动均取得了明显的成效，不仅提升了在城市地区的良好品牌形象，也有效激活了县域市场，使农业银行成为县域理财业务的引领者。

（三）部门协调配合、公私联动营销，对基金及理财产品销售起到了积极的推动作用

各部门精诚合作，积极配合，保障了基金、理财业务的稳健发展。科技部门及软件开发部门在系统开发、维护和完善做了大量工作，为基金及理财产品的顺利销售提供了技术保证；机构业务部、国际业务部、托管业务部等部门加快了产品准入和创新步伐，完善了各层次收益与风险水平的理财产品线；电子银行部、银行卡部等部门有效完善了网上银行、自助渠道的营销和交易功能，提高了多渠道综合理财服务水平。公司业务部、机构业务部加强了公私联动营销，有效整合了系统资源，不断挖掘大系统、大集团、大市场客户的附属个人客户资源，实现了零售业务的批发处理，跨客户领域的交叉营销服务体系日趋成熟。

回顾一年来我行基金及理财产品销售工作，成绩来之不易，凝聚了广大员工的心血和汗水。在此，我代表总行党委向奋斗在基金及理财产品销售一线的员工表示衷心的感谢和亲切的慰问！同时向获得 2007 年度基金销售突出贡献“十佳”单位、理财产品销售突出贡献“十佳”单位和基金及理财产品销售“百优单位”、“百优个人”表示热烈祝贺！

在充分肯定成绩的同时，我们也必须清醒地认识到，我行的基金及理财产品销售工作还处于起步和追赶阶段，2007 年基金及理财产品的销售收入和销售规模在市场上的排名均位居工、中、建三大行之后。基金及理财销售业务发展滞后于同业，客观上受制于我行相对薄弱的客户结构和市场基础，但主要根源于我行经营机制转型的力度不够，渠道、系统、人力资源的整合、提升不足，产品功能和竞争力不强，主要表现在几个方面：

首先，部分分行对基金及理财产品销售工作的认识不高、重视程度不够，没有在资源配置、考核激励、目标引导和管控上予以重点的倾斜和优先支持，产品销售与一线员工的工资奖励不挂钩或不匹配，导致基层行对基金及理财产品销售工作的积极性不高、动力不足。

其次，理财产品来源分散、营销资源分散、政策执行力弱，以市场为导向的产品研发机制和营销推广机制尚未健全，导致个人理财产品研发周期长、品种少、同质化严重，难以适应市场需求。此外，本外币等理财产品的市场推广缺乏统筹安排，在档期安排和销售上，经常出现产品断档或冲突现象。

第三，各业务部门、营销渠道之间的联动机制有待进一步完善，产品销售过于依赖柜台渠道，基金网上代销渠道销售占比明显低于同业，多数分行的电话银行缺乏基金交易功能，ATM 机等自助设备缺乏基金查询对账功能，而本外币理财产品的销售目前还只能通过柜台渠道才能实现。据了解，工、中、建基金网上代销销售占比分别为 50%，30%，10%，而我行仅为 5%。

第四，网点转型滞后，综合销售能力不足，工行、建行营业网点功能齐全，网点电子显示屏、液晶电视、网上银行终端设备一应俱全，能随时、多渠道向客户提供基金查询和财经信息，吸引了大量优质客户，而且网点 60% 以上的人员担任低柜柜员、个人业务客户经理、理财经理和大堂经理等角色。而农行网点转型普遍不到位，功能单一，配套设施设备不全，个人理财产品销售人员配备严重不足，营销技巧不高，主动营销的意识和能力不强。

第五，基金及理财产品销售的科技支撑系统有待进一步提升，由于基金代销系统受容量限制，无法支持大量产品同时上线、网上代销功能不够完善以及无法提供费率优惠、网银渠道和柜台渠道的交易无法区分、系统统计分析功能不强等原因，在一定程度上影响了基金销售。各行的“本利丰”销售系统均为数据上收前自行开发的版本，与“新一代”业务系统兼容性差，而前期未开发系统的分行没有销售能力，目前只有 17 家分行可以销售理财产品。

二、2008 年基金及理财产品销售工作面临形势

进入 2008 年，股票市场急转直下，市场状况发生了巨大变化，复杂的国际国内经济形势更是给今年的基金及理财产品销售工作带来了巨大挑战：

从国际来看，当前愈演愈烈的美国次级贷款危机已经引发了全球金融市场动荡，虽然美联储和欧洲央行纷纷注资，试图缓解市场资金紧张局面并稳定市场信心，但从目前的形势来看，拯救行动收效颇微，多家国际大型银行业绩亏损严重，美国经济增长率也出现了较大程度的下降，经济放缓趋势非常明显，投资者信心受到严重打击。而且多数机构认为危机的影响尚未完全释放，如果美国次级贷款危机进一步恶化，将有可能影响到中国经济的增长，给我国资本市场带来巨大的负面冲击。

从国内来看，随着 2007 年央行先后十次上调存款准备金率，银行的经营压力逐步显现，而十年来首次实行的从紧货币政策，特别是直接的信贷规模控制更是给市场带来了巨大压力，市场中的货币供应量大大收缩，大小非减持、再融资等因素又加剧了短期股票供求的不平衡，对股价等泡沫较大的资产价格形成较大的下行压力，截至 3 月 31 日，上证综指已从最高点下跌了 43%，基金以及与股市直

接相关联的理财产品，包括打新股的理财产品及部分结构性理财产品都受到了很大影响，而前期银行、基金公司发行的QDII产品业绩普遍不佳也使投资者对类似的理财产品抱谨慎态度。从一季度的数据来看，经济形势同样不容乐观，2月份CPI同比上涨8.7%，创1996年以来的新高，市场对政府进一步回收流动性、抑制通货膨胀的预期进一步加深，而且受南方雪灾、美国次贷危机等影响，今年1~2月份我国累计外贸顺差280.5亿美元，比去年同期下降了29%，全年外贸顺差增长放缓已是基本趋势。

面对复杂的、难以预期的市场环境，各分行要加强市场研究，增强市场敏感性，切实把握今年基金及理财产品销售工作难得的发展机遇：

（一）国家大力发展资本市场的政策没有任何改变，为基金及理财产品销售工作提供了强大的政策支持

首先，党的十七大明确提出要进一步推进金融体制改革，发展各类金融市场，形成多种所有制和多种经营形式、结构合理、功能完善、高效安全的现代金融体系，优化资本市场结构，多渠道提高直接融资比重。同时，十七大也首次提出要创造条件让更多群众拥有财产性收入，居民的投资热情进一步高涨。第二，资本市场基础建设全面展开，蓝筹股市场、中小企业板、创业板市场及代办股份转让系统等四个层次的资本市场体系呼之欲出，股指期货也已准备就绪；银行创新型理财产品层出不穷；多家基金公司近期获得了专户理财资格，为理财产品的多元化创造了有利条件；市场监管力度进一步加大，市场秩序更为良好，投资者保护工作落到实处，投资者教育如火如荼。第三，在股市大幅震荡的环境下，监管部门连续审批基金发行以及明确表示严控再融资的态度都是对证券市场的一种支撑。

（二）经济的持续高速增长，城乡居民人均可支配收入的不断提高为基金及理财产品的销售工作创造了良好条件

2007年，国民经济保持平稳快速发展，GDP增长率达到11.4%，居民收入快速增长，扣除价格因素，全年城镇居民人均可支配收入和农村居民人均纯收入分别增长12.2%和9.5%。据统计，截至2008年2月末，全国储蓄存款余额达到18.39万亿元，比年初增加1.14万亿元；四大行同业存款余额达到22.5万亿元，比年初增加5750亿元，各项存款的大幅增加充分显示了城乡居民隐含的巨大投资能力。

（三）国内经济运行依然健康，从目前的情况分析，次贷危机对我国实体经济产生的影响有限

虽然近期股票市场出现大幅下跌，投资者信心有所动摇，但由于我国宏观经济增长主要源于投资和消费，净出口贡献较低，据国家统计局初步统计，2007年11.4%的GDP增长中，消费、投资、净出口分别拉动4.4、4.3、2.7个百分点。因此，中国经济有很强的内生动力，美国经济衰退对我国宏观经济的影响程度有限，而且人民币升值的大背景下流动性过剩的局面短期内还难以改变。同时政府对经济也有很强的调控能力，中国经济软着陆的概率较大，经济减缓到内在增长率以下的可能性较小。

（四）庞大的投资客户群体为基金及理财产品的销售打下了坚实基础

经过2007年市场发展培育，投资者数量已经有了巨大增长，全国基金账户开户数达到1.14亿户，基金客户群体已经逐步壮大，散户的力量超过机构实力。尽管今年一季度市场大幅下行，但没有出现大规模的赎回，投资者投资理念日益成熟理性。根据中国证券业协会的调查，有51%的投资者购买基金是为了长期持有、稳定增值。另外，其他理财产品投资群体不断形成，为个性化营销提供了目标群体。

（五）农行体制和机制的变革以及政策调整有利于基金及理财产品的销售工作

农行股改的不断推进带动了各项工作的开展，加快了网点转型的步伐，为营销服务提供了良好的销售环境；农银汇理基金公司的成立将为我行基金业务在市场研究、客户维护方面起到积极的促进作用。在机构业务部成立专业团队负责理财产品研发得到明确之后，我行理财产品多头管理，研发滞后，品种单一、同质化产品过多的问题将逐步得到解决。今后，进一步明确省级分行机构业务处主办理财产品工作，拉直上下管理链条。同时，行党委还把基金及理财产品销售工作列入了2008年中间业务计划指标体系的重要内容，而且体现在总行下达的费用之中。在中间业务计划指标体系的三个层次、27项指标中，与基金及理财产品销售直接相关的指标共四项，分别是："基金销售收入"、"基金新增开户数"、"个人理财产品销售收入"和"代客理财业务手续费收入"。尤其是"基金销售收入"指标首次被纳入全行综合绩效考评体系，进一步肯定了基金及理财产品销售对中间业务的巨大贡献，为基金及理财产品销售工作的发展提供了强大推动力。

综上所述，2008年基金及理财产品销售工作面临着难得的发展机遇，全行上下要创新思维，适应市场，调整客户结构和产品结构，适应各种市场形势下的基金及理财产品销售和服务工作。

三、2008年基金及理财产品销售工作的基本思路和工作安排

按照年初全行工作会议提出的"3510"发展战略与我行远景奋斗目标，2008年我行基金及理财产品销售工作的总体思路是：认真贯彻落实2008年工作会议精神，按照总行党委确定的把我行建设成为致力于为最广大客户群体提供优质金融服务的现代化零售银行的战略目标，坚持以客户为中心，以提升个人金融业务综合营销能力和综合服务水平为重点，以基金销售为主导，其它理财产品为补充，大力整合销售渠道，强化分类指导和产品创新，努力打造一支素质优良的理财队伍，做大做强城市和县域两个市场，紧密跟踪市场形势，充分发挥我行优势，在新的起点上实现基金及理财产品销售工作再上新台阶。

（一）提高认识，转变观念，从战略高度认清基金及理财产品销售对打造一流零售银行的重要作用

要充分认识基金及理财产品销售对业务流程再造和网点转型的重要意义。基金及理财业务不同于存贷款等传统业务，必须具备相应的销售环境、较高的自助服务体系、

专业的客户经理团队、准确及时的市场信息支持系统、强大的自主产品研发队伍以及完善的风险管理体系，这是农行股改的必然要求，也是零售银行转型的必然要求。只有认识到基金及理财业务的上述特点，才能真正转变经营方式，提高农行零售业务竞争力。

（二）加强研发，完善功能，为基金及理财产品销售工作提供强大的科技支撑

目前，我行已经将30家基金公司的188只产品纳入我行基金代销系统，但代销系统特别是网上代销的功能完善仍亟须加强。网上银行客户资产负债管理成为高端客户选择银行的关键因素，为广大投资者提供网上账户管理等便捷服务日趋迫切，随着今年新一代网银上线，网上服务功能将大大加强，要争取在6月底之前完成基金网上代销系统的升级上线，实现网上代销的费率折扣功能，区分网上代销渠道和柜台渠道的基金交易；要加快集中版理财产品销售系统的上线，以实现全国“本利丰”销售网点的快速全面铺开，力争全国营业网点均具备基金、理财产品的销售功能。

（三）强化考核，完善机制，充分调动一线营销人员的积极性

要树立个人金融产品综合销售理念，实行统筹安排，综合营销，实施个人业务“1+N”综合考核。要采用经济手段为主，行政手段为辅的方式，增强各分行基金及理财产品销售的动力和积极性。要加大对基金及理财产品销售的激励力度。总行正在研究基金及理财产品销售的奖励政策，各行要严格按照总行确定的奖励政策兑现奖励工资，在奖金分配上尽量向客户经理、大堂经理和一线柜员倾斜。各行要认真研究并首先在柜台人员全面实现计件工资与绩效挂钩，强化对一线柜台人员的考核，充分调动一线柜台人员的积极性。

（四）紧跟市场，加快创新，进一步丰富基金及理财产品的种类和数量

要拓宽基金合作领域，提升合作层次与范围。一是要加强同晨星等基金评价机构的合作，共同开发适合不同类型投资者的基金组合，提供基金套餐服务，把基金套餐打造成我行基金代销业务的优质品牌，同时，按照一定的标准构建基金产品池，每月筛选出部分业绩优秀的基金产品供营销人员向客户作重点推荐，提高服务品质和营销效率。二是继续拓展同我行合作的基金公司的数量，加快产品上线速度，做到凡是与我行合作的基金公司的所有基金产品全部上线，力争早日完成将市场上80%的基金产品纳入我行基金代销系统的目标，进一步丰富产品品线。三是要不断拓宽业务范围，把券商集合计划的推广销售作为今年的一项新的重要业务，强化营销管理，努力将券商集合计划的销售打造成为我行中间业务新的利润增长点；积极开展基金专户理财的营销宣传和知识普及工作，通过合理有效的考核和激励机制提高客户经理的积极性，把专户理财业务作为吸引和维护高端客户、提高客户忠诚度、增加中间业务收入的重要手段。四是加强营销拓展，完善定期定额业务功能。要进一步完善定期定额业务，在低起点金额及定期赎回等功能的基础上，不断加强功能创新，提高我行基金定期定额业务的吸引力。各行要采取有效措施进一步加大定期定额业务的营销力度，要加大资源投入，继续做好定期定额业务八折费率优惠推广活动，在全行范围内开展多种形式的定期定额投资竞赛，做大定期定额业务规模。

要建立和完善职责清晰的前后台个人理财产品研发、风险管理和销售服务体制，构建完善的理财业务管理体系。要重点推进理财产品研发体系，不断丰富个人理财产品品种，将基金、保险、证券、外汇、信托等金融产品与银行产品有机结合起来，加快“本利丰”、“汇利丰”等银行个人理财产品的开发频率，满足不同客户全方位的金融服务需求。要紧贴市场，尽快推出适应市场需要的理财产品，改变当前单一“打新股”现状。要加大固定收益类理财产品开发，加快开发投资债券、票据、信贷类产品的理财产品。特别是要加快债券票据型理财产品的研发，包括主要投资于国债、政策性金融债和票据的低风险理财产品，通过各种债券、票据搭配来提高收益率，增强产品吸引力。

（五）做好培训，提高素质，全力打造一支素质一流的理财队伍

一是要尽快建立总分行专家理财团队，加强对系统理财队伍的支持和高端客户服务工作。二是要鼓励员工积极参加银行业、证券业及基金从业资格考试及其他认证考试，充分利用自身资源及基金公司等合作机构的培训资源开展培训工作。三是加快视频会议系统的开发及应用进度，力争将视频会议系统延伸到所有网点，提高培训效率、降低培训成本。四是要加强客户经理队伍的建设，明确个人客户经理岗位职责，着力改善个人客户经理的工作和学习环境，各行要做好个人客户经理特别是具有专业知识的理财师的职业发展规划，进一步完善个人客户经理等级管理制度，建立和完善个人客户经理晋级管理制度，建立一支具有丰富的实战经验和深厚的理论功底、责任心强、热爱理财工作的高素质的财富管理团队。

（六）整合渠道，细分客户，增强基金及理财产品的综合营销能力

要在细分客户群、识别不同客户群渠道客户的不同需求和各自特点的基础上，改进各渠道的服务差异性，做好不同渠道客户的维护工作。在积极做好柜台销售的基础上，努力扩大网上银行销售，增加电话银行和自助设备的交易服务功能，提高各渠道销售能力；要加强部门间的协调和沟通，使得各个渠道相互支持配合，实现资源共享。要大力发展网上代销，实行基金网上代销费率八折优惠，并以费率优惠为契机，在全国范围深入开展基金网上代销营销宣传活动。把网上代销作为个人业务部和电子银行部的考核内容，将基金网上代销与基层网点业绩挂钩。理顺网上代销和网上直销的关系，提高网上直销的费率折扣，实现网上代销和网上直销费率折扣的基本一致，加强对直销客户的跟踪服务，巩固客户资源。力争通过上述措施实现今年基金网上代销在基金销售总量的占比提高到20%的目标。

（七）加强内控，防范风险，确保基金及理财产品销售工作的健康发展

在保持基金及理财产品销售工作快速发展的同时，要进一步加强内部控制，树立合规操作理念和风险文化，以体制为保障，以技术为支撑，确保基金及理财产品销售工作的健康发展。要全面梳理基金及理财产品销售过程的风险点，将基金及理财产品销售的风险管理纳入我行全面风险管理体系之中，通过操作流程的优化以及合理、规范的岗位设置，防范各类操作风险。要严格按照银监会和证监会的要求，强化信息披露，规范信息披露的方式、途径与内容。做好客户的风险承受能力测试及与客户拟购买产品的风险匹配检测，认真履行风险揭示与告知义务，规范相关理财产品合同，避免法律风险及纠纷的发生。要进一步加强自律监管工作，及时掌握各分行制度执行情况，把自律监管工作作为发现问题的重要途径，同时在监管的形式上力图有所创新，使监管的内容更加全面，监管效率进一步提高。

同志们：2008 年是我行改革发展最为关键的一年，我行基金及理财产品的销售工作将面临新的发展机遇和更加严峻的挑战，各级行要进一步认清市场，寻找差距，转变观念，开拓创新，扎实工作，不断提升农业银行基金及理财产品销售的市场竞争能力，为把农业银行建设成为国内最大的零售银行做出新的更大的贡献。

谢谢大家！

五、中国银行总行领导关于金融经济的文献

周载群副行长在2007年中国银行个人金融业务年终工作会议上的讲话

这次会议开得非常好。大家围绕明年的个人金融工作理清思路，研究措施，明确要求。下面我谈几点意见，供大家参考。

一、明年的工作首先要加强个人负债业务

根据当前我行的资金形势，对明年的个人负债业务提出了更高的要求，任务指标会有一定的压力。围绕明年的个人负债业务，个人金融部提出了一些很好的措施，我都赞成。这里，我想强调一点就是要积极转变负债业务营销方式，从盯住储蓄存款转向盯住客户需求，从单一抓储蓄转向多产品、多维度、多渠道综合营销。从这几年情况看，单一地抓储蓄效果不是很明显，必须多产品综合营销。客户有什么需求，我们就开发相应的产品，提供相应的服务，留住了客户才能够留住业务。要区分不同的客户群体，有针对性地营销借记卡、个人理财、本外币汇兑、代发工资、外汇买卖、代理基金、股票、期货等业务。只要留住客户，才能有储蓄沉淀下来，同时又可以扩大中间业务收入。我们要不断地研究市场，捕捉客户信息，并做出快速反应，才能抓住商机。

借记卡是储蓄等多项业务的载体，是个人收支的一个工具。对借记卡光抓数量不行，必须先抓产品功能，只有功能丰富了，才能带动借记卡的规模，带动效益。会上广东分行还介绍了个人汇兑业务。办好这项业务，能带动相关的结售汇、理财、个贷、储蓄等其他业务。另外，抓个人负债业务，还要着眼于推进海外分行发展业务，加强业务条线向海外延伸，配合海外行部推动海外分行的业务转型。海外分行拓展个人金融业务潜力很大，近两年来，个人金融部在推动海外分行发行借记卡作了一些有益的尝试，这是建立海外分行个人收付业务的一个平台，有助于吸引客户、拓展业务。海外个金业务的发展也会带动境内分行的业务，这些都是相互联动的。总之，个人负债业务不要单一地抓，要整体地综合营销拓展。

二、突出发展财富管理业务

总行提出了理财服务三个层次的架构，即服务于个人金融资产在50～200万元的是中银理财，200～800万元的是财富管理，800万元以上的是私人银行。这是根据客户的不同收入水平、不同产品定价、内部不同管理模式的一种安排。这三个层次加上在网点服务的大众客户，一共四级，构成了中国银行个人金融业务完整的服务体系。这四个层次缺一不可，不能互相替代，也不能有任何偏废。

现在许多分行都在积极申请办理私人银行业务，这个愿望是好的，总行也应该支持，从市场方面来讲也是有客户资源的。但关键是能不能服务好、维护好这部分顶级的客户，这取决于要有一支优秀的私人银行家队伍，要提供优质的产品和优质的服务，而不完全取决于谁下手早。如果你下手早，但其他条件不具备，服务得不好，这些客户早晚也会流失。

私人银行业务具有投资大、回收期长、对技术要求高的特点，尤其是对人才素质要求严。如果按现行的理财业务的管理体制、方式是很难做好私人银行的，因此总行研究决定采用事业部制的方式来管理经营私人银行业务。“事业部制”简单概括起来，一是实行相对独立的内部财务核算体制。二是有偿地迁移客户的机制。从网点向私人银行迁移，或者是分行的私人银行向总行的私人银行事业部迁移，通过“有偿机制”进行奖励和补偿。三是市场化的人力薪酬政策。能够在行里选拔培训的尽量在行里选拔培训，如果行里没有的就在社会上招聘；薪酬政策要和市场接轨，和现在行内的政策是不一样的。四是有权自主选择和研发产品。不能像现在这样单一的来源，没有竞争力。最后要有单独的IT系统和支持保障体系。

目前总行个人金融部正在着手事业部制的组建工作，整合上收北京、上海私人银行业务，建立全辖人财物垂直管理的私人银行事业务部。同时还要制定扩大私人银行业务的准入条件，分行可以按照总行私人银行业务的条件进行筹建，同时要建立财富管理中心。这两个方面的工作不重复，不是说有了私人银行就不要财富管理中心了，因为所服务客户的档次不一样。北京、上海已经成立了私人银行，他们也要建立财富管理中心，确保在私人银行上收以后不要形成200万～800万之间的客户服务区空白。

另外，总行也正在考虑通过私人银行业务向财富管理、中银理财转移一些经验和技术以及部分产品，以解决目前理财业务中产品供应渠道单一、竞争力不强的问题，来带动全辖对中高端客户的服务水平。所以这四个层次是相互作用的，财富管理可以为私人银行培育和推荐800万以上的高端客户，同时私人银行业可以把自己的产品和经验向财富管理、中银理财转移，共同来带动全行对中高端客户的服务水平。

三、加快推进网点转型

网点转型是强化我行网点资源优势，提升个人金融业务竞争力的一个重要战略举措。各行要利用这两三年行内财务资源充足、总行政策倾斜的有利时机，加大对网点改造的投入，优化布局，提升网点功能，把以前的欠账尽快

补上。总行出台的一些优惠政策，目的就是要保证我行可持续发展，而不是仅仅注重当期效益。在网点转型中，除了要抓好硬件装修以外，更重要的是抓好网点的业务流程改造、专业化销售队伍的建设和网点内控建设。要尽快将业务操作型网点转变为以客户为中心的营销服务型网点，加强对网点的绩效考核，提高网点客户维护能力、产品销售能力和盈利能力，这是最根本的。通过加大网点的改造，内部流程的整合，加强销售队伍的建设，最终要提高单位网点的产量和盈利能力。个人金融业务的特点就是要依靠众多分散的网点渠道来实现它的销售，因此个人金融部责无旁贷地要对网点改造、转型提出规划和管理方案，并征得财务、人力等部门的合作，共同来推进，同时也兼顾其他部门的一些需求。对各分行来说也是这样，个人金融部要负起责任，积极配合有关部门，先做起来，不要争论。

四、继续又好又快地发展零售贷款业务

今年全行个贷业务发展很好，也总结了一些成功的做法，明年还要继续保持这样良好的势头。要进一步研究实行差别化的服务，提高审批的效率和服务的质量，加强产品的创新，研究为理财客户和私人银行客户提供零售贷款、优化服务的方案，这些要结合起来。柜台服务也要为中高端的客户提供方便，如医院的特需门诊一样，进入了中国银行财富管理的客户，全行各部门都可以为其提供快捷的服务。现在个贷最大的问题是规模问题，先按照财管部的安排来掌握，如果需求大，可以做一些调整，做一些资产的转卖工作等来解决规模不足的问题。

五、要积极探索建立交叉营销机制

跨部门交流客户信息，建立联动合作机制，充分利用公司、金融机构等部门的客户资源来销售个金产品，这方面潜力很大。过去我们做得不够，还没有充分地开发利用，明年要下工夫探索，建立共享的客户资源信息库。总行有管理信息中心（MIS）在做这方面的开发，个人金融板块应该积极地配合管理信息中心，把一些高端客户的信息做些汇总分类、综合梳理。同时要探讨对公司、金融机构客户经理下达营销个金产品的指标，建立对个人奖励、对部门分润的激励制度，总行层面上要做工作。有条件的一级、二级分行都可以先试，如绍兴分行已经这么做了。这方面也并不深奥，同业也都一样。公司客户经理营销个金产品，这对巩固与公司高管层的关系很有好处，因为公司的一些总经理或者管理层没有精力打理自己的收入，没有时间去买基金、股票，客户经理上门既把公司业务做了，同时也介绍推荐一些个人金融产品，这有助于密切我们客户经理与客户的私人关系。这些都没有问题，不难，关键是我们没有建立起一套完整的对个人奖励、对部门分润的机制，明年这要作为一个重要的项目来开发。另外，分行可以开展全行性的促销活动，由行领导带头，利用各自的客户资源营销；在总行层面上，肖董事长也说推行两支队伍营销，一支是专职的公司客户经理到公司去营销，另外一支是兼职的像党务、工会等，只要有客户都可以营销，也可以发动一些老员工。只要有客户资源，能给行里带来客户都要支持，都可以给予奖励。交叉营销是一个很重要的工作，小银行的客户资源少，发卡或者是卖理财只能从社会上雇人。我们大银行的客户资源多，完全可以从内部做工作，形象还好，风险可控，营销的效率也高。

六、要兼顾重点地区、重点业务与其他地区、其他业务之间的关系

在发挥优势、集中资源做强做大重点地区、重点业务的同时，一定要带动全行各地方、各项业务的协调发展，注意寻找同业在市场上的一些薄弱环节和新的机会。现在，大家都比较注重争夺沿海重点城市的业务，这也是对的，但还要关注中西部地区和沿海中小城市这块市场，因为这些地区竞争环境相对平稳一些，营销成本要低一些，而且传统业务比重大，成长性好，所以不要丢下这块市场。各行要因地制宜，各地都有不同的特点，如沿海发达地区分行的理财业务就可以向二线城市延伸。同样，在争夺中高端客户的同时，也不要放松对大众客户的服务，要通过加快网点转型，通过标准化、规范化管理来提高盈利能力，在大众客户身上也要提高盈利能力。这是我们作为大型银行相比外资银行、股份制银行的一个优势资源。私人银行财富管理也需要与大众客户传统业务融合，要借助于商业银行的业务平台，提高服务水平。一定要在发展业务当中辨证处理好这些方面的关系，统筹兼顾，和谐发展。

七、不断加强和完善持续的风险管理体系建设

总的来说个人金融业务风险控制这几年是好的，资产质量提高，不良率和不良额双降，各种案件也呈现下降趋势。但是风险管理必须常抓不懈，要坚持对个贷集中审批的流程，同时要注意防止集中审批下出现新的虚假贷款，增强真实性的检查，防止信贷资金挪用到股市、证券投资上。在当前宏观调控加大力度的情况下，要随时注意市场变化和周期性的风险，加强对客户的审查，提高风险识别能力，建立预警和自动调整机制，还要加强对不良贷款的清收力度。针对零售业务操作性风险分散的特点，作为三道防线的第一道防线，业务部门要建立风险评估和控制的流程，加强自我检查、自我整改、自我培训。因为在银行所有业务中，个人金融业务操作风险是最分散的，管理的难度也是最大的，所以各分行在这方面一定要加强。明年又是举办奥运，IT 蓝图上线，要防范奥运服务期间和新系统投产当中可能发生的业务风险。还要配合风险部做好新巴塞尔协议数据建立工作，新巴塞尔协议的一项主要内容就是防范操作风险，要对操作风险进行评估和估值等等。在基础数据方面，个人金融部门一定要积极地配合风险部门把这项工作做好，这对我们建立风险控制机制是十分必要的。

八、提高效率，加强服务

市场变化不断加快，竞争压力不断增大，这就要求我们更加注重提高办事效率，增强为一线、为基层服务的能力。总结这几年的工作情况来看，我感觉到，影响到我行竞争力的不是竞争对手，而是我们内部、我们自己。从最

近这些年来看，一些大型企业、商业银行普遍实行高度集中的经营管理体制，这是一个方向，是没有疑问的。采取这种经营体制对于加强内控、防范风险、优化资源配置、降低运营成本是必要的。但是在集权的前提下，如何实行精细化、差异化的管理，提高运营效率，贴近市场，快速反应，增强创新能力和分支行经营的活力，是我们当前面临要解决的问题。否则，我们的企业就没有活力，就很难生存。我们要从我做起，从能够做的先做。比如，在个人金融块内要提倡“一站式”服务，我们对客户是“一站式”服务，在内部对下级行、对基层行也要实行“一站式”服务，对下级行请示的问题由板块协调解决，跨部门的问题也由板块协调，不要让下级行来跑。另外，对现行的审批流程要在征求服务对象意见的基础上总结、梳理，简化重复无效的环节，把握重点、要点，缩短审批周期。

九、抓住奥运机遇，全面促进个金业务发展

做好明年服务奥运工作，虽然是对我们有压力，但确实是推动个金业务发展的一个很重要的契机。总行已经做了安排，对举办奥运赛事服务的分行、重点旅游地区的分行都下达了一些具体要求。我想，除了这些行之外，全行都要利用这一契机，加大对个人金融业务的设备投放，加快网点改造和转型，加强对一线员工的培训。中国银行既然争取了服务奥运的机会，就要充分地挖掘奥运资源的商机，促进个金业务服务水平全面提升。要积极地推广服务奥运的新产品，充分地利用服务奥运的排他性资源，适时地扩大宣传，提升品牌效益。我们的目的不仅仅为了服务明年8月的奥运赛事，更要着眼于后奥运期继续保持和增强我行个人金融业务竞争力。

2008年是个人金融业务发展重要的一年。我们要按照总行党委的要求，转变工作作风，多深入基层调研，扎实推进工作，更好地支持和服务分行。我们要共同努力，力争个人金融业务无论是在市场份额还是对全行效益的贡献度上都上一个新台阶。

2007年12月8日

六、交通银行总行领导关于金融经济的文献

以改善客户体验为主线　深入推进零售业务转型

交通银行副行长　钱文挥

零售业务头绪多，任务重，业务发展当中一定要遵循规律，抓住主线，稳步推进。下面，我想以改善客户体验为主线，就深入推进零售转型谈几点意见：

一、重视并改善客户体验是深入推进零售业务转型的根本要求

第一，重视并改善客户体验是国内外商业银行成功转型的重要法则。国际银行业的发展史同时也是一部商业银行转型史，一些先进银行，在上世纪后期先后都因应市场发展和竞争形势需要，主动调整经营方针，倾斜资源投入，支持零售发展，调整业务和收入结构，极大发挥零售业务稳定成长、风险分散、资本低耗等天然优势，成就了持续创造价值的梦想。现在这些银行零售业务行内贡献都比较高，抗经济周期能力明显增强，在历次经济金融危机当中往往能全身而过。而在国内，部分先进同业近几年的异军突起、一领风骚也与其重视零售业务，率先推进零售转型有着密不可分的联系。看一下这些银行的发展过程不难发现，成功的零售业务转型，都始终重视并花大力气改善客户体验；架构再造、流程整合、业务管理体制改革以及客户服务模式的成功优化等，无　不是因客户需求而起、以客户满意而止。正因为这些金融行业的领先者重视并适时改善了客户体验，才使得其业务结构、客户结构、收入结构持续优化，使得零售业务转型成为现实。可见，持续重视并投入资源，切实改进零售客户体验、满足客户需求，是商业银行发展壮大、走向成熟的重要法则。我们要坚持以客户为中心，深化零售业务转型，就必须从思想深处真正意识到重视和改善客户体验的重要性与紧迫性。

第二，重视并改善客户体验是新形势下零售业务大发展的需要。市场经济建设不断深化，金融改革持续推进，金融脱媒日益明显，银行业在社会资源分配中的角色有所转换，导致银行利润增长基础发生新的变化。手续费收入贡献逐渐上升，利率市场化步伐加快，货币政策走向宽松，息差空间日益收窄，经营业态出现调整。宏观经济处于下行周期，企业经营环境趋向严峻，这给银行利润增长带来极大压力。另一方面，改革开放30年来，居民收入大幅提高，财富积累显著增多，居民金融意识逐渐强化，对财富创造、财富增值、财富保护乃至财富转移的财富管理需求越来越多。虽然当前经济金融形势面临较大困难，但财富管理服务领域的基本趋势不仅没有改变，反而更加明显。财富管理有别于传统的储蓄业务，必须做到真正地以客户为中心，提供全方位的、差异化的金融服务，从而提升现有客户、改善客户结构，以达到在新形势下发展壮大零售业务的目标。

第三，重视并改善客户体验是增强零售业务核心竞争力，提升零售品牌形象的重要途径。当前，财富管理能力已成为商业银行具有代表性的竞争力之一，而面向个人客户的财富管理能力是商业银行财富管理竞争力的重要组成部分，财富管理的品牌特征和影响力也主要由不断改进的客户体验、不断增强的客户美誉度予以展示。国内银行业的产品同质化、共性化较强，但是，优质的服务是不可复制的，优质服务的核心就是重视客户体验，优质的客户体验能够给银行带来良好的口碑，树立良好的品牌。零售业务的服务水平正日益成为社会各界评价一家银行的重要指针。重视并改善客户体验，通过优质服务，吸引优质客户，达到并超越客户需求，显著增强我行零售业务市场竞争力，有效提升品牌形象，是衡量转型成功与否的一个重要标志。

第四，重视并改善客户体验是我行推进零售业务转型的经验结晶。实施战略转型以来，全行尤其是零售条线始终重视客户需求、关注客户感受，积极探索改进零售客户体验的基本规律，在客户分层、渠道分区、产品分线、服务分流、交叉销售、流程整合等方面，积极推进，为进一步深化转型奠定了基础，零售业务的发展速度大大加快，特别是新兴业务如基金、保险、理财、信用卡、零售信贷等业务发展较快，受到同业和市场的广泛关注。通过推进转型，建立起以沃德财富、交银理财统领的高中端客户品牌以及“得利宝”、“易贷通”、“展业通”、“中国人的环球卡”等客户体验良好的产品品牌。相反，在发展中，我们也注意到我行一些市场表现不佳的产品和服务往往是因为我们没有重视客户体验所造成的。因此，实践证明，我行推进零售转型必须始终重视并改善客户体验。

第五，重视并改善客户体验是零售业务深入转型的必由之路。在当前的形势下，我行零售转型正面临着较为严峻的挑战。由美国次贷危机引发的全球金融危机还没有完全见底，其对于实体经济的影响正日益加深，时间将更为持久。银行同业围绕零售业务转型展开的竞争日趋激烈。从我行自身看，零售业务距离科学发展观的要求，距离转型的战略目标还有不小的差距。在客户体验方面，总分支行三级做了很多努力，但改进客户服务的合力还需进一步增强；渠道建设还没有做到从以客户的方便和安全角度出发，人均、网均产出还不高；流程再造在改进客户体验方面还有着很大的提升空间；产品设计对于高中端客户的针对性还不强，销售渠道也比较单一，销售的适当性还有待加强；签约、业务受理等部分环节还不够人性化；人员配置方面还没有做到把我们最强的服务力量配置给我们最需

要服务的客户，人员的服务意识不到位，专业素质也亟待提升。

二、重视并改善客户体验需要着眼长远夯实业务基础

改善客户体验需要厚实的业务基础做支撑。我们要着眼长远，创新思维，夯实机制、人才、资源、技术和管理基础。

第一，机制转换要有新动作。在考核上，尝试在以块为主的管理模式下，探索试行零售条线评价方法，调动条与块两个方面的积极性。条线评价的目的是要引导分行统筹兼顾长期目标与短期目标、突出发展重点，形成客户增长、业务增长、盈利增长的协同效应。条线评价以是否在当地跑赢大市、是否在系统内争先进位为标准，动态反映分行在当地同业中的竞争力变化以及对全行贡献度的变化，科学评价分行零售业务发展能力和发展成效，也有助于省分行统筹全辖特点和资源潜力，强化对省辖行、本部支行的管理和指导，实现全省一体化紧密型发展。条线评价还应适当增加总行零售部门对分行零售业务分管行长本人的绩效考核。

第二，人才建设要有新突破。人才建设不仅仅是数量的增加，更重要的是素质的提高。基于全行人员增量资源有限的现状，我们既要通过内部结构调整来增加零售队伍数量，又要通过针对性培训、分行培训师培训和巡回培训等手段提高零售队伍质量。特别是要把建立一支高素质的业务骨干队伍作为重点工作来抓，骨干队伍主要应包括专业持证金融理财师、中高级客户经理、产品经理、风险经理、基层支行的分管行长和省直分行零售部门负责人。对于骨干队伍实施定向提升培训，通过骨干队伍的带动作用提升整体素质。此外，要想法设法调动全行零售条线干部员工的积极性，充分发挥他们的主观能动性。在人员考核方面要重点建立客户经理以城市分行为主体的考核体系和绩效管理平台，业绩与岗位定级、薪酬奖励要直接挂钩，即时兑现。

第三，资源配置要有新思路。重点解决目前资源使用效率不足的问题，在总体上向零售业务倾斜资源投入的同时，零售条线内部财务资源的分配和使用应更广泛地运用全行统一的基本模型及投入产出评价模型，有效提升资源投入的产出。要逐步加强零售条线的预算和投入产出管理，在管理会计已取得条线业绩评价的基础上，应考虑编制条线预算，目标是要编制全行以块为主、条块结合的全面预算并作为零售条线考核的重要依据。要引导分行增强提升资源使用效率的观念，从重资源投放向重资源使用转变；从重资源数量向重资源效益转变；从重资源面上投放向重资源点上投放转变，切实扩大资源投入效应。

第四，技术支撑要有新举措。要进一步加强业务部门和技术部门的联动，联合编制零售条线的技术应用规划，从系统架构、渠道、产品、客户服务、数据分析、风险控制到考核管理等各方面进行系统的策划，发挥数据集中的优势，改变目前短期性、应急性、被动性的开发模式，逐步建立一支跨科技、业务的两栖人才队伍。

第五，管理手段要有新模式。进一步明确职能部门的管理边界，尽管零售条线的一些部门处室仍然承担了部分中台职能，但总体上应以前台部门作为主要定位。要加强工作的计划、组织、指导和控制，利用科学管理的手段，处理好政策制度的统一性和具体策略的多样性、响应速度与执行力、销售的综合性与专业性、销售效率与销售风险、流程优化与风险防范、推广优秀模式与控制任意行事等关系，一类一策，一行一策，切实提升管理水平。

三、以改善客户体验为主线，切实抓好今年重点工作

2009 年是零售业务承前启后大力发展的关键之年。我们要以打造品牌服务年为主线，采取有效措施，提高服务水平，改善客户体验，深入推进零售业务转型，努力实现零售主要业务指标市场占比上升、中间业务收入和零售管理会计利润行内占比提高、服务质量持续提升、零售业务综合实力稳步增强、品牌特征日益彰显的发展目标。当前尤其要做好以下几个方面的工作：

（一）以改善客户体验为主线，打造优质服务品牌

一是要拓宽信息渠道，了解客户需求。研究市场，关注同业，掌握最新服务动态。注重对先进银行的跟踪研究，借鉴同业，扬长避短。要专人跟踪市场反应和媒体报道，寻找切入点。通过客服中心、网络、员工建议等多种渠道，听取客户、员工意见和建议，切实解决影响客户体验的瓶颈问题，促进服务水平提升。

二是要完善客户细分，实施差异化服务策略。第一，要落实针对沃德客户的专属客户经理、理财网点、理财产品、服务价格、综合账户、增值服务，完善沃德财富服务体系。要强化与已经拥有丰富中高端客户资源的大型商场、高档会所、高尔夫俱乐部等第三方的合作，掌握客户资讯，拓展优质客户资源。要加强机场贵宾、医疗贵宾、沃德资讯的人性化管理，深化“一对一”服务；要更多面向中高端客户研发专项理财产品；制订关键客户服务方案，提高客户识别能力和联动服务水平；借助专业公司力量，策划好品牌推广活动，增强客户的品牌认同。第二，要针对交银理财客户，丰富理财锦囊服务内涵，结合客户成长周期，开发专项理财产品。开展丰富多彩的促销活动，凸显交银理财快捷、综合、一站式服务的“理财伙伴”品牌内涵。第三，要充分发挥综合经营、境内外联动、战略合作优势，逐步建立私人银行客户增值服务体系。稳妥发展专户理财、股权投资、信托计划、私募基金、海外全权委托投资业务；建立分行间联动服务网络，提升私银服务专业水准和客户满意度。

三是持续推进服务质量提升工程。我行 2007 年启动了提升全行服务质量的工作，收效明显。今年，提升服务质量办公室纳入到零售条线，除了单设服务管理部门的分行，各行服务质量提升工作应纳入个金部，成为常设职能，配备专门人员。我们要充分利用这次架构变革的契机，以打造服务品牌年为主线，以改善客户体验为目标，整合管理资源，做好全行服务质量提升工作。以快捷、方便、安全、增值为目标配合流程银行建设，优化服务流程。完善服务

考核办法，确定关键指标，将定性与定量、客户评价与第三方评估、提高效率与风险防范、规范服务与用心服务有机地结合起来。着手建立完整细致的监督模式。建立顺畅有效的客户意见反馈及处理渠道，提高客户投诉处理效率。开展客户需求焦点访谈活动，从满足客户需求、改善客户体验出发，全面推动内部流程持续优化。

四是要以世博合作为契机，切实抓好世博金融服务的各项工作。一方面要围绕世博金融服务主题，开发推广以世博金融服务为元素和卖点的金融产品，如世博门票与借记卡的票卡合一，既方便实用又兼具收藏价值；如代理销售世博金银纪念章、纪念币和世博金银条等世博元素的特许商品；如购买机票/火车票、支付酒店住宿和购买世博门票的“世博一站通”金融服务。另一方面要抓好世博服务管理体系建设，推进服务环境美化、窗口服务优化、员工素质提高以及世博绿色通道建设等工程，兑现我行对上海世博会作出的“创新的金融服务，和谐的城市生活”的庄重承诺。

（二）以改善客户体验为主线，切实加强销售管理

一是要加强销售渠道管理，提高销售效率。网点是我们最宝贵的渠道资源，一定要充分利用好。要通过合理分区，配备素质高的人员，提供专业化的服务有效提升网点的销售能力。要充分拓宽我们的销售渠道，将低风险产品转移到个人网银、电话银行、手机银行等电子渠道进行销售。要着力增强一线销售人员持续销售的能力，要高度重视零售各类产品的交叉销售。

二是要加强销售组织管理，防范化解销售风险。以客户为中心，从培育客户、与客户共成长出发，向合适的客户销售合适的产品。规范销售过程中的风险提示，注重客户风险教育。要建立销售规范，统一销售话术，培训销售技巧。着力在基础管理、操作环节、过程监控、售后环节、新业务风险防范等方面加大力度，严控重大投诉、突发事件及客户经理行为失当等各类新型风险，切实维护客户利益。通过电子渠道销售低风险产品，满足客户多渠道购买产品的需求。

三是要推广财富管理平台，强化销售服务支撑。以效率与安全并重为原则，评估平台上线运行效果，不断优化平台功能，总结推广经验，严格平台操作风险管理。加强人员培训，积极做好平台的二期开发和推广工作。重视运用平台进行客户细分，梳理客户需求，细化销售管理和资讯服务。

（三）以改善客户体验为主线，切实推进产品创新

一是要建立创新机制。创新是领先之源，创新是超越客户需求并给客户带来增值体验价值，从而提高客户满意度和美誉度的重要手段。全行要围绕“责任立业、创新超越”的企业文化，从制度上建立鼓励创新的机制，引导零售条线干部员工献计献策，参与创新，推动创新。

二是要加大产品开发力度。加强对固定收益类理财产品的开发，满足客户保本需求。既要开发新产品，也要注重对现有产品特别是精品产品的组合包装，以强化这些产品的市场推广和销售。

三是要建立产品后评估和持续改进机制。利用管理会计工具分析评估产品效益，梳理个金产品。构建产品后续完善和改进机制，新产品开发是创新，老产品的不断完善和改进也是创新，要通过持续完善产品质量来提升产品竞争力，延续产品寿命。使客户进入我行产品超市始终能得到“总有一款适合你”的美好体验。

四是要加强理财产品风险管理。发挥理财业务协调推进和领导小组控制风险、提高效率、优化资源配置的职能，强化个金产品研发流程控制。梳理现有“得利宝”理财产品风险点，加强对运行中产品实时监控，掌握产品风险变化趋势，落实产品风险应急预案，有效化解客户纠纷。

（四）以改善客户体验为主线，切实抓好重点业务

一是要抓好零售负债业务。今年储蓄存款的发展目标是“跑赢大市，争先进位，赶超标杆”。要重点抓好通知存款、3个月期和6个月期的短期定期存款，积极拓展代发工资和第三方存管业务，以服务提升带动储蓄业务发展，提高储蓄存款市场占比。代发工资是银行内部“产业链”比较长、关联度比较广的一项重要业务，它是中高端客户的基础来源，是实现交叉销售的立足点，是零售业务实现稳定快速增长的源泉，更是公私业务联动的着力点。在目前资本市场分流效应减弱，居民投资和消费渐趋谨慎的情况下，代发工资业务将产生更多的资金沉淀，从而对传统储蓄的增长也有着较强的拉动作用。今年我们要把代发工资业务作为实现客户有效增长，推进客户结构优化的重要抓手，在考核上对代发工资业务给予倾斜，要把对一家企业是否进行工资代发，作为公私业务联动是否成功的标志之一，以代发工资业务推动我行中高端客户特别是中端客户的增长。第三方存管客户是我行优质客户的又一重要来源，尽管当前资本市场仍在深幅调整中，但是拓展第三方存管客户是一项基础性工作，这正是我们抓住机遇迎头赶上的时机，必须早抓早落实，等到资本市场真正回暖的时候，我们的优质客户数量和客户资产才会有爆发式的增长。

二是要抓好零售中间业务。代理保险业务要在扩大规模，提高收益的基础上，加快发展代理期缴类、保障类保险产品，保持快速增长势头。适时调整基金代销品种结构，加大“智慧选基”和“智慧定投”功能的推广力度，不断提升基金销售市场份额。要重点抓好我行托管基金的销售工作，形成托管与销售的良性互动与共同发展，提升我行在基金业务领域的综合竞争力与品牌形象。大力发展高质量特惠商户，促进太平洋卡（借记卡和信用卡）消费快速发展。要把收单业务作为中间业务收入的一个重要来源大力加以推动。

三是要把握节奏、大胆创新，推动零售信贷业务又好又快发展。去年下半年，由于宏观经济金融形势急转直下，零售信贷业务一度面临很大的发展压力。但是去年四季度以来，国家落实积极的财政政策和适度宽松的货币政策。在住房市场上，加大对自住型和改善型住房消费的信贷支持力度；在小企业扶植上，在担保机构、贴息政策、风险补偿和贷款比重等方面采取多项优惠措施。今年，零售信贷业务发展的外部环境较去年下半年将有极大程度的改善。我们从事零售信贷的干部员工一定要科学研判当前形势，捕捉宏观政策变化所带来的业务发展契机，把握业务发展节奏，推动零售信贷业务科学发展。今年零售信贷业务的总体发展目标就是“一个确保、两个提高、三个优化”，即努力确保零售信贷质量稳定向好，市场占比和行内占比较去年有所提高，客户结构、产品结构和管理能力有所优化。围绕这个发展目标，零售信贷业务要以住房按揭贷款为重点，坚持高位营销、源头营销、联动营销；以“交银易贷通”创新产品为抓手，大力推进消费类贷款发展；以“展业通”为平台，稳妥推进小企业信贷业务发展。同时，还要以内评系统和小企业贷款管理系统的推广上线为契机，抓好风险管理，确保零售信贷资产安全。

四是要继续以抢市场、创品牌为工作重点，推进信用卡业务发展。信用卡是一项市场关注度高的业务，也是我行品牌活力的具体体现。虽然我行对于该业务试点开展了事业部制的运营模式，其经营管理具有相对的独立性，但是该业务对零售业务的交叉销售和整体促进不容忽视。金融危机也使得中国信用卡产业环境隐忧显现，部分地区和行业的持卡人风险上升，同业的扩张速度可能会减缓。在信用卡业务上我行没有先发优势，但是我们要抓住这次市场重新洗牌的机会，借助国家刺激消费保内需增长的政策东风，加快信用卡业务的发展。要继续完善考核机制，充分发挥直销办事处和分行的双重积极性，进一步加强以现有客户为基础，以网点为载体的交叉销售，实现直销团队和分行的两翼齐飞。要通过系统和流程优化提高运营效率，通过加强目标客户管理优化客户结构，通过改善客户体验提升品牌价值，通过强化催收管理和风险预防机制，确保资产质量的稳定。要在注重规模扩张的同时，强化集约经营，又好又快发展。

零售业务发展策略浅析

交通银行副行长　叶迪奇

每个业务都有根据自身优势和劣势而制定的策略。其中，交行零售业务的优势就是在我行有较长的发展历史和一定的社会知名度的大背景下启动的，交行也是一家在公司业务方面运作很成功的商业银行，我们有大量的零售客户和覆盖全国的网点数量，是全国第五大银行，同时还有一支能力出众的管理团队。但另一方面，我们的劣势在于产品在客户中的渗透率较弱，各网点的效率水平不均衡，零售业务效益增长乏力。因此，我们希望能够充分利用我们现有的优势，即庞大的客户基础，同时以财富管理理念为特色，坚持以客户为中心的基础，并利用客户分层策略，对每个客户群制定差异化的服务。我们深谙 80/20 的道理，所以在落实客户分层策略时，会通过研究客户贡献度来制定相应推广方案，最终是希望在合适的渠道中提供合适的产品给合适的客户。

在客户分层策略中，我们将通过客户服务来带动销售，也就是说，要做好服务，依靠服务来提供差异化的选择，从而吸引客户。目前，我们的“沃德财富”和“交银理财”服务品牌就是我行在客户分层工作方面的排头兵，自推出这些品牌以来，我们明显感到他们带来的效果令人非常满意，不仅受到客户欢迎和社会认同，也引领了交行的财富管理特色。

第 三 编

金融论坛

一、全国个人金融论坛

（一）中国工商银行总行个人金融论坛

深入践行科学发展观　持续提升核心竞争力
努力实现中国第一零售银行战略目标

中国工商银行总行　陈晓燕

2005年工行股改上市以来，全行紧紧围绕打造“中国第一零售银行”的总体目标，始终坚持“以客户为中心，以市场为导向”的经营理念，深入推进“大个金”发展战略，以零售业务“专业化经营、系统化管理”改革，推动管理体制和经营机制的创新；以理财中心核心竞争力项目实施，促进网点转型和服务能力的提升；以统一客户视图下的中高端目标客户发展，加快客户结构的优化和调整；以产品和服务手段创新，实现资产、负债、中间业务等业务全面、协调、快速发展，为全行年度经营目标的实现做出了突出贡献，并获得了社会和业内的广泛认可和尊敬。在新加坡《亚洲银行家》杂志举办的“2008年零售金融服务卓越大奖”评选中，工行再次荣获“中国最佳零售银行”称号，这已是工行近六年中第四次获得此项荣誉；工行今年还同时荣获分项奖中的“中国最佳大型零售银行”及“中国最佳多渠道银行”两大奖项。

一、三年努力，辛勤耕耘，迈出打造中国第一零售银行重要一步

（一）个人金融业务盈利能力日益提升

三年来，全行个人金融业务营业贡献保持较快增长，税前利润大幅提升。2008年当年全行个人金融业务实现营业贡献超过900亿元，实现个人金融业务税前利润618亿元，较2005年提高约2倍，年复合增长率超过40%，成为全行主要的和增长最快的利润来源。

（二）个人客户结构实现持续优化

三年来，通过推动理财金账户服务升级，借助产品创新和营销手段创新，中高端客户数量保持快速增长，客户质量继续提高。截至2008年12月末，全行中高端客户数超过2000万户，其中全行理财金账户客户数量达到454.6万，三年间增长约267万。

（三）八大主要业务占据中国业内第一位置

截至2008年末，全行人民币储蓄存款余额达到39623亿元，同业占比第一。全行个人贷款余额达8122亿元，同业占比第一。个人中间业务收入为173亿元，同业占比第一。全行本外币个人银行类理财产品累计销售额达13388亿元，同业占比第一。代理保险销售额为1027亿元，实现代理保险业务同业占比第一。累计销售开放式基金4310亿元，实现了在基金代销额、基金存量、业务收入和客户数量等多项指标上继续位居同业第一。牡丹灵通卡消费额达5410亿元，同业占比第一。实现个人结算业务结算额结算量及业务收入均居同业占比第一。

（四）服务能力显著改善，一线营销能力不断加强

一是通过网点建设实现了服务环境改变，稳步推进贵宾理财中心装修改造工作和财富中心的建设，建成贵宾理财中心超过1800家，财富管理中心100家，实施核心竞争力项目的网点超过6000家。二是加大自助服务渠道建设实现了服务网络完善，加大自动柜员机投放力度，截至2008年末，全行ATM数量已达28600台，全行自动柜员机累计交易量26亿笔，累计交易额15557亿元，有效分流了网点压力。三是壮大客户经理队伍实现了服务水平提升，目前全行通过AFP资格考试人数累计超过7000人，其中CFP达到1086人，建立了一只接近3万人的客户经理队伍。

二、注重科学，持续发展，深入理解和贯彻“以客户为中心”理念

科学发展观是坚持以人为本，树立全面、协调、可持续的发展观，促进经济社会和人的全面发展，它的第一要务是发展，核心是以人为本，基本要求是全面协调可持续发展，根本方法是统筹兼顾。科学发展观是马克思主义中国化的最新成果，为实现党的指导思想的与时俱进奠定了重要的思想理论基础。

回顾几年来走过的发展之路，我们在实践中不断的理解和深化科学发展观，将科学发展观理论指导改革实践。我们认识到，在现代商业银行零售业务发展中，落实科学发展观就是如何贯彻“以客户为中心”理念的过程：

（一）“以客户为中心”是科学发展观发展第一要务在商业银行零售业务上的根本保障

科学发展观的第一要务是发展。而商业银行零售业务要想实现发展，就必须坚持以客户为中心，将客户的需求变为发展的源泉。随着金融行业的改革开放、创新发展，特别是工行股改上市之后，我们不仅要对全体客户负责，还要对广大公众投资者负责。以客户为中心取代原来的以产品为中心、以银行为中心的经营理念，才能保证商业银行在市场竞争中了解营销对象、战胜竞争对手、取得领先优势，而不被市场和客户所淘汰。

（二）“以客户为中心”是科学发展观核心内容在商业银行零售业务上的集中体现

科学发展观的核心内容是以人为本。商业银行零售业务面对的正是广大个人客户，市场竞争已经进入到服务竞争的时代，落实科学发展观，就是要以客户为中心，从客户的需求出发，通过客户分级、服务分层、网点分类来实现客户需求的满足，从而实现银行、客户、社会价值实现的三赢。同时，在竞争的手段上，以人为本落实到我们客户经理队伍建设上来，有了一只高素质的充满活力的营销队伍，才能更好地实现优质服务、满足客户需求、实现工行的发展目标。

（三）“以客户为中心”是科学发展观全面协调可持续发展在商业银行零售业务上的发展基石

科学发展观的基本要求是全面协调可持续发展，零售业务也要实现全面协调可持续发展。那么如何实现呢？我们需要相应的人力、物力、财力、经营机制、管理体制、IT系统等来支撑实现全面协调可持续发展，而这些方方面面需要有一个统一的核心理念作为基础，从而形成一个有机的体系来保证全面协调可持续发展。这个核心理念就是“以客户为中心”，我们需要以客户为中心，向一线倾斜配置营销人员；我们需要以客户为中心，向市场配置更多的营销资源；我们需要以客户为中心，改革和完善我们的内部组织架构和管理流程，以提高效率、优化资源配置；我们需要以客户为中心，创新业务和产品，满足客户的需求；我们需要以客户为中心，优化业务流程和IT系统，使之更易于客户所接受和认可。这些体系相辅相成，最终实现了零售业务的全面协调可持续发展。

（四）“以客户为中心”是科学发展观统筹兼顾方法在商业银行零售业务上的实施核心

统筹兼顾方法对商业银行零售业务发展也十分重要。我们需要以客户为中心，统筹考虑客户利益与银行长远发展之间的关系；统筹考虑不同客户层级与银行资源配置之间的关系；统筹考虑公私客户发展之间的协同协调机制；统筹考虑不同地区、不同区域之间的发展平衡问题；统筹考虑前中后台之间的协同配合机制；统筹考虑总分支行、条块之间的关系；统筹考虑零售业务发展与全行整体目标实现之间的关系。这些都需要从以客户为中心作为出发点，解决好了这些方面问题，才能使业务发展更加顺畅和可持续。

三、回首来路，总结经验，五个坚持成为改革发展实践的结晶

三年的经营成果和发展实践充分证明，总行党委关于打造“中国第一零售银行”的战略目标、思路和举措是完全正确的，同时我们对个人金融业务的发展规律有了更加深入和具体的认识：

（一）必须坚持把转变思想观念作为打造中国第一零售银行的行动前提

总行提出“大个金”发展战略，就是立足于以客户为中心，着眼于资源整合，致力于提升个人金融业务核心竞争力而采取的重要举措；之后又提出打造“中国第一零售银行战略”，并将其作为全行第一发展战略，则是在深刻研究分析经济金融形势变化的基础上，为加快全行经营转型、实现可持续增长作出的战略选择。在正确思想、科学理念的指导下，我们通过实施“两化”改革，全面推动了经营机制和管理体制的转变，通过实施核心竞争力项目，全面促进了网点转型和服务水平提升，通过实施统一客户视图和中高端客户重点发展战略，全面推进了客户结构的优化和调整，通过实施产品和业务创新，全面带动了资产、负债和中间业务的协调发展。

（二）必须坚持把改进和完善服务体系作为打造中国第一零售银行的核心内容

零售业务是“渠道为王”、“服务制胜”。三年来，全行在网点服务、渠道建设、流程再造等方面做了大量艰苦细致的工作，取得了显著的成效。深入推进了个人理财中心核心竞争力项目，建立了标准化的客户服务流程，推广了个人客户营销管理系统，充实了客户经理和非现金柜员力量。全行建立起统一客户视图下的网点分类管理体系，形成财富中心、贵宾理财中心、理财网点和金融便利店等四个层次，并通过理财金账户服务升级活动和构建“六专”贵宾理财服务体系，初步形成了中高端客户专属服务平台。实施“五个统一”工程，建立了全行统一的个人金融业务客户信息平台、营销管理平台、账户核算平台、综合对账管理平台和业务考核平台。特别是全行在奥运金融服务中，以“零差错、零投诉”的高水准服务展示了全行良好企业形象和服务水平。实践证明，改善服务的各项措施为全行个人金融业务的发展创造了一个良好的平台，对全行竞争力的提升起到了重要促进作用。

（三）必须坚持把健全体制机制作为打造中国第一零售银行的重要支撑

全行2005年底开始进行“专业化经营、系统化管理”改革，目的在于对个金业务的经营管理体系进行一次比较全面彻底的优化和完善，主要是解决营销体系和考核体系的问题。目前，所有二级分行均已实施了“两化”改革，个金专职分管行长制度也逐步建立，启动了个人业务销售激励项目试点工作，逐步建立起以业绩价值为基础的个人客户经理考核激励机制。同时，注重加强专业员工队伍建设，目前已建立了超过3万余人的个人客户经理队伍，其中获得金融理财师（AFP）和国际金融理财师（CFP）资格的员工分别达7275人和1086人，在国内金融同业中居第一位。此外，在全行范围内组织了大堂经理业务技能比赛、客户经理营销技能比赛、“双佳”评选等活动。实践

证明，新的体制机制的建立，提高了经营管理活力和效率，激发了员工的积极性和主动性。

（四）必须坚持把业务和产品创新作为打造中国第一零售银行的不竭动力

个金业务创新工作贯穿了发展的各个领域和各个层面，贯穿了发展的全过程。在同业率先推出了基金定投、利添利账户理财、T+0快速赎回、代客境外理财、“灵通快线”、存贷通、循环授信创新型产品，促进了理财类业务和贷款业务的发展。在国内首家推出符合人民银行标准的磁条加芯片双介质借记卡。启动和推进牡丹灵通卡产品升级项目，进一步提升了客户用卡便利性和安全性。推出财富管理业务，依托财富中心向财富管理客户提供个性化、全方位的金融服务和其他增值服务。实践证明，持续的创新使得我们的营销手段更加丰富，利润来源得到拓展，服务质量和效率不断提高。

（五）必须坚持把风险防控作为打造中国第一零售银行的基本保障

全行按照“内控优先，制度先行”的原则，建立了以章程办法、业务手册、操作规程、操作指南为主体的较为完备的个人金融业务制度体系，加强了IT系统对风险的硬控制；以业务流程优化再造契机，进一步实现了业务前台营销与中后台处理的人员和系统分离。加强了代理业务的合规销售，按照有关规定做好对客户的风险提示，正确宣传，正确引导。实践证明，只有切实增强风险防范能力，才能为个人金融业务的持续健康发展创造良好环境。

四、坚定信心，阔步前进，努力实现未来三年再创佳绩

受国际金融危机快速蔓延和世界经济增长明显减速的影响，我国经济运行中的困难增加，给工行个人金融业务发展带来了不利影响。但我们应清醒的看到，我国经济发展的基本面和长期趋势没有改变，目前已经出现了企稳的迹象。中央“保增长、促内需、调结构”的工作重点，必将创造良好的外部环境，随着经济增长和社会财富的积累，个人中高端客户群仍可进一步扩大，也必然会促使居民产生更多的金融需求，将对个人信贷市场的拓展、个人中间业务的增长、个金新产品的开发等创造广阔的市场空间，给个金业务的经营发展提供更多新的机遇。

在“建设全球最盈利、最优秀、最受尊重的银行”的全行发展愿景下，个人金融业务作为全行最重要的业务板块之一，必然承担着增加盈利，树立工商银行良好品牌的重任。未来三年，全行个人金融业务发展力争将打造中国第一零售银行战略向前在推动一大步，使工行成为业务规模最大、产品种类最全、客户满意度最高、品牌美誉度最佳、盈利能力最强、客户服务首选的中国第一零售银行。

（二）中国农业银行总行个人金融论坛

完善机制 加强管理
打造一支具有核心竞争力的理财师团队

——李庆萍总监在中国农业银行首届理财师年会上的讲话

首先要祝贺中国农业银行首届金融理财师年会的召开，这是我行从2004年开始系统培养理财师以来的第一次。来自全国各地的精英理财师们汇聚一堂，交流座谈，相互学习，以更广的视野，了解兄弟分行理财业务发展的经验，思考理财业务发展的方向和措施。这很好。这次我们还邀请了两家外资银行的专家来给我们授课，分享他们理财的成功经验。借此机会，我想跟大家交流以下几个问题。

第一个问题：个人理财业务是金融业务发展的潮流，是零售业务发展的方向

一是扁平的世界催生了理财业务蓬勃发展

我相信在座的很多理财师看过这样一本书，叫做《世界是平的》。在网络化、全球化的今天，世界已不是圆的，而是平坦的。平坦的世界催生了金融理财。我们想一下，扁平的世界对全球经济或者全球金融带来了什么？带来了一系列的“无阻隔”。首先是风险无阻隔。无论是经济风险还是金融风险都不再是一国的风险，而是全球的风险，只要美国有风险，就一定会传到亚洲，一定会传到中国。第二是财富的流动无阻隔。财富的逐利性让它无孔不入，美国能赚钱，流到美国；欧洲能赚钱，流到欧洲；中国的利率上升了，又潮涌到中国。第三是金融创新无阻隔。人类在短短的几十年间有了电脑、有了互联网、有了数码产品、有了纳米技术，无不取决于创新，取决于创新的无阻隔传播。金融的创新同科技发展一样迅猛，今天在美国有个新产品，明天就会传到中国来。这种金融创新的无阻隔让大家刻骨铭心。如果金融创新没有像现在这样在一夜之间就传遍全球的话，那么就没有中国的理财师队伍。第四个是IT技术无阻隔。IT的发展到了今天真的是让我们瞠目结舌，20年前，当我刚到农行，刚刚开始用长城计算机、用Sharp打字机时，我无论如何也想像不到IT会像今天这样发展。今天，我们可将任何一个信息、任何一个创新，通过互联网瞬间传遍全世界，通过上传下载，将世界变成了一个小社区。这一切的无阻隔，让世界变得更加平坦，让我们觉得如果不学习、不跟上潮流，我们就会被淘汰。这种无阻隔的世界催生了理财，在座的都是做理财的，如果不顺应潮流、不顺应大势，你就会被淘汰。我一直在想，个人理财业务为什么能成为金融业的潮流，为什么成为零售业务的发展方向，扁平的世界带来的一系列无阻隔是一个很重要的原因。

二是个人理财业务的赢利性决定了它在零售业务中的核心地位

虽说农业银行的理财业务发展只是这1～2年的事情，但是它的赢利性和它在中间业务收入中起到的核心作用，是毋庸置疑的。让我们看一下国外银行，如花旗银行的个人业务收入（包括消费金融和财富管理）占其总收入的60%以上，其核心就是个人理财业务和私人银行业务。欧洲主要商业银行个人理财业务利润占到其个人业务利润总额的80%。个人理财业务不仅收入占比高，而且业务利润率也很高。近些年来，欧美主要商业银行的理财业务年均利润率高达35%，年均盈利增长率达12%～15%，花旗集团私人银行业务利润率更高达75%，远高于传统零售银行业务如储蓄存款、个人汇款等，甚至信用卡，我们都不能将其划为传统零售银行业务。所以如果没有个人理财、网银、信用卡等业务，我们零售业务的收入增长肯定不会像现在这么快。从个人理财业务的目标客户来看，其规模和增长速度也是十分惊人的。2004年全球百万富翁达到830万个，并且以年均7%以上的速度增长，而拥有10万～100万美元资产的个人客户，其财富总额大约占全球财富市值的2/3。一会儿荷兰银行和东方汇理的专家给大家介绍他们的理财经验时，你们就会知道他们的零售业务收入占比是多少。这一切都说明了个人理财业务将是现代商业银行零售业务发展的最高境界。

三是国内个人财富的聚集也为我们的个人理财业务提供了广阔的发展空间

首先来看一下居民财富的聚集。这几年，随着中国的发展，财富已经聚集和转移到个人的手里，社会上涌现了一大批“中产阶层”、“富裕群体”和“高净值客户”，居民消费结构升级，居民金融需求呈现多元化、个性化和高端化，这给我们农行提出了很大的挑战。还有近年来的监管政策的变化如利率市场化、汇率自由化等，都让我们居民特别是富人阶层对金融机构的服务提出了更高的要求。

当我们国家越来越多的客户在满足了基本的生活之外有了财富之后；当人们过惯了几十年的“计划生活”，要自己安排一生的时候；当人们面临越来越多的金融产品、和越来越复杂的税务和遗产问题的时候；当人们面对急剧变化的社会、快速发展的经济，从而产生对整个人生周期的不确定性，甚至恐惧的时候，人们对金融理财服务的迫切需求便产生了。我相信大家都会同意我这个观点，就是因为财富在个人手里聚集，所以个人对自己的财富未来是升值还是贬值非常在乎。今天的财富是1000万，明天变成100万怎么办？这样一种不确定的心理，这样一种恐惧的心理，让他觉得，应该找专业人士来为他的财富做一些安排、来为他理财。国际上的一项调查表明，人们在没有得到专业理财服务的情况下，一生中损失的个人财产从20%到100%不等。因此，在中国现在这样的一个外部经济环境下，在居民财富不断变化的情况下，我们银行的个人理财业务发展空间非常广阔。

另外，我们看一下国内银行。近年来，国内银行个人理财业务发展迅猛，势不可挡。国内商业银行，包括国有商业银行和股份制商业银行，逐步形成了一些具有市场影响力的理财品牌，如招商银行的金葵花理财、金葵花财富管理，建行的乐当家理财，工行的理财金账户，中行的中银理财，我们农行的金钥匙理财，交行的交银理财、沃德财富，中信银行的中信理财等，竞争已趋白热化。还有一个情况，那就是不少银行不仅仅是在做个人理财业务，还已经在向私人银行方向发展。像工商银行、中国银行、招商银行现在都在做私人银行业务。私人银行业务是今后发展的一个方向，其目的就是要给那些顶级的富翁提供顶级的金融服务。我们农行马上也要筹备私人银行业务。

总之，个人理财业务是方向是潮流，我们必须顺势而为，才能成为主流银行。

第二个问题：新业务呼唤新人才

对于商业银行而言，发展个人理财业务，IT很重要，产品创新很重要，绩效考核也很重要，但更为重要的是人。其实越是富有的人，越不在乎他的资产多赚一个点、两个点，他更在乎安全，因此，他对理财师的信赖就显得尤为重要。信赖是人与人关系的最高境界，我们的理财师要想做大理财业务，首先就要学会与客户建立良好的关系，取得客户的信赖。由此可看出，经营个人理财业务包括未来的私人银行业务更重要的是有一支高素质的理财队伍。

那么对农业银行或者整个同业来说，我们到底需要什么样的理财师呢？是不是说拿个证就是理财师呢？当然不是。我们通过调研以及跟一些高价值客户了解，其实理财业务的性质和特点决定了理财师既要博学多才、具有较高的理论知识和政策水平，又要具有丰富的实践经验和很强的客户沟通能力与资产管理能力，同时还要具有良好的职业道德。具体来说，高水平的理财师必须具备以下几个方面的素质：

第一，要有扎实的经济、金融、投资、财务管理、会计核算、风险管理等理论功底，熟练地掌握理财业务各项管理制度与监管法规，及时全面地了解和把握国家的宏观经济与金融政策以及国内外资本市场的发展趋势与动态。

第二，要全面熟悉金融业的各种产品和服务，不仅要熟悉银行业的产品和服务，而且要熟悉信托业、保险业、证券业的各种产品和服务。

这也是为什么我们要把产品经理归到理财经理序列中的原因。当时我们理财处在制定个人金融队伍的一些管理办法时，把产品经理作为另外一个系列，但我把它归进来了，为什么？因为我认为理财师首先要懂银行的产品。其实理财就是把银行的产品做一个组合，这种组合让客户感到，风险来了，他是平稳的，没有风险；或者市场好的时候，他能赚钱。理财说白了就是产品的组合——多少去做存款，多少买国债，多少买股票，多少买基金，多少去做七天通知存款。所以在这种情况下，如果你不了解产品，没有全方位地了解银行的产品，那是不会成为一个很好的理财师的；

第三，要具有较强的文字综合能力与语言表达能力，具有较强的组织协调能力和沟通能力。

为什么要这样？因为当你去营销客户的时候，你要给客户提供一个比较好的方案，如果你没有比较好的文字表达能力和逻辑思维能力的话，你不可能做一个很好的方案。另外，你的沟通能力和口头表达能力要非常强，你要把那些犹犹豫豫的客户说动了之后，“诱惑”他进来做业务，这就得靠你的沟通技巧。同时，你还要有比较强的组织协调能力，也就是团队领导能力。因为当你给客户提供一个方案的时候，需要各个产品部门及中后台部门的支持，与这些部门进行良好的沟通，让他们都来支持你，给客户提供一个一揽子的解决方案，这很重要。如果你们没有很好的沟通能力和团队领导能力，你是不可能做到这一点的；

第四，要具有较强的客户需求认知与分析能力以及较强的产品组合创新能力。

刚才我说了，其实很多理财都是在做产品组合。产品的同质化是很厉害的，难道工行的产品能比我们强到哪儿去吗，中行的产品能比我们强到哪儿去吗？没有。最关键的是我们的组合能力不行，还有就是我们对市场的感觉和敏感性不够，前瞻性不行。这些决定了我们在产品创新、产品组合方面的能力差。其实，在产品创新和产品组合的过程中，理财师能起到很大的作用。这需要理财师加强客户认知，根据客户需求来组合产品。同样是100万的客户，如果一个是退休的教授，一个是年轻的公司CEO，那他们的理财需求是完全不一样的。一个是敢冒风险的，一个是不敢冒风险的；一个是稳健的，一个是比较激进的。这样的话，你给他提供的方案应该是不同的。所以，对客户的感知、对客户的认识要非常非常敏感。这些根本不是你拿一个证就完了的。这个方面是要靠你人生的历练和对人生的体悟才能形成的。我跟很多客户经理、理财师交流，问他们最希望总行支持你什么，他们说是产品。其实呢，我们总行的产品也不少，就是旧了点，但是在现在这种市场状况下，就是用现有的产品我们也能制造出很多的组合。其实不用总行给你去创新，你都可以去组合，因为所有的产品道路都是通的。但为什么我们还认为产品不多呢，其实就是因为我们没有把自己放在客户的角度去思考问题。

如果我有50万，我想怎么样？我可能20万想保本，那你给他做国债；另外10万想激进一点，那你给他打个新股；另外20万就存起来。像这样的产品整合方案其实不用总行给你去创新的，你自己就可以做。一定要总行给你做一个产品包，你去卖，那干嘛要理财师呢，你就是个销售经理。所以理财师对客户的认知和客户需求的分析能力绝不是你拿一个证就能获得的。你需要一些经历和一些人生历练，你还能够换位思考，你还能够真正的从客户的角度来考虑很多问题，那么你才能有这样的组合能力和创新能力。对理财师的要求还可以罗列很多很多，可能我认为刚才这几条更重要一些；

第五，作为理财师必须要有坚强的毅力和坚韧不拔的精神。

很多客户是很挑剔的，他很有钱，但他非常挑剔。你不可能通过打几个电话或者上几次门服务就把他营销过来，可他又是你理财业务的重要目标客户，所以你需要坚强的毅力和坚韧不拔的精神的。我走到哪儿，都会跟人家讲，我被一个保险销售员的毅力所深深打动，最后终于让我买了她三单保险。其实这个保险营销员永远也没有给我讲清楚投资连接保险产品到底能给我带来什么好处，但她跟踪了我一年，天天给我打电话，上门服务，好的不得了。最后不好意思了，我说你把单子给我，我自己拿回去研究研究。经过研究，我觉得这个产品还不错，所以就买了三单。这是个什么产品呢，我跟大家简单介绍一下。这是一个重大疾病加投资分红的保险，保额20万，缴费16年，年缴5000元。第一，这个保险可以保你十一种大病，当你发生这十一种大病的时候，那么你就能获得20万的赔偿；第二，如果没有发生大病的时候，它每年给你投资，投资以后分红，红利放在账户上作为本金继续投资，每年分红的基数是按投保额定的而不是保费定的。如果你投保20万，它按20万给你投资和分红，而不是按每年5000块的保费给你投资和分红；第三，当你60岁以后，你就可以不交钱了，然后每个月从那里领钱，或者你不想领钱，一次性拿过来。那我觉得这很不错啊，但是这种产品的结构她始终没有给我讲清楚，是我自己研究清楚的。那么这个营销员的优点是什么，就是坚韧不拔，锲而不舍，就是永远不气馁。这个保险营销员是一个高中生，是从陕西来北京闯荡的女孩，卖保险卖到什么程度呢，卖到在北京郊区买了一栋房子，嫁给了一个北京人，还生了一个孩子。我常常在想，我们的理财师、个人客户经理一定也要经过像保险销售员的那种训练才行。如果你们每个人都有这种坚韧不拔的精神，即使不懂产品也依然能够把产品卖出去。这是毫无疑问的，中国人都怕磨啊，人情在这儿嘛，你磨一磨他，就好了嘛。在销售产品方面，一定要向卖保险的人学习：整个大楼200户，他敲了199户都没有把保险卖出去，但第200户他卖出去了。这就是他的成功、他的胜利。所以，我要跟大家强调，理财师必须要有坚韧不拔和锲而不舍的精神。

下一步，如果我们私人银行做起来了，我们还需要私人银行的财富顾问，其要求会更高。作为一个私人银行的财富顾问，你不仅仅要有证书，要有一些必备的金融知识，更重要的是你可能需要一些法律方面的知识，生活方面的知识，包括家庭的这种复杂关系你要能处理。还有，你还需要懂点风水，会打高尔夫，会品红酒等等，这些你都要去学。私人银行客户，你不要一上来就跟他说，你拿一千万来吧，我给你理财。没人会理你。你要做什么？刚开始你就要从红酒、高尔夫，风水这些高档的话题去切入，你要能够跟这些顶级的富翁沟通的，这样你才能慢慢的了解他，了解他的家族，取得他的信赖，从而给他的家族和他的财务做出一些安排。各位理财师，你们是我们从3000多名理财师中选出来的，是很优秀的，但是要当私人银行顾问，可以说，还差得远呢。你们的人生历练不够，你们的知识面不够，你们跟顶级富翁对不上话，你需要不停的学习，不断的提高自己。

总之，我的意思就是取得理财师资格不等于你就是一名理财师。有很多人是很会考试的，考了试，但是不会干，所谓高分低能。理财师技能一定要与具体岗位相结合。我刚才讲了那么多的要求，其实就是这个意思。理财师只是一个资格和技能，你要找到一个岗位去运用它，去发挥它。我们为大家规划的岗位主要是个人客户经理、理财经理、网点负责人，还有大堂经理，今后私人银行开业后，还会有财富顾问、产品经理等岗位。所以每个人要对应自己的岗位，对应自己的客户群体，根据你学到的知识来丰富自己，提高自己。

第三个问题：关于我行的理财师队伍现状问题

唯有分析外部形势，再分析内部形势，才知道我们未来该怎么发展。我们农行的理财师队伍大致是这样一个状况：我们是从2004年培训第一批理财师的，到目前为止我们一共培训了3777名理财师，那么现在在农行的有多少呢？是3670人，辞职离开的有107人，第一批取得RFP资格的108人中大约有一半已经跳槽到其他金融机构或脱离理财岗位。在现有的理财师队伍中，获得AFP资格的有3424人，获得CFP资格的有324人；从事个人客户关系营销、拓展、管理、维护和个人理财服务等工作的有1264人，占理财师总人数的35%；从事个人业务管理工作的有1115人，占理财师总人数的30%；而在其他非个人业务条线工作的有1116人，竟占到理财师总人数的31%！所以我们培训了这么多人，其实好多都流失掉了，31%的不在我们的岗位上，107人跳槽了，还有一些从事的不是理财业务，而是个人业务管理或其他之类的。我们培养的这支队伍，培养了这么多人，真正为个人理财业务做贡献的却没有这么多。另外，我们理财师的年龄结构是这样的：理财师年龄段主要集中在38岁以下，也就是70年代的人，这个倒还可以，我认为38岁基本还算成熟，也基本上对人生有了感悟，通过学习和礼仪修养的培养，和VIP还是能对上话的。所以从上面的一些数据可以看出，我们行已经拥有了一支初具规模的、年富力强的、分布在诸多岗位上的理财师队伍，这支队伍也是今后发展我行个人理财事业的主力军。

当然，我们也应该看到这支队伍还存在很多问题：

首先，我们的总体规模还是不够大，高素质人才匮乏。

我们以后每年都要统计管理百万富翁的理财师有多少，管理千万富翁的理财师有多少，每年我们要评十大理财师，我们要对在座的理财师进行分层管理。理财师不能滥竽充数，拿了证不干活，拿了证一个客户也不管，拿了证全管十万五万的小客户，那就没有意义了，也不会纳入我们的视线。

第二，理财师的使用不合理，难以发挥专业人才的作用。

这些在前面的数据当中已经分析了，我们占比31%的理财师没有在个人业务岗位，他们在哪些岗位呢，在公司、科技、人事、办公室、管库员……噢，竟然还有管库员！还有在会计、出纳等岗位，技能闲置、错配现象十分严重。我没有分析其中的原因，到时候我们要找一个典型的案例，比如说当管库员的理财师是谁，为什么让他当管库员？是他自己能力不行还是分行就是这样的安排？还有在当出纳的是什么原因，因为我刚才说了拿到证并不等于你能当理财师，你很会考试，但你不会营销客户，你不会为客户去做组合分析，或者是产品的创新，在这种情况下安排你当出纳员也是合适的。所以要找一个典型案例我们来看一下。

第三，理财师流失严重。

这个也是刚才在数据当中跟大家说了的，有107人已经离开了农行，占培训总人数的3%，而且这种流失还在加剧。在现在的情况下，外资银行也不景气，可能公司方面的业务也在收缩。中资银行呢，可以和大家说，在现在世界经济和中国经济的环境下，明年我们的对公客户受到的影响将是非常大，公司业务的风险是非常大的。相信除了房地产等国家需要刺激的行业以外，可能其他行业都在收缩。那么哪里赚钱呢？零售业务！方兴未艾，大家都要做。所以我们在座的理财师也是各家银行挖的对象，可能理财师流失的趋势还在加剧，不过我可以和大家说，你也不要把其他银行想得太好，因为根据了解，一些从我们银行跳出去到其他银行的，他们现在并不愉快，因为那是很残酷的文化氛围，你就是要完成任务，完不成任务你就走人，在拉你进来之前会跟你说，给你什么职位，年薪给你多少，去了以后，没那事儿，你先把今年的业绩干起来，干完之后呢，才给你薪酬，干不了你很可能就要走人。这是股份制银行的一种机制和文化。所以呢，比较温馨的还是这几家国有商业银行，工行、中行还有建行已经上市了，也比我们残酷，比较好过的还是农行。尽管有时候用你们会用错位了，或者是工作还比他们稍微差一点，但是没让你们流落街头，你们够吃够花；而且我们正在改革，很快你们每个人的岗位都会标价，每个人的技术职称都会得到承认，每个人不仅让你们有行政晋升的渠道，而且让你们有技术晋升的通道，所以大家要有耐心，不要受到外界的诱惑，当然我们要改进自己用人的政策和用人的措施。

第四，理财师后续教育配套制度缺失。

目前我行缺乏后续教育的相关制度规定和保障措施，理财师的后续教育都是自发的，没有系统，显得凌乱而又分散。大多数理财师具备了较为扎实的理论基础，但往往缺乏实践经验，如果还不注意后续教育，人才将会落伍。

第四个问题：也是我们的主题，就是我们理财师队伍如何建设的问题

3600多人，我们到底应该怎么建设这支队伍？

首先，我们要对这支队伍实行准入管理。

你们在座各位当然是拿到证了，我就不说了。以后，凡是总行或各级行举办的理财师培训，要对参训人员进行准入。参训人员名单要报到我们这儿或各级行有关部门，我们要看他能不能干这个事儿。首先你是否是零售业务条线上的人，你在零售业务队伍干了多长时间，当中有没有职业道德方面的问题，有没有思想波动想离开等等，然后你才可以去参加培训拿证。不是什么人都能参加培训的。还有包括性格是什么样的，外向的，内向的，这些都决定你未来能不能当一名优秀的理财师。理财师培训要花好几万块钱，束之高阁，原来干什么就干什么，原来干出纳还是干出纳，原来干管库员还是干管库员，那拿了这个证有什么意义？

其次，要加强理财师的使用管理。

我们要把大家，尤其是纳入我们视野范围的理财师进行建档，至少今天这60多位要建档，我们要把合适的人放到合适的岗位，对你们的使用，至少两年内的使用要进行追踪。下一步，比如说管了千万客户的理财师是谁，管了五百万客户的理财师是谁，管了一百万以上资产的客户达到200个的理财师是谁。我们要建这个档，建完以后每年进行考评，去年你管了200个客户，平均金额是100万，到了今年年底客户变成100个了，那你可能就得降级了，因为你的客户都流失了。不用跟我说客观原因，说小业主都倒闭了，没有钱了什么的，那你怎么不发展新的客户啊，你总要让你的库里保证要有200个客户。建了档之后，纳入我们视野当中的才有资格成为年底评选最佳理财师的候选人。一定要给这支队伍树立标杆，树立榜样。还有就是，分行管理理财师队伍的问题。说你们今年分行培训了10位理财师，理财师总数达到50位，结果到明年一下子就流失掉10位。这至少说明你们对理财师的使用是不当的，你的环境不好，你的文化不好，所以让理财师流失了，说明这个团队是有问题的。如果是这种情况，来年你们不用再派人来参加理财师培训了，因为你花了钱，却留不住人。所以对理财师的使用，一方面是对个体的使用，另一方面是分行对理财师的管理，两方面都应有考核。

第三，就是要建立理财师的绩效考核评价制度，奖罚要分明。

我刚才说了，要以业绩论英雄，管了多少客户，管的最大的客户是多少，这些客户为我们农行做了多大的贡献，每年在这些客户身上赚了多少钱，这些都要有一个后续评价，评价以后，好的可以升级，不好的可以降级。年底我们评选出十大理财师可以在一起做论坛，到哪去开个研讨会，让大家去休息。这些我们都可以办到，钱我们奖励不了，但是这样一些荣誉我们是可以给的，这样的一些安排我们是可以做的。必须让这支队伍形成一个良好的文化，让大家以业绩论英雄，不要拿到证就要跳槽，谁要是拿了证就要跳槽，现在就跟我们说，我们也不用再往他身上投资了，而且我可以对分行做工作，他心都不在农行，留在

那儿干什么，可以走。我们要建立一个奖惩的制度，要对你们这些理财师进行等级管理。理财师要分出初级、中级、高级、资深，高级理财师要给予什么样的荣誉，什么样的奖励，这都要拿出管理办法来。总行在香港建立培训中心，在新加坡建立实习基地，我们可以每年把十大理财师送到这些地方继续深造，继续学习，体验一下国外的理财师是怎样工作的，这都是我们未来对理财师的奖惩制度方面需要采取的措施。最后我们要建立一个淘汰制度，要能上能下，否则这个队伍就有滥竽充数的人。

这是我们未来对理财师管理的一些想法。那么对理财师进行管理，我们总行有什么样的保证机制呢，我想有这样的几个机制需要建立：

第一个就是持续培训机制。

刚才我们谈到了我行后续培训不行，这的确是个问题。如果知识不更新，即使你是博士，也是会落伍的。现在我们个人业务部要求大家一生一世学习，终生学习，学习是不讲究地点、不讲究时间的，即使我们开小型座谈会，也是学习，别人好的经验、好的案例，拿来为我所用，就是增长知识，所以必须要持续不断的学习，对你们要建立一个持续不断的培训机制。

第二个就是沟通交流机制。

现在我们正在建立个人业务部的网站，网站建立好以后，我们会有一个理财论坛的栏目，你们可以把你们最好的案例或者是最困惑的问题或者是失败的案例都可以在理财论坛里呈现，你放在论坛上让大家评议。你们还可以向《金钥匙理财》专刊投稿，把你们最辉煌的业绩、最感同身受的东西、最刻骨铭心的东西写成散文，在《金钥匙理财》上发。今年的理财师年会是第一届，要做一个制度性的安排，以后每年都要开，我希望在座的各位明年还来，如果没来就是你被淘汰了，你的业绩不好不用来参加理财师年会了。所以这种沟通交流的机制是我们农行需要建立的，要创造各种各样的平台让大家来沟通。

第三个就是团队作战机制。

我刚才说了，上千万的大客户，理想状况是你能维护他，但是，通常情况下我相信在座的各位光靠自己一个人单打独斗是不行的，你需要分行的领导配合，你需要总行的领导配合。他的资产也许在这里，也许在那里，你们可以互相通气。所以团队作战也是非常重要的，我刚才跟钱行长说了，如果上海分行上千万的客户到北京出差，你们告诉我，我亲自出面请他吃饭，或者说我们去看他。这都需要团队作战，要让他们感觉农业银行有为你们贴身服务的客户经理，但更有一个庞大的后台团队在支持，要让他们感觉到农业银行的温馨，这样的话这个客户才能留在你身边。你们不要说客户营销不到是产品问题，产品对客户来说，他个人有上千万，相信他的公司资产也上亿了，这样的一个客户，他并不在乎多赚一个点、两个点，他在乎的是感情，在乎的是感觉，所以，你们的贴心服务实际上是很重要的，我知道我们产品创新能力不行，但是更为重要的或者是客户的感觉，这完全要靠你们，需要你们坚韧不拔，充满爱心，换位思考。

第四个是智力支持机制。

如产品创新、流程整合、引进外脑等等，这方面是需要总行来做的，这个责任在总行。所以我今天为什么请荷兰银行和东方汇理来讲他们的理财，目的就在于此。

最后一个机制是理财师的成长机制。

职业规划是需要我们来为你们着想的，至少要让你们知道我的下一个奋斗目标是什么。我拿到证以后是一个初级理财师，当我做了几年业绩以后，A 证拿完了拿 C 证，那个时候可以升上中级，中级以后做好了是不是可以升到高级，等等。你们当中如果谁有管理能力，我们还可以和分行建议把你们放在网点负责人的岗位上。总之，就是要建立你们的职业发展通道。这里面不仅仅需要你们自己努力，我们也要建立一系列机制让你们成长起来，来规划你们的职业生涯。一句话，我希望我们农业银行的理财事业会蓬勃发展起来，我也希望大家充满信心，尤其是对我们总行充满信心，虽然我们现在与同业比还有距离，但是当你进步以后你能感觉到成就感。

明天是金融理财标准委员会举办的金融理财师年会，希望大家要认真聆听国内外各位专家的讲座，积极与同业理财师开展交流，希望你们都有好的收获。我们现在举办农业银行第一届理财师年会是一个很好的开端，大家回去以后要建立沟通反馈机制。对了，我将来在网站上要建立总经理信箱，你们有什么想法都可以随时通过这个信箱发给我，我这个信箱将来要做成匿名的，即使提意见也不用怕，因为谁也不知道是谁提的意见。只要这个意见是合理化建议，我们都会采纳，存在的问题都会去纠正。希望我们的理财师年会一年办得比一年好。最后，我衷心地感谢荷兰银行和东方汇理的专家今天来给我们授课，我也衷心地感谢上海分行承办这届年会。

（三）中国银行总行个人金融论坛

岳毅总经理在中国银行个人金融工作会议上的讲话

一、2008年个人金融条线工作重点

（一）以客户为中心，加强营销工作

第一，按照“客户关系—产品—渠道”（RPC）的原则，建立“以客户为中心”的组织架构，特别要突出客户部门。

第二，营造“以客户为中心”的文化，把部门银行变为流程银行。

以客户为中心，前台营销部门、中台产品部门和后台运营管理部门共同构建面向客户的完整的银行业务链条。

第三，研究营销理论和营销策略，宣传销售中行产品。需要从理论高度了解认识营销这门学科，掌握营销技巧、策略、重点，在熟悉产品、理解产品的基础上做好产品营销工作。

第四、个人金融条线要建好零售贷款客户经理、理财经理、大堂经理和开放式柜台经理等四支专业化的营销队伍。同时，要发动全行员工积极参与全员营销，党政工团等后勤部门也参与营销。

（二）大胆进行机制、体制创新

第一，稳步推进个人金融条线的架构与流程改革。架构与流程改革的目的是强化条线管理职能，发挥整体合力，增强市场竞争力，把资源更多地配置到业务一线，提高全行经营管理的战略性和效率。改革的内容，首要的是以客户为中心，逐步构建“客户关系—产品—渠道”（RPC）的经营架构，理顺客户和产品部门关系。同时，在银行内部设立公司金融、个人金融和金融市场等前台业务板块及委员会，建立条块相结合的管理模式，赋予业务板块一定的资源配置权和适当的建议权。最后，也要相应地调整分行和支行的业务架构，进一步推进渠道建设。

第二，改革个人金融条线的考核体系。对分行推行集团考核和板块考核相结合的考核体系，两套体系既合理分工、各有侧重，又内在统一、有机结合。集团考核统驭板块考核，侧重综合经营能力，侧重贯彻科学发展观、实现可持续发展；而板块考核是集团考核的细化和深化，要从个人金融业务发展战略出发，侧重考核具体业务量和市场竞争力，兼顾当前发展与长远目标，以保障战略目标的达成。

第三，创新财富管理业务模式。商业银行与投资银行混合的独特性，决定了财富管理与私人银行发展模式不能采取传统商业银行的模式，需要进行经营管理模式的创新。首先，个人理财中心要实行专业化、条线化管理，提高理财中心经营效率，提高理财中心利润贡献度。其次，财富管理中心要实行矩阵式管理体制，各分行财富管理中心按照支行体制独立运作，实行独立的财务核算；同时直接向总行个人金融总部和一级分行个人金融部进行双实线汇报。最后，私人银行实行事业部制。私人银行部是中国银行内设的独立经营的核算实体，拥有相当完整的经营管理权限，包括组织架构、人力资源管理、财务管理、产品管理等。

（三）以财富管理业务为突破口，形成以重点客户为主、以高端客户为主的发展战略

目前全行还没有形成以高端客户为主的个人金融业务发展战略，一方面全行上下对大力发展理财业务的思想未统一，不少分支行对财富管理业务理解不深，资源投入少，贯彻总行的战略意图时容易走样，对商机的把握不够快，不到位；另一方面，受社会责任、当地监管等因素的影响，各行将大部分精力和资源放在大众客户的渠道管理和服务治理上，尚未制定完整的向中高端客户倾斜的发展战略。因此必须认识到大力发展财富管理业务对于改善我行客户结构和收入结构，转变赢利模式具有积极作用。首先，国际先进银行经验表明，财富管理业务具有较强的盈利能力。根据“BCG”对中国银行业个人客户的利润贡献分析，最高端客户对银行的利润贡献率达到103%，私人银行的ROE一般保持在35%以上。其次，是保持消费信贷、中间业务持续发展的需要。财富管理与私人银行收入的70%为中间业务收入。大力发展中银理财和私人银行业务，有利于改善中间业务收入结构；同时通过加强与零售贷款和中间业务的交叉销售，可以扩大零售贷款业务渠道，进一步优化我行个人贷款客户结构，提升消费信贷资产质量，促进“直客式”业务持续发展。

客观地讲，我行在客户资源、服务渠道、理财专业队伍、产品与增值服务、IT系统及混业经营等方面，已具备较好的业务发展基础，应当以此为突破口，建立三级体系发展财富管理业务。

（四）全面掌握网点转型内容，加速推动网点转型

第一，网点转型的目的和内容。网点转型是以网点选址、布局安排、装修改造、流程改造、柜台业务迁移、网点KPI考核、网点组织架构、网点内控建设为内容，把以业务操作为主的网点转变为以客户为中心的服务销售型网点，全面提升网点竞争力，提高网点盈利水平。

第二，实施业务流程整合，优化网点销售服务流程。网点内流程包括服务销售流程与业务操作流程，要根据“三步走”策略，梳理、改造网点81个业务操作流程，对不涉及任何IT系统改动的流程简化要立即付诸实施，对仅需少量IT系统改动的流程进行撤销、精简和自动化，并在系统改造后加快试点和推广。

第三，加速网点转型，争取在2010年前全面完成。加速网点转型是为了加强对基层机构的管理，提升基层经营机构的盈利能力。同时，网点转型要突出专业化，对网点进行合理分工，把网点分成零售业务为主、公司业务为主

和对公对私兼有三类。2008年总行将增加投入用于网点固定资产的购置和改造，涵盖普通网点、理财中心、财富管理中心和私人银行。各分行要利用好总行给的特殊政策，加快网点转型发展。

（五）高度重视储蓄存款业务，积极转变储蓄存款发展模式

2007年以来，由于资本市场火暴、客户经营理念发生转变等原因，导致我行的负债结构出现调整，储蓄存款占比有所降低。储蓄存款业务作为我行经营之本，要高度重视，积极转变储蓄存款发展模式，从经营存款转向经营个人金融资产，促进储蓄存款与个人金融资产协调发展，提高中高端客户的贡献度，提高存款业务收益。

要采取措施加大对第三方存管业务的拓展力度和对证券公司的营销力度，大力开发具有竞争力的储蓄账户产品，如证券通卡等；在交叉销售突出主营产品、长远产品、中行自己及中银集团内部的产品；积极开展全员营销储蓄存款，从直接揽存转向间接推动，通过相关业务的发展促进储蓄业务的联动增长。

要实行有利于储蓄的绩效考核政策，加大对储蓄存款的奖励和激励力度，调整并协调其他条线对营业网点的奖励比重；继续推进储蓄存款、基金等产品的捆绑考核，并提高储蓄存款在捆绑考核中的权重，维护储蓄存款的主营地位，确保单一存款增长占客户总体金融资产的增长的30%以上。

二、对分行个人金融条线的工作要求

2008年，个人金融业务各项考核指标将更高，同时随着条线管理力度的加强，考核体系和管理体制也发生了变化，对总分行各级个人金融业务管理者在管理能力、工作效率及服务水平上提出了更高的要求。

个人金融条线管理人员不仅要做好原有的个人金融业务工作，还要学习和掌握条线管理能力，包括经营决策、财务分析与管理、绩效考核、人力资源配置等综合管理能力，关注机制和体制的创新与完善，准确及时地理解总行战略，贯彻和落实专业化管理。

当前，提高个人金融业务的核心竞争力是我行迫切需要解决的问题，为此，各级个人金融管理者要积极落实行领导的要求：

第一，进一步明晰发展思路和发展策略，坚持有所为有所不为。

第二，密切关注市场变化和同业竞争态势，以市场为导向、以客户为中心，调整和细化竞争策略。

第三，认真分析制约我行核心竞争力的深层次原因，从经营管理体制、创新能力、服务标准、业务流程、网点转型等各方面深入开展专题研究，制定提高市场竞争力的具体方案，着力转变服务模式，提高定价能力，协调条块关系，完善绩效考核。

第四，树立全局观念，追求全行利益最大化。条线管理部门要提倡顾全大局，主动沟通协调，努力完善体制和机制，增强工作的整体性、协调性和系统性。

第五，增强市场观念和专业精神，加大新产品、新功能开发力度，提升服务质量。

第六，增强责任意识和奉献精神，优化制度，简化流程。

同时，在各级分行个人金融部门内部，也要做到：

第一，坚持以客户为中心的理念，适当分离产品与客户关系的职责，适当调整部门内部团队组织架构。

第二，突出自主产品研发与外部产品选择职能，可考虑建立专职的产品团队。

第三，按照专业化队伍建设的思路，适当分离专业人员与经营管理人员的职责。

第四，做好专业序列人员的考核，对客户经理考核收益，对产品经理考核产品竞争力。

个人金融业务在宏观经济形势好的时候，要抓住有利时机，加快发展，提高收入贡献度。而在经济形势出现波动的时候，个人金融业务能够起到熨平经济波动对银行经营的不利影响、保持盈利持续增长的作用。全行应当利用当前有利形势，抓住个人财富急剧增长的难得时机，做大做强财富管理业务、深化网点转型、保持消费信贷又好又快发展，促进个人存款稳步增长，加快个人金融业务发展，提升个人金融业务的贡献度和市场竞争力。

（四）交通银行总行个人金融论坛

解放思想苦练内功　深入推进零售转型

交通银行个人金融业务部总经理　王卫东

零售业务是一项黄金业务，随着社会从短缺经济到财富创造型的转型，居民理财需求日益增长。胡怀邦董事长在论述经营模式转型时，将大力发展个金业务放在重要位置。我行零售业务转型已经进行了三年多，零售转型的理念从总行高管层、总行各部门到分行管理层都取得较为一致的共识，尤其是在资源投入上给予了大幅倾斜，使零售业务进入了快速发展的轨道。我理解前几年的零售转型是侧重于理念传导和资源投入型的转型。随着转型的深入，我认为下阶段有必要在体制机制上有所突破，认真研究如何更好地发挥零售业务“条”和“块”两个方面的积极性，积极探索符合交行特色的零售业务管理模式和发展规律。

目前国内外零售业务有两种比较典型的管理模式：一是以汇丰等外资银行为代表的事业部制模式；二是国内大型商业银行普遍采用的以块为主的管理模式。我行目前实行零售事业部制时机尚未成熟：一是在管理会计的应用、成本核算标准的确立、IT系统的优化等支撑层面的工作尚未准备充分；二是全行在零售业务发展规律的掌握和熟练运用上还不太成熟；三是现阶段必须发挥我行公司业务较强的特点，大力推进公司和零售业务的交叉销售，夯实零售客户的基础。

国内零售转型起步较早的同业依然在快速发展，我行若跟随同业理念传导和资源投入型的转型模式，则只能处于追随者的角色。国内同业中有的从本世纪初就开始了零售转型，上上下下在零售转型的理念上已经取得了高度的一致，各个层面在零售业务发展规律上也颇有心得，目前已形成良性循环，越走越快。先进的零售业务是其特色，甚至是以零售带动公司业务的发展，而公司业务发展相对稍慢一些。而我行零售转型的理念和规律的认识在基层营业机构层面尚有一定差距，一些重要的理念和做法未能有效地传递到一线；零售业务要靠大量的一线客户经理来拓展销售，支行负责人更多地要担任“教练”的角色，这对不少只具有公司业务背景的支行行长是个挑战。因此，现阶段我行零售业务要赶上先进的同业，必须在体制机制上有些改变。现阶段可以在三方面做一些突破：

一、总行零售业务部门要练好内功

总行个金部要作为全行零售业务的牵头部门，自身必须要有过硬的专业水平和快速的市场反应。个金部要加强学习，尤其要善于向一线学习、向市场学习。前台业务部门在分析形势、抓住市场机遇全力突破上要给予分行更多的指导和支持，要切实做好“分行需要的”，才能取得分行的信任，真正使分行“做总行希望的”。近期总行个金部调整了部分二级部的职能，将市场部门（marketing）单独出来，目的就是为了强化对市场的跟踪和研判，同时优化了销售部（sales）的职能，以全力推动分行业务发展。应适当剥离前台部门的中后台职能，个金部应该全力冲在一线，指挥全行个金条线“打仗”，“炮弹”应由中后台部门来提供。美国最先进的武器是由国防部提出要求，由专业的军火商设计开发的。前台部门希望能轻装上阵。

二、在分行层面可以适当强化零售条线垂直管理

今年，总行加强了对支行负责人层面零售转型的培训，叶迪奇副行长每次都亲自讲课，并经常与参训的行长以邮件方式交流，但今年四轮培训只培训了200来名支行长。可见从总行层面培训所有支行行长时间太久，只靠一次培训效果也不够明显。因此，总行个金部要与分行一起研究如何有效地在分行层面传导、培训支行负责人的零售转型理念和规律。推动分行零售部门更为直接地管理到一线客户经理，通过训练提高他们的销售能力。分行层面可以更多地实行垂直管理。例如：对客户经理的岗位定级由分行人力资源部和零售部门按照全分行同类客户经理按KPI绩效考核得分排名来确定，并适当参考支行“块”的评价；客户经理的绩效奖金应按照其业绩得分来分配，真正实现客户经理薪酬的岗位工资+绩效奖励的模式。要实现这一模式，总行层面要解决两个问题，一是现行的考核和薪酬分配模式要进行改革，“奖金包”要以条线为主；二是必须要有一个完善的、能及时统计数据的绩效考核系统。实际上，近几年个金业务做得较好的分行，或多或少都加强了条线的垂直管理并积累了很好的经验。今年总行在部分新建辖属行（襄樊、南阳）进行了零售事业部制的试点，建议尽快扩大到部分省直分行的试点。

三、在考核和评价体系上适当强化条线独立性

今年受资本市场影响，不少分行的个金AUM、中间业务收入、中高端客户增量等主体指标将很难完成任务，在分行年终考核中会成为扣分指标，部分在全行主要个金指标排名较靠前的分行，零售条线的得分依然相对偏低，排名靠后。这虽然反映出零售条线贡献度依然较低的现实，但可能会一定程度上影响零售条线干部员工的积极性，尤其在一些对个金十分重视、资源倾斜较多的分行，可能会对个金的投入产出产生怀疑，更让人担忧的是会导致对零售转型的动摇。这些现象值得关注。

这当中有零售条线年初是否根据市场趋势合理制订目标的因素，但也需要研究如何对条线业务做出更合理的评

价。总行领导要求“明年各项业务要跑赢大市、争先进位”，我理解这包括两个方面：一是主体业务在当地的市场占比要有所提高，二是各分行在系统内的占比，或者是在条线内贡献度要有所上升。这两个指标应更有利于准确评价一个分行的业务发展状况。因此在对分行单个条线业绩评价时，应综合考虑在系统内的排名变化情况，而不是只考虑在分行“块”内不同条线间的比较。

在对分行的考核上，明年应适当减少对分行考核的指标数量，尤其是今年个金指标的确太多，使分行无所适从。主体指标考核应适当具有独立性，如个金中间业务收入应单独考核，以提高分行对个金中间业务构成的关注度。在个金中间业务收入的构成中，基金、保险、理财产品，卡消费、收单，全国通、跨行通收入等各项指标需齐头并进方能达成最终目标，这些业务上我行与先进同业普遍存在差距，单独考核有利于对这些业务的引导和督促，充分挖掘业务潜力，促进零售转型。

另外，个金中间业务收入应该包含所有与个人客户有关的中间业务收入，而非个金部的中间业务收入，如信用卡消费、电子银行收入、个人结售汇收入等等都应包括在内，这也更有利于对个人客户的交叉销售，促进“钱包份额”的提高。

（五）华夏银行总行个人金融论坛

对中小商业银行客户服务的思考

华夏银行个人业务部总经理　樊燕明

重视客户服务是中小商业银行必修的一门大课。文章在对中小商业银行客户服务存在的问题进行探讨的基础上，提出了中小商业银行客户服务转型与提升的策略，包括强化客户需求分析与管理、满足客户需求的服务功能转型、实施客户体验管理以及客户满意度提升。

中国银行业协会发布的《2008年度银行业改进服务情况报告》显示，我国商业银行的服务存在五大问题：理财产品宣传失当，存在诱导金融消费问题；个别银行自助设备管理维护不到位，消费者认可度较低；部分银行业务程序比较繁琐，规定不灵活；有的银行服务收费不公开透明，部分收费不合理；个别银行窗口服务水平较低，排长队现象仍然存在。上海市2008年银行业窗口服务质量指数亦显示，投诉处理和自助银行已成为制约银行窗口服务质量进一步提升的薄弱环节。

从以上两个报告可以看出，国内商业银行的服务质量总体上还存在一定问题。为什么我们不遗余力地向员工灌输“以客户为中心”的经营理念，而客户投诉却时有发生？为什么当我们去亲身体验自己的银行服务时都常感不甚满意？如果我们将这些问题深入剖析就会发现，宣传失当、设备维护不到位、业务程序繁琐、收费不透明、窗口服务水平较低等问题的实质在于银行没有跟上客户需求的变化，对客户服务的重视程度还不够。

一、重视客户服务是中小商业银行必修的一门大课

服务是维系银行与客户关系的纽带，银行的一切收益都来自于客户对银行服务的消费。服务以无形的状态存在于银行有形产品的营销过程中，成为一个连续的、循环的价值链。因此，商业银行存在的目的和意义就是要为客户提供优质的服务。从某种意义上可以说，如果不能服务好、适应好客户的金融需求，银行就失去了它存在的价值。可见，服务已成为商业银行经营的出发点和落脚点，坚持“客户第一、服务至上”，是中小商业银行必修的一门大课。

世界经济早已进入“服务经济时代”。银行业间的竞争已逐步由产品创新发展为服务内涵的深化。客户需求，尤其是高端客户的需求层次不断提高。而相对于大型商业银行，中小银行的整体战略资源显然不具优势。因此，中小银行如何才能在激烈的竞争中取得优势地位，已成为各家中小银行无法回避的一项重要课题。而综观世界各大银行的成功之道，无不是在定位的差别化为基础来设计服务的差异化和个性化，通过获得客户的满意和忠诚，进而提高自身的竞争力。

二、中小商业银行客户服务存在的问题探讨

（一）服务的便捷化存在瓶颈

随着银行业务复杂程度的不断提高，办理一笔业务的时间随之增加。如办理一笔存取款业务通常只需3～5分钟，但办理一笔涉及咨询、协议签署、资金划转等多个环节的理财业务则至少需要10分钟。日益复杂的业务程序、急剧膨胀的金融需求、总体有限的服务资源共同造成了银行客户服务的便捷化瓶颈。较为突出的问题有银行严重的排队问题、电话银行繁琐的语音提示、一些业务周末无法办理、营业网点难以找到等问题。

（二）服务的差别化与个性化程度不高

实施差别化服务管理就是要实现服务层次的错位。为高端、中端、低端客户分别制定不同的服务方案与营销模板，从而体现出服务的差异化。同时，对不同客户还要充分考虑其金融需求的区别，使其服务解决方案体现出个性化的特征。但我们目前所做的服务工作主要集中在“礼仪规范”上，开发的产品也往往是包打所有客户，对客户服务需求的差异化、个性化程度满足还很不到位。

（三）对服务增值化的重视不够

优质的银行服务不仅是要求柜面人员的热情、高效、网点的高档、便利、咨询的及时、准确、自助设备的稳定、安全，还包括办理业务过程中的精神感受以及成为银行客户说带来的尊崇体验等等。因此，银行管理人员应正视如何有效帮助客户参与服务的提供过程，对于不同层级的客户制定不同的客户信息联通及上门服务频率，迎合客户的精神满足和资产增值需求。对贵宾客户增值服务的畅通、推广、使用情况，如高尔夫畅打的使用流程畅通情况、财富资讯送达情况、沙龙活动组织情况等要亲自体验，发现问题，不断优化。但大多数情况下，我们的客户经理关注得最多的是如何向客户推销自己的产品，对客户的增值服务需求尤其是精神增值需求重视不够。

三、中小商业银行客户服务的转型与提升

在现代科技引发的金融创新浪潮中，银行之间试图完全通过网点优势、技术优势、产品优势拉开与竞争对手差距的时代已经过去。在激烈的市场竞争当中，中小商业银行如何有效进行客户服务转型与提升，为客户提供便捷化、个性化、增值化的服务是其获得市场竞争优势的重要途径。

（一）强化客户需求分析与管理

客户需求分析是一切营销活动的基础。近年来，人们的金融消费意识不断增强，需求亦随之增多。面对客户日益复杂多样的金融需求，银行服务的关键在于如何准确地

进行客户需求分析，并对各类客户的不同金融需求进行有效管理。如按照客户生命周期和金融服务类型的二维框架细分客户需求模型，建立适应客户阶段性金融产品及服务需求的服务解决方案，形成标准化、品牌化的系列产品供应线。再如通过对客户不同生命阶段的“重点产品及服务套餐式的解决方案”设置不同的产品价格与服务费率以及积分回馈，鼓励客户长期使用金融产品，提高客户综合贡献度。

银行业的“28”法则表明，银行业20%的客户贡献了80%的收益。中小商业银行的服务资源有限。因而，有必要强化高端个人客户和高端零售业务市场的需求分析与管理，增强营销的针对性。这不仅可以节省商业银行的宣传推广费用，还可以使其集中资金、集中精力进行业务拓展，提高商业银行的资源使用效率，进而获取更高的投入回报和市场份额。

对于高端客户，不能仅仅为他们提供一些诸如办理业务时不用排队之类的便利，还要为其提供周到的投资理财咨询和更多的创新服务，加强对贵宾客户对现有产品及服务使用情况的跟踪分析，挖掘客户对金融产品的潜在需求，提升贵宾客户“产品和服务”交叉销售率，进而提升客户贡献度和忠诚度。要通过详细分析客户与市场的金融需求与风险偏好，致力于为客户提供一揽子金融服务解决方案的专业化、便捷化、增值化服务，在成本效益比最优的情况下，实现客户资产与银行利益的同步增长。

（二）满足客户需求的服务功能转型

面对客户的金融需求，中小银行亟待解决的问题，不仅是要求员工的笑容更加灿烂，或是在银行营业网点准备报刊等物品，关键在于如何在准确进行客户需求分析的基础上，实现服务功能转型，使用户的服务更加便捷、更具个性化和增值性。

一是拓展服务渠道。大力发展包括物理网点、网上银行、手机银行、电话银行、自助银行等多重渠道，为客户提供3A（Anytime，Anyway，Anywhere）标准的便利性，满足客户不同地域、不同层次、不同时间的服务需求，提高银行服务的便捷化程度。二是根据客户需求调整网点布局，深化分区服务，对有复杂金融需求的客户实行专区服务，提升服务的差异化水平和体验层次。三是通过建立客户档案，畅通与客户沟通的渠道，全面掌握客户情况，针对不同时期的客户需求为客户提供个性化服务，充分发掘客户的金融潜力。

（三）实施客户体验管理

美国的阿尔文·托夫勒在《未来的冲击》中指出：“我们正在从满足物质需要过渡到创造一种与满足心理需求相联系的经济”，“体验正在被越来越多地按其本身价值出售”。

经验表明，金融产品的可复制性很强，但不同银行给客户带来的个性化服务体验却很难被复制。因此，针对目标客户群体，充分发挥银行物理网点、电子网络等的接触点效应，提升客户的服务体验来赢得客户，是商业银行赢得零售业务市场竞争优势的必然要求。从全球银行业的发展趋势看，零售银行业务已进入“客户体验”阶段，通过提高服务终端的人性化服务水平，改善客户体验，已经成为提高银行客户满意度与忠诚度的有力武器。

鉴于此，银行服务终端应努力为客户提供与众不同的服务体验，银行的服务渠道、服务流程都要让客户体验到、感受到，要把握好客户与银行的每一个接触点。要使客户体验存在于客户与银行接触的所有平台，最终要让服务体验成为银行客户购买的一部分，而不只是一种营销手段。商业银行要全面整合各项服务内容，搭建清晰的客户体验平台，通过人性化的服务模式、标准化的服务规范，推行“感动客户”服务标准，不断完善业务操作流程，提供与其他银行不同的差异化服务，真正让客户体验标准化、个性化、差异化，改善和提高客户满意度。

（四）客户满意度提升

国际领先银行一般都有一套能够体现其高水平服务和专业素质的结构化流程，它从客户的需求分析开始，帮助客户订制产品和服务，以符合财富管理目标和风险偏好，实现客户价值最大化，不断提升客户的满意度。因此，商业银行要树立“善待客户财富人生”的服务理念。要以财富管理为核心、以专业化服务为特色的金融服务，最大限度地满足客户对财富管理以及规避风险等方面的需求，不断提升客户满意度。

提升客户的满意度，首先要设法找出客户对银行服务存在的不满意之处，在此基础上加大服务质量的考评力度，健全客户投诉管理办法。同时，在服务过程中，银行应该找到客户索求的价值点，向客户提供切合客户利益需求的、符合其需要的、可信赖的一揽子金融服务，强调服务的个性化和综合水平。

提升客户的满意度与忠诚度还要为客户提供一些增值化的服务。比如针对一般贵宾客户，要提供最佳的理财组合，并不断进行变动管理和优化；对于私人银行客户，要为其设立特别的家庭办公室式的服务，在帮助其资产增值的同时，还要帮助客户解决诸如子女入学、移民、税务策划、信托、艺术品投资咨询、私人医生、顶级休闲娱乐等问题。

（六）经济金融学术权威论坛

关于国内大城市争当金融中心的若干思考

对外经济贸易大学教授　邱兆祥

金融中心的有关话题在我国由来已久，特别是近几年来关于金融中心的争论更是一浪高过一浪。上海是国内最早确立建设国际金融中心目标的城市。随后，深圳、北京、广州、天津、沈阳、大连、重庆、成都、西安、武汉等城市也都用不同的声音喊出了要建立本地区或全国乃至国际金融中心的口号。今年6月北京市委、市政府下发的《关于促进首都金融业发展的意见》，正式提出“将北京建设成为具有国际影响力的金融中心”的目标定位。一石激起千层浪，有关建设金融中心的争论因而急剧升温。下面，笔者拟就此问题谈几点拙见。

一、金融中心热与大城市的目标定位

所谓金融中心，简言之，就是资金扩散、融通和调节的中心。它通常是以某一个经济发达的中心城市为依托。在现代市场经济条件下，以融资为己任的金融业在整个社会经济发展中扮演着至关重要的角色。发展经济离不开金融的助推和支持，一个城市要想取得比较大的经济增长，要想使该城市在国家或区域经济发展和资源配置中发挥更大的作用，就必须把发展金融业摆在特别重要的位置，这是中外现代城市发展所证明了的事实。大城市必须重视和大力发展金融业，努力提高金融业的聚集功能和资源配置效率，但并非每个大城市都能建成金融中心。重视发挥金融业的功能作用与建立金融中心是不能划等号的两回事，建立金融中心必须具备一定的条件。

一座城市能否成为金融中心，关键要看其是否具备建立金融中心的一系列软硬件条件，只有基本条件具备，才有实现的可能。金融中心形成所必须具备的最基本条件包括：经济实力雄厚，基础设施先进；地理位置优越，交通便利；金融机构门类齐全，数量众多；金融市场发达，资金交易活跃等。

从上述几个最基本的条件看，国内大城市真正有资格构建金融中心者实际上寥寥无几。建立金融中心必须强调条件，不具备条件就如同在沙滩上建造楼房，缺乏坚实基础，其结果只能是变味或者倒塌夭折。

近年来，国内大城市角逐金融中心有愈演愈烈之势，一些连最起码条件都不具备的城市也争先恐后跻身建设金融中心的行列。国内东西南北不少大城市都对建立金融中心表现出了很高的积极性，成了我国近年来出现的一道独特的景观。目前国内金融中心建设为何这般“热”，探究其根源，主要有以下几点：（1）建立金融中心对地方政府很有吸引力。建设金融中心能增加金融服务业GDP的收入，扩大就业人数，吸引外来投资，加大对消费的刺激效应等。因此，建设金融中心对当地经济的发展有利，可以拉动当地GDP的增长，从而为地方政府带来政绩。（2）房地产商对建立金融中心的热情很高。房地产商借建设金融中心之机，有可能以优惠价格拿到好的地段并有可能从银行获得优惠贷款支持，赚取高额利润。（3）缺乏科学论证，不考虑自身条件，盲目跟风。近年来，我国城市定位的最大问题之一就是相互攀比和盲目跟风的现象严重。例如，全国200多个地级以上的城市，竟然有183个提出过建设国际化大都市的设想。我国的一些城市不顾条件争当金融中心，这也与城市定位中出现的盲目跟风现象有关。

任何一个城市在确定自己发展目标的时候，都应当根据自己的具体条件而定，不宜不顾条件盲目跟风加入角逐金融中心的行列。城市的定位，必须与自身的地理区位、人文环境与自然景观、资源状况和经济发展水平等诸多因素相适应，特别是要注重特色，扬长避短。城市建设要突出特色是应有之义，也是魅力之所在。纵观中外著名的城市，无一不是各具特色，没有特色就不可能成为名城，这如同一个企业没有名牌产品，就不可能成为知名企业一样。不论中外，凡具有较强竞争力而获得快速发展的城市，从产业结构上看，一般都是通过突出1～2项优势产业，以其独特的城市竞争优势而屹立于世。例如，伦敦的定位是“金融中心”，巴黎的定位是“世界时尚之都”，维也纳的定位是“世界音乐之都”，瑞士洛桑的定位是“钟表之都”，中国杭州的定位是“世界休闲之都”，中国潍坊的定位是“国际风筝之都”等。这些定位都已成了一种具有国际影响力的品牌，从而形成了这些城市发展的核心竞争力。每个城市的情况各不相同，大都有自身的长处，如果能将之发掘出来，则可以据之进行妥当的定位。倘有条件建设金融中心固然不错，若能根据自身的优势打造成为风景旅游城市、展览之都、服装之都、制造业中心、文化名城、钢城、汽车城、石油城等，同样可以具有竞争活力和远大的发展前景。

城市的定位十分重要，是个关系到城市未来发展全局的大事。妥当的定位，可以促进城市形象的提升和城市品牌的确立，从而带动城市经济的整体发展。定位的失误，就有可能失去正确的航向，造成不必要的资源浪费，甚至错过发展的时机。大城市的地位更重要，其定位影响更重大，不能叫喊一些不切实际的口号，不能追求难以实现的目标，而应当对包括金融业在内的整体定位采取慎重、严肃、务实的科学态度。

二、北京能否建成具有国际影响力的金融中心

由于上海早在20世纪90年代初开发浦东时就已提出建设国际金融中心的战略目标，并获得了国务院的认可，

因此，多年来北京一直回避“金融中心”这个话题。2005年，在北京市政府制定的《关于北京市国民经济和社会发展第十一个五年规划纲要》（下称《规划纲要》）中，曾提出北京市的发展目标为“国家首都、国际城市、文化名城、宜居城市”。该《规划纲要》还曾获得国务院的批复。对于这个《规划纲要》中的北京的目标定位，当时曾受到国内不少媒体的赞好和追捧。有的媒体评论说，随着社会经济的发展和时代的进步，人们越来越倾向于建立良好的宜居环境。北京既是国家首都又是历史悠久的文化名城，理应把环境及历史文化名城的保护和建立宜居城市摆在更重要的位置。有的学者撰文说，《规划纲要》对北京的定位去经济化是一种“进步”，是一次寻求打造城市特色的努力，是对首都城市定位的更高层次的追求。有的学者还认为，强调建设环境良好的“宜居城市”，是城市发展从“经济挂帅”到“以人为本”的转换，是对“以人为本”信念的最充分最生动的体现。

然而，北京毕竟是国内金融业最发达的城市之一，北京的不少人对金融中心有着挥之不去的情结。时隔数年，北京的有关部门终于在今年下发的《关于促进首都金融业发展的意见》中，正式高调宣布要“将北京建设成为具有国际影响力的金融中心”，并在空间布局、市场体系建设、吸引人才等诸多方面作出了详细的规划。《关于促进首都金融业发展的意见》与《规划纲要》对北京城市定位的表述，显然变化很大。那么，北京究竟能否建设成为“有国际影响力的金融中心”呢？对此问题，我国经济金融学界可谓仁者见仁，智者见智，争议颇多。

笔者同意有些专家的看法。北京提出“建设具有国际影响力的金融中心”，虽然晚于上海、深圳等国内其他城市，但北京金融业的这一目标定位却也不乏依据。北京是国家首都，是国家中央机关及宏观调控部门和三大金融监管部门的所在地。北京地位重要，环境良好，交通便利，且有在国内大城市中居于领先地位的综合经济实力和金融业。从全国范围看，北京金融业在法人机构数量、金融资产量、金融对经济的拉动系数、单一行业对国税贡献率，四项指标在国内大城市中均居第一。金融产业目前已是北京经济的第一支柱产业。

当下，北京还是国内“中字头”大型金融企业机构总部的密集地。四大国有商业银行、中国人保等三大保险公司、国家开发银行、中信集团、光大集团、民生银行、华夏银行、银河证券、中金公司等金融机构的总部，以及中国证券登记结算公司、中国国债登记结算公司，一并被北京定格在自己的身边。据北京市发改委公布的数据，2007年北京的金融资产总量为34.8万亿元，占全国金融资产总量超过40%，近半壁江山，令上海等大城市望尘莫及。

从构建金融中心的一些条件看，北京与国内的主要城市相比，确实拥有诸多独特的优势。但是，就北京目前的情况而言，在北京金融街上集中的主要是一些国家级的金融管理机构以及国家级的银行总行和非银行金融机构的总部。除个别的资本要素市场外，北京没有发达的资本市场，至今甚至还没有一家全国性的交易机构（如证交所、期交所和黄金交易所等），没有股票、期货、外汇等要素市场。金融交易功能上的薄弱是北京金融业的软肋，是将北京建设成为有国际影响力金融中心的主要障碍。

所谓国际金融中心，简言之，就是国际资金的集散中心，它是一个国际资金筹集和供给的聚集地。作为国际金融中心的基本条件之一，就是拥有大量的国内外金融机构和完善的金融市场体系，能从事大规模的国际资金交易活动。国际金融中心通常汇集了各项金融业务，在国际资金的借贷、有价证券的发行与买卖、外汇交易、黄金价格的确定等方面都发挥着重要的作用。

国际金融中心，首先应当是一个从事国际性金融交易活动的场所。举世闻名的美国纽约华尔街无疑是国际金融中心的真正标杆。纽约证交所、美国证交所、几十家世界级大银行和保险公司的总部、百多家跨国巨头总部，以及棉花、咖啡、糖、可可等商品交易所，均设在华尔街。那里是当今世界投融资最多，金融交易和投资活动开展最活跃的地方之一，被称为世界金融的心脏。华尔街作为金融中心的真正崛起是在纽约证交所等几大交易机构建立起来之后，每天庞大的交易量是其国际金融中心地位确立的基础。

与美国华尔街齐名的英国伦敦金融城也是全球金融机构最为密集的地方之一。金融城的外汇交易额、黄金交易额、国际资金的借贷总额、有价证券的发行与买卖交易额、海事与航空保险业务额及基金管理总量均居世界前列。伦敦金融城之所以能够成为全球著名的国际金融中心，除了优越的地理区位和特定的历史渊源之外，关键在于其聚集了大量的国内外金融机构，金融市场高度发达，金融交易十分活跃。

既然北京没有一家颇有影响力的交易中心，国内证券公司和基金公司的总部大都设在上海，迄今还没有一家著名的国际大投资银行和基金公司在北京开业，还称不上全国性的金融交易活动中心。尽管北京在金融业占国民生产总值的比重方面一直不逊于上海（甚至超越），但北京还不是现代严格意义上的国内的金融中心，更缺乏建设成为具有国际影响力的金融中心的最基本的条件。笔者认为，北京在金融这个极其重要的领域里应当主要扮演全国性管理中心和决策中心的角色。我国经济金融的快速发展，需要构建一个运作高效和富有活力的金融管理中心和金融决策中心，这个角色，在国家的社会经济发展中的作用同样十分重要。此外，由于北京的银行业相对较发达，加之又是包括四家大型国有商业银行在内的多家银行机构总部的所在地。因此，北京还有条件借鉴以现代商业银行体系为基础的所谓法兰克福模式，争取打造成为北部中国的一个最大的区域性资金运营或交易中心。笔者赞同许多专家的观点，北京金融业也有着良好的发展前景。

三、倾力打造一个国际金融中心

在现代市场经济条件下，国际经济竞争的根本，就在于对国际金融领导权的掌握，在于对全球资本控制权、支配权的争夺。对于任何一个国家来说，一个国际金融中心的崛起，不仅能提高该国在世界舞台上的地位和影响力，而且还能有力地促进该国的经济发展。正因为如此，包括亚洲在内的当今世界许多国家和地区，都毫无例外地努力争取把本国、本地区的某一大城市培育成为区域性或全球性的国际金融中心。

就当下中国大陆地区正在角逐金融中心的诸多大城市来看，综合条件最好的当推上海，现已被视为最有希望竞争成为国际金融中心的城市。上海在历史上曾经是中国乃至远东地区最大的国际金融中心，具有丰厚的金融历史文化沉淀。从现时的情况来看，今日之上海已形成了包括证券市场、银行间同业拆借市场与债券市场、期货市场、外汇市场、黄金市场在内的层次比较齐全的金融体系，已成为国内外资金融机构云集，金融交易量最大且运作最规范的地区。

多年来，上海重点围绕国际金融中心的目标，上下求索，着力建设，虽已取得了令人瞩目的进步，但与一些已建成的全球性甚至区域性的国际金融中心相比，无论在硬环境还是软环境方面都存在着不小的差距。作为一项发展战略，国际金融中心建设已成为上海金融业乃至整个城市发展的最高理想，但要圆梦这一理想却还要走很漫长的路。

立足于未来全球金融竞争的战略考虑，中国在维护和增强香港的国际金融中心地位的同时，还有必要合力将上海再打造成一个高层次的全球性国际金融中心。除香港以外，在中国的大地上倘若还能有一个世界顶级的国际金融中心崛起，将对中国未来的长远发展和金融安全具有至关重要的作用。中国再有一个像伦敦、纽约那样的全球性的国际金融中心，就能提供更加有效的金融服务平台，更好地满足中国经济走向世界的发展需要，并能大大提高中国对国际商品和金融产品的话语权、定价权，因而有助于中国从金融大国向金融强国的转变。

近年来，随着中国周边国家和地区提出建设国际金融中心目标的城市不断增加，中国的国际金融中心建设面临着严峻的挑战。笔者认为，面对来自国外大城市的挑战，在目前的经济发展水平下，确保将上海建成国际金融中心应当是中国优先考虑的问题，将之摆在更为重要的位置。这也是应对国外大城市竞争压力的有效战略选择。倘若多个城市一哄而起，齐头并进，各搞各的国际金融中心建设，不仅会使有限的资源稀释和不可避免地导致重复建设，资源浪费，而且还会削弱国内城市与周边邻近国家在角逐国际金融中心方面的竞争能力。

现代金融产业发展的趋势是集中，金融中心的建设具有排他性。凡有一定金融知识的人都会明白，任何一个国家都是不可能建立多个具有国际影响力的金融中心的，即使美日英等经济强国，尽管金融机构数量多，金融总量大，也只有一两个国际金融中心。全世界的发达国家和地区为数不少，但也只有伦敦、纽约、东京、法兰克福、新加坡以及香港特别行政区等十几个公认的真正具有国际影响力的金融中心。中国虽已是经济大国但还不是经济强国，只是人均 GDP 排名在 100 位以外的发展中国家。与发达国家相比，中国金融机构种类偏少，机构数量、金融总量仍然偏小，各类金融机构分工和协作尚不完善，金融市场环境也待改进。特别是作为全球三大金融中心之一的香港已回归，在香港的国际金融中心的地位必须维护，同时中央政府又已决定在上海重塑国际金融中心的情况下，怎么可能在中国大陆再打造一个或两个有国际影响力的国际金融中心呢？

构建国际金融中心是一项国家的重大战略决策，是一种政府行为，离不开政府的合理规划、认可和支持。国外的经验表明，国际金融中心形成初期的政府“自由放任”的做法，从 20 世纪 70 年代中期起已逐渐被摒弃。当今世界的几个主要国际金融中心的崛起，无一不是政府力量与市场力量共同推动的结果。中国的市场经济还不够发达，民间的金融资本力量还很弱，政府的大力支持因而更显重要。政府的有关部门有必要成立面向全国的专门性的研究机构，就如何学习和借鉴国外现代国际金融中心的成功经验以及如何发挥举国一体资源聚合的力量，打造一个具有中国特色的国际金融中心，进行广泛深入的研究，以便为政府有关部门科学规划和制定正确的发展战略出谋划策。

既然全国有多个大城市都在筹划建立国内区域性或全国性甚至国际性金融中心，政府的有关部门就不宜久拖不定，而应当及早制定出切实可行的实施方案和步骤措施。这样，既可以科学合理规划国内构建金融中心的布局，又有助于推动这一工作的进展。

对许多中国人来讲，在中国的大地上再打造一个有国际影响力的金融中心，既是追求和梦想，也是事业和责任。笔者认为，在未来的若干年中，随着中国经济的快速增长和在全球经济地位的不断上升，金融市场化改革的推进和金融市场环境的日益改善，特别是在人民币实现资本项目下的完全可自由兑换并成为真正的硬通货之后，上海完全有可能成为中国的另一个具有竞争活力、标准的和一流的国际金融中心。

二、地方个人金融论坛

（一）中国工商银行省市区分行个人金融论坛

坚定发展信心　抢抓发展机遇
巩固扩大安徽第一零售银行领先优势

——常真旺同志在2009年安徽省分行“大个金”工作会议上的讲话

一、2008年全行“大个金”工作成效显著

2008年，全行认真贯彻落实总省行各项工作部署，深入实施打造安徽第一零售银行战略，在业务转型中实现了“大个金”业务的快速发展，多项指标创造了历史最好水平。在总行年度专业考核中，个人金融、银行卡和电子银行专业分别居全国第7、第9和第10位，其中阜阳分行信用卡业务进入全国30强。在省内四家大型商业银行中，我行个人金融资产、个人贷款、银行卡和电子银行等主要业务指标均保持市场占比第一。

（一）“大个金”业务经营贡献持续提升

根据PVMS系统数据，全行“大个金”业务（个金+个人住房+银行卡）实现经营利润14.8亿元，占全行利润总额的42.41%，同比分别增加5亿元和8.6个百分点；实现营业贡献23.7亿元，占全行营业贡献总额的41.36%，同比分别增加6.1亿元和4.9个百分点。

（二）“大个金”各项业务持续协调发展

一是储蓄业务与理财业务实现协调快速发展。本外币储蓄存款较年初增加167.25亿元，同比多增134亿元，创历史同期最好水平，余额达到1014.8亿元，成为全国第14个储蓄存款余额超过千亿的一级分行，受到总行贺电嘉奖。销售各类个人理财产品202.75亿元（不含灵通快线），同比多销售29.2亿元，增长17.05%，销售额稳居同业首位。

二是个人信贷业务实现规模、质量和效益同步提升。个人贷款余额达290.68亿元，较年初增加66.34亿元，增量居全国一级分行第3位；个人贷款余额占各项贷款的比重为24.5%，较年初提高2.3个百分点；余额和新增额同业占比分别为41.5%和45.8%，均居首位，其中，个人住房贷款余额和新增额同业占比分别为42.8%和46.2%。个人贷款质量保持良好水平，年末不良率为0.26%。

三是个人类中间业务收入计划完成情况居全国前列。实现个人中间业务收入3.82亿元，同比增加781万元，完成总行计划的76.74%，同比增量、增幅和任务完成率分别居全国一级分行第3、第4和第3位。实现银行卡中间业务收入6883万元，同比增加2270万元，增长49.2%。实现电子银行中间业务收入4044万元，完成总行计划的103.68%，同比增长63.41%。

四是银行卡业务发展态势良好。全年共新增发卡156.3万张，其中新发信用卡52万张，完成总行计划的331%，信用卡总量达到112.7万张，成为全国第11个“百万行”；新发灵通卡104.3万张，完成总行计划的130.38%。实现信用卡消费交易额77.1亿元，完成总行计划的152%，同比增加34.9亿元，增长83%；实现灵通卡消费交易额126.4亿元，同比增加38.5亿元。新增特约商户1900家，总量达6700家。实现分期付款交易额4.8亿元，居全国一级分行第3位。信用卡业务收入首次突破亿元，达到1.17亿元。信用卡存量、新增发卡量和消费额同业占比分别为54%、58%和53%，“安徽第一卡”的地位进一步巩固。

五是电子银行业务规模持续攀升。新增企业网上银行客户1.46万户，其中证书客户5052户，分别完成总行计划的153.4%和101%；新增个人网上银行客户53.15万户，其中证书客户7.87万户，分别完成总行计划的106.3%和112.4%；新增电话银行企业客户4676户、个人客户41.07万户，分别完成总行计划的212.6%和136.9%；新增手机银行客户26.14万户，完成总行计划的186.7%；实现电子银行交易额3.72万亿元，完成总行计划的206.5%。

六是离柜业务保持快速发展。ATM受理能力持续增强，交易量迅猛增长，全年ATM总交易金额为265亿元，同比增加91亿元，增长52%；台日均业务量为254笔，同比增加6笔。实现电子银行交易笔数2.95亿笔，相当于

738 个物理网点的业务量，节约经营成本 7.6 亿元。年末电子银行离柜业务占比为 40.3%，同比提高 5.27 个百分点，电子银行渠道业务分流优势日益显现。

（三）客户结构持续改善

个人金融资产 5 万元以上的中高端客户达 60.5 万户，较年初增加 11 万户；个人金融资产 100 万元至 800 万元的财富客户达 3964 户，较年初增加 869 户。中高端客户金融资产占全部客户资产的比重为 67.8%，较年初提高 3.6 个百分点。

（四）风险管理持续加强

"大个金"专业没有发生经济案件，内控管理与操作风险防范工作得到进一步加强，各项业务保持健康快速发展。

全行"大个金"业务的发展实践和经营成果充分证明，省行党委关于打造"安徽第一零售银行"的决策是完全正确的。在发展"大个金"业务实践中，全行创造性地完成了很多工作，积累了许多宝贵经验，归纳起来主要有五项：一是坚持以打造安徽第一零售银行战略为旗帜，引领个人金融业务发展；二是坚持以改革为动力，逐步完善个人金融业务持续发展的体制机制；三是坚持以综合营销活动为平台，推进零售业务全面协调发展；四是坚持以核心竞争力项目推广深化为抓手，提升市场竞争力；五是坚持以人为本，打造高素质的"大个金"专业队伍。

二、认清形势，坚定信心，巩固安徽第一零售银行地位

今年是工商银行实施股改后第二个三年发展规划的开局之年，也是个人金融业务改革发展的关键之年。我们既要高标准地完成总行下达的各项工作任务，全面实现打造安徽第一零售银行的目标，又要完成营业网点升级改造三年规划，任务十分艰巨。当前，随着国际金融危机蔓延和全球经济衰退，我国经济下行风险加大，同时国家宏观经济政策作出重大调整，全行个人金融业务发展既面临严峻挑战，也面临巨大机遇。今年以及未来一个时期，全行个人金融业务发展主要面临三大挑战。

一是保持主要业务市场占比第一的挑战。当前，个人金融业务领域，全省范围内形成了四家大型商业银行与徽商银行、邮政储蓄银行等六家商业银行的全面竞争态势，同时，合肥、芜湖等重点城市还将面对多家股份制银行和地区性中小商业银行的竞争，同业竞争日益激烈，对于我们巩固和扩大已有的市场份额提出了严峻挑战。农行业务经营横跨城乡两大市场，具有明显的网点优势，一直是我行个人金融业务最主要的竞争对手。我行原地区行储蓄存款、代理个人保险等业务与当地农行都有较大差距。农行股改后已决定把城市行零售业务作为发展重点，这将进一步加剧个人金融业务的同业竞争。我行原城市行面临着建行的全面挑战，部分行个人贷款业务已明显落后于建行。徽商银行以及省内其他中小股份制商业银行也将进一步加快分支机构布局，加强对个人金融业务的竞争。重点城市的股份制商业银行和地区性中小商业银行也不容忽视，如在合肥地区，股份制银行发卡量的市场份额已经超过四家大型商业银行。能不能全面实现主要业务市场占比第一、全面实现打造"安徽第一零售银行"目标，是我们今年面临的最大挑战。

二是保持各项业务持续快速发展的挑战。受资本市场的影响，依靠代理基金业务高速增长来拉动个人中间业务收入快速增长难度很大。同时，近年来我行个人贷款、信用卡和电子银行业务发展较快，业务规模上迈了一个新的台阶，在系统内保持领先优势，在今年的市场环境下，要继续保持快速发展势头和系统内的领先地位，将面临较大考验。

三是保持资产业务健康发展的挑战。近年来，我行个人资产业务质量始终保持较好水平，不良率低于全国平均水平。受国际金融危机影响，我省经济增速下滑风险明显增加，房地产市场也呈现出房价回落、成交量萎缩的现象，我行个人贷款面临着部分借款人收入下降和抵押资产价值贬值的风险。国际上，金融危机的风险已波及信用卡领域，受此影响，国内信用卡不良透支率也出现上升迹象，给我行信用卡透支业务和分期付款业务带来了严峻考验。

在充分认识经营环境复杂性和严峻性的同时，我们也要看到，国家实施的一系列重大政策措施，正在对经济保持平稳较快发展产生积极影响；支撑我省经济发展的中长期因素没有改变；个人金融业务具有抗经济周期性波动的特征，因此我们要善于在逆境中发现和培育有利因素，积极把握挑战中蕴含的重大发展机遇。

首先，个人金融业务需求继续扩大。安徽是人口大省，随着安徽经济继续平稳较快发展，以及政府更加关注民生，居民收入必然保持较快增长，今年我省生产总值预期增长 10% 以上，财政收入增长 12%，城镇居民人均可支配收入增长 8%，农民人均纯收入增长 7%，这将为我行发展个人金融业务创造新的条件。

其次，扩大消费政策带来巨大市场机会。国家扩大内需促进增长各项政策的实施，创造了大量新的金融需求。特别是国务院《关于搞活流通扩大消费的意见》在拉动农村消费、扩大城市消费、促进消费升级等方面都提出了具体措施，为个人信贷、银行卡、电子银行等业务的发展提供了更大的市场空间。

第三，国家完善多层次资本市场体系为个人理财业务发展带来新的商机。中央经济工作会议和国务院《关于当前金融促进经济发展的若干意见》都对加快建设多层次资本市场体系和推进利率市场化改革做出了重要部署。可以预见，未来一个时期，我国股票、债券和基金等直接融资市场仍将获得全面和更大发展。此外，总行今年可能授权我行开办区域性个人理财业务，给我行开拓个人理财业务市场带来了新的机遇。

在复杂多变的经营环境下，全行个人金融业务能否变压力为动力、化挑战为机遇，关键在于我们能否进一步解决好自身存在的深层次矛盾和问题。目前，全行距离全面实现"安徽第一零售银行"的目标还有一定差距，实际工作中还存在一些突出问题，主要表现在以下几个方面：

（一）贯彻落实第一零售银行战略不够坚定

目前，仍有少数行特别是"一把手"，对个人金融业

务的重要性认识不足，没有把第一零售银行战略作为推进经营转型、提升核心竞争力的重要内容坚定不移地贯彻执行。存在对个人金融业务资源投入不到位，部分专项奖励费用没有及时兑现到位，招聘的个人客户经理和取得金融理财师资格的人员岗位迟迟调整不到位，总省行的政策落实不到位等现象。

（二）服务工作还不能完全适应客户的需要

经过近几年的努力，我行的服务水平得到了很大提升，但在服务渠道、流程、产品等方面还有许多亟待改进的地方，还缺乏统一的服务标准，服务效率和客户满意度还有待进一步提高，促销手段、营销方式还比较粗放，差异化的竞争手段不强。

（三）市场竞争力有待进一步提升

虽然全行个人金融业务在总体上保持竞争优势，但17家二级分行中仍有9家行未能成为当地第一零售银行。业务结构、经营效率和高端市场等领域，还存在竞争优势不足、市场地位不稳固的问题。比如，我行人均利润、网均利润低于全国工行平均水平；个人中高端客户占比不高；作为核心基础业务的储蓄存款新增市场份额还不是第一，等等。

（四）“两化”改革还不够到位

虽然经过近年来的探索实践，从整体上看，我行“两化”改革已经取得了明显成效，初步确立了保障个人金融业务可持续发展的体制机制。但从部分行情况看，仍存在改革不到位、措施不到位的情况，或者是形似神不似、改革停留在表面，影响了改革实际效果，突出反映出部分行未能很好地贯彻以改革促发展的经营策略，制约了个人金融业务的发展。

根据今年我们所面临的形势，针对目前所存在的问题，全行必须高度重视个人金融业务在全行的战略地位，坚定发展个人金融业务的信心，坚持优先发展个人金融业务不动摇，坚定不移地贯彻落实第一零售银行发展战略。个人金融业务自身固有的抗经济周期波动能力强、利润增长稳定、资本消耗低、规模经济显著等特点，也决定了其必须是全行战略发展的重点。对此，全行必须要有一个清醒的认识。今年和未来一个时期，全行要重点加强四项工作：

一是进一步完善个人金融业务经营管理体制和机制。科学有效的经营管理体制是保证我行个人金融业务拥有较强的竞争能力和较高的服务水平，保持持续稳定增长的关键因素。今年，要进一步深入推进“两化”改革，切实做好核心竞争力项目推广工作，努力创造一个良好的体制机制环境。要切实加大对个人金融业务的资源投入并实行适度倾斜政策，坚持做好统一客户视图下的分层次客户服务体系，形成多渠道的营销推广模式；改革完善以业绩价值管理为基础、以效益为目标的考核激励机制，形成对营业网点、客户经理的分类管理和评价管理制度，不断提高业务发展战略的执行力，增强个人金融业务整体联动和经营活力。

二是全面巩固和扩大第一零售银行的领先优势。虽然近年来我行在整体上保持了安徽第一零售银行的市场地位，但是领先优势非常脆弱，地位还不巩固。主要是部分原地区行还不是当地第一零售银行，在具体业务上，主要是个人金融资产和个人贷款业务的基础还不牢固。因此，要在分类指导的基础上加快相关二级分行和相关业务的发展。城市行要通过提高城区各支行、网点的竞争力来全面巩固和扩大个人金融资产、个人贷款、银行卡和电子银行业务的领先优势；原地区行要在巩固城区支行优势的基础上加快县支行的发展速度，特别是要迅速提升县支行储蓄存款和个人理财业务的竞争力，大力发展电子银行、银行卡业务，迅速确立和巩固在县域内的领先地位。

三是着力实施服务质量改善工程。客户是核心竞争力最主要的组成部分。要全面推行个人客户服务精细化管理，实现服务操作的“精、准、细、严”。即通过完善精细化服务规范来解决“精”的问题，建立适应不同类别网点、不同层次客户需求的服务标准体系，推进基础服务规范化、个性服务差别化；通过完善网点服务检查工作机制来解决“准”的问题，准确掌握我行服务质量信息，促进服务管理常态化；通过完善客户经理服务质量考核体系来解决“细”的问题，以考核细化保证操作细化、管理细化、执行细化；通过完善制度和流程来解决“严”的问题，严格控制偏差，严格执行服务标准和制度，使服务理念融入全行员工日常工作和行为中，形成客户服务持续改进的推动机制。

四是切实以协同营销为重要手段加强市场拓展工作。协同营销在为顾客创造、传递更大价值的同时，还可以有效降低营销成本，创造更多的盈利机会，实现客户与银行的双赢。加强协同营销，要在公私业务部门之间、个人业务部门之间实现客户资源共享和营销资源共享，实现捆绑销售和综合考核。要制定开展协同营销的工作规划，明确工作进度要求和各阶段工作目标，确保在较短时间内形成整体竞争优势。要在系统建设上实现客户信息的完整展现，为挖掘客户相关需求、提供综合解决方案创造硬件基础。要构建整体联动、协同营销的管理平台，在制度上提高各业务部门之间营销工作的一致性和各产品之间的关联性，在工作流程上提高客户服务的整合性。要在考核中增加协同营销有关内容，在现有考核单一产品销售指标的基础上，增加重点产品覆盖率和交叉销售率等综合考核指标。

三、多措并举，实现个人金融业务发展新跨越

2009年个人金融业务主要经营目标是：本外币储蓄存款净增140亿元，新增额市场占比第一；销售个人理财产品200亿元；实现个人中间业务收入4.3亿元；新增个人消费贷款5亿元；新发灵通卡150万张，POS消费额150亿元；新增个人中高端客户（金融资产5万元以上）13万户；新建贵宾理财中心20家；投放ATM等自助设备150台；金融理财师人数达到400名。为实现上述目标，要重点抓好以下几项工作：

（一）加大考核力度，全面实现打造安徽第一零售银行的目标

2007年，省行党委提出要用三年的时间，把所有二级分行打造成当地第一零售银行，今年这个目标一定要实现。已经连续两年保持当地第一零售银行的7家二级分行，要

巩固和扩大在个人金融资产、个人贷款、银行卡和电子银行四大类业务上的领先优势，进一步拉大与竞争对手的差距；其他二级分行要深入分析相关指标与当地同业的差距，深刻剖析原因，拿出有针对性的工作措施，确保取得实效。省行今年将根据情况，对第一零售银行指标考核体系进行修改完善，并适当提高在二级分行行长经营绩效考评中的权重，同时要加大督导、帮扶力度，实行问责制度。

（二）激发经营活力，完善基于“两化”考核系统的考核制度

一是以推进“双重管理、双线考核”为工作重点，建立针对“财富管理中心—贵宾理财中心—理财网点—金融便利店”四类网点统计体系、指标评价体系和考核体系，定期公布四类网点绩效评价排名结果，为提升网点竞争能力提供科学依据。二是尽快完成“两化”绩效评价系统参数设定，做好相关培训和系统应用工作，特别是完善支行网点和客户经理考核，并适时将考核结果与其他月度、季度考核相衔接，进一步提升网点和客户经理工作积极性。三是总结推广省行营业部支行“大个金”专管行长的考核管理经验，建立和完善专职副行长业绩考核办法，激励其更好地履行职责。四是扩大“大个金”业务重点产品激励范围，试行重点产品计价考核，适度加大专业管理部门直接考核兑现力度，增强“大个金”专业的调控能力。

（三）加强协同营销，增强个人金融业务整合营销能力

一是以代发工资业务为核心，强化公私部门协同营销。要充分认识大力发展代发工资业务对于从源头上争夺中高端目标客户的重要作用和意义，加强个人金融业务部门与公司、机构等部门的联动，发挥对公业务资源优势，实施捆绑营销，加快推动代发工资业务发展。同时，通过定向组合营销和为企事业单位的高级管理人员提供优质个人理财服务方案，增进业务沟通，争取更多业务机会。二是做好“大个金”业务部门间的协同营销。个人金融、银行卡、电子银行部门间要统一目标客户定位，确保各专业主要营销资源均用于目标客户的市场开拓；建立网点分层服务体系、客户经理服务体系以及网上银行、电话银行分层服务体系的协调发展机制，提升渠道服务品质和营销能力。三是加强“大个金”产品的协同营销。制定多产品交叉销售方案和套餐式金融服务方案，挖掘产品交叉销售机会。今年，仍要推行以精准营销为内容的协同营销工作，进一步提升理财金账户、信用卡和电子银行中高端客户渗透率。

（四）强化品牌推广，持续优化个人客户结构

一是加大个人金融业务品牌营销推广力度。以“工银财富、理财金账户、牡丹卡、幸福贷款”等品牌为核心，根据不同层次客户需求，有针对性地组织开展系列市场营销和推广活动，强化品牌形象，提升主要个人金融业务产品知名度和美誉度，提高核心产品在目标客户中的渗透率，实现中高端客户数较快增长，促进客户结构优化。二是加快拓展理财金账户客户。持续推进理财金账户服务升级，不断丰富“六专”贵宾理财服务内容，迅速提高理财金账户客户规模和目标客户覆盖率。同时，通过开展系列促销活动，吸引存量客户将在他行资产转移至我行，进一步提高理财金账户客户质量。三是全力拓展牡丹灵通卡市场。对重点单位发行高效益联名灵通卡，以卡种结构调整带动客户结构优化，进一步提升灵通卡对中间业务的贡献度。四是积极发展财富管理业务。以财富规划和资产管理为核心，重点推介综合规划、资产配置和投资组合管理服务，扩大财富客户数量和资产占比。

（五）夯实基础地位，全力提高储蓄存款市场份额

要从打造当地第一储蓄银行的高度，以提高同业占比为主线，切实抓好储蓄存款工作，确保实现储蓄存款增量市场占比第一的目标。城市行要在保持占比第一的基础上拉开与同业的差距，原地区行要在今年夺回当地市场增量占比第一的位次。要继续深入开展代发工资业务专项营销竞赛活动，明确工作职责，重点营销以中高端和潜力客户为主的优质单位，努力实现一、二类代发工资单位占新发展单位的75%以上，努力扩大储蓄存款源头。着重增强各种理财产品销售与储蓄存款之间的协同效应，以各种理财产品销售带动储蓄存款增长。加强对财富中心、贵宾理财中心、理财网点和客户经理的存款考核，提高网点产能，同时发挥个人客户经理的揽存作用，促进储蓄存款快速增长。要特别重视县支行的吸储增存作用，紧紧抓住国家近年来实施支农惠农政策带来的农村金融快速发展的机遇，对县、乡（镇）个私业主、公务员和教师等稳定收入群体实施上门营销，大力拓展农村储蓄市场，实现县支行储蓄存款的新突破。

（六）抓住重点产品，稳步提升个人中间业务收入

一是继续推进代理个人保险业务快速发展。以开展代理保险营销竞赛活动为抓手，以夺取同业占比第一为目标，确保全年实现代理销售35亿元以上。二是抓好代理基金销售工作。要根据客户需求和风险偏好提供客户资产配置建议，实现各类风险收益特征基金产品的协调发展；落实好基金销售激励方案，激发一线员工营销积极性；利用我行渠道优势和优秀基金管理公司产品优势，大力拓展中高端客户群体；坚持发行与持续营销并举，抓好基金定投、利添利账户理财等业务营销。三是稳步推进银行类理财业务发展。加强与公司、投行等部门的协作，加快产品开发，促进特色业务发展。以固定收益型、“灵通快线”系列低成本产品为基础，大力拓展现金管理型产品，扩大个人理财业务的基础收入产品。四是实现牡丹灵通卡与个人结算业务的新突破。加大牡丹灵通卡营销推广力度，通过开展不同主题、不同形式、不同内容的营销活动，使牡丹灵通卡营销宣传覆盖每个季度和节假日。对辖内优质企事业单位、机构客户，以及私营业主集中的场所，要主动上门开展个人结算产品推介活动，大力宣传我行储蓄异地通、汇款直通车及电子速汇业务等结算产品的优势，提高我行个人结算业务品牌的市场知名度和对各类客户的吸引力，提高结算业务量和中间业务收入。同时，继续坚持“本外币一体化”发展思路，组织出国金融服务营销活动，拓展个人外汇业务中高端客户，带动因私购汇、资信证明、旅行支票、外汇汇款等业务发展。

（七）坚持管理与营销并重，保持个人贷款业务又好又快发展

坚持打造“安徽第一按揭银行”目标不动摇，切实落实联动管理措施，确保按揭资源不流失，同时大力拓展二手房和纯按揭个人住房贷款业务。以提高业务综合收益贡献为目标，注重发展个人委托性贷款及个贷非息业务，尤其是住房公积金委托贷款。抓住国家刺激消费的有利时机，积极推进个人汽车消费贷款、个人综合消费贷款和个人经营贷款业务的发展。突出房产抵押特色，与最高额担保、个人循环贷款相结合，提升产品竞争力，积极满足客户多样化融资需求。扎实做好个人质押贷款及信用贷款的市场拓展。实施个人信贷业务精细化管理，通过差别化信贷政策和资源配给，促进重点行率先全面发展。根据总行个人信贷业务客户内部评级法，逐步建立客户分层标准，实行差别化信贷政策和定价水平，不断完善个人信贷客户结构。加快个人信贷业务营销体系建设和营销渠道整合，加强与重点中介机构的合作，积极推进个贷中心建设。

（八）加强渠道建设，继续推动网点经营转型

一是以贵宾理财中心建设带动服务升级。新建20家贵宾理财中心，逐步构建较为完善、具有较强可持续发展能力的网点渠道服务体系。在加快中高端网点升级改造的同时，要加紧理财网点和有发展潜力的金融便利店的改造，将金融便利店打造成为真正便利的社区零售银行网点，形成零售银行业务在社区的竞争优势。二是优化自助设备网络布局。结合营业网点新建和升级改造工作，加快自助设备配备布放。加强新兴居民集中区、繁华商业区自助银行建设，满足客户存取款需求，吸引新客户。加强县支行自助服务渠道建设和自助设备投放，延伸银行服务渠道，弥补县支行物理网点的不足。加强自助设备安全运行管理和考核，提高自助设备开机率和正常运行率。三是加强金融理财师队伍和客户经理队伍建设。及时把参加金融理财师培训的人员调整充实到个人金融业务队伍特别是客户经理队伍中，增强客户经理队伍活力。加强金融理财师培训工作，加快其业务知识更新和结构优化，提升金融理财师价值。借鉴金融理财师培训方式，加强个人客户经理零售业务销售技能培训，提高客户经理队伍营销能力。加强个贷专职客户经理队伍建设，保证个人贷款中心必要的人员配备。

四、乘势而上，在新的起点上实现信用卡业务高质量发展

2009年信用卡业务主要经营目标是：发卡量净增50万张，总发卡量力争突破160万张；实现消费交易额100亿元；实现透支余额5亿元；实现业务总收入1.4亿元，中间业务收入8300万元；个人中高端客户信用卡业务渗透率提高50%；不良透支率控制在2.2%以内。为实现上述目标，要重点做好以下几项工作：

（一）继续扩大发卡规模，保持市场领先地位

一是加强项目营销。在认真总结公务卡试点运作经验的基础上，推进公务卡项目在全省的推广应用。省行将制定公务卡推广考核办法，明确目标，落实责任，强化考核，扎实推进。各行要将在我行开户的三级代理预算单位，分解落实到支行网点和客户经理，加大营销力度，确保实现公务卡项目较大突破。积极拓展大型企业、交通、物流、保险、企业年金、住房公积金等部门和单位，切实抓好“三张卡”（功能卡、主题卡、联名卡）市场拓展，力争实现3～5个新的大型发卡项目，带动发卡规模迅速扩大。继续抓好已发卡项目的服务和延伸，重点推广发行总行开发的牡丹美食卡、中油卡和金山卡等；大力开展牡丹烟草卡和保险“见费出单”项目“二次营销”，确保市场占比50%以上。二是加强网点营销。以“产品进点、服务进区、功能进柜”三进工程为契机，利用信用卡“宽进”、“低额”的政策，大力开展网点“一日一卡”等广泛的发卡竞赛活动，实施信用卡产品与其它个金产品的捆绑销售，努力提升网点信用卡营销效果。同时，制定支行网点的发卡计划和中高端客户渗透率目标，加强对支行、网点信用卡业务的指导，强化营销的管理和考核，切实提高营业网点信用卡产品营销和服务能力。为进一步提升网点发卡工作效果，省行今年将在全行范围内开展“信用卡业务明星网点”评选活动。三是加强部门联动营销。要牢固树立信用卡业务与个人业务、公司业务、机构业务“三位一体、整体推进”的发展理念，加强部门整体联动，实施组合营销和捆绑考核，努力将公司、个金、结算、机构、年金等现有客户转化为信用卡客户，提高客户综合贡献度。四是完善信用策略。要认真研究和落实“宽进、低额、多用、升级”的信用策略，扩大发卡目标对象，促进持卡人信用级别提升，实现普及版信用卡向标准版的升级。

（二）大力发展收单市场，促进收入快速增长

在注重对规模考核的同时，加强对效益指标的考核，实现规模效益协调发展。进一步加大营销力度，扩大消费和收单业务规模，努力提高中间业务收入。一是加快拓展特约和特惠商户。重点拓展酒店、宾馆、大型超市、商贸流通和集团客户，确保新增牡丹卡特约商户2000家、特惠商户500家。努力实行“特约＋特惠＋特色”商户拓展模式，为持卡人创造新的用卡增值服务。结合功能卡、主题卡和联名卡产品特点和客户消费特点，重点培植商户圈，打造服务链，今年所有城市行都要确定自己的商户圈和公务消费定点商户。省行将加强对此项工作的规划和协调，各行要具体做好商户圈维护、功能增加、结构调整等工作。积极巩固奥运信用卡服务成果，加快推进外卡收单业务发展，提高市场份额。二是持续开展消费促销活动。紧紧抓住“牡丹信用卡发卡二十周年”活动契机，认真组织开展总行“百城万家刷牡丹—节节有礼”和省行“迎新春牡丹惠友”系列促销活动。各行要结合当地实际，开展行业促销、节日促销和分期付款促销等系列促销活动，促进消费交易额均衡快速增长。探索建立消费积分奖励兑现机制，提高兑奖兑换效率，增强牡丹卡品牌可信度和满意度。三是拓展分期付款业务合作领域。深化与汽车、家装、大宗电器、高档消费品销售和流通批发等商户的合作，实行互惠互利，共同拓展市场。加强对分期付款业务的资源倾斜，及时兑现奖励费用，切实调动营销人员积极性。四是加大机具设备投入。加快信用卡机具设备更新换代，同时选择交易额高、规模大的商户，大力推广应用MIS系统，巩固和发展我行收单业务市场。

（三）推进客户分层服务，着力提高服务水平

一是提高营业网点服务能力。认真落实总行信用卡业务“三进”工作要求，把营业网点建设为信用卡宣传、营销、服务的主要窗口。为提高信用卡客户服务水平，今年省行将选择2~3家二级分行设立牡丹卡VIP客服中心。二是继续实行分层服务。坚持银行卡业务部门负责人联系重要客户制度，加强对优质客户的动态管理，重点做好集团客户、优质客户和白金卡客户分层服务工作。建立白金卡客户台账，开辟白金卡客户专属服务领域，完善白金卡及部分金卡客户的机场贵宾室、网点绿色通道、专享特惠商户和重点客户联系卡等服务举措。三是优化业务流程。以限时办卡为突破口，认真梳理办卡的各个环节，提高业务处理效率。省行营业部要加快完善信用卡集中审批机制，充实审批人员，建立审批制度，提高审批效率。加快推进卡片直邮工作。四是改进服务方式。为所有信用卡客户开通工行信使，提供用卡、透支还款提示和促销宣传等服务。切实重视客户投诉，及时处理电话银行分中心转来的业务单据。

（四）切实加强风险管理，努力提高资产质量

正确处理业务发展与风险防范的关系，实施发卡业务全过程管理，切实防范办卡欺诈。加强信用审查、审批人员业务培训，提高其业务综合素质和分析判断能力，加快推进从“审收入”向“审信用”的转变。在扩大信用卡正常透支规模的同时，加大不良透支的清收处置力度，严格控制不良透支占比。坚持资产质量定期通报制度，对不良透支占比超标的行适时采取业务警告或停牌措施，促进信用卡资产质量的提升。

（五）加强信用卡队伍建设，提高经营管理水平

积极充实信用卡专业人员力量，支行、网点必须配备信用卡专管员，确保信用卡营销、服务与管理不留空白和死角。严格执行检查辅导工作制度，加强业务检查与监督，切实强化内控管理工作。进一步完善信用卡业务专业考核办法，优化银行卡绩效考评系统，组织开发中高端客户识别系统，促进信用卡规模、质量、效益协调发展。

五、坚持“两手抓”，推动电子银行业务再上新台阶

2009年电子银行业务主要经营目标是：新增网上银行个人客户54万户，其中证书客户8万户；新增网上银行企业客户9500户，其中证书客户5000户；新增电话银行个人客户32万户；新增手机银行（WAP）客户17万户；全年电子银行交易额力争突破4万亿元；年末电子银行业务占比达到45%。为实现上述目标，要一手抓规模效益，加强市场拓展，加快构建基本客户群；一手抓深度效益，优化客户结构和质量，大力提升电子银行业务贡献度。重点做好以下几项工作：

（一）加强队伍建设，全面提升电子银行营销服务能力

一是加强产品经理队伍建设。各行要结合电子银行业务发展实际，配备1~2名精通电子银行业务、具备产品分析营销组合技能的电子银行产品经理，承担重点客户产品深层次营销，切实提升电子银行业务发展水平。二是加强网点兼职营销服务人员队伍建设。在提高营销和办理电子银行业务能力的基础上，强化产品应用培训，充分发挥网点的现场服务优势，提升电子银行营销服务水平。三是加强电子银行从业人员队伍管理。加强专职人员的管理，协调推进市场营销、产品推广、客户服务和业务管理等各项工作。

（二）抓住重点产品和重点市场，加快扩大业务规模

一是深入开展电子银行业务营销宣传。充分利用营业网点和各类媒体，积极宣传“工行财e通”、“金融@家”等品牌，提高品牌美誉度和业务知名度，促进客户规模快速增长。二是深入拓展重点市场。以在线支付、网上商城、通用缴费等电子银行专属产品以及基金、外汇、黄金、理财、国债、保险等适合在电子银行渠道销售的产品为切入点，深入拓展电子商务、电子客票、投资理财、公用事业等重点市场。三是积极营销对公客户。以查询、对账等基础功能和网上代发工资、集团理财、企业财务室、在线ERP等优势功能为切入点，加大对公客户宣传营销力度。做好结算账户新开户与“企业普及版+网银对账”、“企业证书+企业财务室+网银对账”、“企业证书+代发工资+网银对账”的捆绑营销，切实提高电子银行产品首次营销成功率，同时做好柜面企业存量客户二次营销，实现企业网银客户数量和交易额的大幅增长。四是加大个人客户宣传营销力度。以电子速汇、投资理财、基金、外汇、黄金、国债、电子商务等优势功能为切入点，切实做好柜面新开户的个人客户“网上银行+电话银行+手机银行（WAP）”捆绑营销，同时积极吸引柜面个人存量客户使用电子银行，迅速扩大电子银行基本客户群。

（三）实施精细化管理，进一步增强电子银行核心竞争力

围绕动户率、个人中高端客户渗透率和中间业务收入，进一步细分市场、细分客户，实施营销精细化管理，增强电子银行业务核心竞争力。一是充分发挥电子银行示范区作用，挖掘各类电子银行渠道功能，做好渠道营销、柜面辅导和客户体验等各环节工作，进一步提升电子银行业务分流率。二是加强电子银行业务宣传，力争每发展一户，就培育一户、应用一户；对存量客户要通过采取交易功能推介、跟踪回访等措施，进一步提高客户动户率。三是以理财金、牡丹卡金卡、白金卡等个人中高端客户为目标客户，以贵宾网银、网上投资理财、400贵宾电话银行等优势功能，开展精准营销，积极竞争个人中高端客户市场，全面提高个人网银中高端客户渗透率。

（四）加快产品创新应用，以项目创新带动业务规模质量和效益的提升

围绕重点客户需求和市场热点，加快产品创新应用步伐，开发具有规模效益的产品，扩大产品应用领域。一是以网上大企业跨行资金管理、银企互联等产品为营销创新重点，稳定我行大型优质客户，同时积极挖转他行大型客户，进一步提升大型优质客户贡献度。二是加快开发推广市级财政直接支付财银直联系统，积极开发省级财政授权支付财银直联系统，全年确保新增10个以上银企互联客

户。三是进一步完善个人网银分行特色业务平台，整合平台主页面，开发推广公积金查询、特色支付等业务，力争有更多的二级分行开通分行特色业务。四是积极营销系统客户，争取网上银行银税通、银银通等特色业务实现突破。五是加快网上支付平台建设，全年力争发展20个以上具有优质产品链和营销集群的电子商务客户。

（五）强化渠道建设，健全服务支持体系

做好电子银行服务区的发展规划，进一步加大投入，同时加强电子银行服务区规范化管理和客户引导，确保电子银行服务区建设数量、质量和效果。进一步优化自助终端的布局和投放，加强维护和管理，切实提升设备使用效果。不断丰富网上银行、电话银行、手机银行缴费项目，加快推进渠道交易和分销功能应用。

（六）增加业务收入，提高电子银行业务贡献度

一是继续围绕“四抓一确保”开展电子银行中间业务收入工作，加大市场拓展力度，巩固已有收入来源，扩大新的收入来源，促进中间业务收入持续快速增长。二是在积极扩大客户规模的同时，狠抓客户质量，提升交易规模。大力宣传网上汇款业务优势，进一步拓展网上、电话、自助终端等电子银行汇款业务，促进电子银行结算类收入的大幅提升。深入拓展代理业务和电子商务市场，努力提高市场占比，迅速增加代理类收入和电子商务类收入。三是加强收费管理。严格收费减免政策，提高议价能力。加强电子银行业务收入核算，确保收入应收尽收。切实做好电子银行渠道基金、国债等理财类业务收入核算，确保相关收入准确反映。

（七）加强风险管理，保障业务持续健康发展

一是深入贯彻落实《电子银行业务风险管理指引》，切实加强风险识别评估、信息沟通和风险监控。加快完善电子银行业务制度体系和业务流程，确保有效控制风险。二是进一步规范制度传导机制，加强业务培训、辅导、检查和整改，强化严谨合规操作的良好风气。三是持续深入开展客户安全教育，大力推广二代U盾、短信认证等“双渠道”安全产品，努力提高客户风险防范意识和能力。四是及时跟踪业务发展情况，研究制定合理的系统建设和扩容方案，同时不断优化生产问题处理流程和机制，确保生产系统安全平稳运行。

六、全力以赴，切实抓好一季度“大个金”综合营销竞赛活动

一季度综合营销竞赛活动开展以来，全行上下按照省行统一部署，紧密结合实际，精心组织，周密安排，迅速掀起了营销竞赛活动的热潮，从过去一个月的情况看，主要业务发展势头较好，“大个金”业务板块竞赛活动取得了积极进展。主要表现在：

储蓄存款业务：截至1月末，本外币储蓄存款较年初增加96.07亿元，较竞赛期初（2008年11月底）增加104.64亿元，完成竞赛目标的87.2%；较年初增量和增幅分别居全国一级分行第10和第6位。二级分行中，省行营业部和六安分行已提前完成了竞赛目标，安庆、池州、宣城、蚌埠、滁州、巢湖和马鞍山等7家行目标完成率也达到了90%以上。

中间业务收入：1月份，实现个人金融业务中间业务收入2401万元，同比增加703万元，增长41.39%；实现银行卡中间业务收入1097万元，同比增加342万元，增长45.3%；实现电子银行中间业务收入292万元，同比增加82万元，增长39%，增幅均超过全行平均水平。

个人贷款业务：截至1月末，个人贷款较年初增加10.98亿元，完成竞赛目标的48.8%，增量居全国一级分行第6位，其中个人住房贷款增加9.8亿元，完成竞赛目标的49%。二级分行中，个人贷款增量居前5位的是：省行营业部4.2亿元、芜湖分行1.4亿元、阜阳分行7700万元、蚌埠分行7300万元、安庆分行6600万元。

信用卡与电子银行业务：截至1月末，新发信用卡7.68万张，完成竞赛目标的25.6%，同比多发0.7万张。实现POS消费额9.9亿元，完成竞赛目标的43.1%。个人网银、个人电话银行和手机银行客户分别新增5.85万户、3.08万户和1.28万户，分别完成竞赛目标的31.4%、40%和28.6%。

总体来看，“大个金”业务实现了首月“开门红”，这是全行上下高度重视的结果，更是全体个人金融业务从业人员抢抓机遇、锐意进取、辛苦工作的回报。在看到成绩的同时，我们也要清醒地认识到竞赛活动中还存在着一些突出问题，一方面，对竞赛活动的组织推动不够到位，部分行对竞赛活动的重视程度和推动力度比往年明显弱化，影响了竞赛活动效果；另一方面，业务发展不平衡情况较为突出。

一是行际间发展不平衡问题比较突出。比如，个人住房贷款目标完成率最高的安庆分行为114.4%，最低的淮北分行只有-2.7%；理财产品销售目标完成率最高的马鞍山分行为34.7%，而宣城、池州分行均不到2%；个人网银目标完成率最高的巢湖分行为86%，而淮北、芜湖、铜陵分行均不到10%，等等。

二是业务品种间发展不平衡。比如，目标完成率较高的储蓄存款、个人贷款、个人电话银行分别为87.2%、48.6%和40%，均超过序时进度要求，而个人中间业务收入、理财产品销售、灵通卡发卡等指标目标完成率均较低，分别只有10.8%、12.6%和19.6%，没有达到序时进度要求。

全面夯实个人客户基础　打造大连地区第一零售银行

——姜晓芳同志在2008年大连市分行个人金融业务工作会议上的讲话

一、2007年个人金融业务发展向前迈出一大步

2007年是全行个人金融业务突飞猛进发展的一年，个人金融业务经营效益向前迈出了一大步，理财产品销量和个人中间业务收入均以前所未有的发展速度实现了历史性突破，个人金融业务的整体盈利能力和水平得到显著提升，对全行利润的贡献度大幅度提高。

（一）个人金融业务经营成果显著

2007年，我行个人金融业务在总行的专业考核排名不断靠前，从2006年末的17名前进至12名，创历史最好水平。经过一年的发展，我行在B类行中连续跨越了5个位次，日渐接近A类行标准。专业考核名次的前进得益于各项任务指标全面、成倍、大幅度的增长。

2007年，我行个人理财业务增势迅猛，人民币理财产品销售147.3亿元，占比稳居同业第一，大幅超额完成总行下达销售任务，是上年同期销量的3.6倍，各类理财产品销售中，保险、人民币理财产品始终位居同业第一，四行占比分别为62.17%和72.92%；在居民将储蓄存款加快转换为基金、股票等资产的情况下，储蓄存款保持大体稳定，本币储蓄存款余额310.4亿元，年内始终稳定于300亿关口之上；现金流合计123.7亿元人民币，是上年同期的2.2倍。

在理财产品的强劲拉动之下，个人中间业务收入超常规增长，实现收入23472万元，翻倍完成全年任务，是上年同期的3倍。个人中间业务收入占全行中间业务收入63.3%，同比提升了21个百分点，个人金融业务的综合贡献度大幅提高。与总行平均水平和系统内直属行比较，我行任务完成率分别超过总行和青岛行32和72个百分点，同比增幅分别超过总行和青岛行53和79个百分点。

（二）坚定以客户为中心的发展思路不动摇，个人金融业务发展根基进一步夯实

早于2006年8月，大连分行召开了主题为《提高个人金融业务核心竞争力 打造大连地区第一零售银行》的专题会议，着重从存量中高端客户维护和扩大增量优质客户资源、加强对客户经理操作风险防范、理顺经营管理体制和机制等方面进行了全面的工作部署；在2007年度个人金融工作会议上，分行以《紧扣竞争力的主题 牢固树立和实施以客户为中心的工作主线 全面完成2007年各项经营目标》作为会议主题，结合大连分行大中城市行的定位，提出了2007年大连分行个人金融业务的发展思路。7月，分行以《进一步深化“客户为本，资源与贡献匹配”的经营管理思想，全面完成全年各项经营目标》为主题召开半年专业会议，对各行经营贡献与客户资源占比相匹配的思想重点强调。两次专业会是继2006年我行提出建设第一零售银行之后，对“以客户为中心”工作思路的进一步深化，对现金流同业第一目标的再次明确和重申。从资本市场繁荣的程度，从个人金融同业市场竞争的热度，从我行全面落实第一零售银行战略的广度和深度来看，2007年无疑翻开了个人金融业务发展全新的一页。一年当中，分行在指导思想、发展策略以及各项工作安排中处处突出“以客户为中心”的工作主线，积极引导支行经营思路的转变，“优质客户为本”和“第一零售银行”战略目标在全行范围内初步达成共识。在此基础上，全年个人金融业务任务完成方面，大连分行不满足于对总行任务的消化，而是对照同业第一标准来要求自身发展，为了实行全行中间业务收入“保二争一”的目标，肩负起对个人中间业务收入2800万任务的追加。

（三）确定市场竞争对手，考核方式突出资源贡献两匹配

2007年，建行成为我行第一零售银行建设的竞争强手，大连分行将其确定为全面赶超的对象，与其展开了全方位的竞争力比较。抗衡过程中，分行强化对优质客户认识不停留于口号上，而是贯彻到实际工作中。

首先是在考核体系中重点突出核心指标的核心地位，特别加大了对个人优质客户和现金流的考核权重，年初分解指标任务时，分行将支行客户资源作为重点分解依据，体现“资源占有与贡献度匹配”的经营思路，重点引导各分支行创造出与自身资源和能力相当的贡献规模，通过考评机制来鞭策支行经营行为和理念对优质客户的关注。事实证明，靠优质客户带动各项业务全面发展思路是科学的、正确的，事实论证，仅仅产品销量可观，但优质客户增长不力的经营模式始终难以超越竞争对手，并且必将形成可持续发展资源的枯竭。个人业务发展到今天，已不再是仅仅关注传统负债业务，我们要提升的是竞争力，要积累的是客户资源。

其次，一季度过后，面对当时资本市场发展态势和同业竞争形势，分行清醒地意识到，年初总市行下达的指标任务已无力支撑打造“第一零售银行”的战略目标，为此，分行以同业第一的建行作为测算目标，大胆追加任务

指标，目的是让全行意识到销售产品对存款、对资金源头的稳固作用。经过全行上下的共同努力，不但任务顺利完成，还使理财产品销售额以绝对优势领先建行。事实再次证明，分行对形势发展的判断是及时的，对全行发展的引导是有效的。

另外，分行还分别通过市内行、县区行与建行在网点资源、人力资源等方面的对比，找出了部分市内行的产能差距，引导其现金流贡献占比的止滑提升。

（四）两化改革取得一定进展

在2006年“两化”改革启动并推广的基础上，支行层面初步形成了统一营销、归口管理的组织架构，实现了对旗舰店、优势网点、个人客户经理分支行双重管理、双线考核。特别是在对全行个人客户经理的激励机制方面，延续2006年下半年实行的个人客户经理绩效上浮30%的考核方式，对全行营销队伍稳定、积极性调动发挥了积极的作用。2007年，分行有效利用这30%绩效的撬动力量，为推动理财金账户的快速发展，将理财金账户任务落实到每名个人客户经理，并突破考核方式，将其任务完成情况同绩效30%上浮部分以调节系数挂钩，促使理财金账户发展速度的大幅提升。

在“两化”改革的推动下，虽然目前全行个人客户经理数量距离配备标准差距还很大，但是仅2007年一年，个人客户经理数量增幅已达到67%；客户经理队伍专业素质和优势逐步发挥并得到全行认可，占个金从业人员比重13%的个人客户经理，其理财产品销量占全行销量已接近60%。

（五）理财金账户服务升级工作成效显著

理财金账户服务全面升级是总行为中高端客户服务推出的新举措，贵宾理财中心的建设是我行面向中高端客户服务形象和服务能力升级的一次崭新的诠释，也是提升我行在地区网点竞争能力的有力实践。我行年内共有4家升级网点成功推出。这部分网点的中高端客户服务能力的提升已初见端倪。4家升级网点中，一个季度新增个人金融资产占所在支行总量最高的已达到60.62%；新增理财金账户达标客户占所在支行总量最高的为71.65%。客户普遍反映升级网点办理业务的流程更加顺畅，效率大大提高，服务水平明显改善。为扩大媒体宣传效应，分行还邀请了大连电视台、大连人民广播电台、大连日报、大连晚报、新商报、半岛晨报等我市主要媒体记者参加在星海支行召开的新闻发布会。参会的各家媒体对理财金账户服务全面升级工作进行了专题报道，取得了很好的社会反响。

（六）日常管理始终围绕优质客户展开

2007年，我行始终围绕中高端客户开展工作，特别是对百万资产优质客户的维护给予了高度关注，不但成立了理财金账户客户俱乐部，通过持续策划举办形式多样、内容丰富、品质高雅的各类俱乐部活动，来为高端客户提供增值服务，还对支行管理责任进行了明确界定和落实，要求支行为百万资产客户配备专职人员进行维护，确保高端客户服务能力的到位。

针对上半年我行储蓄存款大幅下降，与建行差距持续扩大的严峻形势，分行召开专门会议研究部署，不是简单地把缺口任务下达支行，而是提出以理财产品吸引优质客户，实现带动存款增长的工作思路来指导支行增加存款。为此，分行积极引导支行营销模式的探索，为优质客户新增开辟了新途径。通过树典型、学典型，引导支行转变经营观念，推动个金业务竞争力的发展。围绕着客户的稳定和争揽，分行挖掘典型经验，先后报道了支行的先进经验，为其他支行的经营发展提供了值得借鉴的经验。通过加强分析调研，积极向分行决策层提供决策参考，强化个金业务在分行核心业务的重要地位。带着如何解决分流和考核两大制约我行个金业务发展和拓展优质客户的“瓶颈”问题，分行带领部分支行经营管理者先后前往厦门和天津学习，对开阔经营思路起到了促进作用。2007年，在加强同业和系统内兄弟行调研的基础上，专业部门先后形成了《学习厦门分行ATM分流管理经验报告》、《学习天津分行跟单计价考核体系报告》、《关于营业网点个人金融业务核心竞争力调研》和《关于工建两行个人金融业务核心竞争力比较》等多篇专题调研材料，为分行领导层透析发展现状作决策提供了参考依据。

二、2007年同业竞争结果显示我行竞争力脆弱

目前，用现金流来评价个人金融业务竞争力和持续发展能力是因为，现金流不仅从规模上反映出市场份额的占有率，其中储蓄存款是各类理财产品的资金源泉，各类理财产品销售则是收入的创造者，究其根源，客户是个人金融资产现金流的拥有者和支配人，个人客户规模和质量是同业竞争力的最终决定因素。

（一）2007年个人金融资产现金流发展情况

截至11月末，大连分行现金流较年初增加107.27亿元，其中本币储蓄存款-29.39亿，本币理财类产品销量136.66亿。与各项理财产品形成鲜明对比的是，人民币储蓄存款余额出现下滑，是一年来始终未能逾越的指标“鸿沟”。

现金流与自身比较已经不足以反映我行对市场发展节奏的把握，不能够说明在同业竞争中所处的位置和未来的发展潜力。保持地区个人金融业务同业领先地位是总行对目前及未来全行个人业务发展的普遍要求，对个人金融业务的发展从同业第一的水平进行衡量才具有现实意义，竞争与巩固第一零售银行地位是确保大连分行个人业务乃至全行经营可持续发展的关键。

2007年，我行在与竞争对手建行的较量可见，储蓄存款严重下滑对理财产品销量优势的吞噬，导致同业领先优势弱化。

表3-1　近三年人民币储蓄存款余额占比

	2004年	2005年	2006年	2007年11月	平均增速
工行	36.47%	34.81%	32.9%	30.63%	-1.92%
建行	21.16%	21.8%	22.65%	23.12%	0.67%

表 3-2 近三年人民币储蓄存款增量 单位：亿元

	2004 年	2005 年	2006 年	2007 年 11 月	平均增速
工行	36.47%	34.81%	32.9%	30.63%	-1.92%
建行	21.16%	21.8%	22.65%	23.12%	0.67%

表 3-3 三年人民币储蓄存款增量占比

	2004 年	2005 年	2006 年	2007 年 11 月
工行	24.38%	23.09%	14.99%	-141.47%
建行	9.83%	26.3%	30.53%	0.29%

三年来，我行人民币储蓄存款余额占比逐年下降，从36.47%下降到11月末的30.63%，已经低于总行31%的占比要求。人民币储蓄存款增量在四家银行排名最后，较建行少增近30亿。

（二）2007 年个人客户发展情况

从我行个人客户的增长情况来看，今年以来，个人客户增长呈现增量乏力、结构恶化、稳定性下降的趋势。优质客户和理财金账户全年任务完成率缺口巨大。（客户发展速度和结构分析数据略）

另一方面，作为检验各行客户结构稳定性和发展能力的重要指标，从核心产品的销售量和覆盖率来看，我行的指标水平也不容乐观，部分指标明显低于总行和青岛分行。

在理财类产品销售旺盛的同时，低水平的核心产品覆盖率说明支行、网点在理财产品的销售中没有注重对核心产品的捆绑，仍然以单一产品的销售为主，没有将核心产品作为管理客户金融资产的综合账户和锁定客户的有效手段。

表 3-4 部分产品覆盖率比较 单位:%

	中端客户覆盖率 %（5~20 万）			中端客户覆盖率 %（20~100 万）			高端客户覆盖率 %（100 万以上）		
	总行	大连	青岛	总行	大连	青岛	总行	大连	青岛
牡丹灵通卡	36.67	15.1	18.88	48.96	22.25	26.96	52.79	23.81	28.32
E 时代卡	16.1	30.67	18.9	17.48	34.23	21.85	16.6	33.17	22.29
理财金账户	-	-	-	26.49	26.06	33.69	65.18	65.4	66.29

（三）现金流与个人客户之间的内在关系

在个人金融资产存量及增量的背后，是我行庞大的个人客户基础，个人客户特别是个人中高端客户所拥有的金融资产，构成了我行储蓄存款和各项理财产品的重要资金来源，同时，承载巨额资金的个人客户基础亦是我行其他产品如银行卡、电子银行等产品依赖的发展基础。

2007 年我行个人金融资产呈现向中高端客户聚集的趋势。一方面，全行现金流存量及增量对个人中高端客户的依赖程度增加（存量占比由75%提高至77%），另一方面，个人中高端客户增量占全部客户增量比重却微乎其微（仅占3%）。现金流存量、增量与个人客户结构之间的内在关系表明，能带来更多效益的、是我行积极倡导、大力争揽的那部分客户的成长性在下降，导致我行无法实现以优质客户增长带动现金流增长的最优增长模式。现金流增长很大程度上是依靠对现有客户资源的挖掘和转化，个人客户、特别是中高端客户竞争力的下降正是我行现金流增量竞争力落后建行的根本原因。

三、2008 年个人金融业务发展的形势与要求

（一）个人金融业务发展存在突出问题，全行上下应增强紧迫感和危机感

从分行先后几次组织的同业调研看到，与竞争对手建行相比：一是虽然我行贯穿发展的客户主线正确，但考核机制不敌建行，不能引起各行对大力发展个人业务的深层次认识，使得对分行一系列思路措施执行不力、效果衰减，导致“以客户为中心”的精髓难以落地生根结出同业领先的果实；二是虽然整体个金从业人员数量超过建行，但真正从事产品营销、客户维护的个人客户经理数量远远低于建行，全行7人以下网点53个，5人以下网点12个，网均设置对外营业的个人业务窗口不足5个，日常开通率仅为70%，即对外窗口网均3.5个；三是虽然物理网点数量多于建行，但网点质量（面积、分区、城市布局）、网点产能远不及建行；四是虽然自助设备ATM总量领先建行，但设备布局合理性和综合效益产出不如建行，直接导致低端分流能力落后，对中高端客户服务能力低下；五是资金“蓄水”能力方面，虽然储蓄存款余额依然保持同业第一，但增长速度已落后建行，甚至在2007年出现建行正增、我行负增的相反态势，继续发展下去，储蓄存款阵地将受到巨大威胁。

（二）总体目标要求和原则

2008 年，大连分行个人金融业务发展思路和目标是：全力以赴夯实大连分行个人客户基础，通过优质客户带动各项业务的全面发展，夺回我行在大连地区第一零售银行的市场地位。

要实现以上目标，根据邢行长的有关要求，在全面开拓各项工作时应遵循三项基本原则：

第一，个金部的各项工作要有竞争力。分行个人金融业务部工作思路要有创新，要充分结合大连地区资源的状况、大连分行的具体实际问题来贯彻总行精神，从而制定出切实可行的，符合大连经营发展实际，符合并提升全员领悟能力、思想状况的发展思路，并有效组织实施。

第二，各分支行履职责任与执行力要到位，认真落到实处。

第三，提升全行个人金融业务竞争力的支持和保障要到位，真正有效。

四、开创 2008 年个人金融业务新局面

总体来看，在中国经济仍将保持平稳快速发展的大背景下，未来几年零售银行业务发展的黄金时期不变，同业间零售业务竞争的激烈程度可想而知。但是，竞争恰恰是我们取长补短，完善经营管理的历史机遇。没有2007年第一零售银行地位的动摇，我们恐怕难以看到自身存在的诸多问题，发现问题后关键在于作出快速、有效的市场反应，

对于大连分行而言，紧要的是增强战略执行力，将一切工作的出发点和落脚点定位于个人中高端客户的稳定和增长。

（一）以客户分布为抓手，拓展新增优质客户的广度和深度

在我行网点改造、队伍数量质量尚未满足需要、流程运行没完全实施到位的过程中，储蓄存款大幅下滑落后建行的情况下，我们必须大力夯实优质客户基础，做出赶超建行的发展规划。如果还停留在把总行下达的3万多客户任务简单传达的低级管理层面，实现全年任务、赶超建行几乎是不现实的。因此，这一发展规划应确定为稳定住存量、新拓展增量优质客户的具体计划。特别是增量计划，各行必须将其作为全行性的重点工作安排、推动。

1. 各分支行要做出目标客户市场的规划——圈定新增客户来源

个人金融潜在的优质客户分布是十分广泛的，在我行的企业法人客户中、机构客户中、代发工资企业中，在高档社区中，在他行的各类客户群体中等等，因此，必须通过“跑马圈地”的方式发现并挖掘优质客户。

各分支行要先期做好全年目标客户区域的圈定，将全年新增优质客户任务分解到选定的目标市场或对象，确保支行新增客户工作有的放矢开展。各行要有效利用行内资源共享和开发新客户资源，应切实通过定向组合营销的方式，对我行特定客户群体实行跑马圈地。特定客户群包括机构客户（2400户）、有贷户（300户）、结算户（16000户）中的中高层管理人员，包括个贷客户（49000户），今年要特别做好收入达到全市社会平均标准以上的代发工资户的拓展、锁定，将其作为优质客户和储蓄存款增长的源头。同时各行要积极拓展行外辖属周边区域的优质客户群。

今年营销策划要有同业竞争力，探索多种宣传形式和依托多种宣传渠道，有所创新。在宣传重点上，要加强理财金账户、牡丹灵通卡·e时代等核心品牌的宣传，以新增功能和服务为重点推进营销宣传工作，提高个金品牌的知名度和美誉度，特别要确保灵通卡的“五个提高”，即灵通卡新增发卡数量提高，灵通卡发展的储蓄存款提高，灵通卡各类交易量提高，灵通卡中间业务收入提高，灵通卡中端及潜力目标客户比例提高，加大对转账汇款机具、ATM和电子渠道转账汇款宣传力度，引导客户通过自助渠道办理个人结算业务；在宣传内容上，要结合我行产品的同业竞争优势和营销亮点进行策划，每期宣传都要明确宣传目的，而不能简单的播放和转载；在宣传组织上，不仅要重视活动的前期策划和现场安排，还要重视活动效果的后期跟踪和评价；在宣传手段上，媒体、形式和宣传阵地都要多样化，要依托主流媒体包括报纸（如新商报、大连日报）、电视台、电台（财富频道等）以及户外广告、车体广告、手机短信等宣传渠道，并利用全行营业网点内外部宣传阵地资源（网点内部的折页、海报、展架、电子显示屏及外部的条幅、拱门等），形成全方位、立体化的宣传体系，形成庞大的宣传声势，体现我行竞争力。当前必须破除一个观念——“凡是不愁卖的产品就不用宣传”，这种经营产品的观念应及时向经营客户的观念转变。一切以稳定和吸引客户为出发点，个金部也要相应承担客户数量挖掘等任务指标，用客户数量的稳定和增长来衡量个金部工作的效果。

今年针对优质客户新增指标任务要有效落实到全行，专业会后，各行要继续认真研究，把中高端客户拓展任务落实到网点、落实到个人，要将新增中高端客户作为个人客户经理考核的关键指标，加强考核，并落实配套营销费用和奖励费用。要充分发挥今年计划新增的50名营销经理作用，开展走出去营销，根据总行标准，每名营销经理要新发展中高端客户200户以上（其中理财金账户客户80户）。

2. 各分支行要把稳定存量优质客户工作认真安排好、部署好

各行要认真守住存量优质客户群，细化存量各层次客户的维护关系，金融便利店和普通网点主要做好普通客户和潜力客户的日常金融服务；一般理财网点主要做好中端客户的维护和高端客户的金融服务；贵宾理财中心主要做好高端客户的维护。针对百万资产以上客户，各行应给予高度关注，支行主管行长对其发展动向应负起责任。必要时支行可实行分支行行长、主管行长定期坐班制，及时发现客户维护中存在的问题，跟踪问题，解决问题。切实支持网点、网点负责人，支持员工，帮助他们解决具体问题。

3. 各分支行要充分发挥营销体制和机制的保障作用

按照“两化”改革要求，一是各分支行要继续深化个人金融业务统一营销、归口管理，认真组织实施以客户为中心，以储蓄存款为资金源头，以各类产品捆绑锁定的营销思路（如图3－1所示），各分支行没有理由不捆绑、不渗透、不整合，没有理由多头营销，分支行是营销整合的具体平台。各分支行要提高图中产品的渗透捆绑率，无论以哪一种产品作为营销客户的切入点，都要配合以其他产品作捆绑，这样才能稳住客户。

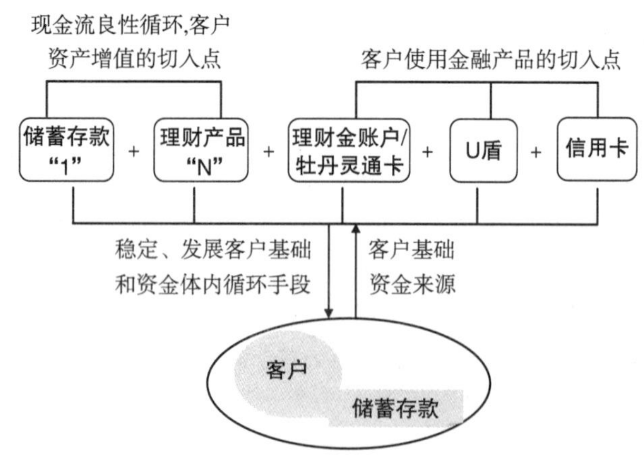

图3－1

二是发挥整体合力，通过各专业产品的交叉捆绑来增强优质客户的稳定性。市行个金部与相关部门利用个金委员会的形式，积极做好各专业之间的捆绑、交叉、组合、渗透的组织工作，建立全行客户资源共享机制，帮助分支行有效地开展工作，改变支行因分行不整合而疲于应付、无所适从的低效率工作状态。

对于近期各行上报的客户目标圈定情况和预算情况，

市行个金部要认真分析组织实施，定期通报分析营销效果，结合大连当地客户资源分布，查找差距，改进推动工作的思路。

（二）以扩大现金流规模为抓手，实现储蓄与理财业务协调、持续发展，带动个人优质客户增长，进而实现现金流保持同业领先地位

由于中高端客户的理财意识相对普通客户觉醒得早，可支配的资金量更加可观，理财观念和风险承受能力表现得相对稳定和成熟，因此，只要各行能在认识上进一步深化优质客户在竞争中的战略地位，那么今年的同业竞争压力和挑战就会自觉转变为稳定和吸引目标客户、快速追赶建行和全力建设大连地区第一零售银行的驱动力。

1. 务必确保储蓄存款稳定增长

截至12月末，我行储蓄存款增量在系统内直属行排名末位，大连地区四行占比－322%，截至11月末，大连当地金融机构储蓄存款全年增加了5.3亿，其中我行下降29亿，增量占比－549.92%。随着今年近190亿定期储蓄到期，存款增量和余额都将受到极大影响。从近两年的经营实践得出，优质客户增长和储蓄存款增加紧密相关，没有客户就没有存款，就没有现金流。一是要端正储蓄存款经营思想，在认识上澄清存款“赔钱论”，对储蓄存款的资金源头作用要进一步加深认识，存款不仅是资产业务的资金来源，也制约着银行其他资金运作。各行要通过理财产品来稳定、维护和发展客户，从中高端客户身上努力挖掘、扩大个人资金流规模。二是要从源头抓储蓄，继续发挥我行传统业务优势，实施专项攻关计划，对中央和地方财政拨款单位等机构客户、有贷户和结算户以及其他优质企业代发工资、津贴和奖金开展专项营销，提高代发工资市场占比，高度重视代发工资的源头作用，拓宽储蓄存款来源、扩大优质客户基础。个金部要于近期做好代发工资有关工作的组织安排部署。三是要大力发展第三方存管业务，抓实第三方存管业务客户维系，通过我行其他产品的交叉销售，挖掘三方存管客户贡献度，努力争取客户股票账户结余资金回流储蓄账户。

各分支行要根据资金变化特点，充分抓住春节前后个人收入集中增加的有利时机，将吸储的力量集中用在一季度，各分支行一季度要100%完成全年任务，即新增15亿存款，为消化一季度以后预期可能存在的资金波动影响提前做足准备。

2. 巩固基金销量在各项理财类产品中的龙头地位，确保销量同业领先优势

重新审视基金的五个“带动”作用：基金代销业务带动我行中间业务收入的增长、带动优质客户的增加、带动储蓄存款的增加、带动相关产品的捆绑销售、带动我行资产负债业务的转型，是我行要大力发展的中间业务品种。要想实现今年180亿理财产品销售任务和2.8亿个人中间业务收入，必须继续依赖于基金销售这一“增长极”，要想实现1+N超越建行重获地区第一零售银行地位，必须保证基金销量领先建行。截至目前，总行已经丰富了基金代销品种，基本涵盖了绝大多数绩优基金产品，共代销基金224只，代销数量超过建行，已经跃居四行之首，完全能够满足客户差异化的基金投资需求，各行销售人员在日常销售过程中要注重把握我行基金产品这一优势的宣传推广。今年基金销售要实现一个突破，即改变产品销售与优质客户发展工作分离、业绩相向的局面，突破基金销售对优质客户增长的带动。

针对资本市场相对2007年的波动预期，各行要坚定经济高速增长、证券市场景气、百姓理财意识开启、基金产品之外缺乏其他有效替代产品的市场信心，从完善基金考核激励、加大理财课堂的投资者教育投入、加强销售人员培训、做好风险提示等方面推动基金销售规模增长。

3. 确保人民币理财产品销量第一的市场地位，确保保险“第一渠道”的市场份额

一是保持人民币理财产品在同业中的绝对领先优势。借助资本市场波动特点，向客户推荐收益相对稳定、风险度较低的人民币理财产品。二是实现代理个人保险业务的跨越式发展，继续巩固工行“第一渠道”地位。积极落实总行关于保险代理网点从“1对1”到“1对多”转化的要求。今年，在银保委员会统一规划和部署下，个金部要继续使产品结构更加适应市场需要、费率杠杆在同业更加具有竞争力、网点资源挖掘更加充分合理、联合营销活动的手段进一步多样化突破。

（三）以渠道为抓手，发挥各层次优势网点对全行业务的增长拉动，自助设备低端分流要大发展、见成效

按照“营销服务中端客户、识别推介高端客户、关注培育潜力客户、引导分流普通客户”的客户差异化服务流程，今年要大力通过渠道投入吸引新增优质客户，从两方向入手，一是实现各层次优势网点的投入产出增长，二是实现自助设备分流的明显效果。

1. 贵宾理财中心、旗舰店网点以及9级以上网点要发挥同业竞争的主力军作用

各层次优势网点包括贵宾理财中心、旗舰店和现行9级以上网点（71个，占比51%），这部分网点虽然从数量上仅占一半，但是对分行业务增长及各项工作的开展都起着绝对主导作用。目前9级以上网点储蓄存款余额在全行占比为56%，优质客户占比为45%，这与分行对这部分渠道的投入有重要关系，包括网点建设投入和人力成本投入以及分行对这部分网点的关注程度。用资源与贡献匹配和投入产出对等的观点，这些网点的各项业务增幅要确保在全行的平均水平之上。今年总行对全行优质客户增长的要求是达到15%增幅，作为全行资源倾斜侧重的以上各类网点，优质客户增幅要超过15%才合理。其中，贵宾理财中心按照总行要求，新发展中高端客户不少于600户。关于评价同业竞争力的现金流指标，分行对指标完成进度的跟踪监测以及考核评价方面将给予各类优势网点更多关注，评价重点是与全行整体增幅作对比，要求是务必领先平均水平。分支行对这部分网点要实行双重考核。

2. 网点客户服务保障能力必须要提高

根据分行对网点竞争力调研的情况，由于网点各类营销人员的营销精力严重不足，致使营销力量薄弱的现象十分突出。网点负责人每天疲于会议、培训、检查、写报告等繁杂的日常管理，真正用于提升网点综合管理和竞争力的时间所剩无几；而个人客户经理则每天满负荷进行业务咨询、产品演示与销售工作，大部分时间被低端客户占据。因此，今年首先要保证所有贵宾理财中心都要实施核心竞争力项目4.0版本，提高运营效率，保证对中高端客户的营销服务能力。星海支行自实施项目4.0版本以来，在流程整合方面取得了一些成绩，积累了经验，今天会议安排了星海支行向各行作相关方面的经验介绍，希望大家认真学习，在支行推广。实行核心竞争力项目会涉及多个专业，必要时市行可以组成联合小组，深入网点研究解决问题。同时，各行还要充分发挥叫号机、绿色通道等手段，实现网点对普通客户和中高端客户的客户分层、功能分区、业务分流，缓解网点排队现象。

3. 自助设备（ATM）渠道建设要按照赶超建行的标准安排，全行ATM的运营效率要大幅度提升

作为物理网点的重要延伸，自助设备的分流服务能力对于客户服务能力的影响尤为重要。但是，目前我行在自助设备渠道方面存在诸多问题，包括ATM机具老化，ATM布局摆放不尽合理，使用率不高，ATM离柜渠道品牌优势没有充分发挥等等。这些问题的存在表面上影响的是ATM的交易量，归根结底影响的是分流服务能力，影响的是对优质客户的竞争能力。由于目前我行尚未实现ATM的集中管理，因此各部门要充分发挥协作精神，各司其职，为我行渠道分流服务能力的提高贡献力量。

一是要加快调整ATM布局，实现资源的最优配置。08年，市行个金部将根据全市交易量排名前25位的ATM摆放地址，以及综合考虑各方面因素，指导对应区域的支行逐一进驻。个金部要把一季度新到设备直接分配至有关支行，支行则要立即落实摆放。二是相关部门应研究解决ATM费用支持问题。目前各行离行式ATM场地租金也是影响我行自助设备布放区域合理性的重要问题。个金部尽早协调有关部门，使我行在自助设备布局上形成与同业抗衡的竞争力。三是加大ATM离柜业务考核力度，发挥大堂经理引导、培训客户使用自助设备的作用，提高网点分流效果。目前我行ATM离柜交易占比是23.28%，今年分流率的提升要具有与建行抗衡的竞争力。

（四）以营销队伍建设为抓手，确保数量和质量均满足个人金融业务发展特点和吸引中高端客户的服务能力要求

1. 数量要求

从个金从业人员结构来看，截至12月末，我行个人客户经理只占个金从业人员的13%。从监管角度，今后银行理财产品销售必须由专职营销人员完成，人员不足将给我行日后市场开拓能力造成阻力。同时，客户经理服务客户规模过大极易形成风险隐患。

一是重点进行营销经理的配备。个人营销客户经理主要承担开拓新的客户资源以及销售各类金融产品的责任，在我行客户发展和市场竞争中，发挥着重要作用。大连分行参与2007年发展的专职营销经理不足10人，对我行外拓新增客户的影响程度非常大。今年，总行按照全新的机制新增5000名专职营销经理，大连分行的任务是50名，各行要将营销经理的配备视作指令性计划务必完成。迅速着手建设一支外勤式主动营销、走出去营销的客户经理队伍，对各行已经圈定的目标区域市场及客户进行拓展。市行个金部与人力资源部门配合，在上半年将新增的50名营销经理配齐。人员招聘配备应符合总行要求，从一线、二线人员中调剂补充，不得减少现有个人客户经理总量或以现有个人客户经理充数。

二是在重点增配营销经理的基础上，增加个人客户经理的整体数量。凡配备理财经理的网点均已使用个人客户营销管理系统（PBMS），我行在网点的使用覆盖率为60%，而总行已达到79%，进一步说明理财经理配备缺口大于总行平均水平。各行要继续按照总行1：300标准增配人员，2008年拟将营销人员占比提高到20%以上。

2. 质量要求

今年，客户经理队伍建设的重要任务是进一步优化队伍整体素质。市行个金部要与人力资源部门配合，理顺个人客户经理的资格准入和资格认证管理工作，并在完善考核机制的基础上，建立适当的退出机制。将个人客户经理的管理（包括聘任、解聘、考核等）纳入全行人力资源管理的整体工作中。

市行个金部要继续推行组织金融理财师培训计划，打造一支专业水平日趋提高的营销人员队伍。2007年分行工会和个金部联合组织了个人客户经理技能大赛，通过历时近半年的日常培训，使全行个人客户经理业务能力和营销技巧有了很大提高。另外，经过几年来的打造，一批个人客户经理已日趋成熟，在营销岗位上树立了个人品牌，发挥着越来越重要的作用。分行下一步要不断完善客户经理任职资格体系，同时为其提供顺畅的职业生涯晋升通道。各行也要给予个人客户经理更多的关注和关心，增强客户经理队伍的凝聚力和归属感。

（五）以考核资源为抓手，增强个人金融业务指导对各分支行落实行动的推动力

2007年，尽管我们明确并始终坚定以优质客户为发展目标和增长来源的经营思路，但是大连分行个人优质客户发展依然不理想，同业占比第一地位依然未能夺回，充分说明对各行积极性的撬动不足，对各级管理者的约束不力，优质客户重要性只停留在理念转变和深化的粗浅层次，未能引起各分支行在实际经营活动中的重视和落实。业务规模和客户数量不同步增长的经营模式将导致个人金融业务可持续发展的基础和能力受到严重影响，而且从长期来看，影响将不仅仅是目前个人金融业务本身，还将影响到多个以个人客户为基础的专业，如银行卡、电子银行、国际业务等。全行必须认识到个人客户作为全行零售业务部门赖以生存和发展的基础性意义。

为充分发挥考核机制“风向标”与“指挥棒”的重要作用，今年，按照邢行长要求，分行将个人优质客户增量指标纳入行长目标责任制中，加大考核权重，充分体现出优质客户这一核心指标的重要地位，将各分支行个金专业考核结果作为行长经营绩效的挂钩系数，切实达到对支行经营活动形成一定推动力的目的。今年个人金融专业考核不仅要延续去年客户增量、现金流的主导地位，还要增加对各分支行同业占比指标的考核，郊县行看地区同业排名，市内行评价核心指标贡献占比升降。考核同业市场占比，是从经营班子的角度，考查班子的经营管理能力和努力程度，为干部的使用提供依据。

（六）以个人操作风险管控为抓手，保障每名客户的资金安全，构筑业务健康发展的保障

2007年，我行在个人操作风险管控方面向前迈出了至关重要的一步，对管控内容的幅度和深度进行了清晰的界定，对各行风险管控执行情况初步建立了一套评价体系，使各行、各级管理者、各类营销人员对个人操作风险的认识在制度的不断完善中、营销风险的检查下、汇报座谈讨论中得到深化和提高。

目前，由于我行个人客户经理数量远远不能满足对优质客户服务的需要，平均每名客户经理应维护的优质客户在千人以上，从个金部开展的网点竞争力调研可以看出，每名个人客户经理每天的大部分精力被大量低端客户的业务咨询及其他日常琐事占据，在实际接待维护优质客户时极易疏忽对各项业务规定的执行；另一方面，当前资本市场十分活跃，个人客户经理承担的任务指标和压力异常大，当理财意识不尽成熟、金融风险观念比较淡薄的客户金融消费时，客户经理很容易为了追逐指标而不顾违反制度进行有关操作。例如近期我们某支行客户经理通过其个人网上银行为企业代发工资，严重违反了我行相关规定。因此，今年风险管控不单单体现在对各项规定的执行管理上，还应从源头入手，即把加大个人客户经理配备作为弱化风险的一个重要方面。各分支行要在个人客户经理不想作案上面下工夫，为此应把好用人关、选人关、考核关、强化教育关、动态思想把握关。

认真贯彻银监局、总行、市行党委、内控、纪检等各项要求，不仅把营销的操作风险作为主要工作内容，而且还要把反商业贿赂工作贯彻到经营管理当中，保障所有资源的运用都要合规、有效。

夯实业务发展基础　加快提高零售业务竞争力

——杨春林同志在2008年福建省分行零售银行业务工作会议上的讲话

一、零售业务是我行最重要、最基础的业务

几年来，经过全行上下的共同努力，我行零售业务经营模式和增长方式的转变在逐步深化，产品创新能力、市场竞争能力、客户服务质量都有了较大提高，零售业务的价值贡献在全行经营效益中占据着越来越重要的地位。

（一）经营贡献大幅度提高

截至2007年11月末，全分行零售业务经营贡献16.2亿元，其中，个人金融业务经营贡献15.3亿元，银行卡业务经营贡献6694万元，电子银行经营贡献2181万元，占全分行经营贡献的40.7%，较2006年度增长3个百分点。

（二）个人贷款业务创历史最好水平

个人贷款业务的竞争势头已开始显现出来，市场竞争力稳步提高。2007年个人贷款增长67.4亿元，增量四行占比上升较快，排名比2006年提高2位稳居第二；增幅55%，创历史最高水平，贷款增幅在系统内排名仅次于重庆和厦门分行，位居第三；个人贷款余额191.12亿元，占全分行各项人民币贷款的21.28%，较上年度提高了3.5个百分点。

（三）个人中间业务超常规发展

截至2007年末，零售中间业务收入为5.16亿，同比增长112%，其中，个人金融中间业务收入4.23亿元，牡丹卡业务收入6544万元，电子银行业务收入2759万元，是全分行中间业务收入的72%，较2006年年末上升7.5个百分点。

2007年，全分行销售基金172亿元，是2006年的4.3倍。销售人民币理财产品12.9亿元，是上年同期的近10倍。

特别是在这一年中，全行上下都认识到零售业务是工商银行重要的、基础性业务，从各行部一把手到专职分管行长（总经理），对零售业务的重视程度、对抓零售业务的积极性、主动性都有了很大的提高。一年中我们也采取了许多措施，如扁平化改革、客户经理配备、百家网点服务升级、发卡挂网、体验活动、客户沙龙和非现金低柜推广等，丰富我分行零售业务的发展手段。如果零售银行业务做不好，工商银行要在福建打翻身战、要让公众认可我行是福建第一商业银行，那还为时尚早。虽然，目前我们在信贷业务方面已经树立了一定的口碑，但是个人客户是否认可工行关键看零售业务，只有全社会认可我行，工商银行才能成为福建第一商业银行、福建第一零售银行。

二、零售业务的经营“短板”和管理“短线”

2007年我分行零售业务的竞争发展取得了显著成效，但依然存在一些问题和不足。在去年年底省分行召开的改革发展研讨会上，我总结了我分行目前主要存在的五块经营“短板”和八条管理“短线”，其中零售业务“短板”是第一“短板”，若干条管理“短线”也与零售业务有关。各行部、零售业务相关部门要深入分析本行部、本专业经营管理中存在问题，剖析产生的原因，研究措施和对策，着力补足经营“短板”、接长管理“短线”，夯实我分行零售业务竞争发展的基础。

（一）零售业务经营“短板”

1. 个人住房贷款“短板”

2007年11月末，个人住房贷款余额四行占比15.9%，排名第3，比首位的建行少210亿元；增量四行占比12.7%，排名第3，比建行少73亿元。全省分行贷款存量较建行少270亿元，个人住房贷款就占了78%。全国工商银行个人住房贷款余额比建行少207亿元，我分行全占了。

个人住房贷款“短板”使我行零售业务丧失了很大的主动权。个人住房贷款的客户基本上都是我们的中高端客户，但是我省这部分客户大都在建行，这就带来了我分行零售业务客户结构差、市场竞争力弱势等问题，个人住房贷款是零售业务竞争力不强的“龙头”。而抓这个“龙头”比抓储蓄存款、抓个人中间业务来得容易，今年各行部要以此为契机，调整客户结构，带动各项业务的全面发展。

2. 储蓄存款“短板”

2007 年 11 月末，本外币储蓄存款余额四行占比 21.61%，排名第 3，比首位的农行少 210 亿元，比第二位的建行少 198 亿元；四行之中余额下降最多，较农行多降 44 亿元。在全国 35 个一级分行和直属分行中，本外币储蓄存款余额排名第 20 位、网均余额排名 28、人均余额排名 27。有人说，去年储蓄存款的下降归因于基金的销售和第三方存管业务的开办。其实不是，我们的基金不是卖得最多的，第三方存管客户也不是最多的，不能用这样的借口来掩盖它。真正的问题在于客户结构、客户群。依靠养老金、救济金生活的客户是我们的主要客户群体，真正投资于股票、外汇、理财、黄金、房地产的客户不是我们的“主流”。

3. 个人中间业务“短板”

从各家行交换来的数据看，截至 2007 年 10 月，我分行多项个人中间业务收入与同业相比差距大：代理及个人理财收入比建行少 1.94 亿元、比中行少 0.6 亿元；银行卡中间业务收入比农行少 1.59 亿元、比建行少 0.49 亿元；代理保险业务收入四行占比仅 17.73%，排名第 4。即使 2007 年我分行基金代理销售额较 2006 年增长了 330%，代理销售额仍不到建行的 60%，与中行相比差距也很大。

4. 银行卡业务的“短板”

一是在全行系统中，我分行发卡量居 14 名、消费额居 12 名，两项主要指标都没有进入前十名。除部分指标领先外，大部分经营指标均处在中等水平。在同业市场中，发卡量虽然位居第一，但与第二位的建行只差 2.9 万张，没有拉开距离，呈胶着交替状态；消费额在同业占比中居第二，与建行还有一定的差距；特约商户较大地落后于建行和中行商户数。二是部分分行新增发卡量落后，重点分行消费额增长缓慢，有 2 个分行新增发卡量同业市场第二，重点行部消费交易额落后，有 3 个分行发卡量同业市场占比第三。三是售后服务工作比较薄弱，客户服务流于形式。全行未启用信用卡 139，138 张，占总卡量 20.18%，说明售后服务工作没有跟上去；在客户服务方面，限时服务承诺不能按时兑现，对新办卡客户没有根据客户资信状况给予相应的信用额度，个别行部发放了低额度的信用卡，造成了有限资源的消费；对祝福卡和普及版信用卡也没有及时做好客户信用额度的调整。四是从业人员数量不足，影响了信用卡业务的管理。近两年信用卡快速发展，业务量成倍增长，但从业人员不但没有增长反而减少，从业人员数量不足，使得业务管理无法跟上去，影响了日常业务的开展、客户服务质量和风险管理工作。

5. 电子银行业务的“短板”

一是业务规模较小，大部分业务规模类指标在总行排名 20 位左右，我分行电子银行业务规模和发展速度明显落后于其他兄弟分行，2007 年第三季度在系统内排名仅列第 16 位。二是同业市场占比地位受到严峻挑战，2007 年初以来，建行在企业网银、个人网银、个人电话银行客户增量客户数和存量客户数方面全面超过了我分行。三是电子银行业务渗透率、业务离柜率、网银客户的动户率等质量性指标不高。至三季末，我分行企业网银客户占分行企业客户比例为 29%（全国平均水平为 36%），个人网银在个人潜力客户和中高端客户中的覆盖率分别是 9.9% 和 15.64%（全国平均水平分别是 12.44% 和 19.61%），网银基金交易额占比为 41.36%（全国平均水平为 51.85%），均低于全行平均水平。2007 年，我分行业务离柜率为 30.7%，低于全行平均水平，在系统内排名第 26 位。至 11 月末，我分行个人网银动户率为 49.5%，与 2006 年基本持平，但在总行的排名从 2006 年的第 3 位，下滑至目前的第 16 位；企业网银（证书）客户的动户率为 60.3%，低于全行平均水平（66.2%），在系统内排名第 29 位。

目前，我们全行还是单打一地做零售业务，还是应付开门、应付抓存款，这样的思路造成了个人金融业务、银行卡和电子银行三个专业都不先进。

（二）零售业务的主要管理“短线”

1. 网点渠道落后

数量规模上不占优势，少于农行，与建行不相上下；就拿建行做比较，一是建行的营业柜员比我们多；二是建行的网点营业面积比我们大；三是建行的网点达标数远高于我们；四是我们的网点布局明显不合理，大多处于旧城的繁华地区，如今都是新城市的“边缘地带”。而建行的网点大都在城市新兴发展区和高尚住宅区的布点。这是多年以来我们没有做网点、研究网点的结果，网点处于“自然”发展。今年是总行大规模装修网点的最后一年，各位零售业务专职分管行长要把心思放在网点建设上来，成立专门的队伍，研究网点、做网点。今年是网点建设“关键”的一年，如果机遇再抓不住，网点落后就成定局了。

2. 人力资源配置不合理

一是网点配员偏少，特别是扁平化的网点配员偏少。网点扁平化，如果人员不增加、面积不扩大，储蓄所还是储蓄所，分理处还是分理处，这样的网点存在的意义就不大了；二是客户经理配置不足。如果按照总行一名客户经理服务 300 名中高端客户的标准，我分行需配备超过 1000 名的个人客户经理，而目前全分行个人客户经理仅 500 余人，人员配置明显不合理；三是配员结构不合理。中台人员太多，业务量不饱和，严重影响前台人员的配备。这需要各行部“一把手”进行协调解决。

3. 效率低、单产低

2007 年 11 月末，网均、人均储蓄存款分别排在系统内第 28 位和 27 位。网点、配员与全分行的经营规模相比偏多，在目前大规模减员、拆网点都不可能的情况下，只有积极做大分子、做大业务规模、做大业务量，才能解决效率低、单产低的问题。

4. 客户管理落后、客户结构差

中高端客户少，个人中高端客户增长缓慢，2007 年 10

月末，全分行个人资产5万元以上的优质客户增长14599人，完成总行全年任务的24%；个人资产20万元以上的优质客户增长6778人，完成总行全年任务的34%。客户低端的多、中高端的少，主要原因是“坐商”的习惯仍未改变，放任客户自然增长。

5. 各部门协调配合不好

零售业务营销单打一，个金、银行卡和电子银行营销工作各自为政的现象比较普遍。零售业务部门与公司、机构部门的协调配合不好，联动营销不到位。零售部门要想办法实行与对公业务交叉营销，联动营销。要善于在营销对公业务的过程一并营销对私业务。

三、2008年需要重点加强和突破的工作

打造“第一零售银行”是工商银行总行坚定的目标。在2007年总行发展战略研讨会上，杨凯生行长提到培育营销文化是提升工商银行竞争力的一个突破口。而实际上，我们的零售业务还是“守摊”文化，非常缺乏营销文化。因此，我们必须将营销文化引入到零售业务的工作中，在做好网点“阵点”营销的基础上，走出网点、贴进市场。

2008年零售业务工作就是立足于现有基础，着眼于市场的发展变化，不断突破自我、超越对手，夺回和创造竞争优势，增强可持续的发展力。要以姜建清董事长2007年在全行发展战略研讨会上提出的“五个坚持”为原则，即“坚持以改革为突破、坚持以创新为驱动、坚持以服务为宗旨、坚持以转变发展方式为着力点、坚持以人为本”，着力于我分行零售业务竞争发展能力的提升。今年各行部要在完成省分行下达任务的基础上，实现各项业务份额四行占比排名总体上升一位；已达到第一的要站稳第一的位置；已经是第二位的要达到第一；其他比较落后的占比要上升一位。

（一）“一把手”是零售业务发展的第一责任人

在批发、零售等所有商业银行业务中，最难抓的、最不容易出成效、难度最大的就是零售业务。从商业银行分支机构的工作上看，只有零售业务做好了，在公众中有美誉度和知名度，这个分机构的效益才能上得去，领导的工作才算做得好。打造“第一零售银行”，“一把手”责无旁贷，省分行强调各级行负责人都是本行部推进零售业务竞争发展的第一责任人。首先，在意识上，要提升对零售业务重要性的认识，零售业务是工商银行最基础、最重要的业务，是一项系统化的综合性工作。只有“一把手”率先承担起打造“第一零售银行”的责任，才能带动全体员工经营意识和理念的提升。各行部“一把手”要把精力从抓资产业务转到抓零售业务上，要把主要精力放在第一“短板”上；其次反映在行动上，各行部“一把手”既要谋全局，也要抓环节；既要把方向，也要管动作。从今年开始，各行部负责人要多花精力研究零售业务、做零售业务，要把大部分的人、财、物资源投入零售业务。同时作为零售业务分管行长也要积极争取“一把手”的支持，以精益求精的精神，认真查找零售工作中存在的不足，深究原因，不断改进。

（二）树立正确的零售业务市场发展观和发展策略

我们要在“团大”自身力量、维护好现有客户的基础上，积极挖转他行客户。在战略上，各行部要盯住本市主要的竞争对手，定好目标，再采取行动。打造“第一零售银行”是长期的目标，当前的目标就是做到四行的平均数——25%，在此基础上，第三要奔第二，第二奔第一。今年的目标就是，储蓄存款、个人贷款、中间业务收入等零售业务主要指标要达到市场占比25%。

（三）深化“专业化经营、系统化管理”改革

去年我分行实行的零售业务专职分管副行长制度得到了总行的认可，并在全国范围内推广这项制度。今年开始，我分行要在原有改革工作的基础上，继续形成能发挥综合营销效能的、集约型的销售平台。一是实施省市分行零售业务统一营销，归口管理。在省分行、二级行部层面上，实现储蓄存款、个人贷款、个人中间业务收入、银行卡、个人电子银行、个人外汇等零售银行业务任务指标统一下达考核。强化银行卡业务、电子银行和国际业务等产品部门对前台销售部门的产品支持、服务支撑功能；二是支行经营要有特色。扁平化后，老支行要在经营大中型批发业务的基础上，充分利用网点营业面积大、公司和机构客户资源多的优势，大力发展零售业务。新升格的支行确定为“零售业务”支行，要把主要的精力放在零售业务上，同时也可经营资产业务在2000万元以下的中小型业务。

（四）加速物理渠道改造升级

今年，总行已经加速了贵宾理财中心的建设步伐，全年要新建1900家，提前一年完成全行网点改造的三年计划。全分行要抓住总行大力加强网点建设的机遇，加快建设进度，2008年要建成60家贵宾理财中心，装修改造50~70家一般理财网点，通过这一轮发展机遇，基本实现以财富管理中心、贵宾理财中心为主体的中高端客户专属服务体系建设，以及一般营业网点的功能分区，实现中高端客户与普通客户服务的合理分层、一般交易与增值服务的有效分离。在面积的要求上，对200㎡以下的小网点就不必装修了，确有必要继续存在的，只能做一些零星维修和分区改造。按照一般理财网点标准改造的网点，其面积必须在200㎡以上，按照贵宾理财中心标准改造的网点，其面积必须在300㎡以上。在时间的要求上，要赶早不赶晚。所有贵宾中心春节前要完成选点工作，一季度前要开工，6月底之前要全部竣工。网点装修改造工作，现在就要开始筹划，争取做在前头。要高度重视选点工作，从今年起，选点工作必须由各行部负全责，选点工作人员要有高度的责任心，要排除一切干扰，为我行选好点。对网点采用租赁还是购置方式，也要提早决策。选点的工作，各位专职分管行长要多费点心

各行部在进行网点建设工作的同时，还要统筹规划自助银行网点建设。继续加大ATM、自助终端等自助设备投入，提高离行式自助银行比例，逐步构建方便快捷、功能齐全、形象统一、布局合理的自助银行网络。

（五）以结构调整促进人力资源的优化配置

根据战略发展布局，统筹兼顾各个层面的人员需求，整体规划全分行人力资源开发，在总量保持相对稳定的前提下，进一步优化结构配置，持续提升现有人员的素质和

能力。最大限度地盘活现有人力资源，实现人力资源配置与业务发展的需要相协调。通过梳理业务流程和岗位设置，优化前中后台人员比例，精简二线人员、中后台业务处理人员，鼓励员工到市场营销和前台岗位工作，充实大堂经理、理财经理、营销客户经理和柜员等岗位。当前尤其要加快做好200名外出营销型客户经理队伍的建设，一季度末要配备到位、培训到位、考核到位、走出去营销的模式到位，并理顺网点与外出营销型客户经理的关系，全面提升现有优质客户服务水平和客户满意度，积极挖转他行优质客户。

今年，省分行还将继续推行 AFP/CFP 金融理财师培训，各行部要鼓励个人客户经理、零售业务营销人员主动报考学习。

（六）大力开发个人金融业务高端市场

9月末，全分行个人金融资产100万元以上的高端客户有4146名，资产总额达到93.75亿元，占全分行个人客户资产的13.2%，较年初增长了22.8亿元，占全分行个人客户资产增量的51.8%。由此可见，个人高端客户虽然数量不多，对全分行零售业务的贡献却很大。纵观这几年，我分行个人客户服务工作的重点大多放在规范网点环境、解决客户排队、处理客户投诉上，对高端客户的关系维护不足、资源投入有限，造成全分行对高端客户服务不规范、服务档次不高，客户对服务优越性的体验不强，高端客户处于“自然增长”。各行部要把发展高端个人金融业务作为打造第一零售银行的战略重点，切实抓住当前及今后一个时期国民财富快速积累、高端个人金融市场日益扩大的机遇，加紧完善高端个人客户服务体系，发挥财富管理中心、贵宾理财中心的作用，通过开展联动营销、客户沙龙活动、配备高端客户经理和组建理财金外勤营销团队，全面拓展高端个人金融业务市场。

（七）强化零售业务工作执行力

为什么许多先进的理念、方法和政策在执行中流于形式？为什么同样的经营战略，执行的效果却有如此巨大的差异？董事会有好的理念、总行和省分行有好的思路是不够的。关键是上述理念和思路，能否不打折扣地体现到每一个机构、每一个网点和每一个员工上。我们许多事情说了，但只做了一半。省分行花了近两百万为数十家贵宾中心和理财网点配备了127套的液晶电视和集成播放器，播放器去年12月20日就直接送到各行部。半个月过去了，省行服务器能检测已安装的机子只有10台。“一人撑桨划小船，众人划桨划大船”，零售业务与批发业务不一样，靠一个人或一个团队就可以工作做好。它需要我们福建省分行形成一个有机整体，从战略到战术、再到行动上，步调一致、协同发挥合力。

（八）全行合力全力推行“发卡挂网＋理财产品”

2008年，银行卡（借记卡和信用卡）发行、网上银行数量和各种理财产品销售量要有一个新的大跨度发展。为缓解柜面排队问题的同时，又占领市场份额，各行部必须加大电子银行业务营销工作力度，在大力发展企业和个人客户的同时，通过重点项目和重点产品的推广，实现电子银行业务规模和质量效益的同步增长。在重点产品推广中，应重点抓好企业网上对账、网银代发工资和电子银行基金业务的拓展，企业账户网上对账开通户数2008年末力争达到全分行应对账账户总数的50%以上；2008年新增代发工资企业客户100%应通过网上银行代发，60%以上的存量代发工资业务转化为网上银行代发；电子银行渠道的基金交易量占比应达到80%以上。

合理资源配置　提高市场竞争力　加快实现第一零售银行

——蔡治建同志在2008年福建省分行零售银行业务工作会议上的讲话

一、2007年全分行零售银行业务取得可喜成绩

2007来，我分行零售银行业务工作认真按照“以客户为中心，以市场为导向，以效益为目标”的经营理念，构建以业绩价值为导向的零售银行业务考核体系，着力提升零售业务核心竞争力，努力提高中高端客户占比，完善渠道建设，先后召开了六场零售业务和个人金融业务工作会议，加强对部分分行的指导和督促，不断加深基层行处管理人员的转型意识，推进各项业务的协调发展，大力发展储蓄存款、个人贷款、个人中间业务、银行卡业务和电子银行业务，努力防范零售业务操作风险，多项业务指标创历史最好水平，零售银行业务对全分行利润的贡献大幅度提高。截至2007年11月末，全分行零售业务经营贡献16.2亿元，其中个人金融业务经营贡献15.3亿元，银行卡业务经营贡献6694万元，电子银行经营贡献2181万元，占全分行经营贡献的40.7%。

（一）个人信贷业务实现跨越式发展，市场占比开始提升

2007年，我分行将个人贷款业务列为全分行重点工作之一，对个人贷款业务营销工作进行了全方位的布置，积极推进个人经营贷款、个人综合消费贷款业务发展，培育新的业务增长点，开办个人存贷通业务。制定个人信贷营销相关人员全面捆绑考核奖励办法，形成了前、中、后台密切协作、有效制约、良性互动的工作机制和一体化的绩效评价考核机制。加强对基层行贷前各项规章制度和程序执行情况监督检查，对发现的风险隐患及时整改，实现了个贷业务跨越式发展，连续多次受到总行通报表扬。截至2007年末，我分行个人贷款余额达191.11亿元，新增67.42亿元，相当于2001至2006年6年贷款营销增量的总和。完成总行下达28亿元计划目标的240%，完成省分行下达45亿元计划目标的149.8%，实现利息收入10.65亿

元，较去年同期多收入3.84亿元，个人贷款余额市场占比为18.9%，增量占比为24.68%，分别提高2.3个百分点和15.72百分点，同业增量占比比2006年提升1位，居四大商业银行第二位，进一步缩短了与同业先进行的差距。

（二）个人中间业务收入实现翻番，创历史最好水平

2007年，我分行重点抓好个人结算业务营销，特别在“两节及假期”把营销工作推向新高潮，促进了结算业务收入的增长；一季度大力开展个人金融业务营销竞赛活动，下半年又开展了“百亿理财产品”营销活动，各项个人理财业务迅速发展，特别是抓住基金热销的有利时机，加大基金存续期的营销力度，大量开展各种基金存续期营销活动，基金代理业务收入大幅增长；组建和培训基金定投讲师队伍，在全分行开展“人人有定投，人人爱定投”基金定投体验活动和百场“百万富翁成长计划”的基金定投业务一系列营销推介活动，收获颇丰，至2007年底参加人数已达到97350人/次；与多家保险公司联合开展“功到自然成保险开门红”等营销竞赛活动，减缓各种不利因素对保险销售的影响；大力开展第三方存管业务的系统推广和个人客户的营销工作，取得了显著效果；以总行下发《代发工资业务管理办法》为契机，加强代收代付业务协议的梳理，尤其是代发工资协议的梳理，加大代收代付业务的收费力度，力促各行部加快与代理单位代理收费协议签订；自行研发并全面推广员工营销业绩统计系统电子工分簿，实行“按量计奖，次月发奖”的个人中间业务收入量化奖励办法，营销人员积极性全面提升。2007年，我分行个人中间业务收入达42693.30万元，完成总行下达全年计划的187.88%，完成省分行下达全年计划的178.11%，收入总量同比增加23348.20万元，增幅120.69%，任务完成进度较去年提高44.19个百分点。在全分行中间业务收入中占比高达60.97%，基金业务收入占全分行中间业务收入的三分之一强，中间业务收入贡献度大幅提升。

（三）网点建设在质和量上大幅提升，服务升级成效显著

2007年，我分行进一步加快贵宾理财中心建设，提升服务水平，加速培养和提升网点核心竞争力。全年批准装修改造网点101家（不含年末新增10家贵宾中心），其中贵宾理财中心31家，完成装修改造95家，正在装修改造6家。装修投产的31家贵宾理财中心，大都成为当地银行同业中服务环境最好的网点，客户赞誉不绝于耳，员工自信心普遍增强。新改造的网点在：服务环境、机具配置、大堂服务、柜台服务、劳动组织管理、业务流程、业务功能、理财水平、客户关系管理等方面实现升级，在八闽大地引起强烈反响，得到客户的广泛好评，为海峡西岸建设添砖加瓦。同时为适应日益激烈的市场竞争需要，在全辖推广开放式低柜办理非现金业务，将不涉及现金或只有小额手续费收入，库存控制在300元以内的业务纳入非现金业务。各级行领导高度重视非现金业务服务推广工作，并抓好风险防控工作，使低柜业务稳步开展。低柜业务的推广有效地加强了我分行与客户的沟通，实现了“1+N”营销，提高了我分行核心竞争力。目前全辖已对外营业的低柜业务的网点150家，占网点总数的35.21%，窗口达268个。

（四）电子银行客户规模和交易量同步扩张，发展态势良好

2007年，我分行贯彻落实总、省行电子银行业务“跑马圈地”、“二次创业”各项工作要求，对内完善考核激励机制，通过“计件工资”奖励办法以及“电子银行开户百日竞赛”等一系列行内营销竞赛，调动各级行和一线营销人员发展业务的积极性。外部强化促销手段，以“工行电子银行与您同行”大型促销活动为主线，结合“网上银行基金促销”、“多媒体自助终端有奖幸运日”等专项营销活动，客户规模和交易量大幅增长；围绕电子速汇、网上基金、企业网银代发工资、银企互联、电子商务等重点产品、重点业务加强营销推广，在注册客户数量快速增长的同时电子银行产品的使用率进一步提高。截至2007年末，我分行新增网银企业客户7218户，存量客户达到1.67万户，比上年末增长了76.23%；新增个人网银客户42.41万户，存量客户达到84.6万户，比上年末增长了100%；新增电话银行企业客户3254户，存量客户达到1.41万户，比上年末增长了30%；新增电话银行个人客户23.7万户，存量客户达到50万户，比上年末增长了90%。至年末，电子银行交易额达到1.01万亿元，同比增长81%。

在规模扩张的同时，业务质量和效益得到提升。2007年，全分行增强效益观念，电子银行业务收入实现新的突破达到2758.91万元，同比增长42.02%；通过对二级分行业务离柜率考核和定期通报制度，全分行业务离柜率取得突破性增长，截至2007年末，全分行业务离柜率达到31.5%，比2006年末提高2.27个百分点，省分行营业部、三明、龙岩、莆田和泉州分行业务离柜率达到并超过30%；开展产品创新服务创新，电子银行服务品种进一步丰富，服务能力得到提升，2007年先后投产了多媒体自助终端移动、电信、联通话费及电费、高速公路罚没款等多项自助缴费业务，多媒体自助终端分流柜面业务的作用逐步显现，月处理的客户查询、转账汇款、基金、缴费等业务笔数90万笔左右，比上年同期提高了近10倍。

（五）银行卡各项业务增长较快，市场竞争力有明显的提高

2007年，我分行银行卡业务积极应对激烈的同业竞争，明确信用卡的目标客户，进一步拓宽业务发展领域。按照总行高端、中端、低端三个收单目标市场发展策略，制定具体的商户发展计划，落实对支行网点、客户经理、相关部门的考核激励机制。在全分行开展了以“e劳永逸”为活动主题的开展牡丹灵通卡“超百万”营销活动，增强了牡丹灵通卡市场影响力，提高了牡丹灵通卡客户忠诚度和满意度。同时，在全辖开展全员“发卡挂网+其他业务”营销活动，努力提升我分行在同业市场的占比，实现了发卡量、消费额、透支规模、收益的较快增长，市场竞争力有明显的提高。截至2007年末，全分行牡丹信用卡发卡量689207张，较年初净增量364979张，信用卡发卡量在同业占比中已上升至第一，其中正常额度信用卡发卡净增量102087张；普及版及祝福卡发卡净增量262892张；累计实现直接消费额447066万元，较同期增加281387万元，增幅169.84%，完成全年计划任务127.73%；信用卡透支余额为61374万元，较年初增加了34086万元；期末逾期超过180天的不良透支占比1.74%，控制在总行下达指标之内；累计实现信用卡业务总收入13987万元，增幅77.47%，实现中间业务收入6727万元，增幅90.34%，完成全年计划任务105.27%，实现透支利息收入4456万元，增幅62.50%；中高端客户渗透率为9.93%，较年初上升了2.03个百分点。

截至2007年末，全分行牡丹灵通卡存量为515.94万张，其中牡丹灵通卡·e时代50.75万张，占比为9.84%。累计新增银联标识灵通卡110.98万张，同比增长41.51%，年发卡量首次突破百万张，创历史最好水平，完成总行年度计划（65万张）的170.73%，完成省分行任务的110.98%。牡丹灵通卡累计消费额达62.72亿元，完成全年计划的104.53%，同比增长36.20%。灵通卡业务收入4279.66万元（不含POS分润部分），比去年同期增加了548.69万元，增幅为14.70%。ATM单机均交易笔数为246笔，同比增加21笔，新增ATM123台，存取款一体机64台。

（六）个人客户经理队伍初步建成，为理财中心的经营运作提供了强大的人力和智力支持

为提高个人客户经理队伍的素质，我分行通过组织视频培训、集中课堂讲授、分析研讨、会议交流、和训练营集训等多种活动，对各级行、理财中心管理人员、个人客户经理和柜员等不同层面的人员开展有针对性的专业培训。今年5月份，我分行与厦门分行联合举办金融理财师（AFP）的培训班，并于三季度选拔十六名已通过金融理财师（AFP）的学员参加总行组织的金融理财师（CFP）的培训，提高了个人客户经理队伍理财策划能力和优质客户维护能力，全面提升了我分行客户服务水平。截至2007年末，我分行已有69余人获得金融理财师（AFP）证书，有17人获得国际金融理财师（CFP）资格，AFP和CFP人员数量居全省同业之首。同时，我分行还通过分层次组织开展大堂经理的业务培训、交流、演练和比赛等活动，进一步提高大堂经理的业务知识和技能，增强服务意识和营销能力，推动了全分行大堂经理的配备、选拔和培养工作的开展，初步建立起了一支能够适应我分行业务经营、发展需要且具有较高业务素质的大堂经理队伍。个人客户经理的配备和理财师队伍的壮大，为我分行理财中心的经营运作、可持续发展提供了人力资源保障。截至2007年末，我分行已配备了550名个人客户经理，其中专职中级个人客户经理有72名，专职助理个人客户经理478名。

（七）中高端客户数稳步增长，客户结构逐步改善

2007年，我分行不断提高客户服务水平，理财金账户专属精彩活动层出不穷，八个行部相继召开了“春天的约会”、“仲夏之夜”、“秋天的收获”、“圣诞狂欢”等主题的理财金账户高端客户联谊，各二级行部的中高端客户联谊活动层出不穷，方式多样精彩，如省分行营业部举办的关怀客户健康的“健康生活、轻松理财”VIP客户答谢会以及“浓浓工行情、金秋闽江情”的夜游闽江等相关活动等，通过举办这些活动，增进了彼此的了解和友谊，高端客户的忠诚度进一步提高。制定个人优质客户关系维护纵向支持管理办法，对各行部行长（总经理）、主管行长（总经理）、支行行长、网点负责人负责辖内优质客户的纵向支持维护工作做了明确分工，同时，规定了个人客户经理按照A、B角管理原则负责优质客户的日常关系维护工作。截至2007年10月末，我分行个人资产5万元以上优质客户数量达311512人，较上年末新增了14589人。

（八）个人金融业务流程再造成效显著

根据总行《关于做好个人金融业务流程再造第一阶段工作的通知》和《关于做好个人金融业务流程再造第一阶段参数调整等工作的通知》等要求，我分行高度重视，认真部署并落实好各项工作，圆满完成了流程再造第一、二阶段任务，并且成效显著。柜员授权额度得到合理的调整，大大节省了授权人员的工作量，直接缩短了柜员处理单笔交易的时间，减少了客户等候时间，有效促进了柜面服务效率和服务质量的提高。业务处理流程得以简化，从繁琐到简单，既方便了客户，又节约了人力资源。使网点排队现象得到有效缓解，优质客户的满意度得到提高。

（九）加强风险防控，实现了个人金融业务无案件和事故

2007年来我分行认真贯彻总、省行关于加强内部管理、防范经营风险的各项指示，以强化风险控制，完善个人金融业务风险管理体系来促进个人金融业务案件防范工作，为加强个人金融业务操作风险管理，降低经济案件发生率和业务差错率，促进个人金融业务健康发展，我分行制定下发了《关于加强个人金融业务类操作风险管理工作的补充意见》（工银闽办发［2007］174号）。加强对各行部个人金融业务类操作风险管理工作的指导，并及时下发加强节日期间ATM营销和管理工作，加大ATM运行管理和风险控制力度，防范ATM案件的发生。在营业网点柜面摆放银行卡风险防范的友情提示，在自助机具的显示画面、客户的对账单和涉及账务的短信服务中增加风险提示内容。在全分行开展个人金融业务专业重要经营管理事项检查，在各行部自查的基础上，省分行再派出检查组对各行部进行抽查，抽查面达20%。针对年底业务繁忙，在全辖开展个人客户经理操作风险自查，加强个人客户经理管理。由于我分行坚持“一手抓业务营销、一手抓风险防范”的方针，在有效规避风险的基础上，创新和开拓各项业务，增强了个人金融业务案件防范效率和效果，实现全年个人金融业务无案件和事故。

二、零售银行业务发展面临的形势和总体要求

全分行零售银行业务在总体保持健康快速发展的同时，也存在一些不容忽视的问题，面临着更加复杂多变的经营形势。

（一）当前我分行零售银行业务存在的不足

1. 重要性认识不足，战略执行力亟待提高

大力发展零售银行业务是我分行推进经营转型的战略方向，是提升核心竞争力的必然要求。而目前仍有一些分支机构对第一零售银行战略的重要性认识不足，在经营指导思想上还存在重公轻私、重批发轻零售的现象，战略执行力不足，总、省行一系列思路措施难以得到全面、准确、有效地

执行。特别是在一些经济相对发达、金融资源丰富的地区，零售银行业务的发展尚没有得到应有的重视，主要体现在各级分支行负责人在零售业务上，所花的精力不多、所投的人力不足、所配的财力不够，导致在当地同业竞争中处于不利的市场位置。今年储蓄存款的负增长，存在有诸多的客观原因，但同业占比落后却不容忽视，目前，全分行有七个行部的人民币储蓄存款余额位居第三，位居第二只有一个分行，没有一个行部位居第一。人民币储蓄存款增量占比排在第三位的有三个分行，排在第四位的五个行部。外币储蓄存款增量占比有六个行部排在第三，仅有二个分行排在第二。银行卡消费额在同业占比中居第二，与建行还有一定的差距，特约商户与建行和中行相比落后较多。代理基金业务仅有一个南平分行同业占比第一，四个分行同业占比不及25%。建行在企业网银、个人网银、个人电话银行客户增量客户数和存量客户数方面全面超过了我分行，我分行电子银行业务正面临来自同业的全面挑战。

2. 各项资源向零售银行业务倾斜不够，发展后劲不足

虽然，2007年我分行装修改造了100多家网点，但不及网点总数的四分之一，大部分网点仍然存在面积小、功能单一、没有分区、形象老旧等特点，与他行相比整体物理渠道仍然缺乏竞争力。电子银行服务示范区数量少，且无论是示范区人员配备还是对客户的业务引导，都距总行的要求差距较大。目前我分行个人客户经理550名，按照个人客户经理人均维护300~500名中高端客户计算，全分行31万名中高端客户，至少需要620名个人客户经理，个人客户经理人数还不够，同时个人客户经理的素质还有待进一步提高，全分行获得AFP以上资格认证的仅为86名，仅占专职个人客户经理人数的15.6%，难以充分适应维护现有客户关系和竞争优质客户资源的需要。银行卡从业人员数量不足，影响了信用卡业务的管理。电子银行缺乏产品经理支撑售前、售后服务，与大跨步发展的客观趋势及不相称。此外，在营销资源的投入上明显不足，营销声势明显落后于同业，影响了优质客户的满意度和整体业务发展效果。此外，在营销资源的投入上明显不足，营销声势明显落后于同业，影响了优质客户的满意度和整体业务发展效果。

3. 基层网点的考核机制有待进一步完善

2007年我分行网点的考核机制发生了较大变化，收入分配打破了官本位，绝大部分网点实现了计件工资，按劳取酬，鼓励员工多劳多得，员工的主动性和积极性得到了充分发挥。但也存在个别网点对营销奖励的落实不够到位，在一定程度上影响了员工的积极性，同时，还有个别网点对员工的奖励条款制定得不够具体，影响员工积极性的发挥。

（二）零售银行业务发展面临的机遇与挑战

总体来看，在中国经济仍将保持平稳较快发展的大背景下，未来几年将迎来我国零售银行业务发展的黄金时期。随着居民财产性收入的增加，以及投资理财意识的进一步增强，将为个人理财业务的发展带来丰富商机；随着居民消费结构的持续升级，以及住房、汽车和其他大额消费需求的进一步释放，将为个人消费贷款、住房按揭贷款和银行卡等业务的发展提供良好机遇；随着出入境旅游市场的扩大和外汇管理政策的放松，境内外客户对信用卡、旅行支票、外币兑换、外汇买卖以及收单等业务将产生较大需求；随着现代通讯及互联网的快速普及，将为电子银行业务发展提供巨大的空间。

同时也要深刻认识到，未来一个时期全分行零售银行业务发展还面临严峻挑战。中央经济工作会议明确提出了实行从紧的货币政策，银行信贷将受到更严格的限制，利率调整也将继续处在一个上升周期，这将对个人信贷业务的发展产生一定影响；国家有关部门陆续出台了一系列政策措施，加强房地产信贷调控，对我们在认真执行宏观调控政策中进一步提高个人按揭贷款的风险防范水平提出了更高要求；证券市场波动性增大，将给个人理财业务发展带来更多不确定因素；中外资银行均把零售银行业务列为经营转型的方向和业务发展的重点，加快体制机制改革，加大资源投入力度，使市场竞争更加激烈，我分行巩固和扩大市场优势的压力进一步加大。

总之，在复杂多变的市场环境中，在机遇与挑战并存的情况下，我们只有未雨绸缪，从容应对，才能实现零售银行业务又好又快的发展。

（三）加快零售银行业务发展的总体要求和基本原则

当前，全分行零售银行业务发展的总体要求是：全面落实科学发展观，坚定不移地按照打造福建第一零售银行的战略要求，积极创新业务发展理念，大力转变业务发展方式，着力推进体制机制改革，深化业务流程再造，加快提升竞争发展能力，努力建设全省客户结构最好、品牌知名度最高、核心业务规模最大、创利能力最强的零售银行。

建设福建第一零售银行，应坚持以下四项原则：

1. 始终坚持以人为本

对外经营上要树立：客户是零售银行盈利源泉的理念。只有坚持以客户为中心，不断满足客户需求，提升客户价值，才能实现零售银行与客户的双赢。因此，必须以客户为中心，统一客户视图，明确市场定位，调整组织架构，优化业务流程，整合营销资源，全面提升客户服务能力。对内管理上要树立：员工是零售银行客户关系管理水平和营销服务质量的决定性因素的理念。充分挖掘和创新激励机制和手段，保护好员工的积极性、主动性，坚持按照“营销奖励落实到人，多劳多得”的分配原则实施分配。同时要加强业务培训，努力帮助员工做好职业生涯规划和实现职业转型，提升从业人员素质，以此大力强化零售银行员工队伍建设，充实个人客户经理队伍，壮大零售业务的营销力量。

2. 始终坚持统筹兼顾

要统筹零售银行业务与批发业务的发展，统筹零售银行内储蓄、理财、个人信贷等业务的发展，统筹零售银行业务当前和长远的发展，努力建设全面协调可持续的发展格局。在具体工作上，要看到：无论是批发业务，还是零售银行业务，实际上都是在做人的工作，批发业务的营销对象有可能是项目，但项目的决策终归还是人做出的，因此，归根结底还是做人的工作，在这点上批发业务和零售银行业务是相通的，是有共同着力点的，是可以相互带动、相互作用和相互借力的，在这个问题上还是希望大家多用心、多细心，多研究、发展空间一定会很大。

3. 始终坚持以提高核心竞争力为中心

提高核心竞争力，是当前及今后一个时期零售银行业务应对激烈的市场竞争、在新的起点上实现更好更快发展的战略选择和客观要求，全分行必须围绕提高核心竞争力着力提高"三个能力"。一是着力提高第一零售银行战略的执行力，加快实施体制改革和流程再造，加大资源整合与倾斜力度，提升零售银行业务竞争发展水平。二是着力提高营销服务能力，认真执行全分行个人客户统一视图和"定位中端、竞争高端、培育潜力"的目标客户市场定位战略，进一步加强渠道建设和客户经理队伍建设，加强理财金账户、牡丹灵通卡e时代和幸福贷款三大主品牌的营销宣传，发展建立私人银行业务体系，提升市场营销能力和客户服务水平；三是着力提高产品创新能力，以重点满足中高端客户的金融需求为出发点，加快推进技术、业务、产品、服务的创新，更加注重提升客户体验的质量。

4. 不断提升零售业务分管行长的三种能力

一是不畏艰难、勇于协调的能力。目前我分行零售业务经营转型尚未到位，尤其是各行部经营者在思想上尚未把零售业务作为重点发展的业务，零售业务未成为资源配置部门优先扶持的对象。所以，在零售业务转型初期，应先投入一定数量的人力、财力、物力才能取得效益，只有靠各行部分管零售业务的经营者和零售业务队伍的拓展者耐心、执著地去反映、协商、协调，方可取得各方面的支持，没有这种协调能力就干不好零售业务。

二是提高经营客户能力。经营客户是零售业务取得发展的最基本要素，只有懂得经营客户，使客户价值升值，才能更好地拓展业务，才能掌握巩固老客户，培育潜在客户，发展新客户。

三是提升组合创新能力。零售业务要发展，出路在于创新。零售业务经营者只有熟悉各类产品功能，同时具备组合创新能力，积极培育市场潜力，争当市场领跑者，才能加快网点升级转型，才能抢占市场制高点。

三、努力开创2008年零售银行业务新局面

2008年是实施第一零售银行战略的关键一年，全分行要乘势而上，加快服务升级，提升竞争力，进一步巩固和扩大核心业务和核心产品的市场份额，努力实现同业市场领先地位。

（一）2008年全分行零售银行业务各项经营目标

1. 个人金融业务

金融资产5万元以上客户确保增加5.2万个，力争增加6万个；个人贷款确保新增80亿元，力争新增100亿元，其中个人住房贷款确保新增50亿元，力争新增60亿元，个人消费贷款确保新增15亿元，力争新增20亿元，个人经营贷款确保新增15亿元，力争新增20亿元；个人金融资产销售额400亿元，其中人民币储蓄存款净增30亿元，基金销售额350亿元；实现个人中间业务收入7亿元，其中基金业务收入4亿元。

2. 电子银行业务

新增企业网上银行客户8000户，力争新增1.2万户，其中新增证书客户4300户，力争新增8000户；新增企业电话银行客户1800户，力争新增4000户；新增个人网上银行客户45万户，力争新增90万户，其中新增U盾客户7万户，力争新增15万户；新增个人电话银行客户25万户，力争新增50万户；新增手机银行客户10万户，力争新增20万户；实现网上银行交易额11000亿元，力争20000亿元；实现电话银行交易额350亿元，力争500亿元；电子银行业务占比达到38%，力争40%。

3. 银行卡业务

信用卡发卡量确保达到100万张，力争突破150万张，保持同业占比第一的位置，并拉开与第二的距离；信用卡客户数确保达到70万户；新发展特约商户1500户，力争2000户；信用卡消费额确保达到50亿元，力争突破70亿元；信用卡透支余额达到8亿元，力争突破10亿元；信用卡总收入确保达到1.5亿元。中高端客户渗透率达到16%，力争达到20%；信用卡不良透支占比确保控制在3%以内，力争控制在2.2%以内；牡丹灵通卡净增160万张。

（二）为完成上述目标，全分行应重点抓好以下几项工作

1. 继续推进"两化"改革，加快建立有利于零售银行业务竞争力提升的体制机制

总的要求是，到2008年末，全分行所有行部完成个人金融业务"专业化经营、系统化管理"改革工作。要通过改革，实现零售银行业务统一营销、归口管理；切实提升零售银行战略执行力，逐步形成对零售银行业务科学合理的绩效考评体系、资源投入机制，进一步提升我分行零售银行业务服务水平、价值创造能力和市场竞争力。继续实行在分支行层面建立零售银行业务专职副行长制度，分管所有零售银行业务，加强零售银行业务各专业的协调配合，形成整体合力。

2. 加强客户经理队伍建设，提高个人客户经理队伍整体素质

2008年全分行要确保配备620名个人客户经理（不包括大堂经理），其中外出营销型客户经理要新增200名。各行部要严格按照每名客户经理维护300－500个理财金账户客户的要求增备客户经理数量，尤其要将获得金融理财师AFP和国际金融理财师CFP资格的人员优先配到财富贵宾理财中心，充分发挥金融理财师的作用；新进大学毕业生也要重点配备到客户经理队伍中去。同时，财富管理中心、贵宾理财中心和实施个人金融业务核心竞争力项目的网点要分别配备客户经理2名和1名大堂经理。要建立完善客户经理考核体系，进一步明确客户经理岗位任职资格标准，建立基于岗位价值和业绩贡献的绩效考核指标及薪酬激励制度，完善全分行个人客户经理职务序列管理、培训、认证、考核及激励机制。当前尤其要加快外出营销型客户经理队伍建设，上半年要配备到位、培训到位、考核到位、走出去营销的模式到位，并理顺网点与外出营销型客户经理的关系，全面提升现有优质客户服务水平和客户满意度，积极挖转他行优质客户。

3. 加强渠道建设和运营管理，提高网点经营绩效

要根据城市建设和目标客户流向变化，完善网点布局规划，实现网点资源与目标市场的协调分布。精简优化网

点装修改造工作流程，切实做到“早启动、早建成、早见效”，确保2008年再建成60家贵宾理财中心和一大批功能分区的综合网点。特别是福州、泉州等城市的贵宾理财中心建设要提速，尽快实现中高端客户与普通客户的合理分层、一般交易与增值服务的有效分离。要做好贵宾理财中心建设的规划，按照1∶2∶1的比例配置我分行贵宾理财中心、一般理财网点和便利点，其中省分行营业部和泉州分行要按照1∶1的比例配置贵宾理财中心和一般理财网点；要在中高端客户资源丰富的地域设立贵宾理财中心，原则上在方圆1500米范围内不重复建设。要按照区域中心性、人流汇集性、规模适度性等原则，推动自助设备和离行式自助银行发展，满足各类客户不同的金融需要。网点建设的标准、内部分区和标识要按总行《营业网点视觉形象规范指南》、《贵宾理财中心内部分区及建设规范》的要求。加强网点运营管理，提升网点服务素质，要在新建立的财富管理中心、贵宾理财中心以及改造后的功能分区网点实行新的服务流程，实现网点硬件和服务软件的全面提升，切实增强网点服务的层次和水平。

同时，要加大电子银行服务示范工程建设力度，进一步提高网点核心竞争力。到2008年末，各行部设立电子银行示范区的网点，应不低于全部网点总数50%。

4. 转变营销服务方式，大力拓展和营销中高端客户

要紧紧抓住当前及今后一个时期国民财富快速积累、中高端零售银行市场日益扩大的机遇，积极转变营销服务方式，着重围绕中高端客户开展各项营销工作，不断扩大中高端客户群体和比重。各行都要制定中高端客户发展目标，加大资源投入和奖励力度，省分行将按季通报各行部客户拓展情况。在总行推出理财金账户白金卡后，各行部要全力拓展金融资产100　800万元的高端客户。同时要整合牡丹白金信用卡产品和服务资源，构建理财金账户白金卡优质服务体系，并以此为平台，向白金卡客户提供专享个人支票服务及专享理财产品等增值服务。将利用我行个人综合积分系统平台，重点围绕中高端客户，省分行将组织开展各种积分回馈活动，增强对中高端客户的吸引力，加快拓展中高端客户发展进度。各行部要加强理财金账户、牡丹灵通卡·e时代、幸福贷款三大核心品牌宣传，以三大品牌的新增功能和服务为重点推进营销宣传工作，提高个金品牌的知名度和美誉度。

5. 大力发展个人贷款业务，促进业务和盈利结构持续优化

各行部要加强个人贷款营销管理和业务组织推动，继续实行个人信贷业务发展“一把手”领导责任制。根据各贷款业务品种的特点，制定绩效考核和奖励办法，有效地提高个人信贷营销人员工作积极性。加大个人住房贷款营销力度，努力缩短与同业差距，加强开发贷款和个人住房贷款的经营联动。建立一套开发贷款与个人住房贷款共同营销、共同奖励、共同防范风险的考核机制。加大个人住房贷款的业务创新力度，努力营销纯按揭项目个人住房贷款，积极拓展个人二手房贷款业务，大力发展住房公积金委托贷款业务。促进各类个人贷款产品的组合营销，稳步发展以个人房产抵押为主要担保方式的个人综合消费贷款和个人经营贷款业务。着重采用网点营销和定向营销方式，发展个人消费贷款和个人经营贷款。构建完善的个人信贷业务“多渠道、大范围营销，集中化、专业化处理”新型业务布局，充实个人贷款营销岗位配备，提升人员素质，积极抓好个人贷款中心的建立工作。强化宣传推广带动贷款投放，以提高贷后服务水平，提升客户贡献度。提高系统支持水平，提高对存量客户金融资产的分析能力。实行差别化信贷政策，优化现有业务流程，为优质客户尽可能地简化办理个人贷款业务手续。

6. 全力拓展个人金融资产业务，实现储蓄与理财业务协调发展

个人金融资产业务目前正处于重新“瓜分”市场的关键时期，各行部要抢抓时机，重点突破，带动个人金融资产业务的整体开发和全面发展。

一要确保储蓄存款稳定增长。各级行必须清醒认识到，无论过去、现在和可预见的将来，储蓄存款业务都是全分行个人金融业务发展的基础，不能有丝毫的认识偏差。要从储蓄存款的源头抓起，大力竞争中央和地方财政拨款单位、有贷户、结算户和优质企业的个人客户，以及资金流量较大的第三方存管和银期转账客户，进一步壮大客户基础，努力增加储蓄源。要充分调动各类网点积极性，进一步完善考核机制，落实奖励金分配，增强网点的揽储能力。同时，各行部要大力营销联名账户，个人联名账户是我行为满足个人客户联名共管资金的需要而推出的一项新业务，它可由两个或两个以上（五个以下）个人客户共同开立，各行部要主动前往房产中介等机构上门营销，抓住他行尚未推出的有利时机，将我行的新业务发展壮大。

二要夺回我分行代理基金业务领先地位。目前，基金产品已经成为我分行竞争优质客户、吸引稳定储蓄存款的重要抓手，代理基金业务也已成为我分行零售银行业务重要的盈利增长点。各行部要加大基金业务人力资源投入，在1月底前全面配备基金业务专员，省分行营业部、泉州分行要成立基金营销中心，配备2~3名得力员工，其他分行必须配备1名基金业务营销专员。总行将全面放开各类渠道销售所有基金产品，各行部要落实相关激励政策，不断激发一线员工营销基金的积极性，进一步提升基金代销额和业务收入的市场占比，夺回我分行领先优势地位。

三要大力发展代理保险和理财业务。今年代理个人保险产品将集中总行签约，加快形成寿险与财险、趸缴与期缴、理财与保障类产品合理配比的代理个人保险产品线，促进保险产品销售由“1对1”向“1对多”模式的转变，将保险产品全面纳入个人金融产品统一营销。要尽快实现银保通全面上线，实现在所有网点全面销售各类保险产品。

四要继续做好第三方存管业务个人客户营销推广工作。各基层网点要抓实第三方存管业务存量客户维系，通过交叉销售，做好新股民营销和他行客户挖转工作，扩大客户群体，提高客户忠诚度，尽早实现客户总量跃至同业首位。与此同时，要积极推广集中式银期业务，做好金融期货业务市场拓展工作，锁定和培育优质客户群。

五要加强个人中间业务考核。继续坚决推行个人中间业务收入计件奖励，加大对辖内机构、个人客户经理的理财产品销售的专项考核力度，充分利用电子工分簿系统统计功能，积极推动“当月销售，次月奖励”政策的落实，激发一线员工营销零售产品的积极性。

7. 继续实施全员营销战略，立足客户资源，紧紧围绕重点市场、重点产品，迅速抢占市场份额，确保电子银行客户增量占比市场第一

一是增强紧迫感，立足现有资源加快发展步伐。各行部要对来自同业市场的潜力竞争和其他兄弟分行快速扩张业务规模的形势有清醒的认识，2008 年，绝不能再仅仅满足于完成省分行下达的任务，要立足现有资源实施“跑马圈地”，加速电子银行客户规模扩张，要确保电子银行客户增量占比第一。

二是强化营销推动，迅速扩大客户和业务规模。要切实落实全员营销战略，注重发挥全行整体优势，广泛开展部门联合营销和产品捆绑营销，要将电子银行客户发展、产品推广任务落实到客户经理、大堂经理及基层存贷款管户人员，促进电子银行与传统银行业务渠道的资源互补，推动“跑马圈地”目标的实现；要结合省内市场特点和业务发展需要，开展营销推广活动，进一步丰富营销活动内容、扩大营销范围，提高营销效果；要加大网银银企对账、网银代发工资、银企互联、电子商务等重点产品的宣传和营销力度，不断发掘新的电子商务客户资源，加强与特约网站的合作，开拓代理业务市场，以重点市场、重点产品的推广带动客户和业务规模快速扩张。

三是加强组织机构建设，确保各项工作职责得以落实。没有专业机构的行都应成立“电子银行中心”，挂靠个人金融业务部，承担起对内协调管理、对下业务指导和督促以及对外营销推广的双重职能，确保总、省行的各项工作部署得到落实。要彻底解决专业人员不足的问题，确保基层行配有一定数量的电子银行专兼职产品经理队伍，负责对电子银行客户的维护，提高服务效率和质量，确保规模、质量、效益的协调和可持续发展。

四是提高电子银行业务渗透率，增加电子银行业务贡献度。要继续加快柜面业务向电子银行转化步伐，提高电子银行业务占比，从重点产品入手，大力发展网上对账、网上代发工资、网上购买基金等业务，进一步节约业务办理成本，减轻柜面业务压力；要大力拓展客户群，尤其是优质客户群，以规模促进电子银行业务效益、质量的协调发展；要深入挖掘客户潜力，提高单个客户贡献度；要全面开拓电子商务市场和代理业务等重点市场，大幅增加电子商务收入和代理类业务收入；要充分挖掘辖内特色业务的创利空间，通过为客户提供增值服务，培育新的利润增长点。同时，要加强收费管理，严格减免程序，杜绝任意减免行为发生，并确保电子银行业务收入按规定及时、足额、正确入账。

五是完善考核激励机制，调动行内营销推广积极性。要加大业务离柜率的考核力度，并将在 2007 年计件工资奖励办法的基础上，进一步扩大计件工资范围，提高奖励力度。各行部要及时调整并出台相应的考核办法和奖励方案，通过考核和激励机制，引导基层行和柜员积极分流柜面业务，形成柜面和电子银行互相促进、和谐发展的良好态势。

8. 举全分行之力推动银行卡业务的大发展，努力实现福建第一银行卡的市场地位和品牌形象

一是明确发卡目标，抢占发卡市场，扩大发卡规模。各行部要把中高端客户（包括保险、基金等个人中高端客户）群体作为网点营销的主要对象，切实提高我分行中高端客户信用卡渗透率。积极做好消费信贷客户和个人住房贷款客户营销信用卡工作，加强对公司客户的营销发卡工作，拓展私家车主发卡目标市场，充分发挥牡丹中油卡的产品优势。

二是实施项目带动策略，实现信用卡业务点上的突破。省分行将以分期付款业务为突破口，与房地产、家装建材商合作推出住房家装主题卡；与交通有关部门、保险公司合作，推出汽车主题的“牡丹爱车卡”；与医疗保险部门合作，推出医疗主题卡；与文化体育教育等部门合作，做好总行推出的运动、学生主题卡。实现特色功能服务和增值服务，以此提高牡丹信用卡的市场竞争力。

三是充分发挥全行优势，深入挖掘行内客户资源。要重点加强行内资源的转化工作，扩大信用卡、电子银行等个人金融产品对个人高端客户的覆盖。全分行银行卡、个人金融、机构、公司、会计结算等部门要密切配合，全面落实电子银行、“发卡挂网 + 其他业务”的联合营销，分别根据牡丹灵通卡高端客户、个人理财金账户客户、个人消费信贷、住房信贷客户、保险、基金等行内客户信息制定新增发卡挂网任务，加强对目标客户的综合营销，迅速增加新增发卡。

四是坚持重点地区重点发展的市场策略，带动全省银行卡市场的快速发展。以福州、泉州等省会城市为信用卡市场发展龙头，根据市场发展的实际情况，单独分解下达目标任务，分别制定有针对性的当地市场发展策略，促进其大力发展信用卡业务，加速实现规模化发展。指导其他二级分行比照龙头地区信用卡市场发展工作思路，狠抓福州和辖内重点城市的市场营销，强化业务经营，优化资源配置，确保发挥良好的示范效应，全面推进全省银行卡市场的快速发展。

五是建立多元化销售渠道，全面抢占优质客户。充分利用行内网点和公务用卡、联名卡合作单位渠道，推行标准化的作业流程及营销材料，层层强化营销人员的业务能力及营销技巧。有计划地拓展网上、面向行外客户直销等多种销售渠道，尝试建立第三方发卡和直销渠道。深化关系客户的合作，利用其成熟的销售渠道和客户资源，开展信用卡产品的定向营销。加强项目管理，做好我省“牡丹智能卡”、“牡丹海峡电子商务联名卡”主动营销的跟踪管理，大力推广中石油、中国移动、大型零售企业以及基金、保险等关系客户，开发中石化合作项目，合作发展网上办卡渠道，全面抢占优质客户。

六是拓展收单市场业务，增强业务竞争力。抓住收单市场发展的大好时机，发展收单业务，要加强与工商、税务等收单市场源头部门的营销合作，及时获取商户发展信息，快速拓展收单市场。要依托我行客户资源和人脉资源优势，开拓市场营销，通过营销系统大户，积极参与收单市场的争夺，积极拓展中石油、中石化、电信运营商、苏宁电器、旅行社等系统大户的收单业务，开通手机支付系统业务，拓展手机支付公用、公益事业费市场。

七是开展各种形式的促销活动，进一步促进用卡消费。开展专题促销活动，引导持卡人、商户进行用卡体验，提高卡片启用率、动卡率，提高我行信用卡收益。依托我行信用卡客户资源对商户增加销售的吸引力，加强商户合作，签约建立特惠商户网络，提供为持卡人增殖服务，实现持卡人、商户、银行各方共赢，提升竞争力。加强宣传、普及用卡，提高品牌建设力度。

八是认真做好牡丹灵通卡市场拓展和产品升级工作，大力发展个人结算业务。今年总行将进一步优化牡丹灵通卡·e时代的对账渠道、对账方式及其他功能，逐步推动普通灵通卡向牡丹灵通卡·e时代综合账户系统升级过渡，实现灵通卡品牌、功能、管理、服务的统一。各行部要继续组织开展定向发卡营销，加快现有存量客户中无卡存折户、存单户、外币户和贷款户的发卡工作，确保超额完成全年发卡计划。通过开展组合营销，将灵通卡与代发工资、网上银行、第三方存管、理财产品、结算汇款等产品打包，向政府机关、能源、交通、通讯、金融、高校等优秀行业目标客户提供一篮子个人金融服务，确保做到“五个提高”，即灵通卡新增发卡数量提高，灵通卡发展的储蓄存款提高，灵通卡各类交易量提高，灵通卡中间业务收入提高，灵通卡中端及潜力目标客户比例提高。

九是积极引导客户自助办理业务，推进个人结算业务发展。各行部要加大转账汇款机具、ATM和电子渠道转账汇款宣传力度，引导客户通过自助渠道办理个人结算业务。要积极向私营业主、事业单位职工、公务员和公司职员等目标客户，开展有针对性的旺季营销活动，进一步提升个人结算业务发展水平。今年，省分行在自助机具分配和投放上，将优先保证持卡客户占比较高和发卡进度较快分行部的需求，以保证向持卡人提供便捷的自助服务。

9. 抓紧启动试点，积极开发私人银行业务

我行私人银行业务定位于拥有可投资金融资产800万元人民币以上的高净值客户。我分行将加快搭建私人银行组织架构体系，建立不同于零售业务的商业模式和服务体系。今年要以财富中心建设为依托，在私人银行客户资源丰富的区域设立私人银行管理中心，试点开办私人银行业务。构建以专业咨询管理和全权委托管理为主的服务模式，逐步为客户提供财富保全、财富增值和财富转移等各方面的服务。建立以协议订单为主的客户交易模式，构建全新的前中后台分离的业务流程，支持客户通过各种方式委托财富顾问代为交易和上门服务。依托开放的产品平台，不断拓宽私人银行业务范围，根据客户需求在市场上遴选相关产品，满足私人银行客户专业的投资组合需求。为此，省分行营业部、泉州分行要进一步加快财富管理中心的建设，积极做好硬件、软件环境准备。

10. 更加注重客户体验，不断改进服务

各行部要坚持以客户为中心、以市场为导向、以效益为目标，加快零售银行产品创新步伐，重点关注客户体验的满意度，并以此为标准检验我行产品和服务水平。按照全行个人客户统一视图战略的要求，加快统一客户信息实施进程，优化客户信息采集流程，实现客户信息的统一采集、统一管理、统一维护、统一挖掘和统一运用的“五个统一”。要认真按照总行个人金融业务流程再造的工作计划，抓好第三阶段的组织实施工作，加快完成工作目标，同时要将业务流程再造作为一项制度固定下来，通过建立和完善长效工作机制，不断将业务流程再造工作引向深入。

11. 加强内部控制和风险管理，保障业务健康发展

各行部要认真抓好零售业务类操作风险管理，重点控制好零售业务营销环节的操作风险，着重防范个人客户经理岗位的违规操作和道德风险。持续关注零售业务系统运行的安全性和稳定性，及时解决系统运行过程中发现的问题及风险隐患，提高系统的稳定性和高可用性。银行卡业务要加强异常交易监控，深化透支催收工作，加大不良透支的清收和转化力度，确保各项质量指标的实现，要利用总行贷后预警子系统，加强各二级分行牡丹卡中心贷后管理工作。

沈立强同志在河北省分行个人金融业务促进会议上的讲话

一、个人金融业务面临的形势严峻，任务紧迫

2007年，全行上下认真紧紧围绕打造区域强行目标，抓亮点、破难题、解瓶颈，各项业务呈现出良好的发展势头。经营效益显著提升，各项存款增势良好，优质贷款大幅增加，中间业务和新业务跨越式发展，市场竞争力进一步提升，与此同时，个人金融业务实现快速发展，个人中间业务收入实现7.01亿元，占到全行中间业务收入的64.59%；储蓄存款增量、理财类产品销售等主要指标位的系统排名和市场占比位次得到了前移。储蓄存款新增53.4亿元，位居全国一级分行第2位，销售个人理财类产品394亿元，同比增加318亿元，其中，代理基金305亿元，同比增加264亿元，在全系统排位第5位。这一成绩的取得，说明去年以来我们行的个人金融工作措施是有效果的，我们的个金队伍是有战斗力的。

虽然个金业务主要指标取得较好进展，但是我们应该清醒地看到，今年面临着更加严峻而复杂的经营形势，需要我们把个金业务放到更加突出的位置、作为转型的重要方向，进一步加快发展步伐。为什么省行在全行个人金融业务工作会议以后，仅仅相隔12天，又专门召开这次促进会？就是因为个人金融业务实在是太重要了，而且对个金业务而言，第一季度太重要了。可以说，抓住了一季度这个旺季，就抓住了全年工作的主动权。因此，面对咄咄逼人的市场竞争，我们一天也松懈不得，一天也耽误不得。

（一）形势紧迫

当前国家为防止经济增长由偏快转向过热，正逐步加大宏观调控的力度，中央经济工作会议提出，今年要实施从紧的货币政策，严格控制货币信贷总量和投放节奏。由此，全行信贷规模紧张问题将持续存在并更加突出，对靠扩大贷款规模来提升盈利水平将带来较大的影响。但是个人金融业务则不同。我多次强调，个人金融业务是利润的稳定器，具有占有资本少，利润高、收益稳定、抗经济周期波动和可持续发展能力强等特点。同时，加快发展个金业务，提高利润贡献度，也是打造区域强行的重要内容。因此在优质贷款市场受到规模限制的时候，我们要靠大力发展个金业务来推动全行经营效益的稳定增长，实现东边不亮西方亮，堤内损失堤外补的效果。

（二）任务很重

我在多个场合反复讲，在这里我还要强调，“得个人金融市场者得天下”。从我们行的实际看，个金中间业务收入已经成为全行经营效益的重要来源，已经占到拨备前利润的20%，其中基金理财业务收入4.17亿元，占到个金中间业务收入的59%。如果按业绩评价系统计算，个金业务对全行业务的贡献度接近50%。应该说，个金中间业务收入特别是基金销售收入已经在全行收入构成中，具有十分重要的地位。总行城市金融研究所最近发表报告称，年内央行有可能加息4次以上，随着贷款利差的逐步收窄，靠利差收入来增加收益将变得越来越困难，因此，个金业务承载着全行经营转型的重担，各行必须把个金工作提高到更加重要的地位，要下最大的力气来发展个金业务。一方面，从国际银行发展经验和从未来的发展趋势看，个金业务面临着良好的发展机遇。党的十七大指出，要创造条件让更多群众拥有财产性收入，个人财富的增加必然伴随着快速增长的金融需求，哪一家银行如果抓住了这一轮机遇，在某种程度上，就抓住了未来。因此个人金融业务作为一项核心业务，能不能做好，事关全行整体发展和区域强行建设目标能否如期实现。去年我们是打造区域强行的重要一年，今年我们是打造区域强行的关键一年。在这个关键年当中，我们个人金融业务能不能突破，是一个至关重要的因素。个人金融业务一年之计在于春，一年之中，关键是抓住春节前后，一季度左右的时间。抓住了这个季度，就抓住了我们全行全年工作的主动权。它的重要性和意义就在这里。另一方面，从完成效益讲，今年要想实现利润的快速增长，必须靠中间业务收入的拉动。我们今年的中间业务收入目标是17亿元，去年我们实现了108000万元，今年的增长大致定在70%。其中代理基金收入计划是5亿元，占到全行中间业务收入计划的41.7%。因此，省行定了600亿元的基金销售计划，这个计划是倒算出来的，必须确保完成，否则将严重影响全行经营计划实现。此外，个金业务是发展新兴业务的基础性平台，信用卡、电子银行等新兴业务发展离不开个金渠道。应该说个金战线员工的担子不轻，任务很重。

（三）压力巨大

主要是来自两个方面的压力。一方面是来自经济资本市场不确定性，带来存款工作和基金销售的不确定性。今年到底是熊市还是牛市，我看谁都说不清楚，有人认为指数会持续大幅冲高，甚至乐观地认为可以达到1万点；但也有人认为将回落，运行到4000点，可以说众说纷纭，这些不统一的意见，恰恰说明对市场认识的分歧，并给我们的经营带来了较大的压力。在前天总行召开的代理基金业务暨工银瑞信全球基金代销工作动员会上，杨凯生行长深刻指出，在不确定性的市场环境中，有几个问题又是确定的，那就是工商银行如果要想进一步加快转型的话，就必须大力发展个人金融业务；工商银行如果想进一步保持盈利可持续增长的话，就必须大力发展代理基金销售业务；工商银行如果想吸引更多的中高端客户的话，就必须进一步稳定好我们的存款。大家要好好体会杨行长讲话的精神实质，贯彻落实到实际工作中去。另一方面是同业竞争日趋激烈的压力。包括四大行和中小股份制商业银行在内的各家金融机构都将个金业务作为竞争的焦点，大家都在拼市场，拼占比，你不发展，客户一旦被人家夺去，争揽回来的成本将无限放大。这些道理大家都知道，我在这里就不多讲了。

二、当前需要重点解决的几个问题

第一要解决好“思想”问题。制约个金业务发展的根本因素，我认为关键还是思想观念问题。刚才有5位同志的发言都讲到了观念问题，他们体会很深，因为观念问题是我们做好各项工作的前提，大家都谈得非常深刻，我完全赞同。思想问题不解决，业务就很难增长。比如在基金销售上，去年我们未能取得市场优势，尤其是我们的一些大行，销售规模与存款规模和市场地位不匹配，说明大行作用发挥的不充分。平心而论，我们的人员、我们的机构、我们的网点并不比其他行少，尤其是在城区，我们的渠道是占有优势的，但是业务市场并没有占到优势，其中的原因，值得我们深思。刚才，邢台分行王向东同志介绍了基金销售方面的经验，为什么在11家地市分行中，规模并不算大，资源也并不算丰富的邢台分行反而基金销售居市场占比首位呢？刚才他的发言我感觉已经充分说明了问题。他们有想法，有思路，有精神，有状态，有点子。我觉得讲得非常好，值得大家去认真的学习。大家不要不服气，一个行成功了，必然有他成功的道理在里面，我们应该虚心向邢台分行学习。为什么在同样的市场环境中，同样的政策环境下，各行的销售业绩差距会如此之大？大家要认真反思。最重要的还是思想观念问题，其次是能力问题，再次是管理者的精神状态问题，归根结底还是思想观念问题，是营销的意识问题。去年，全行销售基金305亿元，其中基本上是对个人客户销售的。对法人客户销售的基金只有区区6791万元，占全行代理基金销售额的0.22%。就是在这6700多万元对公销售中，邢台分行一家占了3210万元，接近50%，而承德、廊坊两家分行法人客户基金销售额为零，这说明什么问题？一分都没有。真的没有客户吗？不是那么回事情。这种情况，既反映出一些行对公理财思想重视程度不够，也反映出我们对公理财业务方面的不足，管理的不平衡，另外，交叉销售工作还没有真正开展起来，对现有金融产品的综合运用能力还有待提高。其实，很多优质法人客户也有是理财需求的，只是与个人客户相比，更倾向于投资流动性高、风险低的产品。针对法人客户的这些风险偏好，我们可以向其营销货币基金、债券型基金，还可以为客户设计包括基金产品在内的综合理财方案，这也是我们维护和竞争优质法人客户的有效手段。调查发现，在营销方式上，缺乏主动营销意识，坐等客户上门的现象仍然比较突出。大家看到了，刚才的几个行做得好，它就不是等客上门，都是有自己的套路，有自己的方法，有自己的营销目标，都是主动的、积极的营销，有一支好的员工队伍，有一种好的精神状态。如果等客上门，那么一个行的营销和业务要取得突破是不可能的。但是这些情况在基层还比较普遍。去年省行多次要求二级分行要组织营销团队，由行长、分管行长带队走访优质法人客户，营销基金。但是有的行只上报了营销团队名单，却没有采取实际的营销措施，一切都流于虚幻的形式，缺乏有效的执行力；有的行处的负责人也缺乏必要的推动和督导。以上种种说明，全行上下必须进一步转变思想观念，只有思想观念转变了，才能感到天地之宽，市场之大，市场营销才能收到好的效果。

第二要解决好方向问题。如何发展个金业务，我想，关键要抓好三个重点环节：一是抓好中高端客户占比。对市场的竞争，实质上是对客户的竞争，主要是对能够给银行带来丰厚效益的中高端客户的竞争，抓住了中高端客户就抓住了个金业务发展的关键。要强化中高端客户的营销，今年中高端客户要在去年的基础上增加20%，总量要突破100万户，该项指标作为指令性计划，各行务必完成，要分级下达，落实责任。二是渠道建设。每一个网点，每一个渠道都是我们开展竞争的窗口，决战的“堡垒”，必须突出抓好，利用好。在去年12月28日召开的个金会议上，我明确讲过，哪怕“拆房子卖地”，渠道建设工作也一定要有新突破。要集中省行、市行和支行三级财力，加快网点标准化改造步伐，尤其要补足对重点城市和重点区域网点建设的历史欠账。去年，我们规划了50家贵宾理财中心，已经建成的47家一季度要投入使用，发挥效益，没有建成的要抓紧完成。同时要抓好新增80家贵宾理财中心和100家标准化理财网点的规划建设工作。各行都必须制定实实在在的工作计划和措施，月底前报省行个金部。三是服务问题。从目前我行的服务质量情况看，一些网点的服务不尽人意，造成客户投诉、资源流失，严重影响了个金业务的发展。具体到细节上，既有由于管理不到位导致的服务效率低下问题，也有服务意识不够，目标客户维护水平不高，能力不强的问题。各级管理者必须高度重视服务问题，把服务当作立行之本，效益之源，各行行长、专业部门负责人特别是支行行长要经常跑网点，抓服务，要对辖内每一个网点的销售、管理、服务等情况心中有数，不能每天坐在办公室里“做官”。尤其是在座的支行行长，你们是搞经营的，不是做官的，坐在办公室里是要出问题的。基金销售为什么做不好？跟你们坐在办公室里有很大关系，不了解情况，不了解市场，就会出问题，就是这个道理。银行是企业，是企业就要搞经营，每个管理者都是营销人员，是客户经理，而不是官，这是个观念问题。这个观念大家一定要转变。要树立现代化商业银行服务理念，把客户满意与否作为衡量工作的标准，提升品牌，提升形象。要加强服务工作组织领导，充实服务工作管理力量，注重部门和整体联动，实施纵向和横向双线考核。服务工作很重要，今天上午给大家做了个考试，其实就是摸摸底，你们对上级行的经营政策到底了解多少，有没有认真地学习，晚上睡觉的时候有没有考虑工作，其实就是精神状态问题，是责任心问题。对现在基金销售差的行，可以下去搞调查，服务状态到底怎么样？老百姓认可程度怎么样？满意度怎么样？我认为也不会好。某一方面反映出的问题其实反映出的是我们整体的管理能力问题。必须要引起重视，作为管理者要如履薄冰，要有危机意识，我们不是在做官，我们是在搞经营。经营搞不上去，效益没有，位置是坐不住的，这个理念一定要有。另外，要进一步优化流程，简化操作环节，调整劳务组织，全面推行低柜制、一班制和弹性工作制、弹性工作时、弹性工作窗等形式，通过优质服务来取信于民，树立我行良好的社会形象。

第三要解决好动力问题。一是考核落实到位。去年10月份，省行下发了《关于对代理基金营销进行专项奖励的通知》，按销售额19‰的基准比例进行专项奖励。但是从目前了解到的情况看，有的行没有执行按月兑现奖励的要求，影响了员工营销积极性。没有奖励政策，给上面提意见说奖励不到位，工作没做好，提出种种理由，奖励问题、人员问题、环境问题等等。奖金给你了，又没有很好的从员工利益角度，从管理的角度去考虑问题。奖励也是一种管理，同样的奖励什么时候发，什么时候能够调动员工的积极性，能够推动业务的发展，都是很有讲究的。它既是一种管理，也是一种手段。有了钱不会花，说明什么问题？管理低下，管理粗放。员工没有积极性，很多问题都是管理者造成的，员工提意见都是有道理的。为什么现在下面有些员工积极性不高，队伍不够稳定，问题还是出在管理者。要从管理者的主观方面找原因，不能怨员工，问题出在我们自己身上。没有奖励提意见，有了奖励又不好好用，这就是一种粗放型的管理方式。管理粗放，碰到问题不善于动脑筋，怎么能搞好经营呢？业务数据怎么能上去呢？它是跟你的管理、跟你的状态紧密联系在一起的。最近，省行又拿出1700万元人力费用用于兑现去年代理基金营销攻坚战专项奖励，各行一定要抓紧时间统计奖励人员名单和营销业绩，并按要求及时兑现奖励。对基金销售拿出1700万元的奖励，这是从来没有过的。我们怎么样把这笔钱用好，来推动业务的发展，调动员工的积极性？不能耽误，必须按要求及时兑现到位。我在这里还要重申，今年代理基金营销继续执行按销售额万分之十九的专项奖励政策。各行要把这项政策传达到每位员工，并制定具体的分配方案。各二级分行要按月提供销售数据，按月兑现到人。在激励问题上，我们是花了血本的，各行一定及时兑现考核奖励。兑现的早与晚，反映的是管理理念问题。我要强调，你们没有及时把奖励兑现，反映的不仅仅是管理问题，更体现的是对员工的关心问题。什么是以人为本？以人为本要体现到我们管理的全过程，管理的方方面面。以人为本不是随便说的，都是有具体内容和内涵的，要体现出对员工的关心。同时又是一种管理的方法，一种管理理念。不及时兑现奖励，说明你没有动脑筋，没有很好地考虑问题，讲得难听一点，就是只考虑自己，没有考虑员工。早兑现就能更好的调动员工积极性，晚兑现就会削弱激励政策效能的发挥。对不按营销业绩奖励或奖励兑现不及时的，省行要对有关行和有关部门进行问责。二是多关心一线员工。当前随着新业务的不断推出，一线工作压力剧增，一线员工心理压力加大。各级机构负责人在抓业务发展的同时，要多关心员工，帮助他们切实解决实际困难，让员工感受到组织的温暖，感受到自身的价值。在座的所有领导都是从普通员工成长起来的。你们当了领导以后，要从员工的角度去考虑怎么去管理员工，自己当员工的时候是怎么希望领导对你们关心、爱护、呵护的，要换位思考。员工没有积极性，你的事业是不会出成就的，这也是以人为本。以自己为本肯定是不行的，一定要以员工为本，只有把员工的积极性调动起来，员工愿意工作了，你的行才有活力，业务才能发展，这才是以人为本。当前，我们也注意到，部分营业网点员工的积极性不高，存在这样或那样的不稳定情绪，我感觉到是可以理解的，问题还是我们领导工作没做好。一些大家普遍关心的问题省行已经向总行反映，或者正在着手解决。近期，省行正在积极研究柜员合同工的身份待遇问题、晋升通道问题，这件事必须引起大家重视。现在一线柜面有百分之八九十都是所谓的“柜员合同工”在做业务。怎样关心他们，维护他们的利益，调动他们的积极性，是我们要做好的。我在这里再次强调，各级行必须充分认识柜员合同工和所谓的“正式员工”只是用工形式的不同，大家都是合同工，在座的，包括我，都是合同工，没什么长期和临时的区分，都不是终身制。柜员工干得好，同样可以晋升；“正式工”干得不好，同样被淘汰。我一直在不同场合强调这件事情，人力资源部门要把所谓的“正式工”、“合同工”这种提法、这种待遇、这种管理、这种身份统一规范，都必须一视同仁，实现同工同酬。你们回去后可以大胆地去宣传，去解释。目前，人事部门正在研究具体办法，待研究决定后印发各行执行。

第四要解决好存款与理财产品的关系问题。一是存款营销和代理基金保险销售的关系。在去年 12 月召开的全行改革发展研讨会上，我们专门请二级分行一把手来，就基金与存款的关系问题进行了研究，经过讨论，大家统一了思想，达成了共识，一致认为基金和储蓄存款是同方向的，是相辅相成、相互促进的关系。刚才几个行的同志在会上作经验介绍，就是比较好地解决了基金和存款的关系，观念到位，认识到位，业务就上去了。为什么我们去年没有取得优势？就是思想观念出问题了，把代理销售基金、保险看成和存款是反方向的。所有介绍经验的行，都讲到思想观念问题，尤其是对待基金和存款的关系，思想认识到位了，结果就出来了。如果当领导的思想认识到位了，对我们的工作会产生非常正面的效应，业务发展会就会取得很好的业绩。反之，如果思想认识不到位，对业务发展就是一种制约、羁绊，成本是非常高的。所以领导的思想认识是不是到位，有没有好的精神状态，有没有责任心，对一个行的发展是至关重要的，有时是致命的。实践证明，包括基金、保险在内的各类理财产品都具有其特定的客户群体，销售保险与销售基金、储蓄存款增长都是并行不悖的。这一点，务请各位行长、经理、网点负责人向员工讲清楚。无论是基金和保险，还是其他理财产品，都是争揽客户、维护客户的一种手段。基金发展得好，销售的多，一旦市场环境变化，客户赎回的基金将大量转化为存款，你的行、你的网点存款增加的自然就多。如果一味担心基金销售影响存款，捂着，或者说惜售，客户不会买你的账。你不卖别人照样会卖，客户照样将存款取走，到别的银行买基金。有些同志为什么想不通呢？应该反思了！客户到其他银行买基金，你的手续费也落不着，连客户都丢了。没有客户、没有存款，你这个机构怎么生存，效益怎么增长，你这个行长怎么有地位呢？没有地位，人家看不起的。搞经营要有地位，要有实力，有效益，你当行长才有底气。不然是没有底气的，坐不住的，干脆趁早走人。所以，要高度重视代理基金、代理保险工作。随着国内社会保障体系的不断完善和居民保险意识的提高，商业保险的发展空间十分广阔。发展代理保险业务不仅能给我们带来手续费收入，而且客户在我行购买保险产品后，无论是分红、满期给付还是保险理赔，这笔资金都要回流到我行成为储蓄存款。所以说，储蓄存款是基础，代理基金是龙头，代理保险不可或缺。能否协调好三者关系，反映出管理者和营销人员的管理能力、营销能力，以及客户维护水平是否适应市场变化和需求。去年下半年我们开个金会议，我统计全省还有 20 多家支行没有做代理保险业务。理由很多，有的说不知道，有的说保监局没批准等等。另外，从宏观政策看，目前的存款准备金率经过 2007 年 10 次上调后，已经处于历史的高点，但是有分析认为 2008 年国家为了收紧流动性，还有可能继续上调存款准备金率，如果出现这种情况，银行对存款的需求会加大。虽然我行现在的存贷比不高，资金比较宽裕，但也要未雨绸缪，考虑宏观形势变化后资金的来源问题，从这个角度讲，代理基金业务可以成为我们的资金蓄水池，更值得重视和关注。在今天发言的几个行，基金、保险业务都做得比较好，储蓄存款增长也不会差。基金做的最差的行，储蓄存款也不会好。我不是危言耸听，实践充分说明了这一问题。我们必须深刻反思，采取措施，要以一种如履薄冰的危机感来扭转局面。

二是任务指标和市场占比的关系。两者是辩证统一的关系，但占比更能体现工作成效和价值。因此，各行落实今年的营销任务时一定要突出市场占比。2008 年证券市场的发展确实存在较多的不确定因素，可能会影响基金营销工作。600 亿元的营销任务只是参考数，关键是看同业占比。如果市场形势像 2006 年、2007 年一样，大牛市，我们还有可能销售的更多，超过600亿元也是有可能的。如果市场形势不好，各家银行都会受到影响，即便任务完不成，但是同业占比要表现出来，全省的要求就是首位。二级分行第一位的要确保首位，扩大优势，第二位的要前移，第三位的也要前移，第四位的更要前移。位次前移了，任务没完成，市场占比取得优势，照样没问题，最后还是用市场占比来说话。关键看我们的市场竞争力如何，这是最关键的，其它都是次要的，任务数是参考数。任务的作用是为了推动业务的发展，占比的提高，市场竞争能力的提升。任务数是一种管理方法，管理手段，这也是一种观念。如果任务下达不好，专业管理下了个很低的基数，岂不是制约了业务的发展？它不是成了我们业务发展的瓶颈了吗？任务是为提升竞争力，提升占比服务的，它是一种手段，一种方法，不是最终目的。所以你下达的任务数必须是先进的科学的数据。低水平的，不符合竞争要求的，不符合市场环境发展要求的数据，尽可能不下。这种低水平的专业管理，或者低水平的数据，对业务发展不是推动，反而是一种桎梏、羁绊和制约。任务下高了只是一种管理手段和方法，环境变化了以后，任务没完成达，竞争力就提出来了。如果我们下达600亿元，最后完成500亿元或者400亿元，只要占比第一就没问题。对这个关系我们必须有清醒的认识。它体现的是市场竞争力、同业占比是我们衡量一个行工作成效的重要标准，希望大家好好把握这个原则，不要在乎任务多或少，最后的实质问题还是市场竞争力和市场占比，大家一定要有这种观念。

三、要下大决心、花大力气抓好执行力建设

我在不同场合讲过，业务经营表面看是数字问题，实质上是管理问题。刚才霸州支行的行长也谈了这个观点，经营是数字问题，实质是管理问题，或者说是人的问题，再说得具体点，就是执行力问题。许多工作并不缺乏思路、想法、制度、措施，关键是落实不到位，说的与做的差距太大，说的一套，做的一套，自己讽刺自己，自己看不起自己。以会议贯彻会议，以文件贯彻文件，没有与本行实际结合，甚至有些行会议开过了、精神传达了、就算完事，这就是为什么我们有些行的业务发展指标上不去的主要原因。因此，下一步我们要着力抓好个金业务的执行力建设，说了算，定了干，做就要做好。今年，我们要抓住不落实的事，要追究不落实的人。

一要抓客户经理队伍建设。这里明确，一季度新增300名个人客户经理必须到位。各行人力资源部门和个金部门要密切配合。人员配备由人力资源部门负责，业务培训、考核、管理由个金部门负责。新增个人客户经理要定人、定岗，实行档案管理。人员一经确定，未经二级分行人力资源、个金部门联合审查并报省行批准，不得调整。对这项工作检查4月份完成。人员配备我们等不起，也拖不起，必须做好。

二要抓旺季营销。各行要以抓代理基金、代理保险营销和储蓄存款增长为重点，切实做好当前旺季营销工作。一季度的工作是在为全年业务打基础，树方向。一季度抓不紧，全年工作都会处于十分被动的局面。去年我们代理基金营销抓晚了，今年必须早动手，抓落实，为全年工作开好局，起好步。各行一把手要亲自过问旺季个人金融业务，多听汇报，多指导督促，多检查落实，要重视经营结果，也要参与和关心过程。对如何做好旺季工作，在全行个人金融业务工作会议上，省行已经提出明确要求，比如，要求各行制定“双节”期间营销方案，对大企业、政府机构进行名单式、拉网式、地毯式营销，这项工作必须落到实处。各二级分行、各支行行长、分管行长、各行个金、公司、机构、消费信贷、结算与现金管理等部门负责人要分工负责，主动走访当地优质法人客户和私人银行客户，上门营销。从下周至春节前，各支行应该每天向二级分行上报支行行长、分管行长走访客户情况；各二级分行每天向省行上报二级分行长、分管行长走访客户情况，省行将定期编发旺季营销简报。有关部门要在春节前组织人员到各行进行调研督导，实地察看各行营销方案落实情况；同时，加强主要业务数据监测，及时监督各行的营销效果。

确保提前超额完成工银全球基金代理发行工作。工银全球基金是我行2008年代理发行的第1只基金，也是我行2008年代理基金营销的开局之战，对全年代理基金营销能否实现同业首位具有非常重要的意义。1月4日省行向各行行长、分管行长、个金部门下发了关于进一步加大工作力度，加快销售进度的督促函。前天，杨行长在总行的视频会议上也作了专门的动员。从目前各行情况看，承德分行反应比较迅速，连夜部署，措施有力，效果明显，目前销售额和完成率均居全行首位，销售额远远超过了其他二级分行，前面批评了承德分行，现在是表扬，批评和表扬都要实事求是。省行重申，本只基金的5亿元营销任务是指令性计划，各行要拒绝理由，确保完成。

三要抓责任落实。个金工作抓的好不好，关键在于管理者有没有责任意识，对个金工作重视程度如何。从2007年全辖各支行代理基金销售情况看，城区支行中销售额最高的达到8.29亿元，最低的只有670万元。两者相差120多倍。县支行中销售额最高的达到8.19亿元，最低的只有950万元，相差80多倍。当然这其中有客户资源、网点资源不均衡等因素，但即使是单一网点的支行，在2007年上证综合指数上涨96.66%、深圳成指上涨166.29%，股票型基金的平均收益率达到128%的市场环境下，在全行对基金营销从年初抓到年尾，9月15日又开始打攻坚战的情况下，这样的销售成绩无论如何是说不过去的。虽然有客观因素，但是我觉得更多的体现了一个管理者的工作责任心问题。今天省行专门请了21个代理基金业务发展落后的支行参加现场会议，共同分析原因，查找对策，制定目标，限期完成。如果到期这些支行的代理基金业务不能达到目标，省行将责令二级分行对这些支行进行问责。

加快经营战略转型 提升同业竞争能力 全力打造省内第一零售银行

中国工商银行黑龙江省分行 李久新

一、2007 年个人业务发展迈上了一个新台阶

全行坚持“以客户为中心、以市场为导向、以效益为目标”的经营理念，按照总行“打造第一零售银行”的战略部署，以提升同业竞争力为目标，大力开展个人产品整合营销，努力提高多渠道服务水平，全力竞争优质客户，全行个人业务获得了持续快速发展。

（一）个人业务盈利能力明显增强

前三季度，按照业绩价值系统的统计结果，全行个人产品实现利润达 6.9 亿元，占全部产品利润的 61%，有 7 家分行超过 50%，分别是省行营业部、齐齐哈尔、佳木斯、大庆、双鸭山、绥化、黑河分行，全行网均利润达 113 万元。截至 11 月末，全行实现个人中间业务收入 4.63 亿元，占全部中间业务收入的 71.7%。其中个金实现中间业务收入 4.16 亿元，同比增长 122%，完成全年计划的 146%；银行卡实现中间业务收入 2806 万元，同比增长 27%，完成省行计划的 90%，完成总行计划的 66%；电子银行实现中间业务收入 1876 万元，同比增长 60.3%，完成全年计划的 93.8%。

（二）各项业务协调快速发展

前 11 个月，全行个人理财产品销售额达 274 亿元，同比增长 270%，完成总行计划的 343%。其中，仅代理基金销售就达 247.8 亿元，同比增长 6 倍，在总行基金业务排名中，手续费收入和定投开户排名第 5，申购额排名第 6，赎回额排名第 8，存量排名第 10，均高于辽宁、吉林分行。个人贷款余额为 85.85 亿元，较年初纯增 9.19 亿元，完成总行全年计划的 306%，增量同业占比第一，居东三省首位，全省有 11 家二级分行实现了较年初正增长。

（三）产品结构、业务结构和利润结构持续优化

今年以来，全行银行卡发卡量快速增长，以卡代折效果明显：截至 12 月 19 日，信用卡存量为 45.92 万张，同比增 17.75 万张，完成总行计划的 127.6%，新增发卡为 21.6 万张，新发卡启用率 54%，与吉林持平，高于辽宁及全国平均值 6 个百分点；信用卡消费额为 34 亿元，同比增 10 亿元，完成总行计划的 121%，卡均消费 7542 元，高于全国平均值 793 元。截至 11 月末，灵通卡存量达 427.6 万张，新增发卡 130 万张，同比多发 42 万张，完成总行计划的 171%；灵通卡消费额达 46.8 亿元，同比增 29.5 亿元，完成总行计划的 134%；灵通卡实现中间业务收入达 3895 万元，同比增 73%；在前三季度总行灵通卡业务排名中，存量卡年费收取比例、e 时代卡数量占比两项指标排名第 1，动卡率、新增卡 e 时代数量占比两项指标排名第 4，收入计划完成率排名第 5，总分排名第 10，高于吉林 3 个位次，高于辽宁 7 个位次。为进一步扩大银行卡业务市场，我行与中石油合作在全省发行了“牡丹中油联名卡”，与大庆人寿保险公司合作发行了“牡丹人寿联名卡”，与国泰君安合作发行了“牡丹国泰君安灵通卡”，还启动了省级财政预算单位公务用卡项目试点，增强了我行银行卡业务的竞争力。全行电子银行和自助银行业务发展迅速，多渠道服务水平明显提高：前 11 个月新增企业网银客户 9706 户，其中证书客户 6459 户，存量分别达到 2.33 万户和 1.07 万户；新增个人网银客户 43.86 万户，其中“U 盾”证书客户 14.23 万户，存量分别达到 84.34 万户和 15.82 万户，电子银行业务占比已达 29.7%；个人网银动户率在全国排名第 1，高于吉林 6 个位次，高于辽宁 22 个位次。前 11 个月，全行 ATM 单台日均业务量最高达 305 笔，平均为 246 笔，起到了良好的业务分流作用。以理财为重点的个人中间业务、个人贷款业务利润占比明显上升，二者之和已达 51%，表明我行个人业务转型取得了明显成效。

（四）优质客户竞争力和同业竞争力显著提高

年初以来，全行配备了 882 名个人客户经理，其中 66 人取得金融理财师资格，升级改造了 30 家贵宾理财中心，推广了 50 家 4.0 版本理财中心和 63 家理财网点，大力推广非现金柜台营销，网点美誉度有较大提高。在“您与工行牵手，工行助您理财”市场营销活动中，全行大力开展“扫楼工程”，成立了 260 个营销小分队，深入近 2 千家目标单位上门定向组合营销，营销客户超过 40 万人次。各行还以分行、支行为单位举办多层次“理财大讲堂”，宣传推介我行先进的理财产品、银行卡产品和电子银行业务，积极培育、竞争他行优质客户，个人产品整合营销能力明显增强，优质客户群体不断壮大。截至 11 月末，我行资产 5 万元以上优质客户达 60.4 万户，较年初增长 3.3 万户，其中资产 20 万元以上优质客户新增 11438 户，优质客户数量占比为 7.1%，资产额占比高达 73.2%。理财金账户客户数达到 4.76 万户，新增 2.2 万户。个人贷款增量重新跃居同业第一。银行卡发卡量、消费额，电子银行开户数、业务量等指标均稳居同业第一。截至 11 月末，我行信用卡存量市场占比 36.6%，是第二位建行的 1.9 倍，信用卡消费额市场占比 56.3%，是第二位中行的 2.8 倍；企业网银

客户数是建行的7倍，个人网银客户数是建行的2.3倍，企业电话银行客户数是建行的5.9倍，个人电话银行客户数是建行的1.1倍，手机银行开户数是建行的28倍，电子银行交易额是建行的2.8倍，电子银行手续费收入是建行的9.4倍。

（五）个人业务营销风险防范能力进一步增强

全行顺利完成了多项个金、银行卡、电子银行等系统版本的投产推广，分层次组织了“业务操作指南”培训，进一步加强了反洗钱管理，认真开展了“重要经营管理事项检查”，强化了个人客户经理管理，信用卡180天以上不良透支率为2.2%，控制在了总行规定的比例之内，全行个人业务营销风险防范能力进一步增强，全年未发生重大个人业务经济案件。

二、个人业务发展面临的形势和总体要求

今年以来，随着宏观经济的变化，资本市场持续升温，基金等理财产品热销，同业竞争加剧，在这种背景下，个人业务也存在许多需要反思的新矛盾和新问题。

（一）个人业务发展存在的主要问题

一是部分行没有站在“求生存、谋发展”的高度认真分析本行经营现状，实施战略转型，导致个别指标丧失同业竞争优势。我行信贷资产规模偏小，不良贷款比例偏高，法人客户信贷业务停牌和取消资格的分行偏多，如何实行经营战略转型、寻求新的收入增长点，是一个亟待解决的课题。很多行能顺应形势，适时调整思路，按照总省行部署，积极实施个人业务的战略转型，很快打开局面，初步确立了第一零售银行的优势地位。但有的行，在打造第一零售银行思想认识、工作措施及工作力度上均存在差距，反映在市场竞争力上出现了下滑，储蓄存款与理财产品营销的同业优势被建行取代。如截至11月末，有的行储蓄存款负增长较多，营销基金与存款合计额16亿元，而同一市场的建行，储蓄存款与基金营销额合计达103.6亿元，建行是我行的6.4倍。

二是部分行没有从提升同业竞争力、打造第一零售银行的高度配置经营资源，导致优质客户竞争力不强。主要体现在：1. 网点建设滞后，且多数网点没有实行功能分区，简单业务和复杂业务一起办理，降低了服务效率；客户没有实行分层服务，优质客户没有得到应有的重视和礼遇，普通客户驱逐优质客户的现象时常发生；低效业务不分流，占用了大量柜台资源，挤压了优质客户服务空间；对新开发的城市区位中心网点没有及时跟进。2. 人员配备不足，业务素质不高。个人业务岗位普遍存在人员紧张，窗口开不满，客户排队时间长等问题，特别是个人客户经理队伍数量不足、质量不高，按照现有优质客户测算人均应维护客户900余户，远远超过总行300户标准，影响了优质客户的竞争维护能力。3. 机制建设滞后，资源配置不合理。对个人业务营销尚未完整形成一套统一高效、科学合理的激励机制，激励力度和员工的劳动强度及业绩不相匹配，影响了营销人员和柜员的积极性。有限的营销资源没有体现出向重点业务领域和重点客户倾斜，影响了职场营销的广度和深度。

三是部分行没有站在统一客户视图的高度开展产品整合营销，导致部分业务处于低水平运行，可持续发展能力不强。部分机构依然存在着盲目的低层次营销和多头、分散营销的状况，特别是在发挥全行个人金融网点强大分销零售优势，加强信用卡“产品进点、服务进区、功能进柜”工作，提高电子银行证书客户与我行存量客户占比等方面还有很大潜力。如2006年下半年至今，我行信用卡发卡量翻了一番，但卡均存款、卡均收入均较同期呈下降趋势，形成了市场扩张与效益提升未能均衡发展。再如企业网上银行动户率偏低，截至11月末，证书版企业网银动户率为49.3%，居全国末位，普及版企业网银动户率为54.7%，全国排名27位，居辽宁、吉林分行之后。这说明我们的售后服务没有及时跟上，产生了大量睡眠户。个贷业务，在总行调整住房贷款与消费贷款业务结构的情况下，由于我行自身在对纯按揭项目准入上的限制，我行在竞争个人住房贷款上处于劣势。

（二）加快个人业务发展的总体要求

目前，从内部讲，我行信贷资产规模、不良贷款比例、业务停牌等因素制约着法人信贷业务的发展；从外部讲，我省优质法人客户信贷资源较少，随着国内资本市场的快速发展，直接融资渠道拓宽，法人信贷业务市场空间将受到压缩。在这种情况下，更迫切需要寻找新的收入增长点。个人业务具有非常好的成长性，已成为商业银行竞争的焦点。而我行拥有同业最庞大的客户资源、最先进的业务系统、长期积淀的品牌价值、遍布全省的网点渠道和一支高素质的专业队伍，发展个人业务的条件得天独厚。因此我们要在个人业务上举全行之力，以佳木斯现场会提出的“九个第一”为目标，不遗余力地打造省内第一零售银行。省行党委确定2008年全行个人业务发展的总体要求是：以优质客户为中心，以提升同业竞争力为目标，以理财业务为依托，以完善机制建设为动力，加强理财中心建设和电子银行业务推广，努力提高多渠道服务水平，加强个人客户经理配备，大力开展职场营销，全力竞争优质客户，促进个人存款和理财业务、个人贷款业务、个人中间业务的协调快速发展，努力建设省内客户结构最好、品牌知名度最高、核心业务规模最大、创利能力最强的零售银行。力争用两年左右时间全面实现打造第一零售银行的战略目标，08年各行所有未拿到同业第一的指标均要实现保二争一。

三、努力开创2008年个人业务发展新局面

2008年是实施第一零售银行战略的关键年，全行要加快经营战略转型，努力提升同业竞争力，巩固和扩大个人业务市场份额。个人业务各项经营目标是：

1. 储蓄存款+理财产品营销300亿元，同业占比达到第一；其中储蓄存款增长28亿元。

2. 个人贷款营销30亿元，净增6亿元，增量同业占比保持第一；信用卡不良透支占比控制在总行核定标准以内。

3. 个人中间业务收入5.7亿元，同业占比达到第一；信用卡实现业务总收入8600万元，中间业务收入3500万元；电子银行业务收入突破2000万元。

4. 个人优质客户增加9万户，同业第一；其中发展理

财金账户客户1.55万户。

5. 2007年建成并投入使用的30家贵宾理财中心品牌美誉度同业第一。

6. 配备专职个人客户经理1380名。

7. 信用卡存量达到80万张，交易额达到45亿元；灵通卡新增发卡65万张，交易额达到70亿元。

8. 新增企业网银客户1.02万户，存量突破3万户；新增企业网银证书客户8000户，存量达到2万户；新增个人网银客户50万户，存量突破130万户；新增个人网银"U盾"证书客户20万户，存量突破35万户；新增电话银行企业客户1500户、个人客户25万户；新增手机银行客户10万户；电子银行交易额13500亿元，其中网上银行交易额12100亿元；电子银行业务占比提高到38%。

9. 个人结算业务量同比增长20%。

10. 网均效益提高10%。

为实现上述目标，全行要重点做好以下两项工作：

（一）以同业市场占比为导向，提升第一零售银行核心竞争能力

1. 以提高战略执行力为出发点，全面推进零售银行业务两化改革

2008年，要在总行的统一部署下，逐步在所有二级分行完成零售银行业务"专业化经营、系统化管理"改革工作。一是实行零售银行业务专职副行长制度。在分支行逐步实行零售银行业务专职副行长制度，专职副行长分管所有零售银行业务，协调各相关部门，加强资源配置和业务发展的协同，并对全部零售银行业务利润负责。省行要求2008年年初这一制度就要落到实处。二是健全组织架构。在分行个金部门组建五大内设职能中心，配备高素质人员，建立起个金、银行卡、电子银行等零售银行业务统一营销平台。三是建立双重管理、双线考核机制。各行要拿出一定比例的人力费用和营销费用，按照"条块结合、以条为主"的考核原则，对支行行长、主管行长、网点负责人、个人客户经理进行挂钩考核，实现分行个金部门与支行共同对网点零售银行业务和个人客户经理进行双重管理、双线考核，强化分行层面对支行/网点个人业务营销的监督力度。四是重新确立支行经营定位。法人信贷业务停牌或优质法人信贷资源匮乏的支行特别是县级支行经营定位要转移到个人业务上，县支行营销部门要有80%以上、城市支行营销部门要有不低于70%的人员负责个人业务及营销工作。省行将对各行"两化"改革工作进行检查评估，结果将纳入分行行长绩效考核指标体系。要通过改革，切实提升零售银行战略执行力，逐步形成对零售银行业务科学合理的绩效考核体系和资源配置，进一步提升我行零售银行业务的服务水平、价值创造能力和市场竞争力。

2. 以提高服务效率和品质为出发点，加强渠道建设，推广电子银行服务

一是建设差别化网点，实施客户分层服务。要树立和强化网点的效益意识、客户意识、营销意识、服务意识和竞争意识，加强对优质客户的营销和服务。在网点建设上要继续坚持大所战略，新建、改建、迁址、合并等多种手段并用，特别是对新形成的城市区位中心，要迅速跟进抢占有利地段，将阵地延伸到优质客户群体中。要按照网点功能、业务规模、客户资源、服务能力等方面的差异，构建贵宾理财中心、理财中心、理财网点、金融便利店等多层次网点结构布局。网点内部要实行功能分区，现金业务和非现金业务分开处理，简单业务和复杂业务分开处理，提高业务处理效率，强化理财产品营销效果。2008年全省要新建和推广55家贵宾理财中心、10家理财中心、30家理财网点，总省行拿出的费用将重点改造贵宾理财中心，各行也要挤出一部分费用，重点改造理财中心和理财网点，将这些网点打造成同业同类网点中美誉度最高的网点。要抢前抓早，早规划、早建设、早见效、早受益。在强调硬件建设符合标准的同时，要重视软环境建设。理财中心运营管理要严格执行4.0版本的核心竞争力项目优质客户服务流程，做好识别引导、接触营销、业务处理及关系维护四个环节的衔接，探索建立一套高效合理的考核激励机制，通过捆绑考核、分成激励等手段促使柜员、大堂经理主动识别优质客户并推介给客户经理，形成客户经理、大堂经理、柜员密切协作关系，共同竞争和维护好优质客户。

二是大力加强电子银行及自助银行建设，强化业务分流，构建起立体交叉的多渠道服务体系。1. 加强电子银行示范服务区建设，提高示范网点占比，发挥演示区作用，强化柜面业务分流效果。2. 推广应用分行特色业务平台。一要推广应用个人住房公积金查询业务；二要投产推广企业住房公积金查缴业务；三要投产推广财政罚没系统。3. 建立电话银行呼出中心，推广电话银行外拨及呼出业务。发挥电话银行外拨及呼出业务成本低、效率高的特点，对不同层次客户群体采取有针对性的营销服务，通过亲情问候、唤醒睡眠户及不动户、对重点客户进行定期回访等手段提高客户对我行的依存度与忠诚度。4. 大力加强自助银行建设，强化小额现金业务、低效缴费业务、简单查询业务的分流引导，持卡客户凡能使用ATM和自助终端办理的业务均应引导分流到自助设备。

3. 以提高优质客户竞争力为出发点，加强营销队伍建设

一是加强个人客户经理队伍建设。2008年全行要保质保量配齐1380名个人客户经理，其中大堂经理380名、理财经理350名、营销经理650名。少配个人客户经理，将增加一定的个人业务考核指标，同时对考试不及格且业绩不达标的客户经理，应予调整。为提高个人客户经理队伍质量，省行将每半年对全省个人客户经理，按照不同岗位分别进行综合测试考评，实现客户经理能上能下、能进能出。个人客户经理要承担个金、银行卡、电子银行等所有零售银行业务和产品的营销职能。

二是加强优质客户维护体系建设。要建立行长、主管行长、个金营销负责人、网点负责人、个人客户经理由高到低分层次的优质客户维护体系。各级行行长，要亲自组织安排优质客户营销工作，在人财物等方面给予倾斜。主管行长要亲自参与营销方案设计和营销活动策划，深入网点，贴近柜员，直接工作在第一线。支行领导和网点负责人要落实"第一营销员"职责，在竞争优质客户上当好排头兵、演好主角。个人客户经理要主动根据客户理财需求及风险偏好，做好理财规划设计和后续跟踪维护。2008 年所有支行都要实行行长坐班制，支行行长和零售专职副行长每周都要在一线坐班，行长不少于 1 天，专职副行长不少于 2 天，以便更好地了解和指导个人业务的营销。

三是大力开展竞争优质客户活动。一要继续全面深入开展职场营销。各行要按照省行统一的营销版本，锁定优质单位，锁定“高收入、高职位、高学历”的优质客户群体，开展“扫楼工程”，将“理财大讲堂”办到客户中，继续倡导“1131 链式营销模式”，降低营销成本，提高定向组合营销效果。二要做好存量优质客户的维护。一方面，要通过个人客户关系管理系统（PCRM），提炼出优质客户信息，开展好定向营销；另一方面，要运用好个人客户营销管理系统（PBMS），为优质客户提供专业的理财服务和持续的情感维护，避免客户流失。三要积极竞争他行优质客户。要动员全行员工，深挖关系，广寻线索，拓展优质客户市场空间。

4. 以提高产品综合竞争力为出发点，大力开展整合营销

在个人业务市场开拓上要坚持重点突出、全面发展原则。在综合考虑客户风险偏好与理财需求基础上，从资产综合配置和全面理财规划角度协调发展储蓄存款、代理基金、保险、国债以及我行自营的本外币理财产品和第三方存管、外汇买卖、黄金买卖等业务，在营销上要做到“业务重点突出、掌握客户需求、产品按需营销、利弊讲解到位、风险分散控制、银行客户双赢”。

（1）拓展存款业务市场

各行要高度重视储蓄存款的基础地位，主要从三个方面开拓存款市场：一是传统的代发工资市场，积极竞争存款留存率高的优质代发工资单位。二是个体私营业户市场，这是活期存款的稳定来源。三是收入较高、投资意识不强、风险承受能力较差的客户群体，这是定期存款的主要市场。

（2）拓展个人中间业务市场

一是代理基金、保险、国债等代理业务市场。在代理基金营销上，要继续将基金营销与行长经营绩效考核挂钩，锁定优质客户群体加大“基金定投”、“利添利”业务的宣传，兼顾新老基金营销，培育稳定的基金投资群体。在代理保险营销上，要继续在全省开展“财富人生，保障一生”保险营销活动，要适应市场变化加快保险产品结构调整，加强保障型、万能型和投连型产品营销，扩大期缴占比，以交强险为重点加强财险营销。在代理国债营销上，要利用国债固定收益、低风险的特点，满足客户多元化投资需求。

二是我行自营的本外币投资理财业务市场。要突出我行本外币理财产品风险较低、收益稳定、滚动发行、领先创新的优势特点，锁定风险偏好保守、追求稳定收益的客户群体做好定向营销，高频率、大规模持续滚动发行，提高市场影响力。要加强与证券公司合作，下大力气争取第三方存管业务市场，全力竞争证券市场优质客户。要促进个人外汇买卖、个人结售汇、个人外汇汇款等个人外汇业务快速发展。积极向高端客户宣传营销“黄金买卖”等新的投资理财业务，拓宽我行理财产品线。

三是个人结算业务市场。要突出我行个人汇款平台支持本外币、本异地、本他行的强大功能，锁定物流业、批发业等私营企业及外来务工人员、大学生等目标群体开展定向营销，并引导客户使用电子银行及自助设备办理结算业务，降低我行成本。对大额汇款及高频率汇款客户要建立个人汇款优质客户档案，实行跟踪服务，稳定客户。

（3）拓展个人贷款市场

一是以个人住房贷款为重点，打造“幸福贷款”品牌形象。要按总行要求调整优化个贷结构，加大对房地产开发商等中介机构的营销力度，积极引进经营规范、信誉良好、在行业中有影响力的合作机构，争取更多的按揭资源，以一手房按揭贷款为主，并积极拓展二手房贷款市场，带动个人贷款业务健康发展。要充分利用网点渠道、媒体渠道、春秋两季房展会等合作机构渠道强化“幸福贷款”品牌营销。

二是坚持市场营销和风险防范并重。营销、审批、贷后等各相关部门要密切配合，将各个环节的风险防范工作做实、做细、做透，切实防范内外原因造成的“假按揭”、“假个贷”。

（4）拓展银行卡业务市场

一是贯彻落实董事长关于“举全行之力推动信用卡业务的大发展，实现发卡量、消费额和收益的更快增长，牢固树立中国第一信用卡银行的市场地位和品牌形象”的指示精神，发挥各级行领导及各业务部门的组织推动作用和整体营销作用，调动网点员工的积极性，加速扩大信用卡市场规模。坚持规模与质量、市场与风险的协调统一，巩固信用卡发卡量、消费额两个核心指标的同业领先优势，推动信用卡业务更好、更快、更强发展。1. 发挥我行网点优势，整合信用卡零售营销渠道，构建完整的标准化营销组织框架和激励机制，增强信用卡零售渠道营销能力。全面落实总行信用卡“产品进点、服务进区、功能进柜”的工作要求，有效利用我行个人客户资源，大力营销中高端客户，力争个人中高端客户渗透率达到 20% 以上，进一步优化信用卡客户结构。2. 加强联名卡项目研发工作。省行将积极筹划与省网通公司合作发行牡丹网通金色俱乐部联名卡工作，争取明年在全省发行“牡丹网通”联名卡。各行也要将开发联名卡工作纳入明年的工作重点，哈、齐、牡、佳、大庆五个行 2008 年至少要做成一个具有一定规模的联名卡项目，其他行要因地制宜地开展项目发卡。3. 大力推广公务用卡。各行要牢牢把握财政公务用卡营销的主动权，做好本级财政预算单位公务用卡的营销推广工作，本地公务卡市场占比要达到 40% 以上。4. 快速拓展收单市场。各行要本着抓大不放小的原则，大力竞争高端收单市场，扩大中低收单商户的覆盖面，围绕与百姓密切相关的衣食住行等领域全面开拓收单市场，打造安全、高效、涵盖面广、盈利性强的特约商户网络。5. 积极推广分期付款业务，扩大良性透支规模，拓展信用卡增收渠道。6. 大力开展有奖促销和积分兑换活动，激励为我行做出贡献的持卡人，吸引更多的人领卡、用卡。

二是继续大力开展“以卡代折”推广工作，重点宣传灵通卡“一卡多账户、一卡多功能”的强大理财功能，以优质代发工资业务批量办卡为重点，以中油联名卡和证券联名卡为突破口，以刷卡消费促销活动为平台，加强灵通卡与电子银行、自助银行渠道的捆绑营销，积极拓展中端优质客户群体。

（5）拓展电子银行业务市场

一是加强与省中小企业局合作，对中小企业客户逐户开展电子银行产品营销。二是加强与省地税局合作，努力促成所有企业社保基金通过我行网银申报及缴纳工作。三是深入开展对全省农发行及其辖内企业和农发行员工的电子银行业务营销活动，力争将全部农发行企业客户，开立我行结算账户，并开通企业网上银行等电子银行业务。四是加强对保险等个人客户拥有量较多的行业客户开展电子银行营销，大力推介通用缴费、电子商务、企业财务室、收费站等业务产品。五是细化电子商务、银企互联、通用缴费等重点业务发展流程，广泛搜索高收益的电子商务网站及银企互联、通用缴费客户，寻找上下有关联的企业、政府、机关、社团或个人客户，扩大客户群体。六是加强新开户客户的捆绑销售。对新开户客户，力争将新增灵通卡和信用卡客户的40%以上开通个人网银“U盾”证书业务，新增企业对公客户的50%以上开通企业网银证书版业务，此项标准要纳入支行行长、网点负责人的绩效考核中。

（二）改革优化激励机制，激发个人金融营销渠道与队伍的创造热情

一是建立“九个第一”的奖罚机制。省行将对二级分行行长、主管行长、个金科长拿出一块费用，每人按3万元标准考核“九个第一”的实现情况，按权重不同对每个已实现第一的目标兑现相应的奖励，未实现第一的目标进行扣减。各二级行也要参照省行做法对辖属支行进行考核。

二是建立网点直通式考核机制。省行拿出420万元的人力费用，在全省选取50家网点进行直通式考核，重点考核优质客户、资产总额、个人中间业务、牡丹信用卡以及个人网上银行等指标完成情况，并对排名前30家网点兑现一定比例人力费用奖励。

三是建立竞争优质客户的奖罚机制。省行将对新增资产5万元至20万元的优质客户，每户给予30元的奖励，新增资产20万元至100万元的优质客户，每户给予80元的奖励，新增资产100万元至1000万元的优质客户，每户给予500～5000元的奖励，新增资产1000万元以上的优质客户，每户给予5000元的奖励；同样，对优质客户不增反降的，也按一定标准扣减工资或绩效。考核奖励细则尽快制定下发。

四是建立个人客户经理业绩考核机制。按大堂经理、理财经理、营销经理的职责，建立以业绩为主要内容的考核激励机制。对营销客户经理和理财客户经理将按照个人资产增加额的1‰兑现奖励。对省行级客户经理实行等级制，根据业绩分别兑现所在二级分行副行长和行长级工资及车补等福利待遇。

五是建立“量化到产品、奖励到个人”的纵横协调的奖励机制。要建立起支行对网点以及网点内部纵横协调的激励机制，对个人业务的每项产品都要量化计价考核，对个贷、银行卡、理财金账户、存款+理财产品（1+X）、电子银行等重要产品要设立专项奖励，按营销业绩兑现，将营销业绩与激励分配进行深入全面挂钩。为调动营销人员积极性，2008年将实行专项奖励自报预拨办法。

六是建立点面结合的培训机制。要建立起省行、二级分行、支行、网点四级培训体系，倡导自我学习，加强系统化培训，鼓励专业化培训。省行将主要以“面对面”现场培训方式为分行培养师资力量。分行既要做好集中的面对面培训，又要深入各支行进行培训。支行/网点要定期进行班后集体学习，并鼓励员工通过自学提高业务素质。分行要从教育经费中拿出一块培训费用，采取银行、个人共同负担，考试取得相应证件后报销个人预支费用，继续鼓励优秀个人客户经理参加金融理财师AFP/CFP的培训，不断壮大金融理财师队伍，全面提升优质客户服务水平。

加快提升个人金融业务市场竞争力
全面实现打造湖北第一零售银行阶段性目标

——陈新民同志在湖北省分行个人金融业务工作会议上的讲话

一、总结成绩，正视差距，增强提升个人金融业务核心竞争力的紧迫感

2007年，全行个人金融业务以打造湖北第一零售银行为目标，围绕省分行党委提出的“三年进中等，五年争上游”的工作要求，进一步转变观念，深化改革，加快推进增长方式和经营模式的转变，多项经营指标取得了新突破，工作成绩显著。一是进一步探索新的管理体制，积极扩大“两化”改革试点，个人金融业务对全行的贡献度不断提升；二是主动适应市场发展，积极主动发展个人投资理财业务，促进个人金融资产业务快速增长；三是进一步理顺个贷营销管理体制，深化个人信贷业务营销标准化建设，个人贷款出现了近几年来少有的快速增长态势；四是依托核心产品，巩固传统业务品种优势，不断拓展增收渠道，个人中间业务实现了新突破；五是全面开展整合营销，牡丹灵通卡、个人客户第三方存管业务、离柜业务等方面均取得了良好的营销效果；六是着力构建中高端客户服务平台，大力开展理财金账户服务升级，加快贵宾理财中心建设步伐，努力构建“六专”服务体系，多层次的服务渠道不断完善，个人客户结构进一步得到优化；七是加强对个金业务操作风险的防范，实现了个金业务无重大事故、无案件的目标。

在充分肯定成绩的同时，我们更应该清醒地认识到，目前我行个人金融业务的转型尚在起步阶段，总体竞争能

力弱化，主要业务市场份额下降，个金业务在发展中落后的问题比较突出。

（一）个人金融业务主要指标市场份额下降，与打造湖北第一零售银行有一定的反差

1. 储蓄存款

近几年来，我行储蓄存款余额市场占比逐年下降，由2003年的32.49%下降到2007年的27.71%，下降了4.78个百分点，2006年失去了第一储蓄银行地位，去年退居第三位。而同期农行储蓄存款余额市场占比由28.73%上升到33.01%，上升了4.28个百分点；建设银行由26.9%上升到28.88%，上升了1.98个百分点。近年来我行储蓄存款增量也呈逐年递减趋势，2003年增加99亿元，2004年增加89亿元，2005年增加69亿元，2006年增加66亿元，2007年负增长26亿元；增量市场占比由2003年的第二位，滑落到2007年的同业增量排名第四位。而同期的农行、建行都保持了相对的稳定增长。我行储蓄存款余额占比在营业部低于建行；荆州和十堰落后于农行，三峡、襄樊、黄冈和荆门行落后于农行和建行。从各行储蓄存款增量市场看，除咸宁、鄂州两行增量同业排名第二外，6个行居第三，5个行居末位，而且居末位的行都是我们的重点大行。

2. 个人贷款

近五年来，我行个贷市场呈下降趋势，2003年，我行个人贷款余额为65.2亿元，比建行多16.8亿元；同业占比32.5%，高于建行8.4个百分点。到2007年，我行个人贷款余额为135.6亿元，比建行少68.7亿元；同业占比25%，低于建行12.6个百分点。全行个贷余额同业占比居第一的只有孝感、恩施、随州等3个行，同业占比居第二为的有5个行，居第三位的有4个行，1个行第四位；当年新增额占比居第　的只有孝感、咸宁2个行，增量排名第二的有7个行，排名第三的有1个行，排名居末位的有3个行。

3. 个人中间业务

我行"大个金"口径个人中间业务实现收入6.2亿元，在四大行中占比28.26%，排名第3位，分别比建行、农行少1.4亿元和1519万元。2007年，全行个人金融类产品营销累计实现220亿元，创历史最好水平，但代理基金销售比建行少86亿；本外币理财产品销售比建行多24.6亿，代理保险落后于农行6.7亿元。牡丹灵通卡发卡规模603万张，分别比农行、建行少528万张和280万张。

（二）经营效率不高问题比较突出，个金业务竞争能力弱化

2007年，我行所均储蓄存款余额在同业中有一定的优势，但存贷款等多项人均指标低于建行。我行人均储蓄存款555.7万元，人均个人贷款83.5万元，分别比建行低183.6万元和77.5万元；人均个人中间业务收入3.4万元，比建行低2.6万元。从业务和产品看，我行不仅储蓄存款、个人贷款总额和个人中间业务收入总量都低于建行，分别比建行低36.1亿元、68亿元和1.4亿元，而且不少新兴业务收入发展落后于建行，如灵通卡、代理基金和代理保险等业务收入都低于建行、农行。从客户数量及结构看，2007年，我行个人客户1171万户，其中金融资产在5万元以上的客户仅53.2万户，占比低于全国平均水平1.7个百分点；个人客户金融资产1096亿元，其中金融资产在5万元以上的客户资产额708.5亿元，占比低于全国平均水平9.7个百分点。

（三）行际间发展不平衡，重点城市行的发展与当地资源不对称

第一，大中城市行储蓄存款占比下降。2003～2007年，大中城市行储蓄存款业务保持了稳定增长，但在全行的占比呈现了逐年下降的态势，分别为76.8%、75.4%、74.8%、73.8%和72.4%，基本是每年下降1个百分点。2007年，全省四大家金融机构储蓄存款增长3.5%，各主要城市金融机构储蓄存款同比增长1.8%，我行储蓄存款是负增长。从国有商业银行的增长情况看，建行在大中城市行储蓄存款增长6.5%，超过其整体增长率0.4个百分点。

第二，大中城市行个人信贷业务的优势在不断弱化。2003～2007年大中城市行消费贷款余额在全行的占比分别为94.3%、93%、90.3%、88.6%和80%，五年下降了近15个百分点，这与其他商业银行个人贷款业务在这些地区的快速发展形成了明显的反差。从建行的个人贷款分布看，其主要城市行业务比重占到80%，武汉地区个人贷款的增长带动了其个人贷款业务市场份额的提高。

第三、大中城市行新业务主要指标落后同业。2007年我行人均个人中间业务收入为5.7万元，比建设银行低2.2万元；灵通卡的绝对额分别比农行、建行少528万张和280万张，灵通卡的消费额分别比农行、建行少76亿元和26亿元；ATM的营运也不占优势，从银联统计的业务量来看，我行很少有单台日均业务量进入前十位的，且他代本大丁本代他，说明我行ATM经营水平低丁同业。

（四）对个人金融业务认识不足，资源倾斜不够

一是重要性认识不足，战略执行力亟待提高。大力发展个人金融业务是我行推进经营转型的战略方向，是提升核心竞争力的必然要求。而目前仍有一些行对第一零售银行战略的重要性认识不足，在经营指导思想上还存在重法人轻个人、重批发轻零售的现象，战略执行力不足，总行、省分行一系列措施难以得到全面、准确、有效地执行。特别是在一些金融资源丰富的地区，个人金融业务的发展尚没有得到应有的重视，投入不足，措施不力，导致在当地同业竞争中处于不利的市场位置。二是网点布局不够合理，渠道建设相对滞后。从区域布局看，我行在武汉地区的网点仅占全行总数的31.7%，低于建行、中行等同业，资源配置效率和效益有待提高。在同一城市内，我行网点建设没有及时跟进城市建设的进程和客户流向的变化，存在营业面积较小、分布在老城区的比重较大、在新兴繁华地带的网点偏少等问题。三是人员配备不到位，营销水平有待提高。近年来，我行在理财经理、营销经理、大堂经理的配备数量和质量上有了一定提高，但缺口仍然较大，难以充分适应维护现有客户关系和竞争优质客户资源的需要。部分行对高端客户的维护都不能做到专人。部分行在营销资源的投入上不足，营销声势明显落后于同业，且有限的营销资源没有体现出向重点业务领域和重点客户倾斜，影响了优质客户的满意度和整体业务发展效果。特别要指出的是，部分行对总行、省分行明确的营销和维护客户的有关费用，对激励员工的政策都不能落实。四是整体联动不够，有效资源利用不充分。我行目前正处在向流程银行转型之中，“以客户为中心”的具体措施落实不够，内部协调成本较高，在维护和争取客户时，全行未能形成合力。

（五）今年的开局虽较比同期进步较大，但市场占比仍不容乐观。

到2月末，全行储蓄存款比年初增加66.6亿元，同业排名第三，分别比农行、建行少增50亿和34亿元；个贷增加4.1亿元，同业排名第二，比农行少增3.1亿元；全行中间业务收入9100万元，分别比建行、农行少5582万元和489万元。

全行上下一定要认真研究和把握个人金融业务发展的阶段性特征，既要看到个人金融业务经过多年来艰苦努力所打下的坚实基础、战略转型的成效和近年来快速成长的经营局面等优势，坚定信心，鼓足士气；又要正视我们竞争力相对下滑的现实，正视既有的市场地位被同业超越所面临的严峻形势，增强提高个金业务核心竞争力的紧迫感。

二、分析形势，把握机遇，加速培育个人金融业务核心竞争力

当前，同业竞争越来越激烈，提高市场竞争力的压力越来越大。我国主要商业银行都已成功股改上市，农行也即将完成股改工作。作为上市银行，必将追求在资本市场的良好表现，上市银行间自觉不自觉地面临更加严格的横向比较，而零售银行业务盈利水平的高低，将是评价一个上市银行经营管理水平的最重要的标杆。个人金融业务市场的争夺将向更深的领域发展，要取得与我行地位相适应的市场份额需要付出更多的努力。

虽然我行个人金融业务的市场压力很大，但在中国经济新一轮发展的大背景下，在全行上下日益高度重视个金业务发展的良好氛围下，我行个金业务发展也面临着难得的发展机遇。

一是国家宏观调控政策的实施，有利于商业银行个人金融业务的发展。2007年，我国货币政策出台的频率和力度为历史所罕见，政策调控的中心任务就是回收流动性。中央为防止经济从偏快转向过热，防止出现全面通货膨胀，2008年将继续实施“从紧的货币政策”，利率、汇率、窗口指导等一系列货币政策工具将陆续跟进。必然影响固定资产的投资规模和进度；对有关产业实施限压；国民经济发展速度将趋缓。2008年商业银行的经营将逐步向资产管理、投资银行、保险等业务领域渗透，资产证券化、基金管理、人民币理财等创新产品将会加速推出，而零售银行业务、中间业务收入的利润贡献将会加大，银行将进入新一轮快速发展轨道。这对我行现行的以法人客户占主导的客户结构，主要依赖于存贷利差的收益结构的行来讲，大力发展个人金融业务是减轻“振动”、保证全行持续健康发展必需的举措。

二是“中部崛起”战略的实施、武汉城市圈“两型”社会建设，城市居民的流动性增大，必将带来更多的现金流，为个人结算业务、灵通卡业务的发展提供了更大的市场。随着城市圈居民的融入、居民财产性收入增加、个人财富的积累势必进一步增强居民的投资理财意识和保险意识，这为零售银行大力发展个人理财业务带来了丰富的商机。居民消费结构升级，城镇居民的住房、汽车和其他大额消费需求将进一步释放，为个人消费贷款、住房按揭贷款和银行卡等业务的发展提供了良好的机遇。

三是资源配置理念、导向不断更新和明确。总行、省分行的政策导向十分明确，无论是行长经营绩效的考核方式还是资源分配的形式，都明确鼓励大力发展个人金融业务。从总行了解的情况看，在今年的行长经营绩效考核办法中，集中突出了存款的同业占比、个人住房贷款、中间业务收入同业占比、代理保险、人均本外币增存、个人中高端客户发展、个人资产业务收入的考核，个人金融业务的考核权重进一步上升；省分行今年在资源的分配上也进一步加大了与个金业务发展的挂钩力度，个人存款、贷款、中间业务收入等主要指标均与经营性费用的分配挂钩。可以这样讲，总行、省分行政策导向的调整主要是围绕个金业务的发展来进行的，为个人金融业务的快速发展创造了良好的条件。

四是全行对发展个人金融业务逐步达成共识。各级领导比以往任何时候都更加关心零售银行业务，更加注重研究零售银行业务发展规律。省分行党委高度重视个人金融业务工作，近年来多次组织调研、分析，多次召开行长办公会议，专题研究个金业务的发展，出台了一系列鼓励个金业务发展的政策措施；各级行对零售银行业务经营管理的认识和水平不断提高，个人金融业务的工作力度也不断加大；我行零售银行业务经过多年来持续推动转型，业务发展的基础较为扎实，已具备了较强的竞争力；网点整合力度逐年加大，我行的服务形象有了一定改善，对有效提升我行个人金融业务的核心竞争力奠定了良好的基础。

上述分析，我们做好个人金融业务工作具备了许多有利条件。结合我行近年来个金业务发展和现实情况，我们必须在强化组织推动、强化发展重点、强化以人为本等方面下工夫。

一是要强化组织推动。组织推动是工商银行发展的优势所在，是现实环境条件下培育个人金融业务竞争力的第一推动力。各级领导必须带头切实转变观念，站在对工商银行事业、对全行员工负责的高度，重视个金业务的发展。要亲自组织市场调研，切实解决问题；组织资源配置，协调部门联动；将有限的资源向对全行贡献度大的业务品种倾斜。分管领导要倾注主要精力做好组织营销和内部协调工作，推动提高个金业务发展的竞争力。

二是要强化发展重点。商业银行经营的全过程都要贯彻“以客户为中心”，围绕客户组织我行的各项工作，把让客户满意作为经营的目标。就我行个金工作而言，必须在细分客户、创新服务等关键环节上取得突破。细分客户、分层维护是商业银行经营法则的内在要求，创新服务是商业银行经营管理的与时俱进，也是科学发展观的具体体现。全行上下要切实付主付诸行动。

三是要强化以人为本。人是商业银行的核心竞争力。

要切实加强客户经理建设，提升服务层次和水平；要本着“谁营销，谁受益；谁贡献，谁称王”的原则，不断完善绩效考评办法，严格考评，及时兑现，充分激发员工的潜能；要加强对员工的培训，为员工的成长创造良好的环境。

只有这样，我们才能在复杂多变的市场环境中，在机遇与挑战并存的情况下，积极应对，锻造个人金融业务核心竞争力，实现个人金融业务又好又快发展。

三、强化措施，狠抓落实，全面实现打造湖北第一零售银行阶段性目标

2008 年的全行个人金融业务工作的总体思路：牢固树立以客户为中心的经营理念，积极推动组织架构、业务流程和机制创新；以提高核心竞争力目标，大力发展重点业务产品，促进各项业务的协调发展，力争储蓄存款、个人贷款增量市场占比保二争一；强化个人客户经理队伍建设，提高对中高端客户服务能力，调整优化客户结构；以精细化管理为着力点，防范个人金融业务操作风险，杜绝各类案件、事故的发生。2008 年全行个人金融业务工主要工作目标是：

1. 业务发展

个人金融类产品销售额 437 亿元，其中：人民币储蓄余额净增 70 亿元；各类理财产品销售额 367 亿元。个人贷款余额新增 50 亿元。实现个人中间业务收入 75488 万元。全年代发工资单位新增 1000 个，借记卡消费额达到 150 亿元。

2. 客户结构

个人中高端客户新增 8 万户，其中理财金账户新增 10500 户。中高端客户资产占全部个人客户资产比例提高到 67.32%。

3. 渠道建设

新建或改建符合理财金账户服务全面升级标准的贵宾理财中心 40 家。牡丹灵通卡新发卡 100 万张；新增 ATM 机 243 台，单机日均交易笔数达到 300 笔；建设 50 家离行式自助网点。

4. 内控管理

个人金融专业实现全年安全无事故、无案件；反洗钱管理工作符合制度规定。

为完成上述目标，全行要重点抓好以下九个方面的工作：

（一）继续推进“两化”改革，加快建立有利于个人金融业务竞争力提升的体制机制

全行要进一步提高对“两化”改革的认识。“两化”改革是工商银行改革的重要组成部分，是工商银行事业部制改革的有益探索。这项改革不只是个金专业的事，全行要高度重视。

一是全面推行个人金融业务“专业化经营、系统化管理”改革工作。通过改革，实现个人金融业务统一营销、归口管理，实现城市分行个人金融业务部与支行共同对网点个人金融业务和个人客户经理实行双重管理、双线考核的机制；切实提升零售银行战略执行力，逐步形成对个人金融业务科学合理的绩效考评体系、资源投入机制，进一步提升我行个人金融业务服务水平、价值创造能力和市场竞争力。按照总行的统一部署，省分行决定在全行全面开展“两化”改革，先期已进行改革试点的行要不断完善方案，积累经验；余下的黄石、襄樊、恩施、鄂州等行要在 4 月底前完成“两化”改革方案的制定和报批工作。同时，在近两年改革试点的基础上，选择 2 ~ 3 个二级分行深化改革，积极探索先进管理模式，建立能够充分释放其经营活力的管理体制，以及与其配套的资源倾斜机制，形成有利于提升竞争力的体制和机制。

二是积极探索“两化”改革的深化工作。省分行行长办公会议研究决定，省分行将选择个金业务发展较好的孝感、咸宁分行、鄂州支行作为“两化”改革深化的试点行，积极探索适应市场和客户需求的组织结构、管理机制。试点行要根据省分行的指导意见，于 4 月底前拿出本行深化改革试点方案。省分行有关部门要加强指导，共同研究和探索改革的试点工作。

（二）全力拓展个人金融资产业务，实现储蓄与理财业务协调发展

个人金融资产业务目前正处于跑马圈地、重新“瓜分”市场的关键时期，全行要抢抓时机，重点突破，带动个人金融资产业务的整体开发和全面发展。

一是确保储蓄存款稳定增长。为了鼓励各行组织存款，省分行两次上调了上存资金的利率补贴标准，实施了存款增长与经营性费用挂钩的奖励政策。储蓄存款业务要从片面追求计划指标完成向追求市场占比扩大转变，各行存款增量市场占比都要较上年有一定比例的上升，力争当地同业第一。第一，抓源头，跑马圈地。要从储蓄存款的源头抓起，大力竞争财政拨款单位、有贷户、结算户和优质企业代发工资业务，在全行开展代发工资竞赛活动，要求年内新增代发工资业务单位 1000 家，代发工资业务笔数增幅要不低于 15%，省分行相关部门要加强督导，切实抓出成效。各行要对辖内的特殊储源进行调查摸底，成立专班，开展公关工作；继续抓好打工存款、个体商户存款等特殊群体的存款组织工作，进一步壮大客户基础，努力增加储蓄源头。第二，抓创新，适应市场。要抓实第三方存管业务存量客户维系，大力拓展第三方存管客户，通过提供更加丰富和优质的投资理财服务以及交叉销售，扩大客户群体，推动储蓄存款增长。第三，抓服务，重塑形象。各行要针对我行服务同业优势不明显的特点，自找差距，根据总行、省分行的要求，先抓易做的标准化，再抓难做的重点突破。要着力改进服务，实现储蓄存款业务与其他业务相互带动，促进客户资金在全行内部循环流转。

二是扩大理财产品销售的领先优势。第一，抓员工培训，提高营销技能。在理财产品和新基金发行前，要组织有关人员及客户经理的培训，让其掌握产品特点，明确市场定位、客户定位，细化营销要点，抓住卖点进行针对性营销。第二，抓营销宣传。要通过组织产品发布、投资报告、理财知识讲座等多形式的推介，加强与中高端客户的沟通交流，提高产品的渗透力；针对不同的目标客户群体，不同客户的风险承受能力，不同营销时段，突出各类理财产品的特色，向目标客户及时传达最新理财资讯，提高营

销效率。各行要认真落实并组织好“基金、理财和保险产品百场营销培训”活动，扩大我行理财业务社会影响力，进一步提升我行理财产品等品牌市场竞争力。第三，抓总行政策的落实。总行下发了《关于加强基金销售激励有关事项的通知》（工银办发〔2007〕604 号），要求各行对基金销售按不高于基金代销手续费 15% 的比例对柜面员工和其他非专职销售人员进行奖励；对于推荐客户通过电子渠道购买基金的员工，按照不高于基金代销手续费 10% 的比例进行奖励。各行必须不折不扣地执行。

三是大力发展代理保险业务。第一，抓员工资格。要立足自身，依托保险公司，开展双向互动业务培训，通过网上培训、组织保险从业人员资格证书考试、代理保险营销技能培训等培训，促进员工代理保险业务技能和营销水平的提高。第二，抓产品的选择。根据代理保险产品的特点，有针对性地选择合适的客户群，大力引入受到客户认同、切合市场热点的银行保险产品，健全保险产品线。第三，抓网点准入和销售。要按照代理保险产品的复杂程度和营业网点业态分层，构建全网点的保险产品分层营销模式。尽快实现银保通全面上线，促进保险产品销售由“1 对 1”向“1 对 3”营销模式的转变，每一个营业网点选择 3 家保险公司，从每家保险公司中选择三种产品销售。第四，抓激励兑现。各行要按照产品计价，明确代理保险业务考核奖励办法，将奖励直接兑现到员工，充分调动营销积极性。要落实省分行《关于对银行保险业务实行专项绩效工资挂钩考核的通知》（工银鄂办发〔2006〕428 号）要求，挂钩绩效工资费用，考核兑现。

（三）大力发展个人贷款业务，促进业务和盈利结构持续优化

一是要进一步提高对个人信贷工作的认识。个人信贷业务在商业银行经营中处于重要的地位和作用。第一，个人贷款经济资本占用小于同期其他贷款，可以创造更多的 EVA；第二，个贷业务在行长经营绩效考核中的权重不断加大；第三，省分行历来高度重视个贷业务的发展，在规模上给予了倾斜；第四，个贷业务收益相对较高，通过议价可以达到目的；第五，个贷业务受经济周期波动较小，风险相对可控。因此，全行要进一步提高对个人信贷工作的认识，加快个贷业务的发展。

二是要突出重点，加大住房贷款营销力度。第一，认真学习，深刻领会总行、省分行有关政策。省分行下发了《个人住房贷款管理实施细则（2008 年版）》，各行要认真领会《实施细则》的要求，加强部门沟通与协作，加强政策指导，改善服务方式，努力创造良好的政策指导环境和服务型管理氛围。第二，要认真分析市场，加大二手房的营销。二手房经纪公司、担保公司等中介机构是客户资源主渠道。要明确合理向为我行提供客户资源的中介机构支付有关费用，有效扩充我行客户来源。将二手房有偿付费模式从营业部推广到所有二级分行，推动二手房贷款业务的发展。第三，加强开发贷款和个人住房贷款的经营联动，建立高效、稳定的经营联动机制。对已经发放开发贷款的房地产项目，要落实按揭贷款封闭管理的措施，特别是独家按揭的项目，确保按揭资源不流失。建立项目负责制，对开发贷款项目按揭资源利用，实行由个人客户经理和公司客户经理共同组成的项目团队营销制度，按项目逐个锁定营销目标，建立监测报告制度。实行专人专管，切实做好原有按揭项目的维系工作和贷后跟踪工作。

三是稳步发展个人消费贷款和个人经营贷款业务。稳步发展以个人房产抵押为主要担保方式的个人经营贷款业务和个人综合消费贷款业务。利用本行个人质押贷款押品范围扩大的优势和网上办理的优势，加大宣传个人质押贷款产品，对提前支取大额国债、定期存款、理财产品及购买保险的客户积极推介质押贷款业务，优化和完善质押贷款流程，提高质押贷款办理效率。

四是完善和加强个人信贷营销体系建设。进一步完善个人信贷业务“多渠道、大范围营销，集中化、专业化处理”的新型业务格局。尽快投产电子化集中审批系统。充分发挥网点营销的功能和窗口作用，增强网点营销能力。建立分行、支行个贷客户经理与网点营销人员定向联系和沟通机制，配备专职个人信贷客户经理负责对网点个贷业务营销的全过程工作。个贷营销部门要加强与网点的配合与沟通，保证网点与分支行沟通渠道的流畅，对于网点推荐的客户，客户经理要及时跟进，进行后续的调查、维护直至贷款最终发放。推动营业部、襄樊等行搭建个人贷款中心，构建个人贷款分散化受理，专业化、集中化审查审批及贷后管理的一体化业务处理流程。

五是加强服务和协调工作。第一，要加强服务工作。各级行要切实落实为基层服务、为营销服务的理念，对下级行请示的问题，在 3 个工作日内必须给予答复，对不能直接答复的必须要有明确的说法。第二，要加强协调。省分行原则上每季召开一次协调会，市州行每月召开一次协调会，切实解决个贷业务发展中的问题；对紧急事项，要做到急事急办，随时召开会议。第三，加强对市场的调研，个金部门要积极解决个贷营销管理过程中出现的问题，加强与相关部门的协调与沟通，加强对个贷机构停复牌的管理，加强特别事项的协调工作。

（四）开拓思路，加快创新，大力发展个人中间业务

由于今年的经济金融形势不确定因素较多，实现个人中间业务收入目标难度加大，在一定程度上讲，今年个人中间业务收入实现情况是全行经营目标实现的关键。

一是要创新个人中间业务的营销理念。树立商业银行市场营销的理念是中间业务发展过程中的关键环节。争取客户，为客户提供服务，让客户满意等是发展中间业务的前提和基础。具体就是要切实以客户为中心，不断创新产品，不断推出让客户满意的服务，在客户满意的前提下争取我行的收益。

二是大力巩固传统的中间业务产品。个人结算业务、代理业务、代保管业务是我行传统的中间业务产品，尤其是不产生直接负债、或有负债的中间业务。这是发挥我行庞大客户群和网点多优势的业务。要继续加强“汇款直通车”、“储蓄异地通”等强势产品的营销，积极引导客户自助办理业务，推进个人结算业务发展。同业要积极扩大代理范围，提高代理业务的层次。

三是积极拓展新型中间业务产品。要不断完善和提高我行电子产品的功能，努力发展电话银行、手机银行、外汇买卖、资信证明等业务，通过新型业务的发展，提升对客户服务的满意度，从而实现我行中间业务的发展。加快灵通卡业务的发展，继续组织开展定向发卡营销，加快现有存量客户中无卡存折户、存单户、外币户和贷款户的发卡工作；通过组合营销，将灵通卡与代发工资、网上银行、第三方存管、理财产品、结算汇款等产品打包，向优秀行业目标客户提供一揽子个人金融服务，确保灵通卡新增发卡数量、交易量、中间业务收入、中端及潜力目标客户比例“五提高”。

四是努力开发具有高附加值的中间业务产品。要以优质客户为中心，努力开发高附加值的产品和服务，针对高收入阶层开发提供个性化、综合化的理财服务，营销金融衍生类产品以及高端客户的个人资产业务。目前，我行个人中间业务产品基本不涉及使用我行的信用功能，在创新产品时，这是我们今后的发展和努力方向。

五是加强个人中间业务收入管理。各行要挖潜个人中间业务收入渠道，对个人中间业务收入逐科目进行梳理，精心研究个人中间业务收入收费名录，做大强项，加大对弱势项目和空白点的营销力度，寻找新的增长点。严格执行总行收费标准和相关规定，在个人中间业务收费过程中实行分层、分类、差别收费。要通过差别收费竞争优质客户，对优质客户坚持“高门槛、低收费”的策略，实现我行个人客户结构的优化。

（五）转变营销服务方式，大力维护和拓展中高端客户

省分行制定了《个人中高端客户维护管理办法》，明确了对个人中高端客户的发展与维护的要求，各行必须认真落实，着力做好中高端客户发展和维护工作。

一是要进一步转变经营理念，个性化满足中高端客户的金融需求。不同类型的客户对银行价值贡献的大小差异明显，同时，不同类型的客户也有属于本类群体的价值取向和金融需求。分层次、个性化地对不同客户采取差异化的服务措施，不仅节约了银行的经营成本，提高了服务效率，而且还满足了客户的需求，增强了客户对银行的满意度和忠诚度。

二是积极拓展中高端客户，改善客户结构。怎样拓展中高端客户？第一，要在现有客户资源中筛选。要从目前我行现有的房贷、第三方存管、信用卡、个人结算量大、有外汇买卖、基金投资需求大的客户中将中高端客户筛选出来；第二，要从重点行业中找，要从政府机关、医院学校、金融、电力、电信、交通、个体工商户、企事业单位负责人及中层干部中去寻找；第三，要善于培育潜力客户，主要群体是在校大学生。俗话说：物以类聚、人以群分。要从目标客户经常出入的会所、俱乐部、商会等地方寻找中高端客户。借鉴国外商业银行发掘高端客户的三部曲：“借鸡生蛋”，通过个别高端客户的活动，发掘一批高端客户；“争抢他行的客户经理”，引来高端客户；“投其所好，不惜血本”，组织公关营销，交接朋友等方式发展中高端客户。

三是加强高端客户的统一管理和维护。第一，建档管理。要按照“客户分层、网点分类、客户经理分级、产品分档”的总体思路，将个人金融资产在100万元以上的高端客户，由各行个金部建立档案，构建差异化服务体系。各行要在4月份前完成个人金融资产在100万元以上优质客户信息采集工作，重点采集其通讯地址、联系电话、兴趣爱好和风险特征等基础信息，为深入了解客户需求、开展针对性产品设计、组织定向营销维护以及构建短信平台提供依据。第二，分层分级维护。对100万元以上的个人高端客户，由支行行长作为关系维护的第一责任人，亲自参加中高端客户理财沙龙，定期带领客户经理走访客户，征求客户对我行服务的意见和建议，保证客户不流失；支行分管行长则是关系维护的具体策划、执行责任人，要负责组织个金部门及网点负责人和客户经理积极开展维护工作，设计与每位客户的首次联系方案、二次沟通方案以及后续正常维护方案，督促和检查客户经理的日常维护工作，提高维护效果。第三，落实专属客户经理一对一服务。对金融资产100万元以上的高端客户，要实行双客户经理服务机制，配备一名专属理财经理负责日常关系维护，同时要配备一名理财专家组的理财专家（AFP/CFP），提供更专业的理财服务，提高高端客户的满意度和忠诚度。要及时了解高端客户的个人金融理财产品偏好，有计划地向中高端客户推介“理财金账户＋个人网上银行＋U盾＋存款＋各类理财产品”的产品组合，力争在年内使高端客户使用我行3种以上个金产品和购买我行的基金、保险、银行理财产品等理财产品品种。第四，着力推广个人理财规划业务。对金融资产1000万元以上的高端客户，由省分行组建理财专家团队，制定针对性理财方案，帮助客户合理配置家庭金融资产，实现客户价值的提升。对于20～100万元个人中高端客户，各二级支行行长和网点负责人为客户关系维护的第一责任人，网点负责人和客户经理负责所有中高端客户的日常维护。对于20万元以上的个人中高端客户，要指定个人客户经理具体承担日常维护工作，对因维护不到位造成客户流失的，对相关客户经理要进行问责。

（六）加强渠道建设和运营管理，提高网点经营绩效

一是领会战略意图，高度重视网点整合改造工作。第一，认真领会战略意图。实施网点整合改造是竞争个人优质客户、整合利用现有资源、转变网点经营模式的重要举措，目的就是要把“以客户为中心”的经营思想落到实处，实现由简单的业务交易处理向个性化的营销服务和关系维护转变；以客户细分为基础、以客户关系管理为手段、创造并挖掘客户价值；通过整合利用各种渠道、各个岗位和各类资源，形成相互协调的、有机联动的良性循环，从而提升个人金融业务的核心竞争力。第二，切实加强组织领导。各行党委要把网点整合改造工作放到重要的议事日程，认真研究辖内营业网点的整合布局以及改造工作。营业网点整合改造要坚持与网点整体布局相结合、与提升服务功能相结合、与市政规划相结合、与中长期规划和近期规划相结合、与物理（人工服务）网点和自助网点建设合理分布相结合的“五结合”原则，深入分析城市建设和目标客户流向，完善网点布局规划，加强网点跟进，实施网点资源与目标市场的协调分布。各行一把手要亲自抓，分管行长要具体负责，个金部门作为网点整合改造的牵头部门，切实履行职责，同时要落实各相关部门的责任，确保网点整合规划的顺利实施。

二是抢抓机遇，全面提升我行网点的服务品质。第一，强力推进贵宾理财中心建设，提升零售业务终端核心竞争力。对纳入省分行2008年改造计划的贵宾理财中心，各行要加快预算编制上报，并做好施工前各种准备，一经省分行批准，要立即组织工程招标、施工、督促进度、验收审查、工程决算等工作，确保今年再建成40家贵宾理财中心。第二，对2006年和2007年装修改造的网点进行梳理，按照贵宾理财中心和一般理财网点进行分类，对符合贵宾理财中心的网点要升级改造。第三，对其他网点要加快改造步伐，打造一批特色网点。原则上今年的网点建设要在9月底前全部完成。第四，加大自助银行建设。各行要精心选点，做好监管部门的报批和营运，弥补我行网点建设在新建社区和客流量较大的商务区域跟进不足的问题。要优化ATM布局，加快安装进度；加强ATM运营日常动态监测，确保ATM运行良好。

三是加强管理，确保质量。第一，要确保装修改造标准的统一性，严格执行各项装修标准，营业网点整合装修项目的设计、选材、店堂各种设施的配备以及施工等都必须严格按照总行《营业网点视觉形象规范指南》和省分行制定的《营业网点装修设计规范指南》采购和使用，不得擅自更改和变相使用其它替代材料；第二，预算管理的严肃性，要严格预算管理，未经省分行营业网点整合改造工作领导小组同意，严禁随意增减装修项目和超标准、超面积、超范围装修；第三，严格施工管理，加强施工现场全过程监理，确保装修质量和进度。

（七）加大个金业务考核力度，激发经营活力

1. 进一步完善个人金融业务考核办法。建立由省分行考核到二级分行，由二级分行考核到支行及网点，由二级分行个人金融业务部考核到网点负责人、客户经理和大堂经理的三位一体“扁平化、直通式”考核模式，将营销计划和绩效奖励直接落实到每个网点、客户经理和营销人员，全面促进网点的经营转型。

2. 加大对重点业务考核激励。省分行根据个金业务发展重点，对储蓄存款业务、个人贷款、个人中间业务收入和理财产品销售将配置一定的经营性费用，以市场占比为主线进行考核。储蓄存款重点考核增量日均余额，并与同业占比挂钩，对增量同业占比依次为第一、第二、第三和第四的行，分别按不同比例兑现经营性费用；对理财产品销售额、个人贷款增长额和中间业务收入也比照储蓄存款进行考核兑现。对个贷合作机构、中介机构分别按份额给予一定的经营性费用，以鼓励各行抢夺同业市场份额，提升同业位次、提高同业份额，以此提高绩效水平。个金业务产品营销所配置的经营性费用不占用各行的经营性费用指标，在年终利润考核中还原给各行。要加强对网银购买基金、网银质押贷款考核还原项目的开发，尽快实现系统处理还原。

3. 推行个人金融业务产品计价。省分行制定了《个人金融产品计价指导意见》，并明确了个人金融产品目录和全部产品计价指导价格。《指导意见》所确定的指导价格为各行执行的最低价，各行要相应制定全面、科学合理的产品计价办法，任务要细化到个人，考核到个人，及时兑现到个人，防止“二锅饭”。

4. 积极推行前中后台捆绑考核。一是建立关联部门参与的产品联动考核工作机制，公司业务、机构业务要与个金业务整体联动，在特殊储源、代发工资、开发贷款、银行卡、电子银行、个人贷款等源头营销时实行捆绑考核；二是个人业务的前中后台专业岗位之间也要按比例进行捆绑考核；三是客户经理和柜员之间要实行捆绑考核，增强各关联部门和岗位之间在抓营销、抢市场、严管理等方面的统一性和协调性，形成整体合力。

5. 严格考核激励的落实。总行、省分行一系列政策是促进业务发展的必要举措，是提升竞争力的重要手段。各行要全面落实省分行3月10日召开的行长办公会议确定的鼓励个金业务发展的精神，不折不扣地执行总行、省分行已制定的各项营销奖励政策。省分行将对各行落实各项资产的情况进行检查，发现未落实的将同额扣回。

6. 组织开展个人金融业务营销竞赛。省分行准备在全行开展以储蓄存款、个人贷款、个人中间业务收入、理财产品销售、个人中高端客户及灵通卡发展为主要内容的业务营销竞赛活动，每季度按照四个层次进行考核排序，对优胜单位负责人和优胜个人，省分行将组织到国内或港澳地区进行培训。具体方案省分行正在制定之中，各行要切实抓好活动的组织工作，切实抓出成效。

（八）加强客户经理队伍建设，提高个人客户经理队伍整体素质

要制定客户经理队伍建设三年规划，力争三年使每名客户经理维护300～500个理财金账户客户，尤其是要将获得金融理财师（AFP/CFP）资格的人员优先配到贵宾理财中心，充分发挥金融理财师的作用。2008年全行要确保配备1800名个人客户经理（不包括大堂经理）。贵宾理财中心和实施个人金融业务核心竞争力项目的网点要严格按照总行要求配备客户经理，其中贵宾理财中心要至少配备4名个人客户经理和2名大堂经理，6月前必须落实到位；一般理财网点要至少配备2名客户经理和1名大堂经理，年底前要配齐到位。省分行要组成专班到各行检查验收，各级行要加强对个人客户经理的管理，严把准入关，客户经理岗位调整必须经上级行批准，其中贵宾理财中心的客户经理变动要经省分行批准。要建立完善客户经理考核管理体系，进一步明确客户经理岗位任职资格标准，建立基于岗位价值和业绩贡献的绩效考核指标及薪酬激励制度，完善全行个人客户经理职务序列管理、培训、认证、考核及激励机制。

要加强对个人客户经理的培训，省分行负责贵宾理财中心、核心竞争力项目网点客户经理和网点负责人的培训，各二级分行负责一般理财网点客户经理和网点负责人的培训工作，各支行和网点负责人要负责一线员工的培训工作。每年的脱产培训时间不得少于一周。通过分层培训，不断提高个人金融业务队伍的整体素质

（九）加强内部控制和风险管理，保障业务健康发展

一是强化个人金融业务操作风险防控体系。要不断健全个人金融业务制度体系，认真执行《个人金融业务操作规程》和《业务操作指南》等各项制度，并结合实际对现有规章制度进行细化和完善。要加强对各级个金机构和人员的操作风险自我评价，实现操作风险的预警和监测。二是认真组织实施“精细化管理”。完善个人客户经理操作风险管理制度；强化个人贷款业务的监督检查，重点防范前台营销的操作风险；加强反洗钱工作制度的执行。三是加大案件防范工作力度。要全面落实总行、省分行的案防工作要求，指导全行个人金融业务部门继续抓好案件防范工作，重点防范各类案件的发生。四是努力防范系统运行风险。要持续关注系统运行的安全性和稳定性，积极配合信息科技部门，及时解决系统运行过程中发现的问题及风险隐患，确保在版本升级及日常运营中的系统稳定运行。

陈新民同志在湖北省分行储蓄存款工作紧急视频会议上的讲话

一、储蓄存款增长缓慢，开局不理想

截至元月 24 日，全行人民币储蓄存款比年初仅增加 6 亿元，开年前半个月一直处于负增长状况，最近 4 天时间增加了近 5.5 亿元。除荆门、荆州、襄樊、黄冈、咸宁和三峡六个行增加额超过亿元外，其余各行储蓄存款增长均不尽人意。特别是去年储蓄存款下降较多的行，今年开局仍是负增长。

从网点增存情况看，全行经办个人金融业务的网点 656 个，有 257 个网点存款比年初下降，占比 39.2%。其中，省分行营业部储蓄存款下降网点 140 个，占其全部网点的 70.4%，存款下降 9.5 亿元；十堰分行存款下降网点 25 个，占其全部网点的 56.8%，存款下降 9024 万元；黄石分行存款下降网点 19 个，占其全部网点的 54.3%，存款下降 8334 万元。全行储蓄存款下降 1000 万元以上网点 36 个，其中省分行营业部有 26 个，荆州 3 个、黄石和三峡各 2 个，十堰、孝感和鄂州各 1 个。

从网均增存情况看，咸宁分行网均增存 624 万元，荆门分行网均增存 554 万元，随州支行网均增存 341 万元，黄冈分行网均增存 322 万元，而营业部网均负增长 364 万元，十堰分行网均负增长 124 万元，相差近千万元。从人均增存看，荆门分行人均增存 19.3 万元，咸宁分行人均增存 15.7 万元，黄冈分行人均增存 13.4 万元，居前三位。

当前正值储蓄存款工作的旺季，市场资源比较丰富，而且股市正处于调整之中。从媒体披露的信息来看，有大量的投资者处于空仓之中；从我行的基金和理财产品的销售情况来看，也一改上年的火暴态势，基金的赎回大于申购，这些都应当是有利于储蓄存款的增长。从去年以来的情况看，一些行理财产品销售较好，储蓄存款增长也不错；部分行储蓄存款一直呈下降趋势，理财产品营销也大幅低于同业。在同样的市场环境下，有的行储蓄存款和理财产品的销售保持着同步增长的态势，而有的行理财产品销售比较乏力、储蓄存款也大幅度下降，而且是大面积的网点和支行都处于下降之中，这只能说是工作不到位。

从今年开局情况看，储蓄存款增长好的行，无一不是领导重视，基础工作扎实的行。咸宁分行去年储蓄存款增加 3.5 亿元，是全省增加最多的行，今年工作早安排、早部署、早行动。去年底，该行就召开了一季度业务营销竞赛誓师大会，对首季业务营销工作进行了动员和部署，要求全行上下以全局的眼光和战略的思维，牢固树立储蓄存款“得首季者得全年”的经营理念，不断增强“市场机遇、市场份额、争先进位”三个意识，坚定不移地把抓好旺季业务大营销，作为总揽经营发展全局的基础工作来抓，以一天也不耽误的只争朝夕的工作精神，以火热的工作激情和态度，自觉主动地投入到旺季业务营销大会战之中。牢牢把握旺季储蓄存款营销的重要机遇，以大营销拼抢大市场，以大份额带动大增长，以大发展誓夺新年首季业务经营开门红。派出工作组对各行处旺季工作进行督办，强调对于存款业绩，既要看当年，还要看累计；既要看绝对额，更要看同业占比。市分行行级干部做到“五包”：包行处、包督办、包进度、包效果、包安全，工作重心前移，督办到一线、到网点、到员工，并将存款出现负增长的行处、网点作为督办的重点。真正做到了旺季业务营销目标人人有任务，个个挂工资，使全行旺季业务营销形成了全行抓、全员抓、整体联动的工作目标责任管理体系。他们还在全辖行处之间、部门之间、网点之间、员工之间，开展以“谁英雄谁好汉，旺季业绩比着看”为主要内容的“四个结对营销竞赛”活动，要求各行处在切实做好旺季期间柜面门市服务的同时，以开展进“园区、厂区、社区、政区、商区”等“五区”竞赛活动为载体，主动做好上门服务营销工作，不断提升工行服务品牌形象。对首季业务营销竞赛活动，按照奖励工资性费用、经营性费用和综合评比挂钩经营性费用三个考核奖励版块，分设了多个不同奖励额度的单项奖，拿出了比上年同期高一倍的专项奖励费用。到 1 月末，凡没完成各项存款增存任务的行处，将对其主要负责人实行“问责”诫勉谈话制；如之后仍无起色，且到一季度末又没完成首季各项存款增存任务的行处，对其主要负责人将实施“弹劾”制，以充分发挥机制对全辖行处负责人的触动作用和对旺季业务营销的牵引作用，真正让有为者有位，无为者让位。由于领导重视，基础工作扎实到位，咸宁分行在去年储蓄存款大幅增长、理财产品销售取得同业市场第一的基础上，今年储蓄存款又增加了 1.5 亿元，网均增存居第一位。

荆门分行精心策划一季度个人金融业务营销活动，从上年末开始就多次召开行务会、行长办公会，讨论研究产品定价和个人金融业务“开门红”方案，前瞻性、挑战性地确定了旺季储蓄存款的营销计划和每月增加额同业占比保二争一、网均增加额同业争首位的目标。各支行印制了包括网点的具体坐落地点、内部环境设施、营业范围及服务内容、客户经理联系电话的宣传单，组织客户经理分别到学校、医院、高档社区、外出务工人员密集区等处散发。各网点组织人员包街道、包门店送春联和“福”上门等。明确每个网点每月至少营销1至2个单位代发工资的目标。各行处班子成员挂牌营销和分派客户名单，结合贷款审批、客户洽谈、利率上浮、企业理财、理财讲堂等切入点，拟定专门针对财政、文教、烟草、电信等优质客户的代发工资方案。全行营销部门组合开展定向营销，走进政府、企事业单位和成熟社区；公司客户经理将个人金融产品纳入整体金融服务方案，积极主动地向公司中高层人员营销个人金融产品。以客户维护和发展为基础，挖掘客户在他行的金融资产，减少理财产品对我行储蓄存款的分流，理财销售与揽户增存良性互动。由于工作措施得力，荆门分行储蓄存款今年增加了22577万元，是全省增加额最多的行，也是人均增存最多的行。

黄冈分行在全行上下努力造就“竞争有动力，发展有活力，拓展有张力，执行有能力”的工作态势，围绕目标进一步强化旺季工作的组织领导，建立行长责任制、工作问责制、检查督导制，形成一把手全面抓、分管行长具体抓、市场营销部门、处所、客户经理共同抓的工作态势，制定了机关帮基层、机关包网点的帮促机制。要求各行坚守储蓄存款基础地位不动摇。各支行抓住资金回笼旺季的特点，组织营销和揽存小分队，采取上门、电话预约、延长服务时间等措施，多渠道吸收资金；抓住年末企事业单位、学校、公司客户奖金、补贴发放和企业改制时机，抓好各种收入的代发工作；抓住商业个体户现金回笼等重点，提高资金归集份额；做好资本市场回暖的挖户工作和资金回流向储蓄存款的转化工作，确保个人资产不流失；重视务工人员回家过春节之机，做好务工人员开户、发卡、个金产品营销工作。要求各网点精心维护到期产品，紧盯优质客户，引导理财配比，抓好售后服务；开展基金定投营销活动，将定投产品、利添利账户、代发工资有效捆绑，促进基金业务和代发工资持续发展，切实增强整合营销能力。

荆州、襄樊、三峡等行也有其各富特点的好经验、好做法。即使是存款负增长的行中，也有增存好的支行。营业部有5个支行正增长，增长最多的1300多万元，下降最多的达1.2亿元以上；十堰分行有6个支行正增长，增长最多的近600万元，下降最多的达2000多万元。各行要学习荆门、咸宁、黄冈等行的经验，对当前储蓄存款面临的形势进行认真分析，拿出有针对性的措施，尽快扭转储蓄存款增长缓慢的局面。特别是近年来，市场份额连续下滑的行，要立即行动起来，拿出具体的、可操作的措施，并狠抓措施的落实，切实解决储蓄存款业务竞争力不强的问题。

二、充分认识储蓄存款工作的重要意义，确保储蓄存款稳定增长

最近总行下达了我行一季度的营销计划，其中储蓄存款一季度要确保增加55亿元。对此我们既要看到任务的艰巨性，又要坚定完成任务的信心。应当看到，随着中国资本市场的发展变化，基金和股票的赚钱效应日益显现，居民的投资理财意识已全面激发，将更多地选择基金、保险、股票、银行理财产品等资产配置工具，这些资产在个人金融资产中的占比将不断提高，个人储蓄存款将被分流；金融同业在个人金融业务领域的竞争更加激烈等等。但是，我们也必须同时看到诸多有利因素。首先，一季度居民金融需求旺盛，储源丰富，特别是储蓄存款利率水平的提高，居民储蓄意愿也逐步走强。其次，去年我国国民经济持续保持了稳定增长，居民的收入也有一定的提高，临近春节，居民的工资、奖金收入会明显增长。第三，从资本市场的情况看，受各方面不利因素影响，最近沪深股市双双出现了大幅调整，市场恐慌气氛明显加剧，大量股民抽出资金、退出市场，新入市客户量也大大减少；分析机构普遍预测，今年国内股市难以再现前两年单边上扬格局，震荡调整将持续较长时间，这有利于我们组织存款，只要加大力度，资本市场闲置资金转化为存款是完全可能的。第四，历年一季度储蓄存款增长态势都很好，从2001年来同期增长情况看，元月份历来是我行储蓄存款重要的增长月份，2001年增长17.7亿元，2002年增长10.7亿元，2003年增长25.7亿元，2004年增长34.6亿元，2005年增长17.0亿元，2006年增长34.2亿元，2007年在股市单边上扬、基金销售火暴的情况下仍增长2.4亿元。因此通过开展强有力的营销活动，完成任务是完全可行的。同时，我们还必须看到，抓住一季度黄金季节，完成储蓄存款任务，对全行整体业务发展具有十分重要的意义。

一是有利于平衡全行的信贷资金。包括储蓄存款在内的负债业务的发展不仅是打造第一零售银行的战略需要，更是平衡信贷资金的现实需要。从目前我行的情况看，近两年我行通过优先发展资产业务战略，资产业务发展相对较好，每年贷款增加超过100亿元，而存款业务发展相对较缓。2007年存款增加37.9亿元，而贷款增加了120.5亿元，按照资产负债理论，虽然从总体情况看我行资产负债处于良好水平，但也凸现了我行存款增长缓慢的问题。今年，我行的资产业务仍将保持高速发展态势，对资金的需求将更大。尤其是国家不断调高存款准备金，省分行的信贷资金供应已十分紧张，需要靠拆入资金平衡需求，而拆入资金的成本是远远高于组织存款成本的。因此，大量组织存款，对平衡信贷资金需求、提高全行经营效益具有重要意义。

二是可以赢得全年工作主动，集中精力、全力以赴地做好其他工作。今年的个人金融业务的工作十分繁重，在完成储蓄存款任务的同时，要继续推进“两化”改革、加快理财中心的建设步伐、推动各类个金产品的组合营销、牡丹灵通卡·e时代升级等等。因此，紧紧抓住一季度的市场机会，千方百计的增加存款，确保完成储蓄存款增长目标，全行就可以赢得主动权，全力以赴、集中精力地继续推进个人金融业务的战略调整，加快个金业务增长方式的转变等其他重要工作。因此，全行上下要坚定信心，认真贯彻执行省分行制定的一季度营销计划，力争实现储蓄存款开门红，为全年工作赢得主动。

三是有利于个金业务的协调发展。客户是商业银行经

营的基础，是各项业务发展的源泉，而客户与银行建立往来关系，大量是从开立存款账户开始的。在我国目前高储蓄率的情况下，这种状况短期内不会改变。我们要打造第一零售银行，其中一项重要指标就是储蓄存款，如果没有较高的存款市场份额，第一零售银行的评价就会失分。更重要的是，存款是一个银行综合竞争能力的反映，是一个行全员凝聚力的具体体现，如果储蓄存款抢占不到应有的市场份额，在一定程度上可以说这个行的凝聚力、向心力、战斗力是不够的

三、明确重点，扎实工作，全面实现旺季储蓄存款目标

（一）领导重视，整体联动，扎实有效地开展揽储增存活动

各级行领导要高度重视当前的储蓄存款工作，把揽储增存作为一季度工作的重中之重，各行一把手要亲自研究，亲自抓揽储增存各项工作措施的落实。尤其是今年资产业务开局较好，已完成进度任务的情况下，要把工作重心转移到抓储蓄存款业务上来，动员全员力量突击抓储蓄存款。储蓄存款增长的好坏，直接反映出领导班子的组织能力和全行员工的战斗力。要在全行调动一切可以调动的资源，动员一切可以动员的力量，用于一切可以运用的手段，打一场储蓄存款的攻坚战。要在全行开展揽储增存活动，做到人人有任务，个个有指标。揽储增存要与个人收入挂钩，严格奖惩兑现，调动全员揽存的积极性。对储蓄存款负增长的支行和网点，各级行领导要亲自挂帅蹲点，制定扭负增存的具体措施。要牢牢抓住储蓄存款增量同业占比这根主线，认真测算当地储蓄存款市场增量的规模，鼓足干劲，努力提高存款增量同业占比，力争在当地增量占比排名保二争一。各支行和网点负责人要立军令状，完不成一季度储蓄存款计划的，达不到同业占比要求的，要按军令状进行兑现。

（二）加大资源投入，提高考核权重，调动各行组织储蓄存款的积极性

一是进一步上调存款内部资金转移价格。省分行对组织储蓄存款利率倒挂的问题高度重视，在总行上浮的基础上，省分行将上调资金转移价格，对增量资金与各行新增存款的同业占比挂钩，对同业占比第一的，按现行 FTP 加 140 个 BP 进行计价；对同业占比第二的，按现行 FTP 加 110 个 BP 进行计价；对同业占比第三的，按现行 FTP 加 80 个 BP 进行计价；对同业占比第四的，按现行 FTP 加 60 个 BP 进行计价，以调动各行大抓储蓄存款的积极性。二是对储蓄存款实行费用奖励。省分行决定对储蓄存款与经营费用挂钩，对储蓄存款存量全行按照万分之五配置经营费用进行维护，分季兑现，其中一季度末考核兑现 2‱；对储蓄存款增量直接进行奖励，并与同业占比挂钩，对增量占比同业第一的按千分之四单独奖励费用，增量同业占比依次为第二、第三、第四，分别按 3‰、2‰和 1‰单独奖励费用，按季考核兑现，如存款下降予以扣回。对理财产品销售、个贷营销也将按此思路研究奖励办法，且各项奖励政策都将从一月一日起开始执行。各行要及时将奖励费用及时下拨到各网点，用于客户的维护，专款专用，严禁挪作他用。各行要抓住机遇，充分利用好政策，大抓储蓄存款工作。要严禁弄虚作假，严格禁止虚增存款、内部科目转移等违纪行为。三是要进一步加大行长经营绩效考核的权重，单独设立同业占比考核指标，提高各行领导对储蓄等基础业务工作的重视。四是要进一步加大产品计价力度，严格按计价方案考核，确保下月初考核兑现到员工。

（三）切实抓好源头，拓展春节期间的储蓄存款市场

各行要认真分析当地储蓄存款市场特点，采取有针对性的营销措施，切实抓住春节黄金时期积极开展春季营销活动。各行要抓住时机，根据各地的客户特点和季节特点，有针对性地做好外出务工经商人员、私营企业主、院校学生等目标客户的营销工作。要抓住先机，在农民工中积极推介农民工特色卡。要抓住春节前各单位发放奖金、礼金等兑现的机会，把握增存源头。要充分发挥个人客户经理和大堂经理的作用，主动向客户营销各类产品，争取更多的潜在优质客户，积极扩大营销效果，确保首季增存计划的完成。密切关注资本市场动态，积极主动推进客户与资本市场运作，做好资本市场资金回流向储蓄存款的转化工作。抓住在央行连续加息和股市震荡调整的情况下，城镇居民的储蓄意愿回升的机遇，扎实做好储蓄存款的柜面稳存、转存工作以及向三方存管、基金、理财产品的转化工作，促进资本市场与资金市场的良性互动，确保个人金融资产不流失，为资本市场资金回流作好基础工作。

要加强工作督导，省分行及各二级分行要成立督导工作组，深入基层行、网点了解第一手材料，帮助基层解决实际问题，督办旺季存款工作。要建立监测通报制度，及时掌握各行、营业网点的动态和进度情况，引导“快牛”、鞭策“慢牛”。要组织宣传攻势，进行立体式宣传，宣传我行的金融产品、服务优势等，推动旺季存款工作的开展。

（四）整体联动，抓好代发工资工作

在旺季营销工作会议上，省分行对工资代发进行了安排，并明确了目标。为优质企业代发工资，是发展客户和增加存款最有效的手段之一，各行要锁定目标单位，保持和提升我行代发工资的市场份额，同时进一步加强银行卡、电子银行等产品和服务的交叉销售，巩固优质老客户，挖掘潜力新客户。各行要利用岁末年初揽存增储的黄金季节，组织公司业务、机构业务、个人金融业务等部门联合开展一轮代发工资专项营销竞赛活动，加强定向组合营销，确保代发工资户数、人数和余额稳定增长。要对未代发的单位进行清理，公司业务等部门要利用上门营销的机会对拟代发单位的职工人数、代发工资额等情况进行调查，据此分析客户需求，选择重点推介的产品和服务，制定针对性的代发工资计划和营销方案。各支行要确保每月至少增加 1~2 户代发工资单位，并争取全额代发。同时要在市场占比领先情况下，提高中高端客户代发工资占比，调整优化代发工资业务结构。要特别强调，各行在争揽新客户，稳定老客户时，要整合资源，组合营销。切忌就存款论存款，要通过服务壮大我行的客户群。

（五）加强市场调查，认真学习同业经验

最近，省分行要求各行开展个人金融业务竞争力调查，

希望通过调研活动，全面了解同业动态，了解客户需求以及各种不足，作为今后改进工作、开展市场营销的依据。各级行要根据调查了解的情况，进行认真的分析研究，制定针对性措施。尤其是对建行、农行的一些先进做法，要在分析研究的基础上，充分学习借鉴。孝感分行最近与当地建行取得联系，准备到建行进行现场学习，这一做法值得推广。要与同业进行广泛的沟通联系，建立正常的沟通渠道，互相取长补短，不断改进我们的工作。

（六）做好服务和保障工作

各级行领导要高度重视服务和保障工作。一是组织及人员保障。各行要合理调配劳动组合，确保春节期间营业网点对外营业，节日期间的营业时间要提前向社会公布。要关心一线员工，合理安排节日期间营业时间和轮班，采取必要的激励措施，确保广大员工能够以饱满的工作热情投入到一季度营销工作。二是做好科技保障。各行要加强对ATM、POS、电话银行等机具和电子设备的维护，确保计算机网络通讯畅通，保证正常工作。三是切实落实对大客户的维护。春节是我们联络客户感情、维护大客户的最佳时机，各行要尽可能充实客户经理队伍，把这项事关个金业务的“牛鼻子”工作抓好。按照省分行提出的分层次维护要求，1000万元以上客户省分行行领导和个金部将直接参与维护和走访；500万元以上客户二级分行行领导要亲自参与维护；20万到500万元以内的客户各支行行长要参与上门进行走访，要通过我们的工作，稳定一批重点优质客户。四是做好安全保障。节日期间，各行一定要认真落实各项规章制度，加强重点部位的安全保卫工作，及时排除隐患，做好营业、运钞等各个工作环节的安全防范，防止火灾，防止抢劫、盗窃、诈骗等案件的发生，确保人员、资金安全。

做大营业总额　加快经营转型
实现个人金融业务又好又快发展

——吴宏波同志在湖南省分行个人金融业务座谈会上的讲话

一、用高目标带动高质量的大发展，确保今年个人金融营业总额达500亿元，力争实现550亿元

至8月底，我行实现个人金融营业总额300多亿元，其中储蓄存款新增84亿元，各类理财产品的销售216亿元。按新型目标管理方法第三条，要不断地调整目标、调高目标，到年底，必须确保储蓄存款新增140亿元，各类理财产品的销售360亿元，总体实现营业总额500亿元的全年目标。也就是在现有的基础上，9~12月储蓄存款要新增56~60亿元，各类理财产品的销售要净增144亿元。1~8月营业总额已经300多亿元，相当于每月平均完成38亿元，按这个水平，后几个月还冲一下，全年完成500亿元的营业总额是很有希望的。我在这里再次明确：考核还是按原来的，按新型目标管理方法目标要尽可能地做好、调高。我们原来计划2011年个人金融营业总额要实现1000亿元，明年就会达到800亿元甚至1000亿元，这点大家要清醒地认识到。

确保营业总额的目标实现，仍然要坚持新型目标管理，这是被实践证明行之有效的法宝。实施新型目标管理，可以挖掘员工的工作潜能，可以扩展业务发展的空间。我们回顾一下，2004年个人金融营业总额只有63亿元，2005年达到了102亿元，2006年114亿元，2007年185亿元，今年要突破500亿元，四年时间从63亿元增加到500多亿元，增加了将近10倍，越到后面发展速度越快，越到后面增长额度越大。为什么？因为市场越来越大。做市场好比是一个向外不断扩展圆圈的过程。当你的圆圈很小的时候，因为圆周不大，与周围接触很少，你会以为市场也很小，好比井底之蛙。但随着圆周半径扩大，圆周周长增加，与周围接触增多，你会发现市场也在变大。圆周越是往外扩展，你越会发现有做不完的市场。实践已经教育我们，应该突破过去观念上的疏忽，打破经验的误区，启发大家认识未来，认识潜能。做工作就要看谁的成就感大于困难带来的挫折感，要用未来的绩效激励现在的自我。

二、做大做强个人客户群，为个人金融业务又快又好发展奠定坚实的基础

大家来思考一下，我们的个人金融业务为什么发展这么快？个人营业总额为什么增加这么多？个人中间业务收入为什么增长这么快？我这里有些数据念给大家听一下，我行个人账户2004年是881万户，2008年1月达到1560万户。个人账户2005年增加了125万个，2006年增加了120万个，2007年增加了188万个。今年1~8月又增加了250万个左右。现在一年相当于以前7年，2年相当于以前14年，3年呢？现在大家应该明白个人金融业务为什么发展这么快，不要担心今年做了，明年怎么办。为什么从200亿元可以做到500亿元，从500亿元可以做到1000亿元，市场太大了。中高端个人客户2004年只有30万户；2008年6月达到45.4万户；2006年增加了7.1万户；2008年1~6月增加了6.6万户，平均每个月增加了1.1万户，今年就可增加12万左右。灵通卡2004年293万张；2008年8月达582万张；2004年增加了35万张；2005年增加38万张；2006年增加了95万张；2007年增加了120万张；2008年1~8月增加了114万张，今年要增加到200万张肯定没问题。所以我说，关键是客户群体做大了，客户群就是我经常所说的基础。工作从基础做起，效益就自然而然从整体体现。有理由相信明年、后年还会有更快的发展。

讲这些，就是要做大客户群，从基础抓起。

三、如何进一步做大做强个人客户群

个人客户也有一个扩面问题，账户扩面不仅仅是对公客户。大家回去后，给“一把手”汇报，转达我对“一把手”和分管结算行长的工作要求，大家一起来抓，一起把个人金融业务做起来。

（一）围绕存量和新开结算户做好个人账户的扩面工作

第一，结算账户是银行一切业务的基础。我这次受总行结算与现金管理部邀请，在总行结算与现金管理培训班上讲课，全国100来个地市分行行长或副行长参加。在培训班上，我把银行业务关系画了这样一张图（见图3-2）。

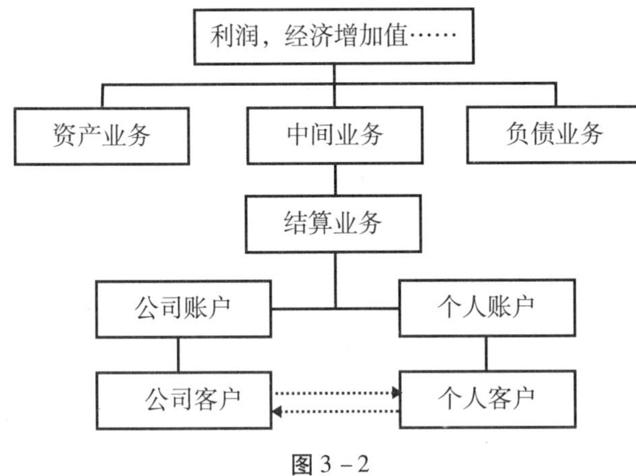

图3-2

最底下是“公司”和“个人”两个方块，然后分别用线与上面的“公司账户”和“个人账户”两个方块进行联结，再分别用线又与上面的“公司结算账户”和“个人结算账户”进行联结，接着再分别往上与公司业务和个人业务的“资产业务”“负债业务”“中间业务”的方块进行联结。还往上延伸，就得到了“利润”和“经济增加值”等等。最底下的两个方块之间有虚线联结，表示这两大业务群体之间可以沟通和进行资源整合。从这张图的下面往上看，结算业务是不是银行经营的基础？结算业务又具体体现在账户上，账户是客户在银行的体现，资产业务、负债业务、中间业务是不是通过账户开展的？我经常讲，那个单位、那个客户跟你关系好，就是不给你开账户，你能说关系好吗？他能给你做业务吗？他是能给你做资产业务？还是负债业务？还是中间业务？什么都做不了！所以结算账户是银行业务的基础。

再从一个实例来看，全国工行对公存款80%的存款来自无贷户，湖南分行全省对公存款89%来自无贷户，11%来自有贷户。储蓄存款也是大部分来自无贷户。今年新开2万结算户增对公存款58亿元，其中89%也是来自无贷户，11%来自有贷户。这说明什么？说明我们对公存款差不多90%是无贷结算户组成的，无贷户支撑了负债业务。资产业务又是以负债业务为支撑的，如果没有那么多存款？我们能做那么多贷款吗？我们都能够向人民银行借那么多钱去放吗？结算账户是负债业务的支撑，也就是资产业务和中间业务的支撑。我在培训班上讲了一个观点，工商银行这些年的经营效益源于基础，后来又忽视基础，没有提要发展结算账户，现在要重视基础。所以，我们湖南分行提出来，向10万结算账户要效益。

第二，结算户是银行一切产品的渠道。资产业务、负债业务、中间业务的产品是不是都要通过结算渠道到客户手里？贷款户本质也是结算户，是办理贷款的结算账户。各种产品都要通过结算户源源不断地到客户，我们的结算户是不是渠道？这个图从下往上看是基础，从上往下看是渠道，结算账户就是产品营销和收入来源的渠道。公司客户和个人业务这两个方块之间，我是用两条虚线联结的，为什么用虚线？就是提醒大家把工作做实，你可以通过公司客户可以把人业务做起来，有时候也通过个人业务把整个公司业务都拉进来，这样的例子都有。过去我们倾向于做公司贷款客户，但是我们忽略了我行的10万结算账户中贷款账户只占2%，贷款户只有1000多户，98%都是无贷结算户，其实这98%的结算户是可以给我们带来个人业务收入的。个人金融业务大家都很重视，要抓个人贷款营销，要抓这要抓那个，大家不知道从哪里抓起，方向要明确。回去给一把手汇报，一把手组织这件事，做好布置安排，然后与分管结算的行长配合。这里面工作太大了，98%都是无贷结算户，然后我们2%的有贷户也不放松，这里的工作都做不完。

第三，利用“三层两线一体化”营销发展客户，紧紧围绕结算户来抓营销。怎么样来抓结算户？关键要抓住两点：一是结算账户的客户经理配备没有？我在2006年就要求所有存款50万元以上的结算账户都要配备客户经理。现在全省50万元以上的结算户是7000多户，50万元以上的账户是8000多户，各地有多少？要弄清楚，要按省分行的要求进行客户经理的配备。二是结算账户的客户经理是否履职了，履了什么职？在做什么事情？如果账户扩面工作抓好了，客户经理配备好了，大家充分履行了职责，然后个人金融业务也整合进去一道做，这不就做起来了吗？这里有很大的发展空间，其他银行还不是这么抓个人金融的，我们过去在这方面做了一些尝试，还没有大面积推开。如果我们这次会议统一思想，大面积推广，完全是打开了一片新天地。所以我们要紧紧围绕结算户来发展个人金融

第四，要注意发展中高端客户。到哪里去找到中高端客户？如何去找到中高端客户？一是柜面识别。总行制定了个人客户的统一视图，来的客户，网点的柜员和大堂经理都要主动识别，根据客户办理业务的不同，判别客户身份，然后柜台内外里外配合，进行引导，柜台内员工和网点内大堂经理共同进行营销。二是外部寻找。比如移动的VIP客户，一个月花掉几百元手机费，这是不是中高端客户？买基金、买股票的客户，你是不是可以在基金公司、证券公司找得到？移动公司、基金公司、证券公司、保险公司都是我们的合作单位，他们通过我们搞营销，我们也要利用他们的渠道帮助我们搞营销。他们的优质客户也是我们的优质客户，就是要通过这些外部渠道去寻找。

（二）运用“三层两线一体化”营销体制来开展业务

我讲要整体营销，要营销整体。这是两个不一样的概

念。整体营销是讲整体出去营销，营销队伍是整体，要成立和通过小分队营销团队，开展营销，各部门不能各搞各的。营销整体，就是要营销我们的整体产品，这样客户就可能对我们一款或几款业务感兴趣，开办几项业务。这里面有好几种产品要好好抓起来：

一是抓好电子银行业务。电子银行始终是业务发展的杀手锏，要在营销工作中打头阵。我们现在个人业务发展得这样好，很大一部分得益于电子银行业务，电子银行抢占了很多客户。这个时候我们不能松劲，不要满足目前的成绩，很可喜的是，我们每天仍然有3000多户。但有的地市放慢了，是感到没有市场了吗？我告诉大家，不要做要井底之蛙，坚持把电子银行做好，这能给我们带来大量的持续的效益。

二是抓好信用卡工作。2005年我行信用卡发行只有5~6万张，现在发展到100万张。今年消费额要达到50亿元，8月底已经有30亿元了。但最近我感到发展的劲头有些松懈，势头增长为什么不好了？大家不要松劲，要继续抓好。这里我强调几件事情：要抓好“一柜一天一卡”的工作，这个事情做好了，就意味着我们的柜员识别工作做到位了。我们有3000多个柜台，一柜一天一卡，全行一天就可发行3000张。各二级分行行长、支行行长、网点负责人要把这项工作落实到柜、到人；要从代发工资户里发展信用卡。目前在我行代发工资的个人客户数有153万人，开办了我行信用卡23万张，这里面有大量客户。客户每个月收入我们都知道，哪些可以办信用卡我们都很清楚。要想办法，扩大信用卡在代发工资的个人客户群体中的拥有量。到今年年底，我行代发工资单位的个人客户信用卡发卡总量要达到40万张；要抓好公务员的发卡。我行现在已经发行公务员卡25万张，占全国工行的80%。主要得益于我们没有按试点的进度去搞，从一开始就全面推开了公务员卡的营销。做好公务员卡的发行，各行要通过各地的纪委书记和纪委机关去做工作。公务卡的推广与使用是实行公务员用卡报账的前提，这是纪委抓廉政建设和“阳光工程”的工作内容之一。各地的公务员卡做好了，也体现了当地纪委的业绩，是件很好的事情，应该会得到欢迎与支持。

三是抓好个人金融其他产品的整体营销。个人业务太有潜力了，比如“灵通快线”就是一个很好的产品，没有风险，比活期存款利息高，可以吸引他行的客户在网上银行购买，这样网上银行增加了，理财产品销售出去了，他行的储蓄又到我们这里来了，不是很好吗？所以一定要做好整体营销。

四、在巩固和扩大城市金融市场的同时，积极探索自觉运用有效手段，向农村金融市场延伸

我们的营销工作为什么要向农村金融市场延伸？

（一）这是由省情和各地市的市情决定的

湖南是一个农业大省，农村占了绝大部分。农村地区的存款占了整个大部分，农村地区的存款增量占了存款大部分。现在农信社、农行、邮政的储蓄增加最好。益阳地区今年增加的存款中储蓄占了80%，农信社、农行和邮政的储蓄存款增量占了全部金融机构储蓄存款的80%。这说明，储蓄存款的市场在农村，我们不能放松在农村金融市场对个人金融业务的竞争。

（二）我们已经具备了延伸的手段和条件

我们有很强大的网上银行，我们的灵通卡可以到农信社使用。有很多企业开在乡镇，我行的个人网上银行完全可以弥补我行在农村市场网点不足的差距，可以通过网上银行，带动在农村的企业、个人客户利用先进的网络技术办理业务，解决农村客户长途跋涉来银行的物理网点办业务的麻烦。开拓农村市场，我们有很多办法和手段可以做到，不能老是到圆心做工作，要到圆周做工作。你可以通过乡党委、村委会，通过农村的乡、镇、村等基层组织去做工作。做工作，只是我们过去没有想到，所以我在这个会上明确。

（三）农村市场的延伸比较容易

我们有很好的网上银行，只要办理了网上银行，客户就可以办好业务，客户就不会在其他行办业务了。我们有到农村做个人业务的经验，有的已经做了，湘西龙山县、宁乡煤炭坝就有很多成功例子。向农村市场的延伸工作，我今天在这里就算部署了。要把网银、灵通卡业务向农村市场营销，个人金融部门要密切关注各地市向农村市场延伸营销的情况，这是一个新天地。

过去我们没有注重整个金融机构的业务占比，今后要注意监测整个金融机构的业务占比动态。我们要有大的竞争观，不要有狭隘的竞争观，不能简单的把哪一家银行作为对手，要放眼整个同业市场，要把整个市场当作可以争取的目标。

五、提高认识，明确目标，促进储蓄存款的稳定快速增长

储蓄存款作为一项基础业务，是衡量一个行在当地市场竞争力的重要指标，是个人金融业务经营水平和整体竞争力的重要体现。但目前我行的储蓄存款在同业排名中位置不高。7月末，全行储蓄存款净增74亿元，同业占比是第4，比第3的中行还差1亿元，比排名第2的建行相差44亿元，比农行相差54亿元。因此，要高度重视储蓄存款的组织工作，认真分析原因，增强储蓄存款工作的紧迫感和责任感，突出同业占比指标监测，狠抓竞争力和市场占比的提升，确保完成全年140亿元储蓄存款任务。

营业总额要做大，储蓄存款占比也不能落后。要统筹兼顾，共同发展。各行要牢固树立抓存款就是抓客户的思想，根据市场和客户需求的变化，深入研究变化中的个人资金流转规律，以经营转型促进和推动储蓄存款业务发展，以服务和产品创新促进和推动储蓄存款业务发展，以改善和优化服务促进和推动储蓄存款业务发展。要把握客户投资偏好和资金流向，合理引导客户资产配置，积极吸收客户投资的间隙资金和回流资金，实现存款与理财业务的相互带动发展。希望大家统一思想认识，高度重视储蓄存款工作，把储蓄存款抓上去。特别是主战场营业部，要加倍努力做工作。

六、努力抓好代发工资业务

代发工资业务是一项基础业务，是个人客户扩面的重要工作内容。目前我行有结算账户10万户，估计到年底会达到12万户，在我行开办了代发工资业务的单位只有8023户，代发工资业务大有潜力可挖。按总行的通报，今年上半年我行新增代发工资单位440户，完成了总行计划的56.41%，其中大部分是通过网银代发，新增网银代发工资客户占了98.41%，在总行排名第1。代发工资业务营销的综合排名在总行第9。但代发工资的业务收入只有112万元，在总行排名第21位。因此，后几个月要把代发工资业务作为重中之重来抓。

要认真贯彻和落实最近省分行要求的“向10万结算账户要效益”的营销活动精神。要提供更高更好的服务，才能达到“向10万结算账户要效益”的目的。把个人金融业务的旺季营销工作与向结算账户要效益的活动有机地结合起来，各级个人金融业务部门要牵好头、履好责，抓好代发工资业务的牵头营销，确保完成今年新增代发工资单位1000户的任务。

要利用今年后几个月的时间，把结算账户中还没有在我行开办代发工资业务的单位争取过来。尤其是要抓好向优质客户代发工资的营销，抓好代发工资客户中的信用卡营销，积极引导客户开通个人网上银行、电话银行、手机银行等电子银行业务和余额变动提醒服务。要通过狠抓代发工资这一源头，努力做到“四个同步”：银行卡同步开办、网上银行同步推介、基金定投同步营销、业务收入同步增加。要把工作一起来安排，善于运用发散思维，一起来做，把分管的工作一起来做，甚至把不分管的工作也做起来。今年开完会，大家回去后，要向“一把手”汇报，传达精神要求，与其他行长一道来抓。

七、努力抓好代理保险业务

到8月底，全行累计通过柜面代理销售个人保险（包括个人财险）25亿元，比去年同期增加17.2亿元，是上年同期的3.2倍。上半年代理个人保险总额在总行排名第3，增幅在总行排名第5，在工农中建邮五大渠道同业占比位居第1。代理保险业务收入占个人中间业务收入的比例达17.8%，同比增加12.1个百分点。这说明我们在去年股市火暴的时候，就预热市场，明确今年要大力发展保险业务的决策是正确的，效果是明显的。后几个月，要把进一步推进代理保险业务作为旺季工作的重中之重来抓，确保代理保险销售40亿元的实现，巩固市场同业第一的位置。

个人金融业务部门要发挥好牵头营销的职能作用。个人保险是个人金融产品的一个重要组成部分，各级个人金融部门必须按省分行党委对个人金融业务“一体化”的要求，责无旁贷地做好牵头管理工作。要认真执行代理个人保险集中签约制度，按照总行《关于促进代理个人保险业务发展的通知》，统一签订代理个人保险业务的专项合作协议、培训协议；统一确定代理个人保险产品入账费率标准；统一组织代理个人保险的市场营销活动；统一进行代理个人保险的网点资源分配和人员管理工作。

代理个人保险的入账费率不能低于3%，而且尽可能高一点。过去保险公司出的代理手续费没有全部入大账，有一部分给了员工作奖励，这是保监会不允许的。今后都要按规定纠正过来，现在有一半的地市已经调整过来了。我希望地市行首先要解决这一问题，早点要把它调整好，确保手续费全部入大账，然后地市行拿出一部分人力费用、省分行也考虑拿出一些费用奖励员工，一起来解决这个问题。

当前，要认真开展后四个月代理个人保险促销活动，合理调配网点资源，深入挖掘网点产能，尽快将营销目标任务层层分解，强化督导、狠抓落实，全面完成各项目标任务。要加强同保险公司的协调合作，争取保险公司在销售支持、人员培训等方面的倾斜政策，充分发挥双方的合作优势，实现客户、保险和银行互利共赢。

各行要在促进代理个人保险业务快速发展的同时，高度重视合规销售管理。把握保险产品形态多样、条款复杂、不确定性权益较多、客户对保险产品的认知度较低等特点，防止不当销售和违规销售行为，以维护客户利益，维护我行声誉和形象。要认真贯彻监管部门和总行有关合规销售、防范业务风险的要求，根据市场环境和监管政策的变化，遵照总行的统一部署，及时调整销售策略和产品结构，不断优化盈利模式，提高合规销售和风险管理水平，促进代理个人保险业务持续健康发展。

八、采取有效措施，大力推进进个人贷款业务的发展

为发展个人贷款业务，今年四月份省分行专门召开了工作会议，各行认真贯彻会议精神，个人贷款业务稳步发展。7月末个人贷款比年初新增7.3亿元，但与省分行要求还有一些差距。尤其是同业占比仍不理想，7月末新增量占比处于同业落后位置。全行只有益阳分行个人贷款新增额和住房贷款新增额两大指标在同业占比排名第1，这也是我们把这次会议放到益阳开的重要原因。这说明我行个人贷款还有大量艰苦的工作要做。在这里我想着重讲三点：

一是个人贷款业务要作为旺季工作的重点内容要抓，要作为抓中高端客户的内容来抓。虽然中高端客户不是按贷款来划分的，但如果个人客户没有相应的收入来源，我们也不会给他贷款。如果他有相应的收入来源，就说明其是中高端客户。所以，抓贷款也是抓中高端客户。今年要确保个人住房贷款新增16亿元，按7月底的数据，还只完成了46%，必须抓紧这后四个月的时间，加大对个人贷款的营销力度。

二是要坚决贯彻个人贷款业务的“一把手”负责制。在个人金融这一块，个人贷款业务是有一块短板，这没有道理。储蓄是把存款揽进来，而贷款是把钱放出去，相对比较容易。但恰恰在这点是做得不好。恐怕还是不重视，还没有把省分行的要求落实。大家要把省分行的办法规定找出来，对照检查落实了没有。四月份的个人贷款业务工作会议，我强调要实施个人贷款业务的“一把手”负责制。这段时间证明，凡是“一把手”负责制落实好的分行，个人贷款业务发展势头就好，效果也很明显。益阳分

行落实“一把手”负责制的经验值得大家借鉴和学习。各行在发展个人贷款业务中，“一把手”要真抓实干，“一把手”包括二级分行行长和支行行长都要真抓实干。不能停留在一般的工作任务布置上，要认真督促、检查个人贷款的营销计划安排和实施，对那些行动缓慢、营销不力的基层行，要实行问责，坚决杜绝按揭资源的流失。最近，我在思考，个人贷款业务做不上去，原因有三点：重视不够；落实不够；市场资源开发不够，流失过多。我行的小楼盘做得多，上了10亿元的都没有。最近总行下发了一个关于发展个人贷款业务的新文件，要马上转发下去，研究一下贯彻落实措施。

三是要落实好个人贷款业务的奖励制度。省分行关于促进个人贷款业务的奖励制度，一定要确保到位。在省分行奖励办法的基础上，各行可以再适度增加一些奖励措施，但决不容许把省分行的奖励打折扣或把奖励基金挪作他用。希望大家重视，到年底还做不上去，请倒数后四位的“一把手”和分管行长一起到省分行汇报。

九、切实防范风险，依法合规经营

业务越是发展，内控越要加强。内控是饭碗，业务是饭菜。既要保护好饭碗，也要保证里面有饭菜，两者缺一不可。在发展业务中，要切实提高案件防范工作的执行力。防范风险要突出做好两个方面的工作：

一是抓队伍素质的提高。现在我行个人客户经理达1528名，占了全行客户经理的50%以上，比年初增加了286名。客户经理人数增加了，管理必须跟上，不能留有真空。尤其是对新的客户经理，必须进行及时的转岗培训和素质教育。通过培训和在岗教育等多种形式，提高客户经理人员的职业道德水平和遵守规章制度的自觉性。客户经理的配备要以某项专业为侧重，客户经理以某项业务为主开展营销工作，同时也要兼做其他的业务，对其他的业务也可进行计价。在客户经理人数统计时，按侧重的专业进行统计，不重复统计。

二是加强操作风险管理，严格搞好内控案防工作。坚持执行规章制度，从严进行管理，特别是要重视规章制度检查后的后续跟踪复查。对那些在检查中暴露出来的问题，提出的整改要求，要落实责任人，落实整改结果，开展对整改情况的复查。对那些阳奉阴违，整改不及时、不到位的人和事，要严肃处理，追究责任。要抓好营业经理的把关，抓好营业经理的履职。营业经理是网点把关守口的重要人员，营业经理的营销任务可以少下，甚至不下，待遇也可适当提高，但职责必须落实。习惯性违章的解决，关键也要靠营业经理把关。大家回去后，一定要传达贯彻。

三是依法合规经营。代理保险等各项中间业务收入要按照现有的规章制度进行入账，按照总行和省分行的要求进行奖励，不能让收入“跑、冒、漏、滴”。理财产品的销售要遵守银监部门的规定，坚持对客户进行风险评估，避免误导客户销售行为的发生。上半年银监部门对我行理财产品的销售进行了“神秘人”的暗访检查，我们整体情况是好的。因为我们都是按总行规定的格式合同销售的，没有增减合同条款；坚持由有资格的人员销售；坚持对客户进行了风险提示。这些要坚持下去。

工作从基础做起　效益从整体体现
着力构建个人金融业务“一体化”营销格局

——吴宏波同志在湖南省分行个人金融业务“一体化”工作会议上的讲话

一、2007年全行个人金融业务“一体化”营销取得显著成绩

过去的一年，是认真贯彻总行和省分行党委的指示精神，加快业务转型、多项指标创出历史最好水平的一年；是坚持以客户为中心的经营原则，积极推行大个金发展战略，实施个人金融业务“一体化”建设的一年，也是继续运用新型目标管理，坚持高目标，带动电子银行、银行卡及各项个人金融业务大发展的一年。主要工作成绩体现在如下几个方面：

一是电子银行捷报频传。大个金的发展电子银行要先行。去年全行把发展电子银行摆在了一个重要战略位置上，实施二次创业，加快跑马圈地。全行各级领导率先垂范，亲自带队对省银监局、人民银行、省发改委、农发行、通信、保险、证券等系统行业大户上门开展营销演示，确保了电子银行业务的迅猛发展。2007年，我行新增个人网上银行客户117万户，完成总行任务计划的585%，在总行排名第2；新增U盾客户13万多户，是前几年发展总和的3.4倍，个人网上银行客户数与网民占比为48%，在总行排名第2；存量客户累计已超过200万户，在总行排名第6；新增个人电话银行客户70万户，在总行排名第4位；个人网上银行交易额迅猛增长，去年交易金额达772亿元，是2006年的4.3倍；电子银行业务占比达40%，比2006年提高13%。2005年我行个人网上银行存量客户只有32万户，动户率仅为27%，目前存量客户数已超过200万户，为2005年的6.3倍，但动户率已达34%，这说明我行网上银行在客户数量快速增长的同时，客户质量也在不断提高。去年前三季度，我行在总行电子银行综合考评排名第7位。

二是银行卡业务突飞猛进。去年针对湖南的实际，找差距，订措施，谋发展，以新型目标管理办法引导，以高目标带动发展，取得了很好的效果，实现了业务规模的成倍增长，各项业务指标在湖南金融同业中稳居第一。到12月末，我行信用卡发卡总量达66万张，比2006年末增加51万张，增幅为340%，新增发卡量和发卡量增幅分别在总行排名第7位和第2位，发卡总量是同业占比第二的招商银行的1.6倍；信用卡消费额达21亿元，比2006年末增加11亿元，增幅为110%，消费额增幅在总行排名第9位，高出全国平均水平54个百分点，信用卡消费总额是同业占比第二的建设银行的1.8倍；信用卡透支规模达2.2亿元，比2006年末增加1亿元，增幅为83%，透支规模增幅在总行排名第7位，高出全国平均水平24.5个百分点。同时，区域性联名信用卡取得突破性进展。先后推出了牡丹新一佳卡和牡丹湖南公务员卡，共发行牡丹新一佳卡3556张、牡丹湖南公务员卡37668张，实现了我行区域联名信用卡零的突破。

同时，还积极进行灵通卡业务创新。湘潭分行在全国首发牡丹住房公积金联名卡，受到总行充分肯定，外省很多兄弟行都上门取经。与国泰君安证券股份有限公司、财富证券股份有限公司分别发行了牡丹国泰君安灵通卡、牡丹财富灵通卡。到12月底，已累计发行牡丹灵通卡720万张，剔除无效卡180万张，有效卡达到546万张。当年新发卡158万张，比上年多发54万张。灵通卡刷卡消费额达66亿元，比上年增长57%。牡丹灵通卡离柜业务占比大幅提高，从2006年的26.5%上升到39.64%，提高了13.1个百分点。灵通卡实现中间业务收入5205万元，在总行排名第8，比去年同期增加1621万元，增幅为45.2%。

三是营业总额再创新高。去年我们继续坚持个人金融业务全面协调发展的方针，通过开展旺季大会战，制定和完善奖励措施，加强对营业总额的考核和督导，确保了储蓄存款和理财产品的全面增长。12月末，我行人民币储蓄存款余额为758亿元，较年初增长24亿元，新增额在总行排名第6，也是全国一级分行中14个储蓄存款正增长的分行之一。1~12月，实现营业总额185亿元，比上年增加71亿元，增长62%。其中，累计代销基金127亿，比上年多销106亿，是上年的6.2倍，代理基金申购增幅在总行排名第2，基金定投开户增幅在总行排名第7。基金销售额在全省四大商业银行中排名第1，市场占比达到了40.7%。被总行工银瑞信基金公司授予2007年度基金发行突出贡献奖。全年代理保险销售14亿元，比上年多销售6.6亿元，增长了92%，是全国一级分行中12个代理保险销售正增长的分行之一。

四是中间业务收入跃上新台阶。去年个人电子银行业务创造中间业务收入4096万元，信用卡业务创造中间业务收入5117万元，个人金融业务创造中间业务收入40742万元，三个部门相加，总计实现个人中间业务收入5亿元，占全行中间业务收入7.6亿元的66%。其中，代销基金的收入达1.6亿，比上年增加10倍；代理保险收入2676万元，比上年增加1.5倍，收入增幅在总行排名第7。信用卡中间业务收入同比增加1945万元，增幅为61.32%，中间业务收入增量在总行排第13位，增幅高出全国平均水平11.6个百分点。11月末，个人金融业务实现经营利润9.4亿元，经营贡献14亿元。据总行个金部通报，至10月末，我行个人金融业务利润占全行的比重达到62.67%，经营贡献度在总行排名第8。

五是第三方存管业务名列前茅。为大力发展第三方存管业务，竞争证券市场的有效资源，去年通过实施"营销责任制"，采取抓重点券商，派出延伸柜台，开展以"存管选工行，银证新体验"为主题的营销活动等多种措施，我行第三方存管业务异军突起。到年底，已开通第三方存管业务的上线客户达45万户，其中，新增预指定客户数12.7万户，新增直接开户数2.3万户，合计新增客户数15万户，完成总行下达全年任务8万户的188%，在总行排名第5。9月新增客户市场占比80.5%，排全省第1。通过第三方存管业务的开办，全行新增保证金存款45.3亿元。我行抓第三方存管业务的做法得到了总行的肯定和推介。

六是个人信贷业务稳健发展。个人贷款余额为98.8亿元，比年初增长15亿元，完成总行计划任务的167%。个人贷款不良率为2.39%，比年初下降0.41个百分点。

二、一年来个人金融业务"一体化"工作的实践与体会

根据市场变化的形势和工作实际，为迅速提高我行的竞争能力和营销实力，前年，省分行党委提出了"三层两线一体化"的营销战略，去年又进一步强调大个金业务的"一体化"建设，有效地推动了个人金融业务的转型发展，提高了我行的市场竞争能力，取得了以下几个方面的成功经验：

一是必须坚持新型目标管理办法。近两年来，我行电子银行、信用卡、个人金融业务的发展已经证明：新型目标管理办法，是一个能激发员工潜能，通过高目标带动大发展的有效举措。去年代理基金搞得好的行，年初目标就报得高；目标报得差的，实际效果也差。2006年我们销售基金20.5亿元，如果按照过去的经验，去年完成50亿就算了不起的成绩了。但由于实施新型目标管理办法，最后实现了126.75亿元的销售业绩，比上年多了100多个亿；信用卡去年一年就新增55.8万张，是1991年以来发卡量总和的3.7倍，一年等于干了过去几十年的事情；电子银行摒除任务指标观念，省分行对各行不再下达任务指标，由各行自下而上自报奋斗目标，并根据自身业务发展情况，不断调整目标，引导各行挖掘自身潜力，以高目标带动电子银行业务大发展。去年10月25日，我行个人网上银行新增客户突破100万户，总行为此专门发来贺信。这些都是过去不敢想像的。高目标，能够带来大发展；低目标，肯定不能带来大发展。这是我们工作不断取得进步的一条宝贵经验。

二是必须实施"一体化"经营战略。去年，省分行党委明确提出个人金融业务的"一体化"建设，专门召开了"一体化"工作会议。通过"一体化"整合营销渠道，做

到了传统渠道与新兴渠道的有机联通；通过“一体化”整合客户资源，实现了公司业务与个人金融业务的相互促进；通过“一体化”整合营销产品，有效满足了客户的理财需求；通过“一体化”整合营销行为，保证了规范化营销活动的开展。全行初步形成了个人金融业务部牵头，电子银行打头阵，银行卡中心积极跟进的“一体化”营销格局。去年电子银行客户不断扩展的同时，通过电子银行渠道销售的其他产品也同步增加，其中，网上银行销售基金72亿元，占全行基金销售的62%，是2006年的17倍，宁乡支行煤炭坝分理处、湘乡、石门、会同等支行基金全部都是通过网上银行销售；网上纸黄金业务在开通不到半年时间，交易笔数近5万笔，交易金额6亿多元。这说明，“一体化”营销战略是真正打造大个金格局的必由之路。

三是必须突出转型发展。去年以来，全行突出转型发展，业务结构、产品结构、客户结构不断优化，市场份额不断扩大，经营效益不断攀升。总行在“服务与创新”活动中，对15项经营指标的完成率进行了排名，我行有8项指标进入了前10名。其中：信用卡、企业网上银行、个人网上银行、电话银行的开户数任务完成率均名列第1；机构客户新开户和公务卡任务完成率两项指标排名第2；营销任务总量和个人账户黄金交易量完成率均排名第7。这再一次说明，省分行党委确定的新型发展道路是一条符合湖南分行发展实际，符合市场发展方向的康庄大道，一定要始终不渝地走下去。

四是必须抓好客户基础。抓客户是抓银行业务的基础，抓电子银行就是抓客户的基础，抓基金业务、第三方存管等产品的推广又是抓电子银行业务的基础，这是一个相互促进、共同发展的良性循环。2006年全行新增个人账户197万户，去年又新增了238万户，这是个人金融业务之所以取得大发展的业务源泉。可见，只有方方面面抓客户，业务才会有发展，才能实现“一好百好”的目的。

三、抓住市场机遇　深化“一体化”营销

我行个人金融业务在总体保持健康快速发展的同时，也存在一些不容忽视的问题，与打造湖南第一零售银行的目标要求还有很大的差距。因此，必须更加重视个人金融业务，以科学发展观谋划大个金业务的发展，促进和加快个人金融业务的“一体化”建设。

（一）个人业务市场广阔，要更加重视个人金融业务的发展

之所以说当前发展个人金融业务的市场广阔，潜力巨大，主要是基于以下判断：一是从经济社会的发展阶段看，从计划经济到市场经济，中国经济近些年来实现了高速发展，综合国力提升，国民收入和家庭财富进入了快速增长时期；二是从党的大政方针看，党中央明确提出到2020年实现全面建设小康社会目标，全面建设小康社会，不是国家奔小康，也不是单位奔小康，而是全体国民奔小康；三是从各省制定下发的《十一五规划》看，大都提出了富民强省的目标，强省的目的是为了富民；四是从每个单位的经营发展看，倡导的是“以人为本”的企业文化，最终目的都是为了实现企业和员工的共同成长，直接和间接地为员工增长个人财富。人们财富增长起来了，必然要增加消费，消费再拉动生产，从而形成良性循环。同时，在社会平均财富积累的不同阶段，人们对金融产品的认识、需求和使用也完全不同。当前，随着人们金融意识的提高、金融产品需求的增多、金融产品使用的广泛，为我们发展个人金融业务带来了极好的机遇。

作为工商银行来说，更应该特别重视个人金融业务的发展。一是我们作为全球市值第一的银行，作为国内最大的商业银行，担负的社会责任就是要为构建和谐社会和全面建设小康社会提供强有力的金融支持，要更多的教育和引导客户提高对金融产品的认识，更多的使用金融产品来增长财富；二是我们过去是国内第一储蓄银行，现在是要打造中国第一零售银行，要实现这一目标，必须更加重视个人金融业务发展，三是工商银行员工多、队伍大，最适合做规模效益型产品，而个金专业又是规模效益型产品众多的部门，产品关联度高，我行发展个人金融业务有着天然优势；四是工商银行先进的网络技术平台，能够更好地服务于客户，争取更多的个人市场份额。因此，我们要更加重视个人金融业务的发展，努力打造湖南第一零售银行，成为个人金融业务市场的领跑者。

（二）深化“一体化”的认识，转变营销观念

个人金融业务面临着良好的市场前景和发展机遇，如何才能保证我行个人金融业务的发展呢？用一句话来概括，就是“工作要从基础抓起，效益要从整体上体现”。体现在具体战略上，就是要进一步推进“三层两线一体化”营销，在我行建立起适应市场变化、上下联动一致、部门积极配合、产品整合有方、流程合理畅通，营销快捷高效，能够满足客户需要的大个金发展格局。推进“一体化”营销，要把握两个关键：

一是思想认识再深化。“一体化”营销首先要思想认识“一体化”。各级领导、个人金融业务的相关部门以及全行员工想问题、办事情要统一到大个金业务的发展上来，统一到个人金融业务的“一体化”营销上来。立足本职，放眼全行，跳出本部门、本产品的局限去思考问题，去着手推动相关个人金融产品的营销。发展电子银行是竞争中高端个人客户的基础和有效手段，“一体化”营销首先要突出发展电子银行业务，以此带动个人金融业务的发展。信用卡部门的营销不能停留在信用卡单一的层面上，要想到信用卡业务是一种资产业务，营销信用卡就是营销消费贷款，甚至比消费贷款还更具有优势。消费信贷是对个人客户发放的购买指定商品的贷款，而信用卡透支既可用于个人消费，又可公司消费，没有购买指定商品的限制；消费信贷是一次性贷款，而信用卡是循环信用产品，办理后可长期循环使用，办理手续和审批流程均较消费信贷简便。如果各部门都能站在这样一个新的高度，有这样一个大个金的胸怀，“一体化”营销就有了良好的思想基础，就会出新思路、新办法。

二是营销观念再创新。深化“一体化”营销，必须不断进行营销观念的创新。观念创新，才会发现市场和商机；观念创新，才会拥有客户和效益。创新不是要发明创造，而是通过对产品注入新的概念，改变客户对产品的认知，

达到引导需求、营销产品的目的。去年，全行代发工资企业的60%已转换为网上代发，郴州、岳阳、株洲、邵阳分行95%以上的代发工资都转换为网上代发，全行网上代发工资1135万笔，金额162亿元，是2006年的近4倍，有效防范了业务风险，减轻了柜面压力。网上代发工资业务就是一个值得在营销观念上进行创新的突出典型，如果还停留在把代发工资业务当作吸收存款、简单的代理业务的传统认识上，那么，代发工资业务就会越走越窄。一定要把代发工资业务当作为客户进行投资理财的手段来营销。我们来算一笔账，目前，我行的对公结算账户有9万户，如果有1/3在我行开立了基本结算账户，也就是有3万个单位可以进行代发工资业务的营销。假如平均每家企业有100人，那么就有可能对300万个人客户进行个人结算账户的营销。这些个人账户上每个月都有工资收入，如果我们对这些客户宣传营销到位，客户办理我行牡丹卡、开通个人网上银行、基金定投、工行信使等，大家想一想，仅此一项业务就可营销我行多少产品。今年要新增代发工资单位1万户，指标并不高，是大有潜力可挖的。各行一定要狠抓代发工资这一源头，努力做到：银行卡同步开办、网上银行同步演示推介、基金定投和工行信使等产品同步营销。要积极开展以“代发工资”为龙头，加上牡丹信用卡、灵通卡、个人网上银行、基金定投、第三方存管以及工行信使等等业务组成的捆绑营销。公司业务、结算与现金管理等部门要积极支持代发工资业务的发展，将新增的公司贷款户是不是我行的代发工资单位作为发放贷款的一个条件，使公司业务和个人金融业务的“一体化”真正落在实处。

（三）狠抓资源整合，确保“一体化”实施到位

为保证“一体化”营销的有效推进，要抓好三个重点：

一是基础要进一步抓牢。把客户这个基础抓牢，要通过部门之间采取交叉营销的方式，使客户拥有更多的工行产品和渠道服务，提高在我行办理业务的频率，从而增加客户的转移成本，达到巩固客户资源的目的。在营销实践中要学会运用发散思维，举一反三，触类旁通。通过营销一个“龙头”产品，带动相关产品的整体跟进。抓代发工资，就要想到怎么样营销电子银行；营销公积金联名卡，就要想到怎么样营销个人住房贷款。抓牢客户基础，还必须进行客户扩面，既要注重中高端客户的市场拓展，又要注重普通市场的培育。善于发现和挖掘潜在客户，善于从本行存量客户中筛选，从新增客户中发现，从他行客户中寻找中高端客户资源。只有不断壮大的客户规模，加上优质的客户资源，才能增强我行个人金融业务的竞争能力。

二是营销要进一步整合。“一体化”的实质在于营销资源的整合。整合才能充分利用资源，发挥整体功能，体现整体实力，取得整体效益。营销整合首先是省分行、市分行、城区（县）支行的三级联动。上下要统一行动，协调一致，加大对重点客户和系统大户的营销力度，把抓一个、抓一把变成抓一片。第二是公司和个人金融业务系统结成一体，互相促进。公司业务要考虑怎么样利用信贷杠杆促进大个金业务的发展，个人金融业务也要通过为公司管理层人员的理财服务，带动公司业务的营销。第三是物理网点和虚拟网点等渠道做到优势互补。物理网点在搞好对客户面对面服务的基础上，通过对客户资源的分流引导，让客户体验电子化银行带来的金融服务的价值提升；电子银行要利用网络技术平台大力宣传我行财富管理中心、贵宾理财中心、一般理财网点的服务定位与个性化的理财功能。第四是产品与渠道实行有机完美的结合。要借助电子银行这个新兴银行的现代化技术平台，上演信用卡营销、网上基金营销、网上代理保险等一幕幕生动有趣的营销大戏。第五是客户经理与一线操作员工营销行为的高度一致。网点一线操作员工要立足岗位抓营销，并做好优质客户的挖掘和推介。客户经理要充分利用优质客户资源，提供个性化的金融产品服务套餐，满足客户的资产保值与增值、风险防范与投资、现金收支与结算等服务需求。

三是工作要进一步落实。随着我行网上银行、信用卡、基金、保险、证券等客户规模的迅速扩张，在日常工作中，凡是涉及对个人客户的产品和售后服务，个人金融业务部门都要主动担当起牵头营销和服务的职责；个人金融业务部门还要牵头做好个人金融产品创新的统筹管理与推动。各部门要互相配合，齐抓共管；各级分行、支行的行领导必须变坐商为行商，带领员工冲锋战斗在营销一线。要健全和完善奖励机制，严格按照奖励政策，实行业绩与收入的挂钩，确保奖励政策的按时足额兑现。要建立鞭打慢牛的问责机制。对那些工作措施不得力、缺乏主动性，没有竞争力的落后行，除了要定期进行通报批评外，要开展责任稽核，实行问责制。对不称职的领导干部要坚决进行撤换。

深化个人金融业务“一体化”营销，要继续坚持新型目标管理，用高目标带动大发展。最近下达的2008年个人金融业务经营指标，是今年个人金融业务各项工作发展的底线，各行要在完成计划的基础上追求更高的目标。当前，尤其要抓好一个“早”字，对今年的工作任务，早计划、早部署、早落实，早见效。一季度，全行的储蓄存款要确保新增50～60亿元，个人贷款要新增10亿元，基金销售80亿元以上，营业总额突破120亿元。

四、2008年总体要求和奋斗目标

2008年是充满希望的一年。在发展“大个金”业务中，我们要更加坚定不移地运用新型目标管理办法，继续推进个人金融业务“一体化”建设，始终坚持以转型促进发展，以发展带动转型的“大个金”发展思路。巩固和扩大第一个人理财银行、第一电子银行、第一发卡银行、第一财富管理银行的优势，力争成为第一按揭银行，打造湖南第一零售银行。

（一）电子银行要打好头阵

要以提升客户质量和挖转他行客户为重点，以产品推广应用为抓手，打造一支懂业务、善营销、执行力和敬业精神强的电子银行专业队伍，增强业务管理和风险掌控能力，继续加快跑马圈地步伐，扎扎实实做好“二次创业”，带动和促进银行卡和个人金融业务持续快速地发展。

网上银行个人客户新增100万户，其中U盾客户新增

30万户；电话银行个人客户新增60万户；手机银行30万户；个人网上银行动户率达到50%，个人网上银行交易额2000亿元；电子银行业务笔数占比率超过50%。电子银行业务收入实现5000万元（不含网上银行基金业务手续费收入）。

（二）银行卡要又好又多

要全面贯彻落实“举全行之力推动信用卡业务的大发展”的经营思想，努力实现发卡量、消费额、透支额和收益的更快增长。

信用卡发卡量达到160万张；消费额突破50亿元；实现业务总收入1亿元，中间业务收入8000万元；新增特约商户1000家、特惠商户500家；不良透支比例控制在3%以内。

牡丹灵通卡新发卡200万张，消费额突破100亿元，实现业务收入1.5亿元。

（三）个人金融业务要齐头并进

要按照总行个人金融业务工作会的精神，全面落实科学发展观，突出业务重点，全面协调地发展各项个人金融业务。

营业总额突破300亿元；个人贷款新增25亿元，其中个人住房贷款新增21亿元；个人中间业务收入突破6亿元，力争7亿元；新增中高端客户65000名，理财金账户客户新增8000名。经营利润11亿元；建设贵宾理财中心42个。

五、突出工作重点，努力开创个人金融业务的新局面

第一，巩固和扩大电子银行业务优势，充分发挥电子银行杀手锏的作用

一是抓住发展机遇，竞争优质客户。按照个人、公司业务一体化的整体营销机制，对他行客户以支行为单位打好阵地战，坚持做好每月2场、每场不少于50人的营销演示推介会，充分发挥电子银行杀手锏的作用，挖转他行客户；对我行存量客户，要在做好营销服务的基础上，以业务链为纽带，做好其上、下游客户的延伸工作，重点抓好我行核心客户及其关联客户的联合营销，组织召开我行核心客户和其有业务关系往来的省内客户联系会，通过核心客户现身说法，以产品、服务和自身的体验打动和吸引关联客户，抓住一个带动一片。

二是突出产品应用，提高客户质量。大力推广银企互联、贵宾室、企业财务室、收费站、转账汇款、网上基金、外汇黄金、工行信使、牡丹卡自动还款、U盾和托管账户等重点产品应用，以产品应用来提高客户质量和动户数量。大力发展网上工资代发业务，各行要建立完善存量代发工资客户和基本户开在我行但未在我行发放工资的企业客户档案。分解任务，强化考核，注重实效，既要尽快做好存量客户传盘方式的转换，也要注重新客户的发展。对新发展的代发工资客户要100%通过网上银行代发，力争在今年上半年，将传盘式工资代发业务100%转换到网上银行办理。抓好网上理财产品推广，有效分流柜面压力，力争将基金、国债、黄金和三方存管等业务的90%以上通过电子银行办理，以产品带动和促进个人网上银行的发展。大力发展电子商务。各行要锁定一到两家有实力和影响力的企事业单位，借助政府力量（如各地互联网络管理办公室），发挥整体营销优势，力取年内发展3-5家业务红火和有影响力的特约商户，开展B2B、B2C业务。

三是打造一站式缴费平台，做大做强代理缴费业务。大力推广银企互联代收电费、学费；通过网上银行、电话银行缴纳电信、移动和联通话费，争取将燃气、水、有线电视等与居民生活息息相关的收费项目逐步转移到电子银行渠道办理。今年要逐步建立起代理全省移动、电信、联通等三大电信运营商的话费和电费缴平台，引导和鼓励市民通过我行电子银行渠道缴纳各种费用，将代收费业务做成我行服务社会的形象工程和增存创收的效益工程。与此同时，要谋求税务和非税市场通过网上银行收、缴费的新路子，以此带动电子银行业务在政府部门、企事业单位和普通百姓中的普及与发展。

四是深入推广电子银行示范工程，树立电子银行品牌形象。今年，省分行将为所有网点配备电子银行演示专用电脑，各行要将贵宾理财中心和财富中心全部建设成为电子银行服务示范区，并确保示范网点电子银行业务量占比达50%以上。

五是培养一支具备一定计算机知识、懂业务、善营销的业务骨干担任基层行的电子银行专管员，负责辖内电子银行业务的营销、管理和售后服务等工作。

第二，银行卡要做到小中见大，小卡作出大文章

一是千方百计扩大发卡量。要继续做好行内基金客户、代发工资客户、贷款客户、网上银行客户、第三方存管客户的信用卡营销，行内中高端个人客户信用卡渗透率要达到50%以上。要加大联名信用卡的开发力度，力争与电信、移动、联通、烟草、新华书店等行业系统客户和省内大型企业合作发行牡丹联名卡。各行要加强考核激励，落实网点阵地营销。省分行牡丹卡中心要将信用卡发卡量、消费额、存款、透支、业务收入以及不良透支额分解还原到支行、客户经理进行考核，提高客户经理、柜员推介和营销信用卡的积极性，将信用卡真正做成全行的业务。

二是加快业务创新，改进信用卡营销方式。要大力推广信用卡分期付款业务，扩大透支规模，提高中间业务收入。省分行、二级分行牡丹卡中心都要成立信用卡直销团队，配备充足的直销人员，广泛开展集团营销和项目营销。

三是大力发展特约、特惠商户。各行要大力拓展自主收单商户，着力打造完善的特惠商户网络，这样不仅可以为持卡人提供方便的用卡环境和提供增值服务，而且可直接增加收单业务收入，同时为我行信用卡业务宣传、促销、营销提供阵地。

四是加强客户服务和用卡促销。要全面推进信用卡“产品进点、服务进区、功能进柜”工作，落实限时办卡和卡片直邮服务；要提供信用卡优质客户批量主动调额服务；要利用短信平台和95588电话银行平台做好睡眠客户和未启用客户唤醒服务，做好信用卡业务的二次营销；要广泛开展形式多样的用卡促销活动和消费积分兑奖活动，培养持卡人的用卡习惯、培育信用卡消费市场，为持卡人

提供各种增值服务。

五是大力扩大灵通卡的发行。要适应业务发展的步伐，抓好灵通卡产品的升级与营销工作的创新。今年要通过营销捆绑信使服务260万户，增收4000万元。按照总行的要求，今年将停发普通灵通卡，专一发行推广使用灵通卡·e时代加对账簿。因此，必须认真开展灵通产品升级宣传，引导客户逐步将存量灵通卡升级替换为牡丹灵通卡·e时代。实现灵通卡品牌、功能、管理、服务的统一。要抓好灵通卡的定向营销，将灵通卡与代发工资、网上银行、第三方存管、理财产品、结算汇款、工行信使等产品和服务打包，向政府机关、能源、交通、通讯、金融、高校等优势行业的目标客户，提供“一揽子”个人金融业务，做到“五个提高”，即：灵通卡新增发卡数量提高、灵通卡发展的储蓄存款提高、灵通卡各类交易量提高、灵通卡中间业务收入提高、灵通卡中端及潜力目标客户比例提高。

第三，突出住房按揭贷款营销，提高个人贷款市场同业占比

坚持打造“第一按揭银行”的目标不动摇，进一步加强个人贷款营销管理和业务组织推动，各级行行长作为个人信贷业务发展目标的第一责任人，要统筹部署和安排好个人贷款营销工作总体措施，进一步加强和完善个人贷款营销激励机制，坚持和兑现去年实行的个人贷款奖励政策。住房开发贷款和住房按揭贷款要继续实行封闭式管理，按项目建立台账，对逐个项目监测到位，确保个人住房按揭贷款资源不流失他行。

与此同时，要稳步发展个人消费贷款和个人经营性贷款。要积极发展以个人房产抵押为主要担保方式的个人综合消费贷款和个人经营性贷款业务；进一步探索个人汽车消费贷款营销管理模式，巩固和发展与中介机构的合作，通过引进资质良好的担保公司和保险公司，采用抵押、保证保险、第三方保证等多种担保方式，完善风险控制体系；要积极拓展个人经营性贷款，深入个体经营协会和私营企业中，调查市场，发现商机，强化营销宣传，推进以幸福贷款品牌为主的有关个人金融业务的整合营销。

第四，做大营业规模，保持个人理财业务的市场领先地位

各行要高度重视个人金融业务营业总额的提升。这既是整合营销能力的体现，也是我们个金业务转型发展的重要标志。

首先要抓好旺季储蓄存款工作。储蓄存款业务的巩固与发展，是我行信贷业务必须依赖的根基。坚持不懈地组织储蓄存款，就是夯实我行信贷业务的基础，也是扩展客户资源的重要途径，更是拓展其他个人金融业务的源泉。要采取有效措施，确保今年储蓄存款工作的顺利完成。一季度有元旦、春节，客户的收入增加很多，是银行组织存款的黄金季节，一季度的储蓄存款抓得好，就为全年储蓄存款的组织奠定了良好基础，工作就有了主动权。全行要继续发扬前两年旺季大会战的拼搏精神，利用春节等最佳时机，通过举办各种生动有趣的活动，巩固发展客户关系，使我们及早介入市场，抢占组织储蓄存款的先机，实现组织储蓄存款工作的“开门红”。

其次要大力推进基金销售。基金销售额要实现267亿元。要建立强有力的考核激励机制，确保今年基金销售计划的完成。基金销售额在营业总额考核中按1:1.5计算，代理保险按1:1.2进行计算，考核与各行营业费用及工资挂钩。对基金销售要实行专项奖励。要继续实行产品计价办法。要对落后行进行问责。

今年基金销售的重头戏在于基金定投业务的营销。基金定投业务是一个最能体现规模效益的业务，光依赖网点对单个客户进行营销，是很难取得规模效益的。基金定投的重点是要抓系统、抓单位，抓批量。要认真开展市场调查和分析，挖掘那些最适应办理基金定投业务的潜在客户群体，开展对系统行业、机关团体、企事业单位、部队、学校单位的定向营销，尤其要注重对工矿企业的野外作业人员、出租车司机群体、企事业机关单位的离退休人员进行有针对性的营销。要把代发工资业务与基金定投紧紧地捆绑起来，积极发扬当年我们抓集体零整储蓄的优良传统，通过发动企事业单位的财务人员或采取类似过去聘请协储员的形式，组成行内行外紧密结合的基金定投营销网络，掀起发展基金业务的新高潮，形成基金业务发展的新亮点。基金营销过程中亦应做好风险提示。

三是大力发展代理保险业务。代理个人保险业务要改变过去以“分红型”产品为主，忽略保险保障作用的销售格局，实施“两个调整、三个并重”的发展思路。“两个调整”即实现销售重点由投资分红向保障功能的调整，由趸缴产品为主向期缴产品的调整；“三个并重”即“规模与效益并重、投资与保障并重、保险产品与其他理财产品并重”。通过实施新的发展思路，还原保险的核心价值，建立包括意外伤害险、重大疾病险、定期寿险等在内的产品体系，不断丰富个人保险产品线。同时要改变只代理推销个人保险的问题，要发展综合性的保险业务，积极开展代收续期保费、代理支付各项保险金、代付赔款、保单质押贷款、小额信贷保险、满期生存金给付、联名卡等各项相关银行业务，提高银行保险的综合回报率。

第五，进一步提高个人中间业务收入贡献度

要大力发展个人中间业务，做大业务规模，提高个人中间业务收入对全行的经营贡献度。个人中间业务有多少收入，就按1:1的比例直接体现利润，也不占用经济资本。全行要继续狠抓中间业务的收入来源。除了要抓好基金、保险等主要代理产品的销售外，还要大力发展个人结算业务。要积极开展“汇款直通车”等支付结算产品和手段的营销活动，加大转账汇款机具、ATM和电子渠道转账汇款宣传力度，引导客户通过自助渠道办理个人结算业务，加快提升个人结算业务的收入水平。

今年个金中间业务收入要突破6个亿，力争7个亿，比去年增加2~3个亿。任务看起来比较重，但也不是高不可攀。我们可以初步算一个账，如果完成总行基金销售任务，就可以增加1.5亿元收入；代理保险业务再加一把劲，销售收入增加2000万元应该还有潜力；个人结算业务量扩大30%，收入可以增加2000万元，加上灵通卡、工行信使增收5000万元，个人信贷衍生收入增加1000万元，应该说突破6个亿，力争7个亿是大有希望的。

第六，狠抓客户经理队伍建设，提高员工的业务素质

一是要扩大个人客户经理数量。根据总行姜建清董事长的要求，全行要增加5000名个人营销客户经理，要求我行新增120名，这是一个硬指标。但我们湖南分行一定要超过这个数，具体新增数量需作进一步分析后确定。个人营销经理主要是在本行已有的优质客户群体之外，挖掘新的优质客户，推荐相应的理财中心管理维护。个人营销客户经理主要在我行贵宾理财中心或部分大型理财中心工作，收入分配主要以营销业绩为主。新增的营销客户经理以系统内调剂为主，不足部分可通过系统外招聘解决，力争一季度末前到位。系统内招聘的个人营销客户经理可以从其他专业岗位的一线人员和二线人员中调整补充，不得减少现有个人客户经理总量或以现有个人客户经理充数。

二是要切实调整客户经理队伍结构。目前我行已有的1116名客户经理主要是从事业务营销，大堂经理、理财经理还相对不足，需要进行补充和结构上的调整。要按照每名客户经理维护300个理财金账户客户的要求增配客户经理数量；财富管理中心、贵宾理财中心和实施个人金融业务核心竞争力项目的网点要分别配备2名和1名大堂经理。新进大学毕业生要重点配备到客户经理队伍中去。

三是要提高客户经理素质。要继续加大理财师的培养和使用力度，今年全行计划新增150名理财师。各行对已经取得金融理财师AFP和国际金融理财师CFP资格的人员要优先分配到财富管理中心和贵宾理财中心去工作，充分发挥金融理财师的作用，为他们提供学以致用的工作平台，服务于客户的需求，服务于业务发展。

第七，加强风险管控，确保各项工作安全有序的进行

电子银行部门要着重提高业务风险的应急处理能力，研究支行“扁平化”改革后岗位设置、柜员管理、凭证传递、证书制作和发放过程中出现的新情况，从源头上控制风险。每年至少组织一次电子银行业务制度执行情况检查，对批量开户、虚假交易等进行实时监控，提高风险预警水平。银行卡部门要切实做好客户的资信调查和审查，加强风险监控，对有套现嫌疑透支及大额取现透支及时进行风险预警，逐户核实情况并进行相应处理，严防透支劣变和刷卡套现行为的发生。要严格按催收流程及时做好透支催收工作，做好催收记录和收集好各种催收证明材料；对不良透支要及时整理核销材料进行核销处理；对核销后的账销案存不良透支要采取外包方式催收。个人金融业务内控工作的重点是落实《个人金融业务操作规程》和《业务操作指南》等各项制度，明确操作风险管理职责，逐步完善个人金融业务操作风险管理体系。要加强对客户经理操作风险的检查，积极推行个人客户经理岗位资格认证制度。加强对重点业务环节和个人贷款营销中的风险控制，减少和杜绝重大差错事故和内部经济案件的发生，确保各项业务健康有序的进行。

深化改革　不断创新
加快推进个人金融业务全面、协调、可持续发展

中国工商银行内蒙古分行　郝彬

一、2007年个人金融业务持续快速增长，经营成效明显

2007年，面对市场竞争日益激烈的经营环境，我行个人金融业务按照全行的整体部署，坚持改革创新，从打造“第一零售银行”的战略目标出发，深化“专业化经营、系统化管理”改革试点工作，通过不断调整产品、业务及客户结构，强化市场营销和服务工作，实现了个人金融业务发展的新突破。

截至11月末，我行个人金融资产新增166.95亿元，是去年同期的2.5倍，提前超额完成全年任务，个人金融资产在四家国有商业银行中，增量占比为40%，稳居第一位。全行人民币储蓄存款余额535.71亿元，比年初增加31.41亿元；各项理财产品累计销售135.54亿元，是去年同期的4.7倍，其中，全行累计认购、申购基金118.98亿元，占全部理财产品销售额的87.8%。全行累计投放个人贷款22.78亿元，累计收回了14.40亿元，个人贷款余额49.24亿元（截至12月20日，余额已突破50亿元），比年初增加8.38亿元，完成总行年初下达计划的419%，占全行各项贷款新增额的17.13%，比上年末提高了34个百分点。全行个人中间业务收入超常规增长，实现收入2.42亿元，是去年同期的2.7倍，完成全年计划160.19%。个人金融业务利润结构进一步优化，全行实现个人金融业务利润5.1亿元，占全行各项业务利润总额的28.5%，比上年同期提高了9个百分点；全行个人金融业务营业贡献为8.5亿元，占全行各项业务营业贡献总额的30.5%。个人中间业务和个人贷款业务利润占个金总利润的50%，比上年提高了16个百分点。与此同时，个人客户结构不断优化，中高端客户在整体客户中的占比有所提高。全行金融资产5万元以上中高端客户达到29.73万户，比年初增加4.5万户，中高端客户占全部个人客户的比重为11.8%，比年初提高0.4个百分点；中高端客户资产达到439.71亿

元，比年初增加61.98亿元。个人第三方存管新增客户26626户，完成任务的266.26%，新增个人客户市场占比保持了40%以上的高水平。以上数据表明，在即将过去的一年，个人金融业务作为全行核心业务的地位得到进一步巩固，作用得到进一步发挥。

总结一年的工作，主要体现以下方面：

一是以客户为中心的理念得到进一步深化，个人负债、资产、中间业务实现协调发展。

按照总行打造第一零售银行的要求，提出了我行未来三年“打造第一零售银行”工程的主要目标，创新业务发展理念，转变业务发展方式，加快业务及收入结构调整步伐，不断强化业务考核激励。落实总行“服务质量年”的具体工作要求，以改善服务为契机，继续深化个人金融业务流程再造，对严重影响柜面服务效率，亟待改进的交易和服务流程进行了梳理、改进，制定了新的流程标准，改善了服务，提升了客户满意度。通过大力营销核心品牌业务，进一步扩充了我行的服务内涵，满足了客户不同的金融服务需求，提高了客户的忠诚度。加强对各项业务的整体推进，实现了个人负债、资产、中间业务收入的全面增长，特别是个人贷款业务一举扭转了两年半持续下降的被动局面，实现了恢复性增长。

二是牢牢把握市场机遇，通过创新推动了业务的快速发展。

今年，全行借助资本市场向好发展的有利时机，加大对人民币理财产品的创新力度，加快了基金、本外币等理财产品的销售节奏，通过开展形式多样的营销活动，理财产品销售规模不断扩大，整体呈现出跨越式发展的局面。同时，在激烈的市场竞争中努力推进第三方个人存管业务。凭借业务的创新推介，吸引、挖转了大量他行的客户，使我行客户数量和结构得到进一步优化。同样，个人理财业务的创新发展带动了银行卡、网上银行等业务的发展，个人网银客户剧增，个人网上银行新增22.17万户，是去年全年新增的2.8倍，客户数达到40.18万户；电话银行新增9.41万户，是去年全年新增的1.8倍，客户数达到21.34万户，据统计，仅基金销售业务中网银的比例就达到37.62%，基金赎回中比例为63.60%。由于客户更多了，享用了我行的产品和服务，在客户满意的同时，也为全行带来了新的效益增长点。

三是积极推进“两化”改革试点工作，促进了个人金融业务的发展。

今年，我行“两化”改革试点行在去年的基础上已扩大至八家，试点范围占到全行60%以上。按照分行充分把握“两化”改革的实质和核心，缩短磨合期，扎实推动改革工作的指导意见，各试点行贯彻以客户为中心的经营思想，通过建立统一营销、归口管理的零售银行组织架构，基本实行了对网点零售银行业务和个人客户经理的双重管理和双线考核，在管理机制上更加完善，考核激励措施更加有效，进一步调动了员工的积极性。并由此推动客户服务水平、客户关系管理能力和整合营销能力得到提升。

四是员工素质的提高，促进了业务发展。

形势的变化，使个金业务的内涵不断扩充，个金业务服务已不再是进行简单的柜面操作交易，更多的是向客户营销推荐基金、保险、本外币理财、银行卡、网上银行等多元化、一揽子产品，更多的是向客户展示提供工商银行的品牌魅力和优质服务，在实际营销工作中，广大员工得到了锻炼，全行一线营销人员的营销能力进一步增强，服务水平进一步提高。全行通过举办不同形式的培训班，邀请基金和保险等公司从业人员进行理财专题讲座，在理财网点组织“理财沙龙”等活动，促进了全行员工整体素质的提高。此外，通过举办金融理财师（AFP和CFP）培训班，培训金融理财师78人，其中49人获得了金融理财师资格；组织了全行第一届大堂经理业务技能比赛，进一步推动了大堂经理的配备、选拔和培养工作。

二、认清形势，明确2008年个人金融业务工作发展思路

在看到成绩的同时，我们也要清醒地认识到，目前全行个人金融业务发展正面临着更加复杂多变的经营形势，核心竞争能力正经受严峻考验。

一是日益激烈的市场竞争，不仅使我行市场整体份额受到冲击，而且各地区间发展也不平衡。今年以来，全国各大股份制商业银行纷纷落户我区，华夏、交通、浦发、中信、招商银行等都在我区抢滩设点，本地城市商业银行也积极跨地区在重点城市设点布局，中行、建行股改上市后体制、机制更加完善，所有这些都进一步加剧了市场竞争，挤压了我行的市场空间，致使我行部分核心业务市场份额虽位居第一但比例下降，有的核心业务市场占比已经丧失了第一的地位。同时，二级分行的市场发展也不均衡，部分行在当地储蓄存款增长乏力，市场份额萎缩，同时理财产品销售额市场占比也不理想。目前，全行有10个分行的储蓄存款余额、9个分行的个人贷款余额已失去市场第一的位置，其中2个分行的个人贷款余额排在了第三、四位。

二是个人金融业务核心竞争力差异化未能凸现。突出表现在：网点规划建设滞后，网点结构和布局不合理，没有做到规范统一；业务流程不通畅、环节多、链条长，缺乏对客户的服务体验关心；客户经理配备不足，缺乏高水平的营销、没有深层次的客户维护；服务方式滞后，仍然主要依赖柜面人工服务，自助机具作用发挥不够，ATM单机日均交易量虽有提高，但远低于全国平均水平，网点仍然是以交易服务为主，营销服务明显不足，特别是缺乏“走出去”的营销服务。

三是人均网均水平不高。目前，全国工行系统网均储蓄存款余额为17261万元，我行为11145万元；全国网均新增资产为4300万元，我行为3500万元；全国网均利润为216万元，我行为106万元；全国网均中间业务收入90.56万元，我行为11.65万元；全国网均维护的理财金账户客户数量为164户，我行为64户。全国人均存款余额为2219万元，我行为1200万元；全国人均新增个人金融资产为555万元，我行为375万元；全国人均利润为27.8万元，我行为11.5万元。全国人均中间业务收入50.21万元，我行为5.4万元。与当地同业比较，我行人均、网均

水平排序也相对靠后。较低的单产水平使个人金融业务还不能实现又好又快发展。

四是员工素质和服务能力尚有差距。业务的快速创新发展，市场竞争的加剧需要有一支较高素质的员工队伍，但目前我行员工年龄和知识结构不合理，平均年龄偏大，对新产品、新业务学习不够，营销客户的能力和水平不足，特别是深层次的客户维护服务不到位，与日益多元化的客户需求尚有较大差距。

面对目前形势和我行差距，为了加快个人金融业务的发展，全面增强核心竞争力，2008 年全行个人金融业务的总体要求是：依据分行的整体工作部署和总行个金业务的工作安排，按照打造第一零售银行的战略要求，积极创新业务发展，转变业务发展方式，着力推进体制机制改革，加快提升竞争发展能力，努力建设成为客户结构最好、品牌知名度最高、核心业务规模最大、创利能力最强的零售银行要实现这些要求，全行就必须做到“三个坚持”。

第一，要坚持提高个人金融业务工作执行力。执行力的好坏直接反映了各级分支机构的经营管理能力和运作效率，执行力不强，直接影响总、分行一系列思路措施的全面、准确、有效地落实，也将直接导致政策的扭曲、信息的衰减、措施的落空。各行要加强对总分行战略部署和工作安排的学习领会，把握精神实质，理清个人金融业务的发展思路，抓住市场机遇，因地制宜，因势利导，不仅要自觉落实上级的各项要求，而且要主动从自身实际出发，明确重点，形成特色，创造性地开展工作。

第二，坚持全方位的精细化管理。要认真学习研究并把握个人金融业务的发展规律，拓宽外部营销和内部管理的深度和广度，按照以客户为中心、以效益为目标的原则，对外细分客户、细分产品、细分服务，提高营销效率和水平；对内落实责任、落实规章、落实考核，把工作做深做细，落到实处。

第三，要坚持以人为本。坚持以人为本，重在体现以客户为中心的思想，优化配置营销服务资源，提高客户服务能力，不断满足客户需求，提升客户价值，实现银行与客户的双赢；坚持以人为本，重在加强个人金融员工队伍建设，加强业务培训，提升员工素质，注重提高员工为客户服务的能力和水平。要关注当前人力资源项目提升工作中出现的新情况、新问题，加强思想政治工作，化解矛盾，尊重和承认员工的辛勤劳动和贡献，充分调动和保护员工的积极性和创造力。

三、全力打造自治区第一零售银行，做好 2008 年个人金融业务各项工作

做好 2008 年全行个人金融业务工作任务艰巨，责任重大，为此应把握“一个中心、两个水平、三个精细、四个到位”的重点组织推动开展各项工作。

（一）确立“一个中心”，促使个人金融业务又好又快发展

“一个中心”就是全行个人金融业务要紧紧围绕全力打造自治区第一零售银行这个中心开展工作。2008 年是总行提出三年打造当地第一零售银行战略目标的第二年，也是最为关键的一年。各行要继续认真贯彻落实分行制定的《“打造第一零售银行”工程指导意见》，紧紧围绕分行确定的工作目标，全力推进各项业务的全面发展。

打造当地第一零售银行，必需坚定不移地深化改革。按照总行要求，2008 年末，全行所有二级分行要完成个人金融业务“两化”改革工作。我行要在前两年推进两化改革试点的基础上，认真总结经验，全面深化和推进“两化”改革工作。尚未实施改革的 5 个二级分行要在 2008 年 2 月底前完成改革方案及配套制度的制定并上报分行，3 月份进行宣传动员，4 月启动实施。改革行要做到组织机构、人员配备、相关配套制度三到位，到位情况实行一把手问责制。具体改革工作中，一方面要真正建立起个金业务运营管理新体制和新机制，改革要真改，不能徒有虚名，要将改革的措施落到实处，不能只停留在形式上；另一方面要不断发现新情况，解决新问题，防止出现偏差。要通过改革，实现个人金融业务的统一营销和归口管理，实现二级分行与支行对网点和客户经理的双重管理和双线考核，切实提升零售银行战略执行力，进一步提升全行个人金融业务服务水平、价值创造能力和市场竞争力。为了加强个人金融业务的组织推动，全行要实行分支行全部个人金融业务相关部门由一位副行长主管的制度，从而加强个人金融业务各专业的协调配合，形成整体合力。

打造当地第一零售银行，必须坚定不移地全面推进个人金融业务核心竞争力项目的实施。核心竞争力项目已经实施了三年，只有从深度和广度上把项目内容落到实处，才能形成具有优于其他竞争对手的核心竞争能力，这一能力的高低，很大程度上决定了在个人金融业务市场上所占有的份额。2008 年，各行要认真推进和严格执行核心竞争力项目流程标准，依据统一客户视图要求，按照“识别引导、接触营销、业务处理、关系维护”四个环节，重点做好中高端客户市场工作。为了进一步做好资产 100 万以上高端客户的服务工作，总行年内将推出国际通行的双币种理财金账户白金卡，为白金卡客户提供专属个人支票服务及专享理财产品。要发挥理财金账户、牡丹灵通卡 e 时代、幸福贷款三大核心业务的品牌效应，充分挖掘中高端客户的金融服务需求，实现中高端客户发展和重点业务发展互相带动的良性循环。同时，要推进个人金融业务流程不断的改进和完善，提高个人金融业务的服务效率和服务水平。

打造当地第一零售银行，必须坚定不移地提高市场占比。市场占比既是衡量我行打造第一零售银行工作成效的主要标志，也是检验我们竞争能力、应变能力的决定性指标。只有加快业务创新，有效提升客户服务能力，实现各项业务市场占比名列前茅，我们才能成为真正意义上的领跑者，否则只能是挑战者、补缺者、追随者。

（二）提升“两个水平”，提高个人金融业务的综合贡献度

“两个水平”就是个人金融业务指标体系的网均、人均水平。目前，我行个人金融业务网均、人均水平与全国平均水平、与同业先进行相比还有很大的差距，但也说明我们仍有潜力可挖，有文章可做。各级管理者和一线员工要转变观念，提高认识，要倡导“投入讲产出，付出讲回

报”的价值理念，使员工更多地去关注单产水平，不以任务论胜负，而是努力通过个人业绩创造集体价值。各行要建立分层服务体系，充分发挥贵宾理财中心、理财中心的辐射带动作用，提高一般网点的服务和营销能力，促进网均产能水平的提高。要不断研究创新优化劳动组合，加强网点人员结构调整，促进网点劳动效率和服务水平的进一步提高；要根据客户办理业务的需求，合理安排大堂经理和理财经理的工作时间，避免在公休日期间形成空缺，造成服务缺失。要充分利用“两化”改革网点业绩考核系统，建立符合实际的长效考核激励机制，按照储蓄存款、灵通卡、个人贷款、中间业务等产品的营销业绩，量化绩效考核，完善激励机制，激发员工的工作激情。通过劳动生产率的提高，真正走出一条内涵扩大再生产的路子，放大规模效应，增强综合实力。

（三）实施“三个精细”，实现个人金融业务的持续协调发展

“三个精细”就是个人负债、个人资产、个人中间业务要精细化管理，互为依托，互为支持，协调发展。加强个人金融存款业务精细化管理，为整体业务的发展夯实基础。个人储蓄存款业务经过多年的发展已形成了我行坚实的、宝贵的客户资源基础，又是全行营运资金的重要来源渠道，是发展个人理财、个人信贷、中间业务不可或缺的重要平台，因此，对储蓄存款基础地位和作用的认识不能有丝毫的偏差。各行要以储蓄存款为基础，从源头抓起，重视代发工资业务的开展，竞争财政拨款单位、有贷户、结算户和优质企业的个人客户，进一步壮大客户基础，利用基金定投、第三方存管、网上银行等业务吸引客户，努力增加储源。同时加强个人理财产品的宣传，稳定客户基础，提供差别化的产品服务，提升客户满意度。强化对中高端客户的服务，努力发展客户和增加存款。细化对中高端客户实行分层维护，个人资产1000万元以上客户由分行直接参与维护、100～1000万元以上客户由二级分行直接参与维护、20～100万元以上客户由支行直接参与维护，网点和客户经理负责所有中高端客户的日常维护。

加强个人贷款业务精细化管理，促进个人贷款业务营销机制和体制的持续优化。要以个人住房贷款业务为重点做好开发贷款项目和纯按揭贷款项目，适度发展个人经营贷款和个人消费贷款业务，实现个人信贷业务的稳健、快速和协调发展。各行要尽快理顺住房开发贷款与个人住房贷款的经营联动环节，积极营销能够为我行带来个人住房按揭资源的开发贷款项目。明年开发贷款的规模分配要向按揭贷款资源丰富、经营联动效果好的地区倾斜，使有限的开发贷款资源能够带来更多的按揭资源。加强与住房公积金管理部门的联系，积极开展代理住房公积金贷款业务。

要继续推行分类指导管理的模式，促进全区个人信贷业务梯次化、均衡化发展。分行将加大在业务授权、准入政策和规模管理等方面的调整力度，充分发挥“重点地区、重点业务”对全行个人信贷业务的拉动作用。关于个人贷款业务政策、流程、审批等方面具体问题，分行将专题研究，本着有利于业务分层和规范经营的原则，进行适度调整。各行在大力发展个贷业务的同时，要关注和研究分析市场，规范经营，严格防控风险。明年要全力推进重点行个人贷款中心的组建，完善个人信贷业务“多渠道、大范围营销，集中化、专业化处理”的新型业务布局。营业部、包头、鄂尔多斯、满洲里、赤峰五家行要在一季度前组建运营。

加强个人中间业务精细化管理，加强产品创新，拓宽收入渠道，实现中间业务收入稳步快速增长。要加强中间业务产品的创新。今年我行个人金融资产采取的是“1＋4”的统计范畴。在今年基金、国债、保险、本外币理财产品销售的基础上，明年要进一步适时开办个人外汇买卖、纸黄金交易等新业务。各行要准确把握市场变化，提高市场应变能力和营销技能。目前资本市场活跃，市场变化快，产品周期短，这就要求我们细分客户，根据客户的偏好，进行适当的分类，通过对新产品的研究和宣传，及时开展有针对性的推介营销。要继续巩固并扩大基金业务的规模优势，在继续提高申购、赎回业务量的同时，做好基金定投业务的推广工作。要加快代理个人保险业务发展，形成寿险与财险、理财与保障类产品合理配比的代理个人保险产品线，实现所有产品通过银保通上线销售。继续做好第三方存管业务个人客户营销推广，做好新股民营销和他行客户挖转工作，扩大客户群体，力争明年第三方存管客户增量市场占比超过30%。要以牡丹灵通卡为主要载体，继续提高个人结算业务、代收代付和个人外汇业务的收入水平。要积极推广个人无账号汇款、电子速汇、跨行通存通兑等个人结算业务新产品、新服务，加强与大型集团客户的联合，扩大代收付业务范围，加大自助业务开发、创新和推广力度，提高离柜渠道利用率。要组织开展理财沙龙、理财讲座，采取回访、联谊等形式的活动，回报客户。同时，要健全售后服务体系，强化合规销售，以规范的售后服务竞争和维系客户。

（四）力求“四个到位”，确保个人金融业务的可持续发展

“四个到位”就是从我行实际出发，解决当前工作中的主要矛盾，重点强化网点建设，整体功能发挥，客户经理队伍充实，严格内部管理四个重要基础性方面的工作。

网点布局建设优化到位。要做好网点建设规划。各行要对现有营业网点布局、规模、效益等情况进行调研分析，根据“财富管理中心、贵宾理财中心、一般理财中心、普通网点”的业态分类，将现有网点“对号入座”，制定本行网点建设三年规划，并在每年年初，按年度上报网点改造计划。分行将根据全年财务状况，统一安排确定全区网点建设计划，逐步解决网点建设滞后、网点结构和布局不合理的问题。各新建、改造网点必须符合理财中心标准，今年全行将计划重点建设30家贵宾理财中心。普通网点只做条件改善性简单装修，不列入改造计划。所有新建、改造网点。要落实“统一设计、统一主材、统一施工、统一审查、统一验收”的要求。贵宾理财中心实行完全分区服务，理财网点实行分区服务，普通网点要配备大堂经理做分流引导工作。全行将进一步研究简化装修改造审批程序。各行个金部门要积极履行网点装修改造整体规划、内部分区设计、工程验收等职责。要和相关部门配合，共同审好图、把好关，严格按照总分行统一要求标准，做好网点的新建、改造和验收工作。

整体功能作用发挥到位。“大个金”就是要大营销，就是要让客户更多地享用我行的产品和服务，在提高满意度的同时，提高客户忠诚度和对我行的贡献度。一是要开展整合营销，建立产品经理和客户经理协作机制。要建立由各业务部门的产品经理参加的客户服务小组制度，密切配合，研究市场，细分客户，整合产品，交叉营销，制定营销和理财方案，确定目标客户走出去主动营销，增加客户对产品的体验，提高营销成功率。个人金融业务部门应经常性地与其他营销部门沟通情况，发挥整体功能。二是要理顺前中后台关系，保持工作目标的一致性和工作衔接的顺畅。营销是前台，离不开中后台的支持，一方面前台要主动与中后台沟通，取得支持；另一方面，中后台要积极支持营销前台并服务于前台。前中后台要做好工作衔接，简化手续，提高工作效率，形成整体合力，确保竞争优势。三是加快自助渠道的发展。要继续增加网点 ATM、自助终端等机具的投入力度，加强大堂经理对使用自助服务渠道的宣传，引导、教育客户使用自助设备，分流和转移柜面压力，提升电子综合类渠道的分销能力。客户经理队伍建设要到位。个人金融业务的发展有赖于个金专业全员素质的提高。本着为业务发展负责、为员工职业生涯负责的理念，各行要针对性地开展教育培训工作，在此基础上通过认证考核和晋升淘汰工作，选拔、组建客户经理队伍。按照总行提出的客户经理要求，贵宾理财中心必须配备到位3名理财经理、1名营销经理、2名大堂经理，理财中心要配备理财经理、营销经理、大堂经理各1名，一般理财网点要配备1名理财经理、1名大堂经理，普通网点要配备大堂经理1名，这样全行至少需配备客户经理850名。2008年全行要确保至少配备客户经理600名，其中外出营销型的客户经理要达到80名，要明确理财经理、营销经理、大堂经理的岗位职责，不允许混岗。分行在下达2008年的个人金融业务经营计划的同时，下达各二级分行配备客户经理的计划，并纳入个人金融业务目标考核。分行将继续培训金融理财师（AFP）50名、国际金融理财师（CFP）30名，使全行具有资格认证的金融理财师达到100名以上。按照总行要求，分行将统一进行金融理财师的培训和使用管理，财富管理中心、贵宾理财中心必须配备金融理财师，金融理财师的配备、使用、调转情况必须上报分行。做好营销系统的使用，各行要加强组织领导，积极做好系统推广工作，要严格执行 A、B 岗制度，凡是理财金账户客户，均要纳入系统规范管理。规范管理合规经营到位。优化服务流程，完善业务制度，提高服务效率和质量。客户是零售银行创造价值的源泉，服务是银行与客户交流沟通、满足客户需求的过程，客户服务是零售银行生存之本，客户的服务体验决定着银行产品营销的成败。因此，各行必须坚持以客户为中心，按照“方便客户、提高效率、防范风险”的原则，着眼于提升客户体验水平，将优质服务贯穿于个人金融业务工作的全过程，持续地对我行个人金融业务管理制度进行梳理和完善，对业务流程进行科学、系统地再造，稳步推进前后台业务分离，实现服务流程动态调整优化，全面提升我行在流程再造、产品创新、成本控制、客户满意度和银行应变能力方面的综合管理水平。同时要求各级管理者换位思考，以客户的身份进行服务体验，经常到基层网点进行调查研究，不断反思和改进服务工作。要坚持业务发展与风险防范并重的工作思路，做好个人金融规范管理风险防控工作。组织开展对《个人金融业务操作规程》、《业务操作指南》等各项制度的学习，提高个人金融合规经营的意识和能力。继续深化个金业务前后台分离，通过实施严格的职责分离和岗位权限制衡，努力提高业务处理效率和客户服务水平。要严格按照有关规章制度要求，加强对规章制度落实情况的监督检查，特别是重点部位、重点环节的操作风险的检查。同时，2008年在全行继续大力开展个人金融业务劳动竞赛活动，营造争先创优、创造良好营销业绩的氛围，提升个人金融业务经营业绩。

坚定发展信心　持续改进服务
进一步提高个人金融业务市场竞争力
——黄岗同志在宁夏区分行个人金融业务工作会议上的讲话

一、2008年个人金融业务在快速发展中创造佳绩

2008年全行个人金融业务在转型中加快发展步伐，盈利能力明显增强，业务结构持续优化，服务能力大幅提升，市场地位保持领先，经营模式和增长方式战略转型工作取得阶段性成果，为全行年度经营目标的实现做出了突出贡献，也为推进未来全行经营转型奠定了坚实基础。

（一）储蓄存款增长强劲

截至11月末，全行人民币存储存款增长20.2亿，余额达到110.6亿元，增量及余额均创历史最好水平，成为个金工作一大亮点。

（二）个人金融资产业务飞速发展

截至11月末，个人金融资产销售额达126.29亿元，较去年同期番一翻，完成全年计划的109.82%，连续多年稳居同业第一。

一是保险产品销售达历年新高。1～11月，代理保险累计销售1.09亿元，较去年同期增长623%，销售额在四大国有商业银行排名第一。

二是本外币理财产品销售创历史最好水平。1～11月共发行59期，近70种个人人民币理财产品，本外币理财产品销售额达94.95亿元，同比增长1361%。结合金融市场动荡行情，全行适时调整营销策略，包括基金、保险在内的各项理财产品（不含灵通快线）存量销售额达9.17亿元，较去年同期增长43%，同业占比遥遥领先。

三是代理基金业务继续保持同业领先。在证券市场低迷的情况下，今年前11个月，全行实现代理基金销售额7.5亿元，继续保持同业领先。

（三）个人贷款稳步发展，余额占比同业第一

截至11月末，个人贷款余额21.9亿元，保持同业第一的领先地位；剔除金鹰集团提前还款8101万元的影响，个人贷款较年初新增5320万元，其中个人住房贷款新增8749万元，占个人贷款增量的165%；累计发放个人贷款72432万元，累计收回67113万元，实现利息收入15307万元，较去年同期增长27.96%。

（四）个人中间业务收入实现市场领先地位

前11个月实现个人中间业务收入6797.72万元，占全行中间业务收入的56.8%，收入额在四大国有商业银行中排名第一。其中，个人理财业务收入、个人保险业务收入增长最为迅速，同比增幅分别为368%、663%，提前并超额完成全年计划任务。

（五）个人客户结构持续改善，中高端客户占比大幅度提高

目前，全行5万元以上个人中高端客户数7.2万名，在全行个人客户中的占比达到5.95%，同比提高2.02个百分点；中高端客户金融资产109亿元，占全行客户总资产的70%，较去年同期提高4.55个百分点。

（六）网点建设改造步伐不断加快，渠道服务体系进一步完善1～11月全行原址扩建网点5家，迁址扩建网点7家，在城市新兴区域新购置营业用房5套，改建贵宾理财中心9家、理财网点4家、金融便利店1家。网点建设步伐不断加快，营业面积过小、功能受限的局面大为改观，低效网点进一步优化。全行新购置ATM40台、自助终端30台，超期运行设备占比降至24%，较去年同期下降19个百分点。渠道资源优化配置能力进一步增强，自助设备、电子银行等电子渠道利用率持续提高，ATM单台日均业务量达到295笔、单机日均交易额16.3万元，业务分流成效显著。

（七）个人客户经理队伍建设和管理日趋完善，客户经理成为个人金融业务营销主力军

今年将新聘任的35名营销客户经理充实到个人客户经理队伍中来，截止11月底，全行个人客户经理达到289名，31人取得金融理财师资格认证（AFP），5人取得国际金融理财师资格认证（CFP）。通过分支行两级管理、双线考核，优质客户“一对一”服务机制逐步强化，客户经理精细化管理大幅迈进，个人客户经理队伍已成为全行各项业务营销的主力军。

（八）定向组合营销能力得到进一步提升

今年以来，按照“定位中断，竞争高端，培育潜力”的原则，在定向组合营销活动经常性、计划性总体发展思路的带动下，积极深入优质企事业单位开展定向组合营销和交叉销售。截至11月底，共组织大、中型职场营销209场、约13194人次。通过定向组合营销活动的开展，充分挖掘中高端客户的金融服务需求，实现了中高端客户发展和重点业务发展互相带动的良性循环。

（九）顺利完成业务流程再造一期工程及代发工资数据传输系统推广，为业务发展提供后台支持

在流程再造工程第一、二阶段的基础上，针对第一阶段梳理出的54个问题，以及第二阶段涉及系统功能改造、凭证优化、交易整合等方面的优化建议，进行整理归纳、可行性分析研究，提出最终优化方案并有效实施。通过释放前台资源，使业务处理效率和客户服务质量进一步提高，网点排队现象得到初步缓解。同时，将代发工资数据传输系统推广作为今年一项重要工作来抓，于今年8月实现全行上线，代发工资业务规范化管理显著增强，为防范我行代发工资业务案件的发生筑起了坚实壁垒。

（十）圆满完成奥运金融服务工作

自5月份以来，全行认真贯彻执行总行及银监局奥运金融服务各项要求，在时间紧、任务重的情况下，有计划、有重点地部署落实各项奥运金融服务工作，在服务水平和服务效率等方面取得了良好成效，圆满完成各项工作任务，并得到总行好评。

二、正确认识宏观经济形势，科学分析发展中存在的问题

密切结合全行实际，全面分析经济、金融形势，是我们正确制定和实施发展战略、加快第一零售银行建设进程的重要前提。当前国际金融危机仍在扩散和蔓延，对全球实体经济的冲击和造成的损失将进一步扩大，对国内、区内经济发展的影响也将更加明显。在这种宏观经济背景下，我行个金业务发展面临的不确定性因素显著增加，有些已经转化为明显的不利因素。例如，受居民投资和消费信心下降影响，今年代理业务和个人中间业务发展受阻，全行基金销售额较去年下降83.2%，个人中间业务收入较去年下降26.9%。同时，经济的波动也给我们的风险防控等工作带来一定挑战。

但是，我们也应看到，针对当前新情况，国家及时出台了一系列政策措施，这也将给我行个金业务的经营发展提供更多新的机遇。一是中央稳定经济、保持增长的坚定决心和信心必将为个人金融业务创造良好的外部环境。一系列果断、连续和强有力的政策措施，传递出中央稳定经济、保持增长的坚定决心和信心。这种决心和信心，来自于对国内外经济形势和我国基本国情的准确判断。国内、区内经济发展中的诸多优势必将帮助我们迎难而上，继续保持经济平稳较快增长。商业银行的经营，与实体经济密不可分。可以想见，随着经济增长和社会财富的积累，个人中高端客户群仍可进一步扩大，这为我行个人金融业务的发展提供了坚实的客户基础。同时，经济平稳较快发展的前景，也必然会促使居民产生更多和更为丰富的金融需求，将为我们个人金融业务发展提供更大的市场空间。二是国家扩大内需各项政策措施必将为个金业务的发展带来多方面的新商机。国家已经明确要积极扩大消费，促进经济发展。对住房、汽车和个人创业等经济增长点促进措施的推出或进一步完善，必然会带来多方面的商业机会，特别是会对个人信贷市场的拓展，个人中间业务的增长，个人金融新产品的开发等创造广阔的市场空间。当然这其中也不可避免地会带来新的风险控制压力，但关键还在于能否主动适应。只要因势利导，不失时机地调整思路，提高营销服务能力，就一定能够使我行个金业务获得更快的发展。三是商业银行经营结构调整和增长方式转变必将对个人金融业务的发展产生新推动。今年存贷利差已经有所收窄，中期票据等直接融资渠道资金吸纳能力明显增大，利率空间减少和金融脱媒已进入加快发展阶段，这些，都使我行调整收益结构、加快经营模式和增长方式转变的动力进一步增强，也必将使个人金融业务的加快发展获得更大的新推动。

正视机遇与挑战的同时，还应该清醒的看到，我们仍存在一些不适应当前发展要求的方面。一是储蓄存款区域性与行际间发展不平衡，影响同业竞争力的提升。今年，我行人民币储蓄存款增长20.2亿，创历史最好水平，银川地区同业占比跃居第一。但区域间、行际间发展极不平衡，特别是平罗、吴忠、灵武、固原、中宁、中卫支行存款在当地同业占比较低，影响了全行同业占比整体竞争力的提升。二是部分行个金业务管理能力的提高在一定程度上滞后于业务发展。个人金融业务的发展这几年来是飞快的，业务和产品种类在变，管理体制和机制在变，服务渠道和手段在变，营销思维和方式在变，对管理人员的专业能力、协调能力、市场洞察力和服务能力的要求也在变。而目前仍有部分支行没有把个金业务发展作为重心工作来抓，特别是一些网点支行经营定位不清晰，在经营指导思想上还存在重公轻私的现象，缺乏公司联动、整合营销意识。三是服务精细化水平亟待提升。虽然经过这几年来的努力，我行的服务水平已经得到了很大提升，但服务模式仍然未实现由浅至深、由粗放到精细化的彻底转变。一些影响业务发展的服务流程仍然存在，客户投诉、来信、来访还屡见不鲜。同时，受客户经理专业知识限制，对金融市场以及客户需求的研究不够深入，难以及时引导客户抓住市场脉搏合理配置资源，提供给中高端客户的增值服务有限，对优质客户的维护工作还不够深入，缺乏专业化。四是客户经理考核体系不完善，缺乏系统管理机制。目前，对个人客户经理的考核缺乏系统支持，无法兼顾客户发展、客户资产、营销业绩等综合指标，个人贡献与收益未完全挂钩，激励机制还不能充分体现科学与公平。

三、多策并举，确保完成个人金融业务2009年工作目标

2009年全行个人金融业务各项经营目标为：实现个人金融资产销售额59亿元，其中人民币储蓄存款净增15亿元；个人中间业务收入8813万元；个人贷款新增1亿元；新增个人中高端客户19000户，中高端客户资产占比达到70.8%。为完成上述目标，全行需要重点做好以下几项工作：

（一）结合分行扁平化改革，继续推进“两化”改革，完善大个金经营体制

一是在总结扁平化改革经验的基础上，网点支行要进一步明确以个人金融业务为主的经营定位，将发展个人金融业务作为工作核心，有效利用资源，充分发挥协同营销作用，促进各项业务快速发展。二是继续深化“两化”改革，持续推进由分、一级支行个人金融业务部门对网点个人金融业务和个人客户经理的双重管理、双线考核，充分利用“两化”绩效评价系统的支撑作用，完善对支行网点

和客户经理的考核。三是要将扁平化与“两化”改革深化工作紧密结合，互相支持，互相补充，凝成合力。

（二）以个人客户服务精细化管理为抓手，促进服务水平全面提升

2009年，要认真落实个人客户精细化服务规范，严格执行总行关于各类营业网点的运营标准规范以及针对网点不同岗位员工的服务规范。分行要细化管理措施，建立全方位、常态化的网点服务检查工作机制，通过开展专项检查、服务质量考核与定期通报，确保服务规范落到实处。支行要加强执行力，建立个金业务主管行长负责任制，由个人金融业务部门组织开展日常检查，从业务分区、环境管理、机具管理、宣传营销、各岗位服务规范等方面，促进网点客户服务精细化管理工作的具体落实。

（三）进一步完善渠道建设，不断提高营销能力

目前，按财富管理中心、贵宾理财中心、普通理财网点和金融便利店分类的网点改造工作初见成效。2009年，要建成财富管理中心1家、再建贵宾理财中心10家，并完善已建理财中心的业务流程和管理手段，巩固渠道建设成果。在此我要强调一下，各行在网点装修过程中，要严格按照分行的要求和图纸设计进行工程装修，未经分行许可，各行严禁擅自修改装修图纸，擅自提高装修标准，要加强营业网点装修工程的过程监督，要加快工程进度，确保保质保量按期完成工期建设。要继续提升人员专业素质，全面强化金融理财师团队管理，在进行财务指标考核的同时，从团队协作意识、工作态度与质量等多个方面进行综合评价和激励，促进金融理财师充分发挥作用。

（四）将储蓄存款作为工作重心，确保实现“行内超任务、同业争第一、网点讲排名”的发展目标

在巩固今年储蓄存款业务丰硕成果的基础上，全行要继续保持斗志，乘势而上，将储蓄存款作为2009年的重心、重点工作来抓。各行要高度重视代发工资的源头揽储作用，充分利用对公业务部门资源优势，开展协同营销，通过代发工资等方式，吸纳更多优质客户，带动存款迅速增长。一笔代发工资业务可以带动5项个人业务的发展，综合效益贡献大。同时，要认真总结工作经验，加强行际交流，固原市、吴忠市、中卫市辖区的各行要奋起直追，夺取当地同业占比第一，确保2009年全行储蓄存款业务实现“行内超任务、同业争第一、网点讲排名”的发展目标。

（五）加强分类指导，推动区域间、行际间各项业务协调发展

要根据区域经济特点，制定区域发展战略，在提升银川等城市行竞争发展能力的同时，提高我们在县域地区的市场地位。明确重点县域支行范围，2009年要统筹规划，重点在这些行加大个金资源投入，加强分类指导，促其加快调整，尽快扭转市场竞争的不利态势，确保个人金融主要业务的市场占比必须有所提升，原为第三、第四位的必须要摆脱落后状态，已处领先地位的要继续扩大领先优势，最终实现区域间、行际间各项业务协调发展。

（六）不断突破发展瓶颈，努力实现个人金融业务持续发展

一是实现个人外汇产品与人民币产品一体化营销和考核，确保本外币业务均衡有序发展。二是充分重视储蓄存款的重心地位，牢固树立储蓄存款与理财业务均衡发展观，以基金、保险、本外币理财、代收付业务等理财业务带动储蓄存款持续增长。三是继续将代理基金业务和代理保险业务作为我行个人中间业务收入的稳定增长点，与理财产品有机结合，整体营销，逐步强化客户的理财投资理念。四是重点发展本外币理财产品，为竞争和稳定中高端客户提供业务支持。五是积极推广财富管理业务，以财富规划和资产管理为核心，重点向财富客户推介综合规划、资产配置和投资组合管理服务。

（七）全面提升风险管理和内控水平

一要合规销售，降低客户投诉风险。必须切实做好对客户风险承受能力的评估，将风险提示做得更加细致透彻，确保客户了解了风险并愿意承担风险，避免潜在纠纷。二要继续严密内控管理，细化监督内容，避免个别营销人员的非规范操作。三要密切关注个人贷款潜在风险。总体上，我行个人住房贷款质量较为稳定、客户结构较好、担保较为充足、抵御房价下跌的能力较强，贷款风险总体可控。但是，若房地产市场继续处于销售不畅、价格回落的低迷状态，可能潜存着部分楼盘房价下跌导致购房者违约、部分贷款抵押物贬值、个别企业制造假按揭骗取银行贷款的冲动加大等风险。对这些问题，我们要密切关注，并及时做出应对。

（八）关于明年一季度个人金融业务的营销工作

一季度是个人金融业务的营销旺季，各行务必高度重视，把握商机，采取有力措施，要不折不扣地按照分行安排，认真做好代发工资单位、住房按揭合作企业、个人高端客户的新年答谢活动，加大市场拓展力度，确保各项个人金融业务实现开门红。一季度全行个人金融资产销售额要达到25亿元，确保销售额同业占比第一，其中储蓄存款要确保新增10亿元，力争增量实现同业占比第一，各类理财产品销售额要达到15亿，确保实现同业占比第一；个人贷款新增量要完成3000万元；牡丹信用卡新增15000张；个人中高端客户新增6600户；个人中间业务收入实现3000万元。在此大家可能最关心的是明年的奖励政策，我给大家明确，对个金专业明年的产品计价奖励政策保持不变。

明确目标　坚定信心
确保我行储蓄存款工作的同业领先地位
——时辉同志在青岛分行储蓄存款工作会议上的讲话

一、前一阶段我行储蓄存款工作回顾

（一）基本情况

截至2008年11月24日，我行人民币储蓄存款余额为329.17亿元，较年初增长了51.62亿元，同比多增56.26亿元，完成总行下达的全年计划的368.71%，完成分行下达全年计划的258.1%，完成四季度阶段性计划101.21%，储蓄存款增量创历史最高水平。已有23家支行完成四季度储蓄存款阶段性计划，20家支行累增量超亿元，其中四方支行累增量达4.68亿元，位居全行累增量第一位；延安路支行、李沧二支行也分别增长3.84亿元和3.73亿元，分别位居第二、第三位。南京路支行、香港中路阳光支行和贵州路支行累增量位居二级支行前三名，分别增长1.65亿元、1.46亿元和1.39亿元。台东支行营业部累增量位居一级支行营业部第一位，较年初增长1.25亿元，余额达8.12亿元，成为我分行首家人民币储蓄存款余额超8亿元的营业网点。

（二）存在问题

从同业占比持续时间来分析，我行储蓄业务仍存在较多问题，如每季度前两个月都出现增幅放缓的情况，特别是10月份以来一些支行储蓄存款出现了下滑，同业占比指标不理想。

1. 从同业来看，全行储蓄存款累增占比仍落后于农行。截至10月末，我行人民币储蓄存款新增47.66亿元，累增占比为24.92%，落后农行6.48个百分点，在四行中排名第二。从增量看，我行人民币累增额比农行少12.4亿元，分行领先中行5.85亿元、建行5.9亿元。不容乐观的是，我分行10月份当月人民币储蓄存款新增占比出现下滑，新增占比仅为15.62%，排名第三；新增额为3.01亿元，分别落后中行6.27亿元、农行1.01亿元，进一步拉大了与农行的差距。

2. 从区域来看，我分行在各区域的人民币储蓄存款累增占比情况差异显著。截至10月末，市内四区累增量居同业第一，累增占比分别高出农行、中行、建行14.86个百分点、13.96个百分点和9.05个百分点，网均增量四行居第一位，高于四行平均值的17.57%；新区三支行累增占比居同业第四，分别低于农行、中行、建行26.28个百分点、7.93个百分点和10.18个百分点，增量与农行、中行、建行差距分别在17.19亿元、2.53亿元和3.23亿元，网均增量位居四行第二，低于四行平均值的4.84%，其中高科园支行网均增量在四行排名末位，低于四行平均值的22.14%；远郊五支行累增占比位居同业第四，增量占比分别低于农行、中行、建行33.2个百分点、10.11个百分点和0.13个百分点；即墨支行累增量与农行、中行、建行差距分别在2.89亿元、3.4亿元和1.62亿元，除即墨支行居同业第四外，其他支行均居同业第三。新区和远郊支行要认真分析原因，狠抓揽存措施的落实，切实缩小与同业的差距，争取年末实现赶超同业。

3. 市区一级支行营业部储蓄存款竞争力在下降。一级支行营业部虽然在人员、网点环境等软硬件配备上远远超过二级支行、分理处，但整体竞争势力却呈下降趋势，其中有5家支行今年前10个月的储蓄存款增量低于全行平均网均增量，甚至不如一般单一网点的增储能力，6家一级支行营业部人均吸储额低于全行人均吸储额。

表3-5　市区10家一级支行营业部储蓄存款情况

网点名称	网均增量	人员数	人均增量
全行	4583	3166	151
市南支行营业部	1923	43	45
市北二支行营业部	2214	37	60
市南二支行营业部	3338	46	73
李沧二支行营业部	4171	36	116
四方区支行营业部	4442	41	108
市南四支行营业部	5008	37	135
市北一支行营业部	6786	22	308
李沧一支行营业部	8438	34	248
山东路支行营业部	9521	45	212
台东支行营业部	11429	52	220

（三）原因分析

我行储蓄业务发展阶段性出现增长乏力的原因主要有以下四个方面：一是个别支行领导对储蓄业务重要性的认识还不够，没有真正把储蓄业务作为一项长期的基础性业务来抓，没有充分认识存款业务在打造第一零售银行中的地位，导致为了考核排名而季末冲高、季首放松的现象；二是源头工作没有抓好，例如代发工资业务开展力度不足，客户关系维护不到位，导致出现储源扩展受限、客户流失的现象；三是储蓄与其它业务没有做到协调发展，一些支行没有很好的分配资源和精力，导致顾此失彼，使得储蓄业务在个金业务中的基础地位受到削弱，影响了长期发展。四是在个人金融业务转型中的储蓄存款发展策略不适应市场竞争形势，对新的金融环境下个人资金流转的规律研究不够，综合投资理财服务能力提升缓慢，多渠道综合应用能力较差等，导致在储蓄存款新增市场上竞争乏力。各支行应对照自己、对照当地同业，认真仔细查找分析原因，尽快改变目前的被动局面。

二、新形势下，对发展储蓄业务要有新认识

为应对全球金融危机，近期党中央、国务院出台了一系列扩大内需、促进增长的相关政策，体现了党中央国务院保增长、保民生的坚强决心。在这种形势下，我们必须要正确认识大力发展储蓄业务与落实国家扩大内需、促进增长政策的密切关系，要清楚当前的形势对银行经营管理，特别是储蓄业务发展提出了更新的挑战，创造了更多的发展机遇。

（一）大力发展储蓄业务是扩大我行信贷资金来源的内在要求

储蓄业务作为低成本的负债业务，是我行信贷资金最主要的来源，是贷款业务的基础，是银行流动性的保障。同时，储蓄业务一向是我行的传统优势业务，具备较好的发展基础，也理所应当在吸收低成本资金的过程中发挥关键作用。

（二）大力发展储蓄业务是保民生、扩内需的要求

根据中央政策要求，一方面，“保民生、提高居民收入水平”意味着储蓄业务迎来了最好的发展契机，今年以来的实践已经证明这点。同时，只有居民储蓄存款提高了，手里的钱多了，才能真正体现出“保民生”，加之目前国内资本市场还处于不断波动的状态，居民储蓄意愿持续增强，储蓄在相当长的时期内都将是城乡居民理财的主要产品，固定的利息收入也能在一定程度上保证居民财产的增值。另一方面，促进消费与大力发展储蓄业务非但不矛盾，促进消费还必将带动储蓄存款增加，因为我国居民消费习惯与国外不同，只有手里的钱多了才敢去多花钱，而且只有手里的钱不断变多，才能有更持久的长期的消费。因此，我们必须结合我行的个人信贷、银行卡、电子银行等业务，大力发展储蓄业务，才能真正落实中央保民生、扩内需的要求。

（三）储蓄业务是全行个人金融业务的核心

储蓄业务经营水平是我行个人金融业务核心竞争力的具体体现，从一定意义上说是关系到全行整体竞争力的大问题。一个行如果储蓄业务竞争力不强，其信贷业务和中间业务的竞争力就会缺乏根基。目前，全行个人金融业务经营战略转型进入关键阶段，我们必须在激烈的同业竞争中取得优势并且不断的巩固优势，才能尽快实现“打造中国第一零售银行”的目标。前期我们投入了大量的人力、物力和财力，改造网点、升级系统、完善网络、提升服务，加强客户经理队伍建设、改革内部管理机制和体制等，都是为了不断增强我行的市场竞争能力。在多方面的投入下，作为核心业务的储蓄业务如果在同业比较中没有提高的话，就无从谈我行个人金融业务竞争力的提高。因此，在当前全行个人金融业务经营战略转型的关键阶段，我们必须大力发展储蓄业务，要有危机感、紧迫感，要将提高储蓄业务在同业市场的竞争力作为推动个人金融业务转型的重要工作来抓。要通过网点整体营销能力的提升，吸引和稳定优质客户，通过客户关系管理能力的提升，增加交叉销售获得持续效益，以此全面提升我行包括储蓄业务在内的个人金融业务的市场竞争能力。

（四）大力发展储蓄业务是竞争个人优质客户的必然要求

目前我行的中高端存量客户已达18.51万户，理财金账户客户已经发展到了4.98万户，但是大部分优质客户不知道自己的客户经理在哪里，宝贵的客户群体得不到有效维护，将严重影响外界对我行的服务水平、品牌形象的评价，影响到我行的声誉。这些问题的根源在于我们没有将个人金融业务摆到全行经营和发展的重要位置上，没有将个人优质客户的发展摆到重要位置上，没有及时根据个人客户需求和市场变化去做好市场营销，抓好储蓄和理财业务，没有及时将个人金融业务的科技含量提高上去。

与此同时，各家商业银行都高度重视利用各项个人金融产品的交叉销售，通过提升个人金融服务的整体水平来吸引客户、增加储蓄存款，实现个人负债业务、个人资产业务和个人中间业务的协调发展。从对中高端客户流失的分析来看，客户的主要存款在哪家银行、工资卡是哪家银行的、使用哪家银行的产品或服务更多，一般情况下他对该银行的忠诚度就会高一些。因此，我们要竞争个人优质客户，就要依托个人中间业务和资产业务，依托网上银行、电话银行等多种业务优势和技术优势，通过提升客户的忠诚度和满意度来促进储蓄存款的增长。

三、坚定信心，确保储蓄存款工作新突破

今年第四季度，市场形势复杂、工作任务繁重，各行要在力促各项业务发展增效中把储蓄存款工作摆在更加突出的位置，务必实现储蓄存款新突破，实现夺回增量同业第一的目标。现在距离年末还剩不到40天时间，各支行务必抓紧做好以下工作：

（　）加强领导

各支行领导要高度重视当前的储蓄存款工作，要将储蓄存款工作摆在更加突出的位置，分管个金业务的行长要切实负责，亲自抓落实，亲自检查督导。个人金融业务部门要密切与各部门的协调配合，狠抓各项措施的落实，确保实现全年储蓄存款工作目标。

（二）明确目标

今年储蓄存款的工作目标是：增量同业占比必须是第一，基本目标为新增储蓄同业占比不低于30%。同业占比领先的支行要继续巩固和扩大优势，市区网均增量不得低于全行平均网均增量；新区和远郊支行要下大力气提高同业占比水平，务必实现同业增量第二和网均增量第一的目标。

时值四季度末，大家已经在考虑明年的工作。有的支行认为今年的储蓄存款已经达到历史的最好水平，已经超出计划任务的几倍，思想上有些松懈、行动上有些懈怠。各支行务必要从市场的角度、从全行的高度去认识储蓄存款工作，要做到：

第一，确立市场形象，树立市场观念。虽然我行今年储蓄存款增长创历史最好水平，自己和自己比超出任务几倍的增长，这很好，但还不够。因为放到市场上比，放到同业中比，我们竞争力中的一些问题就突显出来了。我行储蓄存款增得多，他行增加更多。这就是说，储蓄市场发

展很快，而我们没有拿到最大的那一块。我们正面对大力发展储蓄业务的难得机遇，同时也面临着严峻的挑战，我们必须抢抓机遇，迎接挑战，加强领导，加强组织，拿出工行的实力，争得工行应有的市场地位，这个地位就是储蓄存款同业市场占比第一。

第二，要明确市场占比的目标，持续推进储蓄业务的发展。树立市场观念，和同业比一比，就可以看出我行的差距，看到差距就不应有松懈的思想。在目前有利的市场形势下，我们绝不能放缓增速，因为这一缓就会造成落后同业更多，留下更大的压力和缺口，给明年的工作带来更大的压力，甚至可能是难以弥补的损失。各支行各级领导和员工，各部门，特别是个人金融部门不能有半点的松懈，要紧紧盯住市场，抢抓市场，在今年末力争储蓄存款同业占比第一，确保第二。

（三）落实责任，细化考核

各支行要根据同业第一的目标测算储蓄存款增长规模，制定增存计划，层层分解，将目标任务落实到网点、落实到个人、落实到客户经理，并加强考核和激励。

（四）拓展储源，强化措施

一是要抓好代发工资业务。各行要调动各方面积极性，加强公私联动，实施定向组合营销，抓住增存的基础，努力在储蓄存款的源头上争取更大的主动。为促进代发工资业务的发展，总行拿出专项奖励费用，下发了《关于下达2008年四季度代发工资专项营销费用指标额度的通知》，追加了13万营销费用，专门用于我分行四季度代发工资专项营销。另外，总行已经将四季度代发工资业务纳入重点产品激励计划，将在12月下发正式通知，对营销代发工资业务的人员进行奖励。二是要以各种理财产品销售带动储蓄存款增长。要着重增强各种理财产品销售与储蓄存款之间的协同效应，大力挖掘理财产品的销售潜能。积极促进理财产品与储蓄存款连接互动的创新和开发，积极吸收客户回流资金和间隙性资金，实现理财业务与储蓄存款的相互带动，相互促进。三是要改进服务，提高综合服务水平。各支行要持续改进服务，以优质服务稳定老客户吸引新客户，要充分利用个人理财、结算、资产等业务的综合优势来稳定和维护客户，通过增强交叉销售能力和提供多元化增值服务竞争优质客户，通过增加客户的综合回报来吸引客户，增加存款。

（五）加快队伍配备和渠道建设

要加快落实今年客户经理人员配备计划，尽快作到人员到岗，任务到人。要加强培训，切实提高客户经理的营销技能，提高其服务技能。要加快渠道建设，已实现投入运营的财富中心和贵宾理财中心要着重提高服务能力，提高财富管理和综合理财的竞争能力，提高网点的综合产能。

（六）加强储蓄存款监测和通报

各行要密切关注储蓄存款变动情况，加强每日的储蓄存款监测，尤其要突出同业占比指标监测，发现异动，要及时分析，有针对性地采取措施，重大问题要及时向分行报告。总行将相应增加储蓄存款有关情况的通报频度。

（七）紧紧把握我市重点建设项目

各支行要针对辖内旧城改造工程进行详细摸底调查，把握各环节金融业务机会，使我行相关业务产品能够系统性地全面铺开，扩大市场占比，提高核心竞争力。对拆迁项目，各支行要在整改拆迁过程中加强与县、区政府之间的沟通，在此基础上重点做好与拆迁主管部门、政府投资公司以及当地财政局等部门的业务对接工作，积极营销旧城改造项目拆迁办公室在我行开立发放拆迁补偿费的专户；要对政府通过我行搭桥贷款向拆迁企业以及原住居民发放的拆迁费进行封闭运作，增加我行储蓄存款。各支行要在11月末将本辖区内的项目按项目名称、拆迁时间、拆迁补偿金等逐项列出清单，报分行个人金融业务部（市南区重点推进燕儿岛路片区以及老火车站周边等区域的改造建设；市北区着力改造小港湾和东西快速路两侧等区域；四方区海云庵民俗文化商业中心、海云庵城区新功能板块南、北片区；李沧区火车北站、大枣园村、下王埠社区城中村、文昌阁村等中西部旧城区域）。

工商银行零售银行网点渠道竞争力提升研究

中国工商银行青岛市分行 时辉

银行网点位于市场竞争的最前沿，是金融产品营销和客户服务的平台，是银行创造经营业绩的主要渠道，也是客户认同银行服务、与银行建立信赖关系的基点。随着我国金融业逐步开放，一场外资银行增量、中资银行提质的网点设置与运营比赛已悄然展开。一方面，外资银行不断通过网点网络部署，拓展市场机会。如，汇丰银行网点数2007年达到了60个，预计2008年将超过90个；恒生银行网点数未来亦将超过50个；另一方面，中资银行面对日益激烈的行业竞争和中国银行业网点运营效率低下的现状，也正在进行着一场网点改造和转型的变革，并以此为手段提升本银行网点渠道竞争力。

随着银行客户金融意识的不断增强，我们发现，前期我工商银行在网点数量上积累的网点渠道优势，已经不能满足客户尤其是零售银行客户对银行网点服务不断提高的要求，我行网点渠道的核心竞争力正在逐步减弱。因此，研究如何提升我行网点渠道的竞争力，从而进一步促进我行零售业务的发展，显得尤为重要。

一、提升商业银行网点渠道核心竞争力的作用

商业银行网点集合了商业银行的技术、人才等各种资源，是商业银行核心竞争力的重要体现，也是构建商业银行核心竞争力的关键。

（一）银行网点是商业银行面对激烈竞争的阵地

网点是银行最基层的营业机构，是商业银行经营的基础，它既是银行业务的入口和出口，又是银行之间的竞争阵地。尽管在网络经济时代，网上银行和银行卡业务发展迅猛，但是商业银行通过实体网点向客户提供各种金融服务和金融产品依然是当前我国商业银行经营的主要方式。有了网点，银行才能参与地方银行之间的竞争；没有网点，银行的存在将被社会公众忽视。从经济学角度看，由于中央银行决定了银行产品的种类、期限和利率，银行提供的金融服务具有同一性，地理位置成了银行产品差别的重要因素之一，到不同银行所需时间的差异就会影响人们的购买决策。因此，银行之间的竞争传统上首先是网点之争，银行要扩大规模、扩张业务，就必须增设网点、抢占地盘。

（二）银行网点是商业银行树立品牌形象、建立品牌忠诚度的窗口

商业银行网点对于商业银行品牌形象的树立、品牌忠诚度的建立具有极其重要的作用。一方面，金融服务更多是一种体验式服务。在银行同业竞争日益激烈的今天，银行产品和服务内容趋于同质化，顾客更看重的是服务的质量、速度和安全性。因此，银行网点是树立良好业界形象的重要场所。另一方面，金融是一种体验经济，是一种信用经济，商业银行基层网点的覆盖面很大程度上决定了银行在客户心目中的品牌形象，决定了客户的忠诚度。从这种意义上讲全国范围内所建立起来的信用和品牌忠诚度就是四大国有商业银行最大的无形资产。

（三）银行网点是提供银行产品和服务的主要平台

虽然现在网络银行的发展逐渐成为一种趋势，但是在目前，传统的实体银行网点仍然是商业银行提供产品和服务的主要平台。各银行网点依然是商业银行全面提供各种金融产品和服务的场所。并且银行网点的柜台服务相对而言也是安全系数最高的，对于大额交易大多数人还是更愿意去银行网点办理。因此，商业银行的网点也就成了各种金融产品和金融服务的展示和销售场所，对商业银行的经营具有至关重要的作用。

（四）银行网点是利润新增长点的基础

随着经济的发展，城乡居民的收入水平不断提高，这给中间业务和高端零售业务提供了广阔的发展空间，也成为银行业绩新的增长点。在大多数地区，虽然传统的金融服务业仍占主导地位，但对各种金融新产品新服务的需求不断提升。银行网点作为开展这部分业务的基础，对业务发展、业绩的增长起着关键的作用。因此，基层商业银行网点不仅将发挥吸储的功能，还将成为未来赢利的增长点。

（五）银行网点是观念创新、体制创新的前沿阵地

转变经营观念和经营体制，是真正提高基层网点赢利能力的关键。商业银行网点作为商业银行经营的重要实体，是观念创新、体制创新的前沿阵地。例如，商业银行网点的经营发展不断产生对信息科技的新需求，从而推动商业银行系统科技水平的不断提升。银行系统的许多科技创新，实际上是基于为商业银行网点的经营提供更优质服务基础之上的。

（六）银行网点是人力资源的主要储备来源

商业银行网点作为商业银行经营的主要实体，毫无疑问会集中和占用商业银行大量的人力资源。由于网点是其创造利润的主要来源，是其经营的基石，其人力资源的侧重点必然在各商业银行网点。因此，加强商业银行网点的人才储备，提高人员素质，是构筑商业银行人力资源核心竞争力的重中之重。

（七）银行网点是组织和流程再造的重要方面

对于商业银行来说，通过组织和流程再造可以极大地提高效率，降低成本。而其中受到影响最大的方面就是商业银行网点。作为商业银行经营的主要实体，商业银行网点的效率和成本就是商业银行的效率和成本，所以组织和流程再造的重要方面就是商业银行网点经营的组织和流程再造。因此，通过组织和流程再造构筑商业银行的核心竞争力，就要全面设计搞好商业银行网点的组织和流程再造。

（八）银行网点为客户资源的开发和维持提供场所

当前，金融服务的重要特点是方便、快捷和安全。商业银行网点全面提供客户需要的各种金融产品和服务，因而就近吸引了大量的客户资源。对于商业银行来说，核心客户资源是生存和发展的基本保障。毫无疑问，无论从历史的因素还是地理的因素来看，在开发和维护核心客户资源方面，各商业银行网点都有着不可替代的重要作用。由于各种联系形成的客户关系是各商业银行网点未来经营的重要资本，因此如何维护和发展良好的客户关系将影响网点本身乃至整个银行未来的经营业绩。而开发新的客户也是各商业银行网点的重要职责和功能所在。

总之，商业银行网点为零售银行核心竞争力的展现提供了广阔的空间和舞台，对于整个商业银行的经营具有至关重要的作用。网点经营的好坏会直接影响整个银行的业绩。因此，要构建商业银行的核心竞争力必须构建商业银行网点渠道的核心竞争力，以获取商业银行的竞争优势。

二、中国工商银行青岛分行网点渠道竞争力发展现状

自2002年以来，青岛分行顺应总行提出的实施个人金融业务“战略转型”的要求，在个人金融需求不断升级，市场竞争日益激烈的环境下，始终坚持“以市场为导向、以客户为中心、以效益为目标”的经营思路，努力推进经营模式和增长方式的转变，在构建分层次网点体系的基础上，强化物理网点的选址和布局，稳步实施优质客户服务体系，推进“理财中心核心竞争力项目”的发展，再造个人金融业务流程，创新服务模式，拓展业务市场，形成了适应不同客户层的、多元化的个人金融产品体系。通过施行以上措施，提高了青岛分行多渠道综合应用水平，全面提升了个人金融业务竞争力。

青岛分行自2005年以来，在总行的统一部署和指导下，一方面，本着提高效率，精简机构的原则，对辖区内网点进行了重新布局和规划；另一方面，按照财富管理中心、贵宾理财中心、个人金融综合网点和个人金融销售便利店四个层次，对网点进行了分层次体系建设和规划，分流业务的同时增强对资产附加值较高的中高端客户的维护。

（一）中国工行银行青岛分行分层次网点体系建设

在对客户分层的基础上，完善分层次网点体系建设。为使我行优质客户享受到附加值更高、更尊贵的服务，自2006年初青岛分行就利用前、中、后台各种数据报表系统及总行的PBMS系统，按照客户的资产余额对青岛分行的现有存量客户进行了划分。2008年以来，青岛分行更是加大了中高端客户的维护力度，制定了《个人中高端客户维护办法》，对资产20万元以上的客户的维护进行了责任划分。

自2005年起，青岛分行对全辖内的网点进行了改造和装修。一方面，通过上下分区、左右分区的方式在贵宾理财中心建立中高端客户服务专区；另一方面，通过在普通网点设立理财金专柜的方式，充分利用我行的网点资源优势服务于中高端客户。截至2008年6月末，青岛分行共有网点111家，其中财富管理中心1家，贵宾理财中心45家。网点对外服务窗口竞争力得到了明显的提高，贵宾理财柜台由05年末的36个增加到239个，增幅563.89%；理财室由2005年末的33家增加到170家，增幅415.15%（如表3-6所示）。在优质客户服务渠道建设方面逐渐形成了“财富管理中心—贵宾理财中心—理财网点—金融便利店”分层次的客户服务体系，逐步实现了中高端客户与普通客户的合理分层、一般交易与增值服务的有效分离，使全行个人客户关系管理能力和整合营销能力提升到一个新的水平。

表3-6　青岛分行网点对外窗口变化情况

项目	2008年6月	2005年末	较2005年增减额	增幅%
一、柜台	1091	746	345	46.25
其中：贵宾理财柜台	239	36	203	563.89
普通柜台	852	710	142	20
二、理财室	170	33	137	415.15
三、等候坐席个数	2374	1541	833	54.06
四、营业面积	48260	30880	17380	56.28
五、网均营业面积	435	229	206	90.07
六、门头标志面积	3362	2165	1197	55.29
七、网均门头标志面积	30	16	14	85.79
八、门头亮化率%	76.58	33.08	43.5	131.5
九、户外广告面积	2100	600	1500	250

（二）优质客户服务体系建设

青岛分行在理财中心核心竞争力项目的指引下，积极推进优质客户服务渠道建设，深入推广核心竞争力项目，通过不断完善贵宾理财中心的人员配备、岗位设置、运营管理和绩效考核机制，优化识别引导、接触营销、业务处理和关系维护等流程设计，重视专业理财团队的培养，形成了良好的优质客户服务体系和运营机制。

1. 完善平台建设，推进优质客户服务升级

青岛分行加快推进渠道建设，在充分调研的基础上合理布局，以客户为中心精心设计网点装饰装修环境，调整网点布局和内部结构，努力增加网上银行、电话银行、ATM、银行卡等离柜业务。进一步加快个人金融网点的结构性调整，建造一批规模较大、分区服务、功能齐全的个人理财中心，扩展个人金融网点的服务内涵，提升营业网点的综合服务水平。加大了客户分层服务的工作力度，通

过大堂经理的引领工作，自助服务区自助设备的有效利用，实现了对大众客户简单业务的迁移，在提高自助设备使用率的同时，有效地分流了客户，确保了已实施项目的理财中心取得了良好经营业绩，有效地提升了个人金融业务的核心竞争力。

2. 强化队伍管理，锻造专业理财团队

为有效提升了个人客户经理团队的整体专业素质。青岛分行积极组织全行客户经理 AFP、CFP 认证考试、个人信贷业务营销人员上岗资格考试和个人客户经理岗位资格认证考试，持续强化客户经理专业资格认证培训。截止到 2008 年 9 月末青岛分行个人客户经理数量为 310 人，其中个人信贷业务营销人员 95 人；AFP74 人，其中 CFP5 人。

3. 重视 IT 系统建设，强化 PBMS 系统对客户关系管理和营销的支持作用

青岛分行积极推进总行 PBMS 系统的应用，设定专人对系统进行维护和管理，多次组织个人营销客户经理参加系统使用培训。借助 PBMS 系统准确及时地将优质客户从普通客户中筛选出来，以财富中心、理财中心为基础，突出对重点客户的维护和营销，取得了良好的效益。

（三）物理网点选址和布局

近几年，为了适应新的竞争环境、不断满足客户日益增长的金融服务需求，青岛分行在网点选址和布局上进行了一系列的战略调整。

1. 科学的物理网点选址

在物理网点选址上，进行了科学化、系统化的策略组合。在充分考虑业务发展需要的基础上，选址之前做好充分选址调查。选址调查的要点包括人口数、职业、年龄层次调查，该银行网点基本设施及竞争银行网点调查，该银行网点周围消费习性、生活习惯调查、流动人口调查、商圈未来发展调查等几个方面。另一方面，充分加强与地方城市规划部门的联系，既包括短期规划，又包括长期规划，在了解地区内的交通、街道、市政、绿化、公共设施、住宅及其他建设或改造项目的规划的前提下，做出最佳地点选择。

2. 网点布局充分体现人性化特点

自 2005 年以来，青岛分行队网点布局进行了全面升级，“新升级”的银行网点对营业布局进行了大幅度的调整和优化，更显示人性化关怀。自助服务区和咨询服务区被安排在最靠近网点进口的地方；客户休息区紧邻咨询区，方便客户休息并到达其他区域办理业务；开放式矮柜则位于网点的中心位置，并根据业务的不同特点进行细分，设立了消费信贷区、理财区和中银汇兑区，将现金交易、非现金交易、复杂交易分开，避免了不同业务繁简不一造成客户等候过久的情况。

3. 实行机构扁平化改革和流程银行建设

为提高网点运营效率，进一步提升青岛分行网点核心竞争力，响应总行政策要求，自 2005 年开始，青岛分行施行了全辖范围内的机构扁平化改革。截止到 2008 年 6 月，我行共有网点数量 111 个，较 2008 年末减少 17%；而营业面积由 2005 年末的 3.088 万平方米增加到 4.826 万平方米，增加了 56%；网均营业面积也由 2005 年末的 230 平米，增加到 435 平方米，增加了 90%。

（四）实施营业网点优化与转型

为适应合理配置资源的内在要求，从 2007 年开始，我行网点布局战略从撤并低效机构转为结构调整为主，推进了营业网点的精细化管理，加强了营业网点的优化和转型。

1. 内部格局功能模块改造

内部格局改造按照功能模块的划分有效地实现了简单业务迁移至自助服务区办理，实现了对封闭式柜台客户的有效分流，降低了营运成本。把不涉及现金交易或只涉及小金额现金交易的复杂业务转移到开放式柜台办理，增加了与客户的交流时间，更有利于发现优质客户、增加销售机会。

2. 业务流程重组有效地实现了不同业务的分离

业务流程重组有效地实现了现金业务与非现金业务、大额业务与小额业务、复杂业务与简单业务、优质客户与普通客户的“四个分离”，初步实行了从交易服务型向销售服务型的网点战略转变。

3. 网点装饰与结构性调整

以客户为中心精心设计网点装饰装修环境，调整网点布局和内部结构，努力增加网上银行、电话银行、ATM、银行卡等离柜业务。进一步加快个人金融网点的结构性调整，建造了一批规模较大、分区服务、功能齐全的个人理财中心，扩展个人金融网点的服务内涵，提升营业网点的综合服务水平。基层网点已从十多年前存款、贷款、结算等业务具有相当重要主导权的银行经营机构，向要提供金融产品的营销和推广服务转变。

截至 2008 年 9 月末，我行个人网上银行开户数增量由 2003 年底的 8084 户增加到 184607 户；电子银行交易额由 2003 年的 814 亿元，增加到 4646 亿元，灵通卡累计发卡量由 2005 年末的 58 万张，增长到 150 万张，增加了 159%；ATM 机由 2005 年末的 172 台，增加到 286 台，增加了 66%。离柜业务的增加大大节省了网点的资源，提升了青岛分行网点的工作效率和竞争能力。

三、中国工商银行青岛分行近几年个人金融业务发展现状

在总行提出的个人金融业务实现“三个战略转变”，即“个人金融业务发展要由以储蓄存款计划为导向，向以市场和客户需求为导向转变；个人金融市场营销工作要由以产品为中心，向以客户为中心转变；经营目标由增加储蓄存款，向提高整体经营效益转变”在战略思想的指引下，几年来，青岛分行按照这一要求，努力在全行树立以客户为中心的经营理念，认真分析市场变化，紧紧围绕“客户”这个价值创造之本，从客户细分、推行分层服务入手，梳理产品线，创新服务方式，提升渠道功能，再造业务流程，全行个人金融业务每年都有新跨越和新转变，渠道综合应用水平大幅提高，个人金融业务竞争力显著增强。

储蓄存款余额、增量四行占比稳步提升。截止到 2008 年 9 月末青岛分行储蓄存款余额为 328.5 亿元较 2002 年底增长 113.9%；储蓄存款较上一年增加 47.66 亿元人民币，

增量四行占比比2002年提高了8.29个百分点（如表3-7所示）。储蓄存款增量四行占比的提升，稳定了我行个人金融业务发展的基础。

表3-7　2002~2008年四行储蓄存款增量占比　单位：万元

行名	2002年		2003年		2004年		2005年		2006年		2007年		2008年9月末	
	增量	增量占比	增量	增量占比	增量	增量占比	增量	增量占比	增量	增量占比	增量	增量占比	增量	增量占比
合计	222821	100	975802	100	883385	100	1344261	100	1212825	100	427745	100	1720059	100
工行	39374	17.7	215721	22	220489	25	286126	21.3	263889	21.8	51504	12	446468	26
农行	84988	38.1	367061	37.6	345839	39.1	408479	30.4	416282	34.3	211785	49.5	560346	32.6
中行	48749	21.9	215504	22.1	197018	22.3	380319	28.3	297673	24.5	86788	20.3	325228	18.9
建行	49710	22.3	177516	18.2	120039	13.6	269337	20	234981	19.4	77668	18.2	388017	22.6

（二）中高端客户结构有所优化

截止到2008年9月末我行客户结构与年初相比得到了显著的优化，资产总量5千元以下的低端客户占比较年初下降了0.3个百分点；资产总量5万元以上的中高端客户数占比提升了0.21个百分点，中高端客户的资产数量占比提高了1.05个百分点（如图3-3、图3-4所示）。中高端客户数量的增加为我行今后各项个人金融业务的发展提供了强大动力。

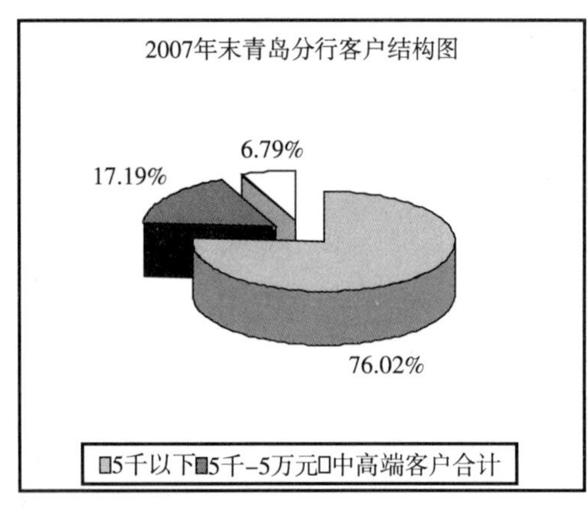

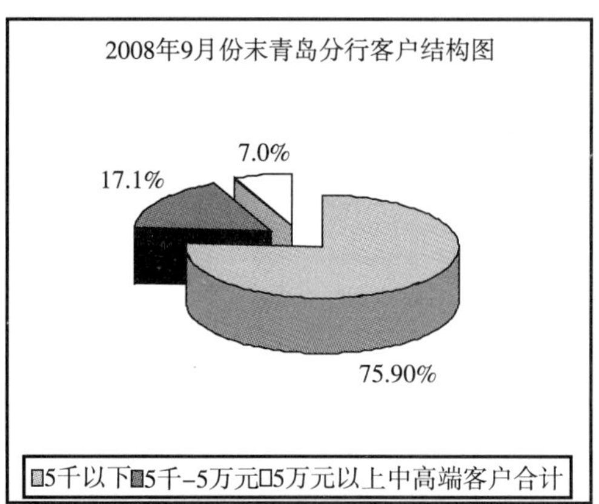

图3-3　2007年~2008年末青岛分行客户结构变化

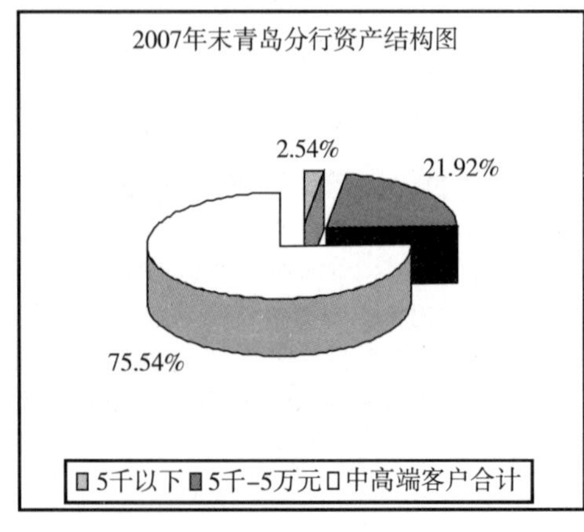

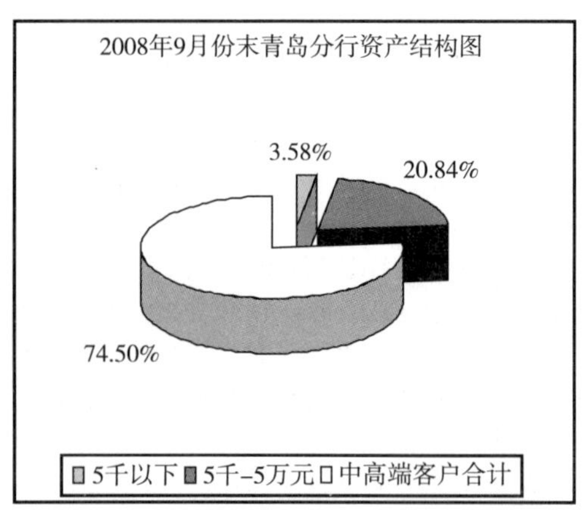

图3-4　2007年~2008年青岛分行客户资产结构变化

（三）代理业务发展势头强劲

个人理财、基金、保险、国债、代发工资等代理业务作为提高我行中间业务收入水平的重要手段，近几年内得到了良好的发展（如表3-8所示）。2006-2008年9月末个人理财产品（含人民币理财、基金、保险、国债）销售共计324.6万元，是2002~2005年销售额的7.2倍。

表 3－8 **2002～2008 年各项代理业务发展情况** 单位：万元

年度	个人理财产品合计	基金	国债	保险			人民币理财			外币理财
				合计	推销寿险	财险	合计	理财	灵通快线	
2002	74718	18306	40134	16278	16278	2576	0			0
2003	108472	18414	77000	13058	13058	3138	0			0
2004	145834	52501	59711	13769	13769	1385	0			19852
2005	122845	54751	48700	10337	10337	784	3026	3026		6031
2006	346579	232127	41609	20123	20123	1210	31293	31293		21426
2007	840382	692110	28414	25686	25686		75744	75744		18429
2008 年 9 月末	2049264	156223	27200	217516	39613	177904	1646922	150380	1496542	1403

（四）个人贷款业务发展

2005 年～2008 年我行个人贷款的同业占比水平逐渐提高。截至 2008 年 9 月末工行个人贷款较上年新增 3.51 亿元，增量四行占比 17.5%，较 05 年提升了 11.31 个百分点。

表 3－9 **2005～2008 年四行个人贷款增量占比** 单位：万元、%

行名	2005 年		2006 年		2007 年		2008 年	
	增量	增量占比	增量	增量占比	增量	增量占比	增量	增量占比
合计	202037	100	396474	100	572200	100	200839	100
工行	12505	6.19	55087	13.89	220900	38.61	35139	17.5
农行	－32290	－15.98	－16310	－4.11	36200	6.33	32200	16.03
中行	20562	10.18	111085	28.02	222700	38.92	82700	41.18
建行	201260	99.61	246612	62.2	92400	16.14	50800	25.29

四、中国工商银行青岛分行网点渠道建设存在的问题

（一）基层网点营销产品的同质性使业务竞争面临高度趋同

金融产品一般难以用较明确的专利保护进行界定，金融业本身又是一个信息高度发达的行业，几家全国性商业银行虽然不断加快各自创新产品的步伐，然而，类似金融产品的推出也仅是时间上略有差别，基层网点基本上不存在金融产品原始创新的问题，主要是对既有金融产品的营销和维护，行与行之间及行内业务竞争在产品高度趋同的情况下更趋激烈。

（二）特定的地域和虚拟业务影响客户资源

不同银行同一区域营业网点的竞争性设置和网上虚拟银行的普及，金融产品使用效能的互补，极大方便了客户选择，突破了金融产品在时间和空间上的营销及使用。基层网点总是针对一定地域设置，目前，青岛分行与他行相邻网点消费金融产品目标客户群多有重叠，客户资源量小且相对固定，虚拟银行提供服务的客户又难以明确识别，地域界限不是很分明的高端客户和流动性大的客户营销难度大。因此，提升网点对客户优质、增值服务的内涵式拓展营销特别重要。

（三）自身的政策资源及价格策略回旋余地少

由于基层网点不具备独立的经营规则和价格制定权。面对客户所提出的产品优化、价格优惠等要求，往往难于及时有效答复，如果与上一级管理部门沟通协作不到位，很容易丧失对高端客户的营销主动权。

（四）网点排队现象依然存在

近几年来，青岛分行在大力拓展中间业务，不断开发新产品，网点业务量飞速增长。大量的中间业务虽然为银行带来了可观的经济效益和社会效益，但也使网点人满为患，同时我行还肩负着社会养老金发放的社会责任，使得网点排长队现象仍然存在，网点服务质量普遍下降。

（五）员工与客户之间的信息沟通不够畅通

基于安全保卫等因素考虑，网点均建立了严格的银行、客户隔离措施，这种传统的柜台模式使员工和客户产生了隔阂，更隔离了两者之间面对面的信息沟通。由于信息沟通受阻，造成柜台员工完全处于被动的服务状态，员工只能应付客户要求，无法对客户进行业务分流和主动营销，不仅丧失了很好的产品营销机会，同时也无法给客户提供良好的互动式服务。

（六）专业人才匮乏

虽然，近两年我行不断加大对专业人才和优质高校毕业生的引进力度，不断推进 AFP、CFP 等专业人才的培训力度但相对于日益增长的客户需求来说，传统员工培养方式造就了一大批技术操作型员工，员工素质同质化严重，员工为不同客户提供不同服务的能力还有待加强。目前网

点柜员的技能和素质基本处于同一层次，理财、咨询等方面的专业人才人员力度还不够。技术操作型员工只能满足中小客户的要求，无法为高端客户提供理财、融资、资产规划、客户咨询等增值或高价值服务。

五、国内外同业网点渠道建设经验

（一）虚拟网点作为独立的分销渠道正成为一种趋势

虚拟网点是指客户通过各种远程机具如电话、个人、传真等即可实现交易的电话银行、手机银行和网上银行。外资银行进入中国市场，一方面通过四处设立分支机构，增加实体网点竞争力度；但另一方面，更多的是采取避重就轻得方式，利用先进的技术手段，开设虚拟网点，推行网络支付。外资银行虚拟网点的经营模式对传统的机构网点带来另一波冲击。由于信息技术在银行业的广泛应用，占据有利的地理位置不再是唯一的优势，虚拟网点正在部分取代传统物理地点的优势。虽然目前虚拟网点在银行资源运用中基本处于补充性服务渠道的地位，但是随着银行业务电子化和通讯技术结合的日益紧密、电子商务活动的广泛开展、公众接受能力的提高、法律制度的完善与个人信用体系的建立，虚拟网点对传统网点的冲击会越来越大，而国有银行的网点优势也将逐渐消失殆尽。目前在此方面比较典型的例子是汇丰银行与美林证券共同组建的“美林汇丰”公司，新公司客户可以通过一个核心储蓄账户在一些市场进行投资，包括股票、债券、互惠基金、单位信托基金和税务产品等，同时客户可获得大量市场信息，并能够利用支票、借记卡、电汇或来完成操作。这种客户服务模式，代表着虚拟网点作为独立的分销渠道存在的发展方向。

（二）网点由交易地点逐渐演化为金融中心

随着银行业务类型的增加，消费者对银行服务的需求已经不再局限于存取款业务等简单的交易型业务，需要银行提供更多地高附加值销售和咨询。因此，世界范围内形成了一股银行营业网点纷纷由单纯的交易地点，向提供高附加值销售及咨询的金融中心转变的浪潮。国外银行对网点职能进行定位的重点是把传统的“出纳网点”再造为产品销售中心和利润中心。在网点转型过程中，首先将多数交易性业务导向自助机具，将后台操作集中到后台处理中心，由此形成“无负载”分支，降低运营成本、减少员工数量，使分支网点可以专门交叉销售有利润的产品和附加服务。为了将网点转型成销售和服务中心，银行需要更新原有的网络基础设施，同时，银行也要增加在客户关系管理上的投资，这样使得出纳可以访问所有相关销售和服务工具的访问通路，以及所有客户资料以及产品信息。例如，花旗银行将整个组织架构分为前中后台，又将前台具体业务分为前后台，前台主要和客户接触，后主集中处理各项具体业务。每项业务基本上像生产车间一样进行标准化、程序化生产，最终取得ISO认证。香港的银行也引入前中后台的分工概念：前台直接为客户提供一站式、全方位服务；中台为前台提供宏观性、专业性的管理和指导；后台为全行提供后勤支援和中央化操作服务。

（三）对网点业态进行创新

从20世纪90年代，国外许多银行都开始探讨、试验网点的新概念、更新网点设计、设备和人员安排，将网点从处理基本业务到调整为主要从事其他渠道无法替代的复杂、高附加值的业务，从而提高分销渠道的竞争力和效率，在这期间，发展了多种新型的业态渠道，如店内网点、高档场所网点、咖啡厅网点、机场网点及卫星网点等。店内网点由于在超市和百货商店购物的人群密集、流动量大，成本比传统网点低，分别接触客户，能更快实现盈利。澳大利亚、英国、美国普遍设立了超市银行。其中百货公司高档的环境更适合在金融休息室提供高价值的投资产品和其他咨询服务，因为来这里购物的人们有充足的时间，而且会有更多的高级客户。据估计，2003年美国有8100家店内网点，占全部网点的10%左右，约600家银行在超级市场设有分支，富国银行就有1000家左右。英国劳埃德TSB在主要购物中心设立了两个“无柜台”的网点，旨在正常的银行营业时间以外提供金融咨询和产品服务。英国著名保险公司Legal & General三年前和巴克莱银行及Alliance & Leicester银行联合起来在网点出售各种金融产品，现在已经有14家这样的联合店铺了。Legal & General还通过超市集团Sainsbury的店铺向1100万常来客户提供金融产品。

（四）实行多元化渠道管理

加强网点渠道与其他渠道的配合，提升网点工作效率和营销功能。从香港银行的各级分行来看，自助银行（自助服务区域）是必备的，此外还有部分独立式自助银行，整个自助银行的规模较大。这是由于香港工作节奏紧张、客户无暇前往网点办理业务而电话银行等又不能满足其现金需求。此外电话银行和网点银行在整个产品销售中所占的比重逐步扩大，发挥了越来越重要的作用。如渣打银行的交易（销售）渠道包括了自助设备、电话银行、网点银行、分支机构（即网点理财顾问、客户经理等人员）等，而该行的统计数据显示，通过电子金融通道和自助设备实现的销售占比高达85%。其作为渠道的作用非常明显，香港银行较少出现排长队的现象。根据CTR市场研究金融研究部门的调查显示，在国内主要城市，有超过九成用户通过银行柜台进行储蓄账户/信用卡开户、办理个人贷款、储蓄账户资料变更、外汇业务、存款；超过八成用户购买理财产品、信用卡挂失：超过七成用户进行缴费、业务咨询、转账/汇款。

（五）施行网点精细化流程再造

国外优秀银行通过简化与整合网点交易与后台处理流程，如建立集中的客户服务中心处理客户服务、账户查询与简单交易等，提高网点运营效率并加强风险控制。通过提升迎宾流程，如排队管理、客户咨询、提供相关建议或自助设备使用辅导等流程，增加对潜在销售机会的挖掘并提升服务质量。通过优化销售流程，如交叉与升级销售、客户关系维护、客户体验提升等流程，增加网点销售、加强客户关系。

（六）推进组织和人员变革

国内一些银行网点员工往往缺乏产品营销和销售必须具备的主动聆听、口头查询、实况调查、业务关系培养和解决问题的能力，因而难以确定客户潜在需要，并就这些需求提出银行产品和服务建议。针对这些问题，国外银行将网点员工的培训重点放在培养优秀的业务开发技巧上，包括各种软技巧（如充分地聆听客户意见），避免仅仅侧重流程和产品知识的培训。对网点及员工的考核与激励不再简单地基于存贷额，而是对盈利、客户关系、流程、学习与发展的全面、平衡的考核。

六、进一步完善我行物理网点竞争力，提升我行零售业务核心竞争力的建议

（一）建立最优的分支机构体系

银行分支机构的规模显然取决于银行经营管理水平和内部管理体制的科学程度，任何超出“界限”的规模必将是盲目与低效率的。首先，分支机构和职工人数的增加会引起管理费用的上升其次，由于银行分支机构、部门、人员众多，部门之间、上下级行之间的矛盾与摩擦会相应增加，从而削弱工作效率；再次，随着分支机构的增加，信息传递途径加长，处理环节增多，信息传递速度将会减缓，甚至会发生误传现象。由此可见，一定的分支机构规模必然要求要有一定的经营管理水平与之相适应。要确定最佳的分支机构规模，必须对每个网点进行边际成本与边际效益分析，当边际成本等于边际效益时，存在最优的分支机构体系。

（二）加快营业网点转型，建立多渠道服务模式

以理财中心核心竞争力项目推动营业网点转型，将营业网点的功能从以产品和交易为中心转变成以客户和销售为中心，以发现和维护优质客户；通过电子银行示范区的设立，充分发挥物理网点对电子银行业务的推介作用，不断增加电子银行客户数量，大力发展电子银行；实现牡丹灵通卡 e 时代和理财金账户与电子银行业务的整合。

（三）树立“以客户为中心”的网点经营理念

在银行经营越来越强调集约化和个性化的背景下，重新审视网点功能以及进行网点功能创新是银行管理者面临的比较迫切的问题。银行不应再把吸收存款作为网点存在价值的首要考虑因素，而应当是根据市场环境的变化树立“以客户为中心”的经营理念，改造成符合客户需求的业务环境，提升银行客户服务质量，最终获得经济效益。

（四）加快个人客户经理队伍建设，全面提高网点个人金融从业人员素质

作为个人金融业务核心竞争能力的最终体现者，柜面从事个人业务的工作人员和个人业务客户经理是贯彻营业部个人业务发展的重要载体，也是个人业务营销的主力军，在个人业务的发展中占有重要的地位。目前，个人客户经理队伍与个人业务的发展极不适应，尤其是拥有理财规划师认证资格的客户经理非常少；客户经理的业务知识体系有较大的局限性；对理财的建议只局限于本行产品，对市场整体状况不甚了解，尤其是精通外汇、投资、证券、房地产、法律、企业理财等知识的复合型人才奇缺，这些问题，直接导致了理财中心智力支持贫乏，难以应付综合理财的要求，因此，加强队伍建设至关重要。首先，要加强柜面人员的业务培训；其次，加快个人客户经理的配备和培训；第三，完善个人客户经理的考核激励机制，稳定职业化的个人客户经理队伍。

（五）进一步实施网点流程再造

通过简化与整合网点交易与后台处理流程，如建立集中的客户服务中心处理客户服务、账户查询与简单交易等，提高网点运营效率并加强风险控制。通过提升迎宾流程，如排队管理、客户咨询、提供相关建议或自助设备使用辅导等流程，增加对潜在销售机会的挖掘并提升服务质量。通过优化销售流程，如交叉与升级销售、客户关系维护、客户体验等，增加网点销售、加强客户关系维护。

（六）加强组织和人员变革

调查发现，我行多数网点员工往往缺乏产品营销和销售必须具备的主动聆听、口头查询、实况调查、业务关系培养和解决问题的能力，因而难以确定客户潜在需要，并就这些需求提出银行产品和服务建议。针对这些问题，我行应将网点员工的培训重点放在培养优秀的业务开发技巧上，包括各种软技巧（如充分地聆听客户意见），避免仅仅侧重流程和产品知识的培训。对网点及员工的考核与激励不再简单地基于存贷额，而是对盈利、客户关系、流程、学习与发展的全面、平衡的考核。

（七）进一步完善网点内部设计

在网点重新装修和新网点的设计中，应进一步加强各种自助式服务，以便将低价值的交易从柜台上迁移出去，增加在大厅中四处走动回答客户问题的员工，集中设置并开放查询区，便于客户浏览各种银行信息与产品。另外，还应设立触摸屏式的互联网工作站，便于客户访问银行网站，独立或通过销售人员查寻各种信息。

（八）加大 IT 技术投资

尽管网点是重要的银行渠道，但只有在多渠道与架构的支持下，才能真正实现网点网络的价值。因此，在营销和销售流程中，网点必须与其他渠道紧密整合。而为了让网点员工掌握其他渠道传来的销售机会，应当使用支持跨渠道交易的高级客户信息与客户关系管理系统，不同渠道收集客户行为、解析业务信息，并为客户提供个性化的体验。还要搭建跨渠道整合的应用架构，再造数据和流程，以便提供一致的客户体验。国外优秀银行通过组件化的应用架构，迅速组建和配置企业级的、可扩展的业务系统，并实现组件在不同渠道的重复使用，降低 IT 投资。

（九）构建以客户为中心的个人业务发展组织架构和管理体系

为促进个人业务的快速发展，提升营销效率，按照“以客户为中心”的原则推进部门整合，改变部分支行个人金融业务在部门、渠道、人员、产品等方面的资源组合和配置零散的现状，扭转分散管理、多头对外的运行机制，系统整合全行个人业务金融服务资源，形成个人金融业务的整体合力，真正构建起以客户和市场为导向，分工明确、协调高效的营销管理体制。

（十）优化网点结构，调整网点布局，加快精品骨干网点品牌建设

在前期网点扁平化管理、多层次网点体系建设的基础之上，进一步加强精品骨干网点、理财中心的建设。通过进一步优化网点结构、完善网点布局、抽调精英员工，努力将部分精品骨干网点打造成青岛地区内的知名品牌。用精品网点的品牌效应带动全行个人金融业务的进一步发展。

奋发有为 锐意进取 努力提升个人金融业务市场竞争力

——李志诚同志在2008年青海省分行个人金融业务工作会议上的讲话

一、2008年个人金融工作主要任务和要求

2008年，全行个人金融业务工作要继续贯彻实施“区域内第一零售银行”发展战略，以提高市场占比、实现资产、负债、中间业务协调发展和提升综合贡献度为目标，以全面拓展市场为重点，强化品牌建设，加强队伍建设，竞争优质客户，防范操作风险，推动个人金融业务可持续发展。2008年是青海分行实施三年滚动发展规划承前启后的一年，是同业竞争更为激烈的一年，也是居民投资与市场变数等不确定因素可能发生较大变化的一年，发展压力加大，挑战更加艰巨。提升个人金融业务市场竞争力，增强个人金融业务可持续发展能力，就必须保持个人资产、负债和中间业务收入等核心业务的快速增长，因而，2008年个人金融业务市场开拓任务更加艰巨，经营计划目标更加繁重，这不仅是实施“区域内第一零售银行”发展战略的要求，也是推动转型、加快发展的客观要求。我们只要把握好市场机遇，采取有效措施，从容应对复杂多变的经营环境，积极发扬“人一之，我十之”的精神，继续付出更加艰苦的努力，个人金融业务实现新的跨越，迈上新的台阶，完成新的目标是完全可能的。

二、着力推进2008年个人金融业务协调快速发展

个人金融业务是公众投资者关注的热点、同业竞争的焦点和利润增长的稳定点。个人金融业务市场容量是有限的，市场份额是此消彼长的，我们对此要有清醒的认识。同业中机遇是相同的，挑战是共同的，在机遇面前必须增强敏锐意识，顺势而为，狠抓市场开拓，深挖市场潜力，奋力做大蛋糕；在挑战面前务必克服懈怠情绪，鼓足士气向前走，审时度势，采取措施积极应对，做到争市场，争当市场占比第一；保目标，确保各项目标任务的完成；补“短板”，实现资产、负债业务协调发展；抓落实，着力提高执行力；防风险，夯实风险防控基础；促发展，努力打造“区域内第一零售银行”的发展目标。

（一）进一步加强个人金融业务组织推动工作

个人金融业务是日益多元化的市场，市场竞争也是综合性的竞争，是客户综合回报的竞争。要确立我行个人金融业务的比较优势，实现可持续发展，必须进一步贯彻落实个人客户统一视图和“定位中端、竞争高端、培育潜力”的客户市场定位，进一步提高个人金融业务发展规律的认识，进一步加强个人金融业务组织推动工作。一是要不断完善联动营销机制。在目前的市场环境下，个人金融业务部门单打一开拓市场的难度增大。为此，各支行要进一步发挥个人金融业务指导委员会统筹指导作用，加强其他支持协作部门对个人金融业务的协调配合力度，深入开展定向与联动营销工作，奋力开拓市场，努力提升个人金融业务营销能力。二是省分行职能部门在安排部署阶段性工作、制定相应营销方案的基础上，要做好营销效果的评估工作，重点抓好对支行的指导、督促工作。三是各支行要树立整体意识，按照省分行的统一要求和部署开展相应的活动，制定具体可行的营销方案。要认真总结营销活动中好的经验和做法，分析营销活动中存在的问题和不足，更好地开展营销活动，推动个人金融业务协调发展。

（二）做到“六个强化”，实现个人中间业务收入迈上新台阶

2008年，个人中间业务工作仍将面临较好的发展机遇，要坚持业务发展与中间业务收入并举的方针，把推进基金、保险、本外币理财产品和代收代付业务的协调发展作为工作的出发点，不断提升个人中间业务收入水平。一是强化营销工作，推进协调发展。要在持续抓好基金销售工作的同时，加强代理保险、银行类本外币理财产品和代收代付业务组织推动工作，指导网点扩大业务范围。深入分析市场形势和客户需求，组织落实各项个人中间业务营销措施，加大个人中间业务管理力度，推进个人中间业务产品间协调发展。二是强化竞争手段，提升竞争实力。坚持一切从市场竞争需要出发，既唯指标和任务，更唯市场与潜力，自我加压，不丧失任何发展机遇，抢占个人中间业务市场份额，夺得同业领先地位。继续做大做强代理基金、个人结算等优势业务；加快发展代理保险、本外币理财及国债发行等相对劣势项目，不断扩大市场占有份额。三是强化优先发展，打造业务亮点。要以代理销售基金为先导，继续做好基金发行和存续期基金销售工作，重点做好基金定投业务的推广工作，进一步提升基金代销额和业务收入的市场占比，不断巩固和扩大我行领先优势。要加快代理个人保险业务发展，逐步形成寿险与财险、趸缴与期缴、理财与保障类产品合理配比的代理个人保险产品线，促进保险产品销售由“1对1”向“1对多”模式的转换。要继续组织开展牡丹灵通卡定向发卡营销工作，加快现有存量客户中无卡存折户、存单户、外币户和贷款户的发卡工作，要以我行优质公司和机构客户的内部员工作为营销对象，以中青年职业人士和大学生为发卡目标，优化客户结构。要提高个人资产业务带来的中间业务收入，大力发

展负债业务，将部分负债业务转化为能带来手续费收入的各类理财业务，实现与资产、负债业务的相互促进，共同发展。四是强化争先意识，形成赶超氛围。要结合自身的优势与特点，深入开展营销工作，在全行形成比、学、赶、帮、超的良好氛围，促进个人中间业务收入早抓、狠抓、真抓，实现个人中间业务收入新的跨越。五是强化资源配置，确保目标实现。要发挥我行已有的个人中间业务规模优势，积极挖掘业务资源，发挥客户资源优势，加大创新步伐，强化收入观念，认真执行中间业务收入减免政策，尽可能多的将业务量转化为收入。六是强化监测，弥补差距。进一步强化个人中间业务工作的分析、预测、监测工作，对照目标任务、同业发展，查找自身差距与不足，及时发现并解决发展中存在的问题。

（三）落实“六个必须”，提高储蓄存款市场份额，巩固我行第一储蓄银行地位

储蓄存款工作要把提高市场占比，巩固我行第一储蓄银行地位作为目标，坚持外延营销与网点柜面营销相结合，储蓄存款与理财产品协调匹配增长相结合，拓展储蓄存款市场与理财业务市场、银行卡市场、代理保险市场相结合，推动储蓄存款稳定增长。一是必须认清储蓄存款增存面临的形势。预计2008年证券市场等多种因素仍将对储蓄存款产生分流影响，同业竞争将不断加剧，增存压力不断加大。各行要增强市场敏锐意识，准确把握市场变化情况，加大外延营销及产品销售力度，尽可能多地吸引客户资金，促进客户资金在我行体内循环，为储蓄存款增长提供资金保障。二是必须充分认识储蓄存款基础作用。要清醒地认识到，储蓄存款在个人金融整体业务中占有极其重要的地位，是我行个人理财业务快速发展的源泉和动力，如果储蓄存款没有较高的市场份额，区域内第 零售银行的目标就难以实现。保持储蓄存款同业领先始终是我们的目标，在任何时候、任何情况下，我们都不能放松储蓄存款组织推动工作。要继续发挥好储蓄存款对个人中间业务、资产业务的蓄水池及其支撑作用，增强个人金融业务持续发展的后劲。三是必须强化危机意识。市场占比的高低，是衡量个人金融业务综合竞争力和市场反映能力的重要标志。目前，我行储蓄存款市场占有份额已不占优势，第一储蓄银行的地位已发生动摇。为此，要引起高度重视，进一步增强危机意识，要从确保我行市场地位、打造“区域内第一零售银行”的高度出发，认真分析本行储蓄存款市场占比所处的地位，深刻反思市场占比下降的成因，找准差距，弥补不足，采取应对措施。凡市场占比不是第一的支行，2008年必须夺回应有的市场份额。四是必须发挥网点主阵地作用，推动储蓄存款增长。要强化网点分类管理，加快贵宾理财中心建设，狠抓核心竞争力项目细节，不断优化网点布局，切实发挥客户经理作用，不断改进服务水平，进一步提高工作效率，努力提升网均单产水平。五是必须加大储蓄存款源头营销工作。要继续捕捉存款信息，对征地款、建房款、征地拆迁补偿款给予密切关注，积极营销归集大额资金。要抓住阶段性企事业单位增发奖金、分红、薪酬制度改革等有利时机，强势营销公关，将资金归拢我行。要紧抓代发工资业务市场拓展，加强个人与公司金融业务等部门的协调配合，积极营销优质企事业单位、部队等代发工资业务，下大力气请转他行代发工资单位。要千方百计争取政府招标代发工资单位，确保完成2008年新增代发工资单位任务。要加强对个人中高端客户市场的营销和优质客户的维护工作，提高个人理财产品市场占有率，促进储蓄存款与理财产品匹配协调增长。六是必须做好第三方存管业务营销工作。要继续做好第三方存管业务营销工作，抓实第三方存管业务存量客户的维护。要通过理财产品交叉销售，提高第三方存管业务个人客户忠诚度。要加强与券商的业务合作和营销联动，做好新股民营销和挖转他行客户工作，进一步促进个人客户发展和储蓄存款增长。

（四）以“五个要”为重点，努力推动个人贷款业务快速发展

2008年，个人信贷工作要以破解发展难题为出发点，以突破发展“瓶颈”为目标，以强势拓展市场为重点，强化重点贷款品种营销力度，深化“幸福贷款”品牌内涵，紧紧抓住个人贷款投放呈现恢复性增长的时机，树立信心、积极赶超、全力推进。一是市场反映要敏锐。个人信贷业务是一项政策性和操作性很强的业务，也是同业竞争的焦点业务。各行要深入研究经济金融政策走向，分析市场格局变化情况，把握好同业竞争策略方式，围绕市场消费热点，形成我行有效的市场竞争策略和办法，推进个人贷款业务快速发展。二是重点品种发展要突出。个人住房按揭贷款是个人贷款产品体系中的重点品种，要把个人住房贷款的发展摆在更加突出的位置加以推动。2008年，省分行将从加快项目资源储备、增强个贷业务发展后劲的角度出发，下发个人信贷业务营销方案，安排布置房地产楼盘“搜盘”竞赛活动。各行要根据省分行的统一部署，加强组织推动，制定针对性活动方案，强势开展“搜盘”活动。在抓好项目资源储备的同时，要确保我行存量按揭资源不流失，继续抓紧抓实按揭资源的封闭运行，完善住房开发贷款项目和个人按揭贷款发放情况的监测分析，对按揭办理情况与项目销售进度的匹配性进行监督，防止我行按揭资源流失他行。要加强与合作机构的关系，不断完善二手房贷款营销机制，抓住一手房价格不断上升，导致二手房市场持续旺销的机遇，与合作机构联动开展促销活动，把二手房贷款办成我行的优势品种。要不断挖掘个人住房贷款市场潜力，延伸营销触角，积极办理纯按揭贷款，拓宽按揭资源来源渠道。要切实做好营销标准化工程项目试点工作，深化个人信贷专业营销职能的转化步伐，增强个人信贷市场竞争力。要加快和加大不良贷款清收进度与力度，不良贷款率较高的支行，力争早日达到总行的复牌标准。三是服务方式要快捷。要不断完善个人贷款服务流程，建立快速的市场响应机制，力争做到市场发展领先一步，产品营销先人一筹，流程整合优人一招，从而赢得商机、赢得市场、赢得客户。四是业务联手要紧密。要实现持续推进个人贷款业务的发展，前后台必须形成密切配合、相互协调、运作有序、整体互动的经营格局。前台营销部门要切实把好客户准入第一关，充分利用我行客户资源，选准选好目标客户，为后台审批部门提供制度要求的高质量客户贷款材料；后台要规范操作，严控风险，优化流程，通过效率审批，形成对前台营销的有力支撑。五是品牌营销要深入。“幸福贷款”是我行个人金融业务的核心品牌之一，但目前在青海的市场影响力还不高。各行要明确个人贷款目标客户，制定营销方案，开展强势营销。要改进营销宣传策略和方法，持续有效地开展品牌宣传，不断提高品牌形象和内在价值，推进“幸福贷款”品牌战略深入实施。

（五）发挥“三条渠道”作用，加快个人金融业务营销体系建设

继续加快客户经理队伍、网点和自助设备三条渠道建设，竞争优质客户，提高服务效率，不断增强个人金融业务市场竞争力。一是加快个人客户经理队伍建设。要按照每名客户经理平均服务不超过300名客户的标准，配备专职客户经理。要建立外勤式的客户经理队伍。到2008年末，全行个人客户经理配备要达到120名。要继续加强金融理财师（AFP/CFP）队伍建设，2008年省分行计划新增AFP培训人员15～20名，实现CFP零的突破，要引导个人客户经理主动提高自身素养、服务技巧和业务素质，鼓励员工积极进取，参加金融理财师培训。将金融理财师（AFP）优先配备至贵宾理财中心，充分重视和发挥金融理财师队伍的作用。二是以专业化、特色化、精细化经营网点，提升网点营运能力。要把个人理财中心核心竞争力项目“深化”工作摆在更加突出的位置加以推动，以核心竞争力运营手册4.0版本为重要指针，以提高项目实施质量，保证优质客户服务流程为重点，推进项目实施。要以丰富理财金账户客户服务内容为手段，以着力构建“六专”优质客户服务体系为目标，深化理财金账户服务全面升级活动内容，继续开展“财富驿站”市场营销活动。要抓好贵宾理财中心的建设，新建的8家贵宾理财中心要符合总行升级标准，力争在2008年6月末建设完毕。要重视金融资产100万元～800万元以上的高端客户的维护和发展工作，做好白金卡发卡准备工作。要重视客户结构调整优化工作，结合理财金账户服务全面升级工作，大力发展中高端客户和理财金账户，在不断扩大客户总量的基础上，提高个人优质客户占比。要完善贵宾理财中心和个人理财中心考核体系，把中高端客户和理财金账户增长率、覆盖率和资产增长率作为重要考核指标，用于衡量贵宾理财中心和个人理财中心的业绩。三是高度重视渠道整合升级工作。要加强与城市规划部门的协调沟通，及时了解辖区内他行网点布局及商业中心、大型写字楼、大型居民区的建设情况，抢占有利位置。要对一些增长乏力、环境较差、发展潜力小的网点，及时搬迁，保证营业网点经营业绩持续增长。四是不断增强自助设备的服务效能。要加大自助设备投放力度，不断提高自助设备覆盖面。要认真分析每一台自助设备运行情况，对长期产能不高、日均办理业务笔数达不到规定标准的，及时重新布局。要加强自助设备日常管理、维护和保养，保证设备正常运行，提高分流效果，化解柜面压力，提升自助设备营销与经营业绩。

（六）加强个人金融业务操作风险防控工作，严格防范经营风险

个人金融业务作为全行的核心业务之一，在抓好业务开拓的同时，必须把加强操作风险管理作为基础和重点工作，继续抓实、抓好。一是结合个人金融业务操作指南的再学习，把内部控制的理念、措施和目标转化为个金专业员工的自觉行动。按照操作指南的要求，规范员工操作行为，防范制度执行风险。二是要加强对客户经理和个人贷款业务的监督检查，不断完善个人客户经理操作风险管理，加强操作风险专项检查工作，促进营销工作规范化进一步完善。加强对个人贷款业务的监督检查，重点防范好前台营销的操作与道德风险。三是进一步加强ATM业务运行的规范化管理，要对ATM业务运行中的重要事项不断进行梳理，对高风险环节经常性地进行分析和排查，把握住实质性风险，增强控制ATM机事中风险与操作风险的防控能力。

关于提升零售银行业务核心竞争力的初探

中国工商银行山东分行　崔中玉

零售业务是我行的传统优势业务和核心业务，是工商银行稳定的利润来源，也是工商银行最具发展潜力的重点业务之一。近年来，我行持续加大了零售业务投入和发展力度，取得了一定成效，但在业务发展中也仍然存在着一些制约发展的问题和瓶颈。为使科学发展理念与我行实践紧密结合，本课题重点就如何实现零售业务科学发展，进一步提升零售业务核心竞争力进行了初步研究探讨。

一、提升零售业务核心竞争力的必要性

（一）提升零售业务核心竞争力是加快推动全行经营转型的必然选择

国内日益加剧的金融脱媒和利率市场化趋势，以及当前面临的风险约束加大、资本约束增强等一些新问题，使传统批发业务的发展及其盈利能力的提高受到许多新的制约和挑战。而零售业务以其分散风险、收益稳定、资本消耗低、投资回报率高、受经济周期影响小等特点，已成为

国内各家商业银行赖以生存的基础和最具增长潜力及活力的核心业务之一，随着国民经济的快速发展，居民收入和家庭财富会持续增加，必将为零售业务提供巨大的发展空间，基于对经营环境和未来发展趋势的正确分析，总行党委将零售业务作为全行战略转型的重点，提出了打造第一零售银行的战略目标。为此，零售业务核心竞争力的高低，提升的快慢，直接影响“打造第一零售银行”战略目标的实现，进而决定着全行经营转型的成败。

（二）提升零售业务核心竞争力是应对当前严峻市场形势的迫切需要

国际先进银行经验和近两年国内银行实践充分证明，零售业务的高成长性和稳定性是其它业务所无法比拟的。为此，省内各家商业银行均把零售业务作为重点发展领域，纷纷将同业竞争的主战场逐渐转移到零售业务竞争之中，零售业务已成为同业竞争最为激烈的焦点，零售业务发展得如何将直接关系到商业银行的核心竞争能力。随着各家商业银行在零售业务上投入更多的资源，将竞争细化到网点、服务、客户等等各个环节，零售业务市场必将“重新洗牌”，重新确立市场竞争格局。为在不断加剧的竞争中取的较快发展，确保我行优势地位不断扩大，必须加大零售业务发展力度，进一步提升我行零售业务核心竞争力。

（三）提升零售业务核心竞争力是我行获取持续盈利能力的根本保证

相关数据表明，国际性大银行零售业务利润贡献度基本都在50%左右，在其利润结构中占据最大的比例，并且资本回报率（ROE），资产回报率（ROA）均高于其他业务，是商业银行最有效的“利润稳定器”。零售业务向来是工商银行的核心业务，也是一项高增长、高回报且盈利稳定的业务，是全球投资者看好工商银行投资价值的一个重要方面。截止2007年末，全行零售业务利润贡献度已达43%左右，是工商银行最具盈利能力的业务，而目前山东分行零售业务的贡献度还不足35%，仍有较大的发展潜力和空间，必须下大力气，采取有效措施，加快提升零售业务核心竞争力，不断提高对全行的贡献度。

二、我行零售业务发展的现状和问题

长期以来，我行始终把零售业务作为一项重点业务来抓，特别是从全年开始省行党委将零售业务提到了前所未有的高度，将其作为全行经营转型的核心和提升全行综合竞争力的突破口，经过全行上下努力，零售业务工作取得了一定成效。然而，从当前经营形势看，我行却无法回避这样一个事实：自2002年以来，储蓄存款市场份额不断下降，我行零售业务赖以生存和发展的客户基础不断削弱，发展空间受到严重挤压，部分业务竞争力下滑，竞争形势岌岌可危。

当前制约零售业务发展的因素主要体现在以下几个方面：一是部分行经营理念转变不快，特别是分支行决策层面，对零售业务工作缺乏必要的研究和足够的认知，形式上已进行了经营定位转型，实质上还没有真正转变，对零售业务发展规律不研究，对产品营销、渠道管理、人员配置、考核方式的把握层次较浅，侧重于利益驱动，习惯于短期行为。二是客户总量不足，业务发展根基不牢，特别是中高端优质客户的占比明显偏低，数量增长缓慢，直接影响了我行零售业务核心竞争力和市场地位。三是分层服务不到位，仅有分层、没有服务现象普遍存在，对经营客户、管理客户、维护客户的经营理念层层递减，大量优质客户得不到维护和管理，造成客户边增长边流失。四是大城市零售业务综合竞争力提升缓慢，与系统内同类行相比，在网均利润、同业份额、中高端客户占比等方面存在很大的差距，对全行业务拉动作用发挥不明显。五是营销队伍素质有待于进一步提高。虽然近两年客户经理数量有了较大幅度的提高，并且对取得AFP/CFP资格的客户经理给予优越待遇，但大部分客户经理、理财经理缺乏主动识别、挖掘优质客户的能力和意识，被动坐门等客现象严重，客户营销和维护的主力军作用没有发挥出来。

上述问题在一定程度上制约了我行零售业务核心竞争力的提升。

三、进一步提升我行零售业务核心竞争力的主要措施

未来几年我国经济将继续保持快速增长，国内零售业务将进入高速发展阶段，作为经济增长最快的省份之一，山东零售业务市场竞争将更为白热化。在这种严峻的形势下，要保持山东分行零售业务快速发展，不断提升核心竞争力，我们认为关键在于抓好四个核心（即：核心的客户、核心的网点、核心的产品、核心的人才），特别是要坚定不移地抓客户，尤其是竞争中高端客户。客户是银行发展的基石，是银行核心竞争力的集中体现，没有客户一切都是空谈。因此，只有牢固树立坚定不移抓客户的理念，特别是中高端客户，才是实现效益最大化，加快提升零售业务核心竞争力的有效途径。

（一）以转变理念为重点，加快管理者由经营产品向经营客户、管理客户过渡

各级零售业务管理者经营理念直接决定着优质客户战略的实施进度。要通过培训及座谈会等方式，引导各级管理者牢固树立以客户为中心、坚定不移抓客户的理念，充分认识到客户才是我行一切业务发展的根基，真正将优质客户理念落到实际工作中，从管理者向组织、策划、直接营销者转变，全面缩短客户营销维护链条，从简单的经营产品向经营客户、管理客户转型，提高客户组合营销能力、关系管理能力，为顺利实施优质客户战略，全面提高优质客户竞争维护能力提供强有力的组织保障。

（二）以提升优质客户占比为核心，不断加大优质客户市场拓展力度

中高端客户占比的高低直接决定我行个人金融业务的核心竞争力，要切实在中高端客户数量的发展上下功夫。一是深入开展市场调研。要在对当地个人客户市场进行充分调研分析基础上，摸清本行各层次客户的具体数量、分布地区、需求偏好及当地同业客户情况，按照“管理中高端、跟进中端、培育潜力”市场定位，将现有客户分类，明确竞争目标。二是集中力量，开展目标客户的营销争揽。重点做好现有5万元以下客户的潜力挖掘，通过积极维护

培育，逐步向金融资产5万元以上中高端客户批量升级。三是持续开展优质客户专项营销活动。结合本行实际，锁定优质客户群体，周密规划，对支行、网点和客户经理分别下达客户竞争目标，加大考核力度，实现优质客户数量和质量稳定同步增长。

（三）以分层服务为主线，有效增强中高端客户维护管理能力

随着国内金融业国际化程度的不断提高，高端客户对银行的需求也更加追求个性化、综合化。为此，必须紧扣“三分”（即：客户分层、网点分类、业务分流）主题，对个人客户进行细分，针对不同层次客户。实行差异化服务，加快构建个人客户分层服务体系。在具体工作中，要重点做好个人客户分层服务相关制度、规范的制定和完善，要强化对现有存量优质客户的管理维护，逐层明确维护责任；要合理分配服务资源，对普通客户要广泛宣传推介分流到自助设备、个人网上银行、电话银行、手机银行进行自助服务，腾出优势资源服务优质客户，要充分发挥财富中心、贵宾理财中心竞争维护优质客户的优势，加大人力、物力的投入，深入实施理财中心核心竞争力项目，通过定期组织财富生活驿站、理财沙龙等专场活动，对优质客户进行深度维护，进一步提高现有优质客户忠诚度和他行优质客户的竞争力。

（四）以个人营销管理系统为平台，增强在优质客户管理中的技术支持

个人营销管理系统经过不断的完善升级，功能日益强大，为基层网点、客户经理开展客户营销维护提供了有力支持。要充分利用个人客户营销管理（PBMS）系统，对客户的管理和对所有零售银行业务（个人金融、银行卡、个人电子银行）产品的营销管理功能。提高系统应用水平和信息分析能力，构造领先的科技竞争优势，提升利用信息技术竞争优质客户的能力。一是要积极做好我行个人员工绩效评价系统（UAS）与个人营销系统中考核功能的紧密结合，认真制定客户分层维护计划、方案，逐级下达个人优质客户和个人产品营销计划，实施动态监测，推动客户结构和产品结构的优化。二是继续以优质客户登记（分配）管理为基础，建立优质客户信息档案。充分利用PBMS系统，完成优质个人客户信息的整理和录入工作，为开展客户管理工作提供信息支持。三是继续强化各级管理人员和客户经理的系统应用培训，不断提高客户管理技能和水平，充分发挥系统在维护优质客户中的作用。

（五）以核心产品为依托，强化对优质客户的竞争维护

充分发挥山东分行客户资源丰富、存款规模大的优势，认真分析掌握客户资金的流向和规律，加强关系维护和产品交叉销售，促使客户的资金在我行的各种产品和账户中封闭流动，提高客户对我行的忠诚度和贡献度。一是挖掘优质对公客户的个人优质客户资源。深化E式营销理念，明确拓展目标，积极探索零售业务批发化的发展路径，深入开展零售业务与公司、机构业务的交叉营销和联动营销，通过为中高端客户提供客户融资、投资管理、现金管理和财富管理等理财服务，推动债券、基金、银行保险、理财金账户、高端信用卡、个人信贷、网上银行等产品的销售，提高中高端客户市场竞争力，增强中高端客户业务份额和综合贡献水平，实现个人优质目标客户的批量发展。二是根据客户不同的服务需求和属性特征，积极创新金融服务方式，通过产品专题演示、理财沙龙、客户联谊等形式，宣传我行核心产品、客户服务的优势和特色，推介新产品和提供服务信息，巩固与优质客户的关系，逐步实现从产品竞争向服务竞争的转变。三是通过有效的识别引导和接触营销，积极向客户推介核心产品组合，促进我行现有的中高端客户资产升级。四是挖掘现有客户的潜在价值，研究推广适合不同客户需求特点的理财产品组合套餐，引导客户通过我行的账户进行个人财务管理，提高客户的对我行贡献水平，促进各项个人融业务协调发展。

（六）以客户经理团队为主力，加强优质客户管理和争夺

个人客户经理是贯彻我行优质客户服务战略的重要载体，也是全行客户营销工作的主力，必须切实加大客户经理的配备和培训。一是重点加强专职理财客户经理配备和培训。严格按照配备标准和计划，加快组建一支高素质个人客户理财队伍，进一步丰富营销技巧，提高客户管理能力，更好地对目标客户开展针对性营销维护。二是扩大大堂经理队伍，提高客户服务技能，加大优质客户的识别引导和普通客户的分流。三是完善不同岗位客户经理考核，以个人客户营销管理系统为基础平台，根据各岗位工作侧重点，设置相应的考核指标，健全完善个人客户经理的考核制度。四是进一步提高客户经理素质。通过实施上岗考核认证，加大日常教育培训力度等一系列措施，进一步增强客户经理综合素质。

（七）以实施重点区域发展战略为切入点，拉动全行零售业务快速发展

重点区域行具有经济发展水平高，经营规模大，个人客户资源丰富等特点，其发展快慢直接影响着全行核心竞争力的提升。我行将济南、淄博、东营、烟台、潍坊、济宁、临沂、泰安等8个大城市作为零售业务重点发展区域，出台相关办法措施，加强对大城市行的直接业务指导，变被动销售为主动销售、被动服务为主动服务，增强大城市行的贯彻落实优质客户发展战略执行力，推动大城市行竞争力在短时间内有较大幅度的提升，带动全行零售业务的发展。与此同时，积极推进经济发达县级城市行零售业务发展。深入研究市场需求，完善营销体系，加大对重点县级城市行的投入，依托重点地区、重点产品的营销突破，带动整体业务的发展，提升我行零售业务在县级城市的核心竞争力。

（八）以建立科学的业绩考评体系为手段，切实调动零售业务员工积极性

科学的考核对有效激励员工发挥主观能动性具有重要作用。通过进一步的调研和探索，对零售业务的考核思路初步确定为，对网点以考核业务综合效益为主，淡化业务产品计划考核；对于客户经理的考核应突出其营销业绩和产品综合营销水平，以营销客户贡献值为考核依据，同时辅以客户服务水平等指标；对公司、机构等关联部门考核他们所服务客户的关联业务综合营销成果；对于前台服务人员和后台支持人员的考核，重点放在对客户和营销人员的服务质量，突出其服务职能。

总之，全面提升零售业务核心竞争力是加快全行经营转型，提升工商银行综合实力的有效途径，按照总行提出的打造“客户结构最好、品牌知名度最高、核心业务规模最大、创利能力最强”的第一零售银行战略目标，我们将举全行之力，坚持以客户为中心，坚定不移抓客户，大力实施中高端客户分层服务战略，做大作强零售业务，进一步巩固和提高我行市场竞争优势地位。

林明同志在山西省分行个人金融暨信用卡业务工作会议上的讲话

过去的一年，全辖经营管理各项工作在连续多年保持稳定增长的情况下，又上了一个新台阶，各项业务指标完成情况良好，在费用大幅增加、拨备比去年同期多提一倍的基础上，利润和EVA均实现了大幅增长。各项存款净增了507.37亿元，历史性地突破400亿和500亿元大关，其中储蓄存款净增了300多亿元，余额进入全国十大行之列，增量和增幅在系统内名列前茅，增幅排第一位。中高端客户占个人客户比重在全国排名前列。理财业务同业市场份额不断提升。信用卡发卡量和交易额在四大行稳获半壁江山，自主创新研发了晋通卡，开辟了潜力巨大的新兴市场领域。在充分肯定去年零售业务取得成绩的同时，也应该看到我们存在的不足，去年有两个月我行的储蓄存款增量被农行赶超，代理保险市场份额被邮储银行蚕食，在一些二级分行零售业务的市场竞争力有所下降，这些问题既有来自外部的竞争压力，也有我们自身工作不到位的问题，应该引起大家的高度重视。

一是在发展思路上要有新认识

零售业务的竞争能力体现了全辖的核心竞争力。加快零售业务发展，全力打造山西第一零售银行，不仅是基于山西分行经营结构和客户资源状况的现实选择，也是进一步调整全辖经营结构、增强盈利能力、实践科学发展观的迫切要求。当前，全辖零售业务发展面临严峻挑战，国际金融危机还在蔓延，全球经济衰退趋势明显，国内经济下行风险加大，特别是房地产和汽车市场低迷、消费热点降温，股票市场波动性增大、投资者信心严重不足，煤炭市场疲软，私营业主财富缩水，对零售业务的市场拓展和风险防控带来双重考验。而省内同业纷纷把零售业务作为战略发展方向和重点，加大资源投入，加快发展速度，使我行巩固零售业务市场优势地位的压力和难度进一步加大，特别是近几年其它银行连续在太原周边地区布点，起步定位就是个人零售业务，给我们带来更大压力。但同时我们也要认识到，在今后一个时期全省国民经济仍将保持平稳较快发展的大背景下，零售业务发展也面临着重大机遇，零售业务创利能力强、产品范围广、风险相对分散的优势将进一步凸现。随着国家改善民生、扩大消费政策的实施，城乡居民收入水平将不断提高，居民消费意愿和消费能力将不断增强，为个人信贷、分期付款等业务的发展创造了更多的金融需求和更大的市场空间，资本市场体系的完善、居民投资理财意识的增强，也为零售业务发展带来了新的商机。因此，应对当前经营管理的新形势和新变化，加快零售业务的创新发展，全力打造山西第一零售银行具有十分重要的战略意义和现实意义。各级行、各部门要从战略布局的角度充分认识零售业务，要进一步统一思想，提高认识，把促进零售业务发展作为调整经营结构、实现转型的主要工作开抓，不断加大工作力度，创新工作思路，确保取得实效。绝不能受金融危机、资本市场动荡和消费萎缩等暂时因素影响，忽视或减弱了发展零售业务的信心，要善于在新的市场环境下，发掘新的机遇，培育新的客户，尽快调整工作思路，通过加快金融产品创新来稳定和提高收益水平，有效提升零售业务的竞争力和市场优势。

二是在市场竞争上要有新策略

要高度重视储蓄存款的基础地位。只有储蓄业务持续稳定发展才能为零售业务的转型发展和持续创新提供有力保障，提升业务附加值。要抓住省内扩大消费、增加居民收入的政策机遇，有针对性地研究制定营销措施，加大吸存揽储力度。要发展主动负债业务，积极应对上存总行利率走低、存贷利差进一步收窄带来的影响，调整存款期限结构，降低付息成本，进一步增强盈利能力。今年，全辖要在筹资成本维持在较低水平的前提下，确保储蓄存款余额和增量同业第一，省分行营业部、重点城市行要确保储蓄增量占比有所提升。要处理好储蓄存款与理财业务的关系，不能因为保存款市场份额而放弃理财业务，要将理财业务作为竞争他行优质客户的重要手段，更多考虑理财业务产品期限结构问题，实现资金在我行的良性循环。要积极开展业务创新，继续丰富零售业务产品线，将创新贯穿发展的各个领域和各个层面，贯穿发展的全过程，只有创新，才能保持和促进经营发展的活力和动力。根据经济环境、监管政策和市场形势变化，适时调整、优化产品结构，特别是要加快代发工资、灵通卡、晋通卡、公务卡和分期付款等业务的持续营销和跟踪落实。要提高零售业务产品在个人客户尤其是中高端客户中的渗透率。我行中高端客户资源非常丰富，有着他行不可比拟的优势，中高端客户同业占比远高于系统内平均水平，但中高端客户的产品渗透率还处于落后状态，关键是我们的服务层次、服务水平、产品创新的速度和力度是否能够适应和满足中高端客户的需求，客户对我们的服务是否满意，对我们的产品是否认可，这些都是各级管理人员和客户经理应该认真考虑的问题。下一步要加大在劳动竞赛中对零售业务产品渗透率的考核力度。

三是在联动营销上要有新作为

打造第一零售银行不仅仅是一个部门的事，一个专业的事，而是全行的整体战略布局。当前，全辖多头营销、各自为战的营销局面还不同程度地存在，不仅造成了大量资源的内耗，增加了营销成本，而且对营销的效果和工商银行的品牌形象提升也带来不利的影响。推进“大个金”发展战略需要公私联动，“以私带公”，“以公促私”，只有彻底打破客户和业务局限，通过资源共享、协调互动，才能实现零售业务的综合化发展，实现零售业务综合贡献的最大化。全辖要深刻理解零售业务综合化经营的内涵，把零售业务的营销作为打开公司、机构、结算业务市场的基础和突破口，把公司、机构、结算业务的发展作为促进零售产品的重要手段。通过建立联动营销、资源共享、协同考核、联合培训等机制，深层次挖掘个人客户中蕴含的个人按揭、个人消费贷款、贵金属业务、代理、结算、理财、电子银行、银行卡、国际业务等所有与个人相关的资产业务和中间业务机会，充分利用好我行公司、机构客户资源优势，实现公司、机构和个人客户的良性互动，不断扩大优质客户的规模。

四是在发展机制上要有新保障

打造第一零售银行，重点要在资源配置、机制建设上下工夫，从领导力量、队伍配备、政策倾斜和资源投入等方面进行重点扶持，确保人、财、物资源流向零售业务贡献大的支行、贡献大的产品和贡献大的人员。各级行、各部门要认真研究出台相应机制措施，进一步发挥政策引导和资源配置对零售业务发展的促进和保障作用。要不断改进零售业务考核体系，完善考核项目，增加考核权重，特别要强化竞争力考核指标，加大对零售业务同业市场份额和系统内占比及位次的考核权重，逐渐淡化对指标完成率的关注。要进一步明确支行网点重点发展零售业务的职能定位。去年，我在不同会议上多次谈到支行网点的定位问题，传统的存贷款业务虽然仍是我行利润的主要贡献者，但在当前经营形势和竞争环境快速变化的情况下，要依据支行网点的经营实际和业务特色明确其目标定位，不能让所有的支行网点都去抓贷款大户和存款大户，更不能简单地以利润作为衡量支行核心竞争力的主要标准。一个支行的核心竞争力最终是体现在零售业务的发展能力上。要着力推动以传统业务为主的基层行的经营转型，以调整业务结构为突破口，配套相应政策措施，通过以公带私，促进零售业务的快速发展，保持支行网点全面可持续的核心竞争力。同时，支行网点负责人要加强学习，彻底改变过去重传统业务轻新兴业务的状况，加强对支行网点负责人在观念转变、业务创新和管理创新等方面的教育、引导和培训，把零售业务经营管理能力作为支行行长、网点负责人任职资格的基本条件和重要考核依据。要加强对各级行零售业务主管副行长的选配和考核。今年要在全辖所有一级支行落实配备专职分管零售业务的副行长，专职副行长的绩效合约要以考核零售业务为主。今后，逐步实现在二级分行配备零售业务专职副行长。要加快贵宾理财中心和理财网点的规划建设改造进度，尽快把工作着力点转移到优化网点布局和完善网点服务功能上来，确保在重点城市行的网点优势。要加大自助设备投入，扩大离行式自助设备的布点，逐步提高离柜业务占比。

五是在队伍建设上要有新举措

目前，我行零售业务从业人员中，营销人员相对不足，个人客户经理的配备、管理、考核和激励等方面仍存在一些问题，队伍建设面临着艰巨任务。要不断优化人力资源配置，建立一支数量充足、素质较高的零售业务营销队伍。积极引导员工从县区向城区、从金融资源相对匮乏地区向资源丰富地区转移。要充分发挥不同年龄段员工的工作积极性，根据各年龄段员工的特点，科学合理配置岗位，对年轻人要发挥其头脑灵活、接受新鲜事物快、善于创新的优势，选配到市场营销等部门；对中年员工要利用其经验丰富、忠诚度高、归属感强、敬业爱岗和对客户安全感强等优势，通过强化转岗培训，更多地充实到客户经理、大堂经理等岗位，努力使员工的业务特性与其岗位相适应。要着手组建外勤客户经理队伍，选聘一批熟悉产品、善于营销的人员，特别是中年员工，经过培训考试取得岗位认证资质，充实到外勤客户经理岗位上工作。营销模式以产品直接销售为主，目标客户定位于支行周边有一定规模的社区、写字楼、商场超市等区域场所，通过上门营销、演示推介、集中促销等方式，实现我行产品覆盖面和渗透率的有效提高。力争通过三年时间，打造一支适应市场需求、客户需求和业务发展需求的外勤客户经理队伍。今年要选择部分二级分行的部分支行进行试点，尽快全面启动。要进一步加大对 AFP、CFP 等有资质员工的统一管理、统一调配，切实落实在薪酬激励方面的倾斜政策。要加强客户经理等岗位的资质考试、认证、准入、聘任和使用，提高营销人员的综合素质，同时要保证有资质人员全部从事相应岗位工作，以充分发挥其特长和作用。通过建立健全激励机制措施，增强零售业务岗位的吸引力和稳定性，按照业务发展需要充实配足客户经理，尤其要发挥核心专业技术人员的作用，形成稳固队伍和持续发展的长效机制，不断增强零售业务发展能力。

六是在风险把握上要有新思路

零售业务受经济周期波动影响较小，抗经济周期波动的能力比公司业务、批发业务强，是保持稳定发展的“减震器”。因此大力发展零售业务，有利于弥补经济波动对公司存贷利差收入带来的影响，避免盈利水平的大起大落。但这并不意味着零售业务就没有风险，尤其是在个人资产业务和个人理财业务发展方面我们是有教训的。在零售业务市场拓展过程中，要注重树立科学的发展观，及时总结经验教训，不断完善各项规章制度，使每个工作岗位、每个操作环节都有明晰的操作规程约束，做到制度明晰、可操作性强。同时，要及时梳理、适时调整风险控制制度，既要防止制度滞后和真空现象，又要避免在总行现有操作流程中人为增加环节，不仅加大了风险控制成本，也束缚了业务发展。这里，就严格落实现行的个贷操作制度，再重申几点要求：一是要加强对客户经理的管理，严格客户经理的配备和资格准入，严禁客户经理代理客户办理业务。二是要明确业务开办准入制度，机构升格后，要根据机构的经营环境特点，按照严格的准入条件，通过一定的评估和审批手续，逐步开办业务。要对准入情况进行动态监测，防止支行在准入时人员符合要求，而准入后随意调动人员，使关键岗位人员缺失，形成操作风险。三是要认真履行前台个人资产业务日常的贷后管理职责，强化直线管理者对下属业务营销和风险防控的督导检查工作。四是开办个人贷款业务的支行网点必须配备专职信贷综合管理员，保证综合岗位相对独立，明确前中后台及各岗位的工作职责，办理抵押登记手续时必须实行双人办理。五是支行行长要加强个贷业务学习，认真审查贷款资料，发现疑点认真查找原因，堵塞漏洞，必须履职尽责，切实把好最后一道关口。今后要加大对基层行管理人员履职尽责的考核和检查力度。六是要密切关注个人贷款市场风险，对潜在的购房者违约、贷款抵押物贬值、个别企业假按揭骗贷等风险，要密切关注，及时应对。

林明同志在山西省分行个人信贷业务工作会议上的讲话

当前，全辖个人信贷业务发展形势很不乐观，个人贷款总量规模偏小，增长速度滞缓，从同业市场看，虽然我行保持了四大行增量占比第一的位置，但在省内全部金融机构中的占比仍然较小，如果在考虑客户资源、营业网点、从业人员数量以及十多年的从事个贷业务经验等因素的基础上进行同口径比较，相对地讲，我们的发展水平还远远落后于一些同业机构；从系统内看，个人贷款余额和增量、新增贷款在各项贷款中的占比、个人贷款不良率等指标均落后于全国平均水平，与我行整体经营水平在全国的地位差距较大。因此，不论从全辖转变经营模式和增长方式的总体要求来看，还是与打造“第一零售银行”、“第一按揭银行”的战略目标相比，我们发展个贷业务的思想认识还需要进一步提高，体制机制还需要进一步完善，工作力度还需要进一步加强。

一、充分认识发展个人信贷业务的重要性

去年，我在创新发展研讨会上提出“推进个人信贷业务以年均15%以上的速度增长，三年后在四大行中的占比超过30%，总量和增量牢固占据同业第一的位置”。年初我们制定的今年个贷业务发展目标是“在消化1.5亿元不良贷款的基础上，实现新增贷款5亿元，并确保同业市场占比第一的地位”。这个任务说大也大，说小也小，如果还是沿用以前的思想观念、工作力度和机制体制的话，完成这个任务是比较艰巨的；但如果能够进一步解放思想，开拓思路，突破现有模式，创新工作方法，这个任务并不大，是完全可以实现的，试想每个二级分行能够优选2～3个楼盘项目，每个楼盘做2000万至3000万的按揭贷款，全辖仅个人住房贷款就能达到或超过5亿元。因此，我认为这个目标至少要调整到8～10亿元。要想实现这个目标，时间紧迫，责任重大，困难不少，需要全辖上下进一步统一思想认识。

（一）发展个贷业务是调整优化经营结构的战略需要

股改上市以来，加快经营转型，实现经营模式和增长方式的根本转变一直是我行发展战略的核心内容。大力发展个贷业务，全力打造山西第一按揭银行，不仅是基于山西分行资产结构和客户资源状况的现实选择，也是进一步调整全辖经营结构、增强盈利能力、分散经营风险的迫切要求。截至3月末，我行法人贷款占全部贷款的比重达96.22%，个人贷款仅占到3.78%，而在法人贷款中，煤炭、冶金、电力、交通等行业贷款占比就达到76%。信贷结构严重不平衡、行业企业贷款集中度高等问题一直比较突出。因此，发展个贷业务是当前调整优化经营结构最好、最现实的选择，个贷业务发展快了，规模大了，在资产业务中的地位提高了，就是占到全部信贷资产的10%，我们的经营状况就大不一样了。所以说，发展个贷业务不是一个业务问题，而是功在当期、利在长远的战略任务，具有长期性和艰巨性。为此，在当前形势下，各行要充分认识发展个贷业务的重要性，把个贷业务发展提升到推动经营转型和加快战略布局的新高度，竞争他行要不遗余力，发展业务要放开手脚，拓展市场要舍得投入。

（二）发展个贷业务是提高利润贡献水平的需要

个贷业务产品具有收益高、经济资本占用少的特点，近年来个贷业务对全辖利润增长的贡献逐步体现。各级管理者要对个人信贷业务效益贡献有一个准确的认识。这里对个人消费贷款和个人经营贷款算一笔账，从利率情况看，这两项产品的贷款利率大多实行上浮，去年执行上浮利率的个人消费贷款和个人经营贷款合计余额占比达41%，居各项贷款品种的前列；而法人贷款中上浮利率的仅占10%。从收益水平看，个人消费贷款和个人经营贷款的收益率分别达8.31%和8.32%，居全行贷款产品收益率的前两位，而法人贷款的收益率为7.16%，全行贷款产品

的平均收益率为7.11%，可以看出个贷收益水平大大高于法人贷款收益水平和平均收益水平。从经济资本占用情况看，100万元的个人贷款仅占用经济资本6.6万元，而100万元的法人贷款占用了8万元经济资本。所以说无论是利息收入，还是利润贡献和经济资本占用，个贷业务产品均具备很大的发展优势。

（三）发展个贷业务是抵抗经济周期波动、保持资产质量稳定的需要

从目前来看，随着金融危机对实体经济影响的日渐加深，一些贷款企业经营困难加剧，对我行信贷资产质量的稳定形成了严峻挑战。我行近年来形成的良好信贷资产质量正经受一次经济周期波动的大考。保持资产质量的稳定成为我行实现经营效益可持续增长的关键因素之一。从个贷业务本身来讲，目前全辖个人贷款余额为34亿元，不良率为14%，如果今年能够新增贷款10亿元，至少可以将个人贷款不良率稀释3到4个百分点。在这种背景下，个人信贷业务必须超过全辖各项贷款的整体增速，有一个较快的发展，要通过提高个人信贷资产比重，优化信贷结构，为整体信贷资产的质量稳定做出贡献。

（四）发展个贷业务是打造“第一零售银行”、夯实客户基础的需要

发展个贷业务是我行深入推进“第一零售银行”发展战略的重要步骤。个人信贷业务作为零售业务的重要组成部分，是零售银行的核心业务。个贷业务的竞争能力体现了零售业务的核心竞争力。发展个贷业务不仅有较高的综合效益，还可以为我行吸引并维系大量优质个人客户，形成规模效应，带动其他个人金融产品的销售。对山西分行而言，个人资产业务是整个零售业务发展中最薄弱的环节。如果我们对发展个贷业务的态度发生摇摆，步伐放慢，这一重要的客户群就将面临无可挽回的萎缩流失，将会极大地动摇我们零售业务的基础。各行要切实重视发展个贷业务对稳定客户基础的作用，实现“以业务为营销主体”到“以客户为营销主体”的转变，有效壮大零售业务优质客户群，获得长久的利润增长。

（五）发展个贷业务是快速响应市场需求、把握战略发展机遇的需要

当前宏观经济环境的变化确实给我们的业务发展带来很大压力，但省分行对当前经营形势的基本判断是机遇大于挑战，发展大于风险，越是在这种背景下，越要学会全面看待市场，学会反周期思考，发现利用好有利因素，赢得市场竞争优势。近期国家推出的一系列扩内需、保增长的措施，以及房地产业和汽车产业支持振兴规划都有利于个人消费市场的稳定，有利于促进我行个人信贷业务的发展。从中长期看，我国及我省经济将保持平稳较快发展，内需的增长是刚性的，是个贷业务发展的最坚实基础。所以，面对复杂的市场环境，我们必须要增强信心，发挥好我们的资源优势，进一步做好市场拓展工作。

二、要学习好、把握好、运用好总省行个人信贷政策

今年以来，为进一步提高市场响应和竞争能力，总行在2月份专门召开了个贷业务营销工作会议，加大了个贷业务在行长经营绩效中的考核力度，调整了个贷业务在授权、准入等方面的政策，扩大了部分个贷业务的试点范围，支持各行根据市场需求对个贷产品和服务进行创新。

年初省分行出台了个人信贷、小企业信贷和贸易融资业务的综合奖励办法，近期又组织召开了信贷业务创新发展研讨会，听取了前中后台、各个层面的营销管理人员对当前信贷业务包括个贷业务创新发展的意见和建议，取得了良好效果。随后省分行专门召开行长办公会对推进个贷业务发展进行了专题研究。经研究决定，在继续贯彻落实前期总、省行个贷业务政策的基础上，省分行进一步推出一系列促进个人信贷业务稳健发展的若干意见，具体内容包括：充分发挥个贷中心的营销主渠道作用，确保在二级分行所在地至少设立一家个贷营销中心；将目前由信管部负责审查的个贷业务经营机构准入职能移交个金部；对需要由省分行核定个贷业务品种准入工作由个金部负责；将省分行营业部个人购置住房贷款业务审批权限上调至240万元，其他二级分行权限上调至100万元；将各二级分行以个人住房为抵押物的个人综合消费贷款、个人房屋抵押贷款审批权限调整为30万元；积极推进个贷业务无纸化审批工作；对大型优质个人住房项目，审查审批人员可直接到现场进行集中审查审批；积极开展与中介机构的合作，加快推进二手房等个贷业务发展。

上述政策的出台是省分行认真分析个贷业务发展形势，紧密结合我行实际，在广泛征求意见、充分讨论酝酿的基础上推出的，体现了省分行党委加快发展个人信贷业务的信心和决心。可以说，我行个贷业务的各项政策措施在目前的市场环境中是明显优于其它商业银行的。各级行要组织相关人员认真学习，正确理解，准确把握好信贷政策。要将相关政策抓紧落实到位，充分抓住当前国家扩大内需的有利时机，加大宣传力度，推动各项业务快速发展。要在监管部门要求和总省行政策范围内，结合实际坚决贯彻执行个人信贷政策，促进个贷业务市场竞争力的快速提升。

三、发展个贷业务必须领导重视，全员行动，举全行之力

（一）“一把手”要高度重视，重点推动

大力发展个贷业务，打造“第一按揭银行”，领导重视是前提，任何业务要想实现超常规发展，领导必须高度重视。长期以来，我行营销理念和营销机制一直偏重于大客户、大贷款，这些项目立竿见影，额度大，见效快，各级行都习惯于用大客户的营销思维拓展市场，资源配置向大客户和大项目倾斜。而个贷业务额度小，客户散，管理难，再加上前些年个贷出了一些问题之后，各种制度、政策、体制、流程过多地考虑了风险防范，客观上对业务拓展带来了一些束缚，造成管理者和经办人员认为个贷业务是高风险业务，可有可无，甚至放弃发展个贷业务，任凭市场丢失也不愿主动拓展。这种状况要想得到改变，必须提高各级领导对个贷业务的重视程度，要将个贷业务发展水平作为衡量各级管理者战略发展驾驭能力的重要标准。各级行一把手要对个贷业务亲自过问，亲自开会研究，亲

自安排部署，定期开展通报评比。要重点在资源配置、机制体制建设上下工夫，倾斜各类资源，从人员力量、资金支持、政策制度、硬件配备等各方面对个人信贷业务发展进行重点扶持，逐步探索建立一套长效的发展激励机制。

（二）各专业要协同配合，全员营销

发展个贷业务不是一个部门、一个专业的事，而是全行的整体战略布局。各专业部门要在发展个人信贷业务上统一认识，彻底抛弃“单打独斗”的营销模式，牢固树立“全行一盘棋”思想，加强专业之间的整体联动和协同配合。要认识到优质法人客户同时也是优质个人客户的集中地，营销法人业务的同时也要营销零售业务，通过“以公促私”，不断扩大优质客户的规模，全力拓展我行个人信贷业务市场。

（三）前中后台要提高效率，突出“快”字

发展个人信贷业务的关键是前中后台协调配合，既各司其职，又相互协作。这就需要前中后台在思想观念上统一认识，在营销工作中步调一致，在市场竞争中形成合力。要建立畅通的信息沟通机制，遇事要及时商议，及时研究，把问题解决在内部，在拓展市场和竞争项目上保持高度的一致性。前台开展营销的同时，中后台要及早介入，有关情况先期就要及时沟通，尽可能精简程序，减少手续，各个环节都要为客户着想，都要考虑竞争形势，千方百计提高工作效率，在依法合规的前提下，努力创造便利条件，争取赢得市场先机。

四、要正确把握和处理好业务发展和风险防范的关系

风险是客观存在的，关键要正确认识和看待风险。对待个人信贷业务风险，要考虑如何去识别、管理和控制，而不能是一味地去简单规避。各行在个贷业务市场拓展过程中，既要避免片面追求发展速度，忽视风险防范，切实做到早发现、早防范、早处置，确保信贷资产质量稳定；又不能简单强调风险，对总行信贷政策层层加码，设置复杂繁琐的手续，要避免以牺牲客户、牺牲市场、牺牲效益为代价，片面地追求低风险，甚至“零风险”；更不能因为由于历史原因造成的高不良率，而认为个贷业务是高风险业务，不敢放手去拓展市场。

过去，我们在发展个人信贷业务过程中，走过一些弯路，吃了一些苦头，也得到一些教训，给各级领导干部和基层营销人员造成了一定影响和压力，使得大家在对待个贷业务时总是有所顾虑，不敢放手去干。当前，个贷业务发展的内外部环境已发生了深刻变化，从政策方面来看，国家对启动内需、保增长空前重视，出台了一系列扶持政策和保障措施，为我们发展个贷业务提供了难得的机遇；从市场环境来看，公民的金融观念发生变化，社会信用体系的逐步建立完善，有效约束了个别人的一些不良行为；从我行自身情况来看，经过多年的发展，我行经营管理能力和风险防范能力均得到有效加强，各种规章制度日益完善，内控管理措施严密，人员素质不断提高，为个贷业务的加快发展奠定了坚实基础。

可以说，当前形势下大力发展个贷业务已具备了较好的政策、市场和管理条件，只要我们规范经营，合规操作，是完全有能力把主要风险管理好的。在发展个贷业务问题上，我们可以参照小企业信贷制度，只要大家严格按照相关规定，进行了必需的尽职调查和尽职管理，即使贷款出了问题，也不会追究相关岗位人员的责任。明确这个政策就是为了免去大家的后顾之忧，让大家在营销中放开手脚。要树立主动营销的“主人翁”意识，积极参与竞争，彻底摒弃“不为”、“无为”思想，切实做到履职尽责，尽职免责。要坚守勤勉尽职、合规经营的工作理念和遵纪守法、公正廉洁的职业操守，坚持“发展与管理并重”，从源头上控制风险，确保个贷业务发展的高起点、高质量。

五、要加快个人信贷营销队伍建设步伐

各行要努力打造高素质、高水平的个人信贷营销队伍，尽快建立完善个贷业务人员的长效培训机制，全面提高营销和服务能力。要继续完善个人信贷营销岗位设置，确保人员数量，使人员配备与业务规模、管理幅度和所承担的管理职能相适应。要强化从业人员执业能力的培养，对个贷客户经理的从业资格进行资质认证和准入管理制度，尽快出台个贷业务从业人员资格认证管理的相关办法，从准入关口保证从业人员的基本素质和业务能力，促使基层行营销人员具备更高的综合业务技能、风险识别和防控能力，准确把握新产品、新制度、新政策。要对通过资质认证的个贷业务营销人员实行档案制管理，保持营销队伍的稳定。各行要在大力开展队伍建设的同时，积极开展尽职教育，使每一名从业者在思想上、言语间、行动中都时刻保持严谨的工作思维、严肃的工作作风、严明的工作纪律和严格的工作方法，做遵章守纪、合规经营的合格从业者。

抢占优质客户市场　提升核心竞争能力 进一步确立山西第一零售银行的同业领军地位

——于晋萍同志在山西省分行个人金融业务、信用卡工作会议上的讲话

一、2008 年主要工作回顾

2008 年，全辖按照打造第一零售银行的总体工作思路，稳步实施“大个金”经营发展战略，加快提升零售业务发展能力，努力把山西分行建设成为全省品牌知名度最高、客户结构最好、市场份额最多、创利能力最强的零售银行，初步确立了我行在主要产品领域全省零售业务的领军地位。主要体现在以下几方面：

（一）零售业务经营贡献稳步提高

2008 年，全辖零售银行业务保持持续增长态势，零售业务贡献水平明显提升，为全辖利润增长做出了重要贡献。截至 11 月末，全辖零售银行业务营业贡献为 19.3 亿元，占全辖营业贡献的 38.77%，较上年提高 7.09 个百分点。其中：个人金融业务营业贡献为 18.61 亿元，占比为 37.37%，较同期提高 10 个百分点。全年实现零售中间业务收入 4.09 亿元，四大行占比第一位；零售银行中间业务收入占全辖中间业务收入的 49.05%，其中：个人金融中间业务收入实现 3.59 亿元，占全辖中间业务收入的 43.8%。

（二）零售业务市场稳步提升

多措并举加大零售业务品牌建设和市场营销力度，开展形式多样的主题营销活动，推动了零售银行主要业务市场份额的稳步提升。一是个人金融资产迅猛增长。年末，全辖新增个人金融资产 408 亿元，同比增加 208 亿元，增幅达 104%，其中：储蓄存款净增 316.69 亿元，同比增加 230 亿元，增加额和完成率在全国工行系统分别排名第七和第八位，四大行同业排名第一位；二是个人理财业务优势明显。全年累计销售银行类个人理财产品 254.3 亿元，净增 81.9 亿元；代理保险增长强劲，实现销售收入 7259.92 万元，占个人中间业务收入的 20.21%，已成为我行个人中间业务收入的重要来源；全年代理保险销售 25.46 亿元，销售额居四大行首位；在去年国内外资本市场深幅调整波动情况下，全辖代理基金销售额、代理基金业务收入仍然保持同业第一位；三是个人结算及代收代付业务保持平稳增长。截至 12 月末，全辖实现个人结算业务收入 6471 万元，同比增加 337.83 万元，四大行同业排名第一位；同时加大了代发工资业务的拓展力度，截至 11 月末，全辖代发工资户数达 3710 户，代发金额累计达到 166 亿元；新增 540 户，新增代发金额达到 45.57 亿元，新增代发职工数 9.4 万人，有效促进了各项业务的捆绑营销和联动发展。

（三）个人贷款业务步入良性发展

按照打造“第一按揭银行”的经营战略，突出抓好住房开发贷款和按揭贷款的联动营销、已批复按揭项目潜在贷款客户的直接营销和保单质押贷款的推广营销，推动个人贷款业务持续健康发展。截止 12 月末，全辖个人贷款余额 34.54 亿元，较年初新增 2.97 亿元，个人贷款新增额保持四大行第一位。

（四）个人客户结构持续改善

2008 年，各行加大客户关系管理和维护的工作力度，通过提高网点营销能力和服务水平，提高全辖中高端客户比重，优化个人客户结构。截至 12 月末，金融资产在 5 万元以上的中高端客户达到 70.71 万户，新增 13.68 万户，增幅为 24%。中高端客户资产总额占个人客户总资产的 78.9%，其中财富客户 11761 户，较年初增加 4599 户，增幅达 64.21%，资产总额占总资产比重达 13.13%。理财金账户达 9.2 万户，净增 4.6 万户，资产总额 74.45 亿元。

（五）银行卡业务实现历史性突破

按照总行举全行之力推动信用卡业务大发展的工作思路，积极打造“牡丹卡”服务品牌，秉持产品创新、项目带动、行业渗透的工作思路，主动加强与各专业的密切配合和相互协作，加大了牡丹卡营销力度，彰显联动营销效应。截至 12 月末，银行卡发卡量达 449.24 万张，其中信用卡 78 万张，较上年增加 33 万张，借记卡 371 万张，较上年增加 114 万张；消费额实现 184.94 亿元，其中信用卡 63.5 亿元，较上年增加 35.4 亿元，借记卡 121.4 亿元，较上年增加 69 亿元；信用卡透支规模达到 2.7 亿元，较年初增加 1.24 亿元；银行卡中间业务收入实现 8599 万元，其中信用卡收入 4978 万元，同比增加 1777 万元，借记卡收入 3621 万元，同比增加 1078 万元；信用卡发卡量、消费额、中间业务收入占同业市场 50% 以上份额，稳居第一位。加大 ATM 投放力度，当年新增 87 台，累计达到 542 台；全年累计交易额达 205.5 亿元，单机日均交易量为 247 笔，同比提高 10 笔。

（六）营销服务能力明显增强

各行管理人员从制度改进、流程管理等方面入手，解决影响服务效率的一些突出问题，全辖顺利通过了奥运期间零售业务服务工作的检验，业务处理效率和客户服务质量得到了进一步提高。一是得益于队伍建设的不断加强。新增个人客户经理 315 名，个人客户经理队伍已达 1244

人，其中具备AFP资格的313人、具备CFP资格的49人，保持同业领先水平。二是得益于支行网点负责人零售银行营销管理技能的提高。通过举办三期支行网点负责人零售业务培训，各行在提高了对零售银行业务重要性认识的同时，加大了对中高端客户群体的分层维护和资源倾斜力度，提升了零售业务的市场竞争力。三是得益于核心竞争力项目建设的深入推进。依托网点装修改造和功能升级，初步建立起以财富管理中心、贵宾理财中心、一般理财中心、金融便利店四种业态为支撑的网点分层服务体系，实现了网点营销服务功能的全面升级。

（七）产品创新能力全面提升

2008年，按照省分行加快创新发展的经营思路，积极主动探索业务发展新领域，为零售银行业务的可持续发展打基础。一是在科技部的全力支持下，自行设计并研发了创新型产品“牡丹晋通卡”，实现了工商银行与高速公路管理局全面合作，同时开辟了全国高速公路非接触式缴费的第一张银联卡标准联名信用卡的先河，该产品已显现其独到的功能和市场领先作用。二是全力打造信用卡分期付款业务的亮点及卖点。充分认识分期付款是信用卡业务的一款综合性业务，能有效促进发卡量的增长、直接消费额的提高，拉动中间业务收入的增加。更为重要的是满足了市场、商户、持卡人的需求，增强了市场竞争能力，加强了与旅游、餐饮、汽车、房地产等行业的合作。年末实现了分期付款手续费收入765万元，有力推动了银行卡中间业务收入的提高和市场份额的提升。三是创新区域性理财产品。年内针对临汾、晋城区域重点客户销售区域性理财产品，既稳定了中高端客户，又提高了中高端客户的产品渗透率。同时，针对第三方存管客户推出了“灵通快线”超短期理财产品，在此基础上推出流动型产品，为在股市震荡时期吸引资金回流我行做出了突出贡献。

（八）风险管理水平显著提高

结合全辖组织开展的“内控管理效益年”活动和内控评价工作。在全行业务发展水平不断提升的同时，正确处理数量与质量的关系、发展与风险防控的关系、服务与维护客户的关系，全面加强风险防范和客户风险意识培养，严格流程管理，先后组织开展个人金融业务、银行卡业务风险管理多项检查，检查面达到100%，有效促进了全辖零售业务的持续健康发展。

二、当前零售业务发展存在的问题

2008年，山西分行零售业务发展迈上了新台阶，市场竞争开创了新局面，核心产品指标实现了新突破。但面对当前复杂多变的经营环境和日趋激烈的同业竞争，只有解决好自身发展中存在的深层次矛盾和问题，才能实现零售业务的可持续发展。因此，全辖上下要始终保持清醒的头脑，既要看到成绩和优势，也要看到问题和矛盾，进一步增强忧患意识和责任意识，以崭新的姿态迎接压力和挑战。当前，全辖零售业务发展存在的问题主要表现在以下四个方面：

（一）部分支行网点经营转型仍不到位

按照省分行党委出台的《零售业务发展指导意见》的要求，支行网点营销的重点主要是零售业务，但目前仍有部分支行网点负责人对网点营销定位的认识不到位，在经营指导思想上还存在重公司轻个人、重批发轻零售的现象，资源投入不足，人员配备不到位，考核机制不完善，没有按照统一客户视图开展营销活动，依然在重复着不分客户、不分渠道、不分产品的低层次销售，造成了有限营销资源的极大浪费，直接影响了第一零售银行战略的实施及优质客户的满意度，制约了零售业务整体健康发展。

（二）中高端客户服务仍不精细

由于客户经理队伍的发展与中高端客户增长不匹配，导致多数客户经理开展营销往往只关注产品本身，忽视客户的需求分析，为卖产品而营销产品，或前期营销产品后，不注重后期客户维护，做不到产品分类营销，更谈不上中高端客户的重点维护，直接形成中高端客户产品覆盖率低、提供增值服务有限，不利于客户的稳定。截至11月末，全辖理财金账户、本外币理财、第三方存管业务等3项产品中高端客户覆盖率分别较全国平均水平低5.51、2.04和1.36个百分点。

（三）考核激励机制仍需完善

科学完备的激励机制是推动各项业务发展的保证，从目前各行考核激励措施来看，存在只关注业务指标，不重视客户服务的问题，在产品计价中存在“只计产品数量、不计利润贡献”的问题。个别行没有很好落实省分行推出的一些激励措施，一些不合理的考核导向使客户经理的业绩贡献与收入水平不相符，职业前景与收入预期不清晰，客户经理的主动性和创造性受到影响，也使客户经理在营销服务中为完成即期任务不惜以牺牲长远利益为代价，失去了客户，丢掉了市场，直接影响了零售业务的可持续发展。

（四）客户经理队伍建设仍需加强

经过几年的努力，我行建立起1244人的客户经理队伍，其中培养了一批具有专业化水准的金融理财师。但从个人金融业务的发展趋势看，个人客户经理无论在数量上，还是在质量上都存在一定差距，难以维护现有客户关系和竞争中高端客户资源：一是按照每位客户经理维护300户客户的要求，按现有的中高端客户测算，还需配置1200多名客户经理；二是现有客户经理队伍参差不齐，有的行客户经理配备仅是为应付而凑数，相关业务知识及政策不熟悉，对客户的需求识别和风险分析能力不高，或多或少存在违规误导及不当经营行为；三是金融理财师的作用和品牌服务优势没有充分发挥，一定程度上影响了专业人才队伍的稳定。

三、当前零售业务发展的机遇与挑战

2009年全辖个人金融业务发展面临着严峻挑战。国际金融危机还在蔓延，全球经济衰退趋势明显，而且对实体经济的影响正进一步加深，国内经济波动风险加大，特别是房地产和汽车市场低迷、消费热点降温，股票市场波动性增大、投资者信心严重不足，对零售业务的市场拓展和风险防控带来双重考验。省内金融同业纷纷把零售业务作为经营转型的方向和业务发展的战略重点，加大资源投入，加快发展速度，我行个人金融业务市场优势地位也面临严峻挑战。但同时，我们也应清醒地认识到，在各种不利因素影响的背景下，也为零售业务发展带来了新的发展机遇。

（一）国民经济的稳定增长为零售业务提供了广阔的市场前景

在2009年及今后一个时期中国经济仍将保持平稳较快发展的大背景下，国家实施中部崛起战略，区域经济由东南沿海地区向中西部转移。未来几年，国民经济还将步入新一轮上升阶段，经济结构调整持续优化，新型工业化、特色城镇化进程加快，综合经济实力不断增强。随着国家改善民生、扩大消费政策的实施，城乡居民收入水平将不断提高，居民消费意愿和消费能力将不断增强，为个人消费信贷、个人理财和银行卡等业务的发展创造了更大的市场空间；随着国家进一步完善多层次资本市场体系，以及居民投资理财意识的增强，为零售业务发展带来了新的商机。这些都将为零售业务发展提供了巨大的推动力量。

（二）个人财富的不断增长为零售业务提供了广泛的客户资源

加速发展的城市经济，推动企业数量、规模扩张的同时，也带动了个人财富的积累，城乡居民收入水平继续提高，高收入阶层和其所拥有的资产迅速增长，为零售业务提供了丰富的客户资源。同时，从我行增长较快的财富客户资产结构看，结构比较单一，存款仍然是最主要的资产保值方式。一方面反映了客户对银行产品和服务的认知程度有待提高，另一方面也反映出中高端客户的服务空间较大。迅速成长的高收入群体为我行零售业务发展提供了广泛的客户基础。

（三）经营贡献的不断提升为零售业务发展提供了可持续发展空间

从国际主要商业银行盈利模式转型的实践来看，着力发展零售银行业务是大势所趋。这与零售业务所具有的利润特征分不开的。零售业务具有三个鲜明的特点：一是风险比较分散、资本占用较少；二是盈利空间较大；三是效益稳定。目前，在汇丰银行、花旗银行等国际大银行的利润结构中，来自零售业务的利润占比普遍都在50%左右。零售业务成为国际商业银行最赚钱的业务之一。从我行零售业务的贡献度来看，对全辖利润的贡献逐年增加，现已占到全行利润的38.7%。用董事长的话来讲，零售业务已成为企业利润增长的稳定器。尤其是近年来，总、分行提出全面打造第一零售银行战略，为全行经营发展明确了战略目标，加上股改上市后，资本约束更加严格，资本回报压力逐年增大，以经济增加值为核心的价值指标要求我们在战略上实现从规模导向向价值导向的转变，经营重点向贡献度高的项目倾斜，加快零售业务的发展，提升零售业务的经营贡献，也成为我行可持续发展的必然选择。

（四）大个金经营格局的形成为零售业务提供了广阔的发展平台

打造第一零售银行的关键是流程与营销平台的整合。这种整合要求全辖上下真正树立以客户为中心的理念，实实在在地按照“大个金”的经营策略，将分散在各部门的个人产品进行整合和捆绑营销，为不同客户量身定做组合营销产品，使产品营销部门专司营销之责，产品维护部门专行管理之能，形成产品营销和产品维护管理部门的有机联动，继而提高零售业务的核心竞争力和市场拓展力。近年来，全辖在产品推广中也不断组织倡导联动营销，在开展公务用卡、联名卡、代发工资业务等营销工作中，加强各专业的整体联动和资源共享，按照个人、公司、机构“三位一体、整体推进”的客户发展思路，依托行内资源共享，扩大业务覆盖面，部门联合营销取得了很好的效果，已在全辖形成共识。这种“以私带公”、“以公促私”的大个金经营模式为零售业务发展提供了广阔的发展平台。

（五）创新能力的不断增强为零售业务提供了强大的动力支持

金融创新是银行发展的不竭动力，也是提升核心竞争力的关键所在。特别是在零售业务发展领域，面对瞬息万变的金融市场和日益多元化的客户需求，创新发展已成为赢得客户、赢得市场的制胜法宝。2008年，牡丹卡专业自行设计研发了牡丹晋通卡，开展与保险公司合作的“见费出单”业务等，在创新发展方面取得了明显成效。信用卡的发卡量、消费额占到全省同业的60%以上，在总行专业表彰中，省分行荣获“牡丹信用卡竞争能力奖”，省分行营业部荣获“牡丹信用卡发展突出奖”。这些成绩的取得在很大程度上得益于牡丹卡产品创新频率的加快和产品创新能力的增强。随着全辖深入推进创新发展，在我行先进的科技研发和网络技术平台支持下，零售业务在产品创新、服务创新等方面必将达到一个新的高度。创新能力的不断增强也必将为零售业务加快发展注入强大的发展动力，推动全辖零售业务发展迈向一个新的阶段。

四、多措并举，开创零售业务发展新局面

2009年，是我行新的三年规划的第一年，面对复杂严峻的经济金融形势和竞争激烈的零售业务市场，全辖上下按照打造山西第一零售银行的战略要求，积极应对市场变化，创新业务发展思路，巩固核心业务领先优势，抢占优质客户市场，提升核心竞争能力，进一步提升我行零售业务在同业市场的领军地位，全面推动零售业务持续健康发展。

2009年全辖零售业务主要经营目标为：金融资产5万元以上客户增加18万户；个人贷款净增4亿元；个人理财产品累计销售191亿元；储蓄存款净增180亿元；实现个人中间业务收入3.93亿元。信用卡新增发卡30万张，累计发卡量突破100万张；信用卡消费额突破80亿元；信用卡透支余额力争达到3.5亿元；信用卡不良透支占比确保控制在2.3%以内；信用卡总收入力争突破1.6亿元。

为实现上述目标，全辖必须做好以下工作：

（一）继续巩固扩大同业领先优势，进一步提升零售业务经营贡献

从2008年的发展形势来看，在全省同业具有可比性的零售业务指标中，我行主要业务和产品具有明显的市场优势地位，可以说，初步实现了我行打造山西第一零售银行的目标。今年，全辖零售业务发展的主要任务就是继续巩固并扩大同业领先优势，进一步确立山西第一零售银行的

领军地位。各二级分行对此必须要有高度认识，各行要切实做到“同业有地位、系统有位置、专业有贡献”，即“同业市场要保持领军地位，系统排名要保持靠前位置，专业贡献要保持绝对份额”。各行要把巩固和扩大同业市场份额放在突出的战略位置，领先同业的行要继续巩固第一位次并拉大与他行的距离，落后同业的行要努力实现打造地区第一零售银行的目标，特别是重点城市行必须要确保当地同业的领先位置，保持存款、结算、电子银行、银行卡等重点业务的发展优势，继续巩固和扩大同业第一的优势地位。省分行个金部、牡丹卡中心要进一步完善重点城市行分析监测制度，定期分析指导重点城市行的工作，定期考核通报主要城市行的经营业绩，将经营业绩与各种资源分配置结合起来，充分发挥重点城市行的辐射带动作用。

（二）继续深入推进“两化”改革，进一步加快基层网点经营转型

各二级分行要继续深化推进“两化”改革，通过改革创新，真正确立以客户为中心的理念，发挥个人客户统一营销平台的作用，增强核心客户、核心产品、核心业务领域的竞争力。一是继续稳步推进“双重管理、双线考核”工作力度，特别是完善对支行网点和客户经理的考核，调动网点和客户经理的积极性。二是要积极探索对零售业务网点和客户经理直通式管理的有效途径，努力缩短营销管理链条，充分调动一线客户经理的主观能动性，提升专业化经营层次和对客户的综合化服务水平。三是各级行特别是“一把手”要主动转变观念，积极探索，大胆突破和尝试，通过改革推动零售业务统一营销、归口管理，彻底解决多头、分散、重复营销的问题。四是要加强个人营销管理系统在各类网点的应用，发挥系统在客户分类、产品营销和业绩考核方面的优势，推动“两化”改革不断深化。

（三）继续加大市场拓展力度，进一步提高零售业务发展水平

一是认真做好一季度旺季营销工作。一季度具有节假日集中、居民收入集中以及消费汇转需求旺盛的特点，历来是零售业务发展的旺季。各行要以一季度劳动竞赛指标为重点，抓住两节期间的有利时机，统一客户视图，加大品牌宣传和存款、理财、银行卡及代理业务的营销力度，大力开展各种促销活动，确保各项业务实现首季开门红，为全年工作打好基础。

二是抓好重点产品的市场拓展工作。要把储蓄存款业务作为全辖零售业务发展的基础，进一步加大争存揽储工作力度，继续拉大我行与同业的距离，确保储蓄存款的绝对市场份额。要抓住当前连续降息背景下，客户需求旺盛的有利时机，采取多种方式加大基金、保险、理财产品的市场营销力度，使其成为客户资产规划中必不可少的现金管理工具和资产配置品种。在重点产品营销中要充分挖掘我行个人客户营销系统的各项维护功能，有针对性地向中高端客户推介我行的重点优势产品。省分行将积极创造条件，力争尽快获得总行区域性理财产品的开办授权，通过区域性理财产品多批次、高收益的优势，积极竞争他行中高端客户，提高我行中高端客户在全部客户当中的占比。要正确处理网点、客户经理的业绩考核与业务发展的关系，充分发挥我行的系统和网上银行优势，在客户经理和柜台营销过程中，要积极引导客户使用我行的网上银行渠道来购买我行的重点产品，只有多渠道、多方式的满足客户的需求，才能降低经营成本，减轻柜面压力，提高我行重点产品的市场份额。要采取高层营销、组合营销、分层营销等灵活多样的方式来拓展代发工资业务，尽快改变代发工资业务增长乏力的现状。要大力推广新的代理业务批量数据传输系统，务必按照总行要求在09年一季度之前，将辖内原有客户代发工资方式全部转化为新系统代发或网银代发方式，从源头上控制操作风险。

三是全面做强“牡丹卡”品牌市场。要确保信用卡发卡、消费额60%以上的市场份额，巩固第一发卡行的领先地位。要发好“三张卡”。充分利用我行的公务卡试点行的有利条件，完善组合营销机制，加大项目的跟踪力度，切实把各级财政预算单位公务用卡和军队公务用卡的发卡工作抓好做实，力争更多的市场份额。要以“牡丹晋通卡”项目为重点，充分发挥“牡丹晋通卡”的业务特色和功能特点，努力寻找行内行外优质客户资源，提高市场占有率和产品普及率，全力打造我省创新型产品的示范效应。要加大各级、各类联名卡项目的落实、推进工作，积极开发本地特色联名卡项目，巩固区域联名卡区位发展主导优势。要抓好“三个项目”。在与省移动公司联合开发“牡丹移动联名卡”项目推广中，要在全力做好联名卡发放工作的同时做好持卡客户的启用维护工作。要全力推进收单市场建设、加快分期付款业务、见费出单等收单业务的发展，增强市场收单创收能力。要在开展业务宣传、加大业务培训的基础上，全力做好新旧制度及业务流程的衔接与梳理，确保“三卡整合”工作的顺利进行。加快灵通卡业务发展，强化市场营销，提高产品覆盖率，通过开展组合营销，全面提高灵通卡收入水平，持续增强市场竞争力。

四是大力发展财富管理业务。随着财富管理业务各项基础性工作的完成，今年将在全辖全面启动财富管理业务，省分行本部的贵宾客户服务中心也即将投入运营，其主要职能作用是：负责全省财富客户的市场开拓、关系维护；对二级分行客户经理开展财富业务提供后台支持；对已投产的二级分行财富中心进行业务指导。今后一段时间内，凡属省分行贵宾客户服务中心服务的财富客户，省分行只协助网点进行客户价值提升的维护，收益仍归属客户所在支行、网点。各行要高度认识对财富客户进行双重维护的重要意义，积极主动的向省分行贵宾客户服务中心，推介达标客户信息。要通过横向协作、纵向联动、梯次管理、辐射营销的工作策略，为全辖范围内的财富客户提供专业化的金融服务和专享的增值服务，变“客户服务型为客户经营型”，深度挖掘核心客户价值增值能力，持续提升我行的核心竞争力。

五是加快个人贷款业务健康发展。按照打造“山西第一按揭银行”目标要求，大力拓展个人贷款市场。加强开发贷款和个人住房贷款的经营联动，依托我行在服务、管理、渠道方面的优势，实现两项贷款按照合理比例共同增长。要加强个人信贷营销体系建设，推进个人信贷业务营销标准化工程，推进个贷营销中心建设，形成高效的业务处理枢纽和有力的营销渠道支点，全面提升营销水平。要继续做好“幸福贷款”品牌营销和客户服务工作，努力提高我行个人信贷业务客户服务水平和市场竞争力。要积极探索、优化与中介机构的业务合作模式，推进个人住房贷款业务创新，加大各类产品的组合营销力度，综合利用总行政策和山西实际，促进个人按揭贷款市场稳步提升。

（四）继续完善营销服务机制，进一步提高客户服务水平

一是建立个人金融业务协同营销机制。各行个金部门要加强与公司、机构等部门的密切协作，充分利用我行法人客户资源，主动向目标客户营销个人金融产品；要做好个人业务部门间的协同营销，个金、电子银行、信用卡等部门要统一制定个人业务年度发展规划，统一下达任务指标，统一个人目标客户定位，制定多产品交叉销售方案和套餐式金融服务方案，确保各部门主要营销资源用于目标客户的市场开拓。

二是进一步提升网点服务功能。各行要充分发挥贵宾理财中心专业理财的“口碑效应”和专享服务的“平台效应”，进一步明确贵宾理财中心的功能定位、经营模式和分区策略，规范岗位设置和服务流程。要将个人贷款营销、银行卡 VIP 服务纳入全行网点建设规划，结合全行贵宾理财中心建设和网点升级改造等工作统筹考虑并稳步推进。要进一步提升网点中高端客户服务内涵，加强理财网点绩效考核，充分利用网点业绩考核系统，对不同层次网点类型分层考核，促进经营业绩的提升。

三是加强个人客户经理队伍建设。根据网点四种业态分布和客户分层维护的要求，加大对客户经理营销技能和营销话术的培训，提高在岗客户经理后续培训力度的同时，结合行内开展的中年员工转岗计划，通过培训和系统内调配方式补充客户经理队伍。要积极开展个人客户经理从业资格认证工作，不断提高金融理财师在客户经理队伍中的占比，确保财富中心、贵宾理财中心按标准配备客户经理，并充分发挥金融理财师的品牌效应和作用。要继续落实基层行负责人资格认证培训与考核工作，2009 年全面完成对现职人员资格认证工作。

四是实施客户服务精细化工程。今年总行提出推行个人客户服务精细化管理项目，实际上就是对核心竞争力项目的深化和延伸，目的就是通过实施以客户服务精细化管理来实现服务操作的“精、准、细、严”，通过规则的系统化和具体化，运用程序化、标准化和数据化的工作手段，使服务各环节、各单元精确、高效、协同和持续运行。全辖要深入实施客户服务精细化工程，通过对中高端客户的精细化服务，提高中高端客户占比。

（五）继续加强风险防范工作，进一步提高全面风险管理水平

各级管理人员要坚持两手抓，一手抓业务发展、一手抓风险防范，要正确处理好两者的关系，既要避免片面追求发展速度、忽视风险防范，又不能简单强调风险而束缚了主动竞争的手脚。要加强全面风险管理，确保在良好的发展质量和有效控制风险的基础上实现零售业务的可持续发展。风险防范要与发展业务联动起来，不能以高成本、低效率，甚至牺牲市场为代价，追求零风险，也不能不计风险、不计成本，甚至以违规操作为手段，盲目追求规模扩张。各行要进一步完善覆盖零售业务各操作环节、各重要岗位、各业务流程的全面风险管理体系，切实做到管理靠制度、办事讲规矩、决策依程序，严格执行各项规章制度和操作规定。要加强新产品、新系统的研究，认真界定高风险环节，完善操作流程与管理制度，实现风险岗位的有效制衡。要加快个人客户信息整合步伐，精简优化业务流程，实现客户风险信息的预警和共享，增强客户风险的有效预防和及时化解能力。要按照全面风险管理的总体要求，积极探索零售业务的操作风险、信用风险和市场风险统一管理的有效方式，实现前、中、后台管理的有效衔接和制衡，逐步改变按产品、分散管理和控制风险的模式，最终实现对客户风险的一体化管理。

认清形势 坚定信心
确保我行储蓄存款同业第一大行地位
——于晋萍同志在山西省分行存款工作电视电话会议上的讲话

今年以来，各级行认真落实贯彻总、分行工作会议精神，早部署、早安排、早动手，紧紧抓住“两节”营销旺季，大力开展各种营销和劳动竞赛活动，积极推动全辖零售业务发展。截至2月末，我行储蓄存款增加88.1亿元，完成一季度营销任务的73.42%，同业占比34.67%；各种理财产品销售87亿元（其中人民币理财产品销售46.6亿元、基金28亿元、灵通快线日均销售7.7亿元、保险销售4.5亿元）；实现个人中间业务收入3065万元。但进入2月份以来，全辖储蓄存款增长势头明显放缓，与他行储蓄存款的迅速增长形成较大反差，到目前为止全辖储蓄存款增势在省内同业、全国系统都处于相对落后和下降的水平。

一、当前全辖储蓄存款工作的严峻形势

截至3月25日，我行储蓄存款较年初增长85.76亿元，同比减少6.61亿元，其中1月份增长74亿元，2月份仅增长13.8亿元，3月份出现负增长，到现在负增长2.7亿元，储蓄存款呈现出急剧下滑的发展态势。同时，大多数分行储蓄存款新增同业占比排名下移，这在历年的旺季营销阶段是非常少见的，全辖储蓄存款增长多年来延续的传统优势已受到严峻的挑战。

（一）储蓄存款增量同比大幅下降

2月份，全辖储蓄存款增加13.88亿元，较去年同期少增24.6亿元，降幅达63.91%。从各二级分行情况看，2月份储蓄存款增量同比全部减少，其中，营业部同比减少5.6亿元，吕梁、朔州同比减少3亿元以上，运城、大同同比减少2亿元以上，其它二级分行在1－1.9亿元之间。进入3月份至25日，储蓄存款较月初负增长2.34亿元，较去年同期少增19.56亿元，降幅达95.66%。全辖储蓄存款同比下降幅度之大，涉及分行面之广是近年少见的。

（二）储蓄存款增量同业占比下滑趋势明显

2月份，我行储蓄存款增长明显放慢，当月增量比建行（15.89亿元）少增2.01亿元，同业占比仅27.03%，较同业排名第一的建行（30.93%）低3.9个百分点。3月份至25日，建行当月增量为14.33亿元，而我行却负增长2.34亿元，较建行少增16.67亿元，不仅失去了当月增量同业第一的位置，而且差距进一步拉大，一些二级分行当月增量同业占比退居第三、第四位。全辖今年累计增加额也从第一位滑落到第二位，较建行少增6.16亿元。从各二级分行情况来看，全辖2月份当月增量排名第1位的二级分行仅有忻州分行，较1月末减少6家；省分行营业部、大同、长治、晋中和临汾5家分行排名第2位；阳泉、晋城、吕梁和运城4家分行排名第3位；朔州分行仅排名在第4位。而建行当月增量占比排名第1的二级分行有4家（太原、晋城、吕梁、临汾），农行当月增量占比第1的有4家（阳泉、长治、晋中、运城），中行当月增量占比第1的有2家（大同、朔州）。我行90%以上二级分行储蓄存款当月新增同业占比大幅下滑，同业竞争形势陷入非常被动的局面。与此同时，建行的储蓄存款增量占比已由年初的21.61%上升到30.53%，拉开了与我行的竞争态势。

（三）存款增量和完成率系统排名下滑严重

2月末，全国储蓄存款全年计划完成率达到66.77%，而我行储蓄存款仅完成总行计划的48.94%，低于全国平均水平18.83个百分点，增量排名从上年末的第7位下降至13位，完成率排名从上年末的第5位下降至28位，增量和完成率排名分别下降6个位次和23个位次，增量和完成率排名双下降是我行近年来从未出现过的现象。

（四）部分二级行个人理财产品销售存量下降

截至3月25日，全辖个人理财产品（保险＋基金＋银行理财）存量规模较年初净增加12.98亿元，其中基金销售存量微增1266万元，本外币理财产品存量增加5.65亿元，保险增加7.2亿元。但从各二级分行情况看，到3月25日，部分行代理基金存量和本外币理财产品存量较年初出现下降。其中：个人理财产品存量下降的分行有吕梁下降19776万元、阳泉下降8890万元、忻州下降5811万元、临汾下降4612万元、长治下降3084万元；代理基金存量下降的分行有：吕梁负增长7669万元、运城负增长3732万元、晋中负增长3857万元、大同负增长2053万元、朔州负增长658万元。在储蓄存款大幅下滑的同时，部分二级分行个人理财产品也出现下降趋势，说明了这些行储蓄存款下降的原因并不是客户资金在体内循环，而是实实在在的丢掉了客户、丢掉了市场份额。

（五）高端客户增长速度明显放缓

今年以来，我行高端客户增幅明显下降。财富客户虽然比年初增加1007户，增幅为8.92%，但低于去年同期增幅3.12个百分点。分地市看，只有大同、朔州同比增幅是上升的，其他二级分行均为下降，其中运城分行增幅下降16个百分点，朔州、吕梁、长治分行增幅下降在8个点左右。千万元以上私人银行客户全省1月份较年初下降18户，2月份虽有回升，但还是较年初下降6户。截至2月

末，晋城分行下降7户，长治、大同分行分别下降4户和3户；从同比增幅看，全省下降14.30个百分点，除阳泉、晋中、临汾、忻州分行外，其他分行均为下降，其中运城分行同比增幅下降84个百分点，长治、朔州、吕梁分行同比增幅下降20个百分点以上。今年2月末，我行千万元以上私人银行客户数量系统内排名第6位，高端客户数量系统内排名第7位，分别较年初下降1个位次。

二、当前全辖储蓄存款增长乏力的原因分析

今年以来，国际金融危机不断蔓延、市场利率持续走低、同业竞争日趋激烈等外部环境的变化，对我行储蓄存款增长产生了一定影响，但同样的经营环境，他行上升而我行却下降甚至出现负增长，这就需要我们在自身抓储蓄存款工作中分析更深层次的原因：

（一）对储蓄存款在零售业务市场竞争中的重要意义认识不到位

近年来，省分行按照总行要求，积极推进零售业务竞争策略及经营转型，并已经取得了明显成效，但一些分行对储蓄存款的基础作用认识出现偏差，储蓄存款增长“靠天吃饭、坐门等客”的问题仍然存在，尤其是在同业纷纷采取多项策略将竞争目标对准我行的客户和存款时，仍然无动于衷。有的分行甚至出现了储蓄存款被“边缘化”的问题。前段国债发行本应成为我行挖转他行客户的有利时机，但却成为自身存款下降的原因。同样承销国债，我行储蓄存款负增长，而建行却为正增长，这充分说明我们的一些行对储蓄存款工作的认识还存在问题。打造第一零售银行与同业市场比较的重要指标之一是储蓄存款，无论任何时候，储蓄存款都代表了客户基础，只有储蓄存款的持续稳定增长，才能为打造第一零售银行及个人金融业务的可持续发展提供有力保障。

（二）对同业市场竞争新情况跟进措施不到位

以同业某行为例，在零售业务市场竞争策略上采用以点取胜的方法。2007年大力发展代理基金，2008年强势营销代理保险，今年又主攻储蓄存款业务，而且在考核激励机制、费用倾斜政策、业务宣传营销等方面的工作力度明显大于同业各行，甚至附加行政手段。分别对支行行长、网点及个人同步进行考核，实行末位淘汰；对新增储蓄存款超出或低于当地平均水平进行奖惩；针对中高端客户采取不同营销费用倾斜政策，在短期内形成了市场竞争优势。2月末，我行储蓄存款增加88.1亿元，同比增加12.9亿元，同业占比34.67%，高于第2位的建行4.14个百分点。自己和自己比，许多行认为还可以。但从2月当月增长情况看，结构发生了较大的变化，我行同业仅列第2位，增量比建行少了2亿多，我行储蓄存款增长速度已明显落后于建行。全辖11个二级分行只有忻州分行同业增量位居第1位，其余均在第2位以后，这在历年的储蓄存款旺季是非常少见的。往年农行是我行的主要竞争对手，今年建行来势较猛，尤其是旺季增存期间针对性推出的一些策略，我行不能及时掌握，反映出我们对储蓄存款市场出现的新情况反应不快、判断不准，直接导致竞争手段和应对措施跟进不到位。

（三）对储蓄存款源头市场开拓力度不够、整体功能发挥不到位

近几年，我们一再强调储蓄存款要从抓代发工资、抓客户等源头抓起，但现在看来各行对这项工作重视程度还不够，精力投入不足，政策没有跟上，采取的措施还不太有力，因而取得的效果也不明显。这些问题充分说明了我们的公私联动、协调营销还不到位。代发工资业务单靠个金部门的力量是远远不够的，需要相关部门相互联动、协调配合，充分发挥整体营销功能，抓客户的同时抓市场。过去我们常说自己稳居同业第一，而目前的形势提醒我们，我行的市场份额正在不断被蚕食。客户流失了再竞争回行要花费更大的气力，源头竞争客户不采取果断措施，不仅会造成储源的受限、客户的流失，而且也导致我行新增储蓄市场缺乏可持续的竞争力。

（四）对储蓄存款考核激励措施不到位

一季度历来是储蓄存款增长的旺季，早在年初我们就召开全辖零售业务工作会议，对2009年零售业务工作进行了全面部署，2月份又针对储蓄存款发展缓慢的态势，在全辖分支行行长会议上，专门就全辖零售业务发展及储蓄存款旺季营销工作进行了分析和安排。各行会后都及时进行了贯彻和传达，并采取了相应措施。但从目前情况来看，效果很不理想。各行在对储蓄工作的考核激励方面与他行相比存在着较大差距。一是多数分行在储蓄存款考核上虽实施计价考核，但计价标准、考核权重偏低，力度不大。二是各二级行在行长绩效考核中将储蓄存款与对公存款捆绑考核，且采用计分为主，权重较轻，对基层行办的激励作用有限。三是部分二级分行、支行、网点存在等、靠的思想，对市场变化反应相对滞后，等分行或二级行出台考核办法，靠客户主动上门，对旺季增存考核激励措施偏弱。

（五）对个人高端客户维护管理不到位

目前，全辖在个人客户经理队伍建设方面还存在人员不足、素质较低的问题，客户经理队伍的发展与中高端客户增长不匹配。同时，多数客户经理营销缺乏针对性，往往只关注产品本身，忽视客户的需求分析，为卖产品而营销产品，或前期营销产品后，不注重后期客户维护，做不到产品分类营销，导致中高端客户产品覆盖率低和高端客户维护不到位，直接造成了客户资源的流失和个人金融资产的下降。据统计，截至2月末，全辖千万元以上私人银行客户较年初减少6户，个人金融资产较年初下降1.42亿元，户均下降6.4万元。其中，朔州、长治、吕梁千万元以上私人银行客户资产下降较多，分别较年初减少1.37亿元、0.93亿元和0.87亿元。

储蓄存款业务作为银行业务的重要基础，是关系到我行市场地位，关系到我行大行形象，关系到我行战略发展的根本。储蓄存款的经营水平集中体现了我行核心竞争力，是关系到我行可持续发展的大问题。对此，全辖要从战略发展的高度，对储蓄存款工作始终保持一个清醒和统一的认识，在工作指导思想上不能有丝毫的偏差。一季度即将结束，储蓄存款下滑的局面不能得到立即改变，将对全年工作产生非常不利的影响，各行要统一思想，树立市场竞争观念，提高对市场的敏感性和应变能力，要从竞争客户

的高度认识抓好储蓄存款的重要意义，积极采取强有力措施，务求取得实效。

三、几项重点工作

一是要抓好储蓄存款目标的落实。2008 年当年储蓄存款增量占比排名第一的二级分行，2009 年各季末时点均应保持第一，到年末市场份额上升一个百分点；2008 年当年储蓄存款增量占比排名第二的大同、晋中、忻州分行 2009 年末要争取第一，年中各季末时点占比不得低于同期；2008 年当年储蓄存款增量占比排名第三的临汾分行，2009 年末要争取同业第二以上，年中各季末时点占比不得低于同期。

二是要抓好客户维护工作。目前，我行中高端客户金融资产占到全辖个人金融资产的 79%，可以说对全辖储蓄存款增长起着举足轻重的作用。各行要高度重视中高端客户的维护工作，把客户关系维护作为储蓄工作的切入点，采取有效措施坚决遏制个人客户特别是中高端客户的流失。要把理财产品销售与中高端客户维护结合起来考核，把优势产品作为竞争他行优质客户的“利器”和“资源”，努力挖掘潜力客户，从而带动全辖中高端客户数量和个人金融资产的不断增长。

三是要抓好代发工资业务。要充分调动各方面积极性，加强公私联动，大力开展定向组合营销和协同营销，努力扩大代发工资覆盖面，增加客户新开户数量，从源头上抓住各类资金。同时，以代发工资业务为抓手，进一步巩固和扩大存款源头，优化客户结构，夯实增存基础。

四是要抓好第三方存管客户营销。要抓住当前证券市场回暖和居民投资意愿提升的时机，积极协同机构业务等部门联系辖内重点券商，深入开展联合营销活动，通过与山西、大同证券等重点券商互派柜台、客户资源共享、交叉营销等措施，进一步扩大我行第三方存管客户规模，确保同业占比稳定在 50% 以上。切实提高储蓄资金和同业资金的相互转化，力争客户证券资金较大份额在我行内部循环。

五是要抓好网点稳存增存工作。各二级行要根据营销工作要求，集中调度各种营销力量，选派精兵强将，迅速组成工作小组，深入重点地区、重点支行、重点网点蹲点、坐班，开展储蓄存款营销工作，督促各行认真落实各项考核激励和营销措施，切实做好网点的增存稳存工作。省分行也将定期通报各行储蓄存款业务进展情况，逐项分析市场占比竞争态势和主要竞争对手动态，及时向各行通报，并加强对落后的二级分行的检查督导工作。

全面推动个人金融业务率先发展
牢固确立第一零售银行市场地位

——惠平同志在陕西省分行 2008 年零售银行业务工作会议上的讲话

一、2007 年个人金融业务基本情况

2007 年，在总行党委的正确领导下，全行上下紧紧围绕打造“第一零售银行”的战略目标，全面贯彻个人金融业务率先发展的战略部署，积极推进个人金融业务“专业化经营、系统化管理”的改革，深入开展基于统一客户视图的定向组合营销活动，不断加强人才培养及队伍建设，持续推动个人金融业务经营转型，全面超额完成了各项个人金融业务经营目标，为全行改革发展事业做出了突出贡献。

（一）各项业务指标高速增长，全面实现了率先发展

截至 12 月 27 日，个人中间业务收入达到 52843.25 万元，同比增加 36922.7 万元，增长 231.92%，仅个人中间业务就超过了全行全年 5 亿中间业务收入目标，完成个人业务全年任务 213.51%（年初个人业务计划是 24750 万元），个人中间业务收入占全行中间业务收入 7.37 亿的 71.44%，近 3/4 的中间业务收入来自个人业务。10 月末系统内总量排名第 10 位，增量和增幅分别列系统内第 6 位和第 3 位。

截至 11 月末，个人贷款余额达到 112.21 亿元，较年初新增 16.93 亿元，完成全年任务 423.25%。截止到昨天（12 月 28 日）个贷新增 17.66 亿元。

截至 11 月末，个人理财产品累计销售 338.38 亿元，同比增加 272.09 亿元，个人储蓄下降 19.23 亿元，个人客户资产增长（个人理财产品余额加个人储蓄）157.37 亿元。

牡丹灵通卡新增发卡 131.95 万张，同比多增 58 万张，增长 78.38%，完成全年任务 203%。

牡丹信用卡新增发卡量 341555 张，同比增长 364.74%，信用卡目前已达到 509564 张，其中 63.25% 为今年新增发卡，完成全年计划 181.99%。

个人网上银行新增 49.83 万户，个人电话银行新增 30.21 万户，手机银行新增 14.49 万户，个人网上银行证书客户新增 9.93 万户。分别完成全年任务的 155.7%、167.8%、322% 和 354.6%。

（二）“统一客户视图”和“定向组合营销”的正确理念和方法在实践中逐步确立

根据总行对“统一客户视图”策略和定向组合营销工作的整体要求，全行从推动个人金融业务经营转型、深化“两化”改革的高度清醒认识此项工作，先后开展了“功到自然成”、“财富驿站”、“1110 全行总动员”、“八七核心业务提升活动”等大型主题营销活动，不仅显著提升了营销业绩，而且初步掌握了开展个人金融业务的正确理念和方法，推动经营方式的持续转变。

早在去年 12 月，省行就以充分的方案设计和系统的营销培训为基础，经过深入细致的精确营销、定向组合营销、

客户关系维护传递培训，全行启动了“功到自然成”旺季营销活动，不仅指出了围绕优质客户开展定向组合营销、推进优质客户发展战略的旺季营销工作方法，而且旗帜鲜明地提出了个金业务要从基础工作开始的经营理念，要求全行个金战线像农夫耕耘那样，从做好每一次定向组合营销、维护好每一个客户、发挥每一位客户经理的作用开始，以旺季营销作为全年工作的良好开端，做好优质客户竞争及营销工作。“功到自然成”旺季营销通过周密细致的组织策划，不仅取得了可喜的营销业绩，而且培养了全行个金战线积极进取、稳健笃实的工作作风。

“财富驿站”主题营销活动结合理财金账户服务升级工作，以深化定向组合营销、推进优质客户发展战略为目的，通过“精明理财”、“精彩生活”、“精英运动”三大板块，对目标客户的细分选择，定向组合营销活动的主题、内容、组织形式、产品组合等，提出了更加明确的指导。通过对账户介质、服务渠道、投融资理财等各类“大个金”产品整合营销，全行逐步掌握了以客户为中心的营销方法，有效推动全行经营方式由产品营销向竞争客户转变。

“1110全行总动员”营销活动，更是通过激发全行员工爱岗敬业意识，重点推动对公结算、网上银行、信用卡业务跨越式发展。为了在短期内取得重大突破，全行员工结合“财富驿站”主题营销活动，努力学习围绕目标客户群整合营销、捆绑营销、联合营销的方法和技巧，在实践中体验以客户为中心的经营转型的重要性和公私业务联动营销的必要性，广大员工对工商银行经营转型的方向更加明确。

“八七核心业务提升活动”从质和量两方面提出了包括个人理财、个人贷款、中间业务、银行卡、电子银行及离柜业务等在内的八项经营规模及七项经营质量奋斗目标，进一步强调了“定向组合营销”和“统一客户视图”的重要性，以数倍超越年初计划的奋斗目标激励全行“挑战极限”、“勇夺第一”。为了推动活动深入开展，省行配置了专项营销及奖励费用，对营销业绩和任务完成进度实行按旬通报，活动不但显著提升个人理财、个人贷款、中间业务、银行卡等重点业务的营销业绩，而且进一步增强了全行市场意识、营销意识、竞争意识、质量意识及部门合作意识。

一年来的营销实践及良好业绩，让全行个金战线找到了一套行之有效的工作方法，坚定了全行以客户为中心整合营销多种产品、通过定向组合营销全面完成各项营销任务的信心，树立了个人金融业务要从组织好每次定向组合营销活动、运营好每个网点、发挥好每个员工的积极性作起，脚踏实地做好基础工作的正确理念和正确方法。

（三）个人金融业务发展基础进一步巩固

个人客户经理队伍建设再次取得较大突破。截至11月末，全行参加AFP课程培训的个人客户经理累计达到168名，参加CFP培训的客户经理突破50名，300余人次先后参加了总、省行组织的各类培训，通过总行认证的个人客户经理新增162人，通过总行个贷客户经理初级认证的员工达到1845人。各行均有个人客户经理通过公开考试赢得AFP/CFP培训机会，在自我学习、选拔考试、强化培训、集中复习、参加考试过程中，个人客户经理专业知识快速积累，知识领域不断拓展，营销能力、沟通技巧、专业水平全面提升；通过广泛参与“功到自然成”、“财富驿站”、“八七核心业务提升”等营销活动，客户经理实战能力、综合素质和自信心在实践中得到培养与增强。

零售银行经理人培训工作取得重大进展。为加速个人业务经营转型、深化对“大个金”和“第一零售银行”战略的认识，省行组织了两批支行行长个人业务专题培训班，邀请来自台湾花旗银行、广东分行和市场营销专业咨询机构的专家，对来自营业部和二级分行的180名支行行长进行了零售银行经营管理和市场营销专题培训，进一步明确了个人业务经营转型的方向和路径，指明了网点运营管理的要点和方法，强化了支行和网点个人业务市场营销的职能定位。系统完整的培训有力地推动了定向组合营销和个人业务经营转型，为个人业务持续发展提供了有力的思想基础。

大堂经理配置及培训工作取得重大突破。以总行大堂经理大赛为契机，全行认真落实大堂经理岗位配置，分级开展大堂经理培训及优秀选手选拔工作，省行首次聘请业内专家对全行50名优秀大堂经理强化集训，参加和观摩总省行大堂经理赛事，全面提高了各级管理者对大堂经理岗位职责及重要性的认识。以总省行比赛资料为教材，全行大堂经理培训工作再掀高潮，一批富有热情、专业知识丰富的年轻员工充实到大堂经理岗位，并迅速成为网点识别分流客户、接触营销产品、维护营运秩序的重要力量。

理财金账户服务升级工作推动网点管理水平进一步提升。以总行贵宾理财中心建设和理财金账户服务升级工作为契机，全行将硬件改造和软件优化相结合，通过深入开展核心网点客户结构、业务结构、产品结构、赢利结构分析，比照核心竞争力项目检查现有的岗位设置和工作流程，根据贵宾理财中心网点分区要求反思现有物理布局，网点的经营意识、优质客户服务意识、品牌意识显著提高，调整岗位设置和人员结构的自觉性显著增强，客户经理岗位优先得到补充，岗位职能整合调整工作稳步推进。经过一年的努力，包括25家贵宾理财中心在内的120家网点改造工作即将全部竣工投产。

个人业务流程梳理及再造工作全面启动。为提高审批效率、疏通个贷业务办理流程，个贷前后台部门联合召开了个贷业务经验推广会，推动解决个贷流程及部门合作问题，渭南会议后，全行积极探索有效安全的受理审批流程，个贷业务营销效率与业绩随之显著提升。结合总行个人业务流程梳理的总体要求，全行以总行调研提纲为蓝本，深入开展对现有流程的分析和优化工作，提出了一系列整合岗位、优化流程、简化授权的合理建议，在总行统一领导下顺利完成个人业务流程再造前两个阶段工作。

（四）正确策略指引全行个人核心业务取得显著突破

按照总行“大个金”培训会议上杨凯生行长讲话精神，全行将个人贷款、个人理财、银行卡及电子银行业务确定为全年提升个人金融业务贡献度、扩大客户群体的核心及重点业务。一年来的实践表明，适时推进四项重点业务很好地契合了宏观经济发展及陕西分行的实际。

个贷业务突破式发展显著提升了个金业务对全行的整

体贡献度。个贷余额突破百亿元大关，11 月末突破 110 亿元。昨天达到 112 亿，全年累计发放个人贷款 45 亿元，较上年同期多投放 19 亿元，增长幅度达到 73%；新增个贷 16.28 亿元，相当于 2006 年全年增量的 3.7 倍，由 06 年新增 4.4 亿到今年预计增长 18 亿元，分别完成总省行全年任务 407% 和 108.53%；个贷余额和新增量分别占全行贷款余额和增量（不含票据业务）的 16.92% 和 18.91%，分别较年初增加了 0.3 和 5.14 个百分点。在个贷业务快速增长的同时，个人不良贷实现余额和占比“双下降”，个贷业务对全行综合贡献度提升明显。

个人理财业务快速增长，成为全行中间业务最主要的收入来源。全行准确把握个人理财业务对个人中间业务存量贡献大、增长空间广阔、可持续发展的综合优势，积极顺应客户投资偏好的变化趋势，充分满足中高端客户多元化、综合化、个性化的理财需求，发挥我行个人客户经理人才优势，推动个人理财业务快速发展。截至 12 月 10 日，全行共销售各类个人理财产品 338.38 亿元，是去年同期的 5.1 倍，完成全年 100 亿任务的 338.38%。前 11 个月个人理财类业务实现收入 29015.6 万元，占个人中间业务收入的 63.35%，占全行中间业务收入总量的 44.40%，全年个人理财业务实际收入估算超过 3.5 亿元，在各项中间业务收入中居首位。

银行卡及电子银行业务“跑马圈地”成果显著，“功到自然成”、“财富驿站”、“1110 全行总动员”和“八七核心业务提升活动”推动客户群体迅速壮大。前 11 个月，牡丹卡新增发卡 166.29 万张，其中牡丹灵通卡新增 131.95 万张，同比增长 62.21%，灵通卡存量卡达到 430.5 万张；牡丹信用卡新增 34.16 万张，同比增长 364.74%，509564 张存量信用卡中 63.25% 为今年新发卡。

个人电子银行业务作为客户服务的重要渠道，在以客户为中心的组合营销中继续快速发展。个人网上银行、个人电话银行、手机银行客户、U 盾客户分别新增 49.83 万户、30.21 万户、14.49 万户、9.93 万户，同比分别增长 221%、163%、740%、628%。个人电子银行客户总数达到 154.64 万户，其中 61.13%（94.53 万户）为今年新增客户。开户数增长带动离柜业务快速发展，前 11 个月，个人电子银行交易笔数和交易金额同比分别增长 120.64% 和 63.55%，11 月份离柜业务占比较上年提高 11.76 个百分点。

（五）个人金融业务经营体制机制改革稳步推进

为推动以客户为中心的经营转型，由张海琳副行长主导建立了个人业务联合办公制度，定期共同研究个人金融产品营销事宜，将个人金融产品统一纳入定向组合营销活动，由个人部全面负责组织推动，信用卡、个人电子银行营销任务实行联合营销和捆绑考核。合作与沟通中各部门对各产品职能定位更加清晰，对以客户为中心构建营销及产品支撑体系的工作模式达成共识，部门之间的配合更加默契有效。

根据总行对个人金融业务“两化”改革的总体要求，省行在全面总结改革试点经验的基础上，经过反复论证及充分调研，经省行行长办公会集体研究，决定全面启动个人金融业务“两化”改革。于一季度对营业部及二级分行的“两化”改革方案进行了统一批复。截至目前，“两化”改革已在宝鸡、咸阳、渭南、延安、商洛五个二级分行开始实施。其他分行也在推进中，以部门整合为基础，五家分行通过深入推动产品营销整合、服务渠道整合、客户信息整合工作，已经初步实现“专业化经营”。这些分行已经实现部门上的“大个金”，个贷营销审批也进行了必要的整合。

为提升营销业绩，结合旺季营销活动及员工考核激励工作，全行不断强化对营业网点及个人客户经理的纵向管理，积极探索基于产品定价的个人金融业务考核激励机制，科学界定各岗位工作职责及核心考核指标，通过强化资源配置、建立以综合经营业绩为主导的考核体系、加强对网点及客户经理的专业指导等措施，个人金融业务“系统化管理”框架及思路逐步明晰。

二、2008 年我行个人金融业务发展的新形势、新机遇、新挑战

（一）国家政策和宏观经济形势更加有利于个人金融业务的持续发展

首先，在大国崛起的背景下，我国经济仍将保持平稳较快发展，特别是在十七大“科学发展、以人为本；关注民生、改善民生”思想指引下，我国居民工资性收入将稳步提高，十七大提出要创造条件逐步提高居民财产性收入，强国富民的政策将对金融部门产生非常重大的影响。未来几年我国零售银行业务将进入黄金发展时期。藏富于民的收入分配政策和国家对资产性收入的支持和鼓励，将为个人理财业务的发展带来丰富的商机；随着居民消费结构的持续升级，以及住房、汽车和其他大额消费需求的进一步释放，将为个人消费贷款、住房按揭贷款和信用卡等业务的发展提供良好机遇；同时随着出入境旅游市场扩大和外汇管理放松，境内外客户对银行卡、旅行支票、外币兑换、外汇买卖以及收单业务将产生更大需求；随着现代通讯发展和互联网普及、电子商务生态环境日益成熟，电子银行业务发展空间更加广阔。全行一定要高瞻远瞩、抓住机遇。

其次，陕西经济全面腾飞为我行提供了难得的发展机遇。经过 30 年的改革开放和观念转变，全省长期积累的科技优势、文化优势、资源优势和人才优势正在转变为经济优势；国有企业的体制创新和经营转型即将释放出巨大的发展潜力；国家对农村经济的支持和新农村建设，也将推动县域经济快速发展；城市化进程加速和连续数年的基础设施建设，为中心城市发展提供了强大的支撑。陕西经济正在迎来历史上最好的发展时期，前三季度，陕西省 GDP 增幅高达 14.5%，比全国平均增速高出三个百分点。省十一届二次全会确定明年 GDP 目标为 5300 亿元，增幅高达 14.6%，远高于全国平均水平，今年城镇人均可支配收入将达到 10660 元，较去年增长 15%，全省明年个人收入增幅预计达 12%，固定资产投资预计 4000 亿元，将派生出很对业务机会，作为本地最大的金融机构，我行必将从中受益。

第三，中央宏观经济政策对陕西经济的影响相对较小。

虽然从紧的货币政策、利率上升和房地产信贷调控将对个人信贷业务发展带来一定影响，但应该看到，由于陕西经济发展在较长一段时期内落后于全国，基础设施建设相对不足，城市化水平依然较低，作为重要的区域中心城市和二线城市，西安房地产市场价格仍然具有比较优势，城市化进程正在为中心城市提出现实的房地产需求，以住房信贷为主体的个人信贷业务仍然具有巨大的发展空间。

（二）我行领先地位正在面临更加严峻的挑战

从同业竞争来看，各家银行都十分重视零售业务，个人业务竞争较其他业务更激烈、更白热化。事实上，我行个人业务虽整体占优，但个别主要板块和核心市场已经落后于同业。截至11月末，虽然个人贷款业务余额保持同业领先，但全行个人贷款新增落后于建行近6个亿；个人理财业务虽然总体领先，但储蓄负增长10亿，代理保险业务比建行少4.42亿元，只相当于建行的一半，农行、邮储代理业务也发展非常好；借记卡发卡经过连年追赶存量仅超过建行多5.7万张，但仍比农行少240万张。在核心市场的营业部地区，个人理财业务、个贷业务、个人中间业务全面落后于建行。随着农、中、建行不断加强个人业务，我行领先优势将岌岌可危。

中小股份制银行要引起我们的高度重视。今年以来，以招商、中信为代表的中小股份制银行纷纷将个人金融业务作为经营转型的重点，通过增加网点、招募客户经理、加强营销等措施，大力发展个人业务，全力进军私人银行领域，个人理财和个贷业务增势迅猛；浙商银行、北京银行、恒丰银行相继在西安设立机构，兴业银行更是将触角延伸到陕北地区！中小股份制银行在不断蚕食我行市场份额的同时，觊觎我行以金融理财师为代表的优秀人才，我们必须积极应对。

外资银行悄然涉足私人银行业务，加快竞争高端客户。汇丰、东亚携外资银行理念优势、管理优势、产品和科技优势，重点竞争高端市场。虽短期内市场竞争能力有限，但长期发展必将与我行在高端客户市场形成正面竞争。

（三）我行正处在“打造第一零售银行”的关键时期

经过三年的跨越式发展，个人金融业务对全行经营贡献大幅度提速，经营规模稳步扩大，同业竞争能力有所提升，多项指标同业领先，第一零售银行地位已经确立，已经具有全面领先的实力，但支持我行长期领先的基础仍不甚稳固。能否长期领先，已经领先的业务能否扩大领先是我们需要认真面对的问题。总行改革发展研讨会上，董事长提出“崇尚一流、追求卓越”的理念，杨行长将这一要求具体到“追求第一”。根据总行要求，没有达到领先的分行要限期夺回第一，领先的分行要快速扩大领先优势，落后的分行要拟定明确的赶超措施。

首先，在业务快速发展的同时，支持个人业务长期可持续发展的激励约束制度建设相对滞后。面向组织和机构的业绩考核评价及薪酬分配体系，未能从根本上解决平均主义及“搭便车”现象，一线营销人员的积极性和创造力未能得到充分激发；分配过程中的二次分配及渗漏现象削弱了市场营销的动力。全行需要明确的产品计价体系以提高对市场营销的导向性，增强激励的及时性和有效性。

其次，以客户为中心的经营理念和运作模式初步形成，但与之配套的管理架构尚未形成。个人业务业务部类内部产品部门和营销部门职能脱节错位现象依然存在；渠道独立、客户信息分离、重复营销现象割裂了基于客户、渠道、产品的统一客户视图；产品的无效促销、营销错位问题依然影响到定向整合营销的深入推进。

第三，业务规模快速扩张、综合贡献度显著提升的同时，个人金融业务资源投入仍然相对不足。网点改造的步伐落后于全行，自助设备投放也滞后于发卡规模和市场拓展的需要，个人业务营销费用十分有限，营销资源及硬件设施投入不足导致个人金融业务整体上处于“守势”。以银行类理财产品销售为例，我行理财产品销售规模、产品种类和综合收益率均显著优于同业，但在市场上鲜见我行广告，市场声势与大行地位明显不称。

三、2008年个人金融业务的目标和任务

2008年我行个人金融业务总体工作思路是：以科学发展观为指导，继续贯彻落实打造“第一零售银行”的发展战略，准确判断当前宏观经济形势，客观分析市场发展趋势及同业竞争态势，正确把握个人金融业务发展优势与机遇。再接再厉，乘势而上，以市场引导型替代任务驱动型，勇夺同业第一；持续深入、精耕细作，以客户集群营销模式替代产品单一销售方式，提高营销效率与经营效益，全面推动个人金融业务在新的起点上实现跨越式率先发展。主要业务目标初步确定为：实现个人中间业务收入7.2亿元；个人贷款新增50亿元；银行卡新增发卡400万张，其中牡丹信用卡新增50万张，牡丹灵通卡新增350万张；个人电子银行新开户200万户，企业电子银行新增3万户。

（一）树立全面跨越式发展的奋斗目标，“勇夺第一”

宏观经济的高速发展使得传统经营指标已经无法充分反映市场发展潜力，资本市场快速变化弱化了基于产品的经营目标的指导作用。最主要是看市场占比，无论任何时期、任何市场，“同业第一”是最客观、最公平、最准确、最直接，也是最有效的评价标准。2008年，省行提出了个人业务全面跨越式发展的经营目标，各项指标同比均有大幅度增长。其目的是激励全行以个人业务取得的良好业绩为基础，以更高的目标、更大的努力加速推进率先发展，扩大领先优势，牢固确立“第一零售银行”市场地位。各行要深刻领会省行党委的深刻用意，树立不唯任务、唯市场，以盈利最大化和同业第一为目标，高度关注同业竞争形势，时刻激励全行不断努力，持续推动个人业务率先发展。

（二）深入推进个人金融业务“专业化经营

系统化管理”改革，着力解决制约零售银行持续发展的体制机制问题。营业部要尽快完成“两化”及扁平化改革，“两化”改革总的要求是，尽快在分支行层面建立个人金融业务专职副行长制度，分管所有个人金融业务，加强个人金融业务各专业的协调配合，形成整体合力。2008年一季度末，营业部，铜川、汉中、安康、榆林分行要完成部门合并和职能整合工作，实现个人金融业务统一营销、归口管理，以此整合渠道资源、客户资源、营销资源，建

立以客户为中心的专业化管理体系；二季度开始，要通过对经营网点和个人客户经理的业绩评价考核，建立完整的个人业务产品计价体系和资源投入机制，以更有效的约束激励机制保证个人业务的持续发展。

（三）加快网点及渠道建设，为打造第一零售银行提供必要的资源保障

明年要实现200家左右网点改造，全年计划新建财富管理中心10家、贵宾理财中心100家，使财富管理中心和贵宾理财中心总数分别达到12家和125家。截至明年底，要完成四分之三网点装修改造，将四分之一建成贵宾理财中心。提高贵宾理财中心建设和网点装修改造工作效率，各部门要通力协作、提早筹划，争取“早启动、早建成、早见效”，力争在九月底前完成包括100家贵宾理财中心在内的所有网点改造工作，为2009年度旺季业务营销赢得时间；加大自助设备投放工作，计划新增ATM（CDM、XDM）300台，进一步提高自助设备对柜面的替代作用，使自助设备保有量达到同业第一。在硬件改造投入的同时，全面完善财富中心、贵宾理财中心的网点功能，尽快实现核心网点全面受理个人贷款、个人外汇、黄金买卖等重点业务；通过落实大堂经理和客户经理配置，实施核心竞争力项目，建立以客户为中心的服务流程，将网点由交易处理中心和账务核算中心逐步改造为客户服务中心和产品营销阵地。

（四）继续深化定向组合营销，全面提升零售银行业务经营业绩

统一客户视图和定向组合营销工作是推动以客户为中心的重要抓手，也是近年来工作的成功经验，需持续深入推进。要进一步丰富产品组合，加强活动的策划组织与后期跟进，提高产品覆盖率和营销成功率；要针对个人理财业务（基金、保险、第三方存管）、个人贷款、个人结算、银行卡等重点产品开展主题更加深入、形式更加灵活、内容更加丰富的定向营销。选择重点分行开展精确营销的试点及现场指导，针对重点客户群体开展地毯式定向营销，扩大中高端客户群体数量。在将全行个人客户营销任务全面纳入大个金营销及业绩考评体系的同时，加强对公司、机构客户中个人客户群体的定向组合营销能力，提升个人业务对全行业务综合服务能力和间接影响力。

（五）加强个人客户经理队伍建设，为“打造第一零售银行”提供人才保障

继续加强金融理财师培训，CFP力争达到80名，AFP达到260名，个人客户经理达到1600名；落实大堂经理、客户经理的配置，通过人力资源提升项目提高AFP/CFP及全体客户经理的考核激励。认真总结个人客户经理及金融理财师培养工作经验，加强客户经理队伍综合素质和实战能力的培养；强化大堂经理岗位培训，以大堂经理为枢纽建立运作流畅、规范有序的客户识别引导流程；深化支行行长、网点负责人培训工作，强化一线管理者以客户为中心的服务意识、以效益为目标的经营意识、基于流程和岗位考核的精细化管理意识和积极开拓市场的营销意识。

在继续加强客户经理配置、深化专业技能培训的同时，要特别加强考核激励约束体系建设，通过继续深化人力资源提升项目，建立真正的基于营销业绩的薪酬体系，以更加科学合理的制度激发客户经理将专业技能转变成营销业绩，更积极踊跃地参与营销实践。通过更有效的激励约束措施和更广阔的施展平台，激发广大客户经理的工作热情和爱岗敬业精神。

（六）加强对重点区域的指导、重点产品的分析、典型经验的交流，推动个人业务全面均衡率先发展

要继续推进营业部及陕北分行的跨越式发展。首先要高度关注个人贷款业务，既要确保明年新增同业第一，又要关注个人住房贷款和个人消费贷款的结构问题，更要高度重视中心城市竞争力下降的问题；个人理财业务事关客户基础和全行中间业务任务大局，务必提高认识，既要避免“一切依靠市场”、无所作为的消极思想，更要防止“一切归因于市场”、无视同业竞争、不作必要投入的错误倾向，深入贯彻商洛现场经验交流会议精神，加快推进市场潜力巨大的重点分行的个人理财业务，通过理财业务发展不断优化客户结构、推动个人中间业务目标的实现。做好300亿理财产品销售的售后工作，盯住存量客户，提高客户忠诚度

（七）进一步加快银行卡发行，全面提升银行卡业务竞争力

提高办卡效率，改善用卡环境。要切实落实十大项目实现发卡量翻一番，确保第一发卡行及绝对领先的优势。要从功能、服务、品牌、客户、网络等全方位入手，全面提升银行卡业务竞争力。既要加快规模扩张，尽早实现同业第一，也要注意提高发卡质量，避免简单分解任务、忽视客户需求的倾向，尽力从源头上提高发卡质量。通过认真研究解决制约银行卡业务发展的各种因素，解决牡丹信用卡发不出、激不活、用不好的问题。从争夺客户资源、扩大市场份额的高度，加快牡丹灵通卡发行工作，尽快赶超农行。

（八）加快电子银行“跑马圈地”步伐，确保在未来新兴市场和电子银行业务领域的绝对优势，推动离柜业务

始终坚持与客户和账户的捆绑营销，推动电子自助服务与网点人工服务的有机融合，加强网点客户阵地营销，深化对重点客户群的定向组合营销，努力发展企业客户，加强客户跟进服务与技术支持，结合重点业务推动离柜业务，从而提高电子银行交易量和交易额，缓解营业网点的运营压力。

（九）加强全面风险管理，为个人金融业务持续健康发展营造良好的外部环境

一是要结合事权划分、流程再造工作，不断健全个人金融业务制度体系；加快个人金融业务操作风险的识别、预警、评价和控制能力；及时解决系统运行过程中发现的问题及风险隐患，提高系统的稳定性和可用性。二是要继续加强个人信贷业务风险防范工作，进一步加强“假按揭”的防范工作；加快个人不良贷款核销处置进度，为进一步开拓个人信贷业务市场营造良好环境。三是通过加强客户经理考核激励，加强道德风险防范，不断提高个人客户经理职业操守，落实客户经理岗位管理的相关制度，确保个人金融业务持续健康发展。

张海琳同志在陕西省分行零售银行座谈会上的讲话

2007年是非常难忘的一年，既是激情燃烧的一年，也是梦想成真的一年；既是辛苦耕耘的一年，也是收获成功和喜悦的一年；既是追赶并超越同业的一年，也是系统内排名提升的一年，更是全行零售银行业务跨越式率先发展的一年。

首先，我想简要概括一下全年的工作亮点和带给我们的启示

一是个人理财业务远远超越年初计划和预期，为全行中间业务计划完成发挥了决定性作用。年初全行计划销售理财产品100亿，上半年提前实现年度目标后，全行顺势而为，及时提出了300亿的更高目标，最终理财产品销售超过358亿，基金销售总行排名第七，银行类理财产品销售总行排名第十，这样的成绩是年初不敢想像的。个人理财业务大幅度提升，为全行中间业务这一看似最艰巨的任务做出了重要贡献，个人理财理财收入占全行中间业务收入总量超过40%，个人中间业务收入占全行中间业务收入72.58%，比上年提高20个百分点，个别二级分行个人中间业务占比甚至超过90%，以个人理财业务为核心的个人中间业务对全行中间业务发展发挥了决定性作用，带动全行中间业务实现了大幅度超越。二是全行电子银行当年新增100万客户，交易额实现首次突破1万亿大关，超过60%的客户为2007年新增客户，一年新增客户相当于电子银行业务开办以来的总和，业务发展推动交易金额远远超过年初似乎高不可攀的8000亿目标，这也是年初没有想像到的。三是全行信用卡卡量、消费、收入、透支额全面实现翻番增长，当年新增信用卡相当于全行成立以来信用卡存量的两倍，首次突破50万张并超越招商银行，这也是年初没有想像到的。这几个超越想像的工作亮点，带给我们一个重要启示：那就是，只要我们有正确的决策和对形势的准确把握，只要有全行上下有持之以恒、坚定的执行，只要我们有敢拿第一的决心和勇气，就没有跨不过的坎，没有走不通的路！这些超乎所料的成绩带给我们更大的启示还在于：很多业务做得不够好不是因为我们做不到，而是我们没有想到！思想和观念不解放，行为和工作措施就难以解放，只要我们解放思想、转变观念、强化执行，各项业务目标一定会实现跨越式发展！在同业市场上，作为综合竞争实力强大的第一大行，只要我们有敢于争夺第一的理想和勇气，就一定能够拿下。这样启示和收获对于全行2008年继续打造第一零售银行，继续推进大个金的跨越式率先发展，无疑是非常重要的。

第二，我想重申一下工作的严肃性问题

近期行领导曾多次对全行个人金融业务去年所取得的喜人成绩给予肯定和表扬，但我们决不能因此忽视去年工作中一些不尽人意的差距。有些本应拿下来的指标没有拿下来。我想借此次工作座谈会议，把自己的感受谈出来，以提高全行个金战线对惠行长提出的“两个严肃性”的认识。应该说“八七核心业务提升”活动成绩显著，总体取得了圆满成功，但不能用成绩掩饰工作中存在的瑕疵或执行力不足，这些指标中有些全行有能力拿下来但没能拿下来，很值得总结反思。

一是保管箱出租率指标。当初提出这个指标的时候，我自己感觉这应是最容易完成的，保管箱资源相对于全行庞大的客户群体来说十分稀缺，客户营销工作并不艰巨，而且在“八七”15项指标中，专门拿出来100万费用单项匹配考核，而最终实际完成率只有24%。应该说如果认真贯彻统一客户视图、将保险箱纳入个人客户营销体系，没有任何理由完不成这项任务。

二是网银代发工资。代发工资业务个人部和电子部曾深入研究并专门联合下发文件，提出了明确的代发工资客户定向组合营销和向网上银行自动代发的转化方案，要求分三个阶段实现代发工资业务向网上银行自助发放方式转移，但最终只有咸阳分行完成了阶段性目标。各行讲了很多来自客户方面的没完成任务的理由。在总行刚刚召开的电子银行会议上介绍了湖南郴州分行100%通过网银代发工资、却没有引起客户投诉和流失的成功经验，由此看来，我行工作存在差距主要是认识问题。

三是信用卡的不良透支率问题。去年省行曾两次发文重申信用卡不良率压降问题，明确提出末前压降到200万以下的目标。信用卡快速发展过程中，仅仅满足于完成总行不良率最低限目标，是非常低水平的要求，说得严重些也是对这项工作不负责任的低标准。上午银行卡部部署今年工作时，还是非常宽容地拿总行的最低限要求大家。我再重申一下，今年不良透支的底线就是200万。一亿多的资产业务，在已经核销几十万的情况下还有4.4%的不良率，和全行资产质量管理和风险控制目标差距很大。信用卡业务赢利模式不是鼓励客户透支以赚取万分之五的罚息，靠罚息支持信用卡业务也难以为继。在各项指标中质量和效益指标要严格控制并确保落实。为此这里重申：信用卡不良透支控制在200万元总额之内，各行要认真分析本行数据，信用卡要快速发展，但不良透支额绝不能继续增长。

四是中油卡发行及刷卡消费。我们联合中石油搞促销，是期望专项活动给我们带来显著收益，但各行活动开展情况很不平衡，延安行中油卡发行及加油刷卡促销效果显著，延安可以做好的业务其他行也应能做到。对营业部地区加油站的调研表明，只要扎扎实实、认认真真做就会有效果，同时也验证了工作不落实是效果不明现的主要原因。入冬后有行反映因为油料紧张和合作伙伴热情减退，刷卡交易额有所下降，有一定的客观性，但是是否反思过在能源不紧张、合作伙伴充满热情时我们在做什么？当形势有利于工作开展时，我们认识不到位、执行打折扣，错过了发展良机，当市场变化机遇不再时，责任只能由我们自己承担，而不能用现在遇到的困难怀疑省行当初的安排。

五是网银和信用卡动户率问题。这两个动户率指标的最终完成情况说明去年六月份档案馆电子银行座谈会上对这项工作的研究具有前瞻性，“八七活动”确定的运营质量指标并非好高骛远，完全有可能完成。有几家分行对公和个人电子银行动户率分别达到80%和60%，信用卡的动户率有些分行也完成的非常好。当初有些分行认为实现这些指标是不可想象的，因此我们用“挑战极限”来激励大家，面对同样的经营环境和客户基础，有些分行能够拿下这些指标，没有拿下的分行很有必要反思其中的原因。

六是ATM开机率和运行率。虽然ATM运营水平较“八七提升活动”之前有显著提升，而且克服了大批新设备投产调试磨合对平稳运行的影响，但最终没有完成设定的运行考核目标。

另外有些未纳入“八七活动”的指标也值得关注，如灵通卡的动户率或启用率，虽然总行没有明确考核该指标，但为了发展我们必须考虑。400多万张灵通卡，真正在用的有多少？今年再发展350万张新卡，总量将达到700万，届时我行客户将人均一张卡，工作重点也将转向同业竞争和新增客户。但如果说不清有多少有效卡和有效户，灵通卡业务真实情况会因此含糊。另一个需关注的是电话银行动户率。电话银行动户率非常低，统计表明超过80%为不动户。我们不仅要强调跑马圈地，还要让客户真正用起来。开展电子银行业务的目的在于分流客户、降低成本不是只图完成任务。

从上面这些指标看，有些分行完成得非常好，而整体完成情况有差距，为什么？我认为这完全是认识水平和执行力问题。回想“1110全行总动员”活动结束后，省行对没有完成对公结算账户营销任务的7个二级分行限期完成，结果八月底之前全部完成。工作就像学习和考试一样，作业不及时完成就会越落越多，包袱因此越来越重。每阶段工作都有非常鲜明的特征，前面的工作积累下来，就要背着包袱前行。试想如果我们上下通力，把“八七活动”目标全部拿下来，那今年开局基础将更好，推动今年的工作信心也将更足。今天提出上述问题是为了提醒全行继续努力，去年未完成上述几项指标的分行要在3月末、最晚不能超过4月末完成去年既定目标。

第三，我想具体谈谈全面打造第一零售银行和推进个人金融业务率先跨越式发展问题

省行党委对个人金融总的要求是“崇尚一流、追求卓越”，这也是总行提出的经营文化。个人业务三个专业联合召开这次会议的目的是发挥整体合力和整合优势，全面、持续、健康、均衡地推进各项业务。这里结合“金鼠贺春”首季营销活动强调几项重点工作：

一是个人理财业务

鉴于此项工作的重要性，去年11月全行在商洛召开专题会议明确了工作思路和要求，各行贯彻的效果不错，特别是近期市场震荡出乎意料的情况下，我行业务指标表现良好。这里就个人理财业务“4+1”工作模式，提醒三点要大家要特别注意。

一是提高对我行推出的银行类理财产品的认识。截至1月28号我行销售银行类理财产品11.9亿，开局良好。但发展不平衡，个别行销售量很低。大家要关注总行理财产品创新的动向和意图，产品期次更加密集，风险、收益和流动性分布更加丰富，基本已经全面覆盖各类风险偏好的客户。不足一个月时间总行已连续6次召开理财产品培训视频会议，张福荣行长还亲自就理财产品销售发表重要讲话，树立工行自主品牌、替代代理理财产品的战略意图非常明显。预计总行推出产品的种类将更加丰富、频率将更快，全行要从思想上和行动上全面跟上。年前总行个金会议上，我感到兄弟行对2008年个人理财业务信心不是太足，判断过于悲观。我行早在去年11月就专题研究这个问题，可谓先行一步。现在看来，这个预判和安排是非常及时和有效的。开年以来，我行多支单项产品在总行排名处于前5、6位，个别产品总行销售业绩甚至超过东部发达地区分行，可见我们的策略符合市场形势和客户需求。

二是再次提醒大家注意代理保险业务。商洛会议将保险作为理财“4+1”中一个重要版块提出来，并提出50亿的销售目标，会后相关部门认为目标太高。我行1月份已经销售9000多万，需要说明的是其中仅宝鸡分行就做了3500万，按宝鸡分行占全行总量1/10估算，如果管理营销体系顺畅、措施得力，全行1月份理想的销售业绩应是3.5亿~4亿，全年50亿也有望达到。由此可见代理保险市场有待开发，我行代理保险业绩落后于建行这一事实本身也说明我们的工作亟待提高。要尽快认真探索推动代理保险业务的新方法和新机制，将保险理财作为个人理财业务有机组成部分全面纳入个人客户营销体系，持续推动银行代理保险业务。

三是谈谈代理基金这一老话题。去年全年代理基金291亿元，是个人理财业务的重点。11月商洛会议将基金定投作为推动基金持续营销的工作重点，三个月以来基金定投开始稳步增长，明显好于去年，希望全行继续努力。这里建议大家面对剧烈震荡的市场，在工作思路、策略上再做进一步调整，认真研究基金客户的售后服务问题。目前，全行基金客户数量超过24.5万户、存量基金达到250亿，在市场动荡、投资者心态浮躁的形势下，精心体贴的售后服务和对市场和产品的精耕细作尤为重要。市场动荡，基金公司和产品的分化日趋明显，客户调整资产配置和投资组合的意愿比较强烈，研究基金公司及各类产品，从专家角度对一些好产品进行梳理、分析，然后对客户进行推介，既能体现我行对客户的关怀，又能促成客户理财产品的合理流动，不仅能够提高客户未来收益，而且扩大我行基金产品的交易额。全行要发挥金融理财师的专业优势，通过强化对现有客户的服务，持续扩大销售业绩。

二是信用卡业务

信用卡业务最大的问题还是在量上，只要我们做好两个方面工作，今年实现卡量翻番应该没有问题。一个是对中高端客户的渗透。我们不能过度依赖类似“1110全行总动员”的单项推动活动，通过定向组合营销强力推动信用卡捆绑销售和客户渗透应是全行的工作常态和有效措施。我行中高端客户大体上45万多，其中超过32万已经纳入个人客户营销管理系统（PBMS）。我们要求一季度所有中高端客户都要登录进去，其目的是为了加强客户服务和产品渗透。信用卡业务对中高端客户渗透率只有10%，绝大部分核心客户还没有使用牡丹信用卡。全行要在阵地销售、组合营销和客户维护工作中自觉地将信用卡业务融入其中，信用卡部门应尽快优化审批流程、提高审批效率，改善中高端客户的用卡环境。如果信用卡中高端客户渗透率达到80%，将新增40万客户。另一方面是切实落实信用卡十大版块的营销工作，已经启动的项目有校园卡、中油卡和公积金卡等，根据各项目可行性分析，抓住其中任何一个项目都能实现发卡量的快速增长。只要能够认真落实中高端客户渗透和重点项目推动两方面工作，实现全年目标就不会有任何问题。

三是电子银行业务

一个是分三个层次分析一下对公电子银行业务。一是存量对公客户的“上网”工作，我行现有对公结算账户大约7万户，其中仅有2.6万开通了电子银行。我们的目标是实现现有存量客户的“一‘网’打尽”，各行长要努力协调公司、机构、结算业务部门并争取一把手的支持，深入开展面向客户的联合营销，力争尽快给所有对公客户都配上电子银行。在金融创新蓬勃发展、信息化进程日益加快的时代，仅仅局限于柜面业务是一个非常低层次的服务，要力推网上服务。各行要结合网银对账业务推广，对存量客户“上网”工作逐一落实到支行、网点和个人。仅就现有客户而言，如全部“上网”，3万户目标就不是问题。另一个是新开户的网上银行业务。经验表明，不配网上银行的对公客户很容易被他行挖转或成为睡眠账户，为此结算工作会上明确要求新开户必须配置电子银行，照此估算，若新开户2万，净增电子银行客户有望达到1.5万。第三要通过发挥我行电子银行产品优势加强同业竞争。同业数据表明我行对公电子银行领先优势明显，客户反响良好。因此，要注意利用我行强大的网银系统竞争他行客户，通过展示、试用产品吸引他行客户首先采用我行电子银行业务，进而全面竞争其他业务。凭借电子银行的产品优势，只要我们敢于和同业展开竞争，深入推进各类客户（包括他行客户）的“一对一”服务，辅以必要的促销优惠措施，就一定能够扩大同业领先优势。总之，如果我们切实做好这上述三方面工作，完成新增企业电子银行3万的目标难度并不大。

二是个人电子银行业务一定要强化与个人客户和借记卡的整合营销，不能再走单打独斗、分头营销的老路。在今年确定的350万借记卡营销工作中，要加强网上银行的捆绑销售，要注意整合客户资源、渠道资源和营销资源，既然各个产品最终都要营销给客户，面对同一个客户，为什么不能多个产品同时整合营销？只要有80%的客户实现整合营销，今年200万的任务并不困难。在作业模式上首先是柜面开户时要将电子银行产品同时推荐；其次是要加强中高端客户的交叉销售，要通过营销系统实现“U盾”业务的“一‘网’打尽”；第三是要开展网点电子银行业务达标活动，一个标准是网银个人客户占比50%以上，一个是离柜率50%以上，以此为标准推动网点电子银行业务达标，逐年推进，直至全行所有网点达标。我相信，通过深入推进上述基础工作，个人电子银行业务也将全面完成。

最后是网点改造问题

惠行长曾多次强调了此项工作的极端重要性，并要求提早一年完成两年改造计划，今年总体安排改造200个网点，时间紧迫、任务艰巨。这里要求一季度要完成所有网点改造计划、安排、内部流程、决策等前期工作。一季度末完成招标并启动工程，力争上半年基本完工，不宜再拖。就营业部提出的扩大优质工程队入选范围问题，请个人部和财会部尽快沟通，总的要求是“要快”。政策变化往往始料不及，按照总行要求提早动手就是抓住机遇，坐等一切成熟、万事俱备，如果政策变化将为时晚矣。上海考察学习后观念和认识问题已经解决，思路已经明晰，关键是尽快作起来。和网点改造相关的另一个重要问题是客户经理队伍建设，省行已经提出1600名的目标，通过落实客户经理整合营销责任，银行卡和电子银行两部门担心的专业线人员紧张问题迎刃而解，客户经理不是某个产品的客户经理，而是要全面承担各类个人产品的营销任务。客户经理队伍的重点在于金融理财师的培训工作，今年培训的力度将更大，请各行尽早筹划，早作安排。

深入领会会议精神　全面落实各项工作

——张海琳同志在陕西省分行2008年零售银行业务工作会议上的讲话

一、关于全面启动“金鼠贺春”首季营销活动，确保个人业务“开门红”

为提早谋划明年个人业务营销工作，省行于12月17日对“金鼠贺春”2008年首季营销活动进行了总体部署。活动安排坚持定向组合营销、精确营销、客户关系维护的成功经验，通过存款+理财及“4+1”财富提速、幸福指数升级、牡丹e卡一路行、信用卡、电子银行五大板块的营销活动，全面推动个人金融业务持续健康发展。

加强组织推动。各行要制定本行营销活动的方案，落实总负责及每一次营销活动的责任人，组建营销团队、落实分工，明确营销活动的客户群体、合作伙伴、营销主题、营销目标及营销费用的预算配置，拟定精确的工作计划，确保每一次活动收到实效。元旦、春节期间省行将派出四个工作组到各行督促指导旺季营销活动，各行也要根据本行营销方案开展基层督导工作。

加强经验交流和媒体宣传。省行将在网讯、个金动态开辟首季营销报道专栏，对各行活动进行全面报道，各行要对活动中涌现的先进经验和典型事例进行及时总结上报，以便全行交流学习和推广。各行要利用广告、公共关系策划、新闻报道等多种或立体式的媒体，强化营销攻势，营造营销氛围，有声有色的开展营销活动。开局首战，事关全年工作大局，务必抓实、抓细、抓出实效。

二、关于优质客户升级服务的要求

2008年一季度，各行要全面推进优质客户服务升级战略，当务之急是要整合客户资源，将分散在信用卡业务、个贷业务、电子银行业务、基金、保险、第三方存管业务中的客户信息，全面纳入个人客户营销管理系统（PBMS），统一配置客户经理，建立统一客户视图；整合营销资源，深化定向组合营销，围绕目标客户群制定综合营销方案，实现由营销产品向营销客户转变；整合中高端客户信息，并全面纳入系统管理，是维护和发展优质客户的非常重要的一项基础性工作。这项工作要求力争一季度完成目标，要确保2008年中高端客户增长达到20%以上。

要加快探索财富管理业务，对金融资产在800万及以上的高端客户，要探索建立营销管理体系，扩大工行金融产品的捆绑，提高高端客户的忠诚度。高端客户是我行非常稀缺的资源，经过长期发展，在全行740多万个人客户中，也仅仅只有几十名高端客户，高端客户是我们所有客户的塔尖，绝对不容许出现高端客户流失的现象。中高端客户也是同业竞争的焦点，个人业务同业竞争的关键就是争夺中高端客户，因为优质客户的数量非常少，而总体贡献和金融资产的占比非常大。特别是外资银行，在中国将首先对中高端客户、特别是高端客户展开竞争。所以对高端客户、特别是金融资产在800万以上的私人银行客户的管理，省行个人金融部要立即下发有关工作要求，给出怎么做、怎么管理的指导意见，目前我行财富管理业务处于探索起步阶段，总行今年从总部开始做，那么我们怎样对接？我们怎么在过渡阶段维护我们的高端客户？维护发展中高端客户，是我行今后非常重要的工作。

三、关于实行零售银行业务专职副行长制度的要求

按照总行工作安排和刚才惠行长讲话精神，各行要高度重视此项工作，初步考虑，在营业部各支行和二级分行实行零售银行业务专职副行长制度。专职副行长要分管所有零售银行业务，协调各相关部门，加强资源配置和业务的协作。为深化打造第一零售银行战略，按照总行要求，在组织架构和管理体系实现突破，建立一个非常有效的组织体系十分重要。各行要对专职副行长拿出具体考核办法，我建议，从明年新年伊始的首季开始，实行按季考核。要求各行在今年末明年初将专职副行长马上调整到位。从一季度开始考核，对没有完成季度目标的要进行黄牌警告。惠行长报告提出的目标非常高、任务非常重，提出总行提高核心竞争力这个角度来讲，要加大对同业市场的考核。我们怎么办？我想专职副行长制度，是一条非常有效的措施，必须要进行考核。对连续两个季度完不成经营任务的，要进行工作调整，时间不等人！一年一共四个季度，没有淡旺季，每个季度、每个月的工作，都非常重要，如果干了半年还没有任何起色，市场占比上不去，既定目标没有完成，是否可以作出调整？能不能调整？让能拿下任务、拿下市场的人干去这个工作。

四、关于个人客户经理配置的要求

按惠行长要求，全行个人客户经理总数要力争实实在在地突破1600名。目前统计数字与实际情况有出入，要求各行在工作中切实落实个人客户经理配置。总行战略发展研讨会议和总行个人金融会议明确提出，明年营销经理要增加5000名，我行也必须认真落实。这么多的工作要有人来做，要有人去落实，个人客户经理队伍建设是一个非常重要的基础性保障；不管当前数字是否有水分？明年一定要实实在在突破1600名。

事权划分以后，据统计全行将节约282名柜员，营业部事权划分工作刚刚结束，人员岗位调整工作还在进行探索，营业部规模大，涉及近200个网点，人员岗位调整工作要深入进行探索，要通过深化营业部事权划分工作，将节约的大量人员充实到客户经理队伍。

各行要根据网点数量、经营规模、业务结构及优质客户发展情况，逐一核定各网点大堂经理、理财经理、个贷经理、营销经理配置工作，将客户经理配置情况纳入行长绩效考核。一季度末，省行要组织一次客户经理配置及履职情况大检查，全面落实个人客户经理岗位职责、考核体系、业绩评价及履职情况。

同时要继续加强金融理财师培训及管理工作。继续做好AFP/CFP培训、考前集训及考试组织工作，年内确保AFP达到260名、CFP达到80名的目标。

五、关于密切关注竞争态势，全面夺取同业第一的要求

各行要详尽制定扩大同业竞争优势和赶超同业的目标，要将目标责任到人，以“全面夺取同业第一”为总体目标，建立责任制，形成工作联络图，从省行、各部室、各分行直至支行，明确各项指标的责任人和落实人，按月通报、按季考核，对完不成同业竞争目标考核的要实行“问责制”，这一要求是确保“勇夺第一”的重要组织措施，请大家务必高度重视。

王晓燕同志在2008年深圳市支行行长会议上的讲话

一、2007年经营发展情况

2007年，全行围绕“狠抓服务，完善激励，全力提升核心业务市场占比”三大中心任务，以科学发展观为指导，以经营转型为抓手，扎实推进各项工作，分行业绩取得了前所未有的跨越式发展，是我行效益增长最好、发展速度最快、资产质量最佳的一年。

（一）盈利水平和经营规模实现新跨越

2007年，分行实现人均利润突破100万元，网均利润接近4000万元，涌现了红围、宝安、罗湖、南山、福田、蛇口、华强、上步等一批超2亿元的利润大行，红围支行更突破了3亿元，20家支行中有18家利润过亿元，有12家利润增长超5000万元，支行经营发展日益呈现出竞相争艳的良好局面。

（二）核心业务竞争力迈上新台阶

中间业务收入总量在全国一级分行和直属分行排名中列第八位。中间业务收入的贡献主体呈现出多元化的良好势头。

建立首席客户经理制营销服务模式，战略客户的服务质量和核心业务市场占比进一步提高。创新推出的“中小企业上市一路通”综合金融服务方案荣获了2007年深圳市金融创新一等奖，中小企业市场的品牌和影响力进一步增强。

（三）优质服务工作取得新成效

一是初步搭建了财富管理中心、贵宾理财中心、普通网点“三位一体”的分层次客户服务体系。二是持续优化业务流程，充实大堂经理配备，探索一班制排班方式，设立快收快付窗口，组织营业主任、一线柜员的技能培训，全行网点全部实现了客户等待不超过30分钟的目标。三是两次扩容95588客户服务系统，明确客户投诉的处理流程，在网讯设置“服务监督哨”，售后服务质量得到明显提升。四是外聘咨询公司对网点服务进行持续监测，健全网点服务质量管理体系，逐步建立起网点服务质量持续改进机制。2007年我分行荣获深圳市金融系统业务技术比赛团体第一名，分行营业部被中国银行业协会授予“中国银行业文明规范服务示范单位”的光荣称号。

（四）风险和内控水平达到新高度

全面推行评级授信一体化工作，在系统内率先全面推行信贷业务无纸化审批工作。加强信贷资金用途监管，开展房地产业务风险排查，防止信贷资金流入股市。分类确定潜在风险压降指标，全面完成总行下达的各类潜在风险贷款压降计划，加大不良资产清收处置力度，进一步夯实了信贷资产质量。

认真推广落实总行《业务操作指南》、《信贷作业监督指南》，开展了大额对公存款、票据等重点业务的风险排查，实施信贷授权授信专项审计，保障了全行的依法合规经营。完善案件分析会制度，开展员工职业操守评价和员工不良行为的排查，全面贯彻落实《实施纲要》以及廉政建设和案件防范两个责任制，持续开展治理商业贿赂工作，内控和案件防范能力进一步提高，在总行重要经营事项大检查和深圳银监局会计、结算和柜台业务风险排查中得到了高度评价。截至2007年底，分行取得了连续五年无案件和重大事故发生的良好局面。

（五）人力资源管理和队伍建设开创新局面

按照总行的统一部署，顺利实施了人力资源管理提升项目，初步建立了以岗位价值为中心的人力资源管理体系，稳步提高了员工的薪酬水平，进一步明晰了岗位序列，完善了职业晋升通道，初步形成了“横向可交流、纵向可提升”的人才使用和晋升机制，为员工职业生涯发展提供了更加广阔的空间。完善了补充医疗保险、派遣工住房公积金等员工福利制度，举办了以“培育现代企业文化，提升核心竞争力”为主题的企业文化研讨会，召开了党员领导干部民主生活会、第三届职工代表大会、第十届团员代表大会，夯实了分行民主管理基础。

二、以解放思想推进新一轮发展的跨越

分行发展战略研讨会明确提出了未来三年发展的战略思路是将深圳分行打造成为本地“盈利水平最高的银行”、“第一零售银行”、“最优秀的信贷银行”、“服务最佳的银行”和“员工满意度最高的银行”。2008年是实现分行三年发展战略目标的开局之年，关键之年，走好第一步将对分行未来的发展具有重要的意义。有的同志认为，分行已经站在了一个很高的起点，宏观环境有很多的不确定因素，资源也有很多的限制，下一步再保持这样的发展速度和质量不太可能。回顾一下分行20多年的发展历程，敢闯敢干和改革创新的精神引导我们取得了许多超乎想像的辉煌业绩。实践充分证明，思想解放的力度有多大，改革发展的成效就有多大。站在新的历史起点，要实现分行新一轮的发展跨越，必须继续扛起解放思想的大旗，以科学发展观为指导，激发创业激情，开阔经营视野，以积极的心态面对竞争，以创新的思路促进发展。深圳市将迅速掀起思想解放大学习、大讨论、大总结的热潮，银监局、金融办也正在积极筹备相关的征文、演讲、讨论、交流活动，全行要把开展解放思想讨论学习和提升分行核心竞争力紧密结合起来，要通过解放思想的学习和讨论，理出大思路、提出大举措，形成大推动，实现大发展。

（一）从解放思想的高度，真正理解践行科学发展观

科学发展观是坚持以人为本，全面、协调、可持续的新发展观。长期以来，我们有的同志还习惯于传统的方式和思路。比较注重当前任务的完成，不太注重经营转型、结构调整；比较注重合规和程序，不太注重创新和效率；比较注重客户风险，不太注重以现金流为基础的控制；比较注重单个客户的突破，不太注重平台和机制的建设。在新的历史时期，我们必须从解放思想的高度，真正理解践行科学发展观，一方面真正认识到宏观调控政策是为了国民经济的持续健康发展，深刻理解粗放的经营方式没有出路，只有在产业结构调整中不断调整经营结构，在经济转型中实现经营转型，我们才能始终把握住国民经济发展的重点，才能培养和提升核心竞争力；另一方面，要切实改进工作思路和方法，真正培养稳健不保守、合规不僵化、严谨不官僚、积极不冒进、创新不蛮干的观念和文化，时刻以发展的眼光和与时俱进的态度来处理和解决各种矛盾与困难，不搞大起大落，坚持脚踏实地，深入推进经营转型，不断推进结构调整，把质量和效益的协调，速度和质量的匹配作为行动的落脚点和衡量业绩的标准。

（二）从解放思想的高度，不断开阔视野和保持创业激情

首先要保持开阔的视野。在长期的经营发展中，我们逐渐形成了一套适合工行特点和深圳实践的经营管理理念。这些经验和传统是我们未来发展的宝贵财富，但也要看到，

作为特区的分行，我们不仅要力争系统内看自己，更要立足同业看自己，还要跳出深圳看自己，高度决定视野，视野决定境界，选择什么样的比照标杆，也就选择了什么样的成就境界。当前，我们已经成为市场上净利润最高的银行，但竞争对手的表现也非常优秀，中行在外汇业务上优势依然明显，招行在服务和品牌建设上成效显著，建行的业务规模、市场地位和核心竞争力的提升速度也快过我行。要建设本地最具竞争力的商业银行，我们一方面要从更高的高度选择标杆，每一个专业都不能满足系统内先进行的地位，而是要积极向最先进的同行学习，另一方面又不能照搬照抄，而是要深入研究深圳市场和客户的特点，以开阔的视野把我们的工作提到一个新的高度。

二是始终保持创业的激情。今年分行经营目标很高，任务也很重，这就要求我们始终保持昂扬的斗志和奋斗的激情。回顾分行去年的发展，各家行都取得了历史性的进步，但是横向比较，有的支行所处区域环境不好，发展速度和质量都非常突出，为分行业绩的跨越式发展做出了卓越的贡献，而有些支行所处区域环境非常优越，基础也不错，反而却显得增长乏力。分行大部分干部的精神状态是好的，但也确实有一些干部精神上有了疲态，缺乏冲劲，有畏难情绪。这种消极的状态必须坚决破除。解放思想也是一场“自我革命”，它要求我们要始终保持干事创业的劲头、朝气蓬勃的风貌。一方面，我们面对成绩要自豪不自满，自信不自大，另一方面更要有危机感和忧患意识，始终保持谦虚务实的态度和开拓进取的创业激情，将分行发展推向新的高度。

（三）从解放思想的高度，以创新促进新一轮的发展跨越

站在新的历史起点，我们面临着新的形势，总行要求我们既要很好的贯彻宏观调控的各项政策，又要满足客户需求，还要加快提升核心竞争力。规模有限制、发展有任务，客户有需求、监管有“红灯”，怎么办？传统的做法不能完全解决问题，必须去创新，不仅仅是产品创新和业务创新，还要管理创新、制度创新，更要解放思想，还要和监管部门沟通推动监管创新。绿灯快步走，红灯立即停，敢闯不硬闯，敢干不蛮干，肯干加巧干，闯出一片天，这个“巧”字的含义就是创新。

新一轮的思想解放对全行干部员工提出了“有胆有识”的新要求，“有识”就是要视野开阔，要找到创新发展的新路子，“有胆”就是要不畏艰难，始终保持创业的激情和敢于竞争的精神状态，这是新时代解放思想的要求，是我们选拔人才的标准，也是企业文化的内涵所在。

三、2008 年主要工作安排

（一）实现支行盈利能力的全面提升

支行快速均衡发展和盈利能力的全面提升是打造“盈利水平最高银行”的前提。当前深圳经济正处于存量调整、增量优化、整体跃升的关键时期，并明确了要把福田、罗湖、南山、宝安、光明、龙岗、盐田分别打造成深圳典范城区、成熟经济样板城区、产业结构最优化城区、可持续增长战略支撑城区、绿色新区、可持续增长战略支撑城区、现代化旅游海港城区的规划。可以预见，未来几年深圳市的经济发展和建设仍将有很好的前景，也将有较大的调整，各支行要时刻关注本区经济发展特点和产业结构调整趋势，区域金融资源丰富的支行要抓住经济热点，在结构调整中实现稳健发展，实现各项业务的“百花齐放”。区域经济结构相对单一和有明确定位的，要立足本地特色，以重点业务品种的发展带动支行整体业绩的全面提升。

今年，分行将对所有支行提出阶梯式发展目标：18 级的一级支行，要争取实现利润超 4 亿、中间业务超 1 亿，存贷款超百亿的目标。17 级的支行，要力争实现利润超 3 亿，中间业务超 8000 万，存贷款超 80 亿的目标。16 级的支行，要力争实现利润超 2 亿，中间业务超 6000 万，存贷款超 50 亿的目标。岗位等级为 15 级的支行要争取实现利润向 1 亿靠拢，存贷款力争 30 亿的目标，分行将重奖率先达到目标的支行。

（二）实现个人核心业务市场占比的持续提升

2008 年，个人业务的目标是要实现理财、个贷、信用卡业务的全面领先，进一步提升储蓄存款的市场地位。

1. 进一步提升储蓄业务的市场地位

一是狠抓代发工资业务。做好与公司业务联动，实施重点客户名单制和辖区营销责任制，设立代发工资专项奖金，实现代发工资净增 1 万户目标，争取用两年时间在储蓄业务上赶超中行。二是做大第三方存管业务。做好与机构业务的联动，充分利用券商资源和销售渠道，大力竞争新增第三方存管客户，加强我行存量理财客户营销力度，力争实现第三方存管全年净增 50 万户目标。三是加大主动营销力度。各支行要重点做好存量对公客户的联动，积极开展职场营销，显著提升我行对公客户的个人业务渗透率。个金部要牵头组织专门的直销队伍，做好假日营销和广场营销。一季度，个金部和网点运营部要组织开展核心业务联动营销落实情况的专项检查，及时通报检查结果，不断改进和提升联动营销的效果。

2. 巩固理财销售的市场领先地位

一是力争上半年实现全年销售目标的 70%，关内支行月均销售额要达到 3 亿元，关外支行月均销售额要达到 2 亿元。分行将强势推出“挑战百万梦想，赢取理财金牌”为主题的大型促销活动，制造销售和宣传的攻势，直接促进产品销售。二是加快理财产品创新步伐。研发推出“新股支支打”开放式新股申购理财产品，与利率、汇率、股票等挂钩的结构性理财产品，大力发展账户黄金、外汇买卖、外汇保证金等业务。以新发基金扩大规模，以存续销售打造亮点，以基金定投培育理念，构建收益水平分层、风险度互补、流动性嵌套的理财产品线。

3. 牢牢确立“第一个人信贷银行”的市场地位

按照国家宏观调控政策要求，严格执行监管部门关于个人住房贷款的各项政策规定，规范业务操作，加强合作机构管理和监测，在保证自住房需求真实性的前提下，保持个贷业务的稳健发展，争取实现增量 60 亿元。一是大力发展一手楼业务。全行要加大联动营销力度，逐项监测，确保开发贷款与按揭贷款、楼盘销售总量与按揭数量的“双匹配”。要做好政府主管部门的沟通和关系维护，提高服务质量，确保安居房贷款市场的份额。二是稳健发展二手房业务。以工行房易网为平台，不遗余力推动二手房网上自主交易业务发展，使其成为二手房业务发展的重要渠道。谨慎选择优质大型中介机构，优化业务合作模式，不断提高服务效率。三是加强个贷产品创新。依托 PCM2003 系统，创新多样化的个贷还款方式，提高个贷产品竞争力。四是针对优质客户实行差异化个贷政策，以持续稳定的现金流收入为核心指标，不断增强对优质客户的甄别能力和差别化服务能力，有效满足优质客户的合理需求。

4. 加快信用卡业务同业赶超的步伐

2008 年，信用卡业务的任务是实现新增客户 50 万户，新发卡 100 万张，消费额 70 亿元，中间业务收入 2 亿元，发展特惠商户 700 家。一是全力做大规模。加强核心业务联动营销，继续提高目标客户渗透率。充分发挥直销团队的作用，加快新增市场的发展。拓展高档酒店的外卡收单网络，提高中间业务收入，确保年内实现发卡量、客户数、中间业务收入超越建行的目标。二是加强促销宣传，营造市场热点。和媒体强强联合，尽快推出以“美食榜”、“零售榜”、“时尚榜”为主线的全年促销活动，提升在重要行业的影响力和市场份额，促进启用率、消费额和中间业务收入的同步提高。以积分货币化为抓手，构建持卡人生活消费价值链，做好居易卡、交通卡、乐卡等创新产品的推广，逐步确立产品优势。三是提高售后服务质量。加快推进信用卡业务 IT 系统的建设，力争在三个月内完成信用卡业务申请、审批、调额等业务电子化、自动化工程的建设。

（三）实现公司业务板块的更快发展

2008 年，公司业务的主要经营目标是实现公司存款净增 200 亿元，贷款 170 亿元、国际结算量 540 亿美元，国际贸易融资 60 亿美元。国家将继续加大宏观调控力度，信贷规模管理的要求也将更加严格。全行必须深刻认识到经营形势的变化，合理把握信贷资源的投向，以国内国际贸易融资的大发展来推动优化信贷结构和客户结构。在客户上要始终坚持名单制营销，优先支持大型优质战略客户、优质中小企业客户，要高度关注信贷业务收益以及相关的综合收益，在加快发展的同时，不断优化客户、品种、收益结构，实现公司业务的更快发展。

1. 实现贸易融资业务的更快发展

一是以中行为标杆，加快发展国际贸易融资和国际结算业务。明确重点目标客户的市场份额，开展国际业务大户攻坚战，实施领导挂户制，加强通报和考核，设立大户攻坚专项奖励，争取在重点大户上取得更大的进展。开展本外币账户开户、国内外贸易融资的一体化营销，加大结售汇、付汇理财通、企业增资业务、QDII、国内信用证等产品的联动发展，促进本外币结算量的共同提高。

二是加快发展供应链融资业务。在抓好原有重点客户基础上，扩大核心企业范围，探索与第三方物流合作模式，将客户对象扩展至具有较长时间的贸易从业经验、交易渠道可靠、履约记录良好、物流和现金流稳定的中小企业，扩大客户群，稳步推进低风险贸易融资柜台化办理的试点和推广。在做好供应链融资的基础上，大力营销保理、国内信用证、商品融资业务。

三是加快发展“中小企业上市一路通”业务。以 2 到 3 年内有较大可能上市的中小企业为主要目标市场，认真梳理中小企业发展和上市过程中的各类业务机会，提供从股份制改造、股权托管、股权投资、报表优化贷款、上市财务顾问以及 IPO 收款的全过程安排。建立联动营销机制，发挥支行在客户和业务推介方面的作用，做大客户基础。发挥机构部的优势，提升与券商、登记公司等相关机构的合作层次。举办系列化的论坛、会员制的高层交流座谈以及专业媒体的宣传，加深目标客户群的理解和认识，不断扩大在业内以及整个社会的影响力。

四是加强贸易融资品牌建设。充分利用总行“财智融通”业务平台，将分行核心企业供应链融资、黄金宝等相对成熟的产品整合包装纳入“财智融通”品牌中，开展多形式、多途径、立体化的品牌营销宣传活动，树立我行贸易融资便捷、专业、快速、优质的品牌服务形象，提高中小企业业务的市场影响力和社会美誉度。

2. 提升战略客户和优质项目的市场竞争力

一是提高大型战略客户核心业务市场占比。在去年 8 家融资余额占比第一的良好基础上，实现 16 家战略客户的存款、贷款、结算、电子银行等核心产品同业第一。深入挖掘战略客户的增长潜力，通过综合金融服务满足其多渠道融资、高收益理财以及结算现金管理需求，持续完善首席客户经理制，加强营销团队建设，发挥首席客户经理的牵头营销功能，整合分、支行资源，进一步提升响应能力和服务能力。充分发挥战略客户的核心和辐射作用，以贸易融资业务为突破，加大对上下游企业的渗透和国际业务的发展，以代发工资为突破、加大对信用卡、个人网银、第三方存管、理财业务的渗透。

二是稳健发展地产金融业务。密切关注房地产市场风险和企业资金链状况，客户选择上坚持优中选优，对 30 强优质房地产客户实施分层次、阶梯式客户管理模式，重点支持综合实力强、合作关系基础好的战略客户和四大新城新建项目，适度介入地产百强客户的优质项目以及中心区商用房等新兴市场，实现地产金融的稳健发展。大幅提高保函、信托、担保、投行等相关中间业务收入，努力拓展存款、按揭、银行卡等相关业务。

三是巩固项目金融的领先优势，争取项目贷款累计发放 60 亿元，净增 40 亿元。将 20 户核心客户作为重点，逐户制定项目金融业务的发展计划，落实项目经理营销跟踪、定期汇报、绩效考核机制。加强对支行项目金融业务的营销指导，畅通分支行信息沟通渠道，密切与深圳市级政府合作关系，对市内的优质项目提前了解，提前介入，提前支持。加强分行部门间的联动，突出整体营销优势，积极为客户提供项目融资基础上的信托、短期融资券、发债担保等个性化方案，实现从“项目信贷”向“项目金融”的转变。

3. 以结算与现金管理业务带动公司存款和中间业务增长

在信贷规模严格控制和准备金率不断上调的背景下，今年公司业务的竞争焦点必将转移到存款和中间业务市场。全行要适时调整营销重点，重点做好结算与现金管理业务，以优质的产品和服务实现结算量和结算中间业务收入同业第一的目标。

一是设计多样化的开户套餐，将结算、电子银行、资信业务、账单服务、信息服务等业务包装整合，实施差异化收费标准，为不同客户设计差异化的产品组合，力争实现对公账户四大行增量占比超过30%，夯实存款和结算客户基础。二是推动产品升级、流程优化、信息整合，提高结算产品的实用性，大力推广财智卡产品，推出中小企业及个体工商户电话收付产品，实现结算量、存款和中间业务收入的同步快速发展。三是加强结算与现金管理部、公司业务部、机构部的联动，重点推广银企互联、网银集团账户平台、财智账户以及个性化现金管理产品，尤其是要做好对公法人理财业务，提升结算与现金业务在高端客户的竞争力，提高客户存款沉淀率和结算量。

（四）实现政府机构、银证、银保业务的新突破

1. 确保政府机构、银保业务有新突破

实现政府机构对公存款净增100亿的目标。一是争取政府业务有新突破。发挥我行的系统优势和品牌优势，密切与政府机构的合作关系，开展好市财政存款的营销，抓住区级财政改革契机，力争其它几区的财政代理业务资格，抓住我行作为纳税账户试点行的机会，积极营销纳税专户，争取政府业务有新突破。二是在总行支持下，做好集团账户等基础性服务，提供内保外贷等个性化金融产品，争取在大型保险集团客户业务上取得进展。三是依托资金实力和专业理财优势，为社保客户提供财务顾问和理财服务，满足客户存款保值增值要求，实现社保业务迈上新台阶。四是加大寿险、财险的代理销售，创新推出与资本市场关系密切的银保新产品，实现网上保险销售功能，扩大保险代理规模，提高银保收入。

2. 加强企业年金和托管业务的营销力度

一是以年金基金账户管理拓展为主攻方向，加快推广年金集合计划，形成品牌优势，抢占市场，重点拓展一批大型优质公司、证券公司、基金公司等客户，扩大年金客户和年金基金规模。二是组织并完成总行理财产品债券交易的后台结算和账务登记处理工作，争取实现总行理财产品托管400亿元。三是根据市场形势的发展，积极拓展打新股、固定收益类信托理财产品以及证券公司、基金公司信托理财产品的托管，实现证券、信托类理财产品托管150亿元。

3. 深化同业业务的深层次合作

一是加强与登记结算公司、深交所等重要同业客户合作，始终保持新股发行IPO收款业务的领先地位。提供更加个性化、优质高效的服务，深入开展与优质券商在同业拆借、股票质押、集合理财产品等领域的合作。二是持续优化银证综合服务平台，配合辖内法人券商第三方存管业务的营销，借助“银证快车”等业务平台，提高我分行第三方存管业务影响力，力争第三方存管客户总量位居同业首位。三是以产品创新培育同业发展后劲。加强与同业的深度合作，与优质券商合作研发与股指期货、创业板、新股发行、基金专户理财、PE投资等相关的创新产品，抢占市场先机。

（五）实现新兴中间业务的加速成长

中间业务收入的目标是15亿元，各业务线、各支行要认真研究在新形势下中间业务发展的思路，实现中间业务的新跨越。今年，分行将继续执行07年中间业务的奖励政策，对于理财业务，还将按照15%奖励力度，按照“谁营销、谁受益”的原则兑现到销售人员。

1. 提升资金类业务收入增量市场占比

作为中间业务收入的最重要板块之一，资金类业务对全行中间业务转型和同业赶超有着重要意义。今年国家宏观调控力度更强，人民币升值压力加大，股票市场的波动性将增大，基金等产品销售“井喷”的机会不大，资金类业务的快速发展对分行中间业务收入的增长具有更为重要的作用。

一是加快代客交易类业务的规模化发展。抓住人民币加速升值，企业避险需求增加的有利时机，做大即远期结售汇业务；以外汇保证金交易和黄金交易为重点，打造丰富的个人交易平台，促进个人交易规模化发展。

二是加快代客理财类业务的系列化、规模化发展。丰富法人理财产品资金池，提高理财产品收益率，创新推出中小企业外币集合理财产品、票据理财产品、质押类理财产品、股票受益权投资等法人理财产品，系列化推出结构化理财产品、私人银行客户专属理财等产品，加大包装和宣传推广力度，做大客户规模。

三是加快金融衍生类业务的持续化、多样化发展。把握宏观调控加强、利率和汇率改革加速、股指期货即将推出的时机，加快利率、汇率、信用、商品、债务风险管理等衍生产品的创新和推广，做强金融衍生类业务。

2. 巩固和提升电子银行同业领先地位

一是从开户源头抓起，实施捆绑销售和交叉销售，全面落实对代发工资客户和信用卡客户捆绑个人网上银行，继续对中、高端个人客户赠送U盾，实施企业网银目标客户名录制，快速做大电子银行客户规模，提高网银的渗透率和覆盖率，实现新增个人网银客户50万户，企业网银客户3万户，个人客户网银渗透率超过20%。二是加快提高网银动户率。尽快在所有网点设置网银体验区，配备专职人员，强化客户引导、提高客户体验，培养客户的使用习惯，力争发展一户就启用一户。加快企业网银普及版客户向专业版的升级转化。继续做好网上充值缴费、网上理财、网银代发工资等重点功能的应用推广，不断丰富网银功能，提高产品的好用性，尽快提升网银的动户率。三是持续推进电子渠道业务分流，重点落实好网上基金直销业务的上线和推广工作，提升网银渠道在交易和销售中的业务占比。年内离柜业务占比要提高到65%，基金销售占比提高到80%，网银渠道的信用卡发卡量达到10万张。

3. 依托商业银行优势，实现投行业务的大发展

宏观调控趋紧对商业银行而言挑战大于机遇，对投行业务而言，机遇大于挑战。作为一个信用大行和客户大行，投行业务有很多业务机会，在资源有限的情况下，我们要找准定位，立足于为商业银行业务和客户服务。一是加快推广收益权直接融资模式，积极营销企业短期融资券业务，大力发展企业资产证券化、短期融资券、中小企业集合发债等直接融资业务，缓解信贷规模的压力，支持市场和客户的需求。二是加快培养专业人才队伍，做好客户经理的专业培训，尝试提供更高价值的财务顾问、资信、股权融资等服务，逐步打造成熟的产品和品牌，挖掘更高的商业价值，培养新的中间业务增长点。三是充分发挥工行“信用大行”和“客户大行”的优势，强化以工行为中心，多方合作单位参与的共赢圈，通过客户共享、利益共享实现合作共赢，逐步扩大合作单位的范围，加强和政府相关部门的信息互通，选择部分实力强、经验丰富的风险投资者进行合作，把“上市一路通”打造成深圳市中小企业上市的整合服务平台、上市主要通道。

（六）以客户满意为标准加快打造“服务最佳银行”

外聘咨询公司服务监测结果显示，支行服务考核的平均得分从78分提升到84分，全行的共同努力取得了可喜的成果，福园、南山、布吉等支行进步尤为显著。但也有部分支行的进步不快，个别支行甚至出现了服务水平倒退的现象。我们必须看到分行总体服务水平离客户满意度的要求和同业最先进水平还有很大差距，也必须进一步认识到打造服务最佳银行对分行实现战略目标的重要性，因此服务质量提升不能一蹴而就，也不能一劳永逸，08年我们必须把工作重点从服务标准化逐步转移到追求客户满意上来，向全面赶超招商银行、打造本地“服务最佳银行”的目标迈进。

1. 加大网点改造和自助渠道建设力度

一是加快贵宾理财中心的建设，年内再推出35家左右的贵宾理财中心和2家财富管理中心，尽早达到80%的覆盖率，为提高中高端客户服务水平奠定坚实的基础。二是增加ATM、CDM、电话银行、自助终端的投入，重点在客户资源丰富的大型工业区、核心商业区、成熟居住区设立大型离行式无人银行，打造方便快捷、功能齐全、布局合理、形象统一的自助银行网络，全方位满足潜力客户的金融需求，释放出更多的网点和柜面资源做好中高端客户服务。三是积极和总行沟通协调，加快推进网银在国际结算、小企业信贷、信用卡、理财产品销售、个人客户增值服务等方面的应用，不断提升服务能力。

分销渠道的建设事关分行业务发展全局，各部门和支行要高度重视这项工作，分行相关部门要继续优化网点建设的业务流程，提高效率，加快推进，支行要配合分行做好选址选点。网点装修要适应业务发展的变化，扩大自助区、电子银行体验区的面积，减少现金区的面积，进一步引导业务向自助渠道分流。

2. 以客户满意为目标促进服务水平的全面提升

一是建立客户满意度模型。在咨询公司的协助下，建立适合深圳客户特点的客户满意度模型，将监测的重点从服务的标准化转移到客户满意度上，客观地反映全行服务水平与客户期望的差距。二是以客户满意度为标准持续修订网点运营规范。分行相关部门要根据咨询公司的调研结果，以客户满意为目标，优化业务流程、改善网点环境、调整人员配备，在条件成熟时，修订网点运营管理规范，将客户满意度的要求有效传导到各网点。三是实施网点服务质量提升计划。引入第三方培训机构，以咨询公司的监测结果为起点，以网点运营规范为依据，通过参与班前班后会、服务礼仪培训、日常管理检查等方式，有计划地推进大堂经理素质不断提高，逐级提升各网点服务水平。四是建立环环相扣的服务质量考核管理循环。即咨询公司以客户满意度为目标进行服务质量监测，并找出分行和各网点服务的“短板”，第三方培训机构负责在网点运营部的指导下，根据监测结果，结合网点的特点，有计划地推动网点服务管理水平的升级，并负责评价考核网点大堂经理、大堂服务员、营业主任的工作，其工作效果再通过下一次的咨询公司监测来衡量。网点运营部负责根据咨询公司的监测结果，不断改进和协调分行层面的问题，为全行网点改善服务提供支持，其工作接受咨询公司的评价和考核，通过环环相扣的考核管理机制将服务质量的持续改进真正落到实处。

（七）以创新提升核心业务的市场竞争力

一是做好拳头产品创新。各业务板块要深刻认识到创新对提升核心竞争力和培育新增长点的重要作用。今年，每个重要业务板块都要筹划好本专业的拳头产品创新，以此作为拓展市场、吸引客户和提升品牌的契机。个贷方面推出多样化的个贷还款方式，大力推动二手房网上自主交易业务发展。理财方面要重点创新推出与黄金、外汇、资本市场等挂钩的系列化理财产品。信用卡方面要尽快推出“多商户互惠计划红利卡”。公司业务方面重点推出个性化银企互联平台、高价值的现金管理产品、高收益法人理财产品，丰富“中小企业上市一路通”的服务内涵。电子银行方面要尽快推出网银化的信用证审批、外汇汇款及买卖、结售汇、低风险融资类业务以及推出新一代手机银行。

二是充分发挥业务一线在创新中的作用。把市场部门和一线需求作为创新的第一驱动，鼓励前台人员第一时间反映客户需求、同业策略和创新建议，中后台要认真对待前台提出的需求，在认真分析、充分认证的基础上设计完整的产品、制度，尽快投放市场，形成规模。从今年开始，每个市场部门和一级支行每年至少提出一项创新研究课题。产品部门、科技部门要根据市场部门提出的需求研发推出适合客户需求的产品和服务，更好的支持市场和前台部门营销拓展和市场竞争。

（八）以更好的风险和内控管理迎接外部审计

1. 提高风险管理水平

一是进一步完善全面风险管理架构、工作机制、信息平台以及量化模型，使全面风险管理水平迈上新台阶。要密切关注国家经济周期变化、结构性波动、国家宏观调控政策，尤其要深入研究地产金融的发展态势，积极调整业务结构，防范政策性风险和系统性风险。二是稳步推进内部评级法成果的运用。总行今年全面推行包含客户评级和债项评级的新法人客户评级体系，这对我分行经济资本占用和EVA将产生显著影响。要加强对信贷人员和营销人员的培训，做好新法人客户评级体系的使用和推广，提高我行经济资本计量的敏感度和精确度。三是继续前移贷款质量管理关口，加强信贷作业监督，扩大信贷业务无纸化项目应用范围，提升信贷业务的标准化、规范化和系统化水平。四是按照总行部署，加大不良资产的清收处置力度，确保不良贷款额和不良贷款率继续保持“双下降”。

2. 提高内控和案件防范水平

一是继续推动内控体系建设。深入贯彻落实总行《内控体系建设三年规划》，加强对现有规章制度的整合梳理，对一级支行、二级支行实施全年性、全过程动态评价，开展专业部门、支行网点负责人的任期目标责任审计。二是深入开展重点领域和关键环节的合规性检查和审计，并建立持续改进机制。三是加强操作风险和合规管理。做好操作风险和合规风险的识别、计量和监测分析工作，全面落实总行《业务违规操作积分处理规定》，健全反洗钱工作机制。四是认真部署落实《实施纲要》、党风廉政建设责任制和案件防范责任制，加强案件防范长效机制建设，深入开展理想信念教育和廉洁从业教育，抓好风险隐患的防范和排查，确保全行安全稳定运营。

3. 高质量地配合审计署审计

今年审计署将对我行进行审计，这将是对我行改革成果和管理水平的一次检验，内控合规部要牵头各相关部门全力配合该项工作。一是做好各项准备工作。各部门要认真准备相关材料，保证全面、及时、完整地提供审计需要的资料、数据和文件。二是全面准确汇报，如果在自查中发现问题，要主动汇报，对已经整改的要向审计组说明。三是虚心接受审计。对于审计组提出的问题，要高度重视，虚心接受，认真对待，查找原因。四是及时进行整改。审计的最终目标是发现我行在经营管理、内部控制等方面存在的问题，帮助我行进一步提高经营管理水平，全行要根据审计查找的问题和不足，及时进行改正，确保全行的健康发展。

（九）以财务管理和人力资源管理水平的提升提供好支持保障

1. 完善绩效考核和预算管理体系

一是完善绩效考核。参照总行考核方法，分行今年将以增量市场30%为目标，市场绝对排名升降作为加扣分项，有效传导市场竞争的压力，鼓励支行和市场部门多做增量，提升市场占比。在考核指标中加入“企业客户代发工资渗透率”、“个人代发工资客户信用卡渗透率”等联动指标，促进全行以联动培育整体优势。二是逐步调整财务管理的理念和方法，从今年起探索预算管理机制，对市场部门经营费用和福利费用进行预算管理，根据营业贡献、战略目标、同业竞争以及工作安排等相关情况对市场部门下达预算，在预算内由市场部门按照分行财务管理的相关要求统筹安排使用，以进一步提高工作效率和优化资源投入产出效果。支行层面，首先挑选一到两个支行进行试点，成熟后推广到全部支行。

2. 提升人力资源管理水平

一是修订和健全绩效管理、考勤管理、岗位竞聘管理、任职资格管理等配套政策和管理规定，进一步完善以岗位价值为中心的人力资源管理体系。二是根据市场竞争和战略发展的需要，加大人力资源结构的调整力度，稳步扩大销售人员以及一线员工队伍。高度重视员工培训工作，尤其是要加强国际业务、资金业务、贸易融资业务等新兴业务培训，提高客户经理综合服务的能力。三是开发客户经理、大堂经理、信贷分析员等关键岗位的优秀员工能力素质模型，引导全行员工针对性地提升适岗能力和综合素质。四是配合总行完成企业文化梳理和诊断分析，加强企业文化的宣传，组织企业文化专题培训。做好员工信访工作，领导干部要多下基层，高度重视事关员工切身利益的各项工作，营造感情留人，事业留人，文化留人的氛围，不断增强全行的凝聚力。

覃才广同志在四川省分行大个金业务暨旺季营销工作会议上的讲话

一、要充分认识个金业务在全行经营中的重要地位和作用

我们经常讲有为才能有位。事实上近年来大个金工作已经取得了一些作为。总行、省分行对各专业、各机构的收入结构和营业贡献有专门的分析，其中我行个金业务对全行经营的贡献度不断攀升。根据去年总行统计口径，我行个金专业对全行经营贡献达到了64%以上；按省分行统计口径，今年前三季度大个金PV利润占比达到了54.5%，跟法客不相上下。从资金核算角度分析，个金业务有其它业务无法比拟的优势，如个金业务吸收的储蓄存款主要是上存，利率由总行决定，没有完全反映出市场水平。如果按市场价格来计算这一部分资金，个金的贡献还应该更大一些，占比还应该更高一些。所以我行个金业务有为，应在全行更有位。主要可以从以下方面看。

第一，个金业务是基础业务。无论过去还是现在，存款都是金融机构的主要业务，而个金业务中的存款业务在全行占有很大的比重。截至11月末，全行2587亿元存款中储蓄存款超过了一半，余额达到1304亿元。商业银行如果没有这样大的基础业务，其他业务就不能很好发展。如在银根紧缩时，存款准备金一提再提，全社会资金偏紧，我行贷款的发展就对存款形成了较强的需求，我们的优势也就体现得更明显，相反其他一些银行因为自身存款不足就制约着贷款的发展。所以说，如果基础业务不牢，其他业务就无法延伸和扩展。

第二，个金业务是主营业务。无论是在全行经营贡献度占比、存款占比，还是全行中间业务收入占比，个金业务都占有很大的比重，主营业务优势明显，绝非可有可无。

第三，个金业务是朝阳业务。国际先进大银行中的个人业务在整个贡献度占比已经占到60%、70%甚至80%。个金业务中的中高端个人客户发展潜力很大。随着金融脱媒现象加剧，以及产品的同质化和同业竞争的加剧，个人业务越来越重要。特别是随着个人财富的增加，对私人银行发展才刚刚起步，还有很大的空间。

第四，个人业务是新的利润增长源泉。随着经济金融形势的发展和刺激经济增长措施的出台，银行经营的存贷款利差越来越缩小，必须开辟新的增收渠道。而随着个人财富的增多，金融脱媒现象的加剧，在个人客户中发展创新业务、中间业务和理财业务已成为大趋势，努力在这方面拓展，将为我们带来极大的新的利润空间。

第五，个金业务稳定性极强。它不会大起大落，受市场的波动不会太大。因此，它是全行可持续发展的重要基石。

第六，个金业务为全行创造了岗位，稳定了队伍，也稳定了社会。个金业务为全行创造了利润，同时创造了近万个岗位。大家可以想象，如果没有个金业务，全行70%的人员将可能没有岗位，没有稳定的快速的个金业务发展，大部分员工都将进入社会，这近万人背后是近万个家庭，对社会的冲击就更大。

综上六个方面充分说明，个金业务在我行经营中的地位和作用十分重要。需要各级行行长、各级管理人员充分认识、高度重视，只有充分认识，个金业务才可能有位。也才能使个金工作更加有为，更好更快发展。

二、要充分认识大个金活动在全行业务经营中的重要意义

首先，通过大个金旺季营销活动使全行形成了一盘棋。最大限度地减少了内耗，增强了全行对外营销合力，真正形成举全行之力来办个金业务。过去在对外营销中，经常是多个部门、多个营销人员对一个客户。以法客为例，一个法客在营销贷款和管理的过程中，有贷户由公司业务部牵头负责。但对法人客户中的代发工资、银行卡业务、电子银行业务拓展又分别由另外三个不同的专业去对外营销，后来又增加了结算与现金管理部门去营销现金管理业务。多个部门、多个客户经理对同一个客户进行营销。从内部来讲增加了营销成本、耗费了人力财力；从外部来讲客户不屑、意见很大。所以在大个金的旗帜下，对外营销认识的统一，资源的整合，配置的优化，营销的捆绑均势在必行。必须在大个金的旗帜下形成共识，使全行资源得到整合、配置得到优化、营销形成整体划一、一致对外。

第二，大个金形成了整体合力，竞争力得到增强。通过大个金基本形成了公私兼顾、互为补充的格局，公司与公司中的个人客户均能够得到满足；而个人客户在营销过程当中，通过对某一种业务的营销对其他业务也能够拓展。所以说，一个优质的法客能带来若干优质的个人客户。反过来讲优质的个人客户也可能就是公司老总。通过互相的识别、交叉营销和充分渗透，就可以将法人客户的对公对私业务一并营销、一并拓展，这对于整个客户关系维护都大有好处。

第三，成本得以降低，效率得到提高。多头营销导致了环节增多、流程增长、成本增高、内耗增加，而通过大个金的整合，使环节减少了、成本降低了，整体对外营销的成效提高了。这之中的好处需要各级行行长认真体会、体验。近几年大个金已经尝到很多甜头，特别是省分行的一些专业，在二级分行没有独立的机构，如果没有大个金这样一个平台，就很难展开自身的工作；有了大个金这个平台，所有专业的指标、所有的任务和工作要求都可以统一在大个金旗下全面推进。

三、一定要把中高端客户争大作为大个金工作的出发点和落脚点

首先，中高端客户争大要以稳定和维护现有的中高端客户为前提。个人中高端客户对我行贡献大，做好中高端客户的维护与产品渗透非常重要，稳定现有中高端客户必须作为重中之重来抓，现有中高端客户的维护和稳定要在两个方面落实：一个是客户产品渗透率，另一个是客户经理与之对应服务。市场现有中高端客户数量有限，主要集中在历史较长的大银行，而现在新进入市场的中小银行和外资银行，一开始目标定位就很高，对个人客户要求金融资产100万元以上，有些私人银行客户甚至高到800万元以上。但这些客户不是天上掉下来的，也无法突然暴发，只能从现有成熟市场中去挖掘，目标直接瞄准大银行，而我们工商银行就会成为众矢之的。因此，我们开展中高端客户争大，如果不把重心放在现有中高端客户的维护和稳定上，将会吃大亏。

第二，要以拓展市场中新的中高端客户为重点全面开展市场竞争。仅仅维护和稳定现有的中高端客户还不够，要守更要攻。在整个市场中，我行中高端客户总量在同业中占比不高，在四大行里比较没有优势可言，因此必须去拓展市场中新的中高端客户。现行的市场和行业的变化诞生了很多新的中高端收入人群，这些新成长、新发展起来的群体也将是我们潜在的中高端客户群。因此必须要去抓新的中高端客户，拓展新的中高端客户市场，努力争大。只有新增上使出了重拳，我行原有客户也才能更好地稳定和巩固。

第三，要以提高优质中高端客户的占比为核心不断优化客户结构。现阶段全行个人客户上千万，但中高端客户占比太低。因为低端无效客户太多，过去我们花了很多无用功，干了大量无效低效劳动。为提高工作有效性，在客户关系的维护和拓展过程当中，必须要做大做强中高端客户。一是在量上要做大，二是在产品渗透上做强，在整个市场占比上提高。现阶段，总行及省分行的考核导向，首要考核市场排位，是否同业第一？市场的占比是否提高？中高端客户量和原有客户量的结构是否发生了变化？总的原则就是总量要增加、结构要优化、排位要靠前，这是考核分支行和专业的唯一的尺子。如果仅仅停留在新增加三、五百户，但市场占比不是第一，份额甚至还在下降，那说

明我们工作还有差距，这样不仅不能够受奖还要受罚。

四、一定要把客户经理队伍作为个金业务发展的主力军建设好

随着市场营销加强，客户维护和营销任务要靠专职队伍去落实，这支队伍就是客户经理队伍。省分行已经提出多年，发展到现在，无论法人客户经理，还是个人客户经理队伍都有了庞大的队伍。全行客户经理队伍建设有启动、有加强、有提高，但与市场、客户和上级行的要求相比差距还很大，因此必须进一步加强客户经理队伍建设。

一是客户经理量质要并举。各级行行长要高度重视并抓好客户经理队伍。在量上按照省分行要求配足，配齐后要及时提高其素质，促使其真正履行职责。而现阶段部分行还没有完全重视，在数量和质量上都有很大的差距，“充数”的现象突出，必须尽快改进落实。

二是客户经理一定要到位。要明确并促使客户经理履行职责，让其对号入座，负责对客户营销、对客户关系维护，做产品渗透、做市场拓展。如果客户经理仅做些收集报表、打打电话的事情是不行的，必须走出去营销，把客户请进来，和客户面对面交流，提升对客户关系维护的层次，否则客户经理就没有起到作用。现在一些行在人员配置后，一无目标、二无对象、三无任务、四无考核，客户经理无所事事。客户经理维护客户必须有明确的目标和任务。不同时期、不同阶段要有不同的重点和具体的目标，这样才能使客户关系得到充分维护，客户的需求得以充分满足。

三是对客户经理的考核激励一定要到位。客户经理队伍的素质、精神面貌、战斗力是衡量一个行核心竞争力的重要标志，对客户经理考核激励作用如何直接影响着他们精神面貌的振奋、积极性和战斗力的发挥。这对各级行行长也是考验。既然配备了这样一支队伍，就要通过考核激励机制让其进入市场、冲击市场，与对手竞争，为我服务。

五、要把零售业务批量做作为做大做强个金业务的最佳方法

今年以来的银行卡发卡、代发工资等实践都说明，零售业务批量做是做大做强个金业务的有效途径，在这方面我们已经初尝甜头。各级行行长更要从以下方面进一步做好。一是公私业务要一起做。把法人客户业务和个人客户业务结合在一起做；二是要多种业务一起做。无论组织还是个人，其金融业务需求不会只有一种，会有多种需求，需要多种金融业务一起营销。三是多种需求一起做，对一个客户的多种需求要统一了解，不能把它分散化和专业化，把客户的需求统一拿回来后再在内部分工。四是一个客户一人做。由一个人牵头来推动对这个客户的营销牵头工作，一个客户经理、一个营销团队对外，如有需要再由相关中高层营销紧紧跟上。

关于提高个人贷款产品竞争力的路径思考

中国工商银行云南分行　合杰

一、云南个人贷款市场竞争力对比分析

（一）总体竞争格局

在市场经济条件下，产品市场占有率是衡量竞争力的重要指标，增长速度则是反映竞争趋势和竞争潜力的风向标。2005～2007 年，得益于居民旺盛的消费融资需求，云南地区工、农、中、建等商业银行的个贷业务实现了迅速增长，2008 年受市场影响，增速明显减缓。

表 3－10　　2006～2008 云南四大行个人贷款同业占比　　单位：亿元

行名	2006			2007			2008		
	余额	占比	增速	余额	占比	增速	余额	占比	增速
工行	121.02	26.87	28.35%	145.12	26.3	19.91%	153.68	26.5	5.90%
农行	127.79	28.38	30.42%	165.64	30.02	29.62%	158.31	27.3	－4.43%
中行	52.69	11.7	20.63%	70.29	12.74	33.40%	79.92	13.8	13.7%
建行	148.81	33.05	22.78%	170.7	30.94	14.71%	187.92	32.4	10.09%
合计	450.31	100	26.08%	551.75	100	22.53%	579.83	100	5.09%

注：资料来源于同业数据交换。

从总体市场情况来看，建行产品竞争优势突出，连续保持稳定的增长，余额继续保持同业领先水平，2008 年末

达到187.92亿元，和工行的差距保持在35亿元左右；中行近几年加快了发展步伐，个贷增速远高于工行、建行，连续两年保持了市场增速第一，市场占比不断提升，显示出巨大的竞争后劲。

(二) 四大行主要个人贷款产品竞争力对比分析

目前，各商业银行为适应市场需求和应对同业竞争，不断推出新的个人贷款产品，主要分为个人住房类贷款、个人消费类贷款、经营性质类贷款、银行卡透支消费等几大类。

个人住房类贷款

目前个人住房类贷款市场占总体个人信贷市场的近79.41%，近年市场增长速度较快，是各商业银行竞争的最为重要的领域，商业银行个人住房贷款品种主要有一手住房贷款、二手房贷款、个人商用房贷款、公积金组合贷款，由于该项业务政策性较强，在申请条件、贷款成数、额度、办理手续方面差异较小，工行在二级行层面审批授权额度上高于其他行，在大额住房贷款的审批效率上具有优势。

表3-11　　2006~2008云南四大行个人住房类贷款同业占比　　单位：亿元

行名	2006			2007			2008		
	余额	占比	增速	余额	占比	增速	余额	占比	增速
工行	86.03	25.36	24.2%	104.57	25.07	25.99%	119.90	26.04	14.66%
农行	88.69	26.14	31.16%	111.04	26.63	25.20%	111.22	24.16	0.16%
中行	49.48	14.58	18.13%	62.64	15.02	26.60%	70.82	15.38	13.06%
建行	115.06	33.92	22.94%	138.81	33.28	20.64%	158.48	34.42	14.17
合计	339.26	100	24.55%	417.06	100	22.93%	460.42	100	10.40%

注：资料来源于同业数据交换。

在竞争策略上，建行主要通过明确的重点产品定位、住房开发贷款的投放抢占一手按揭资源，重视二手房中介机构合作渠道建设牢牢占据市场的绝对领先地位，住房贷款市场占比高达34.42%，在其个人贷款总额中的占比也是最高。农行在对重点房地产项目的前期介入和协议签订速度方面具有相对优势；工商银行通过较强的营销组织在纯按揭项目强化竞争，并努力加大住房开发贷款的投放发挥联动效应积极竞争一手房市场，并针对市场实际推出个人自建房贷款积极竞争子市场。

个人消费类贷款

个人消费类贷款是个人贷款市场的重要组成，占总市场的15.33%。各商业银行个人消费类贷款品种个主要有汽车消费贷款、住房装修贷款、其它综合用途（教育、大额耐用品消费、旅游等）。各行综合消费贷款条件基本相同，建行个人消费贷款的用途范围狭窄，仅限于购房、购车、装修等，工行在贷款期限、用途范围广泛性上具有产品优势，这也是其消费贷款市场份额领先的重要原因。

表3-12　　2006~2008云南四大行个人消费类贷款同业占比　　单位：亿元

行名	2006			2007			2008		
	余额	占比	增速	余额	占比	增速	余额	占比	增速
工行	-	-	-	29.41	30.24	-	29.45	33.14	0.14%
农行	-	-	-	31.2	32.08	-	22.1	24.87	-29.17%
中行	-	-	-	7.66	7.88	-	9.10	10.24	18.80%
建行	-	-	-	28.99	29.8	-	28.22	31.75	-2.66%
合计	-	-	-	97.26	100	-	88.87	100	-8.63%

注：资料来源于同业数据交换。

个人消费贷款是商业银行个人贷款产品服务创新最为活跃的子市场。一些中小型商业银行推出的个人循环贷款品种，如招行的房地产抵押循环贷款、质押循环贷款，信用循环贷款对竞争稳定个人中高端客户具有强大的产品吸引力。

个人经营类贷款

个人经营类贷款是为满足个人经营目的发放的贷款，是近年开发的新兴市场。由于云南私营经济发展水平落后，产品推出时间不长、条件限制严格，目前市场总量较小，2008年末四大行市场总额仅为31.49亿。农行推出较早，发展较快，市场占比接近79.38%。工行初期增长迅猛，竞争优势明显，2008年因采取收缩性的产品策略，特别是在个人经营贷款100万元的审批额度上远低于其他行，农行单笔最高额度可到1000万元，建行额度是500万元，担保方式上建行可采用保证、抵押等方式，工行仅限于抵押方式，产品竞争优势大幅缩水。

银行卡消费透支及分期付款业务

随着银行卡发规模的扩大和居民用卡习惯的培养，消费透支这项发展较早的产品借助免息期、分期付款等服务创新，焕发出巨大的活力。2008年上半年，云南工、农、建三行银行卡透支余额比2007年末增长近90%；工行一直牢牢占据市场领先地位，2008年末透支及分期付款合计余额达到6.64亿元，增长15倍，竞争优势突出。

各行传统的银行卡透支业务几乎没有差异，新兴的透支消费分期付款业务产品各有特色。本文选取了国内分期付款业务具有相对优势的招行和具有可比性的建行进行比较分析。从对比项目分析来看，招行在手续费率方面具有相对优势；建行在手续费收取方式上优于他行；工行在办理金额起点、受理渠道、消费用途等方面更胜一筹，在手续费率方面，与建行具有比较优势。综合对比，工行银行卡分期付款业务产品优势较强。

表3-13　　银行卡分期付款业务对比

项目	工行	建行	招行
金额起点	600元	1000元	1500元
消费用途	一般商品消费交易，无任何商家、商品限制	消费交易，不包含房地产销售、汽车销售、纳税、公共事业收费、黄金交易买卖等	招行指定的特约商场或商家
基本手续费率	9个月以内，月费率为0	3个月，月费率0.7%	不同特约商场或商家收取的手续费不同，一般为商品总价1.5%~2.5%的手续费
	12个月，月费率0.34%	6个月，月费率0.6%	
	18、24个月，月费率0.37%	12个月月费率0.6%	
手续费收取方式	缴付首期款时一次性收取	平均在每期收取	一次性收取

注：资料来源于各银行官方网站。

分析小结：

1. 从具体个贷品种来看，建行的个人住房贷款仍占据竞争绝对领先地位，余额、占比远远高于工行；工行的竞争优势主要体现在个人综合消费贷款、个人经营贷款等其他个贷领域，工行的综合消费、个人经营两项贷款均占据市场领先地位；工行的信用卡消费透支发展较为迅速，余额、占比均为同业领先，优势明显。

2. 从产品设计和种类来看，四大行中，工行最具产品优势，特别是在个人综合消费贷款、信用卡透支消费及分期付款业务更胜一筹，但和中小型股份制商业银行相比，产品设计创新仍显不足。相对而言，中行、农行在个人贷款产品创新上步伐较慢。建行的产品创新重点更多集中于住房贷款市场领域。

3. 从产品创新和产品策略来看，个人贷款产品服务创新依然是商业银行抢占市场先机，提升产品竞争力的有力武器，产品创新要突出“快”和“新”。商业银行个人贷款新产品容易被同业模仿，具有较强的同质性，产品策略对于获得产品竞争的主动性尤为重要。商业银行同类产品本身竞争差异更多体现在政策执行尺度、担保抵押限制、贷款条件限定、服务效率和渠道、价格优势（利率）等细节方面。

（三）工行与建行个人贷款业务运行模式的对比分析

组织架构　工行实行的主要是“分离型”组织模式，其特点是个人贷款营销、审批、贷后管理、不良贷款管理职责分别由独立的四个平行的部门负责，前、中、后台相对分离、相互制约；同时，住房开发贷款与个人住房贷款营销部门分离。该模式的优点是有利于提供专业化、规范化的服务和管理，实现集约化经营；有利于相互制约，强化风险控制。难点是部门协调多，业务效率低，难于形成统一高效的集中性竞争力。建行采用的是相对“集中式”组织模式，其特点是在一级行设立独立的住房及消费信贷部，负责全省个人贷款及住房开发贷款的营销管理职能，二级行及县支行设立对口的个贷中心，负责个贷产品的营销，又承担贷后管理的责任，审批、风险监控则集中于中台管理部门，基层网点负责向个贷中心推荐合作机构、项目和客户。该模式的优点是节约人力资源和降低管理成本，提高效率；有利于风险控制与业务发展的协调管理；有利于实现公私业务信贷产品的联动营销，增强住房信贷市场的竞争力。难点是权力制约、风险制约控制。

产品研发　工行和建行产品的研发和产品战略的制定均由总行层面负责，各分行根据区域的具体情况，贯彻落实总行的产品战略和政策，组织搭建个贷业务的管理运行框架模式。

业务联动　工行主要通过建立捆绑考核机制促进开发贷款和个人按揭联动营销；建行的住房开发贷款和个人消费贷款实行同一部门管理，信息渠道直观，联动性强，协调环节少，明显具有“协调成本低，工作效率高，封闭运行效果好”的特点。

渠道建设　物理网点方面，建行网点机构比工行少40多家，布局相对较工行合理，网点人员结构、服务形象、大堂经理引导效果明显优于工行，相比之下，工行网点机构数量多，但网点服务优势弱化、联动效能不足，网点个人贷款营销动能不足。电子化渠道方面，工行具有优势，目前可以通过网上银行申请存单质押贷款并可自助还款；但一些商业银行如招商银行创新步伐较快，目前除推出自助质押贷款外，还推出个人循环贷款上网随借随还、消费易等电子化服务创新，颇具竞争力。

合作机构　建行在合作机构渠道建设中，采取积极、灵活、多样化的政策，费用投入充足，通过合作机构获得较多的客户资源。工行社会合作渠道封闭获取方式相对狭窄，主要原因是手段不足、投入不够。

风险管理　不良贷款余额和不良贷款率、贷款损失率是反映商业银行贷款风险管理水平的重要指标。在四大行中，建行、工行风险管理具有相对优势，持续保持较为稳定的水平。

在运行管理模式上，工行和建行各有特色，各有优劣势。要充分发挥产品设计创新的竞争优势，关键在于如何构建有效的机制来扬长避短，形成高效、统一的营销、管理平台。零售业务是渠道为王、服务制胜。创新服务渠道，建设服务渠道、拓展服务渠道，是提升个人贷款产品竞争力的重要课题。

二、影响个人贷款产品竞争力的主要因素

通过上述对比分析，个人贷款产品竞争力是一个系统的组织过程，不但取决于产品设计本身，还涉及产品和服务创新、发展战略定位、运行管理水平、市场拓展能力、信息科技、人力资源等多方面的因素作用，只有将各种因素有机地结合起来，才能不断提升产品核心竞争力，获得持久的竞争优势。

（一）产品服务创新

创新是商业银行竞争力的重要源泉，产品的创新是促进个人贷款业务快速发展的重要因素。当前金融市场已发展成为典型的买方市场，市场需求多样化要求商业银行必须以客户需求为导向，不断创新金融产品和服务，只有抢先市场和竞争对手推出适应市场需求的新产品，才能确立产品竞争优势。另一方面，产品服务创新与市场可以形成良性互动，商业银行要主动深入了解客户、帮助客户识别金融需求，前瞻性地开掘、发现、培育市场需求，开发相应的金融产品，做市场的引导者。

（二）运行管理模式

在产品同质化的背景下，提高产品的市场占有率，有赖于合理高效的组织架构和业务流程，有赖于多样化的营销渠道，有赖于为顾客提供快捷、满意的综合性、差异化、个性化金融服务的能力。

（三）人力资源保障

人是银行最重要的资源。以人为本是科学发展的核心。无论是产品的研发创新还是产品的营销运行管理，都离不开人的因素。是否拥有数量充足、年龄结构合理、充满活力的员工队伍，以及员工的整体素质与知识技能结构，是决定产品竞争优势的重要因素。

（四）风险管理能力

风险管理能力是金融企业赖以生存的必备能力，也是取得并保持持续竞争优势的能力，不断提升风险管理水平的能力是提升商业银行核心竞争力的基石。

（五）信息科技支撑

信息科技能够保障商业银行具备先进的客户需求分析能力、领先的产品研发和服务方案设计等方面的能力，是提升产品竞争力的关键要素。

三、提升我行个人贷款产品竞争力的路径

（一）明确产品创新的方向

当代金融产品创新应包括标准化的规范服务和个性化的差别化服务两个方面。针对前者，要充分发挥工行的科技优势，努力提高客户服务自助化水平，针对后者，要制定和实施差异化产品服务策略。当前个贷产品的开发重点是以下几个方面：

一是产品自助循环创新。开发最高额循环额度贷款，一次性办理抵质押或信用授信，在总额度审批授信后，客户可通过网上银行等自助渠道随借随还，循环使用额度，既方便客户，又达到一次营销、长期稳定优质客户、提高客户忠诚度、综合贡献度的良好效果。

二是产品功能融合创新。针对中高端客户，打通信用卡透支消费额度、信用消费贷款间的通道，客户可以自行决定以透支抑或信用消费贷款的方式使用额度，并提供自助服务、自动转化的功能。在个人综合消费贷款用途方面，增加购房、购车用途，扩大我行个人综合消费贷款用途广泛的产品优势。

三是产品差异化的创新。一方面，要按照差别化服务的原则，研究理财金客户专属、财富客户专属的高端个贷产品，另一方面，要根据实际情况推出具有地域特色的个贷产品。

四是新兴领域产品创新。不断适应消费市场的需求变化，适时创新，形成完整、丰富的产品体系，以增强客户的忠诚度。

五是个贷增值服务创新。重点在还款方式、存贷通、银行卡透支、业务办理渠道增加捆绑附加值，打造同业比较优势。

（二）完善产品创新管理体系

一是强化三级联动，增强市场应变能力。市场的现实需求才是金融创新的根本要素，产品创新的源泉来自于不同类型客户的实际需求。要组建个贷产品三级（总行、一级分行、二级分行）创新团队，总行主要职责为产品研发和政策制定，在产品设计时留有适当的地方特色化空间。一级分行重点在汇集、剖析客户需求的合理性和需求的有效性，为总行提供产品创新需求，并创新具有地域化和特色化的产品。二级分行重点在收集、反馈客户的实际需求，积极营销业务推广新产品，提高产品综合市场竞争力。

二是强化市场调研，完善产品创新管理。实行产品经理制，加强产品管理相关部门及前后台的协调配合，形成产品信息收集、产品开发、产品整合、产品销售及日常维护等职能的联动机制，增强对市场需求反应的敏感度。建立完善的客户数据系统，根据市场需求，为客户提供高度细分化、个性化、定制化的创新金融产品和金融服务方式。产品创新要做到“快捷、精细、便捷、安全”。

三是建立激励机制，强化产品创新意识。通过产品创新激励，发动员工根据客户需求，提高官大员工的创新意识和创新主观能动性，鼓励积极提供业务创新思路，开发新产品。建立创新业务考核长效机制，检验创新产品的市场竞争力，及时指导产品创新策略的调整。

（三）完善个人贷款服务体系

商业银行作为货币和资本这一特殊商品的经营主体，其业务产品具有较强的同质性和易模仿性，个人信贷产品创造价值的多少，不但取决于产品的设计，更取决于服务的构成及附加服务的质量。银行产品还具有业务服务寓于

经营行为的特性，产品竞争力要以服务的创新作保障。

一是要增强客户关系管理。实行全方位客户满意度管理和全方位服务质量管理。要重点提升产品销售和售后服务水平，形成产品和服务的质量优势，提高竞争力，以在激烈的市场竞争中确立领先优势。这是商业银行获取持续竞争优势的可靠保证。

二是要实行差别化服务。把个人贷款客户纳入到我行个人客户统一视图管理的体系，把中高端个贷客户纳入到客户结构的调整的考核中，配备客户经理做好维护和服务。

三是要提升业务培训质量。提高个贷业务人员的素质。按照竞争的需要改进信贷人员培训，对不同层次人员实行分层次培训，对重点人才进行分类强化培训，努力造就一支数量充足、质量优良、结构合理并具有竞争优势的个人信贷人才队伍。

四是优化信贷业务操作流程。达到操作简便，风险可控，要加快电子化服务渠道创新，为客户提供便捷的服务。

五是要改进考评和分配体系。调动广大员工的工作积极性和创造性，发挥服务积极性。

（四）构建高效的运行管理模式

按照最有利于客户价值的营销运行流程进行组织架构整合，建立“客户中心型”业务营销流程，做到有效适应市场需求，使顾客能够获得完整和迅速的服务，实现科学的联动经营，提高竞争力。要通过整合内部资源，形成功能完整、交流通畅和运行高效的业务流程，达到操作简便，风险可控。加大个人信贷标准化营销项目实施推广，进一步理顺营销部门与管理部门的关系，建立灵敏的市场反应机制、有效的质量控制体系、先进的风险和成本控制能力。要通过广泛、多样的营销渠道和交叉销售，为顾客提供快捷、满意的综合化金融服务，从而尽快构建能有效发挥产品优势的业务运作平台。

（五）大力实施品牌战略

21 世纪营销管理的核心问题就是品牌管理，品牌是金融的软实力，已经成为一个现代金融企业最具竞争力的资产，是否拥有自己的强势品牌是衡量一个企业是否拥有核心竞争力的基本标准。清晰、准确、完整的产品品牌形象，可以让消费者更感性地认识品牌、了解品牌，降低购买的风险，进而有效地提高产品的市场占有率。塑造品牌形象不是一朝一夕的事，而是一个不断升华、提高的过程。要实现产品品牌的持续创新，丰富品牌形象的内涵，瞄准市场发展方向，不断向原有的品牌注入新的生命和活力，使老品牌拥有新发明，并依靠科技进步和技术创新，逐步完善和提高产品质量，不断提高品牌的美誉度。大力运用现代化的营销形式和手段，不断提高品牌的知名度，挖掘、丰富品牌的文化内涵，不断提高品牌的社会形象和在消费者中的信任度。创建品牌必须进行有效营销和新闻媒体传播，以扩大品牌的影响。产品一经自主开发，应当多角度、多渠道、多形式的整合立体传播，提高品牌传播效果。通过实施品牌策略，形成银行品牌化和特色化的产品系列及具有自身特色的差别化、个性化、综合化的金融服务体系。

（六）提高信息科技水平

计算机和网络技术的迅猛发展，为银行经营管理模式带来深层次变革，技术进步是现代商业银行获得长远发展的持久动力，也是核心竞争力的集中体现。科技创只是一种手段，而不是目的，它的价值是通过最大限度地满足客户的需求来实现的。因此，科技创新工作要以市场为导向，以最大限度满足客户需求为目标。当前提升个人贷款产品竞争力，科技支持的重点是要加快个人贷款管理系统的优化再造，提升业务处理和管理能力；要借助我行强大的科技优势，提升客户需求分析能力和产品研发能力；要发挥科技力量，加强客户关系维护管理能力。

（七）构建科学的风险防控体系

强大的市场营销能力是个人贷款业务持续发展的动力，有效地风险防控能力是个人贷款产品竞争力的重要体现。构建科学有效的风险防控体系，是提高个人贷款核心竞争力的重要环节。首先要树立科学、健康的风险观，既要防止不顾自身的风险管理能力，片面追求扩张盲目，也要避免追求局部和暂时的低风险，甚至零风险，导致优质客户流失，市场份额下降，丧失发展机遇。其次要建立科学的个人贷款风险管理模式。个人客户数量众多，依靠规模经济来保证收益，客户需求差异性大，个性特征明显，风险分散，与公司贷款客户有巨大差异，因此，要依据其业务风险特点来科学的构建个人贷款的风险管理模式，要逐步改变用公司贷款风险管理模式管理个人贷款的传统做法，建立以合理的流程设计和数学模型为工具、流程化的科学的个人贷款风险防控体系。

（二）中国农业银行省市区分行个人金融论坛

适应新形势　全力推进网点转型　促进个人业务持续协调快速发展

——陈英顺同志在2008年北京分行个人业务工作会议上的讲话

一、认清形势，明确方向，加快发展

2008年是备受各界瞩目的一年。首先，十七大确定的创造条件让更多群众拥有财产性收入等举措会产生多元化的金融需求，给我行发展带来新的发展机遇；今年国家采取稳健的财政政策和从紧的货币政策，对银行业传统的利润来源产生了极大的影响，迫使银行业加速零售业务、中间业务的发展。其次，随着中国经济的高速增长，个人财富快速增加，国内中产阶层正在日益壮大，2007年约为3500万户，预计2016年将增至1亿户；个人投资渠道不断丰富，消费者对金融产品的需求愈加旺盛。特别是北京具有更加丰厚的客户资源，据北京市税务局统计，2007年年收入12万元以上的纳税人达到34万人，增幅达到34%，位居全国第一；据北京市统计局统计，城镇居民可支配收入达到21989元，比上年同期增长13.9%，扣除物价因素，实际增长11.2%；居民储蓄达到9155亿元，常住人口达到1633万人，人均储蓄5.6万元，根据抽样数据推测，北京储蓄存款超过20万元的人口超过100万人，超过100万元的客户超过10万人。北京除了高端客户数量很大以外，客户来源业务存在着高度的多样化的特点，包括国内首富、企业高管、中小企业主、事业单位干部、国家公务员、文艺界人士、海归/外籍港台人士、外地或外商投资者等。北京是一个多元化的个人金融市场，为我行业务的发展提供了市场机遇。第三，同业竞争日趋激烈，2005年其他国有银行股改结束后，均加快了网点建设速度，全面实施网点转型，加大零售业务的考核力度，使业务发展速度得到迅猛提升，促使我行必须加快经营战略转型。第四，2008年北京奥运会的召开，国内外运动员、官员、媒体、工作人员以及观众将云集北京，给我行的金融服务及个人业务的发展带来更多的机遇与挑战。

面对难得的市场发展机遇和白炽化的市场竞争形势，全行上下要增加危机意识、机遇意识和责任意识，积极推进经营战略转型，提高我行个人业务竞争能力。

今年全行个人业务的总体思路是：全面贯彻落实“大个金”经营思路，以理财业务为纽带，以奥运金融服务为契机，以业务创新为助力，以激励机制为手段，以全面内控管理为保障，加快零售业务转型步伐，不断提高综合服务水平和综合营销能力，优化客户结构，促进个人资产、负债、中间业务的全面发展，从而实现个人业务持续、协调、快速发展。

二、明确目标，多策并举，确保2008年个人业务工作任务圆满完成

随着宏观经济调控的不断深入，个人资产的高速膨胀，各商业银行经营战略转型的快速推进，个人金融业务竞争形势将更加严峻。分行党委高度重视个人业务的发展，加大了个人业务的考核力度，我们必须克服畏难情绪，进一步将各项工作精细化，在努力扩大传统储蓄市场份额的基础上，继续以理财业务发展为重点，强化公私业务联动营销，从根本上推进包括客户、产品、服务渠道及收入在内的结构整合创新，提高网点销售能力，争取在较短的时期内，促使全行个人业务迈上新台阶。

（一）进一步统一思想，提高认识，以网点转型为基础，大力推进全行经营战略转型

全行上下要认清形势，找准业务发展定位，在传统业务发展和盈利空间有限的情况下，必须要在中间业务发展及创新产品上加大投入，认真分析新的盈利点及本行实际特点，明确支行及营业网点的经营重点，积极向集约化、规范化、效益化和特色化的经营模式上转变。今年，分行将全力推进网点转型工作，主要包括三个方面：一是执行以客户需求为动线的服务营销流程，二是实现柜面劳动组合优化和柜面业务流程优化，三是执行全新的支行和网点绩效考核办法。通过服务营销流程优化，确定网点各岗位职责和工作内容，规范业务操作或过程管理，指导网点负责人提高管理水平和能力，提高网点综合营销能力；通过柜面劳动组合优化和柜面业务流程优化，提高业务处理效率，将后台人员充实到一线做客户服务和营销工作，解决网点人员紧缺的问题；通过绩效考核改革，打破传统的效益工资分配制度，任务落实到人，考核落实到位，按岗定责，按效取酬，在目前人员较少的情况下充分调动所有员工的工作热情和营销积极性。通过以上三个方面的工作，最终实现网点销售能力和经营业绩的大幅提高。

（二）切实落实个人业务条线的队伍建设工作，提高综合竞争能力

一是要落实个人金融业务队伍建设，提高从业人员服

务营销水平。各行要按照《支行个人金融业务部岗位设置指导意见》文件要求，于5月底前充实个人金融业务部人员，分行在6月份对主管行长及个人业务从业人员进行任职资格考试，凡达不到要求的人员将不能从事个人业务的经营与管理。

二是加强服务营销团队建设，提高各级行综合运营能力。首先要提高大堂经理的稳定性，同时通过培训、座谈、评先等多种方式提高大堂经理的业务素质和履职能力；其次要加快个人客户经理队伍建设，为客户分层服务提供人员保障，要将已取得 AFP、CFP 证书的人员于 5 月底前充实到个人客户经理岗位，分行将聘请外部专业人士对个人客户经理进行培训与指导。

三是加强个人贵宾客户的分层分类管理与维护，提高客户的满意度和服务营销效果。随着财富管理中心和理财中心的建设，随着个人客户经理、理财经理和专家支持团队的建设，2008 年分行将针对贵宾客户的等级分步实施分层分类管理与维护。分行财富管理中心作为顶级高端客户的管理与维护部门，为支行提供客户管理维护支持，不参与客户所属支行的利益分成。支行个人业务部要负责所辖网点贵宾客户的管理与维护工作，要指派个人客户经理配合对公客户经理对其提供个人金融服务。

（三）促进储蓄与理财业务的协调发展，全面提高个人金融产品综合营销能力

各行要理顺储蓄存款和理财业务发展的关系，把理财产品销售作为强化银客关系的有效手段，促进资金的内部循环。要做好第三方存管、基金有效 TA 户的营销工作，争取客户股票账户和基金账户资金回流到储蓄账户。通过大力发展基金销售业务，努力打造我行中间业务新的利润增长点；通过本利丰、汇利丰、基金宝、“传世之宝”的营销，打造“金钥匙”理财品牌，为客户提供多元化、全方位的投资产品，提升市场认知度和客户忠诚度。各级行、各级从业人员要开动脑筋，采取有效措施，全力推进金钥匙理财产品的销售工作。

一是大力发展基金代销业务，力争完成基金销售收入计划。分行将继续加大与基金公司的合作，针对客户的特点，积极尝试推出基金套餐服务，提升基金服务附加值，对高端客户提供专户基金理财服务；做好投资者教育活动和后续跟踪服务，分行每月举办“金钥匙理财大讲堂”活动，加强与客户的沟通，加强对投资者的教育，让客户理性面对资本市场的调整，坚定投资者的信心；要强化考核力度，并及时将营销奖励政策落实到位，提高网点一线人员营销积极性。

二是加大银行理财产品市场拓展，开展多渠道、针对性销售。今年以来总行加快了理财产品的发行频率，同时我行前期理财产品取得了较好的收益，对今年理财产品销售形成了好的开端。各支行要广拓客户资源，积极营销，特别是针对目前理财产品销售对象包括个人客户和机构客户，各行要积极向对公客户营销，以填补对公理财产品的不足。在销售过程中，要严格履行告知义务，防范销售风险。要切实落实营销奖励政策，及时到位。

三是加快黄金业务的推广工作。今年上半年，分行将选择部分支行开展试点工作，理清管理架构，规范操作管理，完善操作流程；下半年在试点的基础上在全行逐步推广。

（四）以奥运金融服务为契机，全面提升网点服务管理和服务水平

2008 年北京奥运会是全世界的体育盛会，是我行扩大市场影响、提升品牌知名度的重要契机，同时也给我行的金融服务提出了更高的要求，因此分行党委高度重视奥运金融服务工作，将今年确定为我行的“金融服务年”，并专题召开了“迎奥运文明规范服务活动”启动会。各行要以此为契机，全面提升网点金融服务水平，展示农业银行良好形象。大家要充分认识到服务与银行经营效益和生存发展的关系，不能为抓服务而抓，而是要意识到，客户资源是银行的利润之源，更是银行的立行之本；而高质量的、特性化的服务是商业银行的核心竞争力。

一是分行相关部门、各行、各营业网点要切实落实奥运金融服务的有关工作要求，根据分行统一安排和部署，做好网点美化、亮化工程及人员培训工作，开展实战应急演练，认真做好各项准备工作。特别是在奥运期间，各级行要加强网点巡查，保证报告渠道畅通，及时发现及解决问题。

二是理顺网点建设与管理，加快网点建设速度，提高网点管理水平。根据总行《关于网点管理职能调整的通知》要求，为建立“统筹规划、通力协作、职责清晰、运作高效”的网点管理工作机制，分行成立“网点管理与转型工作领导小组”，由行长任组长。领导小组负责网点规划布局及功能转型中重大事项的决策、协调、组织和推动工作，负责对营业网点窗口服务质量的检查督导和评价工作。领导小组办公室设在分行个人业务部。取消原“中国农业银行北京市分行营业现场及窗口服务检查评价小组”。各支行要按照分行模式成立“网点管理与转型工作领导小组”，由支行行长任组长。各行可根据自身情况确定领导小组办公室设置部门，明确专人负责，由相关部门为成员单位，并明确成员单位职责。

三是建立科学的服务质量管理体系，提高网点服务管理工作。为了能够提高分行及支行的服务管理水平，分行拟聘请专业咨询公司对营业网点开展客户满意度评价，通过支行间、同业间比较，查找服务差距，提出改进措施，强化营业网点服务的专业化管理；并将客户满意度综合评价结果作为支行领导班子考核的依据之一。

（五）抓住个人信贷业务新的发展机遇，提高其对全行战略转型的贡献度

一是做好个人信贷业务归口调整工作。根据总行个人信贷业务归口调整要求，结合我行实际，分行成立“个人信贷业务部”，作为二级部挂靠个人业务部，对全行个人信贷业务实行统一管理、协调发展，将个人住房按揭贷款业务划归个人信贷业务部。二是要进一步梳理和完善个人信贷业务的制度体系，建立与业务发展相适应的业务流程。分行将对个人住房按揭贷款业务相关政策、制度、办法进行梳理，制定《个人住房按揭贷款操作手册》，为业务人员提供参考；同时分行将根据支行提出的问题积极协助解决，理顺操作流程，提高业务处理效率。三是建立个人信贷业务全面风险管理体系，切实加强贷后管理工作。四是加强个人信贷业务的联动营销，不断完善个人信贷业务的产品结构，促进个人信贷业务可持续发展。五是要加快个人住房按揭不良贷款的清收。各行一方面要积极采取有力措施控制不良贷款的出现，另一方面要组织人力，加大清收力度。

（六）强化个人业务内控管理，防范经营风险

各行要在总结2007年内控工作的基础上，进一步加强内控工作管理，切实履行第二道防线的作用。一是各支行必须要提高对内控工作的认识，5月底前将自律监管专岗配备到位，以满足业务发展、管理与风险控制的需要。二是分行将进一步加强对支行自律监管的督导力度，采取自律监管检查、专项业务检查及非现场监测等方式，及时发现并消灭风险隐患。同时，要强化风险提示与培训，提高从业人员的风险防范意识。要组织梳理、完善规章制度，按业务品种制定《个人业务产品操作指南》，指导规范前台操作，降低风险发生的概率；并制定《个人业务自律监管指导手册》，指导支行规范开展自律监管工作。各行要细化、落实2008年个人业务自律监管计划，规范档案管理，强化操作风险控制；同时要切实做好历次检查问题的整改工作，对屡查屡犯的问题，分行将按照审计处罚条例进行严肃处理。三是今年将针对基金、个人质押贷款、个人理财等暴露出的操作风险进行重点检查。分行已下发文件对个人理财业务操作进行了规范，各行要组织相关人员进行延伸培训，要注意在快速发展的同时，进一步规范业务操作。四是分行已加强了对支行业务风险的揭示工作，支行要同样做好对网点的检查监测，及时提示存在的风险隐患。分行将加大对业务操作风险的评估，对不同业务品种进行风险点描述，提出内控优化措施，达到降低风险等级的目的。

深入推进零售转型　巩固提升工作成效
促进零售业务又好又快发展

——江武成同志在广西分行零售业务转型工作现场推进会上的讲话

一、全区农行零售业务转型工作取得阶段性成效

全面推进零售业务转型，是广西分行党委为适应新形势而作出的一项重大工作部署。从今年年初，区分行召开全区农行零售业务转型动员视频会议以来，推行零售业务转型已将近半年，从总体上看，各级行能认真贯彻执行区分行关于进一步加快零售业务发展的统一部署，整体有序的推进转型工作，取得了阶段性成效。

（一）零售先导，统一思想认识

广西分行实施优先发展零售业务的战略部署，在今年1月份，区分行召开的转型动员会和全区农行年初工作会议上，对全行推进转型工作进行全面部署。4月份，区分行又召开了全区农行零售业务转型视频工作会议，成立了以李庆萍行长任组长的“零售业务转型工作领导小组”，我和相关处室多次到各二级分行了解转型情况、分析问题，推动零售业务转型。各级行也通过召开推进会、周例会等形式推进本行的零售业务转型。

（二）精心规划，统一推进日程

在总结试点经验的基础上，区分行专门制定了《关于加快零售业务发展的指导意见》，并出台了《零售业务转型领导小组工作规则》、《零售业务产品联动营销方案》等15个配套办法来细化转型的各项措施。各二级分行能够按照区分行的统一部署，制定了本行的零售业务转型实施方案及工作时间进度表，配套办法也已基本完善。

（三）建立机制，及时掌握进度

区分行成立了7个督导小组分片开展现场督导，及时为各级行解决转型中遇到的困难和问题，有力地推进了转型工作。同时开辟了“零售业务转型之窗”，上传资料信息50多份，同时开展“零售业务转型每月之星”评比活动，设立了14个营销之星项目评选。

（四）强化考核，发挥激励作用

一是制定了《2008年零售业务转型工作考评办法》，转型考评得分按20%的比例折算后，分别计入各二级分行及领导班子年度业务综合考评中。二是出台《2008年营业网点零售业务产品计价管理办法》，直接拿出3300万效益工资对零售重点产品进行专项计价奖励，三是出台《营业网点星级管理办法》，制定星级划分标准，分别设定人均业务量、安全风险控制和规范化服务等8项指标，按年进行考核评定，根据营业网点所获星级不同分别确定营业网点星级奖励费用及员工星级奖励工资。

（五）打造师资，提高队伍素质

从各级行挑选了33名师资人员集中脱产培训，组建了一支零售业务转型师资队伍。上半年，各级行共开展员工培训545场，3897人通过了总行组织的金融理财从业资格考试，举办了60人的金融理财师（AFP）培训班，为我行建立了一支具有较强营销意识和理财技能的理财师队伍。

（六）疏通渠道，完善销售体系

1. 疏通“网点渠道”。一是重新定位营业网点职能，推行“对公业务上收、零售业务下沉”的经营管理模式。截至6月30日，全辖305个城区网点全面推行“上收下沉”的经营模式，有12个二级分行在辖内的199个县域网点试点推行。二是下达全年网点装修改造计划78个，共完成县域网点维修改造项目220个，目前，全区共有57个网点设置了非现金区，159个网点设立了自助服务区，153个网点设立了独立贵宾服务区，574个网点开设了贵宾窗口，网点形象明显得到改善。

2. 疏通“电子渠道”。加大网点自助设备的投入，截至6月30日，全行ATM、CRS、自助终端达1549台，比转型前增加了268台；共设置291个网银演示区。同时大力营销网上银行、电话银行、转账电话等电子产品，扩大用户规模，减轻柜面的业务压力，使网点有更多的时间开展产品营销，为客户提供更优质的服务。

3. 疏通“人员渠道”。通过竞聘选拔、提高待遇等方式鼓励员工主动担任大堂经理及专职个人客户经理，逐步提高营销人员的占比。截至6月30日，全行配备大堂经理共570人，比转型前增加274人，配备专职个人客户经理409人，比转型前增加99人。

（七）赢在大堂，提高服务效率

1. 实施“赢在大堂”策略。重新定义网点角色，构建网点主任、个人客户经理和大堂经理“三位一体”的营销体系。网点主任逐步以对外营销为主向现场营销为主转变；专职个人客户经理负责每天运用个人优质客户管理系统拓展与维护优质客户；大堂经理100%在岗，负责迎送客户，指引客户办理业务，关注客户需求，发现销售机会，处理客户投诉，维护营业现场秩序。通过网点工作人员的协调配合，网点主动销售量、自助设备使用率得到明显提高。

2. 实行弹性工作制及开设非现金柜台。根据不同时段客流量的变化，实行弹性排班，高峰期增加柜组、低谷期减少柜组；实施非现金业务与现金业务分离，目前河池分行营业室、梧州龙山支行等12个网点试行了非现金区业务。

3. 加强业务分流。各级行通过大堂经理引导、阶段性由机关派员担任大堂经理助手、营销折转卡、停止代收低效业务、倡导内部员工使用网银等措施来提高业务分流率，6月份全行业务分流率达41.7%，比1季度提高了5.8个百分点。

（八）营销至上，完善推介模式

1. 推广应用个人优质客户管理系统，试运行金钥匙理财专家支持系统，各网点对星级客户由高向低进行指派，制定客户回访计划，与贵宾客户建立“一对一”的营销维护模式。截至6月30日，个人优质客户管理系统在全行网点的推广应用率达100%。

2. 完善营销机制。通过整合全行营销力量，开展上下级行、公私部门及前后台之间的联动营销，例如防城港、梧州分行实施“五个一”捆绑营销，即发放一笔个人贷款，要同时营销一张银行卡、一份保险、一户短信通、一户个人网银等零售业务产品，贷款客户职业、收入相对稳定的，可同时营销基金定投及贷记卡。

3. 大力推广“产品推介会”营销模式。上半年，全行共举办了288场个人金融产品推介会，其中联合全国十家著名基金公司举办了103场“投资理财进县域”活动，把投资理财知识送到县域。参加人次达1.65万人，现场营销银行卡1.9万张，网银2.3万户，基金1.36亿元，保险1.45亿元。

（九）规范服务，提升社会形象

一是制定营业网点工作人员行为与服务规范，推广使用文明用语，开展微笑服务，实施“清洁工程”。二是实施网点规范服务挂点责任制和督导工作制，出台了《营业网点规范化服务“神秘人”检查办法》，截至6月30日，共有745个网点建立规范化服务挂点责任制，已建立38个规范化服务示范网点，南宁市航洋支行、梧州大塘支行荣获广西银行业文明规范服务示范单位称号。全部二级分行都建立了督导工作制，按季度组织规范化服务检查并以文件形式通报检查结果。从检查的情况看，网点服务环境、服务水平比转型前有了明显的提高。

（十）成效显著，促进业务发展

随着零售业务转型工作的不断推进，各项零售业务成效凸显。截至6月30日，人民币储蓄存款余额为852.04亿元，比年初增加83.69亿元，个人优质客户占比为3.44%，保险代理手续费收入3950.81万元，借记卡和贷记卡分别比年初增加111.32万张、8.11万张，特约商户比年初增加1201家，卡业务收入达15948.25万元；企业网银注册客户和个人网银注册客户分别比年初增加2392户、119327户，实现电子银行业务收入1074.5万元，为全面完成全年各项目标任务奠定了坚实基础。

在肯定成绩的同时，我们也要清醒地看到转型工作中存在的突出问题：一是各行用于研究、推动转型的精力、财力、人力投入不足，有的行领导、部门领导至今没有掌握零售业务转型的要义；二是转型工作处于“形似”阶段，只是形成了雏形，搭建了架子，完成了硬件上的启动，深层次的内涵没有触及，距离“神似”仍有很大的差距；三是零售业务队伍素质尚未能适应业务转型需要，特别是网点主任、大堂经理及专职个人客户经理还没有能按要求履行好职责；四是部分网点营业面积小、无法实现功能分区，改造难度相当大；五是自助设备仍然偏少，部分设备严重老化，故障率较高，快速排除故障机制未建立，修复时间较长，较大地影响自助设备使用效率；六是业务分流率的监测工作较难，以上级行下传的数据为主，营业网点无法监测到每日业务分流情况；七是业务流程方面存在的问题凸显，特别是影响柜面效率的业务流程亟待梳理、简化。

二、当前我行零售业务转型面临的形势分析

广西分行实施零售业务转型优先发展的战略部署，走

在全国农行的前列，得到了总行的肯定。在全区农行2008年中工作会上，区分行党委对上半年零售业务转型工作取得的成效也有较高的评价。但是我们要看到，在发展零售业务方面，不少同业已走在前面，我们必须正确把握总行经营战略转型的要求，研究同业，加快推进零售业务转型的步伐。

（一）总行层面非常坚定的实施经营战略转型

在全国农行2008年年初工作会议、第1季度业务经营分析会上，项行长都强调了发展零售银行业务的重大战略意义。在几天前召开的全国农行年中工作会议上，总行把加快推进业务经营转型和实施精细化管理作为会议的主要内容，将以项目化的方式，按业务条线，分前中后台，逐项推进业务经营转型和相关领域的精细化管理，并提出，从下半年开始，把网点转型作为零售业务经营转型的一项重点项目来抓。

（二）同业零售业务转型取得重要进展，我行面临空前的竞争压力

招商银行成功地打造零售银行品牌，在行业内独树一帜，股改后的工、建、中行纷纷加大向零售银行转型力度，都在打造零售板块，加强条线控制和资源配置，业务经营重心不断向零售业务转移。建行实行双线核算与资费双线配置；工行推广二级分行个人金融部与支行共同对网点零售业务和个人客户经理实行管理和考核；中行零售业务板块参与对分行主管副行长的绩效考核；浦发、中信等股份制银行及外资银行的入桂，北部湾银行等区域性银行的成立，邮储、农信社发力抢占县域市场，零售市场成为各家银行群雄逐鹿的目标。

（三）财富管理成为各家银行争夺个人高端客户的手段

随着社会经济的快速发展及居民个人财富的不断增加，居民金融投资理念不断成熟，理财意识不断增强，必然产生更多的金融服务需求，个人金融需求呈现多元化、个性化和高层次的发展趋势，面向零售客户的财富管理是近年来回报丰厚、增长迅速的金融服务领域，各家银行通过推出财富管理中心，为客户提供更全面的增值服务，满足客户多元化的需求，抢占了争夺个人高端客户的绝对优势。

三、下一阶段转型工作计划

区分行已对全区农行推进零售业务转型工作做了总体安排，各行要继续按照实施方案及配套办法抓好落实，进一步深化和拓展转型工作，使转型由“形似”向“神似”转变，有效促进零售业务的发展，达到出业绩、出成果。对下一阶段工作安排，我再强调以下几点：

（一）进一步加强组织领导

转型工作关系到我行零售业务的可持续发展，各级行要按照零售业务转型的总体要求，从思想上高度重视转型工作，单纯的抓业务、追求短期成效是舍本逐末的做法，要建立长效机制必须通过抓转型来促进零售业务的发展。各级行“一把手”及分管行长要投入更多的时间去研究、推动零售业务转型，要加大工作力度，制定各项工作的办结时间，按时召开转型工作例会，掌握转型进度，对工作薄弱环节要制定有效的工作措施，跟上全区进度。各级行领导要加强对基层行的指导，要经常到网点调查了解情况，指导网点如何开展转型工作，对网点提出的难点问题加以分析、解决。

（二）进一步落实“赢在大堂”措施

1. 提高营销队伍素质。调整营销队伍结构，尽快对无法胜任岗位职责的营销人员进行调整，通过“赛马”的方式，将业务熟悉、责任心强、有亲和力、营销意识和应变能力强的业务骨干补充到营销队伍中。进一步强化培训，根据区分行统一的培训教材，各行要制定本行各类人员的培训计划，并按计划开展培训，特别要重点培训营销人员如何开展工作，着力提高营销队伍的整体素质。

2. 深化“赢在大堂”策略。大堂经理要发挥“阵地枢纽”作用，通过询问客户的业务需求，从中发现营销机会，推荐给专职个人客户经理；网点主任作为网点的首席客户经理，负责网点个人客户关系管理，制定客户拜访计划，拓展与维系个人优质客户，每天要利用50%时间实施现场管理，现场推介、营销零售产品；专职个人客户经理每天要利用PCRM系统查询客户资料，对新分管客户发送信息，表明身份和服务意愿，按时发送产品信息和节日问候。针对不同客户群体研究制定理财建议，关注客户已购买的产品，营销理财产品要注意研究走向，做好风险提示。柜员要成为“阵地营销”的有效补充，在办理柜台业务时要捕捉客户的购买意向，将有购买潜力的客户推荐给专职个人客户经理。通过大堂经理、网点主任、专职个人客户经理及柜员的协调配合，实现柜台内外的有机互动。

3. 加强电子渠道的营销。加大折转卡营销力度，各行要对持折人数进行统计，逐步减少持折人数，每天在柜台用存折办业务的数量必须呈下降趋势。要清理占用柜台资源较多的转账客户名单，进行网银营销并落实营销责任制，对营销任务完成差的网点要问责专职个人客户经理及网点主任。必须采取有效措施，不断提高业务分流率，发挥电子渠道不占用柜台资源的优势。

（三）进一步推进网点转型

1. 加快网点建设。各行要遵循“量力而行、分步实施、规范化装修”的原则，抓紧完成全年78个网点装修改造计划。同时要加快财富管理中心和金钥匙理财中心的建设，规范建设标准、优化资源配置、统一服务对象及管理制度，打造贵宾服务平台，增强综合理财服务功能，为贵宾客户建立一套比较完整的服务体系。

2. 重新对网点进行分类，划分为综合型网点和零售型网点，综合型网点以二级分行、支行营业室为主，既要拓展对公业务又要发展零售业务，考核兼顾对公指标和零售指标；零售型网点以发展零售业务为主，以考核零售指标为主。逐步将零售型网点的对公业务划转到综合型网点进行拓展与维系，由综合型网点设置对公大客户区，实现对公结算业务的集约化经营。

3. 加强自助服务区的改造。各行要加强网点自助服务区的改造，对需要进行自助服务区改造的项目制定改造计划，于8月15日之前上报区分行。自助服务区要有独立的室内空间，配备充足的自助设备，独立门禁系统，营业时间与大堂相通，白天有利于大堂经理引导，夜间可独立营业，能够提供24小时自助服务。

（四）进一步深化精细化管理

1. 继续推行规范化服务、“清洁工程”和“神秘人”检查制度，大力推广微笑服务、普及使用文明用语，规范网点物品摆放，统一宣传资料架、公告牌、业务指引牌、业务收费标准等设施的摆放位置，要不断地进行尝试，统一规范网点填单样式、填单桌、橱窗广告灯箱、自助设备上的标识、流程图等方面的设计。

2. 实施“柜面提速工程”，优化业务操作流程。梳理业务流程，查找因操作流程造成的客户等候时间长的问题，采取改变客户填单模式，减少资料填写，简化业务开户手续，优化系统授权控制，分离现金清点、凭证整理模式等流程优化，将原先部分在柜面操作的工作交由后台员工在内厅完成，进一步缩短柜面业务处理时间，提高服务效率。

3. 加强个人高端客户的拓展与维系。研究市场、细分客户，改变“广种薄收”客户开发现状，各行要制定个人高端客户的拓展计划，将任务分解落实到网点、营销人员，拓展计划必须要量化并与营销人员的绩效挂钩。在对客户的维系上，采用了金字塔式发展策略，处于金字塔塔尖的个人优质客户，由专业理财师服务团队为其提供个人理财、投资建议、法律咨询等专属服务。

4. 继续完善客户信息库，开展深度营销。鼓励团队营销，积极推进内部团队协作营销模式，明确柜员、大堂经理、客户经理等各岗位人员的职责和分工，柜员、大堂经理主要是发现目标客户，推介给客户经理和网点主任，具体的营销工作由客户经理和网点主任跟进完成，按贡献大小理顺产品计价收入。要不断地更新完善客户信息库，深入挖掘潜在客户的需求，识别最有可能购买产品的目标客户，在产品促销、热销期间，邀请目标客户，组织开展多层次小规模客户推荐会，实施集中营销，提高营销成效。

（五）进一步强化转型考评

强化零售转型工作考核，明确零售转型考评中各指标的季度任务，按季通报考评结果。开展网点星级评定，今年在营业部、来宾分行试运行营业网点星级管理办法。继续开展零售业务转型之星评选活动，相关部门要按照《关于开展零售业务转型之星评选活动的通知》要求，按月进行评选，及时在“零售业务转型之窗”上公布评选结果。

四、当前要抓好的几项工作

上半年我行主要零售业务得到快速增长，特别是保险代理业务，很多行提前完成年度计划，但要清楚地看到相当一部分零售业务指标在同业市场中处于落后状况，差距在不断扩大，各级行要切实采取措施，加大营销力度，确保完成全年工作任务。

（一）有效促进个人业务快速增长

1. 扭转基金营销大幅度回落势头。上半年我行基金销售收入仅完成全年计划的41.97%，基金开数户仅完成全年计划的19.54%，与同业相比，我行代销基金市场份额位于同业第3位。基金营销是我行当前的工作难点，也是个人业务工作的重中之重，要顺应市场变化，同时要树立全面完成任务的必胜信心。以风险较低的债券型、货币型基金和风险分散的基金定期定额业务作为营销重点，股票型基金营销要以大客户为目标。开展多种形式的基金定期定额投资竞赛，做大规模，以基金定期定额带动基金开户数的增长。区分行已明确将债券型、货币型基金也纳入计价范畴，各行要充分利用政策抓好营销，同时对基金开户给予一定的奖励，充分调动营销人员的积极性。各级行要将基金销售计划层层分解到个人、公司、机构等前台业务部门，任务要落实到网点、营销人员，充分利用我行网点和人员优势，加强内部营销，积极开展全员营销，充分发挥“1+N”带动效应。区分行计划每月召开一次基金销售现场推动会，通报销售情况，推广经验和做法，加强对各行销售进度的监控和督导。各行也要定期对销售进度缓慢、任务完成率较低的行或营业网点进行有效督促，力争完成全年的基金销售计划。

2. 继续加大个贷营销投放力度。上半年我行个人住房贷款完成总行下达增量任务的61%，非住房个贷仅完成总行下达增量任务36%，各行必须增强紧迫感，进一步加大个贷营销投放力度，各行对个贷投放将不受到贷款规模的限制。

一是重点营销我行项目贷款楼盘按揭业务。对我行房地产开发贷款支持的项目，由于营销管理不到位而造成按揭贷款流失的，要追究相关人员责任。同时，也要采取措施营销非我行项目贷款楼盘按揭业务，多渠道营销投放个人住房贷款、商用房贷款。对于获准开办存贷双赢房贷理财业务的行，务必加大市场宣传，全力推进个人房地产贷款业务的市场营销，争取完成个人住房贷款20个亿的增量目标。

二是有针对性营销个人生产经营贷款。当前非住房个贷增量任务进度十分缓慢，各级行要紧紧围绕目标客户开展针对性营销，对当地个人客户资源进行分类排队，重点推介个人生产经营贷款，以县级支行为单位选择20户以上经营大户为重点营销目标，力争第3季度完成全年投放任务。

三是加大不良贷款清收力度。当前，不良贷款反弹压力较大，各行要持续开展清收攻坚活动，坚决遏制个人不良贷款上升势头。对2003年以来发放形成的个人不良贷款，要以经营行为单位建立清收台账，落实责任人，期限清收，确保实现不良“双降”。对今年新形成的不良贷款，区分行将逐月及时下发清单，监控清收进度。当前宏观调控对预防假按揭的压力很大，而对过去假按揭楼盘的清理也没有取得进展，必须采取足够硬的措施，落实人员成立专门工作组开展假按揭的清理催收。

3. 抓好储蓄稳存增存工作。把握资本市场调整的机会，争取客户资金回流储蓄账户；利用存贷双赢房贷理财业务抓好个人优质客户的拓展，以个人优质客户为目标，理顺储蓄和理财业务发展的关系，把理财产品销售作为强化客户关系的有效手段，促进资金行内循环；极力抢挖县域市场，重点挖掘县域个人优质客户，发挥银行卡、网银、转账电话、汇兑结算等优势，提高农村市场的个人优质客户占比；层层落实帮扶指导政策，尽快消灭储蓄负增长网点。

4. 加强奥运金融服务工作。按照总行、区分行加强奥运金融服务工作视频会要求，及区分行下发的《关于做好加强奥运金融服务工作的通知》（农银桂办发［2008］719号）要求，做好奥运期间各项准备工作，各行要尽快组织开展自查，区分行将于近期组织开展抽查，务必确保各项服务设施、服务环境整改到位，确保安全运行，不出差错。

（二）顺势而为做强保险代理业务

1. 着力抓好产险业务的营销，确保1.2亿元年度保费目标的完成。为助推产险业务的发展，鼓励各行完成和超额完成目标计划，区分行将对完成产险年度力争目标的二级分行给予价值1万元培训指标奖励；对于超额完成任务的二级分行，另按超额比例再加奖。

2. 强力推动寿险业务的发展。一是要全力推进寿险业务转型。各级行一定要充分利用好区分行下发的《关于与中国人寿、太保人寿、新华人寿开展2008年下半年营销活动的通知》中的激励政策，全力推进寿险期缴业务的发展。下半年营销的期缴保费要达到下半年新增寿险保费的10%。二是在全力推动寿险转型的同时，决不能放松趸缴业务。当前，建行、工行在全国范围内展开了抢夺保险市场的反扑，总量已超过农行，全国农行在四大商业银行中排名已跌至第3，形势相当严峻，如果我们止步不前，满足于现状，差距将会扩大。因此，各行要警惕骄傲情绪，不要满足于现有的市场份额，要以更饱满的激情，迎接更高的挑战，确保广西同业原有的领先地位。年末，当地市场份额第一且达成力争目标的二级分行，区分行将以力争目标为基数，保费等于力争目标的部分按0.1‰给予培训费奖励，超过力争目标的部分按0.3‰给予培训费奖励。三是进一步加大低产网点的改造力度，确保低产网点改造目标的顺利实现。

3. 在确保考核目标完成的基础上，力争多超手续费收入指标。为鼓励各行多超，区分行将以考核计划为基数，给予培训费奖励，各行在完成考核计划的基础上，每超5个百分点奖励培训费2000元。

4. 加强《保险代理从业人员资格证书》的持证考试培训工作。各级行一定要充分重视持证考试工作，务必采取措施，确保每一个营业网点至少有2人持证。区分行将对达到要求的行给予培训费奖励，年末达到2人/网点的二级分行奖1万元培训费。

（三）大力发展银行卡业务

1. 全面推进公务卡发卡工作。合力推动我行19家中央预算单位公务卡发卡工作，跟进公务卡制度推进步伐，快速响应各市财政局在地方公务卡制度推行上的需求，加大市场营销力度，深入在区级预算单位中营销推广我行公务卡，着力抢夺市级预算单位公务卡发卡主动权。

2. 着力抓好惠农卡发卡工作。及时将惠农卡发卡任务及时分解下达，重点建立惠农卡目标项目信息库，落实营销责任机构和责任人，以项目推动惠农卡的批量发卡；加强对辖内惠农卡营销推广的策划、组织和实施，开展“进部门、进企业、进村屯”营销活动，全方位拓展区内的种植、养殖农户，深入推进惠农卡发卡工作；在县域和农村地区，针对性发展特定商户及投放POS机具，为惠农卡持卡人创造良好刷卡环境。

3. 大力拓展优质高效商户。总行已调整了银行卡收入的分配方式，调减了发卡行的收入占比，调增了收单行的收入与分配比例，因此，各行必须高度重视收单市场即特约商户的拓展与维护。要以华润万家钦州店MIS卡支付系统的运行为模式，区分行营业部、柳州、桂林、梧州、玉林、贵港等行要锁定当地1家以上大型商户，抓好大型商户的拓展，实行立项营销，尽快签订合作协议，及时投产上线商业MIS卡支付系统；简化业务开办流程，加快装机速度，完善收单业务的系统管理，对收单业务的交易监控、数据统计、分析、考核等工作实现智能化管理，并实现网上银行的商户对账功能；收单业务统一由二级分行卡中心运作，内设专业服务团队，配齐人、才、物资源，为商户提供营销、维护、清算等专业化服务。

4. 切实采取措施增加银行卡业务收入。通过扩张发卡总量，增加卡年费收入；通过加大特约商户拓展力度，增加商户数量，同时，参与区银联组织开展的刷卡消费促销活动，调动广大持卡人刷卡消费积极性，拉动消费额快速增长，促进消费及收单收入增加；通过开展银行卡迎奥运优质服务活动，增加自助设备等改善支付环境，促进银行卡现金及转账交易手续费收入的增加。

（四）着力打造电子银行服务渠道

今年以来我行电子银行业务虽然得到较快发展，但和同业相比有较大的差距。到今年6月底，工商银行个人网银注册客户1377835户（含非证书客户），比年初增加约40万户，而我行仅288491户（不含非证书客户），仅比年初增加11.9万户。因此各行要清楚地认识到我行电子银行业务在同业市场中的落后现状和差距扩大化的趋势，切不能满足于任务指标的完成，要树立加倍完成任务的决心和信心，切实加大市场营销工作力度，抢占电子银行业务市场份额。主要抓好以下几项工作：一是要有效推进对行业性、系统性客户的深度营销，特别是我行已与多家保险公司联合下文，在保险公司员工中推广使用农行电子银行产品，各行要认真抓好落实；二是要继续抓好我行A级以上法人信贷客户、按揭贷款客户及个人VIP客户电子银行业务的拓展，促进其注册开通我行网上银行、电话银行、手机银行和转账电话，并有效引导其使用我行电子银行办理交易，提高电子银行业务动户率；三是切实抓好电话银行营销活动的开展。区分行已下达活动安排，各行务必按照文件要求抓好落实，确保今年电话银行注册任务的完成；四是切实抓好转账电话的投放，力争超额完成今年投放2500台的任务，各二级分行领导要亲自体验转账电话的功能，提高其对组织存款、分流柜台业务重要性的认识，切实采取有效措施大力投放，抢占市场；五是要积极开展电子银行业务宣传和员工培训，区分行将于近期在区级媒体投放电子银行宣传广告，各二级分行也要作相应的宣传推广，区分行电子银行部将在8月底前巡回到各二级分行，对二级分行所在地客户经理进行培训，各二级分行要予以配合，并做好所辖支行的培训工作；六是切实加强自助设备的管理，做好2008年度新增设备的布放准备工作，确保设备及时安装使用，要落实各级行自助设备管理人员，落实自助设备故障快速响应和排除机制，切实提高自助设备正常运行率。

紧抓战略机遇 强化核心竞争力建设 加快经营转型 推进个人业务又好又快发展

——杨明尚同志在贵州分行2008年个人业务工作会议上的讲话

一、近两年工作的总体回顾

近两年来，按照总行党委的有关部署和要求，我行确立了个人业务优先发展战略，将个人业务加快发展纳入“一把手”工程，深入落实科学发展观，突出发展重点，强化风险管理，努力提高个人业务对全行利润的贡献度，使个人业务各项工作迈上新台阶，为全行提高综合竞争力，转变业务增长方式，积极推进股份制改革等各项工作做出了积极的贡献。

（一）个人存款、个人贷款、基金销售等核心业务取得了较快发展

一是个人存款稳步增长。2006、2007年全行本外币个人存款余额分别增加27.51亿元、29.52亿元，增量市场（四行，下同）占比分别为26.11%和58.79%。到2007年末，个人存款余额达304.95亿元，首次突破300亿元大关，当年增量在全国农行排名第19名，西部12家省级农行排名第6名。截至今年6月末，我行个人存款余额347.62亿元，较年初增加42.67亿元，同比多增16.32亿元，一改往年第二季度个人存款大幅下滑的局面，提前一个月完成全行上半年40亿元的目标任务，完成总行下达全年计划（25亿元）的170.68%，增量市场（四行）占有率为31.28%，居第二。这是全省各级行共同抗击年初我省遭遇50年不遇的凝冻灾害，克服种种困难，全方位改进服务，使“大行德广 伴您成长”理念深入人心的情况下取得的。在对公存款增长乏力的情况下，个人存款的持续增长为全行业务经营提供了稳定的资金来源；二是个贷业务在强化风险管理的基础上实现恢复性增长。经过多年努力，我行个人信贷业务专项治理取得显著成效，有效发展的框架已基本形成。2006、2007年，全行个人贷款（含个人购房贷款）余额分别为减少2.44亿元和增加7.03亿元，扭转了近几年个贷持续大幅下滑势头。个人贷款不良率趋于下降，尤其是新发放贷款资产质量有了明显提高。三是个人中间业务发展较快，基金、国债销售收入不断提升。两年累计代理销售基金37.22亿元，实现基金销售收入5703万元，全辖421个营业网点全部开办基金代销业务。累计代理销售凭证式国债4.6亿元，实现发行手续费收入394.66万元。

（二）调整经营战略，加大个人业务营销模式转型力度

一是营销方式从“小个金”向“大个金”转变。根据总行统一部署，连续三年成功组织了“伴你成长 金钥匙春天行动”个人业务综合营销活动；2007年我行以“个人业务营销年”活动为主线，通过四个季度主题鲜明的业务营销活动，进一步提升了我行金钥匙品牌价值，较好地推动了个人业务发展。二是营销策略实现从“经营产品”向“经营客户”转变，逐步建立金钥匙贵宾客户管理制度。实施以客户细分为基础的分层营销、综合营销，促进个人资产、负债、中间业务的协调、有效发展。三是个人业务队伍素质、专业化服务水平逐年提高。2006年以来累计举办了1000多人次的个人业务综合培训、新产品培训、营销技能培训和金融理财师培训，截至2008年5月，全行有65人获得了国内金融理财师（AFP）资格，3人获得了国际金融理财师（CFP）资格，全辖专兼职个人业务营销经理达600多人、网点专兼职大堂经理70多人，为个人优质客户的精细化管理、维护和有效拓展提供了有力支持。

（三）强化真实性检查，不断提高个人业务风险管理水平

一是联合相关前台部门和产品部门初步整合了个人金融产品的操作制度和规程，重新修订了个人生产经营贷款、个人综合消费贷款实施细则，提高了个人业务流程管理和风险控制水平。二是在深入分析业务发展、经营、操作过程中风险点的基础上，制定年度自律监管计划，连续两年组织开展了个人业务自律监管现场检查，重点检查合规性和真实性，及时纠正各种违规操作行为，有效防范了业务经营风险。三是继续贯彻落实分类管理、梯度推进的个人贷款发展模式，根据区域、产品、客户进行分类指导，通过年度授权管理和业务指引，推进了业务的精细化管理。四是进一步规范在线监测工作，制定了个人信贷业务在线监测操作办法，明确业务风险点及处理程序，加强了对重点行、重点业务、重点客户的监控，对监测中发现的问题以整改通知的形式及时督促整改。五是强化贷后管理，积极做好原有“私贷公用”贷款债权债务落实工作，加大不良贷款的清收力度。

（四）积极推进营业网点服务规范化管理和功能分区改造试点，为网点转型工作积累了一定的经验

一是制定了《中国农业银行贵州省分行网点营业现场及窗口服务管理实施细则》和《中国农业银行贵州省分行星级柜员评价管理实施细则》，进一步细化营业网点现场及窗口规范化服务。二是制定了营业网点功能升级改造方案，在贵阳市中南支行组织了网点功能分区改造试点，初步实施功能分区、人员分工、业务分流、服务分层，探索营业网点由交易结算中心向营销服务中心转变的有效途径。三是学习省外兄弟行网点转型工作先进经验。2008 年 3 月，省分行组织了工作组赴浙江、福建等分行实地考察学习，为我行网点转型工作的组织、规划和具体实施提供了可贵经验。

二、当前面临的形势和工作任务

全国和全省经济持续稳定增长为我行个人金融业务发展提供坚实的客户基础和广阔的需求空间。城镇居民消费习惯正逐渐由生存型、数量型消费向发展型、质量型消费转变，个人金融需求呈现多元化、个性化、专业化趋势。随着居民个人财富的不断增加和金融意识不断增强，个人金融需求总量不断扩大，需求层次急剧分化，居民日益增加的理财需求、消费信贷、财富管理需求等为银行的个人金融服务和产品营销提出了更高的要求。利率市场化、人民币汇率形成机制的变化、资本市场的深化发展和金融创新相关办法的出台，为商业银行加快个人金融创新提供了制度环境。个人金融业务无论在深度还是广度上都在不断拓展，伴随国民经济的稳步发展和个人（家庭）收入的快速增长，个人业务展现出巨大的发展潜力，激烈的同业竞争和紧张推进的股份制改革同时也对我行个人金融业务的发展提出了更高的要求。

今明两年，全行个人业务工作的指导思想是：以科学发展观为指导，抓住农行股改的战略机遇，按照建设最大零售银行的要求，结合我行实际，加大网点转型、流程再造和机制创新力度，不断提高个人业务综合营销能力和服务水平，切实增强培育高净值个人客户市场的能力和竞争力，努力提高个人存款、个人贷款、个人优质客户、理财产品销售等核心业务的市场占比，为推进零售业务经营战略转型奠定基础。

最近，省分行已制定印发《中国农业银行贵州省分行2008 ~ 2012 年个人业务经营转型规划》（简称《转型规划》），各级行要紧紧围绕《转型规划》扎扎实实做好今明两年的工作，为全面实现《转型规划》总目标奠定基础。根据《转型规划》，今明两年全行个人业务发展目标是：

1. 客户发展目标——统一全行个人客户标准，客户结构不断优化，到 2009 年末全行个人贵宾总数达 19000 户。

2. 个人业务综合发展目标——个人金融综合资产（包括储蓄存款、基金、国债、理财产品销售等）年增量保持同业前二位。其中，人民币个人存款年增量力争四大行第一；个人存款余额 3 年 ~ 5 年跃居同业第一。各年基金销售市场份额居同业前二名；本外币各项理财产品销售稳步上升。个人贷款与全行各项贷款占比达到 10% 以上，其中 2008 年个贷余额净增 8 亿元以上，2009 年净增 10 亿元以上。

3. 网点建设目标——以功能升级及视觉形象规范化、标准化建设为切入点，加快推进网点转型工作，2008 年完成 20 个（其中理财中心 10 个），2009 年完成 50 个骨干网点；所有网点均推广应用个人优质客户管理系统（PCRM），所有理财中心推广应用财富管理专家支持系统（CFE）。

4. 队伍建设目标——到 2009 年末，全辖配备专兼职个人客户经理（含大堂经理、营销经理、理财经理）数量达到 700 人，其中获得 AFP、CFP 资格的金融理财师达到 150 人；综合骨干网点营销人员配置比例达到 40% 以上，基础网点营销人员配置比例达到 25% 以上。

围绕上述目标，要积极推进我行个人业务经营战略转型工作实现四个“转变”。

一是由以账户管理为中心向以客户管理为中心转变。要把客户的金融服务需求和价值创造作为全行各项工作的重心，从产品设计到服务流程都要以增加客户资产价值、提高客户满意度为重要标准，增强客户对农行的依存和忠诚度。

二是由传统的服务手段向现代化的服务手段转变。通过网点功能提升和业务流程再造，增强对中高端客户的维护和拓展能力；不断拓宽营销服务渠道，充分发挥自助设备和电子银行的服务功能，提高营销效率。

三是由单一产品营销向多产品综合营销转变。深入分析了解客户潜在需求和市场变化趋势，改变过去“单打一”的传统营销模式，通过改进服务、创新产品，提供多种产品组合营销满足客户的不同需求。在细分客户的基础上完善分层服务体系，以个人理财业务为纽带拉动个人业务各种产品的综合营销，提高中高端客户对我行的综合贡献度。继续完善“金钥匙春天行动”活动形式，真正建立个人业务与法人客户部门的联动营销机制。

四是由单一的依靠利差收入向多元化盈利模式转变。要把日益激烈的竞争作为推进我行业务转型和优化收入结构的强大动力，大力发展个人中间业务，在巩固传统收费服务项目的基础上，不断拓宽新的服务品种，提升收费服务水平，并以此作为我行打造核心竞争力的重点。

三、认真落实各项工作措施，大力推进业务经营战略转型

（一）做好网点转型工作，全面提升营销服务功能

1. 高度重视，加强领导，精心组织。实现全行网点由传统的交易结算型向营销服务型转变，是我行业务经营战略转型和可持续发展的基础。各行要牢固树立大局意识，把网点转型作为当前的重要任务来抓，以网点转型推动业务经营转型。按照《中国农业银行贵州省分行 2008 ~ 2012 年网点转型实施方案》，坚持“统一组织领导、统一规划管理、统一功能设计、统一建设标准、统一设备配置、统一检查验收”原则，以调整优化布局、实施分区改造，推进网点硬件转型；以再造业务流程、规范服务行为，推进网点软件转型。借助强大的科技平台实现客户识别、业务

分流，并与电子化渠道、自助设备渠道构成互相支持、互为补充的多渠道个人金融服务体系。从而改变过去单一的面对面服务模式，将不同的现代化服务手段整合在一起，根据客户的需求提供最适合的金融服务，最大限度地提高网点服务半径、服务效率和客户满意度，达到吸引、留住优质客户的目的。省分行将按照“重点区域优先、业绩贡献优先”的原则分步推进网点转型工作。网点转型后从高柜及后台解脱出来的人员要充实大堂经理、客户经理、理财经理队伍，增强营业网点的营销能力。综合骨干网点个人业务营销人员配置比例要达到40%以上，基础网点的营销人员比例达25%以上，实现所有的零售业务产品都能在网点销售。

《中国农业银行贵州省分行营业网点管理暂行规定》已提交本次会议进行讨论和征求意见，会后将印发实施。各级行要认真按照《规定》要求，切实加强对营业网点建设的规范化管理。

2. 大力发展电子银行业务，增强电子渠道对柜面交易的替代率。一是要完善网点电子银行服务区建设，力争转型改造的每个骨干网点都要配备一套电子银行自助设备；具备条件的县域网点力争至少配备一台ATM。二是要增强电子银行在投资理财、个人贷款方面的专业化服务功能，不断扩展电子渠道的分销能力。

3. 切实加快金钥匙理财中心和财富管理中心建设工作。金钥匙理财中心和财富管理中心原则上依托现有营业网点一体化建设，今明两年要在各二级分行所在地建设20家金钥匙理财中心；省分行营业部和遵义分行在条件成熟的情况下分别建立1家金钥匙财富管理中心。每个理财中心至少要有3～5个取得认证资格的个人理财经理。

（二）做强个人存款业务，深度挖掘客户价值

继续巩固个人存款在全行业务经营的基础地位，不断增强资金自给能力。我行是全国农行中为数不多的存贷比接近90%的省级分行，2007年末存贷比高于全国农行平均水平25个百分点，随着存款准备金率的不断提高，资金超负荷运营的矛盾日益突出，靠向总行借钱放贷也将变得越来越难。存款的增长已成为制约我行业务经营持续健康发展的瓶颈。各行要牢固树立“存款立行”的思想，把个人存款组织工作放在各项业务经营的首位，充分利用网点多、人员多、网络覆盖面广的优势，努力提高个人存款存量和增量市场份额，不断增强全行资金自给能力。我们的目标是个人存款每年净增60亿元以上，个人存款余额3～5年跃居同业（四大行）第一。省分行将进一步建立和完善存款内部计价和系统内往来利率调整机制，通过内部利率调整，平衡存差行和贷差行之间的利益分配，充分调动各级行组织个人存款的积极性。要加强对经营行的业务指导和检查督促，切实抓好代发工资企业营销、个人优质客户拓展和旺季存款组织工作。理顺储蓄和理财业务发展的关系，把理财产品销售作为强化个人优质客户关系的有效手段，促进客户资金尽可能在行内循环，准确把握资本市场调整的机会，争取吸引更多的客户资金回流到本行。加大负债业务产品整合和创新，做好贺庆储蓄、联名存款、通知存款、存款证明等产品的推广。继续发挥小额账户收费系统的作用，加大对存折睡眠账户清理工作，不断优化客户结构。提高个人外汇业务和境外客户服务能力，以外币储蓄、西联汇款、个人购汇结汇、外币投资理财、出国留学金融服务等业务为重点，丰富个人外汇服务功能，全面提升本外币一体化服务水平。

（三）做大个人信贷业务，不断提高规模效益

今年3月份以来，根据总行《关于规范个人信贷业务管理职能的通知》（农银办发［2008］211号）要求，我行已将个人信贷业务前台职能统一归口到个人业务处，设立个人信贷业务科，配备相应的业务人员。各行要抓住个人信贷业务全面整合、统筹发展的机遇，提升个人信贷业务的竞争力。

1. 加大个贷业务计划执行考核力度。从今年起，省分行将按年下达个贷业务专项计划，并纳入对二级分行领导班子绩效考核内容。对于个人信贷专项计划完成不理想的二级分行，省分行将适时收回部分专项计划并调减总量计划，将回收的计划调剂给个人信贷业务发展较好的行。各行在积极发展个人信贷业务的同时，务必将追求发展质量放在首位，不能走粗放经营的老路。

2. 推进个人信贷业务集约化经营、专业化管理。在各二级分行所在地，选择1～2个基础条件较好、客户资源较为丰富的支行进行个贷专业支行试点，对个贷专业支行实施有别于其他支行的人员管理、资源配置和绩效考核办法。理顺个贷审查审批中心和个贷专业支行的关系，支行负责个贷的营销拓展、受理调查、抵押登记、贷款发放、客户维护、逾期催收和贷后管理等工作，而将个贷业务的审查审批、档案管理等事务统一集中在个贷审查审批中心办理。通过完善网上作业系统，全面实现单轨运行，将各县支行个人信贷业务也集中在二级分行个贷中心审查审批。审批模式也由经营行行长审批转变为独立审批人审批，以提高个贷决策的专业化水平。

3. 明确个贷业务发展的业务重点。一是实行分地区、分品种的差异化授权管理，实施经办行准入制度，坚持中高端客户优先支持的个贷业务发展战略。二是明确个人信贷业务发展重点，不断扩大总量规模。进一步加大个人住房按揭贷款业务力度，对我行重点支持的大型房开项目，要积极跟进按揭业务，个人住房贷款增量与房地产项目贷款增量的比例不得低于1∶1，不断提高按揭业务的市场占有份额。同时要积极稳妥地发展以房地产抵押方式为主的个人生产经营贷款和消费贷款；规范发展汽车贷款，优化车型结构和经销商结构，以10万元以上的家庭用车为主，引导有重点项目支持的商用车贷款，控制不确定性较强的散户商用车贷款；通过对目标客户职业特点、信用纪录、风险保障能力等风险因素的分析，有的放矢地营销综合消费贷款；积极发展质押贷款，争取尽快开办电子式储蓄国债、结构性存款、基金、黄金等质押贷款和个人综合授信贷款业务。

4. 强化个人信贷业务风险管理。一是要加强操作风险的防范，把防范“假按揭”、“假车贷”作为重中之重，对开发商利用预售环节以分期办理首付或为购房者垫付首付等“假首付”购房，不得提供按揭贷款。加强抵押品的评估管理，对评估公司进行严格准入，权限上收至二级分行以上。二是严格落实人民银行和银监会“第二套房贷”的规定。对房价波动较大的区域，以及高单价高总价住房，进一步提高首付款比例。三是全面加强个贷贷后管理。加大对贷后管理制度执行情况的检查和责任追究力度，省分行将落实两名风险经理，专职负责个贷在线监测工作，实现个贷风险每日预警；各二级分行也要设置专职人员，在线监测与现场检查紧密结合，提高风险预警能力。认真落实责任清收和岗位清收制度，明确专人负责不良贷款的督导、清收。

（四）做实个人理财业务，努力建设理财型银行

1. 努力提升基金、国债代销及理财产品的市场占有率。一是要正确认识当前市场形势，从认识风险、揭示风险和防范风险入手，进一步加强对投资者教育工作，依托专业信息来源，以投资者利益为基准，从理财的长期性角度出发，引导投资者合理选择适合其风险状况的基金品种。二是切实做好基金定期定额业务。定期定额业务具有分散风险、减轻压力的特点，投资人在不加重经济负担的情况下，可做小额、长期、目标明确的投资；各行在全面加强各只基金销售工作的基础上，以基金定期定额业务为重点，不断扩大客户基础，做大定期定额业务规模，并以此建立与客户长期稳固的关系。三是进一步完善基金代销考核激励机制。今年省分行调整了代销基金考核奖励办法，按基金实际销售额的0.9‰给予奖励，其中60%奖励业务费用，40%奖励效益工资，货币型基金及短债基金按销售额的五分之一确认。四是加大农行托管基金的营销工作力度。7、8、9三个月是总行统一部署的农行托管理基金促销季，各行要引以重视，通过短信平台、灯箱广告、悬挂横幅、发放折页等形式广泛开展宣传工作，也可通过客户联谊、理财讲座、理财沙龙等形式进行基金产品推介。对“促销季”销售的基金，实行专门的奖励政策。五是要确保升级后基金代销系统的平稳运行，加快集中版理财产品销售系统的上线，尽快争取“本利丰”理财产品的销售。六是要拓宽业务范围，积极做好券商集合计划的推广销售工作。七是要重视基金和理财产品售后维护工作，建立完整的事前、事中、事后信息披露，完善投诉处理机制。八是要积极发展国债、黄金、保管箱等系列业务。做好各期国债的发行兑付工作，争取尽快实现储蓄国债业务的推广，尽快开办个人实物黄金业务和记账式黄金业务。

2. 统一和明确客户细分标准，切实做好客户分层工作。作为服务行业，顾客就是上帝。培育一个庞大的、忠诚度很高的顾客群体是现代商业银行成功的核心。个人业务的发展取决于银行吸引和留住客户并从这些客户中挖掘更多业务的能力。在分析营销客户时，客户细分尤显重要。省分行在总行个人中高客户标准的基础上明确：在我行个人金融资产达到500万元人民币及以上的为钻石客户（发放钻石卡）；个人金融资产100万元至500万元的为白金客户（发放白金卡）；个人金融资产50万元至100万元的为黄金客户（发放金卡）；个人金融资产20万元以上的为贵宾客户（发放银卡）；个人资产在5万元以上的为优质客户。并严格按照标准完善发卡和客户管理流程，建立不同层次的客户维护体系。星级客户划分标准只作为我行内部识别客户贡献度，确定客户优惠、增值服务水平的依据，不用于对外宣传。

3. 明确分层服务策略，提升中高价值客户服务水平。要按照总行“着力培育成长性客户，大力发展中高端客户，积极竞争私人银行客户”的要求，要针对目标客户群体落实不同的服务营销策略，对一般大众客户及成长性客户，完善和推广标准化、制式化的产品服务方式；对中端客户，以理财业务为主要服务内容，实行标准化产品、差异化营销；对高端客户，以财富管理为服务重点，实行差异化产品、个性化营销、顾问式服务；对私人银行客户，通过专家团队为其提供专属财富顾问和规划服务。要按照客户价值与贡献度，合理确定优先、优惠、优质与增值服务的范围、内涵及价格水平。此外，要积极拓展健康保健、道路救援、投资理财教育、娱乐休闲、商业联盟等服务项目。

4. 加快系统的推广应用，为中高端客户服务体系的完善提供强有力的信息支持。各行要集中力量，切实加快PCRM二期系统和CFE系统的推广应用。今年8月底前，必须将PCRM二期系统推广应用到各行辖内的骨干网点，确保系统技术上线和业务上线；金钥匙理财专家支持系统（CFE）将随网点转型和理财中心建设逐步推广应用。对系统识别的贵宾客户要尽快落实营销责任人，贵宾客户的各项增值服务要及时到位。

5. 完善个人金融理财师管理措施，加强个人理财专业队伍建设。为提升我行个人理财业务专业化服务水平，省分行已制定《中国农业银行贵州省分行个人金融理财师管理规定（试行）》提交本次会议征求意见后印发实施。通过明确理财经理的任职资格和聘任条件，界定理财经理的工作职责与服务范围，按照“统一管理，集中使用，分级考核，绩效挂钩”的原则，为理财经理创造良好的工作平台和打造宽阔的职业发展空间。各行都要建立有利于本行个人理财业务发展的理财经理绩效考核评价体系与激励机制，充分调动理财经理的工作积极性。

（五）做细各项基础管理工作，增强个人业务风险控制能力

一是落实领导责任，强化内控管理执行力。各行要加强个人业务条线内控管理的执行力，健全组织体系和责任机制，部门一把手要对本级行个人金融内控管理工作负全责，强化对重点监控行和重点业务品种的风险管理。二是要高度重视个人业务自律监管工作，加强对系统内经营风险的排查和整改力度；切实做好辖内检查和整改督办工作，并运用监管检查结果，对普遍存在和屡次发生的问题，落实系统性的风险控制措施。三是要完善个人金融业务操作规程与制度体系，提高对操作风险的识别、预警、评价和控制能力，重点防范个人金融大要案件的发生。四是加强个人金融服务中的客户风险披露、风险承受能力评估工作，规避法律风险。要按照银监会和总行要求，全面梳理基金及理财产品销售过程的风险点，做好客户的风险承受能力测试及与客户拟购买产品的风险匹配检测，确保业务持续稳健发展。五是加强个人客户经理队伍建设，不断提高专业化水平。要按照业务发展的要求扩充个人业务部门的岗位编制和高素质人才；加强资格准入和业务培训、抓好日常管理，逐步建立个人金融从业人员持证上岗制度，统一组织资格考试和岗位准入。

（六）创新激励机制，进一步完善个人业务考核评价体系

1. 认真落实“1 + N”考核，将个人贷款、基金、国债、第三方存管、理财产品等与存款指标加权组合构成个人业务发展竞争力指标作为考评的主要内容，把个人业务收入占比作为考核的核心指标，并强化专业考核通报。

2. 为实现板块整合和联动，从明年起，各二级分行个人业务板块要统一由一位行领导分管，并将其薪酬与个人业务工作指标完成情况进行捆绑考核，促使专职副行长更好地履行职责。

3. 在法人客户营销管理层次逐渐上移的情况下，积极研究经营行经营重心转移问题。县支行逐步转向以经营个人业务为主。省分行将选择1～2个二级分行进行二级分行个人业务部门与经营行共同对网点和个人客户经理在业务上“双重管理、双线考核”试点，并对个人业务部门匹配部分财务资源。

4. 细化个人金融产品计价考核标准，对营销经理、大堂经理、网点主任、理财经理、柜员等职位分别建立考核指标体系，加强基金、理财产品、个人贷款的计价考核力度，对个人客户经理要以高端客户拓展和维护为主要考核内容。对于可以认定营销个人的产品要将激励措施兑现到个人。对于跨部门、综合性的营销活动，要根据贡献度合理进行二次分配。

高度重视奥运金融服务工作，以此为契机，全面提升服务水平。各级行要切实加强领导，制定统一的网点服务规范标准，形成“规范标准、培训提升、文化激励和监督评价”四位一体的服务质量管理体系。要从窗口服务规范、投诉处理机制完善、金融知识产品宣传等多个环节推进文明规范服务工作，全面提升客户在农行的服务体验。

转变观念　主动出击　努力开创全行市场营销工作新局面

——廖家旺同志在海南分行营销工作会议暨“大行德广—伴您成长—金钥匙春天行动”动员大会上的讲话

一、转变思想观念，增强营销意识

2008年是农业银行股改的关键之年。一年来，我行认真贯彻落实全国农行工作会议精神，按照省行党委提出的“外联关系树形象，内转思想打基础，稳中求进促发展”的工作思路，全行上下解放思想，扎实工作，市场营销工作取得了新的进展。到11月末，全行累计投放贷款53.78亿元，同比多投放42.29亿元，增幅368%，比年初增加30.15亿元，居当地同业首位，扭转了近5年来贷款负增长的局面；本外币各项存款比年初增加59.32亿元，同比多增16.19亿元，本币存款完成总行下达计划的283.86%，增量创历史最好水平；中间业务收入为8078万元，同比增加1418万元，增长21.3%；预计全行将实现扭亏为盈。

虽然我行的营销工作取得了一定成绩，但从总体上看，全行市场营销工作与实现有效发展、持续奋进的目标还有差距。主要存在以下问题：一是营销意识较差。仍然存在“等、靠、要”和“三怕”思想，有的行面对市场商机，不是主动营销，而是被动观望；不是积极竞争，而是被动防守，市场开拓受制于人。二是营销目标不明。有的行对所处区域市场，信息不灵、目标不清，特别是对县域蓝海市场情况不甚了了。三是营销联动不够。横向互动不足，纵向联动不够，整体营销意识有待加强。四是营销激励不足。尤其是分层营销激励机制不完善，客户经理考核分配不到位。基于上述问题的存在，与同业相比仍存在差距。随着十七届三中全会精神和各项政策措施的贯彻落实，县域农村金融市场的竞争将更趋白热化。更为重要的是，2009年是农行以股份公司的形象开始业务经营的第一年，也是我行新一届党委完整施政、全面落实治行办行方略的第一年。随着股份公司的成立，价值创造将成为我们一切工作的根本指针，没有企业价值的持续创造，就不可能让国家满意、股东满意、客户满意，就不可能实现员工收入的不断增加，就不可能推进我行的改革发展。而要最大限度地创造市场价值，实现价值创造的绝对规模，就必须强力推进市场营销；要实现我行战略部署的良好开局，开拓“蓝海”市场，优化客户结构，增强发展后劲，就必须主动出击开展市场营销。对此，全行上下必须站在保饭碗、求生存、促发展的高度，切实转变观念，全力推进市场营销工作，促进全行业务实现又好又快发展。

开展市场营销工作，要充分利用好目前的历史发展机遇。一是在经济金融政策方面，国家为应对较为严峻的国际国内经济形势，出台了扩大内需十项措施、金融促进经济发展九项措施等一系列政策，国务院办公厅也下发了金融促进经济发展的若干意见，提出以高于GDP增长与物价上涨之和3～4个百分点的增长幅度作为2009年货币供应总量目标，争取全年广义货币供应量增长17%左右。二是省政府采取五项措施撬动内需、加快发展，未来3年将实现固定资产投资2400亿元。其中，2009年将安排省重点项目100个，年度计划投资480亿元，对“三农”的各种补贴资金将达10亿元。三是总行为配合国家“保增长、扩内需、调结构”的要求，出台了一系列的信贷配套政策和措施。四是我行经过财务重组，甩掉了历史包袱，可以轻装上阵参与市场竞争。这些历史性发展机遇都为我行发展提供了广阔的市场空间，创造了良好的条件。因此，我们必须坚定信心，审时度势，顺势而为，努力开创市场营销工作新局面。

基于上述分析，当前我行市场营销工作的指导思想是：以科学发展观为先导，以“保增长、扩内需、调结构”为依托，以优质服务为基础，以合规操作为前提，以市场为导向，以客户为中心，以效益为目标，明确营销重点，健全营销体系，完善激励机制，提升营销水平，实现全行业务又好又快发展。

结合海南省情行情，确立2009年市场营销工作的主要目标是：各项存款增量确保60亿元，力争70亿元；贷款增量确保40亿元，力争50亿元；中间业务收入确保1.7亿元，力争2亿元。

二、明确营销重点，主动出击营销

（一）以扩大市场份额为目标，努力抓好资产业务营销

1. 大力拓展公司客户贷款业务。2009年，公司类贷款要确保净增25亿元，省行公司业务处要确保直销亿元以上公司类客户6个。为此，要紧紧围绕省政府“双大一高”战略和全省经济工作会议提出的“三个十大重点项目”，重点营销东环铁路项目、中海油海南天然气有限公司LNG项目、中石化100万吨乙烯项目、昌江核电项目、海南炼化60万吨对二甲苯项目、海南石油储备基地项目、海南软件生态园项目、福耀玻璃（二期）项目、省发展控股有限公司、文昌航天城、省水利电力发展有限公司、海南港航控股有限公司等客户或项目，以及海口、三亚、东方、洋浦等重点区域的其他重大新建项目，努力提高我行在重点建设项目中的市场份额。同时，继续加大对海南电网、海南电信、省交通厅等存量客户的二次营销和维护，进一步提高我行贷款占比。公司业务处要牵头组建营销团队，制定营销方案，落实对大客户、大项目的营销工作；各行要重点做好项目承办单位的联系沟通、前期调查等具体事务工作，及时向省行提供相关材料和信息，争取省行、总行高层营销支持，提升营销效果。

2. 稳妥发展“三农”贷款业务。2009年，涉农类贷款业务要确保海南农垦系统的信贷业务同业市场份额第一，确保涉农类贷款增量10亿元，其中县域涉农类贷款增量3亿元，依托惠农卡发放农户小额贷款8000万元；确保惠农卡新增发卡15万张，卡存款增加2000万元。为此，要重点做好海南天然橡胶产业集团股份公司、海南农垦橡胶储备项目、罗牛山股份公司、通威股份公司、新希望公司等客户的综合营销。同时，县域支行应重点营销农业产业化的龙头企业、县域支柱产业和优良中小企业，并以此为核心选择其产业链中关联市场客户，形成产业内企业资金使用的良性循环。对发展前景良好、有一定规模且销售渠道畅通的农业生产或加工优质小企业、个体工商户的季节性农业种养和商品批发的流动资金贷款需求，要逐步跟进，扩大县域市场份额。

3. 积极拓展优质房地产贷款业务。2009年，房地产开发贷款要确保净增8亿元，房地产业务处要确保直销亿元以上房地产贷款客户4个。房地产市场相对成熟的海口、三亚、陵水、文昌、琼海、万宁，以及旅游房地产市场发展前景较好的保亭、五指山、乐东等地区将是今后一段时期房地产信贷业务的重点发展区域，应重点做好房地产开发性项目的营销。在项目和客户的选择上，主要选择全国房地产百强企业，总、分行级优质客户，全省排名靠前的房地产开发企业，省级以上建筑龙头企业，自然环境较好、配套设施齐全、建筑品质较高的住宅项目和旅游房地产项目，城市及园区基础设施项目，高品质酒店和政府保障性住房等。尤其是要重点营销海口新城区中心区基础设施项目、雅居乐清水湾项目、新佳旅业鹿回头半岛项目、泰达集团天海国际项目、龙沐湾国际旅游度假区项目、海口城投城市基础设施建设项目和保障性住房项目、三亚凤凰水城项目、海南亿隆城建投资公司生态旅游区一期项目及成熟的酒店经营性物业贷款项目等。原已介入营销的项目，省行房地产业务处和相关分支行要积极跟进，争取客户早日用信。

4. 审慎发展个人贷款业务。2009年，个人贷款要确保净增1亿元，其中住房按揭贷款6000万元，其他个人贷款4000万元。要优先发展一手楼按揭业务，利用房地产开发贷款带动住房按揭贷款的发展，凡是我行发放开发贷款的项目，住房按揭贷款的市场份额不能低于80%；审慎发展二手楼按揭业务、置换式个人住房贷款业务、个人综合授信贷款业务、汽车消费贷款业务以及个人生产经营性贷款，重点发展以有价凭证质押和足额财产抵押担保方式的个人贷款，客户选择重点是我行大集团公司客户所属员工、个人贵宾客户、机关事业单位的高端价值客户、优势行业客户以及有较强经济实力的私人业主等。

5. 努力拓展机构类客户贷款业务。重点拓展已安排落实财政性垫支性支出的医疗、卫生、文化和旅游及基础设施建设等民生项目，按照“大中选强，小中选优”的原则，重点营销省属重点高校、省级重点中学、三级甲等以上医院、省级以上媒体、国家AAA级以上景区等优质事业客户。

（二）以重点产品营销为推手，大力抓好负债业务营销

2009年，本外币储蓄存款要确保净增30亿元，力争实现35亿元，个人外币存款实现“零”的突破，拓展存款5万以上个人中高端客户5000户，海口城区一部五行要力争储蓄存款增量占比提高2个百分点，农村行要努力提高市场份额占比，力争当地同业排名第一；对公存款确保增加30亿元，力争实现35亿元，其中机构业务处直销机构类存款确保净增3亿元以上。为此，要突出抓好以下几

方面工作：一是高度重视和加强海口城区行的存款组织工作，抓住了海口城区的存款工作，就等于抓住了我行负债业务的主流。二是加强对公存款的产品研究，着重抓好定期存款、协定存款、通知存款、存单质押项下开票业务等有效稳存、增存产品的营销和拓展工作，确保存款的稳定增长。特别是要密切关注中海油、海南电网等客户的产品需求，抢在同行之前做好营销准备工作，要善于利用信贷资源配置加强对公存款、代客理财、债市通、海外代付等理财产品的捆绑营销，通过各种理财产品吸纳、转移客户的部分增量存款，挖掘存款客户的衍生效益。要在海口、三亚等重点区域适时推出新股申购直通车、保管箱业务，免费进行理财咨询与规划建议业务。要积极营销“双利丰”、通知存款等业务，注重储蓄存款关联产品、替代产品营销，以借记卡、基金、通知存款、转账电话等产品的营销为有效手段，向县域市场渗透，不断提高储蓄存款综合营销效果。三是抓好客户账户的营销工作，特别是要注重资金留存较多的基本账户、专项资金账户、验资户、外币户的营销，以基本账户带动客户资金在我行体内循环，以专项资金账户、验资户、外币户带动存款稳定增长。为促进外币存款的营销，将外币存款按1∶3计价纳入绩效考核。四是坚持“保、争、渗”策略，全力推进储蓄存款业务快速、健康发展。根据储蓄存款市场竞争新特点与变化新趋势，调整竞争策略，以综合营销手段激发储蓄存款持续增长动力。四是抓好存款大户的营销维护工作。各行要对存款余额在100万元以上（城区行500万元以上）的优质客户账户资金变动的数额、流向、用途、原因等情况高度关注，建立定期回访制度，提高客户资金回笼率和资金留存率，要实行客户经理“一对一”跟踪维护，避免存款流失。对公存款占比较高的海秀、南航、三亚等尤其要做好农垦系统、海南烟草公司、省财政厅、公积金存款户等系统存款大户的维护工作。

（三）以拓宽收入渠道为重点，大力拓展中间业务市场

1. 继续做好银行卡营销工作。2009年，借记卡新增发卡45万张（含惠农卡）；贷记卡新增发卡3万张，贷记卡存量卡达5.2万张；新增特约商户600个，存量商户数达到1000个；贷记卡发卡量市场份额提升3个百分点，新增发卡量市场份额及消费市场份额排名第二；银行卡部要直销4个以上财政预算单位公务卡客户，直销联名卡项目1个。为此，要完善产品功能及增值服务，全面推进贷记卡营销，进一步提高贷记卡的盈利能力；利用系统优势，挖掘原有客户资源，增加贷记卡系统内中高端客户的渗透率。发挥我行县域金融主渠道作用，大力拓展中小城市及县域的优质商户，建立和扩大我行收单市场。做好金穗通宝贵宾卡的受理和发行工作，巩固我行以新通宝卡为核心的借记卡产品在同业中的领先地位，并以“主附卡＋对账折”为基本框架，促进惠农卡的多领域应用，确立我行在“三农”市场的主导地位和绝对优势。利用准贷记卡可循环信贷等诸多特点与功能，将其打造成为面向“三农”、重点服务于县域及城乡、解决客户临时短期资金需求的小额循环信贷平台，直接服务于小额贸易与新农村经济建设。

2. 大力拓展国际结算业务。围绕海航股份、海南航空进出口、海航系列酒店、金海浆纸等我行信贷支持大户，营销国际结算、国际贸易融资、即远期结售汇外汇理财等产品。围绕海口、三亚和洋浦保税区等外汇业务重点区域，营销国际结算、即远期结售汇、资本项下开户、国际贸易融资、外汇交易、代客外汇理财以及西联汇款和个人结售汇等产品；围绕定安、儋州、万宁、文昌、琼海等县域外汇业务重点行，营销打包放款、出口押汇、西联汇款、个人结售汇、汇利丰等业务；围绕西部工业城市，营销资产类代客外汇理财业务。2009年实现国际贸易融资增量100万美元；国际结算量2.6亿美元，国际结算收入和代客非衍生交易业务收入295万元。国际业务部直销资本项下存款账户5个。

3. 积极推广电子银行业务。紧紧把握电子银行业务对传统业务“低成本替代”和“低成本扩张”的特点，将账户余额达5万元且未办网银的企业客户作为企业目标客户；将未注册电子银行、交易活跃的个人客户以及中年以下商务人士、公务员、第三方存管客户定位为个人目标客户；将学校、保险、税务、工商、城管、交通管理部门以及水、电、煤气等公共事业单位定位为电子账单业务目标客户，加快发展电子银行业务。力争企业网银客户存量和增量、个人网银证书版客户增量超过建行，排名同业第二；对新开办的电话银行、手机银行、短信通业务，完成总行下达任务的110%。全体员工必须注册成为我行的个人网银、手机银行、电话银行和短信通客户，自觉使用和熟悉产品，主动加入电子银行产品的营销当中。进一步加强自助设备的管理，提高自助设备的正常运行率及盈利能力。离行式自助银行是近期乃至相当一个时期内各行竞争的焦点，更是提高我行自助设备效益的有效增长点。省行相关业务部门将在近期出台具体操作办法，出资购买11台自助设备，并配套一次性相应的装修等费用。各行必须严格按照省行部署进行离行式自助设备的布设和管理，力争自助银行全行全年跨行交易笔数达到同业第一。

4. 认真做好代理保险和第三方存管工作。2009年要实现代理保险新单保费5300万元，代理保险手续费收入110万元，同业市场份额达到6%以上。为此，将代理寿险新单保费视同双倍储蓄存款纳入各行绩效考核，促进代理寿险业务快速发展；加大期缴产品以及健康险、意外险等传统保障型产品的比重，落实“双单”作业要求，抓好信贷客户财产保险代理业务；加强与证券公司的合作，抓好第三方存管工作，争取与更多新的证券公司开展合作。

5. 进一步拓展结算与现金管理业务。省行刚刚设立了结算与现金管理处，其目的就是要通过整合现金管理业务的营销、制度和产品等职能、做大做强结算与现金管理业务。结算与现金管理处要尽快进入角色，有针对性地制定专业化结算与现金管理服务方案，理顺制度管理、产品研发和对外营销等环节的关系，确保2009年现金管理客户上线12户、结算与现金管理业务收入达1600万元以上，牢固确立我行现金管理业务在同业中的领先地位。

6. 积极发展新兴中间业务。要大力拓展投资银行业务，对在我行融资的中小企业客户必须开办财务顾问业务；对在我行融资上亿元以上的客户，要力争开办财务顾问业务，促进我行投行业务的发展。从明年起要把投行业务纳入绩效考核体系，各行要开展辖内客户投行业务需求调查，明确目标客户，以传统业务为依托，促进投行业务发展，以常年财务顾问业务为“突破口”，迅速打开营销局面。要始终坚持以企业年金托管业务、农保基金、社保基金、医疗基金等社保基金报关业务为突破口，拓展资产托管和保管业务。各行要将企业年金业务作为一项重点性、经常性工作来抓，按照省行2008年《企业年金业务营销指导意见》，在营销中将企业年金业务作为一项重要的银企合作内容写入银企合作协议或金融服务方案中；要将开展企业年金业务或签订意向性企业年金合作协议作为授信或贷款合作的条件之一，依托信贷业务积极介入，强化营销，力求实效，努力改变我行企业年金托管业务落后于同业的局面。省行下一步将通过制订全行企业年金业务营销奖励方案，适时与合作伙伴一起举办企业年金业务推介会、研讨会，积极推进企业年金业务营销。另外，农保基金账户的开立及基金保管业务已刻不容缓，我行是国家对农民养老保险工作唯一的试点合作单位，各行要依托政策优势和网络优势，密切与各地社会保障部门的关系，争取签订这些养老保障品种的保管合同，并实现资金到账保管。省行将把农保基金账户的开立及基金保管视同养老金业务规模予以考核。

7. 加大委托资产处置力度。一季度不但要实现营销工作的开门红，还必须实现清收工作的开门红。金贸支行要创新清收手段，拓宽清收渠道，在确保合规合法、有效防范操作风险和道德风险的前提下大力处置清收不良资产。

（四）以狠抓贯彻落实为保障，提高“春天行动”营销成效

多年的市场检验和我行的营销经验证明，一季度营销成果对于实现全年经营目标至关重要。这次会议既是全行营销工作动员会，也是“大行德广伴您成长 金钥匙春天行动”的总动员，一会黄瑞三同志还要对“春天行动”作具体部署，各行要从战略的角度看待这次“春天行动”的重要性，认真按照省行的总体实施方案，紧紧抓住“双节”资金回笼大的有利契机，把“春天行动”营销方案落到实处，努力实现我行全年营销工作的“开门红”。为确保“春天行动”任务的完成，对“春天行动”结束后，市场份额下降行的一把手，省行将对其进行问责。

三、完善营销机制，提高营销效率

（一）建立分层和联动营销机制

要建立以省行为龙头，海口城区一部五行、三亚分行为骨干平台，其他分支行和经营网点为分销渠道的分层营销组织架构，完善省行与各行联通互动的纵向分层营销体系。一是明确营销职责。对系统性、集团性大客户的营销，各个层面都要负起相应职责，发挥不同层面的优势，上下联动，实现立体化营销。经营行不能简单地以层次不对等为理由，等、靠、要，疏于对大客户的营销，要盯紧大客户的具体业务经办人员、部门负责人，把握客户信息，及时反馈给省行，并通过客户方面的业务经办人员逐级引荐，促成银企双方高层的互动，达成业务合作。对涉及多个部门的营销，要充分发挥营销委员会的作用，搞好横向联动，按照“客户经理＋产品经理”模式组建营销小组，确保前台营销、后台服务、产品跟进和技术支持相互衔接，增强营销效果。充实省行前台部门直接营销力量，充分发挥省行在大客户营销中的核心和龙头作用，缩短经营链条，提升营销层次。待条件成熟后，探索在公司业务处设立大客户部的营销模式，对辖内跨区域大客户直接经营管理，提升经营层次。二是建立项目营销信息通报和营销联席会议制度。从明年开始，省行前台部门每月召开一次营销联席会议，海口城区行实行逢双月召开营销联席会议，实现系统内营销信息共享。三是建立营销争端解决机制。海口城区行要随时上报准备介入营销的目标客户信息，经省行确认尚没有我行其他分支机构介入的情况下，才能实施营销，避免营销内耗，降低营销成本。对经营行间出现的营销争端，省行将根据各行的营销进度、关系资源、营销效率、业务能力等情况统筹裁决争端，确定营销主办行及协办行。

（二）加强客户市场调查

省行市场营销委员会办公室要牵头组织前台部门和各经营行，加强对重点营销目标客户有关情况的调查，了解客户基本情况、与我行业务合作情况及需求意向等信息。同时，省行相关部门及各分支行要主动加强与发改、工信、商务、建设、工商、外管等政府主管部门的沟通联系，在充分掌握信息的基础上，建立重点营销项目库，对项目库实行动态管理。

（三）讲求市场营销技巧

一是建立首席营销官制度。省行行长和各分支行行长均为首席营销官，对重大项目、重点客户的营销与维护，行长必须到位，实施高层营销与维护，提高营销与维护客户的成功率。二是坚持源头营销。针对系统性、集团性大客户经营集约、管理集权、资金集中的特点，坚持“源头抓、抓源头”的思路，抓住客户源、项目源、资金源进行营销。三是实施链式营销。围绕核心客户产业链、项目链，将集团客户上下游企业、下属子公司作为目标对象，实施重点营销；围绕大企业链上的上下游中小企业提供金融服务。四是完善方案营销。以个性化、多元化综合金融服务方案为手段，强化对优质客户的营销。五是重视关系营销。要挖掘和动员全行员工的人脉关系，开展市场营销工作，对除行领导之外的非前台业务人员营销的大项目、大客户的存贷款业务应给予精神鼓励和物质奖励。同时围绕客户的综合金融服务需求，坚持以为农行创造效益、为客户创造价值，实现银企双赢为原则，加强与客户的联系，实现服务和营销的有机结合，与客户建立长期稳定的银企合作关系。

（四）大力改进服务手段

一是加强渠道建设。按照“功能分区、业务分流、服务分层、产品分销”的原则，优化网点布局，加大重要区域网点建设投入，增强网点营销能力。加大对电子银行、自助设备及电话银行的整合，着力提高电子机具和电子银行渠道的销售能力，实现物理网点、电子机具、电子银行渠道高度融合、优势互补，构建三大渠道并行的立体式销售体系。二是改进信贷业务流程。建立分层审批制度，在省行设立信贷审查审批中心、独立审批人和专职审议人，采取合议审议模式，对不同的业务按权限分别实行“直接审批、合议审批、会议审批”三位一体的信贷审批方式，提高审批效率。积极探索新增优质客户实行评级、授信、用信三合一审批模式，缩短各环节占用的时间，提高审批效率。三是对重点项目要提前介入。要紧紧围绕全省经济工作会议提出的“三个十大重点项目”，做好拓展营销介入工作。对属于“国十条”和国家发改委核准的重点项目、重点工程、重点企业相关业务要优先办理；对合法性手续尚未齐备的项目也要提早介入，做好相关资料的收集准备工作，为提速办理业务作好充分准备。四是加强金融产品推广和维护。尽快完善产品经理制度，建立对公产品的专业化管理团队，为客户量身订制富有特色、功能强大的产品组合来满足客户需求。

（五）加大资源支持力度

各行要落实营销费用，把营销费用与营销业绩挂钩配置。省行已建立了费用与营销业绩挂钩匹配的制度，根据前台部门直管客户、重点营销目标客户规模等初步匹配专项营销费用，由前台部门自主支配。财务部门设台账进行额度控制，并根据情况适时调整，对营销业绩突出的部门增加费用额度，对营销效果不佳的部门扣减费用额度。各行也要加强营销费用的投入力度，按营销项目或客户匹配一定的营销费用，由客户部门或营销小组使用，支行列支。同时，抓紧研发和推广客户关系管理、营销力量管理、产品计价考核、项目评估管理系统等支持系统，依托系统进行营销分析、客户管理、风险控制、绩效考评和辅助决策，加强系统网络支持。

（六）强化风险防控意识

各行要始终坚持“审慎经营、风险可控、有效发展”的经营原则，按照全面、协调、可持续发展的要求，将风险防控贯穿于营销的全过程，增强营销人员的合规意识和风险识别与防范能力。特别是要注重道德风险、能力风险、操作风险的防范，强化从业人员的职业操守和依法合规经营理念，确保业务监管到位、检查到位、责任到位，绝不允许违规操作行为发生。

（七）完善营销激励机制

各行要进一步完善营销人员绩效考核办法，营销人员的绩效直接与个人效益工资挂钩，并对单项业务业绩突出的营销人员给予突出贡献奖。省行继续执行《优质客户贷款业务直接营销奖励办法》，各行也要结合实际情况制定奖励办法，促进优质客户资产业务的发展。研究制定农户贷款“三包一挂”实施细则，建立以产品计价为核心的“效益优先型”收入分配机制，以责任追究、尽职免责为核心的风险防控机制。同时，从明年起实行人民币上存资金差别计价，对提前完成全年存款计划的行实行上存资金优惠利率政策，即在本档次上存资金利率的基础上，增加0.27个百分点。此外，根据各类产品对全行的贡献度、业务办理的复杂程度，制定产品营销计价办法，按绩取酬，以充分调动全行员工营销的积极性。

（八）加强营销队伍建设

各行要选拔综合素质高、责任心强的人员充实到营销部门，突出抓好客户经理、产品经理和大堂经理三支营销队伍建设，增强营销力量。对营销人员进行分级分类管理，建立营销人员资格准入和退出制度。切实抓好营销队伍的培训工作，省行培训学校要认真研究具有实用性的培训方案，各相关处室对本专业的培训工作也要按照要求高质量地做好教案，以提高营销人员的营销技巧和业务操作能力。要加强营销队伍作风建设，发扬爱岗敬业精神，培养团队合作意识，强化分工协作，努力提高工作效率。

张虎同志在“迎奥运文明规范服务”秦皇岛观摩会议上的讲话

一、前一阶段全省迎奥运各项工作准备情况

自4月8日全省迎奥运文明规范服务工作启动以来，我行的奥运服务准备工作紧锣密鼓，特别是6月5日再动员视频会议以及采取倒排工期、实行周报制度、划分网点类型等措施以后，全省各级行的工作进度明显加快，各方面的变化比较明显，尤其是秦皇岛分行，可以说变化巨大。6月初我曾到过秦皇岛检查奥运服务准备工作，那时候可以说差距不小，但经过1个月的努力，目前已焕然一新。这种变化不仅仅是硬件方面的，更重要的是，员工精神状态上的变化。这两天我到秦皇岛一些网点检查时，员工们反映，他们从没有想到过网点在现有条件下能够有这样的变化。人们的情绪也不一样了，使我明显感觉到了积极、热情、向上的氛围，顾客们的反映更是赞叹不已。秦皇岛分行的工作值得充分肯定，秦皇岛分行的努力得到了阶段性的回报。有一首歌的歌词唱得好“说到就要做到，付出总有回报”。这就给我们一个启示，无论什么工作抓与不抓不一样，抓得紧与不紧不一样，抓得力度大与力度小也不一样。立足现有条件，即使没有大的投入，通过布局的调整、环境的治理，也会取得非常明显的效果。秦皇岛分行能做到，我相信其他行也一定能做到。人总是要有一点

精神的，尤其是我们的行长，都是百里挑一的优秀人才，都有一种不甘落后、敢为人先的争先意识。我多次说过，有一种好的精神状态，原本平平常常的事可以做得轰轰烈烈，原本不能完成的任务可以奇迹般的实现。我希望各行学习、发扬秦皇岛分行的这种精神，把本行奥运金融服务工作做得轰轰烈烈、有声有色，圆满完成各项任务，不给河北丢脸，不给农行抹黑。

二、关于下一阶段的工作

总行项行长、省分行刘行长已经对下一阶段工作重点和要求做了全面部署，各行必须认认真真、仔仔细细、实实在在的抓好落实。在落实两位行长的讲话精神上，不允许打折扣，不允许搞变通，不允许存侥幸，“老老实实做人，实实在在做事”在奥运金融服务上同样是至理名言。为了便于各行落实好两位行长的讲话精神，全行上下必须从今天开始实现“三个转变”，进行“四个对照检查”，完成“十二项重点工作”，关注“十二个敏感问题”。

“三个转变”是：一是思想上由临战状态向实战状态转变；二是侧重点上由以硬件准备为主向软件提高转变；三是环境改造上由大规模建设向立足现有条件查漏补缺、注重细节、优化升级转变。

“四个对照检查”是：一是对照倒排工期表，按时完成每一个具体事项。各行都已经按照省分行的要求进行了奥运服务工作倒排工期，其中秦皇岛 69 项、唐山 50 项、廊坊 67 项、承德 51 项、保定 43 项、张家口 60 项，其他行也都有自己的安排。目前需要做的是，按照倒排工期的安排，逐项看一看是不是按照时间进度要求在进行。应该完成的是否已经完成，还没有完成的什么时候必须完成，完成的质量如何等等，对存在问题的要立即拿出具体的落实办法；二是对照 7 月 8 日总行和省分行奥运金融服务视频会提出的每一项新的要求，逐一进行安排部署并抓好落实；三是对照这次观摩学习情况查漏补缺。看看按照秦皇岛分行达到的标准，你行还有哪些缺项，哪些是需要补充完善的，哪些是需要改进提高的，要抓紧弥补到位；四是对照监管部门和上级行检查提出的问题，一丝不苟抓好整改。

“十二项重点工作”是：

1. 系统安全、网点形象、自助设备、服务规范、安全保卫、业务培训、人员配置、应急预案演练等，对原来安排不到位和新发现的问题，必须在 7 月 28 日前落实到位。

2. 重点网点设置奥运绿色通道，具备外汇业务功能的网点要提供双语服务。7 月 30 日前完成。

3. 秦皇岛分行重点网点 8 月 6 日至 16 日要提供延时服务。对此要组织相关职能部门尽快拿出具体方案，报省分行批准后实施。

4. 针对奥运保障信息科技风险专项检查及第三方系统测评发现的薄弱环节和问题，认真研究整改措施，落实整改责任，7 月 20 日前完成各项整改。

5. 奥运期间，各行重点网点至少要有一名负责人每天在营业时间值守，以加强现场管理。网点人员不足的，市县两级行要抽调人员轮班，对此各行要提前做出安排。

6. 落实领导带班制度。奥运会期间带班行长不能离开辖区，行领导要保证全天 24 小时开机。

7. 各行所有外币兑换网点都要在门外显要位置公示开展此项业务的标志。7 月 20 日前完成。

8. 营业时间标牌、外汇业务及收费价目公示、ATM 中英文界面、叫号机中英文对照、大堂经理、窗口标识的中英文对照、意见簿的设计摆放、填单台的摆放及中英文对照的凭证，各行要按照秦皇岛分行的样式进行调整。7 月 30 日前完成。

9. 液晶显示屏滚动显示内容，特别是利率、基金净值和外汇牌价等，各行要按照秦皇岛分行的做法进行规范。7 月 20 日前完成。

10. 营业室搞好两个清理。一是对银保员等非银行人员一律进行清理；二是原来悬挂的各类宣传条幅和张贴的各类告示一律进行清理。相关部门要求必须宣传和公示的，一律上液晶显示屏。7 月 15 日前完成。

11. 参照秦皇岛分行的做法，印制中英文对照的外汇经办网点业务种类及营业网点导引图册。7 月 30 日前完成。

12. 在 7 月 20 日前，对省分行下达的各方面的应急预案要认真组织演练，要注重实际效果，不能走过场，从中发现问题，以真正提高应急处理能力。

“十二个敏感问题”是：

1. 关于 ATM 的日常管理维护问题。一是做好 ATM 的日间管理工作。由于夜间不便于对 ATM 进行日常维护，因此各行需科学预测 ATM 每天所需的现钞、打印纸数量，合理安排加纸、加钞的时间和频次。同时，要加强对 ATM 现钞、打印纸数量的监控，在工作时间及时补充现钞和打印纸，必要时可配备专人专车予以保证。凡是奥运期间由于缺纸、缺钞而影响 ATM 24 小时服务的，视为重大责任事故，要严肃追究有关人员责任；二是加强 ATM 交易账务核对和差错处理工作。ATM 管理员要按照有关规定及时进行 ATM 账务核对，特别要重点核对国际卡取现交易。对发现的 ATM 交易差错，要按有关规定及时、准确的进行处理，杜绝客户投诉问题的发生；三是做好 ATM 吞没卡的处理工作。接到持卡人吞卡投诉后，ATM 管理员要立即赴现场检查设备吞卡情况，并按照吞没卡处理有关规定及时将卡片返还持卡人；四是做好 ATM 的应急维护工作。市分行 ATM 管理人员接到 ATM 故障报告后，要尽快赶赴现场对故障进行处理。无法自行解决的，要及时与 ATM 厂商维保人员和省分行银行卡部联系维修。特别是 112 个重点网点的 ATM，要保证 100% 的正常运行率；五是做好 ATM 的安全管理工作。各行要严格执行省分行关于 ATM 安全管理的各项要求，针对奥运期间银行卡交易量大、风险概率可能增大、案件可能多发的现象，增加设备巡查、维护频次，特别要增加夜间巡检次数，保证奥运期间的用卡安全。

2. 关于特约商户和 POS 的管理维护问题。一是做好商户收银员培训工作。要加大对奥运场馆周边、星级宾馆、重点旅游景点、主要购物和消费场所商户等收银员的培训力度，确保其能够熟练操作，识别各种卡片特别是国际卡的防伪标识，提高风险防范能力；二是做好特约商户的维护服务工作。各行接到商户投诉时，要及时派商户管理员赴现场解决问题，排除故障。商户管理员要携带备用 POS 和交易单据，对于现场不能解决的立即更换 POS 设备，交易单据不足的随时补充，保证持卡人正常交易；三是做好商户收单业务风险防范工作。奥运期间，商户管理人员每天要对重点商户进行一次巡检，遇有伪卡、欺诈等风险事件时，按照应急处置预案迅速处理，有效防范和化解风险。

3. 关于大堂经理问题。众所周知，配备大堂经理，对维护网点营业秩序、减少客户投诉、提高客户满意度具有十分重要的作用。省分行曾多次要求，各项存款两亿元以上的营业网点必须配备专职大堂经理，但各行落实差距很大。据统计，截至 2008 年 6 月末，全省各项存款两亿元以上的营业网点有 420 个，各行上报的专职大堂经理只有 323 名，与要求相差近百名，即便这样，据我们了解，这 323 名大堂经理中还有相当一部分不是真正的专职，而是由网点负责人兼任。对此，我再次明确：各行必须认真落实大堂经理配备要求，不得以任何理由推脱，特别是各行上报的奥运场馆周边、运动员官员驻地、新闻发布场所周边、旅游景点周边、四星级以上宾馆周边、车站周边的 112 个“迎奥运文明规范服务”重点营业网点，无论各项存款是否达到两亿元，从现在到 9 月 30 日前，都必须配备专职大堂经理。同时，无论节假日还是中午，只要网点对外营业，大堂经理必须在岗。这要作为一条严肃的纪律，如果落实不到位，追究市分行行长责任。

大堂经理配备以后，其素质的高低、服务技巧的优劣就显得至关重要。对此省分行正在不惜重金进行大堂经理培训，以每天 2 万元的价格从中国人民大学聘请知名教授讲课，而且讲四天时间，这在以往的各类培训中是从来没有过的，由此也可以看出省行党委迫切希望尽快提高大堂经理素质和技巧的态度和决心。各行也要高度重视大堂经理的素质提高问题，要明确告知他们，在履行职责期间，无论遇到什么问题都不能简单说“不”，要千方百计回答好客户咨询，尽一切努力满足客户的要求，想方设法化解出现的任何矛盾，要主动热情、不能被动应付，更不能瞎解释、乱讲话，哪怕自身没错，也不能与顾客争执、更不能吵架，以防引起不必要的麻烦。如果实在解决不了，要在第一时间请求上级行的支援，确保就地化解。还要提示大家的是：网点的保安人员绝不能履行大堂经理职责，不能主动接待客户，不能替客户取号，如果遇到客户咨询业务问题，要引导其找大堂经理，不能擅自答复客户，这不是他们的专长，更不是他们的职责。他们应该做的是：维护好营业厅治安，发现可疑人员，防患于未然，指挥好门前车辆停放，保持好营业厅前良好秩序，绝不能鼓励他们超范围工作，以免画蛇添足、没事找事。

4. 关于客户投诉处置问题。省分行电子银行处接到总行 95599 客户投诉反馈以后，要在第一时间通知各市分行一把手和工作站，各行工作站要立即按处置预案调查落实，并按要求向省分行相关部门反馈，一要行动迅速，二要处理到位，力争一次性解决问题，防止因拖延或处理不到位再次引起客户不满。在这里特别强调一个问题：有些市分行在公布投诉电话时，除了 95599 外，还公布了市分行或支行的电话，这对于把矛盾化解在当地有一定的好处，无可厚非。问题是公布了本行投诉电话就必须把处理程序设计好，把电话接听人员安排好，使其真正起到安抚客户、解决问题、化解矛盾的作用，否则适得其反。我讲这些不是杞人忧天，而是有活生生的案例。5 月份省分行接到总行 95599 的投诉反馈，一客户投诉某支行投诉电话接听人员，称：为咨询业务问题，该客户按网点公示电话号码打通电话，当时正值周六，电话接听人员不耐烦地说：大礼拜六的别没事找事。顾客非常气愤，于是向 95599 投诉，要求必须处理责任人。经省市分行调查情况属实。这一案例充分证明，设支行投诉电话一定要达到解决投诉问题的目的，否则处理不好很可能使问题升级，对此各行必须引起高度重视。

5. 关于危机处理问题。一个危机的出现，要想妥善得到化解，往往需要同时启动多个预案，涉及多个部门，因此，各部门一定要加强协调联动，密切配合，不能相互推诿，要通过共同努力把出现的危机切实处理好。如某个支行网络瘫痪，不仅要启动重大突发事件处置预案，还要启动柜台服务、网点应急服务等预案，如遇媒体采访，还要启动媒体应急预案。

6. 关于设立弹性窗口问题。奥运会期间，全省 112 个“迎奥运文明规范服务”重点网点，特别是秦皇岛市区和其它地市旅游景区的业务量可能出现剧增的情况。为缓解排长队的问题，各行要立即建立重点网点弹性窗口制度。首先奥运会期间，全省 112 个重点网点工作人员，原则上不再倒班休息，要全天坚守岗位，以应对繁忙的柜台业务，市分行要按规定对有关人员发放加班工资。其次，如果办理业务的窗口等候顾客平均达到 6 人以上，要立即启动弹性窗口，减少客户等候时间。各行要事先将弹性窗口所需设备准备好，以便应急。另外，各行要特别注意中午吃饭时间的窗口营业问题，有条件的支行可统一安排给柜员配送午餐，以最大限度的保证各网点中午正常营业，避免顾客排长队问题的发生。

7. 关于外币现钞准备问题。奥运期间，外币现钞的需求量可能要数倍放大，各行要提前准备好。一是加大现钞库存，重点保证美元、日元、港币、欧元、英镑等主要货币的现金头寸，不足的要提前向省分行申请调运；二是要与当地中国银行等同业单位搞好联系，在发生紧急状况时，及时调剂解决。

8. 关于关爱员工问题。金融服务的好坏，除了取决于硬件设施以外，更重要的是取决于一线员工的态度、取决于员工的责任心、取决于员工的工作热情和精神状态。情绪往往影响态度，这一点各级领导必须切记在心。一线员工处在农业银行的最基层，从事着日复一日、年复一年的枯燥工作，尤其是这段时间，为准备奥运金融服务，广大一线员工更是处在一种高度紧张和疲劳状态。对他们的工作提出高标准、严要求是应该的，但仅仅限于此又是不够的。对此，各级行领导要特别注意从工作、生活上多关心他们，要少训斥、多引导，在精神上多给以鼓励，让他们心情舒畅、精神饱满地从事好服务工作。各级行要实实在在的办一些事情，比如工资要及时发放，加班工资要按规定执行，午餐问题统一安排等。

9. 关于“倒排工期表”落实情况周（日）报制度问题。省行建立周（日）报制度，目的是为了督促各行按“倒排工期表”的内容逐项按时按质抓好落实。全行周（日）报制度已实施一个月时间，总的看，各行都比较认真地执行了这一制度，能够及时将活动落实情况及出现的问题反馈给省分行，省分行也按规定对各行情况整理后发了五期通报，从而较好的达到了上下沟通、左右交流的效果。实践证明，建立周（日）报制度对落实好“倒排工期表”各项任务具有很好的促进作用，因此，各行要认真落实好。一是按时上报不要延误；二是内容要全面具体，不能草率应付；三是省分行的通报各市分行一把手和主管个人业务的副行长要认真审阅，以取长补短；四是8月1日起开始实施的日报制度，各行必须安排专人抓好落实，有情况反映情况，有问题反映问题，什么事情都没有要报平安。

10. 关于各行领导亲自检查问题。各行要认真按照总行项行长和省行刘行长的讲话要求，切实加大检查加度，市、县分支行行长和主管行长要带队深入到各行确定的112个重点网点，对系统安全、网点形象、自助设备、服务规范、安全保卫、业务培训、大堂经理配置、应急预案演练等问题进行全面检查，要细之又细，实之又实，发现问题立即纠改。同时，各行要按照省分行实施方案的要求，认真开展大学生窗口服务明察暗访活动，从客户的角度，发现被我们忽略的问题。各行相关部门要认真落实好省分行提出的“对一类网点（奥运场馆、奥运官员和运动员住所、新闻发布会会场、机场、车站周边）要每周检查两次，二类网点（旅游景区和市区网点）每周检查一次，三类网点（其它网点）两周检查一次”的要求，决不能偷工减料，更不能以任何借口顶着不办。另外，在前几天召开的全省行长会上，省分行演示了对部分营业网点的暗访情况，要求各行立即对照整改，并举一反三，从这两天我对秦皇岛分行网点检查的情况看，他们的整改是快速到位的，其他行的情况我不清楚，如果还没有整改，回去后要立即落实。

11. 关于学习兄弟行的先进经验问题。在7月8日总行召开的“奥运金融服务工作视频会议”上，北京分行介绍了经验。在此次会议上，秦皇岛等6个重点行汇报了各自的做法，大家又一起参观了秦皇岛分行的三个网点。秦皇岛的主要经验是执行力到位，领导亲力亲为、一抓到底，规范化、标准化、精细化操作，注重实际效果等，各行要认真学习借鉴，回去后立即比照实施。北京分行制定的《奥运金融服务手册》，《奥运金融服务规范》和《金融服务用语》等，非常有学习价值，省分行会后将统一印发给各行，各行要组织营业网点通过晨会和晚上时间进行培训和学习，以切实提高我行的服务水平。

12. 关于案例教育问题。省分行相关部门要注意总结网点服务工作中出现的反面典型，以案例的形式分析归纳出产生问题的原因、不妥当的应对方法及给我们的启示，以教育大家吸取教训，引以为戒。

奥运服务工作目前已经进入实战阶段，各级行要高度紧张起来，俗话说“行百里者半九十”，各行务必要持之以恒，否则会前功尽弃，要按照奥运服务的各项要求，进行查漏补缺。在高度紧张的同时，我们还要充满信心，应该说对奥运服务工作我们已经准备了比较长的时间，做了大量工作，各方面都有了比较大的进步，只要一步一个脚印地抓下去，就一定会交一份合格的答卷。为鼓励大家做好工作，“迎奥运文明规范服务”活动结束后，省分行将对市分行落实活动方案、提高服务水平工作进行综合评价，并在全辖进行通报。同时组织评选“文明服务先进市分行”、“文明服务先进支行”和“文明服务先进个人”，对获得荣誉的单位和个人给予物质奖励。从现在起，各市分行就要注意对活动期间涌现出来的先进单位和先进个人进行跟踪，对好的典型要及时进行总结。

适应新形势 迎接新挑战 强力推动个人业务工作转型

——郭斌同志在河南分行2008年个人业务工作会议上的讲话

一、近两年来我行个人业务工作的总体回顾

2006年以来，全省农行个人业务坚定不移地贯彻落实总分行党委的有关部署和要求，牢固树立科学发展观，加快发展步伐，强化风险控制，有力地促进了个人业务发展，为全行改革和发展做出了积极贡献。

（一）储蓄存款稳步增长，基础地位进一步巩固

全省农行按照做大、做强、做优负债业务的要求，努力抢占市场份额，使储蓄业务呈现快速发展的良好势头。一是储蓄存款总量持续稳定增长。2006、2007年储蓄存款分别增长104亿元、75亿元，增长率分别为9.66%、6.35%。今年4月末，全省农行储蓄存款余额1375亿元，占各项存款余额的71%，较年初增加119亿元，同比多增43亿元，完成总行全年计划的198.33%，完成省分行年度计划的106.8%。在总行2008年春天行动评比中，我行被授予2008年度“金钥匙春天行动”全国个人储蓄工作突出贡献分行。二是始终保持了较高的市场份额。2006、2007年我行储蓄存款在四大行增量市场份额分别为33.61%、194%。今年4月末，我行储蓄存款在省内四大行存量、增量市场份额分别为32.8%、32.06%，均排名第一，保持了去年年底四大行领先水平。三是在全国农行系统排名位居前列。2006、2007年我行储蓄存款存量在系统内排名为第八，增量分别为第12、第11。今年4月末，我行在系统内储蓄存款存量和增量排名分别是第八、第九，增量较上年末提高了2个位次。四是储蓄存款结构逐步优化。2006、2007我行活期储蓄存款余额分别为472.36亿元、525.84亿元。今年4月末，我行活期储蓄存款余额560亿元，占比40.72%，较上年末提高0.63个百分点，定期储蓄存款余额815亿元，占比59.28%，存款结构逐步改善，资金成本不断降低。五是集约经营度不断提高。2006、2007我行人均储蓄存款余额分别为490.41万元、532.02万元，点均储蓄存款余额分别为10068.2万元、10707.59万元。今年4月末，全省农行人均储蓄存款余额594万元，点均储蓄存款余额11756万元，分别较上年末提高52万元、101万元。

（二）个人中间业务发展迅速，系统内排名靠前

一是基金业务发展迅速。两年多来，全行累计代理销售基金179只，涵盖了股票、债券、货币、指数等基金品种，累计销售总额达181.32亿元，实现手续费、托管费收入2.89亿元。2007年基金销售额位居系统内第七，被总行评为“2007年度基金销售十佳单位”。今年前四个月，全省农行共销售基金15.97亿元，实现手续费收入3560万元，基金销量在全国农行系统居第六位，较去年底提高了1个位次，在周边7省份排名第二。目前，全行营业网点已全部开通基金代销功能，基金产品已经成为营销和维护客户的重要工具，发展基金业务成为我行提高中间业务收入的重要途径，成为全行个人业务中的一大亮点。二是“本利丰”产品销售势头良好。继2007年被总行评为本利丰销售“最具成长性单位”和全国农行“理财产品销售十佳单位”之后，今年前4个月，我行本利丰销售再创佳绩，累计销售额为4.2亿元，在农行系统内排名第八，较去年同期多销售3.5亿元，较去年全年多销售0.4亿元，品牌形象不断提升。在总行2008年春天行动评比中，我行被总行授予2008年度“金钥匙春天行动”理财杰出分行。本利丰业务的快速发展，不仅以差异化品种有效维护了中高端客户，获得了市场的良好赞誉，也为我行中间业务收入开辟了新的渠道，被河南省报业集团评为2007年度“最受欢迎的银行理财产品”。三是国债业务稳步发展。两年多来累计代销凭证式国债4.75亿元，实现手续费收入328万元。四是小额账户收费工作进展良好。自2006年第二季度起启动了对人民币日均300元以下的个人活期存款账户收取管理费以来，止今年4月末，累计实现收入8816万元。

（三）个贷管理规范稳健，启动工作稳步开展

一是贷后管理不断加强。全省农行通过近几年来的规范管理和清收整顿，个人贷款到期大幅收回，全行个人贷款的总量呈现逐年下降态势。4月末，全行个人贷款余额98242.44万元（数据来源CMS，下同），较上年末下降4654.54万元，较2003年6月末下降53.68亿元，个人贷款规模下降幅度84.53%。二是个人贷款到期收回率大幅提高。全行推行“机器制约+制度制约”管理模式，充分利用信贷在线监测，通过实行到期提示、逾期警示、督导督办等一系列措施，强化对到期、逾期个人贷款的管理，使个人贷款到期收回率大幅提高。自开办个人信贷业务以来至今年4月末，全行累计发放个人贷款91.61亿元，累计收回81.8亿元，剔除未到期贷款8.63亿元，累计到期收回率达到92.56%。三是个贷恢复性开办工作有效启动。2006年以来，省分行根据地域经济发展水平、信用环境和部分二级分行的自身经营管理水平，有选择地批准省分行营业部、安阳、许昌、三门峡、花园、直属、新乡、濮阳等八家行成立了个人贷款审查审批中心，并转授了个人住房、个人自用车和个人生产经营贷款的审批权限，循序渐进地启动个人信贷业务。四是新发放个人贷款日益规范。自2006年个贷业务启动以来至今年4月末，全行累计发放个人贷款29918.48万元，其中：个人住房贷款5379万元，个人汽车贷款6万元，个人生产经营贷款182.31万元，个人质押贷款24351.17万元，无一笔形成不良。

（四）经营基础不断夯实，营销模式转型稳步推进

一是营销方式加快从“小个金”到“大个金”转变。连续三年成功组织个人业务综合营销活动，特别是2008年的“伴你成长　金钥匙春天行动”，强有力地带动了个人业务的全面发展。在省内多个城市举办了金钥匙投资理财专题活动，实现了区域资源共享和城乡联动。二是营销策略实现从“经营产品”向“经营客户”转变。稳步推进客户细分和差异化营销工作，积极落实客户关系管理，促进了业务增长方式的转变。三是经营队伍素质、专业化服务能力逐年提高。4月末，236人通过了中国银行业协会组织的个人理财从业资格考试，3025人通过了总行组织的个人理财上岗资格考试，全行已配备专职大堂经理849名，专职客户经理226人，组织了2期共147人参加的AFP培训班，全行有4人获得了国际金融理财师（CFP），88人获得了国内金融理财师（AFP）资格，为个人优质客户的挖掘拓展和精细化维护提供了人才保障。

（五）按照现代零售银行要求，网点转型积极推进

4月末，全行共有1148个网点，其中城区网点390个，占比33.97%；县城406个，占比40.59%；乡镇352个，占比30.66%。全行共成立金钥匙理财中心2家，有184个网点设立了金钥匙贵宾室，占比16.03%，510个网点设立了金钥匙贵宾窗口，占比44.43%。部分行加快了网点转型步伐，积极组织骨干网点的业务分流、服务分层、功能分区和产品分销工作，网点转型效果初步显现，直接促进了点均和人均存款、中间业务占比、客户满意度等集约化经营指标的大幅提升。

（六）围绕风险管理主线，业务管理水平不断提高

一是每年组织开展了个人业务自律监管现场检查工作。重点检查合规性和风险性，及时纠正违规操作行为，有效防范了业务经营风险。二是认真做好内外部检查发现问题的整改工作。针对总行监事会、省银监局、总行审计特派办等内外部检查中发现的各类问题，各级行高度重视，认真对待，逐笔登记整改台账，逐项提出了整改措施，逐项整改通知并限期整改，整改结果得到了监管部门的充分肯定。三是贯彻落实分类管理、梯度推进的个人贷款发展模式。根据区域、产品、客户进行分类指导，推进了业务的精细化管理。

二、认清形势，增强发展个人业务的紧迫感与使命感

（一）居民财富的快速增长为银行个人业务的发展提供了广阔的空间

一是我国经济持续稳定增长为个人金融业务发展提供了坚实的客户基础。改革开放20多年来，我国经济高速发展，社会财富格局发生了根本性变化，居民财富不断积累。我省是人口大省、经济强省，至2007年末，全省GDP突破1.5万亿元，位居全国第五，城镇居民人均可支配收入11477元，城乡储蓄存款余额7812亿元，有着广泛的客户基础和潜在商机，为银行发展个人业务奠定了坚实的基础。二是个人金融需求呈现多元化、个性化、高层次的升级趋势。在居民财富快速增长的同时，居民消费和投资方式也发生了巨大变化，住房、汽车、投资、教育、养老等已成为居民重要的支出项目，对包括投资理财、综合授信、个人消费、保险及税务规划等整合性金融服务提出了更高的要求，为银行个人业务的发展开辟了新的效益增长点。三是国家宏观经济形势的变化为银行个人业务的发展提供了有力的政策支持。利率市场化的推进、人民币汇率形成机制的变化、资本市场的深化发展和金融创新相关办法的出台，为商业银行加快个人金融创新提供了制度环境，银行与基金、保险、信托等跨业合作的平台开始搭建，私人银行业务初露峥嵘。个人金融业务无论在深度还是广度上都得到了较大的拓展，体现出良好的成长性。随着优质法人客户的直接融资能力不断增强，利差空间正在不断缩小，我行的经营风险相对加大，宏观形势的变化迫使我行必须将个人业务的转型工作提到重要议事日程。

（二）个人金融业务增长方式发生了重大变化

一是个人金融业务的竞争力成为一个银行综合实力的写照，个人金融业务的竞争力越来越依赖中后台的支持和系统上下的联动。二是个人金融体系从以产品、账务核算为中心向以客户为中心转变的趋势日益明朗。大部分银行都已推出个人综合账户，实现一站式个人财富的集中管理服务；改制后的几家大型银行都在紧锣密鼓的推进财富管理中心乃至私人银行业务。三是各行更加注重提升个人金融资产的综合销售能力，基金、理财、个人贷款等高附加值的核心业务成为同业竞争的焦点。四是网点转型和流程再造成为提升个人金融业务竞争力的核心工程。各行纷纷在股改后两年内启动网点转型项目，并与战略投资者合作启动流程再造工程，网点的一般性服务正在被电子服务和自助服务所替代，精品网点正在转型为服务中高端客户的理财中心和财富管理中心。

（三）个人金融业务是我行战略转型的核心和主流板块业务

一是个人业务具有风险分散、客户稳定性强、综合带动效应大、市场前景广阔、利润贡献度增长幅度大、经济资本占用率低、抵御经济周期影响能力强的特点，是我行股改后满足巴塞尔资本监管要求、跻身国际主流银行的必要选择。二是国际一些上市银行纷纷将个人业务作为板块业务来发展和考核，国际资本市场也普遍将个人业务作为战略说明书和年报的首要叙述业务，伴随我行的股改上市，个人业务在上市路演和估值模型的地位越来越突出。三是随着资本市场快速发展，依靠传统利差收入的利润增长模式受到挑战；国家宏观调控政策逐步到位，产业结构调整与产能过剩行业的压缩，要求我行优先发展个人业务，主动应对市场风险，优化资产负债结构及盈利模式。四是我行拥有同业最多的网点和员工，最大的电子化网络，客户

结构与城乡二元经济结构最为契合，随着县域蓝海战略的全面推进，跨区域、全方位、高中低端业务多元化、联动城乡的零售服务优势将更为凸显，只有将上述优势有效转换为个人业务的核心竞争力，我行才能真正成为最广大客户群体提供优质金融服务的现代化全能型银行。

（四）金融同业加快了对个人金融体制的改革并取得重大进展

工商银行明确提出要建成“国内个人业务第一强行”，中国银行提出“大公司与大零售并重”，建设银行提出要建设“国际一流零售银行”；交行、招行、民生银行等股份制商业银行和证券公司、保险公司、信托投资公司等各类非银行金融机构，早已将业务工作重心定位在个人金融市场；国际上著名大银行进军中国金融市场，其竞争的目标就是高端个人客户领域。这种体制和机制上的创新正在颠覆现有的市场结构，进一步加剧个人业务领域激烈竞争局面。而我行个人业务增长方式转型起步较晚，业务发展水平与其他行的差距较为明显，加快转型已成为当务之急。

三、明确发展目标，增强发展个人业务的信心和决心

严峻的形势和激烈的竞争对我行个人业务的发展提出了更高的要求，按照总行的规划，结合我行实际，今明两年，全行个人金融业务工作的指导思想是：认真贯彻总落实、分行年度工作会议精神，以科学发展观和总行“3510”战略为指导，按照建设最大零售银行的要求，以客户为中心，以营销渠道建设为平台，以规范化优质服务为品牌，加快产品创新、流程再造和机制优化，努力提高个人贷款、理财产品、储蓄存款等主要核心业务指标的市场占比，强力推进个人业务转型，实现个人金融业务又好又快发展。

2008年个人业务发展的主要目标是：

（一）业务发展目标：

1. 储蓄业务发展目标：全年计划111.4亿元，继续保持存量和增量市场份额第一。二级分行去年在四大国有商业银行增量市场份额是第一的要继续保持，非第一的至少要提高一个位次。

2. 个人中间业务发展目标：全年基金销售额市场排名在2007年的基础上提升一个位次，实现基金新开户数12.6万户，实现基金销售收入35615万元；本利丰产品销售较2007年增加100%以上。

3. 个人贷款业务发展目标：个人住房贷款净增4亿元，其他个人信贷业务净增1亿元，市场占比有所提高。新增个人信贷业务不良率控制在1%以内。

（二）客户发展目标：2008年末，钻石客户（在我行金融资产500万以上）达到1260个，铂金客户（在我行金融资产100~500万）达到6500个，黄金客户（在我行金融资产20~100万）达到10.4万个，成长型客户（在我行金融资产5~20万）达到17.15万个。

（三）队伍建设目标：专职个人客户经理（含大堂经理、理财经理、营销经理）达到625人。其中获得CFP资格的金融理财师达到21人，获得AFP资格的金融理财师达到120人；配备个贷人员，加强人员培训，全面提高业务素质；在所有推广个人优质客户管理系统和金钥匙理财专家支持系统的网点配置专职个人客户经理和大堂经理。

（四）网点建设目标：2008年末，规划建设金钥匙财富管理中心1个，规划建设金钥匙理财中心20个。装修改造骨干网点50个、基础网点470个，新增自助设备争取300台，离行式ATM达到100个，自助银行60个。

（五）品牌建设目标：加大金钥匙核心品牌宣传和推广力度，加强个人理财、个人贷款、本利丰、汇利丰、“基金宝”基金定期定额、“传世之宝”个人实物黄金等金钥匙核心品牌系列的形象和内涵建设，提升市场认知度和客户忠诚度。

（六）系统推广目标：在全省推广应用个人优质客户系统（PCRM系统）和金钥匙理财专家支持系统（CFE系统）。在试点行开办个人实物黄金代理买卖业务。

（七）内控管理目标：加强监督检查力度，健全个人金融业务风险管理流程，严防个人金融案件的发生。

全省各级行在推进个人业务的战略转型上，要努力实现“四个转变”：

一是要由传统的零售银行向理财银行转变。由以账户为中心转向以客户为中心，以个人理财业务为纽带整合产品、渠道、载体、系统和营销服务团队，不断提高中高端客户和理财业务对我行的综合贡献度。基金代理业务作为理财业务的一个重要产品，各行必须高度重视，为落实总行的要求，自《关于进一步做好长信双利优选和富兰克林国海深化价值基金销工作的通知》明传电报下发后，凡是我行托管的基金，全部为指令性计划，各行要确保完成。

二是要由传统的金融服务手段向现代化的金融服务手段转变。要通过业务流程和劳动组合改造，加大对中高端客户的营销拓展力度，深挖低价值客户价值，尽可能转变为利润的创造者；进一步发挥电子渠道的营销价值，拓展服务范围，随着总行科技支持力度的加大，像个人贷款等过去只能依赖传统渠道的业务要通过电子渠道实现自助循环功能，逐步打造存款账户和投资账户合一的综合管理平台，使客户可以更加自由地管理自己在银行体系的资产。

三是要由单一的产品营销向综合营销转变。要按照大个金的经营理念在细分客户的基础上完善综合营销和分层服务体系，建立部门之间、产品之间和上下级之间的联动机制；制订个人金融产品名录，完善个人金融产品营销指引，建立由产品名录、营销指引和组合营销方案等组成的为前台营销服务的信息库和支持平台，提升网点综合营销服务水平。

四是要由单一的负债业务利差收入向多元化盈利渠道转变。要在保持储蓄业务快速增长的前提下，大力发展个贷业务，提高我行个人信贷市场份额，开辟我行资产业务收入的新途径。要全面提升中间业务在个人业务发展战略中的地位，实现盈利模式的优化和升级。

四、落实保障措施，全面推动个人业务又好又快发展

（一）围绕客户价值挖掘，积极推进各项业务发展

1. 转变思想观念，积极推动个人资产业务的发展

（1）增强发展个人信贷业务的紧迫感。近几年来，由于我行个贷业务的停滞，已成为我行个人业务综合发展的一块短板，严重影响了个人业务的全面、协调发展。要坚决克服“重批发业务、轻零售业务”的倾向，树立“三种意识”：一是竞争意识。要克服困难，增强发展个人信贷业务的紧迫感，树立敢于竞争的意识。二是忧患意识。要充分认识到发展个贷业务是我行业务转型的重点，不能因为市场竞争激烈而退却，不能因为有困难而放弃，更不能因为有风险而不发展。三是主动意识。由被动变主动，积极研究市场、研究同业、研究产品、研究风险，找出业务发展的制约因素，分析存在问题的解决办法，增强个贷业务发展的主动性。

（2）坚持积极稳健的发展原则。个贷业务对个人业务发展具有重要的引擎和粘合作用，为了支持各行积极发展个贷业务，省分行今年对8个授权开办个贷业务的行下达了专项信贷计划。同时，对个人一手住房贷款按照发放额度匹配相应的绩效工资和费用，全面调动各行开办个贷业务的积极性。各行在积极发展个贷业务的同时，务必将追求发展质量放在首位，不能把发展单一理解为资产数量的简单扩张，走粗放经营的老路。

（3）明确个贷业务的发展模式。在总行制度框架内，今后全省农行要通过“贷款审查审批中心”的模式集中发展个人信贷业务，逐步实现规模化、专业化、集约化经营。已授权开办个人信贷业务的8个二级分行，可先由“个人贷款审查审批中心”审批办理，待“贷款审查审批中心”正式成立后，要移交“贷款审查审批中心”办理。年底之前，要完成个人信贷业务手工审批与网上审批双轨运行向网上集中审批转换。

（4）突出个贷发展的“三个重点”。一是重点区域。要优先选择经济发展水平较高，市场需求旺盛的重点地区，如郑州、安阳、新乡、洛阳、许昌等，目前以省分行授权开办个贷业务的8家行为突破口。按照总行的要求，各二级分行要重点培养2～3个贷发展的专业支行。二是重点品种。要以个人一手住房贷款、个人自用车贷款、个人质押贷款和以房地产抵押方式为主的个人生产经营贷款为发展重点，同时积极探索其他个人贷款品种的发展。要做强做大个人房地产信贷业务，凡我行提供房地产开发贷款项目的楼盘，个人住房按揭贷款必须由我行来做，我行没有项目贷款介入的，也要各行加大营销力度，选择全国百强房地产开发商的楼盘和当地具有较强实力的房地产开发商的优质楼盘，抢占个人住房贷款市场份额，努力争取竞争的主动权；郑州地区一部三行要发挥资源优势、客户优势、转授权优势，加大对单项房贷产品的营销，当前尤其是要做好置换式贷款的营销工作。三是重点客户。要以工作稳定、信用良好、有稳定收入来源的中高端客户群体为营销对象。

2. 加大个人中间业务的拓展，提高综合创利能力

（1）大力发展基金代销业务。一是要进一步加大基金代销业务的宣传和营销力度。通过电视台、报刊、手机短信、横幅、液晶显示屏等媒介宣传产品卖点，针对各类基金产品开展专业化、主动性营销，锁定个人中高端客户群体，不断满足客户的多元化需求。二是全力做好基金定期定额业务的推广活动。充分利用基金定期定额业务“低风险、低门槛、长期投资”的特点，要组织好基金定期定额业务的优惠推广活动，做大定期定额规模。在巩固扩大城市行市场份额的同时，积极拓展县域市场份额。三是充分利用基金公司的培训资源做好投资者的教育工作。要围绕理财产品推介重点开展好“三项活动”：即金融产品推介活动、金融理财报告会活动、金融理财知识进社区活动。四是要积极开展基金专户的营销宣传和知识普及工作，把专户理财业务作为吸引和维护高端客户、提高客户忠诚度、增加中间业务收入的重要手段。五是整合销售渠道，增强基金及理财产品的综合营销能力。在积极做好柜台销售的基础上，努力扩大网上银行销售，提高各渠道的销售能力，要将基金网上代销与基层网点业绩挂钩。六是做好部门配合，共同做好基金销售工作。总行于5至7月开展了专项促销活动，对农银汇理及我行托管的基金产品给予阶段性奖励，个人、机构、公司、电子银行等部门要加强配合，分条线下达指令性销售计划，共同做好基金的销售工作。

（2）积极发展本利丰业务。本利丰业务是总、分行积极倡导并大力发展的一项业务，具有风险小、收益相对稳定等特点，各行要通过多层次的理财产品体系，满足不同客户多样化的理财需求。对于每期本利丰产品的销售计划，各行必须完成，确保我行在系统内的领先优势。

（3）重视发展黄金、国债、保管箱等业务。一是在条件成熟时，我行将向总行申请开办实物黄金代理买卖业务，不断丰富个人业务产品。二是要尽快完成储蓄国债业务的推广，保证该业务在全系统的顺利开办。各二级分行必须配备专人负责此项业务及时推进。三是要积极应对市场，认真做好各期国债的发行兑付工作。四是要积极推进保管箱业务的发展，加强市场营销、提高保管箱出租率，增加保管箱业务收入。

3. 高度重视储蓄存款工作，继续保持增量市场的优势地位

（1）充分认识储蓄存款业务的重要性。大力抓好储蓄业务不仅是我行贯彻总行“3510”战略、实现业务经营目标的需要，也是解决流动性问题的根本要求。要清醒地认识到负债业务是我行客户营销的基础，更是实现效益目标的现实选择，近几年来大力组织资金上存总行已成为我行经营效益整体持续向好的关键因素。

（2）加强指导和检查督促。要抓好旺季吸储和日常存款的组织工作。

（3）要理顺储蓄业务和理财业务发展的关系。片面夸大理财产品销售对存款的分流作用，进而对理财产品销售不管不问，必将造成客户流失他行的严重后果，反而对负债业务产生更大的冲击。要把理财产品销售作为强化客户关系的有效手段，促进资金行内循环；要把握资本市场调整的机会，争取客户资金回流到储蓄账户。

（4）继续发挥小额账户收费系统的作用。要指导全行进行存折睡眠账户清理工作，不断优化和调整客户结构。

4. 建设和完善中高端客户服务体系，大力推进金钥匙理财业务

（1）统一和明确客户细分标准，切实做好客户分层工作。按照总行的统一规定，明确个人中高价值客户的准入标准：在我行个人金融资产达到500万元人民币及以上的，为钻石客户，发放钻石卡；个人金融资产100万元至500万元的，为白金客户，发放白金卡；个人金融资产50万元至100万元的，为黄金客户，发放金卡。各行要按照上述标准积极做好发卡的准备工作，完善客户管理流程，建立客户维护保障体系。客户划分标准是我行内部识别客户贡献度，确定客户优惠、增值服务水平的依据，不用于对外宣传。

（2）加快PCRM系统和CFE系统的推广应用。科技部门和个人业务部门要通力合作，切实加快个人优质客户管理系统（PCRM）和金钥匙理财专家支持系统（CFE）的推广应用，为全面开展营销和完善中高端客户服务体系提供强有力的科技支持。今年6月底前，必须将这两个系统推广应用到辖内41个试点行。要抓紧做好推广网点选择、人员培训、业务数据调整、人力配备等工作，集中组织业务人员和技术力量确保系统成功上线。技术上线完成后，要尽快实现业务上线，对识别的贵宾客户要落实营销责任人，真正实现签约、贵宾卡发放、建立客户关系、后续维护服务依次到位。

（3）明确分层服务内涵，提升中高价值客户服务水平。要按照“着力培育成长性客户，大力发展中高端客户，积极竞争私人银行客户”的要求，针对目标客户群体落实不同的服务营销策略，对一般大众客户及成长性客户，完善和推广标准化、制式化的产品服务方式；对中端客户，以理财业务为主要服务内容，实行标准化产品、差异化营销；对高端客户，以财富管理为服务重点，实行差异化产品、个性化营销、顾问式服务；对私人银行客户，通过专家团队为其提供专属财富顾问和规划服务。要按照客户价值与贡献度，合理确定优先、优惠、优质与增值服务的范围、内涵与价格水平。今年，省分行要以开通机场贵宾通道为重点，贯彻落实总行在系统内实行贵宾客户机场服务通道全面联网的要求。此外，要积极探索健康保健、道路救援等服务项目，积极拓展投资理财教育、娱乐休闲、商业联盟服务、酒店预定、机票预定等特色服务项目。

（4）积极探索和试点私人银行服务。组织相关人员，配合总行积极研究和探索我行私人银行服务的组织架构、目标客户、运作模式、产品体系等，为我行全面推进私人银行服务奠定基础。

（二）加强营销渠道建设，提高营销和服务水平

1. 加快推进网点转型工作

（1）加快网点建设。省分行和二级分行要做好辖内网点的改造、调移的整体规划安排，集中财务资源分期、分批、分步骤地推进网点建设。

（2）实施网点功能分区。要根据网点现有条件合理设置咨询引导区、自助服务区、非现金服务区、现金服务区、电子银行体验服务区、休息等待区、贵宾服务区、贵宾理财区，促进客户、渠道、产品的差别化整合，提升营业网点的综合营销功能。

（3）实施“交钥匙工程”。在网点设计时，个人业务部门要加大与相关部门的沟通协调和配合力度，要在网点建设过程中把网点的各种设施规划齐全，配置齐全，在建成交付时，实施“交钥匙工程”。

（4）主动推进网点转型工作。各行要结合网点业务结构、用工结构、设施水平、经营环境及客户资源分布状况制定具体的转型方案，省分行个人业务处对转型方案承担审批职能，有效落实“一点一策”。今年省分行将在郑州地区建立1家金钥匙财富管理中心，各二级分行所在地城市行至少要建立一家金钥匙理财中心。

（5）全面实施营业网点视觉形象建设工程。要按照总行的统一要求，全面实施网点视觉形象标准化工程，力争2~3年时间统一网点的内外部视觉形象，打造“连锁店”模式，提升农行品牌形象。

2. 整合电子渠道资源

（1）进一步加大电子渠道建设力度。通过增加ATM、自助银行数量，完善电话银行和网上银行的服务功能，优化电子渠道环境，提高服务水平和服务效率，共同扩展电子渠道的分销功能，将柜面业务向自助银行、电话银行、网上银行等营销渠道转移，缓解前台柜员业务量大、工作超负荷的问题。

（2）完善电子渠道功能。相关部门要密切合作，整合电子渠道资源，进一步增加和完善电子银行在投资理财、代收代付、个人贷款方面的专业化服务功能。

3. 加强个人业务队伍建设

（1）要配足个人业务管理人员。各二级分行要按照业务职能转换要求尽快在个人业务部门配足专职个贷人员和网点管理人员，其中要至少配备个贷管理人员2人，网点管理人员2-3人，各直管支行也要配备专职管理人员，并根据业务发展情况适时增加人员。

（2）要配备专职个人客户经理。一是每个推广个人优质客户管理系统（PCRM）和金钥匙理财专家支持系统（CFE）上线的支行及其网点必须配备专职的个人客户经理和大堂经理，其他网点可根据情况配备专兼职人员。二是每家金钥匙理财中心至少配备4名专职个人客户经理，一般具备理财功能的网点至少配备2名专职个人客户经理，理财中心和财富管理中心高柜不得多于低柜。三是凡开办个人信贷业务的机构要配足个人信贷业务客户经理，并根据业务发展情况进行适时调整。四是要优化劳动用工组合。一般网点要配备主任、会计主管、柜员和大堂经理。骨干网点除配备以上人员外，还要配备高、低柜人员、营销经理和理财经理，对不同的人员实行区别对待，根据工作的性质分别实施管理与考核。

（三）强化营销，促进个人业务快速发展

1. 实行个人业务的归口管理。各行要按照个人业务部门职能调整的要求，将个人住房信贷业务和网点管理职能划转到个人业务部门，实行个人业务工作统一归口管理，明确工作职责，确保各项工作顺利开展。按照总行要求，

各二级分行要安排个人业务板块统一由一位行领导分管，并将其薪酬与个人业务工作计划指标完成情况进行捆绑考核，促使专职副行长更好地履行职责。分管副行长原则上要在6月底前调整到位，并上报省分行人事处备案。

2. 强化个人业务联动营销。

（1）抓好储蓄业务与其他业务的联动营销。积极推行“1+N”的营销模式，充分调动员工的营销积极性；持续做好储蓄业务与银行卡、“本利丰”、“双利丰”、“汇利丰”“个人第三方托管”等金融产品的联动，实现优势互补；积极做好储蓄业务与个人资产业务的联动，通过办理个人资产业务，有效带动储蓄业务的连动发展；努力做好储蓄业务与理财业务的联动，促进资金的行内循环；注重做好储蓄业务与不同结算手段的联动，充分利用我行务工汇兑、通存通兑、代收代付等不同结算手段的优势，促进储蓄业务持续增长。

（2）做好个人信贷业务的联动营销。在个人住房贷款方面，利用评选“金钥匙”楼盘的契机，强化与优质客户和优质楼盘的合作，提高优质楼盘的按揭比重；在汽车贷款方面，加强与优质汽车生产厂家和汽车经销商合作，引进资质良好的担保公司和保险公司；注重加强个人信贷与信用卡、个人负债和理财业务间的联动营销和捆绑销售，通过产品联动、部门联动、服务联动，共同促进个人信贷业务的发展。

（3）要做好个人业务与法人业务的联动营销。在营销优质法人客户的同时，要积极跟进个人业务，在营销高价值个人客户的同时，要积极寻找并做好优质法人业务的营销。

（四）完善奖惩机制，全面调动积极性

1. 建立个贷业务的激励机制。鉴于我行恢复性开办个人信贷业务，为积极稳妥推进业务发展，要严格按照豫农银发〔2007〕131号关于印发《中国农业银行河南省分行个人住房贷款业务考核奖励暂行办法》的通知要求，本着新增投放计量、兑现到人的原则，省分行对个人住房信贷业务进行专项奖励。各行可参照本办法制定适合自身实际的其他个人信贷业务考核奖励办法，以期调动基层行开办个贷业务的积极性。

2. 完善负债业务的考核机制。省分行已经出台《加快负债业务持续稳定发步的意见》，一方面加大了对日均存款的考核力度，促进存款的稳定增长。另一方面继续把负债业务的计划完成情况和市场占有率作为各二级分行班子和行长、主管行长述职的一项重要内容。按月对负债业务的完成情况进行排名，对在当地四大行市场份额位居末位、连续3个月市场份额下降或没有完成计划的（基金、国债、理财产品视同存款考核），对二级分行行长和主管行长进行问责，以此促进存款的持续增长。

3. 加大对基金及理财产品销售的奖励力度。采取经济手段为主，行政手段为辅的方式，增强各行销售基金和理财产品的动力和积极性，省分行将按照基金销售额的20‰直接对销售人员计发绩效工资。在5~7月份，总行将开展专项促销活动，按基金销售额的2%进行专项奖励。各行要严格执行基金销售奖励政策，在奖励资金分配上尽量向客户经理、大堂经理和一线柜员倾斜，通过奖励的合理分配在各行间形成你追我赶的竞争氛围。

4. 积极探索完善个人业务产品跟单计价考核机制。各二级分行要制定个人金融产品计价考核标准，完善对个人客户经理、大堂经理、网点主任、低柜理财经理等岗位考核指标体系，加强储蓄、基金和理财产品的跟单计价考核力度，要按月考核，按月兑现，全面调动个人客户经理营销积极性。

（五）以服务奥运为契机，全面提升服务水平

1. 提高服务质量。要牢固树立“以客户为中心”的服务理念，始终坚持“优质高效”的基本原则，弘扬秉承“诚实守信”的服务品质，按照我行规范化服务的标准规范文明用语，端正服务态度，严肃服务纪律，不断提高服务技能，灵活运用服务技巧，向客户提供标准服务、优质服务、温馨服务、真情服务。

2. 健全服务机制。要全面推行“大堂经理制”，充分发挥大堂经理接待员、咨询员、引导员、服务员、营销员和管理员的作用，合理进行业务分流；稳步推进“限时服务制”，尽力缩短客户等待时间，提高业务办理速度；认真推行一对一无缝服务制，每一位贵宾客户必须明确专属客户经理提供服务；积极倡导“星级柜员制”，按服务质量、业务处理量、业务技能、业务规范性对柜员实行五个星级考核，柜员的工资收入与“星级”挂钩，调动柜员开展优质文明服务的积极主动性。

3. 加强服务监督。要制定统一的网点服务规范标准，建立晨会制度、巡检制度和“神秘客户”制度，形成“规范标准、培训提升、文化激励和监督评价”四位一体的服务质量管理体系和机制。要从窗口服务规范、投诉处理机制完善、金融知识宣传等多个环节推进文明规范服务，全面提升服务水平。

（六）加强风险防范，促使个人业务健康发展

1. 强化个贷业务的风险控制。一是全面实施个贷业务差异化管理。实行分地区、分品种的授权管理，严格实施经办行准入制度。二是加强动态不良率控制。对个人客户经理、合作商、经办支行、“个贷中心”、单项个贷品种和二级分行分别设置不良率为1%的警戒线，超过警戒线自动终止个贷发放或转授权，将全部精力转入贷后管理，直至不良率降为1%以内方可重新开办业务。三是切实防范政策风险，高度关注市场风险。严格落实人民银行和银监会“第二套房贷”的规定。对房价波动较大的区域，以及高单价、高总价住房，进一步提高首付款比例。四是加强对操作风险的控制。严防“假按揭”、“假车贷”重新抬头，对开发商利用预售环节以分期办理首付或为购房者垫付首付等“假首付”购房，不得提供按揭贷款。进一步规范完善中介机构管理制度，控制中介机构风险。进一步加强抵押品的评估管理，对评估公司进行严格准入，权限上收至二级行以上。五是坚持个贷业务双人调查、有价权证集中登记和档案集中管理制度，切实防范道德风险。六是全面推进个贷业务贷后管理工程。要加强对贷后管理制度执行情况的检查和责任追究力度。省分行个人业务处至少落实一名风险经理，各二级分行也要根据业务发展情况配置专（兼）职风险经理，负责个贷在线监测工作，提高风险预警能力。七是加强房贷市场监控，严格防范风险，审慎介入严重偏离当地市场平均水平的楼盘。

2. 强化中间业务的风险控制。一是要通过操作流程的优化以及合理、规范的岗位设置，防范各类操作风险。二是要严格按照银监会、证监会的要求，强化信息披露，规范信息披露的方式、途径和内容。三是要做好客户的风险承受能力测试以及客户拟购买产品的风险匹配检测，认真履行风险揭示与告知义务，规范相关理财产品合同，避免法律风险及纠纷的发生。四是要重视基金和理财产品售后维护工作，做好产品、客户档案的管理，建立完整的事前、事中、事后信息披露，并完善投诉处理机制。

3. 强化储蓄存款业务的风险控制。一是强化操作风险控制，加强业务流程制约和岗位制约，严格按照授权管理、密码管理的规定办理业务。二是强化道德风险控制，要严格监督一线柜面人员和营销人员遵守职业道德，防止挪用、贪污、偷支客户存款行为和“虚增存款”、“隐瞒存款”、“下甩存款”等违规现象的发生。三是强化政策风险控制，坚决杜绝高息存款或变相高息存款的行为。

4. 实施资格准入和持证上岗制度。个人业务实施先制度、后培训，先试点、后推广的发展模式。要严格准入条件，严禁不具备相关资格的行开办相关个人业务。要加强培训，全面提高员工综合素质和操作技能，逐步推行持证上岗制度，严禁不具备能力的人员从事相关岗位工作，切实防范操作风险和道德风险。

适应形势　强化营销　加快转型
实现个人金融业务发展的新突破

——张耀平同志在黑龙江分行“春天行动”个人金融综合营销动员会上的讲话

一、2008 年工作简要回顾

年初以来，在行党委的正确领导下，个人业务条线牢牢抓住客户维护和业务经营，对外积极开拓营销，对内提高管理水平，各项工作取得较好成绩，对全行业务发展做出了积极贡献。

（一）储蓄存款实现历史性突破。截至 12 月 27 日，我行储蓄存款比年初增加 143 亿元，接近前四年增长额的总和，完成我行个人存款三年发展规划目标的近一半，开创了我行储蓄存款的新纪元。这是我们抓住历史机遇，充分利用内外部发展资源，经过全体员工共同努力所取得的成果。一是 2008 年“春天行动”营销活动成效明显，储蓄存款工作实现良好开局。去年的 12 月 26 日，我们也是在这里举办了动员大会，省行安排 200 余万元营销费用和 60 余万元的专项奖励工资推动各级行全面开展营销活动。各级行活动组织有声有色、形式多样。牡丹江分行开展了“春天服务三农，农行农贷送农家”活动，佳木斯分行组织对个人优质客户回访活动，营业部、绥化、鹤岗分行加大电视、报纸等媒体宣传力度，取得较好效果。截止 3 月末，全行储蓄存款完成了全年计划，同比多增 13.66 亿元，为全年的发展打下坚实的基础。二是广泛开展“115”营销活动，形成全员营销的良好氛围。年初，省行本部制定“115”产品营销活动实施方案，制定产品营销计价标准，按处室下达营销计划，对营销成果按季考核按季兑现。各级行按照省行的模式开展了“115”营销活动，营销活动效果明显，全体员工的营销意识不断增强，形成了宣传农行产品、使用农行产品、营销农行产品的良好局面。三是采取措施提高规范化服务水平。省行制定了《进一步提高营业网点规范化服务水平的实施意见》，建立网点“晨会”制度、网点负责人每日巡检制度，加大服务质量监督检查力度，对营业网点进行明察暗访，建立非现场监督检查制度，充分利用省行远程网点视频监控联网系统对网点服务进行实时监控，督导营业网点完善服务设施、规范服务行为，优化服务流程，提高服务水平。

（二）个人优质客户营销服务工作取得新进展。一是建立个人优质客户营销激励机制。省行出台了《黑龙江省分行个人优质客户效益工资总额分配办法》，加大个人优质客户营销奖励力度，推动各级行将工作重心转移到个人优质客户营销拓展上来。截至 11 月末，个人优质客户达到 60770 户，比 6 月末增加 2833 户；个人优质客户的存款余额为 225 亿元，比 6 月末增加 25 亿元，占全行个人存款增额的 22%，优质客户对农行的贡献度明显增强。二是各级行按照省行《关于进一步做好个人优质客户营销和服务工作的实施意见》、《关于抓紧落实贵宾客户服务措施的紧急通知》的要求，积极落实贵宾客户优惠优先和增值服务措施。增设贵宾窗口和贵宾室，改善贵宾客户办理业务的条件，彰显贵宾客户的尊贵身份。目前，全行共建成贵宾室 79 个，有 70% 的营业网点设置了专门的贵宾窗口。省行还牵头落实了哈尔滨太平国际机场易登机服务，能够为贵宾客户提供安检快捷通道和贵宾室服务；与中国移动公司签订服务协议，由省行统一为贵宾客户免费提供金融产品信息和祝福问候等手机短信服务；各级行正在抓紧落实医疗保健、道路救援、律师咨询等增值服务项目，不断提升贵宾客户在我行的尊贵服务体验。

（三）个人信贷业务逐渐步入正常发展轨道。经过几年的治理整顿，全行逐步树立起风险意识和规范发展观念，个人贷款假、乱、差的局面得到有效遏制。对个人信贷业务重要性的认识不断增强，开办业务的积极性也不断提高。各级行踊跃申请开办个人生产经营贷款业务，省行共批准新增开办行50个，使经办行总数达到63个。全年共审批一手住房楼盘23个，按揭合作额度2.25亿元；投放个人住房贷款0.38亿元，比去年同期多投放1200万元；投放非住房个人贷款1.16亿元，比去年同期多投放2000万，初步扭转了个人信贷业务日益萎缩的局面，为今后业务发展奠定了基础。

（四）网点建设和功能转型初见成效。今年以来，网点建设与管理工作进一步规范，“大厅制胜”战略深入人心，网点转型工作全面铺开。一是网点布局趋于合理。经过全行上下的共同努力，完成了网点建设三年规划，每个网点都制定了详细的建设规划方案，方案包括地图标注、环境照片、视频录像，金融资源分析和同业发展状况。规划后的营业网点普遍位于高档社区、繁华商业区、中央商务区等金融资源丰富，具有较强发展后劲的好区位、好地段。二是网点形象逐渐统一。在保证标识、形象、色调、风格统一基础上设计制作了《营业网点装修规范手册》。今年集中装修改造了27个营业网点，统一了79个网点的视觉形象，集中设计完成292个营业网点的平面规划图，为明后两年大规模装修改造网点做实了前期准备工作。三是电子渠道建设明显加快。今年全省新购199台ATM机，总量增加了1/3，点均占有率由过去的0.3台增加到1台，电子设备的大量增加为转型网点业务分流工作奠定了物质基础。四是转型试点效果显现。今年，省行首先选择宏博、汇金、南岗三个城市支行和庆安县支行作为网点转型试点行，直接深入到试点行研究岗位设置、细化考核方案、分析客户结构、制定服务流程，边试点边总结经验。经过几个月的运营，试点网点的整体竞争实力明显提高，业务分流效果明显，自助设备业务量迅速增加，贵宾卡发卡量快速增长。据统计，占网点数量8%的52个转型网点的储蓄存款比年初增加15.7亿元，占全行储蓄存款增量的15%。

（五）建立健全个人业务发展的保障机制。一是建立个人金融产品营销激励机制。省行在全省工资总额分配中对个人业务的营销考核进行了细化和重点倾斜，出台了《黑龙江省分行个人住房贷款业务奖励办法》、《黑龙江省分行产品营销计价指导意见》、《黑龙江省分行个人优质客户效益工资总额分配办法》等一系列有利于个人业务发展的激励措施，极大地调动了全行员工主动营销个人金融产品和个人优质客户的积极性。二是根据业务发展需要不断调整完善个人信贷业务政策规定和业务流程。省行在总行相关文件基础上，修订了《个人生产经营贷款实施细则》，下发了《2008年个人购房贷款业务管理意见》、《关于对个人住房贷款业务经办行管理的意见》、《关于调整个人生产经营贷款有关规定的通知》等一系列政策规定，为各行规范有效发展个人贷款业务提供了制度保证。三是全方位开展业务培训工作。省行举办了6期个人客户经理培训班，对所有在岗的大堂经理、理财经理、营销经理等近千名个人客户经理进行了业务培训，内容包括营业网点现场管理、客户经理岗位职责与营销流程、房地产业务营销与管理、基金营销实务、优质客户管理、服务礼仪和金融产品营销技巧等操作和管理知识，对提高我行个人客户经理队伍整体素质起到积极作用。省行还委托北京金融培训中心，举办1期金融理财师（AFP）培训班，培训金融理财专业人才65人，其中有53人一次通过资格考试，为发展个人理财业务奠定了基础。

二、当前面临的形势和工作目标

目前，国内外经济金融形势十分严峻。美国次贷危机引发的金融危机愈演愈烈，对实体经济影响已经显现，全球经济增长陷入衰退，并可能有加剧的趋势。我国资本市场低位振荡，房地产市场交易量萎缩，出口增速放慢，消费需求有所减弱，经济增长速度开始放慢。

我们既要认清国内外经济发展所面临的严峻形势，同时也要看到我们所拥有的一系列发展机遇。一是国际经济危机对我省经济的影响相对较小。由于欧美国家经济衰退主要影响到我国的出口依赖型企业，而这些企业主要分布在沿海发达地区，我省企业受此影响相对较小，经济仍将平稳运行，这为我省金融业务的稳步发展提供了较为宽松的经济环境。二是国家实施积极的财政政策，陆续出台了刺激房地产需求、调低进出口税率、加大基础设施投资、推进医疗体制和劳动保障体制改革等，扩大内需促进经济增长的有力措施。这些措施逐步落实，将直接推进经济发展，提高城乡居民收入，扩大消费需求，这为个人金融业务提供了更为广阔的发展空间。三是央行积极推行宽松的货币政策，采取降低存贷款利率，调低金融机构存款准备金率等货币政策。这些措施的实施，将直接降低个人金融交易成本，刺激广大居民对个人金融产品的市场需求。四是国家实施的加快小城镇建设、着力解决“三农”问题的一系列政策措施，将极大提高农村经济增长速度、加快农业发展步伐、提升农民收入水平，这为我行大力发展“三农”个人金融业务提供了得天独厚的有利条件。

面对新的形势和新的机遇，我们要坚定信心、以科学发展观为指引，实施“12345”工程，优化结构，加快发展。2009年全行个人业务工作的指导思想为：坚持科学发展观，按照建设一流零售银行的要求，提升综合营销和客户服务两个能力，优化业务、客户、网点三个结构，提高低成本存款、个人贷款、中间业务、优质客户四个核心业务指标的市场份额，努力推进五个转变，实现个人业务又好又快发展。

2009年主要业务发展目标：一是个人存款比年初增加100亿元，增量份额力争四行第一。二是个人贷款余额增加8亿元，其中个人住房贷款增加3亿元，非住房个人贷款增加5亿元。三是代销基金和券商集合性产品30亿元，实现手续费收入5000万元，同业市场份额大幅上升。四是个人优质客户增加10000户，签约贵宾客户增加5000户。五是加快网点改造步伐，力争完成330个网点的装修改造任务，网点改造率达到70%，建成金钥匙理财中心50家。六是继续加大对个人客户经理的培训力度，省行将举办5期个人客户经理培训班，对所有在岗的个人客户经理轮训一次。

三、2009年工作重点和具体措施

（一）扎实有效开展2009年“春天行动”

近四年来，总行连续在全国范围内开展“春天行动”个人业务综合营销活动，主要目的就在于提高全行对个人业务优先发展战略的认识，在全行上下形成一股大力营销个人金融产品的热潮，促进个人金融业务的快速发展。历史数据表明，凡是能够认真开展“春天行动”，实现首季开门红的行，全年的个人业务发展目标就完成得好；凡是“春天行动”开展不力，首季效果不理想的行，全年的个人业务发展目标完成得困难甚至不好。所以说，“春天行动”对全年个人业务发展的作用不可低估。各级行要充分认识“春天行动”的重要性和必要性，精心组织，统一行动，周密安排，上下联动，全面掀起全行个人业务综合营销高潮，努力实现首季开门红。

1. 加强领导，确保营销活动有序开展。省行成立了“春天行动”活动领导小组，组长由李培峰行长担任，张耀平副行长任副组长，小组成员包括个人业务处、公司业务处、房地产业务处、机构业务处、农业信贷管理处、银行卡部、电子银行处、国际业务部、办公室、人事处、计划财务处等部门，领导小组办公室设在个人业务处。各行也要相应地成立组织领导机构，实行一把手负责制，精心组织、周密安排，在活动主线上与总省行保持高度一致，做到“五统一”，即“统一时间、统一主题、统一品牌、统一形象、统一宣传品”，分阶段、分层次开展营销宣传活动。

2. 认真组织，高质量地开展“六大”营销活动。省行规定了六大类必选活动项目：一是“春天行动”启动仪式。各级行要结合本行实际做好启动仪式，并充分利用新闻媒体做好宣传报道，及时渲染烘托农行“春天行动”氛围，把客户的注意力集中到我行2009年“春天行动”上来。二是金钥匙春天送福行动。各分行要在春节前安排个人客户经理对高价值客户上门拜年赠礼，其中钻石客户要由分行或支行领导亲自拜访，同时各营业网点开展现场送礼活动，让每位客户都得到一份惊喜。三是贵宾客户联谊会。邀请优质对公客户高管或业务代表、个人贵宾客户参加贵宾客户联谊会或座谈会，征询客户对我行产品和服务的意见和建议，拉近银客间距离，保持互助友好的合作关系。四是组织开展系列文艺活动、体育赛事及社区联谊活动，通过活动寻求客户认同感，提高客户忠诚度。五是理财专家巡回讲座，重点针对个人优质客户，组织理财专家进行专题讲座，有条件的行要在辖内进行巡讲。六是大冬会主题营销宣传，农行是唯一可以使用大冬会标识的金融机构，各行要充分利用这一有利条件，通过冠名形式在大冬会期间开展营销宣传，开展“迎大冬”农行员工优质服务竞赛活动，组织“‘迎大冬’窗口服务之星”评选活动。除上述必选项目外，各行可根据当地实际情况，开展其他特色营销活动，强化“春天行动”的总体营销效果，并及时将活动开展情况上报省行。

3. 强化激励，确保“春天行动”营销目标尽早实现。一是省行增设“春天行动”专项效益工资，一季度资产业务、中间业务产品营销效益工资的兑现标准在正常标准的基础上再提高10%；一季度存款营销效益工资则在正常兑现标准之外，再追加10元/万元。二是省行配置320万元营销费用，专门用于“春天行动”各项营销活动。三是省行安排45万元奖金，奖励在“春天行动”活动中表现突出的先进单位和个人。各级行可在此基础上设置有关营销奖励和费用，提高营销活动效果。

（二）正确把握存款分流形势，实现存款增长和结构优化

在国家宏观政策调控下，明年储蓄存款面临诸多分流因素。一是抑制经济衰退、扩大内需等政策因素影响；二是基金、国债、股市等直接融资市场转暖因素影响；三是储蓄存款连续降息，居民储蓄意愿降低；四是各种分红、投资连结型等储蓄替代型保险品种推进速度加快；五是同业竞争更加激烈，增加存款的难度增大。

各级行要认清2009年储蓄存款业务面临的形势和压力，坚持负债业务总量增长与结构优化相结合，走质量效益型的负债业务发展道路，努力扩大资金来源，降低筹资成本。一是从客户源头抓存款。加大对公务员、私营企业主、公司高管等个人优质客户的抢占力度，开展针对优质公司客户的代发工资、银行卡、理财服务等专项营销活动，扩大优质客户基础。二是从开拓新渠道抓存款。通过加快营销网上银行、转账电话、手机银行、POS、ATM等渠道类产品，吸纳专业市场个体私营商户生产经营过程中的沉淀资金；依托代收代付、汇兑结算等产品聚集居民日常生活支付结算和消费活动中的留存资金。三是借助资本市场抓存款。要正确认识储蓄存款和理财产品的转化关系，借助联接资本市场的个人理财产品来稳定、维护和发展客户，抓住当前股市低迷时机，大力发展第三方存管业务，扩大个人客户资金流规模，努力争取客户股票账户结余资金回流储蓄账户，实现资金行内循环。四是结合服务“三农”抓存款，深入乡镇、农村，抓住个体经营者、卖粮户、外出务工人员等储源，通过营销惠农卡、“双利丰”个人通知存款等产品增加存款。

（三）快速健康发展个人信贷业务，不断扩大业务规模

1. 充分认识加快发展个人信贷业务的重要意义。从外部形势看，2009年国家将加大措施，扩大内需，刺激消费，增加居民收入，客观上为发展个人信贷业务提供了更加丰富的市场资源。从内部环境看，总省行高度重视个人信贷业务，积极为业务发展营造良好的政策环境。各行要认识到个人贷款风险相对分散和可控，占用经济资本少，综合收益高，对提升我行经营效益具有积极作用。要认识到不良资产剥离后我行信贷规模小，资产负债结构不合理，发展个人信贷业务对推进经营战略转型具有重要意义。

2. 加强重点产品营销，不断丰富业务品种，提高市场竞争力。目前，我行要重点做好个人质押、个人生产经营、

个人住房贷款业务。一是积极发展个人质押贷款业务。要扩大个人质押贷款质押物范围，将个人质押贷款的质押物扩大到非我行代理的人寿保险单，在征得银监局同意后，还将开办他行存单、国债质押贷款业务。同时积极向总行争取将贷款审批权下放到经营行，把个人质押贷款真正做成柜台业务。二是大力拓展个人生产经营贷款业务。各行要将个人生产经营贷款作为我行个人经营类贷款的主打产品，加大业务拓展力度。要选择个体工商户经营活跃的地区，特别是已经成熟、规模较大、经营稳定的区域性专业批发市场、民贸市场或大型商业街，积极支持经营项目合法、经营效益好、管理规范、信誉良好的高价值个人客户的流动资金贷款需求。三是积极拓展个人住房贷款业务。在城区，以置换式个人住房贷款、轻松假日计划、存贷双赢理财账户等业务为主打产品，带动城区一、二手个人住房贷款业务突破性发展，同时积极拓展二手房交易资金托管和接力贷等业务品种。在县域，重点推广传统个人住房贷款和接力贷，提升市场份额。争取总行政策支持，将置换式个人住房贷款业务由仅在哈尔滨城区办理，扩大到所有地市城区都可办理。为鼓励各行做大做强个人住房贷款业务，对于抢占市场份额，因执行新的利率政策导致出现经济增加值增量为负值的情况，省行在兑现工资时将考虑特殊情况做相应调整。四是在大中城市行推出个人自用车贷款业务，重点营销公务员、优势行业人员以及具有较多资本积累的私营业主等优质个人客户。五是争取总行尽快同意我行开办个人综合消费贷款、个人客户综合授信、个人住房循环贷款、直客式个人住房贷款等业务，在经济发达地区进行试点，成功后向全行推广。

3. 完善个人贷款管理体制，提高业务办理效率。一是抓紧进行个人消费贷款审查审批中心的恢复和组建工作。从目前各行个人消费贷款审查审批中心的运行情况看，由于业务量小、人员配备不到位，中心的作用未得到有效发挥，有的中心甚至名存实亡。随着个人信贷业务规模不断做大，各行要及时恢复贷款审查中心，未建立的要及时建立，切实发挥中心专业化、集约化审查、审批的作用。中心仍设在二级分行，挂靠个人业务部，内设综合岗、审查岗、审批岗和贷后管理岗，综合岗、审批岗、贷后管理岗各配备1人，审查岗人数根据业务量配备。各行要于2009年2月底前完成中心的恢复、组建和人员配备工作。二是扩大中心业务范围。中心负责集中审查审批所辖城区行的个人信贷业务，包括个人质押贷款、个人生产经营贷款、个人住房贷款、个人自用车贷款、个人综合消费贷款等个人贷款，除经省行授权的业务品种外，城区支行不再具有个人贷款审查、审批权。三是调整个人生产经营贷款审议范围，贷款额度在50万元（含）以下的可不经贷审会审议，贷款额度超过50万元的须经有权审批行贷审会审议。四是积极探索新的个人住房贷款业务办理模式，在哈尔滨、齐齐哈尔、牡丹江、大庆、佳木斯等城市城区，各选择一个单点支行成立个人住房贷款专业支行，主要从事个人房地产信贷业务，不考核其它资产和负债业务指标。此项工作要在2009年2月底前完成。

4. 强化激励措施，加大考核力度。一是提高个人贷款产品营销效益工资兑现标准，万元贷款效益工资由60元提高到70元。二是个人住房贷款继续按照《黑龙江省分行个人住房贷款业务奖励办法》，将奖励工资穿透式兑现到有关人员；其他个人贷款产品营销效益工资要全额兑现到经营行，经营行要全额兑现到营销和调查、审查人员，不得截留、挪用。三是开展“个人信贷业务宣传月”活动，对截至2009年4月末个人贷款余额比年初增加1000万元以上的前10名支行，由省行安排15万元专项资金进行奖励。四是对各行计划完成情况进行考核，对未完成计划的二级分行分管行长按规定程序进行问责。

5. 加强风险管理，保障个人信贷业务健康发展。一是继续实行经办行准入制，经营行如有开办业务需求，二级分行要对业务开展可行性进行全面调研，形成调研报告上报省行，省行考察后予以准入。对准入后当年未开展业务、或出现问题的经办行，将根据实际情况取消其业务开办资格。二是动态调整授权机制。省行将对低风险业务向基层行下放权限，对管理规范、资产质量好的行扩大授权，对特别好的大额业务进行特别授权，使授权管理能够与业务发展相契合，并真正服务于业务发展、推动业务发展。三是加大监督检查力度，严格追究违规责任。对认真执行信贷制度和操作程序，因客观原因使贷款形成风险的，经上级行认定确实不存在违规问题的，免于追究责任。

（四）积极发展个人中间业务，提高市场竞争力

1. 客观分析基金市场前景，坚定基金销售信心。2008年下半年以来，国家出台多项激励经济发展的政策措施，推出的节奏和力度远远超出预期，并将逐步化解金融危机对我国经济的不利影响，有助于恢复投资者信心。另一方面，资本市场经过深度调整之后，目前已经接近底部，资本市场投资价值逐步显现，是基金建仓的较好时期，也是购买基金的较好时期。一旦市场发生反转，即使是短期调整，基金净值都将强劲反弹。从基金发展历史来看，凡是在资本市场低迷时购买基金，都取得了较好收益。基金定期定额产品，更是熨平市场风险的有效工具，尤其适合在市场震荡时期购买。各级行要改变以往的营销策略，在市场低迷时，要敢于营销各类基金以及集合性资产计划产品，只要营销出去，对维护客户关系，减少客户流失，建立长期友好合作关系，都将产生深远影响。

2. 通过开展“五个一”活动，努力提高基金销售额。各级行要借助我行网点和人员优势，认真开展“五个一”活动，即：每一位柜员每天向大额存取款客户分发基金宣传单10份，每一位大堂经理每天分发热销产品推介单20张，每一位客户经理每年营销基金30万元，每一位理财经理每年营销基金40万元，每一个网点每年至少销售基金50万元。

3. 理顺产品销售渠道，实施理财产品分区销售。现金区和非现金区主要面向普通大众客户，销售货币型基金等低风险产品；贵宾服务区、贵宾理财区和贵宾窗口，主要面向贵宾客户，销售股票型基金和券商集合性资产计划管理产品。要把主动营销基金的平台建在贵宾区，做到产品与资源的对接，提高营销效率和质量。

4. 完善销售模式，强化交叉销售，提高个人金融产品销售水平。一要实现存款业务和基金、保险业务的捆绑销售：向办理活期存款业务的客户，推介货币型基金和个人通知存款；向办理零存整取的客户，推介基金定期定额产品；向购买国债或办理定期存款的客户，推介债券型基金；向办理三年以上定期存款的客户，推介股票型基金、集合性资产管理计划和保险产品。二要实现个贷业务与其他金融产品的捆绑销售：明年总行将下发“1 + N”计价考核方案，既办理一笔购房贷款的同时办理两张卡（借记卡 + 贷记卡），开通两个渠道（网上银行 + 电话银行），将分别给予个贷客户经理一定额度的奖励。三要实现住房贷款与个人消费贷款的组合营销，向房贷客户营销住房装修贷款 + 汽车贷款 + 车位贷款，即“家庭住用一体化”贷款服务，深度挖掘客户的信贷需求。四要积极推广应用金钥匙理财专家支持系统（CFE 系统），为理财业务发展提供强有力的技术支持。

（五）加强个人优质客户营销，不断优化客户结构

1. 加大优质客户营销力度，积极拓展增量客户。目前从我行个人存款的分布结构看，不到 1% 的个人优质客户贡献了近 30% 的存款余额，所以说个人优质客户对个人业务的发展具有举足轻重的作用。各行要锁定优质客户群体，积极做好新客户和潜在客户的拓展营销。一要充分利用我行公司类客户资源，将目标锁定在优质信贷类公司客户的高级管理人员，通过与公司业务部门联动，将其营销成为我行的个人客户，并发展成为贵宾客户；二要锁定具有垄断地位、处于优势行业的企、事业单位和政府机关，将其员工列为潜在优质客户，通过深度挖掘其金融需求，争夺他们在其他金融机构的业务量，将其发展成为我行的优质客户；三要锁定个体私营经济活跃的领域，对实力雄厚的私营企业主或投资人进行重点营销，将信誉良好、具有高业务成长性的人员培植成为我行的个人优质客户。各级行要将个人优质客户发展计划，分解落实到支行、网点，确保实现客户发展目标。

2. 充分发挥个人优质客户管理系统（PCRM）的作用，认真维护存量客户。目前 PCRM 系统基本实现了掌握客户结构，了解客户资产规模、资产结构的目标。各级行要充分利用 PCRM 系统提供的数据，认真分析本行个人客户的基本情况，积极做好个人优质客户管理工作。必须将 PCRM 系统识别出来的个人优质客户指派到专、兼职个人客户经理管理，并有针对性地开展营销，真正实现签约、贵宾卡发放、建立客户关系、后续维护服务依次到位。

3. 全方位落实贵宾客户服务工作。各级行要按省行要求做好对贵宾客户的优先、优惠、个性化和增值服务。省行已在哈尔滨太平国际机场开通贵宾通道安检服务，设置了农行贵宾室，对贵宾客户免费提供经济、金融、产品信息等手机短信服务，制作了贵宾卡宣传折页。各行要做好全省统一服务项目的宣传工作，积极落实好本行医疗健康、道路救援和律师咨询等增值服务项目；要落实好贵宾卡异地手续费减免，免收工本费、挂失手续费等优惠政策；创造条件开设贵宾窗口，为贵宾客户提供优先服务及专兼职客户经理服务；落实好贵宾卡营销管理，加快贵宾卡发放进度。

4. 大幅提高个人优质客户营销效益工资兑现标准。一是提高增量个人优质客户兑现标准，由原每增加一户五、四、三、二星级客户，分别兑现效益工资 1000 元、500 元、200 元、100 元标准，上调到分别兑现效益工资 1500 元、750 元、300 元、150 元标准，增幅高达 50%。二是增加存量个人优质客户效益工资，五、四、三、二星级客户的兑现标准分别为：500 元、250 元、100 元、50 元。三是提高贵宾客户签约发卡的效益工资兑现标准，每签约 1 个贵宾客户，由原兑现效益工资标准 70 元，上调到 100 元。

（六）积极推进网点转型，努力实现“六个转变”

未来两年，全省农行的网点建设目标就是要在“布局、管理、形象、设施、功能、服务”等六个方面实现“转变”。

1. 调整优化网点布局，由布局散乱向合理布局转变。根据网点建设规划，对分散、低效的营业机构进行适度整合，提升网点分布与经济总量、金融资源分布的匹配度。增加大中城市中央商务区、高档社区、高新技术开发区、大型市场等优势区域的网点密度。审慎撤并，有选择地保留、迁址一批低效网点。

2. 实施网点分类分级管理，由管理偏松向科学管理转变。结合网点所处区域、位置、发展潜力和综合业务量的不同，因地制宜、区别对待、分级管理。将全辖网点细分为“财富、精品、基础、自助”四大类，将客户基础好、规模较大的营业网点，加快建设成为功能齐全、人员精干、业务高效、服务优质的精品网点。

3. 扎实推进网点形象建设，由形象各异向统一形象转变。在总行支持下，要彻底改变我行网点“位置偏、形象差、功能弱、设施旧”的社会形象，集中人力、物力、财力，统一设计，合理分区，有计划、分阶段地按照总行新理念、新形象对营业网点统一进行装修改造。

4. 加快电子渠道建设，由设备陈旧向设施先进转变。加大自助设备投放进度，2009 年计划投放 805 台 ATM 和存取款一体机，投放多媒体自助终端 347 台。按照“先在行、后离行”的原则，加快建设一批 24 小时自助服务银行。提高电子银行渠道的竞争能力、分流能力和服务能力。推动网点从单一的柜面服务渠道向柜面、自助银行、网上银行相结合的多元化服务渠道转变。

5. 推进网点分区作业，由单一分区向功能齐全转变。要在网点功能分区基础上，采取多种分流措施，积极进行业务分流。配齐大堂经理，将小额存取款业务引导到自助服务区，将高端客户引导到贵宾服务区；制定价格策略，实行低端业务柜面服务与自助服务的差别化服务价格，强制业务分流；减少存折客户数量，实施以卡换折，提高个人客户持卡占比和使用率，驱动业务分流。

6. 实现服务分层，由传统服务向差别服务转变。要将营业网点从简单的存取款和支付结算工作解放出来，采取有效措施分流低端客户和低效业务，关闭低效窗口，减少柜员数量，充实大堂经理、理财经理等业务引导、咨询和产品销售力量，由向所有客户提供同质化、大众化的服务向为高、中、低端客户提供差异化、个性化的服务转变，实现网点职能从简单的“交易型”向“营销服务型”转变，全面提升网点的服务品质和核心竞争力。

加快转型攻坚　实现发展突破
努力建设全省最好最大的零售银行

——李新平同志在湖北分行零售业务工作会议上的讲话

一、2008 年零售业务工作简要回顾

今年以来，湖北分行紧紧围绕“树形象、抓发展、增效益”的经营方针和“三个确保”总体要求，加大营销力度，推进经营转型，较好地实现了2008年零售业务工作会议提出的各项目标。

（一）业务发展势头良好。到11月末，个人存款、个人贷款分别比年初净增242.6亿元、10.4亿元，理财产品销售199.3亿元。个人存款、新发银行卡和POS、贵宾卡、网上银行、转账电话、第三方存管等8项主要指标提前完成全年计划。系统内排位靠前。个人存款余额和增量、个人贷款增量和个人理财产品、贷记卡总量和增量、银行卡收入、代理保险保费、网上银行注册客户数等13项主要指标在系统内排名前10位。市场竞争能力增强。在个人存款余额和增量、代理保险保费和手续费收入、借记卡发卡总量和增量、POS交易额等8项业务指标继续保持同业首位的基础上，个人中间业务收入、基金代销额跃居同业第一、贷记卡总量和增量分别前移1位和2位，新发贷记卡的市场占有率比上年提高10.7个百分点。

（二）网点转型有序推进。召开了全省农行第一次零售业务工作会议，系统地对零售业务板块工作进行了研究和部署，率先在全国农行系统推进了网点转型。全力推行网点三分。网点基本实现功能分区、服务分层和业务分流。注重电子渠道建设。新增ATM自助设备、新增转账电话，市场占有率分别为35%、80%，均居同业首位。全面充实营销人员。加大了大堂经理和个人客户经理的配置力度，包括网点主任、低柜柜员和理财经理在内的五类营销人员。

（三）综合营销能力提升。主题营销活动贯穿全年。年初开展了“金钥匙春天行动”综合营销，抢抓零售业务旺季，并在总行“春天行动”的7个评比项目中全部获奖；针对资本市场疲软的形势，推出了个人金融资产“1+5”组合营销，在满足客户需求的同时锁定客户；开展了电子银行“e+心服务”营销，扩大“金e顺”品牌的知名度。同时，还开展了优质楼盘个人住房贷款等大型营销活动。在总行“春天行动”的7个评比项目中全部获奖，并先后获得湖北省十佳理财团队、全国杰出财富管理师等奖项。营销队伍素质提高。

（四）发展质量有所提高。个人贷款质量继续提升，个人客户结构改善。骨干网点贡献增加。

二、认清形势，明确零售业务总体思路和目标

2009年将是农业银行股份有限公司成立后的第一年，零售业务发展机遇和挑战并存，机遇大于挑战。

从挑战来看，一是次贷引发的金融危机使全球经济出现衰退，11月我国规模以上工业企业增加值创7年来新低，发电量创月降幅历史记录，多个数据显示国内经济发展正遇到前所未有的挑战。从虚拟经济到实体经济，从制造业到服务业，从东南部到中西部，经济增速呈整体下滑趋势，其后果将进一步显现，宏观环境对农行业务经营的影响不容低估。二是受宏观经济形势的影响，房地产市场走势不明朗，企业经营困难增多，金融领域潜在风险增加，法人客户的有效信贷需求减少，而个人经营性信贷需求则较旺盛，预期金融创新步伐将放缓，个人理财逐趋理性，全行零售业务加快发展与控制风险任务更加艰巨。三是当前筹资市场发生了很大变化，经济景气度下降传导到分配领域，影响个人收入增长和财富结构。近百万农民工提前返乡，对2009年的春天行动和借记卡营销产生较大冲击。

从机遇来看，一是我国人均GDP达到2456美元，个人金融资产在10万美元以上的个人客户达到375万户，且年均10%增长，标志着我国开始步入消费性国家，城市化、工业化、民营化进程加快，零售业务发展前景广阔。二是国家和各级地方政府出台了一系列刺激经济发展和消费增长的政策，零售业务发展的资金基础雄厚，个人信贷业务和理财业务需求增加，有利于零售业务发展方式由数量规模型向质量价值型转变。三是农业银行股改后新的公司治理结构将提高零售业务发展效率。总行成立了零售业务转型领导小组，明确提出了建设零售业务强行的宏伟目标，而县域和“三农”蓝海战略的逐步实施，惠农卡和小额信贷业务的加快发展，都将国家和各级地方政府出台了一系列增加居民收入、刺激消费的政策，奠定了零售业务发展的资金基础，增加了个人资产业务和理财业务需求。科学发展观客观要求我们将零售业务发展方式由数量规模型向质量价值型转变。

各级行必须对当前宏观经济金融形势有准确了解，对当地经济金融形势有准确判断，对农行行情有准确掌握，以科学发展观为指导，借鉴先进经验，解放思想，更新观念，统筹兼顾，大力发展零售业务。

2009年零售业务发展的总体思路是：继续贯彻“树形象、抓发展、增效益”的经营方针，以客户为中心，以队伍建设为基础，以产品服务为支撑，以机制创新为动力，深入推进网点转型，大力拓展营销个人资产业务，加快城市行零售业务发展，提高队伍营销能力，积极拓展优质客户全力推进零售业务战略转型，努力建设全省最好最大的零售银行。

三、推进经营战略转型，实现零售业务突破性发展

围绕上述总体思路，2009年全行工作重点要在如下方面展开。

（一）大力发展个人信贷业务，加快实施资产业务转型

个人信贷业务是全行2009年信贷工作的亮点，也是2009年工作的重中之重，是省分行在认真分析当前的经济金融形势和湖北农行发展现状后做出的重大决策。各行要在抓好大项目、大客户的同时，高度重视个人信贷业务营销，实现市场扩大、风险可控，把个人信贷业务做成精品。

1. 全面扩大个贷产品线。2009年，各级行要根据客户和市场需求，全面扩充个贷产品线。个人住房贷款周期长、收益高、风险低，仍然是全行个人贷款发展的重点。各行要在继续开办一手房贷款的基础上，全面开办二手房贷款，并将各类个人住房贷款产品组合好、营销好。积极营销置换式、接力贷、一手自用车贷款，并将不同的个人住房贷款产品组合营销好。要正视经营性贷款营销的不足，在风险可控的前提下，积极探索各种担保方式，全面提高和扩大个人生产经营贷款的市场份额。

2. 全面加大个人贷款营销力度。各行要根据省分行下达的计划，确定自身营销目标；根据市场资源分布、客户特性和需求，找准个人贷款营销的切入点。个人贷款产品，做出特色，做出优势。二是全面推行目录营销方式。以经营行为单位，要把专业市场、批发市场、中心商圈、成熟的开发区和中高档社区作为营销重点区域。要优选实力强、信用好、有需求的客户建立个人贷款客户目录库，实行目录式营销。三是继续做大做强个人住房贷款业务。对我行开发贷款新支持楼盘实施主导式营销，按揭贷款不能低于开发贷款占比，我行独家发放开发贷款楼盘的个人住房按揭贷款业务占比不能低于80%；对其它新开盘楼盘实施进攻性营销，力争拿下20%～50%的按揭份额。四是实施牵引营销，提高国家助学贷款的综合效益。各经办行要在做好国家助学贷款业务的基础上，扩大银校全面业务合作的深度和广度，提高综合效益。

3. 提高个人贷款运作效率。一是适当下放部分个人贷款审批权限。将个人综合授信贷款项下单笔用信、个人生产经营最高额循环贷款项下单笔用信等两类业务审批权下放到支行。二是提高调查质量。要加强对客户经理的培训，帮助他们正确理解一般要素和基本要素，把握调查要点。省分行将制定个人信贷业务调查模板，指导客户经理规范操作。三是提高审查效率。各行要加强个人信贷业务审查人员配备。审贷人员要突出管控重点，准确把握制度，提高审贷效率。要规范限制性条款，做到少而精，具有可操作性，不能层层加码。四是网上作业必需的各种设备要配齐配足，保证业务正常运行。

4. 厘清政策执行边界。一是私贷公用问题。随着社会经济发展，个体民营经济日趋壮大，金融需求明显增加。各级行要顺应市场变化，正确把握政策和风险控制要点。对这类贷款，只要贷款主体合法、资金使用符合申请指定的合规用途，不能视同违规放款。二是实行网上审批后，各个环节责任及效率问题。省分行相关部门要尽快研究制定各个环节责任及限时办结制度，明确职责，提高办贷效率。三是责任追究问题。各级行要把个人贷款业务一般违章和严重违规区别开来，凡不属道德风险、未产生风险损失且能够迅速整改到位的一般违章问题，应以辅导纠正为主，不予积分，不予纪律处分。但对严重违规的必须重处。四是关于个人信贷业务风险容忍度和叫停问题，省分行将进行研究。

（二）巩固个人存款业务优势，大力推进理财和卡业务发展

1. 抓好新形势下的个人存款业务。一是思想认识不能放松。明年的增存有压力、也有机遇。各级行不能因为今年增存形势好而盲目乐观，也不能因为经济整体下行而悲观丧气，从思想上对明年的个人存款工作引起重视。二是坚持抓早、抓全年。各级行要把个人存款作为“春天行动”综合营销活动的重点来抓，确保完成全年增存计划的60%以上。同时，要坚持全年攻势不减，全程营销不断，全心服务不丢，保持稳定和持续增长的态势。三是找准突破口，抓个人存款源头。从抓业务变为抓客户，从攻个体变为攻群体，从锁总量变为锁流量。全面开展代发工资户营销，改变我行代发工资面窄、量小的状况，锁定客户，做大流量，扩大份额。要抓住明年财政投入资金增多的机遇，抓好受益群体的资金归行工作。四是坚持本外币存款一体抓。2009年，外币储蓄、西联汇款等个人外汇业务将归口个人业务部门管理，各行还是要做到统一客户管理、统一下达计划、统一组织营销、规范业务操作。

2. 提高理财业务的综合贡献度。各级行要针对市场变化和客户需求，制定理财业务规划和产品销售策略，进一步提高理财业务的综合贡献度。要扩大传统业务市场占有率。以满足客户需求为导向，对老基金做好分析筛选，积极向客户推介适销对路的产品，上规模、增收入。抓好保险的持续营销，以代理保险进入满期给付高峰为契机，在做好给付工作的同时，主动向客户营销新的理财产品，确保到2009年末全行点均代理保险额突破500万元。要针对客户需求，灵活配置本利丰、汇利丰和中短期理财产品。新型理财业务要抢抓机遇、创品牌。

3. 大力发展信用卡业务。2009年，借记卡移交个人业务部门管理，各级行银行卡部门专营信用卡和收单业务，要集中精力，研究市场，改变信用卡业务落后的局面。省分行将组织各行持续开展开卡有礼、消费积分、激活回馈等促销活动，形成市场攻势，树立金穗信用卡的市场品牌，巩固增值创效基础。各级行要加大贷记卡营销投入，积极开展贷记卡直销。省分行银行卡部要带头直销2～3家全省

性的集团性客户，各二级分行要直销辖内的大型企事业单位3~5个，要通过贷记卡直销，增加发卡规模，提高发卡质量。

4. 加强惠农卡营销，增强服务功能。一是以银企合作助推农户小额贷款。采取“公司+农户”、“公司+基地+农户”、“专业合作组织（行业协会）+农户”、“专业市场+农户”等模式，发挥惠农卡授信功能的优势。二是积极争取地方党政部门支持，以项目带动发卡，大力营销财政直补、社保、医保等代理项目，抓住国家提高农资综合直补、良种补贴、农机具补贴标准的有利时机，发挥惠农卡代理服务功能，做大涉农资金流量和存量。三是加强服务渠道和用卡环境建设。增强乡镇网点的辐射能力，加强电子化建设，与邮储、供销社和农信社合作，实现网点互联互通，扩大惠农卡受理渠道。四是提高发卡农户授信率。公司与农行有信贷关系的，其带动的农户授信要全覆盖；有足额质押和抵押的农户授信要全覆盖。力争2009年末惠农卡激活率达到95%，发卡农户授信完成率达到20%。

（三）深入推进网点转型，真正将网点建设成为营销服务平台

各行要进一步落实省分行2008年制定的《营业网点转型实施方案》，将全省农行所有网点由数量和交易优势转化为质量和营销优势。

1. 抓好网点“硬转”工作。2009年全省农行市、县城区网点要做到“五有五到位”，即有自助设备、叫号机、平板电视（县支行营业部和城市骨干网点要同时配备门楣显示屏）、多媒体自助终端、客户用复印机，将产品计价、大堂经理、个人客户经理、理财经理（理财中心）、低柜柜员（已设低柜网点）落实到位；乡镇网点要做到“三有两到位”，即有自助设备、平板电视、客户用复印机，将产品计价和大堂经理落实到位。

2. 充实和增强网点营销力量。各行在落实“硬转”的同时，更要转变观念，充分利用现有资源，充实和增强网点营销力量。一是充实网点的各类营销人员。要严格执行“朝九晚五”，以支行为单位，逐点研究人员优化配置，合理进行劳动组合，增强营销力量。到2009年末，力争全行五类营销人员占网点总人数的比重提高到50%。二是转变网点主任职能。网点主任每个月要用1/3的时间兼任大堂经理，用1/3的时间担任客户经理，剩余的1/3时间完成日常管理工作。通过收集客户意见，掌握客户需求，策划市场营销活动，把网点主任从管理型转变为营销服务型。三是发挥专业营销人员作用。落实五支队伍营销指引要求，做到人尽其能，才尽其用。要挑选合格人员担任大堂经理，切实履行引导、咨询、营销等职责，并将网点自助设备分流率纳入其考核内容。

3. 抓好网点标准化管理。总行将根据存贷款业务量、VIP客户数量等对网点实行分类分级管理，并将网点的各项费用、效益工资与其分类分级结果挂钩。各行要顺应变化，强化网点管理，切实抓好网点优质文明服务，引入整理、整顿、清洁、规范、素养的“5S”现场管理，建立“神秘人”制度，完善服务监督机制。省分行将在调查研究的基础上，建立客户投诉通报及处理制度，促进全行文明标准化服务水平的提高。

（四）加快电子渠道建设，大幅度提高电子渠道分流率和产品贡献度

1. 加强渠道产品的营销力度。一是建立主动营销机制，解决网上银行、电话银行、短信平台等渠道产品发展不足、创效能力低、市场份额少的问题。各行要按客户总量的一定比例下达渠道产品营销计划，调动各级行特别是网点营销这几类产品的主动性和责任心。二是提高营销质量。要引导和帮助客户用好渠道产品，确保到2009年底，电子渠道业务分流率达到45%以上，网上银行、电话银行和手机银行要大幅提高激活比率。三是扩大收单市场占有率。要大力发展间联商户，重点开发高扣率商户，提高存量商户有效率，全行2009年新增有效商户3000户，POS机具1万台，转账电话5万台。对连续3个月达不到有效商户标准的POS机具进行召回。试行收单业务外包，以引进第三方的方式拓展间联商户。

2. 加强自助设备配置和管理。2009年还将继续加大自助设备的投入。各级行要按照省分行要求及时安装、优化布局、提高效率。要完善自助设备召回制度，区分城区和乡镇，按月对自助设备交易量、分流率和收入进行排名通报，分类管理。

3. 稳步发展离行式自助银行。要以城市中心商圈、高校、高新技术开发区等为重点，做好可行性论证和建设规划，建设一批形象好且先进的离行式自助银行，使之成为农业银行自助渠道的客户体验中心和营销宣传不夜店。2009年，武汉市要建设离行式自助银行8~10个，每个二级分行要建设1~3个，全省农行建设40个离行式自助银行。

（五）积极推进营销方式转型，由分散营销向综合营销转变

各级行要彻底改变部门银行、条线分割、分散营销的传统营销模式，建立综合营销机制，提高营销效率。

1. 实施联动营销。要研究制定联动营销的目标，确定联动营销的具体项目和对象，并作为对公业务部门和零售业务部门的共同考核内容。各业务部门之间、上下级行之间要协调配合，共同设计营销方案，实现法人客户和个人客户的相互带动和牵引。2009年，各级行要继续抓好春天行动、优质法人客户员工营销等联动营销活动。

2. 实施交叉营销。改变对同一客户重复和多次营销的状况，继续开展征求客户金融需求意见函活动，搜集、补齐存量客户的基础信息和交易信息，建立完善客户档案，掌握摸清客户的需求，弥补PCRM系统的不足。继续抓好个人金融资产“1+5”组合营销，因势利导，满足客户需求，力争使更多客户使用农行3~5种零售业务产品，提高客户满意度和忠诚度。

3. 实施联盟营销。各级行要选择电力、电信、移动、大型市场、酒店等重点对象建立战略合作关系，在产品、客户、渠道等方面开展全面合作。每个二级分行要签订2~3家战略合作协议单位，实现互为客户，资源共享，共同发展。

4. 抓好贵宾客户营销。一是统一对贵宾客户的优惠服务标准。将不同渠道、不同产品的交易费用减免标准统一，避免不一致造成客户信任度下降和损害农行形象。二是加强贵宾服务战略联盟单位拓展和管理。2009 年，全省农行要新拓展 100 家以上战略联盟单位，建立起覆盖衣食住行等生活消费需求的贵宾客户联盟服务体系。三是切实提高售后服务水平。各级行要建立健全贵宾客户档案，补充完善贵宾客户信息，做好贵宾客户回访和问卷调查工作。将贵宾客户分配给网点主任、客户经理或理财经理，落实全程跟踪服务。对贵宾客户进行深度挖掘，实行贵宾卡、贷记卡、网上银行“三合一”套餐营销。

（六）加快城市零售业务发展，全面实施赶超战略

零售业务一直是城市行业务发展的短腿，系统内和同业市场份额与其资源富集程度不相匹配。不抓好城市行零售业务发展，建设全省最大最好的零售银行就是一句空话。

1. 从战略的高度抓好城市行零售业务发展。省分行营业部、各二级分行分管行长要把主要精力放在研究和推动城市行零售业务发展上，与零售业务部门和城区支行行长一起将阻碍零售业务发展的症结和问题摸透找准，精心制定零售业务的发展规划，深入分析市场和客户需求，形成有针对性的营销方案和措施，切实推进零售业务的战略发展。到 2009 年末，要确保城市行新增个人存款、个人贷款、个人理财产品和电子渠道产品销售在四大行中提升一位，消灭第四位。

2. 实行“对公业务上收、零售业务下沉”。城市行要改变营业网点大一统的经营模式，实行“对公业务上收，零售业务下沉”，将大中型法人客户集中到支行以上的客户部门经营管理，使大部分网点集中精力发展零售业务。当前的市场及客户需求已经逼着我们非走这一步不可了，否则我们讲个人客户结构的调整与优化将无从谈起。

3. 突破个人资产业务和中间业务发展瓶颈。城市行要把个人资产业务作为零售业务的龙头来抓，重点研究，重点突破。要通过个人资产业务的牵引，带动其他个人中间业务发展，带动中高端个人客户的营销，真正使城市行零售业务各项指标在同业全面进位。

4. 抓好城市行网点布局规划和改造。要以二级分行为单位，统筹规划城市网点布局，选择高端社区、中心商区、中心行政区、知名院校等区域，建立战略性网点资源储备。2009 年，所有城市行网点要全部改造完毕，全部落实“三分”。择机在武汉、宜昌、襄樊等地建立 2～3 个财富管理中心，向高端客户提供财富管理服务。

四、完善配套措施，为零售业务转型攻坚和突破发展提供有力保障

（一）加大培训力度，建设高素质的零售业务队伍

一是开展“百日全员大培训”活动。2009 年 5～7 月，在全行开展“百日全员大培训”活动。通过外聘专业公司和专家培训，强化各级行高管人员的营销服务理念和专业营销人员的营销服务意识；通过开展标准化服务的培训，统一规范网点的服务标准；通过总结推广典型经验和营销技巧的培训，提高员工的营销技能；通过产品知识和制度办法等实务性培训，使员工熟悉和掌握农行的产品、制度。二是建立内训师队伍，实施综合性培训。2009 年全行将公开选拔一批优秀零售业务人员，建立一支受训内容覆盖所有零售业务的内训师队伍，担当全行零售业务培训的师资和营销的精英，解决好培训内容综合化、培训模式标准化和培训时间常态化的问题。三是分层落实培训任务和责任。省分行将统一制定零售业务总体培训规划和方案。各二级分行要抓好实施和落实。各支行和网点要将培训工作日常化，建立晨会、下班会或双休会制度。四是在全省农行开展零售业务“争客户、抢市场、作贡献”营销大竞赛活动，评选表彰一批营销状元、有突出贡献客户经理、优质服务标兵、明星网点及有突出贡献支行。

（二）抓好宣传推广，提高农行零售产品社会认知度

各级行要加大宣传投入，安排专项费用用于零售业务宣传。零售业务部门要提出宣传需求，由办公室统一进行宣传策划。要在抓好形象宣传的同时，注重“金钥匙”、“金穗卡”、“金 e 顺”等品牌和 95599 轻松在线、个人贷款等产品宣传，突出宣传农行的零售产品卖点，提高零售业务品牌的社会认知度。要提高宣传的层次，扩大受众面，抓好当地主流新闻媒体的广告投放，选择重要路段、标志性建筑、进城必经路口等关键处，设置大型路牌广告，形成视觉冲击。

（三）完善考核激励机制，提升全行零售业务营销积极性

1. 淡化计划观念，突出竞争能力和效率指标考核。2009 年，总行将调整综合绩效考评办法，突出市场份额、系统内贡献度以及人均和点均等指标的考核。各级行要适应新的绩效考核模式变化，淡化计划观念，真正将零售业务做大、做强。

2. 优化考核体系。一是将个人信贷业务纳入全行综合绩效考核体系。二是要改变一刀切的考核模式，根据市场和，分别确定对支行和网点的考核重点。城市网点以考核零售业务为主。三是实行总量考核与分项考核相结合，对个人中间业务收入分项计划未完成的行，只要总量计划完成，而且分项计划指标在同业市场份额达到第一的，视同完成计划。

3. 继续执行绩效挂钩的工资和费用分配政策。具体办法另行制定。

4. 切实落实产品计价政策。省分行将出台产品计价指导意见。各行要结合实际，针对不同产品、不同岗位制定产品计价实施办法。产品计价覆盖面要达到 100%。各经营行要建立员工营销业绩台账，作为考核计价依据，不折不扣地将计价落实到每个员工。各二级分行要对支行和营业网点的产品计价执行情况进行监督，发现有截留或挪作他用，严格追究相关单位负责人的责任。员工产品计价由各行结合当地实际，在省分行指导意见框架下，自己制定办法。各级行人事、审计等部门应加大对产品计价工作的指导与检查。

（四）加强基础管理，提高零售业务风险管理水平

一是及时跟进业务流程再造工作。总行和省分行正在对零售业务流程进行再造，通过梳理整合柜面系统，提高交易、操作和管理效率。各行要及时跟进，强化学习培训和信息反馈，熟悉新的业务运作流程。二是抓好系统运用。

各行要配齐用户，加大系统操作管理人员的培训工作，用好 PCRM 系统和 CFE 系统；已转型网点的低柜服务区和理财工作室必须启用 CFE 系统，为提高理财产品营销和贵宾服务提供有力支撑。省分行将对两个系统的应用情况进行专项检查。三是要加强风险控制。各行要完善零售业务各项风险管理制度和报告制度，对风险度较高的理财产品要制定风险应急预案。有条件的行对个贷风险的防范要结合实际推广公安支行的"五包"责任制。要有针对性地强化重点地区、重点产品的风险控制措施，对严重违规者露头就打，绝不手软，在加快业务发展的过程中控制风险。

关于做好零售银行业务工作的几点思考

中国农业银行江西分行　王青山

虽然农业银行在几年前就较早地提出了打造中国最大零售银行的发展战略，但战略的实施和零售银行业务发展的市场影响力却不够理想。在激烈的市场竞争面前，如何才能做大、做强零售银行业务，如何才能把农行打造成最大的零售银行，确实是值得我们研究的课题。在总行统一制定战略、统一开发产品、统一制订政策制度的前提下，对在分行层面如何做好零售银行业务，本人有以下几点体会，与大家交流探讨。

一是知识比命令更重要

零售银行业务的发展，首先必须要求各级员工掌握零售银行的相关知识，对零售银行的各种产品要全面熟悉，尤其是中高级管理层必须对零售银行的概念有深刻的认识，对零售银行的发展战略和思路有清晰的了解。从发达国家先进银行的经验看，他们就非常重视员工的培训学习，一般新员工要培训半年以上才上岗工作，老员工则要定期进行专业知识和企业文化方面的培训。而我们长期以来，部分员工甚至是个别管理层人员不太重视学习，在开展业务的过程中，经常是靠拍脑袋，动辄就是政治高度，单纯强调行政命令，既缺乏对零售银行理念、战略和发展思路的认识，又缺乏对零售银行产品和服务的认知，结果高层决策得不到有效的执行，业务做不上去。因此，我们一定要注重知识的普及，加强培训工作，这是发展零售银行的前提和基础。要让我们的员工明白，知识和技能是搞好各项工作的基本前提，没有知识和技能就没有生存和发展的基础。特别是我行正处在加紧推进股改上市的进程中，股改的新要求、新理念就是要求我们每个人都要积极地学习，以正确的理论为指导，以丰富的知识为支撑，改变简单的行政下命令式的工作方法，用知识和技能推动零售业务的健康发展。

二是渠道建设比网点建设更重要

加快零售业务的发展，必须要提高销售能力。而销售能力的提高，最重要的就是靠渠道。没有一个畅通完备、立体性的销售渠道，仅仅依赖我行所谓传统优势的网点，是无法做大做强做精零售银行业务的。因此，我们要改变单纯重视网点建设的思想，必须重视渠道的全面建设，完善个人金融产品营销支持体系。一是加快物理网点的建设。要借我行网点转型的契机，实现从"硬转"到"软转"的提升，充分发挥物理网点销售和服务主渠道的作用，使之成为传播知识、有效提供服务的执行平台。二是完善电子渠道的建设。主要是完善包括 ATM、自助服务终端等自助银行的建设，普及网上银行的使用，努力改善电话银行的功能。三是创新直销渠道的建设。直销渠道在招商银行等其他银行都已经建立完善，而在我行还是空白。我们要创新包括电话直销、专业队伍直销和数据库直销的直销渠道建设，不断拓宽服务和销售的广度。四是拓展联盟渠道的建设。积极寻找合作伙伴，通过发放联名卡等方式，与相关机构联合开展业务代理，达到共享客户资源、共享服务渠道的目的。只有通过不断地完善渠道建设，才能更好地体现"以客户为中心"的经营理念，锁定不同的目标客户群体，更好地占领各类客户市场。

三是服务比销售更重要

现代商业银行实质上就是金融服务企业，客户是银行生存的基础，而银行生存的关键取决于提供服务的质量水平。服务质量水平高了，自然而然就能留住客户。商业银行在与客户沟通的过程中，不是简单地把客户拉到银行，卖一个产品给他，而是要通过每一次的接触，把银行的服务、产品品牌等植入客户的心中。只有银行在客户心中扎了根，一旦客户有任何需求，就会立即想到我们的银行，最终成为我行忠诚的终生客户。因此，我们要积极提倡服务比销售重要的理念，不断提高服务水平，通过专业、贴心的服务，去赢得客户的心，提升客户对我行的认可度。特别是在销售过程中，要始终牢记销售不仅仅是销售产品，而是销售"企业"与"信任"，要站在客户的立场，为客户考虑多一些，努力将服务延伸到销售的每一个环节。

四是客户经理比产品更重要

零售业务产品日趋同质化，而相同的产品各机构的销售业绩却千差万别，很重要的原因就在于销售产品的客户经理不一样。一名优秀的客户经理，要能充分地了解市场和产品，迅速地了解所面对的客户，快速地判断出客户的需求，并运用恰当的营销方法，做到将合适的产品推荐给合适的客户，从而赢得客户的信任，并与客户之间建立起一种难以取代的合作关系。客户在办理业务的过程中，主要考量的不是选择哪一家银行或选择哪一个产品，而更多的是选择哪一个客户经理。即使产品再好，没有优秀的客户经理队伍，也无法将产品很好地推荐给客户。因此，客户经理远比产品重要。我们必须加强客户经理的队伍建设，打造具有很强战斗力的零售业务营销队伍，培养出一支既充分了解市场、产品和客户，又掌握了良好的营销方法的高素质的零售业务营销团队。

五是方法比决心更重要

科学发展观告诉我们，干什么事都要掌握科学的方法，正确的方法可以对一件事情的成功起着事半功倍的作用。商业银行的经营、零售业务的营销同样如此。光有干好一件事的决心，没有干好一件事的办法，是无法将我们的工作完成得又好又有效率的。我们要改变以前简单的下计划、下任务，靠命令、高压甚至是靠蛮力的做法，要针对不同的市场、不同的客户和需求以及不同的产品，采取不同的方法。无论哪一项工作，在实施之前，都要认真思考采取的方法，尽量做到科学、适用和合理。如果不注重方法，不尊重客观实际，就不能针对目标客户群开展有效的工作，甚至会出现弄虚作假的情况，例如：大量无效卡的存在；网上银行的不动户现象；存款的月末、季末到账现象；个人贷款的违规操作现象等。用恰当的方法指导工作，才能杜绝蒙着头干、蛮干瞎干的现象。

转变观念　加速转型　奋起直追
全面推进个人板块业务又好又快发展

——许忠前同志在辽宁分行2008年个人板块业务工作会议上的讲话

一、前9个月个人板块业务工作简要回顾

年初以来，全行认真贯彻落实总、省行2008年工作会议精神，个人板块业务工作取得一定成绩。

（一）人民币储蓄存款快速增长。截至9月末，人民币储蓄存款余额920亿元，比年初增加130亿元，完成全年计划的217%，增量首次突破百亿大关。系统内增量占比2.33%，总量系统内排名第13位。省内四大行增量、存量市场份额均比去年末前移1名，排名第3。

（二）银行卡业务收入贡献率逐步提高。今年前9个月，新发银行卡99万张，比去年同期增加13万张，其中新发贷记卡13万张，比去年同期增加12万张，当年增量系统内排名第14位，比去年末上升12位，贷记卡透支余额2 045万元，不良率为零；新增特约商户779户，比去年同期增加412户；布放转账电话10 975台，吸收存款7.5亿元；实现银行卡业务收入16 205万元，同比增加20%，占全行中间业务收入的57%。

（三）网上银行业务发展迅速。截至9月末，全省网上银行个人注册客户95 960户，较年初净增59 498户，增幅163%，9月份增幅排名全国第一。网上银行企业注册客户2 524户，较年初净增841户，增幅50%，9月份增幅排名全国第三。个人注册客户交易金额560亿元，同比增长93%；企业注册客户交易金额550亿元，同比增长130%。

（四）其他个人板块业务稳步发展。截至9月末，全行第三方存管客户10.14万户，比年初净增2.55万户，完成全年计划的127%；代理保费23.5亿元，同比增加5.49亿元，代理保险手续费收入5 639万元，同比增加2 956万元，占全行中间业务收入的19.9%；个人结售汇52 700笔，同比增加4 194笔，金额14 727万美元，同比增加993万美元。

二、认清形势，把握机遇，明确明后两年个人板块业务工作目标

当前，随着农行股改的全面推进，地区经济发展和全行经营转型步伐进一步加快，全行个人板块业务面临着难得的发展机遇。一是外部发展环境良好。日前，国务院出台了关于进一步扩大内需促进经济增长的十项措施，预计将带动社会总投资规模4万亿元。这是中国迄今为止最为重大且影响深刻的政策举措，为我们实现业务持续发展提供了重大商机。国家鼓励扩大居民消费需求，为我们实现零售业务转型创造了有利条件。截至2008年6月末，我省实现地区生产总值5 578亿元，同比增长14.2%；城镇居民人均可支配收入7 096元，同比增长20.1%；金融机构人民币各项存款余额16 932亿元，比年初增加1 815亿元。我省经济持续稳定增长不仅刺激更多的金融需求，也为个人板块业务发展提供了丰富的客户资源。二是内部发展基础逐步改善。10月21日，国务院常务会议审议通过了农业银行的股份制改革方案，农行股改进入实质操作阶段。随着股改进程的深入推进，全行经营机制将逐步转变，公司治理结构将逐步优化，财务包袱将逐步减轻。总行提出的“打造最大零售银行”战略目标和日益激烈的同业竞

争，迫切需要我们加快个人板块业务的拓展步伐。省行新一届党委成立以来，将个人板块业务发展摆在重要的战略位置，在政策及资源等方面给予大力支持，并以网点建设为切入点，全面推进网点转型，年初以来已经审议通过85个网点建设项目、投资近1.5亿元，为全行个人板块业务发展创造了良好条件。

面对难得的发展机遇和严峻的挑战，明后两年，全行上下必须牢固树立科学发展观，以满足客户需求为中心，以个人优质客户培育、维护和抢挖为主线，加快网点转型步伐，大力发展银行卡、电子银行、第三方存管业务，积极提升精细化管理水平，切实提高风险管控能力，强力推进个人板块各项业务全面健康发展。

明后两年的主要发展目标：

（一）客户发展目标

统一全行个人客户视图，客户结构不断优化，实现个人贵宾客户（黄金级以上客户）年增长率15%以上，2009年底力争达到50万户，2010年底力争超过60万户。

（二）个人板块业务综合发展目标

2009年储蓄存款增加200亿元，达到1150亿，点均达到2007年末全国平均水平；2010年在2009年的基础上增加300亿元，达到1450亿元以上，点均力争达到或超过同期全国平均水平。

基金销售市场份额年递增5个百分点；本外币各项理财产品销售市场份额稳步上升；国债、黄金等其他个人中间业务市场份额位居同业前列。

个人贷款在加强基础管理，有效控制风险的前提下，力争在2009年实现恢复性增长，到2010年力争扭转多年持续下降的局面，实现平稳发展。新增个人贷款不良率控制在0.5%以内。

银行卡业务到2009年底，借记卡净增150万张，年底达到600万张；贷记卡净增10万张，年底达到25万张以上；特约商户净增1800户；转账电话净增2万台；实现银行卡业务收入2.7亿元。到2010年底，借记卡净增200万张，达到800万张以上；贷记卡累计净增25万张，达到50万张以上；特约商户累计净增4000户；转账电话累计净增5万台；当年实现银行卡业务收入3.2亿元。同时到2010年，借记卡卡均存款、贷记卡卡均消费额继续保持高于同期全国平均水平；贷记卡激活率比全国平均水平高15个百分点，不良率继续保持同业领先水平。

电子银行业务到2009年底，网上银行个人注册客户数达到50万户、企业注册客户数达到1.5万户；电话银行个人注册客户数达到20万户、企业注册客户数达到5000户；手机银行个人注册客户数达到5万户；短消息服务客户达到20万户；网上B2C特约商户达到10户。到2010年底，网上银行个人注册客户数达到100万户、企业注册客户数达到3万户；电话银行个人注册客户数达到60万户、企业注册客户数达到1.5万户；手机银行个人注册客户数达到10万户；短消息服务客户达到40万户；网上B2C特约商户达到15户；网上B2B特约商户达到1~2户。同时，电子银行业务包括网银（个人、企业）注册客户数、交易量、ATM等自助银行设备数量、电话银行注册客户数和交易量、电子银行业务替柜率等主体指标和发展水平自2009年起达到全国平均水平，力争进入全国前15名。

（三）队伍建设目标

到2010年底，大堂经理、理财经理和客户经理全部配备到位，数量分别达到405人、400人、3 000人；所有具备理财功能的网点配置大堂经理，网点营销人员（包括大堂经理、营销经理、理财经理、低柜柜员等）配置比例达到25%以上。

（四）网点建设目标

到2010年底，在保证城市网点只增不减的基础上，全行网点总量控制在768个以内，城市网点占比由现在的44%提高至52%；建成财富管理中心15家、理财中心70家、精品网点320家、离行式自助银行41家；完成所有5年以上未装修网点的装修改造，精品网点以上的高端网点占比达到60%；城市网点全部实现分区改造和转型，县城网点转型率达到60%。网点主要设施设备基本配备到位，其中：存取款机总数达到200台、取款机总数达到1300台、排队叫号机总数达到410台、自助终端总数达到1200台、网点液晶显示器总数达到1200台。

三、突出重点，整体推进，努力开创个人板块业务发展新局面

面对难得的发展机遇，全行上下必须明确发展目标，突出工作重点，全力开展市场营销，努力推进各项业务健康快速发展。

（一）加大营销力度，促进个人负债业务竞争力持续提高

坚定做大做强负债业务的信念。个人储蓄存款是我行资金的最主要来源，对于全行经营发展具有重要意义。为此，各行要高度重视，统一思想，主动适应内外部经营环境变化，强化“一把手工程”，采取得力措施，确保各项存款稳步增长，不断提升负债业务对全行经营的贡献度。

明确营销重点。在区域上，城区行要紧紧围绕当地经济发展规划和产业布局，重点瞄准优势行业、高档社区，实施竞争型的营销策略，抢夺高端客户，做大城市存款业务；农村行要保持和发挥我行在县域的品牌优势、网络优势、客户基础优势和人员优势，做优、做强以务工、创业、经商和城镇企事业单位人员客户群，巩固和扩大我行在县域的金融主导作用。在行业上，要将具有垄断性、系统性和集团性客户，有发展潜力的优势行业客户作为营销重点。在职业上，要把有一定规模的私营业主、个体工商户、公务员、企业高管、有专业特长的自由职业者作为营销重点。在时间上，各行要充分利用元旦、春节、“五一”、“十一”等节假日期间居民收入增加、资金流量大的时机，积极组织存款。明年初各行要按照总、省行“春天行动”营销方案的总体要求，多措并举，协同攻关，力争2009年一季度储蓄存款完成全年任务的70%以上，取得新年度的“开门红”，为完成全年工作计划奠定坚实基础。

实施多样化的营销策略。一是着力“保”，加强我行存量客户的延伸服务和客户关系管理，提高存量客户对我行的认同度和忠诚度，增加他行营销成本。二是努力

"挖"，全面启动优质存量客户再营销和优惠服务工作，挖掘存量客户在他行的业务份额，提高客户对我行的贡献度。三是侧重"引"，加强对新客户和潜在客户的拓展营销，扩大我行个人高端客户群体。总之，要努力做到以多重产品"捆住"客户，以真诚和热情打动客户，以精细和耐心培育客户，以强力营销抢挖客户。

（二）强化重点产品营销，提高个人中间业务收入贡献度

全面发展金钥匙理财业务。实施客户细分，锁定目标客户群。PCRM（个人优质客户）系统已于本月初在全省正式上线。各行要充分利用PCRM系统，积极做好贵宾客户指派、签约、建档、移交、信息维护、解约等工作，尽快使系统成为各级行管理和营销人员的工作平台，提高营销个人高端客户的精准度。坚持把金钥匙理财业务作为维护和拓展中高端客户资源的战略性手段。通过理财顾问服务，整合优势传统业务和保险、基金、信用卡等产品，锁定大学生、青年职业人士等成长性、潜力客户的高附加值金融需求，促使其向中高端客户转变；通过综合理财服务和财富管理业务，综合利用证券、基金、保险、电子渠道服务及衍生金融产品，锁定中高端客户，提升其忠诚度和贡献度。省行将于近期出台《金穗通宝贵宾卡管理服务实施细则》，统一规范优质客户的服务品质。各行要按照省行要求，认真做好钻石卡、白金卡和黄金卡的发行工作。全面落实金钥匙理财贵宾客户优先、优惠、增值和个性化服务措施，加强贵宾窗口、贵宾室建设，加强对贵宾客户的引导服务；广泛实施"1+N"服务，积极开展投资理财教育、娱乐休闲、商业联盟服务、酒店预定、机票预定等增值服务。

积极做好电子银行产品营销。以个人网银业务为突破口，整体推进电子银行产品。各行要认真贯彻执行《关于大力发展电子银行业务的通知》（辽农银办发〔2008〕856号）和本次会议下发的《关于今明两年电子银行、银行卡营销服务工作指导意见》的思路和要求，认真开展电子银行产品的营销和服务工作。从明年起，各行要全面启动企业网银、电话银行、手机银行、消息服务等产品的推广营销工作，促进产品的整体推进，提升"金e顺"整体品牌形象。同时，积极配合移动公司，做好手机自助充值业务的柜台宣传和营销工作。在企业客户和个人客户中，通过客户交易特征，优选目标客户进行重点营销。要把缴费类企事业单位的营销，作为提升银行卡功能和电子渠道形象的重要措施，力争在2009年1季度前将当地有数据中心的收费项目全部通过我行电子渠道实现缴费。

下大力气开展银行卡产品营销。积极组织开展借记卡营销。通过加强与证券公司的公关、合作，并结合开办第三方存管业务，在股民中发展借记卡客户。结合在高校布放ATM、在"大市场"布放转账电话和向手机用户提供以卡自助充值服务等，在高校师生、大市场业主和手机用户中积极发展借记卡客户。同时，向广大农户发放可提供农户小额贷款载体、财政补贴代理等特色服务功能的金穗惠农卡。大力开展贷记卡营销。要进一步解放思想，扩大独立审批人队伍，完善激励机制，加速推进贷记卡营销工作。抓住当前省级预算单位寻找上报合作银行的关键时机，重点加大在我行开户的中央及省级预算单位、武警部队的营销力度，抓紧公务卡发行工作。通过发卡赠积分、刷卡送礼等促销手段，将长期使用准贷记卡、资信状况良好的客户转变成贷记卡客户。以我行10万元以上的储蓄存款客户为重点目标，逐一组织开展贷记卡营销。采取多种措施，积极营销作为贷记卡的金穗Xcar联名卡、金穗环保卡和全国性慈善主题卡。在明确客户准入标准、加强风险防控的前提下，开展全员营销贷记卡活动，依靠全体职工及其社会关系推动贷记卡市场营销工作。进一步加强特约商户的公关营销。以集团性、连锁性商户和日常消费领域商户为重点，积极发展大中城市各类间联POS商户。对现有的和今后发展的资产、负债、中间业务客户进行全面筛选，争取将符合条件的客户全部发展为特约商户。对正在建设和新开业的潜在POS商户，要组织人员全面寻找，提前公关营销。将预算单位有政府采购行为的企业发展为我行商户，为公务卡创造良好的使用环境。在县域农业生产资料销售、农机销售、农产品销售、旅游景点等客户中积极发展特约商户，为今后发行的惠农卡创造良好的应用环境。加快推进电话转账业务市场的拓展。在全省年商品交易额1亿元以上的"大市场"全面开展电话转账业务营销，逐一落实营销任务，逐一研究制定营销计划和方案，尽快取得突破性进展。

强力推进第三方存管业务。随着经济的高速发展，越来越多的客户把投资资本市场作为理财的重要手段之一。一般来说，投资资本市场相比普通的存款和理财要求的资金量更大。因此，可以说这部分客户均为高端或有潜力的客户。从客户忠诚度方面分析，一旦客户拥有了我行的银行卡、个人网银，再加上第三方存管产品，其忠诚度将十分稳固。从同业及系统内分行实际看，更加说明这一点。近几年建行将第三方存管业务作为个人板块业务的主推产品，客户结构优化效果十分明显；浙江农行第三方存管业务市场份额始终保持第一，收入贡献率逐步提高。为此，各级行必须高度重视第三方存管业务（银期转账）对于优化我行客户结构和提升客户忠诚度的重要意义，充分利用省行明年提高对第三方存管业务（银期转账）计价标准的激励政策，采用超常规手段，把握资本市场调整的有利契机，尽快扭转落后被动的局面，力争全年净增10万户以上，取得第三方存管业务（银期转账）的新突破。

加强基金、国债等产品营销。高度重视基金代销业务对中间业务收入的拉动作用，加强基金代销和售后服务工作，努力提高同业市场占有率。要积极做好"基金定期定额"业务，大力推进网上基金销售。要深入开展基金综合营销活动，推动媒体营销，强化网点营销和社区营销。要借势助力，抓好基金业务的宣传、引导与风险教育等工作，通过基金代销业务，逐渐培育客户理财意识，建立长久有效的客户关系，促进基金代销业务的良性发展。明年，省行将根据各行的存款规模、理财产品销售业绩等指标确定国债的分配份额，从工作机制上保证国债计划分配和柜台客户营销的有效衔接。把握"本利丰"人民币理财产品、储蓄国债明年初在我行上线运行的有利契机，推动产品销售。借助个人实物黄金代理交易系统，城市行要积极申请开办实物黄金买卖业务，丰富投资理财产品线。

（三）以风险可控为前提，积极稳妥发展个人资产业务

一是全行要认真总结和汲取个人资产业务的经验教训。二是在总结经验教训的基础上，建立健全符合辽宁农行实际的各项规章制度。三是明确个人资产业务从业人员的准入标准。四是加强培训，实行持证上岗。五是规范和重建调查、审批和贷后管理流程。六是坚持先试点后推广。七是在产品和区域上坚持有所为、有所不为。

四、夯实基础，强化管理，为个人板块业务实现又好又快发展提供有力保障

明后两年，个人板块业务发展的时间紧、任务重、要求高，为此，全行要将网点建设、基础管理、客户服务、业务宣传、队伍建设等作为工作重点，切实采取有力措施，保障个人板块业务又好又快发展。

（一）采用超常规手段，全面推进网点建设

科学制定网点发展规划，调整优化网点布局。省行将按照“稳定乡镇网点、整合县城网点、优化城市网点”的原则，通过撤、并、迁、建等多种方式，加快网点调整步伐，优化网点区域布局，提高网点创效能力。各行要结合本地城区规划和经济中心转移的有利时机，充分利用电子化网点分布图，综合考虑网点辐射面、便利性、利用率等因素，对网点分布现状进行研究，制定本市网点发展和布局规划，提高网点布局的合理性。

统一规范网点建设，提升网点整体形象。在网点购建和装修改造工作中，要始终坚持“四统一”。一是统一网点的内外部装修标准。目前，由于总行对网点装修的内外部标准尚未出台，各行要暂时按照省行《营业网点内部装修手册》进行建设；对网点标识及外观的装修改造，待总行标准出台后再集中进行改造。二是统一各类型网点的分区标准，确保新建设网点在物理分区上符合网点转型需要。三是统一配备网点所需的服务设备和设施。如网银体验设备、服务设施和办公设备等，由省行组织统一采购，按需配送；其他设备、设施，由二级分行自行安排。四是统一建设全省信息平台，推广联网信息发布系统。在统一配备液晶显示设备的同时，有效整合全辖网点的 LCD 显示屏，加强各类信息发布的综合管理，规范对外宣传渠道。

加大网点建设投入，加快网点改造步伐。在认真调研、科学规划的基础上，省行制定了《2008～2010 营业网点发展规划》，并向总行申报了 2009 年度网点建设投资计划，年底前还将储备一定数量的装修项目，为明年大规模开展网点建设工作做好充分准备。同时，省行将建立网点建设评价与建设投资挂钩机制，科学设定建设进度、建设质量、转型产出效益等考核指标，并将上年度建设与转型工作考评结果作为次年网点建设投资计划的重要分配依据。各行要按照省行网点建设的规划及有关要求，高质量地完成本区域内的网点建设工作。

同步实施网点建设与网点转型，提高网点综合竞争力。在网点建设上，为实现转型目标，对新改造的网点，严格按照分区标准进行实施，完成营业网点的“硬”转型；对近年来已经装修改造且硬件环境设施符合转型条件的网点，在具备“软”转型条件后立即进行转型。对近年内不能装修改造的网点，要通过增加营销人员、增设服务窗口、大力推广综合柜员制、增设服务设施和提高服务质量等方式，解决客户排队和营销人员不足等问题，以减少客户流失。在内部核算方式、岗位设置和业务操作上，相关业务部门将尽快整合业务流程和环节，重新清分网点岗位，通过添加自助设备、减少操作环节等措施，有效分流柜面交易业务，削减高柜，充实低柜柜员和营销人员，释放更多的网点资源用于营销。同时，在每个二级分行树立一个形象一致、客户体验一致的“标准网点”，并以此为样板在全辖推广。

加强自助设备管理和自助银行建设，强化科技支撑能力。大力组织自助设备选址布放工作。自助设备选址要以繁华商业街区、大市场附近、车站、高校、商场（超市）等人流密集区域为主要目标，充分加以论证，严格予以把关，确保选择的位置能够带来应有效益。对省行批准的布放位置，各行要提前做好设备安装准备，并协调好有关部门，设备到货后立即进行安装。加快优化自助设备布局。对单台日均交易笔数低于 100 笔的设备，要认真分析，对属于布放位置原因的，尽快调整位置。结合网点改造，搞好自助银行建设。重点加强大中城市自助银行建设，同时对海城、大石桥等经济较发达的县（市）也要搞好自助银行规划和建设。对于较长时间内不安排改造的网点，若所处位置适合、具备建设自助银行条件的，要全部建设自助银行。省行营业部和抚顺等市分行对省行已批准建设的自助银行要争取早日建成并投入使用。加强自助设备运行状况监控、考评，提高自助设备运营效益。利用自助设备运行监控系统，加强对自助设备运行管理情况的监控，及时发现和解决存在问题。省行已拟定了《自助设备运营管理考评办法》，明年将对各市分行自助设备运营管理情况按月考核，按季通报，按年综合考评。通过大堂经理引导和设置指示板等方式，引导客户到自助设备上办理业务，提高自助设备的使用效率。

（二）深化产品计价考核，促进全员营销

省行本次会议上印发了《零售产品销售及客户营销计价考核暂行办法》，各行要结合省行的办法和本行实际，制定相应的细则办法，对柜员实行严格的产品计价考核。同时，省行将严格计价考核管理，对为套取计价考核工资弄虚作假、不计成本、违规开展业务的，一经查实，依据计价标准三倍扣减计价考核工资。继续开发零售产品销售及客户营销电子计价考核系统，并在二级分行试点应用，有效提高计价考核的时效性、准确性和透明度。

需要特别强调的是，省行明年开始将按月考核、按月兑现计价考核工资，各行必须按照“谁营销、谁受益”的原则，及时将计价考核工资全额兑现到网点。同时，为了体现全员营销，各网点必须建立台账，对属于系统内各级管理人员的营销奖励必须控制在省行规定的上限以内并从网点领取，严禁超标准领取。各行可以委托社会组织或个人比如高校学生组织营销我行产品，凡此类产品必须到网

点办理的，委托营销费必须从网点领取，且原则上不得超过该产品计价的50%。另外，考虑到各行计价产品发展的不平衡性，省行将按产品计价工资的实际实现额，再追加20%工资总额给各行，由各行根据自身产品的发展状况追加到有关弱项或重要产品中。各行必须在12月20日前，将明年上述两部分工资的拟分配情况，以正式文件的形式上报省行（人事处），省行将在年底前给予批复。

（三）认真做好客户服务联动工作，提升服务质量和层次

省行客服主管部门、相关处室、各级行有关联动单位要高度重视、分工协作、密切配合，切实做好客服联动工作，及时处理客户业务咨询、投诉、建议等事项的联动处理单，保证客户服务有序开展。各级行要明确客服责任部门，根据实际情况配备专（兼）职联动人员，落实与上级行或客服中心的客服联动工作。在接到上级行客服主管部门提交的联动需求时，要认真对待，特别是对于客户投诉问题，要主动与客户保持联系，及时跟踪解决有关问题，最大限度地让客户满意、维护农行形象。省行相关业务处室、各市行客服联动人员要做好知识库维护工作。凡涉及基本业务制度的变动，营业网点、自助服务机具及业务系统的维护、暂停、恢复，新产品推出或旧产品退出市场等信息，要按照知识库维护的时限要求及时维护，保障业务信息的高效传递。

（四）广泛开展营销宣传，提高我行产品的客户认知度

各级行要结合本行实际，充分利用内部网站、营业网点柜台和LED屏幕，以及电视、广播、出租车、楼宇等媒体，重点对总行最新发售的基金和理财产品、金穗卡的手机自助充值功能、贷记卡的功能优势、个人网银的优惠政策及代缴费功能、存取款一体机的无卡存款功能、转账电话及95599电话银行的服务功能等进行宣传。要有计划地开展持卡消费有奖促销、积分送礼，以及产品推介会等活动，提高银行卡产品市场占有率。同时，组织人员深入社区和市场，开展有特色的专项宣传活动，通过赠送小礼品、有奖问答、现场演示等方式，提高农行产品的社会认知度和客户普及率。

（五）努力加强业务管理，切实防范经营风险

强化责任意识，提高风险管理水平。各级行要进一步加强个人板块业务条线内控管理的执行力，健全组织体系和责任机制，部门主要负责人要对本级行个人板块业务内控管理工作负全责，切实加强个人板块业务的风险管理。

突出重点，抓好关键环节的风险防范。各级行从业人员要严格执行监管部门要求和总、省行各项管理制度和规范，在风险较大的环节做好重点防范。在办理企业网银注册、变更业务时，必须严格坚持“三分离”原则和双人资料传递的岗位制约原则；落地业务必须在当日或下一个工作日处理完毕，避免长时间处理造成客户纠纷或损失。严把贷记卡、特约商户、电话转账业务客户的准入关，认真核实客户的基本情况、资信记录、经营和财务状况等，从源头上规避风险；加强透支的日常监控，对于可能形成不良的透支要及早发现、抓紧催收；对特约商户定期巡检，详细掌握商户的经营情况和POS使用情况，防止商户将POS用于经营范围以外的用途；加强自助设备的日常检查、管理和维护，严格执行密码和钥匙的管理登记、双人平行交接、定期更换密码等制度规定，努力保证自助设备正常、安全运行。

认真开展自律监管，提高业务管理水平。各行领导和业务主管部门要高度重视自律监管与检查工作，按照总、省行的各项要求认真组织辖内分支机构开展自查工作，对照各项现行规章制度，查找业务操作和管理环节的漏洞，对发现的问题提出整改意见，并督促落实整改情况，有效化解业务风险，促进各行提高业务管理水平。同时，对个人板块业务违规行为进行严厉查处；对问题突出行，要边检查、边辅导、边整改，彻底改变问题屡查屡犯的现象。

完善制度体系，有效规避业务风险。要运用监管检查结果，对普遍存在和屡次发生的问题，落实系统性的风险控制措施，重点防范个人大要案的发生。要逐步完善个人板块业务操作规程与制度体系，提高对操作风险的识别、预警、评价和控制能力。要继续完善员工贷款制度，明确员工贷款准入标准、品种范围、调查、审查审批环节风险要素及责任追究等要求，从源头上规避贷款风险。要进一步细化贷记卡、电话转账、收单业务、自助设备及废卡、吞卡管理等操作规程和管理办法，强化制度的约束力。

（六）加强队伍建设，打造高素质个人板块业务从业队伍

做好人员配备，提供组织保障。按照业务发展的要求扩充个人板块业务部门的岗位编制和高素质人才。加大专职个人客户经理队伍的配备力度，每家金钥匙理财中心至少配备4名专职个人客户经理；具备一般理财功能的网点至少配备2名专职个人客户经理；每个推广PCRM系统的网点必须配备专职的个人客户经理。原则上，每个支行至少配备银行卡、电子银行业务专职产品经理各1名；每个网点要培养兼职的银行卡、电子银行业务产品经理各1名。提高外出营销型人员占比，每个城区经营行都要有客户经理专职外出营销。存款余额1.5亿元以上的营业网点要按照总行要求，抓紧配备大堂经理和保安。

强化岗位职责，激发团队活力。进一步强化网点经理的营业组织和人员日常管理职能、大堂经理的客户识别、分流、引导、咨询、填单指导、客户推荐等职能。在财富管理中心、理财中心要组建由产品经理和理财经理组成的专家团队，实现营销的“单兵作战”向“团队作战”转变，提高优质客户的营销策划和执行能力。

加强资格准入，提升服务水平。按照专业化、职业化、知识化的发展要求，逐步建立个人板块业务从业人员持证上岗制度，统一组织资格考试和岗位准入。年底前，省行相关处室要配合人事部门认真组织好产品经理、风险经理、大堂经理和客户经理的上岗考试。要进一步加大培训力度。省行明年将组织专门团队对营业网点人员开展服务礼仪和服务营销技能等方面的培训讲座及现场指导，全面提升网点人员的服务水平和营销能力。各行要选择素质高、业务能力强的人员参加省行组织的基金、理财产品、电子银行及银行卡等专业的集中培训，并按照省行要求和本行实际，组织开展好业务知识再培训工作，努力提高从业人员的知识水平。同时，推荐素质高、业绩优的人员参加总、省行理财师专业培训，对取得理财专业资格的人员全额报销培训费用并优先调配到理财中心，激发员工主动学习的积极性。要对临柜人员实行星级管理。省行和各二级分行要组织“神秘人”暗访队伍，检查评比柜员和网点服务水平。

以个人优质客户管理系统为推手 全面推进个人中高端客户服务体系建设

——潘文俊同志在内蒙古分行个人优质客户管理系统培训班上的讲话

一、在全区范围内推广PCRM系统的重要意义

推广运行PCRM系统，不但是下步全行推广运行CFE（金钥匙理财专家支持系统）系统的先决条件，而且，也是我行实现客户分层服务的前提和基础，对管理行、客户经理，乃至对于客户来说，系统的上线运行，都是十分有利和有益的。

（一）有利于我们的管理行、经营行做好客户细分、市场细分，明确市场定位

有了PCRM系统，我们可以轻而易举地把我们的客户按照1万元、5万元、20万元等层次做出细分，分出档次。并据此分析出，到底那一部分客户是真正给我们带来效益、是我们付出同样成本但是收益却是最大的客户群。并据此做出正确的政策选择，有的放矢，有针对性开展工作。例如，我们现在营业网点改造、高低柜分区服务、贵宾客户服务等措施的出台，就是以我们系统数据作为政策依据。

（二）有利于我们的客户经理遴选客户，把握重点，开展营销

PCRM系统除了能够进行客户总规模的细分，还有一个重要的功能就是能够把规模细分后的客户个体遴选出来，供我们的客户经理进行维护、管理。例如，上了系统之后，我们的支行业务主管坐在办公室里面就能够知道下属各个营业网点全部存款5万元以上客户名单，并可以根据客户经理业务能力对这些客户进行分配、指派。而我们营业网点的客户经理再不会向以前那样，根本不知道自己网点的存款是如何分布，或者是仅仅知道几个存款大户的问题。根据支行主管的指派，客户经理可以对自己网点存款大户做到了然于胸，并做出正确的维护方案，进一步拓展本营业机构的业务。

（三）有利于客户享受贵宾服务，享受到我行分层服务带来的优惠

PCRM系统对于我们经营行来说，不但能够解决客户分层问题，能够从数量众多的客户群里面遴选出我们的目标客户，还有一个最重要的功能就是能够结合借记卡发卡，进行客户的身份识别。目前，我们的营业机构面临的一个困难就是客户进入到我们的办公场所后，大堂经理如何识别该客户是否是我行的目标客户。而一旦配套的客户身份识别系统运行后，无论客户走到哪里，无论是我们的营业网点还是机场贵宾楼，或者是进行健康体检，只要出示我们的贵宾卡，一切问题就能迎刃而解。因此，PCRM系统的上线运行，也是客户能否享受到我行优惠措施的前提和基础。

（四）有利于我行有针对性地开展增值服务，避免资源浪费

PCRM系统根据客户在我行的存款、贷款等一系列金融资产额度，按照不同的积分计算方法，计算出客户在我行的贡献度，按照不同的贡献度，系统把客户分成五个星级，不同的星级客户，享受我行不同的增值服务。举个例子，在我行金融资产500万元以上的客户，或者在我行日均存款额100万元以上的客户都是五星级客户，对这部分客户，按照近期将要出台的《贵宾客户管理维护办法》，我行要提供最好的服务，如机场易登记、道路救援、健康体检等，而这些增值服务，是五星级客户所独享的，其他星级的客户是不能享有的。这样，根据客户不同的贡献度，我们有针对性地对其开展增值服务，不仅能切实体现客户的自身价值，更能节约成本，避免资源的浪费。

二、系统推广工作中几点要求

（一）各级行领导必须高度重视PCRM系统的推广应用和运行管理，推动网点转型和金钥匙理财业务快速发展

许行长在今年全行工作会议上，对零售业务转型方面提出了“把握高端客户群体分布，加强市场细分，推进个人金融业务营销”的总体思路，那么如何细分市场、细分客户，其关键落脚点就是PCRM系统的上线、运行。另外，今年我行制定的城市行网点转型方案里面，也把金钥匙财富中心、理财中心中的系统配备进行了相应的规定。而今后我行对贵宾客户的身份识别、业务引导以及增值服务，都以PCRM系统数据为基础，为此，各行必须高度重视，将PCRM系统的推广应用同网点转型紧密结合起来，制定网点转型规划和推广规划，制定个人客户经理配备及培训规划，要从组织建设、资源配置等方面保证PCRM系统的顺利应用和稳定运行，以充分发挥其对个人优质客户管理与营销、经营决策的支持作用，提升客户营销管理和经营决策水平。

（二）切实加强部门间的分工协作，认真做好PCRM系统的日常维护与管理

PCRM系统的日常维护与管理，既是一项基础性工作，又是一项政策性强的系统工程。它不仅涉及到利率、费率和汇率等相关参数的持续变动和合理调整，而且从系统的使用与日常维护管理的角度而言，涉及到与个人业务发展相关的多个产品部门和渠道部门。因此，PCRM系统的日常维护与管理需要相关部门的通力合作。在《中国农业银行个人优质客户管理系统应用和运行管理暂行办法》中，从现行体制出发，对相关部门的职责作出了规定。各部门要严格按照分工协作的原则要求，指定专人负责并认真做好系统的日常维护与管理工作。为此，一是要加强PCRM日常维护管理的团队建设，从人员配备上满足PCRM正常运行和日常维护管理的要求；二是要积极做好PCRM数据运行维护管理，要从业务数据传输、下载、运行分析和客户积分评定、分类统计以及保存备份等环节，切实保证数据真实可靠与及时有效；三是要做好信息维护管理，要及时更新产品信息、市场动态和政策信息等，切实增强系统对客户经理等一线服务人员的营销支持作用；四是要积极跟踪利率、汇率和中间业务收费标准等变化，做好客户业务积分评定（利润贡献）参数的设置和验证，切实促进客户积分评定（利润贡献）的科学合理，为开展客户优惠和增值服务提供可靠依据；五是要做好机构代码、用户注册和变更管理，切实保证系统不受机构设置和人员变动而影响系统功能的发挥。

（三）充分发挥PCRM系统功能作用，切实加强客户维护工作

推广应用PCRM系统的基本目的是通过业务数据的运行分析和深度挖掘，客观评价和全方位分析客户，以便及时发现、筛选和挖掘高价值客户，进而有的放矢地开展个人优质客户关系管理与营销，不断提升优质客户的忠诚度和贡献度。为此，各行必须在确保系统稳定运行和系统日常维护与管理的基础上，严格规范，切实强化客户关系管理与营销。一是对个人优质客户要配备个人专职客户经理，实行一对一服务，积极做好客户账户维护和信息管理。要积极做好贵宾客户指派、签约、移交和解约工作，及时为新客户建立档案、更新和补充老客户的信息资料，切实完善客户基本信息和行为信息，为开展客户分层服务和差异化营销奠定坚实基础；二是要坚持“一盘棋”思想，处理好主办行（签约行）与协办行以及个人客户经理之间的权责利关系，共同做好贵宾客户的管理与营销服务；三是要切实加强客户资料保密工作，贵宾客户的基本信息、交易信息和行为信息等均属于商业秘密，各行要严格PCRM相关部门、岗位和人员的职责，严格规范各级用户的使用、管理和维护，严谨越权登录系统查看或更改客户资料，切实保证系统的安全运行和信息的安全。

强化基础建设　加快经营转型
开创全行个人金融业务发展新局面

——孙妙宇同志在2008年安徽分行个人业务工作会议上的讲话

一、2007年以来主要工作回顾

2007年以来，全行各级个人业务部门牢固树立科学发展观，紧紧围绕农行新的市场定位，坚持一手抓经营，一手抓服务，强化个人业务综合营销，大力推进营业网点转型和客户经理队伍建设，取得了明显成效。

（一）个人金融业务竞争力显著提升

一是储蓄存款竞争优势得到巩固，结构更趋优化。2007年末，全行人民币储蓄存款余额787.14亿元，净增84.22亿元，四大行增量份额48.81%，位居第一，同比提高16.47个百分点。低成本储蓄存款存量和增量占比分别提高1.51和5.51个百分点。二是个人贷款发展提速。2007年末，全行个人贷款余额71.64亿元，较年初增加20.03亿元。其中个人住房贷款净增18.59亿元，同比多增14.55亿元。三是个人中间业务实现新跨越。2007年，全行共代理发行和集中促销78只开放式基金，认申购交易量达103.93亿元，实现基金业务收入1.65亿元。代理发行凭证式国债7.72亿元，取得手续费收入706万元。实物黄金代理业务正式启动，代销额1087.3万元。取得小额账户收费收入2762万元，保管箱租金收入22.32万元。四是客户结构日趋优化。2007年末，全行个人高价值客户数达32.38万户，较年初增加了5.02万户。

（二）个人金融业务创新能力持续增强

个人优质客户管理系统（二期）成功上线运行，各类型产品服务与个人客户多元化金融需求稳步接轨；试点推广最高额可循环个人生产经营贷款、推出置换式、固定利率、混合利率、"存贷双赢"房贷理财账户等个人住房贷款新产品；推出高赛尔实物黄金代销业务和"金钥匙 基金宝"基金定投业务，开展了存折睡眠户清理工作。同时加强"金钥匙"品牌宣传和推广，完善了金钥匙贵宾客户营销服务手段，建立起全行金钥匙个人金融产品推介团队，首家金钥匙理财中心正式开业，初步形成了金钥匙春天行动、金钥匙个人金融产品、金钥匙贵宾服务、金钥匙理财中心等个人业务核心品牌系列，"金钥匙"品牌的市场影响力不断提高。

（三）个人金融服务能力不断提高

按照省分行党委创建"优美环境、优良秩序、优质服务"的总体要求，广泛开展规范化服务创建活动。全行已有820个网点达到创建标准，占全行网点总数的95%。通过统筹网点转型策略、加强精品网点建设、改进服务流程、完善窗口管理机制、加强监督管理等手段，营业网点转型各项措施落实有力。同时队伍素质和专业化服务能力进一步提高，已有7人取得国际金融理财师资格，13人取得金融理财师资格，292人取得银行业协会理财业务资格。

（四）个人金融风险控制能力有效加强

各级行不断加强个人业务内控建设和合规管理，严格按照自律监管工作要求组织开展个人业务自律监管检查工作，强化整改落实力度，着力构建有效的自律监管机制。加大个贷业务专项检查力度，强化风险提示和各个操作环节的合规管理，加强CMS系统在线监测和风险预警，加大个人逾期贷款清收，提高了动态处置个贷风险的效率。同时深入开展了基金投资者风险教育活动，通过张贴风险提示、配发风险警示函等方式，帮助投资者了解证券投资基金和自身风险承受能力，保障了个人业务健康持续发展。

（五）个人金融业务综合营销能力不断提升

今年以来，全行进一步完善综合营销机制，强化前后台协调配合和上下级系统联动，"春天行动"综合营销活动取得可喜成绩。截至3月底，全行人民币各项存款余额1329.67亿元，较年初增加102.86亿元，其中人民币储蓄存款增势迅猛，较年初增加90.89亿元；个人贷款余额77.04亿元，较年初增加5.4亿元，其中个人住房贷款较净增5.19亿元，同比多增2.63亿元。中间业务继续保持强势发展势头，开放式基金认申购交易量7.77亿元，新增开放式基金TA户2.19万户；发行借记卡59.47万张、贷记卡4.9万张，实现银行卡业务收入8476万元；取得代理保费收入18.21亿元，进账手续费收入6123.1万元；新增网银个人注册客户49407户、手机银行签约客户96677户，取得电子银行业务收入220.1万元。优质客户群体进一步壮大，全行个人高价值客户达38.23万户，较年初增加5.85万户，其中城区金钥匙理财贵宾客户较年初增加5657户。

二、当前面临的形势和工作任务

当前和今后一个时期是我行以股改为突破口，加快推进经营战略转型的关键时期。总行明确提出"3510"总体发展战略，清晰勾勒了全行业务经营发展方向，个人金融业务的体制机制改革正稳步推进，呈现在我们面前的将是新的起点、新的机遇和新的征程。全行一定要认清个人金融业务改革发展新的形势和任务要求，找准工作重点，坚定信心，全力迎接新挑战。

要充分认识发展个人金融业务的紧迫性和必要性。首先，发展个人金融业务是全行实施"三农"和县域市场发展战略的必然要求。随着社会主义新农村建设和中部崛起战略的深入推进，县域个人金融需求迅速增长，同时金融需求层次不断升级，蕴含巨大的机遇和空间，农业银行新的市场定位要求我们大力发展个人金融业务。其次，个人金融业务是农业银行经营战略转型的重要方向。去年以来，国家为防止国内经济过热和通货膨胀，连续采取了加息、提高存款准备金率等一系列从紧的宏观调控措施，对我行过于依靠利差收入的传统盈利模式及资产负债结构调整等形成较大冲击。而个人金融业务凭借安全性、流动性、效益性、资本消耗低以及在理财产品创新等方面的优势，恰好为我行应对信贷收紧新形势，改善资产结构，拓宽盈利渠道，搭建了一个有效平台，是我行持续推进科学发展以及满足股改后资本监管要求的现实选择。第三，发展个人金融业务面临难得外部市场机遇。一方面，国民经济持续稳定增长为个人金融业务发展提供了坚实的物质基础。2007年，我省生产总值7345.7亿元，比上年增长13.9%，为近12年来最高水平，城镇居民人均可支配收入增长17.4%，农民人均纯收入增长19.8%，富裕阶层继续呈扩大趋势。在CPI高位运行的背景下，居民资金向消费转化，向保险、基金、信托、黄金、理财产品等多渠道转移的愿望强烈，个人金融资源开发潜力巨大。另一方面，个人金融创新空间广阔。我国金融市场已进入全面开放和加速变革的阶段，利率市场化的推进、人民币汇率形成机制的变化、资本市场的深化发展和金融创新相关办法的出台，为商业银行加快个人金融创新提供了市场和制度环境，监管部门对中资银行多元化经营的监管尺度逐步放宽，银行与基金、保险、信托等跨业合作的平台稳步搭建，个人征信体系建设日趋完善，私人银行业务初露峥嵘，个人金融业务无论在深度还是广度上都呈现出良好的成长性和拓展空间。

要充分认识发展个人金融业务的艰巨性和挑战性。一方面，个人金融业务的增长方式正在发生深刻变化。个人金融体系已经从以产品、账务核算为中心向以客户为中心转变，多数银行推出了个人综合理财账户，实现一站式个人财富的集中管理服务，紧锣密鼓的推进个人理财和私人银行业务。网点转型和流程再造成为提升个人金融业务竞争力的核心工程，精品网点正在转型为服务中高端客户的理财中心和财富管理中心。各家商业银行更加注重提升个人金融资产的综合销售能力，理财、个人贷款、基金等高附加值的核心业务成为发展焦点。另一方面，个人金融业务的同业竞争压力空前加大。各大商业银行纷纷将个人金融业务作为经营战略转型的突破方向，加大体制机制创新步伐，业务经营重心不断向个人业务转移，着力加强零售业务板块条线控制和资源配置能力，对重点地区、高端客户和优质业务的竞争愈发激烈，同业竞争层级不断提升。

总之，2008年我行个人业务工作是机遇与挑战并存，希望和困难同在，全行一定要坚定发展信心，增强机遇意识和责任意识，积极应对，奋力创新，努力完成个人业务各项经营发展目标。根据当前形势和全行下一步发展要求，2008年全行个人业务工作总体要求是：全面落实科学发展观，按照农业银行“面向‘三农’、商业运作”的股改原则，以提升个人金融业务综合营销能力和综合服务水平为重点，积极转变增长方式，加快网点转型，加强队伍建设，强化合规管理，完善经营机制，不断提高个人业务的市场份额和经营贡献度。主要工作目标是：一是全面推广应用个人优质客户管理系统（二期），夯实高价值客户管理基础，不断优化个人客户结构。二是全面完成业务经营计划。年初，省分行确定的个人高价值客户净增5万户、人民币储蓄存款净增80亿元、个人住房按揭贷款净增25亿元、开放式基金认申购交易总量120亿元、基金TA开户数新增12万户、基金销售收入1.8亿元、存折小额账户收费收入1000万元的经营目标不作调整。各行要对照目标，分析原因，逐月分解，密切跟踪，确保完成全年经营计划。三是深化营业网点规范化建设工作，加快推进网点转型，有效推动金钥匙理财中心建设。今年要确保新建3家理财中心，逐步推广金钥匙理财贵宾室和理财专柜，提升网点营销服务层次。四是打造高效营销服务队伍，加强大堂经理和个人理财专业队伍建设。

实现上述目标，必须着力推进四个“转变”：

一是推进经营产品向经营客户转变。要坚持经营客户为核心，全面推广应用个人优质客户管理系统，以个人客户的分级管理、分层服务为基础，以个人理财业务为纽带，整合产品、渠道、载体、系统和营销服务团队，大力拓展和维护个人优质客户群体，不断提高中高端客户和理财业务对我行的综合贡献度。

二是推进单一业务营销向综合营销转变。要深化营销方式从“小个金”向“大个金”的转变，按照“大个金”的经营理念完善综合营销体系，加强个人金融相关部门协同联动和资源共享，建立个人业务与公司、机构业务的联动机制，形成紧密连接上下游客户的服务链。要继续完善“春天行动”综合营销活动形式，通过多层次、分阶段的营销活动促进个人金融各产品之间的联动营销。要制订个人金融产品名录，完善个人金融产品营销指引，强化市场化运作和宣传策划，提升“金钥匙”品牌形象和价值。

三是推进传统的金融服务手段向现代化的金融服务手段转变。要积极推进业务流程和劳动组合改造，按照有利于中高端客户价值创造的营运步骤优化个人业务流程，突出精细化管理。要进一步发挥电子渠道的服务价值，大力拓展业务经营阵地，开放式基金网银代销已经呈现极大的增长潜力，下一步要按照总行部署积极实现低风险个贷业务的电子渠道自助服务功能。要加快推进网点转型，以客户分层、功能分区、业务分流为基本要求，全面提升网点的综合服务功能。

四是推进单一的依靠利差收入向多元化盈利渠道转变。零售业务转型效果的一个重要衡量指标就是中间业务收入占比，要全面提升中间业务在个人业务发展战略中的地位，强化中间业务的主营业务观念和效益观念，创新和优化产品结构，持续加大市场拓展力度，实现盈利模式的优化和升级。

三、突出重点，努力开创全行个人业务发展新局面

（一）以战略眼光加快个人理财业务基础建设与服务创新，全面推进金钥匙个人理财业务发展

抓好个人优质客户管理系统（二期）推广应用。个人优质客户管理系统（二期）能够有效转变以账户为中心的个人业务传统发展模式，理顺个人优质客户的发现、评价、提升、回馈机制，充分适应客户分层管理、分层服务和不断升级的同业竞争要求。各行要全力加快个人优质客户管理系统推广应用，切实落实分管行长负责制，集中资源，强化协作，确保按时保质完成系统推广各项工作。同时落实专人负责个人优质客户管理系统的管理、维护和运用，认真开展系统特护运行工作，充分依托系统优势，分析研究各层次客户需求趋势，筛选和细分目标客户群体，针对不同层次的优质客户制定不同的产品营销方案和营销策略，形成层次清晰、定位准确的多元化产品营销体系，使之真正成为对个人优质客户提供差异化服务的高效技术平台。

积极推进金钥匙理财中心建设。金钥匙理财中心是以个人优质客户为主要服务对象，具备差异化、专业化理财服务功能的经营平台，是推进个人理财业务快速发展的高效阵地。省分行已批复建设理财中心的二级分行，要按照区位条件优越、中高端客户资源丰富、业务功能齐全、软硬件设施完备的总体要求，加快工作进度，做好统筹规划、功能改造、人员配备等各项工作，确保10月底前正式开业。未建设金钥匙理财中心的二级分行，也要进一步完善分层次的个人理财业务渠道体系。要依托网点现有理财工作室或功能分区，建设高标准金钥匙贵宾理财室，或在金融超市、骨干网点、精品网点等推广金钥匙理财专柜，稳步形成以金钥匙理财中心、金钥匙理财贵宾室、金钥匙理财专柜、VIP贵宾窗口为多种层次，体系较为齐全、功能较为完善的金钥匙理财服务渠道。

着力加强个人客户经理和理财队伍建设。要加强专职个人客户经理的配备。金钥匙理财中心至少配备4名专职个人客户经理，设有金钥匙理财专柜的网点必须配备专职的个人客户经理。要通过公开竞聘、考试等方式，将一些综合素质高、能适应市场竞争和客户需求、具有较强沟通能力和营销能力、熟悉个人业务的人员充实到专职个人客户经理队伍中来。同时按照专业化、职业化、知识化的发展要求，着力改善个人客户经理工作环境，加强资格准入、业务培训和新知识传导，抓好日常管理。要加强理财师队伍建设。2008年各行至少要培训3名金融理财师。已取得理财师资格的人员要优先调配到理财中心，并帮助他们做好职业发展规划，让他们能够充分发挥自我价值。

（二）毫不放松地抓好储蓄存款组织工作，继续保持储蓄存款增量优势

储蓄存款是各项业务的重要基础，是资金流动性的安全保证，也是维系全行基本客户群的依存点。通过全行上下的共同努力，上半年的储蓄存款增势喜人，但全行流动

性偏紧的局面仍未根本改观，面对市场环境和同业竞争的深刻变化，各行思想认识必须清醒、工作力度必须加强，决不能有丝毫放松和懈怠。要继续坚定实施储蓄存款"一把手"工程，创新和完善工作措施，确保全行储蓄存款的增量优势。要围绕客户抓存款，从客户源头入手，加大对公务员、私营企业主、公司高管等客户的抢占力度，强化公私联动，以代发工资、银行卡、理财服务为切入点，扩大高价值客户基础。要借助联接资本市场的个人理财产品来稳定、维护和发展存款客户，继续做好第三方存管业务，促进资金的行内循环。要依托代收代付、汇兑等产品，特别是做好下半年代收学费工作，聚集居民日常支付结算等留存资金。组合营销转账电话、网银、POS 机、全额质押等产品，加强"双利丰"通知存款等特色产品营销，吸纳个私商户生产经营沉淀资金。同时要继续推进主动负债管理，大力拓展稳定的低成本资金来源，挖掘负债业务系统支付结算平台的收益能力。

（三）强化个贷业务分类指导，全力实现业务突破式增长

坚持积极稳健的指导思想。牢固树立质量效益观念，决不能把发展简单理解为资产数量的扩张，走粗放经营的老路。要继续贯彻落实分类管理、梯度推进的个人信贷业务发展模式，认真做好 2008 年个人信贷业务转授权工作，根据各行个贷资产质量和管理能力，实施差别化授权和市场准入管理。要继续推进分类指导，在客户结构上，个人消费贷款要以工作稳定、信用良好、有稳定收入来源的中高端客户群体为重点营销对象；个人生产经营贷款以经营状况较好、发展潜力较大、自有净资产丰富、信用记录良好的经营业主为重点客户。在信贷品种结构上，要以个人住房贷款为主力发展品种，努力提高全行个人住房贷款市场份额和在各项贷款中的比重，积极稳妥地发展以房地产抵押方式为主的个人生产经营贷款和个人综合消费贷款，规范发展汽车贷款，优化车型结构和经销商结构。

继续加快个人住房贷款业务发展。为推动全行重点个贷品种个人住房贷款的发展，省分行进一步完善了相关激励机制。各行也要相应加大对个人住房贷款的专项考核力度，加大绩效挂钩和考核兑现，充分调动各级行和客户经理积极性。要密切关注住房市场发展，在严格按揭楼盘准入标准和个人住房贷款条件的基础上，加大对首套自住住房的支持力度。要强化联动，充分依托项目贷款拉动，加强对优质按揭资源的保护和开发，积极营销非我行支持开发的优质楼盘按揭业务，特别是要坚决扭转部分行开发贷款发放与个人住房贷款增长极不匹配的局面。要加快新产品宣传推广，注重发挥存贷双赢房贷理财账户、置换式、非交易转按等产品的特点和优势，持续扩大营销影响力。特别是重点开展好下半年优质楼盘置换式住房贷款专题营销活动，做好计划分解和楼盘认定工作，组织不同层面、多种形式的专题营销宣传活动，全力拓展优质按揭资源。

切实推进个贷专业化经营和精细化管理。各行要根据业务发展需要，积极打造个贷专业支行，在资金、规模、激励政策等方面对个贷专业经办行予以倾斜，发挥好引领和带动作用。各行个人贷款业务原则上要集中到金融超市、个贷专业支行办理，以金融超市和专业支行为双擎，促进集约化经营、专业化运作和精细化管理。同时，要按照流程银行的要求，完善个贷业务流程和审批体制，在继续推进个贷审查审批中心建设的同时，按照省分行部署，积极推广独立审批人制度，提高低风险个贷业务的审批效率。要积极推进个人信贷业务网上作业，以先进技术促管理手段的有效提升，全面提高个人信贷业务审批效率、风险控制能力、信息共享程度和监测分析水平。

（四）以大力推动开放式基金销售为重点，进一步提高个人中间业务贡献度

一要积极转变营销观念。要用长期的、战略的眼光看待当前市场形势，坚定发展信心；要树立双赢思想，致力于为客户创造价值，以丰厚的投资回报赢得客户忠诚度；要改变被动等待客户上门的销售方式，实施主动营销。二要大力发展基金定期定额业务。基金定期定额业务"分散投资，降低风险"的特点在当前资本市场震荡调整的主基调下比较优势十分明显。各行要以发展基金定期定额业务为切入点，积极与基金公司合作，加强投资者教育，传播长期投资理念，充分利用我行客户资源群体、增加开户数，确保实现全年 12 万户的计划指标。三要彻底消灭基金销售"空白网点"。各行要加强督导，我行代销的每只基金，每个网点都要行动起来，通过柜面营销、投资者见面会、基金套餐理财服务等方式，全力拓展目标客户群体，提高柜面基金交易量。四要突出抓好农行托管基金和农银汇理基金产品的销售。目前，我行托管的基金如新世纪基金等正在销售，农银汇理基金公司首只产品－行业成长基金也开始了发行。各行务必从战略高度出发，将我行托管基金和农银汇理基金的销售作为当前和今年工作的重中之重。要加强部门联动营销。各行个人、公司、机构等相关部门要齐抓共管，分解各条线指令性营销计划，共同研究制定具体的基金销售策略，发挥营销合力。要充分发挥激励机制作用。总行针对我行托管的基金和农银汇理基金产品出台了相应的奖励政策，各行要认真研究细化方案，将奖励政策落实到一线销售人员，充分挖掘全员营销潜能。要从检验各行执行力、战斗力的高度，强化组织领导，及时进行督导，确保农银汇理基金成功发行。

（五）加大奥运金融服务和网点转型工作力度，全力提升网点规范化建设层次

切实做好奥运期间"三优"争创工作。2008 年北京奥运会既是全世界人民的体育盛会，也是关系到中国国际形象的政治大事。为全力做好奥运期间的金融服务工作，省分行决定，近期在全行开展"创优质服务　与奥运同行"优质服务百日竞赛活动。各行要成立专门领导小组，召开竞赛活动动员会，加强跟踪督导，确保以热情的服务态度、完善的服务手段、齐全的金融产品和高效的服务效率，为奥运会的成功举办做出应有贡献。要全力抓好规范化服务建设，结合外部监管部门的各项工作要求，切实做好银监局奥运金融服务检查的各项整改工作以及后续检查的准备工作。特别是要切实加强大堂经理的配备和营业网点叫号机的使用管理，有效解决营业网点排长队问题。要根据奥运金融服务需要，在黄山、池州、合肥等重点旅游、口岸城市分行，加强员工外语服务能力培训，推进柜面双语服务。要认真做好客户意见受理和联动处理工作，防止声誉风险。要根据全行奥运金融服务应急预案，认真部署做好演练工作，提高应急服务能力。

加快推进网点转型。要加强组织领导，在各行营业网点规范化建设委员会下设网点转型工作小组，具体负责研究、规划、协调、组织和推进网点转型工作。要继续推进精品网点建设。今年各二级分行所在地近3年未装修网点要完成升级改造，近5年未装修的县域支行营业部和业务量大的集镇网点按50%－60%比例进行装修改造，县以下其余网点按轻重缓急分批装修改造，提升网点服务功能。升级改造要有前瞻性意识。新建和新改造网点的功能区块要科学规划，合理设置咨询引导区、客户休息等候区、现金服务区、非现金服务区、自助服务区、贵宾服务区（或贵宾理财区）等标准功能分区和个性化扩展分区建设，为客户分流和服务分层提供保证。现有未改造网点，要积极整合窗口、人员、设备等资源基础，在客户细分上下功夫，充分满足优质客户需求。要改进网点服务流程，按照全行大堂经理服务标准指引细则的要求，发挥大堂经理作用，提升营业现场动态管理水平和营销服务效率。要推进服务创新，依托优质客户管理系统，因地制宜地为优质客户提供易登机、医疗健康服务、道路救援、商业联盟服务、酒店预定、机票预定等增值服务项目。要塑造网点服务文化，探索建立晨会、精神墙等有效形式，激发员工工作热情和团队凝聚力、不断改进员工绩效。

（六）加强内控和风险管理，促进个人业务健康可持续发展

着力提高个贷业务风险控制能力。高度关注政策风险、市场风险和操作风险，切实推进个贷业务全面风险管理。要严格落实“第二套房贷”相关规定，密切关注房地产市场变化，跟踪持续加息给个贷业务带来的影响。要严格准入限制，加强业务授权管理，有效前移信贷风险控制关口。要加强贷款行为真实性的把握，严格按照业务操作规程，落实各个环节的风险控制与管理。要积极优化监测手段，加强对个人客户信贷监控，利用个人信贷监测系统及时全程监测各经办行资产质量。要继续抓好个人不良贷款清收工作，多策并举，以损失最小化为目标、依法合规为准则，努力提高清收效率。

强化合规建设和自律监管。要持续加强合规文化和自律文化教育，强化各项规章制度的约束力，维护内控制度的严肃性。要认真做好2008年个人业务专项治理和自律监管工作，精心组织，加强协调督导，构筑有效的个人业务经营风险“二道防线”。各行的自律监管检查工作要于7月10日前完成，并形成报告上报省分行，省分行下一步将组织全省范围的抽查活动。要加强存款业务管理，杜绝高息揽存，虚增、隐瞒存款等现象。继续加强基金投资者风险教育，防范代理业务潜在的纠纷和诉讼风险。切实做好客户的风险承受能力测试，根据客户风险承受能力推介相应的理财产品和理财服务，做好客户与拟购买产品的风险匹配检测，进行充分的风险揭示，确保个人理财业务稳健发展。

（七）深化转型创新，着力完善个人业务经营管理机制

完善考核激励机制建设。各行要根据省分行个人业务经营目标综合考核办法，制定本行的考核实施细则，落实“1＋N”考核，将个人存款、个人贷款、基金、国债、理财产品等加权组合构成个人业务发展竞争力指标，作为对下级行业绩考评的重要内容。要根据省分行产品计价考核办法，完善本行的个人金融产品计价考核标准，对网点主任、大堂经理、理财经理、个人客户经理、柜员等分别建立考核指标体系，加大基金、理财产品、个人住房贷款和个人高价值客户的计价考核力度，确保将计价奖励措施兑现到个人。

积极探索县域个人业务经营机制。各行要注意研究“三农”和县域经济的新情况、新变化，积极探索县域个人业务新型服务方式，按照全行县域支行分类管理指导意见，细化分类指导、区别对待政策，重点发展县域个人负债业务、中间业务和低风险个贷业务。要立足县域发展实际，执行与城区不同的客户分层服务标准，对贫困型、温饱型、小康型、富裕型和外出务工农民分别提供相应的金融服务，并不断推进金融服务的综合化。要充分利用城市行网点转型和渠道经营的成功经验，完善县域网点综合服务功能，加大对县域中高端市场的拓展力度，提高县域个人业务对全行的效益贡献度。

夯实业务发展基础　加快业务转型步伐
全面确保完成旺季营销各项工作目标

——胡炜铭同志在宁波市农行旺季营销工作会议上的讲话

一、全年个人业务工作的总体回顾

1～11月份，全行个人业务认真按照分行党委的有关部署和要求，积极开拓、努力进取，各项业务取得了较快发展，业务基础得到了有效夯实，市场竞争力和品牌形象得到了进一步提升。

（一）各项个人业务指标取得了长足发展，储蓄存款、个人贷款等核心业务竞争力得到了有效提升

一是储蓄存款的基础地位进一步巩固，增量市场份额已经连续五年、存量市场份额已经连续四年保持四大行第一，截至今年10月底，全行储蓄存款余额已经达到396亿元，比年初增加67亿元，在四大行中的占比分别达到了34.2%和33.5%，占全行各项存款余额的59.7%，各项存款增量的85.6%。二是个人贷款在做好风险管控的基础上实现了较快增长。到10月底，全行个人贷款余额已经突破了100亿元，达到了101亿元，比年初增加了16亿元，占全行各项贷款余额的16.2%，比年初提高0.4个百分点；其中不良贷款3352万元，不良率仅为0.33%，在今年资本市场大幅走低、房地产市场成交低迷的复杂大环境下，个人贷款业务的风险管理能力经受住了初步考验。三是个人中间业务的产品体系逐步完善，收入贡献有所提升。自总行年初在我行试点推出自主品牌实物黄金“传世之宝”以来，全行已累计销售黄金 克，实现销售收入8000万元，实现账面利润350万元，同业市场占有率达到了60%以上，黄金业务开始逐渐成为推动个人中间业务发展的一个新的增长点。到10月底，全行已累计实现各项个人中间业务收入（基金、国债、理财产品、黄金、小额账户收费）2060万元，收入贡献逐步提升。

（二）个人业务发展基础得到了进一步夯实，个人业务的营销模式发生了初步转变

一是个人业务的经营理念逐步由“小个金”实现了向“大个金”的转变。全行已连续三年成功组织了“伴你成长　金钥匙春天行动”个人业务综合营销活动，带动了包括银行卡、保险、第三方存管、个人网银在内的各项个人金融业务的全面发展；同时以个人贷款产品为纽带，带动其它个人业务产品全面发展的交叉销售模式在部分行得到了有效实践，个人业务联动营销机制初步确立。二是在营销策略上初步实现了从“经营产品”向“经营客户”的转变。在今年的个人业务工作中，全行以个人高端客户为目标，以精细化管理为手段，在全辖网点推广应用了个人优质客户关系管理系统（PCRM），实现了对客户整体贡献的有效评价，推进了全行客户细分和差异化营销工作，初步实现了业务增长方式的转变。三是初步构建了全行个人高端客户的营销维护体系。全行以分行私人银行中心的成立为契机，通过部门协调、上下协调、行内外协调，大力加强个人高端客户专属产品和服务的开发、包装，初步构建了部门联动、上下联动、行内外联动的个人高端客户营销维护体系，个人高端客户的营销维护能力得到了有效提高。四是个人业务经营队伍素质、专业化服务能力得到了有效提高。全行已配备大堂经理、大堂引导员和专职个人客户经理70余人，为个人优质客户的深入挖掘和精细化维护提供了人才保障。

（三）按照现代零售银行要求，积极推进网点转型工作

通过出去考察、召开工作会议等多种形式，全行逐步统一了思想认识，开始从业务转型和未来生存需要的高度重新审视经营网点转型的重要性和迫切性。到10月底，全行已完成转型项目35个，正在转型项目38个，占全行网点总数的35%。其中慈溪支行、宁海支行率先加快了网点转型步伐，积极组织实现了网点的功能分区、业务分流、服务分层和产品分销工作，转型效果开始初步体现，直接促进了储蓄存款、贷记卡、电子渠道占比等各项业务指标的大幅提升。通过网点转型，全行经营网点的营销能力和品牌形象得到了初步提升。

二、当前面临的形势分析

随着农行股份制改革方案的最终落定和农行股份制公司的挂牌，个人业务的发展正面临着一个全新的历史机遇，将进入一个全新的历史时期，而个人业务也必将被赋予更大的责任，在今后的业务转型工作中承担更多的任务与职责。

（一）国民经济结构的转型要求我们加快推进个人业务发展

随着我市国民经济的快速发展，居民人均收入水平稳步提高，社会财富加快向个人转移和聚集。到2007年底，我市居民金融资产总额已经超过7000亿元，人均GDP超过8000美元，新的富裕阶层不断涌现，产生了11位名列中国福布斯富豪榜的富豪人物。个人金融需求呈现多元化、个性化、高层次的升级趋势。2007 年我市社会消费品零售总额达到了 1035 亿元，住房、汽车、投资、教育等已成为居民重要的支出项目，全部金融机构个人消费贷款余额达到了 712 亿元。四大行 2007 年共销售各类理财产品近 60 亿元，而今年前三季度更达到了 190 亿元。这一系列的数据均已表明社会财富的积累方式和形式已经发生积极转变，国民财富的结构正在逐步转型，加快推进个人业务发展已经具备了坚实的市场基础和客户基础。

（二）农行股改上市要求我们进一步加快推进个人业务发展

今年 10 月 21 日，国务院常务会议审议并原则通过了《农业银行股份制改革实施总体方案》，标志着农行的股改进入了实质性阶段，近期，农行股份制公司也将正式挂牌，下步，农行还将进行择机上市，正式成为上市公众银行。在这一由国有独资银行向上市公众银行的转变过程中，个人业务将扮演一个重要的角色。首先，个人业务具有利润贡献度增长幅度大、经济资本占用率低、抵御经济周期影响力强的特点，是商业银行股改后满足巴塞尔资本监管要求、跻身国际主流银行的必要战略选择。其次国际资本市场普遍将个人业务作为战略说明书和年报的首要叙述业务，伴随着我行的股改上市，个人业务在上市路演和估值模型中的地位将越来越突出。总行项俊波行长已经明确提出“个人业务的收入要占到全行业务收入的 50%”，并在总行个人业务部设立了零售业务转型办公室，相对集中全行资源加快推进个人业务的发展和转型，加快推进个人业务发展已经得到了全行上下的一致共识。

（三）个人业务增长方式的转变要求我们加快个人业务发展

近年来，人民银行和相关监管机构　直在推进金融制度改革，利率市场化的推进、人民币汇率形成机制的变化、资本市场的深化发展和金融创新相关办法的出台，为商业银行加快个人金融创新，改变经营结构创造了制度环境，银行与基金、保险、信托等金融机构跨业务合作的平台开始搭建，个人业务初步走出了储蓄存款的固有模式，个人贷款、基金、理财产品、贷记卡开始逐渐成为核心战略业务，个人业务体系从以产品、账务核算为中心向以客户为中心转变的趋势日益明朗，个人金融资产保有量和个人金融资产流量已经成为衡量个人业务发展水平的两个重要指标，个人业务增长方式的转变迫切需要我们加快个人业务发展，调整个人业务发展结构。

三、夯实基础，积极转变增长方式，全面推进个人业务发展转型

（一）转变业务增长方式，积极推进个人业务经营转型

1. 要以个人贷款为纽带，带动个人业务产品的综合营销。要围绕个人贷款业务做好三篇文章：一是要大力发展个人贷款业务，提升个人贷款业务收入。要通过扩大个人贷款业务产品计价范围，提高个人贷款业务产品计价标准的办法，积极引导各行和个人客户经理营销积极性，争取 2009 年个人贷款的发放额达到 60 亿元，增量达到 30 亿元，个人贷款收入占比有所提高。二是要创新个人贷款业务的收入方式，在实现个人自助贷款客户通过自助服务终端和电话银行渠道进行自主贷款和还款功能的基础上，向每个自助循环贷款客户收取一定的年费；在做好个人贷款客户综合理财服务的基础上，向个人贷款客户收取一定的理财顾问费，带动相关中间业务实现较大幅度增长；三是要以个人贷款业务为引擎，做好个人业务的综合营销工作，发放个人贷款时，在精细化核算基础上，可以适当下浮利率，要求借款人买好一笔理财产品（黄金）、开好一个基金账户、做好一张贷记卡、开通网上银行和短信平台，办理一笔个人意外保险，全方位营销借款人的各项个人业务需求，真正实现从做业务到做客户的转变。

2. 顺应市场环境，有选择确定个人中间业务发展重点。由于国外次贷危机和国内“大小非”问题未能从制度上得到根本解决，预计 2009 年资本市场仍将维持低迷的态势，因此明年中间业务发展的重点是保本型的理财产品、较低风险的债券基金和货币基金、实物黄金产品和一些个人业务类的结算工具。对于保本型的理财产品、较低风险的债券基金、货币基金要抓好量，做大交易额，提升中间业务收入，这类低风险产品的销售额在当地同业要超过中国银行，与建设银行差距明显缩小，在系统内，要超过青岛、大连和厦门分行，与深圳分行差距明显缩小；对于非保本的一些理财产品、股票型基金一方面要着重做好客户的基础建设，抓好有效账户的开立；另一方面是要加强公司业务和个人业务的联动，发挥利率杠杆作用，将这部分产品主要面向公司客户进行营销。对于非保本的理财产品和基金，除总行特别要求外，明年分行原则上将不再下达指令性计划。

3. 细分客户，提高个人优质客户服务能力。要在充分发挥私人银行龙头作用的基础上，积极拓展个人优质客户，提升个人业务客户基础。一是要根据 PCRM 系统积极做好存量客户的签约工作，使全行优质客户签约率有一个大的提升。二是要加强与公司业务联动，以集团性客户的中高层管理人员为对象，加大金穗通宝贵宾卡的发放力度。三是要充分发挥私人银行作用，打造上下联动的贵宾客户模式，积极落实贵宾客户各项优先、优惠服务措施，理顺贵宾客户服务流程，全面提升贵宾客户的服务能力。

（二）理顺个人业务管理体制，构建一个以客户为中心的现代零售银行体系

1. 理顺个人业务管理职能，自上而下打造个人业务板块。各支行要比照分行机构设置和管理模式，尽快理顺个人业务的管理体制，没有设立个人金融部的支行要尽快设立，没有将个人贷款管理职能、网点管理职能划转到个人金融部的支行要尽快将相关职能划转到个人金融部，同时加强个人金融部的人员配置，按照人随业务走的原则抓紧配备管理人员。

2. 建立前台个人业务部门之间、公司业务与个人业务部门之间、内外部之间联动营销机制。要通过加强内部政策和业务运行方式的协调配合，打通前台个人业务部门之间、公司业务与个人业务部门之间的营销渠道，把公司客户个人业务联动营销成果同时纳入到公司和个人业务部门

目标，实行综合考核，加强联动，实现“部门银行”向“流程银行”的转变。

3. 分层推进“公司业务上收、个人业务下沉”的个人业务经营模式。各行特别是市区行要通过逐步上收二级支行法人业务营销、管理职能的方式，尝试将部分毗邻高档社区、个人业务资源较为丰富的二级支行法人贷款业务集中到所属一级支行营业部进行办理，只保留网点的公司结算业务，将其逐步转型为以个人业务为主的经营单位，对其实行以个人业务核心业务营销能力和高端客户占比为主的考核模式，促使其更好地履行个人业务营销与管理职责。

（三）加强个人业务营销队伍建设，打造一支高素质有竞争力的营销服务队伍

一是要通过撤并低效网点、压缩高柜、增加自助设备、优化劳动组合等方式，将相当一部分沟通能力较强、市场反应灵敏、既具有扎实的专业技能又具有丰富的客户关系营销和管理经验的员工从高柜现金区解放出来，充实到个人客户经理队伍中去，加强个人业务营销队伍建设，到2009年底，全行已转型的网点必须配备2名以上个人业务专职营销人员，全辖范围内个人业务专职营销人员要达到300名以上。

二是要建立统一的个人金融岗位序列，形成营业经理、大堂经理、产品经理、理财经理、营销经理、高柜柜员、低柜柜员等岗位系统，明晰岗位设置、准入标准和岗位职责体系，制订健全各岗位的工作规范、行为规范，强化各岗位的基础管理和等级管理，并统一纳入到全行技术职务序列进行专门管理，在制度上保证打造一支高素质有竞争力的营销服务团队。

三是要规范个人客户经理选拔、认证、聘用、上岗、晋升等程序，从服务礼仪、专业技能、产品知识、金融工具等方面培训入手，切实加强个人客户经理的日常动态管理和培训、再培训工作，全面加强个人客户经理的服务意识、竞争意识和团队意识，着力提高个人客户经理的综合服务素质和营销服务能力。

（四）建立高效的个人业务激励约束和考核机制，激发个人业务发展潜能

项俊波行长在2008年总行工作会议上提出，各主要前台板块和产品部门逐步向事业部制管理模式转变是大势所趋。目前，总行正积极与有关咨询中介公司合作，重点研究、推进全行零售业务的管理体制、经营架构和组织流程改革。各支行要充分发挥主观能动性，按事业部制的方向率先在考核机制上出台相关措施，增强条线控制力，引导资源合理配置。

1. 加大分支行对个人业务条线的考核力度。要在综合绩效考评中提高个人业务考核分值，拓宽考核的范围，加入或加大营业网点转型、个人业务队伍建设、新产品、新系统、新功能的推广应用等基础性、前瞻性工作和过程性考核指标分值，减少结果性指标分值，积极引导二级支行抓好个人业务的基础建设工作。

2. 要积极出台个人业务分类、分岗考核办法。首先各行要积极探索改革目前统一的二级支行考核模式，尝试选择一批个人业务客户资源较为丰富、发展基础较好的二级支行，对其绩效评价主要以个人业务指标为主，通过考核引导将其转型为以个人业务为主的经营行，使这些经营行有能力、有动力、有财力发展个人业务。其次是要改变目前柜员绩效工资单纯与业务量挂钩的现状，根据岗位职责不同出台个人业务分岗考核指导办法，促使各岗位充分履行岗位职责。

3. 要对个人业务产品计价办法进行动态调整。个人业务是创新最活跃的业务，为有效鼓励创新产品的营销，各行应根据新产品的推出情况对计价考核办法进行适时动态调整，及时纳入新产品和新服务，加大新型业务、短腿业务、难度大业务在市场开发初期的产品计价标准，引导基层经营单位积极做好市场开拓工作。

4. 要改进对个人业务营销人员的考核激励方式。要充分利用科技手段，提高对个人业务营销数据采集质量和发布效率，建立各支行、各网点、各个人业务专职营销人员的重点个人业务产品营销情况通报制度，促进各支行、各网点和个人业务专职营销人员充分履行个人业务营销职责。对于产品计价工资，各行要进行统一支配、统一调度，对于分行制定的计价标准，各行不得降低，不得截留，要按照营销人员的实际业绩按月及时发放到人，减少中间的传递环节和再分配环节，不能再搞“平均主义”，要树立“以业绩论英雄”的意识，充分调动个人业务营销人员的积极性。

（五）加快网点转件转型步伐，切实提高网点的营销服务能力

今年的网点转型工作着重解决了网点的硬件软型问题，实现了网点的功能分区，加大了自助设备的配置力度，为下步的客户分层、服务分流奠定了硬件基础。在下步的网点转型工作中，各行要加大网点转件转型的步伐，软硬并举，有效提升营业网点的营销服务能力。一是在网点功能分区后，各行要按操作业务和营销业务区分进行柜员设置，高柜柜员要为客户提供统一的标准服务，其主要职责是进行业务操作，低柜柜员要为客户提供一对一的顾问式服务，其主要职责是进行业务营销，而不是目前高柜业务区办理个人业务，低柜业务区办理公司业务。二是各行要根据岗位性质和职责制定分岗考核办法，将业务操作人员的绩效工资主要与业务操作量和交易量进行挂钩；将营销人员的绩效工资主要与产品销售量进行挂钩，促使营销人员充分履行营销职责；三是要严格按照总行《营业网点视觉标准化手册》进行网点装修改造，务必保证网点装修风格一致、形象规范一致、各类标识一致，形成农行整体的网点风格。四是各行要及时上报明年网点投资计划和调整计划，以便分行及时编制明年网点管理和转型计划，同时各行要积极加强营业网点的管理工作，要严格按照《营业网点管理办法》的各项规定对网点准入事项进行申报，对违反《营业网点管理办法》擅自进行网点调整和装修的支行和当事人将予以严厉处罚。

（六）要密切关注市场变化，积极防范可能出现的市场风险

由次贷危机引起的全球经济危机已经开始影响到我国实体经济的发展，同时由于资本市场的深度下挫、房地产市场的量价齐跌，预示着2009年将是商业银行经营较为困难的一年，非保本理财产品的亏损、不良资产的反弹等风险有的已经成为现实，有的可能发生，因此我们一方面要密切关注市场变化，采取有效措施积极化解风险，做好风险发生后的处理预案；另一方面要加大宏观经济政策和指导意见的督促落实力度，做好市场风险和政策性风险的屏蔽工作。要按照银监会和总行的要求，对基金和理财产品销售过程中的风险点进行全面梳理，对由于购买理财产品亏损引起客户情绪激动、上访等群体性情况要及时上报分行，由分行进行统一处理。

三、齐心协力，做好旺季市场营销工作

根据统计数据显示，每年旺季市场营销完成的储蓄存款一般都能占到全年计划的50%左右，因此，抓好旺季营销也等于抓好了个人业务全年的工作。

（一）高度重视，切实加强组织领导，确保“春天行动”的有效开展

为确保本次旺季营销活动的顺利开展和各项目标的完满完成，各支行要成立个人金融综合营销领导小组，组长由支行行长担任，主管个人业务的副行长任副组长，领导小组下设办公室，办公室设在个人金融部，由个人金融部经理负责组织具体协调工作。各支行要根据分行的方案制定辖内综合营销工作的详细安排，并进行具体落实。

（二）健全营销费用配置机制，激发营销积极性

各支行要在财务资源分配机制上给予旺季营销活动大力支持，奖励和费用标准要在2008年旺季营销活动的基础上有所增长。各支行要根据分行奖励和年度产品计价的基础上，适当加大旺季营销期间产品计价水平，增强奖励和费用配备的透明度和可预期性，提高个人业务从业人员营销产品的积极性和主动性。

（三）分支行联动，加强营销效果的跟踪评价

各支行个人金融部要在12月20日之前上报旺季营销工作的联系人，负责分支行之间信息、材料的传递顺畅，及时向分行汇报各阶段的活动内容，加大对营销活动市场效果的定期跟踪，及时向分行进行反馈，使分行能够有针对性地调整后期的工作重点，适应市场环境的变化，最大限度贴近市场，为各支行的营销活动提供支持。

提升核心竞争力　推动个人信贷业务积极稳健发展

——王学宇同志在2008年青海分行个人信贷业务培训班上的讲话

第一，要充分认识做好个人信贷业务工作的重要性

（一）近几年，随着国民经济的快速增长，居民生活水平的稳步提高、消费观念的改变和社会信用环境的改善，个人信贷业务呈现快速发展势头，并逐步成为各家商业银行零售业务的主打品牌和竞争焦点，竞争日趋激烈。各商业银行均把个人信贷业务作为经营战略的重点，加快了个人信贷业务品种的创新步伐，且把个人住房金融与个人信贷业务作为个人金融业务重要的盈利增长点和利润来源。

（二）综合经营，提升个人信贷业务附加值。随着商业银行竞争的日益激烈，以个人信贷业务为载体，带动中间业务及负债业务的发展，提升个人业务综合经营将是未来商业银行的重要利润增长点。一是可以带动电子银行业务的快速发展，如对个人信贷客户进行电话银行、手机银行、网上银行的配套营销；二是带动银行卡产品，如借记卡、贷记卡的配套营销；三是带动代理保险业务的联动营销；四是增加负债业务，如房地产开发商、汽车经销商的保证金存款，全额承兑汇票结算存款等负债业务。

第二，各级行领导要高度重视个人信贷业务的开展，把个人信贷业务这项工作抓好抓实

截至2008年9月末，全行个人贷款余额69691.9万元，比年初增加4210.22万元，增幅为6%，完成年计划的60.14%。其中：个人住房贷款余额61532万元，比年初增加3700万元，完成年计划的74.38%；其他消费贷款余额8305.9万元，比年初增加1107.94万元，完成年计划的55.39%。我行在全省四大行个人信贷业务中，市场份额增量占比为17%，增量排名第三位，低于中行、建行，个人信贷存量贷款占全省四大行第二位。今年我行个人信贷业务从总体上看：一是个人贷款投放呈现上升态势，从分地区情况看：省分行营业部、黄河路支行、城北支行、城中支行等经营行的个人贷款呈稳步上升趋势。二是个人不良贷款余额及占比出现双降。各经营行风险防范意识逐渐加强，将个贷工作重点转移到规范个贷业务和清理存量上，加大了不良贷款清收和责任追究力度，取得了一定成效。有5个经营行的不良贷款占比较年初有所下降，分别是黄河路支行、黄南分行、门源支行、湟源支行、湟中支行。

第三，几点要求

（一）要紧紧抓住个人信贷业务新一轮发展机遇，大力营销个人信贷业务，扩大市场份额，进一步提升个人信贷业务对全行业务经营的贡献度。

一是强化与优质客户和优质楼盘的合作，提高优质楼盘的按揭比重，以个人住房贷款业务为主体，以个人商业

用房贷款业务为补充，做大做强个人房地产信贷业务；鼓励发展以房地产抵押方式为主的个人生产经营贷款；稳步发展个人自用车贷款；积极做好国家助学贷款、下岗失业人员小额担保贷款。

二是积极推行个人信贷业务经营中心，将个贷业务各个环节集中在个贷中心统一管理，实现个人信贷业务标准化、专业化和集约化经营，为客户提供一站式的个人贷款服务。在个贷经营中心至少配备1名风险经理，专（兼）职负责个贷在线监测工作，提高风险预警能力，减少道德风险和操作风险。

三是明确市场定位。在巩固和发展城区行个人信贷业务的基础上，积极拓展县域行的个人信贷业务。服务对象上以中等收入阶层及具有较好预期收入的中青年消费者为对象，主要以价值含量高的个私经济经营者和电信、邮政、电力、铁路、医生、教师、公务员等有稳定经济来源和长久居住愿望的客户群体为主。

四是建立完善个贷考核激励约束机制。实施对基层个贷客户经理的奖励政策，在风险可控的前提下对前台客户经理营销的个人信贷业务按业务量进行考核，每营销一笔个人贷款按一定金额给予兑现，通过各种办法激励员工营销个人信贷业务积极性，不断促进我行个人信贷业务的发展。

（二）继续做好不良贷款清收盘活工作，提高信贷资产质量。各行要对个人不良贷款逐笔落实清收责任，对各类个人不良贷款要根据实际情况分别采取有针对性的清收、盘活和保全措施，力争个人不良贷款有较大幅度下降。

（三）做好个人信贷业务培训及宣传工作。这次培训时间紧、任务重，在座的各位肩负着宣传个人信贷新产品及拓展个人信贷业务的重任，回去以后要及时向行党委汇报，及时组织搞好再培训工作，各行要采取多种形式营销宣传目前开办的几种个人信贷业务品种，努力提升我行个人信贷业务的核心竞争力。希望同志们努力工作，为实现我省“3510”的战略目标、为全面完成省行党委确定的各项工作任务而努力奋斗。

求夏雨同志在深圳农行个人业务营销委员会上的讲话

一、2008年零售业务转型工作

我们农业银行已于今年1月正式完成了股份制改造，正沿着规范化、市场化、现代化的道路迈进；我们一贯秉承以客户为中心的经营理念，坚持审慎稳健经营，致力于为广大客户提供最优质的金融服务，实现“伴您成长”的美好夙愿。

股改后，我行将把零售业务作为全行的发展重心和改革重点。目前已经制定了“以客户为中心、以渠道为载体、以产品为抓手、以队伍为主体、以项目管理方式推进零售业务转型”的目标。

在零售业务转型方面，我们深圳农行一直走在农行系统的前列，具有自己独特的优势：紧紧围绕“提升网点价值创造能力”这一核心目标，着眼于“提高服务效率”和“提升销售能力”两大引擎，以建设五个“一”：“一个机制、一个平台、一个流程、一支队伍、一批客户”为突破口，积极迈开零售业务转型探索之路。

建立起“一个有利于巩固对公业务优势和明确零售业务战略地位的管理机制”。2006年实施“对公业务上收，个人业务下沉”，2007年调整为“对公业务上收，零售业务下沉”，将网点定位为零售业务发展的主要平台，调整相关部门和岗位的职责，在全行建立起零售业务管理体系，分行对零售业务进行板块管理、支行零售业务主管行长作为牵头人进行零售业务条线管理，网点主营零售银行业务；完善全行绩效考核体系，强化零售业务条线考核，并对网点考核办法和网点各岗位绩效计划书进行全面调整。2008年，按照“一点一策”的要求，分行指导基层行制定了所有网点的发展规划，明确了不同网点的转型方向，为网点转型打好了管理基础。

搭建“一个将网点渠道和‘5+1’电子化渠道形成有效分工的零售业务营销系统平台”。网点渠道作为最昂贵的渠道，将其作为服务高价值客户的主销售渠道；“5+1”电子化渠道是成本较低的虚拟银行，将其成为服务大众客户的主交易渠道。网点渠道方面：普通客户服务：在关外指定综合性网点进行区域集中服务，同时对部分物理网点隔离分区来建立大众银行服务品牌；中户服务：实现对话银行，在营业大厅全面推广开放式柜台；高端客户服务：依托现有网点资源，建立高端客户服务网络。依托分行本部建立金钥匙理财中心旗舰店、依托一级支行本部建立区域理财中心、依托普通网点内部分区建立网点的综合理财区（理财中心）。截至目前：已有85家网点在营业大厅设置开放式柜台，占比达到75%；已实现59家普通网点VIP区改造为理财中心；建成1家理财中心旗舰店和1家区域财富管理中心。电子渠道方面：加大对普通客户和一般业务的电子化迁移力度，加快自助银行、网上银行、手机银行、固话银行、POS银行建设。目前：存取款一体机CDS有833台，居深圳同业第一，自助设备台均日交易量为485笔，台均月收入1.62万元，自助银行交易量和创收能力遥遥领先；网上银行用户在去年基础上实现翻番；电子渠道交易量占比达69%，居系统内首位。

打造“一支由网点行长、营业经理、个人客户经理、柜员、大堂副理构成的多层次零售业务营销服务队伍”。调整网点岗位设置和相关岗位职责定位，为网点经营零售业务打好岗位清分和角色认知基础。将网点行长定位为首席客户经理，承担中小企业拓展、个贷拓展和公私联动职责并统筹零售业务组织营销工作；新设营业经理岗位，主责为零售业务现场营销管理；建立起个人客户经理和理财经理营销队伍；建立起大堂副理现场服务队伍；对柜员进行分类管理，将柜员队伍分为普通柜员、高级柜员和个人业务顾问三类。目前基本实现：每个网点配备 1 名营业经理（兼大堂经理）、至少 2 名个人客户经理、1 ~ 2 名个人业务顾问、1 ~ 2 名大堂副理，一支有战斗力的零售业务营销队伍正逐步形成。

搭建起“一个市场化的高端客户服务体系”。以“抓两头、促中间”为出发点，致力于：保抢高端客户、服务大众客户、扎根中端客户。在网点建设方面：在全部网点基本实现了网点功能分区改造，每个网点均具备自助银行区、普通客户区、中户区和大户区的合理功能分区，在物理环境上保障了不同层次客户的服务需求；另一方面，以“白金卡、金卡、银卡”作为中高端客户分层的载体，建立起客户识别体系。对所有网点将柜面“一柜通”标识改为公司客户、普通卡、银卡、金卡、白金卡等柜面窗口标识，改善持卡人的网点服务分层体验；以 PCRM 系统为营销支持平台，实现客户经理对目标客户的分类管理。目前：尽管受到 ABIS 系统客户信息不全致使大量老客户无法联络的影响，仍实现三星级以上客户识别率达到近 50%。

建设“一个实现中后台业务上收集中、支持网点瘦身的前后台流程”。为提高服务效率和业务处理效率，释放更多的人力资源用于销售和服务，深圳分行启动了前后台流程再造工程。在个贷业务方面：逐步将中后台业务从支行剥离出来，强化基层行的专业营销能力，建立分行专业化、集约化的中后台经营模式，推行催收诉讼、抵押登记、个贷档案、审查、审批、集中放款和贷后管理的“七大集中”，目前已经实现“催收诉讼、抵押登记、个贷档案”的集中，对“集中放款”的集中正在序时推进；在后台流程再造方面：力促后台大集中，稳步推进“五大系统、六大项目”建设。重点开发影像管理系统、账务集中处理平台、对公网银落地业务自动处理系统、事后监督系统等五大系统，全力推进人民币票据交换集中作业、资金汇划集中作业、金库库房集中管理配送和会计档案集中管理等六大项目，目前已实现离行自助终端集中管理、司法协助集中处理；实现企业和个人网银自动落地处理，其他项目正有序推进。

自启动零售业务转型工作以来，全行致力于提升服务效率和提高销售能力，经营业绩取得一定的进步。在零售业务经营业绩方面：截止到 2008 年底，个人金融资产销售量（储蓄增量 + 理财产品销售）比去年全年增长了 120%；个贷业务在房地产市场走势持续低迷的情况下，实现个贷增量在系统内的第一和深圳本地增量市场份额的增长；一星级以上个人目标客户增量达 11 万户，与去年增量相比实现翻番；保险代销业务继续高速发展，标准保费收入达 11 亿元，比去年全年增长 53%；新增贷记卡 9.5 万张，比去年末存量实现翻番。

二、2009 年零售业务转型思路

坚持科学发展观，用系统思维寻求零售业务转型突破。

2008 年以来，深圳分行零售业务转型工作逐步向纵深方向推进，全面整合零售业务板块资源，优化零售业务营销体系，基本形成“大个金”经营格局，并在业务经营方面取得了一些成绩。但在转型探索之路中，各类矛盾逐渐浮出水面：零售业务与对公业务的关系处理方面，“对公结算服务质量有所下降，中小企业拓展维护存在真空”的问题亟待解决；普通客户、高端客户的服务能力方面，面临“普通客户服务需求庞大、服务供给能力不足；而高端客户资源丰富、市场广阔，而同业竞争激烈，产品、人才供给不足”的尴尬；营运效率方面，前台的营销服务效率和后台的营运支持保障效率有待提高；人才结构与数量方面，专业营销服务队伍其数量有待扩充，其素质结构有待优化。以上问题均影响到各项业务的协调发展，影响零售业务的发展后劲，决定网点转型是否达到全行“共赢”。

针对零售业务转型探索过程中涌现的各类矛盾，深圳分行行党委明确提出未来工作思路：“系统思维、整体运营、一点一策、持续改进”，四个要点要有机结合，统筹兼顾。

运用系统思维，力求各项业务协调全面发展。要坚持对公业务与对私业务并重。要实现个人业务与对公业务的有效联动、交叉销售、相互促进；要坚持“以客户为中心”，在全方位把握并满足客户的各类需求基础上营销产品，消费型（借贷记卡客户）、储蓄型（储蓄、存贷通）、投资型客户（个贷、理财、第三方存管）要全面交叉营销，实现“客户价值利用最大化”；坚持资产、负债、中间业务均衡发展。个贷客户是高端客户的重要源头、负债业务是零售业务的核心业务、中间业务是满足低中高端客户需求的新兴业务，任一“短板”均对零售业务的发展潜力和盈利水平造成影响。

实施整体运营，改变人力资源分布三分前台、七分后台的现状。要推进网点作业前后台整体运营。加快交易性业务全面整合，组建后台业务处理中心，建立前后台的远程协作。实现“前后台分离，前台减负，后台集中”，释放人力资源向营销转移；要推进各类渠道整体运营。要发挥网点最昂贵渠道的作用并建立完善的电子化渠道。通过自助银行、电话银行、手机银行等有效的电子渠道解决劳务工客户群体对我行网点资源占用的问题，尽量少占用物理网点。运用不对称竞争策略，充分利用劳务工这一庞大客户群体转劣势为优势，开辟业务经营的“蓝海”

按照“一点一策”指导思想，重新调整网点业务布局。发挥网点业务资源特点，将网点总量优势向结构优化转变。按照网点经济环境和自身业务特点进行区别定位，合理摆布渠道资源，共同服务好公司和个人客户。形成以综合型网点、对公型网点、零售型网点等多网点、低成本、不同定位的多层次网点布局，持续推进网点专业化经营分工，降低经营成本。

市场形势千变万化，客户需求快速变化，要持续改进，及时调整战略。要对产品、流程、制度、服务、考核激励机制等影响转型进程和效果的关键要素定期回顾，持续改进。

严秀文同志在厦门分行2008年工作会议上的讲话

2008年上半年，我行的零售业务总体发展形势良好，个人处和卡电部紧紧围绕年初工作会议的重点工作和经营指标，认真抓好“服务、营销、管理”，坚持产品创新。在全行上下的共同努力下，各项业务的计划指标完成良好，个人业务、银行卡业务、电子银行业务都取得了明显的进步。

关于零售业务工作，大家的认识相比以前有了很大的提高，各项业务有了大步的发展，零售业务的市场份额逐年提高，品牌认知度不断上升，但是最近以来由于存款考核的压力很大，大家对零售业务的认识有点动摇，对综合营销的理念有点放松，零售业务没有得到应有的重视。我们在座的各位行长自己想想，你每天用了多少时间、多少精力、多少资源在零售业务身上。可能我们有些同志会有这样的想法，零售业务很繁杂、很琐碎，花的功夫多，做的都是些基础性的工作，没有立竿见影的效果，做起来没有那么大的成就感。大家迫于考核的压力、做大规模的压力，都会比较注重短期盈利性较强的公司业务。但是纵观目前的形势，我们的认识如果还是停留在这样的层面上，是远远不够的。

（一）是外界形势所逼

首先是来自外资银行的竞争，几十年的实践证明，零售银行业务以其收益稳定、风险较低的特点已经成为国际先进银行的利润支柱，他们已经普遍认识到零售银行业务对于银行长远发展的重要意义，像我们熟悉的花期银行、汇丰银行、美洲银行等，零售银行业务对银行整体利润的贡献率已超过50%。这些带着先进理念、先进完善的产品和服务、先进制度的银行现在大举进入中国市场，零售业务是他们在华发展的战略重点，而且他们的战略意图非常清楚，就是直接介入高端市场，为富裕人群提供理财和资产管理服务。其次从国内的银行看，工、中、建几家银行上市后，这几年一直把零售业务作为战略性业务，持之以恒地从产品创新上、考核机制上、资源配置上给予零售银行业务以巨大的倾斜。再次，从目前的经济大环境看，中国正处在一个大发展时期，居民财富迅速增长，富裕人群和中产阶级已经形成，为零售银行业务的发展提高了广阔的市场空间，我们正面临着发展零售业务一个难得的发展机遇，谁在竞争中落后了，谁就将被市场所淘汰。

（二）是内在发展的需要

当前，国际银行业的信用中介职能正在逐步弱化，利率市场化改革将收窄利差空间，资本市场的快速发展使脱媒趋势初步显现，银监会也强化了对最低资本充足率的要求，银行业建立在存贷利差基础上的盈利模式将受到越来越大的挑战，要保持银行利润的持续增长就必须从零售业务中寻找新的利润来源。农行股改上市后股东回报的要求，风险控制的要求必然要加大零售业务的发展。大家一定要看到方向、看到未来、从思想上高度重视，然后把它化作自觉的行动。

下半年的零售业务几项重点工作：

一是贷记卡业务

我们为什么要做贷记卡？我先算一笔账给大家听听，1～7月份我行贷记卡卡均收入84.2元，折算成全年就是144元，我们的卡现在基本都不收年费，以后加上年费卡均收入达250元左右，如果我们达到10万张的卡量，那收入就是2500万，而且这个收入是源源不断，只会增加，不会减少，正因为贷记卡的这个效益特征，这个市场竞争空前激烈，我们上半年所有的个人业务指标中，只有贷记卡和任务比是有差距的，和同业比差距更大，分行党委非常重视，下半年对贷记卡的考核指标进行了一些调整，加大了在等级行考核中的力度，而且任务实行一把手责任制。这个调整也是为了应对竞争日益激烈的贷记卡市场，我们已经晚了一步，再没有大力度的考核是不行的。相比而言，同业中发卡量较大的银行对支行、员工下达的发卡任务及考核奖励力度较大，多家银行建立直销团队并通过直销队伍大力发卡，发卡量占比均达一半以上。近期贷记卡要集中力量做好公务卡和学生卡的发行工作，这也是批量发卡的有利时机。

二是关于代发工资问题

代发工资是批量营销客户的重要途径，其他行最近非常重视代发工资的营销，我们行前几年因为解决长龙问题，对代发工资进行一些清理，在当时我们自助设备少，人员少，柜台少的情况下是很有必要的，但现在情况不同了，我们有很多途径解决这些问题。代发工资不不仅可在柜台发，也可通过网银发，不增加柜台工作量；批量代发工资使用了密码封，安全性进一步提高；分流客户方面，我们的自助设备大幅增加，汇款通如果配合代发工资业务，是非常有用的，成本低，使用简便，可以大量装到工厂去，不仅可以把客户分流出去，还可带来稳定的中间业务收入。但目前我行的代发工资情况不容乐观，前一阵个人处对全行的代发工资情况进行了一次调研，发现了不少问题。大家要提高对发展代发工资业务的认识，代发工资不仅能带来中间业务收入，而且还能带来可观的储蓄存款，同时，还是实现公私业务联动，争取对公和个人客户的重要手段，通过代发工资可批量营销借记卡、贷记卡、网银、手机短信、代收代付等个人金融产品，实现产品的综合营销。近期个人处专门发了一份代发工资的管理办法和营销指引，希望大家尽快行动。

三是关于贵宾客户的维护问题

首先大家要充分认识到在目前这样一个竞争形势下，谁拥有了高端客户群体，谁就将赢得零售业务的市场。大家一定要把做大做强个人高端客户作为业务发展的重中之重，要牢牢地去经营好个人高端客户，为个人高端客户创造财富，创造价值。要将资源配置重点放在高价值客户身上，为高价值客户提供个性化、差异化服务，提供优质、优先、优惠服务，在为贵宾客户做好服务的同时，同步捆绑营销贷记卡、个人网银、短信业务等产品，增强客户对我行的依存度和忠诚度，着力打造和增强我行个人金融业务的核心竞争力。分行近期已从全辖选拔两位比较高素质的，有志于从事个人业务工作的人员充实力量。这两名人员将专门从事高端客户的管理、分析、维护和策划。近期要在全行建立起系统的对 VIP 客户的服务、分析、考核和评价体系，科技处要加快数据仓库的建设速度，加强对 VIP 考核体系的支撑。

四是关于理财产品的销售问题

今年以来，我行的各类理财产品销售不甚理想，与同业的差距进一步拉大。理财产品卖得少，会带来什么后果？直接导致的结果就是客户和存款的流失。今年上半年虽然表面上我们的储蓄存款增额是全市第二，但如果把基金等理财产品加上去，我们并没有优势。大家一定要转变观念，市场需要什么产品、客户需要什么服务，我们就必须提供什么，销售理财产品从短期和局面利益看，我们可能下降了一部分存款，但从长远看，我们满足了客户需求，进而锁定了客户，增强了我们的发展后劲。而且理财产品销售还是增加中间业务收入最快、最有效、最安全的途径。下半年大家要切实重视起这项业务。个人处要加强对基金等理财业务的研究、分析和宣传，加强对支行的指导，每个季度考核前要及时把相关手续费下发给各支行，切实落实总行的奖励政策，营业部要充分发挥基金超市的作用，各支行也要通过各种途径加强对理财产品的营销，尤其是对机构客户、公司客户的营销。

五是关于个人贷款问题

我行的个贷产品凭借理财卡的优势，在市场上还是很有竞争力的，个贷因为风险较低，是发展其他零售业务的有利突破口。下半年根据宏观形势，我们重点要做的就是调整结构、选择对象、控制风险，促进个贷业务的健康快速发展。具体地说就是个人信贷业务要突出“巩固、发展、提高”三个重点。要继续巩固个人生产经营贷款的垄断地位，打造金钥匙理财卡自助贷款的优势品牌；大力发展个人住房贷款业务，逐步实现我行个人资产业务的结构性调整；不断提高个人信贷业务的管理水平，全面推行精细化管理，坚持“做大做强、做精做细”的指导思想，完善个贷结构；加强综合营销，将个贷业务与存款、银行卡等其它个人业务进行有机的结合。

六是关于电子银行业务

电子银行业务的发展不仅从时间上、空间上延伸了银行的服务范围，而且大大降低了银行的运行成本，改变了发展零售银行业务单纯依靠机构网点扩张的传统模式，据有关机构测算，零售业务的柜台单笔交易费用为 1.07 美元，电话银行是 54 美分，ATM 是 27 美分，网上银行是 1～13美分。前面已经提到我行的网上银行、自助银行、电话银行等电子银行服务渠道经过几年的努力，已经取得一定的进步，但在质量上我们还要进一步提高，在我们目前的个人网银存量注册客户数中没有发生一笔金融性交易的比率为 47%，企业网银存量注册客户没有发生一笔金融性交易的比率为 28%。我们这些电子渠道资源没有得到充分利用，是一种资源的极大浪费，所以下半年要在电子渠道的安全性和有效性上多做努力，在网银的售后服务上狠下工夫，下半年要大力发展电子商务业务，为网银的发展提供更好的平台，大家要认识到这也是创造中间业务收入的新渠道，而且会促进网银开户数和交易额的上升，促进网银业务的发展。下半年要加大 ATM 投入力度，提高营运效益，ATM 机在功能上最接近银行柜台，存款、取款、转账、缴费、账户查询等消费者最常使用的银行业务，ATM 机均可办理。在所有电子渠道中（ATM 机、网上银行、电话银行和手机银行等），普通百姓对 ATM 机的认知率最高，使用频率最高，要抢占这块阵地；要积极引导客户使用电话银行，提供签约客户数量，分流柜台业务量。卡电部要积极配合支行深入重点企业，做好售后服务，对优良企业和个人 VIP 客户反映网银问题件件落实，电话无法落实的要上门进行要通过各种方式培训，加强支行电子银行产品经理和客户经理的业务技能，提高全员营销的能力。

七是加大对个人业务队伍人才的培养

要加强个人客户经理、理财经理和大堂经理的队伍建设。个人业务的发展非常需要一批专业的、敬业的、相对稳定的人才队伍。分行将着手制定《个人客户经理管理办法》，明确个人客户经理职责同时，争取提高相应待遇，建立个人客户经理的晋升通道和空间，鼓励优秀个人客户经理脱颖而出，激发他们的潜能和积极性。下半年将陆续开展大堂经理和理财师的专业培训，完善《大堂经理工作职责》，出台《大堂经理工作手册》。要落实大堂经理的培训，8 月份首批人员进行专业培训。近期还要继续开展理财师 AFP 培训，通过考试选拔理财员进行培训、考试，提升素质，增强服务本领。

零售业务品种繁多、比较琐碎，如何整合好这些产品，提高营销的成功率和效率，我想还要强调几点：一是要加强学习。随着经济的发展和竞争的加剧，零售业务领域越来越成为金融创新的催生地，新产品、新业务、新知识、新理念层出不穷，自己要学好了、弄懂了、精通了，你才能把产品营销出去，要做到对产品熟记于心，脱口而出，运用自如，要看到未来银行业的竞争靠的是专业素质，比拼的是智慧。二是要强化全员营销。这也是由零售业务的特点决定的，人人都能营销，要充分发挥全员的力量，全行员工人人行动起来是一个巨大的能量。三是要做到公私联动。我们要充分借助公司业务的市场基础优势，将公司客户中所蕴含的零售银行的能量和资源转化出来，以代发工资、信用卡、电子银行、个人资产业务等为切入点，扩大我们的个人客户基础。所以我们要修正一个观念，不仅仅理财员是营销个人业务的主力，全行的对公客户经理更是个人产品营销的主力军，他们身上蕴藏着巨大的能量。四是要学会一揽子营销。现在个人业务处正在设计一个个人产品的一揽子营销手册，我们要灌输这样一个营销理念，在客户第一次来银行的时候，就能把他所需要的银行服务和产品一次搞定。在申请理财卡的时候，就可以在同一张申请单上申请开通手机短信、电话银行和缴费一卡通业务。如果再填写《贷记卡申请表》和《个人电子银行业务申请表》，并签署《贷记卡领用合约》和《电子银行服务协议》，提供身份证、注册账户及相关证明，便可申请注册个人网上银行和申办贷记卡。同时还可将理财卡分别与贷记卡和社保卡绑定，实现贷记卡约定账户自动还款的功能，享受社保卡诊疗费自动扣收的便捷。再办理一个自助汇款签约手续，便可在柜员机上最高转账20万元。再免费开一个基金TA账户，就可以随时在网上购买基金了。五是要强化批量营销。要想方设法积极寻找一切可能的机会，利用各种资源进行批量营销，零售业务要又好又快超常规发展，这是必然之路。

最后我讲一下风险问题，零售业务是因为风险低、收益稳定而越来越受到重视，但我们在业务发展过程中，也要高度重视风险防范，严格按操作流程办事，如果违规操作，低风险业务也会成为高风险业务。比如贷记卡的风险就是申请的真实性和签名有效性，网银对于银行的风险就是要把好注册关，个人贷款不仅要防范经营风险，还要防范政策风险。要深刻认识网银虚假交易的风险性，严禁网银虚假交易笔数和金额的发生，要加强对自助设备的巡查和维护，经常调阅监控录像，严防犯罪分子利用自助设备作案。

强化基础管理　加快经营转型
积极推动个人金融业务持续有效发展

——沈锐同志在云南分行个人业务工作会议上的讲话

一、2007年个人业务工作的简要回顾

2007年以来，我行的个人业务工作认真按照总、分行的统一部署和要求，紧紧围绕目标任务，制定措施，狠抓落实，较好地完成了年度目标任务，有力地推进了全行个人业务持续有效发展。

（一）个人存款持续稳定增长，资金实力不断增强

各行按照总、分行的统一部署，积极开展了“金钥匙春天行动”等一系列活动，狠抓宣传和服务，加大个人存款营销力度，努力抢占负债业务市场，在资本市场火暴、存款分流严重的情势下，资金组织工作仍取得较好成绩。截至2007年末，全行个人存款余额为720亿元，比上年末增加29.2亿元，在四大国有商业银行中增量、存量市场占比分别为154.2%和39.5%，继续保持第一的优势地位。

（二）切实防控风险，稳健发展个贷业务

一方面，是抓住有利时机，强化组织营销，抢占个人住房市场，促进个人住房信贷业务快速发展。截至2007年末，全行个人房地产贷款余额已达111.04亿元，比上年末增加22.35亿元。其中，个人住房贷款余额为95.73亿元，比上年末增加19.29亿元，增长25.24%，居四行同业第二位；个人商用房贷款余额为15.31亿元，比上年末增加3.06亿元，增长25.24%。另一方面，是坚持区别对待、分类指导的原则，在风险可控的前提下，积极开展个人消费及生产经营贷款业务。经总行批准，选择了西山区支行、红烟支行等六家经营行首先开办了个人综合授信贷款业务，从而丰富了个贷品种，推动了个贷业务的稳健发展；及时推出了“最高额可循环个人生产经营贷款方式”，从而增强了同业竞争能力，拓展了个人资产业务市场，推动了全省个人生产经营贷款的稳健发展；适时恢复了52个县级支行的个人信用和第三方担保贷款方式，制定严格监控措施，实施动态管理，既吸引了高端客户，满足不同层次的客户需求，又促进了个人消费信贷业务的发展；切实加强风险管理，积极清收不良贷款，努力提高贷款质量。通过一年不懈努力，我行的个人消费及生产经营贷款业务获得了有效发展，从而扭转了前3年个人贷款连续下降的局面。截至2007年末，全行个人消费及生产经营贷款余额为55.55亿元，比上年末增加1.24亿元，其中，个人生产经营贷款余额为22.12亿元，比上年末增加4.6亿元。

（三）乘势而上，大力推进以基金销售为主的理财业务的发展

去年我行在证券市场趋好的市场环境下，及时采取理财培训、宣传服务促销等手段，加大了基金等理财产品的营销力度。2007 年全行共代销基金 128 只，销售额达 163.21 亿元，较上年增长 13.35 倍，完成总行下达基金销售计划的 1166%。实现手续费和托管费收入 2.52 亿元，较上年增长 15.16 倍。基金销售和手续费收入列全国第六位、西部十二行第一位。同时，还积极主动做好国债等业务销售工作，实现代理国债业务收入 338.3 万元、小额存折账户收费收入 1685.7 万元，全部收入占全行中间业务总收入的 37%。以基金销售为主的理财业务收入，已经成为我行中间业务收入的重要组成部分。云南分行的基金销售工作得到了总行的充分肯定，总行在四月初召开的全国基金及理财产品销售工作会议上，云南分行被评为 2007 年基金销售突出贡献“十佳”单位；易门县支行营业室和姚安县支行营业室被评为 2007 年基金销售“百优”单位。

（四）紧紧围绕“三优一增值”服务，狠抓服务质量提升工程

一是积极开展以“规范网点管理，提升网点服务水平”为主题的优质服务竞赛活动。省分行营业部在网点切实推行了“三分服务、六重管理、九项措施、市民首选”工程。二是初步建立贵宾客户服务体系。在省分行的统一安排下，全行以柜台服务为基础，以满足贵宾客户业务需求为重点，积极开展了优先、优惠、优质和增殖服务，在全行 666 个网点中设立贵宾室 161 个、贵宾窗口 413 个；在昆明等旅游区建立机场、医院贵宾通道；与三星级以上酒店和高档消费场所签订贵宾客户打折协议。三是在个人存款 1.5 亿元以上的网点配备专兼职大堂经理 207 人，为全行营销模式由产品营销向客户营销转变奠定了基础。四是加强网点服务功能整合，实施网点规范化建设，经总行批准对 192 个网点进行了装修改造，增强了网点服务功能，大幅提高网点社会认知度和市场竞争力。五是充分利用现有网络资源，加强网点视频信息发布系统建设。去年安排专项费用 1053 万元，对 400 个网点的视频信息发布系统实施建设。到今年 4 月末，已安装液晶显示及导视系统并已上线运行的网点有 266 个。

（五）加强理财经理队伍建设，稳步推进理财业务发展

去年 10 至 11 月，省分行委托中国金融理财标准委员会，举办了有 64 名个人客户经理参加的全省首期国内金融理财师（AFP）培训班。这些学员在获得由北京金融培训中心颁发的金融理财师（AFP）培训合格证书的同时，还统一参加了国内金融理财师（AFP）资格认定考试，并有 56 名获得资格认证。到目前为止，我行已拥有理财管理师（EFP）、理财规划师（CFP、AFP）系列高级理财人员 80 多人，为顺利开展理财业务奠定了良好基础。省分行营业部、昭通和红河分行抽调高素质人员率先组建了 5 家（营业部 3 个、红河和昭通各 1 个）理财中心，为全省的贵宾服务体系的逐步建立起到了积极的带动作用。

（六）积极推广个人优质客户管理系统（PCRM）二期和个人财富专家支持系统（CFE）

在科技等有关部门的大力支持和配合下，克服 PCRM 系统本身开发中存在的诸多问题，顺利完成了系统测试、培训和上线运行工作。目前系统自动筛选目标客户 51 万户，为基层网点锁定、营销和维护客户提供了强有力的科技支持。今年该系统第三期需求（PCRM3.0），也即将上线运行投入生产。能够识别客户贵宾等级，提供产品销售和理财顾问服务的个人财富专家支持系统（CFE），也已经完成环境测试，正在昆明金康支行上线运行试点，试点取得成功后将首先在理财中心及具备条件的网点实施推广运用。

二、当前面临的形势、总体要求及目标

（一）个人金融业务已经进入快速增长阶段

一是我国经济持续稳定增长，为个人金融业务发展提供了坚实的客户基础。截至 2007 年末，全国居民金融资产总额已经超过 50 万亿，我国正在向消费型国家过渡；二是个人金融业务需求呈现多元化、个性化和高层次的升级趋势，住房、汽车、投资、教育和养老等，已经成为居民重要的消费支出项目；三是利率市场化的推进、人民币汇率形成机制的变化、资本市场的深化发展和金融创新相关办法的出台，为商业银行加快个人金融创新提供了制度环境，个人金融业务无论在深度和广度上都得到了较大拓展，体现出良好的成长性。

（二）个人金融业务增长方式发生重大变化

一是个人金融业务的竞争力已经成为一个银行综合实力的写照，个人金融业务的竞争力越来越依赖前中后台之间、系统上下的联动。二是个人金融体系从以产品、财务核算为中心向以客户为中心转变的趋势日益明朗，改制后的几家大型银行都在紧锣密鼓地推进私人银行业务。三是各行更加注重提升个人金融资产的综合营销能力，基金、理财、个人贷款等高附加值的核心业务成为同业竞争的焦点。四是网点转型和流程再造成为提升个人金融业务竞争力的核心工程，网点的一般性服务正在被电子服务和自助服务所代替，精品网点正在转型为服务中高端客户的理财中心和财富管理中心。

（三）同业个人金融体制改革取得重大进展，我行面临空前的竞争压力

一是股改后的各家商业银行纷纷加大向零售银行转型力度，业务经营重心不断向个人业务转移，2007 年工行和建行披露的个人业务收入占比都在 1/3 以上。二是各行都在打造零售板块，加强条线控制和资源配置能力。如工行在系统内推广二级分行个人金融部与支行共同对网点个人业务和个人客户经理实行管理和考核等。

（四）我行个人金融业务已成为全行战略转型的核心和支柱性业务

一是个人业务具有利润贡献度大、经济资本占用率低的特点，是我行股改后满足巴塞尔资本监管要求、跻身国际主流银行的必要选择。二是国际资本市场普遍将个人业务作为战略说明书和年报的首要叙述业务。三是随着资本市场快速发展，依靠传统利差收入的利润增长模式受到挑战，要求我行优先发展个人业务，优化资产负债结构和盈利模式。四是我行拥有同业最多的网点和员工，最大的电子化网络，客户结构与城乡二元经济结构最为契合，随着

县域蓝海战略的全面推进，联动城乡的零售服务优势将更为凸现。只有将上述优势有效转换为个人业务的核心竞争力，我行才能真正成为为广大客户群体提供优质金融服务的现代化全能型银行。

激烈的同业竞争和紧张推进的股份制改革，对我行个人金融业务的发展提出了更高的要求。今年乃至今后一段时期我行个人金融业务的总体要求是：以科学发展观为指导，以提升个人金融业务综合营销能力和综合服务水平为重点，强化基础管理，加快网点转型、经营机制转型和服务渠道建设步伐，完善各层次营销服务体系，不断提高目标客户、理财业务、个贷业务、基金业务和储蓄业务等各项核心指标的市场占比，做大城市市场，做强县域市场，努力实现个人金融业务可持续协调发展。

今年的主要业务发展目标是：

（一）客户发展目标：

年末实现钻石客户2000户，铂金客户30000户，黄金客户100000户，成长型客户300000户。

（二）业务综合发展目标：

1. 个人金融资产销售市场份额增量确保第二位，力争第一位；基金等理财产品业务有新的突破，昆明地区个人金融产品销售力争占全行的30%以上，州（市）县力争市场份额第一。

2. 个人信贷业务保持较快增长速度。其中，个人住房贷款增量力争完成15亿元，且新增贷款不良率控制在1%以内；个人消费贷款（特别是生产经营贷款）增长15%以上，且新增贷款不良率控制在2%以内。

3. 实现个人类中间业务收入2.5亿元（包括：基金、国债、个人理财、保管箱、小额账户收费等业务收入）。

（三）三年网点建设目标：

1. 理财中心50个，占网点总数的7.51%。其中：二级分行地州所在地各1个，共15个，在127个县级支行营业室中选择35个（昆明市区5个）。其中，今年内必须建设20个。

2. 骨干网点250个，占网点总数的45.05%。其中：昆明市（含城郊）148个网点中，选择80个，二级分行所在地149个网点中选择80个，县城城区257个网点中选择90个。

3. 基础网点300个，占网点总数的47.44%。

4. 在行式自助银行300个（理财中心和骨干网点均设立在行式自助银行）。

（四）队伍建设目标：

全行专职个人客户经理的配备达到员工总人数的10%。其中，配备理财经理（含AFP、CFP、EFP）100名；2007年个人存款1亿元以上、或营业面积200 ㎡以上的网点配备大堂经理。

三、切实采取工作措施，努力开创个人金融业务发展新局面

（一）建立和完善中高端客户服务与管理体系，努力提升个人金融业务竞争力

1. 统一和明确客户细分标准，切实做好客户分层工作。最近总行在修订的金钥匙贵宾客户管理办法中，已统一明确了个人中高价值客户的准入标准，即：在我行个人金融资产达到500万元人民币以上的，为钻石客户，发放钻石卡；个人金融资产100万至500万元的，为铂金客户，发放铂金卡；个人金融资产50万至100万元的，为黄金客户，发放金卡；个人金融资产20万至50万元的，为白银客户，发放银卡。各行要按照上述标准完善发卡和客户管理流程，建立客户维护保障体系，切实做好客户分层服务管理工作。

2. 加快系统推广应用，完善分层服务渠道建设。各行要高度重视，集中必要的资源，切实做好个人优质客户管理系统（PCRM）和金钥匙理财专家支持系统（CFE）的推广应用工作。省分行将建立这两个系统推广应用报告与通报制度，加强对各二级分行的监测与考核。各行要在6月底前抓紧做好网点选择、人员再培训、业务数据调整和客户筛选、识别、细分、挖掘等工作，集中组织业务人员和技术力量确保系统成功上线。下半年努力实现PCRM系统在所有网点上线运行；CFE系统将先行在20个理财中心和省分行财富管理中心上线运行，然后再向具备条件的骨干网点实施推广。

3. 整合服务资源，加快贵宾理财服务渠道建设步伐。为实现服务资源共享，省分行已在个人业务处成立理财业务科（原代理业务科），其主要职责：一是负责对全行综合理财业务进行规划、产品设计、人员培训等，对20个理财中心进行业务管理；二是统筹调配全辖增值服务资源，统一制定全省各类贵宾客户享受增值服务的具体标准（主要是机场贵宾通道、医院专家门诊和高尔夫球场），并负责二级分行行际之间的业务费用清算工作；三是对钻石级和铂金级客户开展理财业务投资咨询等。

目前，已组建了5个理财中心，开通了昆明机场、昆华医院、滇池高尔夫球场贵宾服务通道。各二级分行要按照省分行的要求，在州（市）所在地尽快组建一个理财中心、开通顶级医院专家绿色通道，逐步建立和完善以财富管理中心、理财服务中心、贵宾理财室、贵宾窗口等多渠道的贵宾服务体系。

4. 明确分层服务内涵，提升中高价值客户服务水平。要按照“着力培育成长性客户，大力发展中高端客户”的要求，针对目标客户群体落实不同的服务营销策略：对一般大众客户和成长性客户，完善和推广标准化、制式化的产品服务方式；对中端客户，要以理财业务为主要服务内容，实行标准化产品、差异化营销；对高端客户，要以财富管理为服务重点，实行差异化产品、个性化营销，顾问式服务。要按照客户价值与贡献度，合理确定优先、优惠、优质与增值服务的范围、内涵与价格水平。

（二）努力提高个人金融资产综合营销能力，促进个人存款与理财业务协调发展

1. 高度重视个人存款组织工作，继续保持个人存款同业领先地位。个人存款是我行经营的重要基础与保证，各级行务必给予高度重视，狠抓不松劲。一是要转变增存观念，以稳促增提高城市存款市场份额，巩固和扩大县域市场主导地位。要正确认识个人存款和理财业务发展的关系，

借助连接资本市场的个人理财产品来稳定、维护和发展客户，扩大个人客户资金流规模，促进资金的行内循环。二是要从客户源头抓个人存款，加大对公务员、私营业主、公司高管等客户的拓展力度，积极开展针对优质对公客户的代发工资、银行卡、理财服务等专项营销活动，巩固和扩大优质客户基础。三是要大力开展第三方存管业务，把握资本市场调整时机，努力争取客户股票账户资金回流个人存款账户。四是要组合营销转账电话、网银、特约商户、全额质押等产品，吸纳专业市场个体私营商户生产经营过程中的沉淀资金。五是依托代收代付、外出务工汇兑等产品，聚集居民日常生活支付结算和消费等留存资金。六是要加强个人外汇业务和境外客户的服务能力，以外币储蓄、西联汇款、个人购汇结汇、出国留学金融服务等业务为重点，丰富个人外汇业务服务功能，努力提升本外币一体化服务水平。七是要继续发挥小额账户收费系统的作用，做好存折睡眠账户清理工作，不断优化和调整客户结构。

2. 继续大力发展以基金为主的理财产品销售业务。当前我国A股市场调整幅度较大，持续处于振荡波动状态，既给投资者的投资信心造成重创，也给我行的基金销售工作带来了困难。有的行由此产生了畏难情绪，领导重视不够，主动营销不够，有的甚至到了放任不管的境地。为此，各级行要客观分析和正确对待当前面临的形势，坚定信心，振奋精神，一如既往把基金销售工作抓紧抓好。一是要树立"营销一笔基金，锁定一个客户"的营销理念，针对各类基金产品积极开展主动性营销。在抓好规模销售的同时，要把营销的重点放在"阳光理财A计划"基金定投业务上，要积极采取措施，认真做好定投业务的推广活动，力争实现全年新增定投客户10万户、销售6亿元的目标。二是加强宣传，搞好服务，组合营销股票型、混合型、债券型货币型基金产品，在巩固现有市场份额的同时，重点拓展昆明市区和县域市场份额，努力完成基金销售100亿元的任务。三是要完善营销渠道，大力发展基金网银代销业务，力争网银代销规模占比提高至20%以上。四是要加强联动营销，公司、机构和个人部同步推销，努力扩大公司、机构类客户基金份额的占比，同时要加强与基金公司合作，对高端客户提供专户基金理财服务。五是要做好投资者教育与风险提示工作，加强业务合规检查，防范基金销售中的纠纷和诉讼风险。六是完善基金销售奖励政策。为推动基金销售特别是定投业务的发展，省分行已将基金业务纳入全行十二项重点激励范畴，制定了营销奖励政策。各行必须坚持"谁营销谁受益"的原则，切实奖励兑现到位，以鼓励和调动销售人员的积极性。在抓好基金销售的同时，要认真做好储蓄国债、实物黄金、保管箱业务、"本利丰"、"双利丰"和"汇利丰"等理财产品的营销工作。

（三）牢牢抓住发展机遇，努力实现个人信贷业务稳健增长

1. 抓好个人信贷业务归口管理，理顺管理架构

一是根据总行《关于设立个人信贷业务部的通知》（农银办发［2008］65号）的要求，省分行已在个人业务处分别设立个人住房信贷科和个人消费信贷科，分别负责个人住房贷款业务和个人消费贷款业务的营销管理。按照人随业务走的原则，已于5月中旬完成了个人住房信贷业务及人员的划转工作。会后，各行要尽快研究，在6月底之前完成个人住房贷款业务及人员的划转工作。

二是要进一步理顺业务流程，提高工作效率。各行要在坚持依法合规运作，有效防范风险的前提下，进一步理顺业务流程，缩短决策链条，努力提高个贷业务运作效率。要加强审查、审批力量，对符合转授权条件的要及时转授支行审批。要按照《中国农业银行个人信贷业务审查审批中心管理办法》要求，加强对个贷业务审查审批中心的管理，确保中心职能作用的充分发挥。

三是全面推行个人信贷业务网上决策系统。各行要按照《中国农业银行信贷业务审批管理办法》、《中国农业银行信贷业务独立审批人管理办法》和《中国农业银行信贷业务网点作业操作规程》的要求，认真做好个人信贷业务网上决策系统的推广应用工作，确保7月1日起正式实行单轨运行。

2. 创新个贷产品和服务，努力提升个贷业务市场竞争力和占有率

一是要进一步优化个人信贷业务的产品结构。以个人住房贷款业务为主体，以个人商用房贷款业务为补充，做强做大个人住房信贷业务；在试点取得成功经验的基础上，在昆明和州（市）所在地稳步推行个人客户综合授信贷款业务；鼓励发展以房地产抵押方式为主的个人生产经营贷款；引导发展个人消费贷款、规范发展个人汽车贷款；认真做好国家助学贷款、下岗失业人员小额担保贷款。

二是要加强个人信贷业务的联动营销。在个人住房贷款方面，要充分利用评选"金钥匙"楼盘的契机，强化与优质客户和优质楼盘的合作，努力提高优质楼盘的按揭比重，要加强与优质二手房中介的合作，促进我行个人住房信贷业务可持续发展。这里再次强调：要建立多元化的营销渠道，加强传统一手楼业务营销，要强化对优质按揭资源的保护和开发，防止我行开发贷款支持项目按揭资源的流失。对我行开发贷款支持的项目，原则上必须全部由我行提供按揭，最少不得低于80%。对他行也发放开发贷款的项目，我行的按揭比例不得低于开发贷款份额，要在开发贷款合同中与开发商约定我行的按揭份额。同时，要积极营销非我行支持开发项目的优质楼盘按揭业务。要转变营销模式，提升营销层次，做到楼盘营销与客户营销相结合。在个人生产经营贷款方面，要重点选择县域以上经营状况较好，信用状况良好，有房屋、土地等资产作抵押的优质个体工商户，继续积极推行个人生产经营最高额可循环贷款方式。对抵押担保落实、收入稳定、信誉良好、生产经营正常的客户，各级行要在审批权限内加快审批速度，增强产品竞争力。要根据客户的综合回报对生产经营贷款作出合理定价，原则上上浮不低于30%。在消费贷款方面，要重点选择国家公务员、行政事业单位、公司高管等有稳定工作及收入的客户群体，稳妥推进个人信用贷款方式，积极发放有真实用途的消费贷款。在汽车贷款方面，要加强与优质汽车经销商、资质良好的担保公司和保险公司合作，有效防范车贷风险。在国家助学贷款方面，对符合贷款条件的，各经办行要集中一定的人力，力争在计划

期内完成国家助学贷款的发放工作。要加强与华安保险公司的沟通联系，对违约一期以上的要及时向华安保险公司提供贷款学生的情况资料，符合理赔条件的要及时做好理赔工作，规避贷款风险。要加强个人信贷与信用卡、个人负债及理财业务之间的联动营销和捆绑营销。

三是要强化个贷风险管理。要严格准入条件，加强调查、审查环节的工作，规范操作，严把质量关。要创新组织模式，按照“三包一挂（包放、包管、包收，与效益工资挂钩）”的原则，落实责任制，加强监督检查，建立健全业务考核机制。要切实加强贷后管理，严控个贷风险，促进个贷资产质量和效益稳步提升。

（四）整合网点资源，切实抓好网点调整转型工作

网点是银行为客户服务的基本平台和渠道。网点众多，联通城乡是我行的一大优势，但同时也存在着网点服务功能单一、营销能力弱化、客户层次较低的问题。随着我行股改工作的强力推进，加快网点转型，提升网点商业价值，已成为我行日益紧迫且势在必行的战略选择。所谓网点转型就是对现有的网点资源进行整合、提升，重新定位网点作为零售业务主渠道的职能，合理界定岗位职责，优化业务流程，提高服务效率，增强营销能力。最终实现“网点分类、功能分区、业务分流、客户分层、产品分销”的目标要求。

根据总行《关于网点管理职能调整的通知》（农银办发［2008］73号）要求，为推进云南分行网点调整转型工作，省分行比照总行成立网点管理与转型工作领导小组，由字如钧行长任组长，由我任副组长，个人业务处、计划财务处、人事处、会计结算处、银行卡部、保卫处、工委办、电子银行处、办公室和风险管理处等部门为成员单位。领导小组下设网点管理办公室，挂靠个人业务处，专职负责牵头组织和实施网点服务管理及转型工作。各二级分行也要比照省分行成立网点管理与转型工作领导小组，虽不要求设立办公室，但应在个人部配备不少于2名以上专职人员，县支行至少配备1名专职人员，负责网点服务管理及转型工作。

网点转型工作是一项复杂的系统工程，任务繁重而又艰巨，各行务必给予高度重视。总的要求就是要认真贯彻落实《中国农业银行营业网点功能分区与现场管理工作指引（试行）》（农银办发［2008］407号），以及省分行即将制定下发的“实施意见”（已提交会议讨论）要求，集中一定的人力、物力和财力，稳步推进网点服务管理与调整转型工作的开展。这里就当前要抓的工作强调几点：

1. 抓好网点基本情况普查。4月初按照总、分行的布置要求，各行开展了初查工作，但由于时间紧，加之个别行不够认真，普查结果不准确，情况不明，数据不实。各二级分行必须认真对待，于6月底前普查完毕，并汇总上报省分行网点管理办公室。普查的具体内容包括：网点名称、网点面积、网点工作人员、网点功能设施、地理位置、服务人口、存贷款业务、未来发展趋势等。在普查的基础上，做好网点的分类工作。

2. 抓好网点规划布局。在网点普查的基础上，按照“统筹规划、优化布局、分类管理、逐步实施”的原则，对现有网点进行布局调整。原则上昆明市区、乡镇网点不压缩，重点压缩地州所在地、县城网点。计划三年内压缩10%。同是农行城区网点，在点与点之间的距离不足500米的网点；昆明市区三年存款余额不足2亿元的网点、地州所在地三年存款余额不足1.5亿元网点、县城三年存款余额不足1亿元的网点；网点服务人口不足3万人的、没有发展潜力，管理难度大、管理成本高的网点，必须进行调整搬迁。

3. 加强服务渠道建设。一是按照“擦亮牌子、提升形象”的要求，实施网点更新改造。为规范全行网点建设标准，省分行将通过招标方式，选择设计单位，负责全省网点更新改造设计方案。今年重点是抓好理财中心和营业面积不足100㎡网点的改造，继续做好网点多媒体液晶显示和导视系统的安装运行工作。今后，新选址的网点，营业面积不得低于300㎡以上；新改造的网点必须具备咨询引导区、客户休息等候区、现金服务区、非现金服务区、自助服务区、贵宾服务区（或贵宾理财区）等六个标准功能区。对去年批准实施改造的项目，已完工的要尽快验收投入使用，对没有实施项目要抓紧时间建设。鉴于目前总行正在征集新的形象标识（LOGO），各行在网点改造时，内部功能分区要到位，外部形象标识可以先做简易式的，以免造成财物的浪费。

二是要完善网点自助银行服务区建设。力争每个城区网点配备一套自助银行自助设备，包括ATM、存取款一体机、多媒体自助网银终端和电话银行等；每个县域网点至少配备一台ATM。

三是对去年省分行已安排而没有完全落实完成的几项工作，各行要继续认真抓好。主要是理财中心和医院贵宾通道的建立、大堂经理的配备、网点视频信息发布系统的建立等。

4. 抓好网点服务质量提升工程。一是各级行要认真贯彻落实省分行制定下发的《中国农业银行云南省分行基层营业网点规范化服务实施细则》及《暗访办法》，加大明察暗访力度，每半年至少开展一次检查，检查面不得低于30%（以暗访方式进行的不低于20%），并坚持定期开展评先争优活动，以促进全行服务水平的不断提升。二是要认真贯彻落实银监会、人民银行和农总行关于保障“迎奥运”文明规范服务的有关文件精神，进一步增强服务意识，规范服务行为，提高服务水平，按照“三提前、五到位”的要求，切实抓好服务工作，确保“奥运”前及“奥运”期间系统安全稳定运行。

（五）建立健全激励和风险防控机制，促进个人业务快速、健康发展

1. 建立重点业务激励机制。为鼓励重点业务发展，省分行除按照各项考核指标权重分配财务资源外，还拿专项费用和效益工资，专项用于十二项重点业务的激励。其中，涉及个人类业务的有：代理基金销售、银行卡、个人住房贷款、第三方存管、代理保险、网上银行、投资理财等业务。个人住房贷款专项费用700万元，按每季度175万元考核兑现奖励费用，同时，每发放一笔个人住房按揭贷款奖励营销人员100元绩效工资；基金销售专项费用500万元，按每季度125万元考核兑现奖励费用，同时，每营销一笔基金定额定投业务奖励营销人员30元绩效工资；个人理财产品销售，每销售1000元本外币理财产品，奖励营销人员1元绩效工资。各二级分行在认真落实省分行激励配套政策同时，也要从自身财务资源中切出一块专项费用，并结合自身业务实际，重点选择个人类业务发展中的薄弱环节，滞后类个人产品进行重点激励，促进个人业务的协调发展。要加强业务考核和奖励兑现的检查督促工作，奖励费用（工资）不得挪作他用，切实做到：专款专用、兑现及时，务求实效。

2. 加大个人类金融产品计价考核力度。省分行营业部2007年已在全辖推行了个人产品计价考核办法，收到明显效果。各二级分行要认真借鉴省分行营业部的经验，结合各自的财务资源状况，网点业务量状况等，制定辖内“穿透式”的个人金融产品计价考核办法，按月考核兑现，全面推开，以充分调动全体员工的营销积极性。

3. 健全风险防控机制，有效防范个人金融业务大要案发生。一是要认真贯彻执行个人金融业务的各项管理规章制度和业务操作规程，切实做到有章必循，规范运作。二是对内外部检查发现的各种违规、违章行为，必须进行严肃整改，落实责任追究，切实做到违章必纠。三是切实加强风险管理，加大个贷不良资产清收力度，努力提高个贷资产质量和效益。四是加强个人业务自律监管。各级行个人业务部门要认真履行自律监管职责，切实落实总行提出的自律监管要求，采取在线监控、现场检查等方式，加强对个人业务的指导、监督和管理。

（六）加强个人客户经理队伍建设，提升个人金融业务人员的整体素质

近年来个人金融业务在全行业务经营中所占比重逐年提高，随着农业银行经营战略的转型，个人金融产品将会越来越丰富。为此，各级行要高度重视个人客户经理队伍的建设，加大培训力度，努力提高个人客户经理的综合业务素质，以适应个人金融业务发展和客户服务的需求。重点抓好以下两方面的工作：一方面是要配足配好个人客户经理。首先是要按照业务发展需求配足个人客户经理，每个网点至少要落实一名专职个人客户经理。其次是要针对个人金融产品管理要求，选配有较强工作责任心、文化素质和业务水平较高的人员，充实和壮大个人客户经理队伍力量。另一方面是要抓好个人客户经理和理财经理的培训工作。省分行重点抓好新业务、新产品、大堂经理和国内认证的理财经理培训，今年初省分行已组织了一期大堂经理培训，第一期65名，AFP理财经理的培训正在实施之中，年内还将组织一期年内大堂经理培训和一期理财经理培训，并且将推荐不少于5名具备AFP资格人员，参加总行组织的CFP理财经理培训。各二级分行重点是要做好各类培训人员的组织推荐、新业务和新产品的再培训以及个人业务操作规程的再培训工作。各级行要注意保持个人客户经理队伍的相对稳定，原则上已参加大堂经理培训并取得上岗合格证，已参加理财经理培训并取得认证资格的人员，必须从事本职岗位的工作，如无特殊情况，不得随意调整。

转变发展方式 狠抓工作落实
在新的起点上努力推进个人业务又好又快发展

——冯延成同志在山东分行2008年个人业务工作会议上的讲话

一、我行个人业务发展面临的形势

2008年是我行股份制改革的关键一年，是实施总行“3510”战略规划的开局之年，也是全行个人业务深入推进经营战略转型，加快业务发展速度的关键一年。总体上看，个人业务面临较好的发展机遇，但同时金融市场形势正发生深刻变革，同业竞争呈现咄咄逼人的态势，能否认清形势，进一步把握机遇，对我行个人业务未来的发展至关重要。

（一）从社会经济发展的形势看，个人金融业务面临加速增长的机遇

居民特别是城市居民收入快速提高，中产阶层规模扩大为个人金融业务发展提供了坚实的客户基础。截至2007年末，全国居民金融资产总额已经超过50万亿，金融资产超过100万美元的居民已经超过35万人，且以年均10%的速度增长。作为沿海经济发达省份，我省经济和居民收入更是连续多年保持两位数增长。2007年末，全省GDP实现25887.7亿元，同比增长14.3%；城镇居民人均可支配收入14265元，增长17.0%，农民人均纯收入4985元，增长14.1%。随着居民财富的快速增长，个人金融需求多元化、个性化、高层次的升级趋势明显，为个人金融业务创新发展提供了广阔市场空间。全省2007年实现社会消费品零售总额8438.8亿元，比上年增长18.5%。消费热点面扩量增，住房、汽车、投资、教育、养老等已成为居民重要的支出项目。十七大提出的增加居民财产性收入的政策为私人银行服务提供了良好的政策环境；利率市场化的推进、人民币汇率形成机制的变化、资本市场的深化发展和金融创新相关办法的出台，进一步改善了个人金融创新制度环境；银行与基金、保险、信托等跨业合作的平台开始搭建，私人银行业务初露峥嵘。此外，虽然今年国家实行了从紧货币政策，但从作用对象看，主要是调控热点行业及企业，扩大内需仍是国家经济政策的主要方针，个人金融业务发展环境相对宽松。

（二）从商业银行发展趋势和同业竞争态势看，零售业务的发展正面临深刻变革，同业竞争日趋激烈

个人金融体系从以产品、账务核算为中心向以客户为中心转变的趋势日益明朗。大部分银行都已推出个人综合账户，实现一站式个人财富的集中管理服务。改制后的几家大型银行都在紧锣密鼓的推进私人银行业务。各行更加注重提升个人金融资产的综合销售能力，基金、理财、个人贷款等高附加值的核心业务成为同业竞争的焦点。股份制银行纷纷通过引进战略合作伙伴，加快了零售业务体制机制的改革，加快实施网点转型和流程再造。股改后的工、中、建行纷纷加大向零售银行转型力度，业务经营重心不断向个人业务转移，工行和建行2007年披露的个人业务收入占比都在1/3以上。垂直条线控制力不断增强，建行实行了双线核算与资费双线配置；工行实行了二级分行个人金融部与支行共同对网点个人业务和个人客户经理实行管理和考核；中行个人业务板块参与对分行主管副行长的绩效考核。同业改革步伐的加快弱化了我行零售业务的传统优势，我们正面临前所未有的竞争压力。

（三）从我行股份制改革和"3510"战略要求看，优先加快个人业务发展日趋迫切

个人业务具有利润贡献度增长幅度大、经济资本占用率低、抵御经济周期影响能力强的特点，是我行股改后满足巴塞尔资本监管要求、跻身国际主流银行的必然选择。目前，国际资本市场普遍将个人业务作为战略说明书和年报的首要叙述业务，伴随我行的股改上市，个人业务在上市路演和估值模型的地位越来越突出。随着资本市场的快速发展，"金融脱媒"趋势的加剧，依靠传统利差收入的利润增长模式受到挑战。国家宏观调控政策逐步到位，产业结构调整与产能过剩行业的压缩，要求我们优先发展个人业务，主动应对市场风险，优化资产负债结构及盈利模式。为此，总行提出了"建设最大零售商业银行"的目标，将突出发展零售业务摆在了经营战略转型的重要位置，省行也提出，今后3年、5年、十年零售业务贡献度要分别达到32%、35%和40%，努力把我行打造为区域"第一零售银行"。新的形势、新的定位、新的要求赋予了零售业务新的含义，如何发挥我行优势，按照经营战略转型的要求，实现个人业务的率先发展日趋紧迫。

二、今明两年个人业务工作的指导思想和发展目标

（一）今明两年个人业务指导思想

按照总行有关精神，结合我行实际与当前形势，今明两年个人业务发展的指导思想是：以科学发展观为指导，认真贯彻落实总行"3510"战略规划和省行工作部署，转变发展方式，推进网点转型，提升综合营销能力、综合服务能力和市场竞争能力；积极营销，强化管理，努力提高个人存款、个人贷款和理财产品等主要核心指标的市场占比，提升发展质量，增强对全行业务经营的贡献度；理顺管理职能，完善考核机制，加强队伍建设，不断推动全行个人业务又好又快发展。

（二）今明两年个人业务主要发展目标

到2009年末，个人优质客户增加12万户；个人存款增加301亿元，继续保持同业存量和增量市场份额第一；个人贷款增量市场份额提升3～5个百分点，存量市场份额达到18%；个人中间业务收入年均增长12%；专职个人客户经理达到1000人，其中获得AFP、CFP资格的金融理财师达到220人；网点转型达到60%以上，精品网点达到50%以上，建成金钥匙理财中心100个、财富管理中心2个。

三、转变发展方式，推进经营转型，进一步提升市场竞争能力

（一）要由经营产品向经营客户转变

要改变长期以来以账户为中心、以产品为主线、以任务考核为手段、以任务完成情况为业绩考核标准的个人业务营销模式，转而突出以客户为中心、以产品和服务为手段、以优质客户群体壮大、业务收入增加为业务考核标准的客户营销模式。在客户营销模式下，强调客户经理与客户有效维护关系的建立，通过发现和接触客户，研究客户偏好，提供个性化、专业化的服务，提高综合服务和增值服务水平，以个人理财业务为纽带整合产品、渠道、载体、系统和营销服务团队，由简单地帮客户"管钱"、办理存取汇划向为客户理财、增值转变，建立客户与农行的信赖和依存关系，不断提高中高端客户对我行的收入贡献度和忠诚度。

（二）要由传统的金融服务手段向现代化的金融服务手段转变

要积极推进网点转型，促进营业网点由交易核算型向营销服务型转变；要加快个人优质客户管理系统（PCRM）和财富专家系统（CFE）的推广应用，实现网点由无差别服务向分层、分区、分流服务转变；要进一步发挥电子渠道的营销价值，拓展服务范围，对个人贷款等过去只能依赖传统渠道的业务也要通过电子渠道实现自助功能；要加快"财富账户"的开发，打造存款账户和投资账户合一的综合管理平台，使客户可以更加自由地管理自己在银行体系的资产；要加强理财师和客户经理队伍建设，加强一对一服务和个性化服务，充分发挥其在服务高端客户中的核心作用。

（三）要由单一产品营销向综合营销转变

要由主要营销负债类产品，转变为以理财服务为抓手，个人存、贷款、中间业务等多产品多业务品种一体化综合营销和交叉营销；要继续完善"春天行动"活动形式，通过多层次、分阶段的营销活动深度挖掘客户价值，促进个人金融各产品之间的捆绑营销；要建立个人业务与公司客

户、机构业务的联动营销机制，形成紧密连接上下游客户的服务链；要规范品牌营销管理流程，通过市场化运作和宣传策划提升“金钥匙”品牌形象和价值；要制订个人金融产品名录，完善个人金融产品营销指引，建立由产品名录、营销指引和组合营销方案等组成营销服务信息库和支持平台，提升网点综合营销服务水平。

（四）要由单一的依靠利差收入向多元化盈利渠道转变

非利息收入比重偏低，不利于银行资本的节约和经营风险的释放。在当前形势下，要把大力拓展中间业务作为实施收入多元化战略的主要举措，要瞄准中高端客户群体，以财富管理为核心，在积极营销基金、本利丰等与资本市场链接紧密的理财型产品同时，探索提供涵盖投融资、退休规划、房产管理、子女教育、现金安排、税收筹划、风险管理、业务发展、遗产安排等内容的综合解决方案，为客户提供增值业务，创新服务手段，提升服务层次，形成多元化收入稳定增长的格局。

（五）要由注重考核规模向统筹规模、质量、效益转变

要按照科学发展观的要求，科学衡量个人业务发展的效率和效益；要坚持加快发展与风险防范并重，达到质量与效益的和谐统一；要通过进一步完善考核指标，建立科学合理的零售业务考核体系，积极实现从规模导向到价值导向的转变；要引导各行树立正确的业绩观，切实摒除重规模扩张、轻规范管理，重短期利益，轻长效发展的粗放经营理念，加快个人业务发展模式由外延规模型向内涵效益型转变。

四、扎实工作，积极进取，推动各项重点业务取得新成效

（一）以发展的眼光和创新思维，坚定不移抓好个人负债业务，进一步夯实经营基础

1. 要坚持储蓄存款基础地位不动摇。对银行来说，稳定的资金来源始终是稳健经营的基础，存款增加，规模扩大，就为业务发展提供了主动权。在目前存贷款利差仍是银行重要收入来源的情况下，个人存款作为最主要、最稳定的资金来源，是支持我行各项业务发展的基础。从今年的形势看，存款准备金率经过5次上调，已达到17.5%的历史高位，资金形势日趋紧张，个人存款对稳定资金来源的重要性更加凸显。在当前农行股改的关键时期，继续下大力气抓好个人负债业务，对确保我行同业竞争优势具有十分重要的意义。各行要从巩固经营基础和缓解流动性不足的高度出发，彻底摒除“流动性过剩”的错误认识，加大资金组织力度。要通过市场占比考核，引导各行树立市场观念，把重要精力放在抢占市场份额上，不断提高市场占有率。

2. 要在营销和维护优质客户上下功夫。存款的基础是客户，存款的竞争就是客户的竞争。谁掌握了客户资源，就拥有了未来竞争的话语权。必须强化“抓存款就要抓客户”的理念，跳出存款抓存款，以客户为中心实施综合营销。一是着眼市场，努力扩大优质客户数量。通过区域市场分析，着眼于优势行业、优势企业和较为富裕的个体经营者，积极捕捉市场信息，采取差异化营销、服务策略，不断扩大优质客户群体，实现储蓄存款业务的可持续发展；二要分析现有客户，努力向存量客户要增量。许多潜在的优质客户就在我行现有客户当中，只要注意挖掘，就有增长潜力。要充分利用个人优质客户管理系统（PCRM）发现潜能客户，主动营销，挖掘存量客户在他行的业务份额，培植优质客户；三是做好客户维护，努力向优质客户要效益。必须认真研究为优质客户提供“优质、优先、优惠、增值”的服务措施，以真挚的感情维系高端客户，增强优质客户对我行的满意度和依存度。

3. 要在产品、客户组合营销上做文章。要改变“就存款论存款”的固有观念和孤立地把存款业务与其他业务割裂开来的做法，强化存款与其他产品、客户联动营销的关系，做好组合营销的文章。一是认真研究个人储蓄、个人贷款和代理理财等业务的关联度，从客户的角度将三类业务品种分别组合形成满足不同客户需求的产品线，解决分割销售矛盾，实现客户资金在农行体系内转换循环；二是锁定目标客户，以客户为中心开展个人业务各产品线和产品之间的组合营销。通过第三方存管、基金、保险、理财产品的组合营销，搭建银证、银保合作平台，畅通增储路径，吸纳结算过程沉淀资金，努力扩大个人资金流规模，使个人存款由封闭增长向体内循环增长转变。例如，可以针对第三方存管客户间隙资金的理财需求，强化第三方存管资金与通知存款的系统联动功能，研究在电话银行渠道增加个人通知存款业务等，增加个人存款回流渠道；三是加大与公司、机构、银行卡、代理保险等部门及业务的信息共享和联动营销，抓住代理归集、发放等业务源头，实现个人存款业务批量开发。

4. 要在与资本市场对接中抓机遇。存款市场与资本市场关联度较高，常常呈现此消彼涨。要充分认识营销拓展第三方存管业务的深远意义，抢抓机遇，扩大总量。一是进一步做好在券商营业部的实地营销。凡是已与农行签约的合作券商在各市、县的证券营业部，属地农行均要主动公关协调，尽快建立和谐的合作关系，相关部门密切配合，组建营销团队进驻开展工作。二是抓好贵宾客户营销。根据我行现有个人贵宾客户产品营销记录，主动上门走访、回访，对未在我行办理第三方存管业务签约的，要落实责任，跟踪营销。三是抓好重点股民的营销。对各券商营业部的“大户室”的个人投资者及机构投资者，要通过加强与合作券商、具体管理人员的关系投入，进行一对一上门营销。各行可结合当地实际，采取差别化营销奖励政策，适当提高计价标准，增强营销效果。

（二）细分市场，细分客户，促进个人资产业务持续健康有序增长发展

个人资产业务是优化资本占用结构、提高经济资本回报、实现经营战略转型的重要产品之一，也是切入个人客户市场、营销维护优质个人客户、提高同业竞争力的有效工具。今年，省行已将个人信贷业务列为放开类业务，不受贷款规模限制。但是，我们一定要汲取历史教训，决不能再继续“一哄而上，全面开花、一放就乱”的粗放经营

模式，一定要树立正确的经营理念和合规意识，加强精细化管理，务必把追求发展质量放在首位，既要增长速度，更要发展质量；既要营销效率，更要控制风险。要坚持分类指导，区别对待，梯次发展，有所为有所不为。

1. 积极推广集中经营。今年2月份起，省行选择了营业部、烟台、潍坊、德州进行了个人信贷业务集中经营试点，从试点行情况看，通过集中经营，个人信贷业务的营销能力和运作效率明显提高，风险控制能力显著增强，达到了预期效果。近期，省行又在实地调研和总结试点经验的基础上，对集中经营试点在经营层次、职能设定、运作流程进行了修订，并形成了会议专题材料组织讨论，上报总行批准后在全辖推广。各行要立足自身实际，不能等不能靠，积极做好各项准备工作。要组织人员对集中经营实施办法认真研究，对目前能够实施的要积极创造条件予以实施。

2. 细分区域市场。要按照“盯住城区、着力县域”的要求，加大对目标市场的深入研究。要加强与政府机关、专业市场及相关行业协会的良性互动，及时掌握市场动向和行业信息，提高市场反应和应变能力。城区要加强对信贷需求旺盛、整体信用水平高、优质个人客户富集的区域研究，重点营销机关事业单位、大型企业及具有垄断地位的优势行业、形成规模的专业市场以及高档社区。县域要加强对当地特色经济、特色产业和传统行业的研究，重点是个体私营经济和商贸流通业发达的区域，交易量大、管理成熟的商业批发市场，以及市场销路好，已形成产、供、销一条龙的加工业和传统手工业基地。在锁定重点区域、重点市场的基础上，有选择地研究业务的营销和发展，而不要遍地开花，盲目营销散、小客户。

3. 筛选优质客户。要按照“严格标准、突出重点、择优扶持、稳健发展”的原则对客户进行分类，选择个人信贷目标客户。在客户选择上要注重个人及家庭收入等第一还款来源，注重调查分析个人信用状况和信用记录，对主要从事经营的客户还要着重掌握其从业经验和从业经历。城区重点瞄准高端工薪型客户，包括政府机关公务员、事业单位员工、优势行业员工和效益较好的大中企业中高级管理者等。县域重点瞄准经营状况好、讲信用的优质经营型客户，包括重点扶持的优势行业和产业的个体经营者、县域龙头企业的配套经营者等。其他经营型客户要强调有效房地产的抵押。

4. 发展重点产品。要继续大力发展个人住房贷款、个人自用车贷款等传统重点业务，积极发展个人客户综合授信贷款、个人综合消费贷款等新开办业务，稳健发展个人生产经营贷款、个人商用房贷款等经营类业务，严格控制大型整体商业用房、个人写字楼贷款和多套住房贷款业务。要积极利用不同产品的组合营销，如开展存贷双赢+第三方存管组合营销，固定利率+存贷双赢组合营销等，更好地服务客户，提高综合收益。要切实抓好住房开发贷款与个人按揭贷款的联动营销，对我行支持开发的楼盘在发放开发贷款之前落实开发贷款合同与按揭协议“同时双签”，并建立严格的解押制度控制按揭源头，省行将制定考核办法，做好跟踪考核监测。要积极创新，进一步完善个人客户综合授信贷款的功能，扩大经办机构范围，将其打造为营销优质高端客户的“拳头”产品；要在总结渔船抵押贷款试点经验的基础上，进一步扩大试点范围，沿海有关行要积极进行市场研究和申请；要对省行新产品创意大赛相关获奖产品进行深入论证，研究制定相关规章制度和操作流程，对确有市场、风险可控、效益可观的要尽快推出；对自助循环贷等总行新产品要积极做好试点工作。

5. 规范业务运作。要严格贷款开办机构准入，加强动态管理。在开办机构准入管理上，要坚持因地制宜，注重网点的精品建设、特色经营和专业管理，真正选择管理水平高、人员配备齐、营销能力强的经办机构，对不良占比超标、经营管理混乱的，要及时暂停其经办权，对部分风险相对较大的经营类业务，要适当提高经办层次。要严格贷款操作人员准入与退出制度，尽快推行从业人员持证上岗制度，对出现道德风险或所管辖贷款不良超标的要及时予以退出。在贷款调查环节，必须做到与借款人面谈，经营场所实地查看，并了解其上下游客户情况；借款合同等资料要做到面签；要根据借款人收入和经营资金回笼的特点，合理确定贷款期限和还款方式，生产经营贷款要尽可能采取分期还款，以减轻借款人一次性归还贷款的压力。总之，要着力提高业务操作的规范化、专业化水平，实现运作效率与风险控制的有机统一。

6. 防范化解风险。要增强合规意识，强化制度执行的约束力，形成自觉执行制度、自觉接受监管的良好氛围。要将制度建设贯穿于个贷经营管理的各个方面，通过落实贷前产品制度、内部评估制度和贷后的风险监测、督察制度，加强个贷业务的全面风险管理。要加强尽职调查，消费类贷款重点要防范和查处假按揭、假首付、假房（车）价等虚假贷款行为；经营类贷款要加强对贷款用途真实性的调查，加强资金用途监管，重点防范私贷公用、贷款挪用等行为。要加大个人业务日常监测力度，对业务波动较大的行要及时进行督查，防止集中突击时点数据等弄虚作假行为，提高合规经营意识。要通过查询征信系统和走访调查等，了解借款人的资信和人品情况，对有恶意欠款或黄赌毒行为记录的人，不能发放任何贷款。要形成风险预警和提示催收制度，及时清收不良贷款，化解风险，避免损失。

（三）建设和完善中高端客户服务体系，大力推进金钥匙理财业务

1. 建立和完善以理财经理为中心的营销架构。一是要加强理财基础建设，力争年内全行建设100家高品质的金钥匙理财中心，配备专业理财师200名。要按照理财中心管理运作指引，进一步明确理财中心职能定位，理顺运作流程，推动理财中心、理财室和贵宾窗口三级理财服务平台建设，逐步形成以理财中心为龙头、以精品网点为补充、以全部网点为基础的个人高端客户营销维护架构，进一步扩大理财服务覆盖面。二是要加大个人优质客户管理系统（PCRM）的推广应用力度，加快推进客户筛选、细分、建档管理工作，尽快使系统成为个人客户经理的工作平台，提高营销个人高端客户的精准度。三是要分解、落实客户维护拓展任务，加快推行个人客户维护责任制度，加大资源投入和奖励力度，将目标客户配置到专职客户经理，实行“一对一”精细化管理与维护。要加大贵宾客户签约后的考核，凡因维护不到位等原因造成存量目标客户流失的，要给予一定经济处罚。四是尽快将已取得专业资格证书的理财师配备到理财工作岗位，避免人才流失和浪费。要为理财师创造良好的工作环境和资源环境，形成对外营销以客户为中心，内部运作以理财经理为中心的营销服务体系。

2. 丰富差异化服务内容，开展区域联动增值服务。要依据总行《钻石客户管理暂行办法》和省行《理财贵宾客户管理实施细则》，按照分级管理原则，落实金钥匙理财贵宾客户优先、优惠、增值和个性化服务措施。要设立理财服务专线，派发高端客户专属刊物，建立高端客户诉求快速应答机制；要广泛实施“1 + N”服务，在实施易登机加免费短信套餐的基础上，创造条件扩充服务内容，积极开通区域商业联盟单位商业折扣、律师咨询、医疗健康、道路救援等增值服务；要发挥银行在金融研究、资讯和人才方面的优势，积极利用理财期刊、电子邮件、短信平台，定期实施新产品信息发布、金融信息、账户动账等重要提示类资讯服务和祝福问候等亲情服务，加强客户沟通和主动营销。

3. 多措并举，加强基金等重点理财产品销售。一是要善于研究不同客户的投资偏好、产品需求，善于研究不同产品的特点，做到心中有数，掌握营销的主动权。要制定对高、中、低不同层次客户的差异化服务方式，在不断扩大理财产品销售面、销售量的同时，重点做好中高端客户的营销工作。二是要抓好重点时段的营销。要抓住机遇，深入开展基金综合营销活动，结合市场热点，根据客户风险偏好和承受能力，优选混合、保本、债券、货币等不同风险类型产品，实施基金套餐服务。三是要大力推介基金定期定额业务，推动基金客户拓展和开户工作，制订营销实施方案，深入开展“1 + 1”促销活动，调动全员积极性。四是要围绕客户价值增加，将产品收益、风险特征与客户理财需求相结合，加大国债、“本利丰”等理财产品营销力度。五是要在重点区域行开办零售实物黄金代理业务，已具备黄金代理销售资格的行，要积极与供货商协调，加快产品上线步伐。

4. 以理财顾问和综合理财业务为重点，加大对高附加值型业务的研究与营销力度。一是要充分发挥理财队伍优势，引领开展理财规划服务，通过为客户提供整体服务方案，打响“金钥匙”理财服务品牌，真正取得高端个人理财业务的新突破。二是要继续开展有效的理财营销活动，综合利用银行卡、贷款、保险、外汇、基金、国债、券商集合理财计划、人民币理财等业务的交叉组合销售，全面提升综合营销能力和客户服务水平。三是要加大理财产品自主创新力度，有效开展综合理财服务，促使客户资金在农行体内不同产品间流动，防止客户流失。四是要密切关注高端客户需求和私人银行业务发展趋势，试点财富管理业务，省行营业部要在建立财富管理中心的基础上，积极探索财富管理运作模式。

（四）以网点转型为中心，加强渠道建设，提高服务质量和效率

1. 加强网点科学管理。一是做好网点整体规划。制定网点选址指导标准，将网点的规划选址与区域经济的发展趋势密切结合，提前介入潜力地区，有计划、有步骤地优化网点布局。二是做好网点分类分级管理。根据区域环境、客户群体和金融需求等条件，把全行网点划分为骨干网点、城区和农村精品网点、城区和农村普通网点等“三类五档”，按照“因地制宜、区别对待、分类指导”的原则，实施潜力网点的升格和低效网点的迁址撤并，优化网点结构。三是做好网点信息管理。要以人力资源管理信息系统为基础，充分利用网点普查结果，建立起覆盖全行网点的信息资源库，实现网点信息的动态维护，为管理决策提供科学准确的信息支持。

2. 加快推进网点转型。网点转型是一项系统性工程，是对网点的资源整合提升、职能重新定位的综合过程，需要以点带面、分步实施、协调推进，省行制定了《营业网点转型实施方案》，近期将在全行下发，各行要认真学习、积极细化实施。一是做好网点标准化建设改造。按照“统一规划设计、统一招标施工、统一设施配套、统一验收决算”的工作要求，规划功能分区、优化视觉形象，增强客户体验一致性，塑造网点品牌效应。二是加强大堂经理配置。省行将制定《营业网点大堂经理管理办法》，加强大堂经理的配置标准、管理方式和业务培训。各行要切实将优秀人才充实到大堂经理岗位，加强大堂经理的业务管理，实施大厅制胜。三是优化网点服务流程。省行将制定《营业网点岗位服务流程操作手册》，对客户服务的每一个流程进行再设计和优化，明确各岗位职责和报告的线路，各行要以优化服务流程为重点，全面提高网点服务质量和效率。

3. 有效提升网点规范化服务水平。一是要加强制度化建设。要通过建立完善“晨会制度”、“巡检制度”和“神秘客户制度”等方式，认真落实《基层营业网点规范化服务实施细则》，形成“规范标准、培训提升、文化激励和监督评价”四位一体的服务质量管理体系和机制。二是认真做好暗访测评工作。省行将继续外聘公司对营业网点规范化服务质量进行暗访和测评，根据测评结果提出改进优化措施，并研究将暗访结果纳入全行综合绩效考评。三是要全力做好奥运期间金融服务工作。各行要从讲政治高度来认识奥运金融服务工作，按照总行、银监局、银行业协会的工作部署，从窗口服务规范、投诉处理机制完善、金融知识产品宣传等多个环节推进迎奥运文明规范服务系列活动，全面提升广大客户在农业银行的服务体验。

五、完善经营机制，加强队伍建设，保障个人业务可持续发展

（一）理顺业务管理体制

按照总行要求，省行已对个人业务的相关职能进行了调整，各行要按照总、省行要求，综合考虑“三农”板块业务划分的部门设置，研究落实个人业务归口管理问题，以形成上下统一归口的管理条线。

（二）完善营销体系建设

要围绕个人客户综合经营、个人业务综合营销，进一步整合营销资源，建立对外营销以客户为中心，内部运作以客户经理为中心的营销服务体系。尽快推广个人信贷业务集中经营管理，提高营销能力和内部运作效率。要加强上下级行之间、部门之间、业务品种之间的协调配合，形成联动营销、交叉营销的运作模式，提高市场竞争能力。

（三）加强营销队伍建设

要健全网点经理、大堂经理、产品经理、理财经理、营销经理、个贷经理、柜员等岗位序列，按照专业化、职业化、知识化的发展要求，着力改善个人客户经理工作环境，加强资格准入和业务培训、抓好日常管理，逐步建立个人金融从业人员持证上岗制度。

（四）建立完善考评激励机制

要抓好个人业务营销目标任务的分解落实，加强考核。对零售产品，要完善以计价考核为方向的激励措施，对于可以认定营销责任人的产品要将激励措施兑现到人，不搞截留，对于跨部门、综合性的营销活动，要根据贡献度合理进行二次分配。

（五）加强合规文化建设

要进一步完善和落实规章制度，增强合规意识，增强制度执行的约束力，强化对重点业务产品的风险管理。要加强部门自律监管，加大对系统内经营风险的排查和整改力度，切实发挥“第二道防线”作用。要提高对操作风险的识别、预警、评价和控制能力，结合今年开展的案件专项治理活动，切实防范个人金融大要案件的发生。

加快发展观念转变　提升业务经营层次
努力开创个人业务发展的新局面

——金喜年同志在山西分行个人业务工作座谈会上的讲话

一、2008 年全省农行个人业务发展的指导思想

认真贯彻年初全省农行工作会议精神，以总分行综合绩效考核和部门绩责计价考核为导向，以提升综合竞争力和风险控制能力为目标，积极适应职能调整的新要求，着重围绕提高存款市场占有率、完成基金开户数和基金业务收入、提高个人贷款市场占比核心指标等，力争完成各项考核指标，加快个人业务管理体制和经营模式转型，努力提高个人业务的综合营销能力和客户维护能力，实现个人业务持续健康发展。

二、转变发展观念，增强创新意识，全力发展个人金融业务

2008 年是我行全面推进股份制改革的关键之年，是实施“3510”发展新战略的开局之年，个人业务在管理体制、经营模式、部门职能、业务考核等方面面临着重大变革。针对新形势和新要求，各级行个人业务工作要努力实现“五个转变”，促进各项工作任务的顺利完成。一是考核重点指标要由计划指标向市场份额转变，力争市场份额第一；二是服务工作要由无差别服务向分层服务转变，实现我行在个人优质客户营销服务工作上的新突破；三是业务推广重点由传统业务向理财业务转变，为高端客户提供更全面的金融产品服务；四是工作重点由系统管理向组织营销和系统管理并重转变，强化个人业务部门系统营销职能。五是产品营销由个别营销向综合营销转变，实现我行个人业务又好又快发展。

三、围绕核心指标，明确工作重点，加大个人业务市场开拓工作

1. 坚持储蓄存款业务增量市场份额争第一的思想不动动摇，认真做好资金组织工作

一是加大个人优质客户的营销力度，持续提升个人优质客户的贡献度。

二是实行储蓄存款市场份额问责制，对在四大国有商业银行中增量市场份额排名后两位的行，省分行将进行问责，市分行分管行长向省分行剖析市场份额落后的原因及拟采取的措施。

三是开展服务明星评比活动，各市分行、省分行直属机构每半年组织开展一次“服务明星”评比，省分行规范化服务领导组年末组织全省“服务明星”评比，并进行表彰和奖励。

2. 以客户维护为重点，拓展基金业务新市场

一是改进营销方式，加大主动营销力度。通过销售终端（网点）现场营销、开展基层网点“走进社区”营销活动和媒体广告宣传，转变被动销售方式，加强主动营销的组织和管理。

二是加大奖励力度，严格执行总分行的奖励政策，保证及时兑现到位。①对柜员实行计价工资，按照一定比例

将基金业务折算为普通业务兑现计价工资；②按照总行的基金奖励政策，提前兑现营销收入；③对基金销售比较突出的单位和个人定期举办评选奖励；④各级行个人业务部门要督促将基金任务分解落实到人，与效益工资挂钩。

三是完善定投产品组合，开展全员营销活动，推动营销“基金宝”定期定额业务。省分行将联合基金公司，精选各公司优质基金产品，进行不同风险程度的定投产品组合，推出针对不同客户群体的优质定投产品。

四是积极营销大客户、机构类客户，努力增加大客户基金交易量占比，省分行将按月排队，按季通报。

五是拓展销售渠道，大力发展网银代理销售基金业务，提高基金网上代销占比，省分行将按月排队，按季通报。

3. 以个人住房贷款业务为突破口，优化个贷业务经营模式

一是认真组织个人住房贷款业务的接收工作。按照总行工作安排和要求，将个人住房贷款业务归口个人业务部门管理。要做好个人住房贷款业务接收和个人信贷的统一管理工作，各行要增加个人业务部门专 职个人信贷管理人员，履行业务交接程序。

二是配合信贷管理部门实施个贷中心化运作模式和网上作业，提升管理层次，控制关键风险点。经批准开办个人贷款业务的经办行，必须设立个人客户经理部，配备专职个人客户经理。二级分行贷款审查审批中心设立风险控制岗，负责抵质押物的登记、止付手续的办理，首付款真实性的核查，保证金管理等。

三是实施个人信贷管理评价方法，规范经营行准入。以风险控制能力和管理水平作为评价依据，根据二级分行、县级支行内控评价结果、个人贷款质量以及是否发生过重大违规行为，确定个贷经办行。

四是实施重点区域、重点产品差异化发展策略。开展市场需求调查，以二级分行所在的城区和重点县支行为对象，分品种对市场需求进行调研，重点是个人住房贷款、个人汽车贷款、个人生产经营贷款三大类品种，明确营销目标，选择确定有较大发展潜力的区域市场和产品市场进行重点发展。

五是实施个人优质客户重点发展策略，注重客户准入和筛选，坚决克服和扭转不加选择地发展客户的做法。

六是加强个人信贷业务的在线监测、突查工作。二级分行个人业务部门要确定专职个人信贷管理人员，强化在线监测、实地突查和到期贷款风险预警管理工作。

七是继续加强不良贷款清收管理，完善关键风险点的控制，积极稳妥地拓展个人信贷业务，提高个人信贷业务占比和到期贷款收回率。集中力量开展清收工作，加强转债贷款管理，继续清理解决存在的遗留问题，为个人信贷业务后续发展夯实基础。

四、加快经营转型步伐，提高综合营销能力，实现个人业务的又好又快发展

1. 加快个人业务部门职能转型

各级行，特别是管理行，在加强业务内部管理职能的基础上，落实“营销系统化”要求，强化零售业务系统营销职能，增强营销的系统管理职能和协调职能，部门角色要从内部管理中心向个金产品、服务的营销策划中心和营销管理中心转换，进行个金产品的统一策划、宣传、推广，建立整体策划营销宣传、定期发布、程序化的营销策划体系。

2. 加快基层网点功能转型

将网点作为零售业务营销平台建设，实行网点建设的统一管理，实现网点功能战略转型，将交易结算型网点转变成主动营销型网点。

一是加强零售业务的扩展，将基层网点作为零售业务的销售平台进行建设，来充分发挥我行网点众多的优势，提高网点的零售业务的利润贡献度，推动零售业务的发展。

二是改变网点以结算交易为主要功能，将销售服务作为网点的主要功能。按照客户群和服务流程，合理划分网点营业场地的功能分区，方便客户办理业务，增加与客户接触和销售的机会，为客户提供多样化的产品选择，便捷的网点网络、高效的专业化和差异化服务，提升客户体验。

三是充分利用电子分销渠道，提高运营效率。提高网点的自动化程度，简化业务处理环节，借助 IT 手段提高网点运营效率，降低运营成本。

3. 建立专职个人客户经理队伍，提高客户维护能力和综合营销能力

按照总行党委“打造专业理财师队伍和专职个人客户经理队伍”的要求，要及时保质保量地配齐专职个人客户经理和理财师凡纳入省分行理财中心建设的网点，必须配备专职个人客户经理和理财师；其他业务量大（储蓄存款 2 亿元以上）、个人优质客户多的网点，至少要配备专职个人客户经理，加快 EFP、CFP、AFP 以及个人客户经理的培训和队伍建设工作，逐步建立起专职个人客户经理队伍，有效地满足中高端客户的理财顾问服务和综合理财服务，提高客户维护能力。

五、加快系统开发和新产品推广力度，完善个人金融服务体系

1. 树立客户细分意识，做好客户分层服务

按照对农行的贡献度，对现有客户进行细分，从柜台服务到自助服务，从大户室的管理到柜员窗口的设置，针对不同客户提供不同层次的服务，制定不同的营销策略。人数众多的小散户，通过设立大堂经理提供引导、咨询、培训服务，帮助小户主要通过自助设备办理业务；对中等客户，专设窗口提供服务；优质客户是服务重点，要配备个人客户经理，对他们实施存款、取款、投资咨询等全方位“贴身服务”，在第一时间将利率调整、债券、基金发行、股市变动等金融信息以及有关行业信息告知客户，提供理财方案，集中资源帮助客户做大做强，使客户价值实现最大化。

2. 加快个人优质客户管理系统、金钥匙理财专家支持系统上线

个人优质客户管理系统（PCRM）和金钥匙理财专家支持系统（CFE），立足于“客户分层、功能分区、服务分流、流程再造”，增强科技系统对个人优质客户管理营销和个人理财业务发展的支持力度，优化配置网点的人力资

源，推进业务流程再造，将服务分流与差异化营销工作落到实处。年内完成个人优质客户系统和金钥匙理财专家支持系统的上线运行工作。

3. 进一步推进网点规范化服务工作的精细化管理

一是继续深入贯彻规范化服务12条指令性标准和3条指导性标准，明确重点，突出量化考核，促进窗口服务形象的全面改善。二是实行“大堂经理”全程站立服务；三是实现电子显示屏和服务评价器的联网；四是按服务投诉率进行考核；五是加强服务标准化、制度化建设，规范服务行为，推行营业网点早晨会制度、晚点评制度和卫生制度及录像点评制度、突查制度、明星柜员评比制度等。省分行将组织全面的服务检查工作，明确整改责任，量化整改目标，全面推进规范化服务水平的再提升。

4. 加大银行理财产品市场拓展，开办个人黄金业务、本利丰人民币理财产品等个人金融新业务

省分行今年将加快银行理财产品推广进程，完成“本利丰”人民币理财产品销售系统和个人黄金产品销售系统的上线推广工作，实现“本利丰”销售全面开办和个人黄金业务的试点，有效整合本外币理财产品销售管理；积极开办个人黄金业务、本利丰人民币理财产品等个人金融新业务，实现一体化营销，丰富理财产品。

5. 大力推进网点转型，加强和改善网点营业现场销售和服管理，加快金钥匙理财中心建设步伐。

六、加强督导和突击检查力度，提高个人业务工作的执行力和风险控制能力

各行要按照“管什么查什么”的要求，加大辖内突查力度，强化合规操作，及时发现风险隐患，针对各项业务的关键风险点，进行有效的风险控制，杜绝风险发生。同时加大督导力度，实行问责制，督促各行认真贯彻好各项工作要求，强化执行力建设，全面完成各项工作任务。

强化业务管理　加快经营转型　推进个人业务全面可持续发展

——郝玉斌同志在2008年陕西分行个人业务工作会议上的讲话

一、近两年的工作回顾

近年来，我行个人业务认真按照行党委的有关部署和要求，积极创新个人业务经营管理模式，各项业务得到了协调发展，综合竞争力不断加强：

（一）储蓄存款、个人贷款、基金销售等业务竞争力明显提升

一是储蓄存款的基础地位进一步巩固，增量市场份额保持第一。2007年储蓄存款增加46.97亿元，四大行增量份额居第一，全国农行排名第16位。至2008年6月末，储蓄存款余额794.6亿元，占到各项存款余额的56.9%，增量98.28亿元，全国农位排名第14位；储蓄存款超亿元网点达到344个，占全行网点数量的51%，奠定了储蓄存款持续稳定增长的基础。二是建立指定机构集约经营的个贷发展模式，实现了业务较快增长。2007年个人贷款（非住房）增长8.02亿元，余额达到49.5亿元，占全行贷款增量的13.7%。个人不良贷款余额不断下降，尤其新增贷款质量明显提高。三是个人中间业务实现跨越式发展，基金、理财、国债产品销售收入贡献明显提升。两年来累计代理销售基金118.5亿元，实现基金销售收入2.06亿元；销售“汇利丰”理财产品342万美元；代理凭证式国债18.95亿元，手续费收入0.13亿元。

（二）夯实基础管理，促进了个人业务的经营转型

一是营销方式进一步转变。根据全行区域、产品、客户进行分类指导，连续3年成功组织了“伴你成长　金钥匙春天行动”综合营销活动，实施个人业务综合考核评价，提高了发展质量和效益水平。二是合规经营意识显著增强。下发了《个人金融业务操作规程》，编印《个人信贷文件汇编》，实行柜员业务量考核，先后多次举办基金理财、个人贷款业务培训班，提高了员工的业务技能和风险防范能力；连续四年开展业务自律监管，组织个人贷款业务风险排查、理财产品销售合规性检查、开放式基金业务检查和文明规范服务大检查等专项检查活动，确保了业务健康发展。三是网点转型和规范化建设稳步推进。进一步理顺了网点管理职能，成立了网点建设领导小组，统一理财中心建设标准，规范网点建设行为，组织实施网点转型三年规划；全行已建立14家金钥匙理财工作室，320个网点设立了金钥匙贵宾窗口，配备专（兼）职营销经理362人、大堂经理154名，为拓展和维护优质客户创造了条件。四是风险管理水平有了较大提高。加强对个贷经办机构和汽车经销商动态管理，严格执行贷后管理制度，开展风险预警监测督查，及时整改问题，清收不良贷款，消除了风险隐患。

二、当前面临的形势和工作任务

（一）个人金融业务进入加速增长阶段

一是我国经济持续稳定增长为个人金融业务发展提供了坚实的客户基础。截至2007年末，全国居民金融资产总

额已经超过50万亿元，我国正在向消费型国家过渡；金融资产超过100万美元的居民已经超过35万人，且以年均10%的速度增长。二是随着居民家庭财富的快速增加，个人金融需求呈现多元化、个性化、高层次的升级趋势。住房、汽车、投资、教育、养老等已成为居民重要的支出项目，私营经济、个体经济日趋成熟壮大，居民消费总量不断增长，将有力带动个人金融业务的发展。三是随着国家宏观调控政策逐步到位和资本市场快速发展，银行依靠传统利差收入的利润增长模式受到挑战。个人金融业务凭借其广阔的市场前景、稳定的客户群体、业务风险分散以及与宏观经济关联度小等优势特征，成为商业银行优化资产负债结构和提高盈利水平的主营业务。四是我国利率市场化的推进、人民币汇率形成机制的变化、资本市场的深化发展和金融创新相关办法的出台，为商业银行加快个人金融创新提供了制度环境。

（二）同业个人金融体制改革与变化，我行面临空前的竞争压力

一是个人金融业务的竞争力成为一个银行综合实力的写照。股改后的各家商业银行纷纷加大向零售银行转型力度，业务经营重心不断向个人业务转移，加强条线控制和资源配置能力。建行在总行实行双线核算与资费双线配置；工行在系统内推广二级分行个人金融部与支行共同对网点个人业务和个人客户经理实行管理和考核。工行和建行2007年披露的个人业务收入占比都在1/3以上。二是商业银行更加注重提升个人金融资产的综合销售能力，基金、理财、个人贷款等高附加值的核心业务成为同业竞争的焦点，纷纷推出面向高端客户的理财业务和个人综合账户，为客户提供一站式个人财富的集中管理服务。三是网点转型和流程再造成为提升个人金融业务竞争力的核心工程。各行纷纷在股改后启动网点转型项目，并与战略投资者合作启动流程再造工程，网点的一般性服务正被电子服务和自助服务替代，精品网点正转型为服务中高端客户的理财中心和财富管理中心。

我行拥有同业最多的网点和员工，最大的电子化网络，客户结构与城乡二元经济结构最为契合，随着县域蓝海战略的全面推进，跨区域、全方位、高中低端业务多元化、联动城乡的零售服务优势明显。为此，必须加快推进零售业务优先发展战略，确立个人业务领域的核心竞争优势，才能适应当前的市场形势。

今明两年，全行个人业务工作指导思想是：坚持以科学发展观为指导，以经营客户为中心，推进网点转型和客户分层服务，创新业务产品、完善激励机制，提升服务水平和市场竞争能力，实现个人业务又好又快发展。

主要业务发展目标：

1. 客户发展目标：到2009年末，实现个人钻石客户500户，白金客户5000户，黄金客户1万户，优良客户4万户。

2. 业务发展目标：

人民币储蓄存款增加240亿元，年均增长16%，增量份额继续保持四大行第一；

基金销售市场份额力争同业前三名，国债完成总行计划；

个人贷款保持稳定增长，贷款（含住房）余额达到100亿元，不良贷款占比控制在5%以下。

3. 队伍建设目标：获得AFP、CFP和EFP资格的金融理财师达到100人，获得银行业个人理财资格的员工达到500人；网点营销人员（包括大堂经理、营销经理、理财经理、低柜柜员等）配置比例达到25%以上。

4. 网点建设目标：加快推进网点转型工作步伐，到2009年末完成转型的网点数量达到260个；建设金钥匙理财中心15家，其中金钥匙财富管理中心2家。

围绕上述目标，要积极推进个人金融业务的战略转型工作，实现四个“转变”：

一是要由传统的零售银行向理财银行转变。由以账户为中心转向以客户为中心，以个人理财业务为纽带整合产品、渠道、载体、系统和营销服务团队，不断提高中高端客户和理财业务对我行的综合贡献度。

二是要由传统的金融服务手段向现代化的金融服务手段转变。加大对中高端客户的营销拓展力度，进一步发挥电子渠道的营销价值，拓展服务范围，建立存款账户和投资账户合一的综合管理平台，使客户可以更加自由地管理自己的银行资产。

三是要由单一的产品营销向综合营销转变。在细分客户的基础上完善综合营销和分层服务体系，建立个人、公司、机构业务部门的联动营销机制，通过组织“春天行动”等营销活动多层次、分阶段的促进业务产品之间的捆绑营销，提升综合营销水平。

四是要由单一的依靠利差收入向多元化盈利渠道转变。要全面提升中间业务在个人业务发展战略中的地位，实现盈利模式的优化和升级。

三、贯彻落实各项工作措施，开创个人业务发展新局面

（一）建立中高端客户服务体系，努力改善客户结构

1. 统一客户细分标准，做好客户分层。完善金钥匙理财贵宾客户管理办法，明确个人中高价值客户的准入标准：在我行个人金融资产达到500万元人民币及以上的为钻石客户，发放钻石卡；个人金融资产100万元至500万元的为白金客户，发放白金卡；个人金融资产50万元至100万元的为黄金客户，发放金卡。个人金融资产20万元至50万元的为优良客户，发放银卡。各行要以中高端客户的营销、维护、拓展为核心，按照上述标准完善发卡和客户管理流程，建立客户维护保障体系，落实相关服务措施，提高中高端客户比重。

2. 加快PCRM和CFE系统的推广应用。各行要进一步提高思想认识，抓紧做好推广网点选择、人员培训、业务数据调整、人力配备等工作，今年年底前在所有骨干网点推广应用个人优质客户管理系统（PCRM二期）；积极做好金钥匙理财专家支持系统（CFE）推广试点工作，明年上半年在所有金钥匙理财中心和财富管理中心推广应用金钥匙理财专家支持系统。两系统推广完成后，要借助两系统积极做好优质客户的识别和管理，落实对贵宾客户的营销

责任，真正实现签约、贵宾卡发放、建立客户关系、后续维护服务依次到位。

3. 加强对中高价值客户的服务。针对目标客户群体落实不同的服务营销策略。对一般大众客户及成长性客户，完善和推广标准化、制式化的产品服务方式；对中端客户，以理财业务为主要服务内容，实行标准化产品、差异化营销；对高端客户，以财富管理为服务重点，实行差异化产品、个性化营销、顾问式服务。各行要结合当地实际，推出商业联盟服务、酒店预定、机票预定、健康保健、道路救援、机场贵宾通道等服务项目。经营行成立理财服务小组，不断完善优先、优惠服务和增值服务体系，全面提高中高端客户对我行的忠诚度和综合贡献率。

（二）树立经营客户的理念，促进个人存款、中间业务联动发展

1. 高度重视储蓄存款工作，保持储蓄存款增量市场的优势地位。要加强指导和检查督促，抓好阶段性劳动竞赛、旺季吸储及日常存款组织工作，加大个人存款营销力度，按季下达计划，按月通报进度，加强业务考核，促进存款稳定较快增长。理顺储蓄和理财业务发展的关系，把理财产品销售作为强化客户关系的有效手段，促进资金行内循环；把握资本市场调整的机会，争取客户资金回流储蓄账户。提升个人负债业务系统功能，以外币储蓄、西联汇款、个人购汇结汇、外币投资理财、出国留学金融服务等业务为重点，全面提升本外币一体化服务水平。发挥小额账户收费系统的作用，做好存折睡眠账户清理工作，优化调整客户结构。

2. 加强基金及理财产品的销售工作。在从紧的货币政策下，各行要转变观念，从战略高度认识发展基金业务的重要性，把基金业务作为一项主营业务，大力促进基金代销等中间业务的发展。充分利用我行有网点数量、网络覆盖面、客户数量等发展基金业务的独特优势，制定激励考核措施，提升网点及多渠道销售能力，加大对基金客户的拼抢力度，加强业务日常监管，做大基金业务规模，力争取得与市场同步发展的经营成绩，进一步提升基金业务对全行利润的贡献水平。要积极做好集中版理财产品销售系统上线工作，争取在年内实现“本利丰”销售网点的全面铺开。根据不同客户需求特点和风险承受能力，推荐适合不同需求的理财产品，向县域和农村客户优先推荐低风险和保本型产品，配合做好定期定额业务八折费率优惠推广活动，加大县域、农村市场理财投资产品的普及和推介力度，实现城市和县域两大市场共同发展。重视基金和理财产品售后维护工作，做好产品、客户档案的管理，建立完整的事前、事中、事后信息披露，完善投诉处理机制。

3. 稳步发展个人实物黄金、国债、保管箱等业务。认真做好个人实物黄金代理交易系统和“金利通”记账式黄金业务系统上线测试工作，在西安选择1～2家网点开办个人实物黄金代理买卖业务。做好储蓄国债业务系统上线和业务推广，保证该业务在全行的顺利开办；认真做好各期国债的发行兑付工作，积极发展保管箱业务，增加代理业务收入。

（三）理顺管理职能，提升个人信贷业务竞争力，实现业务稳定增长

总行已在个人业务部下设个人信贷业务部二级部，实行业务的归口管理。省行将按照《关于规范个人信贷业务管理职能的通知》（农银办发【2008】211号）精神，组织实施全行个人信贷业务的职能整合，将个人信贷业务前台职能统一归口到个人业务处（部）管理。各行要抓住个人信贷业务全面整合、统筹发展的机遇，提升个人信贷业务的竞争力。

1. 坚持积极稳健经营，实施差别化发展战略。要将个贷业务发展情况纳入对各行领导班子绩效考核。各行在积极发展个人贷款业务的同时，务必将追求发展质量放在首位，不能把发展简单理解为资产数量的扩张，走粗放经营的老路。在客户结构上，要坚持优先发展中高端客户群体的战略，着力解决我行对中高端客户的准入政策。在区域上，在以西安和各地级城市区域为主的同时，加大对经济活跃县城的拓展。在产品结构上，坚持以个人住房贷款为主体的同时，稳步发展个人汽车贷款，大力发展以房地产抵押方式为主的个人生产经营贷款，争取开办个人综合消费贷款、个人客户综合授信贷款，培育新的业务热点。

2. 完善个贷集约经营、精细化管理的发展模式。严格经办机构和客户的准入，加强对汽车经销商、房地产商的统一管理，在资金、规模、激励政策方面给业务优势行予以倾斜，积极打造个贷专业支行，促进个贷业务的专业化运作；坚持规模与效益、速度与质量并重，大力发展以抵（质）押担保方式为主的个人贷款业务。加大个人信贷产品创新及推广力度，今明两年总行将陆续推出个人综合授信贷款、个人住房贷款系列产品、个人客户自助循环贷款、个人住房和装修组合贷款等新贷款业务品种，各行要积极做好业务推广营销；同时要配合推广网上决策流程的应用，实现个贷业务网上审查审批，提高专业化水平与决策效率。

3. 提高个人信贷业务风险控制能力。一是继续实施个贷业务差别授权，实行分地区、分品种的授权管理，加强经办机构和第三方合作商的动态监管。二是严格控制操作风险。坚决杜绝“假按揭”、“假车贷”、“改变贷款用途”等违规贷款行为，对合作商利用预售环节以分期办理首付或为购房者垫付首付等“假首付”购房或购车，不得提供按揭贷款。进一步规范完善中介机构管理制度，加强抵押品的评估管理，对评估公司进行严格准入，权限上收至二级分行以上。三是切实防范政策风险和市场风险。严格落实人民银行和银监会“第二套房贷”的规定。对房价波动较大的区域，以及高单价、高总价住房，进一步提高首付款比例。四是加强个贷业务贷后管理。认真贯彻落实总、省行个贷贷后管理相关管理办法，加大对贷后管理制度执行情况的检查和责任追究力度。各二级分行个人业务部门要落实专人负责个贷在线监测工作，提高风险预警能力。五是加大不良贷款清收力度，要设置专人负责新增不良贷款的督导清降工作，加大现场检查和督促整改力度，切实降低经营风险。

（四）推进网点转型工作，提高营销能力和服务水平

1. 统一思想认识，全力做好网点转型工作。营业网点转型是实现业务转型的基础，也是今后两三年各项工作的重中之重。各行要加强领导，明确网点转型领导小组成员单位职责，共同推进网点转型工作。至2007年末，全省有营业网点672个，通过对西安市城区和各二级分行所在地城市及县域200平方米以上不达标网点采取迁址、整合、改造、装修等方式，3年计划完成转型网点410个，加快建成一批“布局合理，形象统一，服务高效，管理有序”的高效网点，逐步建成以金钥匙财富管理中心和理财中心为龙头，以骨干网点为核心，以基础网点为基础，以自助网点为补充的农行网点新形象。

各行要加强网点的定位研究，在充分考虑客户、业务、功能基础上，做好新迁、建网点的布局工作。要按照省行网点转型三年规划的要求，统一形象规范。每个转型网点都要制定具体转型方案，坚持“一点一策”原则，不搞统一“模板”。要按照转型网点所处地理位置、场地条件、同业竞争环境、经济发展趋势、客户群体特征、业务结构及自身的人力资源和财力资源来设计，充分体现“以客户为中心”的要求，确定可行的分区、分流、分层服务方案，要有超越意识，有农行特色，有比较优势。

2. 明确转型工作流程，统一规范网点建设行为。要严格按照总行《营业网点功能分区与现场管理工作指引》、省行的营业网点转型实施意见、建设设计规范等制度，统一新装修、改造营业网点的申报、审批、设计、施工、验收等环节，规范网点建设行为。省行通过公开招标确定了6家专业装修设计公司，统一组织全省农行网点的规范化设计工作，并认定参与竞标的施工队伍，由二级分行按程序确定并组织施工，工程结束由省行统一组织验收。为规范网点建设，省行制定了《陕西省分行营业网点建设管理办法》讨论稿，经本次会议讨论修改后将下发执行。各行要严格按照管理办法操作，特别要加强对招标、采购、施工等环节的监督和管理，保障全行网点转型工作顺利开展。

3. 统一配置设施，提高营业网点服务效率。新装修的网点要以二级分行为单位统一室内的设施配置，包括对桌面物品布放、引导牌、各类标识、宣传资料、装饰物等摆放都要做到规范、统一。为了保证装修材料、办公家具、标识产品的质量和标准化，提高装修网点内外形象的整齐、标准程度，各二级分行要通过招投标方式确定品牌、规格和定点供应商，按需购买，确保网点装修的整体效果。

要加快业务操作流程的改造步伐，遵循“面向服务、提高效率、严密内控、规范操作”的原则，以客户为中心对现有业务流程进行改造。修订《柜台业务操作规程》，切实为低柜员工办理业务扫清制度障碍；针对网点贵宾理财区、自助区、现金区、非现金区、咨询引导区等区域客户特性、业务性质、员工安排，研究制定网点转型后各功能区域的作业规范，制定岗位规范、操作规范、服务规范、营销规范，建设新的网点营销交易规范化流程，进一步提升服务质量和效率。

4. 加强高标准理财中心和电子银行建设。在西安建立2家金钥匙财富管理中心，各地级城市建立1家金钥匙理财中心。各行要统筹规划、合理安排，认真筛选具备条件的网点，切实将金钥匙财富管理中心和理财中心建设工作落到实处。完善网点电子银行服务区建设，力争每个城区网点配备一套电子银行自助设备，包括ATM、CRS、网银终端和电话银行；每个县域网点至少配备一台ATM机。

5. 持续抓好文明规范服务。要认真做好奥运金融服务的总结、表彰工作，制定文明规范服务实施意见，集中力量解决大堂经理、电子机具配备、服务考核、客户投诉处理等问题，加大文明规范服务检查力度，采用多种形式加大对网点卫生、服务态度、业务效率等方面考核，积极做好对客户投诉处理情况的分析、通报，深入查找管理和服务上的不足和盲点，认真整改问题，全面提升我行服务水平。

（五）创新经营机制，建立个人业务现代营销考核体系

1. 加大对个人业务的考核力度。要落实“1+N”考核，将个人贷款、基金、国债、第三方存管、理财产品等与存款指标加权组合构成个人业务发展竞争力指标，作为对经营行业绩考评的主要内容之一。各二级分行要将支行主管行长薪酬与个人业务工作指标完成情况进行捆绑考核，促使其能更好地履行职责。今年下半年省行将选择宝鸡、咸阳分行进行“1+N”考核试点，明年计划在全行范围推开。

2. 要把个人业务队伍建设作为重点工作抓出成效。要按照业务发展的要求扩充个人业务部门的岗位编制和高素质人才，各二级分行增设理财管理岗、网点业务管理岗和个人贷款风险监测岗；经营行设立个人业务部，保障人员编制。加大专职个人客户经理队伍的配备力度，各营业网点原则上都应配备大堂经理，亿元网点和各行营业部（室）的大堂经理今年必须配备到位。加强理财业务培训，培养一批具有认证资格的金融理财师。要将取得理财师资格的人员优先调配到理财中心。每家金钥匙理财中心至少配备4名专职个人客户经理，一般具备理财功能的网点至少配备2名专职个人客户经理，每个推广PCRM系统的网点必须配备专职的个人客户经理；要按照1名客户经理管理个人贷款不超过300户、管理个人贵宾客户不超过120户的比例配备专职个人客户经理。要注意改善个人客户经理工作环境，加强资格准入和业务培训，抓好日常管理，提升我行个人业务队伍的营销与服务水平。

3. 以计价考核为方向，针对员工岗位落实考核措施。要进一步完善柜员业务量考核办法，制定并在全行推广个人业务产品营销计价办法，建立面对个人客户经理、大堂经理、网点主任、低柜理财经理、柜员等分别建立考核指标体系，加强基金、理财产品、个人贷款的计价考核力度，按不低于营销基金认（申）购量的1‰奖励员工效益工资，对当年能够按期收回、不良贷款控制在规定范围内的，按客户经理营销个人贷款业务量的0.2‰直接奖励效益工资，层层建立考核机制，切实把各项激励措施落实到基层，落实到网点和个人，激发各级行和从业人员的积极性。

（六）加强内部控制和风险管理，实现个人业务健康发展

要加强个人业务内控管理和规章制度执行力，落实管理责任，强化对重点监控分行和重点业务品种的风险管理。高度重视业务自律监管工作，定期组织开展个人业务自律监管，做好对辖内业务排查和整改督办工作，对普遍存在和屡次发生的问题，落实系统性的风险控制措施。梳理个人业务风险点，严格按照《中国农业银行防范案件工作指引》要求，梳理业务风险点，提高对操作风险的识别、预警、评价和控制能力，防范业务操作风险，消除案件隐患。

四、今年下半年要做好的几项工作

（一）关于网点转型的问题

网点经营转型是一项全新的工作，涉及到营业网点装修、服务功能分区、设备设施配置、业务流程再造以及客户经理、理财经理、大堂经理和柜台人员的配备等多个方面，是网点由交易型向综合营销型、理财型转变的关键。组织实施网点转型工作量大，是一项长期而艰巨的任务，需要集中各部门的智慧和力量。各行要加大网点转型工作力度，要抽调经验丰富、业务全面、协调能力强的人员充实网点转型办公室，专职从事网点转型工作。

今年下半年要抓紧实施70个网点的装修改造计划，各行网点转型办公室要全方位抓好辖内的网点转型工作，制定实施方案、审定上报转型项目，贯彻落实省行的相关流程、规范、要求，要负责辖内网点转型项目落实和进度监督。同时不能片面认为转型就是装修、功能分区就是经营转型，要严格转型标准，“硬转”与“软转”相结合，确保转型一个达标一个。

（二）关于储蓄存款的问题

要坚持不懈抓好储蓄存款。今年我行储蓄存款快速稳定增长，增势良好，增量始终保持在“四行”首位。7月末储蓄增量市场份额为32.35%。但各项存款增量在“四行”处于末位，因此，要完成省行党委提出的存款增量“保二争一”的目标，必须发挥我行网点网络优势，继续挖掘储蓄存款潜力，扩大存款总量。目前，市场形势对组织储蓄存款非常有利，而且，储蓄增量中定期占比明显提高，这意味着客户一旦选择在我行存款，其稳定性大大增强。因此，各行要进一步提高认识，坚决摒弃狭隘的储蓄存款任务观念，乘胜追击，持续抓好对客户的服务，巩固和扩大我行市场份额的领先地位。

（三）关于个人贷款业务问题

各行要结合当地市场需求和管理能力，加大市场基础好、同业竞争力强的支行业务营销力度，促进业务有效发展。近年通过自律监管和审计检查发现，一些行在拓展市场、发展业务过程中，对个贷风险管理的整体认识和长远发展考虑不足，经营管理粗放，风险控制不力，业务发展中缺乏责任心，导致不良贷款增加和案件发生。省行决定在下半年安排一次个人贷款专项治理整顿活动，并暂停部分行的个人生产经营贷款业务。各行务必高度重视，认真组织开展专项治理检查活动，掌握经营真实情况，下决心解决不合规问题，提高贷款质量。

（四）关于客户管理方面的问题

个人优质客户管理系统（PCRM二期）和“金钥匙”理财专家支持系统（CFE）对我行网点转型和客户管理具有强大的支持作用，各分行一定要高度重视两个系统的推广应用工作，把两个系统放在与ABIS、CMS同等重要的地位，作为个人金融业务的生产系统抓实抓好。要制定可行的推广计划，倾斜资源，大力支持，理顺内部管理机制，确保成功上线运行，并真正抓好系统的应用，年底前保证所有骨干网点都能够应用系统，提升营销服务能力。

要按照网点贵宾客户和内部分区的状况，做好网点大堂经理、个人客户经理的选配工作。为缩小与他行差距，近期省行组织了120多位业务骨干参加了中国金融理财标准委员会举办的金融理财师（AFP）培训，参训学员平时工作任务重，这次学习课程多、难度比较大，各级行要给予充分理解和关心，给他们创造更多的学习时间，督促他们跟上学习进度，保证能考试合格拿到证书，为我行理财业务的开展提供人才保障。

统一度量衡是客户经理绩效考核的破题之点

中国农业银行浙江省分行　冯建龙

客户经理绩效考核是商业银行绩效管理体系的重要内容，是决定商业银行核心竞争力的关键因素之一，严格地说目前还没有破这个题。就农业银行来说，客户经理绩效考核始终存在考核体系不统一、资源配置不到位、激励作用不明显、人员流失等问题。随着以经济增加值和经济资本为核心的商业银行价值管理成为现代商业银行的核心管理，如何建立以经济增加值为核心、与银行价值创造目标相一致的客户经理绩效考核体系，是股改后农业银行面临的迫切需要解决的重大课题。

一、以经济增加值为统一度量衡是考核的破题之点

1. 内含：以经济增加值作为统一度量衡。从传统业务计量考核转变到经济增加值考核上来，通过对客户经理营销的各项业务统一计算出经济增加值，形成客户经理的营

销业绩。然后按照各行不同万元经济增加值挂钩的绩效工资含量计算出客户经理的绩效工资。即：客户经理创造的经济增加值 = n 个营销产品通过科技系统计算的经济增加值总和；客户经理绩效工资 = 客户经理创造的经济增加值 × 每万元经济增加值绩效工资含量。

经济增加值真实反映了客户经理某一时期所创造的价值，它不仅考虑了各项业务所需承担的资本成本，而且还考虑了业务风险，是客户经理绩效考核的最有效工具。

2. 关键点：明确构成与计量，并实现电脑系统支持。经济增加值主要包括存款、贷款和中间业务三大类业务的价值创造。其中：存款业务的经济增加值按照考核期内日均存款增量、存贷利差、资金转移价格、风险资本成本等因素计算；贷款业务的经济增加值按照考核期内日均贷款增量、存贷利差、经济资本成本、五级分类风险度等因素计算；中间业务产生的经济增加值按照手续费收入及风险资本成本计算。按此原理开发出相应考核系统，并能即时计算加总，按每个客户经理的营销业绩客观反映。

3. 做法：对营销的存款类业务以存款账号为依据与客户经理建立对应关系，此账号产生的存款业务经济增加值全部反映到对应客户经理名下；贷款业务以贷款卡片号为依据与客户经理建立对应关系；中间业务按照谁营销谁受益，根据实际发生业务进行业绩统计。对于共同营销的业绩，区分不同角色和贡献大小，按比例分成，体现“团队营销、比例分成、业绩共享”原则。考核行要公开绩效考核标准和办法，尊重营销业绩，将绩效收入与客户经理创造的经济增加值直接挂钩，按绩计酬，多劳多得。

对于不直接产生经济增加值过程性的产品，如贷记卡营销、网银开户、第三方存管开户等，为鼓励营销，争抢市场，各行可以对产品进行计价，实行计件专项奖励。

4. 激励：由于各行的工资水平不一样，可根据实际确定每万元经济增加值的绩效工资含量，一旦确定一年内不能改变。统一绩效含量以支行为单位，条件成熟的可以二级分行、甚至一级分行统一绩效含量。一般来说，客户经理的基础工资、岗位工资作为保底收入每月发放，其绩效工资在高于其他岗位基础上集中到支行，然后按价值创造分别计发，拉开差距，基本做到按贡献分配。同时可与营销费用挂钩，并考虑长期激励办法，如设计奖励期薪、对创造超额一定经济增加值部分提高挂钩比例，实行“奖金池”。考核过程要加强与客户经理的沟通，针对考核中存在的问题，及时针对性地开展培训，以增强客户经理对绩效考核的理解与认同。加强对绩效考核结果的跟踪，听取客户经理的反馈意见、建议和疑问，以便修正考核设置，改进考核办法。并注重绩效考核结果的运用，除了与绩效工资收入相挂钩外，还要与客户经理的岗位晋升、员工培训、基础管理等相结合，作为人力资源管理的重要依据。

二、统一度量衡考核的优越性

1. 体现价值创造，推动经营方式的转变。以经济增加值为统一度量衡，改变了传统的单纯业务计量考核，充分考虑了经营资源成本和风险，与股份公司整体目标相一致。可以促使客户经理以价值创造为导向，综合考虑收入、支出、风险、成本等因素确定营销策略、选择产品组合，从而使客户经理自身目标和全行整体目标相一致。从而推动了经营理念、经营思路、经营路径的调整。

2. 标准统一，体现可比性与公平性。以经济增加值为统一度量衡，能真实反映客户经理创造的价值，而且统一了衡量标准，解决了长期以来考核随意、标准不统一的问题，有利于客户经理的公平公正考核，有利于客户经理公平竞争。

3. 绩效挂钩直观，操作较为简便。以经济增加值为度量衡的考核体系，客户经理绩效收入全部与经济增加值直接挂钩，挂钩政策透明公开。同时，依托考核系统，客户经理在前台建立对应关系后实现业务数据的自动采集与计算，客户经理可以随时了解自己创造的经济增加值及考核收入状况，简便直观。

4. 为客户经理提供自我激励的手段。由于经济增加值考核充分体现考核的可比性与公平性，使复杂问题简单化，并且直接与自己切身利益挂钩，可以极大提高客户经理营销积极性。同时，考核体系充分考虑短期激励与长期激励的有机结合，有利于客户经理队伍培养和长期稳定发展。

5. 有助于增强风险控制能力。经济增加值考核有利于客户经理在选择客户、开展业务活动时关注风险问题，主动回避高风险客户，如在发放贷款时不仅追求直接业务收入，还要同时核算信用风险以及相应的成本，减少了逆选择风险和道德风险，从源头上设立了一种控制银行经营风险的机制。

6. 使综合营销落到实处。通过经济增加值的转换，无论是个人客户经理，还是公司客户经理营销的，不管是公司类产品，还是个人类产品都有价值标准，都能与绩效挂钩，从而改变了专业客户经理向综合营销客户经理的转变。

三、推进的打算

1. 组织保障，部门协作。客户经理经济增加值考核是一项新的考核改革，各级行应加强对客户经理绩效考核工作的领导，成立考核组织，业务部门、人力资源部门、财务部门等要相互配合，分工协作。客户经理绩效考核工作由各级行个人、公司、县域等前台业务部门负责牵头组织。人力资源部门负责绩效考核工资的测算和管理。财务部门负责绩效考核工资、费用的核算与下划以及各项业务经济增加值计算标准的制定。科技部门负责绩效考核系统的开发与技术支持。

2. 改革绩效考核办法。一级分行将按照经济增加值考核的总体思路和原则，制定客户经理绩效考核办法，明确考核的对象、经济增加值指标及计算标准、绩效挂钩政策、考核兑现、组织实施等内容，确保考核过程的民主性和科学性，提高考核工作的透明度，增强考核结果的认可度。

3. 加快考核系统开发。绩效考核系统是绩效考核得以实现的前提和手段，客户经理绩效考核必须依托科技手段。因此，准备加快开发完善客户经理绩效考核系统，实现业绩的自动归集、统计、考核、管理等功能，为客户经理绩效考核提供强力支撑。

4. 完善资源配置。改革客户经理绩效考核办法后，相应的工资分配、费用配置方法的调整，总的原则是上级行按各经营行的价值创造分配工资和费用，各支行将绩效工资和绩效费用确定万元含量，落实到每个客户经理。

5. 分类逐步推开。现阶段准备首先在个人客户经理试行，特别是财富管理中心、理财中心的专职理财师等，通过试点，积累经验，完善办法，再向公司客户经理推行。

6. 系统的运用与完善。结合人力资源改革，将客户经理系列的等级与价值创造挂钩，并可在全省范围内分类，强化结果的运用。还可按价值创造贡献设置专项奖等。同时在运用中加以不断完善，从而实现全行客户经理考核的一次大飞跃。

加快经营转型　推进我行个人业务全面发展

——李怡新同志在2008年广东分行个人业务工作会议上的讲话

一、两年来我行个人业务总体情况

近两年来，我行认真贯彻落实总行和省行党委关于个人业务发展战略及工作方针，紧紧围绕“规范管理、创新机制、优化结构、推动转型”工作思路，不断夯实个人业务基础工作，积极创新业务管理和营销模式，各项业务稳健发展，经营效益逐步提高。

（一）各项业务协调发展，经营效益逐步提高

近几年来，我行负债业务继续保持优势，储蓄存款增长连续保持省内同业首位，截至2007年底，全省本外币储蓄存款余额3314亿元，市场占有率27.4%，比2005年底提高了1.4个百分点。个人中间业务得到快速发展，2007年，个人金融资产销售额（基金、保险、国债及理财产品）达到720亿元，继续保持系统内首位，实现个人类中间业务收入26.2亿元，占全行中间业务收入的85%以上，对全行经营利润的贡献达到28%，比2005年提高了12个百分点，其中基金业务利润贡献达到11%，仅次于银行卡成为全行中间业务收入的主要来源。个人贷款业务在强化风险管理的基础上实现了恢复性增长，2007年末个人贷款余额454亿元，当年新增个人贷款82亿元，个人贷款占全行贷款的比重为18.69%，比2005年提高0.39个百分点。

（二）强化风险管理，积极推动有效发展

经过几年努力，我行个贷风险防控体系基本建立，风险控制能力明显提高。在风险管理上重点做了以下几项工作：推行了个人贷款内部评估制度，建立了房地产价值信息库，为严格控制个人贷款抵押物高估风险奠定了基础；进一步修订并完善了个人信贷产品操作手册，严格控制业务流程中每个环节的关键风险点；进一步完善了个人贷款在线监测制度，实行了贷款风险定期通报和限时反馈制度，加强了对经营行个贷风险的过程控制；加强了业务培训，推行个贷从业人员持证上岗制度，对上岗资格实行分级管理，在一定程度上促进了个贷从业人员业务素质的提高；推行个贷决策流程和审查审批中心运作模式，实行集中经营管理，提高审批效率，控制贷前风险。通过以上措施，个贷业务实现了有效发展：2005年以来，全行新发放个贷420亿元，个人贷款平均收息率和利息收回率分别比全行信贷资产高出0.83个百分点和12.41个百分点，是信贷资产中质量最高、效益最好的贷款品种。

同时，加强了对个人业务自律监管检查，以及基金和理财产品销售合规性的风险提示和检查，建立了基金系统突发故障的应急机制和处理流程，强化了中间业务经营风险的事前和事中控制；强化部门联动和系统执行力，提高了应对风险的快速反应和处理能力，有效地降低负面影响，保障了银行和客户的权益。

（三）加强制度建设，不断夯实经营管理基础

两年来，省行从制度治行、规范管理入手加强了制度建设，实现个人业务工作的制度化、规范化和程序化，业务经营管理基础进一步夯实。在系统内率先进行了个人业务职能归口管理，统一了各分行个人业务部门的管理职能和管理规范，提高了纵向执行力和约束力。在队伍建设方面，出台了个贷从业人员管理办法、个人理财经理管理办法和个人客户经理管理实施细则等，明确了准入条件、岗位职责、工作制度以及培训和考核内容，为提高从业人员专业素质和胜任能力奠定了基础。目前全省取得个贷从业人员上岗资格的人员达到3009人，取得金融理财师资格的人员达到338人，配备个人客户经理1140人，大堂经理305人。

在业务规范管理方面，制定了个人贷款业务从业人员准入、培训、管理以及贷款业务调查、审查、审批到贷后管理全过程系列制度，出台了网点管理办法、网点经营转型三年规划纲要和网点建设管理办法，实现了网点管理从分散管理向集中规范管理的转变，推动营业网点的经营转型。

（四）创新流程和机制，提升业务综合竞争力

几年来，我行个人业务积极创新业务流程和管理机制，提高了业务运行效率和业务综合竞争力。一是在全国农行系统率先推广个人信贷业务网上决策流程，分批、分阶段

将全部个人贷款从信贷事项受理、调查、审查、审议投票、审批、报备、报批、到放款通知全部纳入网上作业，目前已在全省22个分行单轨上线运行。依托个贷决策流程网上作业，研究并制定了二级分行个人消费信贷业务审查审批中心推广方案，逐步推广个人消费信贷业务审查审批中心模式。个人信贷决策流程和个人消费贷款审查审批中心的配套运作，有效提高了个人贷款审查审批效率。二是尝试精确集中营销模式，走出了传统的柜台营销模式，实践了以客户为中心的经营理念，并使我行基金销售始终保持系统领先的地位，为个人中间业务产品的营销推广探求了道路。同时，试行专户理财和私人银行业务，发起了全国农行第一笔单一资产信托，填补了农业银行该项业务的空白，也为我行下一步发展私人银行业务积累了宝贵的经验。

二、今明两年的工作目标

今明两年，我行个人业务的指导思想为：贯彻总行"3510"战略规划和建设最大零售银行的要求，抓住农行股改的有利时机，加快推进经营转型，明确市场定位，以流程再造和机制创新为切入点，大力提升高净值个人客户市场的服务能力和市场竞争力，努力提高目标客户、理财产品、个人贷款和储蓄存款等主要核心指标的市场占比，在新的起点上实现个人金融业务又好又快发展。

按照这一指导思想，结合总行的要求和我行的实际，省行提出如下工作目标：

1. 2010年，基本完成全部网点改造，达到《规划纲要》的要求，80%的现金交易和转账业务从柜台分流，财富型网及理财型网点占全部网点的40%，满足各类客户的金融产品及服务需求；

2. 2010年，个人高端客户占客户数的提高到1%以上，高端客户金融资产余额占比达到70%以上；

3. 个人贷款占全行贷款的20%，不良贷款率控制在2.5%以内（按现口径，未考虑核销和剥离）；

4. 个人中间业务占全行中间业务收入的85%以上；

5. 个人客户关系管理系统普及至所有网点；

6. 2010年个人客户经理、理财经理、大堂经理达到《规划纲要》配备要求。

三、今明两年工作重点和措施

（一）全面推进网点转型，推动个人业务经营转型

网点是农行最重要的竞争优势和最具防御力的资源，推进网点转型是我行实施零售转型战略的基础和重要环节。各行要高度重视，强化组织领导，完善网点管理工作机制，确保网点转型工作的顺利开展。

1. 加大网点转型的组织领导和执行力。省行已制定了我行网点转型三年规划纲要，各行要按照纲要要求，切实加强对网点转型的领导，要迅速成立领导及执行机构，落实转型的各项具体工作。今年主要任务：一是加快财富型网点的建设。财富型网点是今年网点经营转型的工作重点，要争取完成今年及2007年已准入的财富型网点的改造，并在广州、佛山、东莞等珠三角城市的经济、金融中心区域规划建设财富型网点旗舰店。二是要规划好自动柜员机布局，建立合理的自助服务网络，提高自助设备的使用效率，实现业务有效分流。三是加大网点建设的管理与后评价工作力度，通过制度规范网点管理和装修建设工作各环节，并加大事中、事后评价，确保每个建设项目落实到位。四是推动网点管理系统的开发和应用，实现对网点物理设置情况、经营情况、建设情况、装修改造进度等状态的实时反映，并对网点选址分析、网点布局、经营分析等提供支持。五是加快网点显示设备管理系统的建设，省行将根据各行的网点改造进度，优先配备已完成改造的网点，并实现统一发布信息，统一监控、管理。

为加快转型步伐，今年省行将下放部分审批权限并采取批量处理的办法，提高网点建设效率；同时也将建立督导机制定期通报进度，督促各行加强管理，有序推进网点转型工作。

2. 整合业务流程，提高网点服务效率和能力。网点转型不仅是对网点环境设备等硬件的转型，更重要的是内部管理流程、业务流程再造、业务分流规划、网点人员结构调整、技术系统支持等软件转型。为此，各行在推进网点硬件建设的同时，要同步实施内部流程优化，通过增强部门横向协助，主动对网点业务流程、人员安排进行重新规范，通过优化流程、再造岗位组合等手段，达到提高网点服务效率和销售能力的目的。

要调整和简化网点内部业务处理流程。网点改造将按业务功能对营业网点进行分区，网点业务管理流程也将作出相应的调整。要分析影响网点业务处理效率的流程和环节，在控制关键风险点的基础上，对内部业务处理流程进行整合、优化，并通过会计档案电子化管理，简化网点手工处理环节等方式减轻网点工作量，提高处理效率，改善对客服务质量。

要对柜台业务流程进行梳理和优化。要按照"后台能做的前台不做，柜员能做的客户不做，一次能到位的不能多次做"的原则探索业务集中处理模式，建立高效的业务后台处理中心，简化网点柜台业务处理种类和手续，防控操作风险，减少人力投入。

要加快推广低柜业务和金钥匙理财专家支持系统（CFE），将挂失、开卡、咨询等非现金业务从高柜分流到低柜，使复杂业务专业化处理，减少柜台业务量及现金业务窗口数量，解决柜台人员紧张、内控要求不达标等问题，分流部分柜员充实营销人员队伍，实现网点从交易型向营销型转变。

3. 规范服务标准，提升整体服务和分层服务水平。省行将加快制定统一的网点服务规范标准，建立起一个全面科学的服务质量标准体系，涵盖了业务流程、服务流程、劳动组合和考核评价等方面内容。各行也要从窗口服务规范、投诉处理机制完善、金融知识产品宣传等多个环节推进文明规范服务，形成"规范标准、培训提升、文化激励和监督评价"四位一体的服务质量管理体系和机制，全面提升客户在我行的服务体验。

网点转型与分层战略是同步实施的，各行在推进网点改造与建设的同时，要加大客户分流和服务分层的组织实施力度，结合差异化的服务价格和产品组合方案，解决小、

散、低客户占用大量经营资源的问题，提高效益和效率，优化服务方式。通过对客户筛选、识别和细分能力的提高，不断完善高端客户增值服务和维护保障体系，全面提高中高端客户对我行的忠诚度和综合贡献度。

4. 完善相关配套机制。网点转型是一项系统性工程，涉及经营管理的方方面面，包括网点服务营销运营管理、资源优化配置管理、后台业务流程改进等，各线条部门要通力配合，明确责任分工，加大协调力度，保证转型各项工作快速、有序进行。

（二）坚持有效发展经营理念，实现个贷业务的突破性增长

近年来，我行通过加强风险管理和机制创新，一定程度上改变了过去粗放经营、管理不规范的现象，为我行个贷业务的有效发展奠定了良好的基础。个贷业务的发展可以有效促进全行资产结构的优化和经营效益的提高。各行要在做好个贷规章制度贯彻落实，积极防范风险的基础上，加大个人贷款业务发展力度，加快资产业务转型步伐。

1. 建立个贷业务的考核激励机制。目前，省行已经决定对个人贷款业务实行专项绩效工资考核，省行将按新增（比年初净增）个人贷款每万元计价 40 元绩效工资奖励给各行。个人贷款专项绩效考核实行年度总评，按季预发，多退少补的原则。各行应制定相应的考核实施方案，将奖励工资直接考核到个贷从业人员。除省行专项考核外，有条件的行要根据本行情况进一步加大个贷业务的考核，拿出一定的资源激励个贷营销，可考虑将个贷业务纳入网点和网点主任的经营目标考核；且将个人业务部负责人的绩效工资与个贷发展挂钩等。

2. 抓紧设立信贷审查审批中心。按照省行的要求，各行在 6 月底前完成信贷审查审批中心的设立，中心挂靠风险管理部，并推行独立审批人制度，各行要抓紧这项工作，特别是独立审批人的选派，要将品德优良、精通个人贷款业务、责任心强的人放在这一岗位。各分行要加强业务前台部门和中台部门的协调配合，特别是加强与风险部门的沟通，尽早渡过集中审查审批后的磨合期。

个人信贷决策流程是推广信贷审查审批中心运作的重要技术支撑，从 3 月 20 日起，全省实行了个人信贷决策流程单轨上线运行，目前总体运行情况良好。但个别行员工由于业务操作不熟练，影响了业务办理效率，目前仍不顺畅的行应继续加强个人信贷决策流程的再培训工作。

3. 加强个贷从业人员队伍建设。个贷营销人员不足是我行长期存在的一个问题。去年以来省行先后组织了三次大规模的全省个贷从业人员上岗资格考试，累计认定了 3009 人具备个人信贷业务从业人员上岗资格，但相当多的持证人员并没有从事个人贷款业务，导致部分个贷岗位缺人、人力资源配置不合理。各行分管行长要主动协调按照管户笔数和金额配备相应数量的个贷客户经理，确保人员配备与业务发展和风险控制相匹配。

为提高从业人员专业素质，省行将对全省个贷审查人员、二级分行个贷业务骨干实行统一培训；制作个贷产品营销手册和培训光盘下发各行使用；同时，省行将根据不同区域行个贷发展特点对个贷制度进行巡讲，重点培训个人客户综合授信贷款和个人生产经营贷款等产品，培训范围包括网点主任、网点客户经理等。通过以上举措，力争在 1 ~ 2 年内建成一支高素质的个贷从业人员队伍。

4. 全面发展个贷业务品种。近两年我行个贷业务主要以个人一手楼住房贷款业务为主，今年住房贷款因多种因素市场不好，严重影响了我行业务发展，我行与同业和系统的差距就是业务品种单一，没有做到全面发展。以广州为中心的珠三角地区行要积极发展二手楼贷款、全行还应大力发展个人客户综合授信贷款和个人生产经营贷款。另外，置换式个人住房贷款、个人住房循环贷款、个人住房接力贷款等都会有一定的市场，关键是营销要到位。

（三）挖掘客户资源，综合营销个人金融资产业务

要在巩固传统储蓄市场领先优势的基础上，以理财业务为切入点，以中高端客户为重点，强化产品和服务的整合创新，增强个人负债业务与理财业务的互补性，全面推进个人金融资产各项产品的协调发展。

1. 要继续保持负债业务优势。个人存款不仅是我行最主要、最稳定的资金来源，同时也为我行经营业务提供了良好的客户基础。各行要树立市场观念，通过市场占比考核，引导网点将工作精力放在抢占市场份额、争夺中高端客户上，不断提高市场占有率。要改变在负债业务上的传统做法，不能简单地抓储蓄存款，应以客户为中心，实行产品联动营销，要以客户理财为切入点，加强资产、负债与中间业务产品的组合营销，以个人贷款产品、个人结构性存款、基金定期定额、保险、国债、第三方存管等产品为营销重点，满足客户提供资产保值增值需求，增加客户在农行系统内的资金流动，有针对性地提高客户对我行的依赖度，提高个人负债业务的发展水平和竞争力。

2. 大力发展基金代销业务。一是加大基金销售考核激励力度。省行正在研究基金专项考核方案，按照销售额的一定比例奖励绩效工资，各行要参照省行的方案完善本行的计价办法，调动基层营销积极性。二是大力推广基金定期定额产品。基金定投能为我行带来稳定的客户和业务量，是实现基金业务稳步发展的基础。各行要把基金定投产品的推广作为今年的重点工作，要做好现有存量基金客户的营销，要积极组织内部员工营销，要重点抓好对优质企业员工、政府事业单位工作人员等中高收入群体的批量拓展，特别是要重点培育县域地区的理财客户。三是积极采取多种形式推动销售。省行将进一步加强与绩优基金公司的合作，开展多种形式的业务竞赛活动，在全省营造良好的销售氛围。各行也要通过举办集中精确活动和业务培训等方式，积极推动基金销售。在产品销售上，要以客户为中心，充分发挥理财师的作用，以资产配置为切入点，为客户增加配置低风险的债券和货币基金等产品，增强其抗风险的能力。

3. 大力营销附加值高的中间业务。一是大力营销本外币理财产品。锁定目标客户，大力营销本利丰、汇利丰、境外宝等特色鲜明的理财产品，满足追求稳定收益、资产保值、资产优化配置的客户需求，扩大我行优质客户资源。二是大力营销凭证式、储蓄型和记账式国债业务，满足稳健型投资者的需求，提高客户忠诚度，夯实我行客户基础。

三是稳妥推进个人实物黄金代理买卖和自营业务，逐步扩大高赛尔黄金代理销售区域，积极培育黄金客户群体；理顺个人实物黄金自营业务的经营模式和操作流程，“先试点、后推广”稳妥推进自营业务，逐步做大“传世之宝”品牌。四是积极发展个人外汇业务。大力拓展西联汇款、和个人结售汇业务，在业务发展潜力大、竞争激烈程度相对较低粤东地区，扩大业务覆盖率，提高市场占有率。

4. 加快个人高端客户服务体系建设。一是以个人优质客户管理系统为依托，推广金穗通宝贵宾卡，加强与实力强、规模大、品牌效应好的第三方机构的合作，逐步引入健康医疗、紧急救援等贵宾客户增值服务项目，统一规划并大力建设具有地方特色的贵宾客户增值服务体系。二是利用信托计划产品和基金公司专户理财业务，积极尝试大客户一对一个性化理财服务，探索并初步建立全省私人银行业务管理和运作模式，加强对个人高端客户的增值维护。

（四）抓好基础工作落实，保障个人业务可持续发展

1. 加快管理系统建设与推广。一是推广个人优质客户管理系统，争取今年6月底前在全省财富型和理财型网点全面上线，12月底前全省网点上线。利用系统提供的数据，为各行识别、发展和培育优质客户提供数据支持，为理财经理、客户经理的业绩考核提供依据。二是推广金钥匙理财专家支持系统（CFE系统），争取2008年底前在全省的全部财富型网点和部分理财型网点上线CFE系统，2009年底前在全省网点上线，为贵宾客户的识别、维护提供数据支持。

2. 加快个人业务营销队伍建设。一是建立多层次培训体系，在全省继续举办集中面授班的基础上，鼓励二级分行通过周末面授和网络培训等方式，加强对金融理财师的认证培训，加快培育个人理财经理队伍。二是出台大堂经理管理办法，组织编写个人客户经理、个人理财经理、大堂经理、网点负责人手册，并以此为依据开展对客户经理、大堂经理和网点负责人的岗位认证培训和考试，规范个人业务营销人员持证上岗。三是加强对个人客户经理和理财经理营销技巧培训，组织财富型网点旗舰店的理财经理和去年业绩突出的理财经理进行境内和境外私人银行业务的高阶培训，不断提高营销队伍的专业素质水平。争取到2010年，客户经理、大堂经理覆盖标准型以上网点，理财经理覆盖理财型以上网点，所有个人中高端客户都有专职客户、理财经理进行管理和维护。

3. 加强内部控制和合规文化建设。一是各行要加强个人业务条线内控管理的执行力，健全组织体系和责任机制，部门一把手要对本级行个人业务内控管理工作负全责，强化对重点业务品种的风险管理。二是要高度重视个人业务自律监管工作，省行将定期组织全行范围内的个人业务自律监管活动，加强对系统内经营风险的排查和整改力度；各行要切实做好辖内自查和整改督办工作，并运用监管检查结果，对普遍存在和屡次发生的问题，落实系统性的风险控制措施，防止问题的再度发生和蔓延。三是要完善个人业务操作规程和制度体系，提高对操作风险的识别、预警、评价和控制能力，重点防范个人金融大要案件的发生。四是要加大宏观经济政策和指导意见的督促落实力度，做好市场风险和政策性风险的屏蔽工作。近期，要按照银监会要求，全面梳理基金及理财产品销售过程的风险点，做好客户的风险承受能力测试及与客户拟购买产品的风险匹配检测，确保业务持续稳健发展。

做大市场规模 提升服务品质 努力把银行卡打造成全行支柱业务

——赵克东同志在吉林分行2008年银行卡工作会议上的讲话

一、2007年银行卡工作简要回顾

2007年，全省银行卡专业认真贯彻落实总行、省行年初工作会议精神，银行卡业务取得历史性突破，可持续发展和综合创效能力得到进一步增强。

（一）发卡和收单市场规模持续壮大，竞争能力明显增强

2007年，省行提出“发卡不是目的，用卡才有效益”，要求各行在巩固扩大发卡市场规模的同时，高度重视收单市场建设和有效投入，各级行认真开展发卡、用卡市场营销和商户拓展，实现发卡和收单市场双丰收。截止2007年末，我行银行卡总卡量达到426.81万张，较年初净增114.24万张，增长36.6%，高出全国农行平均水平11.2个百分点，位居省内同业第一位，市场份额为22.5%；银行卡消费额累计实现36.39亿元，同比增加16.93亿元，增长51.4%，高出全国农行平均水平15.5%，在系统内位居东北三省第一位；实现消费及收单收入941万元，同比增加485万元，增长近1倍。

发卡计划执行情况：

银行卡总卡量计划完成较好的行是松原、四平、白城和吉林市分行，分别完成计划的171.4%、150.1%、130.4%和127.5%；通化分行完成计划的99.4%，辽源分行完成计划的91.8%。

贷记卡总卡量计划完成较好的行是省行营业部、延边、松原和四平分行，分别完成计划的135.4%、126.6%、110.3%和109%。

收单计划执行情况：

银行卡消费额计划完成较好的行是四平分行、吉林市分行、省行营业部和辽源分行，分别完成计划的211.7%、174.1%、147.6%和140.3%。

国际卡收单额计划完成较好的是延边和吉林市分行，分别完成计划的251.3%和129%。省行营业部仅完成全年计划的3.3%，差距较大。

（二）银行卡收入实现历史突破，效益贡献度进一步提升

2007年，全行银行卡业务实现收入1.47亿元，完成总行核定计划（1.4亿元）的105.9%；同比增加1719万元，增长13.2%。其中银行卡实现中间业务收入1.4亿元，同比增加3196万元，增长29.6%，增幅高于全国平均水平4个百分点；我行银行卡中间业务收入占全行中间业务收入总额（30071万元）的46.6%，占省内四大商业银行银行卡中间业务收入总额（27646万元）的50.6%，遥遥领先省内同业。全行信用卡透支利息收入实现728万元，同比下降1477万元，在全国农行系统排名第10位，在东北三省排名第一。

收入计划执行情况：

银行卡中间业务收入计划完成的比较均衡，完成率相对较高的行是四平分行、松原分行、省行营业部和吉林市分行，分别完成计划的103%、102.8%、101.9%和100.5%，白山、通化和白城分行也完成计划的90%以上。中间业务收入中收单收入计划各行均超额完成，其中四平、松原、白山和吉林市分行均完成计划的200%以上。

信用卡透支利息收入计划完成较好的行是辽源、延边和白山分行，分别完成计划的178.8%、144%和112.9%；通过中间业务收入抵补完成透支利息收入计划的是省行营业部、四平分行和松原分行。

贷记卡收入计划完成较好的是白山、松原、延边和辽源分行，分别完成计划的470%、361.4%、341.8%和240%。

（三）推进创新，强化营销，不断提高银行卡的品牌影响力

2007年，各行坚持以市场为导向，以拓展优质客户、提升市场份额和赢利水平为目标，通过不断提高产品和服务的差异化程度，积极营销总行、省行和自身推出的新产品，满足各类客户的需求。精心打造联名卡和特色卡，成功推出长春市学生卡、吉林市社保卡、金穗延边通、金穗教师卡等联名卡项目以及贵宾卡系列产品，同步启动贷记卡“激活梦想”、“贷来新感觉”、“伴靓新生活”营销三部曲，使金穗卡的品牌影响力和竞争力不断提高。

（四）规范经营，严控风险，确保银行卡业务实现良性循环

全行银行卡专业始终将风险管理放在首要位置，制定、补充和完善了准贷记卡、贷记卡、转账电话、国际卡收单、POS、商户管理和应急预案等近10个规范类文件，逐步构建风险防范的长效机制；强化省行监督力度，采取现场督导、实地清查、驻点协收等措施，全方位深入开展准贷记卡不良透支清收工作，效果显著；开展合规经营教育，充分发挥各种系统的监测控制作用，建立风险预警反馈机制；加大自律监管工作的力度和频率，提高风险防范能力。2007年，全行准贷记卡透支绝对额和不良透支余额实现双降，准贷记卡新增不良透支占比和贷记卡不良贷款率均控制在总行计划以内（不超过3%）。

风险控制计划执行情况：

信用卡不良透支占比控制计划各行均未完成。

准贷记卡本年新增不良透支占比计划除白城行外，其他行均控制在计划内。白城分行本年新增不良透支占比12.8%，超出总行控制计划9.8%。

贷记卡不良贷款率指标各行均为零。

（五）自助设备发展迅速，用卡环境不断优化

2007年，全行进一步加大自助设备的有效投入，加强自助设备的运营管理，用卡环境不断优化。截止2007年末，全行银行卡特约商户2560户，其中自有商户294户，本年新增131户；POS机5416台，其中自有549台；自动柜员机304台，较年初增加55台，ATM本年累计交易2044万笔，累计交易金额65.2亿元，ATM台日均交易笔数228笔，同比提高32笔，是柜台日均受理业务笔数（105笔）的2.2倍，相当于全省多增柜员600多个，充分发挥了缓解柜台业务压力的作用，也收到了很好的经济效益，收单机具受理他行卡收入达318.2万元，同比增加141.4万元，增长80%。

（六）进一步完善考核评价体系，促进银行卡业务均衡有序发展

为了使全行进一步树立科学有效发展的经营理念，把握好发展速度、风险控制和收益水平间的关系，2007年省行在总结以前年度考核评价经验的基础上，明确了借记卡快速发展，准贷记卡审慎发展，贷记卡适度稳健发展的原则，立足早计划、早部署、早行动、早见效，以规模指标为指导性计划，以风险和效益指标为指令性计划，强化指标监测和考核；并进一步完善考评激励机制建设，延伸考评层次，实行对二级分行综合考评和县支行穿透式考核，促进银行卡业务均衡有序发展，效果明显。

过去的一年，各级行领导和全体银行卡专业员工群策群力，开拓创新，为全行业务经营付出了大量的心血和汗水，做出了突出贡献。在此，我代表省行向辛勤工作在银行卡各个岗位上的全体领导和员工表示衷心的感谢！

2007年，我行银行卡业务总体发展态势较好，但与系统内先进行和省内同业相比，某些方面仍存在一定的问题和不足：一是业务结构尚需进一步优化，贷记卡、商户收单等高附加值产品的作用没有充分发挥，增值服务需进一步增强；二是收单市场建设滞后，用卡环境、产品开发和科技支撑等方面尚待加强；三是个别行准贷记卡不良透支前清后增现象未得到根本解决，影响了信用卡资产质量。

面对上述问题和不足，全省银行卡战线上的各级领导和员工必须统一思想，增强紧迫感和责任感，求真务实、扎实工作，全面提升管理水平，确保全行银行卡业务实现健康快速发展。

二、银行卡业务发展面临的形势和任务

银行卡业务集资产、负债、中间业务于一身，既是贷款产品，又是存款载体，也是支付工具；既依托网点临柜服务，又依托网络电子结算；同时，银行卡业务是与现代科学技术与金融创新产品结合最为紧密的银行业务，也是现代商业银行的标志性业务，更是我行发展战略的支柱业务，必须做大做强做出成效。

（一）认清形势，增强发展银行卡业务的紧迫感和使命感

一是银行卡业务发展具备良好的经济环境。当前，我国已进入全面建设小康社会、加快构建和谐社会、深入贯彻科学发展观，实施“十一五”规划以及金融业全面开放的新阶段，国家整体经济实力持续增强，居民收入水平大幅提高；吉林省 GDP 已连续四年增长 12% 以上，经济发展正处于工业化、城市化快速发展阶段。

二是银行卡产业发展拥有良好的政策氛围、制度保障和信用环境。近年来，我国政府针对银行卡产业出台了一系列政策措施，将完善用卡环境、构建信用环境、推动银行卡普及和应用作为银行卡产业发展的核心工作。2005 年九部委联合发布《关于促进银行卡产业发展的若干意见》；2007 年财政部和人民银行印发《中央预算单位公务卡管理暂行办法》，在中央预算单位推行公务卡管理；即将推出的《银行卡条例》把部门规章上升到行政法规层次；同时完善个人信用信息基础数据库和个人征信体系建设等工作，积极推进银行卡产业发展。

三是银行卡业务受理环境大为改善。经过政府有关部门、商业银行和中国银联等银行卡组织多年的努力，国内特约商户、联网 POS、联网 ATM 等收单硬件已经形成一定规模，县级以上城市基本实现全国联网，网上支付、手机支付和电话转账等电子支付业务的发展，进一步拓展了银行卡的应用空间。

四是银行卡业务是商业银行转型的必然选择。目前金融脱媒已成为一种趋势，中国银行业将必然由依靠利差收入向寻求更多的非利差收入转型，更加注重中间业务的发展。银行卡业务作为中间业务的重要组成部分，必将在商业银行转型过程中受到更高的重视。

五是吉林省银行卡业务发展潜力巨大。据统计，吉林省人均持卡 0.66 张，低于全国发达地区 2 - 3 张的标准；全省银行卡消费额占社会商品零售总额的比重为 6%，低于全国平均水平 12 个百分点，这说明我省银行卡发展还有很大的潜力和发展空间。

六是银行卡业务发展同业竞争日趋激烈。从省内国有商业银行看，工行、中行和建行经过股改上市后，银行卡品牌价值和核心竞争力得到明显提升，银行卡产品、功能不断创新。随着国内外金融机构的陆续进驻，吉林省银行卡市场的竞争态势必将进一步加剧。

（二）明确目标，坚定加快银行卡发展的信心和决心

2008 年，总行党委提出，今后一个时期，要把农业银行建设成为一家面向“三农”、城乡联动、融入国际、综合经营、致力于为最广大客户群体提供优质金融服务的现代化全能型银行。按照这一思路，总行提出了“3510”奋斗目标：到 2010 年，力争用 3 年左右的时间使全行发生显著变化；到 2012 年，用 5 年左右的时间使全行发生根本性变化；到 2017 年，用 10 年左右的时间使全行成为立足本土、覆盖城乡、全球运作、国际一流的现代商业银行。

省行党委结合我行实际，也确定今后一个时期的指导思想和奋斗目标：以党的十七大精神为指导，坚持“适度、理性、有效”发展原则，以提高经济增加值为中心，以改革创新为动力，以强化全面风险控制为前提，以目标管理和精细管理为手段，大力培育优良客户群体，建设优良企业文化，提高员工职业素质，力争用 3 年时间真正扭亏为盈，5 年内使 3 至 5 家二级分行的主要经营指标达到农行系统平均水平，10 年后使吉林分行主要经营指标接近或进入农行系统中间方阵。

围绕全行改革发展大局，根据总、省行新的核心战略和“3510”发展规划，结合银行卡专业经营实际，明确今后一个时期银行卡业务奋斗目标：

——3 年内，实现同业中综合市场份额稳步提高，综合竞争实力明显增强，创新能力和服务水平显著提升。发卡保持省内同业第一的优势地位，收单业务跻身同业前列，服务三农取得积极进展，全面风险管理体系建设稳步推进，银行卡成为名副其实的支柱业务。

——5 年内，牢牢巩固省内第一发卡银行的优势地位，综合竞争实力根本增强。信用卡业务同业领先，建成省内最大收单机构，银行卡事业部制改革取得阶段性成果，建立具有省内较高水平的风险管理体系和立体化多元化营销体系，银行卡在服务三农和县域经济中占有重要地位，银行卡对全行经营的贡献度大幅提升。

——10 年内，银行卡业务得到全面提升，综合竞争实力同业领先。发卡与收单业务规模同业第一优势地位更加明显，贷记卡实现同业领先。风险管理达到同业先进水平，银行卡在服务三农、县域经济领域中占有主导优势，打造形成覆盖全国、联结城乡、延伸国际的一流银行卡品牌。

（三）理清思路，确定 2008 年银行卡业务经营计划

今年是我行股改的关键之年，也是实施“3510”发展战略的开局之年，机遇和挑战并存。为适应新形势下农业银行银行卡业务发展要求，2008 年银行卡业务指导思想是：确定 2008 年为银行卡“经济效益显著增长年”，围绕一个目标、立足两个市场、突出抓好十项工作，即围绕效益最大化这一中心目标，立足发卡和收单两个市场，突出做好借记卡扩张、准贷记卡不良透支清收、贷记卡发卡、ATM 布放、支付通推广、商户拓展、精细化管理、风险控制、机制创新和队伍建设十项工作，努力促进业务结构的逐步优化、增长方式的积极转变和经营效益的持续提高。

围绕这一指导思想，根据总行下达的业务经营计划，我行 2008 年银行卡工作的具体目标是：

经营效益指标：银行卡中间业务收入实现 20179 万元，其中，消费和收单收入达到 1900 万元。

业务发展指标：银行卡发卡量净增 130 万张，总量超过 550 万张（其中，贷记卡发卡量增加 7 万张）；银行卡存款余额达到 100 亿元以上；银行卡消费额实现 55 亿元以

上；ATM 力争达到500 台，台日均交易笔数达到250 笔以上；新增自有特约商户300 户；开发转账电话客户9500 户以上。

风险控制指标：准贷记卡不良透支下降2075 万元；准贷记卡当年新增不良透支率控制在3%以内；贷记卡不良贷款率控制在3%以内。

三、2008 年银行卡工作的具体要求

（一）立足发卡市场，创新营销方式，扩大发卡效益

截至今年一季度末，全行银行卡发卡较年初净增26.88 万张，完成全年净增130 万张计划的20.7%，发卡进度相对较慢。

为此，各行要紧紧抓住银行卡正处于高增长期的良好机遇，有效结合当地经济热点，深度挖掘、科学细分市场和客户，集中人、财、物等有效资源，以借记卡、准贷记卡和贷记卡三大卡基产品特色功能为卖点，有针对性地做好发卡营销工作。

1. 持续扩张借记卡，巩固借记卡主体创效优势

截至今年一季度末，全行借记卡收入3692 万元，占全行银行卡中间业务收入3810 万元的96.9%，这么高的贡献度，必须持续扩张，发挥优势，巩固强势，打造盛势。

一是零售产品，规模营销。对银联国际标准普通借记卡，要重点营销存取现金、转账结算、消费、查询等基本功能，以及理财、国债基金买卖、第三方存管等衍生功能和服务，实施抓两端带中间的“哑铃式”客户发展战略。一端以城市行业性、系统性、集团性客户为营销目标，进一步抢占扩大优良客户持卡群体，实现高端批量客户规模的有效占领；另一端以县域中高端个人客户市场为重点，加强网点柜台阵地营销、大堂经理、员工1 + N 辐射带动营销和广播电视网络大众媒介的营销力度，实现普通零售散户市场的一卡网尽，进而打造借记卡高端和普通客户并存，城市与农村业务齐进的良性发展格局，整体带动借记卡规模发卡，持续创造借记卡规模效益。

二是联名项目，批发营销。对“长春市学生卡”、“吉林社保卡”、“金穗延边通”等联名卡，要重点营销特色增值服务和功能，继续巩固、扩大和拓展以卡为媒的代收代付批量发卡业务。同时，进一步加快与政府部门、大中型企事业单位、各行业协会等的合作，在借记卡联名卡项目上狠下工夫，以项目带动产品功能创新和服务叠加，以项目推广促进批量发卡，以项目合作推进各项业务的快速渗透，促进借记卡业务可持续发展。今年要力争在医疗、教育、交通、旅游、电信、水电、燃气、医保、公积金等领域实现2 ~3 个项目突破，尽快将我行借记卡产品由“市场追随者”转变为“市场领跑者”，促进和带动全行借记卡客户向高价值领域延伸。

三是惠农产品，重点营销。为贯彻“服务三农，实施县域蓝海战略”，总行研发推出具有普惠贷款载体、财政补贴直补渠道和金融支付结算工具特点的金穗惠农卡。作为推广金穗惠农卡的八个试点行之一，我行要切实担负起历史使命，面向广大农户，积极营销发卡，切实起到支农、惠农作用。县支行要成立专业的直销团队，深入镇、乡、村大力开展营销活动，确立我行在服务三农中的金融主导地位和绝对优势。省行先期将在吉林和四平两个地区行开展发卡试点工作，其他非试点行也要进一步改善对“三农”的金融服务，抢占县域市场制高点，把县域惠农卡业务打造成我行最具特色、最具竞争力的银行卡业务品种。

四是贵宾产品，高端营销。对贵宾卡，要面向高端客户，重点营销优先、优惠和个性化服务，以优势产业优良客户的中高级管理人员、财务主管为目标客户，发放金卡、白金卡（钻石卡暂未开通）等贵宾卡系列产品，以高品质、高价值的服务，吸引稳定优质客户，创造高端效益。

2. 突出做好贷记卡发卡，确保早发卡，早见效

截至今年一季度末，贷记卡发卡5824 张，较年初净增819 张，仅完成全年净增70000 张计划的1.2%。各行要加快节奏，在风险可控前提下，大力营销贷记卡循环信用、消费透支免息、积分兑换、短信服务等功能，将贷记卡推广作为改善银行卡产品结构、客户结构和收益结构的重要突破口，重点拓展，全方位营销。省行将在密切掌握全行发卡节奏的同时，进一步扩大重点督导范围，对发卡工作进展不力的分行，将视情况进行问责。

一是全面推进全员1 + N 营销。各行要效仿省行机关员工每人营销10 张贷记卡的做法，充分发挥机关员工带头营销示范作用，以机关团体和行业性、系统性、垄断性集团客户中符合条件的员工为主攻目标，由内到外整体辐射推进贷记卡发卡、用卡和创效，切实创造出全员营销贷记卡的良好氛围。

二是重点推进主题卡营销。首先，全力做好预算单位公务卡的营销。根据财政部的要求，各一级预算单位原则上2008 年6 月底前都要启动公务卡试点，最迟不晚于9 月底。各行要紧紧抓住这一机遇，加快开展中央预算单位公务卡的营销，尤其要抓住我行服务“三农”的机遇，提前介入市、县级公务卡市场，绑定各级财政预算单位的系统性客户。各行要成立公务卡营销推广领导小组，组建上下联动、多部门参与的营销团队，列明预算单位清单，分解营销任务，快速启动营销工作，在实现公务卡在我行现有预算单位全面覆盖的基础上，力争取得更大的突破；其次，全辖营销推广教师卡。教师卡具有“免收超额还款取现、转账交易手续费”、品牌加盟店折扣、VIP 服务等教师专享专用特色功能，各行要锁定各地大中专院校、重点初、高中，以教师为目标客户，主动上门营销，实现对全省教师行业一卡覆盖；再次，以旅游购物、收藏套卡为主题开展旅游卡营销，以时尚消费、“低授信、易申办”为主题开展大学生一优卡营销，以商务活动为主题开展商务卡营销。

三是整合资源，全行推进联动营销。各行要以全行客户经理队伍和客户资源优势为依托，发挥整体联动营销优势，整合对公对私营销资源，组建跨行、跨部门联动的营销体系，形成“批发 + 零售”、个贷与信用卡一揽子营销机制。房地产部门对房贷客户要实行贷记卡捆绑销售，机构业务部门要积极配合全省公务卡的发行工作；公司、农贷部门要对我行集团公司客户、中小企业客户的中高层管理人员，个人业务部门要对我行VIP 客户、代发工资客户、理财客户实施贷记卡配套营销，真正实现全员办卡。

3. 审慎发展准贷记卡

要吸取过去准贷记卡粗放经营的教训，在进一步规范的基础上将准贷记卡定位于行内员工卡，不再对外发行，并在授信额度上细化管理，适当降低，鼓励员工使用贷记卡。

（二）立足收单市场，提升服务品质，增加收单效益

2008年，各行要按照“发展有利、管理有序、使用有效”的精细化管理原则，积极打造“ATM、特约商户、金穗支付通”三个支付平台，将收单市场建设作为全面拓宽银行卡收入的三个重要渠道。

1. 突出做好ATM布放、管理和维护工作

在布放方面，要实行卡进度、倒计时管理方式。为及时掌握全行布放情况，各行要每旬上报布放进度，务必于4月末前将所有新增的ATM全部安装、布放到位。要与网点改造工程紧密结合，与精品网点的自助服务区建设同步，发展穿墙式ATM；要加大县域经济活跃区域的ATM布放力度，增加异地及跨行手续费收入。

在管理方面，一是要积极利用ATM远程监控管理系统和全省自助机具电子网络分布图，对机具设备的运行使用情况进行全程实时监控，并及时调整低效ATM。二是要通过大力推广ATM转账、开发代缴费等服务功能，提升ATM交易量、分流柜台业务能力和创效水平。三是要统一全省自助银行形象规范，采取印发宣传资料、网点配备引导员等措施提高自助设备使用率，同时建立ATM客户投诉及应急处理流程，确保客户问题能够得到及时解决，提升客户服务质量。

在维护方面，各二级分行和支行网点要落实专人负责与维护商进行沟通联系，确保设备正常运转，实现7＊24小时服务。

2. 突出做好自有商户拓展工作，扩大用卡消费规模

各行要坚持自行拓展为主，合作发展为辅的原则，加大商户营销拓展和管理力度。要积极瞄准高成长性、高消费、高收益的新兴增量市场上的空白点，以及中小城市、经济活跃县城收单市场上的新效益增长点，大力开发拓展自有商户，进一步巩固和争取商户资源，扩大收单业务市场份额，实现发卡市场和受理市场的有效互动和良性循环。

一是要加大地市、县域自有POS的投放力度。尤其在当前县域用卡环境较差，银联商户占有率不高的情况下，结合“万村千乡”市场工程，配合“惠农卡”推广，加快中小城市、经济活跃的县城集镇的自有商户发展，实现以收单促进发卡，增加收单收入。

二是要建立金穗卡特惠商户网络。以我行自有商户为基础，逐步建立购物链、旅游链和教育链等特惠商户网络，使我行持卡人在特惠商户能够获得价格折扣、积分兑现和优先服务等待遇，进一步促进金穗卡持卡人队伍的壮大。

三是要经常开展刷卡消费抽奖活动，激发持卡人用卡热情，激活并促进发卡和收单市场共进双赢。

3. 突出做好金穗支付通（电话转账业务）上线推广工作

支付通是总行开发推出的面向企事业单位财务结算需求和专业市场、高端个人客户转账需求等应用领域的新型金融自助服务，目前，我行已经具备了上线运行条件。

一是要按照“广覆盖”的指导思想，加快支付通在全省的布放力度和广度，满足批发商户、县域“三农”客户的资金链需求。

二是将支付通应用作为全面提升银行卡服务的突破口，加大技术投入，优化系统功能，开发更多、更新的功能与增值服务。今年要实现支付通代缴费功能。

三是采取多种形式，深入各地批发市场开展支付通营销宣传，抢占客户市场。

四是坚持“四个严格”，积极稳妥地开展该项业务。即严格论证分析，加强准入管理；严格账户绑定，加强结算管理；严格真实性审核，加强签约客户管理；严格规范有关协议及申请表，实施有效监控，确保支付通业务在风险可控的前提下得到有效发展。

五是要营销与服务相结合，发卡与收单共推进。要抓住流通领域的主要源头，通过批发市场支付通商户受理金穗卡，带动下游采购商申办金穗卡，同时促进高端批发市场商户增加交易量，达到“一点入手、带动全局”的效果。

4. 整合网络资源，加快推广国际卡收单新系统

推广国际卡收单新系统，实现我行国际卡收单业务的EMV迁移，是总行落实人民银行、银监会奥运支付环境建设要求的重要举措。为确保奥运支付环境安全，按照人民银行要求，我行必须在6月份之前完成国际卡收单新系统的推广工作。

一是加强领导，精心部署，确保按时完成推广任务。各级行银行卡、科技等部门要明确职责，协调配合，共同做好新系统上线及后续推广的各项工作。

二是做好商户培训工作，确保收银员能够正确受理芯片卡。芯片卡受理流程与磁条卡有较大的不同，各收单行需做好辖内商户培训工作，确保培训到每一家商户、每一个收银员，避免因收银员对芯片卡受理流程不了解而出现误操作。

三是做好资料补录和客户解释工作，确保新旧系统平稳过渡。总行完成数据移植后，各收单行要按照总行要求认真核对机构、商户及历史交易信息，对于存在问题及遗漏的资料，在系统上线前应修改并补充完整。同时，做好过渡期间对商户、持卡人的宣传、解释工作，避免引起不良社会影响。

四是把握机遇，推进收单业务本外币一体化战略的实施。各行应以新系统推广为契机，整合本外币收单渠道，理顺业务流程，为我行做大做强收单业务奠定基础。省分行要切实加强对二级分行国际卡收单业务的管理、考核和督导，使国际卡收单业务纳入分行收单业务的整体统一管理。收单行要积极将符合条件的优质人民币商户发展为国际卡商户，为我行实现本外币收单的一体化发展创造条件。

（三）强化业务管理和风险控制，突出做好准贷记卡不良透支清收工作

安全稳健经营是银行卡业务发展的前提，各行要把银行卡资产质量作为生命工程来抓，严格信用卡准入条件，严格流程制约，严格过程监督，严格贷后检查，确保信用

卡透支业务健康有序发展。

一是强化风险意识，提高风险控制水平。各行要采取多种形式，组织开展规章制度教育活动，将风险管理理念和岗位操作规范落实到银行卡从业人员的自觉行动中，提高各层面风险防范意识。特别要高度重视贷记卡及相关新产品的风险防控。

二是强化制度建设和操作管理，健全风险管理体系。各行要根据总行和省行相关制度办法，结合本行实际，以涵盖各业务环节为目标，进一步清理整合、细化完善规章制度，梳理业务流程，抓好借记卡集中制卡、准贷记卡风险管理、贷记卡独立审批操作、自律监管流程和考评办法等规章制度的落实，努力将业务运营的全过程纳入到制度规范中，筑牢风险“防火墙”。

2008 年，省行实行全面风险管理，银行卡条线和岗位都要对信用风险、操作风险、市场风险和道德风险全面落实风险管控责任，从上至下人人有责。各级行都要找出本区域、本条线的全部风险点，逐个风险点落实管控责任，建立“横向到边，纵向到底”，上下贯通、纵横交错、条块结合、系统联动的风险防控责任体系和报告制度。

三是强化部门自律监管，加大现场检查力度。

各级行要坚持“谁主管，谁落实；谁检查，谁负责”的原则，严格执行业务检查责任制。要依法依规、尽职尽责开展银行卡业务自律监管检查，保证检查结果的真实性、客观性，杜绝检查不认真、走过场。对在业务检查过程中发生的违规行为责任人，给予相应的处理；对在自律监管现场检查中存在抽查面不符合规定、没有完成检查内容、达不到监管频次、整改要求不具体明确等问题的责任人，要严格落实处罚措施；对在自律监管现场检查中没有发现问题，而在审计部门或外部单位的后续检查中被发现有问题的责任人要严肃追究失职责任。

四是强化准贷记卡不良透支清收，全面提高信用卡资产质量。

准贷记卡不良透支清收是今年银行卡工作的重要内容，各行要增强全局观念，提高认识，切实将不良透支清收工作摆到重要位置，广泛发动，力抓不放，彻底清收，确保取得明显实效。

关于全面清收准贷记卡不良透支。各行要按照省行《关于开展清收不良贷款攻坚战的紧急通知》（农银吉发〔2008〕81 号），要求，传达、贯彻、执行省行“务必用最短的时间，必须上半年完成全年清收任务”的意见和态度，迅速掀起清收攻坚战。要立即对未完成的不良透支清收任务列出清收工作时间表，并有的放矢地分解落实到户，责任到人。各行要每旬进行总结，上报清收成果及下旬的工作及成果预测。省行将视各行的清收情况与进度不定期进行通报，表扬清收力度大效果好的行，对清收效果差的行，除通报批评外，将予以问责。此次开展的不良透支清收攻坚战历时三个月，时间紧，任务重，各行要端正思想，负起责任，先易后难，限时清收，按时完成清收任务。

对持卡人有恶意透支和利用准贷记卡进行诈骗行为的，要依据《刑法修正案（五）》（第一百七十七条、第一百九十六条）直接提请公安机关追偿并追究其刑事责任。

关于银行卡资产损失认定及处置。各行对经过依法追偿等手段充分追索后，仍不能收回确已损失的，要按照《中国农业银行银行卡资产损失认定及处置操作规程》（农银吉办发〔2007〕1083 号）的规定，在对每户、每笔透支都采取所有可能的清收措施并在严格把关、严格认定、提供证据，严肃追究责任的基础上，对符合银行卡呆账条件的，由各二级分行组织资料、经各行资产风险管理委员会审议、行长同意后，向省分行申报，省分行资产风险管理处对符合核销条件的报相关部门审查、审议后，由行长对权限内的银行卡透支呆账进行核销，超过权限的报总行审批。

（四）加强机制创新和队伍建设，从根本上保障银行卡业务健康、快速、有效发展

各级行要加强激励机制创新和队伍建设，逐步增强造血功能，提高经营管理水平，确保银行卡业务规模、速度、质量、结构、效益的动态均衡。

1. 创新经营机制，提升专业化经营水平

为提升银行卡专业化经营水平，打造“前台延伸、中后台集中”的集约化发展格局，省行调整了银行卡机构职能和设置：一是将银行卡业务和电子银行业务分离，成立电子银行部，银行卡部专门经营管理银行卡业务；二是将“集中制卡、授权和查询查复三大中心”职能上收，由省行银行卡部集中统一管理和运营，为银行卡业务流程再造、公司化运营、事业部制改革奠定基础；三是仿效保险公司和系统内先进行（如深圳分行）做法，逐步推进信用卡和商户收单直销队伍建设，构建全员营销与专业营销相结合、直销分销相结合的立体化、多元化营销体系。

2. 健全考评激励机制，激发内部经营活力

一是继续完善对二级分行的综合考评和县支行穿透式考核制度。为建立长效激励机制，保证银行卡营销工作的有的放矢和连贯有序，省行把银行卡业务发展列为考评和衡量一个单位经营管理能力和水平的重要指标，坚持考评结果与绩效工资分配挂钩，对二级分行人均发卡增量、人均银行卡中间业务收入、万元消费回佣含量、自助设备综合运营四项指标实行按季考核，按季兑现绩效工资，真正做到以业绩论英雄，按贡献论奖励；对城市和农村县支行的人均银行卡中间业务收入和 ATM 综合效益两项指标实行双条线“穿透式”考核，确保分支行创效与资源配置的有效衔接。

3. 建立长效培训机制，实行员工持证上岗，提高队伍整体素质

一是建立银行卡长效培训机制。一方面加强对银行卡产品经理的培训，达到使其能够了解银行卡产品的功能、特点和使用方法，做到会用会营销，能根据客户需要对产品进行整合并提出解决方案；另一方面加强银行卡业务综合柜员的培训，使之掌握规章制度和操作规程，提高操作技能和风险防范意识，做到通制度，会操作，能辅导。同时要培养、组织流动宣讲团，深入到企事业单位进行银行卡产品功能、优惠政策的宣讲、培训和演示，提高广大客户知金穗卡、懂金穗卡、用金穗卡的能力和水平。

二是实行员工持证上岗，建立队伍长效发展机制。为

配齐岗位配强人员，夯实业务发展基石，增强自我发展能力，省行将编制《中国农业银行吉林省分行银行卡专业上岗资格考试培训教材》，采取集中培训和员工自学等方式，组织全行银行卡专业人员进行学习和培训。通过持证上岗、双向选择和业绩考核等竞争性手段，选拔“爱岗敬业，诚实守信，合规守法”，业务水平高、技术能力强，既能有效拓展市场，又能防范规避风险的高素质人员充实到银行卡队伍中。

强化基础建设　加快经营转型　实现我省农行个人业务又好又快发展

——陈兴株同志在2008年福建分行个人业务工作会议上的讲话

一、总结近两年来个人业务工作，坚定发展信心

近两年来，全行上下在省分行党委正确领导下，坚持以科学发展观为指导，积极创新个人业务经营管理模式，各项业务持续健康发展，综合竞争力不断增强。

（一）个人业务竞争力进一步提升

一是本外币各项存款持续保持良好增长态势。截至今年4月末，本外币各项存款余额达1398.8亿元，市场份额提升至28.5%，居四行第二位，增量市场份额32.2%，居四行首位。二是个人信贷业务逐步规范到总行基本制度框架内，精细化管理模式有效推行。2007年末个人贷款余额183.4亿元，占各项贷款总量比重达18.2%，比2005年末提高2.1个百分点，利息收入占比20.2%。不良贷款余额2.7亿元，不良率1.5%，比2005年末下降5个百分点。三是理财产品销售实现跨越式发展。两年来累计代销基金105.1亿元，实现手续费收入1.8亿元，比2005年增长26.4倍，基金代销业务已成为全行第二大中间业务。销售本利丰、汇利丰、国债等本外币理财产品10.2亿元，手续费收入1310万元。四是个人客户结构不断优化。2007年末成长型以上个人VIP客户4.8万户，比2005年末增长12.5%；VIP客户存款资产149.7亿元，投资类资产33.7亿元，正常贷款45.1亿元。清理小额账户，累计实现小额账户服务费收入8972万元。

（二）个人业务增长方式进一步转变

一是营销方式逐步从“小个金”向“大个金”转变。大力开展个人业务综合营销活动，将基金、保险、国债、本外币理财产品与存款捆绑，实行“1+N”营销，带动各项个人业务全面发展。二是营销策略逐步从“经营产品”向“经营客户”转变。大力推广应用个人重点客户关系管理系统（PCRM），构建优质客户增值服务体系，推进客户细分和差异化营销，建立了客户关系导向下的业务自主增长模式。三是经营队伍素质、专业化服务能力明显提高。全行获得专业金融理财师认证资格人员达43人，配备个人客户经理（含兼职）942人、大堂经理112人，多次举办客户经理能力培训，提高客户经理的产品营销、客户服务及客户关系管理能力，为个人优质客户挖掘拓展和精细化管理提供了人才队伍保障。四是主动经营能力显著增强。前瞻性把握流动性问题，推进负债业务主动经营，开展负债产品与理财产品组合营销，以理财业务推动负债有效增长，以产品型负债锁定高价值个人客户，确保存款市场的同业领先地位。

（三）个人金融创新能力持续增强

一是紧贴市场和客户需求，成功开发营销特色理财产品“本利丰—盛世华年—开放式新股申购信托理财计划”，取得应有市场份额，首次募集资金近16亿元。该产品营销策划被总行评为2008年“大行德广—伴你成长—金钥匙春天行动”个人金融产品营销优秀策划项目，福建分行荣获总行“金钥匙理财杰出奖”。省分行产品研发项目小组以及主办行鼓楼支行在产品设计、系统开发、会计核算、资金清算等方面做了大量卓有成效的工作，在此予以表扬。二是根据个人业务经营管理需要，省分行对PCRM系统进行全面升级改造，完成了营销支持、贵宾卡发卡在线审批、与短信平台对接等核心功能的升级开发，目前已在全省260多个网点正式上线推广，为各级行拓展维护优质个人客户、推进网点转型提供有力的信息管理系统支持。三是创新个贷业务发展模式。在8个二级分行和10个重点支行设立个人信贷业务审查审批中心，实施差别转授权，实现个人信贷业务集中经营和专业运作；根据区域资源特点，细分市场，形成了鼓楼支行个人住房贷款中心，培育了新罗龙腾个人汽车贷款、丰泽支行自助循环贷款等专业支行。

（四）网点服务功能转型取得初步成效

全行上下认真贯彻落实省分行“绿色行动计划”，按照现代零售银行要求，积极推动营业网点转型与规范化建设，组织骨干网点的功能分区、服务分层和业务分流。省分行制定下发《全省农行营业网点视觉形象及装饰规范》，统一了全行营业网点的建设标准；研究出台《全省农行开放式低柜会计处理暂行规定》，明确对转型网点的会计核算与内控管理要求。去年省分行共安排68个“绿色行动计划”项目，已按《规范》进行了标准化设计、施工，在硬件上为网点转型奠定良好基础。部分分支行在网点转型上先试先行，起到良好示范效应。如南平分行城区行以新的服务环境、服务流程和服务质量推进零售银行业务平台建设，新建两家规范化的精品型金钥匙理财中心；丰泽支行推行“对公业务上收、对私业务下沉”经营模式，转型工作已取得阶段性成效；福清支行以分层分区服务推进个人客户精细化管理，提升了网点市场竞争力，被总行评为网点转型先进单位。

（五）全面风险管理能力不断提升

一是全面实施总行《个人金融业务操作规程》，确保各项业务活动和业务环节都纳入有效的制度控制之下，实现操作规程对业务流程的全覆盖。二是加强基础管理，细化各种业务、各类岗位、各个人员的风险点和风险重点部位，强化制度的执行约束力，通过经常化的风险意识和合规意识教育及部门自律监管、现场检（自）查等方式，提高员工对执行制度重要性的认识，形成自觉执行制度、自觉接受监管良好习惯。三是加强个人贷款风险管理，落实差别授权、动态管理和大额备案制度，强化在线监测和风险预警，及时提示和化解潜在风险。

二、认清个人金融市场形势，增强发展紧迫感

当前，个人业务正处在发展转型关键时期，我们必须认真分析个人金融市场形势，找准自身发展差距，紧紧围绕全行战略部署，提高可持续发展能力。

（一）个人金融业务面临难得发展机遇

国民经济持续稳定增长，居民金融资产总额超过50万亿元，金融资产百万美元以上富裕群体以年均10%速度递增；住房、汽车、投资、教育、养老等成为居民重要的消费支出，个人金融需求呈多元化、个性化、高层次升级趋势；利率市场化、汇率改革、资本市场发展以及金融监管创新，个人金融业务深度与广度得到较大拓展，体现出良好的成长性。我省地处沿海经济发达区域，在全面推进海峡西岸经济区建设、建设小康社会和社会主义新农村中，个人金融市场发展前景更加广阔，我们应把握机遇，主动作为。

（二）个人金融竞争方式发生重大变化

股改后各家商业银行纷纷加大向零售银行转型力度，竞争方式发生了重大变化。经营理念趋于科学，从以产品和账务核算为中心向以客户为中心转变，实现了“一站式”个人财富的集中管理服务。流程再造与网点转型日益加快，业务流程再造成为提升个人金融业务核心竞争力的重要手段，网点一般性服务正在被电子渠道和自助服务所替代，精品网点正在转型为服务中高端客户的理财中心和财富管理中心。综合营销更为突出，前中后台之间、系统上下更加注重协调联动，实现个人金融资产的综合销售。经营体制机制改革深入推进，推广分支行共同管理网点个人业务和客户经理经营模式，实行双线核算与资费双线配置，对个人业务板块主管副行长实施绩效考核等，这些使我行面临更大的同业竞争压力，我们必须因势而变，在改革发展中加快推进经营战略转型，适应市场竞争的需要。

三、明确总体要求与目标任务，把握发展方向

根据以上形势分析，按照省分行党委决策部署和《中国农业银行福建省分行2008～2015年改革与发展规划》要求，确定2008～2010年全行个人业务工作的总体要求是：以科学发展观为指导，贯彻落实总行2008年个人业务暨个人信贷业务工作会议精神，以提升个人业务综合营销能力和服务水平为切入点，加快产品创新、网点转型、流程再造和机制优化，努力提高目标客户、理财产品、个人贷款、储蓄存款等核心指标的市场占比，实现个人业务又好又快发展。

按照这一总体要求，用三年时间使我行个人业务发生显著变化：个人客户结构进一步优化，负债业务持续保持同业领先地位，个人资产业务提速发展，衍生效益显现，资产结构日趋合理；适应综合营销需要的个人客户经理队伍基本建立，产品创新、主动营销能力增强，高价值客户满意度日益提升；物理网点与电子渠道布局更加合理，分层服务模式有效确立，建成柜员、大堂经理、客户经理和自助机具四位一体的综合营销平台，为最广泛的客户群体提供优质的个人金融服务。到2010年，实现如下具体目标：

（一）本外币各项存款（含同业存款）年均增长15%以上，本外币各项存款突破1900亿元，其中，城区行本外币各项存款突破800亿元，县域行本外币各项存款突破1100亿元，人均、点均存款力争达到同业平均水平。

（二）个人贷款年均增量占比达40%以上，个贷占全行各项贷款比重达25%以上。

（三）个人金融资产销售总额（含储蓄存款增量、基金、保险、国债、理财产品等业务销售额）位居同业平均水平，其中储蓄存款继续保持同业领先地位。推出储蓄国债、实物金、纸黄金以及财富账户等新业务。

（四）专职个人客户经理达到600名，新增获得专业认证资格金融理财师350人，从事营销岗人员全面获得个人理财业务从业资格。

（五）中高端个人客户户数年均增长15%以上，综合金融资产负债余额占比达50%以上。

（六）营业网点总数控制在700个以内，县域营业网点保持在450个以上，全面完成单一功能储蓄所、效益测评在B～级以下及存款在1亿元以下、营业厅面积小于100平方米网点改造升级，建成规范化财富管理中心10个、理财中心40个、理财工作室130个以上。

（七）增加投放ATM1000台，每年新增300台以上，电子渠道业务量占比达到50%以上。

四、夯实基础，加快转型，推动个人业务又好又快发展

（一）全面实施客户满意度战略，培育基本客户群

1. 统一客户细分标准。研究修订个人贵宾客户管理办法，完善PCRM系统客户评价模型，将我行的客户评定标准统一到总行基本框架内，即综合金融资产负债余额500万元以上为钻石卡级客户，100～500万元为白金卡级客户，50～100万元为金卡级客户，20～50万元为银卡级客

户，5~20万元为成长型客户。按照上述标准完善发卡和客户管理流程，建立客户服务保障体系，切实加强客户分层营销服务。

2. 加快PCRM和CFE系统推广应用。PCRM系统是开展分层服务、加强中高端个人客户信息化管理的系统。省分行已对系统进行了全面升级优化，更加适应经营行拓展维护个人优质客户的需求，各行要抓紧做好人员培训、人力资源配备等工作，今年底前要将系统全面推广应用到辖内各营业网点。要充分利用系统信息，对贵宾客户落实维护责任人，切实做好客户关系管理，提高优质客户的满意度和忠诚度。省分行将积极争取总行支持，将CFE（金钥匙财富专家支持系统）二期本地化改造之后，推广应用到财富管理中心、理财中心和理财工作室，为转型网点提供低柜业务系统支持。

3. 完善客户服务保障体系。建立健全通畅高效的客户投诉处理流程和机制，引入客户评价系统，对柜台服务跟踪监测，进行满意度测评。按照总行“着力培育成长性客户，大力发展中高端客户，积极竞争私人银行客户”要求，针对目标客户群体采取不同的服务营销策略，对一般大众客户推广标准化、制式化产品与服务；对中高端客户以理财业务为主，制定综合金融服务方案；对顶级客户以财富管理和专家团队服务为核心，提供智慧型解决方案。实施“3+N”增值服务计划。各行要安排适当费用或单列费用指标，加快建立以易登机、医疗健康服务、道路救援为基本项目，以商业联盟服务、酒店预定、机票优惠（如厦航）、联谊沙龙等为补充的中高端客户“3+N”增值服务计划，开展差异化营销与增值化服务。

（二）大力营销个人金融产品，深度挖掘客户营销价值

从我行个人客户群体来看，营销价值挖掘潜力还很大。各行既要重视拓展新的优质个人客户，壮大我行基本客户群，更要关注存量客户的营销价值，实行“二次营销”，挖掘和满足客户的金融服务需求，提高我行金融产品对个人客户的覆盖率。

1. 巩固存款的基础地位。要切实理顺存款和理财业务发展的关系，把理财产品销售作为强化客户关系的有效手段，推行“1+N”营销与捆绑考核，促进资金行内循环。要发挥创新先导作用，发展跨市场负债衍生产品，如第三方存管、银期转账、银保通等，推广个人联名存款等新业务，持续营销“本利丰”，实行产品型负债，锁定高价值个人客户。城区行要在细分客户基础上，健全个人金融产品功能与服务体系，瞄准中高端个人客户，努力拓展存款市场，力争增量市场份额在2007年末基础上有新的更大提升；县域存款市场比较稳定，各二级分行要适当提高县域存款考核权重，培育我行稳定的存款增长点，确保增量市场份额同业第一。

2. 大力营销基金和理财产品。全行上下务必认真贯彻落实全国农行基金及理财产品销售工作会议精神，加强组织领导，落实相关政策措施。总行已初步明确按基金销售收入（或经济增加值）15%、理财产品销售收入20%计提奖励工资直接奖励到销售人员的长效激励机制；计划2008年5~7月对农行托管的基金及农银汇理旗下基金和理财产品按销售额2%追加奖励工资。各行务必精心组织策划开展阶段性促销，对个人、机构、公司分条线下达指令性销售计划，协同做好基金代销工作，扭转当前基金销售下滑局面；要实行“10+1”营销，即农行主托管的基金和自行开发的理财产品，每个产品每个网点销售10万元，每位员工销售1万元，建立销售空白分、支行和网点的每日通报制度。要大力组织好基金定期定额业务优惠推广活动，做大规模，培育长期稳定的客户群。要积极做好保险代理、券商集合资产管理计划、本利丰、汇利丰结构性存款、第三方存管等理财产品的推广销售工作，推行产品营销计价考核，调动一线员工营销积极性，扩大个人金融资产销售份额。

3. 加快推广黄金、保管箱、外汇理财等业务。一是针对黄金市场持续向好的趋势，省分行计划近期在省分行营业部湖东支行率先推出高赛尔金条代销业务，并在福州、莆田、泉州等地区选择8个网点试点开展招金实物金代销业务。同时，省分行正在向税务部门申报增值税一般纳税人资格，争取尽快推出“传世之宝”自营品牌实物金。二是省分行近期已批复福清支行开办保管箱业务，省分行营业部和主办行要抓紧做好设备集中采购和系统上线等工作，争取尽早将这项业务开办起来，办出特色和品牌。南安、石狮、晋江等中高端客户资源集中的行，要抓紧开展市场调研，创造条件尽快开办保管箱业务，为中高端客户提供增值服务。各行新设立的财富管理中心、理财中心和部分转型的骨干网点，条件成熟的，要研究引入小型的移动式保管箱，为开展中高端客户服务提供必要的手段。省分行将积极争取总行支持，尽快推广储蓄国债业务，按总行要求做好“金利通”记账式黄金业务系统上线工作。三是要依托我行网点优势，以全行外汇业务普及为契机，以西联汇款、个人购汇结汇、外币投资理财、出国留学金融服务等业务为重点，丰富个人外汇服务功能，全面提升本外币一体化服务水平。

（三）合理摆布资产业务结构，提速发展个人信贷业务

从长远看，个人资产业务达不到一定比重，将直接影响我省农行的可持续发展。各级行要坚定不移地推进个人信贷业务提速发展，增强我行发展的稳定性和可持续性。

1. 加强个人贷款业务营销管理。各行要按照省分行要求，将个人信贷业务前台职能统一归口到个人业务部，配备业务骨干，加强市场营销。省分行今年对个贷业务下达专项信贷计划，明确专项使用。对于个贷专项计划完成不理想的行，省分行将适时收回部分专项计划并调减总量计划，将回收的计划调剂给个贷业务发展较好的行。各行在积极拓展个贷业务同时，务必将追求发展质量放在首位，不能把发展简单理解为资产数量扩张，走粗放经营老路。要确保个贷年均增量占比达40%以上，实现三年内占比提升至25%以上的发展目标。

2. 坚持实施差别化发展策略。在客户结构上，要优先发展中高端客户群体，调整我行对中高端客户的准入政策。目前总行正在研究制定《中国农业银行个人优质客户评级授信管理办法》，即将下发执行，该办法规定集团性企业、行政事业和优势行业中高层管理人员以及 PCRM 系统界定的个人优质客户，可直接评级并按客户信用等级授予不同授信额度，最高授信额度不超过 500 万元，办法将对我行拓展优质个贷客户起到重要的推动作用。在区域上，要优先支持城区行及经济强县行个贷业务发展，确保贷款增量规模向这些区域倾斜，努力推进个贷业务集约化、专业化经营，各市分行至少要打造 1 个专业支行、3 个特色网点，配足配强专职个贷客户经理，以专业化、高效率服务赢得竞争主动权。在产品结构上，要坚持个人住房按揭贷款业务核心地位，省分行已建立开发贷款项目按揭资源跟踪管理台账，对按揭资源流失的行实行问责，各二级分行要安排专项奖励，用于开发个人按揭贷款资源。各行要以个人优质客户综合授信贷款业务为重点，利用 PCRM 系统支持，主动营销个人优质客户的综合授信贷款业务。在服务方式上，要积极研究客户的个性化需求，根据客户信用评级和资信状况，主动对优质个人客户提供综合授信服务，推广个人客户循环贷款自助办理方式，研究推出自动提前还款、气球贷、黄金质押贷款、手机短信催收等服务功能，提高个贷产品同业竞争力。

3. 以精细化管理提高风险控制能力。一是按照流程银行要求，完善个贷基本规程和审批体制，建立更加符合个贷特点、适应市场、风险可控的个人信贷经营模式。结合信贷审批体制改革，加快推广应用个贷业务网上决策系统，实现调查、审查和审批等各个环节的专业化集中运作。二是全面实施个贷业务分地区、分品种的授权管理，实行经办行准入制度，制定实施年度的分产品个贷政策。三是高度关注股票市场和房地产市场调整风险，严格落实人民银行和银监会“第二套房贷”的规定，防止个人信贷资金违规流入证券市场，防范市场风险和政策风险。四是加强对操作风险的管理与监控，严防“假按揭”、“假车贷”，对开发商利用预售环节以分期办理首付或为购房者垫付首付等“假首付”购房，不得提供按揭贷款。进一步规范完善中介机构管理，控制中介机构风险。进一步加强抵押品的评估管理，对评估公司进行严格准入，权限上收至二级分行以上。五是全面推进个贷业务贷后管理工程，完善个贷贷后管理办法，加强对贷后管理制度执行情况的检查和责任追究力度。前台部门要落实风险经理配备，加强个贷在线监测，提高风险预警能力。

（四）加强分销渠道建设，提高集约化经营水平

要按照现代零售银行要求，持续推进分销渠道再造与转型，实现物理网点与电子银行有机融合，形成我行强大的渠道竞争优势，促进点均人均集约经营指标不断提升。

1. 编制发展规划，优化网点布局。省分行近期已下文对全行营业网点（含自助银行）发展规划编制作了专门部署，各行要本着“布局优化、等级管理、分层服务、特色经营和提升发展”原则，抓紧完成辖内网点发展规划编制工作。规划编制过程中，既要考虑加快网点发展建设的需求，也要注重对现有网点竞争能力的挖掘，使规划具有可操作性和可持续性。要通过规划的实施，逐步实现物理网点与电子机具的合理摆布，三年内完成低效网点改造升级；通过推行网点等级管理，科学配置业务资源，使高等级、综合营销型的骨干网点的经营成效凸显出来。

2. 积极推进营业网点特别是城区网点经营转型。一是继续实施“绿色行动计划”，把营业网点建成能够提供分区服务、分层营销的标准化、规范化经营平台。网点的标准化建设，城区行要先行推动，力争在两年内完成城区骨干网点的改造，以网点改造、流程再造、制度创新推动网点转型。二是省分行将从个人业务处、财务会计处、科技处、信贷管理处等部门抽调业务骨干成立网点转型业务指导小组，研究网点转型中涉及的劳动组合、技术支持、制度调整等问题，制定相关管理办法和开发推广相应的技术信息系统，以支持网点转型深入开展；各二级分行要从已完工的“绿色行动计划”项目中选择转型试点网点，树立标杆，并及时总结运作经验，采取现场推进会形式，进行面上推广。三是全面实施网点视觉形象标准化，总行近期下发《中国农业银行营业网点功能分区与现场管理工作指引》，省分行将进一步细化完善网点视觉规范，统一全行网点内外部视觉形象，各级行要结合营业网点升级改造，同步推进网点内部业务标准化和信息化建设，发挥网点作为农行品牌传播与营销主阵地作用。

3. 积极推动电子渠道建设。各级行要抓紧对自助机具布局和管理维护进行分析研究，对柜台业务量大、可分流业务潜力大的网点加大自助设备投入，进一步提高自助设备的网点覆盖率，加快离行式自助银行建设。3 年内每个城区网点配备一套电子银行自助设备，每个县域网点至少配备一台 ATM。经营行要加强电子渠道应用的宣传营销，抓紧配备大堂经理和电子导航设备，引导客户应用电子渠道自助办理业务，减轻柜面工作压力，腾出柜面人员参与市场营销。要制定自助设备使用与网点业绩挂钩考核办法，建立自助设备维护专业队伍，以减少自助设备故障停机时间，提高自助设备使用率。

4. 推动规范化服务建设。6 月份，要在全行开展营业现场管理专项治理活动，重点整治营业网点内外环境，规范网点员工的服务行为，解决营业网点设备设施配备，为广大客户和员工创造安全、舒适、高效的营业环境。各行要高度重视奥运金融服务工作，按照银监会、银行业协会工作部署，从窗口服务规范、业务处理效率、金融知识宣传等多个环节推进迎奥运文明规范服务，全面提升客户在农行的服务体验。

（五）建立科学有效的考核评价体系，提高条线控制力和执行力

1. 加大对个人业务条线的考核力度。省分行将研究制定个人业务年度考评办法，把个人贷款、基金、保险、国债、第三方存管、理财产品、重点客户等与存款指标加权组合构成个人业务发展竞争力指标，作为对二级分行个人业务业绩考评的主要内容。在对县级支行的绩效考核体系中，二级分行要把个人业务发展作为考核的核心指标，引导支行加快发展个人业务，提升市场份额。各二级分行个人业务板块原则上要统一安排一位行领导分管，并将其薪酬与个人业务发展情况进行捆绑考核，促使其更好地履行职责。

2. 认真组织实施对私业务经营重心下沉。各二级分行要选择一批个人业务基础较好的经营行，对其绩效评价以个人业务指标为主，引导其转型为个人业务的专业支行或特色支行。省分行将选择1～2个二级分行，试行二级分行个人业务部门与经营行共同对网点和个人客户经理在业务上"双重管理、双线考核"。

3. 以营销计价为核心，落实网点岗位考核激励机制。省分行草拟了《中国农业银行福建省分行个人金融产品营销计价指引》和《中国农业银行福建省分行营业网点个人业务岗位绩效考核指引》，对个人金融产品和重点客户营销进行计价并分岗位实施绩效考核，提交这次大会讨论修改后下发各行执行。《指引》正式下发后，各行要结合本行实际，制定实施细则，抓紧具体落实。对认定为个人营销的产品要保证激励措施兑现到个人，对团队协作的营销成果，要根据贡献度合理进行二次分配。

（六）实施人才强行战略，打造一支能够适应综合营销需要的高素质个人客户经理队伍

1. 加强个人客户经理队伍配备。按照总行要求，每家金钥匙财富管理中心至少配备4名专职个人客户经理，每家金钥匙理财中心至少配备2名专职个人客户经理，理财中心和财富管理中心高柜不得多于低柜，每个推广PCRM系统网点至少配备1名专职个人客户经理，每个网点（储蓄所除外）至少配备1名专职大堂经理。省分行近期已下发《关于加强城区行网点个人客户经理和大堂经理配备的通知》（闽农银办发［2008］427号），各城区行要按要求于年底前将应配的专职个人客户经理和大堂经理全部配备到位，切实保证每个城区行网点都有客户经理专职营销。各行要注重挖掘内部人力资源潜力，通过"对公业务上收、对私业务下沉"改革、业务流程和劳动组合再造、推行弹性工作制等多种方式，满足个人客户经理配备需求。

2. 加强个人客户经理队伍管理。一是针对我行目前金融理财师等专业人才较为缺乏的现状，省分行计划今明两年分成5～6期，新增培训350名金融理财师，满足各行网点转型的人员配备需求。省分行正在研究制定《中国农业银行福建省分行金融理财师管理暂行规定》，明确对理财师的认证培训、绩效考核以及对外宣传等方面管理要求，讨论修改后下发各行执行。对获得理财师专业认证资格的人员，各行要将其调配到个人业务岗位，特别是财富管理中心、理财中心、理财工作室等；要从理财师队伍中抽选骨干力量，组建专业服务团队，专门从事高端客户产品研发，为经营行提供高端客户专属产品组合、综合理财和投资规划服务等后台智力支持。二是省分行将按照总行人力资源改革部署与要求，逐步建立网点经理、大堂经理、产品经理、理财经理、营销经理、个贷经理、柜员等岗位序列，做好各岗位人员的职业发展规划，让他们能够充分发挥自我价值。

（七）牢固树立精细化管理意识，加强内部控制和合规文化建设

一是各级行要加强个人金融条线内控管理的执行力，健全组织体系和责任机制，部门一把手要对本级行个人金融内控管理工作负全责，强化对重点监控行和重点业务品种的风险管理。二是要高度重视个人金融业务自律监管工作，省分行将定期组织全行范围内的个人业务自律监管活动，加强对系统内经营风险的排查和整改力度；各行要切实做好辖内检查和整改督办工作，并运用监管检查结果，对普遍存在和屡次发生的问题，落实系统性的风险控制措施，防止问题的再度发生和蔓延。三是要完善个人金融业务操作规程与制度体系，提高对操作风险的识别、预警、评价和控制能力，重点防范个人金融大要案件的发生。四是要按照银监会要求，全面梳理基金及理财产品销售过程的风险点，做好客户的风险承受能力测试及与客户拟购买产品的风险匹配检测，确保个人理财业务持续稳健发展。

牢固树立经营客户思想 推动经营方式纵深转型 全面提升我行个人金融业务营销力和竞争力

——曾昭才同志在湖南分行2008年个人业务工作暨一季度“春天行动”个人业务综合营销活动总结、表彰会议上的讲话

一、辩证看待去年以来的个人业务工作

（一）充分肯定去年以来个人业务发展的显著成绩

去年一年，全行个人业务工作坚持“经营客户、业务转型、综合营销、控制风险、科学发展、提高效益”的思路，以倡导全面综合营销观念、推动网点及业务转型为“先导”；以创新业务考核方式、产品营销计价机制为“引擎”；通过深入开展以金钥匙综合营销、优质客户营销、“三争一创”储蓄营销、个人贷款营销、基金销售为主题的“五大营销活动”、以全面提升员工理财能力及营销能力为目标的“百场理财培训”、以防范个人信贷及理财业务风险为重点的“4项专项检查”，在各级行的共同努力下，取得了丰硕成果。个人业务增长实现了量、质齐升，业务发展方式有了明显转变。一是储蓄存款稳定增长，实现存量和增量市场份额“双提高”。到12月末，本外币储蓄存款余额888.39亿元，比年初净增79.06亿元。在四大行中，存量份额29.57%，比年初上升0.5个百分点，比上年多增0.81个百分点；增量份额35.84%，比上年多增9.2个百分点，存量、增量份额继续保持第二位。在全国农行系统中，我行储蓄增量排名第8位，比上年同期上升4位。二是个人中间业务快速有效发展，实现交易量和收入“双攀升”。全年共实现个人中间业务收入1.11亿元，完成年度任务的110.84%。其中，基金交易量达到51.39亿元，完成全年计划的642.38%，同比增长1000.78%，实现基金销售收入4959.6万元，完成全年计划的826.60%，是上年全年的11倍，成为继银行卡后的第二大中间业务收入项目。共发行12期“本利丰”理财产品4660万。三是个人贷款有效投放增加，实现不良额和不良率“双下降”。非住房个人贷款比年初增加11742万元，扭转了个人贷款连续三年负增长的态势。个人贷款累计发放11.76亿元，累计收回10.59亿元，现金收回率96.85%，比上年末提高5.44个百分点，比全行贷款平均现金收回率高3.85个百分点。个人不良贷款余额比年初减少720万元，不良率比年初下降3.14个百分点。四是个人经营管理得到改善，队伍素质有所提高。2007年，通过组织保管箱等个人业务风险环节、个人理财产品销售过程中合规性、个人生产经营贷款、个人质押贷款、员工自借贷款、基金业务操作、自律监管等7项检查，对检查反映出来的问题迅速全面落实整改，把风险控制落在实处，在省银监局实施现场监管和总行内控评价中，个人业务实现“零底稿”。通过向总行推荐培训和我行自行组织的“百场理财现场培训”活动，有9名同志先后取得国际理财专业资格证书，涌现了一批基金理财能手。

今年一季度“大行德广—伴你成长—金钥匙春天行动”个人业务综合营销活动成效显著，业务综合营销实现了良好开局。一是储蓄存款快速增长。到2008年3月31日，全行本外币储蓄存款余额986.19亿元，比年初净增97.70亿元，增量与上年同比多增18.74亿元，完成一季度储蓄存款净增计划的122.13%。我行在全国系统内增量排名第9位。在全省四大行中，我行储蓄存款余额份额29.73%，位居第二，仅比建行低0.08个百分点，较年初提高0.16个百分点；增量市场份额为31.23%，位居同业之首。省分行营业部、湘潭、衡阳、邵阳、岳阳、益阳、娄底、郴州、永州、怀化、张家界等11个二级分行完成了一季度储蓄存款净增计划。衡阳、省分行营业部、邵阳分行，分别比年初净增14.05亿元、13.21亿元、10.4亿元，列全行净增额前3名，省分行营业部、永州、衡阳分行居计划完成率前三位；衡阳、邵阳、岳阳、益阳、常德、永州、张家界7个行在当地四大行中储蓄存款余额市场份额和增量市场份额均排在第一位。二是个人贷款业务发展提速。个人贷款较年初增加13285万元，占全行增量贷款2.57%，余额和增量占比都有所提高。个人生产经营贷款增量在全国排名第三。贷款质量继续向好，不良贷款余额比年初减少624万元，不良率降低2.69个百分点。三是银行卡、电子银行业务势头强劲。一季度新发贷记卡40774张，任务完成率136%；新发借记卡571632张，任务完成率143%；布放支付通20271台，任务完成率203%。贷记卡发卡量前3名为省分行营业部、怀化分行、永州分行。借记卡任务完成情况较好，各二级分行均完成任务，发卡量前3名为永州分行、省分行营业部、邵阳分行。支付通布放量前3名为邵阳分行、省分行营业部、永州分行。一季度全行新开个人网银39713户，任务完成率397%，新开企业网银650户，任务完成率162.5%，短信通66975户，任务完成率167%。四是代理保险业务来势喜人。一季度全行实现代理新单保费收入10.62亿元，完成计划的

117.99%，实现保险代理手续费收入2496万元，在总行与保险总公司组织的业务竞赛活动中，我行获得中国人寿、新华人寿、泰康人寿、太平洋人寿等四家公司业务的竞赛优胜单位。代理保费收入前3名为常德、衡阳、岳阳，分别为2.38亿元、1.48亿元、1.03亿元，计划完成率分别为212.91%，132.74%、143.65%。五是优质客户营销卓有成效。一季度新增个人优质客户12016户，完成竞赛任务的100.4%，完成总行下达计划的133.51%。基金定投增加800户，存量客户达到5735户，永州、郴州分行接近1000户，张家界分行超过400户，基本实现了"在职员工人均营销一户"的营销目标。

回顾一年多来全行个人业务发展历程，我们在工作中积累了许多宝贵的经验，深刻体会是：必须坚持与时俱进、开拓创新，积极适应个人业务发展规律和快速变化的竞争市场；必须坚持领导重视、部门协作，不断强化个人业务的基础地位；必须坚持经营客户、交叉营销，执行个人资产、负债、中间业务全面协调发展；必须坚持以人为本、机制创新，始终保持一线员工的营销动力；必须坚持价值创造、服务为本，不断提升差异化营销和规范化服务水平；必须坚持着眼市场、立足行情，毫不放松对重点时段、重点业务、重点客户的集中精度营销。

（二）高度重视个人业务发展中的突出问题

在农行业务发展提速和同业个人业务竞争日趋激烈的大潮下，全行个人业务战线的同志们应始终保持理性思维和危机意识，全面、辩证看待过去，客观、冷静分析经营观念、经营行为和经营业绩上存在的差距。

一是做客户的观念不强，整体营销效果有差距。全行以客户为中心的观念还不牢固，忽视客户的全面、深层次需求，对客户的潜在价值挖掘不够，对个人中间业务、个人贷款业务的主动营销严重不足，致使基金、国债、本利丰、个贷业务市场份额偏低。特别是今年一季度，全行代理销售基金15693万元，仅完成计划的17.44%，各二级分行均未能完成任务；全行销售本利丰、国债8838万元，与其他国有商业银行差距较大；新开第三方存管38524户，仅完成计划的26.03%。

二是激励机制建设滞后，全员营销动能有差距。去年一年，大部分行没有真正建立起以促进业务营销和全员营销为目的营销激励机制，即使在省分行去年末强力推行《个人金融业务产品营销计价办法》以后，仍有部分行认识不清、措施乏力，对营销计价办法不推行，或者计价力度弱，特别是对基金、国债、本利丰等中间业务产品的计价不力，没有调动起一线员工营销产品的积极性。

三是零售业务基础落后，核心竞争力有差距。突出表现在全行个人业务的物理营销渠道建设上缺乏足够的重视，特别是在网点转型、理财中心及个贷中心平台建设上消极、被动，与省分行的要求和目标差距甚远，部分行网点建设和管理还处于无人、无序管理及部门职责混乱的状态，直接影响到整个业务营销和管理功能的提升。

四是个人业务队伍建设有待加强，执行力和战斗力有差距。部分二级分行个人业务部门处于"边缘化"状态，停留在"储蓄管理"、"核算管理"的特征，人员配备严重不足和结构不优，研究市场、组织营销、业务管理、执行能力弱。同时，存在一线客户经理、大堂经理等营销型人员严重缺位、人员培训和业务学习远远不够等突出问题。

二、深刻认识当前面临的市场环境和竞争形势

知己知彼，方能百战不殆。我们开展个人业务工作一定要深入剖析面临的机遇与挑战，审视自身优势与劣势，才能适应发展潮流，在竞争中处于不败之地。进入2008年，我行个人业务生存环境、发展条件、工作要求发生了深刻的变化。主要体现在：

第一，农行股改对个人业务发展提出了更高要求。按照总行的安排、部署，农行的股改工作已经进入准备后期和攻坚阶段，总、分行党委提出，我行既要在保证股改准备工作全面、按时、保质完成，又要在股改前业务提速，在上市前保持和提高农行的业务地位。全行个人业务要积极遵循总行、分行党委的要求，加快业务的全面、快速发展，在严格控制风险的前提下，确保今年个人业务经营计划的完成和在同业和系统内的份额提升。

第二，外部经济运行健康、城乡居民人均可支配收入的不断提高为个人业务发展创造了良好条件。今年一季度，我省国民经济保持平稳快速发展，GDP增长率达到9%，居民收入快速增长，全年城镇居民人均可支配收入和农村居民人均纯收入分别增长11.2%和12.3%。据统计，截至2008年3月末，全省金融机构储蓄存款余额达到5903.9亿元，比年初增加541.4亿元，同比多增67亿元，个人存款的大幅增加充分显示了城乡居民隐含的巨大金融购买能力。同时，湖南"长株潭一体化"与"两型"社会的建设得到了中央的支持，我省将面临更多的经济发展的机遇，为我行个人业务的发展创造了更为有利的条件。

第三，资本市场和理财业务监管发生了深刻变化。受美国次贷危机、国家宏观调控、上市公司再融资及市场泡沫存在自身调整需求诸方面的影响，自去年11月以来，证券市场持续走低且调整幅度巨大，基金和人民币理财产品出现亏损效应，影响了投资者的热情。但国家大力发展资本市场的政策和创造条件让更多群众拥有财产性收入的目标没有任何改变，近期"政府救市"有效措施相继出台，出现了市场向好的信号，为今后基金及理财产品销售工作提供了强大的政策支持。同时，随着商业银行理财业务的快速发展，理财业务风险的逐步暴露，银监会等监督管理机构对理财业务监管力度加大，近期已相继下发了一系列文件进行规范，并着手对商业银行进行业务操作检查。我们要充分认识这一形势，既要抓住机遇，加快理财业务发展，加大理财产品销售力度，又要把风险控制摆在突出位置。

第四，商业银行业务转型对我行个人业务带来巨大冲击。随着"金融脱媒"趋势的持续和商业银行"资本约束、全新存贷"经营观念的强化，各商业银行先后进行业务转型，把资本风险系数低、市场潜力大、经营效益高的零售银行业务作为主导方向。零售业务在商业银行业务结构中的比重急剧上升，特别是财富管理业务、信用卡呈现爆发式增长；零售业务的产品创新、金融技术创新、高端

人才培养、营销渠道优化及扩展大大加快。这些直接面向个人高端客户的经营方式将对我行传统型的个人业务带来前所未有的冲击。

第五，奥运会的举办对我行柜台服务提出了新的考验。2008年北京奥运会日益临近，按照“文明奥运”的要求，中国银行业协会发布了《中国银行业深入开展迎奥运文明规范服务系列活动倡议书》，并安排布置了一系列活动，我行网点服务将受置于银行监督部门的严厉监控和新闻媒体及广大群众的关注、监督之下，如何进一步改进我行网点服务状况，提高优质服务水平，不仅关系到湖南农行的社会形象问题、也关系到整个中国银行业的国际形象问题，更是在复杂的形势下保持与党中央一致，维护社会稳定的政治问题。

第六，个人业务职能调整带来新的挑战。为适应零售业务发展、管理需要，总行、省分行已明确个人业务部门承担网点建设和管理职能。营业网点是个人业务最主要、最重要的营销平台，网点转型意义大、任务重、要求高、时间紧，需要我们各级行提供足够的人力保障、专业保障、精力保障。同时，随着业务产品的不断增多，营销理念的不断深入，营销要求的不断提高，加快内部产品营销机制的配套完善迫在眉睫，在推行内部产品营销计价和业务量计价上需要进行大量细致的管理工作。

基于以上分析，省分行确立2008年为“个人业务转型年”和“优质服务提升年”，总体工作思路是：按照农行“面向三农，商业运作”战略定位的要求，深入开展“迎奥运、超千亿、优质服务提升年”活动，确立“着力城区、服务县域、城乡联动、一体发展”的经营思路，转变业务发展方式，积极推进“五大转型”（即由做业务向做中高端客户转型，由产品营销向综合理财服务转型，由单个部门、局部人员营销向全员协作营销转型，由主攻城市业务向城乡并重转型，由传统营销手段向现代营销方式转型），创新经营机制，强化内控管理，提升网点服务水准，推动个人业务发展的全面提速，进一步提高个人业务的市场份额和经营贡献度。

主要工作目标是：

（一）客户发展目标：推进我行客户结构不断优化，确保金钥匙理财贵宾客户（在我行金融资产10万元以上）年递增20%以上。

（二）业务综合发展目标：

1. 个人金融资产增量总和（包括储蓄存款增量、基金、国债、理财产品等中间业务销售额）165亿元，其中人民币储蓄存款增量110亿元以上，本外币各项理财产品（含基金、本利丰、国债）销售额55亿元以上。

2. 个人资产业务（不含住房、农户贷款）确保增加2亿元，力争3亿元。

3. 个人中间业务收入实现16247万元，其中基金销售及托管收入8030万元，其他个人结算手续费收入3256万元，个人活期存折小额账户收费收入4205万元，国债销售手续费收入213万元，代保管业务收入251万元；基金开户数增加4.85万户；开办个人实物黄金代理买卖业务。

（三）网点建设目标：启动营业网点规范化建设，建立金钥匙财富管理中心或理财中心14个（各二级分行至少一个以上），要求每个县级支行建立1～2个服务功能完善、社会形象一流的骨干网点。

三、全面提升我行个人业务营销的核心竞争力

认真贯彻全年个人业务工作思路，全面完成全年工作任务，需要各级行牢固树立“个人业务优先发展”意识、“经营客户”意识、“全面竞争”意识，在经营观念上实现转型。在工作上，要扎实抓好以下八个重点：

（一）必须加快内部经营机制创新工作

建立落实内部经营机制是激发员工活力的关键因素，务必用足用活。一是要建立个人金融产品综合考核机制。以客户为中心加强产品的整合管理和综合营销，建立对个人金融业务指标统一考核的绩效考评体系，导入“1+N”考核模式，将基金、国债、理财产品与存款业务实行捆绑考核，有效提高个人金融业务的综合服务水平和综合营销能力。二是切实全面推行个人金融产品营销计价考核机制。各级行要全面分析个人金融产品边际利润水平和市场空间，制定所有创利个人金融产品的计价标准，切实按照“业务分类，量化管理；直接计价，奖励到人；全员营销，合理考核；分类对待，计价浮动；按月考核，按季兑现”的原则，面向全行员工强力推行计价考核，激发全行员工营销的积极性，全面提升产品销售能力。三是建立和推行柜员业务量计价考核机制。积极配合相关部门研究制定《柜员业务量计价考核办法》，开发柜台业务量计价系统，规范全行柜台业务考核，提升员工对价值创造的认同度。

（二）必须加快三个系统的推广应用工作

优质客户管理系统、财富专家系统和客户评价系统是目前实行客户管理、员工管理的最有效工具，务必快推快用。一是要加快个人优质客户管理系统（PCRM）和金钥匙理财专家支持系统（CFE）的推广应用。省分行已将优质客户系统所需的电脑设备采购到位，正在着手系统检验，近日将上线运行，并组织人员培训。各行要按照“统一组织、统一规划、统一部署、统一资源配置、统一推广应用”的原则，加快落实两个系统推广应用所必需设备的配置；积极做好应用行和网点人员培训、人力资源配备等各项准备工作，确保系统成功上线并正常运行，通过采取按月通报各行PCRM、CFE系统有效员工数、客户指派数等核心指标，组织PCRM、CFE系统现场检查等管理措施，提高系统的应用效率。二是加快客户服务评价系统的推广应用。3月5日，省分行在营业部召开了全省农行客户服务评价系统推广工作现场视频会，对推广工作已进行了全面的部署。根据试点行反映的情况，分行又联合厂商对系统进行了改进，推广时机已经成熟，准备在5月份对城区所有网点及县城部分骨干网点进行推广与应用。各行要严格按照分行的统一布置，明确工作职责，落实配套措施，加快推广应用步伐。

（三）必须加快营业网点转型工作

网点转型是提升网点功能的长效工程、基础工程，务必抓实抓好。为落实总行和省分行党委的要求，省分行在年初工作会议上提交了《网点转型指导意见》（讨论稿），

并到部分行进行了一系列调研。近期，个人业务处专门抽调了人员在网点转型上开展了实质性的工作。但由于我行网点数量多，部分行职能上还很模糊，从事的人员严重不足，部分行还存在空缺的问题，加之网点内部岗位设置、业务流程十分复杂，实现网点“形转”、“神转”还需要很长的路要走。为加快此项工作步伐，避免新时期下网点建设和管理上重蹈覆彻，在此，对各行重申“四条纪律”、做好“两个落实”。“四条纪律”是：第一，各行必须严格按照总、分行关于网点管理职能分工文件的规定，将网点综合管理职能积极稳妥移交个人业务部门。第二，任何新建网点和改造网点的形象设计、内部改造必须经个人业务部门审查把关，对未经个人业务部门核准进行网点改造的要追查相关人员的责任。第三，各行新建、装修面积超过150平方米的网点装修改造图纸和理财中心建设方案必须报省分行个人业务处审查。第四，各行要如期完成理财中心建设目标，尽快发挥全行已培养的理财师的作用，使理财业务“实至名归”，积极抢占个人业务高端市场。“两个落实”是：一是要落实省分行布置的网点普查摸底工作，及时报送网点普查所需的资料，不得以任何理由推诿、拖拉。二是要落实省分行布置的网点建设与网点转型三年发展规划、网点建设分类标准、网点服务流程设计、网点建设后评价办法等一系列的工作调研任务。各行要由个人业务、会计部门为主，对网点业务流程、业务制度进行深入研究和实地调研，积极向省分行提出优化流程、优化人员设置的建议。

（四）切实抓好基金和理财产品销售工作

适应客户多层次的需求，积极发展理财业务是商业银行零售业务转型的重要内容。营销基金、理财产品既是理财业务的具体体现，又是我行实现全年中间业务收入计划的关键所在，务必从高认识、从严要求。一要克服畏难情绪。虽然受资本市场影响，银行间基金销售量减少，但我们各级行更要认真思考“在网点和人员优势下，同一产品营销呈现劣势”中反映的深层次问题，改变一味从客观上找原因的消极作法。总行对我行基金收入计划不会调整，省分行也不会做出改变，各行一定要认真对待、主动作为。二要认真研究产品和客户。基金和理财产品是覆盖固定收益、稳健收益和高风险高回报的完整产品线，我们各级行管理人员和营销人员要主动加强学习，弄懂弄透产品特性。要加强对客户的沟通和了解，把“金钥匙 基金宝”基金定期定额业务作为常年主打产品重点营销，发挥其稳定客户、平衡成本、风险分散的内在作用。在合适的时机，针对不同的客户营销不同的产品，把股票基金、债券基金、货币基金进行组合营销，满足客户的多样需求，提高产品营销总量。三要充分运用各类营销渠道。大力发展基金柜面营销和网银代销业务，各级行要继续对基金、理财产品空白支行、网点负责人进行通报批评和问责。

（五）切实抓好“迎奥运—超千亿—优质服务提升年”储蓄营销竞赛活动

储蓄业务是个人业务的基石，务必常抓不懈、确保份额。为巩固一季度营销竞赛成果，早日实现湖南农行储蓄存款超千亿元的目标，省分行从二季度开始，组织开展“迎奥运—超千亿—优质服务提升年”储蓄营销竞赛活动。活动方案即将行文下发。此项活动贯穿二、三、四季度，是继一季度综合营销活动后的又一次重大综合营销竞赛活动。各行要像对待一季度活动一样，高度重视这次活动的组织实施。一是要认真落实目标任务，制定促进目标实现的有效过硬措施。二是要按照活动要求，积极开展“优质服务提升年”和“迎奥运文明规范服务”系列活动，全面落实中国银行业《倡议书》和省分行党委作出的“优质服务提升年”的部署，按照省分行制定的活动实施方案，分步实施和推进各项主题活动，全面提升我行网点服务质量与水准。

（六）切实抓好个贷业务的有效快速发展

个贷业务具有拉动个人负债、个人中间业务营销的内在功能，是激活个人业务的重要手段，务必做大做强。以总行、省分行即将在上半年组织开展“信用人生”个贷业务综合营销竞赛活动为契机，积极调整和优化个贷产品发展结构，以个人生产经营贷款、个人综合授信贷款、个人质押贷款业务、个人住房信贷业务、汽车贷款业务为重点产品。积极调整和优化客户发展结构，以中高端个人客户为目标，以个体私营业主和行政、企事业单位的高管个人为对象，培育优质个人客户群体。积极调整和优化贷款规模结构和收益结构，各行要根据个贷市场供求状况，优先配制个人信贷计划，确保个人优质客户的信贷需求。今年省分行对个人贷款配置了专项增量计划（不含住房、农户贷款），并纳入年度综合考核，各行必须保证计划的实现，不得挪作他用。同时，如果个人专项贷款计划不够，各行可在不突破分行下达的信贷总规模的前提下，通过内部挖潜的方式解决。要充分发挥个贷业务的杠杆作用，大力拓展附加值高的个人优质客户，带动个人负债、个人中间业务的综合营销。适度提高贷款定价水平，主动为信贷客户提供综合理财服务，提高个人贷款的综合收益率。要积极推进制度创新，按照分行的统一部署，加快推行和落实个人贷款独立审批人制度，积极参与和推进个贷CMS网上决策，提高个人信贷决策的效率和质量。积极加快渠道建设，构建以个贷经营中心、金融超市、个贷特色支行为主体的个贷业务专业化经营管理平台，要求各二级分行今年7月底以前在城区及重点县级支行设立个贷经营中心。

（七）切实抓好个人业务队伍建设

个人业务队伍是实现个人业务发展的保证，务必配足配强。要积极适应个人业务新职能、新业务变化趋势，各二级分行个人业务部门人员配备原则上不少于5名实职人员。要加大个人客户经理配备力度和有序管理。进一步明确各层级个人客户经理职责，规范个人客户经理选拔、聘用、上岗、晋升等程序，选拔一批高素质的、能适应市场竞争和客户需求、具有较强沟通能力和营销能力、熟悉个人业务的人员充实到个人客户经理队伍中来，提高网点营销人员占比、提高外出营销型客户经理占比。加强个人理财师队伍管理。在全行组织理财团队和培训团队，建立理财师人才库，建立配套的考评激励机制。继续加强各层次人员的业务培训力度。省分行计划今年集中组织一期网络加面授方式的培训，培养100名左右个人金融理财师

(AFP)，组织一期二级分行分管行长、个人业务管理人员、客户经理在内的网点转型、新产品、新业务的集中培训，积极组织商业银行理财业务从业人员资格认证考前培训工作。同时，继续开展面向基层、面向客户的“百场理财巡回讲座”活动。各行要组织好系统内大堂经理、个人客户经理的关系营销、销售技能、合规管理等岗位培训，强化个贷客户经理的业务操作规范，全面提升我行个人金融业务队伍的营销与服务水平。

（八）切实抓好个人业务的风险管理

防范风险是业务发展的前提，务必控紧控严。要始终坚持“一手抓营销、一手抓管理”的思路，认真研究新形势下个人业务风险点，切实抓好风险易发业务和易发环节的风险管理。

第一，强化个贷业务风险管理，加大监控力度。一是进一步认真做好个贷风险预警和监控。在严格准入标准、强化贷后管理的同时，加强风险预警。在做好 CMS 数据维护的基础上，大力挖掘 CMS 系统功能，扩充 CMS 在线监测维度，充分发挥在线监控在风险预警、监控和处置方面的作用。坚持重大信用风险事项的分析、报告机制。二是要进一步加大监管检查力度，严控操作风险。各级行对个贷业务的常规检查覆盖面必须达 100%。下半年，省分行将组织一次个贷业务专项检查，重点对新放贷款操作的合规性，以及抵押担保、贷后管理、风险控制等方面的情况进行检查，确保新放贷款操作合规，风险可控。三是进一步加大对贷款形成不良的责任追究力度，特别是对 2005 年以来新放贷款形成不良的，要从严追究责任，确保 2005 年以来新放贷款不良率低于 1%。四是要进一步加强员工贷款管理，多策并举，加大对员工不良贷款的清收力度，有效化解员工贷款风险。

第二，严格制度执行，强化理财业务的操作风险控制。一是加强培训工作。各级行必须尽快组织管理和网点人员对银监会颁布的《商业银行个人理财业务管理暂行办法》、《商业银行个人理财业务风险管理指引》两个制度和总行关于理财业务管理等制度的组织学习，使相关人员尽快熟悉制度、明确规定。二是严格执行风险揭示制度。各行在理财业务操作上，必须严格执行银监会关于理财产品风险揭示、风险提示和客户风险偏好测试的规定，所有网点必须张贴风险提示标志；在办理业务凭证上加盖风险提示印章；对购买理财产品（本利丰、汇利丰、基金）的客户，必须进行风险偏好测试，只对满足条件的客户进行销售；必须提醒客户阅读产品说明书，并要求客户填写已阅读事项和签名；必须和客户签订协议书，并专夹完整保存所有协议、交易和客户资料。三是做好业务自查和整改工作。银监会将陆续开展对商业银行理财业务的检查工作，对发现有严重问题的单位将依照法规从重处罚。省分行 5~6 月份将组织理财业务专项检查，各行要高度重视，尽快组织好自查和做好内部整改工作。

夯实经营基础　厘清发展思路　全面推进个人金融业务又好又快发展

——张树彬同志在宁夏分行 2008 年个人业务工作会议上的讲话

一、2007 年以来个人业务工作的总体回顾

2007 年以来，新一届分行党委以科学发展观统领全局，面对经济金融形势复杂多变、股改进程不断加快和同业竞争日趋激烈的内外部环境，统一思想认识，厘清发展思路，强化基础管理，实施综合营销，个人业务得到了协调发展，综合竞争能力不断加强。

（一）储蓄存款、个人贷款、银行卡、电子银行、基金及理财产品销售等核心业务竞争力进一步提升，经营基础不断夯实

一是储蓄存款的基础地位不断巩固。2007 年存量在四大行中市场占有率达到 30.26%，继续保持第一，余额较第二位建行多 16915 万元；增量市场占有率 34.6%，居第二位；截至今年 5 月末，全行人民币储蓄存款余额 110.3 亿元，较年初增加 12.7 亿元，完成全年计划的 127%，存量、增量均位居四大行之首，储蓄存款占各项存款余额的 58.4%，增量占全行各项存款增量的 62.3%。二是个人贷款业务专项治理取得明显成效，精细化管理模式逐步推开，个人贷款风险控制能力有所增强，到期收回率明显提高，个人住房贷款实现恢复性增长。2007 年，针对部分行个人贷款不良率过高、到期收回率低、管理粗放的问题，分行先后 6 次召开个人贷款经营问责会议，对 12 家经营行进行问责并监督清收，累计收回问责涉及贷款 6708.19 万元。2007 年，个人贷款到期现金收回率 97.27%，较上年末提高 6.13 个百分点，达到历史最好水平。经过一年的清理整顿，各行合规经营意识、风险管控意识明显提高，经营基础得到夯实，风险得到有效控制。2007 年，全行个人住房贷款较年初增加 2095 万元，是近三年连续下降以来的首次增长。三是个人中间业务实现跨越式发展，基金、理财、国债、银行卡、电子银行等产品销售及其衍生的各种收入贡献明显提升。2007 年，全年实现个人中间业务收入达 9134 万元，占全行中间业务收入的 83%，其中基金交易量达 419729.6 万元，实现代销收入 3951.4 万元；银行卡发卡量接近 100 万张，实现业务收入 4457 万元；第三方存管业务上线客户 98267 户，存管资金 11.6 亿元，同业市场份额稳居第一；电子银行个人客户交易额累计达到 54.54 亿元；代理保险、外汇理财等业务均取得新的进展。

（二）积极推进个人业务营销模式转型，加快从“小个金”向“大个金”转变

一是扎实有效地开展每年一度的“伴你成长 金钥匙春天行动”个人业务综合营销活动，明确贵宾客户、储蓄存款、基金、人民币理财业务目标，把外塑形象、内促发展作为活动的主线，带动了个人业务的全面发展。今年活动中，全行新增金钥匙理财贵宾客户 2748 个，完成计划的 183.2%；新增个人优质客户 2265 个，完成计划的 151%；人民币储蓄存款增量 80176 万元，在全区 9 家金融机构中增量市场占有率 16.3%；实现个人中间业务收入 1689.26 万元；第三方存管新增签约客户数、银行卡发卡量、POS 特约商户、网上银行个人注册客户、电话银行个人注册客户等均实现喜人增长，主要营销目标圆满实现。二是营销策略正在实现从“经营产品”向“经营客户”转变。完善了金钥匙理财客户管理制度，推广应用了个人优质客户管理系统（PCRM），自上而下推进了全行客户细分和差异化营销工作，经营客户的营销理念在员工队伍中已基本形成。三是加强新产品的推广和应用，“金钥匙”品牌内涵不断丰富，各类型的产品服务已经延伸到了个人客户社会经济活动的各个方面。推出了“金钥匙 基金宝”基金定期定投业务，形成了金钥匙春天行动、金钥匙个人贷款、金钥匙理财、双利丰、汇利丰等个人业务核心品牌系列，提高了金钥匙品牌的市场知名度。四是经营队伍素质、专业化服务能力逐年提高。到 2007 年底，我行参加理财培训、考试并获得国内外理财师认证资质的员工 10 人，具有保险、证券从业资格的客户经理超过百人。今年初，分行又在全行范围内选拔 50 名业务骨干，委托金融标准委员会举办理财师网络培训，并计划在 7 月份参加全国统一考试。到年末力争实现全区每个经营行至少有 1 名理财师。

（三）按照现代零售银行要求，积极推进网点转型

一是在营业网点装修改造方案中倡导“网点分类、业务分流、客户分层、服务分区、产品分销”的布局，指导经营行按照《金钥匙理财中心视觉识别标准手册》的要求，进行理财中心的设计、规划，目前已有 5 家符合总行理财中心功能要求的网点进入了装修程序，其中 1 家竣工营业。二是集中财力，努力改善网点服务设施。对业务量大、客流量密集的营业网点，安装了智能排号机 33 台，有效缓解了网点排队现象；给全区所有网点配备了复印机，方便客户办理业务；为实现信息联网发布、统一管理、实时更新，通过公开招标，在全区 70 个网点安装了户外电子显示屏，150 个网点安装了室内电子显示屏。三是加强电子化、自助渠道建设，在加大 ATM、POS 投入的基础上，在 50 个网点安装了自助终端机，对 60 个具备条件的网点实施了 24 小时自助银行改造。今年分行又购置 30 台自助终端机，并将于近期在业务量大的网点进行安装。四是从细节入手，狠抓柜台服务质量，细化了柜台服务标准，并实行积分管理，规范化服务水平明显提高。五是根据不同网点的业务特点、客户群体差异性，因地制宜，提出了优化劳动组合、实行弹性作息时间、合理规划柜台功能、设立特殊业务专柜等灵活应对和改进措施，减少了客户排队等候时间，受到了客户好评。

（四）围绕风险管理主线，推进业务精细化管理，不断提高业务管理水平

一是认真组织开展个人业务自律监管现场检查工作，重点检查合规性和风险性，及时纠正违规操作行为，有效防范业务经营风险。二是贯彻落实分类管理、梯度推进的个人贷款发展模式，根据区域、产品进行分类指导，通过年度授权管理和业务指引，对不良贷款或贷款品种不良率超标的行，坚决上收贷款权限，引导个人贷款业务向好发展。三是强化贷后管理，积极做好原有“个贷公用”贷款的责任清收和债权债务落实工作。

二、当前面临的形势和工作任务

（一）个人金融业务进入加速增长阶段

一是我国经济持续稳定增长为个人金融业务发展提供了坚实的客户基础。截至 2007 年末，全国居民金融资产总额已经超过 50 万亿元，我国正在向消费型国家过渡。近年来，我区经济发展速度也不断加快，新型工业化、城市化和社会主义新农村建设大力推进。2007 年，全区实现生产总值 830 亿元，较 2003 年增加 445 亿元；财政总收入由 2003 年的 50.7 亿元增加到 144.4 亿元，金融存贷款余额均突破千亿元；城乡面貌变化显著，城市化率提高到 45%，位居西部第三；县域 12 个市县的财政一般预算收入过亿元，2 个县级市进入西部百强。二是个人金融需求呈现多元化、个性化、高层次的升级趋势。全国社会消费品零售总额达 8.92 万亿元，住房、汽车、投资、教育、养老等已成为居民重要的支出项目。三是利率市场化的推进、人民币汇率形成机制的变化、资本市场的深化发展和金融创新相关办法的出台，为商业银行加快个人金融创新提供了制度环境，银行与基金、保险、信托等跨业合作的平台开始搭建，私人银行业务初露峥嵘。个人金融业务无论在深度还是广度上都得到了较大的拓展，体现出良好的成长性。

（二）个人金融业务增长方式发生重大变化

一是个人金融业务的竞争力成为一个银行综合实力的写照，个人金融业务的竞争力越来越依赖前后台之间、系统上下的联动。二是个人金融体系从以产品、账务核算为中心向以客户为中心转变的趋势日益明朗。大部分银行都已推出个人综合账户，实现一站式个人财富的集中管理服务；改制后的几家大型银行都在紧锣密鼓地推进私人银行业务。三是各行更加注重提升个人金融资产的综合销售能力，基金、理财、个人贷款等高附加值的核心业务成为同业竞争的焦点。四是网点转型和流程再造成为提升个人金融业务竞争力的核心工程。各行纷纷在股改后两年内启动网点转型项目，并与战略投资者合作启动流程再造工程，网点的一般性服务正在被电子服务和自助服务所替代，精品网点正在转型为服务中高端客户的理财中心和财富管理中心。

（三）同业个人金融体制改革取得重要进展，我行面临空前的竞争压力

一是股改后的各家商业银行纷纷加大向零售银行转型力度，业务经营重心不断向个人业务转移，工行和建行2007年的个人业务收入占比都在1/3以上。二是各行都在打造零售板块，加强条线控制和资源配置能力。建行在总行实行双线核算与资费双线配置；工行在系统内推广二级分行个人金融部与支行共同对网点个人业务和个人客户经理实行管理与考核；中行将个人业务板块纳入对分行主管副行长的绩效考核。

（四）个人金融业务成为全行战略转型的核心和支柱性业务

一是个人业务具有利润贡献度增长幅度大、经济资本占用率低、抵御经济周期影响能力强的特点，是我行股改后满足巴塞尔资本监管要求、跻身国际主流银行的必然选择。二是国际资本市场普遍将个人业务作为战略说明书和年报的首要叙述业务，伴随我行的股改上市，个人业务在上市路演和估值模型的地位越来越突出。三是随着资本市场快速发展，依靠传统利差收入的利润增长模式受到挑战；国家宏观调控政策逐步到位，产业结构调整与产能过剩行业的压缩，要求我行优先发展个人业务，主动应对市场风险，优化资产负债结构及盈利模式。四是我行拥有同业最多的网点和员工，最大的电子化网络，客户结构与城乡二元经济结构最为契合，随着县域蓝海战略的全面推进，跨区域、全方位、高中低端业务多元化、联动城乡的零售服务优势将更为凸显，只有将上述优势有效转换为个人业务的核心竞争力，我行才能真正成为为最广大客户群体提供优质金融服务的现代化全能型银行。

激烈的同业竞争和紧张推进的股份制改革对个人金融业务的发展提出了更高的要求。今明两年，全行个人金融业务工作的指导思想是：以科学发展观为指导，贯彻“3510”战略规划，抓住农行股改的有利时机，按照建设最大零售银行的要求，以提升个人金融业务综合营销能力和服务水平为切入点，努力提高目标客户、理财产品、个人贷款、储蓄存款等主要核心指标的市场占比，做大做强城市和县域两个市场，积极培育高净值个人客户市场的服务能力和市场竞争能力，为推进零售业务战略转型奠定基础，在新的起点上实现个人金融业务又好又快发展。

今明两年我行个人业务主要发展目标是：

1. 客户发展目标：到2009年，实现个人钻石客户100个，铂金客户1000个，黄金客户2000个，成长型客户10万个。

2. 个人业务综合发展目标：

个人金融资产销售总额（包括储蓄存款增量、基金、国债、理财产品等中间业务销售额）位居同业前两位。其中，人民币储蓄存款存量、增量保持四大行第一；基金销售市场份额位居同业前两位；本外币各项理财产品销售及国债、黄金等其他个人中间业务市场份额稳步上升。

个人贷款在四大行增量市场份额较2007年底提升3～5个百分点；到2009年，个人贷款余额较目前净增3亿元，达到13亿元以上；个人贷款不良率逐年下降，到2009年末不良率控制在2%以下（股改剥离后），个人到期贷款综合收回率达到98%以上。

3. 产品服务体系和品牌建设目标：基本明确和落实客户分层服务内涵，整合和创新个人金融产品体系，进一步提高盈利能力；加大金钥匙核心品牌宣传和推广力度，加强金钥匙理财、金钥匙个人贷款、汇利丰、双利丰、金钥匙基金宝等既有产品的推广力度，在“大行德广、伴你成长”总体品牌框架下，提高金钥匙品牌知名度和客户忠诚度。

4. 队伍建设目标：到2009年，全行专职个人客户经理（含大堂经理、营销经理、理财经理）达到300人，其中获金融理财师（AFP）、国际金融理财师（CFP）、理财管理师（EFP）资格的人数达到100名；所有具备理财功能的网点配置大堂经理，网点营销人员（包括大堂经理、营销经理、理财经理、低柜柜员等）配置比例达到25%以上。

5. 网点建设目标：以网点形象及功能分区的规范化、标准化建设为切入点，加快推进网点转型工作；到2009年底，实现功能分区、能为客户提供分层服务的骨干网点占比达到40%以上，其中金钥匙理财中心5家，金钥匙财富管理中心1－3家；所有网点推广应用个人优质客户管理系统（PCRM），所有金钥匙理财中心和财富管理中心推广应用金钥匙理财专家支持系统（CFE）；电子渠道业务量占比达到40%以上。

6. 内控管理目标：认真扎实地开展个人业务自律监管检查工作，健全个人金融业务风险管理流程，杜绝大要案和严重违规行为的发生。

围绕上述目标，全行要积极推进个人金融业务的战略转型工作，努力实现“四个转变”：

一是要由传统的零售银行向理财银行转变。由以账户为中心转向以客户为中心，以个人理财业务为纽带整合产品、渠道、载体、系统和营销服务团队，不断提高中高端客户和理财业务对我行的综合贡献度。

二是要由传统的金融服务手段向现代化的金融服务手段转变。要通过业务流程和劳动组合改造，加大对中高端客户的营销拓展力度，将相对低价值的客户和业务由资源的净占有者转变为利润的创造者。

三是要由单一的产品营销向综合营销转变。要按照“大个金”的经营理念，在细分客户的基础上完善综合营销和分层服务体系，增强跨部门协调联动和资源共享机制；继续完善“春天行动”活动形式，通过多层次、分阶段的营销活动深度挖掘客户价值，形成个人存款、贷款、理财产品、银行卡、电子银行等产品的综合营销体系，促进个人金融各产品之间的捆绑营销；建立个人业务与公司客户、机构业务的联动营销机制，形成紧密连接上下游客户的服务链；规范品牌营销管理工作流程，通过市场化运作和宣传策划提升“金钥匙”品牌形象和价值。

四是要由单一的依靠利差收入向多元化盈利渠道转变。全面提升中间业务在个人业务发展战略中的地位，实现盈利模式的优化和升级。

三、完善机制，创新管理，强化营销，努力开创个人金融业务发展新局面

（一）建设和完善中高端客户服务体系，大力推进金钥匙理财业务

1. 加快系统的推广应用，为中高端客户服务体系的完善提供强有力的科技支持。一是要从实现经营战略转型、提高个人业务核心竞争力的高度来重视个人优质客户管理系统（PCRM），把 PCRM 系统放在与 ABIS、CMS 同等重要的地位，作为个人金融业务的生产系统抓实抓好。二是集中必要的资源，切实加快 PCRM 系统的推广应用，6 月底前要实现 PCRM 系统在所有骨干网点上线，在此基础上，分行计划年内选择 1 ~ 2 家网点进行金钥匙理财专家支持系统（CFE）试运行。三是分行正积极协调对 VIP 客户发放钻石卡、白金卡、金卡事项，届时各行要利用 PCRM 系统充分挖掘符合条件的客户，积极签约营销，并按照有关规定为高端客户提供优质优惠服务。四是各行要及时对 PCRM 系统识别出的优质客户进行建档排队，落实营销责任人，组织管户经理进行跟进营销，确保 PCRM 系统平台支撑作用落到实处。

2. 明确分层服务内涵，提升中高价值客户服务水平。要按照“着力培育成长性客户，大力发展中高端客户，积极竞争私人银行客户”的要求，针对目标客户群体落实不同的服务营销策略，对一般大众客户及成长性客户，完善和推广标准化、制式化的产品服务方式。对中端客户，以理财业务为主要服务内容，实行标准化产品、差异化营销；对高端客户，以财富管理为服务重点，实行差异化产品、个性化营销、顾问式服务；对私人银行客户，通过专家团队为其提供专属财富顾问和规划服务。要按照客户价值与贡献度，合理确定优先、优惠、优质与增值服务的范围、内涵与价格水平。

（二）围绕客户价值挖掘，全力拓展个人金融产品销售

1. 要继续强化储蓄工作的基础地位，高度重视储蓄客户的拓展工作，以稳促增提高储蓄存款的市场份额。储蓄业务是全行业务经营的基础，也是我们发现、培育中高端个人客户的基础。全行要继续保持储蓄存款同业领先地位，巩固和扩大县域市场主导地位；要理顺储蓄和理财业务、代理业务发展的关系，深度挖掘储蓄客户潜在的金融服务需求和理财需求，把理财产品销售作为强化银客关系的有效手段，促进资金的行内循环；做好第三方存管业务营销、维护工作，争取客户股票账户资金回流储蓄账户；要加大产品整合和营销创新力度，做好通知存款、存款证明等业务推广，提升个人负债业务系统功能，扩展个人活期储蓄账户和个人银行结算账户功能；以全行外汇业务普及为契机，以西联汇款、汇利丰、QDII、个人结售汇、出国留学金融服务等业务为重点，丰富个人外汇服务功能。要继续发挥小额账户收费系统的作用，加快存折睡眠账户清理工作，不断优化和调整客户结构。

2. 大力推动基金及理财产品销售工作再上新台阶。针对目前股市低迷，基金销售急剧下滑的形势，总行已于 5 月份开始开展专项促销活动，计划在按照基金销售收入的 15%、理财产品销售收入的 20% 计提奖励工资直接奖励到销售人员基础上，决定在年初确定的增量工资计划基础上再增加 2 亿元，对 5 ~ 7 月份我行托管的基金产品和农银汇理旗下的基金和理财产品按认购额的 2% 追加奖励工资。分行将根据总行奖励政策及时兑现各行。对于当前基金销售形势，分行要求：越是在困难时期，越要体现国有大型商业银行的风范，与基金公司同舟共济、互惠互利，为将来长期合作打好基础。从目前的销售状况、市场反映、投资者的热情以及总行的激励措施来看，基金代销工作都面临着与2004 年、2005 年相似的情况，各行要积极加强对基金市场的分析和研判，加大宣传力度，针对不同客户及不同产品做好营销工作，在进一步提高城市行市场份额的同时，深层次拓展县域市场，巩固在县域市场的领先地位；通过推广债券型基金、保本型基金等低风险产品以及基金定期定额业务，有计划地培养一批稳定的基金客户，做大基金定期定额业务规模；要强化多渠道营销，大力发展基金网银代销和网上直销业务，力争网银代销规模占比较上年显著提高，网上直销交易额稳步增长；发挥专业优势，加大对公司、机构客户的部门联动营销力度，并做好投资者教育与风险提示工作，防范基金销售中潜在的纠纷和诉讼风险。

3. 大力推进银行卡、电子银行、外汇业务、支付结算、代收代付等中间业务全面协调发展，确保收入持续稳定增长。一是抓好银行卡业务，提高银行卡发卡、用卡质量，增强人均、卡均创利能力，提升卡业务收入贡献度。要坚持产品、客户并重，数量、质量齐抓。各行要在继续做好借记卡发卡工作的同时，以高收入个人客户群体和机关、高校、企事业单位为主要目标，大力推进贷记卡、“优卡”营销工作，避免发放新的“睡眠卡”。二是加快电子银行发展步伐。在拓展市场的同时，要处理好数量与质量的关系，以提高客户效益为目标，稳步发展网上银行注册客户。各行要加强对存量网银注册客户的维护和回访，利用内部管理系统的业务查询功能和对客户上门跟踪服务的方式，详细了解客户的具体情况，并指导客户使用我行网上银行，以个人优质客户系统内的贵宾客户为主展开个人业务营销，全面提升客户质量与效益。三是将外币储蓄、“汇利丰”、个人结售汇、西联汇款、外汇质押项下人民币贷款等产品组合成个人外汇产品套餐，提升外汇对个人业务的贡献度。四是充分发挥我行网络优势和产品优势，寻求中间业务的增长点。各级行要以提供一揽子金融服务为抓手、以服务客户链为切入点，带动我行金融产品链的发展。重点要从上、中、下游客户业务对接上下工夫，寻求突破点，实现我行产品的联动营销。

（三）抓住机遇，联动营销，实现个人贷款业务的突破式增长

为做大做强个贷业务，分行将个贷业务发展纳入了各行绩效考核，考核内容为个人贷款在各项贷款中的占比，分值 4 分，并下达了专项信贷计划，明确要求其他贷款不得挤占挪用。近期，分行贷款审查中心建设工作也在积极

推进，计划6月20日正式运行。个人贷款集中审查是我行贷款审查、审批体制的一次重大变革，一定程度上可以解决分支行转授权模式下的审批效率和审批质量的问题，将为我行个人贷款业务发展带来一次新的机遇。各行要抓住个人信贷业务全面整合、统筹发展的机遇，加强宣传，积极营销，真正将本地优良个人客户营销到我行来，尽快扭转个人贷款下滑态势。

1. 坚持稳健积极、风险控制的经营原则。各行在积极发展个贷业务的同时，务必将发展质量放在首位，不能把发展简单理解为资产数量的扩张，走粗放经营的老路。从近年来不良贷款成因分析，有章不循、虚假用途、贷后管理不到位仍是个人贷款形成不良的主要原因，其中个别贷款形成不良不免有一定道德因素在里面。各行应从我行发生的相关案件中吸取教训。分行贷款审查中心成立后，将进一步强化业务发展与风险控制，对贷后管理基础薄弱、个人贷款不良率过高或单项业务品种不良率过高的行，采取限定不良贷款收回额度与新增贷款比例、独立审批人与行领导双签等措施，切实提高贷款运行质量。由于今年部分楼盘准入程序有所简化，对于近年来未开办个人住房贷款业务的行，在业务开办之前应先到分行营业部、金凤支行等个人住房贷款管理比较规范的行进行实地学习，确保业务规范开展。

2. 大力营销以个人住房贷款业务为主的个人信贷业务，积极营销以房地产抵押方式为主的个人生产经营贷款，稳步推进个人消费贷款业务发展，争取在农户贷款方面有所作为。今年4月份，分行组织对银川及各地级市个人住房贷款业务发展情况进行了调研。调研数据显示，截至2007年末，我区各金融机构个人住房贷款余额46.13亿元，较上年增加6.33亿元；我行个人住房贷款余额3.7亿元，较年初增加0.21亿元，存量全区占比仅为8%，增量占比仅为3.3%。系统内比较，我行个人购房贷款占人民币贷款的3.49%，低于全国（10.53%）7.04个百分点。通过纵、横向比较，以上数据给我们很大的压力。虽然影响我行个人住房贷款发展有制度设计方面的原因，但主观重视程度不够、对产品了解不透、工作措施不到位也是影响我行个人住房贷款业务发展的重要因素。今年，分行结合我区实际情况，在总、分行制度框架内出台了《宁夏分行2008年个人购房贷款业务管理规定》，一定程度上对促进我行个人住房信贷业务发展具有积极作用，各行要加强学习和研究，推动业务的快速发展。近年来，国民经济发展带动了县域经济的快速发展，我区川区县域尤其是各地级市房地产市场发展活跃，区域风险相对较小。今年全国个人业务工作会议上，总行也提出要坚决扭转部分中西部省会城市个人房贷业务停滞不前的局面。就贷款质量分析，截至5月末，我行个人住房贷款不良率为3.6%，为个人贷款业务品种中最低，其中2003年以来发放个人住房贷款不良率为0.69%（一般消费贷款10.18%，个人生产经营贷款9.29%，个人商业用房贷款7.71%）。因此，大力发展个人住房信贷业务是我行个人贷款业务发展的一项重要工作，也是当务之急。近期，分行组织对全区住宅楼盘进行调查摸底。从上报拟准入楼盘情况看，效果不太理想，上报符合按揭条件的楼盘数量较少，银川及部分地市级资源较多的行反而营销效果不明显。部分行反映，由于以往我行楼盘准入门槛提高，造成部分客户流失或被他行锁定，加之审批效率等方面原因，营销难度很大。在当前形势下，各行不能再以上述理由为借口，要坚决摒弃畏难情绪，抓住目前大部分楼盘主体封顶机会，大力拓展银川市场、主动出击地市级市场、适度介入县级市场。银川市各行要以无开发贷款楼盘为重点，争取每个行能够营销2～3个楼盘；中卫、石嘴山、吴忠、固原各行要抓住当前本地区尚未实行预售资金监管制度机会，全面展开营销，将重点放在位置较好、规模大、品质高的住宅小区；其他各行也要注重营销当地房地产重点企业开发的楼盘，争取有所成就。为确保营销活动取得实效，分行计划对营销非我行开发贷款支持的楼盘进行绩效奖励：按揭额度500万元～1000万元（不含），奖励4万元；1000万元～2000万元（不含），奖励6万元；2000万元以上，奖励10万元。同时，分行强调，对于我行发放开发贷款的楼盘，按揭贷款要全部在我行办理。为此，各行要切实做好维护工作，分行也将逐个项目进行定期监测，造成按揭资源流失的，分行将停止对项目贷款客户发放开发贷款，并追究行长责任。

3. 加强中间业务与个人信贷业务的联动营销，实现收益最大化。个贷业务对个人金融业务发展具有重要的引擎和粘合作用。各级行要牢固树立“大个金”和“综合营销”的经营理念，各业务条线要针对个人业务分析发展中存在的问题，提出具体发展意见和措施，实现与个人贷款业务相互联动；要切实改变个人贷款业务“单打独斗”的局面，实现个人信贷与信用卡、电子银行、理财业务的捆绑式营销，为客户提供全方位的服务，将客户完全锁定在我行。

（四）落实贷款发放和贷后管理双重责任，以精细化管理提高风险控制能力

一是加强贷前调查。坚持双人调查和面谈制度，严禁发放无指定用途、虚假用途贷款，严防假按揭、假车贷现象发生。二是切实防范房地产市场风险和政策风险。根据我区房地产市场情况，对单价高于5000元/平方米的住房，严格执行首付款比率不低于40%的规定，并落实人民银行和银监会“第二套房贷”的规定，避免产生政策风险。三是继续实行按月监测通报制。对五级分类批处理程序自动调整形成的不良贷款，坚持“谁管理、谁消化，当月发生、当月消化”的清收责任制。对逾期1个月以上的贷款，必须将客户经理清收责任与绩效工资挂钩，严格考核；逾期3个月以上的必须追究相关人员责任，对完不成消化任务的行，分行将对行长进行问责。四是切实加强不良贷款的清收工作力度。对2003年以来发放形成的不良贷款，必须坚持责任清收和离岗清收；对新规则以后发放的抵押率充足、变现能力强以及有其他还款来源的不良贷款，坚决按照“该追的追、该送的送、该诉的诉”的要求，确保全额货币收回。分行个人业务处要加强在线监测，提高风险预警能力，专人负责到期收回和不良贷款清收工作，加大现场检查和督促整改力度，以切实巩固和提高个人贷款质量。

（五）加强营销渠道建设，提高营销和服务水平

1. 统筹规划、合理安排，加快推进网点转型工作。要继续加大县域网点改造力度，加快推进网点服务功能升级，全面提升网点形象和市场竞争力。以打造亿元网点、特色品牌网点为目标，以骨干网点功能建设为重点，进一步加大自助设备、排队取号机、电子显示屏的布放力度，有序做好金钥匙理财中心、理财区或理财窗口建设，力争全行骨干网点全部实现“两区一中心”（即贵宾服务区、自助银行服务区、理财中心）服务，促进骨干网点从结算中心向营销服务中心的转变。进一步加速金钥匙理财中心等形象网点的建设，力争两年内在营业部、广场、金凤、新市区、吴忠、青铜峡、中卫、石嘴山等8家行成立金钥匙理财中心；按照总行统一、规范要求，在分行营业部率先成立全行首家金钥匙财富管理中心，专门负责为系统内钻石客户提供高品质服务，以有效加强我行金钥匙理财业务的平台建设与服务团队建设。

2. 加强营业网点现场管理，强化功能分区使用。营业网点服务功能分区是落实业务分流、客户分层、产品分销的基础，也是实施网点转型战略的第一步。今后的网点装修改造中，在合理规划现金服务区的基础上，分行将视实际情况，有针对性地引入咨询引导区、客户休息等候区、非现金服务区、自助服务区、贵宾服务区（或贵宾理财区）等标准功能分区的设计。储蓄存款余额在8000万元以上、对外服务窗口在3个以上的营业网点，以及各行营业部，必须设立VIP客户专用窗口，集中办理高中端客户所需的各项业务；有条件的网点，还可以增加客户体验区，加大电子银行、银行卡业务的体验式营销。各行对此要有充分的思想准备，提前做好网点业务特点、客户群体的分析，为分行决策提供依据，确保分区使用充分、功能定位准确、人员配备到位、设施配置齐全。

3. 以服务奥运为契机，全面提升服务水平。规范化服务建设是我行市场竞争中的短板。与同业比较，我们还有很大的差距。分行将根据总行要求制定统一的网点服务规范标准，建立巡检制度和“神秘人”暗访制度，形成“规范标准、培训提升、文化激励和监督评价”四位一体的服务质量管理体系和机制，并进一步规范和细化服务流程和标准，实行量化考核，积极探索并引入大堂经理服务制，统一营业网点视觉识别标准，树立规范化网点新形象，并选择部分网点进行规范化服务样板试点后，逐步在全辖推开，切实提高对优质客户的服务层次。此次会议还将安排与会人员对分行营业部营业厅、南郊支行等规范化服务样板网点进行现场观摩，大家要认真学习借鉴，回去后切实加强一线柜员业务技能、服务礼仪、业务知识培训，积极开展岗位大练兵，努力打造规范、高效、和谐、安全的服务环境。同时加强硬件管理，对排号机、电子显示屏、自助设备、复印机等服务设施，落实专人负责日常管理维护，确保正常运行。

（六）建立科学有效的激励机制，适应新的个人业务评价考核体系

根据总行的发展战略部署，个人业务收入占比将是今后考核的核心指标，各主要前台板块和产品部门逐步向事业部制管理模式转变是大势所趋。目前，在推行个人业务事业部制管理模式前，总行正在研究在法人客户营销管理层次逐渐上移的情况下的经营重心转移问题，计划先选择一些个人业务基础较好的经营行，对其绩效评价主要以个人业务指标为主，将其转型为以个人金融为主的经营行，使这些经营行有能力、有动力、有财力发展个人业务，并给予个人业务部门部分资源分配权。个人业务部门与经营行共同对网点和个人客户经理在业务上“双重管理、双线考核”，对个人客户经理、大堂经理、网点主任、低柜理财经理、柜员等分别建立考核指标体系，对个人客户经理将以高端客户维护为主要考核内容。对于跨部门、综合性的营销活动，将根据贡献度合理进行二次分配。

今年，分行导入了“1+N”考核模式，即将基金、国债、第三方存管、理财产品同存款一并考核，纳入全行综合经营绩效考核体系。各行要在经营方式、营销策略、资源配置上转变思路，结合城市和县域市场的不同特点对客户拓展、理财业务、储蓄存款等核心业务实行分类指导，加强政策引导和资源配置，联动其他产品做好综合营销，尽快适应新的考核模式，展现出自己的经营业绩。最近，分行安排了150万元专项费用，专门用于个人贷款业务的发展。分行要求，对于今年已确定的个人贷款、基金及其他产品的奖励工资及费用，各行必须管好、用好，最大限度地发挥奖励工资及费用的激励作用。对于计划内的任务指标，必须与营销人员的岗位工资及绩效工资挂起钩来，体现“岗位工资保吃饭”的原则；对于超计划、超任务的，要按照“绩效工资靠实干”的原则，将奖励工资兑现到一线营销人员，不搞截留，切实提高营销人员的积极性。

（七）加强内部控制和合规文化建设，保障个人金融业务可持续发展

一是要加强个人金融条线内控管理的执行力，健全组织体系和责任机制，部门一把手要对本级行个人金融内控管理工作负全责，强化对重点监控网点和重点业务品种的风险管理。二是要高度重视个人金融业务自律监管工作，定期组织全行范围内的个人业务自律监管活动，加强对系统内经营风险的排查和整改力度，并运用监管检查结果，对普遍存在和屡次发生的问题，落实系统性的风险控制措施，防止问题的再度发生和蔓延。三是要完善个人金融业务操作规程与制度体系，提高对操作风险的识别、预警、评价和控制能力，重点防范个人金融大要案件的发生。四是要加大宏观经济政策和指导意见的督促落实力度，做好市场风险和政策性风险的屏蔽工作。

（八）加强高素质的个人客户经理队伍建设

一是要保障人员配备。按照业务发展的要求扩充个人业务岗位的岗位编制和高素质员工；加大专职个人客户经理队伍的配备力度，每家金钥匙理财中心至少配备4名专职个人客户经理，一般具备理财功能的网点至少配备2名专职个人客户经理，理财中心和财富管理中心低柜不得少于高柜，每个推广PCRM系统的网点必须配备专职的个人客户经理。要将取得理财师资格的人员优先调配到理财中心。提高外出营销型人员占比，使每个城区经营行都能有客户经理专职外出营销。二是按照专业化、职业化、知识化的发展要求，着力改善个人客户经理工作环境，抓好日常管理，全面提升我行个人金融业务队伍的营销与服务水平。今年各行选拔的参加金融理财师纯网络培训班的50名学员，将于7月初参加全国统一的资格认证考试，现在正处于考前的冲刺阶段，各行要关心他们的学习、工作情况，同时对他们将来的工作岗位要尽早作出安排。

唐小光同志在四川分行奥运金融服务工作视频会议上的讲话

一、我行奥运金融服务工作迅速启动，取得初步成效

（一）领导重视，精心组织。根据总行和四川银监局关于奥运金融服务工作的部署和要求，省分行及时成立了“迎奥运文明规范服务活动”领导小组和宣传报道、客户咨询、银行卡、国际业务、网点服务等5个工作小组，成都、乐山、阿坝、广安等奥运重点旅游城市行也比照省分行成立了相应机构。为将奥运金融服务工作落到实处，省分行及时印发了《关于开展迎奥运文明规范服务活动的通知》，并先后2次召开专题会议研究落实奥运金融服务相关工作，有力推动了各项前期准备工作的开展。

（二）优化了外卡支付环境。一是完成了可受理外卡的自助银行设备程序升级工作，目前全行已有800台自助设备能够提供VISA等6种国际卡的取现、查询服务，具有中英文显示界面和双语操作提示。二是统一制作了国际卡组织标识1500张下发各行张贴于已升级的自助设备，确保奥运期间对国际卡客户的正确引导。同时将可提供国际卡服务的自助设备详细地址下发各级行和省分行客户服务中心，方便对客户进行宣传和引导。三是加快国际卡收单新系统的推广进度，目前基本完成了终端POS机具改造和收银员的操作培训工作。

（三）强化外汇业务和语言无障碍服务。一是对47个重点旅游城市外汇网点和客户服务中心坐席人员进行了包括外汇汇款、外币兑换、旅行支票、国际卡和英语口语等外汇业务培训，对每个网点发放了2本银行日常英语口语书。二是统一制作了外币储蓄网点中英文标识牌发放到47个外汇网点。三是省分行客户服务中心设置了双语种坐席，设立了奥运金融服务的双语咨询和投诉热线。

（四）加大网点服务的检查整改力度。省分行于近期会同四川银监局、省银行业协会先后对成都、自贡、广安、乐山等地区的我行网点进行了明察暗访，通过现场观察、咨询业务、体验服务、对比同业等方式，及时对发现的问题提出了整改要求。各行也按照省分行要求，进行了营业网点服务设施和规范化服务的自查整改，参与了银行业协会开展的“争创文明示范窗口、争当优质服务标兵”活动，促进了网点服务设施的完善和服务水平的提升。

（五）制定突发事件应急处理预案。银行卡、国际业务等部门对奥运期间可能发生的银行卡、国际业务等风险事故制定了应急处理预案，力求最大程度减少负面影响。各行加强了网点现场保安人员配备、电视监控运行以及网点110联网运行情况等的日常管理，研究部署完善了金融服务突发事件应急处理机制，制定了预防暴力犯罪的预案，切实强化了奥运期间安全保卫工作。

在肯定成绩的同时，我们也要看到当前还存在以下问题亟待解决：一是部分行对奥运金融服务工作的重要性认识不足，认为四川是非奥运赛事省份，五一二汶川特大地震又使四川部分旅游景点受损，到四川旅游的游客将大幅减少，淡化了奥运金融服务工作重要性的认识，工作准备不充分，措施不够细化。二是营业网点语言无障碍服务标识及服务水平还未到位，表现为外汇网点的中英文外汇牌价、中英文奥运金融服务主要业务及收费标准、外汇业务标识、网点排号机中英文显示等还未落实到位，部分行自助机具还未张贴国际卡取现的机具标识，客户服务中心和外汇网点双语服务水平还需提高等问题。三是从检查情况看，部分网点还存在客户排队等候时间长、服务效率和服务水平不高、服务设施不全等问题，需要加快进行整改。

二、充分认识做好奥运金融服务工作的重要意义

2008年北京奥运会是举世瞩目的全世界人民体育盛会。举办奥运会，是我国各族人民的共同心愿，是中华民族的百年企盼。党中央、国务院高度重视奥运筹备和安全保障工作。奥运金融服务作为奥运筹备的一项重要内容和服务奥运的重要组成部分，也受到了总行和四川银监局的高度重视，总行和四川银监局多次召开会议、下发文件要求做实做细各项准备工作，确保奥运金融服务不出任何纰漏和问题。

农业银行虽非本届奥运会的官方指定合作银行，我省也不是奥运赛事举办地。但四川是全国旅游重点地区，虽然此次汶川地震对我省部分旅游景点造成了损害，但目前峨眉山、都江堰、九寨沟等世界著名自然、文化遗产风景区已经对外恢复营业，同时仍有不少未受损害的享誉中外的历史文化著名景区，将吸引众多的中外来宾观光旅游。

这些旅游城市和景区里我行网点最多，国际游客很有可能使用我行的金融服务，我行奥运金融服务工作的好坏，将直接影响到农业银行甚至中国银行业的整体形象。为此，各级行必须高度重视奥运金融服务工作，充分把握距奥运会开幕最后一个月的时间，全力以赴做好各项准备工作，接受奥运金融服务的全面检验，借此次百年奥运的历史机遇，充分展示我省农行的良好形象和精神面貌。这里我再强调一下，各级行长要作为本行奥运金融服务的第一责任人，切实承担起奥运金融服务的部署、检查、整改和落实的责任。各级行相关部门负责人要作为本专业条线的奥运金融服务第一责任人，切实承担掌握情况、检查督促和落实整改的责任。各网点在奥运期间至少要有一名负责人值守网点现场，充当大堂经理角色。对奥运期间，凡因工作不落实、不到位、不负责而引发负面事件发生的，省分行将严肃追究当事人及相关领导的责任。

三、抓紧落实几项重点工作，全面提升奥运金融服务水平

（一）加快提升省分行客户服务中心和奥运金融外汇服务网点的多语种金融服务水平

一是针对省分行客户服务中心外语服务能力不足的问题，要进一步加大培训力度。要组织3~5名英语坐席员进行为期2周的英语强化培训，培训课程以银行业务为主，采用讲授与情景演练相结合的全英文教学模式，调动学员学习热情，提高培训效果。二是要组织外汇网点柜台人员认真学习银行英语日常口语书籍，不断提升口语会话水平，使柜台人员能够与客户完成必要的沟通交流。三是奥运期间重点旅游城市外汇业务经营网点要选派外语能力强的员工担任大堂经理，能够同外籍人员进行沟通交流，确保无障碍地按照客户的需求办理相关业务。

（二）加快落实网点中英文业务标识的张贴到位等工作

一是外币储蓄网点中英文指示牌已统一制作完成，各网点必须在7月10日前在指定的位置悬挂到位。二是中英文奥运金融服务主要业务及收费标准省分行要在7月20日前统一制作并下发各网点张贴到位。三是外汇牌价中英文显示要按照总行统一规定，并根据各网点现有设备（室内电子显示大屏或液晶电视）实际情况每日更新9次，该项工作必须在7月20日前完成。四是外汇兑换窗口指示牌由省分行统一制作并下发各网点在7月20日前粘贴于相应柜台玻璃上方（柜台上方有LED显示屏的通过LED显示屏输入）。五是有排号机的外汇网点要尽快联系相关部门和厂家修改程序，保证排号机能够实现双语显示。六是各行要按照省分行下发的国际卡取现机具清单进行标识张贴，确保奥运期间对国际卡客户的正确引导。上述工作省分行将于近期组织人员进行专项检查，对未按期完成的行将严肃处理相关责任人。

（三）以“大行德广—伴你成长”为主题

以农行产品宣传及形象宣传为核心，以新闻媒体推介、策划为支撑，在奥运会即将开幕的7月上旬，省分行及相关二级分行要全面展开奥运金融服务媒体宣传活动，制定具体的宣传策划方案，积极与各级新闻媒体协调采访事宜，为四川农行奥运宣传营造良好的舆论氛围。要将奥运宣传与我行产品、服务宣传有机结合，通过新闻推介、策划活动等方式，提升农业银行服务品牌。

（四）进一步提升网点服务水平，做好突发事件应急处理工作

一是各行要以此次“迎奥运文明规范服务活动”为契机，进一步强化服务意识，优化劳动组合，创新服务手段，规范服务行为，改善服务环境，有效提升我行营业网点的服务水平和综合营销能力，更好地为奥运会、为社会提供文明规范、优质高效的金融服务。

二是各级行及相关部门要对奥运期间可能发生的银行卡、国际业务等风险事故制定应急处理预案，对金融服务突发事件，各行应及时上报、妥善处理，最大程度地减少在社会上造成的不良影响，尽量减少相关危害和损失。国际业务部、银行卡部等部门要成立外汇业务、自助银行奥运服务队伍，从8月1日起到奥运会结束止，加强对外汇网点和自助设备的业务指导、巡查工作，特别要加大成都市、乐山市、峨眉山市、阿坝九寨沟县、广安市等重点旅游城市的指导、巡查力度。

三是加强奥运期间安全保卫工作。要加强对营业网点现场安全工作的日常管理，同时结合《中国农业银行营业、守库、运钞期间预防暴力犯罪操作规程及处置暴力侵害的原则》，研究部署完善金融服务突发事件应急处理机制，制定预防暴力犯罪的预案，做好日常演练工作，确保安全突发事件在第一时间得到妥善处理。要按照《中国农业银行四川省分行自助银行设备管理暨运行考核办法》中的应急处置的相关规定，进行一次应急预案的演练。遇到重大突发紧急事件发生要及时采取果断措施，关闭机具、停止对外营业，确保国家财产的安全。

强化基础建设　加快经营转型
努力推进我行个人业务工作迈上新的台阶

——刘平同志在重庆分行2008年个人业务工作会议上的讲话

一、今年前4个月个人业务工作的简要回顾

今年以来，全行上下认真贯彻市分行年初工作会议、筹资及个人业务工作会议精神，严格执行国家宏观调控政策，主动应对居民消费结构渐次升级、银行服务手段多样化、市场竞争加剧等诸多变化，以“大行德广伴你成长　金钥匙春天行动”为主线，开展形式多样的主题宣传活动，强化市场营销，严格风险控制，个人业务持续健康发展，综合竞争能力不断加强。

（一）储蓄存款持续增长，市场竞争力进一步增强。4月末，全行人民币储蓄存款余额613.8亿元，比年初净增50.2亿元，同比多增16.3亿元，完成全年计划的62.8%。储蓄存款占全行各项存款增量的296%，对全行各项存款的拉动和缓解全行流动性压力的作用更加明显。在四大国有商业银行中，余额和增量份额继续保持“双第一”的领先地位。其中，余额占比34.5%，分别比年初和去年同期上升0.4和2.2个百分点；新增市场份额占比39.26%，比去年同期上升0.07个百分点。在全国农行37家一级分行中，余额占比1.88%，比去年同期上升0.03个百分点，居22位；新增额占比1.66%，居24位。全辖41个经营行中，市分行营业部（128.7%）、北碚（121.8%）、大渡口（113.2%）、酉阳（104.8%）、云阳（100%）等5个支行已提前超额完成全年计划；北碚（3.1亿元）、万州（2.8亿元）、渝北（2.6亿元）、南岸（2.3亿元）、梁平（2.2亿元）、合川（2.2亿元）、渝中（2.1亿元）等7个分支行新增额超2亿元。

（二）个人贷款稳健发展，资产质量进一步提高。今年1至4月，全行累计发放个人贷款12.3亿元，比去年同期多发放2.4亿元。其中，个人房地产贷款累计发放7.7亿元，比去年同期多发放1.3亿元；非住房个人贷款累计发放4.6亿元，比去年同期多发放1.2亿元。4月末，我行个人贷款余额100.7亿元，比年初增加3.9亿元。其中，个人房地产贷款余额82.9亿元，比年初增加2.7亿元；非住房个人贷款余额17.8亿元，比年初增加1.2亿元。特别值得一提的是，我行个人汽车贷款比年初增加9582万元，增量在全国农行系统中排名居第二位。

（三）理财产品销售稳步增长，中间业务收入进一步提升。1～4月，全行共代销基金2.2亿元；销售“本利丰”理财产品1.1亿元，同比增加3873万元。基金销售额居前五位的是南岸（1731万元）、巴南（1440万元）、潼南（1186万元）、渝中（778万元）、北碚（456万元）。1～4月实现个人中间业务收入9703万元，比去年同期增加1981.6万元。其中，银行卡业务收入5876万元，保险业务收入2709万元，电子银行业务收入153万元，基金业务收入294万元，小额账户收费384.4万元，代客（个人）理财收入103.3万元，代收代付收入66万元，其他中间业务收入117.3万元。

（四）积极开展网点转型调研，服务手段进一步改善。今年，市分行成立了网点建设办公室，按照“八统一”原则加快实施网点建设工作。目前，已完成全年装修网点的立项、局部改造网点的申报、各类施工及服务设施用具供应商招标等工作。在对全行网点开展全面普查，拟定研究报告的基础上，借鉴同业网点转型先进经验，结合我行统筹城乡金融服务的实际，按照网点分类、功能分区、业务分流、服务分层、产品分销的总体构想，抓紧研究我行网点转型工作的措施与做法，为全行推进网点转型进行了有益的探索。根据市分行在开县开展服务城乡综合配套改革试点工作的安排，结合开县支行实际，制定了营业网点转型实施方案，开展试验工作，进一步完善了我行网点转型的实施方案和工作路径。渝中、高新支行先后启动营业网点转型工作，綦江支行大胆选择县城营业网点根据业务需要设置低柜，配置低柜柜员，采取弹性排班工作制，促进业务分流与服务分层，都取得了较好效果。

（五）扎实开展综合营销，品牌形象得到进一步树立。一季度，在全行及时启动了“大行德广—伴你成长—金钥匙春天行动”综合营销活动，开展“收获·满仓”、“回家·过年”、“财富·启航”等三个阶段的营销主题活动，通过成功举办“金鼠闹春　农行迎星”个人星级客户积分回馈活动，组织参加解放碑步行街开街10周年以“理财改变生活”为主题的宣传、咨询活动，配合总行开展个人优质客户抽奖活动，结合我行独家冠名“农行·迎奥运　赏国宝”活动对获奖客户举行“金钥匙”现场颁奖仪式，并在重庆商报、时报和交通台等主流新闻媒体不间断地宣传“金钥匙”品牌，向社会展示了农业银行良好的企业形象，品牌影响力进一步扩大。

（六）加速产品整合与创新，科技支撑能力进一步增强。为适应市场和客户需求以及同业竞争需要，对原有个人生产经营贷款管理办法进一步修订，及时对试点行开展个人客户综合授信贷款操作培训，实现了我行下岗失业人员小额担保贷款与市政府政策的有效对接，扩大了非交易转按公积金组合贷款的试点范围，个贷产品的市场竞争力进一步增强。同时，充分发挥科技支撑作用，加快系统平台建设。完成了基金代销系统的改造升级；成功上线个人优质客户管理系统（二期）和个人贷款网上决策系统，服务客户多元化需求的能力和决策效率得到进一步提高。

二、充分认识发展个人业务的新形势及新要求

当前，随着国家经济持续增长，人民生活水平不断提高，金融竞争进一步加剧，个人业务因其具有利润贡献增长幅度大、经济资本占用率低、抵御经济周期影响能力强等三大突出特点，决定了其必将成为银行业战略转型的核心和支柱性业务。随着银行业经营战略转型的不断深入，谁能在个人业务竞争中占据优势，谁就能把握未来金融竞争的主动权。

（一）从宏观经济形势看，当前个人业务正面临加速发展的诸多“利好”因素

随着我国经济的快速增长，全国居民储蓄存款已从2000年初的6万亿元上升到2007年末的17.25万亿元；新的富裕阶层不断涌现，据美林证券估计，我国个人金融资产超过100万美元的居民已超过49.8万人，在我国省会及计划单列以上城市，个人或家庭金融资产在50万元以上的人士约占5%，就全国而言这部分人群仅占了1～1.5%，但绝对数量仍然相当可观，并且每年都以20%至30%的速度递增。这部分人群成为商业银行发展个人金融业务争夺的重点对象。同时，居民消费升级为个人金融业务发展创造了新的机遇。城镇居民恩格尔系数已降至35.8%以下，住房、汽车、教育、养老、健康已成为居民重要的支出项日，居民消费将逐渐替代投资成为拉动经济的主要力量。此外，新农村建设日益推进，县域城镇化水平不断提升，城乡一体化改革逐渐释放普及城乡居民的财富效应。全市一季度实现GDP增长13.9%，提高0.4个点，连续24个季度实现两位数增长，处于改革开放以来发展最快、持续时间最长、稳定性最好的时期，随着重庆统筹城乡综合配套改革试验的不断深入，大城市带动大农村的效应将会逐步显现，为我行抓住城乡两大市场，加快个人业务发展创造了良好的外部环境。

（二）从同业发展趋势看，各家银行围绕个人业务推进战略转型并取得重要进展，我行面临空前的竞争压力

随着我国银行业的全面开放，个人金融市场国际化进程进一步加快。汇丰、苏格兰皇家银行等外资银行已战略入股10多家中资银行，力图用较短的时间、较低的成本，获得营销网络和客户群，实现在零售市场的低成本扩张战略；花旗、汇丰、渣打、东亚银行在渝设置机构，利用成熟的私人银行管理经验及全球资产配置能力抢滩个人金融市场；国内银行纷纷从自身改革和外部竞争的双重需求出发，加大了个人金融业务战略转型力度。一是与战略投资者深入合作，经营重心不断由传统的法人业务向零售业务转移。如工行与高盛集团形成互补性的战略组合，计划在三年内在各个分行实现个人业务利润最大、规模最大和目标客户市场占有率最大目标；建行与美国银行的战略协助协议突出了个人金融业务这一重点领域，启动网点转型和个贷流程改造，形成了强大的竞争优势。二是经营管理体制从“以块为主”向“条块结合”转移。如建行已实行个人业务准事业部制管理模式，对个人业务产品营销实施营销费用和部分工资费用挂钩分配，直接促进了个贷业务、储蓄、理财业务的超常规增长，直接挑战我行储蓄存款在四大行中的“双第一”地位。三是从以产品、账务核算为中心的核算型业务体系向以客户为中心的营销型业务体系转变。如工行将客户管理系统功能与网点、业务流程改造与客户经理队伍建设有机结合起来，目前已建设了300多家财富管理中心、3000家理财中心、1400多名金融理财师；建行成立了专门的高端客户部，负责对85万个人富裕客户提供服务，全力抢占高端客户群体。四是个人金融服务从网点服务向多渠道服务转移。随着电子银行客户数量增长，各行个金服务渠道已从传统的物理网点扩大到网上银行、电话银行、手机银行、ATM等，原有营业网点的一般性服务正在被电子服务和自助服务所替代，精品网点正在转型为服务中高端客户的理财中心。大家不要认为这些离我们遥远，建行的网点转型已经对我行的竞争力构成了极大威胁，重庆银行在全市20多个区县有网点的基础上，明年将实现该行网点在全市的全覆盖，也将给我行个人业务带来空前的发展压力。

（三）从农行未来发展来看，大力发展个人业务是实现股份制改革，建设现代商业银行的内在要求

一是世界上主要商业银行都是强大的零售银行。个人业务是世界主要商业银行的业务发展支柱。如美洲银行利润结构的42%、汇丰控股的47%、花旗银行的53%都来自个人金融业务。农行要跻身国际现代商业银行的行列，就必须在个人金融业务上形成核心竞争力。二是国际资本市场普遍将零售业务作为战略说明书和年报的首要叙述业务，农行在股改和上市进程中，个人金融业务在上市路演和估值模型中将占据突出地位，作为独立的业务单元和考核模块。三是个人金融业务发展与我行强化“面向三农”的市场定位密不可分。三农问题集中于县域，县域经济包括了我国70%的个人客户、98%的中小企业，是农行零售业务的主战场。能否发挥跨区域、全方位、多元化、联动城乡的零售服务优势直接决定了农行面向三农、商业运作的具体成效和改革业绩。四是我行负债和资产客户结构的不对称一直较为突出，资金来源依靠个人客户，我行储蓄存款占全部存款存量的70%、年增量的60%以上；资金运用主要流向对公客户，个人和法人客户不同周期的资金循环差异在一定程度上导致了我行资金来源与运用的结构性、周期性矛盾，为此，必须加大对个人客户的资金配置权重。五是直接融资比例不断提高导致“金融脱媒”现象严重，对公客户转向资本市场与债券市场进行融资，对银行的信贷资金需求下降，依靠传统利息收入的利润增长模式受到挑战。资本市场对银行资金抽离作用日趋明显，稳定客户资金必须依靠个人理财业务发挥替代作用，形成新的盈利增长渠道。大力发展个人业务是应对资本市场发展、优化资产负债结构及盈利模式的必然选择。

（四）从我行自身发展看，个人业务已成为全行的支

柱性业务和经营战略转型的核心

我行个人存款占了各项存款总量的70%、增量的295%，个人中间业务收入占全行中间业务收入的80%以上，个人业务已成为全行的支柱性业务。由此可见，保持个人业务在全行发展中的支柱性作用，并通过不断扩大份额替代金融"脱媒"所带来的规模逐渐萎缩趋势，应是全行经营转型的重点和核心。对此，我行要充分运用金融服务统筹城乡综合配套改革试验行的政策优势，发挥同业最多的网点和员工，最大的电子服务网络，客户结构与城乡二元经济结构最为契合的资源优势，全面推进县域蓝海战略，将优势转换为核心竞争力，通过全行的努力，尽快改变我行个人业务发展的面貌。

基于上述分析和判断，我行个人业务发展应在强化四个"转变"、实现四个"统一"上狠下工夫，促进个人金融业务战略转型。

一是要由传统的零售银行向理财银行转变，建立至上而下的中高端客户服务体系，实现全行个人客户关系管理的有机统一。要实现以产品、以账户为中心的经营管理模式向以客户为中心转变，以个人理财业务为纽带整合产品、渠道、载体、系统和营销服务团队，建立以营销服务型网点为基础、全功能型网点为支柱、财富管理中心为核心的"金字塔"型的个人客户理财服务体系，实行全行统一规范的客户关系管理策略，加强个人优质客户的培育、营销、维护工作，不断提高中高端客户和理财业务对个人业务发展的综合贡献度。

二是要由传统的金融服务手段向现代化的金融服务手段转变，大力推进网点转型，实现网点理念与服务渠道运用的统一。要通过网点转型，进行业务流程和劳动组合改造，加大对中高端客户的营销拓展力度，将相对低价值的客户和业务由资源的净占有者转变为利润的创造者；进一步发挥电子渠道的营销价值，拓展服务范围，像个人贷款等过去只能依赖传统渠道的业务要通过电子渠道实现自助循环功能；要加快"财富账户"的开发，打造存款账户和投资账户合一的综合管理平台，使客户可以更加自由地管理自己在银行体系的资产。通过服务渠道的广泛运用，减轻柜面服务压力，为中高端客户提供服务便利。

三是要由单一的产品营销向综合营销转变，通过整合个人业务发展资源，实现围绕客户价值营销体制的统一。要按照"大个金"的经营理念在细分客户的基础上完善综合营销和分层服务体系，建立跨部门协调联动和资源共享机制；继续完善"春天行动"活动形式，通过多层次、分阶段的营销活动深度挖掘客户价值，促进个人金融各产品之间的捆绑营销；建立个人业务与公司业务、机构业务的联动营销机制，形成紧密连接上下游客户的服务链；规范品牌营销管理工作流程，通过市场化运作和宣传策划提升"金钥匙"品牌形象和价值；制订个人金融产品名录，完善个人金融产品营销指引，建立由产品名录、营销指引和组合营销方案等组成的为前台营销服务的信息库和支持平台，统一提升对个人客户的综合营销服务水平。

四是要由单一的依靠利差收入向多元化盈利渠道转变，建立零售业务产品计价机制，实现考核计价标准与方式的统一。要在建立个人业务产品的销售服务渠道、搭建产品销售平台、加强销售队伍建设的基础上，在全市农行系统内建立健全针对网点销售人员的零售业务产品互动式考核计价机制，着力推进个人投资理财产品、个人金融咨询、代保管、实物黄金买卖等业务发展，实现个人业务多元化盈利模式，全面提升中间业务在个人业务发展战略中的地位，实现盈利模式的优化和升级。

三、以加快基础建设为契机，促进我行个人业务发展迈上新台阶

（一）强力推进网点转型工作，加强营销服务渠道建设

一是要充分认识网点转型对促进个人业务发展的重要意义。网点数量多、网络覆盖广是我行的传统优势，但低端客户多、客户排队现象严重、网点单产低也是我行网点的现实问题。在其他银行加快网点转型步伐，实现差异化服务方式后，大量低端客户涌入我行，利用我行网络广、资金清算快、收费低廉的便利办理资金结算，但实际上对我行的收益贡献度极低。加之，我行网点大都采取无差异的服务手段，也未很好地利用电子服务渠道对简单业务实施有效的分流。客观上既占据了我行大量的柜台资源，又挤压我行对中高端客户的服务。网点既是我行服务客户的窗口，又是发展个人业务十分重要的前沿阵地，网点适应客户的服务能力和同业市场的竞争能力，直接影响我行个人业务发展的质量和水平。因此，加快推进网点转型工作迫在眉睫。

二是要抓紧提出网点转型工作规划，推进网点转型工作。这次会议分行提出了一套《营业网点转型工作指引》，向各行征求意见，明天还安排了网点转型专题讲座，帮助大家进一步认清网点转型对个人业务发展的重要作用。会后，各行要将修改意见书面报市分行，市分行抓紧修改完善后，下发各行实施。同时，各行要结合实际，按照统筹规划、分步实施、突出重点、稳步推进的原则，提出本行网点转型的实施方案，要确保全行全功能型网点、营销服务型网点、交易结算型网点低柜柜员设置达到3∶2∶1目标。为此，市分行下半年将加大各行网点转型工作的检查督促工作，并按城市网点中二级支行和营业部6～8万元、分理处4～6万元，县域网点3～5万元的标准配置网点转型工作战略激励专项费用。力争通过2～3年时间，全行从事个人业务的营销人员配置比例达到30%以上，全功能型网点和销售服务型网点达到40%以上，电子渠道业务量达到30%以上，星级客户占比达到20%以上，零售业务产品销售业务量占比达10%以上的目标。真正实现全行网点由交易结算型向营销服务型转变，提升网点市场竞争力。

三是要举全行之力推进网点转型工作。首先是配备硬件，今年市分行将按"八统一"要求装修200个网点（其中：简单装修100个），配上低柜强制性转向。其次，软件要跟上。网点转型工作是一项系统工程和动态管理目标，涉及面广，包括财务资源配置、业务流程再造、劳动组合和岗位角色清分、网点文化建设、机制改革和绩效考核等多项内容，单靠某个部门单枪匹马、单打独斗是难以整体

推进的，需要各级行党委的统一领导，各部门积极参与，组织强有力的工作班子强力推进；需要集中全行人力、物力及财务资源，动员全行力量抓好落实；需要各层面的干部员工观念先行，从促进个人业务长足发展的高度来理解和认识推进网点转型工作的重大历史意义。只有这样，推进网点转型才能取得成效。因此，各行要成立一把手任组长，其他班子成员任副组长，相关部门负责人为成员的网点转型推进工作领导小组，办公室设在个人业务部，确保今年市区和县城网点转型工作的实现。

四是要加强网点服务工作，全面提升服务水平。推动网点转型的一个重要方面是加强对客户服务的引导、辅导和指导工作，起到分流柜员业务、提供个性化服务留住我行中、高端客户的作用，因此，推进网点转型与提升服务水平并不矛盾。当前，特别要做好奥运金融服务工作。5月26日，银监会组织召开了商业银行奥运金融服务查访工作动员及监管培训电视电话会议，要求各级银监部门立即展开对辖内商业银行及营业网点的奥运金融服务的查访工作。重庆银监局近日将采取明察暗访的方式对各行旅游地和外宾出入频繁的银行网点、自助设备开展检查，检查结果直接上报银监会进行通报。市分行已将银监局查访内容及清单印发各行，并组织了三个检查组对重点行开展检查工作。做好奥运金融服务工作，既是维护我国银行业国际地位的需要，同时也是农行员工积极参与奥运、服务奥运，履行社会责任，展示良好公众形象的要求。因此，各行要从讲政治的高度来认识和深入抓好奥运金融服务工作，特别是重庆主城区及辖内旅游景点的所在地的营业网点要从窗口服务语言、币种、产品适用等多个方面推进文明规范服务，全面实现对外宾客户办理业务的无障碍服务。

（二）大力推动个人理财业务发展，努力实现个人业务盈利渠道多元化

1. 构建中高端客户服务体系，大力推进金钥匙理财业务。目前，总行对个人中高端客户的认定标准有两个渠道。一个是银行卡贵宾客户认定办法，根据个人金融资产额度作为认定标准来划分；一个是个人优质客户系统，根据客户积分来进行认定和划分。二者渠道不同，目标一致。前者认定的标志是“金卡、白金卡、钻石卡”，后者目前仅限于内部认定。市分行即将对我行个人贵宾客户和金穗卡贵宾客户两套认定标准进行整合，统一个人高价值客户的准入标准：凡在我行个人金融资产达到500万元人民币及以上的，为钻石客户，发放钻石卡；个人金融资产100万元至500万元的，为白金客户，发放白金卡；个人金融资产50万元至100万元的，为黄金客户，发放金卡。星级客户划分标准是我行内部识别客户贡献度，确定客户优惠、增值服务水平的依据。各行要按照上述标准完善发卡和客户管理流程，做好对客户的宣传和维护工作，实现我行现有个人贵宾客户的有效对接。市分行将建立“金字塔”层级的自上而下中高端客户维护体系。待市分行财富管理中心建立后，钻石客户统一由市分行金钥匙财富管理中心进行维护，白金客户和黄金客户由支行理财中心进行维护，黄金及以下客户则由网点负责人或个人客户经理进行维护。

2. 加强系统平台建设，强化对个人理财业务的科技支撑。市分行已于5月底正式上线个人优质客户管理系统（二期），在此基础上，下半年市分行将上线推广“金钥匙”理财专家支持系统。各行要按分行确定的上线时间和要求，集中力量做好上线后的管理和推广应用工作。各行要牢固树立一级法人观念，在个人优质客户系统（二期）正式上线后，组织好力量搞好个人优质客户的签约工作。在与客户签约时要讲究工作方法，严格保证客户的私密性。不能出现因争夺客户签约权或因工作方法不当给农业银行声誉带来负面影响。同时，各行要加强操作管理，对各层面的操作人员提出严格的保密要求，防止因操作不当或客户信息资料泄密给本行、本单位甚至全行的系统推广工作带来不利影响。

3. 开展理财业务专题营销，做大我行基金及理财业务市场份额。目前，我行基金及理财产品销售工作形势十分严峻，与全年工作目标和同业相比差距甚远。为尽快走出困境，推动我行基金及理财产品销售工作迈上新台阶，市分行拟于6至9月联合监管单位、部分基金公司及有关媒体共同开展基金理财产品促销活动。活动期间将举办10场针对社会大众的个人理财知识主题介绍会和10场针对我行客户经理等营销人员个人理财业务营销培训会。活动结束后，市分行将依据各行在活动期间的基金及理财产品销售额和基金定投开户数按一定奖励标准直接兑现到销售网点。同时，市分行将参照总行对各行理财业务、基金销售手续费收入的一定比例配置专项效益工资的奖励政策，制定我行基金、理财业务收入与效益工资的挂钩考核办法，以促进我行中间业务收入和效益工资总额的同步增长。各行要积极配合市分行组织好本次促销活动，策划1～2个在当地影响大、层次高、收效明显的营销活动，强力宣传我行基金及理财产品。在实际业务销售中，要制定行之有效的营销策略，帮助客户消除因资本市场波动造成的投资顾虑，树立长期投资理念。要在县域基金销售市场实现新的突破，大力拓展理财业务服务“三农”的渠道，结合服务统筹城乡发展积极探索基金及理财产品进社区、进县域、深入乡镇市场的发展之路，巩固已有份额和优势，抢占新的业务增长领域，缩小与同业的差距并实现赶超。

4. 深化理财服务内涵，提升客户服务水平。各行要以增强金钥匙理财品牌吸引力为目标，不断丰富理财服务内容，各行要采用邀请理财专家举办理财沙龙、艺术品投资及鉴赏、色彩设计、健康知识讲座等方式，改变目前理财服务方式单一的现状。市分行下半年争取成为总行“传世之宝”实物黄金代理销售业务的试点行，在主城区选择部分位置较好、客户需求大的网点开办实物黄金业务，以进一步丰富我行理财业务品种，增强对客户吸引力。

（三）高度重视资金组织工作，努力争取储蓄市场份额第一的位置

各行要始终坚持储蓄存款基础地位不动摇，把储蓄存款的组织工作纳入全行工作的议事日程，保持我行储蓄存款增量市场的优势地位。要深入研究市场变化和同业发展，采取有效措施，积极应对资金分流形势，主动把握资金市场流向，努力争取同业市场份额第一的位置，在系统内上档升位。目前，储蓄存款仍然是衡量我行个人业务最重要的指标。70% 的定期存款是我行稳定、重要的资金来源。如果放弃了这一基础地位，相当于放弃了农行最大的优势，赖以生存的命脉，相当于放弃了农行的半壁江山，无异于自取灭亡；要正确认识和理顺储蓄与理财业务发展的关系，把理财产品销售作为强化客户关系的有效手段，促进资金行内循环。最近，市分行与西南证券达成战略合作协议，深化双方在同业存款、共享资源平台、互荐证券客户、发展三方存管等方面的合作。各行要以此为契机，大力发展第三方存管业务，增加银证转账客户数量，分行确立的重点推进行要主动加强与当地证券营业部的联系与衔接，深化银证合作，在大力发展第三方存管业务上创出经验、走出新路。市分行今年将继续出台储蓄及筹资总额与业务发展费用、专项效益工资的挂钩考核的办法，拟拿出 1500 万元发展费用、700 万元效益工资与各行储蓄及筹资计划完成情况挂钩考核。因此，各行要结合本地实际，抓住组织储蓄存款的源头，动员全行力量，采取行之有效的措施，切实抓好储蓄存款的组织工作。这次会议提出的外出劳动收入归集的重点推进行要认真研究细化工作措施与作法，牢牢抓住地方外出劳务输出办、借助组织部门组建外出劳务人员党组织和通过外出劳务的群团首领等方式，抓好外出劳务资金的归集，增加我行储蓄存款总量与份额。

切实做好公积金业务营销工作。从今年 5 月起，我市各区县的住房公积金管理机构将由重庆市住房公积金管理中心全面直接管理，各区县的住房公积金管理机构将成为市中心的分中心开展业务管理工作。同时，市中心将指定受托金融机构承办公积金金融业务。各行要以此为契机，发挥我行在县域经济发展中的优势地位，大力营销当地住房公积金管理机构，争取成为当地住房公积金管理机构住房公积金金融业务的独家承办银行，在公积金归集、管理、使用等多方面开展合作。

（四）大力推进个人信贷业务发展，努力实现业务的突破式增长

为加快个贷业务发展，总行将绝大部分个人贷款的经济资本系数调整为 2%。同时，为做大做强我行个贷业务，市分行已比照总行个人信贷业务职能整合方案的要求，将个人房贷业务划归个人业务处管理。各行要抓住个贷职能全面整合、统筹发展的机遇，提升个贷业务的竞争力。

1. 高度重视个人贷款业务的发展。总行今年将个贷业务发展情况纳入了对各一级分行领导班子绩效考核，并下达了专项信贷计划，明确要求其他贷款不得挤占挪用。市分行拟参照总行考核模式，将个贷业务发展情况纳入对各行领导班子绩效考核，并加大对个人贷款业务办理的奖励力度，以督促各行加快个人贷款业务的发展，努力完成总行下达我行的 17 亿个人贷款增量计划。奖励标准暂定为：个人房贷每笔 100 元，其他贷款按不低于去年标准给予奖励。各行要落实好市分行对个人贷款的奖励政策，确保对直接营销人员的奖励不得低于奖励标准的 70%。

2. 坚持差异化发展战略。在客户结构上，要坚持将信用记录良好、收入职业稳定的政府公务人员、优势行业的中层以上干部等中高端客户群体列为优先支持对象，着力解决我行对中高端客户信贷中存在的办贷效率低下、手续繁杂、准入门槛过高等问题。在区域上，要分清常规个人信贷业务与“三农”个人信贷业务的界线，以支持县城以上区域个人优质客户发展为重点，实施集约化发展。在产品结构上，坚持以个人住房贷款为主体的同时，稳步发展个人自用车贷款，鼓励发展以房地产抵押方式为主的个人生产经营贷款，推广个人客户综合授信贷款，培育新的业务热点。

3. 加强个人信贷产品的创新与推广力度。市分行已对原有的生产经营贷款实施细则进行修订，将选择 10 个经济强县（区）支行，重点推进个人生产经营贷款业务；个人客户综合授信贷款业务试点工作也正式启动，15 个试点行要结合当地实际，选择重点客户群体开展市场营销，积极争夺区内高端客户群体，争取把该项业务产品打造为市场竞争能力强的个人贷款品牌；总行已批复同意我行下岗失业小额担保贷款与市政府政策相对接，市分行也对贷款管理办法进行修订并提交本次会议讨论收集意见后修改下发，选择已经与分行签订战略合作协议和与分行有合作意愿的 10 个区县重点推进该项业务，争取地方劳动、社保、再就业以及财政等部门支持，借助我行银行卡进行社保、医保资金归集。市分行将扩大非交易住房公积金组合贷款试点范围，并向总行申请将我行列为个人住房贷款一类地区，扩大直客式住房贷款楼盘准入范围。同时，积极争取总行在我行开展个人自助循环贷款试点。

4. 加强个人贷款基础管理，提高风险控制能力。一是推广个贷业务的专业化管理、集约化经营。以个贷特色经办网点和个贷经营中心为双擎，推进个贷业务的专业化运作。市分行已组织对全行个贷业务的经办网点进行清理，在清理的基础上，按市区行、郊区行、山区行分别确定经营网点个数，由各行结合地区客户资源确定经办网点，其他网点的个人贷款划转到集中网点进行集约化经营。同时，市分行还将在部分个人贷款集中的支行推行个人贷款接单与办理分岗运行制度。二是积极推进个人信贷业务的网上作业。根据总行对信贷业务网上作业的推广意见，在 2008 年底前，实现全行个人信贷业务网上作业的单轨运行。市分行决定从 6 月 1 日起全面推广个人贷款网上作业的单轨运行。各行应以此为契机，积极推进个人贷款内部审批流程转型，大力推进“重点营销、集中审批、专业运作”的业务流程重组，强化个人贷款标准化、规范化运作，提高贷款办理效率。三是强化精细化管理，提高风险控制能力。各行在积极发展个贷业务时，务必将发展质量放在首位，不能把发展简单理解为资产数量的扩张，走粗放经营的老路。要严格执行个人贷款“四包”责任制管理办法，增强合规经营意识。严格落实银监会办公厅对汽车贷款在空白合同管理、经销商担保能力审核、严格贷前调查、贷中审查与贷后管理、规范账户管理和防止“假车贷”方面的风险提示，严格执行人民银行和银监会“第二套房贷”的规定，严防“假按揭”、“假车贷”重新抬头。市分行将进一步加大对假按揭、逆程序、越权、私贷公用、多贷一用、变通借款主体和贷款用途等违规行为的追究力度。同时，各行要切实加强对贷后管理制度执行情况检查和责任追究力度。各行前台应至少落实一名风险经理，专（兼）职负责个贷在线监测工作，提高风险预警能力。

（五）整合系统资源，打造高效率的产品销售服务渠道

1. 加快职能调整，实现个人业务由做产品向做客户转变。今年，市分行根据总行要求，调整了个人业务管理职能，成立网点建设办公室，将网点建设与管理职能调整到个人业务处，将房地产信贷处管理的个人房贷营销管理职能也调整到了个人业务处，目的是整合我行个人业务的产品、信息、管理和人力资源，建立以客户为中心的个人业务营销管理体制，为个人业务由做产品向做客户转变提供条件。但由于目前管理体制和部门分工关系的限制，个人业务发展资源分散，给工作的协调和综合性营销带来一些困难。因此，各行要加强个人业务产品、信息、管理、技术、人力资源的有效整合，要尽量将涉及个人业务的相关资源整合到个人业务部门。

2. 加强个人金融业务团队建设，健全零售业务产品销售渠道。要通过人力资源改革促进机关沉员转岗、变责，通过推进网点转型减少高柜柜员，采取支行组织营销团队、派驻客户经理、网点自身转岗等方式，充实网点大堂经理、客户经理、理财经理和低柜柜员，至少年内对全行全功能型网点要配齐大堂经理和低柜柜员，明年全行营销服务型网点要配齐低柜柜员、大堂经理，为分流业务和为中、高端客户提供差异化、个性化金融服务，全面提升我行零售业务产品销售渠道的效率。要根据总行每250－300户个人贷款配备1名个人客户经理的要求充实个人客户经理人员，对达不到要求的行，分行将采取停止新的合作项目或控制部分业务规模等措施，加强个人贷款风险的防范。

3. 加强个人业务队伍建设，提高新形式下发展个人业务的能力。各行要树立“大零售”观念，增强“零售银行”发展理念，在资源配置、体制机制予以倾斜和支持。要按照业务发展的要求扩充个人业务部门的岗位编制，配备高素质的个人业务经营人才，凡参加总、分行培训的个人客户经理要尽量保证从事个人业务工作，并保持相对稳定。市分行联合中国金融理财标准委员会将在本月举办一期60人的金融理财考前培训班，目前全行报名十分踊跃，经分行审查同意的人员，各行应支持他们参加考前培训与辅导工作，尽量多培养适应个人业务发展需要的理财师专业人才。对获得国家论证理财师资格的人员要尽快调整到相应岗位工作，以适应个人业务发展变化对从业人员的素质要求。同时，还要加强个人客户经理ABIS培训，不会做柜员，就不会做业务。今年分两批对全行个人客户经理分期培训，取得上岗证，能够从事低柜业务，上下无障碍。要健全网点大堂经理、产品经理、理财经理、营销经理、个贷经理、柜员等岗位序列，推进岗位序列论证与晋升体系建设，搞好各层面岗位人员职业发展规划，让他们能够充分发挥自我价值。要加强个人业务重要岗位的资格准入和业务培训，逐步建立个人金融从业人员持证上岗制度，统一组织资格考试和岗位准入，全面提升我行个人金融业务队伍的营销与服务水平。

（六）大力推进合规文化建设与内控管理，增强个人业务可持续发展

要加强个人金融条线内控管理的执行力，健全组织体系和责任机制。各行个人业务部门负责人要按照管人、管事、管思想的要求，加强业务条线人员的内控管理工作，对本行个人业务内控管理工作负全责，强化对重点监控单位和重点业务品种的风险管理与控制。要高度重视个人业务部门自律监管工作。市分行已下发2008年个人业务自律监管工作意见，对今年自律监管工作进行了统一安排，突出了个人业务条线内控风险点的管控工作，对过去检查发现问题较多的单位和重点业务环节的抽查工作进行了布置，各行要严格按规定切实做好辖内检查和整改督办工作，要通过监管认真查找我行个人业务在制度的设计、风险环节的控制、操作过程中与同业存在的差距和问题，增强风险防范措施和手段。同时，要从历次检查中深入查找存在问题的原因，不仅要做好问题的整改，更重要的是要深入分析存在问题的原因，增添整改措施，防患于未然。要严格执行个人金融业务操作规程与制度规定，提高对个人业务操作风险的识别、预警、评价和控制能力，重点防范个人金融大要案件的发生。要加大宏观经济政策和指导意见的督促落实力度，做好市场风险和政策性风险的屏蔽工作。近期，要按照银监会要求，全面梳理基金及理财产品销售过程的风险点，做好客户的风险承受能力测试及与客户拟购买产品的风险匹配检测，确保业务持续稳健发展。

转变经营理念　推进各项措施　加快个人金融业务转型

——马钊同志在新疆兵团分行个人金融业务会议上的讲话

今年以来，宏观经济金融形势发生了明显变化，同业竞争日趋加剧，给我行业务经营带来了较大的影响，全行的个人金融业务也面临着加快调整和转型的艰巨任务。新的历史时期，需要我们以更加有力的姿态抓住经济增长的机遇，顺势而为；更要保持一份清醒和冷静，提高战略认识，增强对宏观经济金融形势的研判力，努力争取可持续发展的主动权，加快推进个人金融业务转型。

一、转变经营理念，提高对加快个人金融业务发展的战略认识

个人金融业务是商业银行在经营中按客户对象划分出的以个人或家庭为服务对象的金融业务，相对于公司、机构类批发业务而言，个人金融业务属于商业银行的零售业务。随着商业银行业务重心向个人金融业务的转移，个人金融业务在银行的利润来源中占有越来越大的份额。进入20世纪90年代以后，随着发达国家银行业从主要以融资中介转向综合化服务功能的转变，互联网技术的广泛应用，发达国家商业银行个人金融业务的发展开始逐步表现出如下趋势：一是服务方式的电子化趋势；二是组织机构的专门化趋势；三是业务重点的多元化趋势；四是金融产品的个性化趋势。

长期以来，国内商业银行往往只注重对大企业、大客户的金融服务，而忽视了对个人金融业务市场的拓展，个人金融市场需求处于极大的压抑状态。到了20世纪90年代后期，各家银行开始逐步认识到个人金融业务对整个商业银行经营的重要性，纷纷成立个人业务部，以加大个人金融业务开拓、管理力度，制定了以储蓄业务为重点，卡业务为龙头，代收代付业务为依托，个人消费贷款等个人综合理财业务为突破口的个人金融业务发展策略，国内商业银行个人金融业务经营的步伐明显加快，纷纷从确立贵宾客户准入门槛、调整内部资源配置、创立个人理财品牌、创新理财业务产品与服务、实行事业部制等方面开展市场竞争，金融工具与服务创新日新月异，大多新商业银行着手尝试向客户提供专业化的投资顾问和本外币理财产品，开拓自己的发展空间。

农业银行个人业务起步较早，但发展缓慢，业务结构主要集中在传统个人业务上。近年来，农行加快了个人业务的转型步伐，积极创新个人金融业务经营管理模式，个金业务得到协调发展，综合竞争能力不断增强，逐步从“小个金”向“大个金”的营销方式转变。

近两年来，全疆农行个人金融业务认真落实两分行党委的各项要求，以提升个人金融业务综合营销能力和服务水平为切入点，不断强化储蓄存款基础地位，加快个人资产业务发展，完善个人金融产品营销体系，推动网点转型，个人金融业务得到了有效发展：储蓄存款基础地位进一步巩固；银行卡核心竞争力明显提升；电子银行业务发展不断提速；个人新增贷款质量得到改善；个人中间业务收入快速增长；个人金融业务管理水平不断提高。

但我们也要清醒地认识到全行个人金融业务发展还面临许多体制、机制约束和瓶颈问题：一是储蓄存款市场份额下滑；二是个人中间业务竞争力较弱，特别是基金及理财业务竞争乏力；三是网点转型严重滞后，规模优势难以转化为经济效益；四是个人资产业务不断萎缩，市场边缘化趋势明显加大；五是网点柜员、个人客户经理、大堂经理配备严重不足，金融理财师等高素质人才缺乏，高端客户一对一的专业服务薄弱。个人业务与集约化经营、精细化管理、高质量发展的要求还存在一定差距，必须引起全行上下高度重视，认真研究解决。

大力发展个人金融业务，既是新疆社会环境变化和经济结构转型的客观要求，也是全疆农行主动适应金融市场变化和个人业务发展策略的必然选择，对全疆农行全面实施“135战略”，加快经营战略转型具有十分重要的现实意义。根据全疆农行所处的发展环境，总的来看，当前和今后一个时期个人金融业务正面临着一个机遇和挑战并存的新形势。

二、个人金融业务工作指导思想和发展目标

（一）个人金融业务工作指导思想

以科学发展观为指导，认真贯彻落实总行“3510”战略规划和两分行“再造工程”战略安排，按照建设最大零售银行的要求，以提升个人业务综合营销能力和服务水平为切入点，加快产品创新、流程再造和机制优化，努力提高目标客户、理财产品、个人贷款、储蓄存款、银行卡、电子银行等主要核心指标的市场占比，积极培育高净值个人客户市场的服务能力和市场竞争能力，为推进零售业务战略转型奠定基础，在新的起点上实现个人金融业务又好又快发展。

根据这一总体要求，个人金融业务的主要发展目标：一是提高个人金融业务市场份额。二是保持银行卡业务市场份额第一的地位。三是加快发展电子银行业务。四是积极推进网点转型工作。五是加强个人金融业务队伍建设。

三、扎实推进各项措施，努力开创个人业务工作新局面

（一）加快机制创新，建立科学有效的个人业务评价考核体系

通过加快个人业务营销机制创新，建立科学有效的考核体系，促进个人业务营销业绩的提升。

1. 加强个人业务部门考核力度。分行个人业务板块要实行绩效与二级分行（直属支行）相关营销指标挂钩的方式，激发分行前台部门营销的积极性。各二级分行（直属支行）个人业务板块要统一由一位行领导分管，并将薪酬与个人业务工作指标完成情况进行捆绑考核，促使专职副行长更好履行职责。二级分行（直属支行）个人业务部门与经营行要推行共同对网点和个人客户经理在业务上“双重管理、双线考核”经营管理模式，即各行个人业务部门绩效要与本行个人业务营销指标挂钩考核；通过推行穿透式考核，跨过县级支行，直接考核到基层营业网点，增强对网点的直管力度和帮促营销力度，增强条线控制力和执行力。营业网点要将个人业务指标合理分解到个贷客户经理、大堂经理、理财经理、柜员等各个岗位。

2. 拓宽个人业务指标考核的范围。实行“1＋N”考核模式，将个人贷款、基金、国债、第三方存款、理财产品等与存款指标加权组合构成个人业务发展竞争力指标，作为业绩考评的主要内容之一。增加分行对各行个人业务收入占比考核指标，同时各行在对网点百分制的综合考核办法中个人业务指标权重须在60%以上。

3. 推行对个人业务产品计价考核。分行将制定《个人金融产品营销计价奖励指导意见》，使个人业务重点产品计价覆盖率达到100%，分行切出专项奖励资金，对各行实际营销情况进行奖励。各行可结合实际细化分行个人金融产品计价奖励办法，拿出专项奖励资金，对个人客户经理、大堂经理、网点主任、低柜理财经理、柜员等分别建立考核指标体系，加强基金、理财产品、银行卡、电子银行等产品的计价考核力度，对个人客户经理要以高端客户维护为主要考核内容。对于可以认定营销个人的产品要将激励措施兑现到个人，不搞截留，对于跨部门、综合性的营销活动，要根据贡献度合理进行二次分配。建立个人贷款的考核激励机制，分行将出台个人贷款业务营销奖励办法，在工资、费用方面予以专项支持，激励政策要求兑现到一线客户经理，各行个人业务部门做好政策兑现的监督工作。

（二）再造个人信贷业务运作流程，完善个人业务经营管理体制

1. 健全个人业务营销组织体系。分行个人业务板块各部门负责本条线业务管理、产品技术支持、指标考核和人员培训，分行个人业务处为个人业务综合营销的牵头部门，负责牵头组织综合营销方案的制定、考核；根据总行规范个人信贷业务管理职能的要求，将个人信贷业务前台职能统一归口到分行个人业务处，设立个人信贷业务管理部门，专职负责个人信贷业务的营销和风险管理，并配备充实业务管理人员。所有二级分行（直属支行）必须单设个人业务部门，统一归口负责分行个人业务板块各部门产品营销，综合指标考核和人员、产品培训；县级支行以个人金融业务拓展为主，营业网点成为个人业务的营销平台。

2. 实施个贷业务流程再造。建立分散受理、集中审查审批、集中经营管理的个人信贷业务经营管理模式。在二级分行（直属支行）个人业务部门下设个人消费信贷部，将客户调查、审查、审批、抵押登记、贷款发放直至产品售后管理的全过程进行全面整合。其中，个人消费信贷部审查审批中心由审查人员和独立审批人组成，直接对二级分行（直属支行）行长负责。个人经营类贷款由各支行和网点受理调查，二级分行（直属支行）信贷部门审查，有权审批人审批。各支行和网点负责个贷业务营销拓展、受理调查、客户维护和经营，协助二级分行（直属支行）进行贷后管理，实现“操作集中化、业务专业化”的集约化经营，构建控险能力强，运作衔接流畅，审查审批效率高的个贷业务平台。

3. 确定以个人住房贷款为核心的个贷产品营销体系。各行应积极贯彻总分行发展个贷业务的指导思想，重点发展个人住房贷款业务，做好房地产开发贷款与个人住房按揭贷款的联动营销。对原个人住房贷款不良率高影响个人住房贷款营销的行，分行将根据当地房地产市场情况，重点选择优势项目支持各行积极发展个人住房贷款。分行要根据兵团小城镇建设的具体情况，进一步完善兵团小城镇建设团场职工贷款管理办法，便于基层行操作。同时各行应结合本地区经济发展情况大力营销优势个贷产品，将信用良好、收入稳定的重点优质客户吸引到我行，带动其他个人业务产品的发展。

（三）以客户为中心，实行差异化分层营销服务

在激烈的竞争环境下，个人业务的健康、有效和快速发展取决于对客户尤其是中高端客户市场份额的争夺。这就要求我们营销策略实现从“经营产品”向“经营客户”转变，实施针对不同个人客户，落实不同的服务营销策略，满足不同层次客户群体的服务需求。

1. 统一和明确客户细分标准。分行进一步细化总行《金钥匙理财贵宾客户管理办法》，统一明确了个人中高价值客户的准入标准，各行要按照该标准完善发卡和客户管理流程，切实做好客户分层工作，建立客户维护保障体系。

2. 加快系统推广应用。各行要集中必要的资源，切实加快个人优质客户管理（PCRM）系统和专家理财（CFE）系统的推广应用，完善中高端客户服务体系。今年12月底前，将CFE系统推广应用到各行辖内骨干网点、已建和拟建的理财中心和财富管理中心。同时，抓紧做好推广网点选择、人员培训、业务数据调整、人力配备等工作，集中组织业务人员和技术力量确保系统成功上线。技术上线完成后，要尽快实现业务上线，对识别的贵宾客户要落实营销责任人，实现建立客户关系、签约、贵宾卡发放、后续维护服务依次到位。

3. 明确分层服务内涵。各行要积极运用升级后的优质客户管理系统切实做好客户营销、识别和维护。要按照“着力培育成长型客户，大力发展中高端客户”的要求，针对目标客户群体落实不同的服务营销策略，对一般大众

客户及成长性客户，完善和推广标准化、制式化的产品服务方式；对中端客户，以理财业务为主要服务内容，实行标准化产品、差异化营销；对高端客户，以财富管理为服务重点，实行差异化产品、个性化营销、顾问式服务。对识别出的金卡、白金和钻石客户要指派专、兼职个人客户经理进行营销维护，实现一对一或一对多的专门服务。并要按照客户价值与贡献度，合理确定优先、优惠、优质与增值服务的范围、内涵与价格水平，提升中高端价值客户服务水平。

（四）深度挖掘客户价值，推进大个金综合营销

各行要以客户为中心，充分发挥我行机构网点多、营销网络宽、客户群体广的独特优势，巩固传统储蓄市场领先优势，连接多元化、跨市场产品，尽快建立起综合服务型的零售银行业务发展模式。

1. 坚持储蓄存款基础地位不动摇。一是各行要坚持负债业务在银行各项业务经营中的基础地位，牢固树立“抓存款就要抓客户，有客户就有存款”的思想，转变增存观念，由抓存款向抓客户转变。二是突出重点产品营销，将个人通知存款、“汇利丰”、代收代付等优势产品作为营销重点，发挥重点产品对储蓄存款的拉动作用。三是突出重点网点营销，将储蓄亿元所和地理位置优越的网点作为营销主渠道，充分发挥骨干网点、精品网点等重点网点的营销作用，推动储蓄存款稳步快速上升。四是要突出重点客户营销，实施公司、机构条线联动营销，建立业务联动和协作机制，将各行业、各领域的中高端收入群体作为主攻重点，逐步将个人金融服务领域扩大到企业和部门的各经济单元、企业员工及关联企业。五是理顺储蓄和理财业务发展的关系，把理财产品销售作为强化银客关系的有效手段，促进资金的行内循环，做好第三方存管业务营销工作，争取客户股票账户资金回流储蓄账户。做好联名存款、存款证明等业务推广。

2. 大力推动基金等个人金融产品销售工作。一是各行要结合总行有关长期激励政策要求，贯彻落实两分行在年初制定的《基金代销业务奖励办法》。开展基金专项促销活动，对总行托管的基金产品和农银汇理旗下的基金和理财产品按认购额的2%追加奖励工资，给予阶段性奖励。二是加大基金定投业务的开办力度，组织好基金定期定额业务优惠推广活动，做大定期定额业务规模，保证我行基金持续营销能力。三是将基金市场份额考核纳入绩效考核体系，分行在县域基金市场份额必须保持第一，二级分行基金市场份额要保二争一。四是做好国债宣传营销工作，在积极完成总行凭证式国债代销计划任务的同时，宣传并推广记账式国债业务，做好储蓄国债业务系统上线工作。五是积极做好券商集合计划的推广销售工作，重视基金和理财产品售后维护工作，做好产品、客户档案的管理，建立完整的事前、事中、事后信息披露，并完善投诉处理机制。六是提高保管箱业务的开办率，督导已开办行保管箱业务的整改工作，协助符合条件的行开办保管箱业务，使保管箱业务尽快进入规范化发展轨道。七是加快“本利丰”系统、黄金业务系统的上线工作。争取8月底前实现“本利丰”系统上线，积极创造条件，在总行统一安排下推广黄金业务，争取开办实物黄金代理业务。

3. 进一步巩固银行卡优势地位。各行要注重银行卡的综合功能开发。一是凡与农行有业务关系的客户均要开立借记卡，增加有效发卡量。扩充借记卡个人理财增值功能，与银保通、外汇宝、基金、国债买卖、第三方存管等产品衔接，为客户提供多样性的理财服务。二是加大贷记卡的推广力度，将信用较好、消费能力较强的中高端客户发展成为贷记卡客户。认真贯彻落实全国公务卡改革试点电视电话会议精神，与公司、机构等部门密切配合，加大对财政预算单位公务卡的营销力度。积极发展优质特约商户，在坚持联网通用前提下大力推进POS间联，加快银行卡受理市场建设。加强自助银行服务管理，努力提高自助设备的综合效益，实施自助银行集中式运营管理模式的建设，同一城区自助设备在30台（含30台）以上的行，要成立自助银行管理维护中心，对自助银行进行集中式管理，负责集中配钞、维护、运营等工作。同一城区自助设备在30台以下的行按每10台自助设备设立一名专职自助设备管理员的标准配备设备管理员，负责所属自助设备的管理、维护工作。积极发挥电话转账业务的特性，使其真正成为直接面向农民，服务“三农”的最直接、最基本的金融产品，大力拓展金穗卡在粮、棉、油、甜菜、番茄等农副产品收购结算等支付领域的应用，为农民提供方便、快捷的现代金融服务。

4. 积极发展网上银行个人注册客户。各行要依据个人优质客户管理系统，认真筛选三星级以上客户，利用营业网点的资源优势，通过柜台宣传和客户经理上门，动员客户注册。同时，要抓好各级行员工个人网上银行注册；农行代发工资、批量发卡的单位员工注册；企事业单位员工、高校师生、个体工商户注册；农行信用卡及缴费类等客户注册，整合渠道申请、激活手续，注重流程再造，提高营销效率，促使两分行所辖各行完成网上银行个人注册客户数、企业注册客户数和电子银行业务收入三项指令性考核指标，完成网上银行交易额、金穗银信通注册客户数、非柜台业务占比和动户率等指导性考核指标，将电子渠道创造的收益核算到经营行，激发经营行发展电子银行业务的积极性。

5. 加强个人外汇业务营销。各行要顺应个人外汇管理政策变化，积极打造个人外汇品牌，创造新的业务增长点。一是积极营销西联汇款等个人类外汇业务产品。有条件的行要选择个体工商户、外籍务工人员聚集区、旅游热点地区以及各大学、对外贸易发生频繁的市场和居民区，重点推广西联汇款、汇利丰个人理财、留学一站通、快乐商旅等个人外汇产品。二是建立VIP个人外汇客户档案，锁定目标中高端客户，通过短信平台、客户见面会等方式加强与客户的联系，为“境外宝”、“汇利丰”等个人理财产品的销售打好基础。三是积极发展个人结售汇业务，通过结售汇业务带动储蓄存款、汇款和理财业务发展。

（五）优化资源配置，加快网点转型

一是完善网点转型管理体系。各行要把网点转型工作作为一把手工程强势推进，促进各级行和全体员工增强对网点转型工作重要性和紧迫性的认识。分行已经成立网点管理办公室，并完成了相应的职能整合和人员配备。各二级分行（直属支行）要按照总分行网点转型意见和规划的要求，在个人业务部门设立专门的网点管理办公室，至少配备1名工作人员具体负责网点管理及转型工作，8月底前完成相应的职能调整，并保证将人员配备到位。各行网点管理办公室要积极参与制定网点建设规划和装修改造方案，分行个人业务处要承担起网点建设规划和改造项目的审核审批职责，各行上报的网点建设计划和装修改造方案必须经分行审批。

二是集中财务资源，优化物理渠道。两分行要制定网点转型实施方案和发展规划，明确网点转型标准，指导和规范网点转型工作。要全面实施网点环境视觉形象统一设计和建设标准工程，按照自助网点、基础网点、骨干网点、理财中心4个层次进行功能分区的改造，统一设计营业网点内外部硬件设施配备。今后营业网点内外部硬件设施配备均由两分行统一设计，统一招标，各行不得自行购置。同时，两分行每年除总行专项费用外，再单独切出一块专项资金用于网点建设与转型，按照客户分层、业务分流、功能分区的标准，力争两年内将城市营业网点全部改造完毕。其中兵团分行今年底前完成，区分行明年年底前完成。今后新建、新装修的骨干网点和理财中心必须设有现金服务区、非现金服务区、自助服务区、咨询引导区、客户休息等候区和贵宾服务区（或贵宾理财区）等标准功能区，为客户分流、业务分区创造条件。

三是增加自助设备，扩充电子渠道。各行要进一步完善网点电子银行服务区建设，力争每个城市骨干网点配备一套网银终端、电话银行、自动柜员机等电子银行自助设备，人均存款余额达到800万元以上的县域网点至少配备一台ATM；要着力在外部建设离行式自助银行、银行卡特约商户，营销网上银行、电话银行、手机银行、转账电话、银行卡转账业务，逐步使我行的网络延伸到社会各个层面。要进一步增加电子银行在投资理财、个人贷款方面的专业化服务功能，扩展电子渠道的分销功能，缓解柜面服务压力。

四是打造贵宾服务平台，拓展理财渠道。要逐步建设理财窗口、金钥匙理财中心、财富管理中心三级理财模式，为贵宾客户打造一套比较完整的专属、专享、专用的服务平台。各行要坚持“城市网点优先，自有网点优先和规模大的网点优先”的原则，重点加快一级分行和二级分行所在地城市行理财中心建设。

（六）加强风险控制，保障个人金融业务健康持续发展

在积极发展个人金融业务的同时，全行要将追求发展质量放在首位，把建立严格的风险防控体系作为发展个人业务的关键来抓，努力提高风险管理能力，促进个人金融业务健康发展。

1. 加大个人金融业务自律监管检查。一是加强个人业务条线内控管理的执行力，健全组织体系和责任机制，各行主管行长要对本级行个人金融内控管理工作负全责，尤其要加强对重点业务品种的风险管理。要按照年初下发的专业条线案件防控实施方案要求，完善个人金融业务操作规程与制度体系，提高对操作风险的识别、预警、评价和控制能力，重点防范个人金融大要案件的发生。二是要定期组织全行范围内的个人业务自律监管活动，加大现场检查和非现场检查的频率和覆盖面，把握业务各环节的风险点，及时纠正业务操作中的不规范行为，加强对系统内经营风险的排查和整改力度。各经营行也要切实做好辖内检查和整改督办工作，并运用各项监管检查结果，对普遍存在和屡次发生的问题，落实系统性的风险控制措施，防止问题的再度发生和蔓延。

2. 做好基金和理财产品的风险屏蔽工作。各行要加大宏观经济政策和指导意见的督促落实力度，要严格按照银监会和证监会的要求，在基金及理财产品营销过程中做好风险提示、强化信息披露，规范信息披露的方式、途径与内容。做好客户的风险承受能力测试及与客户拟购买产品的风险匹配检测，认真履行风险揭示与告知义务，规范相关理财产品合同，避免法律风险及纠纷的发生。

3. 提高个贷业务的风险防控能力。一是按照流程银行的要求，完善个贷基本规程和审批体制，建立真正符合个贷特点、适应市场、风险可控的个人信贷管理制度。二是制定客户准入和贷款发放标准、建立个贷风险信息预警和监测制度、落实个人信贷业务在线实时监测。对客户经理新发放贷款实行“四包”，即：包放、包收、包管理、包效益。加强对个人贷款的预警、分析、监控和定期通报，提高对风险的识别、预警、评价和控制能力。三是全面推进个贷业务贷后管理工程，严格执行总行个人贷款贷后管理办法，加强对贷后管理制度执行情况的检查和责任追究力度。加大不良贷款清收力度。坚决杜绝“假按揭”、“假车贷”，杜绝我行发放开发贷款、他行提供按揭贷款的现象。

4. 加强银行卡、电子银行业务的风险控制。一是加强对信用卡申请人和持卡人的资信审查和监控，防止不良套现行为发生。加强对特约商户的资质审核，严禁拓展不合规商户，审慎发展高风险行业的商户，防范收单风险和伪卡诈骗风险。加强信用卡授信管理和透支管理，严格执行授信审批和授信额度的相关规定，并根据持卡人交易情况，及时调整信用控制策略，有效防范业务风险；做好贷记卡透支数据下载和属地催收账户的建立，加强与公安、司法等部门的联系，对恶意透支户进行追讨和诉讼，避免我行信贷资金的损失。加强技术风险的预警和监控力度，改进业务处理系统、采用新兴保密加密技术、规范密钥管理、建立应急预案等多种手段，严格控制发卡、收单、业务外包等环节的业务处理系统和网络所涉及的技术风险。二是强化电子银行业务的规范化管理。对现有电子渠道产品进行梳理，对电子银行业务相关的协议、申请表等资料进行统一；对电子银行产品的业务管理办法和操作规程进行一次全面的增加、补充、修改、完善，确保电子渠道产品的安全运行和生产；对新产品和新商户实行报批报备和评估审查制度，严禁逆程序或漏程序情况发生；对已经审批的项目进行后评价，重点评价其市场效益和风险，对效益差、风险高的项目实行退出机制。同时，要将电子银行在线监控纳入会计监控系统，落实岗位和专人负责对电子银行非正常交易的在线监测，做到实时预警，及时处理。

（七）加快人才培养，建设高素质个人金融业务队伍

建设一流的银行，必须一流的人才。全行始终要坚持“以人为本”，把人才资源作为最重要的战略资源，并努力培养和造就一支综合素质过硬的个人金融业务队伍。

一是加强对个人金融业务人员的素质培养以及业务理论、操作技能的培训，重点培训网点员工的服务礼仪、服务规范、营销与沟通技巧、产品知识和业务技能等，使其熟练掌握和运用各项技能，提高柜面人员的业务操作水平，提高柜面业务办理效率和网点综合服务能力，提升网点服务形象。二是健全网点经理、大堂经理、产品经理、理财经理、营销经理、个贷经理、柜员等岗位序列，特别要做好金融理财师的职业发展规划，让他们能够充分发挥自我价值。三是按照专业化、职业化、知识化的发展要求，着力改善个人客户经理工作环境、加强资格准入和业务培训、抓好日常管理。逐步建立个人金融从业人员持证上岗制度，统一组织资格考试和岗位准入，加强培训力度，同时，加强与保险公司、基金公司、证券公司合作和交流，进行为期较长的联合人才培训，通过多层级、多方面的培训方式，全面提升两分行个人金融业务队伍的营销与服务水平。四是加大金融理财师的培养力度，打造一批具有较强营销能力的专业理财师队伍。两分行将委托中国金融理财标准委员会或国家劳动和社会保障部在我行举办国内金融理财师（AFP）培训和国家职业资格二级理财规划师的认证培训，并积极选拔优秀人才参加总行举办的国际金融理财师（CFP）和金融理财管理师（EFP）培训，对于经过培训取得资质的理财人员各行要优先安排到理财岗位，保证人尽其用，充分发挥理财人员的自我价值和营销维护中高端客户的作用。同时，各行要加强对现有理财人员的持续培训工作，并针对理财岗位的专业特点在相关待遇上给予一定倾斜，营造尊重人才的用人氛围，增强理财岗位的竞争力和吸引力，不断提高理财专业队伍的素质。

强化基础建设　提升竞争实力　加快新疆分行个人金融业务转型

——王炳剑同志在新疆分行个人金融业务会议上的讲话

一、近两年个人金融业务工作回顾

近两年来，新疆分行个人金融业务认真落实新疆分行党委的各项要求，以提升个人金融业务综合营销能力和服务水平为切入点，不断强化储蓄存款基础地位，加快个人资产业务发展，完善个人金融产品营销体系，推动网点转型，个人金融业务得到了有效发展。一是储蓄存款基础地位进一步巩固。在资本市场活跃，储蓄存款分流，资金组织难度加大的严峻形势下，各级行统一思想认识，将储蓄存款作为基础工作来抓，有效促进了储蓄存款的增长。二是银行卡核心竞争力明显提升。银行卡发卡量、卡存款、交易量和业务收入四项指标均居全疆同业第一。今年前六个月，新疆分行新增发卡量、交易额均在同业排名第一。三是电子银行业务发展不断提速。网上银行个人注册客户数、交易额均创出近年来的新高，电子银行业务呈现出快速发展势头。四是个人新增贷款质量得到改善。两年来，新疆分行累计发放个人贷款5.4亿元，新增贷款不良率0.38%，个人资产业务风险得到有效控制。五是个人中间业务收入快速增长。新疆分行个人中间业务呈现收入不断增长、结构不断优化的发展态势。银行卡业务收入成为中间业务收入的主要来源；基金代销业务收入已成为中间业务收入新的效益增长点；国债等其它中间业务收入大幅提高。六是个人金融业务管理水平不断提高。按照“横向到边、纵向到底、责任明确、逐级负责”的要求，新疆分行落实个人金融业务条线的案件防范责任制，开展个人金融业务自律监管现场检查工作，及时纠正违规操作行为，有效防范了个人金融业务经营风险。

二、今明两年个人金融业务主要任务和工作重点

今明两年，新疆分行个人金融业务工作的总体要求是：以科学发展观为指导，认真贯彻落实总行“3510”战略规划和新疆分行“再造工程”战略安排，按照建设最大零售银行的要求，以提升个人业务综合营销能力和服务水平为切入点，加大个人业务产品营销力度，提高目标客户、理财产品、个人贷款、储蓄存款、银行卡、电子银行等主要核心指标的市场占比，积极培育高价值个人客户市场的服务能力和市场竞争能力，为推进零售业务战略转型奠定基础，在新的起点上实现个人金融业务又好又快发展。

根据这一总体要求，今明两年新疆分行个人金融业务发展的主要措施是：

（一）建立和完善中高端客户服务体系，大力推进金钥匙理财业务

在激烈的竞争环境下，个人业务的健康、有效和快速发展取决于对客户尤其是中高端客户市场份额的争夺。全行要不断创新个人业务经营机制，实施针对不同层面个人客户的一揽子营销规划，满足不同层次客户群体的服务需求。

一是统一和明确客户细分标准，切实做好客户分层工作。要统一明确个人中高价值客户的准入标准。各行要完善发卡和客户管理流程，建立客户维护保障体系。星级客户划分标准是我行内部识别客户贡献度，确定客户优惠、增值服务水平的依据，不用于对外宣传。二是加快系统推广应用，为中高端客户服务体系的完善提供强有力的科技支持。目前新疆分行已将个人优质客户系统推广到各网点，各行要积极运用升级后的优质客户管理系统切实做好客户营销、识别和维护工作。各行要抓紧做好人员培训、业务数据调整和人力配备等工作，要集中必要的资源，切实加

快个人优质客户系统和财富管理系统的推广应用。三是努力实现营销目标由产品销售向客户营销转变。改变长久以来以产品为主线、以任务完成情况为业绩考核标准的个人业务营销模式，要突出以客户营销为主线、以产品和服务为手段、以客户群体壮大、业务收入增加为业绩考核标准的客户营销模式。客户经理要通过发现和接触客户，研究客户偏好，提供个性化、专业化的服务，建立客户与农行的信赖和依存关系，并在此基础上向客户销售合适的产品和服务，提高客户对农行的收入贡献度。

（二）充分挖掘客户价值，促进综合服务型零售银行业务全面发展

要实现打造一流零售银行的目标，必须发挥好我行机构网点多、营销渠道宽、客户群体广的独特优势，充分挖掘客户价值，全力拓展个人金融业务，尽快建立起综合服务型的零售银行业务发展模式。

1. 高度重视储蓄存款组织工作。坚持负债业务在各项业务经营中的基础地位，转变增存观念，由抓存款向抓客户转变。要突出重点时段营销，一季度重点抓好“春天行动”综合营销活动，在春耕生产、农副产品收购时节开展专题营销活动，形成持续性的营销链条。要突出重点产品营销，做好联名存款、通知存款、存款证明等业务推广，充分发挥重点产品对储蓄存款的拉动作用。继续发挥小额账户收费系统的作用，开展存折睡眠账户清理工作，不断优化和调整客户结构。

2. 大力推动基金等个人金融产品销售工作再上新台阶。一是各行要结合总行有关长期激励政策要求，认真贯彻落实新疆分行在年初制定的《基金代销业务奖励办法》。为提高销售人员的积极性和主动性，各行务必要制定行之有效的具体实施方案，切实提高一线营销人员的积极性，力争以我行托管基金和农银汇理基金产品为突破点，做大基金销售规模。三是积极做好国债、黄金、券商集合计划、理财产品的系统上线和营销宣传工作。在完成总行凭证式国债代销计划任务的同时，做好储蓄国债业务、黄金业务和理财产品销售系统上线工作，加强券商集合计划和记账式国债业务的推广销售，不断拓宽业务范围。

3. 进一步巩固以借记卡为主体的银行卡优势地位。各行要注重银行卡的综合功能开发。一是扩充借记卡个人理财增值功能，与银保通、外汇宝、基金、国债买卖、第三方存管等产品衔接，为客户提供多样性的理财服务。二是加大贷记卡的推广力度，将信用较好、消费能力较强的中高端客户发展成为贷记卡客户。积极发展优质特约商户，在坚持联网通用前提下大力推进 POS 间联，加快银行卡受理市场建设。加强自助银行服务管理，努力提高自助设备的综合效益。积极发挥电话转账业务的特性，使其真正成为直接面向农民，服务“三农”的最直接、最基本的金融产品，大力拓展金穗卡在粮、棉、油、甜菜、番茄等农副产品收购结算等支付领域的应用，为农民提供方便、快捷的现代金融服务。

4. 努力实现电子银行业务跨越式增长。各行要继续强化前台客户部门和营业网点对电子银行的主体营销作用，发挥好临柜员工与营业柜台作为个人电子银行营销主要前沿阵地作用。大力向个人客户推广使用 k 宝，迅速扩大 K 宝用户规模，以确保用户安全高效使用电子银行。要采取多方面措施引导客户使用电子银行，实现柜面业务向电子银行渠道分流，促进电子银行业务实现跨越式增长。

（三）加大个人贷款营销力度，实现资产业务的突破式增长

在有效防范风险的前提下，全行要克服畏难情绪，主动调整个人资产业务发展重点，针对不同区域、不同客户，分别提供不同的贷款方式和信贷产品，尽快扭转全行个人资产业务发展的不利局面。

1. 坚持积极稳健的指导思想。个贷业务对个人业务发展具有重要的引擎和粘合作用，为了支持各行积极发展个贷业务，各行务必将追求发展质量放在首位，不能把发展简单理解为资产数量的扩张，走粗放经营的老路，要在有效防范风险的前提下，因地制宜、分类指导，针对不同区域、不同客户，分别提供不同的贷款方式和信贷产品，加快发展个人信贷业务，扭转部分行个人信贷业务停滞不前的局面。

2. 加大个人信贷产品推广力度。一是根据总行要求积极引进本行个人存单质押自助贷款业务，促进低风险个贷业务快速发展。二是积极推广个贷产品。加大对现有个贷产品的推广。2009 年尽快完成试点方案设计和试点行实施工作，2010 年在总结试点的基础上在重点区域内推广。三是因地制宜发展特色经营的专业支行，在资金、规模、激励政策方面予以倾斜，通过专业支行的示范带动作用，增强全疆类似县支行的综合竞争能力。

3. 加强部门联动，提高营销效率。个贷业务营销必须与新疆分行的网点转型和个人优质客户群体相衔接，通过个人贷款带动理财业务和各类中间业务产品的发展，实现“放贷发卡”“贷卡捆绑”“银保互补”等组合功能，增创中间业务收入，提高个贷营销的综合回报率。加强部门和上下联动，妥善解决开发贷款与个人住房贷款业务联动问题。

（四）全力推进网点转型，进一步提升网点综合营销能力

网点转型工作是全行转变增长方式、应对激烈市场竞争、推进经营战略转型、实现最大零售银行的重要战略举措。全行要以客户结构调整、网点价值重塑、网点功能提升、网点流程再造为目标，整体设计，统筹规划，大力推进网点转型工作，把网点打造成营销个人业务的主渠道。

1. 认真抓好网点转型的领导组织工作。各行要把网点转型工作作为一把手工程认真抓好，进一步增强对网点转型工作重要性和紧迫性的认识。今后各行上报的营业网点建设计划和网点装修改造方案必须经分行个人业务处审批，未经分行审核审批擅自实施改造的，将追究主管领导责任。

2. 积极推进网点转型中硬件环境建设。一是全面实施网点环境视觉形象统一设计和建设标准工程，打造“连锁店”模式，逐步实现全行网点标识统一、装修色调统一、外观形象统一、内部设施风格统一、服务标准统一，提升品牌形象。二是拓展网点功能，实行分区改造，从硬件设施上为网点转型奠定基础。今后全行网点建设要统一根据自助网点、基础网点、骨干网点、理财中心 4 类标准进行功能分区改造，要营造有利于服务开展、产品销售、客户转移的营业环境，提升高价值客户的满意度和利润贡献度，最大限度地分流办理简单业务的客户，减少客户等待时间，缓解排队压力。三是优化自助设备、电话银行、网上银行等电子银行渠道建设，提高电子渠道对柜面交易的替代率，真正做到为网点柜台业务“减负松绑”，为员工创造更多的营销机会。要进一步增加电子银行在投资理财、个人贷款方面的专业化服务功能，扩展电子渠道的分销功能，为柜面业务减压。

3. 努力提升网点综合经营能力。一是以客户为中心，增设营销型岗位。各行要强化柜员的营销职能和营销人员的专门销售职能，每个推广个人优质客户系统的网点必须配备专职的个人客户经理，提高网点的销售能力。二是发挥大堂经理主动营销管理作用，实行“大厅制胜”策略。大堂经理角色在网点营销服务中至关重要，职责是管理营业大厅、辅导客户办理金融交易、引导和分流客户、调配柜员和窗口资源。各行要通过加强网点现场管理，注重在现有客户中发掘潜力客户和目标客户，培育和发展个人中高端客户群体，创造网点价值。三是简化业务流程，提高服务效率。要配合网点转型，对网点的每项业务、每项操作进行全面诊断，找出服务与流程的最佳平衡点。要在防控操作风险的前提下，尽可能提高业务效率，为客户提供方便、快捷的多渠道优质服务，形成我行具有市场竞争力的优质、高效网点服务管理新机制。四是全面推行以“整理、整顿、清洁、维持、素养”为内容的“5S”管理，改善网点的服务质量；建立网点员工的服务考核评价体系，开展星级柜员评比，加大对网点服务质量的考核。

（五）加强风险控制，保障个人金融业务健康持续发展

在积极发展个人金融业务的同时，全行要将追求发展质量放在首位，把建立严格的风险防控体系作为发展个人业务的关键来抓，努力提高风险管理能力，促进个人金融业务健康发展。

一是加大个人金融业务自律监管检查。要定期组织全行范围内的个人业务自律监管活动，加大现场检查和非现场检查的频率和覆盖面，把握业务各环节的风险点，及时纠正业务操作中的不规范行为，加强对系统内经营风险的排查和整改力度。各经营行也要切实做好辖内检查和整改督办工作，并运用各项监管检查结果，对普遍存在和屡次发生的问题，落实系统性的风险控制措施，防止问题的再度发生和蔓延。

二是做好基金和理财产品的风险屏蔽工作。各行要加大宏观经济政策和指导意见的督促落实力度，要严格按照银监会和证监会的要求，在基金及理财产品营销过程中做好风险提示、强化信息披露，规范信息披露的方式、途径与内容。做好客户的风险承受能力测试及与客户拟购买产品的风险匹配检测，认真履行风险揭示与告知义务，规范相关理财产品合同，避免法律风险及纠纷的发生。

三是提高个贷业务的风险防控能力。制定客户准入和贷款发放标准、建立个贷风险信息预警和监测制度、落实个人信贷业务在线实时监测。对客户经理新发放贷款实行“四包”，即：包放、包收、包管理、包效益。加强对个人贷款的预警、分析、监控和定期通报，提高对风险的识别、预警、评价和控制能力。同时，全面推进个贷业务贷后管理工程，严格执行总行个人贷款贷后管理办法，加强对贷后管理制度执行情况的检查和责任追究力度。

四是加强银行卡、电子银行业务的风险控制。加强对特约商户的资质审核，严禁拓展不合规商户，审慎发展高风险行业的商户，防范收单风险和伪卡诈骗风险。加强技术风险的预警和监控力度，改进业务处理系统、采用新兴保密加密技术、规范密钥管理、建立应急预案等多种手段，严格控制发卡、收单、业务外包等环节的业务处理系统和网络所涉及的技术风险。同时，强化电子银行业务的规范化管理。

（六）加快人才培养，建设高素质个人金融业务队伍

建设一流的银行，必须要有一流的人才。全行始终要把人才资源作为最重要的战略资源，努力培养和造就一支综合素质过硬的个人金融业务队伍。

一是加强对个人金融业务人员的素质培养以及业务理论、操作技能的培训，重点培训网点员工的服务礼仪、服务规范、营销与沟通技巧、产品知识和业务技能等，使其熟练掌握和运用各项技能，提高柜面人员的业务操作水平，提高柜面业务办理效率和网点综合服务能力，提升网点服务形象。二是按照专业化、职业化、知识化的发展要求，着力改善个人客户经理工作环境、加强资格准入和业务培训、抓好日常管理。逐步建立个人金融从业人员持证上岗制度，统一组织资格考试和岗位准入，加强培训力度，通过多层级、多方面的培训方式，全面提升新疆分行个人金融业务队伍的营销与服务水平。三是加大金融理财师的培养力度，打造一批具有较强营销能力的专业理财师队伍。同时，各行要加强对现有理财人员的持续培训工作，并针对理财岗位的专业特点在相关待遇上给予一定倾斜，营造尊重人才的用人氛围，增强理财岗位的竞争力和吸引力，不断提高理财专业队伍的素质。

加强基础管理　加速网点转型　推动个人业务全面持续快速发展

——陈立中同志在甘肃分行2008年个人业务暨网点转型工作会议上的讲话

一、近两年的工作回顾

2006年以来，各级行认真贯彻落实总、分行的部署和要求，积极适应个人金融市场的新变化，全力拓展优质客户，大力推进服务能力建设，加快新产品的推广和应用，全行个人资产、负债和中间业务稳步、协调发展，综合竞争力不断加强。

（一）储蓄业务竞争力稳中有升

两年来，全行上下牢固树立“总量就是实力、份额就是地位、增存就是增效、增量就是竞争力”的存款工作理念，以开展“金钥匙春天行动”、“储蓄业务创五优、争第一”、“双百”评选等活动为契机，大力实施存款优先发展战略，扎扎实实地抓好规范化服务工作，推动储蓄业务迈上了新的台阶。到今年7月底，全行储蓄存款年均增长13.34%。从省内同业看，我行储蓄存款增量连续5年保持省内四大行之首，总量于2006年7月份超过工行后，连续2年保持同业第一，成为全国农行系统实现“双第一”的7家行之一。

（二）个贷业务规范、稳步发展

省分行开展了“个贷公用”清理整顿、个人质押贷款专项检查等活动，建立了“按月监测、重点督导”的风险管控机制，全面推行了个贷“三包一挂”责任制管理，有效提升了各级行个贷管理水平。同时，各级行立足区域实际，以个人住房、生产经营、个人汽车贷款等品种为重点，下大工夫开拓市场，营销优质客户，推动个贷业务实现了恢复性增长。到今年7月底，全行个人贷款余额（不含农户、扶贫贷款）占到各项贷款余额的比例较2006年同期提高0.3个百分点。我们还在会宁县开展了生源地助学贷款试点工作，得到了总行和省上有关部门充分肯定。

（三）个人中间业务实现跨越式发展

各级行抓住资本市场变化带来的新机遇，积极向广大客户营销推介开放式基金、基金定期定投、凭证式国债、“汇利丰”个人理财等新产品，取得了良好成效。到今年7个月，全行累计实现个人类中间业务收入占全部中间业务收入的26.49%。其中，基金销售综合计划完成率位居全国农行前列，有10只基金的计划完成率名列全国第1位，2007年和2008年我行还分别获得“基金销售突出贡献奖”和“基金理财产品销售双十佳”称号。特别是2007年基金手续费收入比上年大幅度增长，成为全行第二大中间业务收入来源。

（四）个人业务经营模式转型成效初显

一是着眼于个人业务的综合营销、全面发展，连续3年在全行成功开展了“伴你成长金钥匙春天行动”个人业务综合营销活动，积极推动个人业务营销从“小个金”向“大个金”转变。二是制定并推行了重点零售及中间业务产品计价考核办法，初步建立了“卖多少产品、拿多少工资”的个人金融产品营销激励机制，有效调动了广大干部员工的积极性。三是正式启动了个人优质客户管理系统测试和试运行工作，为系统的全面推广、最终实现客户细分和差异化服务，推动营销服务方式的根本转变打下了良好的基础。四是加紧推进专业服务人才的培养，为下一步营销个人高端客户和实行精细化、专业化维护提供了人才保障。

（五）网点转型迈出实质性步伐

按照现代零售银行的要求，先后制定下发了《关于加快实施营业网点转型的意见》、《金钥匙理财中心及精品网点建设方案》，对全行网点转型工作做出了统一部署。抓紧推进财富管理中心、理财中心、骨干网点等高端客户平台建设，目前，全行金钥匙理财中心和骨干网点的业务分流、服务分层、功能分区和产品分销工作已初步完成，财富管理中心的建设规划工作正在稳步推进。针对县域网点小、旧、破，形象不佳的问题，实施了“擦亮牌子”工程，下拨专项费用对网点进行了装修改造。围绕提高服务能力和水平，向部分营业网点配备理财经理、大堂经理；通过增设窗口、实行弹性工作制、加大自助机具布放等措施，有效缓解了客户排长队的问题；坚持不懈地开展了规范化服务明察暗访工作，客户满意度得到了进一步提升。

二、我们面临的形势和任务

当前，随着国民经济的持续快速发展，我国居民金融资产总额超过50万亿元，我省人均GDP也突破1万元大关，住房、汽车、投资、教育、养老等已成为居民的重要支出项目，其中蕴含着巨大的金融需求，为我们发展业务提供了极为广阔的空间。同时，个人客户需求层次也不断提升，银行在产品、服务、流程等方面面临的压力越来越大。省内各家银行尤其是已完成股改的国有三家大银行，主动顺应形势，先行一步，纷纷启动了网点转型项目和流程再造工程，网点的一般性服务正在被电子服务和自助服务所替代，骨干网点正在转型为服务中高端客户的理财中心和财富管理中心，同时，他们更加注重个人金融资产综合销售能力的提升，加大了对基金、理财、个人贷款等高附加值业务的拼抢力度。作为网络网点覆盖最全面、客户群体最广泛的农业银行，在这场新的争夺战中，我们必须认清形势，急起直追，通过扎实、有力地工作，尽快将我们的优势转化为个人业务的核心竞争力，只有这样，才能真正实现“建设最大零售银行”的目标。

基于以上认识，省分行研究决定，今明两年个人业务工作的指导思想为：按照“3510”战略规划，围绕建设最大、最优零售银行的目标，不断强化发展意识、竞争意识、绩效意识和服务意识，在加速网点转型，大力推进产品、流程、机制、服务创新的同时，坚定不移地推进存款优先发展战略，加快个贷业务有效发展，全力拼抢个人理财业务份额，努力提升个人金融业务营销服务能力和创利水平，为全行又好又快发展做出新的贡献。

主要工作目标：

一是储蓄存款存量、增量份额继续保持四大行首位，市场占有份额进一步提升；二是个人贷款在四大行增量份额较2007年底提升3至5个百分点；三是基金销售份额稳居同业前3名，开办“本利丰”、储蓄国债、个人黄金交易等新业务，理财产品交易量、品种、业务收入明显增加；四是到2008年末，实现功能分区、服务分层的骨干网点有所增加，到2009年末，骨干网点占比达到50%以上；每个城区网点配备一套电子银行自助设备，每个县域网点至少配备一台ATM；全面推广个人优质客户管理系统和金钥匙理财专家支持系统；五是建立起专职个人客户经理队伍，所有具备理财功能的网点配备大堂经理；六是进一步加强个人业务基础管理，强化操作风险管控，力争不发生重大经济案件和责任性事故。

三、下一步的工作重点

各级行要切实提高认识，转变观念，围绕上述目标，从以下几个方面入手，扎实落实各项工作举措，推动全行个人金融业务在加快转型的同时，开创又好又快发展的新局面。

（一）高度重视储蓄存款组织工作，继续保持储蓄业务的市场优势地位

储蓄业务是银行竞争力的直接体现。在新的形势下，我们对储蓄工作决不能有丝毫的松懈，必须继续大力实施存款优先发展战略，坚定不移地抓好。一是积极转变增存观念。要深入理解“以客户为中心”的理念，积极推动增存观念由“抓存款”向“抓客户”的转变，通过培育和拓展优质客户，来推动储蓄业务的增长。要高度重视资本市场发展对社会资金和我行存款工作的影响，根据市场变化，及时调整增存策略。要理顺储蓄和理财业务发展的关系，把理财产品销售作为强化客户关系的有效手段，促进资金的行内循环。二是抓重点客户。要把有一定规模的个体工商户、公务员、高收入事业单位工作人员、优质大中型企业员工、有专业特长的自由职业者，以及农村的种养大户、经营大户，作为营销的重点，从工商、税务等部门多渠道了解客户信息，确定公关策略，加大营销力度。要利用好即将推广的个人优质客户管理系统，通过对现有客户信息的整理，确定目标客户，实现对客户的针对性营销和维护，梯度式培植我行的贵宾客户群体。三是抓好第三方存管业务。切实加强与券商的合作，大力发展第三方存管业务，抢抓储蓄业务源头。利用我行网上银行、电话银行等产品，通过产品捆绑营销和优惠措施，提高营销成功率。省分行再次强调，凡与总、省分行签约的合作券商在各地的营业部，各行进驻率必须达到100%，确保不留死角。四是推进产品的整合营销。要加强对“本利丰”、“汇利丰”、基金、集合资产管理计划等产品的整合营销，合理利用储蓄、保险、债券等零售业务产品，指导客户调整和优化资产负债结构，实现银客双赢。同时，做好通知存款、存款证明等业务推广，扩展个人活期储蓄账户和个人银行结算账户功能。继续发挥小额账户收费系统的作用，进行存折睡眠账户清理工作，不断优化和调整我行客户结构。

（二）大力发展理财业务，打响我行在理财市场上的品牌

当前，个人理财业务在抢占金融资源、提升客户贡献度方面的作用越来越突出，已成银行竞争的焦点。客观地讲，我行在个人理财业务上重视迟、动手晚，差距明显。全行上下必须迅速行动起来，集中资源，突出重点，切实把理财业务做起来。一是尽快完成个人优质客户管理系统的推广。经过长期、扎实的准备，我行优质客户管理系统的设备配备、参数设置、数据维护等工作已基本就绪，省分行计划从下半年开始，在试点的基础上全面推广，各行要做好准备，保证系统顺利推广并发挥应有的作用。二是做好客户分层和贵宾客户签约发卡工作。根据总行要求，对个人优质客户系统筛选的钻石、白金和黄金客户，将发放相应的钻石卡、白金卡和黄金卡，客户根据积分享受易登机、费率减免、商业联盟折扣等优惠服务。各行要按照省分行确定的标准，完善发卡和客户管理流程，尽快建立客户维护保障体系。对优质客户，要由管户经理上门营销，使之签约为我行的会员客户。三是完善产品体系。要抓紧试点，尽快开办“本利丰”人民币理财产品，将之打造成我行个人理财业务的核心产品。积极向总行申请开办储蓄国债、“传世之宝”个人实物黄金等业务，争取年内试点。各级行要把券商集合计划、专户理财作为重点，积极推广，争取早见实效。四是努力提升中高价值客户服务水平。要针对目标客户群体实施不同的服务营销策略，对一般大众客户及成长性客户，完善和推广标准化、制式化的产品服务方式；对中端客户，以理财业务为主要服务内容，实行标准化产品、差异化营销；对高端客户，以财富管理为服务重点，实行差异化产品、个性化营销、顾问式服务。要按照客户价值与贡献度，合理确定优先、优惠、优质与增值服务的范围、内涵与价格水平。要根据实际情况开展增值服务，提升贵宾理财服务的品质。同时，要充分认识基金业务在业务发展中的重要地位，进一步明确责任，加大激励，努力提高市场份额。要认真梳理产品，根据客户不同的需求和风险承受能力，对偏股型、稳健性、债券型等不同类型的基金开展分层次、分区域营销。开展好总行组织的“托管基金促销行”活动，结合我行托管基金产品的类型、特点和发行档期全面策划，统一营销。继续将“基金宝”定期定额投资业务作为市场低迷期间的首推基金产品，大力宣传“基金宝”的卖点，做长久“买卖”。同时，进一步加强投资者教育工作，强化信息披露，认真履行风险揭示和告知义务，避免法律风险及纠纷的发生。

（三）切实加强基础管理，推动个人信贷业务快速、健康、有效发展

一是坚持积极稳健的发展思路。个贷业务对个人业务全面发展具有重要的推动作用，也是我行调整优化资产结构的重要方向，各行要高度重视个贷业务，努力做大优质个贷业务规模，但同时要切实将追求发展质量放在首位，绝不能把发展简单理解为资产数量的扩张，重新走上粗放经营的老路。二是坚持差别化发展策略。在客户结构上，要坚持优先发展中高端客户群体的战略，当前要着力解决好中高端客户的准入问题；在区域上，要抓住兰州市和二级分行所在地城区等经济比较活跃的区域，进一步加大市场拓展力度；在产品结构上，要在坚持以个人住房贷款为主体的同时，继续稳步发展个人自用车、个人商用车贷款，鼓励发展以房地产抵押方式为主的个人生产经营贷款。三是积极推行个贷业务的集约化、专业化经营。省分行营业部、定西、平凉、张掖、酒泉等个人贷款余额较大的分行，要以实施个人信贷审批业务网上作业为契机，积极探索个人贷款专业化、集约化经营管理，力争今明两年在兰州市和各二级分行所在地建成个贷经营中心或个贷专业支行，在资金、规模、激励政策方面予以倾斜，发挥好对全行个人信贷业务的引领和带动作用。

同时，要高度重视个贷风险控制。为了推进个贷风险管理的程序化、规范化和制度化，省分行已草拟了《个人贷款风险监测管理办法》，提交这次会议讨论后下发。各级行要按照管理办法，设置风险管理岗位，配备专（兼）职风险经理，对个人贷款进行重点监测、分析和风险警示，切实加强风险监管工作。要全面推行个人贷款“三包一挂”责任制，把落实“三包一挂”责任制作为发放个人贷款的必备条件，加强贷款的全过程风险控制。进一步规范个人质押贷款管理，各级主管部门要定期开展监测、检查，抓住凭证止付、保管、处置等关键环节，严防道德风险产生。要采取有效措施，切实抓好到期个人贷款收回工作，严防不良贷款反弹。对个人不良贷款出现反弹、个人到期贷款收回率改善不力或下降的行，要通过上收贷款审批权，调减信贷增量计划等手段，督促其提高个贷经营管理水平。坚决抓好个人不良贷款的清收，对因主观因素和内部原因形成的不良贷款，要采取工资扣收、下岗清收等手段，尽快清收；对实行“三包一挂”责任制管理的个人不良贷款，要严格落实清收责任，坚决杜绝不作为现象发生。

（四）加速网点转型，不断提高营销服务的质量和水平

要重点做好以下工作：一是摸清家底，准确定位。各行要组织县支行在网点普查的基础上，据实填写网点分类统计表等表格，8月底前完成网点的摸底定位工作。要按照“一点一策”的原则，做好网点功能和内部分区定位，提出针对性措施，编制《转型实施方案》上报省分行，由省分行汇总上报总行审批后实施。这项工作务必于9月中旬完成。二是明确分工、落实职责。网点转型涉及面很广，省分行成立了网点管理与转型领导小组，并设立五个工作组，分别为：①业务转型组。由个人业务处牵头，主要负责制定网点转型实施方案，拟定个人业务部门职能及岗位职责、客户经理派驻指导意见、网点现场管理手册，推广个人优质客户系统等。②流程改造组。由会计结算处牵头，主要负责网点内部业务流程再造和制度创新，为改进服务与业务分流提供操作模型。③组织考评组。由人事处牵头，主要负责制定网点人力资源配置优化、劳动重组、产品计价考核等制度和办法。④网点改造组。由计划财务处牵头，主要负责网点装修改造和自助设备、电子设备、安防设施等配置的财务安排和实施。⑤技术支持组。由科技处牵头，主要负责客户识别系统、信息发布系统等技术支持。这五个工作组成立后，有关牵头处室要指定专人专司网点转型工作，并尽快召开专门会议，确定各项计划任务完成时间表，力争10月底前完成有关准备工作。三是加快网点基础建设。上半年，省分行已确定网点进行转型试点，各行要积极借鉴试点经验，加快研究推进网点转型工作。省分行今后每年将集中一块专项财务资源用于网点建设与转型，各行也要匹配费用，力争在2年内完成城区骨干网点的转型。要切实加快已确定的财富管理中心、理财中心的装修改造步伐，落实人员，完善运作机制，尽快取得进展。四是加强营业现场管理。要尽快明确网点主任、大堂经理、客户经理和理财经理、现金柜员和非现金柜员、会计主管的职责，大力推行整理、整顿、清扫、清洁、素养为主要内容的“5S管理”。全面推行“一会两课”（即晨会、服务案例警示课、制度产品学习课）制度，着力塑造网点服务文化。要以奥运金融服务工作为契机，切实推进文明规范服务，全面提升客户在农行的服务体验。要逐步推行巡检和“神秘人”制度，形成规范标准、培训提升、文化激励和监督评价四位一体的服务质量管理体系和机制。

（五）加快机制创新，建立科学、有效的个人业务考核管理体系

一是推行重点支行联系制度。要把分层管理与穿透式管理结合起来，建立个人业务重点联系支行制度，提高个人业务板块的市场反应能力。省分行将定期对重点联系支行的工作情况进行指导、评价和通报，并将评价情况与网点建设资源配置、个人信贷转授权等挂起钩来，调动重点支行的工作积极性，发挥好其对全行的示范带头作用。各行也要结合自身实际，确定重点联系行，实施分类指导，增强工作的针对性。二是完善绩效考核办法。在绩效考核中，要将个人业务收入占比作为考核的核心指标。一方面加大存款考核力度，省分行将拿出部分效益工资与存款工作挂钩考核，各行也要根据本行实际，拿出部分效益工资与存款业务挂钩考核，突出对市场份额、人均、点均和效益指标的考核。另一方面，要调整个人中间业务的考核指标，加大对基金、理财业务考核力度，增加个人贵宾客户营销、维护等指标，提高个人中间业务收入在考核中的占比，引导个人业务持续有效发展。三是推动板块整合和联动。各行的所有个人业务，要安排由一位行领导分管，保证业务的全面、协调推进。在法人客户营销管理层次逐渐上移的情况下，要积极研究经营行经营重心转移问题，选择一批个人业务基础较好的支行，对其绩效评价主要以个人业务指标为主，将其转型为以个人金融为主的支行，使这些行有能力、有动力、有财力发展个人业务。要探索制定对公业务与个人业务部门间联动营销机制和业绩分成办法，提升全行营销合力。四是落实员工岗位考核措施。省分行已经制定下发了《重点零售及中间业务产品计价考核暂行办法》，各行要加强引导，强化计价考核力度，逐步建立价格浮动调节机制，结合产品营销重点、市场竞争需要、经营战略调整等因素适时调整考核价格。在此基础上，认真研究建立分类别、个性化的指标体系，细化和完善对网点及网点主任、大堂经理等不同角色员工的业绩评价机制，调动员工的积极性。

（六）加强内控和合规文化建设，保障个人业务可持续发展

一是存款业务方面，要切实加强挂失、查询冻结扣划、通存通兑等业务管理，严格按程序操作，防范操作风险。坚决杜绝基层行为完成存款任务而高息揽存、随意调节存款余额、擅自挪用存款账户等违规案件的发生。认真履行反洗钱义务，严格执行大额交易和可疑交易报告制度，确保依法合规经营。二是基金和个人理财业务方面，要进一步规范基金业务操作，充分揭示投资风险，引导客户树立理性投资意识。严格金钥匙理财业务转授权管理，加强对个人优质客户管理系统运行的检查监督，认真签订保密协议，防范客户流失和信息不当使用风险。严格个人理财业务的工作流程，在开展理财业务时，必须按规定对客户进行风险认知与承受能力测试，认真履行对客户的风险揭示与风险告知义务，确保风险揭示和告知工作到位。严格理财业务从业人员的准入条件，从事理财业务的从业人员必须获得监管部门颁发的理财岗位从业资格证书和国际国内金融理财师资格证书，两者缺一不可，未取得两证的不得从事理财顾问服务和综合理财服务。三是进一步加强自律监管。各行要按照总行《个人业务部门自律监管实施细则》要求，定期对基层行开展自律监管检查，重点检查个人业务规章制度的执行情况、操作风险控制和营销管理。要加强自律监管责任制的落实，明确自律监管人员及职责，做到自律监管检查前有方案、检查中有记录、检查后有通报、有整改意见，并详细登记整改台账，狠抓整改落实。同时，要根据检查发现的问题，提出加强个人业务管理的意见和建议，本行不能解决的，及时上报上级行，确保自律监管工作不走形式、取得实效。

（七）加强客户经理队伍建设，努力打造一支高素质的专业服务团队

一是在人员的配备上，要把形象良好、业务娴熟、有良好沟通和销售能力的员工配备为大堂经理，履行客户识别、引导、分流，业务咨询，产品推介、营销和维护营业现场正常秩序的职责。贵宾客户较多的网点，必须配备专职个人客户经理，负责贵宾客户的维护与营销。要扩充个人业务部门的岗位编制，把责任心强、业务水平高、沟通协调能力强的人员配备到个人业务部门。二是按照专业化、职业化、知识化的要求，研究制定《个人客户经理管理办法》，明确其岗位职责，考核评价依据，加强资格准入和业务培训、抓好日常管理。着力改善个人客户经理工作环境，逐步建立个人金融从业人员持证上岗制度，统一组织资格考试和岗位准入。要加强培训力度，举办大堂经理、个人客户经理和理财师的集中培训，通过多层级的培训，提升我行个人业务队伍的营销与服务水平。三是加强大堂经理、个人客户经理、理财经理及个人业务经营管理人员的管理，建立个人理财师档案，在现有持证个人理财师的基础上，组建理财顾问和高级理财经理团队。凡参加总、分行培训的个人客户经理必须从事个人业务，不得随意调整岗位；对获得理财师资格人员的岗位调整，须报经省分行同意，对其他个人客户经理岗位调整，须向二级分行备案。

紧抓新经济增长点　加快零售品牌塑造步伐

中国农业银行上海市分行　钱忠纯

很高兴参加这次金融论坛，今天与大家一起交流的主题是“紧抓新经济增长点，加快零售品牌塑造步伐”。这里有两个关键词：新经济和零售品牌。

何为新经济？新经济是一个动态的、历史的概念，在19世纪，铁路、钢铁、造船业是当时的新经济，李鸿章的江南制造局、张之洞的汉阳兵工厂，为中国的现代工业打下了基础，是那个时代的高科技企业。进入20世纪，新经济的代名词则是微电子和通讯产业，汽车、飞机、计算机、电话、互联网的普及让我们生活的世界越来越“小”，联系越来越紧密。现在，我们刚刚从21世纪的起跑线出发，推动我们前进的新经济引擎又是什么呢？通过对新经济在不同历史阶段的概念解读，我们可以看到，从起初的劳动力密集型到资本密集型，再到智力密集型，这个历史发展轨迹告诉我们当前及未来的新经济必将是知识经济。

既然当前新经济的特征是知识经济，那么，它内在的驱动力就是智力创新，体现到实体经济中就是以会展、咨询、科技、研发、物流、金融、贸易为核心的现代服务业。上海，作为中国的经济中心和金融中心，中央向上海提出了加快实现“四个率先”，建设“四个中心”的要求，即率先转变经济增长方式、率先提高自主创新能力、率先推进改革开放、率先构建社会主义和谐社会，建设国际经济、金融、贸易、航运中心。可以肯定的是，作为新经济的支柱产业之一，金融业必将在上海未来新一轮的经济发展浪潮中承担起重要角色。

同时，也可以看到，零售银行业务已经成为国际领先型银行的战略重点。随着企业融资渠道的增多和融资方式的多样化以及“脱媒”现象的深入发展，企业对银行的依赖性正在越来越小，银行的批发业务也在逐渐萎缩，零售业务越来越成为商业银行新的利润增长点。在英国《银行家》每年公布的全球1000家大银行中，保持强劲优势的各家银行集团大多都是依托零售银行业务来提升公司收入和利润的。数据显示，花旗集团、美洲银行、标准渣打等大型银行集团的零售业务收入对总收入的贡献率都在45%以上。就国内而言，随着中国经济的持续、快速发展，越来越多的智力型企业涌现出来，他们的典型特征是依靠科技和创意来占领市场，打破了以往大工业制造企业一统天下的局面。随着这股新经济浪潮的迅速蔓延，随之而来的是社会中产阶层的不断庞大，形成新的财富人群，他们对银行零售服务的需求不断增强并日趋个性化，零售银行业务的地位越发重要。目前，国内各家银行都在大力推进经营战略转型，其中的关键一点也就是要加快零售业务的发展。

发展零售业务，品牌塑造必须先行。中国有句俗语，叫做“酒香不怕巷子深”，这反映的其实就是品牌的力量。从银行零售品牌发展趋势来看，未来银行零售品牌将会有三个层次：第一层次是创新能力强、产品差异大、服务能力强、成长性好的成熟品牌；第二层次是创新一般、产品差异较小、服务差异化程度低的品牌；第三层次是投入有限、服务能力差、创新差的品牌。作为零售银行，在金融产品市场普遍同质化的背景下，银行零售服务的竞争优势无疑将通过品牌来体现。品牌效应使得客户对银行零售服务的认知程度大大提高。随着人们经济水平的提高，消费者对金融服务的要求不再仅仅是一种使用价值，而是一种品牌、一种文化、一种格调、一种心理满足。同样是资源投入，一旦从品牌角度出发，市场的定位就清楚了，零售银行的整体理念就体现了，品牌领先者也就成为了市场的领跑者。

银行作为服务型企业，其零售品牌的塑造绝不可能像一般消费品那样靠媒体广告的密集投放来实现。形象与标识的品牌塑造只是“眼球”品牌，银行零售品牌必须塑造“心灵”品牌，即把品牌建立融入客户的心灵，让银行与客户之间产生互动，完全融入客户的生活之中。就具体的路径而言，银行零售品牌的塑造通常需要从人才专业化、渠道再造、金融创新、科技支持等几个方面来努力。

一、人才专业化

做任何事情，人始终是第一要素。零售品牌的塑造过程同时就是银行零售业务从业人员与客户打交道的过程。银行提供的零售服务是一个完整的综合性系统服务模式，需要多方面的专业知识、技能和精心设计的服务流程。银行通过提供专业服务不仅能满足客户需求，更重要的是通过这样的专业服务维系与客户长久的关系，而这一切都需要专业的个人客户经理来实现。客户经理是银行零售服务与客户之间一个交流互动的窗口，是满足客户个性化需求不可或缺的要素。客户经理通过帮助客户制定理财规划，并销售相关金融产品以达到客户的理财目标。但是，个人理财策划是一项专业性很强，涉及范围很广的智力密集型业务，必须对从业人员进行严格的系统培训，并使其取得相应的资格。在国外银行的个人客户经理当中，已经有许多人取得了注册财务规划师（Certified Financial Planner）的资格。作为金融理财师领域最权威的一种资格认证，CFP已经成为国际金融理财业中的最高品牌，被称为金融理财的“黄金标准”，而拥有多少CFP也已经成为衡量一家商业银行零售服务水平的重要标准。相对来说，国内理财师的培训和认证还处于起步阶段，银行理财师的拥有率普遍较低。因此，个人理财人员的专业化建设是零售业务整个发展战略的重要部分，是零售品牌塑造的重要环节，银行必须积极致力于金融理财师的培训和认证工作，使零售品牌塑造与专业人员培训紧密结合、相互促进。我们欣喜地看到，监管部门对此也给予了高度的重视和支持，2006年，银行业从业资格认证项目正式启动时，最先推出的便是理财人员的资格认证；同年，银监会又向商业银行下发10条“监管令”提示风险，并对理财业务人员和理财业务市场提出了严格的管理要求。

二、渠道再造

“零售业务，渠道为王”。目前，由于国内绝大多数客户特别是个人客户，与银行接触或感知银行服务的最主要渠道仍然是网点，因而网点在零售品牌塑造中仍然起着基础性的作用，并且客户满意度对于银行网点的业绩（利润）影响体现的也最为明显。因此客户满意、服务价值和服务效率是网点渠道转型与零售品牌塑造的关键。就农行而言，我们正在按照“网点分类、功能分区、业务分流、服务分层、产品分销”的要求，因地制宜，分阶段、分层次构建三级零售业务网络体系，加快推进网点转型，并对照客户的要求和期望，运用蓝图技术对网点渠道服务的每一步骤和流程进行研究，确定网点服务传递的标准化程度或定制化程度，使“感知的服务”真正体现于合理的网点功能分区和业务流程，体现于现代化的设备和IT技术，体现于服务技能较高、产品知识丰富的网点服务人员之中，满足各类客户群对于服务区域、模式和内容的“服务期望”，提升满意度，树立品牌形象。

三、金融创新

所谓创新，不仅仅局限于推出了多少新产品，使用了多少高科技，而是该产品或服务是否能够为客户带来新的价值或开创新的获利模式。银行有些创新本身可能并没有用到多少科技手段，但在组织结构、销售渠道等方面有所突破，也能引起客户的共鸣，带给客户新的价值和便利，并为银行赢得更为广阔的经营空间。

一是组织架构创新。将银行零售业务转型成以客户为核心、成本可单独核算的组织架构，在原来产品经理与客户经理的营销组织结构中逐步加入市场区域经理，形成新的三角关系，市场区域经理的职责就是统筹区域内网点和人力资源，围绕客户关系维护展开客户投资、信托、保险、授信等完整的金融服务。

二是金融产品创新。不断研究开发适应客户需求和有特色的理财产品，业务范围因个人需求的不同逐渐涵盖社会生活各层面，如财务咨询、委托理财、外汇、代理税收等，同时通过网络进一步提供旅游、信息、交通和娱乐等个性化服务。对于传统的存贷款服务，也可以根据客户的需求重新设计、包装。

三是渠道创新。银行分销渠道大致包括直接分销渠道和间接分销渠道。直接分销渠道以分支机构为主，间接分销渠道则主要是指近几年来随着科技的发展而产生的新形式的分销渠道，如信用卡、自动柜员机（ATM）、销售点终端（POS机）、超市银行、网上银行、手机银行、电话银行等。目前，银行似乎对电子渠道创新情有独钟，而对传统实体网点的创新则停留在原有网点功能改造上。其实，在国外欧美银行十分注重与传统零售商的合作，即利用零售商的网点优势实施银行零售产品的销售，这与眼下国内保险公司与银行合作的模式非常类似。

四是科技支持。零售业务的发展及其品牌塑造离不开科技的支持，尤其是在个人优质客户的信息挖掘、关系管理和营销决策等方面，科技系统的支撑作用显得更为重要。客户价值的实现与需求满足是商业银行经营效益实现的基础，因此，发展零售服务必须全面推广应用客户关系综合营销应用平台，以科技手段从客户分流、服务分层、网点转型、流程再造等方面入手，落实“以客户为中心”的经营理念，转变业务增长方式，推动业务经营转型，实现零售业务的可持续发展，以科技手段支持零售品牌的塑造。

新经济是机遇，也是挑战。在新经济背景下的银行零售品牌的塑造是对机遇的把握更是对挑战的回应。机遇只青睐有准备的人，能否抓住这个机遇，就要看我们的准备工作是否到位了。

深入学习实践科学发展观
积极推进天津分行网点转型工作

中国农业银行天津分行　殷金宝

一、本次调研的背景和意义

为有效贯彻科学发展观对银行经营管理的指导作用，积极推进我行营业网点转型的进程，围绕营业网点的功能分区、营业环境、业务流程、营销体系、管理体制等方面，对我行重点网点、他行优秀网点进行了调研。通过听汇报、召开座谈会、查看营业现场等多种形式，分行调研组对我行营业网点转型的现状和存在的问题有了较为清晰地认识，学习了兄弟分行和其他银行网点转型的先进经验。此次调研充分运用科学发展观的思维方式，深入发掘网点转型的实质和内涵，总结出若干推进我行网点转型的重要措施，对加快我行营业网点的转型具有一定的指导意义。

二、我行网点转型的现状

自2008年下半年启动营业网点转型工作以来，我行先后开展了低效网点撤并、跨区域网点划转、业务人员配备、“一点一策”网点转型方案审议、网点制度建设等一系列工作，取得了阶段性的工作成果。

（一）网点整合优化基本完成

2008年下半年，我行对辖属网点进行了整合优化，撤销了111家低效网点，划转了46家跨区域网点。现有353家网点按级别划分，分行营业部1家，一级支行21家，二级支行176家，分理处118家，储蓄所37家；按网点隶属一级支行所处行政区域划分，市内六区126家，四郊58家，五县120家，滨海49家。通过整合优化，我行网点总数大幅减少，网点布局得到优化，基本实现了网点的行政区划管理。

（二）网点转型方案初步形成

按照《网点转型实施方案》的要求，根据网点的储蓄存款规模和个人优质客户数量，我行将辖属营业网点划分为四种类型，即区域理财中心、综合理财网点、综合理财网点、其他营业网点。对于上述四类网点，分行制订了差异化的网点装修改造方案，配备了相应的业务人员。

对于拟转型为区域理财中心或综合理财网点且有装修改造需求的网点，一级支行制定“一点一策”网点转型方案，党委审核通过后递交分行网点转型审议会审议，并按照“网点转型方案确认函”的要求组织实施网点转型；对于其他类型的网点，“一点一策”网点转型方案由分行网点管理办公室审核，一级支行按照相应要求组织实施。

目前，分行召开了四次网点转型审议会，共审议35个网点的转型方案，审议结果全部为同意。在35个网点转型方案中，拟转型为区域理财中心的网点有27家，拟转型为综合理财网点的网点有7家，拟转型为独立理财通道的网点有1家。

对于拟转型为区域理财中心的50家网点，分行四次审议会共审议27家（其中开发分行营业部、第三大街支行、滨海支行、新天地支行为第四次审议会在分行前期公布46家区域理财中心的基础上新增的4家网点），尚未审议的网点有12家（9家准备近期审议，3家计划明年审议），无需分行审议的网点有11家。

（三）网点人员配备基本到位

分行人力资源部公布了现有351家网点（河西支行、塘沽分行未设营业部，但包含临时停业的4家网点）的分类清单，其中区域理财中心46家，综合理财网点99家，综合理财网点103家，其他营业网点103个。参照不同类型网点的业务数量和人员素质等因素，分行为全部网点定岗定编，配备了相应的业务和管理人员。

（四）网点制度建设逐步形成

自网点转型工作启动以来，分行开始了网点转型的相关制度建设。目前，分行已经实施《网点转型实施方案》，起草了《营业网点业务分区流程》、《营业网点行政事项变更操作规程》、《网点转型审议会工作规则》、《营业网点选址及装修改造操作规程》等网点管理文件，正在开发网点管理信息系统（NMIS）、联网液晶屏等网点管理和营销系统。

三、我行网点转型过程中存在的问题

总体上看，我行网点的转型工作推进比较顺利，网点转型取得了一定成效。但与总行和分行党委的要求相比，仍有一定差距，存在一些亟待解决的问题。

（一）网点布局不尽合理

目前，我行现有353家网点，其中市内六区126家，四郊58家，五县120家，滨海49家。从营业网点的地域分布来看，市内六区网点的数量较为合理，但部分新建高档生活区内未布置我行营业网点；四郊网点主要集中在经济发达区域，覆盖效果一般；五县的营业网点数量偏多，且大部分网点的效益较差；滨海地区网点总数基本合理，但主要集中在塘沽老城区和开发区的生活区，中新生态城等新兴经济区未布置我行营业网点。此外，部分商业、居民密集区没有设立网点或网点密度不够，与他行相比缺乏竞争优势。与经营业务量相比，部分网点的营业面积偏小，不具备改造的价值；而部分网点营业面积过大，无法充分利用现有物理空间，造成一定程度的浪费。个别网点相距太近，周边环境无较大规模的居民区，且附近无停车场所，经营效益不高。

（二）网点功能分区简单

我行现有网点的功能分区普遍较少，大部分网点只有现金业务区、自助银行区和休息等候区，缺少非现金业务区、电子银行体验区、综合理财区、产品展示区等重要区域，无法有效分流低端客户和低效业务，无法为高端客户提供优质快捷的服务，不能有效满足市场的多样化需求。

（三）网点装修改造滞后

我行大部分网点的改造时间在2003年以前，有的网点甚至十几年未经改造，这些网点的外檐和内部装修陈旧，与同业优秀网点在外观上的差距较为明显。按照分行《网点转型实施方案》的工作安排，分行完成了绝大部分区域理财中心和亟须改造综合理财网点的装修平面图审议，但由于总行一级标志视觉识别系统和视觉形象方案尚未确定等原因，我行无法设计营业网点装修效果图，亦无法开展招标等装修改造工作，不能快速推进包括网点搬迁与改造在内的网点物理格局转型。

（四）业务流程尚未梳理清晰

营业网点确定分类后，分行为各网点定岗定编的配备了业务人员，一线业务人员基本到位。由于业务流程尚未理清，销售人员无法发挥销售职责，营业现场管理不清晰，存在有人无事的现象；非现金业务和小额现金业务仍在高柜办理，低柜人员和自助机具未得到充分利用，资源浪费较为严重。调研中发现，网点节假日的业务量远低于正常工作日的业务量，他行优秀网点通常选择节假日停业，而我行全部营业网点均在节假日（春节除外）正常营业，在一定程度上也造成了人力等资源的浪费。

（五）对网点转型认识不到位

基层行普遍存在“网点转型即网点装修改造”的观念，重视网点装修，轻视业务流程改造、营销队伍建设、员工绩效管理等方面的优化改造。部分基层行管理者对“网点为什么要转型、怎么转型、转型有什么好处，不转型有什么不利”等不甚了解，对网点转型的重视程度不够，思想观念的转变跟不上网点转型的进程。基层行对网点转型知识的普及宣传还有待加强。

（六）人员队伍的知识技能和综合素质有待提高

人力资源改革后，各营业网点的营销岗位人员基本配置到位，但相关人员的知识技能和综合素质还有待提高，尚不能满足网点转型的要求。

网点转型的出发点是人员的转型，最终落脚点也是人员的转型。由于我行适应新形势需要的人力资源管理与绩效管理尚未运用，作为从不同角度配合与推动网点转型的一线员工及管理人员的知识技能和综合素质，尚不能适应网点转型的新形势和新要求，并集中表现为一线员工技能仍以交易处理型为主，营销知识、产品知识掌握不足，而管理人员由于缺乏系统训练，沟通协调、绩效分析等管理技能和现代零售渠道知识水平普遍较低，在一定程度上影响了对网点转型的管理推动。

四、推进我行网点转型的重要措施

通过对我行和他行网点转型的历程来看，网点转型是一个庞大的系统工程，包含功能分区改造、外观形象设计、业务流程改造、人力资源改革、员工销售转型和培训、网点绩效考核等诸多方面，这些因素之间存在紧密的依存关系。网点布局设计、装修改造、功能分区等“硬转型”是网点转型的基础，网络资源优化、业务流程改造等“软转型”是网点转型的灵魂。只有同时实现网点“硬转型”和“软转型”，才能提升对客户的服务水平，提高网点的获利水平，从而真正实现网点的转型。我行要实现真正实现网点转型，就必须运用科学发展观思想，做好以下几个方面的工作。

（一）继续优化网点布局

在前期网点整合优化的基础上，我行要继续提升网点分布与经济总量和金融资源分布的匹配度，增加市区及滨海地区的中央商务区、高档社区、工业园区、高新技术开发区、大型市场等优势区域的网点密度，将部分效益不高的营业网点迁址到新建的高端社区，有规划地撤销效益低下的营业网点。在人员素质提升的基础上，继续提升营业网点的层级，将全部分理处、储蓄所级营业网点升格为二级支行，缩短网点管理的链条，最终形成“分行——级支行—二级支行”的三级管理模式。

（二）进一步推进网点建设

网点建设是网点转型的重要硬件基础，只有建立起符合市场需求的功能分区，才能有效推进网点转型。网点建设既包括外部形象建设，更重要的是内部功能分区。咨询引导区、休息等候区、产品展示区、现金业务区、非现金业务区、电子银行体验区、综合理财区都应该是必不可少的区域。在实际的网点设计中，应根据网点的客户及业务的规模和结构，充分利用网点现有的物理空间，合理规划内部功能分区。在营业大厅设置开放式柜台、自助设备区尤为重要。充分利用自助银行区和电子银行体验区，可以有效发挥电子渠道的分流作用。各转型网点要在建设自助银行区的基础上，根据客户特征和业务需要，在咨询引导区附近摆放排队叫号机，并就近设置电子银行体验区，摆放转账易、转账电话、自助缴费机、补登折机等设备，在大堂经理为客户取号前分流、引导低效业务或低端客户到机具办理。充分利用非现金业务区，可以将占用时间较多、操作复杂的开户、挂失、转账、代理基金、代理保险、第三方存管等非现金业务从现金柜台分离，实现现金与非现金业务、简单业务与复杂业务的分离，提高业务处理效率；同时借此拉近与客户的距离，方便客户与员工进行“面对面”的沟通交流，增加产品营销机会。

（三）持续优化业务流程

业务流程改造是网点“软转型”的重中之重。只有优化业务流程，才能发挥现有各岗位人员的作用，从而提高网点运营效率，提高服务水平，实现网点的实质转型。根据业务种类的不同，可以将网点业务划分为结算业务和销售业务，将柜面业务划分为简单业务和复杂业务，规范各项业务的操作规程、限定各项业务办理时间，实现网点的规范化服务标准，即办理同类业务标准一致、流程一致，从而提高客户满意度。具体地，分行要在制度上解决同一客户办理现金、非现金业务两次排队的问题，解决不同窗口闲忙不均的问题，解决多数网点节假日业务量小仍需营业的问题，解决客户身份核实耗时较长的问题，解决票据传递、现金管理等内控安全问题。

（四）做好网点人员的思想转型

人员的思想转型是网点转型的先决条件。一级支行要进一步抓好营业网点人员，特别是网点负责人的思想转型，向网点负责人讲清讲透网点转型的利害关系，并要求网点负责人言传身教，将自身认识的转变传导给一线员工，落实到具体工作。一级支行还要从员工的个人职业发展规划出发，指导网点负责人做好一线员工的思想转型工作。

（五）做好营销队伍的建设

网点转型的最终目标是由结算型网点转变为销售型网点，这要靠一支训练有素的营销队伍来实现。因此，网点各岗位的角色认知和行为转型就显得非常重要，其中网点负责人转型是关键。分行、一级支行、网点在营销队伍的建设过程中都应发挥各自的作用。

分行要做好营销队伍的培训工作，通过组织常规性的业务知识培训来提高网点营销人员的业务素质。分行要指导一级支行以强化督导、持续通报的形式加强过程管理，确保网点每个员工对其岗位角色认知程度和工作行为符合网点转型的要求。分行还要利用技术手段提高对个人业务营销数据的采集质量和发布效率，为一级支行及网点开展每日或每月通报和评比提供数据支持。一级支行要在分行培训的基础上，强化对本行销售人员的培训，要对网点和各岗位重点个人业务产品营销情况进行进度通报（每日/每月）和评比排名，促进网点各岗位充分履行营销服务职责。网点负责人通过每日、周、月对员工、团队营销业绩持续的业绩通报，及时了解网点、团队、个人业务目标的实现情况，激励员工共同协作。营业网点要通过晨会、日志等方式学习各类文件，掌握营销技巧，提高整个网点的综合营销能力。

（六）充分发挥大堂经理的作用

大堂经理要切实发挥引导、分流和服务指导客户的作用。同时，各网点要建立业务等候时间预告制度，网点大堂经理应根据客户等候时间的长短，适时向客户提出等候时间的预告，并采取窗口调剂等可行的措施，尽力减少客户排队的时间和缓解排队客户的情绪。大堂经理要指导客户在填单台上填制所有的凭证、凭条，以减少客户占用柜面的时间。大堂经理要指导客户使用我行的自助取款机、自助存款机、查询机、网上银行、电话银行等自助设备，将小额现金业务等低效业务转移到机具渠道，减轻柜面业务压力，为具体业务营销人员提供理财产品销售机会。

（七）建立科学的绩效考核体系

网点转型过程中，人员的思想转型、营销队伍的建设、大堂经理的作用、零售业务的发展等，均需要一套科学的营业网点绩效考核体系作为支撑。营业网点绩效考核体系要覆盖包括网点负责人、大堂经理、柜员在内的全部网点人员，并针对不同岗位制定差异化的考核办法。在考核的指导思想上，既要突出任务量范围内的计价考核方式，又要强调对超额完成任务量的奖励，从而促进零售业务的快速发展。

（三）中国银行省市区分行个人金融论坛

发扬奥运健儿"全力以赴、奋勇争先"的拼搏精神 努力实现分行个人金融业务又好又快发展

——北京市分行梅非奇副行长在2008年个人金融业务发展动员会上的讲话

北京市分行召开这次个人金融业务发展动员会，全辖240个网点支行行长均参加会议，规模空前，这次会议一方面是对前一阶段奥运金融服务工作做个总结，但更重要的是让大家清醒认识到，分行个金业务发展面临着严峻形势，各支行在继续做好残奥会金融服务工作的同时，要重点狠抓业务发展，千方百计完成总分行下达的各项业务指标，争取年底向分行党委交上一份满意的答卷。

一、深入推进网点转型，提升服务水平

奥运会刚刚结束，残奥会即将开始。北京市分行的奥运金融服务工作取得了阶段性的胜利，在残奥会期间，分行上下要继续保持高昂的精神状态，继续做好残奥会的金融服务工作。同时，认真总结前期经验，并结合网点转型，重点提升网点的服务水平。

（一）提升网点服务水平，深化服务内涵

奥运会对北京市分行整体服务水平是一次全面检验，也对今后的服务能力提出了更高的要求。希望全体员工加倍努力，从提高一线员工的综合素质入手，通过加强网点人员服务意识的培养，加大员工服务的管理力度，优化业务流程和考核机制，促使北京市分行服务模式由被动的窗口服务转向主动的营销服务，最终提高各网点的整体营销水平。

（二）继续加强大堂经理队伍建设，在岗率要确保100%

理财经理、消贷经理、大堂经理三只队伍建设是北京市分行网点转型工作的突破口。大堂经理是北京市分行为客户提供服务的第一张名片。因此，不断加强大堂经理的管理，持续提高大堂经理服务水平和营销能力很重要。残奥会结束以后，分行计划在全辖范围内对大堂经理进行公开招聘，将业务能力强，经验丰富，同时具备较强营销能力的高素质员工吸收到大堂经理队伍中来。通过专业机构的介入，实现对大堂经理的招聘工作、培训工作的外包方式，将非业务性的培训更多的融入到统一培训中来，实现大堂经理的专业化、标准化、考核机制细致化的完善管理体系。

（三）继续推进开放式柜台的使用，确保所有设立开放式柜台的网点都能够办理非现金的个人业务

现在北京市分行已完成3.0装修改造并投入使用的网点有50余家，而开办个人开放式柜台业务的网点只有10家左右。有效利用开放式柜台是推进网点转型的工作重点之一，是改变服务销售流程的重要环节，各支行要给予足够重视。分行再次强调：凡新装修网点必须设立对私开放式柜台，凡不具备开放式柜台的旧网点，要抓紧时间增设。在人员配备上，要克服困难，为转变经营模式迈出重要一步。推进个人业务开放式柜台的使用，一是节约窗口的等待时间，二是为了加强营销，增加销售机会，这也是网点转型的主要目的。

网点转型是北京市分行的一项战略性工程，转型的好坏最终会体现在各网点支行。网点支行是商业银行进行市场营销和业务发展的基本组织，网点的发展也将直接影响分行的整体发展。通过近几年的发展，应该说中国银行网点转型的方向已经明确，在硬件、人员、软件建设等方面的思路也已经比较清晰，关键是提高执行力。

二、消费信贷业务

消费信贷是银行个人金融条线利润收入的重要来源。从2006年至2008年零售贷款收益在个金条线收益中所占比重一直保持在30%以上，是个金条线收益最高的产品。

从长远看，消费信贷将对网点支行发展起着重要作用。因为随着银行业改革不断推进，利润指标将会是网点支行考核的主要指标，而消费信贷业务是实现利润指标的重要手段。

但是，从目前发展形势来看，北京市分行消费信贷业务发展面临严峻挑战。截至2008年7月末，虽然较年初新增额占有率和余额占有率都有所提升，但是，北京市分行新增额任务完成率仍然很低，较年初新增额的市场排名也有所下滑。

面临这种严峻的挑战，希望各支行能够利用年底前最后四个月的时间，做好冲刺，争取完成总行下发的任务目标，夺回市场领先者的位置。

（一）充分利用奖励政策，提高员工营销积极性

为了鼓励各支行消贷业务发展，分行专门制定了一系列消贷奖励政策，包括发放到个人的项目营销奖励和放款奖励以及发放到支行的新增奖励。

（二）充分利用费用支持政策，加大营销力度

为了有效支持各支行业务发展，分行加强了一手房和二手房营销支持力度，还制定了一系列费用支持政策，扩大了费用支持范围。目前可以单独列支的费用范围包括律师费和咨询费。这些费用可以不列入支行的捆绑费用，而统一列入基础费用。此外，根据今年同业各银行业务发展形势，结合二手房市场发展特点，分行还提高了中介公司咨询费返点比例。

希望各支行在今后的工作中一定把这些政策利用好，动员全体员工营销的积极性，全方位多角度针对房地产开发商、中介公司、二手房担保公司等渠道展开营销。

（三）加大人力和资源支持力度

整体上看，各支行，尤其是网点支行，对于消贷业务发展重视程度还有待提高。例如，为了有效推进网点支行开展消费信贷业务，分行在2007年下半年推出了两级审批制度。但是，试行两级审批后，试行两级审批的支行并没有真正做大做强消费信贷业务，究其原因，一方面在于对市场信心不够，没有找到发展业务的有力措施，另一方面就在于网点支行对消费信贷业务发展不够重视，不能够专门抽调出人员从事消贷业务，造成网点消贷人员经常兼职其他对私和对公柜台业务。为此，各网点支行应在今后发展中，根据发展需要，抽调人员专职负责消贷业务发展，这样才能真正持续地把消贷业务发展好，把网点利润规模做大。

（四）有效落实交叉销售，继续推进直客式贷款

交叉销售一直是总分行业务发展的重要战略，但是作为全行销售的主要渠道，网点支行在这方面做得还不到位。目前，全辖仍有超过10%的网点还没有做消贷业务，这就充分说明了这一点。同时，我们也看到有很多网点支行消贷业务发展得越来越好。

为了引导网点支行开展消费信贷业务，总分行曾经开发了直客式业务产品并对此进行了广泛的宣传，在社会上也形成了一定的品牌影响力。但是，很多网点支行对此仍然没有充分利用好，希望没有开始做消贷业务的网点支行认真反思，积极思考如何开展消贷业务，将直客式和交叉销售工作落到实处，对于已经做消贷业务的支行，也应该想办法争取把消贷业务做大做强。

三、负债业务

2008年储蓄存款市场形势很有利，上半年总体完成的不错。但自7月份以来，本、外币储蓄存款市场份额却首次出现较年初双下降的情况。

储蓄存款下降受多方面因素影响，剔除理财产品、奥运服务、同业市场数据调整等外部客观因素，与存款任务指标完成较好，吸存积极性及重视程度大大降低的主观因素也有直接关系。任务指标的完成情况仅是衡量自身业务发展速度的单一指标，真正体现业务发展实力变化的重要指标还是市场占有率。目前来看，同业银行加大了储蓄存款的工作力度，显示了强劲的增长势头，北京市分行存款虽仍保持持续增长态势，但步伐减缓，这将直接导致市场份额的下降。

面临严峻形势，各支行要进一步加大吸储、揽储的力度，切实贯彻分行“大力发展储蓄存款”的工作思路，把储蓄存款作为长期、持久的工作重点常抓不懈。要增加危机感，克服懈怠心理。务必按时完成储蓄工作的2个“确保”目标，即：确保年底前完成新增时点任务及新增日均任务。确保本、外币储蓄存款余额全口径市场占有率较年初均实现正增长。

（一）严格落实“四级监控”体系，通过对大额交易的监控与理财业务联动，深挖潜在VIP客户，促进储蓄存款发展

从客户一次性大额资金的变动可以间接体现客户的资金实力，这是挖潜VIP客户的直接有效途径。一线柜员在前台发现大额资金变动，必须在第一时间通知理财经理，理财经理未在岗的情况下必须通知网点主任，通过客户经理对客户资质的甄别开展有针对性的营销，对有挖潜价值的非理财客户要主动配发VIP卡，通过后期跟踪服务，促使其在北京市分行的资产规模达标。对不具挖潜价值的客户要详细了解该笔客户资金变动去向及原因，有针对性的向其推介北京市分行优势理财产品，挽留客户资金，减少流失。

（二）加强对支行“样板”行的管理和指导，发挥其以点带面的作用

目前各支行均已确定了本支行的“样板”行，下一阶段的重点工作就是对其进行精细化管理，监控各项措施的落实情况，检验经营策略的有效性，总结经验反馈问题。把“样板”行作为辖内其他网点支行的学习基地，做到以点带面。

（三）切实重视代发薪业务，提升代发薪业务开户比例

代发薪业务具有多项好处。比如资金月末沉淀，可以提高北京市分行市场占有率；营销对象明确；对象为集体客户群，作为批量交易是短期迅速提高储蓄存款业绩的重要手段；不受地域限制等。因此，各支行个金部要与辖内公司部积极开展联动，大力发展代发薪业务。要从现有对公基本户着手，提高代发薪比例。

（四）激励措施落实到人，确保一线员工的工作积极性

为充分调动员工吸存揽存的积极性，分行制定了人民币及外币储蓄存款的奖励措施，请各支行、各网点结合自身情况制定存款考核方案，考核方案应涵盖奖励与处罚两部分，并落实到人，要对大额吸存及行外客户资金转移给予重点奖励。抓好储蓄存款工作，要形成对网点每个人的压力。同时，各支行要做好进度测算工作，确保按时间进度完成吸存的任务指标。

四、中间业务

（一）完善个人结售汇服务，建立出国金融服务中心

个人结售汇业务一直是北京市分行个人中间业务收益

的重要组成部分，但结售汇收益占比逐年下降，剔除其他收入增长较快的原因外，个人结售汇业务自身发展不足也是重要原因。总的来讲，个人结售汇业务是北京市分行发展较为完善的传统业务之一，同业的竞争已经不再是产品本身，而是产品的服务。如何提高北京市分行个人结售汇业务服务水平是各支行下一步个人中间业务工作的重点。

要在全辖有条件，需求较为迫切的网点尽快建立出国金融服务中心，通过提供一站式业务办理，带动汇款、旅行支票等结算类及产品类业务共同发展。

（二）积极宣传推广 BTS 汇款

BTS 汇款区别于传统汇款最大的特点汇款到账时间迅速——国际汇款实时到账，目前 6 家试行网点已经取得初步成效，接下来分行将在全辖推广 BTS 汇款。各支行要配合分行做好落实及营销宣传工作，在实际对客户营销工作中也可以把 BTS 汇款作为一个亮点业务吸引客户。

（三）在大力发展第三方存管业务的同时，提高支行选择合作券商的自主权

2008 年第三方存管业务受市场等因素的影响开户数量一直发展不足。但目前市场的低迷也同时孕育着下一步的兴起，各支行要把第三方存管作为未来一个战略性业务看待，进一步打好第三方存管开户基础。为了从根本上促进各支行第三方存管开户交易量增长，分行个金部已经根据网点情况与券商情况进行了新的调配。各支行要督促券商提高在北京市分行的开户数量，将北京市分行的营销活动和券商的活动结合起来，加强对合作券商开展业务情况的总结。

（四）加大奥运商品及贵金属销售力度

今年以来，奥运特许商品及奥运题材贵金属产品销售取得突出成绩。随着北京奥运会的结束，奥运特许商品的销售将接近尾声，各支行要抓住全国人民奥运热情还未完全减退的时机，重点销售与奥运相关的产品。

五、理财业务

今年以来，资本市场持续低迷，这对北京市分行理财业务的发展带来了较大的影响。但从目前形势看，除基金销售因为市场形势销量下滑明显外，其他业务包括 VIP 客户发展、VIP 总资产规模增长以及本外币理财产品销售等均有所突破，理财业务整体表现良好。

（一）基金销售保份额、重首发、抓定投

由于股票市场疲软，总行在对分行基金销售工作进行年度考核时会更加重视各行在当地的市场份额指标。

2008 年以来北京市分行在北京各商业银行基金销售中的市场占有率为 15% 左右，导致北京市分行销量市场份额减少的重要原因之一就是北京市分行债券基金销售量偏低，为此各行应加大债券、货币基金销售力度，在整体销量上确保北京市分行北京同业中市场占有率。

在当前股票市场没有出现明显好转的情况下，依照客户风险偏好，积极向客户推荐低风险的债券基金，顺势而为，但不能无所作为，这一点要让所有的一线销售人员都认识到。

定期定额业务是基金销售的基础工作之一，能够为今后基金业务发展积蓄力量、谋篇布局。各行要重点做好客户开发、推广工作，如针对代发薪客户，以个人理财规划为切入点争揽基金定投业务，为北京市分行培育一批稳定的基金投资客户，提升理财服务内涵。

（二）分层服务，重点提升 VIP 客户数和平均资产规模

随着客户规模的不断扩大和同业竞争的日趋激烈，分层服务是我们的必然选择。一是要做好客户梳理工作；二是研究客户需求，针对不同客户提供不同服务，并以高端客户为服务重点。

（三）继续加大本外币理财产品的销售力度

截至 2008 年 7 月末，北京市分行累计发售人民币理财产品较去年同期增长了 1014.02%；外币理财产品较去年同期增长了 51.67%；人民币理财已完成全年任务，外币理财任务完成也超过了时间进度。但与同业相比，在绝对量上我们仍有差距。所以，各支行要继续保持这种良好势头，努力扩大市场份额。

（四）加快三级财富服务体系建设

总行提出要建立私人银行、财富管理中心、理财中心三级财富服务体系。北京市分行目前已经具备三级财富服务体系的物理条件。下一步，从分行到支行，我们要重点宣传中银理财品牌，切实提升中银理财产品的市场占有率。要做好三级体系建成后的资源集中问题，即优质客户的集中和优秀理财经理的集中。一方面选拔优秀理财经理到资源丰富的营业网点（如新建的财富管理中心和高标准的理财中心），实现优秀理财经理和重要客户的匹配。另一方面将优质客户交由优秀理财经理服务。为方便客户，财富客户（金融资产在 200 万元以上）的日常业务可继续在原网点办理，但是其客户关系和对口服务由财富经理接手负责。

（五）提高理财经理上岗率

业务要发展，人员是基础。理财经理是理财业务发展的具体执行者。截至 7 月末，北京市分行在岗理财经理较 2007 年底提高很大，但离分行确定的目标人数还有一定距离。从新上岗理财客户经理表现看，新上岗理财经理无论在维护 VIP 客户数、总资产规模、产品销售方面都有了较大提升。新聘理财经理对各支行理财业务的发展起到了重要的作用。由于奥运金融服务的原因，近期理财经理上岗人数增加不多，但在奥运结束后我们要把这项工作放到重要位置。

（六）落实考核

建立起一个“以分行个人金融业务发展重点为导向”的理财业务考核体系也是各支行普遍关注的一个问题。这个体系分三部分：支行、理财中心和理财经理。目前，关于理财经理的考核表已经确定，7 月份的考核得分大排名也已经发到了全辖。这个排名就是要确定下来，定期公布，真正做到提高理财条线管理的执行力。分行下一步也要对各支行、重点理财中心理财业务发展的贡献度进行考核打分。

（七）加强培训

北京市分行理财经理人员队伍的专业化水平在不断上升。现在个金部组织了一期 AFP 的网络培训班，培训方式更灵活，目的就是不用占用上班时间。今后，这种形式要在全辖更多的推广。我们的近期目标就是在两年内使所有理财经理都有 AFP 资格，并尽可能多的取得 CFP 资格，最终通过培训，逐步建立起一支层次分明、人员齐备、素质专业的理财队伍。

六、银行卡业务

今年银行卡业务任务完成较好，下阶段仍要再接再厉，围绕规模和效益，发卡、收单业务协调发展。

（一）发卡业务要规模与效益并重，充分利用交叉销售机会，加强业务发展

各支行应在下阶段工作中，继续抓好规模和收益两条主线，在保持良好的发卡势头的同时，充分关注卡质量的提高，从切实扩大客户规模和市场份额的角度来推进营销工作，杜绝卡量虚增，积极发展有效的客户资源，为全年银行卡工作考核评价做好收尾工作，也为提高明年中间业务收益做好铺垫。

同时，支行要加强个金业务与公司业务的联动，继续加大对于重点公司客户的公务卡营销；加强个金板块内部交叉销售，有效利用网点资源平台，利用我行优势产品稳定已有优质客户群，推进理财渠道白金卡发卡工作。

（二）收单业务要积极拓展中小商户、挖掘现有客户潜力

各支行要着力拓展中、小型酒店、连锁餐饮、百货、娱乐类商户上，配合分行继续作好已有重点目标客户的跟进营销工作，特别是百货类大型商户的营销重点要放在北京市已有的著名商场上，避免市场风险。

同时，要积极开展已有商户的挖潜及促销活动，以提升交易量和收益，确保完成指标。除配合分行开展“百年奥运、百年中行、百家商户”的商户促销活动和其他外，支行应主动对有潜力的支行商户开展促销活动。

全面完成 2008 年个金业务各项任务指标，北京市分行还面临很多挑战，全体员工要发扬奥运健儿“全力以赴、奋勇争先”的拼搏精神，深入了解和把握客户需求变化，洞察市场先机，不断创新机制、产品和服务，以提升市场竞争力和客户服务水平为切入点，积极拓展消贷、储蓄和中间业务，推进网点转型，大力发展理财业务，实现个金业务又好又快发展。

上海市分行董唯俭行长在 2008 年分行工作会议上的讲话

一、2007 年个金工作的最主要经验

（一）个金市场整体发展潜力仍然巨大

2007 年我行个金各项核心业务保持了高速增长势头，消费信贷余额迈过 600 亿元大关，中间业务净收入进一步提升。2007 年上海房屋成交面积也较上年同期增长 7%；在上海人民币储蓄大幅下跌的形势下，交通银行、建设银行仍然保持正增长。

（二）个金业务对外部经济环境十分敏感

2007 年，国家实施“稳中适度从紧”的货币政策，6 次上调利率，10 次上调存款准备金率。我行受宏观政策影响较大的个金房贷业务、结售汇业务都出现了与政策结果相吻合的增长轨迹。

（三）个金业务发展呈现结构性变化态势

个人客户投资理财需求井喷，投资理财产品销售成为业务亮点。个人客户的消费需求快速上升，消费金融服务成为竞争热点。个人客户对电子服务渠道日渐依赖，电子金融服务成为关注焦点。

回顾 2007 年，个金业务仍然大有可为，潜力无穷，但与过去相比，传统的粗放式增长模式已不能适应发展需要，必须认真研究客户需求，细分产品与渠道定位，实行差异化、精细化的营销和管理，扬长避短，有所为有所不为，才能实现又好又快，好中有快的发展。

二、做好 2008 年个金工作必须注意的五个问题

（一）必须坚持统筹兼顾的原则，全面认清目标市场

客户财富成长加速，个金业务需求变化加快，我行原有的客户定位策略显露出一些问题。一方面，大众客户需求的爆发性增长和我行服务能力之间的矛盾突出，客户和员工满意度下降，社会声誉不同程度受损；另一方面，由于资源扩张的有限性，我行在大众和中高端两块市场尚未取得资源配置的平衡。2008 年，既要认清中高端客户的重要性，也要兼顾大众客户的成长，全面把握目标市场。

（二）必须坚持扬长避短的原则，重点突出优势产品

我行个金产品品种并不缺乏，但缺乏产品的连贯性、灵活性和预见性，分层服务和差异化程度低。业务主线上尚未明确哪些产品能够为我行带来长期稳定的利润，哪些是核心产品、优势产品，哪些是非核心产品。要加强对产品的研究，重点突出核心产品和优势产品，以其带动周边产品的销售组合，提高定价能力，充分考虑产品营销的主动性和长期性。

（三）必须坚持实事求是的原则，深入挖掘渠道潜能

目前我行网点的经营目标并非根据周边客户特征有针对性地规划，网点业务模式差不多，资源投入差不多，销售的产品差不多，考核方式差不多。造成没有客户需求的网点浪费资源，有需求的网点却投入不足。网点经营模式单一导致网点为了完成指标被动营销，对客户资源和员工资源粗放性开掘，难以培养持续、有效和健康的网点经营发展模式。要尽快提高对各种渠道的科学运用能力，培养专业化指导能力和专业性的资源配置能力。

（四）必须坚持综合治理的原则，着手提升服务水平

我行个金业务客户服务水平近年来虽在逐步提高，但仍然存在许多突出问题。一方面，客户抱怨我行业务处理

速度慢，流程繁复，而在这个问题上我行不需通过 IT 系统改动而修改优化流程的空间十分有限；另一方面，基层网点时常暴露我行在服务规范不统一、服务标准执行模糊的问题。我行职能部门必须在服务质量监控职责分工、投诉处理和动态监测体系方面进一步理顺和加强。

三、着力狠抓各项营销工作，努力实现全年经营任务

（一）狠抓四类最终客户的营销

1. 抓好大众客户营销。强调营销的科学性和技术性，深入研究现有客户信息，运用技术手段指导客户营销，加强大众客户的数据库挖掘工作。

2. 抓好理财客户营销。立足于提高高端客户签约率，加强分行、管辖支行两个层面对高端客户行为和需求特征的分析能力，完善理财客户营销方式和营销体系。

3. 抓好私行客户营销。进一步提高私人银行客户营销差异化程度，整合分行资源打造最高端客户营销能力。

4. 抓好机构客户营销。做好零售贷款中介机构、留学中介机构、外币代兑机构、银行卡代发机构、商户新增及收单机构及公务卡企业等的营销工作。

（二）狠抓十类重点产品的营销

各类本外币传统储蓄产品；第三方存管、基金代销等人民币证券投资类产品；网银 1.0（BOCNET1.0）；信用卡、借记卡、国际卡及银行卡消费；代发工资；各类对私结售汇及关联汇款产品（旅行支票、光票托收、侨汇通等）；外汇及黄金交易系列产品；各类委托理财类产品和结构性理财产品；直客式贷款为主的个贷产品；奥运特许商品及其它类金属代销产品。

（三）狠抓八类销售渠道的营销

今年销售渠道营销的重点是制定好八类渠道的营销计划，落实到位，即：网点销售竞赛计划、理财经理综合业绩激励计划、消贷经理直客式营销激励计划、大堂经理专项销售激励计划、银行卡直销队伍销售激励计划、电子渠道及直邮渠道交叉销售激励计划、合作机构产品销售激励计划、全员营销竞赛计划。

（四）狠抓六大品牌形象的营销

今年的品牌形象营销的主要思路是：围绕奥运主题突出我行“中银汇兑”、“中银理财”、“理想之家”、“中银信用卡”、“中银汇萃”、“中银在线”六大品牌，充分利用营业网点灯箱、电子显示屏、门户网站、95566 电话语音广告、对账单等行内媒体资源，并加大外部媒体（如地铁广告、电台、报刊等）投放量。通过各品牌开展的客户营销、产品营销和渠道营销活动，提高客户对中国银行的品牌忠诚度，也进一步强化六大品牌的市场地位。同时要积极制定和推进我行在本外币存款业务方面的品牌实施计划。

四、逐步推进各项管理工作，促进个金业务长期可持续发展

（一）抓网点渠道管理的改革

1. 进一步明确网点建设规划。

2. 进一步明确网点建设的组织建设体系。未来三年我行网点建设以“扩张、整合、规范、精品”为宗旨，力争在三年内使我行营业网点的市场份额、经营实力、环境形象更上一个新的台阶。

3. 进一步推进网点分类管理。根据网点客户结构、业务结构和周边发展趋势，把现有以个金业务为主的网点分为高端理财型、大众储蓄型、综合服务型三大类型。同时在分行个人金融部设立渠道区域经理岗位，逐步培养专业化渠道管理能力。

（二）抓业务流程的改革

1. 集中操作型流程改革工作：一是贷后管理流程改革，二是 ATM 管理流程改革，三是信用卡管理流程改革。

2. 服务优化型流程改革工作：一是网点服务流程优化。今年全行将继续深入开展流程优化改进，做好内部流程管理、网点信息流管理、客户流管理等三项软件建设工作。二是信用卡服务流程优化。

（三）抓销售队伍管理的改革

个金业务的销售队伍，在营销上发挥了巨大作用。分行将不断地提高销售队伍的专业管理能力，提升销售队伍的营销水平。

1. 以提高网点销售能力和服务水平为目标，抓大堂经理队伍建设，明确岗位职责，理顺网点内客户服务流程，从软件上实现我行网点功能的真正转型，为强化网点管理工作提供保障。

2. 以提高银行卡直销能力为目标，加强银行卡直销队伍建设，并着重于强化人员管理和考核制度，规范进件操作流程、数据考核方法，促进直销人员规范操作、有序竞争。

3. 以提高消费信贷客户经理队伍综合素质为目标，加强培训力度、考核力度，制定完善的队伍准入和业务准入制度，逐步形成队伍素质评价体系。

4. 以提高理财客户经理队伍的客户识别能力、产品销售能力、专业理财能力为目标，加大理财客户经理招聘力度，实现理财客户经理 200 名的规模；设计培训教程，争取实习培训和交流培训机会；同时，加强理财顾问对理财客户经理的支持力度。

（四）抓服务质量管理的改革

近两年服务质量问题的出现较为频繁，针对服务质量问题的解决办法不够，支持不够，服务质量多头管理，信息传达机制不畅。分行将把网点服务、电子渠道服务、银行卡服务投诉量和媒体曝光次数纳入服务质量监控指标，定期通过多种渠道通报全行，督促全行提升个金业务服务水平。

（五）抓合规风险管理的改革

分行将根据紧迫程度分步骤开展合规风险管理改革工作。目前分行已经在研究授信、非授信业务档案管理改革事宜，希望实现零售贷款档案集中统一管理，并逐步探索非授信业务档案集中上收，明确零售贷款押品统一管理、新发放贷款档案管理、贷款结清后档案管理、零售贷款档案日常管理，明晰责任认定。

广东省分行周铭佳副行长在2008年全省个人金融业务工作会议上的讲话

一、充分肯定2007年的工作成效

2007年，市场经营环境有了很大的变化，我行的业务发展和经营管理面临多方面的挑战，对外要应对日益激烈的竞争以及市场变化，对内要更快的提高个人业务对全行利润的贡献度。大家没有辜负总行和省行的期望，上下齐心、迎难而上，通过调整发展策略、加强督导帮扶、优化考核与激励模式、开展各项业务劳动竞赛、推动全员营销，较好地完成了各项任务指标，在全行利润快速增长的前提下又向前迈进了一大步。

二、保持对市场环境的清醒认识

我们要清醒地看到，今年的工作还有很多地方值得改进提高，特别是负债、中间业务的协调发展方面还不够，对市场变化的反应不够迅速。各行在克服困难的过程中也积累了不少宝贵的经验，值得很好的总结，这对做好明年的工作很有帮助，要有信心并保持高昂的斗志和干劲，主动自觉从年初就把工作做好，健康发展。因此，要乘势而上，不仅要确保年初存款余额不能大幅下滑，还要兼顾做好中间、负债业务。

2008年，宏观调控力度可能进一步加大，在控制风险的前提下，实现资产业务的稳步发展对我们的要求更高；股票市场潜在的调整可能，会影响理财产品销售，进而给中间业务持续快速发展造成一定的困难；人民币升值和汇率波动幅度也会进一步加大，会对外币储蓄带来影响；人民币利率市场化改革的逐步推进，不对称调息等政策将使得存贷款利差进一步收窄，对贷款成本造成影响，我行将面临更大的赢利压力。

从上午传达的总行个金业务年终会议精神可以看到，提高竞争力是核心要求，总行管理层提出的2008年各项任务指标，除了贷款投放受到规模控制的影响，其余都较2007年更为进取，广东行的担子也更重。根据总行要求，结合我行面临的市场环境，我们可以看到，2008年的工作有以下几个特点：一是任务指标更加艰巨，各条线都要实现大幅度的增长；二是业务发展方式从往年的以产品为主变成“以市场为导向，以客户为中心”，储蓄业务和中间业务要统筹兼顾发展，两手都要硬；三是竞争方式升级，从单一的产品、服务竞争，升级到了网点综合能力的竞争，也意味着网点转型工作的重要性更加突出；四是专业化队伍的作用日益明显，人才因素对银行业绩的贡献更为重要；五是内控形势更加严峻，稍有松懈就可能丢失来之不易的经营成果。

客观地说，从2004年以来，我行大力发展理财业务，增加了不少高端客户，与系统内同组行相比，客户结构还是较好的，但今年受到了市场的影响和同业的竞争，客户基础有所影响。因此，我们必须统一思想，深入落实总行和省行党委的要求，保持紧迫感和责任感，把困难考虑得更充分些，把对策准备得更充足些，根据当地市场实际和特点，把各项业务做大做强，全力以赴提升市场份额。

三、统一思想、提高认识，促进个金业务快速全面发展

2008年，要树立“以市场为导向、以客户为中心”的发展观，加快网点转型并以转型后的网点为平台和基础，着力做好资产、负债、中间业务的有机协调发展，突出专业队伍的产品销售功能，深化中银理财体系建设，发挥自助设备对柜台压力的分流作用，多策并举，促进个金业务又好又快发展。

（一）由内而外，夯实客户基础，争夺客户资源

近两年，大量外资银行进入中国市场，中小银行的发展也非常迅速。前几年中小银行注重的还只是对公业务，从2005年开始，特别是今年它们狠抓对私业务，之前做的大量基础工作发挥出作用，资产、负债业务增长都很迅猛。特别是零售贷款新增份额占据了半壁江山，对四大行造成了很大的压力。由此可见，作为未来业务发展的最大亮点，个人业务已成为各银行拼抢最激烈的战场。2007年的市场发展状况表明，随着客户金融意识的觉醒和对金融服务要求的标准提高，客户和银行的相对地位已经发生了深刻转变，只有“以客户为中心、以市场为导向”才能适应新形势下的竞争要求。

为了在2008年的市场竞争中抢得主动，各行除了做好存量客户的巩固提高以外，还要把视角转向行外，努力争抢客户资源。同时，凭借服务和产品，狠挖现有客户在他行的资金，把更多的中端客户培育为高端客户。另外，要发动全辖个金战线，通过全员营销，挖掘客户资源。最后，特别要强调部门之间的联动。要与公司部门联动，通过较好的激励机制，引导公司客户经理把大企业的中高层推荐成为我行的理财客户；还要与银行卡部门联动，挖掘潜在客户，做好交叉营销。

（二）统筹兼顾，储蓄存款与中间业务两手都要硬

储蓄业务是我行的基础和经营之本，2008年还将提升到更高的位置。从全系统的角度看，人民币资金还是短缺的，为了确保流动性，也要增加存款。总行对明年工作的定位是“存款为王”，当然也包括企业存款和金融机构存款。总行已经明确将储蓄和中间业务作为两大核心指标进行考核，这充分说明了总行的发展导向。因此，如何统筹发展该两项业务十分重要。各行一定要牢固树立科学发展观，“两手都要抓、两手都要硬”，核心还是客户的争揽，必须把客户基础做大，特别是20万元以上（非重点地区是10万元以上）的中高端客户，这项工作必须切实的从现在抓起。今年多项措施打下的基础，明年要发挥出成效。因此希望各行高度重视，在费用资源投入方面做到早策划、早投入、早见效。

基金业务方面，要继续紧盯市场。由于基金业务受市场的影响较大，为了确保完成中间业务任务，还要不断发掘创收亮点。结售汇业务今年发展势头不错，这跟大家及时把握外汇管理新规定的机会、提高结售汇网点覆盖率等措施有密切的关系。汇入汇款业务也要抓好，这不仅关系到中间业务收入，还是外汇存款的源头。要做好BTS汇款的试点工作，在国内外都打响这个品牌，形成对客户的吸引力。各行还要利用好“自助通”系统，省行将通过总行向外管局申请尽快开通小额结汇业务。

另外，还要强调个人贷款业务。不能因为今年的成绩就认为明年很容易完成任务，准备工作还要做足，应对形势的变化。要实现个金业务飞跃发展，离不开零贷业务的发展。一方面零贷业务本身的贡献度要提高到50%，另一方面个金营业收入要提高，资产业务也是重要组成部分。因此，贷款业务也要抓住不放。

（三）转变观念，加快网点转型，提高综合竞争力

我行推行网点转型工作已接近两年，全辖紧紧围绕“把业务操作型网点转型为营销服务型网点”的工作任务，从网点改造、业务和服务流程整合、柜台业务迁移、个金业务KPI考核、专业队伍建设等方面做了大量的工作，取得了积极的进展，在竞争中取得了一定先机，但也面临更高的要求。建行近期在这方面的力度很大，效果不错，各行要注意借鉴学习。

转型工作做得好，发展潜力就大，因此要坚定不移的做好这项工作。网点转型不是“花架子”，不是简单的完成任务就可以了，其核心是提升网点竞争力，以更加优越的环境和强大的销售功能把客户从同业、从市场上争揽过来。网点是个人金融业务的主战场，是做好个金业务的最重要渠道。竞争力的提高根本在于银行基层网点服务销售能力的提升，网点效益又成为网点转型成功与否的标志。因此，我们的工作，不能停留在网点硬件改造上，而是要使新改造的网点符合业务流程和销售流程的需要。总行高度重视网点改造工作，今年和明年都给予了专项费用等优惠措施，因此各行要充分把握时机，为了今后业务发展的潜力，要使网点改造工作成为自觉的行动。

除了硬件建设，业务流程也需要优化，才能提高经营效率。今年省行牵头做了些改革，取得了一定成效，明年还将积极配合总行，着力推动流程优化工作。各行也要充分发挥主观能动性，在劳动组合安排上多花心思，在如何提高网点人员营销时间和成功率方面多想办法，才能尽快提升改造网点的竞争力，进而形成示范效应，推动更多网点实现转型。

（四）以人为本，打造专业队伍，向销售要利润

省行再次强调，理财客户经理、零售贷款经理、开放式柜台客户经理和大堂经理等四支专业队伍的建设是硬性任务，各行一定要配足人力资源。这四支专业队伍是相辅相成的，省行将制定相应的考核和激励办法，各行要积极配合，建立一条从初级到高级、阶梯式的人才培养与输送机制。专业队伍的营销思路同样要从“产品为主”转向“客户为主”，通盘考虑，深入挖掘客户真实需求，为我行创造更大价值。人力资源部门和各行要考虑得更长远一些，队伍到位要早。因为客户经理要达到符合客户要求的阶段，需要经过几年的摔打磨炼和经验积累过程。因此，如果现阶段专业队伍建设步伐慢了，今后就会跟不上市场的要求，跟不上同业的竞争。省行和辖内行都要为他们多创造学习条件，促使他们尽快成才。另外，目前很多网点开设了开放式柜台，也要培养客户经理队伍。大堂经理队伍也很重要，明年要争取有成倍的增长。希望各行高度重视，按照省行的要求建设好专业队伍。

（五）依托自助设备，开辟业务发展新思路

今年我行在自助设备方面投入了大量资源，购置了大批设备并开发了一系列新功能，前面已经多次提到了。我再强调一点，各行一定要把现有的设备利用好，特别是存款设备，要优先投放到最好的网点，自助终端和打本机也要做好补充和更新工作。各行务必要做好加钞及安全防卫等维护工作，要与押运公司做好衔接，充分利用自助设备资源。明年广州地区还将推行离行式自助设备集中清分工作，逐步实行专业化管理。

（六）严密内控，依法合规经营不动摇

近年来我行个人金融业务持续快速发展，业务规模越来越大，业务笔数越来越多，对我们的内控工作提出了更高要求。省行强调，还要高度重视，任何时候都不能因为强调业务发展而放松资产质量，任何时候都不能因为强调业务发展而放松内部控制。各行要高度重视，构建稳固可靠的内控第一、二道防线，防范各类风险，为业务发展提供坚实保障。省行再次强调，房地产市场从高位下调，楼盘销售不畅的时候最容易引发假按揭，各行一定要防范好，配套措施要跟上，否则会出问题。要求各行及早发现零贷业务风险点，未雨绸缪，特别是中介管理方面，个投贷款客户选择也要谨慎。个金部门要研究好个投贷款与公司条线的中小企业贷款的协调发展，各行也要积极配合，做到两者之间相互促进、互为促进。

（七）持续做好文明优质服务

2007年，我行再次蝉联广东省省情调查研究中心评选的“广东省银行业总体服务满意度评价”第一名的荣誉。这一荣誉的获得绝非偶然，它来自于全行员工长年累月坚持不懈的优质服务。但是，我们也要看到服务方面还有不尽如人意的地方，还要进一步加强。在未来较长的一段时间里，同业的竞争，更多的仍将是围绕网点服务的竞争、窗口服务的竞争，服务赢得客户，服务赢得竞争，进而才会有“服务创造价值”。要求把提升服务水平提高到夯实客户基础的高度，留住、赢得更多的客户。

落实中高端客户发展战略
深化战略转型　推动个金业务又好又快发展

——深圳市分行钟小琦副行长在2009年全市个人金融板块工作会议上的讲话

一、2008年个人金融业务的整体经营情况回顾

2008年，我行个人金融业务紧紧围绕总分行的战略部署，顺势求变，克服很多困难，在变化中抓住市场机遇，整体上保持了负债业务、理财业务和信用卡业务的快速增长，同时，继续加强三级财富管理体系建设、产品创新和系统整合等基础性工作，不断提升个人金融的中长期竞争力。

负债业务与理财业务抓住市场机遇，积极开拓思路，增长显著。截至2008年底，人民币储蓄存款余额继续保持同业第一，为建行以来的最高水平，增量市场份额排名前列，市场领先地位得到一定巩固，其中人民南支行、福强支行和地铁支行等表现突出，增长列全辖前三名；外币储蓄存款扭转了近六年来逐年下滑的趋势，自2007年底以来第一次实现正增长；在储蓄存款快速增长的同时，以票据宝为核心的理财产品销售大幅上升，其中，人民币理财产品销售为去年全年的12倍。消费信贷业务在逆境中保持稳定增长，但资产质量压力逐步显示。在面临房价下跌、成交萎缩的不利形势下，人民币零售贷款全年投放增长较快，增量市场份额排名第二，二级支行中北方大厦支行、新安支行和沿河南支行表现突出，投放接近4亿元。另外，今年在个人汽车贷款、个人投资经营贷款业务上取得一定突破，投放量都达到去年的2倍以上，（其中个人汽车贷款投放为去年的近3倍，个人投资经营贷款投放为去年的近2倍）。与此同时，房价的持续下降也给贷款资产质量带来很大影响，截至2008年末，不良贷款余额比2007年末增长，不良率比2007年末有所上升。银行卡业务坚持多元化发展策略，实现跨越式增长。截至2008年末，全年累计发卡比2007年增长200%，创历史最高水平，其中，龙华、上步、罗湖和布吉支行发卡超过2万张，二级支行中沙井、大鹏、新安、中建等支行发卡量均超过3000张；银行卡两卡消费交易额比2007年增长69%，市场份额上升5.3百分点，上升两位，五行排名第二；人民币收单比去年增长超过300%。个人金融业务客户基础进一步夯实。截至2008年末，各类口径个人VIP客户数量比2007年末增长20.41%。其中，VIP客户存款新增占全部新增额的三分之二。

总体来看，2008年，个人金融业务板块很好地落实了总分行和个人金融业务板块年初工作会议精神，抓住了市场机遇，并紧紧围绕奥运金融服务、财富体系建设、产品创新、渠道建设、队伍培养、机制和系统完善开展了卓有成效的工作。

二、2009年个人金融业务形势分析及发展策略

2008年以来，经营环境发生了巨大的变化和波动，给个人金融业务发展带来了非常大的变数和困难。另一方面，同业竞争形势仍然严峻，目前我行负债业务的领先优势并不稳固，理财业务与同业标杆行差距还很明显，零售贷款下半年的增长势头被同业超过，信用卡综合竞争力还不强，个人中高端客户规模不占优势，等等，因此，2009年个人金融业务面对的同业竞争压力有增无减。

但是我们也要看到，有挑战也就有机遇。国内经济总体基本面仍然向好，随着国家宏观经济调控措施的逐步到位，整体经济仍然有望保持平稳增长，个人金融市场潜力和机遇仍然很大，居民的资金流动性还是比较充裕，对投资理财的需求仍然很高，居民消费总量还是保持稳定增长的势头。面对发展机遇，各银行同业也在加快转型，将个人金融业务作为战略重点，尤其是经过几次金融危机的总结，个人金融业务风险抵抗能力强、收益稳定的特点更加凸显。从我行自身看，经过几年的发展，个人金融业务竞争力总体上有一定提高，加上板块经营管理体制的推进、三级财富管理体系的建设、自住产品创新能力的培养，以及系统科技开发力量的增强，都为我们的后续发展创造了有利的条件。

根据总行2009年个人金融业务工作会议精神，2009年是中国银行加快战略转型的关键一年，各方面工作任务都很重，总行明确提出了个人金融业务发展的战略原则和战略目标，结合我行经营实际，我们提出未来三年深圳分行个人金融业务的战略目标是：紧紧围绕分行市场领跑者战略目标，以客户为中心，加快战略转型，不断提高个人金融业务盈利水平，力争2～3年内个人金融板块经营收入

占全行经营收入比重达到40%，中间业务收入占全行中间业务收入比重达到40%。围绕这一战略目标，未来几年我们必须进一步解放思想，开拓思路，有效推进战略转型工作的实施：

第一，以中高端客户为重点，以大众客户为基础，加快客户战略转型。中高端客户是战略重点，要通过三级财富管理体系的建设，构建行之有效的中高端客户关系管理机制，提升我行在中高端客户群的品牌影响力和竞争力，同时，广大大众客户是长期基础，要不断改善对大众客户的综合服务，着力培育大众客户的贡献度和忠诚度。

第二，以市场为导向，提高产品自主创新能力，加快产品战略转型。在理顺现有个人金融产品和服务的基础上，依托分行的信息技术力量和总行级产品研发中心等条件，以市场和客户需求为导向，提升市场反应速度，加大产品自主创新能力培养，重点提升我行在个人账户管理、零售贷款、信用卡、投资理财业务等领域的产品竞争力。

第三，深化网点渠道转型，推进电子银行渠道建设，加快渠道战略转型。要在总结经验基础上，继续加大网点布局研究和推进，确保分行在重点区域、新兴区域的网点竞争力，进一步深化网点功能转型，提升网点综合竞争力和单产效率，同时，加快推进自助设施、网上银行渠道建设，尽快缩小同业差距，逐步搭建多层次、差异化的经营渠道体系。

三、2009 年个人金融业务主要工作及要求

围绕以上战略目标和战略转型思路，2009 年需要重点做好以下七项工作：

（一）积极应对形势变化，深化交叉销售，推动个金业务又好又快发展

第一，以联动营销和重点产品为手段，针对目标客户实施差异化展业。

2009 年形势更加复杂，在展业思路和策略上一定要细分目标客户，有针对性，体现差异化。要抓住公司联动的机遇，大力拓展集团客户的个人客户群，要针对各行业中的重点客户和优质客户，尤其是我行对公业务关联客户，以对公业务为撬动，通过代发薪、对公理财等业务，积极发展企业中高层个人客户，比如一些大公司员工尤其是中高层管理人员都是非常优质的个人客户群；要抓住资本市场的中高端客户，尤其是第三方存管沉淀资金量大的客户，这些客户对资本市场变化的敏感度很高，而在 2009 年资本市场可能出现的潜在变化情况下，其资金流动比一般客户会更频繁、更主动，其中不乏市场机会，2008 年我们在票据宝产品的策略上有很好的尝试，2009 年要继续以类似投资产品和服务工具做好营销；要继续重视港澳一体化联动，虽然 2009 年可能不会出现大规模的港人北上存款，但金融开放的趋势不会变，包括最近的人民币贸易支付结算，三地之间的资金流动也会越来越频繁，港澳个人客户仍是优质客户群，同业“深港一卡通”已经推了很久了，“陆港通龙卡”也在去年的 12 月份首发，其他银行都在积极筹备，我们要依靠总行的支持，在前期工作的基础上，进一步加强与港中银的磋商，加快相关工作推进的进程。

第二，提升综合账户品牌和功能，全面发展负债业务和中间业务。

以客户为中心的经营导向，反映在经营思路上要做大客户的综合服务，通过交叉销售提升各层级客户对我行的粘合度和贡献度，深化客户关系。总行板块工作会议也强调了这一点，要大力发展综合账户服务功能，这方面我们与同业还有一定差距。我们行这方面刚起步，去年开始针对理财客户开发了 V 账户，针对私行和财富客户开发了 W 账户，在实际运作中还有很大的改进空间，接下来，要以 V 账户、W 账户为载体，促进综合营销和交叉销售，全方位增强客户体验，比如说客户积分制，就可以将理财产品、个人汇兑、信用卡、第三方存管、消费贷款等予以整合，通过账户的各类销售、服务计算客户积分，从客户优惠、礼品赠送、增值服务等系列方式进行营销，可以先从中高端客户入手，建立这样一个综合账户，依托网点、电子和网上渠道，为理财经理提供统一的管理载体，建立稳固的客户关系，不断增加个人储蓄存款和中间业务收入。

第三，围绕市场变化主动调整，有效促进零售贷款业务发展。

要在巩固二手楼业务优势的基础上，大力拓展一手楼市场。2007、2008 年我行在住房按揭贷款业务上，二手楼投放都超过了一手楼投放，也超过了同业平均水平，2009 年要进一步巩固二手楼市场优势，同时要看到一手楼市场先行一步可能带来的机遇，当前新楼盘房价的下跌已经给市场交易的活跃带来一定的积极影响，要以优质项目和客户为切入点，继续推广“直客式”业务模式，积极争取一手楼业务市场份额的扩大。

要继续深化多元化发展策略，逐步向大额消费和个人投资领域拓展。2008 年我行在个人车贷业务上做了很积极的尝试，成立了系统内第一家车贷中心，业务量比上一年也有明显增长，2009 年要根据市场变化进一步扩大业务新品种，比如个人投资经营贷款，在处于经济周期的相对低谷，包括固定资产、原材料、人工成本在内的个人创业成本有所降低，创业需求可能会增加，我们的财富及私行客户不乏优质的中小企业主，能否探讨为这些客户提供涵盖信用卡、大额消费、投资经营在内的一揽子的综合贷款，同时也可以继续完善“快富易”产品，争取向更广的范围进行推广。

要继续强化风险内控，重点防止存量资产损失的扩大。2009 年零售贷款资产质量压力不小，在风险内控上要进一步加强精细化管理，加强风险监控，尤其要注意对存量高风险资产的预警机制建设；要通过对不良和关注类贷款客户特征的分析研究，来指导一线客户经理提高对借款人第一还款来源的判别能力，提高贷前风险防控水平；要借鉴同业 12 级零售贷款资产质量分类的做法，细化消贷资产风险分类，调整分类标准，为风险管理提供更合理的依据；要加大存量不良资产的催收保全，合理的配置催收资源，建立全辖保全例会、定时报送等机制；要加快档案集中管理工组进程。

第四，坚持发卡与收单并重，加快银行卡盈利模式的转变。要认真研究银行卡的盈利模式，提高银行利润贡献，

对银行卡来说，盈利模式的转变需要坚持发卡和收单并重，通过产品和服务提高客户用卡率，扩大消费交易额和透支信用业务，才能实现盈利的增长。2009年面临发卡任务仍然很重，既要继续鼓励发卡规模的增长，同时要研究精细化的发卡策略，注重发卡质量，对内要注重交叉销售实现中高端个人客户的内部挖潜，我们个人金融资产VIP客户中的持卡率还很低，内部空间很大，而且这些都是相对优质客户；对外要继续探讨批发化发卡模式，重点放在与优质行业的客户联动上。要依托三级财富管理体系，加大银行卡与私行和财富客户的资源整合，全面推广白金卡。在内部机制上要总结2008年的经验和不足，在考核和激励上做到精细化，引导对发卡质量和用卡效率的重视。

要努力扩大收单业务规模，大力发展小额支付市场。按照银联的政策，2009年深圳收单市场将正式全面放开，届时各家银行将对现有的4万多台POS终端和2万多家商户展开激烈，我们也要做好充分的准备，要明确发展的重点，大力发展百货类、超市类、高档餐饮类、娱乐业商户，加大高收益类商户的数量和交易占比，同时要继续巩固外币收单业务的领先地位。此外，我们要在前期研究的基础上，加快推进小额支付金融IC卡的推广应用，争取能够成为第二家试点行，占据小额支付市场的发展先机。

（二）做好中高端客户服务和拓展，完善三级财富管理体系

2008年底私人银行和财富管理中心刚刚成立，三级财富管理体系框架初步搭建，接下来要做好客户的服务模式转换，所谓服务模式转换也就是以往私行和财富客户完全是理财经理来维护，以后私行和财富中心的客户经理也会加入进来，如何既能保证客户服务的连续性，又能保证客户享受到私行和财富客户的专项服务，为此要做好两个服务：

一是对客户的服务，要充分向客户传递我行三级财富管理体系的运作模式，让客户了解私人银行和财富管理中心的内涵。要充分发挥私人银行和财富管理中心的职能定位和专业优势，逐步建立与客户之间建立点对点、紧密型的客户关系，要立足长远的客户关系维护，不能只看到自身的当期收益，要充分了解客户的需求和偏好，不能强求，要考虑和尊重客户的收益与风险平衡。另一个是对支行的服务，支行与私人银行、财富中心之间不是竞争关系，而是互补关系，大家的目标是一致的，就是把我行私行和财富客户的规模不断做大。网点渠道和理财中心都是满足高端客户基础金融需求的重要通道，这些服务做得好不好，关系到客户关系的基础牢不牢，同时，理财中心和财富管理中心又是输送私行客户的重要源泉，尤其是当前私人银行处于筹备客户资源的起始阶段，在客户培育上可能更倚重存量客户，所以，要做好对支行的专业服务，加强私人银行、财富中心与支行之间的协调、合作。

要抓住市场尽快扩大高端客户规模，近两年国内私人银行都在跑马圈地，当前我行的中高端客户拓展既面临非常大的潜在客户群的机遇，也面临先行一步的同业争夺形势，压力还是比较大。所以一定要有清晰的客户展业策略，做到比对手看前一眼、想早一拍、走先一步，在客户拓展策略上要细分，重点抓住企业主、公司高管，以及券商、基金、保险等机构高端客户，加强内部公私联动、外部渠道合作。私人银行和财富中心既要努力拓展新客户，更要促进做大全行私行客户和财富客户规模，这是我们推进三级财富管理体系建设的重要战略任务。

（三）加强专业服务，转换内部机制，切实推进板块管理体制建设

按照总行要求和部署，今年分行要落实个人金融板块架构整合，这项工作已经启动，相关部门也在积极研究，在整合过程中要注意各方面的衔接，既要落实总行相关要求，也要充分考虑我行实际特点，灵活处理。架构整合只是板块建设的第一步，架构整合不是目的，只是一项基础条件。与架构整合同步的是要研究如何加强板块的专业服务，包括：在产业创新上，要加强与支行前端的信息沟通与反馈，加强对前端展业的指导；在业务流程上，要加大梳理，优化内部流程，提高服务效率；在渠道建设上，要加强市场调研，增强网点布局规划和自助设备投入，完善电子渠道功能；在风险内控上，要切实制定风险政策和标准指引，加强风险培训；在队伍建设上，要加大对大堂经理、理财经理、客户经理等几支队伍的专业培训，继续做好专业队伍的准入退出机制建设，提高队伍专业化水平，等等。

要积极研究板块内部机制转换，重点做好理财经理激励约束机制改革和条线绩效考核模式研究。2008年分行启动了理财经理队伍专业考核模式的探讨，在这个问题上要把握好两个方向：一是要充分重视当前各支行在理财经理队伍建设上的经验，不少支行在内部已经建立其内部统一的理财经理业绩评价考核机制，值得探讨和推广；二是要从专业化、标准化的角度探讨全辖理财经理的激励约束机制建设，做好配套服务，包括系统技术支持、考核指标引导，等等。在坚持这两个方向的前提下，具体操作模式可以展开讨论研究，比如可以在先行一步的支行采取试点，总结经验，逐步推广。另外，2009年还要在板块、条线垂直化绩效管理上迈出一步，总行在个金板块绩效管理上实践了两年，积累了很多成功经验，随着分行板块管理体制的建设，要研究建立与分行对支行机构考核相互协调、互为补充的板块、条线考核机制，有效传导板块经营方向和要求。

（四）加大网点布局、改造和转型力度，不断提高网点综合效能

要加快网点布局研究，尤其要加大中高端社区、重点区域的网点资源投入。深圳经济区域结构变化快，热点多，未来在网点布局建设上要更加贴近市场，围绕做大做强网点的战略思路，以务实有效的原则加快布局规划和调整，不仅立足个人业务，还要考虑对公业务，不仅关注关内热点地区，更要重视关外新兴市场的开发。要继续加大网点改造力度，总行这两年在网点改造上投入很大，分行这方面投入更大，2008年分行实际投入网点改造专项费用大大超过总行给予我们的网点建设费用，2009年在整体费用资源偏紧的情况下，还要继续重视网点改造，同时要加强资源的精细化投入，要树立节约成本的意识，提高投入产出比。

要认真总结网点功能转型的经验，提高网点的软竞争实力。分行从2004年提出网点功能转型有将近5年的时间了，目前网点在硬件条件、功能分区、业务迁移等方面均较以往有了很大的改善，但在网点服务的标准化、规范化管理上、在人力资源配置、营销体系建设等软实力还是与同业有差距。2009年要加大在网点功能转型上的统筹力度，要与相关部门认真总结我们这几年来在网点转型上的成功经验和不足之处，要把如何提高网点的软实力作为网点功能转型的重中之重，切实提高网点的市场竞争力。各管辖支行也要加大对网点的资源支持和业务指导力度，充分调动网点的积极性，把网点的业务规模做上去，提高网点综合效能。

（五）强化系统建设与信息整合

要继续推动客户关系信息管理和系统建设。当前无论是外部市场竞争还是内部交叉销售，个人业务都面临一个如何挖掘客户的课题，这方面我们还比较薄弱。要在板块架构整合的基础上，围绕“条线专业指导、数据整合及统计分析支持、数据信息挖掘和三级财富体系的功能配套”四个方面，进一步推进系统建设和信息整合工作，根据第一次整合完成后的使用效果和存在问题，进一步完善在客户行为特征库、精准营销、理财经理规范化管理、产品库及产品经理队伍建设等方面的系统功能支持，不断改进完善，切实发挥领跑系统和CMS系统对个金业务发展的有效支持功能。

（六）加强风险管理和内部控制，构建业务良性发展机制

根据架构集约化和流程简约化原则，将个人金融业务的信用风险、操作风险与内控合规管理全面纳入个金板块风险体系管理。个人金融板块有着最多的岗位类别，最多的业务品种，最多的渠道，最多的应用系统和设备，整体做到合理、有效的控制非常不容易。应该说，经过多年的建设，个金板块的操作风险控制已经有了较好基础。但同时2009年内控的形势更严峻，受金融危机的影响，银监会、人民银行、外管局等监管部门的要求越来越高，监管力度也越来越大。因此，要切实完善操作风险与控制（RACA）的评估机制，提高网点风险识别能力，揭示业务流程存在的风险环节、控制手段和剩余风险状况，加强全辖业务经理条线指导，实现风险信息在全辖的共享和交流，提高业务经理内控能力，培养条线非现场检查人员队伍，提高非现场风险检查效果和能力；要完善规章制度，重点防范新兴业务风险，针对09年金融市场波动对新兴产品尤其是结构性产品可能带来的影响，要加强研究，评估新产品、新业务的合法合规性及风险可控性，要按照“成本可算、风险可控、信息充分披露”的原则，加强对理财产品的风险揭示；要提高内部控制的技术手段，强化督促整改。充分发挥动态自查、业务经理平台、录像监控、事后监督、整改问题库的作用，搭建交流信息渠道，重点解决“高危高频”和“高危低频”问题，明显改善“屡查屡犯”现象，督促问题整改。

（七）强化服务意识，推进标准化和差异化建设

客户服务是我们与客户沟通的主要途径，服务的质量决定了我们获取和留住客户资源的能力。目前在深圳银行业中我们的服务口碑还需要改进，可能大家也会经常听到客户抱怨说我们服务上这个不好那个不好，归根结底还是我们的服务意识不够。为此，我们必须要进一步强化服务意识，但更重要的是落到实处，要通过服务的标准化和差异化建设来推动服务质量的提高，只有这样才能把服务意识落到实处，否则就是一个口号、一句空话。

（八）加快队伍建设，不断提高个人金融队伍素质

个人金融板块建设过程中，一个重要任务就是要加快队伍建设，这是推动我们板块建设，发挥板块职能，提升个人金融核心竞争力的根本保证。要积极推动全辖理财经理、客户经理、大堂经理以及财富管理顾问、私人银行顾问等几支专业队伍的培养，适当增加这些队伍的人员配置，加强业务知识和业务能力培训，健全专业序列建设，在专业素质、销售能力、优质服务等方面打造深圳中行个人金融一支有战斗力、有竞争力的市场力量，要打造出我们深圳中行在这方面的市场品牌，有些明星经理甚至可以建立自己的“工作坊”和“理财室”。同时，要积极推动板块管理部门的队伍建设，当前管理队伍的培养任务非常重，板块管理架构成立了，有没有能切实履行各方面管理职责的队伍非常关键，要着力解决当前管理队伍建设中的突出问题，提高各层级管理人员的统筹管理能力和专业服务意识，打造一支既有战略眼光，又有发展思路，综合素质突出的个人金融管理队伍。

江苏省分行郭宁宁副行长在2008年全省个人金融板块一季度工作会议上的讲话

一、深化奥运机遇影响，全面提升个人金融服务水平和奥运相关产品收益

抓住奥运契机，掀起奥运宣传、奥运营销、奥运服务的高潮，充分挖掘中国银行是奥运唯一银行合作伙伴的品牌价值，抓住这百年一遇的难得机遇，打好奥运牌，用足奥运牌，借奥运东风造势，加大品牌宣传力度。结合奥运年倒计时100天，奥运火炬传递等热点，开展声势浩大的立体宣传，做到有声、有色、有形，整体规划，统筹安排。

做好奥运金融服务，提升服务形象。江苏作为重点旅游地区，各分行要提前做好网点的设备投放，规范服务流程，加强对一线员工技能培训，做好奥运门票销售、支付结算服务工作。

二、强化渠道转型，在测算分析基础上，调整制定渠道三年规划和2008年具体措施

渠道流程优化要根据总行网点标准化建设要求，在前一阶段的工作基础上，二季度要围绕业务操作流程、服务流程、销售服务流程进行推进。

做好特色渠道的试点建设工作。现阶段主要做好以外汇业务、银行卡业务、二手房贷款业务等为主的特色网点试点建设工作，要在制定切实可行的建设标准基础上，做好特色网点在全省统一选址，统一包装工作。

要多层面加大公私联动营销、交叉销售的力度，要建立有效联动考核机制，在公司部、支行理财中心、支行网点间创新联动销售体系建设，并真正落实到绩效考核和奖励激励的办法中。

三、做强高端服务，坚定不移地实施VIP客户倍增计划

加快财富三级体系建设，同时要通过战略宣导使全行上下目标一致、绩效导向和资源投入一致配套。

对于今年的VIP客户拓展，首先要立足于行内现有各业务条线的客户资源，努力将现有20－50万客户能升级为VIP客户，同时加紧梳理消贷客户、贷记卡客户及现有公司客户中企业高管、政府官员、私营工商业主、高级白领的信息，定向实施有针对性的营销方案，实现高端客户的快速有效增长。其次，要目光向外，借助于各种合作渠道，全力拓展投资市场的高端客户、奢侈品市场的高消费群体，要通过产品创新和交叉营销，锁定客户、锁定客户源，要克服单产品指标驱动性，要以维护客户利益、为客户创造价值的原则，根据不同客户、不同需求、不同风险偏好、不同市场阶段帮助客户进行有效资产配置和资产结构调整。

江苏省分行坚定不移的实施VIP客户倍增计划，在全辖开展了多场高端客户拓展和服务的中高端渠道巡讲，解析发展战略，明确经营目标，研讨拓展举措，为个金板块长期持续稳定发展奠定基础。

四、整合架构流程，加快流程银行建立探索步伐

为进一步适应激烈的市场竞争要求，江苏分行加快了个人金融板块的架构流程的整合和流程银行建立探索步伐。对现有部门、团队、岗位的职能进行梳理，明晰RPC定位，对现有服务流程、销售流程、业务流程、风险内控流程、产品创新流程等方面的梳理和描述，并在此基础上探索研究整合模式，整合的最终目标是按总行要求建立起以客户为中心的流程银行，整合板块资源，淡化部门边界，逻辑整合，对同城网点进行扁平化管理，对中后台进行集中化、专业化管理，建立完善分客户、分产品的核算体系，建立影子账户、双边记账、双向考核的管理考核模式，体现绩效导向，将中后台操作向省、市行迁移，通过分客户、分产品核算考核，明晰职责，建立客户模块、与产品模块、渠道模块的联动机制，明确销售服务环节和中后台内控环节的职责。

五、加快产品创新，应对宏观环境的变化和市场竞争

面对宏观环境的变化和激烈的市场竞争，做好在控制风险和业务合规的前提下，通过产品创新，积极应对，保证个人金融业务的平稳快速的发展。

按客户的要求来设计、包装、组合产品，今后一阶段要首推保值型稳健型的产品，在保值基础上为客户增值，在风险分散，相对稳健安全的基础上为客户增值；其次，要做好针对高端客户的产品创新，特别是在理财产品方面，要加快理财专户产品、私募产品、信托计划的创新步伐，做好现有产品的挖掘组合，新产品出来后要在短期内完成培训、包装、宣传、上市等环节工作，并做好后评价，明确新产品销售的机制和体系。后奥运时代，加强与供应商协作，推出贵金属、珠宝及高档奢侈品的产品销售流程，

规范销售服务。外汇金融服务方面要进行全流程的梳理和简化，形成快捷高效的一站式服务。另外，要在去年和一季度探索的基础上，继续推进资产证券化和资产转让工作，力争尽快推出信托或票据资产包装的理财产品或活信托产品。

六、适时调整战略，增强市场驾驭能力

2008年市场的特点是变化快、变化多、变化大，各种行情、变化将有可能交替出现。因此，要充分利用多种内外部合作单位的信息和资源，高度关注市场变化，研究同业、研究客户，增强市场驾驭能力，适应市场变化和客户需求，向客户推介适当的产品和产品组合。在做好市场研判的基础上，将负债业务、中间业务、资产业务、人民币外币理财等业务的产品统筹安排，依据市场变化，有侧重点的做好各阶段、各类产品的促销和产品组合销售，把握好各类产品的销售时机和销售波段，尽力避免业务发展中的大起大落。

做大做强负债业务和中间业务，做精做优资产业务。负债业务要防止大规模资金外流情况出现，抓资金源头，拓展新的客户群，合理规划客户资产配置，加大结算类和交易类相关产品的推广力度，以提高外汇汇款转存率为重点，以适当的价格手段提高客户结汇转存的几率，吸收和沉淀更多的储蓄存款。加强板块联动，持续开展第三方存管和代发薪等业务的拓展，扩大资金沉淀。

中间业务要围绕高端客户和投资类客户，加强对证券机构的统一营销，积极争抢第三方存管，开展相关产品在社区、企事业单位、机关团体的宣传，培育基金、保险客户，从源头确保基金和代理保险业务销售手续费的份额。加大“中银汇兑”品牌的创建力度，结合网点的标准化改造，推进“中银汇兑”服务专区、专柜的建设。要集中建立外汇业务营销平台，加强与留学中介、出国劳务中介、院校等外事机构营销合作力度，利用存款证明等产品的品牌优势，推广出国品牌服务。

个人资产业务方面，要利用二季度以来房市成交量放大的有利时机，踩准节奏，坚持以住房按揭为重要发展方向，保持一手房按揭业务的市场份额，同时大力拓展消费贷款的业务渠道，实现多产品的整体发展。

在规模方面，用足用好规模，按客户分层定价，按客户和产品的风险级定价，细分定价，提高议价能力，提高收益，做实押品，提高权证办结率，对放款、档案管理、催收保全加强管理。要保证高端客户的需求配置，实现产品资源与客户资源的有效配比，将有限的贷款资源与拓展高端客户、带动增加中间业务收入挂钩。同时利用产品定价机制的调节、平衡客户结构与产品价格间的矛盾。

另一方面，要持续不断的做好与外部市场关联度相对较小，属于基础性、战略产品的持续销售，主要包括借记卡、贷记卡、新版网银等产品。贷记卡业务要在做大规模同时，要提升卡体质量水平，围绕客户需求，做好卡品的拓展规划，借奥运商机，大力推动奥运卡与公务卡的发卡，积极推广联名卡产品。银行卡业务继续以规模带动效益，减少无效卡、睡眠卡，要特别关注把握发卡数量、卡种、资产规模和质量的均衡。网上银行业务要结合2.0版本的功能宣传，以服务的安全性和便捷性、专业性为卖点，加大拓展力度，拓展外汇交易客户。同时在网点开发多媒体自助交易设备，实现客户自助办理基金买卖、外汇交易、系统内汇款等业务，有效分流业务，提升网点资源的产出效应。

抓住机遇　落实战略　加快发展　全面提升辽宁分行竞争力

——辽宁省分行李苏辛副行长在2008年全省年终工作会议上的讲话

2008年辽宁省分行个人金融板块认真贯彻执行总、省行年初工作部署，以科学发展观为指导，以加快发展为主线，以质量与效益为核心，业务经营成效显著，大多数工作达到或超过预期目标，多项指标增长迅猛，不仅超额完成总、省行计划，而且在全国系统内排名靠前，赶超同业步伐明显加快，核心竞争力得到进一步提升。

一、积极应对市场变化，始终坚持做大负债业务

今年以来，受资本市场影响，大量储蓄存款回流。储蓄业务紧盯大市，把握机会，不被指标所限，不遗余力地增加存款，提升市场份额。辽宁分行坚持本外币并重的原则，积极开展客户金融资产竞赛活动及一系列营销活动，拉动储蓄存款增长；积极创新业务，开办“个人外币优惠利率”业务，巩固外币业务传统优势；借助奥运契机，大力宣传奥运礼仪存单等奥运系列产品等措施，促进了储蓄存款快速增长。在总行的春季、夏季、秋季营销竞赛活动中辽宁分行均被评为优胜分行，分别获得了第五、第二和第三的好名次。储蓄存款余额全口径市场份额上升0.26%，新增额市场份额上升8.88%，系统内排名第五位。辽宁分行外币储蓄存款余额较大，一直在系统内处于第五名，在今年人民币持续升值的情况下，辽宁分行外币储蓄存款市场占有率进一步提升，全口径市场占有率为54.6%，比年初提高0.66个百分点，仍列同业首位。

二、统一认识，科学发展，坚定不移做优资产业务

今年以来，由于受宏观调控和房市疲软的影响，辽宁分行零售贷款业务发展速度放缓。为积极应对市场变化，个人金融部一方面协助各行进行业务分析、制定具体措施并及时帮助其解决实际问题。另一方面进一步提高集中审批效率，不断优化消贷审批业务流程，有效促进零售贷款业务前、中、后台的顺利衔接，充分运用多种手段开展尽职调查，严把交易真实性、价格合理性、操作合规性，控制贷款风险，坚决杜绝零售贷款“假按揭”，为全辖零售贷款业务发展提供有力保障。

三、努力开拓市场，加大营销力度，推动银行卡业务快速发展

一是加大营销力度，重点项目亲自营销。辽宁分行充分把握2008年北京奥运会的有利契机，在全辖开展了一系列新颖别致、具有吸引力的营销活动，积极拓宽发卡渠道，加大宣传力度，扩大品牌影响力，提高了卡片活动率及消费额，目前，在全辖已开展公务卡业务的地区，辽宁分行的财政公务卡及企业公务卡项目及发卡市场份额都处于同业领先地位，辽宁分行长城公务卡产品在辽宁省的品牌影响力进一步扩大。

二是加快产品及业务的创新，业务发展思路不断拓宽。以联名卡、商户卡、分期付款、代收代付等作为突破口，不断进行银行卡新产品和新业务的开发，积极挖掘新的利润增长点。为了加快全辖银行卡业务的发展，根据省行党委的决策，现已在沈阳、大连地区筹建银行卡特色支行。特色支行成立后，将集中全部的精力做经营，着重解决重点地区的业务发展问题，进而带动全辖银行卡业务的快速发展。

四、加大理财业务建设力度，积极培育高端客户市场

2008年，辽宁分行新任党委明晰了个人金融业务中高端战略定位后，进一步加大了理财业务建设力度，对中高端客户层次进行了细分，不断完善和提升服务专业化水平，以中高端客户规模迅速扩大、客户金融资产指标的快速发展为目标，全面加速三级财富管理体系建设和理财队伍建设。目前，三级理财服务体系初具规模，为客户提供差异化和专业化的服务水平得到初步提升。

五、加快网点建设，全面推进网点转型，落实精品网点建设

2008年被省行党委确定为个人金融业务发展重点之一。为加快网点建设工作，辽宁分行于上半年对工作职能进行了调整，由个人金融部负责全辖网点标准化建设工作及选址工作。行领导和个金部的同志们先后到沈阳、本溪、抚顺、鞍山、朝阳等分行以及大连地区各直属支行对网点建设工作进行调研和指导。

六、加强风险管理，狠抓清收抓降，努力促进资产质量持续稳定改善

如何实现风险可控前提下业务持续快速健康发展，是我们始终关注和思索的焦点。今年以来，通过修改和完善个金条线各项规章制度，在源头上控制风险，依托信息科技系统，完善风险监控体系，重点加强对各业务条线现场与非现场检查力度，保证了风险控制的连续性。

抓住机遇　开拓创新　共同发展

——四川省分行周天均副行长在第二届“中国西部管理论坛”上的讲话

中国银行四川省分行很高兴能参与全国房地产协会和西南财经大学举办的这次有关促进房地产行业健康发展的西部管理论坛活动，聆听有关专家学者和企业界人士的真知灼见，我也很荣幸应邀在会上从金融实务的角度发表我们如何支持和维护房地产行业健康稳定发展的一些看法。

今年是极其不平凡的一年，对于我们中国银行四川省分行来说更是机缘巧合，经历三个百年一遇的大事：一是经历了百年不遇的汶川大地震，我们与全省全国人民一道众志成城抗震救灾，履行社会责任，在前不久中共中央，国务院，中央军委召开的抗震救灾表彰大会上，我省分行获得了金融系统唯一的“抗震救灾英雄集体”称号。二是作为百年梦想的奥运会在中国举办，中国银行作为国内银行业唯一的奥运官方合作伙伴，我们按照总行的统一部署和银监会人民银行的要求积极投身到奥运服务的各项工作中，圆满完成了任务，达到了预定目标。三是目前我们与大家一道正在关注和经历着全球百年不遇的金融风暴的冲击，这次冲击正在对我们的社会经济发展产生着深刻和深远的影响。

在全球金融危机冲击和四川灾后重建，以及我国宏观经济政策出现调整的背景下，时逢中国西部投资洽谈会召开，举办这次论坛，各方共商促进房地产健康稳定发展的大计，是十分有意义的。

一、四川省分行支持和服务于四川房地产行业的主要情况

中国银行对房地产业务十分重视，从本世纪初就开始对房地产按揭业务制定逐年倍增发展规划，加强对房地产和基础设施的投入，目前这部分在资产配置中占了相当大的比重。四川省分行这几年依托和支持四川的房地产行业，逐年加快发展速度，取得了很大成效。目前四川分行住房按揭突破200亿元，是中国银行在中西部12个省区中的第一大行；房地产开发贷款和城市基础建设的投入大幅度增加，目前达到60亿元。对房地产行业的直接信贷投入占我行信贷资产的30%以上。再加上对房地产行业有基础影响作用的电力交通行业的投放，四川分行对四川房地产行业的直接和间接投入在业务结构中占了相当大的比重。尤其是在今年房地产行业面临复杂多变的严峻形势下，四川分行仍然保持稳步增长的态势，在四大银行中增速第一，在全部金融机构中新增市场份额第二。在“5・12地震”给四川分行自身造成重大人员与财产损失的同时，四川分行迅速在省内受灾严重地区推出了一系列金融救灾服务举措支持灾区灾后重建，与省内多家企业签订灾后服务保障金融合作协议额度620亿元，启动“重建家园”综合服务计划，并与大型房地产开发企业、汽车经销商签订180亿元按揭贷款合作协议。

二、四川省分行将对房地产行业的健康稳定发展提供进一步的有力支持和完善服务

从我国发展过程中所处阶段的长期趋势看，中国房地产行业是由建设中国社会主义市场经济体系的伟大历史进程所决定并催生的，是拉动内需、保障民生、消除城乡二元结构的重要的先导产业之一，由此而决定了它顽强的生命力；它又是在高速成长和转轨换型的社会经济环境中起步成长的，又与西方发达国家现在所处的成熟稳定的社会环境具有完全不同的特点。诚然，中国的房地产发展时间不长，没有一个完备的周期来认知总结其规律，需要参照和借鉴国外成熟的经验来做由彼及此的推断，但在这个借鉴过程中一定不能忘了两种截然不同的社会背景。中国在转轨换型和高速成长阶段为房地产业所提供的源源不竭的资源和需求是西方发达国家目前难以比拟的。毫无疑义，这就使中国房地产具有长期增长的耐力和短期快速的爆发力。当然，在其发展过程中目前也面临着一些问题，譬如由于生产要素涨价的成本推动和过度投资的需求拉动，一些城市房地产价格上涨过快，超越民生实际需求的规模扩张过快，还有不顾国情和资源承受能力开发的追求奢侈豪华的产品等，都给房地产行业的发展带来了隐患和不利影响。宏观调控对房地产行业而言，就是要抑制这些不利的因素，维持房地产行业长期健康稳定的发展。因此，我们银行对房地产金融的服务要按照科学发展观可持续发展的要求，既不能推波助澜超越实际需求，拔苗助长形成泡沫，又不能抑制需求，服务滞后或支持不力，延缓甚至阻碍正常发展；既要与房地产金融共享发展成果，又要与它一起经风雨见世面，开拓创新共谋发展的方略；既要借鉴和遵循国外房地产业发展中的一般规律和经验，又要结合我国社会发展的要求和实际，敢于开拓勇于创新。

从银行自身发展的要求来看，在银行的资产配置中，房地产贷款从安全性流动性效益性总体来评价是比较好的资产，在国外银行一般占授信资产的40%，占总资产的20%。这几年尽管四川分行对房地产行业的投入增长快速，取得了很大的成效，但在资产配置中仍有较大的容纳空间。随着四川分行依托四川经济的发展规模迅速扩张，这方面的发展空间会进一步拓展，可以预计四川分行未来对房地产行业的投入将继续保持高速增长态势。另外，随着金融业改革的深化，我国金融资产的总量和品种大幅度增加，从单一的银行存款到楼市、股市、基金、债券、保险、期货、贵金属等全方位配置，可交易性大为增强。四川分行的运营模式正在顺应这一变化进行变革创新，从以产品为中心以规模取胜，逐步向以客户服务为中心从可交易性中赢利转变。我们注意到在居民的可交易性资产的配置中，楼市作为兼具消费和投资属性的资产发挥着特殊作用。因此在这方面建立完善的、领先一步的服务优势，将是四川分行实现以客户服务为中心模式的重要基础。

从具体业务操作来看，四川分行按照人民银行、银监会的有关政策和监管要求，结合四川的实际情况，做好了以下几方面工作：

第一，继续支持重点房地产企业。在前期与重点企业签订的180亿元的按揭合作协议和有关的开发授信将优先予以保证。

第二，继续突出重点产品，大力支持一套房和改善性住房。一套房贷款目前占四川分行按揭贷款的80%，这也是四川分行资产质量好的重要基础。我们还将研究对改善性住房加大支持力度。

第三，继续支持重点地区的发展。四川分行对成都地区开发贷款和按揭贷款给予重点支持和保障，我们将依据四川经济的发展变化和灾后重建的需要，适时调整重点地区策略，制订更有力度的支持政策。

第四，继续把握好不同经济周期房地产行业发展的特点，既要在繁荣时期加大投入共同发展，又要在困难时期对有发展潜力的企业以多种形式的创新给予雪中送炭的支持。

第五，继续对有收入增长潜力购买自有住房的客户给予按揭贷款，并按照监管部门要求，在把握实质风险的前提下结合实际创造性地解决操作性难题，完善服务提高效率。

通过以上几个方面审时度势的把握，四川分行保持了业务的高速增长，有效降低了个别风险和项目风险，目前资产质量良好，抗风险能力大大增强。

近期有关部门出台了一系列新的宏观调控政策，包括降低利率和准备金率，对购买房屋实行降低和减免购房契税，降低一套房和改善性住房的首付成数，实行最低可到

0.7倍的利率等等，对此四川分行已在认真研究贯彻执行的操作办法，以便按照上级行和有关部门的统一部署及时推行。我们也注意到，四川的灾后重建正在拉开序幕，十七届三中全会通过的关于农村改革的决定为成都地区的城乡统筹综合试点改革和四川逐步消除社会二元化结构提供了强大的动力和新的活力，西部经济发展高地的建设正在不断汇集和涌动着蓬勃旺盛的元素，四川的经济发展和房地产行业的扩张正面临着特殊的机遇。面对新的情况，抓住新的机遇，研究新的思路，探索新的办法，不断开拓创新，破解发展难题，为四川房地产行业的稳定健康发展提供更加完善有力的金融支持和服务，是我们中国银行四川省分行义不容辞的责任和使命，也是我们银行要认真应对的挑战！

众志成城　把握机遇　全力做强重点网点

——重庆市分行刘先其行长助理在重点网点业务发展工作会议上的讲话

随着我行网点的发展，部分网点脱颖而出，在口岸、营销、管理等方面显现出较其他网点的比较优势，业务发展领先同业。市分行党委敏锐地发现这一现象，果断地做出在全辖优选网点，在费用、人员及资源配置上加大倾斜力度的战略决策，以达到以点带面、以典型引路、促进全辖网点竞争力提升的目的。从2008年30个重点网点的业务发展成绩来看，这一决策起到了良好、积极的效果。为进一步促进重点网点业务的发展，今年初，市分行重新确定了重点的名单，并将数量增加到40个，增加了人事费用的发放标准，公司、个金条线另行配置营销费用。从市分行对重点网点拟定的政策可以清晰的看出，市分行党委对重点网点的业务发展充满了期望，也饱含了关怀。在座的各位重点网点主任一定要牢记自己肩上的责任，将市分行党委的关心体现到业务的快速发展中来。潜力网点处于优秀网点的第二梯队，要用高标准严格要求自己，奋力争先，力争早日进入重点网点的行列。就2009年全辖重点网点、潜力网点的业务发展，我谈如下意见：

一、认清差距、找准问题

在座的各位重点网点、潜力网点主任，无疑你们所在的网点处于全辖的前列，是全行的业务发展，特别是存款业务发展的排头兵和主力军，但这仅是在系统内比，同自己比。但与同业比，我们的差距还非常大，一刻都不能掉以轻心。我行的本外币储蓄存款市场份额连续下滑，这是在整体的层面，在具体、微观的层面，就体现为网点的业务发展滞后、缓进，网点竞争力与同业相比有较大的差距。拿2008年四大行人民币储蓄存款的网平新增来比较，差距就一目了然。从区域分布来看，全辖网平新增超过地区平均新增水平的仅有合川、璧山、永川、铜梁四家支行，其余绝大部分的行网平新增均居于地区四大行最末一位的水平，差距巨大。问题出在哪里，我们都要深刻反思！我总结了一下，问题主要表现在如下方面：

一是网点软件转型亟待进一步加强。网点转型是现阶段我行提升网点竞争力的重中之重的工作，网点转型好，则竞争力强，反之，则竞争力就会出现问题。目前的关键，是网点的软件转型没有跟上。近几年，随着市分行党委的关心和支持，我行网点的硬件转型取得了极大的成果，一改我行网点偏、小、破的旧有格局，网点形象得到了很大的提升，但我行软件转型没有跟上，网点的营销能力、产品销售能力都有待提高。举一个例子，网点要做好对客户的服务，就应该尽可能地增加网点业务的经营范围，在座的巴南支行李家沱支行就积极申请新开办产品，主动要求增加存款证明、境外汇出汇款、境内汇款等业务。而有一些网点，往往借口网点人员不足，内控管理严格等原因，对业务申办不积极。大家想一想，如果网点单纯只办理存取款业务，那自助设备和网上银行就足够了，无法为客户提供全面的、增值的、有含金量的业务，如何能够留住客户，争揽他行存款。网点软件转型还体现在网点的营销能力上，要建立与市场竞争相适应的营销体系、人员配置和费用奖励，要通过机制化的运作，提升网点的营销能力。对营销杰出的客户经理和员工，就是要进行重奖，要奖得让周围的人眼红，比学赶超，业务就上去了。

二是代发工资、大宗赔付等储蓄存款源头业务弱于同业。在座的各位都可以仔细分析一下本部门的代发工资业务，有多少重庆市的行政事业单位、国有大中型企业集团、民营企业50强、100强在本网点办理代发工资业务。如果有，我可以负责任的说，这个网点的存款增长一定好，如果没有，那么事倍功半，劳虽也有所获，但得到和付出肯定不成正比。代发工资业务、大宗赔付项目是储蓄存款的源头，合川、永川支行的网平新增为什么会超过地区平均水平，除了他们有一个得力的领导班子以外，还有一个很重要的原因，他们都取得了地区行政事业单位的代发业务，这为他们的储蓄存款增长打下了良好的基础。重点网点和潜力网点的业务发展，要将代发和大宗赔付项目，作为重点项目进行攻关，下大力气，花大功夫去抓好、落实好。

三是中高端客户的维护和拓展需要上一个新台阶。中高端客户的重要性已成共识。所以我一直都在强调一个观点，各行要集中本行的人力、物力、财力、包括精力，全力以赴，狠拼中高端客户市场。虽然现在我行在中高端客户市场上取得了很大的进步，但总体上看，仍存在着中高端客户数量偏少、客户忠诚度不高的问题。中高端客户的维护和拓展抓出成效，能够快速促进储蓄存款的增长，而且同样的投入，在中高端客户身上能够得到更大的产出。现在有不少行，真正认识到中高端客户的重要性，已在将本行的很大一部分精力和资源向中高端客户倾斜。但某些行、某些网点，仍保守旧有思维，抓存款工作没有方向感，向整个客户群体平均分配资源，不光造成存款工作上不去，连带造成产品销售不力、网点竞争力较同业出现差距等问题。中高端客户是保持银行竞争力的新领域，务必要抓好、抓出成效。

二、坚定信心、快速发展

虽然目前我行面临着本外币储蓄存款市场份额下降的困难，但越是在困难的时候，就越要坚定信心，遭遇逆境，咬牙坚持，挺过去又是一片海阔天空。况且我们有保持充足信心的本钱，这三年多来，在市分行党委的正确领导下，我行的各项业务发展均取得了长足的进步，可谓日新月异。这三年多来，我行网点的面貌改变了，员工的工资增加了，一切都在向好的方向转变。通过这三年多来的努力，我行的各项业务均迎来了战略性转折的机遇，现在的关键，就是要保持高昂的斗志和坚定的信心，立足于干，以高标准严格要求自己，以只争朝夕的紧迫感来抓业务发展。

要实现快速发展，就必须找准、找对方法，要超过同业而不是跟在后面，就必须在创新上做大文章，要在机制、营销、产品、激励、流程等诸多方面进行创新。各行也要大力兴起调研之风，要主动广泛的收集同业的信息，为什么同业会取得这么大的进步，是产品取得优势，还是人员、营销体系、费用配置等其他方面，这些我们都要进行分析，根据我行现状，哪些是可以拿来用的，哪些是还可以进一步改进的。找到不足和差距，就要针对性地进行改造，打造我行个人金融业务的核心竞争力，在座的50个重点和潜力网点，你们的担子和责任都很重。

三、多措并举、狠拼份额

如何促进业务的发展，如何抓住关键点，需要在哪些方面着手，40个重点网点和10个潜力网点如何做大做强。2009年，重点网点和潜力网点要在如下方面加强：

（一）将网点软件转型再上一个高度

近一两年来，每逢大会小会，我首先必谈的就是网点转型，特别是软件转型。我行的网点转型必须尽快跟上，首先要选择好的地段位置，“有点就有钱、点好钱就多”，这是存款业务发展的规律和真理。重点网点如存在搬迁，就必须选择好的地段。其次，要尽快完成网点的标准化装修改造工作，要力争在今年内完成所有的尚未改造网点的装修改造。三是全力推进网点软件转型，各行首先要确保重点及潜力网点专职大堂经理、客户经理等转型所必需的人员配置。其次，要按照转型后标准化的服务销售流程进行产品销售和客户服务。第三要通过对重点网点进行试点，建立对各类产品采用单件计价形式，具有市场竞争力的营销奖励政策，以正向激励来推动业务发展。

（二）力突工资代发、土地拆迁赔付等储蓄存款源头业务

2008年一季度我行人民币储蓄存款全口径余额市场份额较年初有所下降。这是什么原因，大家都知道，一季度是全年储蓄存款增长的黄金季节，大量的工资、奖金代发都集中在一季度，一季度工作的好坏，将直接决定全年储蓄存款工作的成果。我行每年一季度均开展外部营销活动，并向分支行下发大量的营销费用，力度不可谓不大，为什么份额仍会下降，很重要的一个原因，就是很大一部分行、很大一部分网点的代发业务没有抓好。为建立储蓄存款持续稳定增长的长效机制，我在这里再次要求，各行、各网点，特别是重点网点，要将代发业务作为一项中心业务来抓。要对潜力代发单位进行全面的梳理，列出清单，看哪些授信客户没在我行代发，辖区内哪些行政事业单位、大中型企事业集团在我行没有代发业务。公司、个金业务高度协调联动，对公司客户经理一定要下达代发业务计划指标。对所有争揽代发业务的员工实行重奖，全力突破，常抓不懈，争取在短期内使我行代发业务有一个明显的起色。

按照重庆市政府的建设规划，今后几年将有大量的拆迁及土地赔付业务的发生，大家一定要抓住这个机会，组织专门的机构和人员，做好对相关政府部门的营销，及时捕捉市场信息，上下联动，全力跟进，在这项储蓄存款的大宗源头业务方面取得更大的突破。

（三）以“一公里营销服务圈”作为网点营销的突破口

“一公里营销服务圈”是当前我行网点营销能力提升的重要手段，必须大力推行。去年我到渝中支行调研，发现了一个现象，凡是“一公里营销服务圈”做得好的网点，储蓄存款业务发展得也较好，反之亦然。“一公里营销服务圈”我也反复地多次强调，在这里我再强调三点：一是大家要认真研究去年市分行田东平行长到江北支行华新街支行的调研报告，对照自身查找不足，把工作做好。二是要对网点周边的目标客户进行全面细致的梳理，进行针对性的营销，做好“一公里营销服务圈客户基本情况表”和“营销日志”的登载工作。三是6人以上网点每天必须派出1～2人外出营销。

（四）全力抢占中高端客户市场制高点

抓中高端客户有一个特点，就是只要抓住少数的客户就能快速带来大量的存款和产品销售增加，效果非常明显。目前的同业竞争态势，各中资银行基本处于同一起跑线上，还没有哪一家形成有明显竞争力的品牌优势。这种情况下，我们既不能掉以轻心，另一方面也要看到机遇。对全行理财业务的发展，在如下方面应尽快加强：首先各分支行领导、重点网点主任要高度重视，全力以赴，将中高端客户作为工作的重心。其次要选派一大批有经验、高素质的人员充实到理财业务一线，不允许再出现理财中心连理财经理的配置都不齐整的情况。三是要做好财富管理中心、总

行级理财中心、网点的三级联动工作，打造我行理财业务体系，共同做好中高端客户的维护和管理。四是各行要将大客户的数量及资产增量作为一项重要指标对网点和理财经理进行严格考核，并优先配置费用。五是四处延伸触角，通过银行卡（尤其是白金卡）、中银汇兑、零售贷款、第三方存管等业务，高档写字楼、高级会所、名车豪宅业主等渠道大力发掘高端客户。

（五）以“长城公众通卡”作为我行优势产品发展借记卡业务

“长城公众通卡”是我行发行的首张联名借记卡，兼具中国银行长城电子借记卡、公众城市一卡通、轻轨交通的所有功能，并实现客户中国银行借记卡与公众通账户的绑定充值。可以说，这是一项创新型的产品，如果经过良好的市场推广，在有效锁定和增加我行客户群，带动储蓄存款和借记卡发卡量增加等方面都会有积极影响。但目前的情况，发行还很不理想，出现这种情况的原因，一是部分行的转培训和督导不到位，二是网点，特别是重点网点的推广力度不够。九龙坡支行后工支行和火炬大道分理处认真研究“长城公众通卡”产品优点，针对客户缴水费、气费困难的问题，向目标客户推荐，取得了良好的推广效果。这说明，不是我行的产品没有市场，而是认识不够，推广力度不够。下一阶段，我行要进一步加强与重庆市公众城市一卡通中心的合作，进一步增加产品功能和用卡优惠，让客户既享受用卡的快捷便利，又获得实惠。对“长城公众通卡”的推广，接下来，我要亲自督办，各行、各重点网点要将之作为主营业务来抓，抓出大成效。

（六）加大扶持力度，全面促进重点网点业务发展

40个重点网点有两项重任，一是规模在辖内处于领先水平，要肩负起业务发展的担子，在年末一般性存款新增要确保在非营业部网点中占到60%，力争70%。二是作为试点，提升竞争力，探索出我行网点发展的一条良性之路。作为管辖的支行，为了促进重点网点业务的发展，也有很多工作要做。对重点网点要配备充足的人员，每个网点最低配置8人，并有专职的大堂经理和客户经理。其次，要在费用、设备上加大扶持力度，明显区别于一般性网点，好兵也要有好粮，没有充足的费用支持，再好的兵也打不好仗。第三，要加大重点网点的指标压力，任务计划要有市场竞争力，要向当地四大行的最高标准看齐。管辖支行要加强督导和考核，确保任务的完成。主力军就是要打艰苦的仗，要有主力军的气魄和风范。

重点网点要想取得业务的快速发展，超越同业，肯定不会轻松，那就必须找到一条正确的道路。重点网点首先要用好行内配置的各项资源，高标准要求自己。其次要敢于与同业比拼，认真研究周围同业，扬长避短，发挥优势，打造网点的特色业务。三是必须在网点软件转型上做足文章，全面提升网点的综合竞争力。四是全员营销，网点员工均要下达计划指标，对营销成果分产品施行单件计价式奖励，让员工心中有数，有效激励。营销形式上要取得突破，灵活多变，精确营销。

（七）抓住重点，力促个人中间业务扩量升位

当前全辖个人中间业务面临的形势异常严峻，面临着总量偏小，计划任务艰巨的困难。个人中间业务的发展，要突出个人结售汇、国内汇划、基金、贵金属、借记卡年费、零售贷款费用收入等重点产品。重点网点首先要围绕着这几项业务，结合客户结构及需求制定本网点的个人中间业务提升计划。其次，要一改近年来基金销售疲软的状况，坚决摒弃资本市场处于调整期，基金销售难以乐观的消极思想，要积极促销各类新老基金，并要将开展基金定投以增加基金客户作为一个重点。第三，今年要重点发展个人国内汇划业务。我行个人国内汇划收费低于同业，要利用这一优势，加强宣传和引导，网点积极发展，将个人国内汇划业务收入总量进一步提高。第四，贵金属产品单价高、毛利高，能在短时间内迅速增加个人中间业务收入，要将贵金属产品的销售作为一项经常性工作来抓，重点网点要主动获取我行代销的各类贵金属产品信息，定期向本网点目标客户群进行推荐。

抓基础　防风险　促进个人业务平稳健康发展

——浙江省分行林斯副行长在2008全省个人金融板块年终工作会议上的讲话

一、关于个人金融资产授信业务

明年我们要关注市场动态，实时调整零售贷款策略，坚持风险可控、效益明显、依法合规的原则，调整优化结构，争取跑赢市场。我们要尤其关注今后全国和浙江房地产市场的供求关系变化，要分析市场，提高对市场的敏锐度，做到防患于未然。同时还要注意研究本地市场及客户结构，关注房地产中介的潜在风险，严格把握个人贷款授信标准，控制投资类贷款风险，等等。此外，要加强与总行的联系和沟通，准确把握零售贷款业务政策，掌控放贷进度。

二、关于负债与中间业务

省行领导对储蓄存款业务非常关注，这为我们发展储蓄存款业务提供了非常好的前提条件。2007年人民币存款市场占有率比年初有一定提高，但是全辖市场份额变化不平衡，我们要引起重视。第三方存管业务是负债业务的重要源泉之一，2008年要继续抓好此项工作。

2008年中间业务的增长任务非常重，各行可以按照自己的实际情况，相互学习，取长补短，看看自己对中间业务重视程度如何？该做的有没有做到位？是否充分挖掘了潜力？要好好总结。

三、关于网点管理

各行要按照曾行长讲话提出的“要形成覆盖全省的布局合理、功能齐全、昭示性强、标志统一、品味较高、形象较好的网点渠道”的要求抓好网点建设工作。我在此着重强调三点：

1. 要逐步消灭“五人网点”。“五人网点”在营销上是非常被动的，我们网点需要有客户经理去做销售，这比单纯拉存款要有效得多。要让网点成为我们的一个营销阵地，只要这个网点有客户、有市场，就一定要想方设法去利用这个网点，把这个网点做大做强。网点如果没有营销人员，说明我们是没有充分利用和发挥这个网点应有的作用，是在浪费网点资源。作为营销服务型网点，如果人数达不到八个、十个，我们就可以考虑将现有业务进行整合，把可以分流的业务分流到临近的分支行，腾出一两个人去做营销，提高网点的综合效益。这也是根据网点的定位和功能，更加合理充分利用网点资源。

2. 网点装修问题。我们一个网点的装修从报批、设计确认、工程队的选择、预算审批、合同的签订、工程开工，到验收开业，包括消防审批等等环节，需要很长时间，例如杭州地区完成这个过程要5个月时间，以至于我们今年的装修进程非常慢。我希望这个方面要缩短时间。我们还要充分利用总行今明两年网点装修费用不纳入考核利润的有利机遇，加大网点改造力度，甚至可以考虑把计划于2009年装修的网点提前到2008年来进行。

3. 网点的绩效考核。今后对网点要实施个人金融业务关键绩效指标（KPI）考核，引导网点做大做强做精，指导网点提高经营能力和经济效益。个人金融板块业务的数据中，各个基层网点贡献度占比是很大的，各行的个金部门要加大对网点的管理力度，对网点要多点关心、理解与支持，解决网点遇到的困难和问题。

四、关于财富业务

2008年以来我们在积极筹备杭州的财富管理中心，这对今后个金业务的发展将会起到很重要的作用，宁波、温州等发达地区都要尽快建立财富管理中心，以更好地争揽高端客户并为其服务。

要提高理财客户经理的素质。我们要区分什么样的理财产品给什么样客户，什么样的客户经理服务什么样的客户。今后怎么服务中高端客户，怎么去挖掘中高端客户，怎么去增长中高端客户，这是我们今后理财业务重点努力的方向。维系和拓展中高端客户将是理财客户经理最重要职责，也是我行个人金融业务条线的重要战略。

五、关于理财产品的销售与储蓄存款的协同发展

储蓄存款业务与理财业务的关系非常微妙，我们要把握好。理财客户经理要有协同发展的意识，只有做到协同发展才能达到我们的目的。要考虑理财中心、财富管理中心、私人银行和网点之间的关系。争取在年前或年后，各有关部门和各行要好好协商理顺理财中心和网点之间的关系。这个关系如果处理不好，哪一方的积极性都不会提高。

50～200万元资产客户属理财中心、200～800万元资产客户属财富中心、800万元以上资产客户属私人银行，这是基本分类，对此我们要形成一个共识，同时要遵守以下几个原则：第一，集中客户。我们要让相应层次的客户集中到相应的理财中心、财富中心、私人银行，让不同层次客户体验到我行相应的服务；第二，客户自愿原则。各个网点在按照省行规定的标准，推荐客户到我行指定的理财中心或财富管理中心的同时，要尊重客户的选择；第三，网点客户经理劝引原则。各个网点要按照省行规定的标准，积极推荐客户到我行指定的理财中心或财富管理中心办理业务，引导中高端客户享受和体验我行更好的服务；第四，联动服务。今后办理业务的时候，客户会就近选择，理财中心、财富中心、私人银行与网点要做好联动服务；第五，利益共享。同一个客户，理财中心、私人银行、网点都对这个客户服务了，对这个客户给银行带来的利益有关各方应实现共享。按照这五个原则，要尽快研究出具体方案，发挥各方的积极性，做好中高端客户的维护工作。

六、在精细化管理的基础上加强创新

没有精细化管理就没有银行的发展，精细化不仅体现在管理方式方法上，更体现在我们的管理能力上。我们每个人都要有这方面的意识，都要形成精细的思维方式，加强这方面的锻炼。

创新应该包括产品创新、服务创新、营销创新、宣传创新、内部管理创新。产品创新受到很多制约，但是我们的产品创新还是有潜力的。个金部要激发大家的智慧，包括可以将一些产品打包形成新的产品。服务创新很大程度体现在日常工作中，比如和客户的接触过程中，有很多创新工作可做。营销创新，包括联动营销、交叉营销，我们个金业务在营销方面还有很多可以创新。宣传，什么时候宣传，以什么形式宣传，宣传有没有针对性，什么时候针对哪些群体宣传等，都值得我们思考。内部管理也可以创新，从个金板块这方面，要引入EVA和RAROC。RAROC个金业务比较高，是因为个人授信的战略资本的权重比较低。这两个指标可以说对个金业务的发展是有利的，因为零贷业务的抵押、质押占的比例比较大。三季度的时候，零贷业务的战略资本是公司业务的2/3。EVA数据简单地说是利润减去占用资本金数乘以12%，也就是说，同样的授信业务，在其它因素不变的情况下，占用资本金越少，EVA数据就越大，就越有利于明年总行对我行的绩效考核。这个导向非常清楚。我们应该清楚个金业务有哪些优势和劣势，怎么去扬长避短。

七、抓住奥运契机，全面促进个金业务发展

作为银行系统唯一的合作伙伴，我们有很多的优势和特权，要利用这些优势和特权来做大做强我们个金业务。个金部要做好这方面的引导工作，各行也要有充分占领市场的准备。在奥运期间，会有很多的国外旅游客户来杭州来浙江，我们要做好相应的金融服务，包括奥运特许产品的销售，奥运门票的销售等，我们要运用好这个品牌优势和特权把我们中国银行的品牌打出去。

八、进一步提高操作风险的防范和控制能力，确保个金业务安全、健康、快速发展

合规操作是一个很重要的工作原则，当前我们离合规操作还有较大距离，存在很多操作上的风险，只不过这些风险还没有形成恶性事故，但是还是有很大风险的，是一种恶性事故的萌芽。操作风险的防范和控制是一个长期的艰巨的任务，我们各级领导者、管理者都不能忽视这个问题。我们一定要做到遵章必严、违章必究，下级有权拒绝上级的违规指令，对违规的要“黄牌警告，红牌罚下”。

山东省分行郭心刚副行长在2008年经营分析会上的讲话

一、高度重视储蓄存款工作

（一）存在问题

1. 人民币储蓄存款。山东行人民币储蓄存款一季度提前完成全年计划，市场份额提高0.3个百分点，居同业之首，总体情况良好。但必须要关注的是，一季度在资本市场大幅调整，人民币储蓄存款回流，我行与07年同期新增相比，反而少增；与同业比，我行新增市场份额较07年下降；市场份额与系统内兄弟行的差距也进一步扩大。

这说明有些行没有很好贯彻省行年初确定的“弱化增量指标，以扩大市场为目标”的指导思想，唯指标不唯市场，围绕市场变化顺势而为的发展方向把握不够，业务发展力度有所放松。另外，一季度开门红竞赛活动结束后，在4月初资本市场没有好转的情况下，存款仍持续下降，说明存款增长质量和稳定性还有待巩固。

2. 外币储蓄。受人民币持续升值影响，一定时期内外币储蓄总量下降趋势将持续。一季度我行外币储蓄存款较年呈加速下滑趋势。从区域结构分析，部分重点城市下滑加快是总量下降的主要原因。虽然存在工行理财产品到期入账等客观因素，但形势之严峻值得高度警惕。

（二）下一步工作要求

山东行多年来反复强调储蓄存款是立行之本，不仅是低成本经营资金的主要和稳定来源之一，也是各项个人金融业务的基础和根本，储蓄存款客户也是理财、中间、基金、借记卡、国债、保险等业务的重要客户来源，抓好储蓄存款，辅以良好的后续服务，是抓住个人客户的重要手段。因此：

人民币储蓄方面，各行要进一步转变理念，积极跟进市场变化，不以指标设限，顺势而为，以提升市场份额为目标，以提高网点单产和优化客户结构为重点，全力做好储蓄存款业务。对已完成计划的行要继续保持良好势头，在稳定好现有存款的基础上，进一步扩大市场份额；未完成计划的行要认真分析原因，采取积极有效措施，确保迎头赶上。

外币储蓄存款方面，要认真分析市场，从居民外汇来源和持有意愿分析，抓住出国留学、外派劳务等主要客户群体和出国服务中介公司，扩大业务来源；我行今年推出的汇聚宝产品无论从频率上还是收益率上均具有一定的竞争力，要确保抓好销售，另外要积极做好“美元金”、“外币优惠利率”等新产品推广，尽快扭转我行外币储蓄存款大幅下滑的不利局面，确保市场份额不下降。

二、零售贷款必须要保持快速增长的良好势头

（一）存在问题

今年，仅从数字来看，无论是新增量、市场份额还是系统内条线各项排名，我行零售贷款业务仍然保持了良好的发展势头。但进行深入分析可以发现，有一些问题必须高度关注：

1. 从数字分析：一是今年的增量中去年已批未放业务占全部新增的近四分之一，剔除此因素，实际较去年同期少增；二是新增市场份额较去年同期下降；三是三月份当月增量，我行购房贷款被农行超越，位居四大行第三；传统的优势业务汽车贷款也仅列四大行第二，同业发展势头迅猛，市场竞争形势异常严峻；

2. 从市场分析：由于宏观调控导致住房贷款竞争更加激烈，部分同业积极介入汽车贷款领域，而经营类产品我行产品政策偏紧，长期处于市场劣势。农行因即将股改上市，去年就加大了开发贷款的投放力度，今年则全面发力，大大加强了零售贷款的考核和激励力度，产品政策灵活性也进一步提升，业务发展势头迅猛；工行、建行凭借开发贷款的优势地位，进一步加大了对开发贷楼盘按揭业务的控制，同时在部分地区积极介入车贷市场；城市商业银行及股份制银行的业务拼抢也在持续加强。另外，同业在业

务费用上的倾斜和专项奖励制度的建立对其业务发展和市场营销力度起到了重要促进作用。

3. 从内部分析：突出表现在今年山东行取消对零售贷款业务的专项考核和单项奖励后，个别行不是站在战略高度，加大营销费用倾斜，积极应对市场变化，继续加快零售贷款业务发展，反而出现畏难情绪，主动性和积极性有所弱化，业务拓展力度下降。

近两年我行加大了开发贷款投放力度，对推动住房贷款发展起到了积极作用。但由于开发贷款项目带动作用存在一定滞后期，现阶段仅靠开发贷款联动无法支撑我行零售贷款发展要求。

（二）下步工作要求

1. 认清形势，建立完善专项考核和激励机制。就零售贷款市场竞争形势而言，各行尤其是“一把手”要彻底改变信贷规模紧张，银行处于市场主动地位这种认识上的偏差，要真正贴近市场搞调查研究，提升对市场变化的敏感度，进一步强化主动营销观念，制定科学的考核办法、专项激励机制和费用支持配套办法并抓好落实，明确奖惩，激发和保持一线业务人员的发展热情，保持和进一步提升零售贷款业务市场竞争力。

2. 讲究策略，抓住重点。房地产行业短期面临调整，但中长期前景仍然看好，个人住房贷款的战略地位不会动摇。在当前形势下，一是要加强对我行投入开发贷款项目的控制，确保按揭业务不流失；继续以“直客式”加大对同业投入开发贷款项目的渗透力度；全力营销无开发贷项目尤其是实力雄厚的大型开发商运作项目；积极争揽优质客户群体、合规合法的集资建房或团购房项目；二是要提高对二手房贷款业务的重视程度，重点城市要加强与主要二手房中介服务公司合作，其他城市虽然二手房市场仍处于发展初期，也要重视培养与发展潜力较大的中介公司的良好合作关系，力争取得先发优势。通过努力，确保个人住房贷款新增市场份额“数一数二”。

三、加大奥运特许商品、贵金属的销售力度

从目前订货情况看，山东行贵金属产品订货总额与系统内各兄弟行特别是江苏、浙江、福建等行相比，我行两项产品的业务贡献度和订货总额仍然存在较大差距。

经测算，如果不能充分发挥奥运特许商品、贵金属销售的拉动作用，将可能影响总体指标的顺利完成。近期山东行将再组织一次订货，各行要积极行动起来，将我行作为唯一奥运合作银行的优势用好用足，充分利用奥运氛围浓厚的有利时机，加大宣传营销力度，确保奥运特许商品、贵金属销售取得突破性进展，为全面完成今年的个人中间业务收入指标打下良好基础。

四、在保持营销发卡快速增长的同时，注重发卡质量管理；以“奥运支付环境”建设为契机，加大商户收单市场拓展力度

（一）强化市场份额意识，继续做大卡量规模，提升市场占比

一季度，山东行新增市场份额提升较快，但存量市场份额较低的格局没有根本改善。当前银行卡市场激烈竞争的形势再一次警示我们，不进则退、慢进也要被甩在后边。这就要求我们各级管理者，不能仅满足于自身纵向比较的“成绩”，还要注重与兄弟行、尤其是当地同业领先者的横向比较，工作着力点要放在提高市场份额和竞争力上，进而产生自我加压、高点定位、标杆超越的动力。希望目前市场份额不升反降，以及一季度完成情况落后于全辖平均进度的单位，明确上半年奋斗目标，进一步完善考核机制，加强管理调度，扎实推进，确保目标实现。

（二）切实增强效益观念，进一步抓好发卡质量管理

向无实质用卡需求的客户滥发卡和向同一人发多张卡是造成目前销卡量过高的最直接原因；而忽视渠道营销与交叉联动发卡的组织调度，发卡渠道过于狭窄是造成总体发卡质量不高、活动卡率下降的主要原因。二季度，各行要在保持营销发卡快速增长的同时，高度重视质量管理，努力提高卡片激活率，控制销卡量，确保活动卡量和收入的同步增长。

不断提高机构网点对新增客户的产品销售能力，利用内部客户资源进行交叉营销发卡是保证发卡数量与质量同步增长、提高客户忠诚度的最有力渠道，需要我们常抓不懈、扎实推进。各行要严格按照省行计划加快推进网点服务功能转型步伐，进一步完善考核激励机制，促进各机构网点对个人客户零售产品与银行卡产品的交叉销售与服务，并切实抓好对个人贷款、中银理财等渠道新增客户的配套发卡以及存量客户的挖掘工作，确保上半年交叉营销发卡工作取得明显进展；要进一步加强个金与公司业务条线的部门联动，推动面向集团公司客户长城公务卡和内部员工公务用卡产品的批量发卡工作；与此同时，各行要严格按照山东行《关于对全辖中银信用卡“ 户多卡”情况的通报》要求，规范考核评价体系，杜绝短期行为，确保发展客户的质量。

（三）借奥运东风，全力加强商户收单市场拓展

全辖各行、尤其是青岛地区各直属机构和省内重点旅游城市行，要紧紧抓住优化“奥运支付环境”的有利时机，借助总行集中收单系统的竞争优势，加快外卡收单商户和宾馆、餐饮、百货、专卖店等人民币卡收单优质商户的发展，不断提高收单收益对银行卡交易手续费净收入的贡献度。

五、奥运金融服务

1. 人员组织与培训。要于5月份正式组建2008奥帆赛服务团队，进行封闭式强化训练，确保熟练掌握现场金融服务的特点及应急措施。

2. 做好账户服务的组织与管理。各营业机构每周都要对临柜人员进行“奥运临时存款账户”的专项业务和服务礼仪培训，熟悉业务流程及应急预案；

3. 创造良好的银行卡受理环境。一是加快推进奥运赛场内和奥运赛场周边地区自助银行和自助设备的投放进度；做好ATM外包装、ATM受理标识、双语界面及升级等工作的自查和完善，加强设备维保，确保安全运行。二是5月份要完成青岛地区490家外卡商户的EMV迁移改造。三

是要联合 VISA 组织对奥运场馆内特约商户进行培训，确保奥运场馆内用卡零障碍。四是要力争在 5 月份之前实现人民币预付费卡产品在全辖网点对外销售。

4. 网点建设与改造。一是突出重点，加快奥运区域网点建设进度，确保在 6 月底前按期完成；二是网点 LED 要于 6 月底全部安装完毕；三是做好奥运现场临时网点和奥特商品销售点的建设，力争于 7 月中旬进入现场服务。

5. 外币兑换服务。一是奥运重点区域内的 28 个网点必须在柜台配备业务素质和服务水平高、能与外宾交流的业务人员，确保兑换币种充足和双向兑换，二是确保青岛 11 家三星级以上酒店以及在城阳机场与通济隆公司合作的外币代兑点业务顺利开展。三是省行指定的 8 家综合性支行和 10 个代兑点要做好代兑旅行支票业务。

6. 加强应急管理和安全保卫。明确现场金融服务指挥小组的综合协调职能，4 月底在学习北京行经验基础上进一步完善应急预案，个金、银行卡、信息科技、安全保卫等相关部门要于 5 月份进行演练，确保各条线管理人员、操作人员熟悉应急预案处置原则、流程与方式。

抓住重点业务　加大工作力度　全面完成个人金融各项任务

——福建省分行阮平副行长在 2008 年工作会议上的讲话

一、目前个人金融业务存在的主要问题

负债业务受资本市场的影响，没有达到预期的目标；网点转型工作进度有待进一步提高，基层网点的负担仍较重，影响了网点效益的充分发挥；理财产品品种及功能不够丰富，理财中心的作用尚未得到充分发挥；个人金融战线统筹管理、组织协调工作有待进一步改善。

二、2008 年的工作安排

2008 年，个人金融业务总体发展形势严峻，发展任务非常艰巨。基于对经营环境的分析，结合我行具体情况，省行确定了 2008 年个人金融业务的工作思路：认真贯彻科学发展观，紧紧围绕提高核心竞争力，进一步完善业务架构和业务管理流程，加强专业化管理，扎实推进网点转型，大力吸收储蓄存款，稳步发展零售贷款，做强做大理财业务，加快中间业务发展，推动个人资金产品和信用卡业务快速发展，圆满完成今年各项任务。

根据以上发展目标，我从八个方面对 2008 年个人金融工作做出安排。

（一）高度重视负债工作，抓住源头，夯实基础

存款是商业银行资产业务发展的基础，是银行资产保持流动性的必要保证，发展存款关系银行的生存与发展。因此，各行一定要转变观念，把大力吸收储蓄存款作为今年个金工作的头等大事，抓早抓好。

1. 利用两节营销时机，加大储蓄存款营销力度

各行务必抓早、抓好两节营销的有利时机，借“开门红”竞赛活动，加大储蓄存款的营销力度，通过借记卡刷卡积分活动、存款竞赛活动等系列措施，做大存款规模。

2. 抓住存款源头、夯实客户基础

根据客户资金的流向，持续不断地抓好四项工作：第三方存管、借记卡、VIP 客户营销及代收付业务，并根据客户种类进行打包销售。

加强与公司金融联动，扩大优质公司客户在我行办理代发工资业务的比例。个人金融客户经理要主动为公司客户的管理层提供专业理财服务和公务卡产品，向公司客户的员工销售“直客式”零售贷款和信用卡等产品，夯实储蓄存款的发展基础。

3. 继续扩大汇入汇款源头

继续发挥“侨汇通”品牌优势，加强海内外的营销力度，争取更多的汇入汇款，以达到本外币业务共同发展，促进储蓄存款增长的目的。同时重视汇入汇款的稳定和留存工作，辅以外汇保证金买卖、本外币黄金宝等资金产品，满足客户的需求。

4. 做好全员营销工作

各行要转变单纯依赖客户关系部门营销的习惯，通过考核激励、评比竞赛等方法，鼓励开展全员营销，充分激发内部员工的揽储积极性，挖掘潜力。如利用两节契机开展春季竞赛活动；以奥运为主题开展奥运储蓄活动；各分行、直属支行要上下联动，区分不同的客户群体，开展专项存款营销。

5. 突出储蓄存款主营地位，完善考核方案

捆绑考核方案中，应突出个人客户金融资产新增结构考核指标，确保储蓄存款增长占个人客户金融资产增长的一定比例，促进各项个人金融产品协调发展。

（二）扩大理财革命成果，丰富理财服务内涵

1. 深化客户分层服务

2008 年在总行三级财富管理体系（理财中心、财富中心、私人银行）的基础上，全辖要分别做好资产在 200 万以上、50～200 万、20～50 万三个层面中高端客户的分层服务。

理财中心在做好 50～200 万理财客户的专业理财的基础上要结合网点转型工作，确保 20～50 万理财客户由开放式柜台客户经理营销、维护和管理；厦门、福州、泉州等分行要加强和完善对200万以上高端客户维护管理，并择机建立我省财富管理中心。

2. 加强理财产品的研究和推广，使我行理财产品更加丰富多彩

2008年省行将加大理财产品的研究和推广力度，主要推出个人账增值服务、私募理财和外汇理财等产品。理财中心要从以代理基金、保险等产品销售为主转向综合型理财产品销售为主。特别要注重铸造中行自己的理财产品如外汇宝、黄金宝、春夏秋冬等本外币理财产品，进一步提高理财客户的金融资产占比。

3. 加强理财队伍建设

实施对理财人员理财工作能力的深度培训，今年省行将对现有培训体系进行“升级”，基础能力培训与特长培训并重，除继续实施EFP、AFP、CFP培训外，计划通过组织2期理财经理提高班，实施专业晋升培训，并通过客户经理交流、参观学习等活动，挖掘、培育客户经理特长，形成特色与亮点，树立有特色的客户经理个人品牌。

4. 进一步深化理财中心直管工作

提升对理财中心经营行为的现场指导，实施专家“蹲点”检查辅导，及时解决问题；强化工作报告制度、交叉学习交流等工作措施，完善管理制度，提升经营绩效；在营销、人员管理方面有所突破，研究由省行直接引导理财中心市场营销工作的开展；探讨更为先进、合理的理财中心人员考核、薪酬、升迁、退出等方面的制度和办法。

（三）明确方向，均衡发展，实现零售贷款年度发展目标

以住房贷款和汽车贷款为龙头，注重发展个人投资经营贷款和个人抵押循环贷款，实现零售贷款业务合规、均衡、可持续发展，确保完成年度新增50亿元的任务目标。

1. 明确零售贷款发展方向，实现地区均衡发展

根据年初下发的指导意见，结合奥运年，加大营销宣传力度，向市场和客户推介我行零售贷款“理想之家”系列产品，针对中高端客户提供差别化服务，建立快速审批和便捷服务的绿色通道，利用零售贷款来吸引和服务优质客户，优化客户结构。帮扶和推动业务发展滞后的分、支行，树立信心，奋发向上，实现全辖零售贷款业务的均衡发展。

2. 调整信贷投放节奏，树立“早投放、早收益”的观念

各行要在月初、月中加快放款速度，月末做好项目储备工作，每季末对规模的执行进行行际间微调。在完成全年任务的基础上继续做好优质项目储备、市场和客户培育等工作，以进一步挖掘产能，提高零售贷款业务的持续发展能力。

3. 关注政策和市场变化情况，及时调整发展策略

今年国家加大宏观调控力度，实施从紧的货币信贷政策，省行将时时关注政策和市场变化对我行零售贷款业务发展的影响，结合地区经济和业务发展特点，及时调整业务发展策略，迎合政策和市场变化的需要，抢占市场先机，实现业务持续、稳健发展。

4. 结合网点转型工作，扩大“直客式”网点的覆盖面

力争2008年末全辖“直客式”标准化网点占比达到全辖机构的60%以上，同时压缩未开展“直客式”的网点，加强对“直客式”网点新增贡献度的考核和现场指导力度，充分发挥网点渠道营销作用，加大客户拓展力度。

（四）实现信用卡业务快速、健康发展

坚持“发卡与收单”并重的业务发展战略，坚持规模、效益发展方向，大力抓紧抓好全年发卡工作，积极开拓收单市场，以此带动收益快速增长。

1. 扩大发卡规模，确保发展质量，提升支持能力

（1）扩大发卡规模，以规模带动效益，尽快占有一定的市场份额。各行要加大年初发卡力度，切实争取2008年银行卡发卡“开门红”。

（2）强调活动率、销卡率、单卡消费等指标，不断提高卡片质量及资产质量。要求各行在分解发卡任务时，务必强调避免为完成卡量任务而滥发卡，造成后续高销卡率、低活动率的问题。

（3）做大主题卡、做强高端卡、做精联名卡。以奥运卡和都市卡为核心产品，加强营销力度；加强部门联动，全面开展公务卡大客户营销，快速抢占市场。加强个人金融板块协作，积极向理财、消贷客户营销，发展高端客户。通过分期付款、客户忠诚度计划、优惠商户推广，提升产品核心功能和附加值。

（4）以自有客户资源和渠道为主，以外部客户资源和渠道为辅，深入挖掘渠道潜力，提高各渠道利用效率。各行要发挥网点销售主渠道作用，营造“人人都是客户经理”的全员营销文化氛围，尽早打好规模基础。同时长期坚持开展数据库交叉营销，提高交叉销售的效率和成功率。力争按照总行要求在二月底前完成直销团队的组建和运营。

2. 规模化发展收单业务，提升中间业务收入水平

贯彻总行“以增加中间业务收入和促进发卡为目标，规模化发展收单业务，力争成为国内最大的收单机构”的整体业务发展思路。采取“一主两辅”的业务发展模式，大力发展我行自主收单模式，辅以与银联商务平衡发展、合作共赢的两种模式。进一步扩大商户分期付款的行业类别、产品数量，业务规模。并通过加强中银、泛珠优惠商户网络建设，强化我行发卡端的优势，巩固收单合作关系。

3. 调整组织架构，强化营销能力

随着银行卡业务快速发展和系统逐步上收，以及非核心业务（如制卡等）走上外包合作的道路，现有的银行卡架构中50%为后线操作人员，市场营销、催收审批及客户服务等力量明显不足。因此今年将加快银行卡组织架构和业务流程整合，改变分行前中后台兼顾的格局，充实前台，加强营销人员和客户服务人员配置。

（五）加快网点转型步伐，提升网点综合竞争力

1. 丰富网点转型内涵

网点转型的最终目的是全面提升网点竞争力、提高网点盈利和管理水平。网点转型的内容不仅包括网点选址、

功能划分、装修改造等硬件部分，还包括流程整合、柜台业务迁移、销售模式、服务模式、队伍合理配置，以及网点考核评价体系等方面的软件因素。网点转型是系统性的艰巨工作，各级行应高度重视此项工作，同时网点转型也需要全行各部门的关心和支持。

2. 加快网点改造，加强资源倾斜，提高新改造网点的竞争实力

2008 年总行将配置专项资金用于网点购置、装修改造投资和费用摊销，各分行要充分利用好总行出台的优惠政策，加强组织领导，尽快启动改造方案，早执行、早完工。力争在 2008 年末全辖完成 100 家网点的改造工作，并通过资源整合基本消灭 6 人网点。

各行应认真总结 2007 年改造工作经验，进一步梳理改造流程，建立起分工作明确、职责到位、协调顺畅、高效优质的网点标改造工作运行机制，确保在年底前全面完成今年网点标准化改造任务。

各行对于新改造的网点要在软件上、资源配置上给予倾斜，使网点不仅物理功能划分完备，人员也要达到网点转型的配置，使网点业务迁移、产品营销等工作落到实处。要切实解决网点人员数量、素质与业务快速发展不匹配的问题。要通过各种措施，使人力资源配置向网点倾斜，提高一线销售服务人员的比重。

3. 减轻网点负担、解放网点生产力，发挥网点销售窗口作用

网点是银行销售产品和提供服务的窗口，但目前由于网点后台、内务工作的繁重以及业务流程的不合理，使得网点人员实际营销服务时间大大减少，因此，省行各部门及各分行管理部门要关心网点员工的减负问题，二线部门要尽量减少网点的负担，使网点真正发挥销售窗口的作用。

4. 加强专业化队伍建设，提高网点营销人员素质

从现状来看，我们的销售队伍（也就是客户经理队伍）占网点人数的不足 30%。因此网点转型要纵深推进就要加强专业客户经理队伍建设，加强培训，进一步健全大堂经理、理财客户经理、开放式柜台客户经理及消贷客户经理四支专业化的队伍，提高网点销售队伍素质。

（六）抓住市场、抓住机遇、做好创新，加快个人中间业务发展

1. 加强“中银汇兑”品牌的推广

合理组合相关的个人金融汇兑产品，为客户提供系列化服务，提高“中银汇兑”品牌对中间业务的贡献度。

（1）结售汇业务收入占个人中间业务收入的一半以上，增加其收入是完成今年个人中间业务收入的关键。省行将研究如何发展非柜台电子渠道受理结售汇业务，拓宽结售汇业务的受理渠道；持续性开展结售汇促销活动，吸引和稳定客户。

（2）拓宽“侨汇通”国际汇款渠道，加强“侨汇通”营销宣传，对内扩大解付网点面，争取 2008 年上半年全省所有网点开通“侨汇通”解付业务；对外扩大“侨汇通”业务的覆盖面，将代理点从北美地区延伸到东南亚及欧洲地区。厦门、泉州地区各行要重点关注大额私人汇款业务、简化流程，吸引客户。

（3）加强与出国中介机构、海外分行的合作关系，各行应结合“中银汇兑”品牌，因地制宜，通过整合与包装因私结售汇、汇款、外币兑换、旅行支票等个人外汇及其个人结算产品，促进个人国际结算业务快速发展。

2. 抓住奥运商机，大力促进奥运特许商品及贵金属类产品的销售

省行将组织各行开展奥运商品的展示、订货以及各类主题金的销售工作，各行要设立奥运特许商品销售推动小组，在宣传、销售、营销、服务等方面多管齐下，积极推动奥运特许商品发展；同时加大对网点、员工的考核力度，促进奥运特许商品销售。

3. 扩大借记卡发卡量、提高借记卡质量

扩大借记卡发卡量，开发联名借记卡。省行将积极与商户开展刷卡消费优惠活动，提升我行借记卡的市场效应。各行在进行借记卡功能营销时，要引导客户开通借记卡的电话银行、网上银行等各项功能，提高借记卡的单卡消费率，并与银行卡部联动，实现借记卡与信用卡高端客户的共享，建立高端客户用卡队伍。

4. 扩大我行个人国内结算业务的市场份额

我行个人国内结算业务处于起步高增阶段，存在较大发展空间及潜力，今年将根据同业收费情况，调整我行个人跨行通存通兑收费标准，同时广泛宣传非现金支付的便利，推广个人跨行通存通兑业务，改进系统功能，简化操作流程，提高通存通兑、汇款业务收益。

5. 抓住市场机遇，继续做好代理基金保险业务

今年我行金融机构条线中间业务任务异常艰巨，各行务必从战略高度，重视代理基金、保险业务的发展，紧抓市场有利时机，树立信心，顺势而为，精心组织卓有成效的营销活动，尤其要抓好省行下达的一季度百亿基金“开门红”和保险“开门红”竞赛方案的实施，同时加大考核和激励力度，任务指标务必落实到网点。金融机构部要加强对全辖业务营销工作的组织和指导，加快产品创新和“银保通”系统推广。

6. 抓好重点资金产品，带动中间业务和储蓄存款的双增长

（1）重点营销外汇保证金产品，抓住其资金杠杆和双向交易的优点，使之形成我行的核心竞争力。

（2）积极引导客户从股市回撤部分资金、分散投资于黄金宝产品，充分利用目前市场对实体黄金需求较旺盛时机顺势营销，力争重铸我行黄金宝产品的辉煌。

（3）有针对性地营销外汇和人民币理财类产品，将其作为交易类产品的重要补充。

（4）各行要加大对重点产品、极具卖点的理财产品和创新产品的广告宣传力度，利用手机短信、外汇黄金沙龙等形式，加强对客户的交易指导，确保在股市震动的情况下，稳住客户、保证资金回流，实现中间业务和储蓄存款的双增长。

7. 加大重点中间业务产品的考核力度

各行应综合考虑我行总体收益，防止不计成本，盲目使用价格优惠政策。对条线奖励资金的分配原则进行适当调整，加大重点中间业务产品的考核，试行对一线员工交叉销售的奖励落实，使个人业绩和薪酬更紧密挂钩，及时研究出台第三方存管保证金分润办法，切实保证分支行营销第三方存管的积极性。

（七）加强完善个人金融业务风险管理，加强内部控制建设

2008 年个金条线风险管理工作要在抓好信用风险管理的基础上，进一步覆盖负债、中间业务及理财业务。要在识别及化解内部操作风险的同时，高度关注外部监管风险对我行绩效考核的影响。各行应积极采取措施完善个金条线的内部控制体系，切实发挥条线风险管理人员作用，使之能够对个金业务开展过程中所伴随的信用风险、操作风险进行有效监控。

在信用风险管理方面，各行应对不良率高或管理不规范的机构加大检查频率和深度。要突出重点防范新的虚假个人住房抵押贷款、虚假汽车贷款，要防止信贷资金被违规用于股市等国家明令禁止的投资领域。各行要加大催收力度防止关注类贷款恶性迁移，对于不良账龄超过 1 年以上的损失类贷款，各行要加大清收、保全力度，并将贷款损失核销纳入常态化管理。

在网点风险监控方面，对于列入银监部门及我行重点监控范围的机构网点，要追踪是否整改到位。要加强有针对性的监控、检查、通报力度，根据不同地区管理人员和操作人员的风险防范意识、风险识别能力、风险管理能力，采取有差别的监控检查措施，及时跟进化解风险。

（八）完善个人金融条线管理构架，提高个人金融条线工作效率

随着个人金融业务对全行贡献度的逐年提高，全行应高度重视个人金融部门的队伍建设、架构设置问题。总行近年以来对个人金融部门业务管理职能的不断调整，个人金融部原有 2005 年股改时确定的团队设置和人员配置，与现有的工作职能之间存在较大的差异，为理顺业务管理职能，明确团队职责，特别是加大 2007 年以来新增的个人金融业务操作风险管理、借记卡业务管理、个人理财业务直管的力度，有必要增设借记卡团队，并完善风险团队、消贷中心、理财团队及负债及中间业务团队的人员配置，通过完善条线管理构架，从而建立起个金部门高效正常的工作秩序。

湖南省分行黄志刚副行长在全省个人金融业务座谈会上的讲话

一、当前经济运行的态势

从全球经济运行的情况来看，由于美国次贷危机逐步升级，加上美国五大投行有三个相继倒闭，对全球金融带来巨大冲击，全世界都受到美国金融海啸的影响。我国经济运行在今年是最困难、最复杂的一年，经济环境的不确定性、变数在增大。首当其冲的是外向型经济，今年影响特别之大，沿海地区依靠出口生存的企业，今年遭受了毁灭性的打击；第二是国内的 CPI 居高不下，给我国工业企业的发展带来了前所未有的挑战；第三是资本市场大幅度缩水，缩水率近 70%，对资本市场的融资功能造成重大影响。在房地产市场方面，宏观调控的加剧，房地产市场价格从去年高位到现在已下跌 30%，个别地区下降幅度更大，房地产市场成交量急剧下降。

经济运行态势的变化，从表面上看，企业资金压力加大，银行运营的安全性受到严重挑战。在经济运行下行区间，按照经济学家的预测，大约有三到五年。这次经济调整的深度有多深、影响的行业有多广，我们尚无准确预料，但不管调整有多深、多广，经济社会向前发展，都是大调整促进大进步，在调整中会有很多的机遇，主要是我们怎么样把握。

二、对我行个金业务的影响

对我行个金业务的主要影响，第一就是对资产业务的影响。银行在经济高速增长时期对客户的选择与经济下行时期对客户的选择标准不一样。经济下行时期，我们的客户如果不是优质客户，在这一轮调整之中就会对我们的资产冲击特别强。

第二是对个人中间业务的影响，特别是理财业务和财富管理业务这一块，冲击力度特别大。资本市场缩水后，富人相对来说数量比例下降，我们 VIP 客户数量非常有限，可能对我们行影响很大。中国的股市这一次蒸发 20 万个亿，蒸发掉了很多富人。

第三是对金融业盈利能力的挑战，这几年我行个人业务的盈利能力在逐步增强，随着经济下滑趋势，我国的中央银行货币政策作出积极的调整，最终银行的利差要缩小。最近贷款利率在下调，存款利率不下调，银行存贷利差在缩小，成本有这么高，而盈利没那么强了，这就是经济下滑期间对个金业务三个致命的影响。所以我们要高度关注，在研究今年最后一个季度和明年工作的时候，要把这些因素认真分析，研究怎样实现个金业务又好又快的发展。

三、应对的措施

从自身发展和上市公司持续增长的目标来看，明年对全行仍然是一个高速发展的要求。中国银行作为一家上市公司，不能在经营上大起大落，必须是持续、健康的发展。

第一，发展目标要求高、求快

这几年经过全行共同努力，经营成果超过了前18年的中国银行湖南省分行的总行。未来6年我们能否在现在的基础上再造一个湖南省分行？有没有能力去造，怎么去造？这是我们必须面对和重视的问题。市场竞争是大鱼吃小鱼、快鱼吃慢鱼。要在现有的基础上再翻一番，才能增加抗风险能力。我行目前抗风险能力比较脆弱，若新增10个亿的不良，必须要有10个亿的利润消化，因此，我行的总量上不去，盈利能力的基础就不坚固，所以，在发展上要解决目标定位的认识问题，这两年全行的发展，我们有一个深刻的感受，目标定位高和快的行，发展就快。今天再次强调解决认识问题，这个问题不解决，不自主地设置防火墙，阻碍了发展动力，感觉目标不可超越，在目标定位上没有更高更快的要求，那我们的发展在思想上的动力就先天不足。

对二级分行来说，要定好自己的位，是领跑型、还是快速增长型、还是参与型，有了这种定位，大家就要考虑目标的定位了。做领跑型要抓多少个亿的存款？做快速增长型要抓多少个亿的存款？今后我们要建议对过百亿的二级分行采取一些不同的政策，这样我们才能发展得快。所以，哪些行计划在近1~2年资产过百亿，要采取什么对策？哪些行计划在3~5年内过百亿？只有目标明确，才能要求网点要成为老虎，全行的发展在市场上才有一席之地。

第二，发展方式要求变、求新

1. 谈客户结构和客户量的问题。这几年我行个金业务量发展比较快，但要保持目前的增长趋势，发展的基础在什么地方？个金业务的发展基础就是客户，要研究我们的客户结构和客户量，研究怎样对我们的客户量进行扩容的问题。有些单店式支行客户饱和，客户量多，但有些并不饱和，这个客户量的问题已经对我们的业务产生了很多影响。产品推不出去，网上银行推不出去，还有短信通、三方存管、银行卡等等，都是一个客户量不够的问题。除了客户量，还有客户分层也没做到。总行级的VIP、省行级的VIP、网点自定的VIP，这些客户分布在哪些地方，哪些行业？要从哪些地方、哪些行业去挖掘这些客户，他行有多少？我们都不知道。我们搞了“银掌柜”系统，有没有作过数据分析，本行的客户是什么样的结构？明年省行要给各行下新增客户量的指标。希望全行重视客户量的挖掘和开发。在客户分层管理上，各行要确保网点改造后的理财中心不挪作他用，千万不能挂羊头卖狗肉，把自己的品牌搞乱了。这一点省行要检查，要问责。

2. 现代金融服务平台怎样快速发展的问题。这几年省行在电子设备上投入很大，并且还在继续加大投入力度。但是，我们对客户的引导怎么样？目前还有很多行还在满足于传统的金融服务，现代金融服务没有完全到位。这几年我们投入这么大，其目的就是解放劳动力，增加和扩大客户经理队伍。从某种意义说，现代商业银行的服务手段不能充分的体现出来，叫什么现代商业银行？有什么竞争能力？所以同志们要高度重视。现在网银推不动，我不知道各位行长们、个金部主任们是不是也在使用？在推动？省行极力铺设现代金融服务平台，各行不能把后续工作跟上，优质客户就会离我行而去。原来我们不停地怪中国银行信息科技落后，现在硬件在改善，软件也在改善，电子和自助设备的全面推出以后，还不行的话，我们建设一流现代商业银行就不是名副其实了。社会在前进，各行要高度重视现代金融服务手段的推广和应用。

3. 负债业务市场细分问题。随着产品增多，负债业务在不同的产品里面都有体现，所以要对负债业务的结构进行分析。哪些是银行卡业务带来的负债业务，哪些是理财产品带来的负债业务，哪些是资产业务带来的负债业务，哪些是为客户服务带来的负债业务，我们一定要对负债业务进行好好的分析，增长的潜力在什么地方？问题在什么地方？为什么要研究这个问题，就是因为我们抓存款，还是传统手段，负债业务和产品的结合、交叉销售能力弱，我们一定要清楚，要细分，才能明白我们的主攻方向。

4. 服务创新与产品创新相结合的问题。创新怎么创？单一的产品创新很难，只能做产品组合的创新，而且必须要跟金融服务的创新结合起来。如果服务不创新，光靠产品的创新，那是脱节的创新，是解决不了问题的，请同志们好好研究。每个行、区域都有不同的特色，今年冰灾时期为什么我行做得很出色，存款增长好，服务创新是很重要因素。各行要解决金融服务存在的突出问题，一定要把服务创新和产品创新有机的结合起来，使创新的目的真正体现在为了提高客户的忠诚度和创造更高的价值，将我行良好的金融商誉深入到社会、深入到民众之中。

第三，资产业务要求稳、求好

一是要重点要解决明年的发展和项目储备问题。年初针对湖南省分行房地产不良贷款的增高，总行把准入权上收了。最近总行召开了一个房地产调研会，针对房地产市场，既有乐观的分析，也有不乐观的分析。从整体上分析，房地产市场长期来看还是朝着好的方向走，但就目前情况来看，调整的深度和幅度很大，存在着风险。全辖大概60多家房地产开发商，授信开发贷款控制在省行资产组合比例中。明年个贷业务发展的后劲，大家对项目的预期比较高，非常关心省行的政策，我们明年对一类行房地产企业怎么准入？对房地产不良贷款高的行怎么控制？可能有几个方面的考虑。各行做按揭贷款的项目储备上面，还存在一些问题，一些好的房地产项目没有做进去，一些行为了一些小楼盘、小开发商不停地跑省行。省行要求营销的房地产项目，一要做优质企业，二要做好的楼盘，为什么我们现在就做不了？我们的眼光在什么地方？资产发展的难关是什么，要解决好这些问题，应从以下三个方面入手。

1. 要统一风险偏好，提升优质客户的占比。从最近全辖上报的项目来看，个金资产业务已经到了要统一风险偏好的时候了，大家在发展面上积极性很高，但在客户的选择、风险的把握面上并没有与省行完全一致。这几年个金部对个人贷款的工作是做得很细的，对项目否决的理由写得很充分，但是审批层、管理层、营销层面上风险偏好没有完全统一起来，如汽车消费贷款、投资经营贷款、按揭贷款等，要求是非常明确的，但是到单店式支行层面，落实条件、完善手续等工作不到位，甚至出现弄虚作假情况，对客户的选择准入门槛标准不高，审查不严，新新账不良无法杜绝。所以再次强调，全行要统一风险偏好，努力提高优质客户的占比。

2. 要抓好资产组合管理，增强风险缓释能力。近几年资产业务发展不错，但明年面临的压力很大，请各行根据当地的区域特点，将按揭贷款、消费贷款、投资经营贷款等等做好资产组合管理，要根据现有的贷款质量、客户做出明显的产品发展上限。每个行要引导单店式支行发展什么、控制什么、限制什么、支持什么。有的行汽车消费贷款就不能做，因为风险很高，人员素质不具备，客户质量不优，但是对有些行就要鼓励，像二手房按揭，有些行是鼓励的，有些行是限制的，一定要把这个产品组合做好，解决好我们的风险缓释能力。前几年我们个金业务在某些行出现一些问题，而且是某一类问题居多，要么是按揭贷款，要么是汽车贷款，所以会后，个金部要对每个行给一个原则性资产组合比例和浮动空间，做好控制。个人业务在没有做到一定规模的时候，我们要抓量的扩张，达到一定规模的时候，我们要强调组合，这个很重要。

3. 要加强个人资产业务的经济资本测算，提高个人金融资产的盈利能力。按照总行新的考核办法，个金业务这几年经济资本占用低，盈利能力强，这是事实，但是全省不平衡，有的行个人资产业务盈利能力很强，有些行不完全如此，个人贷款的议价能力比较差。今年我行贷款业务净息差收入下降很大，资产业务收入的真实性、经济成本占用、EVA 贡献，都是总分行条线部门重点考核内容，请各行加大个人资产业务经济资本测算，要提高资产业务的盈利能力。

第四，推进个金板块建设要求实、求精

一是要全力以赴推进网点渠道建设。网点渠道建设标准、人员配置标准都已经明确，这是我行未来业务发展的特点和优势。近几年网点转型的经验告诉我们，网点渠道建设好的，效果要明显好于那些网点渠道建设不好的，这是不争的事实。部分行在这方面推进不力、抓得不紧、做得不实的，要尽快的落实。二是要抓网点队伍建设。这几年一直在抓，取得了一定的成效，但是效果并不是那么明显。在网点转型中，四支队伍建设素质高低参差不齐，全面掌握和熟悉个金业务的人员不多，一知半解的人多，在营销、金融服务方面独立挑大梁的干部非常缺乏，这是各行在转型中的突出问题。为什么培训效果不明显？请各行认真研究和解决，不能再走形式主义。特别是各级机构负责人要带头培训，才能带动一线员工促进培训效果的提高。

三是要强化网点考核体系建设。网点做得好不好，要及时地进行评价、及时地进行考核，要让他们知道哪些方面需要改进，哪些方面值得肯定，各级领导要对所辖网点心中有数。一定要带好这支队伍、关心这支队伍，要把这支队伍真正做强，这支队伍不做强，我们个金业务也做不起来。

（四）交通银行省市区分行个人金融论坛

坚持科学发展理念　解放思想探索实践
推动个金业务全面协调可持续发展

交通银行北京市分行副行长　杨丽

次贷危机蔓延全球，金融风暴集中爆发，国内经济形势面临，这一切都给我们未来发展带来了困难和压力，同时也使我们科学发展个金业务孕育着机会。深入学习实践科学发展观活动，是正确应对复杂市场竞争和推动个金业务全面发展的需要，有利于我们认清经济形势和发展趋势，有利于我们正确看待自身个金业务取得的进展和不足，有利于我们找准市场定位和发展道路。

一、只有明确发展方向和重点，自觉投入科学发展观的实践活动中去，才能促进个金业务发展

北京市分行成立之初就利用总部经济特点，大力发展公司业务，使我行的市场形象和地位得到确立和提升，长期以来以批发为主的公司业务一直是我行发展的优势，对公业务在全行业务结构和利润贡献中占据主导地位。

近年来，个人理财和电子科技的兴起给个金业务发展创造了条件，2005 年交行成功上市后，总行提出了零售银行战略转型的思想，分行也加大了对个金条线的资源倾斜力度，提出了发展转型策略和打造优秀财富管理银行的目标。我行确立了“客户 + 资产”的发展模式，把工作重点定位于大力发展个人理财业务，通过产品和品牌吸引中高端客户，不断扩大个人客户群。

一是根据市场特点大力发展个人理财业务。2007 年国内资本市场大幅上涨，基金和证券业务异常火热，在这种环境下，我行大力推广“基金超市”和发展第三方存管业务，通过交叉销售从中发展了一批沃德财富和交银理财客户，通过公私联动推进了总部在京 10 家券商全部实现第三方存管业务上线。2008 年我行针对资本市场大幅调整的现状，尝试通过销售保本固定收益的理财产品留住客户和减少资产缩水。通过开展上述工作使我行的个人客户数量和资产规模有了一定提升，这使我意识到：要想取得发展就要根据市场和自身特点去选择业务增长点，由于理财业务是未来个金发展的趋势之一，因此我们根据市场变化顺势而为，通过产品销售带动客户数量和资产规模的增长。

二是根据客户需求抓好产品创新和品牌营销。2006 年以来，我行研发了公积金联名卡、POS 保险收单、人民币理财、黄金等产品，陆续推出了沃德财富、交银理财和私人银行等服务，既满足现有客户的需求，又通过产品和服务吸引更多客户，促进我行个人理财和结算业务发展，树立了我行在首都市场的品牌形象。我行通过发行公积金联名卡使个人客户规模扩大了 70%；通过 POS 保险收单促进了收单业务量增长了 5%；通过研发理财产品使理财产品销售量扩大了 67%；通过开办个人黄金业务和销售“沃德百年金”，满足了客户避险、理财和收藏等需要；通过沃德财富、交银理财和私人银行服务品牌宣传和提供增值服务，进一步实现客户群细分，体现出我行的差异化营销与服务。上述工作使我认识到：我行个金业务发展的立足点和着眼点就是要坚持“以人为本”的观念，立足点就是“以客户为中心”，着眼点就是满足客户的需求和采取又好又快的方式增加中高端客户规模，在这一理念的指导下，我们这几年不断创新产品、整合宣传、塑造品牌等工作，都是根据客户的特点和市场的变化，不断满足客户各种理财和结算需求。

三是根据营销需求加强销售队伍建设和人员培养。2006 年我行加快个金销售队伍建设，不断为这个队伍增配人员，同时加大了理财专业资格认证培训，提高了个金业务技能水平和管理水平。结合理论学习，使我感悟出上述工作的开展是我们认清个金业务要“依靠员工去发展”，争揽和维护中高端客户、实现网点功能从“交易型”转变为“销售型”、促进个金业务发展和建设财富管理银行，这一转变的根本力量是我们个金销售和管理人员，因此加大队伍建设和教育培训，既是落实“以人为本”理念的体现，也是打好未来发展基础的需要。

四是根据长期发展需要加强电子化渠道建设。通过大力布放 POS 机具和发展特约商户，使内外卡收单收入提高了 3 倍；通过建立沃德财富服务中心，加快了营业网点功能转变，提升了服务高端客户的能力。上述资源的投入和引起个金业务发展的变化使我意识到：个金业务要取得全面持续发展，就一定要有一个牢固的发展基础，短期内需要依靠一些重点业务促进规模增长，但更要注重不断从系统、渠道和设备等软硬件上加大投入，优化业务受理环境，夯实发展基础。

五是根据提升内部服务水平需要加强统计分析指导。总行数据大集中、分行中间业务管理平台、信息统计系统等系统顺利上线并投入使用，为个金业务发展提供了丰富的业务数据，也改变管理部门对经营部门的管理方式由命令式的“督导”转变为服务式的“指导”。管理部门通过业务数据筛选、统计和分析，结合市场变化特点，及时为支行个金营销和管理提供了一些针对性强且效果明显的指导工作，提高了分支行个金业务的管理水平。同时管理部门还通过下发潜在客户数据库资料，有力支持了网点开展目标客户营销。

二、领悟科学发展观内涵，深化长期发展理念，树立扎实工作的决心，为推动个金业务全面

协调可持续发展而努力

我行是一家正在推进零售转型的商业银行，但我行在个金业务发展的过程中还存在有效个人客户规模不够大、个金销售人员工作经验和销售技巧不足、电子化布局未完全覆盖和布局有待更合理等问题。

我认为我们应该用发展的眼光看待存在的问题，进一步解放思想，大胆创新，扬长补短，推动个金业务全面协调可持续发展。

一是加深领悟科学发展观内涵，明确发展目标和思路。

通过深入学习，我认识到发展首先要有明确的目标（定位）和思路，发展目标（定位）就是建设首都优秀的财富管理银行，而实现建设优秀财富管理银行的目标，就要加深认识个金业务发展特点。个金业务发展是一个知识和技术密集的综合系统工程，需要我们处理好制度、管理、产品、营销、服务和团队等各个环节，使各要素之间长期相互协调，才能创造更好的工作效果。而在实践的过程中，就需要我们解放思想，通过不断创新适应市场变化和自身发展的需要，在各种创新中，制度创新优于技术创新，制度创新为创造更好的产品和服务创造了条件。未来我行个金业务的发展思路是：坚持以科学发展观为指导，以客户为中心，将“客户＋资产”的发展模式深化为“农夫＋猎人”的客户关系营销管理模式，大力发展个金理财和结算业务，敏锐把握市场热点，不断创新和整合产品，丰富渠道功能和优化布局，加大宣传力度和塑造品牌，大力提升有效客户数量和资产规模，提升个金业务盈利能力。

二是不断深入科学发展观实践，扎实做好明年个金工作。

科学发展观既源于实践又指导实践，我通过在本次活动中参加讨论和实际调研，认识到明年宏观经济形势比较严峻，个金业务发展存在着诸多困难，又孕育着一定发展机遇。因此我们更要树立长期发展信念，发挥比较优势，根据市场变化，抓好重点工作，同时又要统筹兼顾，继续夯实发展基础，最终实现个金业务全面协调可持续发展。

我行个金业务经历了近年来的发展，积累了一批中高端客户，基础个人客户规模得到扩大，沃德财富等服务品牌得到客户认可，理财产品销售量的市场占比得到提高，自助渠道覆盖度越来越广，我们应认识并珍惜这些发展优势，并让它在未来个金业务发展的过程中，发挥更大效能。因此明年我行个金工作的具体方法是：一是不断提升现有中高端客户的忠诚度。通过个人理财业务和交叉销售，按照“财富管理”理念提升客户资产规模和优化资产结构。二是深入挖掘目标潜力资源拓展有效客户。通过分析公积金联名卡客户特点和需求，利用“约定支取”的契机，以个人理财产品、第三方存管、个人网银、信用卡等产品为抓手，开展有针对性的特色营销活动，吸引更多资金来源，并采取公私联动措施，撬动代发工资业务，以此激活公积金联名卡客户，提升我行有效客户数量，提高理财和结算业务量。三是发挥公私联动机制共促个金发展。利用分行拥有众多优质的公司集团客户优势，通过定向销售产品、举办特色营销活动等方式，将其中的潜力客户发展成为个金优质客户。四是加快产品和营销创新步伐。我们要关注市场变化特点，根据客户需求，推出具有市场前瞻性和深受客户喜爱的创新产品，并在此基础上加强销售层面的创新。五是丰富渠道功能和优化布局，加强营销个人结算业务力度，提高我行借记卡和自助设备的交易量，并根据地区特色和交易情况，加强动态监测，以合理优化布局。六是整合宣传和塑造品牌，要做好宣传整体规划，发挥宣传公关和网点拓展的一体化效果，加大塑造品牌力度，要在成功塑造“沃德财富”品牌的基础上，打造我行私人银行服务品牌。七是加强对个金销售人员和管理人员进行培训，提高其营销技巧、风险防范、团队管理等方面能力；八是加强数据库营销和管理，明年的市场环境带有更大的不确定性，这使我认为更要通过加强数据分析，抓准市场特点，有针对性地开展个金营销，努力实现管理的精细化程度。

客户为本　销售制胜　加速零售业务转型

交通银行浙江省分行副行长　杜亚荣

当前国内银行业竞争空前激烈，作为转型重点的零售业务阵地争夺更是绝对的焦点。国有银行、各大股份制商业银行、外资银行等各家利用自有的渠道、流程、产品资源优势在个人客户领域纷纷强势出击。严峻的竞争形势更要求我行紧抓零售业务发展的根本规律，扎实推进各项战略举措，夯实业务发展基础，加速零售业务的战略转型。简而言之，银行零售业务转型的核心务必做好两点：客户和销售。

一、拓展客户对策

（一）点面结合，扩大我行基本客户群

1. 面上完善差异化服务，拓展各层面客户资源。客户是银行的生存之本，客户创造价值，是银行的财富之源，任何时候对新增客户的拓展都是个金工作的首要出发点。强化各层面客户拓展意识，就是要树立差异化服务观念，客户层次不同，业务需求不同，服务策略自然有所侧重，注重研究各类客户的需求共性和性格特点，向客户推荐适当的产品，是积累客户的关键。

2. 点上注重客户分层，因行制宜优化客户结构。

不同层次的客户对我行的贡献度不同，因此发展上应有所侧重。

（1）要顺利实现总行全面建设财富管理的目标，就是要把对行内贡献度最大的中高端客户的拓展工作作为个金客户发展的重中之重，保质保量地发展标准沃德客户和交银客户，不断提升沃德和交银品牌的纯度，不断充实壮大中高端客户群。

（2）对于起重要稳定作用的潜在价值客户，也要引起重视，采取有效措施加速扩展，对于存量大众客户，也要加强管理，做好适时将其提升为中高端客户的工作。

在具体做法上，各行的客户结构均不相同，因此策略上也应有所区别。对于存量客户资源充足的网点，应做到存量挖掘和对外拓展并重，对于存量匮乏的网点，更不应坐以待毙，应加大对外拓展的力度，寻求新的客户资源。

（二）重视交叉销售技巧，创新发展渠道，实现客户增量的快速提升

一是注重与行内各部门的业务联动，吸引交行优质的房贷客户、公司客户等成为个金的交银或沃德客户。二是注重存量客户的挖掘，通过电话、短信、信件等方式加强与其的沟通，力求促成客户提升目标的实现。三是注重厅堂销售，全员销售，不错过厅堂内的一个潜在客户。四是不遗余力地开展相关业务间接带动目标客户群的壮大，比如利用代发工资和定期定投业务发展潜在价值客户群。

二、提升销售业绩对策

（一）更新观念，树立常态化销售意识和为客户服务意识

首先要加强主动营销意识，再好的客户经理如果不能为银行销售出大量的银行产品，对于银行来说也就失去了聘用他的意义了，因为他无法为银行带来效益，因此不能等客户上门，要勇于主动出击，经常开口推荐，树立常态化的销售意识。

其次，销售目标不能仅仅停留在向客户推销产品的认识上，而是要立足银行个人理财业务树立为客户服务的意识。银行理财，若过分强调产品的销售成果，必然会忽视发展与客户的长期合作关系，从而缺乏获取客户长期利益的能力。过分强调实现银行的短期利益，往往还将导致误导客户进行投资的情况。正确的服务态度是，对客户提供业务咨询和业务指导，通过个人客户投资风险测试风险确定客户风险承担能力。以客户资金增值的最大化为目的，为客户提供理财投资和个人贷款建议，增强银行与客户间良好稳固的客户关系。客户经理通过为客户进行理财规划，结合客户的自身状况引导客户进行理性投资，在客户的需求下营销银行产品，把合适的产品在合适的投资时机以卖给合适的客户以合适的数量，提供多种理财方案、金融投资和融资渠道及各种高附加值服务。同一种投资方式不同的产品组合可以减少客户投资风险，提高投资回报率。个人金融业务产品丰富，组合产品和系列产品可以互补，有利于提升客户的满意度和忠诚度，能够为银行带来综合效益，将可实现银行与客户的双赢。

（二）抓住个金业务特点，建立常态化销售模式

个人理财业务发展需要“批发做”，但更需要“日常化”，也就是需要我们的厅堂每天通过一对一的现场销售来实现。因此，销售日常化不仅是反映一个行个人理财业务发展的主要指标，也是未来同业战略转型成功与否的重要考量指标。它需要我们的客户经理时时刻刻、日复一日、年复一年做最基础、最扎实的工作，也只有这样，我行的个人理财业务发展就具有了最坚实的基础，零售业务战略转型就有了抓手。同时在做日常销售中要注重交叉销售，一个客户使用我行的一个产品不是我行的客户发展战略，一个客户离不开交行才是我行的理想目标。具体应做到：

（1）设立晨会制度。将销售计划按月、周、日的梯度进行细分，并确保晨会制度每日开展，加以落实。日晨会上，努力做到上班前明确每日工作重点和目标，下班后总结销售工作成效和不足。周例会上，及时抓漏洞，调整计划方案。

（2）构建完善高柜—低柜—大堂三位一体的厅堂销售模式。完善厅堂销售前提就要营造全员销售的氛围，人人都行动起来，为销售银行的产品而努力。但全员销售不等于单打独斗的个体销售，而是分工协作、配合协调的团队销售。各岗位要明确职责，高柜主要负责发现客户和向低柜推荐，并推荐个别可直接办理的金融产品，高柜负责挖掘客户需求，推荐产品，促成销售，而大堂经理负责分流客户，促成潜在客户的发掘。三者须要协调配合才能最后促成销售目标的实现。

（三）选拔具有综合素质的客户经理

虽然国内各家银行在个人理财业务中普遍引入了客户经理制，成为客户经理需要经过较为严格的选拔与考试，但因为人才的选择仅局限于银行内部，虽然对银行业务及银行代销的基金产品及分红型保险较为熟悉，但对证券、期货、保险、信托等金融领域接触很少，在从事个人理财业务时也就难以为客户提供相关分析了，这样的理财专家自然名不副实。另外，客户经理的学历与能力的匹配也是问题，虽然大部分的客户经理拥有本科学历，但在个人理财理论与实务方面，都有较大的欠缺，同时，因为尚处于青年阶段，与不同年龄段、不同类型客户沟通交流的能力较差，综合看来，他们离成为一个真正的理财专家还有很大的差距。因此，在客户经理的选拔上要注重互补性和复合性。

（四）加强有效培训，逐步规范销售行为，培育良好的销售文化

各银行虽然也都组织过以提高客户经理专业水平、业务能力为目的的培训，但这些培训，无论是在内容方面还是所覆盖的客户经理比例方面，都有很大的不足。一是应建立起客户经理的常训机制。个人理财业务中的很多东西专业性很强，完全通过自学难有突破，通过定期的高质量的培训，是快速提高客户经理素质与理财能力，改善客户经理队伍中良莠不齐状况的好方法。同时，通过培训与教育，也可以提高客户经理的职业道德水平，有利于防范个人理财业务中的道德风险。二是给对个人客户经理有计划进行轮岗培训学习，使其熟悉银行各部门操作规程和程序，提高其业务综合操作技能，真正实现个人客户经理“银行业务一人通”。三是邀请专家来行授课，丰富个人客户经理的市场经济知识和营销公关技巧。分批组织个人客户经理到该项制度开办成功的行处甚至到外资银行参观学习，开阔视野，取长补短。四是在考核指标体系设置上兼顾短期任务和长远目标关系。

良好的销售行为需要日积月累的扎实工作才能实现，个金客户的拓展更需要各方面的资源相匹配。这就需要全行上下统一思想，提高认识，从我做起，从现在做起，从抓每天销售做起，不断强化常态化的销售意识、规范常态化的销售行为，养成常态化的销售习惯，深入“科学营销、科学管理”的实践，才能使我行在未来的业务发展与服务竞争中，建立起多层次、多方式的“全员销售”高效销售文化，并由此形成我行的服务特色和比较优势。

以渗透式营销推进商业银行零售业务的全面发展

交通银行河南省分行行长助理　杨红英

在全球一体化的浪潮中，国内金融市场正在逐渐与国际市场对接，国内市场国际化将是未来发展的趋势，虽经历此次百年不遇的国际金融危机冲击，但是国际化竞争将是不可逆转的潮流。对国内商业银行而言，必须从经营策略、操作方法、管理机制上进行创新，才能在激烈的金融同业竞争中实现持续发展。

目前，国内各家商业银行正在全力拓展的零售业务就是经营创新的战略举措。而零售业务与商业银行传统资产负债业务相比存在巨大差异，需要结合市场环境、客户需求、文化观念等因素综合考量发展路径。分析零售业务目标市场的特点，渗透式营销具备较好的业务契合度，是推进零售业务全面发展的重要方法。

一、零售业务目标市场分析

随着中国经济的腾飞，居民收入水平不断提高，他们对金融服务的要求也全面提升，个人理财需求呈现多元化趋势。

一方面，投资渠道的狭窄与缺失助推我国形成了巨额的居民储蓄存款。2009 年 4 月 16 日公布的我国 2009 年一季度国民经济运行数据显示，一季度国内生产总值 65745 亿元，同比增长 6.1%；城镇居民人均可支配收入 4834 元，实际增长 11.2%；农村居民人均现金收入 1622 元，实际增长 8.6%。这表明在国际金融危机影响下，居民收入仍然在不断上升。但同时居民对个人投资更加强调保值并严控风险，普遍观望中更多的资金流入银行储蓄账户，造成我国居民储蓄存款余额连创新高。在储蓄存款不断高企的背景下，反映的是富裕阶层对于专业的资金运作、个人理财、财富管理的渴望。

另一方面，经济循环过程中居民存在大量的个人融资需求。随着我国经济发展，生活水平不断提高，生产、生活、学习等各个环节的综合成本伴随着逐渐攀升。在购房置业、个体经营、项目创业、大宗消费、教育培训等领域仅仅依靠个人积蓄很难短时期内弥补资金缺口。此时，居民个体对于资金融通的迫切需求呈现多元化的增长态势。

上述两个方面形成矛盾，而商业银行的零售业务正是贯通双方、化解矛盾的良方。正因为如此，服务于广大居民个人投融资需求的零售业务面临广阔的市场前景与空间。

二、渗透式营销与零售业务契合度分析

零售业务的目标市场是个性不一、背景各异的大量居民个体，这一点与对公业务存在根本不同。对公业务仅需接触对方单位的管理阶层和财务人员，服务到位就会取得良好的营销效果。同时，单位客户的整体数量也不多，行业内部多存在很大相似性，营销目标、手段明确度高。

但是商业银行的零售业务却呈现出小、散、多、网等特点。首先，除极个别富豪以外，居民个人储蓄、投资、融资的资金量并不大，这决定了零售业务的单笔金额一般相对较小；其次，居民个人在投资、消费、教育、置业、旅游、医疗等各个环节和人生各个阶段都可能涉及零售业务，业务的切入点比较分散；第三，可能接受零售业务的是千千万万的居民，数量相当庞大，且同一居民可能因为不同原因频繁接触零售业务，这样导致零售业务总量繁多；最后，每一个居民都不是孤立的，而是社会网络中的一个节点，会通过亲戚朋友、同事同学、熟人同乡等关系与其他居民产生联系，且居民会需要呈辐射状的零售业务族群，并不是仅仅只需要一种业务，这要求零售业务必须在居民个体、业务类别之间强调服务的传递，保证拥有像网络一样的渗透性、覆盖面和留滞率。

而所谓渗透式营销，就是以营销渠道、客户关系为中心，使产品、业务围绕客户展开，加强对客户潜在需求的全方位发现与挖掘，并通过此客户的关系向其他客户进行业务延伸和蔓延，从而达到市场扩张、业务发展的目的。对比商业银行零售业务的特点，渗透式营销符合零售业务发展的内在需求，将会产生综合服务、积少成多、以点带面的良好效果。

三、渗透式营销指导下促进零售业务全面发展的策略

（一）进行业务跨条线整合，实现资源共享

商业银行应该积极探索和制定公私业务联动机制，从集团客户和零贷客户的源头上实行高端营销和组团营销，在拓展对公业务和零贷业务时一并设计推介和提供个人金融服务。

首先，可以有针对性地加强对优质集团客户的宣传，深入单位和社区进行进行产品演示、推荐和服务跟进，提高零售业务产品知名度，为业务渗透进行预热。

其次，加强对理财经理、客户经理队伍的理财知识和零售产品培训，使其拥有良好的职业素质对不同类别客户分类设计和推介不同的理财方案，提供不同的产品组合，争取实现对同一客户的零售业务复合开发，提高业务渗透率。

第三，在商业银行内部应该进行信息整合，利用联席会议、信息管理系统等实现条线优势互补，并充分整合和共享现有客户资源、业务资源和人力资源，实现从业务到

客户、从客户到客户的传递式跨条线业务渗透。尤其是要建立和完善针对交叉销售的激励机制、管理办法，从而鼓励员工进行客户、业务的交叉推介与营销。

（二）认真分析客户需求，积极推进产品组合创新

零售业务发展的关键是准确把握客户需求，所以商业银行应该建立客户需求信息收集系统，通过系统平台、市场调研、客户调查等方式，定期收集和汇总客户需求。在数据资源达到一定丰富程度后，可以利用数据挖掘技术开展对客户组群的系统分析。

在对中高端客户的金融需求心理、行为特点等进行分析和分类基础上，确定具有开发价值的有效需求，及时组织产品研发；或者根据不同类型客户的需求研发不同的组合产品，量身设计个性化的服务营销方案。

同时，应该集中宣传资源加强市场推广，注意打造体现商业银行特色优势、有影响力的理财、个贷方面拳头产品，进一步确立品牌形象。并注意在不同阶段、不同时期抓住机遇结合客户需要进行推荐，提高客户接受程度。比如，近期受国际金融危机影响，中小企业贷款、个人融资均出现不同程度困难，而国家又出台了“扩内需、保增长、调结构”的宏观调控政策，努力缓解矛盾，扩大消费，交通银行结合个人理财产品推出的“易贷通”、“展业通”、“安居贷”就受到了广大客户的关注和欢迎。

（三）提升服务水平，产生口碑效应

社会学有一个“十百千”原理，该原理在管理学和市场营销学中被广泛应用，就是指如果服务好了一个客户，让他满意，那么他就会告诉、影响身边的十个人，这十个人再各自影响自己身边的十个人，然后依次呈几何级数上升。根据这一原理，要求商业银行在零售业务开展过程中要重视客户体验，以优质服务、延伸增值服务赢得客户的信赖。

当然，优质服务并不排斥分类、分层级的差异化服务。关键是对客户群体要关注客户体验，重视客户综合利益，发挥自助渠道和电子服务网络的快捷优势，加强服务质量的长效管理，提高客户的整体满意度，从根本上建立紧密型的银行客户关系。然后，顺着客户关系在客户网络中进行业务辐射、渗透。

（四）完善传递机制，拓展市场渠道

商业银行的营销人员应该改变以往坐等客户上门的传统营销思路，充分认识到主动营销、外部营销的重要性。必要时可以组建直销团队，实施走出去策略，深入市场，寻找各行业的业务营销突破口，拓展新的客户资源。同时，商业银行内部需要构建引进客户－维护客户－提升客户的全程营销体系，利用全行资源保证客户介绍、业务传递的无缝顺畅对接，真正为零售业务发展保驾护航。

在营销推进过程中，需要注意将业务特色与客户类型相结合，内部操作流程与业务发展需要相结合，加强对特定客户族群的项目营销，有针对性地推出特定的产品组合，并对项目实行组团营销，提升零售业务在客户网络上的渗透、拓展速度与广度。

此外，也可以适当引导和激励优质客户介绍、推荐客户，并保持该机制的长期化、制度化，这样既维持客户忠诚度，又降低了营销难度，有效压缩了业务渗透时间。

网点大堂销售服务合作初探

交通银行湖南省分行副行长　王庆艳

为了充分发挥网点阵地营销的作用，我行通过专业培训在实践中推行了一种全新的销售方法——五句销售法。简单说来，就是要求柜员在与客户接触的过程中，在五句话之内提到银行产品。

这次培训引发了大家更深入的思考，过去目光紧紧盯在“销售额”上，已不能满足日益激烈的市场竞争的需要，只有通过规范的礼仪、细致周到的服务与正确的销售行为相配合，才能真正让厅堂服务与销售生动起来。对员工日常行为细节的关注比仅仅盯住报表上的数字要更有效。

为此，我们当即试点，在试点的过程中，我们发现“啊”字背后还存在一系列的问题尚待解决：1. 没有进行客户分流引发柜员时间矛盾，柜员没有时间“啊”；2. 缺乏销售训练造成柜员不知道该啊什么；3. 被客户几次拒绝后，如何突破柜员产生的害怕与惰性等等。没有解决这些问题，阵地销售永远只能停留在表面，销售的效率与规范性也难以提高。经过进一步的探索后，我们认为要让整个厅堂销售与服务生动起来还需要依靠厅堂内每一个角色相互之间的协调、配合。

在柜员“啊”的技巧方面，我们体会主要有三点：首先柜员选择的时机要正确，既不能在还未办理业务之前就“啊”，引起客户反感，也不能在客户收拾东西准备离开时“啊”，与客户的心理预期不符，而应该选择客户办理业务的间隙，例如过机点钞时，柜员与客户都有相对短暂的等待时间；其次选择的产品要恰当，要根据客户的年龄、性别、衣着、职业、住宅地址等等对客户进行预判，才能相对准确的将合适的产品推荐给客户；再次是配合的语言动作要协调，应当在初步交谈的基础上，在服务过程中引出银行产品的话题，不建议停下业务处理过程，单独进行产品推荐，这样易引发客户反感。

为了解决上述问题，我们在前期准备阶段主要进行了厅堂销售流程的改造：将柜员的一部分工作剥离到大堂经理这里，增加了大堂直接接触客户的时间，和对客户进行分流、预判的机会。柜员在服务过程中，“啊”出客户的兴趣后，客服经理马上衔接上，进行详细的产品介绍，促成客户的购买行为。这样就让大堂经理、客服经理、柜员三者形成了支撑整个厅堂销售与服务的稳定的三角形。

为了让各岗位的员工更清楚的理解各自的职责，以及理解如何在正常的业务处理与服务过程中融入销售，做到不突兀，感觉自然，我们请本行员工拍摄了二十几分钟的DV教学片作为示范，以正确、错误几种场景演示提示了员工容易犯的几点错误，例如：如何避免过度销售和遭遇拒绝后的回旋技巧。

试点阶段选择了交银理财、基金定投、贷记卡等几种银行产品制定了《五句销售法标准话术表》，分大堂经理、柜员、客服经理的角色编写了详细的标准话术，并通过闭卷考试和角色扮演测试两种方式检查了试点支行员工的掌握程度。

硬件方面安装了大堂内各个区域之间的呼叫电话，以方便各岗位员工的衔接。

为统计五句销售法的实施效果，我们在试点阶段要求支行每天统计了详细的数据。以营业部四月份数据为例，我们看到：四月份总进店的客户数为13545人，被推荐与客服经理见面的客户是1346人，成功实现销售361人。推荐成功率大约为10%，销售成功率为26.8%。成功率最高的产品依次是个人网银、贷记卡、交银理财卡、得利宝。而第三方存管与基金定投的成功率相对较低，主要是因为这两项产品相对较复杂，需要花费较多的时间来向客户解释，对于业务水平一般的员工一时间也难以说清楚，从而影响了销售的效率，员工会自然偏向那些销售效率高的产品。

我们对比了试点前后，三家支行双币卡和交银理财卡的销售完成率情况，第一季度没有启动试点，三家支行双币卡、交银卡的销售完成率合计是41.66%和30.11%；一季度末正式启动五句销售法试点后，销售完成率有成倍的增长，分别是89.74%和65.54%。

数据上的体现仅仅只是一个方面，我们感觉收获更大的：一是员工思想意识上的进步，以及由此带来的日常行为上的转变；二是中间管理层只有更深入一线，才能发现很多我们以前熟视无睹的问题，解决这些问题会花费很多的时间，但与之带来的生产力相比还是值得的；三是应该积极探索网点的团队合作营销模式，虽然我们尝试了第一步，但其实还有很多问题有待解决。

在推广五句销售法的过程中，我们也有一些困惑，一起与大家分享：例如在某个支行，出现过员工之间争抢业绩的情况。同样一个客户，你也推荐了，我也介绍了，最后达成销售后，业绩归属主管难以判断，便二一添作五，造成员工之间的不和谐。我们当时的解决办法是让支行的全体员工大家共同讨论、分析各种可能遇到的情况，商定业绩划分的原则，大家制定的原则大家共同遵守。但我们认为这仅能治标，要治本还在于在团队内营造团结、协作的氛围。

一是从试点行数据统计即可看出，并非每种产品都适合厅堂销售，尤其对于没有完整销售区的网点，敞开式的厅堂销售让很多客户显得急于离开，特别是涉及个人资产状况和相对复杂的产品，销售难度较大。

二是当员工突破了充当“销售员”的心理障碍后，大家都开始“啊”了，却面临一个新的难题，客户的听觉疲劳了。我们想尝试编写员工在各种不同的业务处理过程中，穿插产品销售的话术。希望通过丰富员工话术来尽量避免客户的“听觉疲劳”。尝试改造会计流程，不仅让销售的触角更深入到业务处理流程中，还要真正让我们的业务处理流程因客户而动、因业务发展而动，发挥更大的推动力。但这还仅仅是一个想法，有待时间的检验。

以客户体验为中心　构建完善的个金营销服务体系
改善客户体验　推广网点社交功能

交通银行广东省分行行长助理　杨文超

改善客户体验是全行2009年个金业务工作主线，根据钱文挥副行长在2009年零售业务工作会议上的要求，2009年全行零售工作必须以改善客户体验为主线，全面深化零售业务转型，树立交行服务品牌，为打造具有财富管理特色的一流公众持股银行而奋斗。

客户体验是指客户在使用我行产品和服务时产生的整体感受。从渠道上讲分为电子网点和物理网点的客户体验。由于物理网点具备最关键的客户关系维护功能，因此各家银行都十分重视改善物理网点的客户体验。

社交网络服务（Social Networking Services，SNS）最早出现于互联网，是指帮助人们建立社会性网络而提供的服务，其理论基石是哈佛大学Stanley Milgram教授在1967年提出的六度分割理论。目前，SNS服务在互联网领域得到广泛应用，Facebook，Linkedin，开心网等通过提供“熟人的熟人”，“相同的学习经历”，“周末出游的共同地点”等方式为用户建立广泛的社交网络，并通过“抢车位”“种花”等产品持续改善客户体验，提高客户忠诚度。

在当前竞争激烈的银行财富管理领域，可以参考互联网的SNS服务，推广网点社交功能，达到改善提升客户体验，推动业务发展的目的。

一、推广网点社交功能的主要作用

1. 契合中高端客户的心理需求，扩大沃德客户群

社交是人的基本需求，大多数人都期望扩张自己的人际网络。而人际网络的确立总是以相似的资产、兴趣、爱好、行业为基础，在国内中高端客户比例相对较少情况下，其社交的心理需求更为强烈。EMBA教育的持续热门正说明了这一点。

通过推广网点社交功能，搭建客户交往平台，将在为客户扩大事业圈、朋友圈、生活圈的同时，为我行增加潜在客户，进一步拓宽沃德客户群。

2. 使交行从卖服务向卖体验转变

优质服务是当前银行竞争的基础要求，交行的服务在市场上也具有较好的口碑，但中高端客户群是各家行竞相

抢夺的对象，其对服务的敏感性和要求也将越来越高。通过推广网点社交功能，将进一步改善客户体验，树立交行“温暖”、“亲切”的形象，缩短客户与交行的心理距离，将交行由“卖服务”向“卖体验”、“卖感觉”转变。

3. 应对市场竞争的武器

为应对不断加剧的市场竞争，各家行都在通过良好的网点环境和客户服务来吸引高端客户。通过推广网点的社交功能，赋予其市场领先的概念，辅以合适的宣传，将有助于交行在竞争中找到卖点。

社交作为网点的一种功能在境内外已经得到应用，比如台湾地区的中国信托银行通过与星巴克合作设置咖啡银行，为客户休闲交往提供渠道；美国华盛顿互惠银行曾推出“Occasio”（拉丁文：适合的时机）品牌分行，整个网点采用鲜艳的色彩装饰，让客户在休闲中购买理财产品，同时兼具社交功能。

二、在推广网点社交功能方面，可以关注以下几个内容

1. 准确进行分类，聚集关联客户

对客户进行分类是个金业务一项基础性工作。实际工作中，由于客户资料难以获取齐全，客户分类难以进行，比如客户的学历信息，职务等在未获取的情况下，系统默认为研究生以上与高级领导。因此，推广网点社交功能需要首先从源头开始，在发展新的沃德、交银客户时完整录入各项信息，根据客户的性格、爱好、职业等信息进行分析，为之后分类聚集关联客户开展社交活动奠定基础。

2. 搭建平台，推广“帮助客户找到‘志同道合’朋友”的理念

客户关系维护方面，我行已有了许多经验，比如广州、珠海的许多支行通过开展团购买房、亲子活动、户外拓展、色彩搭配、养生沙龙、旅游讲座等活动进行客户交流，提高客户忠诚度。活动目的上，主要通过密切客户同银行的关系来提高客户的贡献度。

在推广网点的社交功能方面，可以在活动主题上进一步添加“社交”内涵，即确立帮助客户结识到更多志同道合的朋友这一活动理念。在前期客户准确分类的基础上，根据客户的性格、爱好、职业等信息将其聚集起来，并在今后全行客户信息共享的基础上，形成无论什么类型客户，总能在交行找到志同道合朋友的效果。

3. 公私联动，帮助客户通过社交获得成功

EMBA教育非常重视校友资源，经常通过社交聚会，采取公私联动的方式，帮助校友拓展人脉，获得个人和企业的成功。网点也可参考类似的方法，以广州一家支行为例，其高端客户群主要从事服装、鞋业、皮具的批发生意，可通过邀请行业上下游的公司客户管理层，参与社交活动，达到既帮助客户业务发展，又增强客户对我行服务的满意度的目的。

4. 突出分享和参与的概念，增强客户对交行产品和服务粘性

SNS网站中，维持客户忠诚度的关键在于SNS网站的用户产品体验，其核心在于“分享”和“参与”的产品设计理念。以近期风靡的开心网为例，客户在网站中，可通过“照片”“状态更新”等方式让客户间分享彼此的生活，并通过“投票决定买哪款手机，去哪儿旅游?”等方式让客户彼此参与日常的生活。

银行的中高端客户虽然时间较忙，但都具备投资理财、子女教育、健康养生方面的需求。在日常客户关系活动中，可以通过分享高端客户在这些领域的经验，相互解答日常生活疑惑等方式，让客户产生参与和分享的快乐，增加客户对交行服务和产品的粘性，最终使客户视交行为一令人愉快的社交平台，同时达到降低活动组织难度，缩减活动成本的作用。

5. 寻找合作伙伴，共享客户资源

在推广网点社交功能时，可以同一些具有相似客户群的团体合作来降低成本，如高尔夫球会，汽车爱好者协会、行业商会、高档小区俱乐部等。在经费有限的情况下，只要增强“共赢”合作意识，找准互利合作的切入点，就能达到共享合作伙伴客户资源，形成低成本、高产出的合作式道路。

通过共享客户资源，一方面可以优化客户拓展渠道，另一方面通过多元化的客户群体增强原有中高端客户对网点粘性，长远看来，也能够产生一定的规模效应。

6. 创新客户体验，成立样板支行

国内外许多银行都致力于使银行成为受人欢迎的、高效的和令人兴奋的地方。除了台湾的中国信托银行同星巴克开展合作以外，美国的威尔斯法格，Charter One和Riggs均同星巴克开展合作，马来西亚联昌国际银行也设立了咖啡厅分行，这些银行通过引入合作伙伴，设置了休闲银行的概念，达到吸引客户和非客户的目的。美国华盛顿互惠银行则推出了具有零售商店设计风格的“Occasio”网点，网点家具、地毯、漆面颜料都应用了鲜艳的色彩，网点大堂经理身着彩色服装在大厅中四处走动回答客户问题，提供了良好的客户体验。日本的新生银行则提出了“有品味的银行”（Banking with Style）的设计理念。这些银行主要通过“高接触”、“高科技”的网点设计理念，来达到创新客户体验的目的。

目前交行尚无类似风格的银行，未来可成立类似的合作伙伴支行或“高接触”、“高科技”的互动体验式样板支行，辅以个性鲜明的品牌，并以“社交、温暖、休闲、舒适、亲切”作为出发点，结合超市型的理财产品销售，使样板支行成为受人欢迎的地方。

7. 管理客户，促使社交功能产生经营利润

银行网点是商业银行最为昂贵的渠道。推广网点的社交功能将增加客户关系维护成本。实际操作中，为扩大投入产出比，一方面可以采取引入合作公司，推广银行社交平台功能理念等方式降低成本，另一方面，通过对客户的有效管理，使客户推荐客户，让交行的社交理念在客户的“生活圈”、“家庭圈”、“事业圈”口口相传，并通过让客户树立正确的投资理财观念等方式，最终达到拓宽中高端客户群，增加我行产品销量，扩大产出的目的。

重视并改善客户体验，达到并超越客户期望是增强我行个金业务市场竞争力重要手段。网点的社交功能作为改

善客户体验的一个手段，只是一个初步概念。相信通过领先的网点社交概念市场传导，将有助于交行在竞争中找到卖点，达到促进业务发展的目的。

分行提升服务质量工作研究

交通银行海南省分行副行长 孙培基

服务质量是商业银行的生存根本，关系到商业银行的经济效益和竞争力。优质服务更是商业银行赢得信誉的主要条件，是争取客户的主要方式，是取得赢利的主要途径。为此，各家商业银行均把提升服务质量作为立行之策，兴行之本。

2008 年，海南省分行根据自身服务质量现状和业务可持续发展的需要，把这一年作为“提升服务质量年”，并持之以恒，抓实抓好，抓出了成效，服务质量显著改进。在总行的神秘人检查中，我行普通网点得分排名由一季度第 33 名升至三、四季度第 1 名，沃德网点也跃升至三季度第 2 名、四季度第 4 名。分行总体服务质量得到了提升，交行品牌和社会形象获得较高的评价，分行营业部在中国银行业协会组织的“2008 年度中国银行业文明规范服务示范单位”检查验收中获得海南省得分第一名，并成为全国银行业十佳服务示范单位的候选单位。

海南省分行在提升服务质量工作中探索出一些思路和措施，在提供借鉴同时，值得进一步探讨和研究。

一、完善组织体系，广泛动员，统一思想认识

（一）成立专项工作领导小组，强化组织支撑

2008 年 5 月，分行成立提升服务质量工作领导小组，由分行党委书记、行长陶文同志担任组长，由个金条线主管副行长担任副组长，个金部、人资部、办公室、工会办、电银部、行政部、会计部、保卫部、分行营业部共同参与，形成纵向联动，横向协调，全行各部门高度关注，通力合作的组织体系。并建立了提升服务质量领导小组周例会制度，由陶文行长亲自主持参与，共同了解每周工作情况，揭示存在问题，研究解决措施及方法。组织体系的完善，为提升服务质量工作提供了有力支撑。

（二）牢固树立“文明规范服务”理念，营造和谐服务氛围

在全分行范围内广泛动员，通过专题会议、主题宣传、制度规范、考核激励等方式传导总、分行对于提升服务质量的决心。同时，通过持续学习培训，教育和引导全员深刻理解现代银行优质服务的丰富内涵，不断强化员工的优质服务意识、文明规范意识，着力改善服务态度、提高服务能力、提升服务价值。

二、加强人员培训，完善制度规范，建立长效机制

（一）加强人员综合培训，提高员工综合服务能力

人员是制度的落实者，切实提高员工的综合服务能力是提升服务质量工作的基础。为此，分行采取了多种方式，整合培训资源。一是聘请海南航空公司的专业培训团队，为全行员工做服务礼仪培训；二是与山西省分行、江苏省分行等文明规范服务工作开展较好的兄弟分行保持联系，互派人员进行学习、交流，了解先进地区银行业服务管理方面的最新理念和工作措施；三是开展服务质量宣讲活动，通过解读检查工具、典型案例分析等方式，帮助经营单位员工不断提高基本服务礼仪规范的执行准度；四是邀请分行会计部业务技术能手走进支行，传授提高业务技能的技巧，并进行现场示范，开展一对一的帮扶工作，切实提高服务效率。

（二）建立完善的制度规范

提升服务，制度先行。强化制度规范，完善服务的监测、评价和管理机制是全面提升服务质量的前提。分行积极探索，通过制定《交通银行海南分行员工服务手册》强化服务规范，将服务标准量化成可评估的指标，并辅以不同阶段的评估办法，将优质服务标准落实到实际工作执行过程中。规范的制定把提升服务质量的理念转化为可预期的实际行动，使得服务工作的执行及评价有章可循，人员及网点的考核奖励有规可依。同时，分行不断完善、改进服务检查考核标准，优化神秘访客检查和客户满意度调查内容，强化整改措施，加强指导与监测，推动服务管理工作不断向纵深发展。

（三）建立统一高效的客户投诉处理机制

分行参照总行《投诉处理体制整合方案》与《客户意见处理的管理办法》，细化了客户投诉处理流程，对客户投诉的受理、处理、回复、整改等工作坚持首问负责制，由提升服务质量小组亲自把关。透过投诉、求助的表面现象，深入挖掘、查找深层次的、背后隐藏的真正问题，把客户投诉转化成改进服务的重要手段，形成了全行快速有效的客户投诉处理机制，确保客户投诉的及时、彻底处理，推动了提升服务质量工作的发展。

（四）努力建立“大服务”格局

良好的服务氛围不仅仅靠前台经营部门的努力，后台的配套服务也是至关重要的。分行细化管理部门职责，实行管理部门服务承诺制以及首问负责制。要求全行既要做好对外部客户的服务，还要做好对内部客户的服务，努力形成前台为客户服务、后台为前台服务、全行为社会服务的“大服务”格局。

三、建立提升服务质量的争先创优机制

有效激发全行员工及各经营部门争创先进，是推动分行提升服务质量工作不断进步的动力。分行根据现场检查情况、神秘顾客评分、录像检查评分等结果，对 16 家支行

及所有高柜柜员进行周、月、季排名，并发布周、月、季度服务质量通报，提交提升服务质量例会上讨论，每周在内网通报，树立支行之间争先进位的信心。分行根据提升服务质量活动初期制定的《交通银行海南分行提升服务质量活动奖惩规定》，对部门及员工的考核情况进行奖惩。一方面，评选每周、月度及年度服务明星，树立标杆，给予其物质和精神上的奖励，并开展经验介绍，鼓励大家向先进员工学习。另一方面，对于排名靠后的部门和员工，给予相应处罚。对排名后百分之十的员工，给予适度的经济处罚，如果连续三个月或累计六个月排名在后的，对派遣制员工给予解除劳动合同的处罚，对正式员工给予下岗培训直至合格方可上岗的处罚。对排名靠后的部门，取消年度评选先进资格，并给予部门负责人适度的经济处罚；对排名最后的部门负责人，予以下岗处置。以上系列合理到位的奖惩措施，极大地调动了员工的积极性和能动性。

四、扎实工作，稳步推进，不断创新

稳步推进，不断创新是海南省分行开展提升服务质量工作的特点。从一步一个脚印反复推敲改造、美化网点的实施方案，到从每一个细节对操作流程、机具定型定位等服务规范讨论，再到提升服务效率的和个性化服务，强化、巩固、提高、再强化，均是为了扎实打好基础，切实提高服务质量。同时，为了应对同业的竞争，保持行业服务先进地位，分行不断进行服务创新。从建立自己的“神秘人”队伍到增设电话回访调查，从内部服务明星评选到开展“走进交行、感受服务”的大型社会宣传活动，分行在提升服务质量的工作中不断寻求新的方式方法，在持续的创新中寻找前进的动力。

通过提升服务质量活动的深入开展，通过全行员工的不懈努力，客户对海南省分行服务的满意度越来越高，并给予了积极、正面的评价。在取得的成绩背后，饱含了海南省分行全体干部员工的辛勤汗水和智慧，饱含了大家坚定的信念和持之以恒的决心，更饱含了大家爱岗敬业的赤诚。

个人住房抵押贷款风险管理探析

交通银行新疆区分行副行长　高　锐

个人住房贷款风险管理是银行界和理论界当前研究的热点问题，尤其是美国次级贷危机引发全球性的金融危机以来，个人住房贷款风险管理问题引起经济金融界的高度重视与深入的研究。鉴于美国次贷危机的严重后果，考虑到我国宏观经济形势正在发生的变化，结合国内外银行业务发展实际，对个人住房抵押贷款业务面临的一些风险因素及应采取的防范对策进行一个探析。

一、美国次贷危机的成因

美国次级房贷危机之所以发生并对世界经济造成重大影响，表面上看，次贷危机似乎是因为美国经济放缓，利率上升，房地产价格下降，即宏观经济形势下行导致借款人无力偿债所致。但分析其根本原因：主要是一些专业房贷信用中介机构为在竞争激烈的住房按揭贷款市场中获得更多的市场份额和取得更高的贷款收益，不断降低门槛和标准，致使大量不具备贷款资格和条件的消费者加入到按揭贷款借款者的行列中，一旦经济环境发生逆转或波动，次级按揭贷款的风险立即显现，这才是导致次贷危机发生的主因。这说明对住房抵押贷款进行风险控制是非常必要的，尤其对借款人的资信和偿债能力的审核必须从严掌握，不能手软，必须严格管理，严守操作流程。

二、我国个人住房抵押贷款面临的潜在风险

目前来看，虽然我国大多数商业银行个人住房抵押贷款面临的风险并不十分突出，但是由于个贷业务还款周期较长，未来涉及的不确定因素较多，个人住房抵押贷款仍然面临较多的潜在风险，必须引起足够的重视。

（一）借款人风险

一是借款人的偿债风险。借款人由于失业、健康等原因很可能导致其收入支出波动性增大。此外，随着借款人流动性的日益增大，其职业和收入水平的变化会使其还款能力处于不确定状态，从而也会影响借款人将来按揭贷款的偿还。二是借款人投资性购买房产风险。随着我国经济的快速发展，一部分先富起来的城乡居民开始把购买第二套、第三套房甚至多套房等作为一种投资开展起来，造成了国内房价的不断升高，导致房地产价格部分虚增和泡沫出现，一旦房地产市场出现下行，银行对这类借款人发放的个人住房抵押贷款将极易出现风险。

（二）开发商风险

一是开发商“假按揭”风险。个别房地产企业以本单位职工或其他关系人冒充购房者，通过虚假销售（购买）方式，以虚假住房交易合同向银行申请个人住房按揭贷款，将房地产销售的高风险转嫁给了银行，使行面临债权悬空和债权清偿不足的风险；二是期房按揭的“烂尾”风险。开发商故意拖延工程建设，不按时竣工，按时交付，或者是由于开发商肆意挪用建设资金造成项目不能完工以及经营不善，导致企业破产等，形成工程“烂尾”，使银行按揭抵押物被悬空。

（三）抵押物风险

一是抵押物住房的财产意外风险。抵押物住房可能因自然灾害如地震、洪水、火灾等原因发生损毁灭失，住房一旦发生损毁灭失，个人住房按揭贷款就会失去抵押权保障，借款人会因发生重大财产损失而无力偿还银行贷款。二是抵押物住房的价格波动风险。当抵押物住房估价过高或价格下降较多时，会影响贷款的真实抵押率，弱化抵押物的抵押担保作用，还会影响借款人的财富水平进而影响

贷款的偿还。三是抵押物住房的处置风险。我们应看到《最高人民法院关于人民法院民事执行中查封、扣押、冻结财产的规定》（法释［2004］15号）第六条在实际工作中易造成银行抵押权被悬空，第七条则为银行行使抵押权设定了前置性义务，加大了银行抵押权行使的成本。四是抵押房屋买卖合同瑕疵风险。在房屋买卖合同存在瑕疵被确认无效或者被撤销、解除后，商品房担保贷款合同也会被解除，结果就是银行的债权由原来的抵押担保债权沦为一般债权，既有的优先受偿权归于灭失。

（四）银行操作风险

一是制度缺失风险。由于缺乏必要的相关法律约束，再加上各大商业银行之间激烈的竞争，银行有时为了扩大其业务范围，竞相降低贷款人的首付比例，或者放松贷款人的审批条件。二是操作流程风险。随着个人住房贷款业务量的急剧上升，在“简化信贷手续”的流程再造中提高了办理个人住房贷款的速度，但追求效率而忽视贷款操作的严谨性，将会造成相关法律手续及文本的缺漏，使欺诈行为有机可乘，从而导致贷款的损失。

三、防范个人住房抵押贷款潜在风险的对策和建议

（一）积极防范借款人风险

（1）加强借款人资信状况调查。除通过人民银行个人信用信息基础数据库获取借款人信息外，还要加强对借款人贷款申请材料完整性、真实性审查。应通过对借款人及其配偶工作单位的函证，加强对收入证明真实性的审查。此外，要通过工资单、完税凭证、通讯费、水电气交费单、信用卡交易记录、银行存款对账单等，核实借款人收入和消费状况，改变过分依赖单位出具收入证明的做法。

（2）坚持双人见客面签核查制度。在受理个人按揭贷款业务时，贷款审查人员和客户经理，必须严格坚持双人约见借款人及其配偶，对借款人的相关情况进行当面核实，严禁由房地产开发企业或律师事务所代为办理各项贷款手续。

（3）从严控制投资性和投机性放贷。首先，严格坚持以借款人家庭为单位认定房贷次数，房贷用途必须为住房，且借款人家庭利用银行房贷购买的住房不得超过两套。其次，对购买首套自住房且套型建筑面积不同的，应根据具体情况，确定不同的首付比和贷款利率定价水平。

（4）密切关注借款人基本情况变化。首先，注意不稳定行业的薪酬变化情况，及时对收入波动明显且实际收入出现下降行业中的申请贷款群体做出适当提高授信条件的控制措施；其次，要对房地产行业的未来价格变动与销售预期情况进行分析，对价格可能出现快速下降的情况，尽早谋划和制定控制风险的对策；第三，通过分析借款人的工作单位和居住地的变动情况，对借款人未来的还款能力进行评估。

（二）积极防范房地产开发商风险

（1）对房产开发商风险筛查。主要对资信良好、资金实力强、公司治理结构完善、信息透明度高、运行规范的房地产开发企业开展期房按揭业务，而对一般房地产开发企业只考虑开展现房按揭业务。

（2）对房地产项目风险筛查。应仔细调查按揭房产项目的地点、结构、地理环境、预售情况、类似房产的价格及销售等情况，在综合分析房产项目的优劣后，选择好的房产项目开办个人住房按揭贷款业务。

（3）加强按揭贷款的监控。一是加强对房地产项目运行管理，确保房地产项目能够在合理期限内正式交付使用；二是要加强对个人住房按揭贷款资金使用的监控。实行主办银行制度，即以办理房地产开发贷款的银行为房地产开发企业的主办银行，其他银行将住房按揭贷款统一划入主办银行指定账户，由主办银行对房地产项目的销售款实施有效监控。

（三）有效控制抵押物潜在风险

（1）落实抵押物法律手续。一是应设置专门岗位负责对已批准发放的贷款办理抵押登记和公证手续，包括办理他项权证的领取及入账等手续；二是要求开发商为住房抵押贷款提供阶段性担保，要求合作方与银行签署阶段性担保合同，承诺在他项权证办妥之前承担连带责任保证，并存入银行一定金额的保证金，与银行签订住房回购协议等，建立一个对银行、开发商、借款人三方都有利的机制。

（2）合理转移意外风险。一是坚持对抵押物住房办理财产保险。明确抵押期间银行为该抵押物保险的第一受益人，保险所需一切费用应由借款人负担；二是应鼓励借款人办理第一受益人为银行的意外伤害险；三是要求提供履约保险。其核心是当开发商和购房人因某种原因（保险责任范围）导致其履约能力下降时，由保险公司支付赔偿金，从而避免因开发商和购房人履约能力下降给银行带来的还贷风险。

（四）有效防范银行内部操作风险

（1）科学设计岗位和业务流程。通过“五集中三分离”等科学的制度设计，进一步加强对贷款的全面风险管理。“五集中”是指：集中授信审批、集中中介服务、集中贷款发放、集中逾期催收、集中档案管理。“三分离”是指：贷审分离、前后台分离、人档分离。

（2）加强贷款三查管理。一是加强贷前调查。严格审查开发商的资质等级、信用水平、履行保证责任的意愿及能力等；严格核实借款人购房行为的真实性，认真审查借款人个人信息；二是严格贷款发放审查。坚持与借款人见面谈话制度，前、中、后台人员要严格按照流程操作办理；三是加强贷后动态管理。加强对开发商的动态跟踪管理，同时建立借款人明细台账，对逾期情况进行统计，对有符合“假按揭”特征的，必须立即开展调查。

（3）全面落实岗位问责制。制度出台后能否得到有效贯彻执行，除了明确各部门、人员的职责分工外，落实和强化对当事人的问责制也很重要。一是审计部门应通过定期审计，评价从业人员及其主管是否勤勉尽责，确定从业人员是否应对形成的不良资产负有责任等；二是风险监控部门和监察部门要完善全业务流程的问责制度，尤其对业务营销、贷前调查、贷款审查、抵押担保落实、贷后检查、资金保全等关键环节和岗位要重点问责，对失职、严重违反制度规定、违反国家法律、法规并给银行造成风险或损失的行为，要坚决追究相关责任人的责任，并予严肃处理。

第四编

大事简记

一、中国工商银行个人金融大事简记

2008 年

1 月

3 日 工行第三方存管业务个人客户管理账户数量首次突破 1500 万大关，管理账户资金汇总余额逾 2000 亿元。

3 日 工行代理发行工银瑞信中国机会全球配置基金，发行规模达 29.2 亿元。

11 日 工行代理销售国投瑞银成长优选基金，发行规模达 10.9 亿元。

15 日 为促进存续期基金销售，扩大工行在基金代销业务领域的领先优势，工行推出第五批共 53 支基金定投产品。

19 日 全功能银行系统 NOVA V2.5.3 版本个人金融业务项目在全行范围内成功投产。主要包括个人金融业务流程再造、银保通、个人客户营销管理系统（PBMS）功能优化、个人集中式银期转账系统、自助设备无介质存款、基金业务后台综合处理系统功能优化、个人结售汇业务功能优化、个人客户银行实时对账—个人综合对账系统基金对账服务需求变更、券商集合理财计划、专户理财、批量开立基金 TA 账户需求变更、“利添利”理财二期等多项产品和服务。

21 日 工行代理发行汇添富增强收益基金，发行规模达 18.6 亿元。

25 日 ~2 月 2 日 工行发行“灵通快线”超短期人民币理财产品，为国内市场上唯一一款“买入即时成交，即刻享受收益，赎回瞬时入账，资金即时可用”的理财产品。发行期内共募集资金 119.87 亿元。

28 日 以工银办发［2008］59 号文印发《关于实施〈个人金融业务操作规程（NOVA 2.5.3 版本）〉和〈业务操作指南（NOVA 2.5.3 版本）〉的通知》。

2 月

4 日 以工银办发［2008］74 号文印发《关于开展代发工资业务营销竞赛活动的通知》。

5 日 以工银办发［2008］78 号文印发转发《中国银监会办公厅关于汽车贷款风险提示的通知》的通知。

13 日 以工银办发［2008］82 号文印发转发《关于表彰 2007 年度个人贷款营销先进单位和个人的通报》。

14 日 工行代理发行华夏希望债券基金，发行规模达 18.1 亿元。

14 日 张福荣副行长主持召开第 8 次总行专题会议，听取个人金融业务部关于我行个人金融业务“五个统一”工程及业务流程再造进展情况的汇报，并对下一步主要工作进行了部署。（见《专题会议纪要》第 5 期）。

14 日 以工银发［2008］15 号文印发《个人住房贷款管理办法（2008 年版）》的通知。

18 日 工行代理发行建新优势动力基金，发行规模达 2.96 亿元。

18 日 工行代理发行南方盛元红利基金，发行规模达 18.5 亿元。

22 日 为促进我行基金定投业务发展，确保完成今年基金定投新增开户 300 万户的营销目标，工行在全国组织开展了“我的财富笔记”基金定投有奖征文活动。

22 日 以工银办发［2008］107 号文印发《关于表彰 2007 年度个人中间业务先进集体和先进个人的通报》。

22 日 以工银办发［2008］108 号文印发《关于印发 2008 年个人金融业务工作要点的通知》。

25 日 工行代理发行广发增强债券基金，发行规模达 12.9 亿元。

28 日 工行代理发行易方达增强收益债券基金，发行规模达 4.4 亿元。

3 月

1 日 ~15 日 2008 年第一期凭证式国债面向社会发行，发行总额为 300 亿元。工行圆满完成代销任务，共销售 90 亿元，占工农中建四大商业银行总包销额度 213.6 亿元的 42.13%，市场地位绝对领先。

1 日 ~3 月 16 日 工行组织北京分行，上海分行和广东分行营业部参加由中国（教育部）留学服务中心举办的第十三届中国国际教育巡回展，与分行协作，针对目标客户群体开展营销。

3 日 工行代理发行中银动态策略基金，发行规模达 1.3 亿元。

10 日 工行代理发行中海稳健收益基金，发行规模达 0.4 亿元。

19 日 以工银办发［2008］160 号文印发《关于规范住房公积金委托贷款会计核算的通知》。

20 日 为促进存续期基金销售，扩大工行在基金代销业务领域的领先优势，工行推出第六批共 99 支基金定投产品。

23 日 工行银保通累计销售额 109 亿元，突破 100 亿元。

截至 3 月 31 日 工行储蓄存款余额 34153.11 亿元，比年初增长 2201.61 亿元，完成全年计划 110%。工行个人贷款余额 7714.24 亿元，比年初增长 275.5 亿元，完成全年计划 25.04%。工行本外币理财产品累计销售额达 2345.02 亿元，是去年同期的 7.2 倍。其中，人民币理财产品销量 2333.89 亿元（含“灵通快线”超短期人民币理财产品一季度累计申购额 1164.68 亿），外币理财产品累计销售 1.59 亿美元。全行代理个人保险业务累计销售额达 322.5 亿元，同比增长 215%。其中寿险销售额 205.2 亿元，财险销售额 117.3 亿元。工行中间业务收入余额 52.05

亿元。截至3月末，工行牡丹灵通卡消费额1262.7亿元，较上年同期增加576.6亿元，增幅84%，同比提高2.4个百分点。牡丹灵通卡累计发卡量17836.7万张。其中一季度新增新增牡丹灵通卡1232.9万张，较上年同期多增126.3万张，增幅11.4%。

4月

7日　以工银发［2008］32号文印发《关于印发〈个人金融业务考核办法（修订）〉的通知》。

7日　以工银办发［2008］192号文印发《关于实行代理个人保险产品集中签约的通知》。

8日　以工银办发［2008］194号文印发《关于做好个人营销客户经理配备工作的通知》。

8日　工行代理发行富国天成基金，最终发行规模达2416.0万元。

10日～15日　工行推出第一款“工银财富专属外汇理财产品”，本金安全收益较高，受到客户追捧。

10日～14日　工行发行第十一期人民币理财产品，共募集50.77亿元。

11日　工行代理发行宝盈增强收益基金，最终发行规模达2659.3万元。

12日　工行推出“灵通快线”新股随心打业务。

15日　工行代理发行诺安灵活配置基金，最终发行规模达3.84亿元。东方策略成长基金，最终发行规模达641.6万。

15日～29日　工行发行第十一期和第十二期票据型人民币理财产品，共募集49.88亿元。

15日～30日　第二期凭证式国债于面向社会发行，工行发行总额为120亿元，圆满完成代销任务。

16日　工行代理发行长盛创新先锋基金，最终发行规模达1061.1万。

16日　为加快推动个人金融业务流程再造二期工程的顺利实施，我部组织电子银行部、银行卡业务部、信贷管理部、管理信息部、运行管理部、产品创新管理部等部室召开个人金融业务流程再造二期工程业务联系会议。

16日　以工银办发［2008］211号文印发《关于印发〈迎奥运文明规范服务系列活动方案〉的通知》。

17日　个人理财业务合规经营视频工作会议在京召开，张福荣副行长出席并作重要讲话，办公室、个人金融业务部、金融市场部、法律部、电子银行部、运行管理部、信息科技部负责人及相关人员参加会议。

21日　工行代理发行鹏华丰收债券基金，最终发行规模达7036.6万。银华全球基金，最终发行规模达711.1万。

21日　以工银办发［2008］216号文印发《关于实施〈个人金融业务操作规程（NOVA 2.6.0版本）〉和〈业务操作指南（NOVA 2.6.0版本）〉的通知》。

22日　工行代理发行嘉实研究精选基金，最终发行规模达6614.7万。博时特许价值基金，最终发行规模达5036.6万。

23日　全行迎奥运文明规范服务工作视频会议在京召开，张福荣副行长对从现在到奥运会闭幕的7个月时间内的奥运金融服务工作进行了具体安排。（见《内部情况通报》第28期）

23日　工行代理发行长信双利优选基金，最终发行规模达316.9万。

24日　个人金融业务“专业化经营　系统化管理”座谈会在山东召开，张福荣副行长出席并作重要讲话。（见《内部情况通报》第29期）

25日　以工银办发［2008］226号文印发《关于加快财富管理业务发展的通知》。

28日　工行代理发行上投摩根双核平衡基金，最终发行规模达3.21亿元。

29日　工行推出第一款“工银财富”专属理财产品——股票收益权型，发行首日即告售罄，募集6.13亿。

30日　以工银办发［2008］235号文印发《关于开展“财富积分”营销活动的通知》。

5月

5日　工行代理发行国投瑞银稳健增长混合型基金，最终发行规模达1.70亿元。

6日　工行代理发行国泰保本二期基金，最终发行规模达3.43亿元。

7日　工行代理发行万家双引擎基金，最终发行规模达610.62万。

8日　奥运金融服务工作动员大会在京召开，张福荣副行长出席并作重要讲话。

8日　工行代理发行国海富兰克林价值基金，最终发行规模达1204.8万。

8日　以工银办发［2008］254号文印发《关于加强个人金融业务操作风险管理的通知》。

8日　以工银办发［2008］255号文印发《关于加强个人理财产品销售管理的通知》。

13日　以工银办发［2008］260号文印发《关于印发〈个人理财业务管理流程〉的通知》。

12日　以工银发［2008］255号文印发《关于加强个人理财产品销售管理的通知》，进一步加强全行理财业务合规经营。

14日～19日　工行发行第十四期人民币理财产品，共募集18.94亿元。

15日　工行代理发行招商大盘股票型基金，最终发行规模达7801.9万元。

16日～30日　工行代理发行第一期储蓄国债（电子式），我行销售94.50亿元。

19日　工行代理发行海富通中国海外精选基金，最终发行规模达415.0万。

19日　工行代理发行建信稳定增利债券基金，最终发行规模达1.40亿元。

19日　工行代理发行泰信优势增长混合型基金，最终发行规模达1.54亿元。

21日～26日　工行发行第十五期人民币理财产品，共募集16.44亿元。

22日　工行代理发行宝盈资源优选基金，最终发行规模达299.1万。

23 日 ~28 日 工行发行第十六期人民币理财产品，共募集 7.94 亿元。

24 日 ~28 日 工行发行第一期“理财金账户”专属外汇理财产品——12 个月美元投资，共募集 1600 万美元。

24 日 工行银保通系统上线保险公司增至 23 家，至此与总行集中签约的所有寿险公司均已投产银保通系统。

26 日 ~27 日 工行发行 2008 年第 2 期工银财富专属人民币理财产品信托投资型理财产品，共募集 4.6 亿元。

26 日 银监会商业银行奥运金融服务查访工作动员及监管培训会议在京召开，张福荣副行长代表我行出席，马方一副总经理陪同。

26 日 ~7 月 18 日 工行代理发行新世纪优选成长基金，最终发行规模为 495.1 万元。

27 日 以工银办发［2008］291 号文印发《关于下达“迎奥运文明规范服务系列活动”工作任务的通知》。

27 日 ~6 月 2 日 工行发行第十七期人民币理财产品，共募集 32.99 亿元。

28 日 工行代理发行易方达中小盘基金，最终发行规模达 1.83 亿元。

29 日 以工银办发［2008］301 号文印发《关于转发国家外汇管理局综合司〈个人结售汇管理信息系统应急预案〉的通知》。

29 日 以工银办发［2008］302 号文印发《关于开展奥运金融服务检查工作的通知》。

29 日 以工银办发［2008］303 号文印发《关于转发〈国家外汇管理局综合司关于计算机机房环境调整有关事项的通知〉的通知》。

30 日 张福荣副行长主持召开迎奥运文明规范服务领导小组会议，对工行前一阶段工作予以通报，安排并布置下一步主要任务。

31 日 ~6 月 9 日 工行发行第十八期人民币理财产品，共募集 48.68 亿元。

6 月

3 日 银监会业务创新监管协作部召开会议，通报银监会对各地商业银行营业网点奥运金融服务第一阶段的查访情况，同时也通报了对各行个人理财业务的跟踪调查情况。总行党委委员易会满参加会议，陈晓燕总经理陪同。

4 日 ~9 日 工行发行第十九期人民币理财产品，共募集 23.23 亿元。

5 日 全行奥运金融服务与个人理财业务视频会议在京召开，杨凯生行长、易会满副行长对全行做好这两项业务再动员、再部署。

6 日 ~10 日 工行发行第二十期人民币理财产品，共募集 14.91 亿元。

7 日 杨凯生行长、易会满副行长亲临北京分行基层一线体验奥运金融服务，对无障碍设施的改造、自助设备的维护管理、中英文标识的规范、外卡及旅行支票的受理等方面进行了全面细致的检查指导。

10 日 ~30 日 发行第三期凭证式国债，工行圆满完成报销任务 60 亿。

10 日 ~15 日 工行发行第二十一期人民币理财产品，共募集 21.78 亿元。

13 日 工行召开由 6 个赛区城市所在分行负责人及总行领导小组 11 个部门负责人参加的工作座谈会，张福荣副行长出席会议。会议听取了 6 个奥运赛区城市分行前一阶段工作的开展情况，结合当前各行需要解决的问题进行认真研究并提出了相应的解决方案。

在信息科技部、数据中心（上海）的大力配合下，工行个人无效客户信息主机删除工作顺利完成，截至 6 月 15 日累计删除个人无效基本客户信息约 1.26 亿条。目前各方面反映系统运行平稳。

16 日 ~23 日 工行发行第二十二期人民币理财产品，共募集 17.42 亿元。

17 日 以工银办发［2008］346 号文印发《关于深化推广个人信贷业务营销标准化工程项目的通知》。

18 日 ~23 日 工行发行第二十三期人民币理财产品，共募集 35.88 亿元。

18 日 以工银办发［2008］350 号文印发《关于开展第二套（含）以上住房贷款政策执行情况检查的通知》。

19 日 个人业务销售激励机制建设交流会在江苏省分行举行，江苏、浙江、山东、广东、陕西、青岛、宁波、苏州分行和部分二级分行负责人参加了会议。张福荣副行长主持会议，杨凯生行长出席会议并作总结讲话，董事会秘书谷澍、陈晓燕总经理参加会议。

19 日 以工银办发［2008］355 号文印发《关于举办个人客户经理营销技能比赛的通知》。

19 日 ~23 日 工行发行第二十四期人民币理财产品，共募集 30.65 亿元。

19 日 ~22 日 工行发行第三期工银财富专属人民币理财产品信托投资型理财产品，共募集 5.04 亿元。

19 日 商业银行奥运金融服务和个人理财业务暗访情况总结通报（电视电话）会议在京召开，工行党委委员易会满代表我行出席了此次会议，郭超副总经理陪同。

截至 20 日 工行共发行“工银财富”专属人民币和外币理财产品 7 期 7 款，销量分别为 15.80 亿元和 2.86 亿美元。

24 日 以工银办发［2008］366 号文印发《关于加强个人贷款营销工作的通知》。

截至 6 月末 人民币储蓄存款比年初增长 3537 亿元，同比增加 3055 亿元；外币储蓄存款比年初减少 5.27 亿美元，同比少减 9.62 亿美元。全行个人贷款余额达 7894 亿元，比年初增长 455.79 亿元，完成年初下达的 1100 亿元个人贷款新增计划的 45.58%。其中，个人住房贷款比年初增加 405.73 亿元，个人消费贷款比年初增加 53.84 亿元，个人经营性贷款比年初负增 3.78 亿元。

截至 6 月末 工行实现灵通卡业务收入 11.76 亿元，同比增加 27530 万元，完成年度计划的 30.58%。累计实现消费额 2692.84 亿元，同比增加 901.72 亿元。实现人民币个人结算业务收入 11.73 亿元，完成全年计划的 39.09%。

截至 6 月末 工行推出人民币理财产品 33 期 55 款，外币理财产品 10 期 22 款，累计销售额 5486.09 亿元（含灵通快线 3730.61 亿元），同比增长 651.65%，其中人民币理财产品5451.64亿元（含灵通快线累计销量），外币理财产品5.02亿美元，同业占比继续保持第一。工行代理个人保险业务累计销售额610.3亿元，其中代理寿险业务397.90亿元，代理个人财险业务212.4亿元（华泰理财一号按照日均余额计算）。

截至6月末　全行自动柜员机当年累计交易量112273.51万笔，同比增加14273.47万笔，增幅14.56%；当年累计交易额7225.24亿元，同比增加2865.25亿元，增幅65.72%。6月份自动柜员机单机日均交易量310笔，较上年同期增加15笔。截至6月末，灵通卡在本行自动柜员机上的结算交易已占到营业网点（含自动柜员机）全部结算交易的32.86%，较上年同期提高10.04%。

2日~7月2日　工行代理发行汇添富蓝筹稳健基金，最终发行规模达1.4亿元。

11日~7年10日　工行代理发行友邦华泰价值基金，最终发行规模为235.7万元。

12日~7月11日　工行代理发行广发核心基金，最终发行规模达3.1亿元。

16日~7年18日　工行代理发行汇丰晋信生命周期基金，最终发行规模达1021.1万。

30日~7月31日　工行代理发行工银瑞信大盘蓝筹基金，最终发行规模达13.7亿元。

7月

3日　以工银办发〔2008〕395号文下发《关于转发银监会奥运金融服务有关文件的通知》。

3日~9日　工行发行2008年第26期个人人民币理财产品，本期产品为"稳得利"90天票据投资产品，共募集24亿元。

4日　以工银办发［2008］395号文印发《关于转发银监会奥运金融服务有关文件的通知》。

4日~13日　工行发行2008年第27期个人人民币理财产品，本期产品包括"稳得利"一年期信托投资型理财产品、"稳得利"六个月信托投资型理财产品和"稳得利"30天信托投资型理财产品，共募集79亿元。

8日　以工银办发［2008］404号文印发《关于做好牡丹灵通卡升级工作的通知》。

9日　以工银办发［2008］408号文印发《代发工资业务管理办法（修订）》的通知。

9日　张福荣副行长率队到北京分行亚运村支行考察调研奥运金融服务工作情况，陈晓燕总经理陪同。

10日　以工银办发［2008］411号文印发《关于实施〈个人金融业务操作规程（NOVA 2.6.1版本）〉和〈业务操作指南（NOVA 2.6.1版本）〉的通知》。

15日~8月15日　工行代理发行银华领先策略基金，最终发行规模达3431.0万元。

16日　工行发行2008年第2期"理财金账户"专属82天信托投资型人民币理财产品，共募集30亿元。

16日~8月29日　工行代理发行金元比联成长动力基金，最终发行规模为530.7万元。

17日~21日　工行发行2008年第28期个人人民币理财产品，本期产品为"稳得利"90天票据投资型人民币理财产品，共募集65.23亿元。

22日　工行发行2008年第3期"理财金账户"专属个人人民币理财产品，本期产品为"稳得利"三个月信托投资型人民币理财产品，共募集27.45亿元。本期产品以兼具安全性和收益性的卖点受到客户热烈欢迎，在发行首日40分钟内即被抢购一空，创我行单支理财产品最快销售纪录。

22日~28日　工行发行2008年第29期个人人民币理财产品，包括"稳得利"一年期信托投资型理财产品、"稳得利"60天增强型信托投资理财产品和"稳得利"90天票据投资型理财产品，共募集76.69亿元。

22日~28日　工行发行第5期"工银财富"专属信托投资型人民币理财产品，完成目标募集金额2亿元。

25日　工行向银监会报送了《关于我行执行第二套（含）以上个人住房贷款政策情况的报告》（工银报［2008］89号）。

28日　以工银发［2008］89号文印发《关于印发〈财富管理业务管理办法〉的通知》。

28日　易会满副行长代表我行参加中国银行业协会组织的奥运金融服务专题新闻发布会。

29日　张福荣副行长在天津召开由六个奥运赛区城市分行负责人以及总行四个部门负责人参与的奥运金融服务工作座谈会，听取各奥运赛区城市所在分行工作汇报；分析研究奥运会期间金融服务的工作重点。

30日~8月5日　工行发行2008年第30期理财产品，包括"稳得利"63天增强型信托投资理财产品和"稳得利"90天票据投资型理财产品，共募集36.04亿元。

31日~8月4日　工行发行2008年第4期"理财金账户"专属个人人民币理财产品，本期产品为3个月信托投资型人民币理财产品，共募集24.80亿元。

8月

1日~10日　工行发行三款"工银财富"专属干红葡萄酒收益权信托理财产品，进一步丰富了理财产品投资形式，受到了市场的关注和投资者的热捧。

2日~11日　工行发行2008年第31期个人人民币理财产品，本期产品包括"稳得利"6个月信托投资型人民币理财产品和"稳得利"60天增强型信托投资理财产品，共募集28.07亿元。

4日~9月5日　工行代理发行嘉实多元收益债券基金，最终发行规模达12.2亿元。

4日~10日　工行发行第7期"工银财富"专属信托投资型理财产品，共募集4亿元。

4日　以工银办发［2008］469号文印发《关于促进代理个人保险业务发展的通知》。

5日　以工银办发［2008］471号文印发《个人金融业务应急预案》的通知。

5日　个人贷款营销工作座谈会在云南召开，张福荣副行长和魏国雄首席风险官分别做重要讲话。陈晓燕总经理、苑书义副总经理、徐克恩副总经理陪同。（见内情通报［2008］48号）。

6日~12日　工行发行2008年第32期个人人民币理

财产品，本期产品为“稳得利”90天票据投资型人民币理财产品，共募集26.79亿元。

7日~12日　工行发行2008年第33期个人人民币理财产品，本期产品为“稳得利”三个月期信托投资型人民币理财产品，共募集20亿元。

13日~20日　工行发行2008年第34期个人人民币理财产品，本期产品包括“稳得利”90天票据投资型人民币理财产品和“稳得利”120天增强型信托投资理财产品，共募集70.04亿元。

14日　以工银办发［2008］487号文印发《个人金融业务协议管理暂行规定》的通知。

18日~19日　工行代理发行华商盛世成长基金，最终发行规模为877.2万元。

19日~20日　工行发行2008年第5期“理财金账户”专属信托投资型人民币理财产品（一年期），共募集2亿元。

20日~26日　工行发行2008年第35期个人人民币理财产品，本期产品为“稳得利”90天票据投资型人民币理财产品，共募集45.59亿元。

21日~25日　工行发行2008年第36期个人人民币理财产品，本期产品为“稳得利”6个月信托投资型人民币理财产品，共募集15亿元。

25日~9月23日　工行代理发行泰达荷银集利债券基金，最终发行规模达2625.5万元。

26日~27日　工行发行2008年第6期“理财金账户”专属票据25天，共募集2亿元。

26日　个人代理业务工作会议在京召开，张福荣副行长参加并做重要讲话。（见内情通报［2008］51号）

26日~9月1日　工行发行2008年第8期“工银财富”专属人民币理财产品，本期产品包括“稳得利”6个月信托投资型人民币理财产品和“稳得利”9个月信托投资型人民币理财产品，共募集12亿元。

28日~9月2日　工行发行2008年第7期“理财金账户”专属个人人民币理财产品，本期产品包括62天增强型信托投资人民币理财产品和125天增强型信托投资人民币理财产品，共募集55亿元。

9月

1日~26日　工行代理发行长盛积极配置基金，最终发行规模达2134.3万元。

1日~26日　工行代理发行鹏华盛世创新基金，最终发行规模达1.4亿元。

3日~9日　工行发行2008年第38期个人人民币理财产品，本期产品为“稳得利”90天票据投资型人民币理财产品，共募集40亿元。

3日~8日　工行推出“灵通快线”－固定期限超短期人民币理财产品（四周滚动型），进一步丰富了“灵通快线”产品体系。

4日~7日　工行发行2008年第10期“工银财富”专属人民币理财产品信托1年期，共募集9亿元。

9日~16日　工行发行2008年第39期个人人民币理财产品，本期产品为“稳得利”增强型信托投资62天人民币理财产品，共募集20亿元。

9日~16日　工行发行2008年第8期“理财金账户”专属人民币理财产品增强信托120天，共募集2亿元。

11日~16日　工行发行2008年第40期个人人民币理财产品，本期产品为“稳得利”90天票据投资型人民币理财产品，共募集40亿元。

11日　以工银发［2008］100号文印发《关于进一步促进个人贷款业务稳健发展的意见》。

10日~26日　工行代理发行华宝大盘精选基金，最终发行规模为838.0万元。

16日~12月31日　工行在全国举办“同舟共济、共创未来”基金存续期营销活动。本次活动将联合广发、工银瑞信、南方等重点基金管理公司联合开展，营销目标为400亿元人民币。在营销活动举办期间，我行将开展多场“同舟共济、共创未来”基金投资巡讲活动，并举办基金客户回馈活动，通过与基金客户共同分析当前证券市场估值、宏观经济趋势、企业盈利状况等情况，总结基金投资经验，帮助客户在了解自身风险承受水平、理财规划以及基金产品特性的基础上合理调整资产配置结构，坚定长期投资信念。该活动是我行下半年代理基金业务一项重要的专项活动，各行务必要认真组织、做好客户预约和宣传，保证质量，提高我行基金客户的满意度。

16日~18日　首届工商银行中高级管理人员财富管理业务培训班在山西举办，张福荣副行长亲临培训班并授课，陈晓燕总经理陪同。

16日　工行发行的2008年第二期储蓄国债（电子式）仅发行四天便提前结束，全部额度抢购一空，我行累计销售64.45亿元，较第二名建行42.90亿元的销售额高出21.55亿元，占全国累计销售额150亿元的42.97%，累计代销额及市场占比均继续保持同业第一。截至9月末，全行累计代理发行国债488.95亿元，完成全年500亿元销售任务的98%。

17日~23日　工行发行2008年第41期个人人民币理财产品，本期产品为“稳得利”90天票据投资型人民币理财产品，共募集50亿元。

19日　张福荣副行长出席了总行在山西召开的理财中心核心竞争力项目座谈会，听取了部分参会分行的工作汇报并讲话。

25日~27日　工行发行2008年第9期“理财金账户”专属个人人民币理财产品，本期产品包括半年期信托投资型人民币理财产品和一年期信托投资型人民币理财产品，共募集34.57亿元。

25日~27日　工行发行2008年第11期“工银财富”专属人民币理财产品，共募集7.77亿元。

截至9月末　人民币储蓄存款比年初增加5374.80亿元，同比多增5501.51亿元，较上月末增加1005.06亿元。外币储蓄存款比年初减少2.84亿美元，同比少减14.32亿美元，较上月减少2.83亿美元；全行个人贷款余额达8026.62亿元，比年初增长587.91亿元。其中，个人住房贷款比年初增加519.08亿元，个人消费贷款比年初增加72.63亿元，个人经营性贷款比年初负增3.8亿元。

截至9月末　累计发行有效牡丹灵通卡超过1.83亿张，年内实现消费额3959.06亿元，较去年同期增长25.31%。自动柜员机实现累计交易量177396.19万笔，较去年同期增长14.03%；累计交易额11177.93亿元，较去年同期增长49.35%；累计单机日均交易量298笔，较去年同期增长4.56%。

截至9月末　工行共推出112款人民币、39款外币个人银行类理财产品，累计销售额突破9000亿元大关，达9600.94亿元，较2007年同期（1044.21亿元）增长8556.73亿元，同比增幅819.45%。其中，个人人民币理财产品销售额2801.92亿元，外币理财产品6.63亿美元，“灵通快线”超短期人民币理财产品累计申购额6753.80亿元。

截至9月末　全行累计代销个人保险产品898.6亿元，同比增长187.0%。其中，代销寿险产品599.9亿元，同比增长130.8%；代销个人财险产品302.6亿元（华泰理财一号按日均余额折算），同比增长454.7%。

截至9月末　全行累计代理发行国债488.95亿元，完成全年500亿元销售任务的98%。

在今年国内A股市场剧烈震荡走低、投资者入市趋于谨慎的不利形势下，9月末全行累计新增第三方存管业务个人客户突破200万户，达219.71万户，新增个人客户数量占同期全国新增585.35万户股民数量的38%，继续稳居同业第一位。

1日~10月17日　工行代理发行景顺长城公司治理基金，最终发行规模为6141.1万元。

8日~10月17日　工行代理发行海富通稳健添利基金，最终发行规模为16.9亿元。

8日~10月17日　工行代理发行国联安德盛红利基金，最终发行规模为239.7万元。

16日~10月17日　工行代理发行招商安心收益基金，最终发行规模为14.8亿元。

16日~10月17日　工行代理发行华安核心优选基金，最终发行规模为1965.1万元。

22日~10月24日　工行代理发行光大增利收益基金，最终发行规模为9284.7万元。

24日~10月22日　工行代理发行国富强化债券基金，最终发行规模为1634.6268万元。

24日~10月31日　工行代理发行天治稳健双赢基金，最终发行规模为800.7万元。

10月

1日~30日　工行发行2008年第42-49期（含3期“安享回报”产品）共计15款个人人民币理财产品，募集资金211.30亿元。

1日~30日　工行发行第10-13期“理财金账户”专属人民币理财产品，共募集资金30.46亿元。

6日~31日　工行代理发行东吴优信稳健基金，最终发行规模为1085.5万元。

7日~29日　工行发行第12-15期“工银财富”专属人民币理财产品，共募集资金10.28亿元。

7日~11月7日　工行代理发行南方恒元保本基金，最终发行规模为11.3亿元。

8日~11月8日　工行代理发行金鹰红利价值基金，最终发行规模为8958.3万元。

8日~11月18日　工行代理发行天弘永定价值基金，最终发行规模为9672.1万元。

10日　个人代理业务工作视频会议在京召开，张福荣副行长做重要讲话（详见内情通报第57期）。

13日~11月7日　工行代理发行中银稳健增利基金，最终发行规模为6.4亿元。

14日~11月7日　工行代理发行易方达科汇基金，最终发行规模为1133.8万元。

14日　以工银办发〔2008〕596号文印发《关于全面加快牡丹联名灵通卡业务发展的通知》。

15日~11月4日　工行代理发行富国天丰强化收益基金，最终发行规模为2775.9万元。

15日~11月28日　工行代理发行中海蓝筹灵活配置基金，最终发行规模为6037.4万元。

17日　以工银办发〔2008〕611号文印发《关于使用个人理财产品销售管理系统做好“汇财通”个人外币理财产品销售工作的通知》。

18日　工行个人金融部完成流程再造项目（一期）7月版本顺利投产（U盾联动收费，保险交易整合），至此自2007年3月启动的全行个人金融业务流程再造（一期）工程圆满完成。

18日　NOVA2.7.0版本顺利投产。本次版本共投产28个个人金融业务项目、任务或变更，包括银行户口项目、个人客户联络信息应用改造项目等重点项目。

20日　以工银办发〔2008〕617号文印发《关于实施〈个人金融业务操作规程（NOVA 2.7.0版本）〉和〈业务操作指南（NOVA 2.7.0版本）〉的通知》。

20日~11月21日　工行代理发行建信核心精选基金，最终发行规模为814.5万元。

20日~11月21日　工行代理发行大成策略回报基金，最终发行规模为844.6万元。

20日~11月4日　工行代理销售第五期凭证式国债，累计销售60亿元。

21日　“汇财通”个人外币理财产品首次通过个人本外币理财销售管理系统销售，全行统一销售管理平台。

23日　以工银办发〔2008〕622号文印发《关于工行与安邦财产保险股份有限公司开展个人汽车消费贷款履约保证保险业务的通知》。

27日起　工行开通银华货币市场基金A级（基金代码为180008）、融通易支付货币市场基金（基金代码为161608）的利添利账户理财及“T+0”快速赎回业务。

27日~11月28日　工行代理发行申万巴黎添益宝基金，最终发行规模为20.8亿元。

28日　个人理财业务全行视频会议在京召开，会议介绍我行代客境外理财产品运作情况及“灵通快线”固定期限超短期理财产品（七天滚动型）。

28日　以工银办发〔2008〕630号文印发《2008~2010年代发工资业务营销工作方案》。

30 日～11 月 28 日　工行代理发行银华增强收益基金，最终发行规模为 1.5 亿元。

10 月　中国扶贫基金会授予工行“2008 中国民生行动先锋”荣誉称号。

11 月

1 日～2009 年 1 月 31 日　工行开展“灵通快线”超短期理财产品旺季营销活动。

1 日～30 日　工行发行 2008 年第 50～57 期（含 1 期“安享回报”产品）共计 7 款个人人民币理财产品，募集资金 143.91 亿元。

3 日　以工银办发〔2008〕639 号文印发《关于迎奥运文明规范服务系列活动开展情况的通报》。

3 日　以工银办发〔2008〕640 号文印发《关于印发〈财富卡业务管理办法〉的通知》。

4 日　以工银办发〔2008〕640 号文印发《关于印发〈财富卡业务管理办法〉的通知》。

5 日　以工银办发〔2008〕645 号文印发《关于印发〈本外币个人理财产品销售管理办法〉的通知》。

10 日　总行召开开展“灵通快线”超短期理财产品旺季营销活动视频会议，进一步安排部署旺季营销活动。

10 日～12 月 05 日　工行代理发行东方稳健回报基金，最终发行规模为 2404.4 万元。

11 日　以工银办发〔2008〕658 号文印发《关于印发〈财富管理业务推广方案〉的通知》。

12 日　以工银办发〔2008〕658 号文印发《关于印发〈财富管理业务推广方案〉的通知》。

17 日　以工银办发〔2008〕668 号文印发《关于表彰 2008 年个人客户经理营销技能比赛获奖团体和个人的通报》。

17 日～30 日　上海、广东分行及广东省分行营业部发行四款区域性理财产品，共募集资金 10.28 亿元。

17 日　推出“灵通快线”固定期限超短期产品（七天滚动型），发行期内募集资金 15 亿元。

18 日～19 日　代理个人保险理财业务处级培训班在福州举办。

18 日～12 月 12 日　工行代理发行易方达科翔基金，最终发行规模为 5802.1 万元。

21 日　储蓄存款工作视频会议在京召开，张福荣副行长做重要讲话。

21 日　以工银办发〔2008〕680 号文印发《关于与中国太平洋等人寿保险公司合作开展银保通个人人寿保险单质押贷款业务的通知》。

24 日～12 月 23 日　工行代理发行浦银安盛优化收益基金，最终发行规模为 3.9 亿元。

25 日～12 月 4 日　工行代理发行 2008 年第三期储蓄国债（电子式），累计销售 62.72 亿元。

27 日～12 月 14 日　工行代理发行富国天鼎基金，最终发行规模为 5351.3 万元。

11 月　理财金账户获评《第一财经》“2008 年度最佳零售金融服务品牌”；我行获评《金融界》系列奖项，包括：2008 年度最佳设计创新理财产品奖（君顶酒庄红酒收益权信托理财产品）、2008 年度最佳债券和货币市场理财产品奖（“灵通快线”无固定期限超短期理财产品）。

11 月　推出第 16～17 期“工银财富”专属人民币理财产品，共募集资金 2.5 亿元。

12 月

2 日～29 日　工行发行 2008 年第 58～64 期个人人民币理财产品，募集资金 124 亿元；发行第 18 期“工银财富”专属理财产品，募集资金 2 亿元；发行第 15 期“理财金账户”专属理财产品，募集资金 25 亿元。

3 日～23 日　工行代理发行长信利丰债券基金，最终发行规模为 3783.7 万元。

9 日　以工银办发〔2008〕733 号文印发《个人客户信息管理暂行办法》。

8 日～26 日　工行代理发行广发沪深 300 指数基金，最终发行规模为 2.5 亿元。

11 日　以工银办发〔2008〕736 号文印发《转发〈中国银监会办公厅关于商业银行开展代理销售基金和保险产品相关业务风险提示的通知〉的通知》。

11 日　以工银办发〔2008〕738 号文印发《转发〈中国银监会关于印发刘明康主席在全国银行业系统奥运金融服务总结表彰大会上讲话的通知〉的通知》。

15 日　工行代理个人保险超过 1000 亿元，代理个人保险业务收入、总销售额、代理寿险销售额、代理财险销售额等四项指标均居同业第一，对全行个人中间业务收入做出了突出贡献。

22 日～26 日　证监会、银监会及证券业协会对总行进行了基金代销业务的联合现场检查。联合检查组由证监会基金监管部副主任洪磊带队，银监会监管一部、业务创新监管协作部、证券业协会基金公司会员部等部门参与。在一周的现场检查时间里，检查组听取了总行个人金融业务部、资产托管部、运行管理部、电子银行部、内控合规部、信息科技部、法律事务部 7 部门的联合汇报，走访了总行运行管理部、北京分行会计业务处理中心，并在长安支行、复兴门支行进行了基金代销业务的现场操作检查。洪磊副主任对我行的基金代销业务给予了最高评价，表示我行的基金代销业务完全符合监管部门的要求。检查组认为我行在以下几方面较为突出：1. 基金销售适用性推行情况在同业中做得最好，特别是对基金产品的评价和对投资人的评估问卷设计非常合理；2. 信息系统建设功能较为完善，在同业中同样处于领先地位，既能较好的满足基金销售业务的各种需求，亦能进行有效的内部管理和风险控制；3. 基金销售业务基本制度已有效嵌入工行内部管理的各项制度，制度设计符合基金行业特点，并能得到有效执行。

24 日　以工银办发〔2008〕767 号文印发《关于印发〈代理销售个人保险产品管理办法〉的通知》。

24 日　以工银办发〔2008〕768 号文印发《关于表彰第七届“最佳个人金融网点”和“最佳个人金融员工”的通报》。

25 日　个人金融业务专业会议及第七届个人金融业务“双佳”表彰会在京召开，对 30 家“最佳个人金融网点”和 30 名“最佳个人金融员工”进行隆重表彰。杨凯生行长、张福荣副行长出席会议并为获奖代表颁发奖杯（牌）。

29日　以工银办发〔2008〕779号文印发《关于扩大个人贷款存贷通业务试点范围的通知》。

12月　工行获评《理财周报》系列奖项，包括：2008年最受尊敬银行、2008年中国十大最佳银行理财产品（工银财富·华发股份股票收益权理财产品）、2008年最佳全球配置收益理财产品（2008年第20期结构化新股申购理财产品）。

截至12月末　工行人民币储蓄存款余额为39622.97亿元，比年初增加7671.49亿元。外币储蓄存款余额为70.15亿美元，较年初增长3.13亿美元；个人贷款余额为8122.47亿元，较年初增长683.73亿元。其中个人住房贷款余额6698.89亿元，较年初增长621.45亿元；个人消费贷款余额1011.45亿元，较年初增长100.77亿元；个人经营贷款412.13亿元，较年初减少38.49亿元。

截至12月末　工行实现个人中间业务收入172.82亿元。其中个人银行类理财业务收入23.65亿元，同比增长101.86%，占个人中间业务收入的13.69%；代理个人保险业务收入27.44亿元，同比增长142.83%，占个人中间业务收入的15.88%；受资本市场影响，代理基金业务收入42.75亿元，占个人中间业务的24.73%，同比下降；牡丹灵通卡业务收入27.89亿元，同比增长36.17%，占个人中间业务收入的16.14%。随着客户对小额账户的归并，以及本行对相关账户的清理，收取小额账户管理费的账户数量减少，个人账户管理业务收入也随之降低，报告期末本行实现个人账户管理业务收入7.06亿元，占个人中间业务收入的4.08%。

截至12月末　累计发行有效牡丹灵通卡超过1.89亿张，年内实现消费额5410.36亿元，较去年同期增长19.19%。自动柜员机实现累计交易量260362.68万笔，较去年同期增长19.64%；累计交易额15556.81亿元，较去年同期增长45.44%；累计单机日均交易量297笔，较去年同期增长1.71%。

截至12月末　工行本外币理财产品累计销售额突破10000亿元大关，达13388亿元，较2007年同期（1544亿元）增长11844亿元。其中，个人人民币理财产品销售额3557亿元，外币理财产品7亿美元，“灵通快线”超短期人民币理财产品累计申购额9782亿元。

截至12月末　工行累计代销个人保险产品1027亿元，其中，代销寿险产品711亿元；代销个人财险产品316亿元；累计代理发行国债611.67亿元，超额完成全年500亿元销售任务，继续保持同业第一；第三方存管业务存量个人客户数达1589万户，资金余额为1949亿元。

二、中国农业银行个人金融大事简记

2008年

1月

2日　农行自主品牌的“传世之宝”实物黄金产品正式向社会推出。

8日~24日　举办中国农业银行首届“认证私人银行家培训班”。

21日　总行下发《关于网点管理职能调整的通知》（农银办发［2008］73号），正式在个人业务部成立网点管理办公室，牵头全行网点管理与网点转型相关工作。

2月

14日　为促进个人信贷业务的发展，总行决定成立个人信贷业务部，作为二级部，挂靠个人业务部，牵头全行个人信贷业务的管理。

3月

20日　中国农业银行“迎奥运文明规范服务活动”启动会在青岛召开，杨琨副行长出席会议并发表重要讲话。

4月

8日~9日　中国农业银行2008年基金及理财产品销售工作会议在北京召开，杨琨副行出席会议并做重要讲话。

5月

13日~15日　中国农业银行2008年个人业务暨个人信贷业务工作会议于在北京召开，杨琨副行长出席会议并发表重要讲话。

6月

1日~4日　对天津、河北秦皇岛、辽宁沈阳、上海、青岛分行营业网点奥运文明规范服务进行暗访检查。

13日　在北京银龙苑宾馆召开迎奥运文明规范服务检查情况通报会，通报北京、天津、河北、辽宁、上海、青岛奥运赛区行迎奥运文明规范服务检查情况，各奥运赛区行汇报准备情况，并部署下阶段工作。

20日　个人业务部党支部组织开展了“携手并进，共创辉煌——个人业务部迎七一党日拓展活动”。

7月

8日　组织召开“迎奥运文明规范服务”电视电话会议，通报奥运服务准备情况，项行长出席会议并对迎奥运服务工作进行了再动员和再部署。

25日~8月1日　组织7个检查组，对6家奥运城市行和9家重点旅游城市行网点进行服务暗访检查。

30日　农银汇理行业成长基金发行工作顺利结束，我行销售额达65.8亿元。农银汇理基金公司以68.4亿元的总销售成绩刷新了2008年股票型基金募集金额的最高记录。

8月

23日~9月3日　个人业务部成立“零售业务转型调研组”，由总经理带队先后赴15家分支行、40多家网点进行调研，制定完成了《中国农业银行城市行零售业务战略转型实施方案》。

9月

24日 组织召开第一次"金钥匙·本利丰"人民币理财产品培训视频会议，这是我部产品培训首次采用视频形式直接使培训穿透到营业网点。

27日 农行个人自助循环贷款在2008中国国际金融展上荣获"2008金融展优秀金融产品奖"。

9月~10月 先后举办中国农业银行第一届、第二届个人信贷业务培训班。

10月

16日 杨琨副行长主持召开城市业务经营转型领导小组第一次会议，通过《中国农业银行城市行零售业务战略转型实施方案》。

25日~26日 中国农业银行首届理财师年会在上海召开。

30日~12月1日 农行第一届网点规范化服务内训师培训班在山东成功举办。

11月

17日 贯彻落实国务院扩大内需、促进经济增长的调控政策，出台《关于个人住房贷款政策调整的通知》。

23日~30日 在香港成功举办了私人银行培训班。

参加金融界网站举办的"2008银行理财产品创新与风险管理论坛暨2008最佳银行理财产品颁奖典礼"，并代表农行领取"最佳新股申购型理财产品奖"。

12月

8日~12日 证监会、银监会和证券业协会组成的基金代销业务联合检查组首次对我行进行现场检查，对我行基金业务的开展情况给予了积极评价。

9日 组织编写完成《关于个人信贷业务若干问题的报告》。

12日 在全行推出个人贷款本息分别还款业务。

22日~26日 赴山东、深圳分行开展个人贷款集中经营管理模式试点行验收工作，起草完成《关于深圳、山东分行个人贷款集中经营管理模式试点验收工作报告》。

18日 《金钥匙理财》专刊第一期正式发行。

18日 农银汇理恒久增利基金发行圆满结束，我行共代理销售58.52亿元，成为基金整体销售困难环境下的一大亮点。

18日 在"2008全国杰出财富管理师"评选活动中，我行共获二等奖一名，三等奖一名，优秀奖六名，占总获奖人数（36人）的1/4。

19日 2009年春天行动启动仪式在京隆重举行，党委书记、董事长项俊波、行长张云、副行长杨琨及在家的行党委委员出席活动，银监会蒋定之副主席出席活动并对外正式发布农业银行新一级LOGO。

26日 个人业务部内部办公网站正式开通。

三、中国银行个人金融大事简记

2008年

1月

18日 集团执行委员会2008年第一次会议审议批准《中国银行私人银行部实施方案》和《中国银行财富管理业务实施方案》，三级财富管理体制的建设工作全面展开。

1月 中国银行推出"2008中银奥运礼仪存单"产品。

2月

2月 中国银行投产个人外汇结算账户及资本账户。

2月 中国银行在境内推出"长城·理想之家房车卡"。

28日 中国银行"个人金融业务奥运门票抽奖"活动第二轮抽奖仪式在青岛举行。

3月

10日 中国银行"个人金融业务奥运门票抽奖"活动最后一轮抽奖仪式在北京隆重举行。

28日 中国银行在澳门推出私人银行业务。李礼辉行长、个人金融业务总裁岳毅等出席揭幕典礼。

3月 中国银行私人银行在《欧洲货币》2008年"最佳私人财富管理银行"年度评奖中获"中国区最佳外汇服务奖"（The Best Foreign Exchange Services, for China）。

3月 中国银行在境内17家分行试点推出"车贷宝·红包贷款"个人消费类汽车贴息贷款产品。

3月 中国银行外币优惠利率存款开办范围扩展到27家分行，并在美元、港币优惠利率存款之外增加了欧元优惠利率存款。

4月

4月 中国银行成立网点转型领导小组，周载群副行长任组长，个人金融部牵头，相关部门参加，并召开了第一次小组会议。

4月 中国银行完成奥运现场ATM设备测试工作，并进入试运营阶段。

4月 中国银行完成第二阶段奥运会门票预订、扣款和补扣款工作，以及残奥会开、闭幕式门票预订工作。

4月下旬 中国银行在18家分行推出第五期固定利率个人住房贷款产品。

5月

5日至6月12日 中国银行圆满完成第三阶段奥运会门票销售工作，全国网点共销售并打印奥运会门票超过90万张。

12 日　汶川地震后，中国银行个人金融部立即启动应急机制，紧急做好抗震救灾相关工作，并建立震区网点和 ATM 营业日报制度，及时了解灾后网点恢复营业情况。

13 日　中国银行个人金融部迅速组织全辖网点和海外网点开辟赈灾捐款汇款绿色通道，免除汇款手续费。

23 日　中国银行个人金融部下发《关于进一步做好抗震救灾个人金融服务工作的紧急通知》，督促各一级分行、直属分行继续做好抗震救灾和灾后重建工作。

5 月下旬　中国银行个人金融部通报 2007 年中银理财优秀单位和个人评选结果，并召开表彰大会。

5 月底　中国银行个人金融部印发《奥运期间个人金融业务应急预案》，并组织全辖各分行开展演练工作。

6 月

3 日　中国银行个人金融部下发《关于印发〈中国银行网点形象标准化手册〉4.0 升级版的通知》，标志着全行网点形象得到进一步规范，品牌形象进一步提升。

6 日　《亚洲银行家》杂志在泰国曼谷举行年度“亚太地区零售金融服务卓越大奖”颁奖典礼。中国银行个人金融业务总裁岳毅获“年度中国零售银行家”大奖；中国银行“理想之家”个人贷款服务荣获“亚太地区卓越房屋按揭贷款奖”。

6 月　中国银行个人金融部结合银监会奥运服务检查工作和前期总行一系列关于奥运服务工作的要求，制定印发《奥运个人金融服务准备工作自查要点》，并在全辖组织自查，确保每一项奥运准备工作落实到位。

16 日　奥运会第一、二阶段已售出纪念门票的发放工作正式启动。截至 8 月 24 日，全国 1000 家网点共发放 160 余万张奥运会门票。

6 月底　中国银行个人金融部下发《关于推广小额外币优惠利率存款的通知》，将开办小额外币优惠利率存款的范围扩大到全辖所有分行。

7 月

14 日 ~ 18 日　中国银行个人金融板块分别在哈尔滨、西安召开“2008 年中国银行个人金融业务座谈会”。总行周载群副行长作了重要讲话，岳毅总裁作了总结讲话。

18 日　“侨汇通”个人境外汇入汇款业务在广东、浙江、北京、上海等分行正式推出，标志着基于 INTERNET 新模式的中国银行个人国际汇款业务在境内分行进一步推广。

25 日　北京奥运会门票第四阶段销售正式启动。中国银行承担北京、青岛等 6 个赛区全部场馆售票亭的票款归集工作。并圆满完成上门收款、零钞配送、票款清点入账的金融服务任务，为顺利完成售票工作提供了坚实保障，树立了奥运合作银行的良好形象。

25 日　中国银行与中国银联在京举办“中国银行长城预付卡及长城支付卡发布仪式”，人民银行苏宁副行长、银监会王化庆书记、中国银联总裁许罗德和中国银行行李礼辉行长、周载群副行长、岳毅总裁等出席发布会。当日，北京市分行在北京地区开始正式发行长城预付卡。

26 日　中国银行在京举办“中银白金信用卡之夜——白金卡上市推介会”，“中银白金信用卡”正式面世。该卡是中国银行发行的第一张白金信用卡，除具备普通信用卡功能外，还涵盖了医疗健康咨询、国内机场贵宾厅、紧急救援、高尔夫服务等增值服务，为个人中高端客户提供全面尊贵的服务。

29 日　中国银行周载群副行长主持召开奥运指挥部服务组工作会议，对奥运金融柜台服务和 ATM 服务受 VISA 权益限制的处理方法、多语种服务、奥运金融服务人员配置、本外币兑换业务、应急工作流程、长城预付卡等相关问题进行研究部署。

7 月底　中国银行个人金融部与教育部学贷中心联合召开国家助学贷款工作座谈会，全面回顾总结四年来国家助学贷款工作开展情况，解读国家助学贷款最新资助政策，研究国家助学贷款贷后管理工作，并对国家助学贷款标准化操作流程进行了讨论。

8 月

7 日　中国银行个人金融部召开奥运现场服务人员动员大会。岳毅总裁主持会议，对现场服务工作提出明确要求。

8 日　中国银行组建“个人金融总部”，实施个人金融业务架构整合。

23 日　残奥会开、闭幕式门票的发放工作正式启动，中国银行全国 1000 家奥运门票代售网点参与了此项工作，并圆满完成了工作任务。

9 月

3 日　中国银行召开“房地产市场专题座谈会”。肖钢董事长、陈四清副行长、岳毅总裁莅临会议并参与讨论，共同研究中国银行房地产业务发展策略。

8 日　中国银行第五家私人银行分部——中国银行私人银行部（南京）正式开业。

11 日　中国银行个人金融总部在上海召开“加拿大投资移民金融服务”产品推介会。

16 日　中国银行个人金融总部启动 10 家重点分行的“中银白金信用卡”发卡工作。

17 ~ 19 日　中国银行个人金融总部召开全辖网点转型工作研讨会。

27 日　中国银行个人金融总部成功举办“巅峰时刻·荣耀中国”——中国银行奥运冠军庆功酒会活动。肖钢董事长、李礼辉行长和周载群副行长、张燕玲副行长及总行有关部门、奥运冠军原籍所在地分行的负责同志参加了活动。

10 月

9 日　中国银行与中国银联签署“全球战略合作协议”。

9 日　中国银行携手中国银联在新加坡分行发行“长城银联白金卡”，该卡是中资银行在港澳以外地区发行的第一张银联标准卡。

23 日　中国银行浙江省分行财富管理中心（杭州）试营业。

10 月　中国银行完成在法兰克福分行借记卡系统的投产上线，开始发卡。

10 月　中国银行在上海和广州两地举办“中银白金信

用卡”推介会，并成功在北京对奥运冠军、国家羽毛球队发行白金卡。

11 月

20 日和 26 日　中国银行在杭州和郑州两地分别举办“中银白金信用卡”推介会。

25 日　中国银行在上海、江苏、浙江、北京、广东、深圳、福建 7 省市推广“加拿大投资移民金融服务”业务。

27 日　在中国人民银行、公安部联合召开的关于整治银行卡违法犯罪专项行动表彰大会上，中国银行被授予“联合整治银行卡违法犯罪专项行动最佳风险防范奖”。

11 月　中国银行长城公务卡产品客户数超过 1500 家。其中，万事达卡品牌双币种长城公务卡流通卡量和应收账款两项指标在国内同业均排名第一，获得万事达卡国际组织颁发的“2008 公务卡中国区销售冠军”奖项；万事达卡品牌携程联名卡获得“商务支付解决方案产品创新特别奖”。

12 月

5 日　中国银行在天津和苏州分别举办 2008 年中国银行“理想之家”京津冀地区重点房地产客户联谊会和 2008 年中国银行“理想之家”长三角房地产财富论坛。

9 日　中国银行在深港财富通的基础上，与中银香港签署了《跨境见证服务协议书》，标志着深港财富通的流程改造后的模式正式向全国推广。

11 日　中国银行（香港）有限公司与中国银联携手推出中银银联双币信用卡。该卡是全球首张银联品牌的双币信用卡，也是首张在香港发行、以人民币及港币为结算单位的双币信用卡，通行于中国内地及海外。

12 月上旬　中国银行财富管理业务获得《21 世纪经济报道》颁发的“2008 年度亚洲银行竞争力排名”十佳商业银行之“最佳财富管理品牌奖”。

15 日　中国银行下发《关于增加个人贷款利率重新定价方式的通知》，对 1 年期以上的个人贷款，增加利率重新定价方式。

18 日　中国银行私人银行业务和“理想之家”住房贷款业务在“2008 搜狐金融理财网络盛典”中分获“最佳中资私人银行奖”和“房贷业务卓越创新奖”。

19 日　中国银行人民币储蓄存款余额突破 20000 亿元大关，达到 20008 亿元。

29 日　中国银行召开“‘中银财富管理’品牌发布暨财富管理中心开业新闻发布会”，正式推出“中银财富管理”品牌。

31 日　中国银行在全辖范围内开办“理想之家·置换宝”个人住房按揭贷款业务。

12 月　中银信用卡获得和讯网颁发的“市场贡献奖”和《胡润百富》颁发的“至尚优品——信用卡最佳表现奖”；国航知音中银 VISA 奥运信用卡获得《理财周报》颁发的“最佳附加值奖”；南航明珠中银信用卡获得万事达卡国际组织颁发的“2008 年最佳联名卡奖”。

12 月　中国银行在《21 世纪经济报道》组织的“2008 年亚洲银行竞争力排名”中获“最佳财富管理品牌”奖。

四、中国建设银行个人金融大事简记

2007 年

1 月

1 月　建设银行开展以“牵手建设银行，尊享新年祝福”为主题的旺季营销活动，有效拓展了客户资源，提高了客户忠诚度，推动全行个人金融业务的全面快速发展。

1 月　建设银行零售网点转型项目进入全行推广阶段，全年完成转型零售网点达 5266 家。转型网点通过配备大堂经理、优化业务流程、新的岗位设置、智能排队、分柜办理、弹性排班等措施，有效缩短了业务办理时间，客户平均等候时间整体下降，网点服务水平、客户满意度、员工满意度、网点销售量明显提升，转型网点客户等候时间下降 29%，工作效率提高 30～40%。

1 月　建设银行推出 2007 年实物黄金新品，猪年贺岁金条和金猪宝宝金章。

1 月　建设银行外汇产品“汇得盈”荣获《卓越理财》杂志社颁发的“卓越 2006 年度最受欢迎外汇理财产品”。

1 月　建设银行完成证券系统三期优化，有效提高系统运行效率，提升客户交易体验。

1 月 建设银行正式推出高端客户专享理财杂志—《财智人生》，全年共推出 6 期、共计发行 18 万册，在宣传建设银行财富管理业务、展示财富中心服务、维护高端客户等方面发挥了积极作用。

1 月　建设银行下发了《关于下发零售网点转型指引（06 号）——配合网点转型项目推广进行网点局部改造有关事项的通知》，明确网点转型硬件环境的基本要求，提出网点转型改造的基本原则，并对转型网点的改造进度安排、视觉形象建设及费用列支等问题提出了具体要求，指导分行做好转型网点局部改造。

1 月　建设银行个人外汇结构产品系统在全国推广，为加快全行个人外汇业务的发展，提高外汇业务市场竞争力具有重要意义。

1 月　为表彰我行在“零钱慈善”活动中的突出贡献，中国儿童少年基金会授予中国建设银行“最佳热爱儿童爱心单位”荣誉称号。

1 月　建设银行及早防范贷款资金违规入市风险，下发《关于防范个人贷款违规流入股市的通知》，要求加强监测分析，严防个人贷款违规流入资本市场。

1月　建设银行举办“中国房地产金融论坛”，主题为“拓宽房地产融资渠道，促进房地产健康发展”。

1月　建设银行荣获和讯网“2006年度财经风云榜”“2006年中国银行业个人房贷杰出服务奖”。

2月

2月　建设银行与VISA国际卡组织携手合作，以“建行VISA理财卡，与您共赢北京奥运”为主题，开展了为期3个月的理财卡奥运营销活动，有效促进了理财卡的发卡及消费额的增长。

2月　建设银行推出了“利得盈”品牌下第一只封闭式新股申购型（IPO）理财产品。

2月　建设银行主代销银华保本基金（二期），累计发行4.75亿元。

2月　建设银行主代销建信优化配置股票型基金，发行当日即完成50亿元的目标，认购额为54.51亿元。

2月　建设银行主代销中金股票策略集合资产管理计划，销售额为31.91亿元。

2月　建设银行下发了《离行式自助渠道建设与管理指引》，对优化自助设备的资源配置和布局，起到了积极的促进作用。

2月　建设银行推出“房易安”交易资金存款账户业务。

2月　建设银行在全国启动个贷中心标准化建设工作，规范个人贷款中心集约化业务模式的建设以及个贷业务标准化操作。

3月

3月　建设银行正式开通银行卡通存通兑业务，卡种包括理财卡、储蓄卡、准贷记卡。并下发了《中国建设银行银行卡人民币存款跨一级分行通存通兑业务管理办法（试行）》和《中国建设银行银行卡人民币存款跨一级分行通存通兑业务操作规程》等相关规章制度。

3月　建设银行联合全国妇联举办的“建行杯——中国家庭理财教育”活动进入第二阶段，从3月至12月在全国15个重点城市，先后举办了70节场“家庭理财教育”流动课堂，参与总人数达7000人次。

3月　建设银行推广理财产品综合支持系统，整合了网点、理财中心、财富管理中心和网上银行等渠道，全面优化了客户购买理财产品的交易体验。

4月

4月　建设银行设计推出了投资于基金市场的两联式创新理财产品。

4月　建设银行非主代销上投摩根基金公司的内需动力股票型基金。发行首日代销额达到312.39亿元，创下建设银行开办基金代销业务以来单日基金代销量之最。

4月　建设银行开通账户金网上交易功能。

4月　建设银行手机银行在业界首次推出全新的渠道特色功能-手机到手机转账，通过手机号码绑定银行账号的方式，实现手机银行客户之间的资金划转，为业内首创。

4月　建设银行OCRM项目群二期项目正式上线，并完成了在总行和38个一级分行所有业务功能的释放。

4月　建设银行网站新建基金频道、网上商城频道和面向客户提供服务的建行工作室。

5月

5月　建设银行新一代自助设备交易平台及控管分析系统二期第二阶段优化功能在全行推广上线。主要开发了新业务功能和管理功能，其中证券基金交易、无卡无折存款、转账及存款姓名反显、自助抽奖优化、终端软件版本自动智能下发等新增功能处于同业领先地位。

5月　建设银行正式启动了分析型客户关系管理系统（ACRM）的建设工作，完成了项目立项手续进入实质性开发，以期建立支持全行统一规范的个人客户产品销售、业务管理和分析决策的平台。

5月　建设银行完成大堂经理培训教材和课件开发，内容涵盖角色认知、常用知识和技巧等单元。

5月　建设银行下发了《关于加快个人结售汇业务发展的指导意见》，有效促进了个人结售汇业务的快速发展。

5月　建设银行组织开展了为期两个月的“消费投资双丰收，轻松理财好生活”主题营销活动，包括龙卡三重大礼促销、“龙鼎金”猪年黄金产品推广、基金定投推广等系列活动，促进业务快速发展。

5月　建设银行举办了320人次的个人客户经理深港联动培训班。培训班采用“4+3”培训模式，即4天理论学习和3天实践活动。实践活动包括在深圳分行样板网点参观、在建设银行（亚洲）跟岗实习、在外资银行观摩体验等。

5月　建设银行领先同业将借记卡在自动柜员机每卡每日取款限额从5千元上调至2万元。并于10月起将ATM的单笔取款交易限额逐步从2000元提高到2500元，存取款一体机的单笔取款交易限额从2000元提高到5000元。此举得到了监管部门、社会公众和客户普遍肯定。

5月　建设银行个人实物黄金业务系统试点上线，并于8月完成全行（除西藏分行）的推广工作。

5月　建设银行向全国发行住房公积金龙卡联名借记卡。

5月　建设银行在部分分行推出“存贷通”个人贷款增值账户业务。

6月

6月　建设银行推出了三个月债券型理财产品，每周滚动推出，本金保证，流动性良好，获《理财周报》当年“最佳债券型银行理财产品奖”。

6月　建设银行推出了净值型代客境外理财产品，“海盈1号”，获搜狐财经频道“最佳银行QDII产品（人民币）奖”。

6月　建设银行出台了《中国建设银行自助渠道交易操作规程》，改变建行自助管理规章制度分散和不尽完善的现状，从各个方面强化和规范了自助渠道的管理，保障了客户的利益。

6月　建设银行无线网站wap.ccb.com开通。

6月　建设银行和阿里巴巴新一轮全面合作暨全国首批网商“e贷通”贷款发放仪式在杭州启动，试点开展电子商务信用贷款、网络联保贷款、订单融资等新产品。

6月　建设银行完成住房金融与个人信贷业务岗位培训教材和课件开发，内容涵盖业务概述、产品知识和相关知识介绍等单元。

6月　建设银行荣获《亚洲银行家》（THE ASIAN BANKER）杂志“中国地区特别奖项－中国房屋按揭贷款成就奖”。

7月

7月　建设银行在四川、江苏和湖南推出个人出国留学保函新产品，满足个人客户在出国留学等涉外事务和经济活动中对资产和信用保证方面的需求。

7月　建设银行主代销长城品牌优选股票型基金，首日销售额32亿元，累计发行85．43亿元，为业内同期单日销售最高额。

7月　建设银行下发《关于扩大个人外汇业务服务渠道的指导意见》，加强个人外汇业务服务渠道建设。

7月　建设银行联合VISA国际组织开展了为期4个月的“2007年理财卡行员激励活动”，有效促进了理财卡产品的发行。

8月

8月　建设银行开展了为期3个月的“建行VISA理财卡奥运主题营销活动”，有效促进了理财卡的发卡及消费额的增长。

8月　建设银行理财产品在和讯网组织的2007中国外币理财产品测评中荣获最具投资价值奖。

8月　建设银行在江苏、浙江、广东试点推出个人支票新产品，进一步丰富了个人结算工具。

8月　建设银行理财产品综合支持系统二阶段正式在全行上线运行，使理财产品销售工作迈上了规范化、标准化、科技化的新台阶，对全行理财业务发展起到重要的保障和促进作用，并将进一步提升客户服务水平。

8月　建设银行与美国银行的战略协助项目个人贷款中心广东分行试点推广项目成功实施。

8月　建设银行金融理财师凭借扎实的理论基础和工作中积累的丰富经验，在由中国金融理财标准委员会、上海证券报和中国证券网联合举办的首届“上证风云榜”全国精英理财师大赛全国总决赛中摘得团队组金奖和个人组金奖、铜奖，并获得由大赛组委会颁发的特别组织奖。

9月

9月　建设银行开展了为期两个月的教育市场营销活动，推出教师专享优惠、校园理财讲座、校园活动冠名等多项服务。

9月　建设银行与银联组织合作开展“华彩之旅”发卡营销活动，为前台人员提供借记卡业务培训，进一步提高借记卡销售积极性。

9月　建设银行推出了净值型代客境外理财产品“亚洲创富精选”，获《理财周报》当年“十大最佳银行理财产品奖”。

9月　建设银行推出非金融信息咨询服务。建行中高端客户以及中国建设银行（亚洲）股份有限公司来内地的港澳客户，在国家4A、5A级景区所在地，可以通过营业网点、95533电话银行，享受证件及贵重物品报失、医疗急救等非金融信息咨询服务。

9月　建设银行配合证监会开始进行基金代销业务的现场检查工作。

9月　建设银行组建的基金业务研究小组正式成立，小组成员由全国38家分行的113名基金业务骨干组成。

9月　建设银行代理发行华夏全球精选基金，销售额199．62亿元，进一步丰富了建设银行基金代销类型，拓宽了客户投资渠道。

9月　建设银行开展“建行网站购机票　惊喜好礼等您拿”营销活动，推进建行网上电子客票业务发展，扩大建行网上银行和信用卡签约客户规模，提高交易额和交易量。

9月　建设银行开展“用建行网上银行、支付宝龙卡享受淘宝网网上购物乐趣”主题营销活动，提升建行网上银行、网上支付的市场知名度，加大建设银行用户与淘宝用户的相互转化，扩大客户群体。

9月　建设银行调整个人存款证明的开立、期限和授权规定，满足客户实际需要。

10月

10月　建设银行启动网点转型二代项目，遵循“始于客户、终于客户”和“基于数据和事实”等核心理念和要求，按照六西格玛方法优化VIP客户服务流程及标准等。

10月　建设银行在全行范围内组织开展了“金秋银冬，争创先锋”个人产品销售竞赛活动，促进个人存款和理财产品销售协调增长。

10月　建设银行开展建行“e路通”杯全国大学生网络商务创新应用大赛，深入全国1200多所高校，开创了建行电子银行与高校合作的新纪元。

10月　建设银行下发《中国建设银行附行式自助设备管理操作规程》。提高建行自助业务管理水平，加强附行式自助设备的运行和维护管理，规范操作流程，堵塞操作漏洞，防范操作风险，为客户提供更加优质快捷的服务。

10月　建设银行举办5期社会理财师培训班，包括EFP（金融理财管理师）、CFP（国际金融理财师）和CWM（特许财富管理师）培训，进一步充实了建设银行理财师队伍。

10月　建设银行与盛大网络联合开展“用建行网银，足不出户，畅享游戏乐趣”营销活动，在盛大用户中大力宣传建行电子支付快捷安全以及产品服务多样化的优势，增加盛大用户对建行产品及服务的了解，提高建行支付业务美誉度，提高盛大用户对建行优质服务的认知度。

10月　建设银行与快钱公司联合开展“用建行网上银行、享受‘快钱’千、彩、惠大礼回报”营销活动，促进建行网上银行业务的稳步增长，提升建行网上银行在社会公众中的知名度与品牌形象。

11月

11月　建设银行推出“建行龙鼎金，投资收藏两相宜”个人黄金业务营销活动。

11月　建设银行正式对外推出专用于网上支付的借记卡产品——虚拟卡，解决了网上支付安全性和便利性的矛盾。该产品是建设银行首个非实体卡产品，也是国内乃至亚太地区第一个专用于网上支付的借记卡产品。

11月 建设银行与美国银行进一步拓宽在ATM渠道的合作范围。由于美国银行收购了LaSalle银行，双方在2006年ATM互惠合作的基础上，将合作范围延伸到了原LaSalle银行的客户和ATM，新联入网络的LaSalle银行1500台ATM主要分布在芝加哥、伊利诺斯、底特律、密西根等地区，使理财卡客户能够享受优惠的范围更加广阔。

11月 建设银行新个贷系统推广历时15个月在全行38个分行圆满完成，标志着我行自营性个人贷款业务的管理和服务提升到一个全新的、统一的技术平台。

11月 建设银行网站荣获第八届“中国优秀财经证券网站”银行类综合大奖和“最让用户信赖的银行网站”称号。

11月 建设银行个人存款跨一级分行通存通兑业务二期优化项目顺利上线，通存通兑业务得到进一步完善。

11月 建设银行下发《中国建设银行个人小额支付系统跨行通存通兑业务实施细则（试行）》，按时推出个人小额支付系统跨行通存通兑业务，提高支付结算服务能力。

11月 建设银行建立健全联网核查规章、制度，推广个人业务部分的联网核查。

12月

12月 建设银行对龙卡储蓄卡产品功能进行升级，并与理财卡银卡进行整合，推出了面向大众客户的综合性借记卡产品——“龙卡通”，形成了包含理财卡（包括白金卡和金卡）和龙卡通（包括原理财卡银卡和储蓄卡）两大品牌的借记卡产品结构。

12月 建设银行正式发行鼠年生肖卡。

12月 建设银行借记卡荣获“VISA国际组织2007年度亚太地区双币借记卡成长奖”、“2007年最佳万事达卡借记卡”等称号。

12月 建设银行推出2008年实物黄金新品，鼠年贺岁金条和运动金鼠金章。

12月 建设银行对外营业财富中心达到80家，高端客户专享服务渠道体系初步形成。

12月 建设银行将短信金融服务号码统一为“95533”，可分别为中国移动、中国联通、中国电信的手机用户提供服务，服务能力大幅提升。

12月 建设银行38家分行全部开办了短信金融服务业务，电子银行服务更加完善。

12月 建设银行《网上银行办理转账的方法及系统》获得专利授权，是建设银行获取的第一个商业方法专利。

12月 建设银行成功发行第二单个人住房抵押贷款证券。

12月 建设银行与腾讯公司联合开展“建行‘e路通’达腾讯好礼相送”营销活动，促进了建行与腾讯公司在电子商务、网上支付领域开展全面合作。

12月 建设银行个人网上银行推出全新改版的投资理财服务功能，改进客户服务。

12月 建设银行宁夏分行推出短信金融服务业务，至此，建设银行38家分行全部开办短信金融服务业务，建设银行电子银行服务更加完善。

12月 建设银行信用卡获得VISA国际信用卡组织授予的“2007年度信用卡明星产品奖”；MasterCard国际组织授予的“2007年度最佳产品设计奖”、“2007年度最佳联名卡奖”、“2007年最佳商务卡奖”；中国银联授予的2007年度银行卡同业建设成果奖“和2007年度银联标准旅游卡推广奖”。

2008年

1月

1月 建设银行在全行范围内统一开展了“龙卡升级新体验，建行好礼贺新春”旺季营销活动，以个人存款、个人结算账户、银行卡、理财产品为重点，有效促进个人存款与理财业务协调发展。

1月 建设银行正式与银河基金管理公司、国联安基金管理公司签订合作协议。

1月 建设银行完成电子渠道一体化签约的全行推广工作，实现了个人电子银行业务的签约整合。

1月 建设银行批准建立信用卡中心南宁运行中心。

1月 建设银行为了满足理财产品创新要求，进一步提高产品发行及兑付服务能力，于2008年启动了理财产品综合支持系统的二期优化工作，并印发了《理财产品综合支持系统操作人员疑难问答手册》。

2月

2月 建设银行理财卡获中国主流媒体理财总评榜“2007年度最具创新的银行借记卡”奖。

2月 建设银行荣获《欧洲货币》杂志“2008年度个人银行与财富管理调查系列评奖”的“最佳房地产投资奖”。

2月 建设银行开展“用建行电子支付购春秋航空机票，享春秋亲情套票与建行网银双重好礼”活动，利用春节旅游、返乡高峰之际，大力推广电子客票支付，提高建设银行电子支付市场知名度，拓展电子支付市场份额。

2月 建设银行渠道管理信息系统上线运行，在全行建立完整、及时、准确的网点信息数据库。

3月

3月 建设银行继续与全国妇联合作，开展了第三阶段“建行杯—中国家庭理财教育”活动，在30个城市现场开办理财流动课堂80场，并通过发放理财手册、活动宣传材料等方式扩大活动影响力，在梳理客户正确理财观念，传播科学理财方法方面发挥了重要作用。

3月 建设银行开展了“自动理财账户—新股随心打”的主题营销活动，有效促进客户签约数量增长，进一步扩大建行新股随心打产品市场影响力。

3月 建设银行在广西试点推出固网支付业务，获得个体工商户及个人家庭客户的普遍关注。

3月　建设银行正式推出“建行财富”品牌，通过多渠道、多形式的宣传，提升建行财富管理品牌知名度。

3月　建设银行完成住房金融与个人信贷客户经理培训教材和课件开发，内容涵盖沟通技巧、关系维护能力、风险掌控能力、资讯把握能力和策划建议能力五个模块。

3月　建设银行荣获《环球金融》杂志“2008年度中国最佳银行与企业”系列评奖的“最佳抵押贷款银行”奖。

4月

4月　建设银行正式在全国范围内推出“结算通”产品。

4月　建设银个人账户金业务推出24小时交易（除后台平盘外）、个人账户金挂单委托和个人实物黄金优化功能优化上线，进一步满足了个人投资者的账户金投资需求。

4月　建设银行与VISA组织合作开展了“2008年理财卡行员激励活动”，有效提高理财卡发行积极性。

4月　建设银行发行财政预算单位公务卡，专门服务于中央及地方各级财政预算单位指定人员。

4月　建设银行证券业务系统三期第三阶段业务功能顺利上线，实现了向客户提供盈亏分析及打印综合对账单等服务。

4月　建设银行在全行范围组织基金定期定额投资业务推广活动，进一步扩大了建行基金定期定额投资业务市场份额，促进中间业务收入增长。

5月

5月　建设银行以“百年奥运·白金珍藏”为主题，推出国内首张面向中高端客户的奥运主题信用卡——VISA奥运白金信用卡，以VISA奥运白金信用卡（珍藏版）、VISA白金信用卡（双币种）两卡配套的形式发行。

5月　建设银行信用卡800电话客户服务中心被授予“2008中国最佳呼叫中心”荣誉称号。

5月　建设银行以奥运为契机，开展了为期4个月的“建行与您共赢2008”主题营销活动，吸引客户对建行个人金融产品的关注，推动了奥运服务，提高了客户服务水平。

5月　建设银行手机银行率先在国内外推出3G手机银行，进一步扩大了建设银行在手机银行领域的领先优势。

5月　建设银行在全国推出了网上支付“e付通”服务，有效提高了网上支付成功率，进一步增强了网上支付业务竞争力，提升了客户满意度。

5月　建设银行通过与美国银行开展合作，开展呼叫中心为网点提供理财产品服务的支持项目，进一步加强了理财产品营销能力。

5月　建设银行汶川地震后快速推出“建行财富·爱心公益类”理财产品，以“爱，也可以这样表达”为宣传口号在全行组织销售，由于设计新颖，将银行理财产品与慈善爱心捐赠嫁接，在金融界网站主办的“2008年最佳银行理财产品”评选活动中，获得“2008年度最佳设计创新理财产品奖”的称号。

6月

6月　建设银行基金研究评价资讯系统顺利上线。

6月　建设银行在广东发行粤通龙卡，该卡为私家车车主量身定做，卡片内整合磁条及粤通卡芯片，是国内首张路桥缴费信用卡。

6月　建设银行在浙江地区试点发行创富精英卡，发卡对象为优质民营、私营企业主，具有“高信用额度、高分期额度、高现金额度”等特色权益。

6月　建设银行在全行范围内推出预制证书，简化了网上银行客户操作流程，降低了网上银行客户使用门槛，提高了客户服务品质。

6月　建设银行为中国南方航空股份有限公司机票销售代理点开发的网上支付结算服务系统正式上线运行，简称“票务通”服务。

6月　建设银行应邀参加由中国证券网、上海证券报主办的“金理财”评选活动，参赛理财产品、理财中心及理财师分获“金理财·十佳银行理财产品”、“金理财·十佳银行理财中心”和“金理财·十大金牌理财师”荣誉称号。

6月　建设银行成立95533电话银行北京中心，规范了服务标准，提升了客户使用电话银行服务的感受，有效确保了北京地区奥运期间的电话银行业务需求。

6月　建设银行通过1季度全行开展“了解你的客户”活动，深化对高端客户关系维护，在此基础上，进一步组织开展为期半年的“高端客户推荐计划（一期）”营销活动，核心内容是合格的推荐人向财富中心推荐合格的客户，巩固“了解你的客户”营销活动成果，深化财富中心与签约客户的关系，加强公私联动。

7月

7月　建设银行建立了个人理财岗位资格认证体系，实现了初级、中级、高级三级逐级向上认证的管理模式，大大提升了理财师队伍的技能水平和客户服务水平。

7月　建设银行优化个人结售汇交易系统，在奥运会前实现个人结售汇业务成功提速。

7月　建设银行持续优化网点销售系统和排队系统，实现在全国38分行的上线运行。

7月　建设银行下发《自助设备服务问答》，全面解答自助业务方面的各种常见问题，为网点前台人员和95533坐席员解答客户使用自助设备时的疑问提供全面准确的参考。

7月　建设银行新增了新加坡元、瑞典克朗、丹麦克朗、挪威克朗、韩元5个币种的外币兑换业务，丰富了外币服务品种。

7月　建设银行信用卡天津运行中心正式揭牌，这是首家落户天津的大型国有控股商业银行信用卡呼叫中心。

7月　建设银行开展了“安全用卡月”活动，并以宣传单页、网站等形式登载《用卡安全提示》，提高客户用卡安全意识。

7月　建设银行龙卡名校卡、名企卡、名城卡“三名”认同卡产品系列荣获“2008·理财·影响中国论坛——信用卡前景展望论坛暨腾讯网信用卡评测报告发布会”之

"最佳主题策划奖"。

7月　建设银行私人银行陆续在北京、上海和广东正式挂牌，并正式推出"建行私人银行"品牌。建行私人银行致力为高净值客户提供以资产管理为核心，"量身定制"的现代私人银行服务。服务内容涵盖定制化理财产品、专属理财产品、资产管理服务、全球投资服务、顾问咨询服务、准公益慈善信托、差别化传统银行服务等7大类型金融服务和彰显私人银行客户身份的多项非金融增值服务。

8月

8月　建设银行在奥运会开幕之际，向社会推出"VISA姚明珍藏龙卡"借记卡产品。

8月　建设银行在上海分行和首尔分行试点开办个人外汇预结汇汇款业务。

8月　建设银行优化理财产品综合支持系统，实现了理财产品灵活发售、灵活定价、个性化定制和网上银行购买理财产品的销售支持。

8月　建设银行开展"建行阳光，还贷无忧"营销活动，推出针对房贷客户需求的"乐安居"建行阳光房贷还款保证综合保险，针对中低收入房贷客户的"阳光伴我行"交通意外保险。

9月

9月　建设银行在北京、上海、厦门分行的三家客户体验中心正式对外开放，并制定下发了《中国建设银行客户体验管理工作指导意见》，进一步明确了客户体验中心功能分区、岗位职责、组织管理、工作流程和体验的内容。

9月　建设银行"航天龙卡"伴随中国神舟七号完成太空之行，成为全球首张见证航天员漫步太空的信用卡。

9月　建设银行与中国印钞造币总公司、中钞国鼎公司签署业务合作协议。

9月　建设银行与铁道部合作发行"铁路龙卡"。

9月　建设银行钻石·白金信用卡在中国人民银行主办的"2008中国国际金融（银行）技术暨设备展览会"上荣获"优秀金融品牌奖"。

9月　建设银行与美国银行合作完成高端客户关系管理流程项目，在建立统一、高效和规范的财富管理中心高端客户服务流程等方面具有重要意义。

9月　建设银行正式印发了《零售网点转型指引（16号）——小型零售网点转型推广实施方案》，推进小网点转型规范了小型零售网点转型的方向、定位、业务功能、岗位职责、服务流程和营业管理要求。

10月

10月　建设银行网上银行个贷服务功能在全行上线推广并投产使用。

10月　建设银行在深圳发行国内第一张真正服务于高尔夫人群的白金信用卡——建行国际高尔夫白金信用卡，该卡是建行专为国内高尔夫人士量身定制的高端金融产品。

10月　建设银行开展了四季度"金秋银冬，喜迎丰收"主题营销活动，加大龙卡通、结算通的发卡力度，积极拓展个人富裕客户，强化个人金融产品营销和宣传，促进个人业务快速发展。

10月　建设银行自助业务运营控管系统实现了无卡异地存款、企业年金账户查询、ATMC备付金风险控制等新功能，在拓展业务的同时加强了风险控制。

10月　建设银行与盛大公司联合开展"玩转盛大极品宝箱，惊喜尽在建行'e路通'"营销活动，提高了建行在盛大公司网上支付业务中的市场占比，提升了建行"e路通"品牌的知名度和影响力。

11月

11月　建设银行"个人金融产品营销服务系统"试点上线，该系统基于整合营销理论，构建了全行统一的营销服务平台，能够有效解决"挖掘客户、捕捉商机、把握营销机会"等系列问题，并将实现渠道营销标准化管理，促进个人金融产品营销模式变革。

11月　建设银行建立了完整的客户关系管理系统（CRM），在分析型客户关系管理子系统（ACRM）中上线了36项业务多维分析功能，在操作型客户关系管理子系统（OCRM）中实现了对个人VIP客户的全量客户管理和客户服务支持。

11月　建设银行个人国际速汇系统在北京、山东、福建和厦门4个分行的试营业网点成功上线。

11月　建设银行基金研究评价资讯系统二阶段上线，为基金业务管理及一线基金销售人员提供强大的资讯和研究支持。

11月　建设银行开展第二届建行"e路通"杯全国大学生网络商务创新应用大赛，将进入全国1500余所高校，在第一届大赛基础上进一步巩固并且扩大活动效果。

11月　建设银行与盛大网络、腾讯联合开展"拥有建行网银盾，盛大游戏'e付通'，超值大礼奖不停"、"手握建行网银盾，搭乘建行'e付通'，共舞QQ盛会"的营销活动，加强网上银行网上支付业务宣传，增加建行网上银行网银盾签约用户数量，宣传推广建行网上支付"e付通"方便、快捷的特点，扩大建行网上支付"e付通"用户群体，提高交易量。

11月　中国人民银行在北京召开奥运支付环境建设表彰大会，建设银行荣获"奥运支付环境建设工作优秀单位奖"，此奖充分肯定了建设银行支持奥运支付环境建设过程中在文明规范、服务创新、环境建设、系统安全、业务培训等方面取得的成绩。

12月

12月　建设银行完成转型的零售网点达到11610个，零售网点转型项目在2008年中国国际金融展上荣获了"优秀解决方案奖"。

12月　建设银行正式推出陆港通龙卡，此卡同时具有中国建设银行和中国建设银行（亚洲）银行账户，为经常往来内地、香港的人士提供了一款综合性的银行卡产品，为客户在两地之间提供了更加方便快捷的资金往来渠道。

12月　建设银行正式对外发行牛年生肖卡。

12月　建设银行在黑龙江农垦总局管理下的垦区范围内试点开办小额农户贷款业务。

12月　建设银行2008年凭证式国债发行业绩突出，被财政部、人民银行再次授予"凭证式国债承销优秀奖"。

12月　中国银监会批复同意建设银行信用卡中心作为

分行级专营机构在上海正式开业。

12月 建设银行开展“建行网银盾 安全守护神”主题营销宣传活动，突出建行网银盾预制证书、无驱无软、即插即用、放心安全的产品特点，在广大客户中树立“建行网银盾”的品牌形象。

12月 建设银行在中国证券业协会主办，《中国证券投资基金年鉴》承办的2008年度中国基金行业年度评选活动中，经过权威专家严格评审并结合社会公众推荐，被评选为“最佳基金代销银行”。

12月 建设银行与银联组织合作开展了为期两个月的“抢滩亚太喜刷刷”银联标准龙卡境外刷卡消费促销活动，进一步提高了龙卡的知名度，促进了借记卡境外消费额的增长。

12月 建设银行信用卡荣获新浪网“08网络盛典暨新浪十年庆典”唯一信用卡奖项——“年度最佳信用卡品牌”奖；“‘建行姚明VISA信用卡’营销案例”被银行家杂志社评选为2008年度中国金融营销奖零售业务类“金融产品十佳奖”；VISA国际组织授予建行“2008年度信用卡业务成就奖”、授予建行奥运白金卡“卓越奥运支持奖”；MasterCard国际组织授予建行创富精英卡“2008年最佳产品设计奖”、授予东航龙卡“2008年最佳市场营销奖”；中国银联授予建行“银联标准信用卡推广杰出贡献奖”、“银行卡风险管理杰出贡献奖”。

12月 建设银行参加了由中国银行业协会、金融时报、香港银行学会共同主办的“2008全国杰出财富管理师评选”活动，最终河南省分行、江苏省分行、浙江省分行共5人获奖。

12月 建设银行与网络媒体合作开展了以“建行理财有一套，欢乐大奖连环送”为主题，为期两个月的网络营销活动，网络营销活动通过“集E邮票有奖活动”和“有奖问卷”等新颖丰富的互动内容、简洁方便的参与形式，将银行金融产品营销与网络传播形式有效融合，吸引了众多网友的高度关注和热情参与，引导客户深入了解产品信息，打造了品牌美誉度。

12月 建设银行95533成都中心在“2008年度亚太最佳客户服务颁奖盛典”活动中荣获“亚太最佳客服中心”大奖，成为获得此奖项的唯一一家国内商业银行。

五、交通银行个人金融大事简记

2008年

1月

1月上旬 总行钱文挥副行长出席交行与金瑞期货经纪有限公司黄金期货业务合作签约仪式。

1月中旬 总行钱文挥副行长出席在上海举办的交通银行与易初莲花连锁超市有限公司联名信用卡合作协议签字仪式。

1月下旬 总行钱文挥副行长、叶迪奇副行长出席在上海召开的2008年零售业务工作会议。

1月下旬 沃德财富品牌在人民日报社等机构组织的联合评选中获“中国最具影响力品牌”，在华夏报社等机构组织的联合评选中获“卓越理财品牌”。

1月下旬 万事达卡国际组织颁发交通银行太平洋信用卡荣获“2007年最佳发卡奖”、“2007年最佳营销奖”和“2007年联盟事业特殊贡献奖”。

2月

1日 钱文挥副行长与上海世博局局长洪浩共同为全国第一张世博主题银行卡—交通银行“金”彩世博卡首发仪式揭幕。

2月上旬 交行作为首批财政部公务卡改革试点行荣获中国银联颁发的“2007年度银联标准公务卡推广奖”。

22日 交通银行宣布携手泰国正大集团旗下的易初莲花（中国），面向全国正式发行双币联名信用卡——“交通银行太平洋卜蜂莲花信用卡”。

28日 叶迪奇副行长主持召开私人银行服务项目全行启动视频会议。

29日 钱文挥副行长出席中国中小企业金融服务战略合作联盟成立大会并与中国中小企业协会签署战略合作协议。

3月

3月上旬 交行获得《欧洲货币》杂志颁发的“中国最佳私人财富管理银行”大奖。

22日 交行正式开通个人实物黄金买卖业务。

4月

4月 交行零售内评项目完成评级模型开发并转入试运行阶段。

5月

8日 交通银行信用卡中心异地业务处理中心在武汉光谷软件园正式投产。

12日 交通银行太平洋永达汽车信用卡正式发行。

24日 交通银行召开零售条线科学管理与零售重点业务推进会。

28日 交通银行在上海举行太平洋白金信用卡首发仪式。

6月

6月底 财富管理平台（一期）正式对外办理业务，实现省直分行全覆盖。

7月

7月 交行太平洋沃尔玛信用卡在册卡量暂居发卡量最大的联名信用卡之列。

8月

29 日　叶迪奇副行长赴成都分行启动“灾难面前显真情”沃德客户关怀活动。

9 月

3 日　“交通银行锦江之星信用卡”首发仪式在上海举行。这是我行发行的首张专注于大型连锁酒店的联名信用卡产品。

6 日　钱文挥副行长出席“为小企业提供最佳金融安排和服务”论坛。

20 日　钱文挥副行长在京出席交通银行沃德财富杯全民健康健身行动启动仪式并致辞。

10 月

10 月上旬　交行参加广州第五届中国国际中小企业博览会。

17 日　叶迪奇副行长在武汉出席基金销售暨“智慧选基”品牌推广会议。

11 月

3 日　叶迪奇副行长出席我行第二批试点分行与重点保险公司紧密型合作启动会。

11 月上旬　信用卡“分期宝”业务与百安居、百思买等全球知名企业成功合作后，近日宣布正式携手宜家家居、家得宝、美颂巴黎三大国际品牌巨头。

11 月中旬　交行推出个人“易贷通”贷款新产品。客户可在循环授信的基础上，一次申请，多次使用，且通过电话、网银等就可完成放款、还款和消费。

29 日　交行小企业信贷管理系统（SEMS）正式上线。

29 日　交行推出“得利宝”理财产品个人网上银行销售功能。

12 月

1 日　零售内部评级体系项目首批应用投产。

6 日　在由《理财周报》举办的“2008 年第二届中国最佳银行理财产品评选

暨 2008 年首届中国最受尊敬银行评选”活动中，“得利宝·新蓝 20 号”获“2008 年十佳理财产品奖”、“得利宝·QDII－澳视群雄”获“最佳全球配置理财产品奖”；个金部个金产品部获“2008 年最佳理财产品设计团队”称号；“得利宝”获“2008 年最佳理财产品品牌”。

12 月上旬　交行第一台自助发卡机在成都成功上线。

12 月中旬　交行太平洋借记卡“指付通”业务上线。

18 日　总行客服中心开展保险外呼业务。

六、华夏银行个人金融大事简记

2008 年

1 月

24 日　华夏银行个人理财产品“新股申购快线——新股只只打”在全行正式上线。该理财产品是以新股申购为主要投资方向的浮动收益型人民币理财产品。该项业务的开办不仅能够满足我行个人客户中短期理财的需求，带动华夏银行储蓄存款的增长，也能够有效增加我行中间业务收入。

1 月和 3 月　由华夏银行总行个人业务部牵头组织，分行具体承办的私营企业主贷款产品推介会（附内部经验交流会）在青岛、杭州召开，本次推介会提升了华夏银行私营企业主贷款产品的品牌，得到了政府主管部门、客户代表以及与会嘉宾的称赞，新闻媒体也竞相报道。

28 日～12 月 28 日　举办华夏银行炒汇赢——全行第五届外汇宝真实交易大赛。大赛结束后，按积分高低排名设置一等奖 1 名、二等奖 5 名、三等奖 10 名，并抽取了幸运奖 60 名。

“华夏银行炒汇赢——华夏银行个人实盘外汇买卖真实交易大赛”已经成功入围《银行家》杂志社举办的“中国金融营销奖”的第二轮评审。

4 月

1 日　华夏银行召开“携手 2008，文明、安全、规范服务在华夏”系列活动启动大会，会议启动了“携手 2008，文明、安全、规范服务在华夏”系列活动方案，并由总行个人业务部牵头组建了奥运金融服务办公室。

15 日　樊大志副行长、黎清总经理参加中国银监会“商业银行个人理财业务监管培训电视电话会议”，银监会领导传达了对个人理财业务的监管要求和检查安排。

4～5 月份　华夏银行总行组织全行 111 人参加了金融理财师（AFP）集中培训。总行两期培训班共有 91 人通过了考试。目前全行获得 AFP 资格人员 296 人，获得 CFP 资格人员 16 人。为华夏银行打造专业理财队伍提供了有力支持。

5 月

9 日　华夏银行完成了《华夏银行营业网点服务礼仪教学片》的拍摄和制作工作，为推动各分行贯彻学习，同时下发了《关于做好员工服务礼仪规范培训工作的通知》，要求各分行结合实际开展“四个一”活动，促进服务礼仪规范培训取得实效。

12 日　为加快推动个人业务产品助销员配备进度，规范助销员的用工管理，华夏银行在青岛分行召开了“个人业务产品助销员专题工作会”，会议围绕助销员的招聘及管理、助销员岗前培训和在岗培训进行了经验交流，进一步明确了加快个人业务产品助销员队伍建设的具体措施。

26 日　华夏银行与支付宝公司合作开发的华夏卡支付宝卡通业务功能正式上线。该业务的开办拓宽了华夏卡的网上支付渠道，华夏卡进一步融入百姓日常生活支付中。

26 日　总行组织开展了“快乐网购、多重奖励”主题营销活动，推广华夏卡支付宝卡通功能。

28日 华夏银行自主开发的ATM外卡收单业务在上海开通了Mastercard卡的受理业务；7月7日开通了VISA卡的受理业务，该业务的开办进一步丰富了华夏银行ATM的功能，也为华夏银行中间收入带来了新的增长点。

5月 华夏银行成立了财富管理试点工作小组，正式启动了与德银财富管理业务合作试点工作。

6月

3日 李翔副行长参加了银监会业务创新监管协作部组织召开的奥运金融服务和个人理财业务抽查和暗访活动情况通报会。3日下午，李翔副行长、奥运金融服务办公室负责人黎清到北京分行组织召开了奥运金融服务问题专题会。

3日 华夏银行在绍兴召开了“新建分行个人业务发展研讨会”，会议交流了新建分行发展个人业务的工作经验，研究解决存在的问题，探讨个人业务发展的新思路和新举措。

10日 华夏银行奥运金融服务办公室完成了《华夏银行个人业务产品和服务手册》制作工作，并发放各分行统一学习。

截止到11日 随着今年上半年第16家证券公司华西证券第三方存管业务的上线，华夏银行银证第三方存管合作证券公司累计达到40家，与我行建立合作券商营业部已覆盖全行31家分支行。

17日 樊大志副行长参加了北京市国资委组织召开的“平安奥运行动”电视电话会。

上半年 华夏银行推出13期理财产品，包括5期慧盈结构性理财产品、4期创盈信托类理财产品、4期增盈债券类理财产品。共销售48. 75亿元，实现理财手续费收入4471. 4万元，较去年同期增长3871. 28万元，占上半年个人中间业务收入的49. 6%。在产品选择上，根据市场环境和客户需求，大力开发出短期固定收益理财产品，期限选择上，推出了29天、72天、84天、92天、174天、1年、2年等多个期限，满足了我行中高端客户的各种投资需要。

上半年 华夏银行创盈6号荣获《21世纪经济报道》主办的“金贝奖2007年度金融理财产品评选”颁发的“年度最佳人民币理财产品”奖。慧盈1号荣获《21世纪经济报道》主办的“金贝奖2007年度金融理财产品评选”颁发的“年度最佳结构型理财产品”，以及证券市场周刊举办的“2008财富管理论坛暨2007金牌理财银行、衍生品投行颁奖典礼”颁发的“金牌结构性产品”奖。慧盈9号荣获《上海证券报》举办的“2008第二届中国金理财评选”颁发的“金理财中国十佳银行理财产品”奖。我行理财产品的创新能力和市场把握能力的不断提高。

上半年 华夏银行开展了“个人炒金免费开户送大礼优惠月活动”、“华夏银行黄金牛市炒金大赛”，总行在13家分行组织黄金投资理财报告会，个人黄金客户新增1. 55万户，累计有效客户达2. 08万户；成交量2002. 2公斤，成交金额4. 2亿元。

经过今年上半年几个月的磋商，华夏银行上海分行与德意志银行签订了开展个人房屋按揭贷款业务方面合作的协议，德意志银行将其按揭贷款客户推荐给我行，由华夏银行按相关标准予以审查审批和贷后管理工作。与德意志银行的合作，拓宽了华夏银行个人住房按揭贷款业务客户开发的渠道，有利于华夏银行住房按揭贷款业务发展。

7月

3日 总行组织召开了“携手2008，文明、安全、规范服务在华夏”系列活动交流推动大会，地处奥运赛区的北京分行、沈阳分行、上海分行、青岛分行以及南京分行、聊城支行分别就做好奥运金融服务工作交流了各自经验。

9日 翟鸿祥董事长、成燕红监事长、李翔副行长等总行领导在总行奥运服务办公室负责人黎清陪同下，到北京分行检查指导奥运服务工作。总行领导先后检查了北京分行阜外支行和平安支行，并分别与阜外支行、北京分行领导班子进行了座谈。

14日 吴建行长、李翔副行长、北京分行韩运福行长及总行个人业务部人员在北京分行秀水支行，接待了奥运支付环境建设领导小组组长、中国人民银行苏宁副行长，中国银监会郭利根副主席，以及北京奥组委、北京市政府相关领导一行，对华夏银行在秀水市场的POS受理环境建设情况、ATM受理外卡情况和秀水支行窗口服务情况的检查。经检查，华夏银行各项工作达到奥运支付环境建设要求。

14日~17日 翟鸿祥董事长、李国鹏工会主席在总行奥运服务办公室负责人黎清陪同下检查指导了重庆、成都分行的奥运金融服务工作。

15日 总行个人信贷业务信用风险垂直集中管理体制改革的工作启动，总行下发了《关于全行个人信贷业务信用风险实行垂直集中管理的通知垂直集中管理的通知》（华银办发〔2008〕1304号）。10月20日，个人信贷业务信用风险垂直集中管理体制改革完成。

17日 李翔副行长到北京分行安定门、奥运村、北沙滩等三家支行视察了奥运服务工作。

19日 为提高营业网点奥运服务水平，总行组织了奥运英语口语水平考试。

25~26日 由总行个人业务部组织、总行资金营运部、基金托管部、金融同业部、投资银行部、市场与操作风险管理部、合规部和9家分行个人业务部总经理等人员参加，在呼和浩特召开了个人理财业务研讨会，会议对分支行的理财产品需求、总行产品部门产品计划以及理财突发事件应急预案进行了研讨。

7月 总行组织制订了《华夏银行理财业务突发事件应急预案》，陆续启动了慧盈2、3、5、7、9、10号产品和创盈7号产品应急工作，及时设计并推出了收益较高的理财产品进行兑付衔接，有效减少了客户的投诉。

7月 为丰富我行客户增值服务内容，我行南宁、常州等8家分行上线试运行个人贷款“短信通”功能。

8月

5日 华夏银行奥运服务活动办公完成《华夏银行营业网点服务检查手册》、《华夏银行营业网点规范服务手册》和《华夏银行国外客户产品与服务介绍》编制工作并发放各分行。

14日　华夏银行总行个人业务部牵头，会同资金营运部、金融同业部与11家分行（慧盈3号销售量较大的分行和奥运城市分行）的主管行长和个人业务部总经理，在南京召开了慧盈3号应急准备工作会议，会议通报了慧盈3号产品最新情况、应急准备工作安排和要求、后续产品安排情况，分支行汇报了慧盈3号投资者结构分析、应急工作准备情况、存在问题和建议等。

10月

1日~12月31日　总行组织了“客户立行，勇创佳绩”个人业务营销活动，推动全行开发个人贵宾客户和银证第三方存管客户。

10月初　总行组织上海分行与德意志银行签订了《按揭贷款合作》协议，两行正式开始按揭贷款业务合作，与德意志银行的合作进一步拓宽了华夏银行按揭贷款业务的营销渠道，增强了上海分行在当地营销按揭贷款的优势。

截至10月，全行全面完成了ATM自主外卡收单业务上线工作。

10月　总行组织了理财业务上岗资格考试，全行有434人通过考试。

10月　总行组织举办了首期CFP国际金融理财师集中培训班，全行有43名理财业务人员参加培训并通过了考试，我行理财人员队伍进一步壮大。

10月　华夏银行VIP客户管理系统二期成功上线。该系统实现了总分支行分级管理，能够及时准确地统计总分支行的VIP客户数量、客户资产，便于业务管理和贵宾客户营销。

11月

20日　总行组织召开了奥运金融服务表彰大会，总结表彰奥运金融服务工作取得的成绩，总行行领导向获奖单位和获奖个人代表颁奖，并号召全行发扬奥运金融服务精神，将“服务兴行”精神深入贯彻下去。

27日　在人民银行和公安部组织开展的全国性《联合整治银行卡违法犯罪专项》活动中，华夏银行因加强银行卡风险管理，营造安全、和谐、高效的奥运用卡环境中表现突出，获得了人民银行和公安部的一致好评，成为荣获人民银行和公安部联合颁发的“中国人民银行、公安部联合整治银行卡违法犯罪专项行动风险防范奖”组织奖的6家商业银行之一，并涌现出两名“中国人民银行、公安部联合整治银行卡违法犯罪专项行动优秀个人”。

11月　总行组织在济南分行召开了济南分行公积金贷款的业务需求讨论会，协助分行公积金贷款上线运行。

12月

1日　总行组织启动了“开卡好礼缤纷，网购E路精彩”——华夏支付宝联名卡营销活动。

24日　为抓住个人业务营销旺季，总行组织启动了“欢乐刷卡总动员，牛年佳节好运来”华夏卡旺季营销活动。

25日　华夏卡系列新卡面以全新的面貌面市，华夏卡新卡面是我华夏银行华夏卡发行以来第一次全面的形象升级、更新。同时为开展华夏卡形象宣传，总行拍摄了华夏卡形象广告片。

12月　华夏银行财富管理系统V1. 0开发完成。财富管理系统集中了全行中高端财富客户信息、产品信息，是理财经理为财富客户提供投资组合设计、理财规划及追踪管理等全方位理财服务的支撑平台，也是全行财富客户的集中管理系统。

12月　华夏银行完成了理财产品销售系统的开发和测试，为全行理财销售提供了有力支持。新的理财销售系统实现了全国通存通兑，支持多品种理财产品同时销售，便于实时了解销售进度，实现了总行统一操作、系统自动处理，为设计新型理财产品，满足客户多方面的需求创造了条件。

12月　总行全面推出了统一的贵宾客户增值服务体系，贵宾客户增值服务是对在我行金融资产达到20万元以上客户（包括贵宾客户、财富客户、私人银行客户）提供的，增值服务包括：贵宾健康医疗服务、机场贵宾服务、信息咨询服务；生日祝福、贵宾俱乐部沙龙活动、爱车服务、高尔夫练习场畅打等，改善客户体验，带动贵宾客户开发和维护。

2008年　华夏银行创盈10号获得金融界网站评选的2008最佳银行理财产品之“2008年度最佳信托投资型银行理财产品奖”。

2008年　华夏银行与德意志银行开展的财富管理业务合作进展顺利，完成了财富管理中心视觉形象及环境设计、网点装修、制度建设等。

2008年　乌鲁木齐、太原、福州等三家分行组织召开了私营企业主贷款推介会，总行个人业务部副总经理肖箭参加了推介会，并做了重要讲话。

第五编

金融创新

一、中国工商银行个人金融市场的新发展

中国工商银行个人金融发展综述

2008年，在总行党委的正确领导下，在全行个金战线全体员工的共同努力下，按照我行整体发展战略要求，总行个人金融业务部始终坚持打造中国第一零售银行目标，积极应对外部经济金融环境变化带来的巨大挑战，全面推进“以客户为中心”的个人金融业务与经营管理体制转型，改善和提高客户服务能力、整体营销能力、持续盈利能力和市场竞争能力，实现了个人金融业务的持续稳步发展。截至2008年11月末，全行个人金融业务创造营业贡献824.82亿元，实现税前利润606.44亿元，同比增长51%。

一、个人金融业务各项指标实现稳步增长

截至11月末，根据PVMS系统数据显示，全行个人金融业务已实现营业贡献842.82亿元，比上年同期提高210.16亿元。

（一）个人客户结构持续优化

截至11月末，全行资产5万元以上中高端客户数为2082.23万户，较年初增加284.78万户；其中全行理财金账户客户数量达到439.58万户，较年初新增137.24万户。中高端客户金融资产规模达37473.67亿元，占总资产的77.94%。

（二）八大主要业务保持同业占比第一

1. 储蓄存款业务余额同业占比第一。截至11月末，人民币储蓄存款余额38369.11亿元，同业第一；人民币储蓄存款较年初新增6417.62亿元，同比多增6709.17亿元。外币储蓄存款比年初增加3.72亿美元。

2. 个人贷款余额同业占比第一。截至2008年11月末，全行个人贷款余额达8044.97亿元，比年初增长606.25亿元，其中，个人住房贷款比年初增加542.17亿元，个人消费贷款比年初增加85.29亿元，个人经营性贷款比年初负增21.21亿元。我行个人贷款余额在四大行中占比为30.08%，位居四行第一。

3. 中间业务收入同业占比第一。截至11月末，我行个人中间业务收入为144.94亿元，占全行中间业务收入的35.3%。我行个人中间业务收入在四大行中的占比第一。

4. 个人银行类理财产品销售额同业占比第一。截至11月末，全行共推出153款人民币、42款外币个人银行类理财产品，累计销售额突破万亿，达11849.4亿元，同比增加767.11%。我行个人本外币理财产品销售额四行占比超过50%，以绝对优势领跑同业。

5. 代理保险业务同业占比第一。截至11月末，全行代理财险销售额为315.23亿元，同业占比53%，稳居同业第一。代理寿险销售额668.91亿，重夺市场占比第一的位置。全行累计销售保险产品（含寿险和财险）984.14亿元，较去年同期增长116.44%。

6. 代理基金销售同业占比第一。截至11月末，我行累计销售开放式基金3643.55亿元（3459.10亿份），实现了在基金代销额、基金存量、业务收入和客户数量等多项指标上继续位居同业第一，并有所上升。

7. 牡丹灵通卡消费额同业占比第一。截止11月末，有效灵通卡累计发卡量达1.90亿张，牡丹灵通卡消费额4859.71亿元，居同业领先地位。

8. 个人结算业务同业占比第一。截至11月末，全行个人结算业务实现收入22.06亿元，同比增长8.97%。个人结算业务结算额结算量及业务收入均居同业占比第一。

（三）客户经理队伍规模不断扩大

今年以来全行共组织金融理财师（AFP）培训2928人，国际金融理财师（CFP）培训817人。通过AFP资格考试人数累计达到7779人，其中，进一步参加CFP培训并全科通过CFP资格考试人数累计达到1225人。截至11月末，我行AFP和CFP资格人数在国内同业占比分别达到25.1%和39%，持续保持国内领先地位。

（四）渠道建设持续推进

截至11月末，全行新增完成装修改造和已处于装修阶段的贵宾理财中心达到1814家，占全年装修改造计划的97%，预计全年将实现3000家贵宾理财中心的建设目标，全行网点形象和服务环境将发生根本性改观和质量提升。建成财富中心100家，已经提前完成既定的建设百家财富中心的计划。

全行自动柜员机交易量继续攀升，分流作用进一步提高。共投放ATM机6000台，存取款一体机2700台，全行ATM数量共计26849台。全行自动柜员机当年累计交易量224673.64万笔，累计交易额14037.66亿元。全年自动柜员机累计单机日均交易量297笔。

（五）严格控制操作风险，千人发案率严格控制在2以下

二、坚持围绕客户需求，不断创新，推动各项业务持续协调发展

（一）强化协同营销，储蓄存款业务取得历史最佳成绩

截至11月末，全行储蓄存款新增6417.62亿元，在3、6、9三个月单月新增夺同业占比第一。今年以来，储蓄存款面临较为有利的发展环境，我部要求各行个人金融业务部门正确认识近期储蓄存款的发展形势，增强储蓄存款工作的紧迫感和责任感，正确处理储蓄存款和全行个人金融

业务战略转型之间的关系。

根据市场和客户需求的变化，采取各种有效措施，以代发工资业务为突破口，积极开展代发工资竞赛活动，在全行组织开展代发工资业务营销活动，督促指导各分行开展代发工资业务营销，加大对优质企业客户、机构客户的营销力度，截止到11月末，代发工资户数已经达到50969家，代发工资金额累计达到1452.25亿元，并促进了其他业务的捆绑营销和联动发展。

以各种理财产品销售带动储蓄存款增长，着重增强各种理财产品销售与储蓄存款之间的协同效应；以持续改进服务，提高服务水平来稳定和维护客户，通过增强交叉销售能力和提供多元化增值服务竞争优质客户，增加存款；突出同业占比指标考核，狠抓竞争力和市场占比的提升，促进储蓄存款持续稳定增长。

（二）各项个人理财业务稳步发展

1. 代理基金业务市场领先优势得到进一步巩固。在证券市场大幅下跌，同业竞争加剧，投资者趋于谨慎的不利背景下，我行积极参与新基金的设计开发，积极做好系统测试、产品培训、市场营销宣传等方面的准备工作，确保了各支基金代理发行工作的顺利开展；在存续期基金销售乏力的背景下，为促进存续期基金销售，大力推动基金定投业务发展，相继推出第五、第六批基金定投业务，并在全国开展了“2008倾心回馈”基金定投优惠活动及“我的财富笔记”有奖征文活动，以此加强基金定投营销活动的宣传推广，增强基金定投的知名度和影响力。继续加大代理基金业务产品和服务创新工作力度，在基金专户理财、代理券商集合资产管理计划、基金定投、利添利理财等领域实现了新突破。

2. 加大产品创新力度，狠抓合规经营，确保个人银行类理财产品销售业务健康持续发展。面对市场新形势，我部积极参与到产品研发创新过程中，建立需求引导型理财产品创新模式，拓宽产品来源，适时推出了“灵通快线”超短期及固定期限（四周滚动型）、“珠联币合”增强型浮动收益、股权收益权、葡萄酒收益权等多款市场首创理财产品，成为国内理财业务市场创新的领先者。围绕客户对信贷类固定收益理财产品大幅增长的需求，及时引入“信托+理财”业务模式，参与研发信托融资类理财产品，推出多款信托融资类热销产品，有效维护了客户资源。

在加大产品创新的同时，狠抓合规经营，健全理财业务制度体系，完善业务流程。一是认真贯彻执行银监会对个人理财业务风险管理、合规销售、信息披露等工作提出的监管新要求，全面开展个人理财业务自查整改工作，及时印发了《本外币理财产品销售管理办法》等系列规章制度及业务流程，建立了个人理财业务制度体系。二是实施系统化客户风险评估，完善和规范理财业务个人客户内部评估流程体系。三是细化了信息披露、营销宣传要求，加强了从业人员资格管理，建立并妥善保管客户档案等多项工作。

3. 代理保险业务销售量和收入实现大幅增长。今年以来，我行实施集中签约制度，严格产品准入和费率管理，提高工作效率，防范业务风险。同时，将银保通系统的开发和应用作为促进代理保险业务合规经营的切入点，今年来银保通系统分四批次投产15家寿险公司和5家财险公司，总上线公司数达到28家，上线保险产品达210款，数量居同业之首。大力开展保险营销推广活动，促进了业务稳定发展。截至11月末，全行实现代理保险业务收入25.22亿元，较去年增长145.26%。

4. 第三方存管业务和代理销售国债业务继续保持同业领先。截至11月末，全行累计新增第三方存管客户249.6万户，保持同业第一。代理销售国债611.67亿元，已提前完成全年500亿元的目标，继续领先同业。

（三）个人贷款业务健康较好发展

1. 面对今年以来市场发生的新变化，加之同业竞争压力的不断增大，以及分行间业务发展不平衡问题，积极做好个人贷款规模的管理工作。根据个人信贷业务发展实际情况，灵活调配信贷资源，以保证重点产品和重点地区业务发展的需要，努力实现全年营销目标。加强我行个人贷款品牌的管理工作，逐步健全个人贷款品牌的历史档案。

2. 坚持“打造第一按揭银行”的目标不动摇，大力发展个人住房贷款业务。一是加大一手房贷款市场的营销管理力度，严防按揭资源流失。继续加强与公司业务部门的沟通合作，加强经营联动工作的组织推动力度，贯彻联动制度办法，建立健全经营联动机制，落实按项目监测、捆绑营销、双向考核等具体工作措施。二是积极拓展二手房业务，继续巩固和加强与大型优质房地产中介机构的合作。三是利用新政策抢占优质客户和优质市场，积极做好纯按揭住房贷款、直客式个人住房贷款、固定利率个人住房贷款，综合利用存贷通理财增值服务手段和还款方式创新等新的服务举措竞争优质客户。四是利用政策调整，对符合政策要求的各类优质个人商用房贷款进行大力拓展。截至11月末，个人住房贷款新增542.17亿元，保持了良好的增长势头。

3. 全力发展汽车消费贷款。编写了《中国工商银行汽车消费贷款营销指导意见》，拟印发全行进一步推动个人汽车贷款业务持续健康发展。加强与安邦保险公司汽车履约保证保险的合作。汽车履约保证保险是一个确保投保人履行汽车贷款还款责任的险种，对保证银行贷款安全具有一定的积极促进作用。在对安邦保险公司的管理现状和产品进行分析和考证的基础上，编制双方合作的协议框架及操作流程，提出规范合作的可行性意见。

4. 委托贷款业务处获准筹建，积极做好重点品种市场开发工作。在委托贷款方面，为满足总后住房资金管理局需求，研究拟定了个人住房贷款拥军服务方案，分商业性及委托性两方面落实，供军队领导选择。在个贷非息业务方面，初步与人行征信管理局接触，商议开办代理个人信用报告查询业务从市场需求、政策、系统、合作方案几方面做了初步沟通，争取尽快开办。

（四）全力拓展牡丹灵通卡市场，促进全行借记卡业务快速发展

1. 深入挖掘优质的客户资源，以牡丹灵通卡作为市场拓展工具，重点做好牡丹灵通卡与各类个人金融业务的捆绑销售。遵循“以卡先行，再办业务”的原则，充分发挥牡丹灵通卡"综合交易账户"作用，将牡丹灵通卡与代发工资、基金、保险、理财产品、结算汇款、个人信贷、网上银行、电话银行等产品打包销售。将发展牡丹灵通卡与调整客户结构结合起来，瞄准潜力及中端客户发卡，以资产实力较强的中端客户和成长性好的潜力客户持续置换综合贡献度低、发展潜力小的低效客户。

2. 大力开展牡丹灵通卡刷卡消费促销活动，促进消费额的持续增长进一步突出灵通卡特有的刷卡消费功能，开展一系列灵通卡刷卡消费促销活动。综合运用赠礼、抽奖、限期优惠、积分奖励、商户打折等促销方式，策划不同主题、不同形式、不同内容的刷卡消费促销活动，确保牡丹灵通卡刷卡消费促销活动覆盖每个季度或每个法定节假日，吸引持卡人刷卡消费，继续保持灵通卡消费额市场占比的领先优势。

（五）其他中间业务稳步发展

一是加强全行个人结算业务营销。指导督促分行开展针对性的营销活动，选定目标客户，利用各种场所，大力营销"汇款直通车"业务，不断提升"汇款直通车"的品牌价值。推广自助汇款渠道，大力引导客户通过电子银行和自助机具等渠道办理转账汇款业务，减少对柜面资源的占用。

二是做好个人外汇业务。组织开展"留学之途，工行相助"出国留学金融服务主题营销活动和美国运通旅行支票营销活动。加强全行个人外汇业务视频培训，内容涵盖了个人外汇政策、结售汇交易、旅行支票、"全球快汇"等方面。组织北京、上海、广东分行营业部参加中国国际教育巡回展，组合营销宣传我行留学金融服务产品。

三、坚持以人为本，科学发展，建设更利于客户的管理机制和人员队伍

（一）"两化"改革持续深入，机制改革成效显著

2008年各行按照年初的统一部署，持续深化零售银行"专业化经营、系统化管理"改革工作。目前所有二级分行、直属分行均已经实施了"两化"改革，直辖市分行"两化"改革逐步试点，个金专职分管行长制度也逐步建立，内部机构职能进行了整合，部分改革行建立了"双重管理、双线考核"机制，新的体制和机制对全行业务快速发展起到了积极的推动作用，使得我行个人金融业务在不利的经济、金融环境下，仍然保持了稳定发展。

（二）以人为本，注重个人客户经理队伍建设

1. 加快推进全行专家型个人客户经理队伍建设，培养高素质的专业人才，提升我行个人金融业务服务水平。举办个人客户经理营销技能比赛，有效推动了各行分层次的培训、交流和比赛工作进一步加强全行个人客户经理队伍建设，全面提升个人客户经理销售技能和客户关系管理水平。加大金融理财师队伍宣传力度，在《金融时报》等权威媒体集中宣传我行金融理财师队伍建设工作，逐步树立我行理财专家形象。

2. 积极落实部署个人营销客户经理配备工作。为进一步加强个人营销客户经理队伍建设，促进个人金融业务健康快速发展，打造中国第一零售银行，积极与相关部室沟通，全面部署2008年新增5000名个人营销客户经理工作，处及时监督各行工作落实情况，规范工作流程，掌握工作进度。截至目前已有5190名新增个人营销客户经理配备到位，督促分行加强个人客户经理岗位培训工作，全面落实个人营销客户经理的配备工作。

四、坚持以客户为中心，将提高服务水平作为打造第一零售银行的核心

2008年全行在网点服务、渠道建设、流程再造等方面做了大量艰苦细致的工作，做出了不懈的努力，取得了显著的成效。

（一）精心准备，圆满完成奥运金融服务任务

3月以来，在总行党委的坚强领导和周密部署下，总行成立了由行领导挂帅，个人金融业务部牵头，11个部室组成的迎奥运文明规范服务活动领导小组。在活动开展七个月中，先后下发了下发《迎奥运文明规范服务系列活动方案》（工银办发［2008］211号），《关于开展奥运金融服务检查工作的通知》（工银办发［2008］302号），《关于切实抓好奥运期间个人金融服务工作的通知》（工银个金［2008］262号）等，专门制定全行奥运金融服务工作方案，开展了服务交叉检查活动；奥运期间，向国务院办公厅、银监会办公厅银行业协会报送奥运金融服务活动情况，跟踪报道全行奥运服务动态。全行上下精心组织、扎实工作，有力推动了网点改造、机具投放、支付环境完善、外币兑换、系统运行、安全保卫、投诉处理、应急管理、服务宣传等相关方面工作，胜利实现了全行运行安全零事故和金融服务零投诉。在这次奥运金融服务活动中，全行的高效服务、快速反应和应急处理运行机制经受了检验和考核，全行服务管理水平和营业网点的服务质量大幅提升，为奥运会和残奥会的举办提供了完备的金融服务保障，分别获得了银监会颁发的"中国银行业迎奥运文明规范服务系列活动组织奖"和中国人民银行颁发的"奥运支付环境建设优秀单位奖"等奖项，受到了国家相关部门的充分肯定和大力表彰。

（二）深入推进个人理财中心核心竞争力项目来提高网点服务能力

年初下发《关于做好2008年核心竞争力项目4.0版本深化推广工作的通知》，对项目4.0版本深化提高工作进行部署，目前实施了核心竞争力项目的网点数量已经达到6035家。同时，结合理财金账户服务升级验收工作，组织开展项目深化推广检查工作，确保新建成的财富中心和贵宾理财中心全部按照项目流程开展运营工作，巩固和落实项目的实施效果。要求各行提高PBMS系统的运用能力，增强优质客户营销服务系统性和科学性，充分发挥"两化"改革业绩评价系统的作用，加强网点和客户经理业绩考核，全面开展中高端客户服务工作，提高有效识别和主动销售能力。

（三）建立起统一客户视图下的网点分类管理体系，形成财富中心、贵宾理财中心、理财网点和金融便利店四类体系，同时大力发展电子银行，基本建立了以营业网点为综合门户的多渠道服务体系

截至11月末，全行财富中心和贵宾理财中心分别已建成100家和2767家，实施理财金账户服务升级、推出“六专”贵宾理财服务体系，初步形成了具备统一网点模式、统一标识形象的中高端客户专属服务平台。大力发展电子银行，推出贵宾版网上银行和电话银行，自助设备、网上银行等电子渠道的利用率持续提高，业务分流成效显著，目前电子银行交易占比已经提高到39.4%，较2006年初增长13.3%。

（四）大力发展财富管理业务，抢占高端客户市场

积极推动财富中心建设，各行投入运营的100家财富中心在财富客户开发与维护方面的旗舰店作用开始显露。强化培训，提高从业人员对财富管理业务的认识。先后举办了两期财富管理业务骨干培训班和一期“中高级管理人员财富管理业务培训班”，深化了各行管理人员对财富管理业务的认识。积极构建财富客户增值服务体系，结合本地财富客户需求，整合外部高端合作资源，举办“红酒品鉴”、“高尔夫畅谈”、艺术品鉴赏等形式多样等主题沙龙，开展财富客户“百分百财务诊断”活动，开发机场贵宾、医疗、教育等服务项目，提升了客户满意度和忠诚度。

五、坚持不断完善服务流程，积极推进“五个统一”工程

（一）完成“五个统一”工程二期目标

2008年我部在相关部室配合下，高质量顺利完成工程二期目标。一是实现彻底整合外围系统个人客户信息，基本实现各个系统客户信息的唯一；二是对现有银行户口结构和功能进行了升级优化，推出功能强大的新银行户口服务和产品销售服务系统；三是建立起全行统一、完整、高效的PBMS系统平台，通过系统整合了分散的以部门和产品为中心的个人客户营销管理体制，实现统一营销、统一服务、统一管理和统一考核；四是积极开发个人综合对账新产品，在全行大力推广电子渠道和有纸化的个人综合对账业务；五是全面推广实施“两化”改革项目，在全行投产了个金业务绩效评价考核管理系统，实现系统对网点、个人客户经理的零售营销业绩实施统一的绩效考核。

（二）稳步推进个人金融业务流程再造

按流程再造项目（一期）工作计划安排，第三阶段将重点解决理财业务、结算业务、储蓄业务、银行卡业务、电子银行业务、客户信息等6个方面存在的48个问题。流程再造第三阶段采取了调整参数、整合凭证、改造系统功能、优化劳动组合、加快服务硬件升级等措施，重点对个人结算、个人理财、网点自助设备、凭证管理等业务进行改造与优化。从实施情况来看，我行服务效率和服务质量明显改善，业务处理环节进一步简化，内部控制不断加强，有效缓解了网点压力和缩短客户等候时间。

二、中国农业银行个人金融市场的新发展

（一）中国农业银行个人金融发展综述

2008年是中国农业银行历史上极为关键的一年，这一年中国农业银行稳步推进股份制改革进程，实行战略大转型，提出了“3510”发展战略目标，牢牢树立了服务“三农”、城乡联动、融入国际、综合经营的理念。围绕着“3510”发展战略目标，2008年我行全面推进零售业务战略转型，狠抓网点建设，简化零售业务服务流程，加强产品研发、创新和营销力度，完善各项规章制度，积极培养零售业务人才队伍，各项业务保持了持续快速增长，综合经营效益显著提高。

一、零售业务转型全面启动，网点转型有序进行

（一）城市行零售业务战略转型方案开始启动

长期以来，我行一直以服务“三农”为己任，无论是网点资源还是业务资源多集中在县域及乡镇，而城市行业务发展则相对滞后。为加快城市行业务发展，实现我行零售业务战略转型，2008年9月，我行专门成立了“零售业务转型调研组”，该调研组深入调研了全国几十家支行和营业网点，制定完成了《中国农业银行城市行零售业务战略转型实施方案》。《方案》深刻分析了我行城市零售业务发展的现状，提出了转型的指导思想和工作目标，规划了转型的基本路径和实施步骤，并提出了转型工作措施，为今后一段时期推动我行零售业务发展提供了指导性依据。目前该方案正在积极实行中，可以预见我行城市零售业务将会迎来跨越式发展，逐渐形成城市业务、“三农”业务齐头并进、共同发展的新局面。

（二）网点标准化建设开始启动，网点转型稳步推进

零售业务要实现转型，网点转型是关键。2008年初，我行专门成立了网点管理办公室，开始组织实施全行网点转型相关工作。一年来我行在网点管理、网点布局、标准化建设、功能提升和规范化服务方面成效显著。

网点管理能力不断增强。2008年我行专门开展了全行网点普查与调研工作，通过对全行所有营业网点的摸底调查，全面掌握了全行网点的数量、结构、布局、基础建设以及装备情况，建立了一套比较完整的全行营业网点基础数据和营业网点电子地图，为今后优化网点布局，加强网点建设，提高网点的资源配置能力打下了结实的基础。在此基础上，通过与同业对比，发现了我行现有营业网点与其他行存在的差距，提出了网点总量调控、稳定乡镇、整合县城、优化城市、分类建设、渠道整合、人员配置和网点转型等方面的发展思路。

网点布局进一步优化，建设力度不断加强。为了改变现有不合理的网点布局，2008年我行撤销了一批低效、重复设置及长期停业网点、储蓄所，同时启动了样板网点建设，新建了一批精品网点、财富管理中心、理财中心和私人银行中心，形成了服务高端客户、中端客户和普通客户的多层次网点结构，网点布局得到了进一步优化。同时我行还加大了对新网点建设的不断投入，2008年我行累计投资网点建设项目3091个，其中骨干网点建设1334个、县域网点擦亮牌子1757个；立项总投资42.9亿元，其中骨干网点投资38.2亿元、县域网点擦亮牌子4.7亿元。

网点标准化建设开始启动。为树立我行股份制改革后的崭新形象，提升客户对我行营业网点的满意程度和认知程度。2008年我行制定了《中国农业银行营业网点形象建设标准》，全面实施网点建设“绿色行动”，启用了新LOGO，按照“先城市、后县域，先管理机构、后营业网点”的顺序，分期分批对全行机构网点的门牌标识和广告灯箱等进行全面更换。同时严格统一网点形象设计、统一网点建设标准、统一网点装修用材、统一设备设施采购配备、统一网点运营模式、统一网点服务标准等，力图打造农业银行统一的网点品牌形象。

中高端客户服务体系逐步开始形成。中高端客户服务体系一直以来是我行业务发展的软肋，作为网点转型的一项重要任务，2008年以来我行持续加大了对中高端客户的分层服务。投资新建了一批理财中心、金钥匙财富管理中心等高端客户服务平台。强化了中高端客户服务的科技支撑，继续加大对优质客户管理系统（PCRM）、金钥匙理财专家支持系统（CFE）的推广力度。2008年除西藏和福建外，全行基本实现了PCRM系统在一级分行的上线运行，基本实现了目标客户的筛选识别和评价，全行上线网点达到16849个，占全行网点总数的72%。

二、借奥运契机，网点规范化服务水平不断提高

2008年我国迎来了百年奥运，为做好奥运期间的金融服务，我行积极行动，成立了由行长担任组长的迎奥运文明规范服务系列活动领导小组，在全国范围内广泛开展了迎奥运规范化服务活动，全行网点的规范化服务水平得到了明显的提升。

一是及时制定了《中国农业银行迎奥运文明规范服务活动实施方案》，及时转发了银监会和银行业协会的一系列文件、讲话和通报，及时向国务院、银监会汇报了我行奥运金融服务相关工作的进展情况，并得到了上级领导和相关部门的肯定。

二是积极动员部署迎奥运系列金融服务。2008年3月，在青岛组织召开了由6家赛区行参加的“迎奥运文明

规范服务系列活动启动会”，全面动员部署迎奥运文明规范服务工作。5月，首次组织了对奥运赛区、全国重点旅游城市进行“神秘人”服务暗访，对发现的问题要求及时改正。7月在奥运会开幕冲刺阶段，再次组织对9家分行的重点旅游城市网点进行暗访，同时组织召开“加强奥运金融服务工作视频会议”，项俊波行长亲自对奥运金融服务冲刺阶段工作进行了进一步的工作部署。通过各项工作部署，全行特别是奥运赛区迎奥运文明规范化服务活动取得了显著成效，在奥运会期间展示了我行的良好风貌。

三是在奥运期间，我行积极主动地协调总行奥运服务的相关部门和赛区分行，及时向银监会和银行业协会报送相关信息，编发迎奥运文明规范服务活动简报。建立了奥运投诉专线电话和应急值班机制，圆满完成了奥运期间的金融服务。奥运会后，我行在服务环境、服务品质方面得到了大幅提高，经中国银行业协会检查验收，我行有102个网点被评为“中国银行业文明规范服务示范单位”。此外，奥运期间，我行还涌现出了一批服务奥运的先进个人，受到广大客户的广泛称赞。

三、个人贷款经营模式不断创新，业务流程不断优化

（一）个人贷款经营模式不断创新

2008年是农业银行个人信贷业务全面整合、统筹发展的开局之年。为做大做强个人信贷业务，我行于2008年初专门成立个人信贷业务部二级部，实行统一的归口管理，并将个人贷款业务首次单独列出记入平衡记分卡考核内容。在此基础上，我行还积极探索个人贷款经营模式，在借鉴同业经验的基础上，制定了“营销下沉、审批上收、管理集中”的经营原则，同时部署山东、深圳分行开展个人贷款集中经营试点，对试点行集中经营的流程、环节进行剖析，查找试点行的问题与差距，不断调整与完善试点行的各类模式。目前集中经营试点工作进展顺利，即将进入全面验收阶段。

（二）个人信贷业务流程不断优化

2008年我行积极推动个人信贷业务制度梳理和流程再造，业务流程不断优化。一是编写了个人信贷业务操作手册，首次规范了所有个人信贷业务品种的具体操作流程，对业务操作的重点、难点和风险点进行了归纳、解析和提示，《手册》的下发，将作为一线个人贷款客户经理和个贷审查、审批人员办理业务的指导性教材，对个贷业务的标准化操作将起到重要的作用。二是积极推动个贷审批体制改革，根据个人贷款业务特点，制定下发文件统一了网上作业的数据录入规范，顺利推动了个人贷款网上审批的推广应用。三是完善个人信贷客户的信用评级体系、实行按业务品种和客户类别的差异化的评级办法与打分卡。四是对现有个人信贷制度进行了全面梳理，确定了修订、合并、废止、新增等四大类，经过梳理，使各类产品制度由原来的39项缩至25项，基本理清了个人信贷业务制度体系。

四、各项业务保持持续快速增长，综合效益显著

（一）个人存款业务

2008年以来，我行以开展“金钥匙春天行动”为起点，开展了系列综合营销活动，其中储蓄存款业务发展喜人。2008年人民币储蓄增长创历史纪录，增量份额稳居同业第一。2008年末我行人民币个人存款余额为37227.63亿元，比年初增加7570.36亿元，同比多增5666.88亿元，增长率25.53%。

（二）个人信贷业务

2008年我行个人信贷业务继续保持了持续快速增长，个人信贷结构不断优化，资产质量明显改善。截至08年底，我行个人贷款余额4640.84亿元，比年初增加284.89亿元，增长6.54%。其中个人住房贷款余额3197.14亿元，占比由年初的86.88%上升至89.61%；个人综合授信余额233.6亿元，占比从年初的16.5%跃升为26.6%，新增综合授信贷款86.6亿元，占非购房个人贷款增量的87.7%，成为我行个贷业务发展的新亮点；此外个人生产经营贷款、个人客户综合授信贷款和汽车贷款快速发展，占据了个人非购房贷款主导地位，余额占比达到80.1%。

（三）个人中间业务

1. 理财产品。2008年，我行理财产品实现突破式增长，累计发行本币个人理财产品36款，累计募集资金267.55亿元，比上年增长187.57%；累计发行汇利丰外币理财产品27款，累计募集资金折19111.32万美元。

2. 基金代销业务。2008年，我行累计销售基金1394.84亿元，实现销售收入19.14亿元，完成基金开户17.54万户。为应对市场竞争，丰富产品数量，我行不断加快业务拓展，提高产品上线速度，截至2008年底，已有44家基金公司的共计293只基金在我行上线，占到市场上开放式基金总数（487只）的60%。2008年，我行共辅助代销221只基金，占我行上线产品总数的75.4%。与此同时，我行基金产品的结构也得到不断优化。为顺应市场形势，满足投资者需要，我行加大了参与债券型基金、货币型基金和保本基金等低风险产品的销售工作，已经有80只低风险产品在我行上线，低风险基金产品所占比重较2007年上升了6.3%，达到27.3%；低风险产品的销售量更是大幅提升，货币型、债券型、保本基金的销售量占到基金总销售量的72.5%。

3. 代理国债业务。2008年我行承销凭证式国债五期，承接发行计划156亿元，占财政部全国发行规模的12%，位居市场第四位，完成发行计划的97.6%，与去年相比提高7.4个百分点。其中第四季度我行承接发行计划24亿元，实际销售23.9亿，完成包销计划的99.7%，计划完成率较上年同期提高12.5个百分点，较前三季度提高2.5个百分点，显示国债作为重要的投资产品重新回到投资者视野。

2008年我行共代理发行了三期储蓄国债，金额达31.45亿元，其中第一、二期基本额度承销比例为9%，第三期承销额度为8%。目前我行只有11家分行可以开办储蓄国债（电子式）业务，明年将在全系统推广。

4. 黄金业务。2008年我行个人实物黄金代理买卖业务的推广步伐进一步加快，代理网点已从年初的6家分行22个网点扩大到年末的17家分行73个网点；代理实物黄金累计交易量达1852.92公斤，是2007年交易量的1.89倍，其中销售量1748.94公斤，累计购回量103.98公斤，累计交易金额达到3.74亿元。

2008年我行自主品牌的实物黄金“传世之宝”正式上线。宁波分行作为首家试点行，自开办业务以来，发展趋势良好。宁波分行共销售“传世之宝”实物黄金388.75公斤，销售金额8487.02万元，在当地四大行黄金销售市场中占据绝对领先地位。

（四）银行卡业务

2008年根据人民银行及银联统计数据披露，我行银行卡发卡总量、消费额、卡存款、ATM机具总量、银行卡收入、银行卡跨行交易额、跨行交易量等业务指标均居同业第一；收单商户数量同业第三，信用卡发卡量同业排名第四。从发卡情况看，全行发卡总量达到3.46亿张，比年初增长2912万张，增长9%，剔除清理睡眠卡因素，实际增长5600万张。其中：贷记卡928万张，比年初增长603万张，增长185%，超额完成全年新增500万张任务，增幅在工、农、中、建、招五大发卡行中最高；惠农卡810万张，完成全年任务的162%。从受理情况看，全行不断加大自助机具投放力度，加快拓展特约商户，ATM总量达到3万台，特约商户总量15.2万家，分别比年初增长了29%和93%，圆满完成了2008年奥运会服务保障工作；银行卡跨行交易量和跨行交易额同业第一，发卡方跨行交易成功率99.29%，居四大行首位，银行卡受理环境进一步优化。

（五）电子银行业务

目前我行已经基本建立起了以网上银行、电话银行、手机银行、自助银行为代表的电子银行渠道体系，初步构建起了客户服务中心、经营门户网站和消息服务平台等电子渠道服务平台，基本形成了多渠道、交互立体式电子银行产品和服务体系，“金e顺”电子银行品牌内涵日臻丰富和完善。

在网上银行方面，我行产品不断丰富、功能日趋完善，注册客户规模和交易量增势迅猛。2008年末，全行网上银行个人注册客户达到1200万户、企业注册客户达到31.9万户，分别比2005年末增长14倍和3.5倍，年均增长147%和65%，2008年个人网上银行、企业网上银行累计交易额分别达到8.2万亿元、22.4万亿元，分别比2005年增长了11.5倍和4.8倍，年均增长133%和80%。

在电话银行方面，我行原有的电话银行为省域电话银行服务中心模式，各行系统不尽相同、功能较为简单。经过近几年的发展，我行统一了全行的电话银行自助语音服务系统，为客户提供7×24小时全方位的金融服务。2008年末，全行电话银行个人注册客户达到766.7万户、企业注册客户达到30.7万户，分别比2005年末增长了2.9倍和1.1倍，年均增长57%和29%。2008年电话银行累计交易额3838亿元，比2005年翻了两番。

五、产品创新层出不穷，市场竞争力不断提高

2008年，我行加强跨部门、多渠道合作力度，加快各项业务产品创新步伐，产品创新实现了跨越式发展，新产品层出不穷，市场竞争能力不断增强。

一是在个人负债产品方面。我行研究开发了个人存款联名账户业务、“吉祥三宝”贺庆储蓄业务、储蓄存折全国通存通兑业务，目前系统测试工作也已接近尾声，相关制度也报银监会审批试中。同时我行还升级改造了存款证明系统，研发了个人客户网点开户（签约）流程优化、资金归集、自动转账等三个项目，负债类产品的竞争能力不断增强。

二是在个人信贷产品方面。正式推出了金钥匙好时贷——个人贷款系列品牌，旗下产品包括个人住房贷款、汽车贷款、个人综合消费贷款、个人综合授信、个人生产经营贷款等产品。新推出了个人自助循环贷款、个人住房“气球贷”、本息分别还款、自动提前还等个贷新产品。其中了个人自助循环贷款，作为个贷业务重点主打产品，其功能已达到同业领先水平，并在“2008年中国国际金融（银行）技术暨设备展览会”上荣获“优秀金融产品奖”。

三是在个人中间业务产品方面。推出了高端客户专属理财产品“金钥匙·财富宝”系列，并成功安排了产品发行；通过与中介机构合作，制定完成基金组合及资讯服务方案；在“传世之宝”正式推出的基础上，成功推出“传世之宝”金钱，市场反响良好。积极研究设计代理实物黄金产品“即时成交、延期提货”的销售模式，目前已与相关企业签署协议。

六、营销形式多样，品牌形象深入人心

2008年我行加大了个人业务的营销力度，展开了一系列专题营销活动，营销形式多样，品牌形象逐渐深入人心，有效地支持了我行各项业务的发展。

一是连续第四年成功组织“金钥匙—春天行动”个人业务综合营销活动。首次与影视界携手合作开展营销宣传活动，联合华谊兄弟传媒集团，借助冯小刚导演2009年贺岁电影《非诚勿扰》及演员进行系列营销活动，开启并引导社会公众关注和参与“金钥匙—春天行动”。12月19日，2009年“大行德广—伴您成长—金钥匙春天行动”启动仪式和新春电影招待会在北京胜利召开。启动仪式由项俊波董事长与银监会领导共同为农行新LOGO揭幕，200多名总行级法人优质客户及个人高端客户代表出席了该活动。此次活动成为农行成立以来规模最大、影响范围最广、媒体反响最好的活动之一。

二是开展了多项中间业务专题营销活动。2008年我行发行了农银成长和农银增利基金两只基金，在股票市场持续低迷的情况下，我行顺利完成基金发行任务，超额完成了预定目标，刷新了2008以来成立的股票型基金的最高募集纪录，提升了我行的整体品牌形象和市场地位。2008年我行还开展了系列银行卡、电子银行业务营销活动：包括金穗卡发卡量超3亿张主题营销活动，金穗通宝贵宾卡系列营销活动，“联动卡友心愿，祝福盛世中华”的主题营销活动；“用农行网银，助灾区重建”，“迎奥运，金e顺

倾情送大礼”、“金e顺在成长”等活动。通过这系列的活动很好地提高了我行的品牌形象，有效地促进各项中间业务的发展。

三是个贷业务品牌建设不断加强。针对我行一直未建立个贷主品牌的现状，通过与广告公司开展密切配合，设计了个贷整体形象、分类形象和各单项产品的宣传广告共计三大类，构建和完善了个贷业务宣传系列，塑造了我行金钥匙“好时贷”崭新的个贷品牌形象。同时在全行范围内展开了针对优质楼盘的置换式个人住房贷款专项营销活动；选择了部分重点地区和优质团体，开展了个人优质客户团体联动营销；明确配套比率，开展了住房开发贷款与个人住房按揭贷款的联动营销等活动，有效地促进了个贷业务的发展。

七、风险管理能力不断加强，精细化管理水平不断提高

2008年我行在大力发展各项个人业务的同时，根据市场的变化，加强了制度梳理和修订，积极开展专项现场检查和自律检查，及时发现问题并督促各分行进行整改，风险管理能力进一步得到了增强，精细化管理水平不断提高。

一是加强了对基金、理财产品销售风险的管理。2008年我国股市深幅调整，针对部分基金、理财产品跌破净值的现状，我行积极从源头上加强信息披露和风险提示，下发了《理财产品信息披露管理办法》，对理财产品信息披露流程、环节做出统一规定；编制了《证券投资基金投资人权益须知》，要求所有基金代销网点必须在显著位置悬挂或张贴；全面开展基金客户风险测评工作，个人客户只有在填写《个人客户风险承受能力评估问卷》后才能进行基金的认购或申购。通过上述措施，有效地加强了客户风险意识，控制了基金、理财销售中的风险。

二是积极贯彻落实了上级监管机构检查工作部署。根据证监会要求，下发了《关于做好基金销售业务自查和现场检查工作的通知》，要求各分行认真开展基金业务自查工作，并对基金销售业务各环节进行一次全面深入的梳理。对各行的自查结果，我行进行了汇总分析并形成了自查报告。同时，我行还积极配合银监会开展理财产品现场检查，形成了《关于建议加强资本市场权益类人民币理财产品风险预警和防范的报告》，对资本市场存在的风险向进行预警。

三是总结了个贷业务发展经验和教训。先后形成《关于个人人寿保险单质押贷款业务后评价报告》、《个人客户综合授信贷款业务后评价报告》及《2001年以来立案查处的个人信贷业务案件分析报告》，编写完成《个人信贷业务风险案例》初稿，为今后规范发展个贷业务提供了有益借鉴。

四是加强了个贷检查和在线监测力度，业务风险得到了有效的控制。一方面开展了多项检查活动。组织了对全行“二套房”政策执行情况的专项检查，并向银监会提交了专题报告；督促各分行对已发现的假按揭贷款进行整改清收；着手准备抵押权证办理情况专项检查；另一方面，通过在线监测，对个别分行不良贷款及时发现，限期整改。

八、培训与管理并抓，零售业务队伍体系初具雏形

2008年在全行战略转型、零售转型的关键时期，我行深刻意识到了人才培养对零售业务的重要意义，零售业务转型不仅是营业网点等硬件设施的转型，更是人才等软件环境的转型。要成为最大的零售银行，必须要有一支综合素质过硬、专业知识过硬、服务水平过硬的零售队伍大军，全面满足零售客户的需求。2008年我行展开了各种业务、新产品的培训，培养了一大批优秀的零售业务队伍。

一是开办了首期全行零售业务内训师培训班，培养了我行首批总行级内训师。2008年初我行从各分行挑选了36名学员举办了为期30天的内训师培训班，就服务礼仪、视觉营销、投诉及应急处理、职业技能等网点文明服务进行了培训，为我行零售业务板块培养了一批优秀师资力量。

二是举办了全国首期认证私人银行家（CPB）培训班。2008年我行委托中国金融教育发展基金会金融理财标准委员会举办了全国首期“认证私人银行家（CPB）”课程培训班，共45名学员参加，为建设高素质个人理财业务团队，推进金钥匙理财业务发展奠定了扎实的基础，同时为农行私人银行的发展储备了人才。

三是召开了首届农业银行金融理财师年会，搭建了理财师交流和学习的良好平台。年会于2008年10月25日在上海隆重召开，来自全行的71名优秀理财师代表参加了此次年会。年会就如何打造具有核心竞争力的理财师团队进行了深入探讨，明确了全行理财师队伍建设方向。此外，会上邀请了荷兰银行和东方汇理公司的专家进行了现场授课，农行6位优秀理财师代表在会上作了主题发言，年会取得了圆满成功。

四是加大了对理财师培训力度，满足个人理财业务发展需要。2008年总分行共举办各类理财师培训班63个，培训学员4060人，为个人理财业务的发展提供了人力资源保障。2008年组织了全行个人理财从业人员上岗资格考试，全行13万员工通过考试获得了农行个人理财从业资格证书。组织开展了个人金融业务专家库建设，遴选出200名左右的精英组建成农行个人金融业务专家库，为我行个人金融业务的发展提供智力支持和技术保障。

（二）中国农业银行个人金融新产品简介

一、个人自助循环贷款

业务简介

个人自助循环贷款是指您在农业银行获得了授信额度并签订相关协议后，可以通过电话银行、网上银行、自助终端等渠道，自助办理放款和还款的业务。

适用范围

目前，以下四种贷款业务可开通“自助循环贷款”：

1. 个人综合授信贷款　2. 个人综合消费贷款　3. 个人住房循环贷款　4. 个人助业贷款

申办方式

申请个人综合授信贷款、个人综合消费贷款、个人住房循环贷款或个人助业贷款，同时提出开通个人自助循环贷款的申请。通过审批后，农业银行即可为您开通。

业务优势

1. 贷款自主，瞬时到账：用款时可通过农业银行网银、电话银行、自助终端、柜台等渠道快捷办理。

2. 还款自由，节省利息：有闲置不用的钱，可随时自助提前还款，最大限度节省利息。

3. 一次签约，多次使用：一次开通个人自助循环贷，可多次反复使用。

4. 随时随地，贴身服务：无论何时何地，只要拥有电话或网络，就有贴身的贷款服务。

5. 操作简单，方便快捷：轻点鼠标或拨通电话，即可进行贷款和还款，省时又省力。

二、个人住房“气球贷”

业务简介

个人住房“气球贷”是一种新的个人住房贷款还款方式：贷款利息和部分本金分期偿还，剩余本金到期一次偿还。

适用对象

个人住房“气球贷”到期有一笔较大的本金需要一次偿还，因而适合资金实力较强的客户。

业务优势

1. 低利率，更省息：您可选择一个较短的贷款期限，适用较低的房贷利率，节省利息支出。

2. 低月供，更轻松：您虽然选择较短的贷款期限（如5年），但可以选择一个较长的期限（如10年、20年、30年）来计算月供，减少月供压力。

三、个人贷款本息分别还款

业务简介

个人贷款本息分别还款是指农业银行个人贷款客户在进行分期还款时，利息和本金可以分别按照各自的周期（月、季）进行归还的一种还款方式。

适用对象

1. 善于理财的人：比如，可以选择每月偿还本金，按季偿还利息，则客户在不需偿还利息的两个月内可利用这部分资金赚取收益，至少可以获得活期存款收益，赢得无风险回报。

2. 非按月领取固定收入的人：如经商者经营资金每季度周转一次，则可选择按月还息、按季还本，使还款频率和收入频率保持一致。

四、个人贷款自动提前还款

业务简介

个人贷款自动提前还款即个人贷款客户指定一个结算账号与贷款相关联，作为自动提前还款账号（可以是贷款还款账号，也可以是借款人其他存款结算账号）。签约后，农业银行将在每日（或约定日）日终对符合条件的结算账户进行自动提前还款处理。

适用对象

经常有闲置资金并希望提前还款以减少利息支出的客户。

申办条件

在农业银行进行个人贷款，且利率执行方式为非固定利率贷款的客户，均可申办本业务。

业务优势

1. 省息：每日（或约定日）自动提前还款，最大限度节省利息支出。

2. 便捷：想提前还款再不用前往银行排队等待，一次签约即可自动提前还款。

3. 灵活：在银行规定范围内，可自由设置最低留存额、最低提前还款额、最高提前还款额等，灵活配置您的资金。

五、“传世之宝”自营实物黄金

产品简介

“传世之宝”是中国农业银行推出的自有品牌的实物黄金投资产品。“传世之宝”目前有金条系列和金钱系列产品，纯度均为AU9999，有20克、50克、100克、200克、500克5种规格，工艺精美。“传世之宝”四字为韩美林手书，具有极高的观赏和收藏价值，是资产保值增值的保障。

业务优势

1. “传世之宝”是中国农业银行自主品牌的实物黄金产品，信誉卓著，为投资者提供更多理财选择。

2. “传世之宝”销售与购回报价紧贴国际黄金市场价格，投资回报率高。

3. “传世之宝”是商业银行品牌金条中首个可办理购回的投资金条产品，交易时间内随时可变现，使得投资者可以获得最大的投资收益。

4. “传世之宝”投资金条是国内市场上为数不多的采用锻压工艺制作的标准金条产品，工艺精湛、成色标准、质量上乘，有较高的收藏价值，同时也是馈赠的佳品。

三、中国银行个人金融市场的新发展

（一）中国银行个人金融发展综述

2008年，中国银行个人金融总部围绕集团发展战略，解放思想、转变观念，坚持长期稳健经营，坚持改革创新，坚持集约化经营、一体化管理，实现了各项业务又好又快发展。

2008年，中国银行个人金融业务稳步发展，建立了面向市场、以客户为中心的服务模式；全面落实重点地区与城市、中高端客户为主的发展战略；巩固优势产品，提升特色产品影响力；加快网点转型，提高网点综合效能；构建全球化的个人金融服务网络，为个人客户提供全面的跨境服务。2008年，中行个人金融业务实现税前利润232.18亿元人民币。

（一）以客户为中心，加强客户关系管理，以中高端客户为重点，扩大有效客户规模

积极开展个人客户金融资产全员营销活动，充分利用资本市场调整的契机，大力吸收储蓄存款。截至2008年末，中国内地人民币储蓄存款余额突破2万亿元，当年新增逾4000亿元；外币储蓄存款止跌回升，在全部金融机构（不含外资）中的市场份额为52.38%，较上年末提高0.59个百分点，继续保持绝对领先地位。继续强化“理想之家”品牌建设，着力打造“直客式”业务模式，不断优化营销流程，积极创新管理模式，全面推广“车贷宝”等个人贷款产品，2008年中国内地人民币个人贷款新增686.77亿元，市场份额提升至16.06%。

（二）大力发展个人中间业务

积极整合个人外汇及结算业务，提供“一站式”金融服务；扩大“中银汇兑”网点，提升品牌认知度，推广“侨汇通”业务，拓宽境外汇款来源，个人结售汇、国际汇款业务继续保持市场领先地位；充分把握奥运商机，销售奥运特许商品和贵金属产品实现净收入逾11亿元人民币。

（三）加强三级财富管理体系建设

正式推出“中银财富管理”品牌，全年新建理财中心159家，财富管理中心50家，私人银行10家。截至2008年末，中高端客户和金融资产余额分别较上年末增长16.44%和15.97%。网点与三级财富管理体系差异化的服务模式基本确立，服务模式转变进程加快，客户分层管理进一步加强，对传统网点客户提供标准化服务、对理财中心客户提供销售式服务、对财富中心客户提供顾问式服务、对私人银行客户提供管家式服务。海外中高端客户服务渠道建设取得重大进展。2008年，中国银行率先在澳门分行建立私人银行，成立专营私人银行业务的瑞士子行，新加坡分行财富管理中心也正在筹建中。

（四）大力推进营业网点转型

截至2008年末，中国银行在中国内地拥有营业网点9980家，累计改造网点6761家，网点改造率67.75%；投放ATM设备6220余台，柜台业务迁移率达到71.35%，进一步推动了网点业务分流和客户分层。在实施硬件改造的同时，中国银行大力推进服务销售流程、业务操作流程、管理流程整合工作；积极推进网点专业销售队伍建设工作，加快网点人员结构调整，推广综合柜员制，培养网点专业销售队伍。截至2008年末，专职大堂经理5300余人，专职大堂经理网点配备率53%，较上年末提高19个百分点。

（五）全力拓展银行卡业务

截至2008年末，中国银行在中国内地累计发行信用卡1578.61万张，较上年末增长38.60%。其中，贷记卡972.26万张，较上年末增长88.42%。累计发行借记卡12757.40万张，较上年末增长14.69%。其中，海外借记卡5.8339万张，较上年末增长156.04%。2008年，实现银行卡消费额3132.49亿元人民币，人民币卡商户收单交易量3140.93亿元，代理外卡收单交易额267.85亿元人民币，分别较上年增长24.68%、33.00%和2.98%，外卡商户收单量继续保持市场第一。

（六）进一步细分客户差异性需求，不断创新个人金融产品与服务

2008年，中国银行借助奥运平台，成功推出长城支付卡和长城预付卡，并开发出“携手奥运成长账户”、“奥运礼仪存单”、“福娃存折”等产品；依托全球服务网络和多元化服务平台，推出加拿大投资移民全程金融服务，代办在伦敦的中国签证申请服务，开展美国、加拿大、澳大利亚代理开户见证业务；加强银行卡产品和服务创新，实现营销资源共享，向中高端客户大力推广白金卡，向财政预算单位和大型企业推出公务卡系列产品，推出南航明珠中银信用卡、中银全球通信用卡等特色联名卡；完善银行卡网上支付和网银还款功能，推进小额支付卡业务；大力推广海外银行卡业务，在新加坡率先发行新币银联标准信用卡，在澳门、首尔等6个地区和国家发行海外借记卡；完成奥运城市和重点地区芯片卡（EMV）受理工作，圆满完成奥运银行卡服务任务。

2009年，中国银行将秉承“以客户为中心，以市场为导向”的服务宗旨，以“建设国际一流零售银行，成为个人中高端客户首选的商业银行，成为个人金融业务国际化程度最高的本土商业银行”为目标，整合业务架构，完善三级财富管理体系，改善收入结构，转变服务模式，加快产品创新，推进网点转型，优化业务流程，提高网均效能，加强品牌建设，构建全球化客户服务体系，实现海内外个人金融业务一体化发展。

（二）中国银行个人金融新产品与服务

第一部分　储蓄理财服务

一、爱心存单

1. 产品简述

“爱心存单”是2008年6月，中国银行浙江省分行与杭州市慈善总会共同推出的、与整存整取存款产品相结合创新性储蓄产品。“爱心存单”利用浙江省中行对私代理业务渠道发行，存款到期结清后，期间产生的利息（税后息）自动转入杭州市慈善总会在浙江省中行开立的慈善账户，完成捐款工作，客户到期仅支取本金。所有捐赠款项由浙江省中行与杭州市慈善总会共同管理，在四川灾区定向捐建中行慈善爱心学校。

2. 目标客户：全省个人爱心客户及部分公司客户

3. 创新特色

四川汶县5.12大地震造成了大量人员的伤亡和财产损失。为体现中国银行强烈的社会责任感，浙江省分行利用吸收公众存款的渠道，设计推出了“爱心存单”，将客户存款与慈善事业相结合，为客户在使用银行产品的同时提供献爱心的渠道，使有意愿的客户在银行也能购买到爱心产品。同时，“爱心存单”产品并非一次性捐赠救助，而是浙江省中行与杭州市慈善总会长期签约，捐赠款项可用于多项后续慈善活动和爱心事业。

二、代办易

1. 产品简述

“代办易”是2008年4月中国银行澳门分行与内地分行联动，为客户推出的代理开户服务，包括澳门分行为内地分行客户办理见证开户，内地分行为澳门分行客户办理见证开户等。

2. 目标客户

在中国银行开立账户的个人客户。

3. 创新特色

“代办易”是利用中银集团的整体优势，通过境外分行与内地分行的联动，为客户提供见证代开内地分行账户的独特服务，凸显了中国银行服务多元化特色。该产品在为客户提供跨境便利金融服务的同时，也对有意转移存款的客户起到了一定的维护作用，有助于使其存款在中银集团内部流转，避免了客户金融资产的流失。

第二部分　消费信贷服务

一、“理想之家·置换宝”个人住房按揭贷款产品

1. 产品简述

“理想之家·置换宝”个人住房按揭贷款是中国银行个人金融部于2007年12月推出的。中国银行“理想之家”个人贷款品牌经过前期的市场宣传和营销，已在客户中树立了较强的品牌影响力，“置换宝”贷款产品作为该品牌下的一款“直客式”产品，得到了客户的普遍认可。“置换宝”产品已经在中国银行开展业务的上海市分行、浙江省分行试点开办此类业务。

当客户出现改善居住条件换房需求，但又无法解决换房过渡时期资金和居住问题时，可以已有房产做抵押向银行申请置换宝贷款产品。该产品主要由两部分资金组成，其中通过已有房产做抵押取得的部分资金用做购买房产的临时费用之需，使客户在购买新房产时可以具有充足的资金；通过所购房产做抵押取得的部分资金用于购买新房产，实现居住条件置换的目的。在完成房产置换后，客户可根据资金周转情况选择销售已有房产、自行筹措资金等多种方式将通过已有房产抵押取得的按揭贷款全部归还，达到缓解在购置新房产过程中现金流不足的目的。中国银行也可根据合同约定，结合客户意愿、还款情况等情况将已有房产委托中行合作的相关中介机构，协助客户完成销售，期间发生的相关费用由客户承担。

2. 目标客户

有改善居住条件的换房需求，有产权清晰的住房，但又无法解决换房过渡时期资金和居住问题的个人客户。

3. 创新特色

（1）资金监管，交易更安全

选择“置换宝”产品，客户不必再担心资金流转过程中遭受损失，“置换宝”产品从操作流程及风险控制上更切实有效地保障了客户的权益。由中国银行为客户的资金划转提供监管服务，通过利用银行的信用为客户提供资金支付保证，提高交易资金的安全性。

（2）产品更贴心，交易更实惠

当前，国内同业现有的住房按揭贷款产品从功能上主要集中于解决优化客户在购置新房产过程中的业务处理流程，为客户尽可能地节省部分贷款利息，提供可选择的灵活多变的还款方式等问题，但缺少可以帮助客户解决在购置房产过程中可能存在的短期资金需求缺乏的产品。而中行推出的“理想之家·置换宝”个人住房按揭贷款产品则主要是针对有改善居住条件的换房需求，但又无法解决换房过渡时期资金和居住问题的客户，由中行为客户解决其在购置新房产过程中办理按揭贷款时出现的临时性资金需求，使客户在购买新房产时可以具有充足的资金，并且该产品是对中行原有“直客式”住房按揭业务流程进行的梳理和优化，是对中行“理想之家·易居宝”和“理想之家

·安居宝”产品的延伸与深化，使客户可以享受“直客式”购房一次付款，节省可观的中介佣金，享受优惠利率等优惠，真正地做到为客户服务，让利于客户。

（3）便捷服务，交易更轻松

在业务发展与产品推广的过程中，该产品所适用的目标客户可以直接到中国银行指定的带有“理想之家”标识的业务受理网点进行业务咨询或业务受理，享受一站式服务带来的专业化服务品质。

（4）在线审批，贷款更快速

中国银行在全辖范围内投产零售贷款在线审批系统，取代了以往纸文本审批的传统模式，集中审批、电子化处理，最大限度地提高了按揭申请审批的工作效率，使“置换宝”的客户获得高效便捷的按揭贷款服务。

二、加拿大投资移民金融服务

1. 产品简述

加拿大投资移民金融服务，是指围绕加拿大投资移民项目运作流程，结合申请投资移民的客户在申请加拿大投资移民过程中不同的需求，由中国银行（包括国内中行和加拿大中行）为申请投资移民的客户定制配套的全程金融服务，提供包括但不限于加拿大投资移民贷款、代理个人资信见证业务、代理加拿大中行开户见证、代理加拿大中行开借记卡见证、金融结算、咨询等相关服务。

2. 对加拿大有投资移民倾向的个人中高端客户，且至少拥有80万加元以上的净资产。

3. 创新特色

第一，该产品借助中国银行海内外一体化的专业金融服务和机构渠道优势，集聚加拿大投资移民市场上的优势资源，合力打造加拿大投资移民服务链，不仅为客户提供加拿大投资移民申请过程中（包括客户需求阶段、移民申请阶段、新移民落地阶段）的各种配套服务，方便客户投资移民申请，有效降低客户的申请成本，而且也是对中国银行现有出境个人金融服务流程的整合与优化，是业务服务与流程服务的有效结合，是对中行传统业务优势的一次集成创新，提高了中行个人金融服务品牌的市场影响力。

第二，通过境内外中行联动，实现对目标客户的全球化服务与营销，同时帮助加拿大中行加大产品创新力度，丰富个人金融业务产品和服务类别，支持其拓展汇款业务，拓宽存款资源，发挥汇款业务对存款业务的拉动作用，提升加拿大中行对中银集团的贡献度。

第三，该产品的推出在国内中行同时衍生出几个新的代理业务，如代理个人资信见证业务、代理加拿大中行开户见证业务、代理加拿大中行开办借记卡见证业务等，丰富了中国银行个人金融服务的种类，增加中间业务收益。

三、“长城·理想之家房车卡”

1. 产品简述

“长城·理想之家房车卡”产品是在依托中国银行和多家个人贷款战略合作伙伴强强联合的基础上，以普通借记卡金融服务功能为基础，全方位满足住房贷款客户和“有车一族”高品位生活需求的借记卡产品。该产品已于2008年3月起在境内中国银行各分行推广。

2. 目标客户

（1）在中行办理个人贷款的客户；

（2）愿意申请“长城·理想之家房车卡”并承担相关费用的中国公民。

3. 创新特色

借助现有“理想之家”个人贷款品牌和“长城卡”品牌，以“长城·理想之家房车卡”为载体，有效整合个人消费贷款产品与服务、借记卡产品与服务、房地产开发商的服务、汽车生产厂商的服务及其它中介公司的服务等多层次服务资源，更好地挖掘和满足客户的综合性消费需求与服务需要，进一步提升“理想之家”个人贷款产品及“长城卡”借记卡产品的市场影响力与品牌竞争力，提高客户对中行的忠诚度，推进中行的消费贷款、借记卡及其它个人金融业务的交叉销售和共同持续发展。

第三部分　汇款及结算服务

一、中银E缴通

“中银E缴通”系统是由中国银行广东省分行继“网点渠道”、“网银渠道”、“电话银行”和“自助银行”后新开发的电子网络终端综合服务渠道，已于2008年6月推向市场，成为广东省分行服务和拓展客户、发展个人中间业务的新平台。

1. 产品简述

“中银E缴通”系统可以无线或有线方式接入，客户资金通过银联系统清算，功能侧重于销售代理类业务（如话费充值、各类缴费、基金代理、机票代售、彩票代售等），在银行传统金融服务的基础上，满足个人客户更为全面的需求。“中银E缴通”系统终端不仅可以覆盖中行网点，也可根据需要铺设到人流较为集中的地方（如地铁、便利店、商场等），具有功能全面、易于推广、一站服务和操作简便等特点。

“中银E缴通”的主要功能如下：

（1）金融理财业务：打造金融超市，提供专业的理财信息和交易平台，拓展银行金融服务渠道和辐射区域，包括基金买卖、第三方存管、信用卡还款、按揭还款和汇款转账等众多非现金银行服务功能。

（2）营销推广类业务：集营销推广于一体，实时推广中行主流产品，包括各类金融机构和金融产品的宣传广告。以电子彩屏为主，辅以详细文字介绍，形成了具备网络规模的信息传播平台。

（3）车主宝业务：全面锁定“有车一族”高端客户群体的需求，包括缴纳交通罚款、车船税、养路费、年票、交强险、商业险等6项缴费业务。

（4）生活缴费业务：极大地满足个人客户的生活服务需要，包括缴纳移动、联通和电信话费、学费、电费等，以及财政非税代收的1000多项收费等日常收费项目。

2. 目标客户

所有银行个人客户（大部分交易支持银联卡）。

3. 创新特色

“中银E缴通”系统充分利用电子化手段，将形象宣传、产品宣传和业务交易融为一体，成为广东省中行领先同业的独创自助渠道。它不仅起到分流柜台简单业务、延伸和拓展网点功能、宣传销售银行代理的各种产品的作用，还满足了企业客户差异化宣传的要求，更可通过优质快捷的服务获取无法估量的社会效益。

（1）社会资源整合：“中银E缴通”系统在服务功能和服务领域上均具有较强的扩展性。通过该系统中行可与不同的企业单位进行合作，整合了社会资源，借助了更多的合作方和灵活的系统平台，突破了传统服务领域，在以往未能涉足的、被同业垄断的领域同样可以发挥出色的自助服务渠道功能。

（2）极大地丰富了服务品种：“中银E缴通”全力打造一个客户缴费平台，集合了客户日常生活所需的各类缴费业务及金融业务，并支持银联卡交易，在方便客户的同时，也是中行争揽客户资源的有利武器。

（3）较强的业务扩展性：银行金融服务系统和外部服务系统相互封闭独立运作，同时又共享电子服务渠道。外部服务系统的产品引入和功能升级灵活快捷，能够快速回应市场需求。两套系统相互补充和更新，具有强大的服务扩展性。

（4）增加了媒体推广渠道：“中银E缴通”的每台设备均配有双屏显示器，将广告传播和交易服务紧密结合起来，是自助业务发展的一个创新。随着使用规模的扩大，“中银E缴通”将成为极具影响力的媒体平台。

（5）“中银E缴通”开通了合作单位的宣传广告收费服务，增加了中行的中间业务收入，为增加银行盈利开辟了一个新渠道。

第四部分 投资理财服务

一、中银理财—深港澳财富通

1. 产品简述

“中银理财—深港澳财富通”业务是中国银行2008年2月推出的新服务，是中行在原有的与中银香港合作开展的见证开户业务基础上，进一步与中银香港、中银国际、澳门分行合作，为三地客户双向见证开立合作方账户，包括银行账户与投资账户。

“中银理财—深港澳财富通”以便利三地客户、免去客户奔波之苦为业务初衷，利用三地银行网点优势及彼此互信，彼此见证客户开立合作方银行账户、投资账户；通过电子数据传输渠道传送客户开户信息，加快整个开户进程；通过合作方账户间相互关联，实现客户网上银行三地资金自助划转的功能。“中银理财—深港澳财富通”的宗旨在于搭建深、港、澳三地客户投资服务平台，利用中国银行集团内部、境内外机构优势，打通三地客户资金流通渠道，实现客户享受三地投资理财服务之目的，打响“中银理财”专业品牌同时，拓宽客户投资理财渠道，实现银行、客户“双赢”局面。

2. 目标客户

主要目标客户为有投资港澳证券市场意愿的境内居民，有投资境内证券市场或赚取境内银行较高利息收入的港澳居民，以及具有资金往来两地需求的在澳务工人员。

3. 创新特色

中国银行总行、中银香港、中银国际和澳门分行四方合作的“中银理财—深港澳财富通”服务，从合作内容、流程设计、业务效率各方面均有重大突破。

（1）从合作内容上看，“财富通”是在2005年“海外财富管理服务”基础上的进一步深化，横向拓展合作对象的同时，纵向加深了各方合作程度。四方合作的双向见证开户服务，可使客户无需跨境即可办理境外账户开户业务，免去客户舟车劳顿之苦，同时开户成功后可通过网上银行实现深圳市中行、中银香港、中银国际、澳门分行间资金自由划转。

此合作模式一方面可为境内居民参与国际市场投资提供渠道，另一方面也为人民币升值背景下，港澳居民于境外进行人民币理财提供了可能。此次四方合作也将为日后四方业务交流、产品创新提供合作平台。

（2）从流程设计上看，“财富通”服务一改以往依靠纸质文件寄送的传统模式，在各方充分信任的基础上，引入了电子影像文件传输模式，即采取影像文件先行传送、先行开户，纸质文件随后寄送的见证开户模式，以系统支持实现业务模式优化，进而提高业务运营效率。

（3）从业务效率上看，“财富通”使用电子影像传输，可大大缩短开户文件传递时间，经过前期验证，可将传统的纸质文件寄送模式下近20天的工作周期，缩短在一周之内。业务周期大大缩短、业务效率大大提高，势必将增加该业务的吸引力，更能满足客户需求。

此外，“中银理财—深港澳财富通”服务为客户提供了海外财富管理的通道，在中银香港的资产、中银国际的交易佣金都将会扩大整个中银集团的业务收入。

二、“中银理财—V账户”

1. 产品简述

“中银理财—V账户”是中国银行深圳市分行于2008年2月推出的新产品，它是以签约的、具有特殊版面设计的长城电子借记卡为载体，集资金增值性与流动性于一身的资金管理账户，由深圳中行为客户提供账户资金的增值服务。客户在深圳中行开立“中银理财—V账户”，并签订账户管理协议，深圳中行按协议约定为客户提供新股申购、购买票据等增值服务。

2. 目标客户

（1）个人中高端客户群。“V账户”目标客户群定位于个人中高端客户，目的在于通过“V账户”的账户服务功能，提高此类客户对中行的忠诚度。

（2）第三方存管客户。以深圳中行的券商驻点人员和证券公司的经纪人为营销队伍，配备相应的营销费用，通过提供账户服务，扩大中行第三方存管客户资源。

3. 创新特色

（1）“中银理财—V 账户”服务内容主要体现在个人账户资金管理。通过中行自主开发设计的“V 账户系统”，在客户选择新股申购后，由中行为客户提供申购日的账户资金自动扣划，及新股申购获利返还的自动入账服务。而且 V 账户系统在新股申购日前的扣划规则，可最大限度保证客户资金的充分利用，可以确保申购日前一晚和次日早上返还的以往申购资金能够马上参与到下支新股申购。

（2）“中银理财—V 账户”流动性高。客户只需与中行一次签约，由系统于申购日自动检索客户签约的账户余额，按扣款规则自动扣除相应金额。申购收益由系统自动返还“中银理财—V 账户”。当没有新股申购时，客户资金留存于“中银理财—V 账户”内，客户可自由支取账户内的资金。当资金尚在新股申购中时，客户可通过中行“中银理财—V 账户”系统进行预约取款。

（3）“中银理财—V 账户”服务内容主要体现在个人账户资金管理。通过中行自主研发的“中银理财—V 账户”系统，已成功管理了“新股宝”、“票据宝”等理财产品，并取得了不错的收益。

（4）“中银理财—V 账户”配以专用个性化卡面，以区别于普通个人结算账户，同时以 V 账户命名，意图清晰明确，更便于对产品进行整体宣传营销，打响品牌。

第五部分　银行卡

一、中银白金信用卡

1. 产品简述

中银白金信用卡于 2008 年 8 月面世，是目前中国银行贷记卡产品中的首款高端产品，定位于尊贵、可靠、信赖、成功。为充分展现白金卡高端产品的独特性和差异化，满足细分高端客户日常支付需求及个性化需求，白金卡在产品核心功能设计上赋予了多项个性化特色功能以及丰富的迎合高端客户喜好的高端增值服务，同时充分整合中国银行内部资源。白金卡可视同个人理财贵宾卡，享受个人理财贵宾待遇。

2. 目标客户

白金卡将以行内各业务条线现有高端客户，如中银三级财富管理体系、大型跨国企业高级管理层为主要发卡对象，充分挖掘现有中银卡和长城卡客户并根据标准筛选晋升为白金卡客户，积极争取高端客户资源。

3. 创新特色

白金卡产品是一款集综合金融功能与高端增值服务于一体的高端信用卡产品，在多项服务和功能上具有创新特色：

（1）设置独立的白金卡贵宾专属客服热线 40066－95569，实现真正的“一站式”高端服务：可通过手机致电直接识别客户；全部采用人工激活卡片服务；提供全面的电话转接服务，客户只需致电白金卡客服专线即可享受全部白金卡增值服务，包括高尔夫球场预订、预约挂号、订房订票等，同时提供个人理财业务的咨询服务。

（2）全国首推国内紧急补现服务：白金卡持卡人因卡片丢失，并急需现金时，可致电白金卡客服中心电话，将卡片做挂失处理，同时携带本人有效证件到中行网点柜台办理紧急补现业务。

（3）特色增值服务：白金卡作为中行首款高端信用卡产品，提供了同业最优的增值服务，包括国内、外机场贵宾礼遇、畅打高尔夫以及每年 10 场精英高尔夫赛事、健康医疗、高额多重保险、酒店及机票升舱等独享增值服务。

（4）整合个人理财服务：白金卡可视同中银理财贵宾卡，出示白金卡可在中行网点可享受 VIP 绿色通道、异地存取款免收手续费等优惠，并进入全行理财中心、财富管理中心享受服务。

（5）其他创新核心功能：国内最长 59 天免息还款期，国内首推信用卡年度消费分析报表，同业最优挂失前 72 小时盗刷保险，以及最高 200 万元信用额度双倍永久有效积分计划。

二、长城公务卡

1. 产品简述

长城公务卡产品于 2006 年试发行，2007 年 2 月正式面向全辖发卡，截至目前产品线已形成包括企业公务卡、财政公务卡在内的完整产品序列，并包含多种针对不同客户的细分产品。其中，企业公务卡包含 MasterCard、VISA 双币种、银联单币种公务卡产品；财政公务卡包含中央预算单位公务卡、地方预算单位公务卡，并适应各地方预算单位需求推出特色卡面定制功能。

长城公务卡是符合国际规范的信用卡产品，具有单双币自由选择、信用消费、预借现金、主动及自动还款、大额交易确认、挂失零风险等功能，与中银系列其他个人信用卡具有相同的基本核心功能。同时，针对公司客户特定的用卡需求，提供最长 56 天免息还款期、多层级额度管理、公司财务对账单及财务分析报表等差异化特殊服务，并且为持卡人提供 200 万元航空意外保险、累积 3000 元航班延误险及累积 3000 元行李损失险，SOS 国际医疗援助与旅游援助服务、赫兹租车、携程机票及酒店会员预定服务、个人化积分计划等附加增值服务。

2. 目标客户

长城公务卡产品定位于尊贵、优越、成就感、活力。企业公务卡目标客户主要为世界 500 强企业在华分支机构、大型国有企业，及信用良好的大型民营企业等优质公司客户及非营利性机构等；财政公务卡目标客户主要为政府机关等各级财政预算单位。

3. 创新特色

为满足不同公司客户公务方面支付及管理需求，公务卡产品在产品属性、功能设置、客户服务方面特别给予定制，创新特色包括灵活的清偿方式、随需定义的账户架构、准确全面的账单报表服务以及周到细致的客户服务。

（1）多种清偿方式

为满足公司客户不同清偿方式的需要，公务卡产品特别推出个人清偿责任公务卡以及公司清偿责任公务卡，申领公司可根据自身财务制度进行选择。

（2）随需定义的系统核心架构

为了帮助公司客户增强财务控制能力，降低财务风险，长城公务卡支持灵活的系统核心架构建立。公司可根据自身组织架构，结合财务管理需要，建立具有其特点的"树型结构"，并据此进行分层级的额度控管、交易控管、账务核对和报表分析。

（3）迅速、准确地对账系统

为了保证公司客户及时、准确的了解分支机构及员工的用卡交易信息，长城公务卡建立了迅速、准确地对账系统。这个系统的优势体现在：自主设定对账单日、多样的对账单种类、灵活的对账单递送方式，以及多渠道的查询方式。

（4）多维度、全方位的财务报表系统

长城公务卡从6个不同角度对公务支出进行汇总与分析，按照不同频度向公司提交分析报表，并支持报表出具的灵活设定，帮助公司提高管理效率，为决策提供依据。

（5）安全、及时的数据传输平台

长城公务卡具有功能强大的数据传输平台，支持与公司ERP进行对接，为公司客户实现个性化数据处理、分析提供全面、及时的支持。同时，具备规范的数据传输处理流程，确保数据传输过程的安全性和准确性。

三、国航知音中银VISA奥运卡

1. 产品简述

国航知音中银VISA奥运信用卡自2007年7月正式发卡，它同时具备了中银VISA奥运信用卡以及国航知音会员卡的所有功能与服务，此外持卡人还可享受到该产品的三大特色功能与服务：双卡合一、双重礼遇，双重积分、三重里程奖励，以及高额航空保险套装。

2. 目标客户

（1）国航知音俱乐部常旅客会员群体；

（2）国航员工，尤其是国际航班乘务组人员；

（3）中国银行现有优质客户群体；

（4）社会上其他有经常性差旅需求的商务人士；

（5）对北京2008年奥运会有强烈认同感的优质客户。

3. 创新特色

（1）卡面设计将福娃与体育运动项目紧密结合，色彩绚丽充满动感，是经VISA国际组织特批的彩色金卡，是国内唯一的奥运信用金卡，极具收藏价值；

（2）"畅游世界"积分、"奥运梦想"积分以及国航飞行奖励里程，是国内仅有的三重里程奖励，优厚的里程回馈计划使持卡人可迅速累积足够的里程兑换免费机票等，深受广大飞行常旅客的喜爱；

（3）国内最先尝试在信用卡磁道内记录国航会员信息，持信用卡即可在机场指定的终端上刷卡完成身份验证、自助值机与里程累积，体验一站式的自助登机的方便快捷。

四、中国建设银行个人金融市场的新发展

（一）中国建设银行个人存款与投资业务发展综述

2008年，建设银行个人存款与投资业务围绕发展战略，坚持“以客户为中心，以市场为导向”的经营方针，积极应对外部市场环境变化，加快推进业务转型，夯实基础，各项业务快速发展，对全行的效益贡献大幅提升，市场竞争力明显增强。

一、2008年个人存款与投资业务营运的主要特点

（一）个人存款新增创历史新高

2008年，建设银行抓住市场机遇，积极开展营销活动，增强与投资理财市场的资金联动，大力吸收个人存款。截至2008年底，个人存款余额为29677亿元，当年新增6514亿元，创历史同期新高。其中定期存款增长显著，在新增额中占比达79%。

（二）新兴投资理财类产品高速增长

1. 个人理财产品销售实现几何倍增长。全年共销售理财产品424期/次，产品涵盖了银行、证券、保险等几大领域，募集金额超过上年的5倍。

2. 黄金业务增势迅猛。2008年，建设银行加快推出实物黄金新品，增加实物黄金业务开办网点数量，扩大销售渠道，开通个人账户金24小时交易，积极开展专题营销，促进了个人黄金业务的快速增长。

3. 代销保险业务网均和人均收入领先同业。2008年，建设银行通过网点转型释放销售能力，大幅提高代销保险业务市场竞争能力。当年个人存款与投资条线代销保险业务收入超过上年的3倍，网均和人均收入位列四行首位。

4. 代销基金业务表现突出。2008年，代销基金3256亿元，代理基金总数达到326只，形成了涵盖股票型、平衡型、债券型、保本型、货币型、QDII基金等完善的产品线，在市场及同业中树立了一流的基金销售品牌。

（三）借记卡新增发卡量突破4000万张

截至2008年底，建设银行借记卡累计发卡达2.71亿张，当年新增4757万张，借记卡对个人业务的基础地位和作用进一步巩固。

（四）自助设备数量位居同业首位

2008年，建设银行继续大力推进自助渠道建设，当年新增自助设备8039台，增长34%，累计总量已达31896台，位居同业第一。

二、2008年个人存款与投资业务成因分析

（一）营销活动效果显著

针对不同时期市场特点和热点，连续推出营销活动，成功把握机遇提升经营业绩，强化市场影响力，包括“龙卡升级新体验，建行好礼贺新春”一季度旺季营销活动、“刷建行龙卡，08共夺金”奥运主题活动、“建行E邮票”网络营销活动、“建行杯—中国家庭理财教育”系列活动、“小投入，大收益”基金定投活动“金秋银冬，喜迎丰收”四季度主题营销活动等，有效丰富了客户的金融生活，巩固和拓展了优质客户资源，推动各项业务持续快速发展。

（二）加大创新力度，满足客户需求

1. 研究细分客户需求，推出借记卡系列新产品。一是试点推出连接内地、香港两地双账户的陆港通龙卡；二是开发完成“姚明珍藏龙卡”；三是发行了“信达龙卡”、“幸福龙卡”、“读者龙卡”等联名卡，进一步丰富了借记卡产品线，为客户带来更加实惠贴心的交易体验。

2. 推出“结算通”产品。2008年4月份在全国开通“结算通”，该产品具备较强的结算功能，支持账户透支，较好地满足了个体工商户及私营业主对资金流动性的需求。

3. 创新推出存款与资本市场联动产品“自动理财账户—新股随心打”。该产品在充分保障客户对资金流动性需求的同时，积极参与市场投资，进一步丰富了客户的投资理财手段。

4. 简化存款挂失流程，提高效率。优化了代理挂失、当天即时销户、补发存折、密码重置等挂失业务流程，满足客户在账户、密码挂失后及时使用资金的需求。

5. 推出“平安理财宝”家庭投资型保险理财产品，有效促进了理财业务发展，较好地满足了客户多方位金融需求。

（三）系统建设有效支撑业务的发展

1. 渠道管理信息系统成功上线，建立全行完整、及时、准确的网点信息数据库；

2. 自助业务运营控管系统（ATMS）新阶段开发功能成功上线，实现了无卡异地存款、企业年金账户查询、ATMC备付金风险控制等新功能，在拓展业务的同时加强了风险控制。

3. ACRM系统一期在全行上线推广。系统通过实施三大业务主题、五大业务分析模型、36项业务多维分析功能，支持业务决策、精细化管理。

4. 个人金融产品营销服务系统试点上线，基于整合营销理论，构建了全行统一的营销服务平台，能够有效解决“挖掘客户、捕捉商机、把握营销机会”等系列问题，并将实现渠道营销标准化管理，促进个人金融产品营销模式变革，进一步提高销售能力和提升市场竞争力。

5. 完成了OCRM系统三期优化。通过实施扩大客户信息范围、完善客户评价、建立VIP升降级机制等10个方面功能，更好地支持VIP客户服务和产品销售。

6. 实现了全行准贷记卡集中授权，有效降低了运营成本，提高了客户服务效率。

7. 优化个人结售汇系统性能和相关功能，并在奥运前成功提速，有效提升了业务处理效率和客户满意度。

8. 开发了个人结售汇管理信息系统，为个人结售汇业务管理提供了便利。

9. 开发个人国际速汇业务系统，实现了与境外汇款公司的系统直联，客户可在各开办网点直接办理汇入款解付及汇出汇款。

10. 在理财产品综合支持系统上开发了自动理财账户功能，提高了理财业务的市场竞争力。

（四）加快渠道建设，扩大服务覆盖

着力打造差别化渠道体系，不断提升渠道服务能力，注重理财中心和自助银行渠道建设。截至2008年底，全行对外营业的理财中心达到2068家，扩展了富裕客户服务渠道覆盖范围；自助银行达3595家，有效分流了网点柜面压力，延伸了服务网络。

（五）稳步推进网点转型工作，增强销售能力

1. 提前完成全行标准化零售网点的转型工作。到2008年底，转型网点数量达到11610个，转型网点在客户服务、产品销售、员工体验、工作效率等方面都有了较大程度地改进和提高，客户等候时间缩短35%，日均产品销售量增长85%。此外，试点推进小型零售网点转型，规范小型零售网点转型的业务功能、岗位职责、服务流程和营业管理要求。

2. 推进网点二代转型，完成首批100个理财中心的推广，从岗位角色、VIP客户管理与服务、客户经理销售流程等方面进行了规范。

（六）加强队伍建设，提升人员素质

建立了个人理财岗位资格认证体系，明确了理财师培养采取行内和社会两条途径，实现了初级、中级、高级三级逐级向上认证的管理模式，提升了理财师队伍的技能水平。截至2008年底，取得理财师证书的个人理财从业人员共计30035人。

（七）持续提升服务品质

1. 建设客户体验中心，加强客户体验管理。在北京、上海、厦门、广州、成都建成客户体验中心，收集客户对产品和服务的意见和建议，不断提升服务水平。

2. 推进奥运服务，创造优质服务环境。2008年北京奥运会期间，积极提高外币网点开办率，拓展客户服务渠道，优化自助业务系统，开办外币储蓄异地应急取款业务，完善风险防范机制和应急处理措施，实现了奥运期间安全稳定运行，为境内外客户提供了优质高效的金融服务，获得了《金融时报》等媒体的好评，被银行业协会授予“中国银行业迎奥运文明规范服务系列活动组织奖”，北京安华支行营业部等113家分支机构被授予“2008年度中国银行业文明服务示范单位”称号。

3. 推出特殊金融服务，创新服务措施，全力支持抗震救灾。相继开通抗震救灾绿色通道，快速办理向地震灾区的捐款和汇款业务；推出“汇款免收费”、“受灾客户救急取款”、“免费结算”、“异地挂失”、“外币结汇特殊服务”、“理财产品提前兑付”、“特殊查询”、“善意提醒确保捐款安全”等服务措施；设立临时营业点，迅速恢复营业，在安置点附近服务客户，满足受灾客户金融需求。

（八）规范经营，确保业务健康有序发展

为进一步提高客户服务水平，制定了理财产品销售指引，针对销售人员，明确了产品销售过程中的风险揭示要求。同时，全面梳理理财产品，对可能出现兑付风险的产品制定有效应对措施。此外，加大对保险销售的管理力度，深入调研代销保险管理模式以及保险销售情况，规范柜面代销保险业务。

2008年，建设银行个人存款与投资业务各项工作快速推进，在实现业务健康、有序发展的同时，获得了社会各界的认可和好评，被银监会、人民银行、《理财周报》等机构授予了“中国银行业迎奥运文明规范服务系列活动组织奖”、“奥运支付环境建设工作优秀单位奖”、“2008年最佳零售业务领军团队”等23项殊荣。

（二）中国建设银行财富管理与私人银行业务发展综述

2008年，在面临国际金融危机蔓延和国内经济金融形势持续下行的不利背景下，建设银行财富管理与私人银行业务逆势继续保持较快发展速度，服务手段和水平明显改善，业务核心竞争能力逐步体现，高端客户数量和质量大幅提高，品牌的市场影响力逐步树立。

第一部分　2008年财富管理与私人银行业务经营情况

一、客户金融资产总量迅速增长

截至2008年底，全行高端客户金融资产月日均余额较年初增长138%，首次实现金融资产总量增速快于客户数量增速。其中，AUM1000万元以上高净值客户金融资产月日均余额较年初增长207%。

二、客户数量再创新高，分层结构持续优化

全行高端客户总量较年初增长93%，其中，AUM1000万元以上高净值客户接近年初的3倍，占高端客户总量的比例由4.13%提升至6.24%。

三、"建行财富"系列产品销售增长迅速，产品盈利能力取得实质性提高

2008年全行共销售高端客户理财产品74期，募集金额142亿元。其中，"建行财富"高端客户专属理财产品50期，募集资金107亿元。

第二部分 2008年主要工作

一、正式推出私人银行服务，积极探索具有建行特色的私人银行业务发展道路

2008年7月，建设银行私人银行在北京正式挂牌经营，并于8月份先后在上海、广东挂牌。建设银行秉承多年来财富管理业务经验，深入了解客户需求，致力为客户提供以资产管理为核心的全方位金融及非金融服务。与第三方机构合作，尝试为北京、上海、广东、浙江等地的机构和个人，提供了遗嘱信托、子女教育安排、家庭资金管理等个性化金融解决方案。在满足高净值客户深层次、个性化服务需求方面，迈出了实质性步伐。

二、加强产品服务创新，客户需求满足能力进一步提高

（一）丰富"建行财富"产品种类，加大产品销售力度

面对资本市场和客户投资偏好的变化，及时调整产品策略，加大对短期低风险产品的研发和推出力度。建设银行部分分行还推出了特色产品，如厦门分行发行了"建行财富?理财宝"人民币理财产品，深圳分行推出了"天天盈"、"周周盈"等理财产品。

（二）响应高净值客户个性化产品需求，推出定制化理财产品服务

为单笔投资金额1000万元以上的高净值客户提供产品定制化服务，当年共定制理财产品29期。

（三）持续做好理财产品创新工作

汶川地震后，建设银行快速创新推出"建行财富．爱心公益类"理财产品，以"爱，也可以这样表达"为宣传口号在全行组织销售，市场反响强烈，展示了我行快速的产品创新能力，诠释了"善者建行"的服务理念。

（四）创新推出营销协办模式，以专户理财为契机，实现了与第三方的合作通路

积极引入行外合作伙伴的产品和服务，为高端客户提供更多的专业投资理财服务，并进一步拓展了财富管理业务的盈利渠道。

（五）探索提供差别化传统银行产品与服务业务方向

根据高端客户的差异化服务需求和建设银行传统银行业务发展现状，明确了在优化传统银行产品、提供专属差别化产品、建立资产负债关联类产品、公司联动、资产账户管理等5大方面进行创新，在财富中心和私人银行为高端客户提供差别化的传统银行产品与服务。

三、稳步推进渠道建设，加快财富中心向专业化经营机构转化

（一）持续推进财富中心向专业化经营机构转化

截至2008年底，全行92家财富中心（占已开业财富中心总量的87%）完成了机构号设置和交易系统的引入工作。并明晰了财富中心业务交易模式，确立了账务核算的基本原则，为财富中心绩效统计及利益返还奠定了基础。

（二）继续稳步推进财富中心布局

在财富中心建设上，加大向重点城市和中心城市的资源倾斜力度，初步完成对高端客户资源丰富地区的有效覆盖。2008年新建私人银行3家，财富中心26家，截至2008年末，已开业财富中心总数达到106家。

（三）建立高端客户专属电子服务渠道

在北京、上海、广东、深圳等地试点，搭建一条独立的高端客户专属电子渠道，通过全程人工辅助交易为高端客户提供差异化金融与非金融服务。

四、借鉴美国银行经验，建立财富中心业务流程

2008年，建设银行与美国银行成功合作，开发了"高端客户关系管理项目"。经过7个多月的努力，在北京、广东、四川3家分行试点后，9月份正式在全行上线推广。该项目的完成，不仅规范了财富中心业务流程，而且对我们站在国际一流商业银行的"肩膀"上，加快建立本土化、建行化的财富管理业务模式，大有裨益。

五、丰富营销手段，客户维护拓展效能不断提高

（一）创建"建行财富"及"建行私人银行"品牌

通过举行私人银行揭牌仪式、开展"贡献中国"私人银行业务定向营销活动、首都机场T3航站楼及《财经》、《中国证券报》等13家媒体刊登广告等多渠道、多形式的进行宣传，提升建行财富管理和私人银行品牌知名度。先后获得《理财周报》"最佳零售银行（财富管理）"、"最佳风险控制私人银行"、"最佳银行财富管理中心"；金融界网站"最佳设计创新理财产品奖"、"中国私人银行服务十大影响力品牌"等5个社会奖项。

（二）全行持续开展营销活动

2008年，建设银行开展了"了解你的客户"、"客户推荐客户"、"奥运营销"、"贡献中国私人银行业务定向营销"等4次全行性的营销战役，取得良好成效。其中，通过"了解你的客户"活动，全行财富中心客户签约率达到40%以上；通过"客户推荐计划（一期）"，全行推荐客户新增AUM超过110亿元；通过"奥运营销"，拓展了包括奥运冠军邓琳琳在内的10余名获奖运动员和教练员。

2008年，建设银行各分行还根据当地市场特点，策划了多项特色营销活动。北京分行针对高净值客户开展了

“融汇建行，财富同行”、上海分行针对高端客户子女开展了“博思汇”系列活动、福建分行提出“七专服务”理念，全年举办各种主题活动300多场次，均对业务发展发挥了积极的促进作用。

六、充实服务内容，优化服务流程，提升非金融服务品质

（一）深化机场服务内涵，试点推进机场贵宾服务

四季度正式在北京、上海、广东、深圳等4家私人银行试点分行推出机场贵宾服务，为高净值客户提供更高品质的要客通道、专用停车场、贵宾休息室等顶级机场服务。

（二）改进健康关爱服务流程和服务方式

通过400服务专线和95533#001非金融服务专线，开辟与第三方公司呼叫中心对接的快速响应机制，更为直接地为高端客户提供著名专家预约挂号、贵宾体检等13项健康关爱服务。同时采取积分管理和预约服务的方式，有效控制了服务成本，充分发挥了服务效果。

（三）推行权益积分管理，建立“谁受益，谁承担”的异地服务费用分摊机制

制定了非金融服务权益积分计算规则和扣减标准，通过非金融服务系统运用到机场嘉宾、健康关爱等服务中，确保有限的资源用于高净值客户。并按照“谁受益，谁承担”的分摊原则确定机场服务、健康关爱服务在分行间服务费用的分摊方案。

七、加大培训力度，队伍素质不断提高，战斗能力日益增强

（一）2008年对全行从事财富管理工作人员加大培训力度

总行牵头组织了8期培训，共培训470余人次，占全行财富中心工作人员总数的80%。另外，还通过“建行财富”投资大讲堂、“中外名家”系列讲座、投资顾问周会、投资策略视频会议等形式，进一步丰富了培训内容。各分行也在从业人员素质提升方面下了很大的力气，举办了多期AFP、CFP以及其他专业知识培训，全行近千人次接受培训。

（二）财富管理队伍的整体素质明显提高

2008年，全行财富管理与私人银行业务条线，多个团队和个人获得社会各种理财大赛大奖，充分展示了我们队伍的良好素质，大大提高了建行财富管理和私人银行业务的品牌形象。

八、财富管理与私人银行业务精细化管理水平不断提高

（一）加强对业务绩效评价的规范

2008年，在完善《财富管理中心绩效评价与资源配置指导意见》的基础上，总行下发了《私人银行绩效评价与资源配置指导意见》，明确了私人银行、财富中心要与网点共同做好高端客户服务，客户关系的维护要坚持以客户为中心和有利于业务整体发展的总体原则。通过制度化的要求，进一步规范了财富中心和私人银行的绩效评价和资源配置。

（二）重视业务数据统计体系的规范和完善

改进财富管理与私人银行业务报表体系，完善了统计口径，进一步提升了数据统计对业务发展的指导功能。

（三）加强业务风险管理和控制

在风险管理方面，对全行渠道建设、业务交易、产品销售、客户服务等关键环节的风险隐患进行了梳理，提出防控措施和改进要求。同时，启用了新版《高端客户风险评估问卷》和《产品适合度问卷》，进一步规避了销售过程中可能出现的风险揭示不充分等风险隐患。

九、完善信息系统建设，丰富信息咨询服务

（一）2008年，重点启动财富管理与私人银行业务流程支持项目

全行30余家分行先后派出业务骨干参加讨论，对项目的需求分析工作做出了积极贡献。该项目作为财富管理业务的重要管理系统之一，完成后，将有效解决当前高端客户信息分散于不同业务系统的问题，构建起全行集中的统一的业务平台。

（二）优化财富管理服务系统（WMSS）

搭建了财富中心客户签约流程管理和投资组合管理的基本框架，完善了财务诊断、财务规划、投资规划及财富报告等功能，为财富中心签约客户管理提供了支持。

（三）上线非金融服务管理系统

通过非金融服务系统的投入使用，加强非金融业务规范管理，在保障客户权益的同时，有效降低服务成本。

（四）启用“理财产品综合支持系统”

该系统的使用提高了对“建行财富”系列理财产品销售的支持力度，优化了销售流程，进一步规范全行理财产品的管理工作。

（三）中国建设银行住房金融与个人信贷业务发展综述

2008年，建设银行住房金融与个人信贷业务围绕全行发展战略，贯彻宏观调控要求，抓管理，抓服务，抓质量，开展“惠民安居”服务，积极支持普通大众购买自住用房，加大结构调整，加强市场营销，夯实基础管理，加快专业化经营建设，严格风险防范，业务发展持续健康。

个人贷款业务平稳增长。2008年末，个人贷款增长13.50%至8215.31亿元。其中个人住房贷款增长14.26%至6031.47亿元，贷款余额和新增额均居同业第一；个人

消费贷款增长12.60%至749.64亿元。建设银行积极应对复杂的市场形势变化，深化结构调整，强化风险防范；推进个人贷款中心规范化建设，推广个人贷款中心流程优化项目，不断提升服务水平；以专业、高效、优质的服务面向市场和客户，大力支持广大百姓的住房消费需求，保持了个人住房贷款业务良好发展势头。

委托性住房金融业务保持同业领先地位。于2008年末，住房资金存款余额3736.81亿元，较上年增加838.19亿元，市场份额为61.72%；公积金贷款余额为2889.67亿元，较上年增加467.17亿元，市场份额为49.05%。与住房公积金管理中心紧密合作，不断推出公积金贷款与住房按揭贷款组合新产品，加大对中低收入居民住房消费的金融支持，并继续拓展公积金龙卡联名卡，公积金委托提取还贷和公积金电子渠道服务等新产品新服务，有效提高了市场竞争力，树立了建设银行住房金融专业形象。

同年，建设银行先后荣获《环球金融》杂志评选的"2008年度中国最佳银行与企业"系列评奖之"最佳抵押贷款银行"奖和《欧洲货币》杂志评选的"2008年度私人银行与财富管理调查系列评奖"之"最佳房地产投资奖"。

2008年，建设银行住房金融与个人信贷业务主要工作措施：

一、加大营销，促进业务加快发展

先后开展了针对第一套住房贷款客户的"让房贷减负为幸福增值"旺季营销活动；以抓服务、抓质量、抓贷后管理为重点的服务与质量提升竞赛活动；以"保障、安居、自住"为主题的"惠民安居"活动；针对"中低收入群体"的"建行阳光，还贷无忧"营销活动；以打造二手房贷款专业品牌为目的"房易安"营销推广活动；以服务灾区、支持重建为主题的"重建家园计划"活动等。

二、优化结构，打造个贷业务核心竞争力

实施差别化的产品、区域、客户管理手段和发展策略，重点发展个人住房贷款，主要支持居民真实自住购房行为，防范投机型购房信贷需求，控制房价波动较大的地区和经营管理能力差、资产质量差的分行的贷款投放，加快发展二、三线等房价稳定城市的房贷业务，确保计划有效执行、结构进一步优化。

三、加快创新，做好房改金融服务

围绕客户需求，运用全行资源为住房资金客户提供优质服务，加快研发新产品，推广新服务，主动开展高层营销和签约营销，进一步巩固与公积金管理机构和维修基金管理机构的合作关系，巩固公积金业务，有效拓展维修基金业务市场和优质住房资金归集单位、职工个人客户的服务市场，进一步推广公积金龙卡联名卡、公积金委托提取还贷服务、公积金电子渠道客户应用。

四、把握机遇，积极拓展保障性住房市场金融服务

在加强市场调查和把握风险的前提下，主动推进与各级政府住房保障部门的合作，配合国家调整住房公积金运用方向的新政策，加大公积金贷款受托发放力度，支持中低收入群体住房消费。

五、强化管理，控制风险，确保业务健康发展

进一步梳理完善流程制度和操作规程，加强关键风险环节尤其是前端薄弱环节的风险控制。强化贷后管理，前移风险关口，丰富催收手段，全力提高资产质量。充分利用科技手段，加强系统监测，提高非现场监测能力。结合市场变化出现的风险点，加强业务检查，严格政策要求，提高政策执行力，防范政策和操作风险。

六、继续推进基础建设，着力构建长效机制

大力推进个贷中心规范化建设，在与美国银行合作优化个贷中心业务流程取得初步成效的基础上，全面推广流程优化项目，持续优化业务流程，进一步加快系统建设，增强系统功能，提升科技支持力度，及时对受灾分行上报的享受宽限期优惠政策的账户进行了批量系统处理，个贷系统和委托性住房金融系统奥运期间平稳安全运营。加强条线队伍建设，强化业务培训考核，建立房金业务客户经理晋升通道。

（四）中国建设银行信用卡业务发展综述

2008年，建设银行信用卡业务按照总行战略部署，将营销重点从新增发卡转变为新增客户，充分发挥客户资源和营销渠道优势，依托产品创新，加快对高盈利重点产品的营销推进，加强新形势下的风险防范，不断提升经营管理能力，信用卡业务保持了又好又快发展势头。

截至2008年12月31日，建设银行信用卡累计发卡1871万张，当年新增信用卡610万张；实现消费交易额1579亿元。

（五）中国建设银行电子银行业务发展综述

2008年，建设银行以科学发展观为指导，继续深入贯彻“率先建成国际一流电子银行”和“二次创业，超常规发展电子银行”的指示要求，坚持速度与效益、规模与质量、加快发展与风险防控“三并重”，有力地推进全行电子银行业务又好又快发展。2008年，全行电子银行业务保持健康、快速发展。电子银行各渠道客户数合计达到11182万户，比上年同期增长58.16%，实现电子银行交易额110.38万亿元，电子银行交易量近24.74亿笔。

一、大力推进电子银行产品创新

（一）个人网银服务范围和服务对象取得新突破

成功推出“陆港通”、“结算通”、个人贷款及代理保险等功能；推出网上“e付通”服务，极大地简化了网上支付流程，进一步提高网上支付成功率，提升了竞争力。此外，学习引进美国银行先进做法，在国内同业中率先建立了一套完整的网上银行客户体验流程和系统稳定性与可用性监测机制。

（二）企业网银搭建中小企业批量信贷电子化平台

与阿里巴巴深入合作推出共同拥有知识产权的“E贷通”产品，成功实现第三方支付平台客户信贷信息与建设银行信贷系统的对接，为客户提供贷款业务全流程的电子化操作平台，实现为中小企业客户提供批量信贷支持服务。

（三）国际互联网站推出查询服务和表单下载服务

国际互联网站成功开通查询服务，为客户办理查询服务提供了快捷通道，降低客户使用门槛和使用难度，扩大客户覆盖范围，分流了现有渠道查询服务压力，提升客户服务效率和服务水平。在国内同业率先推出了网上下载电子银行申请表服务，为客户提供表单填写、下载、打印服务，拓宽了客户申请渠道，节省了客户时间，增强了网上网下的互动。

（四）手机银行首推3G服务及向任意手机号转账服务

在国内同业首家推出基于3G网络的手机银行服务，提供给广大3G客户全新的用户界面、更高效的用户体验和更便捷的服务流程。在国内同业中首次实现手机到手机转账的基础上，又推出了手机向任意手机转账服务。此业务作为建设银行手机银行的独有功能，支持手机银行客户向任意持有建设银行同城和异地账户的手机客户进行转账服务，对于转出方只需输入对方手机号和转账金额，即可实现资金划转，不仅提高了转账效率，更可避免传统渠道转账中因遗忘对方账号带来的诸多不便，提升了建设银行手机银行的市场影响力，增强手机银行引领同业的创新形象。

（五）统一短信金融服务平台推广取得实质性进展

顺利完成内蒙、河北等10家分行短信平台接入总行统一平台，全面开展账户信息通知、风险预警提示、贷款催收提醒、市场营销宣传、客户关怀维系、查询缴费支付、金融信息发布、内部管理应用等服务，短信服务能力和短信发送能力显著增强。

（六）领先同业的家居银行服务平台建设完成

全行统一的家居银行服务平台建设完成，在5家分行试点推广工作顺利完成。家居银行可提供7大类34项服务功能，处于国内同业领先地位。家居银行系统上线运行，进一步丰富了建设银行电子银行产品服务体系，对适应数字化电视产业发展，满足广大客户对家居银行这一新兴电子银行渠道的需求具有十分重要意义。

二、加强市场营销和业务推广

（一）营销推广成效明显

按照统一策划、分层、分阶段实施的原则，统一组织系列主题突出、目标明确的全行性市场营销活动，充分调动各级行的资源，充分发挥全行上下的积极性，整体营销效果凸显。2008年三季度，面向全行统一组织的手机银行专题营销，活动期间新增手机银行客户超过100万户，交易量、交易额和业务收入同比增长均超过40%。2008年9月份，策划组织网银转账汇款专题营销活动，推动全行开展宣传营销活动，促进建设银行网上银行各项转账汇款服务应用，进一步提升用户规模，增加中间业务收入。

（二）借势借力联合营销成效显现

联合中国互联网协会成功举办了首届建设银行“e路通”杯全国大学生电子商务创新应用大赛，来自全国近1300所高校的4.5万名大学生直接参与，覆盖全国340个城市和地区，大赛直接影响人数超过100万人。

（三）品牌知名度和影响力明显提升

在电视、报纸、杂志、互联网络、无线网络等媒体组织策划了一系列广告投放活动，广范围、高密度、多维度地宣传建设银行电子银行品牌，电子银行品牌知名度和市场影响力进一步提升。2008年，建设银行网上银行荣获“中国最佳网上银行”和“中小企业金融创新服务奖”，手机银行荣获“中国最佳金融创新奖”，国际互联网站荣获“第九届中国优秀财经证券网站综合大奖第一名”。

三、着力提升服务能力和服务水平

（一）以客户为中心经营理念更加深入人心

高度重视客户之声、员工之声，及时妥善处理每一件客户投诉、客户来信及员工来信，以此为突破口，促进客户服务质量的提高；以学习实践科学发展观活动为契机，广泛征求客户的意见建议，逐项提出落实整改意见，推进解决突出问题。

（二）95533电话银行中心服务能力和服务水平明显提升

95533电话银行中心系统平台实现全行统一，提高了95533中心标准化服务能力和灵活调度资源的能力，在年初冰雪灾害、四川地震、奥运服务期间发挥了十分重要的作用。统一优化了全行95533语音菜单，将“0—人工服务”菜单调整至语音菜单首位，平均每通电话节省进线时间25秒。95533中心新增了#001、#999、#123、#110四条服务专线及400贵宾服务，分别服务高端客户、网点人员、企业客户和行内工作人员，专业化服务能力显著提升。奥运期间，建设统一的英语服务知识库，为网点提供多语种的支持服务，全行人工服务接通率达到90%以上。

（三）国际互联网站服务能力和服务水平明显提升

全面树立主动服务意识，设立专人对各部门及各分行提供信息维护支持，加强主动沟通，对全行的服务响应速度明显提升。针对客户关注的热点频道，积极开展信息搜集工作，丰富网站资讯信息，提高网站更新频率，增强了网站对全行业务营销宣传的支持。积极发挥网站优势快速响应重大事件的宣传服务，在5·12汶川特大地震发生后和奥运服务期间，主动响应，快速行动，应用网站专题页面形式持续宣传报道建设银行的最新动态，树立建设银行良好的企业形象，受到社会各界的广泛关注。

四、完善风险防控体系

（一）创新推出网上银行预制证书服务

率先在国内同业推出了网上银行预制证书服务。此项服务推出后，客户登录并使用网上银行，不需要下载数字证书，彻底清除了下载证书的障碍，极大改善了客户应用体验，使建设银行网银盾具备无驱无软、即插即用、放心安全等特色，在市场中树立建设银行网银盾品牌形象。

（二）成功搭建电子银行风险监控平台

成功搭建全行统一、跨渠道、动态部署的电子银行风险监控平台，明确电子银行风险特征和监控规则，实现35条风险规则的上线和黑名单管理，基本覆盖了现有的电子银行风险特征。同时，成功组建电子银行风险监控团队，实现了网上银行、电话银行、手机银行交易的实时监测、实时干预和外呼核实，支持大额交易人工确认功能，并在防范木马攻击中发挥了关键作用。

（三）动态调整风险策略，有效保障了电子银行业务健康发展

通过关闭高风险交易、严格商户限额管理、加强简单密码限制、等多重措施，在不同阶段多次遏制不同类型案件的高发，实现了业务发展与安全策略的合理调整，保障电子银行业务健康发展。

（六）中国建设银行个人金融新产品简介

1. 结算通

结算通业务是建设银行在全国范围内针对物流业个体工商户资金结算需求正式开通的特色服务产品，具有基本结算账户现金存取、签约、换卡、查询、消费支付、挂失、挂失撤销、更改密码/重置、冻结、扣划、解冻、结清销户等基本业务功能外，主要增加了上下游客户维护、资金结算、灵活付费、商机建议、交易资金托管等功能，还在客户积分管理的基础上，根据客户积分相应为客户提供应急透支服务、客户漫游服务和其它建设银行规定的增值服务。此外，客户可签约设定关联账户维护、约定自动扣划、约定收款方付费、约定包月付费及“交易资金托管”等服务功能。结算通业务将有利于树立客户用卡理念，减少现金流通，提高结算效率，有效规避现金交易潜在的盗抢风险等方面发挥重要作用，让广大客户真正体验到“拥有建行结算通，支付安全又轻松”。

2. 龙卡通

龙卡通是建设银行对原有“龙卡储蓄卡”进行功能全面升级，并与原理财卡银卡整合后，推出的面向大众客户的综合性借记卡产品。龙卡通在原有转账、消费、存取现、缴费、代收代付等传统银行卡功能的基础上，增加了一卡多账户、投资理财及其他理财签约服务等更多增值功能，为客户提供了更为优质、快捷、全面的金融服务体验。

3. 陆港通龙卡

陆港通龙卡建设银行是专门为经常往来内地、香港的人士设计的一款综合性银行卡产品，一张卡同时具有中国建设银行和中国建设银行（亚洲）银行账户。客户在香港时主要使用建行（亚洲）账户，在内地时主要使用建行账户，且在ATM取现或POS消费时若一方账户余额不足，可实现两地账户之间联动，方便客户使用。

4. VISA姚明珍藏龙卡

VISA姚明珍藏龙卡是建设银行面向广大篮球爱好者、喜爱体育运动人士推出的，以实名制开立的、专用于消费支付的一款借记卡产品。该卡只可凭密码进行消费交易，并可办理查询、换卡/补卡、挂失等业务，不可办理续存（充值）、取现、转账、综合理财等业务。此外，该卡设计以我国著名篮球运动员姚明形象为主题，采取固定开卡金额发行，即在开卡时一次性存入固定金额的货币，充分彰显珍藏价值。

5. 新增5个外币兑换品种

为满足客户需求，建设银行优化现有系统，于2008年7月新增新加坡元、瑞典克朗、丹麦克朗、挪威克朗、韩元5个币种的外币兑换业务。其中，韩元兑换业务现在北京分行和上海分行试点开办。

6. 个人国际速汇

个人国际速汇是汇款人将个人外汇资金通过建设银行和国际速汇公司办理的一种个人境外小额国际汇款汇出和汇入款解付的业务。其办理手续较普通个人外汇汇款更为简便，收款人只需提供身份证件及正确的解付密码号即可收到款项。

7. 个人预结汇汇款

个人预结汇汇款是建设银行针对人民币升值预期，为客户提供的创新产品，是对传统国际汇款业务的有益补充。个人客户通过建设银行境外分行向境内汇款时，可先根据建设银行制定的汇款日现汇买入价在汇款前锁定汇率风险，将所汇汇款折成人民币，再将外汇汇往指定的境内收款行（建行上海分行）。预结汇汇款汇出资金为外币，入账币种为人民币，不仅免去了收款人到银行柜面办理结汇手续的麻烦，也大大提高了汇款的到账速度。

8. 短期债券型保本类理财产品

短期债券型保本类理财产品是建设银行推出的一款投资于银行间债券市场的短期保本型理财产品，该产品从2007年7月开始推出以来，以其风险低、流动性高、保本等优势获得市场青睐，销售状况一直比较稳定，目前该产品仍在继续销售，成为我行理财产品中的主力军。

9. “摩根富林明－亚洲创富精选”理财产品

建设银行与摩根富林明亚洲资产管理公司合作，与2007年7月面向市场推出的一款QDII理财产品。该产品是本金和收益均为人民币的非保本浮动收益型理财产品，投资于摩根富林明资产管理公司旗下的亚太地区基金，在稳健控制基金组合投资风险的前提下，主要投资于股票型基金。本产品为个人和机构客户提供参与国际金融市场投资的渠道，具有分散投资、投资比例动态调整、产品流动性强、产品信息透明度高等特点。

10. “新股随心打”自动理财账户

“新股随心打”自动理财账户是建设银行2008年1月推出的一款以账户为中心，投资于资本市场首发新股的理财产品，除具有低风险、资金运作规范等特点以外，对比目前现有新股申购人民币理财产品，还具流动性强、手续简便的优势。具体表现为采取“新股支支打、收益支支回”投资策略，即在新股发行前两天进行资金扣划，未中签资金解冻后第二天返还客户账户，中签本金及收益在新股上市后的第二个工作日返还客户账户。该产品的客户最终收益由新股发行的频率、新股中签率、中签新股市场走势综合决定。客户可指定在中国建设银行开立的包括龙卡储蓄卡/龙卡通、乐当家理财卡、活期存折等任一活期账户作为理财签约交易账户。客户在签订自动理财账户时可以设置账户保留金额，保留金额是客户在理财签约账户中设置的不参与理财资金认购的最高限额，超过保留限额（不含）的所有资金均被视为客户授权银行扣划用于投资本理财产品的资金。当资金被扣划用于进行新股申购或卖出新股后本金及收益返还回到客户账户的时候，会有短信提醒客户账户的资金变动情况。

11. “平安理财宝”类基金保险理财产品

2008年1月16日起，建设银行开始代销平安资产管理公司的类基金保险理财产品“平安理财宝”，产品发行人为中国平安财产保险股份有限公司，投资管理人为平安资产管理有限公司，产品代销和托管人为建设银行。该产品募集资金将主要投资于国内依法发行上市的A股股票及固定收益类品种，采取开放式运作模式，自成立日起，一个月以内打开申购交易，三个月以内打开赎回交易，为个人客户提供了一个投资与家庭财产保险功能兼具的产品，除具有一般的投资价值以外，还按照客户账户持有份额价值的两倍配置财产保险，因此具有门槛低、流动性强、兼具保障功能等特点。

12. “到期第三方保本”理财产品

为满足客户对保本产品的投资需求，建设银行于2008年11月，面向市场推出了由第三方公司提供本金担保的“到期第三方保本”理财产品，为客户提供到期本金的保障，降低客户投资风险的同时定期开放赎回，满足了客户流动性的需求。

13. 集合资产管理计划

建设银行为满足客户多样化理财需求，于2007年2月27日开始代理中国国际金融有限公司的中金股票策略集合资产管理计划。该集合资产管理计划与开方式基金相比，具有认购起点较高、投资范围更广等特点，不仅可以投资于股票、债券及货币市场，还可以投资于开放式基金或者封闭式基金。

14. QDII基金产品

2007年9月12日，建设银行顺利完成南方全球精选基金的非主代销工作，进一步拓宽了投资者的投资渠道，使投资者有更多机会分享海外资本市场发展带来的盈利机会。南方全球精选配置基金是国内首只股票权益类QDII基金产品，募集成立后可按最高100%的仓位投资全球股票市场，投资范围涵盖全球48个主要国家和地区，与同类产品相比具有投资门槛低，申购、赎回便捷等特点。

15. 鼠年贺岁金条和鼠年贺岁金章

鼠年贺岁金条和鼠年贺岁金章是建设银行以2008年农历鼠年为主题发售的一套纪念产品。鼠年贺岁金条有68克、88克和288克三种规格，金条正面刻有“金鼠纳福”字样，与建设银行2007年发行的猪年贺岁金条产品同属龙鼎金贺岁金条系列；鼠年贺岁金章一套共3枚，每枚重10克，金章设计以运动为主题，三枚金章正面图案分别为“活力鼠”、“健康鼠”和“智慧鼠”，寓意活泼健康，积极向上，适合作为礼物，也可收藏投资。

16. 五牛贺岁金条

2008年11月，建设银行推出“五牛贺岁金条”。五牛贺岁金条为全套5块模压金条，成色99.99，每件30克，取名为“如意牛”、“和合牛”、“富贵牛”、“福寿牛”和“祥瑞牛”，图案分别以五种不同种类、姿态的牛为主图案，配以牡丹、莲花、蝙蝠、寿桃等中国传统纹饰，具有良好的视觉效果和产品寓意，适合有一定经济基础人士收藏和馈赠。

17. 金牛贺岁金条、金牛生肖金章、“龙”系列产品

2008年12月，建设银行推出金牛贺岁金条、金牛生肖金章和“龙”系列产品。金牛贺岁金条为我行贺岁金条系列产品的延续，包括68克、88克、288克三个规格，成色99.99；金牛生肖金章是我行生肖金章系列产品的延续，重量为10克；“龙”系列产品以“建行龙”和“龙鼎金”为主题，围绕中国龙文化，开发系列产品，推广建行形象和“龙鼎金”品牌，设计工艺分别为模压金条和金章两款产品，分别以写意和传统的龙作为主图案。

18. “建行财富”二号基金类理财产品

该产品类型为基金中的基金（FOF）（Fund of Funds，基金中的基金）是结合基金产品创新和销售渠道创新的基金品种。它凭借专业的投资机构和科学的基金分析及评价系统，能更有效地找出优势基金品种。建设银行于2007年

发售两期主要投向与封闭式基金的FOF产品，分别是“建行财富”二号一期和二期。募集资金主要投向中国交易所市场在理财产品到期日前到期的封闭式基金，配置少量其他的精选基金，空闲资金还将用于债券投资、新股申购等，通过封闭式基金到期赎回实现收益。

19. “建行财富”三号股权投资类理财产品

股权投资类理财产品主要投资于中国境内优质企业的股权投资、公众公司的定向增发项目。闲置资金可投资于银行存款、货币市场基金、新股申购和债券回购，以及可转债和上市公司再融资项目中的高流动性、低风险金融产品等。建设银行于2007年和2008年共发售三期股权投资类人民币理财产品，分别是“建行财富”三号一期、二期和三期。募集资金主要投向中国优质未上市企业的股权投资（Pre－IPO）、IPO战略配售和定向增发等项目，通过企业上市、股权转让等退出机制实现收益，剩余少量闲置资金投资于公开发行的可转债、央行票据等货币市场投资工具，获取固定收益。

20. “建行财富”四号股票精选投资类理财产品

股票精选投资类理财产品特点介于开放式和私募股票型基金之间，投资方向一般包括股票、基金、债券、及其它金融工具，投资运作方式较开放式基金更为灵活，投资管理人一般为国内知名的券商或基金公司。产品收费方面以及信息公布方面类似于私募基金。在收费方面收取一个业绩报酬，这是私募基金的一种对投资管理人的激励方式。通过业绩报酬将投资者与投资管理人的利益相结合，不但可以明确投资管理人的责任更可以有效的调动投资管理人的积极性，同时还可以稳定产品的投资团队。在信息公布方面，产品净值一般是每季度公布一次。建设银行于2007年和2008年共发行三期股票精选投资类理财产品，分别是“建行财富”四号一期、二期和三期。募集资金主要投资于具有良好流动性的金融工具，包括国内依法公开发行上市的股票、债券，资产支持证券、权证、公开发行的证券投资基金以及监管机构允许投资的其他金融工具。闲置资金可投资于银行存款、货币市场基金、新股申购和债券回购，以及可转债等高流动性、低风险金融产品等。

21. “建行财富”五号结构类理财产品

结构类理财产品最终收益率与相关市场或产品的表现挂钩，如与汇率挂钩、与利率挂钩、与大宗商品挂钩、与国际黄金价格挂钩、与国际原油价格挂钩、与道琼斯指数及与港股挂钩等。该类产品会在合同中约定挂钩市场或产品波动的区间及对应的产品收益率。建设银行于2008年发行的“建行财富”五号一期理财产品与香港恒生国企指数挂钩，产品投资分为境内（“A”部分）投资和境外投资（“H”部分）两个部分。“A”部分：产品募集资金通过投资华宝信托发行的专项信托计划，用于境内A股市场首次公开发行股票的网上申购，并可结合市场情况（增值、套利）投资于货币市场基金、债券市场基金、国债、金融债、央行票据、短期融资券、企业债和其他政策允许投资的其它金融工具。“H”部分：产品同时挂钩恒生中国企业指数（恒生H股指数）表现，并在期末支付6.00%的挂钩费用。

22. “建行财富”外币类理财产品

建设银行于2008年发行的“建行财富”外币类理财产品是指利用银行间人民币外汇掉期市场和人民币债券市场为高端客户获取较高收益的本外币结合的理财产品，产品性质为保本浮动收益型，产品投资本金为美元。产品到期后，以美元返还本金，以人民币支付收益。该产品投资本金（美元）将首先通过掉期交易，近端掉出美元掉入人民币，同时约定远端掉入美元掉出人民币汇率，以此锁定美元的远端汇率，确保投资本金安全。然后通过掉期交易近端掉入的资金（人民币）进行低风险人民币债券市场投资。投资范围包括银行间债券市场的国债、央行票据、政策性金融债等投资工具，也可根据市场情况安排短期的债券回购。

23. “建行财富·爱心公益类”理财产品

2008年5月12日，四川汶川县发生7.8级地震后，为快速响应党中央、国务院关于开展抗震救灾的号召，表达对灾区人民的关心之情，建设银行于2008年5月17日至5月25日在全国范围发行“建行财富·爱心公益类”理财产品（08年第1期），该期产品共募集金额104，148，000元，其中捐赠资金（833，184元）。

该产品为保本浮动收益型理财产品，产品投资于3个月央票，起售金额5万元，产品期限3个月。本金返还，期间投资收益将以投资者名誉捐赠红十字会，专门用于四川抗震救灾。建行义务为本期产品提供服务，不收取任何报酬。凭借在履行社会责任方面的突出表现，建行获得了2008年中国金融企业慈善榜“金融行业卓越贡献奖”，“建行财富·爱心公益类”理财产品获得了“2008中国金融产品社会公益奖”。

24. 公积金龙卡

公积金龙卡是建设银行与各地公积金中心联合发行的以建行龙卡通为基础，集住房公积金账户查询、提取、还贷等功能与个人储蓄、结算和消费等功能于一体的多功能龙卡联名借记卡。该卡进一步提升了公积金个人客户服务水平，丰富了我行银行卡产品功能，促进了建行住房公积金业务和龙卡业务的联动发展。

25. 住房公积金小额支付业务

住房公积金小额支付业务是指利用小额支付系统，实现住房公积金归集和支取的支付指令实时或批量发送，完成跨行资金清算。目前，建设银行已在青岛、浙江、江苏等地区率先试点推出住房公积金跨行归集业务，避免了公积金缴存单位跨行排队和送缴，为客户节省了时间和成本。

26. “房易安”房屋交易资金托管业务

“房易安”房屋交易资金托管业务（以下称“房易安”业务），是指建设银行根据协议约定，开立“房易安”交易资金专用账户，对房屋交易资金进行专户管理，按国家有关政策要求以及协议约定的条件和流程，完成交易资金的划转或退回的一种信用中介服务。

27. 姚明VISA信用卡

姚明VISA信用卡是建设银行面向国内广大篮球爱好者、喜爱体育运动人士发行的，以我国著名篮球运动员姚明为主题的双币种信用卡。姚明VISA信用卡卡面分为横版、竖版和卡通异性版三款，不仅秉承了中国建设银行龙卡双币种信用卡所有金融功能，更寓意努力拼搏、积极向上、坚持不懈精神，时时的激励、共同的努力，拥有明卡，做生活的巨人，共享成功时刻！

28. 教育龙卡

教育龙卡是建设银行面向各类大中专院校、城市中小学（含幼教类）教职员工及各级教育部门管理员工发行的专属信用卡，旨在突出尊师重教的社会主题，体现教育工作者辛勤耕耘，传承文明的身份特性，提升社会各界对教育事业发展的支持与关注、对广大教育工作者的尊重与认同。教育龙卡具备龙卡信用卡各项基本权益和服务，并专设“教育龙卡基金”，支持教育事业发展，表彰在人才培养、教学、科研等方面做出突出贡献的优秀教育工作者。

29. 钻石信用卡、白金信用卡

钻石信用卡、白金信用卡是建设银行面向高端优质个人客户群体的高端信用卡产品，针对高端目标客户特征和需求专门设计了金融理财、商旅服务、高尔夫休闲、保险保障、国际国内救援、白金秘书和双倍积分七大特色权益，尤其是钻石信用卡，定位国内同类顶端产品，专设国内同业“最高信用额度、最高航空意外保险、最全面机场贵宾厅服务、最多高尔夫联谊赛事、最多积分回馈奖励以及最超值附属卡服务”等顶级权益。

30. 奥运白金信用卡

奥运白金信用卡是建设银行在北京2008年奥运会之际，面向中高端客户发行的国内首张以奥运为主题的白金信用卡，一年内刷卡满18次即可抵免当年年费，是国内性价比最高的白金信用卡之一。建行奥运白金信用卡为客户提供七项专属权益，包括专享优先服务、500万元航空意外险保障、赠送PP卡、VISA白金秘书服务、环球特惠航程、高尔夫及全球特惠商户服务，让客户享受白金礼遇。

31. 国际高尔夫白金信用卡

国际高尔夫白金信用卡是建设银行根据高尔夫人士消费习惯，量身定制的高端金融创新产品。产品享有优先服务、500万元航意险、VISA白金秘书服务、全球特惠商户等各项白金尊贵礼遇，更可以优惠价格享受名师巡礼、畅享“100”欢乐时光、国际高尔夫挑战赛等十项高尔夫专属服务，既满足了客户打球、练球、以球会友的运动需求，又满足了客户彰显尊贵身份的心理价值需求。

32. 财政预算单位公务卡

财政预算单位公务卡是建设银行专门面向中央及地方各级财政预算单位指定人员发行的，主要用于日常公务支出和财务报销业务兼具个人消费功能的银联标准人民币信用卡。建行财政公务卡以“阳光支付”为核心理念，提供“专属卡面设计、全面短信服务、专享客户优先服务、特色团购分期活动和多项价格优惠”等权益和功能，并配备专业的公务卡支持系统，具有“功能完善、服务全面、多重优惠”的特色和强大的产品吸引力，是符合财政部、人民银行公务卡管理制度的要求、为广大预算单位工作人员度身定制的标准信用卡。

33. 铁路龙卡

铁路龙卡是建设银行与铁道部面向铁路系统正式员工联合发行的信用卡产品，专属卡面设计提高了铁道系统员工对铁路龙卡的认同感，产品不仅具备龙卡信用卡的各项基本权益和服务，而且专设基金用于支持铁道部开展送温暖、献爱心、扶贫助困等慈善事业。

34. 网上银行批量转账

建设银行网上银行批量转账是专门为日常转账交易量较大的客户量身打造的服务，客户可以通过建设银行提供的客户端工具软件生成批量转账文件，并上传至个人网上银行，即可一次性完成对多个收款账户的付款。此外，客户还可以对批量转账文件进行更新和维护，无须每次汇款重复录入收款账户信息。

35. 网上银行外汇汇款

建设银行网上银行外汇汇款业务是通过建设银行网上银行办理外汇汇款的服务。客户可以通过个人网上银行向境外个人和企业账户办理当日累计不超过5万美元（或等值其他币种）的汇款，支持7 * 24小时受理和自助申报功能。

36. 网上银行个人贷款业务

网上银行个人贷款业务是指建设银行通过网上银行为个人贷款客户提供其个人贷款的查询、归还、试算等各项服务。网上银行个人贷款业务包括归还贷款、贷款账户维护和贷款试算等服务功能，支持7 * 24小时全面的贷款服务。

37. 虚拟卡

建设银行虚拟卡产品是建行客户使用建行网上银行签约的活期账户（贷记卡除外）作为开卡源账户，按照实名制要求以转账方式开立的专用于在网上进行缴费、境内外支付业务的借记卡产品。该产品无实体卡片，账户唯一，不计息。虚拟卡的功能主要包括虚拟卡开卡、缴费、支付、查询、余额转回、密码修改等，不允许办理续存、取现、挂失、向他人账户转账等交易。

38. 3G手机银行

建设银行3G手机银行是基于TD-SCDMA技术的手机银行，适用于所有支持中国移动TD网络的手机机型。在推出初期，3G体验版本的服务功能、操作流程与现有移动版手机银行相同，但在界面展示和访问速度上有较大的改进。3G手机银行主菜单界面以“九宫格”形式显示，二级、三级菜单辅以彩色动画图片，页面显示更为绚丽美观，并可享受到键盘快捷键菜单选择、手机到手机转账直接调用手机电话簿等极富3G特色的新功能。

39. 手机到手机转账

手机到手机转账是建设银行手机银行向个人客户推出的一项特色转账服务，支持建行的同城和异地转账。付款客户首先需要开通手机银行，选择已经签约的活期账户作为付款账户，再输入收款方的手机号码及转账金额，即可实现向收款方的资金划转，同时收款方会有相应的短信提醒。

40. 家居银行服务

建设银行家居银行是指建设银行依托数字电视运营商的双向数字网络，为客户提供的在电视终端上开办的金融服务业务。家居银行服务重点推出了七大类、三十四项服务功能，包括个人客户账户查询、转账汇款、缴费支付、投资理财（基金业务）、信用卡业务、账户管理、金融资讯服务等服务。

41. **票务通服务**

建设银行专门为航空公司客户的机票销售代理点推出的网上支付结算服务，机票销售代理点客户可使用建行的龙卡账户通过网上支付与航空公司进行票款结算。航空公司使用建行的票务通系统，可进一步增强公司资金的流动性和管理的便利性，有效降低公司的运营成本。为便于航空公司机票销售代理点使用建行的票务通业务，建设银行特为航空公司机票销售代理点开通单位代理点和个人代理点两种渠道进行签约和支付。

42. **“e付通”**

建设银行“e付通”是指建行网上银行客户通过个人网上银行或商户网站申请开通网上委托授权功能，将自身的支付账户和在商户的个人信息相互绑定，使商户在个人支付客户的授权下，直接通过商户内部系统向建行网上银行发起交易申请，完成相关支付。优质商户或大型企业客户应用建行网上支付“e付通”服务能够在客户通过网上银行授权前提下，采用代扣模式实时进行支付结算。个人客户应用建行网上支付“e付通”服务后，可直接在商户网站进行支付，无须按传统网上支付模式在支付时须跳转银行的网上支付页面进行支付，极大地简化了网上支付流程，进一步提高客户网上支付的成功率，增强了客户体验满意度。

43. **网站查询**

建设银行网站查询是建设银行互联网网站全新推出的一项账户快速查询服务。客户无需办理注册或签约，直接通过登录建行网站便可进行储蓄/银行卡、信用卡、企业年金、公积金等各类账户的余额以及明细等信息的查询服务，同时客户还可享受查询账户信息的打印、下载和邮件发送等辅助服务。网站查询具有使用门槛低、操作流程简单、查询内容丰富等特点，客户不必亲赴网点排队等候，即可随时随地享受建行领先、便捷的24小时金融服务。

44. **个人业务申请表单下载**

客户可通过登录建设银行网站进行电子银行个人客户服务申请表单的在线填写和下载打印，并将表单自行交由网点办理对应业务。此项业务在方便客户的同时，提高了建行金融服务电子化水平。

45. **网上银行保险业务**

建设银行网上银行保险业务是为建设银行网上银行客户，提供保险产品交易和个人持有保单信息查询的服务。通过网上银行保险业务功能，向客户提供泰康人寿保险公司的放心理财财富版终身寿险与平安人寿保险公司金彩人生两全保险（万能型）的相关业务服务，包括新单承保，当日撤单、犹豫期退保、代扣/代付签约、保单查询、保全交易等交易类型。客户无需通过银行网点或联络保险经纪，即可凭保单号码对平安人寿保险公司的其他保险产品进行续期缴费交易。

46. **网上银行银期直通车**

建设银行网上银行银期直通车业务针对期货投资者的资金流转情况，通过在客户、银行、期货公司之间建立起快捷、方便、安全、稳定的资金互转通道，将客户的银行账户与其在期货公司开立的资金账户连接起来，实现了资金流的无缝对接。该业务操作界面设计简洁友好，信息提示清晰，转账时间更延长至24小时全天候受理。

47. **网上银行企业年金**

建设银行网上银行企业年金业务指依托企业年金系统，通过网上银行，为建行年金客户提供追加企业年金账户、删除企业年金账户、企业年金账户查询与维护等业务服务功能。只要客户所在单位已在建设银行办理企业年金业务，客户本人即可通过本功能实现其基本信息管理、计划信息查询、缴费信息查询、支付信息查询、权益信息查询、投资信息查询等服务，方便企业员工了解个人企业年金基金权益余额和相关收支活动的记录。

48. **网上银行社保业务**

建设银行网上银行社保业务是为方便客户查询到社会保险金的余额和明细情况，依托建行社保业务综合服务系统，在实现每个参保个人开立个人账户记录个人养老金等社会保险金的账户信息的基础上，提供的个人信息查询、个人余额查询以及个人明细查询等社保业务在线查询服务。凡由建设银行代理社保业务的个人网上银行客户，在其委托人（各级社保资金管理部门）启用建设银行社保业务综合服务系统后，无需办理签约手续，登录网上银行即可掌握账户实时变动信息。

第六编

投资理财

投资理财金融论坛

中国工商银行投资理财金融论坛

跑赢与汇率的比赛

中国工商银行　王晓庆

今年以来，人民币对美元汇率加速升值，继4月8日美元兑人民币突破7比1最终报收7.0015元之后，4月10日人民币兑美元中间价上升到人民币6.9920元，正式突破1:7大关，跨入“奔6”时代（见图6-1）。

按照汇改时8.11的汇率计算，汇改以来人民币累计升值15.99%，而今年以来仅仅3个多月人民币汇率的升值幅度就已达到4.40%，这一升幅足以与2007年前九个月的升幅颉颃。对我国宏观经济状况而言，人民币升值是我国调整经济结构、改善内外不平衡状况的必然要求，也是进行宏观调控的重要手段。那么，广大国内投资者面对快速攀高的人民币汇率该当如何应对呢？是眼睁睁看手中的本币升值却无计可施，还是无奈地接受手中美元、港币等外币资产的缩水？在此，我们简单谈一谈“奔6”时代的理财问题。

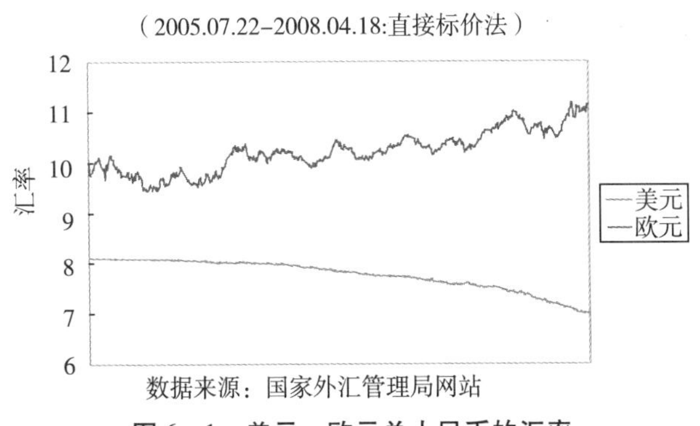

数据来源：国家外汇管理局网站

图6-1　美元、欧元兑人民币的汇率

对于国内投资者来说，人民币升值带来的主要是汇率风险，而目前市场上直接挂钩人民币汇率、利用人民币升值获取收益的投资工具比较少。于是，避险就成了当下投资者需要考虑的首要问题，我们对三个主要避险渠道进行分析。

一、投资QDII

自去年以来，由于全球金融市场深受美国次级债危机的拖累，前期发售的大多数QDII纷纷跌破面值。目前仅有工银瑞信全球一只基金，由于入市时机优于其他几只QDII基金，并有充分的经验教训可供借鉴，投资业绩明显优于其他几只先行“出海”的“前辈”。（见表6-1）

表6-1　QDII基金净值表　单位：元

序号	基金简称	单位净值	累计净值	截止日期
1	工银瑞信全球	1.0000	1.0000	2008-4-18
2	华安国际配置	0.9870	0.9870	2008-3-31
3	南方全球精选	0.8250	0.8250	2008-4-18
4	华夏全球精选	0.7710	0.7710	2008-4-18
5	上投摩根亚太优势	0.7060	0.7060	2008-4-18
6	嘉实海外中国股票	0.6850	0.6850	2008-4-18

说明：华安国际配置的净值是以美元计价，其他QDII基金均以人民币计价；银华全球核心优选基金作为今年第二只QDII于4月21日正式发行。资料来源：wind

尽管目前QDII基金尚不为大众所认可，但在3月份A股市场的大跌中，境外作战的QDII们却初步显示出分散风险的特点。近一个月的收益率排名中，前六名分别是上投摩根亚太优势，9.94%；嘉实海外中国股票，9.89%；华夏全球精选，8.76%；工银瑞信全球，7.21%；南方全球精选，6.74%；华安国际配置，2.74%。独占鳌头的这6只正收益率股票型基金，无一例外都属QDII之列。

由于目前海外局势尚不明朗，次级债余波依旧存在，所以对现在是否是QDII的抄底时机一时还很难下定论，但考虑到QDII基金两大投资市场的情况，其投资价值已经与日俱增：一是近期美联储采取了连续大幅降息、财政刺激及退税等措施，其积极效应将在2008年下半年至2009年初逐步体现，再加上美元的大幅贬值会持续缩小贸易逆差，美国经济2009年起有望进入恢复性增长；二是香港市场，因其调整幅度超过了30%，已经为投资创造了精选行业和个股的机会。理柏中国研究主管周良就认为，香港和美国市场相对于A股市场的强势，将有助于QDII基金继续表现出不同于A股基金的走势，其分散风险、平均收益的作用还将进一步体现。

而回过头来看A股市场，大小非解禁、IPO、创业板、再融资等因素无不直接影响着市场的资金面。据统计，2008年解禁股数为1181亿股，2009年解禁6637亿股，2010年解禁1213亿股，这些就像是悬在A股市场头上的一把把利刃，如果没有好的解决方法，短期内很难期待A股市场重返“春天”。

在此背景下，要成为一个成熟的投资者，就应学会用长远的眼光去投资。对于QDII基金而言，我们不能因为它亏损就断定是不好的投资产品，也不能因它近期良好的表现就妄言它就是很好的投资产品。要认识到，大多数单一理财产品都是有风险的，只有合理地进行资产配置，才能最大限度地分散风险。

二、外币理财产品

一类是保本固定收益类外币理财产品（美元），因其投资标的和投资方式的特性，决定了它相对较高的安全系数和相对稳健的年化收益率（基本保持在5%～6%）。而当前人民币定存一年期利率是4.14%，忽略利息税的话，一年内人民币的升值幅度要低于1.86%才能保证这类产品不具有汇率风险。以今年一季度超过4%的升幅来看，1.86%显然太容易被超越了。另据中国工商银行城市金融研究所预计，2008年人民币对美元升幅将超过8%。从这个意义上来说，既要注重本金的安全性又要追求高收益，在2008年的投资背景下难度比较大。很多投资者都转而投资定期存款和国债，一些银行甚至出现存款回流的迹象。

另一类是浮动收益类外币理财产品，虽然其动辄超过20%的最高预期收益率非常吸引眼球，但由于这类产品多为结构性产品，其最高预期收益率能否实现要取决于一系列市场因素的未来走势，最终实际收益率究竟几何还很难说，这一点我们从近期一些中小股份制银行频繁爆出的零收益、负收益事件中也可看出，这类产品的市场风险和流动性风险是相当大的。（银监会日前向各家银行下发了《关于进一步规范商业银行个人理财业务》的通知，对商业银行开展个人理财产品业务做了严格规定，要求各商业银行于近期开展个人理财业务自查，并严禁商业银行理财产品的宣传材料中出现“预期收益率”或“最高收益率”字样等。）

以近期某银行推出的看跌美元型理财产品为例。该款产品应用金融衍生工具，收益与一篮子货币与美元的汇率表现挂钩，这一篮子货币分别为：印度卢比（INR）、巴西雷亚尔（BRL）、印尼卢比（IDR）和土耳其里拉（TRY），各自权重均为25%。

根据产品说明（见表6－2），若期末美元相对一篮子货币贬值幅度超过5%，则理财收益等于相应的贬值幅度（情景1）；如期末美元相对一篮子货币贬值幅度在5%以内，则理财收益等于5%（情景2）；如果期末美元相对一篮子货币升值，则投资者只能0.72%的年化收益率（情景3）。

表6－2　　理财年化收益模拟测算

	到期日一篮子汇率表现	理财年化收益率
情景1	12%	12%
情景2	3%	5%
情景3	－5%	0.72%

按照大多数人设想，美元近期走势疲软，所以这款产品应能获取不菲收益，但是实际情况却并不是这么简单。

一则，这款理财产品实质是比较上述四种货币对美元的升值幅度，和人民币升值没有直接联系。尽管人民币对美元汇率单边升值，但并不意味着其他货币对美元也必然升值。反观人民币亦然，对美元升值的同时却对欧元贬值。另外，由于这款产品所挂钩的四种货币均不能在我国境内直接交换，因此，美元对这一篮子货币是否贬值很难判断。

二则，不只是我们投资者，应该连很多理财专家都对这些国家经济发展状况了解甚少。如果这些国家对美国的贸易存在逆差，而这几个国家的货币当局决定采用使本国货币贬值的手段来消除逆差的话，都会导致这款产品的收益率下降。同时，由于缺乏这些货币对于美元汇率的历史数据，更是无从进行分析和判断，产品透明度又怎么能高得了。

这个例子告诉我们两个道理，一是在投资类似的结构性理财产品时要谨慎考虑，弄清运作方向和原理；另外就是单纯比较各银行之间理财产品“最高预期收益率”是没有意义的，投资者在购买理财产品时还是应该根据自身财务状况和风险承受能力，结合专业理财师的意见，选择适当收益的产品。对于风险承受力低，投资风格保守的投资者，建议选择保本类银行理财产品。对于高收益的产品，投资者必须承担相应高的风险。

三、结汇

以上我们谈过，人民币对美元汇率升值的同时，可能对其他货币贬值。随着人民币对美元和港币的持续升值，我国对美国和香港的出口增速持续下降，2008年2月出口美国增速甚至接近零。但与此同时，我国对日本和欧盟的出口增速从2006年开始就缓慢上升，这是因为2006年以来人民币对日元和欧元实际上有所贬值，而不是升值。也就是说，我国出口总体上快速增长是因为人民币有效汇率升幅不大。对于不同货币，人民币升值则出口增速下降（如美国和香港），没有升值甚至贬值的，出口则有上升趋势（如日本和欧盟）。这就决定了2008年我国对外出口应该不会出现大幅下降，总体将保持较大的贸易顺差，人民币对美元的升值仍是不变的主题。

从投资收益的角度看，手中有外汇尤其是持有美元的投资者，在人民币升值趋势不断的情况下，可以按照自己具体需求的不同来应对：

1. 如果近期有人民币的大项开销计划，可以到银行网点结汇换成人民币；

2. 如果没有人民币的大项开销计划，手头不妨留一部分外汇，以备子女教育、境外投资、出境旅游等项目使用。因为如果全部结汇，虽然可以避免因美元贬值带来的汇率风险，但是要承担本外币之间来回兑换产生的1.2%左右的买卖差价费用。同时，可以选择先兑换成具有升值趋势的强势货币，如欧元、澳元、瑞士法郎等，以获取更高的汇兑收益；

3. 如果投资者需要持有外汇，而又注重本金安全性，则可选择我们第二部分谈到的保本固定收益类外币理财产品，如工商银行为个人中高端客户设计的“工银财富”专属外汇理财产品。该款产品投资于级别较高的货币市场工具以及衍生产品，投资资金较为安全，收益是同期限美元定期储蓄税后利率的2.2～2.5倍，收益优势显著。同时，产品到期后以美元支付本金，以人民币支付收益，在保有客户美元资金的同时，将收益部分以升值币种返还给客户，可在一定程度上避免汇兑损失。

由此我们得出的结论是，在人民币加速升值的背景下，面对今年经济环境的复杂多变和股票市场的动荡起伏，投资者要跑赢与汇率的比赛，资产配置应具有全球化的视野，通过QDII产品投资海外市场的非美元产品；应该根据自身财务状况和风险承受能力谨慎选择外币理财产品；按照自身外汇需求选择适当的结汇方式。

第七编

法律法规

全国金融业相关的法律法规

中华人民共和国外汇管理条例

（1996年1月29日中华人民共和国国务院令第193号发布，
根据1997年1月14日《国务院关于修改〈中华人民共和国外汇管理条例〉的决定》修订，
2008年8月1日国务院第20次常务会议修订通过。）

中华人民共和国国务院令

第532号

《中华人民共和国外汇管理条例》已经2008年8月1日国务院第20次常务会议修订通过，现将修订后的《中华人民共和国外汇管理条例》公布，自公布之日起施行。

总　理　温家宝

二〇〇八年八月五日

第一章　总　则

第一条　为了加强外汇管理，促进国际收支平衡，促进国民经济健康发展，制定本条例。

第二条　国务院外汇管理部门及其分支机构（以下统称外汇管理机关）依法履行外汇管理职责，负责本条例的实施。

第三条　本条例所称外汇，是指下列以外币表示的可以用作国际清偿的支付手段和资产：

（一）外币现钞，包括纸币、铸币；

（二）外币支付凭证或者支付工具，包括票据、银行存款凭证、银行卡等；

（三）外币有价证券，包括债券、股票等；

（四）特别提款权；

（五）其他外汇资产。

第四条　境内机构、境内个人的外汇收支或者外汇经营活动，以及境外机构、境外个人在境内的外汇收支或者外汇经营活动，适用本条例。

第五条　国家对经常性国际支付和转移不予限制。

第六条　国家实行国际收支统计申报制度。

国务院外汇管理部门应当对国际收支进行统计、监测，定期公布国际收支状况。

第七条　经营外汇业务的金融机构应当按照国务院外汇管理部门的规定为客户开立外汇账户，并通过外汇账户办理外汇业务。

经营外汇业务的金融机构应当依法向外汇管理机关报送客户的外汇收支及账户变动情况。

第八条　中华人民共和国境内禁止外币流通，并不得以外币计价结算，但国家另有规定的除外。

第九条　境内机构、境内个人的外汇收入可以调回境内或者存放境外；调回境内或者存放境外的条件、期限等，由国务院外汇管理部门根据国际收支状况和外汇管理的需要作出规定。

第十条　国务院外汇管理部门依法持有、管理、经营国家外汇储备，遵循安全、流动、增值的原则。

第十一条　国际收支出现或者可能出现严重失衡，以及国民经济出现或者可能出现严重危机时，国家可以对国际收支采取必要的保障、控制等措施。

第二章　经常项目外汇管理

第十二条　经常项目外汇收支应当具有真实、合法的交易基础。经营结汇、售汇业务的金融机构应当按照国务院外汇管理部门的规定，对交易单证的真实性及其与外汇收支的一致性进行合理审查。

外汇管理机关有权对前款规定事项进行监督检查。

第十三条　经常项目外汇收入，可以按照国家有关规定保留或者卖给经营结汇、售汇业务的金融机构。

第十四条　经常项目外汇支出，应当按照国务院外汇管理部门关于付汇与购汇的管理规定，凭有效单证以自有外汇支付或者向经营结汇、售汇业务的金融机构购汇支付。

第十五条　携带、申报外币现钞出入境的限额，由国务院外汇管理部门规定。

第三章　资本项目外汇管理

第十六条　境外机构、境外个人在境内直接投资，经有关主管部门批准后，应当到外汇管理机关办理登记。

境外机构、境外个人在境内从事有价证券或者衍生产品发行、交易，应当遵守国家关于市场准入的规定，并按照国务院外汇管理部门的规定办理登记。

第十七条 境内机构、境内个人向境外直接投资或者从事境外有价证券、衍生产品发行、交易，应当按照国务院外汇管理部门的规定办理登记。国家规定需要事先经有关主管部门批准或者备案的，应当在外汇登记前办理批准或者备案手续。

第十八条 国家对外债实行规模管理。借用外债应当按照国家有关规定办理，并到外汇管理机关办理外债登记。

国务院外汇管理部门负责全国的外债统计与监测，并定期公布外债情况。

第十九条 提供对外担保，应当向外汇管理机关提出申请，由外汇管理机关根据申请人的资产负债等情况作出批准或者不批准的决定；国家规定其经营范围需经有关主管部门批准的，应当在向外汇管理机关提出申请前办理批准手续。申请人签订对外担保合同后，应当到外汇管理机关办理对外担保登记。

经国务院批准为使用外国政府或者国际金融组织贷款进行转贷提供对外担保的，不适用前款规定。

第二十条 银行业金融机构在经批准的经营范围内可以直接向境外提供商业贷款。其他境内机构向境外提供商业贷款，应当向外汇管理机关提出申请，外汇管理机关根据申请人的资产负债等情况作出批准或者不批准的决定；国家规定其经营范围需经有关主管部门批准的，应当在向外汇管理机关提出申请前办理批准手续。

向境外提供商业贷款，应当按照国务院外汇管理部门的规定办理登记。

第二十一条 资本项目外汇收入保留或者卖给经营结汇、售汇业务的金融机构，应当经外汇管理机关批准，但国家规定无需批准的除外。

第二十二条 资本项目外汇支出，应当按照国务院外汇管理部门关于付汇与购汇的管理规定，凭有效单证以自有外汇支付或者向经营结汇、售汇业务的金融机构购汇支付。国家规定应当经外汇管理机关批准的，应当在外汇支付前办理批准手续。

依法终止的外商投资企业，按照国家有关规定进行清算、纳税后，属于外方投资者所有的人民币，可以向经营结汇、售汇业务的金融机构购汇汇出。

第二十三条 资本项目外汇及结汇资金，应当按照有关主管部门及外汇管理机关批准的用途使用。外汇管理机关有权对资本项目外汇及结汇资金使用和账户变动情况进行监督检查。

第四章 金融机构外汇业务管理

第二十四条 金融机构经营或者终止经营结汇、售汇业务，应当经外汇管理机关批准；经营或者终止经营其他外汇业务，应当按照职责分工经外汇管理机关或者金融业监督管理机构批准。

第二十五条 外汇管理机关对金融机构外汇业务实行综合头寸管理，具体办法由国务院外汇管理部门制定。

第二十六条 金融机构的资本金、利润以及因本外币资产不匹配需要进行人民币与外币间转换的，应当经外汇管理机关批准。

第五章 人民币汇率和外汇市场管理

第二十七条 人民币汇率实行以市场供求为基础的、有管理的浮动汇率制度。

第二十八条 经营结汇、售汇业务的金融机构和符合国务院外汇管理部门规定条件的其他机构，可以按照国务院外汇管理部门的规定在银行间外汇市场进行外汇交易。

第二十九条 外汇市场交易应当遵循公开、公平、公正和诚实信用的原则。

第三十条 外汇市场交易的币种和形式由国务院外汇管理部门规定。

第三十一条 国务院外汇管理部门依法监督管理全国的外汇市场。

第三十二条 国务院外汇管理部门可以根据外汇市场的变化和货币政策的要求，依法对外汇市场进行调节。

第六章 监督管理

第三十三条 外汇管理机关依法履行职责，有权采取下列措施：

（一）对经营外汇业务的金融机构进行现场检查；

（二）进入涉嫌外汇违法行为发生场所调查取证；

（三）询问有外汇收支或者外汇经营活动的机构和个人，要求其对与被调查外汇违法事件直接有关的事项作出说明；

（四）查阅、复制与被调查外汇违法事件直接有关的交易单证等资料；

（五）查阅、复制被调查外汇违法事件的当事人和直接有关的单位、个人的财务会计资料及相关文件，对可能被转移、隐匿或者毁损的文件和资料，可以予以封存；

（六）经国务院外汇管理部门或者省级外汇管理机关负责人批准，查询被调查外汇违法事件的当事人和直接有关的单位、个人的账户，但个人储蓄存款账户除外；

（七）对有证据证明已经或者可能转移、隐匿违法资金等涉案财产或者隐匿、伪造、毁损重要证据的，可以申请人民法院冻结或者查封。

有关单位和个人应当配合外汇管理机关的监督检查，如实说明有关情况并提供有关文件、资料，不得拒绝、阻碍和隐瞒。

第三十四条 外汇管理机关依法进行监督检查或者调查，监督检查或者调查的人员不得少于2人，并应当出示证件。监督检查、调查的人员少于2人或者未出示证件的，被监督检查、调查的单位和个人有权拒绝。

第三十五条 有外汇经营活动的境内机构，应当按照国务院外汇管理部门的规定报送财务会计报告、统计报表等资料。

第三十六条 经营外汇业务的金融机构发现客户有外汇违法行为的，应当及时向外汇管理机关报告。

第三十七条 国务院外汇管理部门为履行外汇管理职

责，可以从国务院有关部门、机构获取所必需的信息，国务院有关部门、机构应当提供。

国务院外汇管理部门应当向国务院有关部门、机构通报外汇管理工作情况。

第三十八条 任何单位和个人都有权举报外汇违法行为。

外汇管理机关应当为举报人保密，并按照规定对举报人或者协助查处外汇违法行为有功的单位和个人给予奖励。

第七章 法律责任

第三十九条 有违反规定将境内外汇转移境外，或者以欺骗手段将境内资本转移境外等逃汇行为的，由外汇管理机关责令限期调回外汇，处逃汇金额30%以下的罚款；情节严重的，处逃汇金额30%以上等值以下的罚款；构成犯罪的，依法追究刑事责任。

第四十条 有违反规定以外汇收付应当以人民币收付的款项，或者以虚假、无效的交易单证等向经营结汇、售汇业务的金融机构骗购外汇等非法套汇行为的，由外汇管理机关责令对非法套汇资金予以回兑，处非法套汇金额30%以下的罚款；情节严重的，处非法套汇金额30%以上等值以下的罚款；构成犯罪的，依法追究刑事责任。

第四十一条 违反规定将外汇汇入境内的，由外汇管理机关责令改正，处违法金额30%以下的罚款；情节严重的，处违法金额30%以上等值以下的罚款。

非法结汇的，由外汇管理机关责令对非法结汇资金予以回兑，处违法金额30%以下的罚款。

第四十二条 违反规定携带外汇出入境的，由外汇管理机关给予警告，可以处违法金额20%以下的罚款。法律、行政法规规定由海关予以处罚的，从其规定。

第四十三条 有擅自对外借款、在境外发行债券或者提供对外担保等违反外债管理行为的，由外汇管理机关给予警告，处违法金额30%以下的罚款。

第四十四条 违反规定，擅自改变外汇或者结汇资金用途的，由外汇管理机关责令改正，没收违法所得，处违法金额30%以下的罚款；情节严重的，处违法金额30%以上等值以下的罚款。

有违反规定以外币在境内计价结算或者划转外汇等非法使用外汇行为的，由外汇管理机关责令改正，给予警告，可以处违法金额30%以下的罚款。

第四十五条 私自买卖外汇、变相买卖外汇、倒买倒卖外汇或者非法介绍买卖外汇数额较大的，由外汇管理机关给予警告，没收违法所得，处违法金额30%以下的罚款；情节严重的，处违法金额30%以上等值以下的罚款；构成犯罪的，依法追究刑事责任。

第四十六条 未经批准擅自经营结汇、售汇业务的，由外汇管理机关责令改正，有违法所得的，没收违法所得，违法所得50万元以上的，并处违法所得1倍以上5倍以下的罚款；没有违法所得或者违法所得不足50万元的，处50万元以上200万元以下的罚款；情节严重的，由有关主管部门责令停业整顿或者吊销业务许可证；构成犯罪的，依法追究刑事责任。

未经批准经营结汇、售汇业务以外的其他外汇业务的，由外汇管理机关或者金融业监督管理机构依照前款规定予以处罚。

第四十七条 金融机构有下列情形之一的，由外汇管理机关责令限期改正，没收违法所得，并处20万元以上100万元以下的罚款；情节严重或者逾期不改正的，由外汇管理机关责令停止经营相关业务：

（一）办理经常项目资金收付，未对交易单证的真实性及其与外汇收支的一致性进行合理审查的；

（二）违反规定办理资本项目资金收付的；

（三）违反规定办理结汇、售汇业务的；

（四）违反外汇业务综合头寸管理的；

（五）违反外汇市场交易管理的。

第四十八条 有下列情形之一的，由外汇管理机关责令改正，给予警告，对机构可以处30万元以下的罚款，对个人可以处5万元以下的罚款：

（一）未按照规定进行国际收支统计申报的；

（二）未按照规定报送财务会计报告、统计报表等资料的；

（三）未按照规定提交有效单证或者提交的单证不真实的；

（四）违反外汇账户管理规定的；

（五）违反外汇登记管理规定的；

（六）拒绝、阻碍外汇管理机关依法进行监督检查或者调查的。

第四十九条 境内机构违反外汇管理规定的，除依照本条例给予处罚外，对直接负责的主管人员和其他直接责任人员，应当给予处分；对金融机构负有直接责任的董事、监事、高级管理人员和其他直接责任人员给予警告，处5万元以上50万元以下的罚款；构成犯罪的，依法追究刑事责任。

第五十条 外汇管理机关工作人员徇私舞弊、滥用职权、玩忽职守，构成犯罪的，依法追究刑事责任；尚不构成犯罪的，依法给予处分。

第五十一条 当事人对外汇管理机关作出的具体行政行为不服的，可以依法申请行政复议；对行政复议决定仍不服的，可以依法向人民法院提起行政诉讼。

第八章 附 则

第五十二条 本条例下列用语的含义：

（一）境内机构，是指中华人民共和国境内的国家机关、企业、事业单位、社会团体、部队等，外国驻华外交领事机构和国际组织驻华代表机构除外。

（二）境内个人，是指中国公民和在中华人民共和国境内连续居住满1年的外国人，外国驻华外交人员和国际组织驻华代表除外。

（三）经常项目，是指国际收支中涉及货物、服务、收益及经常转移的交易项目等。

（四）资本项目，是指国际收支中引起对外资产和负债水平发生变化的交易项目，包括资本转移、直接投资、证券投资、衍生产品及贷款等。

第五十三条 非金融机构经营结汇、售汇业务，应当由国务院外汇管理部门批准，具体管理办法由国务院外汇管理部门另行制定。

第五十四条 本条例自公布之日起施行。

第八编

金融监管

一、全国国有商业银行监管综述

2008年，银行一部按照会党委的统一部署，在会党委的正确领导和大力支持下，继续发扬求实创新的优良传统，突出工作重点，以提高大型银行监管有效性为中心，完善制度建设，创新监管方式，改进监管流程，不断加强队伍建设，扎实有效地推进了大型银行监管的各项工作。

一、2008年银行一部工作简要总结

（一）明确思路，抓好部署，谋划和布局全年监管工作

一是研究制定下发全年监管工作意见，有力推动了监管工作的有序开展。2008年开年之际，我部就2008年大型银行监管工作思路和工作重点进行了深入研究，在广泛征求意见和反复修改的基础上，形成了《2008年大型银行监管工作的意见》（银监发［2008］7号），作为全年监管工作的指导性文件，下发各银监局和各大型银行机构。各银监局和各大型银行机构普遍反映，该意见思路清晰，重点突出，富于创新，既明确了全年工作的方向和预期，使各项工作有的放矢；又加强了沟通和互动，使工作的推进有力有序。二是召开大型银行监管暨培训工作会议，切实加强了上下左右的沟通协作。2008年2月下旬，我部召开了“2008年大型银行监管暨培训工作会议”，首次邀请五大银行和建银投的“三长”全部出席，加强了与被监管机构的充分沟通，首次提出并明确了对案件特别是百万元以上案件责任的追究标准，明确了尺度，提高了监管透明度。会议将工作布置和业务培训相结合、将领导讲话与专家讲授相结合，对全年的工作思路、重点和方法作了全方位的解剖、讨论和渗透，取得良好的效果。

（二）强化制度，严格规范，扎实做好日常工作

坚持以制度先行来规范日常工作，提高信息共享和工作效率。一是建立完善“周会纪要”工作制度，快速传达每周工作内容和要求，周知上下，据以督考。二是建立完善“要情报告”制度，快速报告和解决银行业监管的重大事项。三是建立现场检查季报制度，促进监管工作有效联动。要求各银监局按季报告本局开展现场检查的进展情况，我部及时根据各银监局现场检查情况进行相应的督促和指导，并对各局执行情况做出通报，增加工作透明度，达到了监管工作的有效联动，优化了监管资源。四是建立现场检查人员人才库制度，目前有90多名大型银行现场检查人才入库。五是建立“盯市”分析制度，持续关注“次贷危机”及其影响，对银行机构的外币债券和股权投资风险逐月逐日分析。六是建立对上市银行的市值估价分析制度，坚持按季落实分析报告。七是建立案件责任追究制度并对追责标准进行透明量化。对照制度，2008年重点对农业银行辽宁、山西分行、建行陕西分行和工行四川内江分行发生的大案要案责任人实施了严厉的处罚。八是建立监管谈话工作制度。根据监管突出问题和重大风险，及时约请相关银行总行或相关银监局负责人进行监管谈话并形成纪要，督促落实。

（三）创新方式，注重实效，提升现场检查水平

按照《2008年大型银行监管工作意见》（银监发［2008］7号）的要求，建立检查项目责任制，从监管资源集成方式上做了大量扎实的基础工作。一年来银行一部认真贯彻国家宏观政策，加大宏观调控行业和重点风险业务的检查。一是深化大型银行大客户现场检查工作。全年共检查大客户百余家，检查贷款余额近500亿元，仅检查期内就清收不良贷款了许多贷款，得到了国务院领导同志的充分肯定。就检查发现问题，我部汇总上报了多期要情简报，其中关于个别房地产企业“四假”问题严重的报告，得到国务院领导的高度重视并批转公安、财政、建设部门和23个省市区政府，责成相关部门单位和企业落实整改、追究责任，有力地提高了银行监管的有效性和权威性。二是开展对股改大型银行董事、高管履职再评价，做了开拓性的工作，促进了公司治理的完善，产生了良好效果。三是适应银行业发展新需要，有针对性地开展现场检查。针对大型银行业务综合化、国际化和集团化的趋势，结合各行风险特点，2008年有针对性地开展了全面检查、并表管理检查、跨境业务检查、风险管理情况检查、理财业务检查、投资类业务检查、IT安全情况检查、房地产信贷业务等多项检查，取得了良好效果。四是做好现场检查后续工作，达到以查促改、重在整改的目的。高度重视现场检查后续工作，做好现场检查报告的撰写、检查意见的反馈和整改情况的跟踪督促工作。向五家银行董事会通报2007年度现场检查发现问题，提出明确的整改要求。列席银行相关会议，充分了解银行情况，加强日常的督促整改。五是坚持“三铁两见”，强化责任约束。2008年以来，银行一部在实施各项现场检查时，严格按照“现场检查铁面无私，检查取证铁板钉钉，行政处罚铁案不翻”和“敢于罚款、敢于处分人”的原则，组织开展了各项检查工作，取得了较好效果。

（四）集成资源，密切沟通，促进非现场监管增强实效

1. 完善“两主员”制度，加强人力资源有效集成

进一步明确“两主员”责任和报告路线，结合法人层面监管工作特点，加强了“两主员”之间和现场非现场之间的沟通交流，监管信息得到了共享，监管资源得到了优化，使非现场监管工作更具实效。

2. 探索“三方会谈”制度，多渠道收集监管信息

2008年我部首次分别与五家银行及其外部审计机构进行了“三方会谈”，取得较好效果。“三方”面对面的交流沟通，既加深了相互理解，又传达了监管理念和政策，更使我们多了一条了解银行风险状况和风险管理情况的渠道。此举借助社会中介的专业优势和社会信誉，优化了监管资源。

3. 强调工作的主动性和自觉性，做好日常工作

完成大型银行2007年度监管报告和综合监管报告并上报。按月、季定期做好非现场监管报表审核工作，认真撰写五家银行上半年监管工作报告。指导农行真实合规披露经营业绩及资产质量等。

4. 持续关注银行业风险变化，做好风险监测、预警和提示工作

有效利用银监会监管信息系统，多渠道广泛收集信息，做好信息资源共享，不断提高非现场监管分析能力。及时、准确地捕捉风险信号，深刻剖析风险原因，认真提出监管意见。密切关注热点难点问题，建立次贷危机"盯市"分析制度，及时掌握市场风险变化情况，要求各行做好压力测试和情景分析，切实发挥风险监测、预警和提示作用。

5. 定期召开风险分析季度例会，不定期召集专题风险分析座谈会

我部定期召开大型银行季度风险分析会，向五家银行通报大型银行风险状况和监管工作情况，并提出下季度监管工作重点；与大型银行高管层就风险管理进行的深入广泛的沟通交流，得到了各银行机构的普遍理解和配合，也为下一步工作的深入开展奠定了良好的基础。与此同时，我部根据市场风险发展变化，及时召集五家大型银行有关部门负责人进行座谈。例如，召集外汇风险管理调查座谈会，深入分析五家银行2007年外汇业务风险情况并形成分析报告；召集相关座谈会，就欧元挂钩互换利差产品等事项向五家银行进行风险提示，等等。

（五）资源共享，关口前移，继续深化市场化准入监管

一是建立机构准入与日常监管情况挂钩制度，督促银行自我约束。建立新设分行与现场检查整改落实情况相挂钩的制度，要求相关银行在新设分行前，必须落实新设分行所在省分行现场检查整改。建立完善任职资格谈话制度，将董事和高管市场准入与促进银行公司治理相结合。二是按照风险为本的原则，在市场准入等政策方面扶优限劣，建立正向激励机制。三是坚持审慎监管，支持有条件的大型银行"走出去"。批准中行设立迪拜代表处。工行纽约分行已于2008年8月由美联储批准设立，建行设立纽约分行的申请已向美国监管当局提交。中国银监会以并表监管为基础的跨境监管能力得到东道国的肯定。四是研究细化准入工作规则。针对当前大型银行监管工作形势和有关准入监管工作制度过于原则的现状，我部正在研究建立有关准入工作与现场、非现场监管工作进一步挂钩的工作制度，以推动监管工作有效性的提升。

（六）与时俱进，深化监管，推动银行改革不断深入

1. 推动农行改革取得新突破

我部主动参与农业银行股改方案论证，研究提出了"三农"金融事业部制改革建议方案，牵头成立农行股改市场准入工作小组，起草《中国银监会关于中国农业银行三农金融事业部改革与监管指引》并督导农行强化风险管理，确保股改工作有序进行、各项政策落到实处，为促进农业银行完善公司治理、落实面向"三农"定位提供了制度保证。

2. 深入银行改革课题研究

围绕年初刘主席提出的"八大短板"课题，会同各银监局和大型银行进行了深入调研，了解了情况，加深了认识，促进了发展。提高大型银行这八个方面的竞争力成为了日常监管工作的自觉行动。

3. 以监管创新促进大型银行稳健经营

将准入监管、非现场监管、现场检查相结合，加强银行公司治理、风险管控和董事、高管履职的再评价，发挥正向激励作用，强化了银行自我约束。针对银行业集团化发展、综合化经营的新趋势，及时把对银行集团总体风险的监测和评估纳入监管范围。研究起草并表监管指引，加强银行集团的并表管理。开展了对大型银行海外机构的现场检查，有效防范境外机构风险。按照会内对银行控股或投资的附属机构"一个窗口"的监管原则，指导在并表监管框架下建立银行集团业务、资金、人员和系统的风险"防火墙"制度。开展对工行并表管理的现场检查，进行了并表监管的积极开拓和有益尝试。检查机构包括工行总行、工银瑞信、工银租赁、工银亚洲和工行印尼 Halim 银行等，检查内容包括公司治理与股权组织架构、业务发展战略、资本充足率及财务并表、风险隔离、关联交易、大额风险暴露等多个方面。

4. 稳步推进大型银行对外开放

引导股改银行稳定和深化与战投的合作关系，积极应对持股锁定期结束后可能发生的减持问题，审慎实施"走出去"战略。2008年，工商银行成立了纽约分行和悉尼分行，收购了南非标准银行和澳门诚兴银行，迪拜子银行和多哈分行实现了当年成立当年盈利的目标。年末，建设银行纽约分行获准设立。到2008年末，五家大型银行境外机构资产规模达到三千五百多亿美元，比上年有较大幅度上涨。

（七）区别对待，有保有压，贯彻落实宏观调控政策

在银监会党委的正确领导下，我部按照"区别对待、有保有压"方针，切实加强对银行贯彻国家宏观调控政策的指导。明确"保"与"压"的方向，细化"保"与"压"的重点，指导大型银行建立科学的信贷政策评价方法，推动信贷结构调整，支持产业结构优化升级。要求大型银行切实改善对重点领域和薄弱环节的金融服务。在实现商业可持续发展的同时，支持国民经济又好又快发展，履行好银行业的社会责任。

1. 加大支农信贷力度

围绕发展现代农业和建设社会主义新农村，指导督促大型银行努力做到"既贷点又贷链"（即农业产业链），加快农村金融产品和服务创新，加大"三农"金融服务力度，履行好社会责任。针对冰雪、地震等自然灾害接连发生以及生猪、奶业生产遭受沉重打击的不利局面，指导大型银行加大对主要粮食品种及生猪、奶业等"菜篮子"农副产品生产的信贷支持，全力做好农业和粮食生产的金融服务工作。2008年末，五家大型银行涉农贷款占全部贷款的比重达比年初有所上升了。

2. 推进小企业金融服务工作

针对今年反映突出的小企业金融服务，认真落实国务院领导批示精神，在全国开展了小企业金融服务状况调查研究，并牵头组织13家主要银行业金融机构的小企业金融

部门负责人分赴浙江、江苏、河南、山东进行广泛深入的现场调研，形成报告上报国务院，受到五位国务院领导同志批示肯定，所提政策建议被采纳。按照“六个突破”的工作要求，大力推动了小企业贷款难问题的解决。加强小企业金融服务沟通交流，出席全国政协提案委员会、工业和信息化部召开有关中小企业发展会议，协调指导上海小企业贷款博览会顺利召开，积极做好第五届中国国际中小企业博览会暨中韩中小企业博览会相关筹备工作等，寻求多方理解支持。完善小企业金融服务基础工作，为银行业金融机构的“六项机制”建设、产品创新、服务创新、银监局推进工作经验等提供了良好的宣传和交流平台，推动工作扎实深化。

3. 大力支持国民经济平稳较快发展

在“国十条”和“金九条”出台后，银监会从十个方面对有关信贷监管规定和要求进行了适当调整。大型银行监管部门认真落实“松绑性”政策，引导银行机构在有效防范风险的前提下，切实加大对经济发展的信贷支持。

4. 积极引导大型银行履行社会责任

2008年我国大事喜事集中，急事难事频繁。在这个过程中，监管部门积极引导大型银行自觉履行社会责任，做了大量组织推动工作。各大型银行把服务社会、回报社会作为自身应尽的职责，展示了良好企业形象，得到了全社会的广泛好评。在服务百年奥运过程中，各大型银行努力改进服务手段，提高服务水平，出色完成了各项任务，实现了“零投诉”的目标，向世界展示了中国大型银行的风采。在抗震救灾斗争中，各大型银行急灾区之所急，紧急动员，迅速行动，在最短时间里恢复了正常营业，不仅为抗震救灾和灾后重建提供了优质高效的金融服务，而且做出了大量无私援助，涌现了许多先进人物和先进事迹。此外，大型银行还积极为广大贫困学生和下岗失业人员等社会弱势群体提供良好金融服务。

（八）关注热点，抓住重点，开展重大问题调研

1. 牵头组织开展“八大短板”课题调研

按照会领导的指示，为充分发挥大型银行监管系统干部的积极性和智慧，我部牵头组织各银监局分别开展了我国银行业与国际先进银行存在八个方面的差距（简称“八大短板”）课题调研。各调研组已完成调研工作。围绕贯彻落实国家宏观调控政策，进行经济金融形势调研。

2. 高度关注国内外经济金融形势变化及对银行业的影响

建立“盯市”分析制度，密切关注“次贷危机”及其影响，深入调研银行投资“两房”债券和CDS业务的风险状况；跟踪研究香港“雷曼迷你债券”有关风险状况、国际金融机构破产倒闭重组事件、各国防范金融危机的经验教训。深入研究国内经济形势变化下的企业经营状况和银行业面临的风险，高度重视“两高一资”行业、房地产业、理财业务、投资业务、“四假”骗贷、出口企业授信等风险状况，进行了持续的监测分析。组织大型银行董事长行长会议，听取会领导关于提振经济、加强银企合作的报告，并督促各行加强扩大内需条件下的银行信贷研究。

3. 加强监管制度研究

牵头组织起草的“三个办法、一个指引”，即：《流动资金贷款管理办法》、《固定资产贷款管理办法》、《个人贷款管理办法》和《商业银行项目融资业务指引》，已经全面移交法规部，进入程序性审核阶段。完成了《银行并表监管指引》（试行）的起草修订工作，并下发各银行业金融机构并正式实施，促进了我国银行业的跨境经营和并表管理。对商业银行投资并购行为进行专题研究，起草并征求意见后，形成了《商业银行投资并购监管暂行办法》（会议讨论稿）。起草《大型商业银行建立董事及高级管理人员履职评价体系指导意见暨监管要点》，下发到各银监局，细致部署了相关工作，推进了此项开拓性工作的开展。此外，就二套房贷风险、汽车贷款风险、教育贷款风险、IT安全、市场风险、金融服务、合规文化、内部控制等问题进行了跟踪研究。

4. 积极参与了银监会现场检查信息系统的研究开发工作

我部派出了近10位业务骨干，全身心地投入研发工作。EAST系统由业务检查分析系统、项目流程管理系统和监管信息支持平台三个子系统共同构成，具备了对违规问题的精确制导、对业务流程的全面梳理、对专项风险的深度分析、对业务风险的持续检查、对风险模型的尝试建设、检查实施的规范管理六大类应用功能。2008年，首次在工商银行运用了先进的EAST系统，通过“法人采集、原始采集、集中分析、联动核查”的工作方法，按照系统逻辑分析、数据导入、数据分析、疑点核查和检查汇总等五个阶段，全面导入、整理、分析了工行管理信息系统、账务系统中与对公信贷业务相关的数据库，检查取得了明显成效。

二、2009年工作安排

2009年，银行一部将按照会党委的统一部署，认真贯彻落实党中央、国务院的指示精神，主动适应积极财政政策和适度宽松的货币政策的要求，贯彻“有保有压”政策，完善大型银行监管方式，推进大型银行改革创新，进一步增强监管的前瞻性和有效性，有力促进大型银行稳健运行和国民经济持续发展。

（一）完善监管制度

一是制定和实施新的贷款管理办法和并购贷款指引。促使支付方式从传统的“实贷实存”转变为“实贷实付”，从源头上加强授信管理。规范并购贷款，推进经济结构调整、企业升级换代。二是研究制定大型银行准入实施细则。制定统一的程序和标准，规范董事和高管准入、机构准入、业务产品创新，将准入监管与全面风险管理结合起来，形成监管合力。三是完善大型银行并表监管制度。对银行或银行集团的总体风险状况进行密切跟踪并实施有效检查。指导大型银行审慎开展跨业、跨市场和跨境经营，健全防火墙制度，建立附属机构的重大事项报告制度，完善信息系统建设。四是完善“两主员”制度，加强上下左右联动。明确监管报告路线和监管工作职责，做好上下统筹和协调工作，促进全面风险监管。五是探索强化区域性运营中心监管。六是坚决贯彻从严治案制度。继续督促大型银行强化内控管理，严格案件责任追究。

（二）推进大型银行改革

一是深化公司治理改革。指导股改银行进一步完善“三会一层”的制衡机制，清晰界定职责边界，增强责任约束。二是做好农业银行股份制改革工作。认真履行监管职责，密切关注农行股改进展情况，推动三农事业部制改革。三是深化与战投的合作。督促大型银行密切关注国际金融动态和战略投资者动向，制定科学的预案和措施，深化与战投的战略合作。四是推动小企业金融服务工作。指导和鼓励大型银行建立小企业战略事业部制，不断完善小企业授信的“六项机制”。五是建立科学的激励约束机制和考核制度。指导大型银行按照有利于审慎经营和科学发展的原则来设计薪酬激励机制。六是强化资本约束。指导大型银行切实完善资本金管理，协调资本充足水平与业务发展的关系，多渠道补充资本金。七是稳步推进“走出去”战略。指导大型银行强化对境外机构和附属公司的风险管控，按照资本充足、经营稳健、风险可控、布局合理的原则，稳步实施“走出去”战略。

（三）加强非现场监管

一是完善投资业务风险监测分析制度。即时监测大型银行外币金融资产的损益情况，探索建立人民币证券投资分析监测制度。二是加强表外业务监管。结合表外业务的现场检查，加强对大型银行表外业务的风险排查，摸清风险底数。三是加强资产质量监管。指导大型银行制定新发放贷款的质量的考核措施，既要确保新发放贷款符合国家宏观政策，又要严格控制产生新的不良贷款。四是完善按季测评大型银行实施新资本协议规划制度。定期监督评价大型银行落实新资本协议实施规划的实际情况，据以加强督导。

（四）提高现场检查质效

一是制定现场检查制度。按照条线管理的原则，对大型银行的产品线、业务线开展现场检查。按照专业条线管理的原则，建立和完善大型银行现场检查人才库。二是提高现场检查的科技水平。充分应用EAST系统，开展现场检查，扩大应用试点范围，切实提高现场检查实效。三是确定现场检查重点。银行一部初步确定，2009年着重于七项检查：落实金融促进经济发展政策措施的检查，表外业务检查，外币投资业务检查，信用卡业务检查，并表管理检查，理财及代理业务检查，后续跟踪检查。各银监局可以在完成银监会统一部署的检查项目的同时，根据本地实际，自行确定2009年现场检查项目。四是继续落实既定的现场检查要求。坚持“谁立项、谁实施，谁组织、谁付费”的原则，各项现场检查分别由银行一部和各银监局组织实施。继续坚持“三铁两见”的原则，有力落实责任追究，切实提高监管工作有效性。

（五）落实“有保有压”

认真贯彻国家产业政策，有效落实国家扩大内需、提振经济的重大措施，指导商业银行加大有效信贷投放，优化信贷结构，大力支持国家重点行业、重点项目，大力支持“三农”和小企业的发展，控制对“两高一资”行业贷款，严格退出不符合国家信贷政策要求的信贷投放，切实将“有保有压”政策落到实处，达到提振经济、调整结构的目标。鼓励和指导银行创新流程银行服务机制，进一步加快流程银行建设，适时建立小企业金融事业部、三农金融服务事业部等，大力提高金融服务效率和质量。

（六）加强调查研究

深入调研经济金融形势及其对银行业和实体经济的影响，加强监测分析和预警，做好风险防范、化解和处置工作。

二、全国股份制商业银行监管综述

2008年，在党中央、国务院的正确领导下，银监会坚持以科学发展观为统领，认真落实国家各项决策部署，坚持科学、审慎、持续、有效监管，引导股份制商业银行积极应对国际金融危机挑战，提高经营管理和风险管控水平，推进改革发展和业务创新，维护了国家金融安全和稳定，开创了股份制商业银行又好又快发展的新局面。

截至2008年12月末，12家股份制商业银行（中信银行、中国光大银行、华夏银行、中国民生银行、招商银行、上海浦东发展银行、广东发展银行、深圳发展银行、兴业银行、恒丰银行、浙商银行、渤海银行）资产总额88337.24亿元，其中贷款余额48835.62亿元，分别比年初增长21.44%和21.55%。负债总额83923.53亿元，其中存款余额65449.28亿元，分别比年初增长21.01%和21.98%。所有者权益4413.72亿元，比年初增长30.12%。不良贷款继续"双降"，不良贷款余额658.5亿元，比年初减少202.83亿元，不良贷款率1.35%，比年初降低0.8个百分点。2008年末，12家行拨备覆盖率达169.57%，比年初提高54.97个百分点，贷款损失准备充足率为193.09%，比年初增加28.17个百分点。加权平均资本充足率为10.54%，比年初提高0.24个百分点。在大幅增加拨备计提和核销的基础上，全年实现税后利润841.37亿元，比上年增长49.07%。

2008年，在外部经济形势复杂多变，国家宏观调控政策不断调整的背景下，股份制商业银行认真贯彻国家经济金融政策，不断优化信贷结构，充分发挥银行体系支持经济平稳较快发展的作用。在经营业绩取得历史最好水平、资本充足率全面达标、拨备水平大幅提升的同时，股份制商业银行进一步加大了改革创新力度，以零售业务和中间业务发展为重点的战略转型初现成效，业务结构不断优化；以"扁平化、专业化"为主线的业务流程再造和组织架构调整持续推进，综合经济效益和经营效率显著提升。此外，在监管引领下，股份制商业银行努力承担社会责任，不断加大对中小企业、科技型企业以及地震灾区灾后重建贷款的支持力度，积极参与"三农"金融服务体系的建设，有效支持了社会和经济发展。

一、着力提高股份制商业银行资本充足率、拨备水平和整体风险抵御能力

2008年初，银监会提出了年内股份制银行资本充足率全面达标的工作目标，通过召开专题座谈会、下发通报与联动监管意见书、现场督导推进、实施市场准入约束等多种措施，督促各行采取有效措施提高资本充足率水平。同时，积极支持各行通过增资扩股，发行次级债、混合债、分离交易可转换债券等多种渠道补充资本。2008年，共批准7家银行发行次级债699亿元，批准1家行发行分离交易可转换公司债券150亿元。2008年，12家股份制银行资本充足率首次实现全部达标。

针对今后一两年内银行体系可能出现不良贷款余额和比例"双上升"的局面，银监会要求股份制银行加大不良贷款核销和贷款损失准备金的提取力度，拨备覆盖率要求全面达到150%以上，进一步提升了银行的风险抵御能力，为应对未来一段时期的不确定性打下了良好的基础。股份制银行全年计提贷款损失准备441.22亿元，比上年多提273.62亿元。深发拨备覆盖率由年初的48.19%提高到105%，其余11家行全部超过150%。

二、有效落实国家宏观调控政策要求，加大信贷结构调整力度

2008年，银监会将落实党中央、国务院宏观经济调控政策作为监管工作的重点，通过多种方式，如召开股份制银行形势分析电视电话会，召开股份制银行董事长、行长座谈会，致函股份制银行董事长、行长，约见董事、高管谈话等，积极研究打通贯彻落实国家宏观调控政策传导机制的方式方法。2008年，股份制银行认真贯彻和执行国家宏观调控政策，加大信贷结构调整力度，充分发挥银行体系对经济平稳较快增长的信贷支持作用。特别是第四季度，为支持经济的平稳较快发展，股份制银行加快信贷投放，单季信贷规模比上年同期多增1817.5亿元，增速同比上升3.63个百分点。同时，股份制银行有效落实国家产业政策调控目标，继续压缩对"两高一资"行业的信贷规模，加大对中小企业、科技型企业以及国家重点发展行业的信贷支持力度，在有效防范风险的基础上，进一步实现了信贷结构的优化。例如，截至2008年末，股份制银行的中小企业贷款余额989.92亿元，比上年同期增长25.36%；在全部贷款中占比2.03%，比上年增长0.07个百分点。

三、努力提高金融服务水平，积极承担社会责任

在银监会的督促和引导下，股份制商业银行积极履行社会责任。一是积极支持四川地震灾区的灾后重建工作。兴业发放了银行体系第一笔2亿元的灾后重建贷款，并在第一时间设立了绵阳支行；民生对因地震形成的不良贷款全部予以核销。各行在信贷政策上也均对用于灾后重建项目的授信给予了政策优惠。二是加大对农村地区金融服务的支持力度。2008年，民生先后设立了四川彭州民生村镇银行、宁波慈溪民生村镇银行；浦发设立了四川绵竹浦发村镇银行。三是签署《社会责任宣言》。12家股份制银行于2008年9月共同签署了《全国股份制商业银行社会责任宣言》，承诺将加强客户适合度评估，向客户有效提示风险，披露信息，强化授信业务的环保影响评估。四是大力倡导和践行可持续金融理念。浦发与国际金融公司开展能效融资项目、合作"绿色信贷"。兴业成为国内第一家承

诺加入“赤道原则”的银行，在对所有项目融资的授信评审过程中将加强环境和社会问题核查。

四、加快战略转型步伐，不断优化组织架构，积极推进综合化经营

股份制银行以零售业务和中间业务为发展重点的战略转型取得初步成效，各行零售业务增长速度和中间业务收入占比进一步提高。随着理财业务、第三方存管、银行承兑、咨询顾问等业务发展，全年实现中间业务收入 397.48 亿元，比上年增长 63.39%，中间业务收入占比 13.82%，比上年增加 1.94 个百分点。2008 年，股份制银行以业务流程再造和组织架构调整为主线，推动了管理模式向“专业化、扁平化”转变，提高了综合经营效益。深发全面启动了管理体制和业务流程改革，建立合理分工、扁平优化的组织架构，提高了运行效率和质量。中信进一步推进业务条线改革，完善“五大中心”的准事业部建设；华夏完成了信贷业务垂直管理改革，提高了授信业务的专业化水平。2008 年，股份制银行向综合化经营迈出了重要步伐，招商、浦发、民生分别设立了金融租赁公司或基金管理公司，以银行为枢纽、包括证券、租赁等行业的综合化经营平台已初步搭建起来。此外，股份制银行的国际化发展战略也进一步推进。招商收购了香港永隆银行，招商纽约分行正式开业；民生完成了对美国联合控股公司的前两步投资计划，目前持股比例达 9.9%。

五、金融创新步伐加快，综合竞争能力提升

一是理财业务的发展推动了金融产品和金融服务的创新。2008 年，股份制银行全年发行理财产品募集资金 11004 亿元，期末余额 3013 亿元，涉及资本市场、货币市场和信贷市场等多个领域。理财产品的发展丰富了国内金融市场的产品供应，拓宽了融资渠道，有效提高了银行金融产品的研发和创新能力，促进了银证、银信之间的业务合作。二是特色化金融产品快速发展，有效提高了市场竞争能力。浦发率先推出了私募股权基金财务顾问业务，确立了其在私募股权基金金融服务、企业年金等领域的领先地位；深发积极发展以大宗商品供应链为重点的贸易融资业务，其在供应链融资领域的竞争优势日益显现；兴业新增银银平台上线产品 65 个，累计办理银银平台结算 276.5 亿元，该行在银银合作领域的竞争优势进一步得以巩固。

六、加大对重点风险领域的持续监测，提升银行风险管理能力

2008 年，银监会根据对经济形势的分析和对银行经营状况的研判，将房地产行业贷款风险、流动性风险、境外投资及理财业务等风险领域作为股份制银行的监管重点，采取了一系列措施。一是加大对风险监测力度。如建立了银行境外投资业务的周报、旬报和月报制度，并按月跟踪分析房地产贷款和流动性风险的变化情况。二是引入新的风险管理工具和方法，提升银行风险管理水平。对房地产行业贷款，要求股份制银行根据不同情景模式进行压力测试，科学预测风险变化趋势。同时，对 12 家行进行了全面的流动性压力测试培训。三是制定风险应急预案，提高突发性事件的应对能力。要求各行完善相应的风险预警机制，根据压力测试情况，有针对性地制定流动性风险和房地产行业风险的应急预案；对于出现亏损的理财产品，要逐款制定风险应急预案，避免群体性事件的发生；与人民银行签订了《关于建立中小商业银行监管协作工作机制的备忘录》，以确保金融市场的安全与稳定。

七、切实做好 2009 年股份制商业银行监管规划

（一）加强监管引领，督促股份制银行贯彻落实国家宏观调控政策

2009 年，监管工作将继续贯彻落实宏观调控政策要求，指导股份制银行继续加大对国家重点项目、民生项目、节能减排、抗震救灾、涉农行业等的信贷支持力度，积极支持企业兼并重组、技术改造和产业升级；引导股份制银行以体制机制建设为突破口，设立独立运行、独立核算的中小企业贷款专营机构，建立支持中小企业金融业务发展的长效机制。

（二）强化全面风险监管，促进股份制银行稳健运行

2009 年，银监会将坚持以“风险为本”的监管理念，明确各类风险的监管重点，构建全面风险监管体系：一是以信用风险监管为核心，以管控关联交易和集团客户风险为重点，加强对重点领域的风险动态监测。二是持续关注流动性风险。引导股份制银行提高流动性风险管理水平，将流动性风险防范工作与信用风险防控紧密结合。三是跟踪监测市场风险的变化。督促股份制银行及时调整资产负债结构，有效规避利率风险和境外投资风险。四是有效防范操作风险。案件防控形势依然严峻，继续以柜台业务、表外业务、票据业务、信用卡业务为重点，督导股份制银行切实防范分支机构关键环节的操作风险。

（三）提高公司治理有效性，夯实发展基础

在公司治理架构基本完备的基础上，推动股份制银行进一步提升公司治理运行机制的科学性和有效性，夯实发展基础。一是完善公司治理相关制度、加强监管引领。制定和颁布《进一步完善中小商业银行公司治理指导意见》，要求股份制银行按照有关规定，制定具体的完善规划，并定期进行对照评估。二是充分发挥董事会的核心作用。进一步明确“三会一层”的职责边界，强化董事会的责任意识，督促各行建立健全董事履职评估机制，推动董事会下设各委员会切实发挥作用。三是引导股份制银行完善激励约束机制。要求各行按照效率优先、兼顾社会公平的原则，建立与贡献度和安全性相匹配的收入分配机制，审慎制定激励措施，以长期发展为目标，强调激励与约束并重，适当缩小收入分配差距。

（四）强化资本管理和内控建设，提高股份制银行风险抵御能力

2009 年，银监会将继续以资本监管为重点，强化股份制银行的资本管理能力和内部控制水平，全面提升风险抵御能力。一是进一步强化资本监管。督促股份制银行按照

“准确分类、提足拨备、做实利润、资本充足率达标”的要求，制定科学的资本使用和补充规划，逐步建立和完善资本约束机制，充分发挥经济资本在银行管理中的作用。二是推进股份制银行完善内控机制。以强化问责和加强整改为核心，提高董事会、高管层的内控意识，进一步完善内部控制机制；重点关注和跟踪刚完成改制工作以及进行流程银行改革的股份制银行内控建设和管理情况；督促股份制银行加大信息科技系统投入，更好地满足内控管理的需要。

三、全国城市商业银行监管综述

2008年，在党中央、国务院的正确领导下，银监会坚持以科学发展观为统领，以促进改革发展和风险防范为主线，以持续监管、分类监管和审慎监管为原则，不断探索和创新监管方式，切实提高监管有效性，促进城市商业银行（以下简称城商行）继续保持了稳健发展的良好势头。一是以开放的姿态，按照改善金融监管、促进金融创新的思路，调整市场准入政策。二是分类指导，重点突破，切实推进城商行的风险防范和处置工作。三是贯彻落实国家宏观调控政策，督促城商行加大信贷投入力度，大力优化信贷结构，积极支持国民经济平稳较快发展。四是督促城商行切实加强内控管理，继续深入推进案件防控工作，切实防范操作风险。五是创新监管方式，合理配置监管资源，切实提高监管有效性。

2008年，在国际金融危机和国内经济下行的严峻考验下，在银监会的大力督促指导下，我国城商行的主要监管指标达到了历史最好水平：一是资本充足率达标实现历史性突破。二是拨备覆盖率达到历史最高水平。三是盈利水平创历史新高。四是不良贷款比例降至历史最低水平。五是化解历史风险取得突破性进展，高风险机构大幅减少，第一次消灭了城商行六级行。六是案件数量和涉案金额控制在较低水平。

2009年，银监会对城商行的监管目标是：以科学发展观为统领，以持续监管、分类监管和审慎监管为原则，以增强城商行法人治理和风险管控能力、风险抵御能力、可持续发展和竞争能力为重点，督促城商行继续“强身健体”，确保安全稳健运行，更好地支持经济平稳较快发展。具体工作任务是：督促城商行强化公司治理，健全内控机制，进一步增强城商行的公司治理和风险管控能力；指导城商行积极应对国际金融危机和国内经济下行风险，进一步增强城商行抵御风险能力；引领城商行认真贯彻落实国家宏观调控政策，积极支持国民经济平稳较快发展；积极推进城商行的改革与发展，进一步增强城商行的可持续发展和竞争能力；坚持审慎监管、分类监管和属地联动监管，合理配置监管资源，切实提高监管工作有效性；进一步完善协调合作和应急机制。

一、基本情况

截至2008年末，全国136家城商行合计资产总额41319.66亿元，其中各项贷款余额20781.68亿元，比上年增加3934.48亿元，增长23.35%；负债总额38650.94亿元，其中各项存款余额33928.33亿元，比上年增加6745.79亿元，增长24.82%；所有者权益合计2668.72亿元。按照五级分类口径，不良贷款余额484.82亿元，不良贷款率2.33%，分别比上年减少26.70亿元和下降0.70个百分点，达到历史最低水平。加权平均资本充足率为13.11%，比上年提高1.95个百分点，城商行第一次全部达到8%的最低监管要求。2008年，城商行共实现税后利润406.55亿元，比上年增加158.46亿元，增长63.87%。同时，城商行资本利润率为17.92%，比上年增加1.92个百分点。

二、资产质量

2008年，城商行的信贷资产质量继续改善，不良贷款余额和比例实现“双降”，不良贷款比例降至历史最低水平。按照五级分类口径，到2008年末，城商行不良贷款余额484.82亿元，不良贷款率2.33%，分别比上年减少26.70亿元和下降0.70个百分点，达到历史最低水平。但是，关注类贷款余额1390.46亿元，比上年增加262.51亿元，资产质量呈现向下迁徙趋势。

2008年，按照“依法、真实、有效”的原则，城商行整体风险处置工作取得了明显成效，共处置不良资产320.1亿元，其中信贷资产238.7亿元，非信贷资产81.4亿元。与此同时，高风险城商行数量不断减少，风险状况明显缓解。第一次消灭了6级城商行，5级城商行由上年的11家减少到6家。

三、资本充足率

2008年，城商行资本充足率达标情况实现历史性突破。年初，共有23家城商行的资本充足率严重不足。经过各方努力，到年末，城商行加权平均资本充足率为13.11%，比上年提高1.95个百分点，城商行第一次全部达到8%的最低监管要求。城商行所有者权益合计2668.72亿元。

2008年，城商行进一步扩大对内对外开放，并注重使“引资”与“引制”、“引技”、“引智”相结合，取得明显成效。在继续引进和深化与境外战略投资者合作的同时，许多城商行还将目光投向那些规模和管理水平与自己更加匹配的境内金融机构。

总体看，尽管2008年城商行资本充足率有大幅改善，但仍然存在资本金补充渠道单一，片面强调规模扩张、对资本管理重视不够等问题。

四、经营绩效

2008年，城商行盈利水平创历史新高，共实现税后利润406.55亿元，比上年增加158.46亿元，增长63.87%。同时，城商行资本利润率为17.92%，比上年增加1.92个百分点。城商行拨备覆盖率达到历史最高水平，贷款损失准备充足率161.76%，拨备覆盖率113.84%，分别比上年上升62.43和41.57个百分点。

根据国家宏观调控政策要求，城商行坚持“区别对待、有保有压”的信贷政策，积极调整信贷结构，努力加大信贷投入，切实改进金融服务，有力地支持了国民经济的平稳较快发展。

2008 年，银监会以支持县域经济发展为切入点，采取多项措施引导城商行改善金融服务，积极支持小企业发展和社会主义新农村建设。据统计，城商行对小企业授信比上年增加 576. 60 亿元，增长 25. 7%，高于同期贷款增幅 2. 35 个百分点。城商行依托其地域和传统优势，对小企业贷款的金额和户数分别占中小商业银行的 72. 18% 和 85. 93%，成为小企业金融服务的主导力量。城商行新设立县域机构 134 个，新发起设立 34 家村镇银行和 1 家贷款公司，发放贷款 467. 57 亿元，在支持地方经济发展和社会主义新农村建设方面发挥了积极作用。

2008 年，银监会允许经营管理水平较好的城商行实现跨区域发展和更名，成为增强其市场竞争力的必要途径。在监管部门扶优限劣政策的引领下，全国共有 40 家城商行跨区域（含省内省外）设立分行 90 家，有效地增强了城商行跨区域提供金融服务的能力。

五、流动性

受宏观调控政策影响，2008 年城商行整体流动性状况呈前紧后松态势。虽然 136 家城商行的流动性比例均明显高于 25% 的最低监管标准，但少数经营管理情况较差的城商行流动性逐步趋紧，特别是随着信用风险的不断加大，在一定程度上加剧了银行现金流量的波动和不确定性，流动性风险管理和预测难度进一步加大。由于城商行规模相对较小，不排除个别城商行受信用风险集中暴露等因素影响，发生局部流动性风险的可能性。

六、公司治理及内部控制评价

经过多年的发展，绝大多数城商行已经建立了现代商业银行的组织架构和管理体制的基本框架。2008 年，各城商行按照银监会的要求，继续完善公司治理，进一步建立健全内部控制机制，风险防范和控制能力有所增强。但是，城商行的公司治理水平仍亟待提升，部分城商行的公司治理仍存在较大缺陷，突出表现在：一是董事会与高级管理层在决策、监督和经营管理等方面的职责分工还不够明晰，实际经营中决策、执行、监督“一言堂”与董事长、行长“制衡”过度现象并存，公司治理的有效性有待提高。二是董事的治理意识虽有所提高，但专业素质和知识储备普遍不足，缺乏应有的审议和决策能力。三是由于缺乏及时、全面的信息，外部董事对银行经营情况的了解较少，职能作用难以发挥。四是由于没有形成常态化工作机制，专门委员会履职难以深入，不能对高管层形成有效的问责和监督压力。五是激励约束机制偏重于当年经营绩效，而未与中长期战略发展有效挂钩。

七、总体评价及监管意见

2008 年是城商行的“质量提高年”。在各级监管部门的引领和地方政府的支持下，城商行的各项工作都取得明显成效，不仅积极应对了国际金融危机和国内经济下行的风险，而且继续保持了稳健发展的良好势头。

2008 年，面对复杂多变的国际国内经济金融形势，城商行以科学发展观为指引，坚持审慎经营原则，在不确定性因素增加的情况下，适当控制业务发展速度，合理调整利润增长目标，积极防范金融危机和经济下行可能出现的各类风险。在各项业务稳步健康发展的同时，城商行继续改善风险管理和内控机制，一些城商行在流程银行改造方面取得新的进展，风险管控能力得到加强，操作风险得到有效控制。以资本充足率达标为目标，城商行的增资扩股和风险处置工作也取得明显进展，高风险城商行的数量不断减少，城商行整体资产质量持续改善。越来越多的城商行通过跨区域经营，在县域设立分支机构，参股村镇银行，设立贷款公司等方式，按照国家宏观调控政策的要求，坚持“区别对待、有保有压”的信贷政策，努力加大信贷投入，切实改进金融服务，在支持小企业、县域经济发展和社会主义新农村建设等方面发挥着越来越重要的作用。随着城商行的社会影响和受关注度的不断提高，越来越多的城商行成为国内外资本追逐的对象，引资行为日趋成熟。在继续引进和深化与境外机构投资者合作的同时，许多城商行开始将目光投向那些规模和管理水平与自己更加匹配的境内金融机构，“引资”、“引智”、“引技”不断走向深入。

但是，城商行作为地方中小金融机构，还有很多先天不足的地方。如公司治理还不够有效，内部控制还不够健全，风险抵御能力还不够牢靠，资本充足指标还不够稳固，业务和赢利结构还需进一步优化，应对外部冲击的能力还不强。

2009 年，银监会对城商行的监管目标是：以科学发展观为统领，以持续监管、分类监管和审慎监管为原则，以增强城商行法人治理和风险管控能力、风险抵御能力、可持续发展和竞争能力为重点，督促城商行继续“强身健体”，确保安全稳健运行，更好地支持经济平稳较快发展。具体做好以下几项工作：一是督促城商行强化公司治理，健全内控机制，进一步增强城商行的公司治理和风险管控能力。二是指导城商行积极应对国际金融危机和国内经济下行风险，进一步增强城商行抵御风险能力。三是引领城商行认真贯彻落实国家宏观调控政策，积极支持国民经济平稳较快发展。四是积极推进城商行的改革与发展，进一步增强城商行的可持续发展和竞争能力。五是坚持审慎监管、分类监管和属地联动监管，合理配置监管资源，进一步提高监管工作有效性。六是进一步完善协调合作和应急机制。

第九编

金融先锋

一、商业银行省市区分行个人金融发展概况

（一）中国工商银行省市区分行个人金融发展概况

安徽分行个人金融业务发展概况

2008 年，个人金融业务部认真贯彻落实总省行各项工作部署，坚持以科学发展观为指导，以加快提升市场竞争力为主线，继续深入实施打造安徽第一零售银行战略，在 2008 年复杂多变的市场形势中实现了个人金融业务的快速发展，多项指标创造了历史最好水平。

一、主要指标完成情况

（一）个人金融资产新增额创历史最好水平。全年个人金融资产新增额（不含超短期理财产品，下同）达 367.7 亿元，较上年多增 163.4 亿元。其中人民币储蓄存款增加 167.06 亿元，是去年的 5.01 倍，余额达到 1011.88 亿元，成为全国第 14 个储蓄存款余额超过千亿元的一级分行，受到了总行的贺电嘉奖。全年共销售各类个人理财产品 200.4 亿元，同比多销售 29.2 亿元。

（二）个人中间业务收入主要指标居系统内前列。全年实现个人中间业务 3.82 亿元，同比多增 781 万元，增幅 2.01%，完成总行下达全年任务的 76.74%，任务完成率、同比多增和增幅分别居全国第三、第三和第四位，均较去年同期大幅度提升。

（三）个人消费贷款业务稳步健康发展。个人消费贷款余额为 32.48 亿元，比年初增加 4.12 亿元，完成总行下达年度营销计划 103%，增量居全国一级分行第 9 位，不良贷款余额为 2423 万元，贷款不良率为 0.75%（剔除国家助学贷款后为 0.6%），低于全行平均水平约 1 个百分点。个人消费贷款累计实现利息收入 2.45 亿元，同比多收 0.75 亿元，增幅达 44.12%。

（四）牡丹灵通卡业务实现了“双百”目标。全年共新发牡丹灵通卡 104.3 万张，完成全年发卡计划的 130.38%；实现灵通卡消费额 126.39 亿元，完成全年计划的 133%。

（五）个人中高端客户数量增长创历年新高。截至 12 月末，全行金融资产 5 万元以上的个人中高端客户为 60.5 万户，较年初增加 12.66 万户，完成总行下达新增计划的 194.77%，增长率为 26.46%，大大高于全国平均水平。

（六）金融理财师队伍建设成效显著。截至 12 月末，我行取得金融理财师（AFP/CFP）资格的人数接近 300 人，金融理财师人数在省内同业遥遥领先。

二、主要工作措施

（一）加强组织推动，深入打造安徽第一零售银行。2008 年以来，我认真组织研究制定了《关于深入打造安徽第一零售银行的意见》，修改完善了考核指标体系，确定了较为科学的考核办法，并将第一零售银行考核结果按季纳入二级分行经营绩效综合考评。继续牵头定期对全行第一零售银行进展情况进行通报，推动了二级分行打造当地第一零售银行建设进度。

（二）深化“两化”改革，逐步完善零售银行业务持续发展的体制机制。一是强化对大个金业务的统一领导，在二级分行和所有支行基本实现了一名行长集中分管和专管制度。二是组织制定下发了深化改革的指导意见，召开改革深化工作会议，把改革深化工作进一步推向深入。三是加强二级分行对网点零售银行业务和个人客户经理业绩的直接考核力度，增强了零售业务的战略执行力。

（三）完善统一营销平台，广泛深入开展业务综合营销活动。一是扎实抓好一季度的大个金板块的综合营销竞赛活动。二是在一季度竞赛后，我及时组织研究制订下发了贯穿后三个季度的综合营销活动方案。三是从 7 月下旬开始，组织开展了“共享成长，真诚服务”个人中高端客户精准营销活动。四是在三季度牵头组织开展了包括储蓄存款和个人中间业务在内的二季度竞赛活动。五是年内还组织开展了代理保险、代理基金、代发工资业务等一系列专项营销推广活动，均取得了较好成绩。

（四）顺应市场变化，全力提高个人中间业务收入水平。一是重点抓好代理个人保险业务，全年共代销个人保险 29.5 亿元，同比多增 16 亿元。二是加大国债和银行类理财产品的销售力度。2008 年全行代理国债 12.1 亿元，比上年多销售 3.2 亿元；全行共销售银行类本外币理财产品 61.4 亿元，同比增长 153.9%，创历史最好成绩。三是认真抓好重点代理基金产品的销售，确保了同业领先位次。四是加强牡丹灵通卡和个人结算等传统业务营销宣传，努力挖掘传统业务增收潜力。

（五）增强竞争意识，促进储蓄存款持续稳定增长。一是根据市场变化，及时重新测算储蓄存款增长规模，明确新的形势下的储蓄存款增存目标。二是不断完善储蓄存款营销策略，抢抓旺季，不忘淡季，全程跟踪，确保存款稳定增长。三是全年坚持按日监测储蓄存款进展情况。

（六）完善营销管理，促进个人消费信贷业务稳健发展。一是努力创新营销模式，提高贷款综合收益。二是完善营销工作组织模式，积极促进形成新型的个人信贷业务组织模式。三是适应市场变化，积极开拓业务范围。四是加强调研分析，加强营销指导和合作业务管理，切实防范个贷经营风险。

（七）加强渠道建设，持续提升综合竞争能力。一是安排专人配合相关部门确定了37家贵宾理财中心建设计划。二是强化核心竞争力项目4.0版本的推广应用工作。三是加大ATM和自助银行等离柜渠道建设和运营动态监测力度。四是新招聘了200名个人营销客户经理，举办了三期173人的AFP培训班。委托杭院举办了百名个人信贷客户经理业务培训，组织了全行个人理财从业人员资格考试等。

（八）坚持合规经营，实现了全年安全稳定运营。认真落实案件防范工作责任制，加强个人客户经理、代发工资、个人消费信贷和个人理财业务管理等4个重要风险点的治理工作，组织开展了个人金融业务操作风险检查，做好奥运金融服务和个人理财业务合规经营工作，安排专人负责个人金融业务专业系统版本的测试、投产和培训工作，精心指导各行认真做好个人业务反洗钱工作等等。

重庆分行个人金融业务发展概况

2008年，重庆市分行按照打造重庆第一零售银行的战略目标，创新发展理念、转变发展方式、推进机制建设、深化流程再造、提升竞争能力，在快速发展中创造了良好的经营业绩。

一、储蓄存款创历史新高，源头揽存取得阶段成效。人民币储蓄存款余额达到534.49亿元，新增86.50亿元（含信用卡存款），按同口径比较，列同业第二位，较上年提升两个位次，增幅为18.05%，同比多增94.6亿元，完成总行任务的288.33%。代发工资新增单位2284个，新增客户24.8万人，全年累计代发额净增62亿，代发工资业务的综合考核得分在总行排第五位。

二、理财类产品销售继续保持同业第一，个人中间业务收入稳定增长。全年个人理财类产品销售（含基金、理财、国债、保险）231.19亿元，其中：基金44亿元，理财产品154.13亿元，国债3.5亿元，代理寿险17.27亿元，代理个人财险12.29亿元，为个人中间业务收入奠定了基础。全年实现个人中间业务收入2.67亿元，占全行中间业务收入的45.18%。

三、优质客户发展速度加快，客户结构得以优化。全行中高端客户达到32.17万户，新增5.9万户，同比多增4.44万户，是上年的5倍，中高端客户占比达到8.7%，提升了1.71%，新增中高端客户计划完成率在总行排第七位。

四、网点改造初见成效，贵宾理财中心示范作用开始显现。2008年全行对165家营业网点进行了装修改造。其中已经投入运行的贵宾理财中心有55家，这对改善服务环境，重塑工行形象都起到了积极的作用。55家贵宾理财中心占全行网点数的20%，新增储蓄存款36.52亿，占全行新增存款的46%，拥有个人中高端优质客户14.7万人，占全行中高端客户总量的46%。贵宾理财中心日益发挥出对全行网点的示范带动作用，我行网点的竞争力得到进一步增强。

五、专业化的客户经理队伍正在形成。全行客户经理数量进一步增加，现有客户经理人数达到了460人，较上年增加了83人。客户经理队伍素质进一步提高，通过培训，我行共有204人获得CFP、AFP资格认证，827人获得个贷营销资格认证，450人获得其他各类个金业务专业认证资格。

大连分行个人金融业务发展概况

大连分行紧紧围绕总行打造第一零售银行的总体战略，立足大连地区第一零售银行的总体目标，在分行党委的正确领导下，一方面，努力推进以客户为中心的经营理念转变，促进零售业务经营模式与增长方式的转型；同时，在经营中，率先开展零售业务核心指标的同业评价与比较，应对竞争的意识和市场反应能力不断增强，深入推进“大个金”战略，大连分行零售业务规模持续扩大，盈利能力明显增强，业务结构不断优化，电子银行渠道作用逐渐显现，服务水平大幅提升，市场地位保持领先，取得良好的经营业绩，为今后零售业务新局面的开拓奠定了坚实的基础。

（一）经营效益和贡献度快速攀升

截至12月末，全年共实现零售银行类中间业务收入总计2.2亿，占全行中间业务总收入的58.5%。其中：个人中间业务收入17155万元，在直属行中，收入水平高于深圳以外的其他各行；信用卡中间业务收入3964万元，同比增加1133万元，增幅为40%；电子银行中间业务收入578万元，同比增幅为68%。

（二）个人客户结构持续优化

截至12月末，全行新增个人金融资产5万元以上的中高端客户3.14万户，是客户指标有统计数据以来的第一高产年，中高端客户占到全部个人客户的12.34%，高于总行及其他直属分行；中高端客户个人金融资产占比达到80%。

（三）各项业务持续协调发展，市场领先优势不断巩固

一是储蓄存款与理财产品销售实现快速协调发展。三年间，总行将储蓄加理财产品销售所组成的个人金融资产现金流，作为衡量“第一零售银行”建设的核心指标，大连分行始终围绕现金流总量乃至单一产品，与地区同业展开激烈的市场较量。截至12月末，全行本外币储蓄存款余额历史性突破400亿大关，达到405.96亿元，余额第一的市场份额得以巩固，本外币较年初新增87.9亿元，创历史最好水平，实现随市场发展动态调整的86亿元新增目标，在近五年间首次夺得四行第一名。与此同时，包括银行系理财产品、基金、保险、国债在内的各类个人理财销售额达到240.6亿元，同业第一优势显著。

二是灵通卡、个人结算、代收代付业务保持平稳增长。牡丹灵通卡新增发卡量为32.3万张，其中灵通卡e时代的新发卡占比97.7%和存量占比70.2%遥遥领先总行平均水平。截至12月末，实现个人结算业务收入2174万元，11月末的四大行占比为49.4%，同业第一。今年以来，加大代发工资业务发展力度，新增代发工资企业256户，累计新增代发额为5.89亿元。随着代发工资企业数量和质量的发展，对储蓄存款沉淀和促进其他业务的捆绑营销和联动发展意义深远。

三是信用卡发展呈现全面协调可持续的特点。截至12月末，全行实现新发信用卡15.5万张，较年初净增发卡量13.6万张，存量规模达到34万张，增幅达到67%，新增发卡量位居全市同业第一位，存量规模继续保持四大国有银行首位，并首次赶超了广发银行，首次上升到第二位；信用卡消费交易额达到19.5亿元，同比增幅为78%；信用卡透支资产规模达到1.1亿元，同比增加4800万元，增幅为77%，信用卡不良透支率为2.0%，控制在总行规定指标内。

四是电子银行业务发展速度不断加快。2008年，我行电子银行客户数、交易额、电子银行业务占比等指标均超额完成总行任务，尤其是交易额指标同比增幅接近100%；在同业中，我行个人网银客户数在主要同业市场的份额达到55%；交易额占市场份额的65%，网银客户规模、交易规模在工、农、中、建四大国有银行中位居第一。

概括起来，目前大连行零售业务中六大主要业务占据地区四大行乃至全市金融行业第一的位置：一是个人中间业务收入同业占比第一；二是本外币储蓄存款余额、增量同业占比第一；三是本外币银行系理财产品累计销售额同业占比第一；四是代理保险销售额同业占比第一；五是信用卡存量规模四大行占比第一，新增发卡量同业占比第一；六是个人网上银行客户规模同业占比第一。

（四）客户服务能力明显改善，营销能力不断增强

一是网点物理环境建设，同步推进服务环境改善，建成有待完善的财富中心2家，贵宾理财中心27家，实施核心竞争项目的网点70家。二是加大自助服务渠道建设，加大ATM机具投放力度，全行ATM数量达到234台，赶超建行，2008年ATM市场投放力度加大，新增设备33台，是近年来投放力度最大的一年，自助渠道服务能力持续增强。三是壮大队伍、增强素质，实现个人客户经理队伍服务水平的显著提升。目前全行个人客户经理总数为235人，三年间数量翻番。

（五）个人金融业务类操作风险管控力度与能力不断增强

零售业务类操作风险管理体系始建于2006年末，随着总行对于个人操作风险管理的初步定位，大连分行针对理财市场快速发展、营销风险日益加剧、稳健经营的迫切需要，迅速搭建了管理框架。三年间，随着风险管控的制度化、健全化、规范化、日常化的演进，风险管理体系已经得到完善并日趋成熟。营销人员的发案率始终控制为“零发案”，为“第一零售银行”打造提供了健康的经营管理环境和基本保障。

大连分行零售业务发展三年迈出三大步，积累了宝贵的经验：

2006年，认识深化开端之年。坚持个人金融业务发展规律的认识和以客户为中心的经营理念是打造第一零售银行的行动前提。2006年，大连分行根据总行“第一零售银行”战略的提出，召开了打造大连地区第一零售银行的专题动员会议，开拓各分支行对战略转型的经营思路。随着分行层面大量市场同业调研的开展以及涉及全行各个层面座谈讨论的展开，优质客户的经营主线得到了越来越多管理者的共识，而主动面对激烈的市场竞争，逐渐扩大零售业务投入在转型的阵痛中悄然发生着变化。

2007年，服务提升开端之年。坚持改进和完善金融服务体系特别是着力提升中高端客户服务能力是打造第一零售银行的核心内容。客户服务能力的提升是全方位的，2007年，围绕个人优质客户的维护和争揽，大连分行在渠道服务上，开展理财金账户服务全面升级，首批建成4家贵宾理财中心，推进网点核心竞争力项目；人员增配上，年度新增个人客户经理90人，增幅67%，队伍专业素质和理财服务优势的发挥逐步显现；营销手段上，成立理财金账户客户俱乐部，工行的中高端客户从此也享有专属的增值服务。上述一系列措施使我行产品营销、客户关系维护有了良好的平台。

2008年，机制改革开端之年。改革与建设具有市场竞争力的管理机制和体制是打造第一零售银行的重要支撑。任何一个专业的发展都不能脱离现有机制体制的条框，但是，一味强调客观条件约束，放弃主动寻找发展对策，只能丧失市场机遇。2008年，在分行党委的统一安排与领导下，渠道、人员、激励等一系列配套措施改革进入实质性操作阶段。值得一提的是，用以解决考核资源整合，提高全员营销积极性的零售业务销售激励项目，正在紧张的筹建当中并将于2009年投入使用。

福建分行个人金融业务发展概况

2008年我分行个人金融业务以科学发展观为指导，贯彻落实总行个人金融业务发展精神，努力打造“第一零售银行”，大力推进个人金融业务转型，增强客户服务能力、整合营销能力、风险管理能力和可持续的盈利增长能力，努力提高目标客户、储蓄存款、个人贷款和个人中间业务主要指标的市场占比，把我分行建设成全省客户结构最好、品牌知名度最高、核心业务规模最大、创利能力最强、最受尊重的零售银行，同时实施旺季督导，对同业市场占比落后、市场竞争力不强的网点进行帮扶，实现了各项个人金融业务持续协调快速发展。

（一）经营贡献持续提升。全年个人金融业务实现利润14.16亿元，同比增加13884万元，增幅10.84%，占全分行总利润的34.74%，成为全分行增长最快的利润来源之一。

（二）客户结构持续改善。2008年我分行通过举办第三届个人客户经理营销技能比赛、组织个人客户经理资格考试、举办金融理财师培训班，不断提高个人客户经理素质。新增了254名专职营销经理，提高了我分行个人金融业务的营销能力和优质客户维护能力。同时大力开展"工行海西情汇聚财富规划人生"个人理财沙龙活动，在投产运营的贵宾理财中心全面开展以投资报告会、产品说明会为形式的理财沙龙活动，贵宾理财中心实现了理财沙龙活动"月月有主题，周周有活动"，全年开展沙龙活动超过600场，提升了中高端客户忠诚度、满意度，从而带动中高端客户快速增长。截至12月末，我分行个人金融资产5万元以上优质客户数已达37.39万户，较上年末新增7.13万户，完成总行下达全年新增任务的137%。达标理财金账户数为24146户，较去年增加11707户，完成总行下达全年新增任务的138%。

（三）储蓄存款业务出现质的飞越，增长额实现了历史以来最好成绩。2008年，我分行抓住市场有利时机，在一季度开展本外币储蓄存款营销竞赛活动。为帮扶落后网点，省分行派出了多支营销督导小分队，分赴各行部进行营销督导。在第三季度根据市场的严峻形势，我分行进一步加强储蓄存款工作，剖析市场落后原因，加强部门联动，争揽优质客户，促进存款增长。临近年终，我分行紧急召开了年末储蓄存款营销工作会议，各行部围绕同业市场份额这条主线，不唯任务，不唯指标，唯市场份额，唯同业占比，紧盯市场变化，深度挖掘高端客户，大力开展市场营销，确保了我分行储蓄存款在第四季度继续保持强劲的上升势头。截至12月末，全分行人民币储蓄存款较年初增加166.28亿元，创历史新高，同比多增192.93亿元，累计增量在全行排名较上年上升15位，完成总行下达全年增长计划的461.88%，完成任务情况在全行排名第5名，余额同业占比较年初上升0.79个百分点。

（四）个人中间业务系统排名大幅提升。2008年我分行个人中间业务按照"紧盯同业，誓夺第一"的目标，自加压力，努力进取。年初就制定了个人理财、代发工资、个人结算等各项业务总体营销方案，为全年业务发展指明方向。继续完善计价考核和业务营销激励机制，开展个人理财业务营销明星评选活动，充分调动员工积极性。积极开展保险、基金、证券和理财等产品营销竞赛活动，各项理财产品销售取得了长足进步，同业排名有了较大提升。联合基金、保险、证券公司开展保险产说会、理财沙龙等形式的客户联谊营销活动，在丰富营销形式的同时也为客户提供更高的产品附加值。加大理财产品创新力度，研发了"打新股"产品，提升了区域理财产品竞争力。通过广告、折页、海报、发放宣传品等形式，加强业务宣传，不断提升我分行个人中间业务的市场影响力。完善各类个人理财业务制度，加强业务合规经营，确保业务健康发展。通过组织保险、基金从业人员考试和省分行理财销售人员资格考试，培养和充实了理财产品销售人员队伍。编制《个人中间业务速递》、在"网讯"中新增板块，加强对个人中间业务持续通报和工作指导，在外部经营环境不利的情况下，实现了业务较好发展。截至12月末，实现个人中间业务收入36088.04万元（包含年初总行抵减的1168万元基金收入），个人中间业务收入增幅、任务完成率在全行的排名大幅上升，个人中间业务收入总额在全行排名第17位，较上年上升了3位，任务完成率在全行排名上升至第7名，上升了17位，同比增量排名16位，同比增幅排名13位。

基金销售同业排名第一，银行类理财产品销售收入继续保持同业领先，保险销售指标同业排名也有较大进步。2008年累计销售个人理财类产品380.38亿元，完成总行下达任务的126.79%，净增额达28.25亿元；销售银行类理财产品234.68亿元，同比增长1389.08%；2008年代理保险销售规模13.09亿元，同比增长202.3%，保险销售同业排名第2名，比上年底上升2位。代销基金127.99亿元，同业排名从上年的第3名跃为第1名，新增基金客户17141个，新增基金定投账户78954户。

（五）个人信贷业务持续增长，贷款质量和经营效益稳步提升。2008年我分行加强个人信贷业务营销管理和组织推动，强化个人信贷营销组织体系建设，不断提高个人贷款营销运营效率，按照"大前台，大营销"的经营理念，切实加强个人贷款营销组织体系建设，在"专业化经营、系统化管理"和个人信贷业务营销标准化工程项目的思想框架内实现了个人贷款中心业务模式。加强与品牌房地产开发商的合作，强化住房开发贷款与个人住房贷款业务联动管理，强化封闭运行措施。积极营销纯按揭住房贷款，竞争他行优质楼盘的按揭业务资源，努力提高个人住房贷款市场占比。加强与房地产中介机构的合作，在有效防范风险的前提下，优化操作手续，提高服务效率，同时通过提供交易资金监管服务，全面提高二手房贷款市场竞争力。重视业务创新，推出"年年赢"个人工资保障贷款业务，深受客户欢迎。坚持风险防控先行，加强贷前风险管理，加强对基层行贷前各项规章制度和程序执行情况监督检查，对发现的风险隐患及时整改，促进了个人信贷业务又好又快发展。截至12月末，我分行个人贷款余额为216.10亿元，新增25亿元，当年新增个人贷款户0.98万户，增长率为7.8%。实现利息收入16.42亿元，比上年多收入5.79亿元，同比增长54.42%。贷款不良率0.61%，保持在较低水平。

（六）牡丹灵通卡保持快速发展。2008年我分行按照统一客户视图，采取定向营销，组合营销等方式，重点锁定高收入职场、大型企业、大学校园等领域目标客户，在全省范围组织开展了牡丹灵通卡促销活动，灵通卡发卡量保持稳定增长。全年全分行累计新增发行牡丹灵通卡119.57万张，增幅为7.74%。牡丹灵通卡累计消费额达67.22亿元，增幅为7.18%。累计实现灵通卡业务收入7528.01万元，完成牡丹灵通卡收入全年计划的119.49%，较去年同期增加3248.35万元，增幅为75.9%。

（七）ATM交易迅猛增长，柜面压力得到缓解。为了满足市场需求，2008年我分行新增了113台ATM、129台存取款一体机、单功能自助终端143台、多功能自助终端215台，通过大堂经理、客户经理、柜员的引导，提高自助设备的使用效率，从而减轻柜面压力，提高服务效率，提升了服务水平。同时制定了《自动柜员机运营综合评价管理试行办法》，进一步规范了自动柜员机的运营管理考核，促进了客户使用自助机具，有力地推动我分行自动柜员机业务的发展。经过近几年的努力，自助渠道日益被客户所接受，自助设备业务量持续保持快速增长。截至12月末，ATM累计交易额达359.62亿元，比上年增加了135.07亿元，增幅为60.15%；累计业务总笔数为6190.07万笔，比上年增加1066.92万笔；单机日均交易量为251笔，比上年增加了5笔；全辖ATM开机率96.61%，比年初上升3.38%。

（八）加速渠道建设，服务效率明显提升。一是落实物理渠道建设的组织领导机制，加快网点规划、选址和推进装修改造，2008年装修改造贵宾理财中心60家，一般理财网点110家，目前全分行拥有贵宾理财中心达91家，一般理财网点达180家，财富中心1家，近两年来按照总行核心竞争力项目的要求装修改造网点的数量占总网点数的65%，为优质客户提供更加良好的业务办理空间，提高了优质客户满意度，提高了社会赞誉度；二是积极推广非现金低柜，进一步加强非现金低柜建设，明确低柜职能，使其真正起到分流客户的作用，提高了服务效率。

（九）增强风险防控意识，实现全年无案件、无事故。2008年我分行加强柜面操作、个人客户经理操作、个人客户经理营销系统使用等风险的排查，通过检查与风险教育的共同进行，切实提高员工风险意识，自觉自愿做好风险防范工作，增强了个人金融业务案件防范效率和效果，实现全年平安。

在看到成绩的同时，还存在如下主要问题：

一是一些分支机构对个人金融业务资源投入不够，人员配备不足，考核不到位，个人贷款政策和政策掌握上波动大，缺乏有利于业务持续发展的长效机制，从而造成一些业务市场占比长期落后的局面。

二是竞争力有待进一步提升。一些业务同业市场竞争优势不足、市场地位不稳固。如作为核心基础业务的储蓄存款业务市场占比长期落后、中高端客户占比还不高。

2009年我分行个人金融业务要通过深入学习和实践科学发展观，坚定打造第一零售银行信心，继续完善“以客户为中心”个人金融业务经营、管理、服务与创新体系，以“两化”改革深化促进经营体制和管理机制建设，以客户服务精细化管理提升核心竞争能力，以强化协同营销推动业务增长和客户结构改善，努力加快储蓄存款、中间业务、个人贷款及财富管理业务的协调发展，稳步提高各项业务同业占比和排名，实现个人金融业务又好又快发展。

广东分行个人金融业务发展概况

广东省分行个人金融业务的主要经营数据

截至2008年底，广东省分行刚好走完工行股改后第一个三年规划的历程，股份制改革以来的三年，广东行紧紧围绕总行打造“中国第一零售银行”的总体目标，坚持“以客户为中心、以市场为导向”的经营理念，紧紧抓住广东经济快速发展的历史机遇，深入推进“大个金”发展战略，加快业务结构调整和经营转型，圆满实现2005～2008年个人业务三年发展规划目标，为近三年广东行的快速发展、科学发展提供了重要支持，其个人金融业务改革发展成果主要体现在以下六个方面：

（一）坚持改革发展，战略执行力显著增强

三年来，广东省分行在省行党委的正确领导下，坚定不移地贯彻执行总行个人金融业务发展战略和各项改革措施，全力推动个人金融业务经营模式和增长转变，加快个人金融业务经营转型，先后跨越了三个重要的战略平台：

一是2005年按照总行零售业务“大个金”发展战略，立足于以客户为中心，着眼于资源整合，致力于提升个人金融业务核心竞争力，启动了广东省分行“大个金”的新发展；

二是2005年以来，按照总行推出的个人金融业务统一客户视图，通过实施核心竞争力项目，全面促进了网点转型和服务水平提升，全面推进了客户结构的优化和调整；

三是2006年开始，全面落实总行打造“中国第一零售银行”的战略目标，并在全省范围逐步开展个人金融业务“两化”改革试点，全面推动经营机制和管理体制的转变，通过实施产品和业务创新，全面带动了资产、负债和中间业务的协调发展。

三年来，广东省分行跨越这三个重要的战略平台，始终坚持解放思想、改革发展，积极有效落实总行决策部署，全行经营举措到位，战略执行力明显提升，实现了广东省分行个金业务的持续健康快速发展。

（二）改进和完善个人金融业务服务体系，服务能力明显提高

三年来，广东省分行把改进和完善个人金融业务服务体系作为打造第一零售银行的核心内容，在网点服务、渠道建设、流程再造等方面做了大量艰苦细致的工作，取得了显著的成效。深入推进了个人理财中心核心竞争力项目，推广了个人客户营销管理系统（PBMS），充实了客户经理和非现金柜员力量，目前（小广东）已实施核心竞争力项目的网点数量已经超过七百家，其中已经实施4.0版本的达到405家。全行建立起统一客户视图下的网点分类管理

体系，初步形成财富中心、贵宾理财中心、理财网点和金融便利店等四个层次，并通过理财金账户服务升级活动和构建“六专”贵宾理财服务体系，初步形成了具备统一网点模式、统一标识形象的中高端客户专属服务平台。目前，全行财富中心和贵宾理财中心已分别新建、改造11家和366家。大力发展电子银行业务，目前电子银行交易占比已经提高到47.11%，较2005年末增长7.62%。在总行启动实施并基本完成了涉及137个项目的流程再造工作后，影响广东省分行服务效率的突出问题得到一定程度的缓解。改善服务的各项措施为全行个人金融业务的发展创造了一个良好的平台，客户综合服务能力明显增强，对全行竞争力的提升起到了重要促进作用。

（三）业务和产品创新能力不断提高，满足客户不同层次的多元金融服务需求的能力显著提升

三年来，广东省分行个金业务创新工作贯穿了发展的各个领域和各个层面，贯穿了发展的全过程。我们依托总行强大的业务和产品创新能力，在同业中率先推出了基金定投、利添利账户理财、T+0快速赎回、代客境外理财“东方之珠”、“灵通快线”超短期理财、存贷通、循环授信创新型产品，促进了理财类业务和贷款业务的发展。在国内首家推出符合人民银行标准的磁条加芯片双介质借记卡。启动和推进牡丹灵通卡产品升级项目，进一步提升了客户用卡便利性和安全性。推出财富管理业务，依托财富中心向财富管理客户提供个性化、全方位的金融服务和其他增值服务。实践证明，创新能力的高低直接决定了个人金融业务发展的持久竞争力，持续的创新使得我们的营销手段更加丰富，利润来源得到拓展，服务质量和效率不断提高。

（四）创新体制机制，队伍营销能力明显增强

2006年以来，随着“专业化经营、系统化管理”改革的逐步深化，并于2007年在所有二级分行推广实施，广东省分行全力推动个人金融业务统一营销平台的建立、考核激励机制的完善和客户经理队伍建设，并初见成效：目前已建立了三千余人的个人客户经理队伍（小广东1800人含个贷；营业部1300人不含个贷），其中（小广东）获得金融理财师（AFP）和国际金融理财师（CFP）资格的员工分别达287人和48人，在国内金融同业中居第一位，2007年，代理基金销售1535亿元、单项业务中间业务收入21.4亿元，占个人中间业务收入的65.68%，2008年顺势调整，销售本行理财产品1693亿元、代理保险（寿险+财险）销售110亿元，分别实现中间业务收入2.96亿元和3.24亿元，同比多增分别为1.54亿元和1.66亿元，销量、收入均居同业首位。个人金融业务队伍营销能力明显增强，对机构贡献度日益提高。

（五）对机构的利润贡献持续提升，客户结构持续改善，各项业务持续协调发展，个人金融业务“常青树、稳定器”效应日益显现

2008年全省（含营业部，下同）个人金融业务实现税前利润79.5亿元，较2006年提高约1.18倍，2年复合增长率超过45%，成为广东省分行增长最快的利润来源之一。其中，实现个人中间业务收入23.08亿元，四大行占比第一，近三年复合增长率达到83%。2008年全省个人金融业务实现营业贡献103.8亿元，近三年营业贡献年复合增长率达到50%以上，个金业务营业贡献在全行的占比超过40%。

客户结构持续改善。截至2008年12月末，全行个人金融资产5万元以上的中高端客户达到205.11万户，20万元以上的中高端客户达到55.7万户，个人金融资产100万元到800万元的财富客户达到5.5648万户，中高端客户金融资产占全部客户资产的比重已达到84.07%，其中财富客户金融资产占比已达到24.03%。理财金账户客户数达到53.2万户，三年增长约27.6万户。

电子银行和信用卡客户也快速增长。截至2008年12月末，个人网上银行客户543.70万户，三年间增长了387万户；个人电话银行客户342.05万户，三年间增长了182万户；手机银行客户104.64万户，三年间增长了99万户。经过几年发展，信用卡客户已经达到三百多万户，三年间增长超过三倍。

各项业务持续协调发展。

一是储蓄业务与理财业务实现协调快速发展。截至2008年12月末，全省人民币储蓄存款余额达到4142.57亿元，分别较2006年和2007年末增加612.09亿元和709.76亿元，余额占比居同业之首。与此同时，全省个人客户金融资产余额达到5598亿元，包括银行类理财产品、基金、保险、国债在内的各类个人理财销售额达到2538.1亿元，也位居同业首位。

二是个人信贷业务实现规模、质量和效益的同步提升。截至2008年12月末，全行个人贷款余额达885.25亿元，在四大行中的占比32.9%，居同业第一。2008年累计发放个人贷款242.87亿元，新增45.76亿元，其中个人住房新增贷款占到79.9%，全省个人贷款不良率控制在0.76%，资产质量保持良好水平。2008年已实现利息收入60.36亿元，同比多增15.38亿元；近三年个人贷款利息收入年复合增长率达到25.53%。

三是个人理财业务市场领先优势进一步加强。截至2008年12月末，全省累计销售银行类个人理财产品1858.6亿元，三年复合增长率达到345%，在四大行中占比超过40%。代理保险成为广东省分行个人中间业务收入的重要来源，2008年（寿险+财险）完成代销110亿元，分别较2006年和2007年有了大幅增加。2008年第三方存管业务新增个人客户达到26.19万户（其中小广东14.26万户）。全年代理国债销售73.7亿元，进一步巩固了第一大国债代销商地位。面对2008年以来国内外资本市场深幅调整的不利因素，广东省分行在代理基金销售额、代理基金业务收入、客户数量等主要标上继续保持同业占比第一。

四是个人结算及代收代付业务保持平稳增长。截至2008年12月末，全行实现个人结算业务收入3.24亿元，分别较2006年和2007年增加了0.79亿元和0.28亿元；四大行占比为47.9%。同时，全行加大代发工资等代收代付业务发展力度，全年新增代发工资户数7453家，金额达到176.2亿元，并促进了其他业务的捆绑营销和联动发展。

五是牡丹灵通卡和ATM离柜业务保持快速发展。截至

2008年12月，全行牡丹灵通卡发卡量已达2179.7亿张，其中牡丹灵通卡e时代卡1110.5万张，占50.9%，三年复合增长率超过50%。牡丹灵通卡消费额大幅攀升，3年分别实现消费额285.41亿元、424.73亿元和519.76亿元，在四大行中占比第一。ATM交易迅猛增长，受理能力持续增强，2008年累计交易额已达2000亿元，约为2005年当年累计交易额的2.4倍；单机日均交易量为379笔，比3年前提高了194笔。

（六）风险管理持续加强

3年来，广东省分行个人金融专业尚未发生各类内部经济案件，是近10年来的历史最低水平。

河北分行个人金融业务发展概况

2008年，河北省分行认真贯彻落实总行的各项工作部署，按照打造区域强行和河北第一零售银行目标要求，进一步加快个人金融业务转型发展步伐，努力增强客户服务能力，加大重点业务考核奖励力度，全力抓好储蓄存款、代理保险、代理基金、牡丹灵通卡等重点业务营销和贵宾理财中心建设、客户经理配备等重点工作，各项业务实现了跨越式发展。截至2008年末，人民币储蓄存款新增404.35亿元，是上年的7.57倍，创历史最好水平，居系统第5位，完成总行任务的449.27%。代理销售基金512.46亿元，居同业和系统首位；销售个人保险75.74亿元，居同业首位，系统第4位，其中代理个人寿险居同业首位，系统第3位；销售人民币理财产品1443.79亿元，居同业首位，系统第2位。个人中高端客户新增19.42万户，居系统第6位，完成总行任务的173.46%；新增户10.84万户，居系统第4位，完成总行任务的637.82%。牡丹灵通卡新增发卡212.27万张，居系统第6位，实现消费额245.98亿元，灵通卡综合考核居系统第五位。个人金融业务实现利润17.99亿元，占该行拨备前利润的36.83%；实现个人中间业务收入6.59亿元，占该行中间业务收入的39.80%。

（一）突出重点业务发展

该行把储蓄存款、代理基金、代理个人保险、灵通卡四项业务作为2008年营销重点，从年初开始就一鼓作气，常抓不懈。一季度开展了首季开门红竞赛活动；6~9月份开展了个人理财专项营销活动；四季度开展了个人金融旺季攻坚活动，并在2008年的后40天，先后开展了后40天和后20天的业务冲刺活动。该行所辖各二级分行和支行均成立了营销团队，通过开展各类营销活动，有力地推动了个金业务的快速发展。代理基金方面，该行继续实行举全行之力营销基金的发展策略，通过采取全行动员、进一步完善考核激励机制、加强对法人客户基金营销、强化营销措施落实和业务监测督导等措施，到2008年3月末基本实现了同业首位的目标，到年末确立了全面领先的优势，实现了同业与系统双首位、各二级分行同业全部首位的目标，并且取得工银全球、工银蓝筹、申万巴黎添益宝等多只基金销售任务完成系统首位的突出业绩。代理保险方面，年初该行就代理个人保险业务提出了寿险、财险齐头并进，力争同业首位的目标。通过加大营销考核力度和与各保险公司的深度合作，采取任务落实到人、进度按日监测、激励按月兑现、组织专项竞赛、加强业务培训督导等措施，促进了代理个人保险业务的快速发展。到年末该行代理个人保险同业排位由上年的第4位上升到首位；系统排位由上年的第6位上升到第4位，其中寿险、财险销售均居系统第3位，银保通销售居系统首位。在努力做好代理业务的同时，该行储蓄存款工作也时刻没有放松。面对2008年储蓄存款增长一度有9个月被建行超过的不利局面，该行敢于亮剑，于2008年后40天在全行广泛开展了冲刺竞赛活动，取得了12月当月同业首位的可喜成绩，全年储蓄存款增长领先建行40亿元。灵通卡业务方面，组织全行开展了以优质公司和机构客户中的内部员工为重点的定向发卡营销活动；以牡丹中油灵通卡和国泰君安灵通卡为重点的联名卡发卡营销活动；“开心刷卡，双倍积分”、“一卡在手，自助有奖”等多个灵通卡消费及自助服务主题营销活动，有效提高了灵通卡发卡量和交易额。

（二）不断加强渠道和队伍建设

本着抓早的原则，该行从年初就对贵宾理财中心的建设工作进行了安排部署，并对选址、规划、设计、招标、施工、验收等环节提出了具体要求。省行按周监测各网点建设进度，及时对落后分行进行督导调度。到年末共新建77家贵宾理财中心，超额完成了总行下达的任务。经过积极努力，2008年该行新增个人客户经理444人，总量达到1888人。为提高个人客户经理综合素质，切实发挥其营销业务、维护客户的作用，共举办6期综合培训班和26期专项培训班。年末共有278人取得AFP资格证书，94人取得CFP证书，532人取得总行资格认证。在总行个人客户经理营销技能比赛准备过程中，该行对参赛选手进行了2个多月的封闭式集训，在比赛中以总分第四名获得优胜团体奖，刷新了该行历届比赛最好成绩。在总行第七届个人金融业务“双佳”评选中，该行经过认真准备和积极努力，有2名员工和1家网点被总行授予“最佳个人金融员工”和“最佳个人金融网点”称号，获奖数量居系统前列。

（三）切实防范经营风险

2008年该行进一步加强了牡丹灵通卡、自助设备、代发工资、个人反洗钱、个人客户经理等重点环节和部位的风险防范工作，组织实施了牡丹灵通卡发卡外包工程，通过召开会议、下发文件等多种形式规范了个人中间业务收入、代发工资业务管理和个人理财产品销售行为，组织开展了奥运金融服务、个人客户经理合规操作、代理基金和个人保险合规销售、案件风险隐患清查等专项检查。年内没有发生发现违规违纪事故和案件，实现了全行个人金融业务的快速、稳健发展。

黑龙江分行个人金融业务发展概况

2008年，黑龙江工行个人金融业务部门在省行党委的正确领导下，始终坚持打造第一零售银行的目标，积极应对外部经济金融环境带来的巨大挑战，以提升同业竞争力为抓手，紧紧围绕优质客户，大力开展“工行理财惠万家，财富增值你我他”市场营销活动，各项业务取得了持续稳步发展。全年新增储蓄存款加销售各类理财产品捆算439.5亿元，居同业首位，同比增加154亿元，增幅53.9%，完成总行计划的122.1%。实现个人中间业务收入3.96亿元，居同业首位，占全部中间业务收入比例达60.7%。营销个人贷款30.12亿元，较年初纯增4.3亿元，完成总行计划的107.5%。新增理财金客户5.7万户，完成总行计划的371%；新增牡丹灵通卡124.4万张，实现消费额91亿元，同比增长75%，借记卡存量、增量、消费额均居同业首位。全行已配备专职个人客户经理1194名，其中208人获得国家金融理财师（AFP）资格，19人获得国际金融理财师（CFP）资格。全行优质客户已达69.7万户，较年初新增7.9万户，优质客户资产额占比达76.3%。全年实现个人产品利润11.32亿元，完成总行计划的103%，占全部产品利润的比例为40%。

（一）开展“工行理财惠万家、财富增值你我他”市场营销工作

2008年，黑龙江工行开展了以竞争优质客户为目标的市场营销活动，在全体个金专业人员共同努力和各部门积极配合下，活动取得了显著效果。全年共锁定目标单位3,591个，其中，政府机关1139个，证券保险公司258个，中高等院校373个，通讯行业223个，各大医院279个，大型信用商场或专卖店652个，合资、独资、合作企业667个，共锁定目标客户66.4万人，组成营销小分队深入目标单位9199次，成功营销49.7万人次，营销业绩突出，共营销理财金账户2.5万户，牡丹灵通卡42.6万张，牡丹信用卡12.3万张，个人网上银行16.6万户，电话银行8.2万户，营销基金39.4亿元，营销保险8.8亿元，营销理财产品37亿元。在积极走出去营销的同时，将优质客户请进来，全年共举办理财大讲堂、客户联谊会、产品推介会、理财沙龙等形式的活动2143次，近14万优质客户参加活动，其中理财金账户客户近6万人。

（二）推进“九个第一”发展战略

2008年，黑龙江工行按照“确定目标、续时推进、分期实现”的原则，根据所处经济环境及在工农中建四家商业银行业务发展中的位次，实施了“九个第一”的发展战略。全行时刻绷紧同业竞争这根弦，不放过任何一项产品，不放过任何一个地区，不放过任何一名优质客户，积极争创同业第一，并提出明确的发展目标，已经成为第一的，争做领跑者；不是第一的，限期夺回领先位次；优势不明显的，力争扩大同业优势。从“九个第一”的实现情况看，全年有4家分行实现了九个第一，有7家分行实现了八个第一，1家分行实现了七个第一，1家分行实现了六个第一。全行从整体看已实现同业九个第一。

（三）推进“直通式”网点考核机制

2008年，黑龙江工行启动了“直通式”网点核心竞争力提升考核项目，按照“突出增长、鼓励进步”的原则，将77家网点（占全行网点总数的13%）纳入了直通式考核范围，极大调动了网点员工的营销热情，网点间形成了“你追我赶，力争上游”的竞争氛围，带动了网点业绩全面提升。77家“直通式”考核网点日均储蓄存款比年初增加32.5亿元，占全行储蓄存款日均增长额的35%；营销基金67.3亿元，占全行营销额的57%；营销保险12.4亿元，占全行营销额的48%；营销人民币理财产品42亿元，占全行营销额的32%；合计营销金融资产154.2亿元，占全行金融资产营销额的34%。

（四）推进“定价到产品、奖励到个人”激励机制

2008年，黑龙江工行建立了“定价到产品、奖励到个人”的激励机制，对于能够量化到个人的奖励，按时足额把奖励兑现到具体营销人员，杜绝各级管理层截留和减少奖励项目、缩小奖励对象的现象。对不能量化到个人的奖励，则根据网点的实际情况，制定分配方案。奖励明细张榜公布，全行进行监督，保证奖励的公平公正，极大调动了员工的营销热情。

（五）建立“双重管理、双线考核”机制

2008年，黑龙江工行加快两化改革推广进度，建立“双重管理、双线考核”机制，实行了人员的双重管理，要求个金营销负责人、营业网点负责人配备和变动以及金融理财师调出须征得分行个金部门的书面批复，上级行个金部门对不能胜任本职工作的营销工作负责人和营业网点负责人有权提出调整建议等。实行了网点的双线考核，在各支行对网点按现行办法进行考核的同时，二级分行个金部门还对个金网点的指标进行考核。

（六）建立个人客户经理工资岗位序列定级制度

2008年，黑龙江工行建立起了个人客户经理工资岗位序列定级制度。对省、市、支行三级客户经理分别按上年度考核结果兑现相应级别和档次的待遇，对考核不称职的，次年清算岗位工资、综合绩效和其他补贴，纳入下一级个人客户经理管理。对业绩特别突出的，分别按照更高级别档次于次年兑现岗位级别中的差额部分。极大调动了客户经理工作积极性，增强了个人客户经理岗位吸引力。

湖北分行个人金融业务发展概况

2008 年，面对同业竞争、宏观调控、需求多元等复杂多变的市场环境，湖北分行个人金融业务工作按照总行部署和省分行党委提出的“在同业中创一流，在系统内上位次”目标，抢抓市场先机，强化工作措施，加大营销力度，实现了“指标完成超预期，同业市场上份额，系统排名进位次，内控管理保安全”。

（一）突出重点抓源头推动储蓄存款实现新跨越

2008 年全行抓住资本市场调整时机，加大储蓄存款市场拓展力度，截至年末，全行储蓄存款余额达 1110.2 亿元，比年初新增 208 亿元，新增储蓄存款创下了超历史、超同期、超计划的历史新高。储蓄存款余额在总行排名 13 位，新增额排名 11 位。一是锁定目标单位，以代发代收业务为突破口，抢占储蓄存款源头，加强银行卡、电子银行等产品和服务的交叉销售，协调公司、机构等部门联合开展代发工资专项营销竞赛；二是分阶段制定并落实营销方案，重点发展灵通卡等介质类产品和“灵通快线”业务，增大储蓄存款流量；三是加强第三方存管业务营销，做好做细各类理财产品销售和营销工作，促进客户资金回流，争取个人优质客户资源。

（二）突出联动抓房贷推动个人贷款业务发展

紧跟市场，在信贷准入政策、激励机制方面进行突破，完善制定管理办法。以开发贷款投入为先导，强化“开发与按揭”的联动工作。从源头抢抓客户资源，在有效防范风险的同时，加快个人按揭住房贷款业务的发展。2008 年个人贷款业务增势良好，截至年末，全行个人贷款余额为 161.4 亿元，较年初增加 25.8 亿元，新增额居同业首位，个人贷款余额同业市场占比为 15.5%，在四大商业银行中居第二位。

（三）突出挖潜抓营销推动个人中间业务收入增长

抓住居民理财保险意识不断增强的有利时机，着重把代理理财产品销售、个人结算业务和代理保险列为个人中间业务的重要领域空间进行拓展，个人金融资产业务快速发展，个人中间业务收入较快提升。全年实现个人中间业务收入 45606 万元，占全行全部中间业务收入的 45%；销售各类理财产品 336.4 亿元，其中，代理基金销售额 61.9 亿份；本外币理财产品销售额（含灵通快线）279.8 亿元；代理国债 14.2 亿元；代理保险 27.9 亿元。一是抢抓优势产品营销。全行抓住传统节日汇款结算业务较多的时机，积极开展个人结算、灵通卡业务、工资代发等源头产品的营销宣传活动，大力开拓市场，稳定吸引客户，增加个人中间业务收入。全行个人结算业务收入 9314 万元，占 20%，在同业中继续保持着领先的优势；实现灵通卡业务收入 8719 万元，是个人中间业务收入中的第二大项。二是加大代理保险业务营销。在全行组织开展代理个人保险产品销售推广竞赛活动，同时加大代理保险同业情况的分析，紧盯市场，紧盯同业，做大代理保险业务。适时引进适销对路的新型个人保险产品，促进了代理个人保险销售量与中间业务收入的同步大幅增长。实现代理保险业务手续费收入 5387 万元，为个人中间业务收入中增长最快的项目。三是加快理财产品营销。实现个人理财产品收入 7179 万元，是个人中间业务收入中增长较快的品种之一。四是组织百场理财营销培训。针对资本市场深度调整，在全行开展百余场基金、理财和保险产品的营销培训，加大对代理发行基金和存续期重点基金产品的营销推广力度，基金业务收入对个人中间业务收入的贡献度达到 16.6%，为全行中间业务收入的增长做出了积极的贡献。

（四）突出分层抓服务推动客户结构进一步调整

截至年末，全行金融资产 5 万元以上的中高端客户达到 65.35 万户；中高端客户资产达到 935 亿元，中高端客户资产占比 69%。一是整合全行资源，构建省行、二级分行、支行、网点、客户经理的纵向服务体系以及各支行、网点联动的横向服务体系，健全纵向、横向信息传递机制和客户维护机制。省分行亲自参加对资产在 100 万元以上的重点个人客户进行走访维护。二是明确各岗位所维护的目标客户群，以及各岗位人员的服务规范、职责等问题。三是引入激励机制，将优质客户服务纳入绩效考核，建立奖罚分明的考核机制。全行分层负责、上下联动、左右互动，通过现场、非现场的服务手段，充分利用我行丰富的个人金融产品，为不同类别的客户提供量身定做的服务，提升了优质客户的忠诚度和贡献度。

（五）突出管理抓渠道推动竞争力进一步提升

一是加强业务培训，提高队伍业务素质。2008 年，我行组织多次培训各级管理人员、客户经理和业务骨干，组织参加个人信贷业务营销客户经理岗位资格考试认证工作，组织两次金融理财师集中培训。目前我行已获得 AFP 资格的有 333 人，已获得 CFP 全科资格的 57 人，并已建立了一支 1300 名的个人客户经理队伍，作为我行个人金融业务中坚营销力量。二是加强网点整合改造。2008 年末，我行贵宾理财中心 65 家、一般理财网点 177 家、金融便利店 391 家，形成了多层次、多渠道的营销服务网络。三是自助银行和电子银行应用水平显著提高。2008 年我行加大对电子银行、自助终端和 ATM 等自助银行设备的投入和管理，多渠道服务水平明显提升。截至年末，我行共配置自动柜员机 891 台，全年单机日均交易量 301 笔；全行个人网上银行客户达到 65.35 万户，电话银行个人客户数量超过 118.48 万户。

湖南分行个人金融业务发展概况

2008年是很不平凡的一年。我们认真贯彻行长会议和个人金融业务"一体化"工作会议精神，继续坚持用高目标带动高质量的大发展，保持了各项个人金融业务工作的快速推进，创造了良好的经营业绩。

一、主要经营指标的完成情况

一是营业总额实现更多。全年实现个人金融营业总额442亿元，比2007年增加257亿元，再创历史新高，位居同业第一。到12月底，储蓄存款余额919亿元，比年初新增161亿元，是建行以来新增最多的一年，完成全年计划56亿元的288%。全年代理基金销售201.5亿元，比上年多销75亿元，比建行多销122亿元，比中行多销141亿元，比农行多销146亿元，代理基金在总行的综合排名第6。代理个人保险额31亿元，比上年多销17亿元，比建行多销4.5亿元，比中行多销24亿元。代理保险在总行的综合排名第6。银行类理财产品销售42亿元，比上年多销28亿元。

二是经营贡献份额更大。2008年个人金融业务创造中间业务收入41085万元，比2007年增加1135万元。这是在2008年资本市场大幅下滑，基金销售比2007年增加，但基金收入却赶不上2007年的情况下实现的。2008年基金收入只实现了6553万元，比2007年减少8500万元，减幅56.44%。剔除基金收入的因素，2008年个人中间业务收入比2007年实际增加9582万元，增幅28%，中间业务收入增量及增幅在总行排名第9。全年个人业务经营贡献达19.7亿元，比上年多4亿元，占全行的44%，比总行的30%高出14个百分点。

三是业务创新步伐更快。进一步深化了与保险公司业务平台整合与产品创新。12月14日，与泰康保险公司联合发行了全国首张银行保险联名卡——"牡丹泰康灵通卡"，已与太平洋、嘉禾、人民人寿等保险公司签订了联名卡合作协议。近期还将与新华、平安、太平等保险公司完成联合发卡。我们还主动出击，加强与个人贷款合作机构的沟通联系，全年新增合作机构280个，其中营销他行信用等级为AA级以上纯按揭合作机构12个。还开发了郴州、怀化、益阳住房公积金联名卡和银皇1872工行信用卡、电话支付业务等业务系统。

四是客户群体质量更优。到年底，全行个人客户达2114万户，比年初新增300万户。其中理财业务客户本年新增2.2万户，在总行排名第17位。全年新增代发工资单位1279户，新增新增个人第三方存管账户4.7万户，全行排名第10。11月底，全行5万元以上资产的中高端客户达到了46.7万户，比上年增加8万户，新增中高端客户计划完成率在总行排名第10，中高端客户金融资产占比计划完成率在总行排名第7。其中，100万元以上资产的财富客户3500户，比上年新增790户，财富客户新增计划完成率在总行排名第10。全行理财金账户客户发展到87882户，比年初新增25851户。

五是个人贷款势头更好。到年底，个人贷款余额114.7亿元，比年初增加15.8亿元，完成总行计划的128.5%。其中个人住房贷款（含商用房）余额99亿元，新增14亿元，全年住房贷款累放27.9亿元，由我部负责营销的纯按揭贷款累放12.6亿元，占全部个人住房贷款累放额的45.2%，纯按揭贷款不良率仅为0.4%，比全部个人住房贷款的不良率1.22%低0.82个百分点。个人经营性贷款余额6亿元，新增0.1亿元，在总行排名第8位，个人消费贷款余额10亿元，新增2亿元。

二、2008年主要工作情况

第一、继续坚持新型目标管理。在积极推进个人金融业务的转型发展中，我们始终坚持新型目标管理办法，根据每个时期的工作重点，不断调整工作目标，用高目标带动高质量的大发展。一季度我们就狠抓了旺季存款工作，12月12日开始，我们又启动了存款旺季大会战，要求储蓄存款12月份新增30亿元，后来将奋斗目标调整到了40亿，用高目标引领我们的揽储工作。仅10多天，全行不仅超额完成了30个亿的竞赛任务，还超过12月份的奋斗目标，达到了42亿元。

第二、切实提高工作执行力。为保障发展个人金融业务各项措施的执行到位，我们狠抓业务的督导检查，定期对各项工作进行排名通报，对市场占比落后的二级分行和系统内排名在后20名的支行进行通报批评，对有的行还及时进行问责。并在每季度的综合考核中，设置了执行力的考核分值，用于督促各行严格执行省分行的指示精神。2008年1月，湖南分行在50年一遇的恶劣天气条件下，发行工银瑞信中国机会全球配置股票型基金22290万元，完成总行任务的103.2%，成为全国第一家完成发行任务的一级分行，任务完成率排全国第二，销售额名列第六，出色完成总行交给的任务。2008年4月，湖南分行代理发行工银瑞信信用添利债券型基金14400万元，再次圆满完成销售任务，受到总行表扬。12月份，在总行开展的工银瑞信债券与货币型基金存续期营销活动中，我行销售了3.2亿元，完成任务的106%。为了执行总行、省分行关于代理保险业务要规范发展的指示，我们把规范发展代理保险业务作为重点来抓，通过规范行为，明确职能，有效提高了代理保险业务的执行力。

为了加快发展个人贷款业务，我们按照2008年召开的两次专门个人贷款业务工作会议精神，遵照行领导的要求，通过加强个人贷款中心的建设，完善贷款审批流程，强化考核激励机制，负责牵头营销纯按揭贷款等，保证了个人贷款业务工作措施的执行到位。3月份授权营业部、常德、株洲审批纯按揭贷款后，9月份又授权益阳等11个二级分行审批纯按揭房地产开发企业准入。通过审批权限的下放，一笔纯按揭贷款的流程比过去缩短了5～8个工作日。9月份益阳会议之后，个人贷款出现了较强的发展势头。9月份当月个人住房贷款就新增2.07亿元，居同业第一，分别比建行多增0.19亿元，比农行多增2.18亿元。

第三、认真实施“一体化”营销。按照“三层两线一体化”营销战略，我们积极牵头个人金融业务一线的“向结算户要效益”和“开拓农村金融市场”的营销活动，制定了详细营销方案，进行了认真部署和落实。全行组成了300多个营销小分队，深入企事业单位开展上门营销。并根据市场变化，通过对全行开展营销指引，突出了个人银行类理财产品的销售。我行银行类理财产品的销售不仅绝对额大增，比上年同期多销售28亿元，而且在总行的排名也大幅上是升。11月末人民币理财产品累计销售额（包含灵通快线累计申购额）排名第10名，比上年同期提升了11位；人民币理财产品销售净增额排名第17名，比上年提升了4位。

第四、完善落实激励机制。我们不断完善与落实个人金融业务的产品计价与收入分配办法。将个人银行类理财产品的销售考核系数调高到1.2，同时将理财产品的销售纳入经营费用和人力费用挂钩办法。为了促进个人贷款业务中，我们督促各行严格执行省分行关于“对纯按揭贷款每笔奖励150元，对有开发贷款支持的按揭贷款每笔奖励100元”的办法，对没有期间执行不到位的基层行进行了检查和批评，直接兑现200万元奖励一线客户经理。在省分行确定将旺季存款会战期间的储蓄存款奖励费用提高到6‰后，我们召开了专业会议，出台了《湖南分行2008～2009年储蓄存款旺季大会战激励方案》，极大地激发了全行组织存款的工作热情。每个季度我们都对营业部、各二级分行的个人金融业务发展情况进行了综合考核排名，调动了各行赶超先进的积极性。

第五、狠抓客户经理队伍建设。今年我们继续从人员配备和提高素质人手，狠抓了客户经理队伍的建设与管理。2008年我行个人客户经理达到了1746人，比年初新增504人，增幅达42%，超额完成了总行提出的新增120名营销经理的计划，在全国都是高的。为了促进客户经理人员素质的提高，全年组织了AFP和CFP金融理财师的选拔培训共7期，培训人数达200名，目前全行具有国内理财师资格AFP和国际理财师资格CFP的人数分别达258名和36名，总数在全省同业处于第一。全年还举办了“核心竞争力项目”、中间业务、个人贷款业务以等各类业务培训班8期，培训人次达511人次。

第六、进一步加强渠道建设。3月份我们成立了网点建设办公室，突出了讲流程、求规范、重质量的要求，对全行网点进行了全面的布局规划，对改造的网点方案进行了统一设计，对主要用材进行了统一招标和采购，对拟改造的网点进行现场督导，确保了网点建设有计划、有规范、有重点地推进。全年审批网点93个，已完工51个，其中贵宾理财中心22家。

第七、严格内控管理。按照总行和银监局的要求，上年我们积极组织开展了全省个人金融业务全面的内控检查和理财产品合规销售、个人贷款业务以及奥运服务重点网点等专项检查，检查涉及14个二级分行、58个支行、60个理财中心网点和29个奥运服务重点网点。认真督促各级管理人员和客户经理加强对个人金融业务操作风险的管理和个人客户风险评估操作规程。积极配合武汉内审局、湖南银监局、证监局以及安永审计等监管部门和中介机构，开展了对个人金融业务的规章制度执行情况和代理业务的专项审计与检查，及时为他们提供需要的资料、报表和各种工作制度计划。对二级分行个人贷款业务实行了差别授权管理，重点防范假按揭贷款，严格坚持双人见客、双人调查、换人核保等关键环节的制度规定。全年没有发生业务案件和重大事故，保证了业务安全健康地运行。

内蒙古分行个人金融业务发展概况

2008年，内蒙古分行按照总行个人金融业务统一部署，以打造自治区“第一零售银行”为目标，紧紧围绕年初确立的“一个中心、两个水平、三个精细、四个到位”的工作重点，强化个人金融业务产品市场营销，个人金融整体业务实现了持续快速发展。

一、个人金融业务发展情况

（一）基本情况

2008年末，全行网点428个，个人金融业务员工4621人，实现个人金融业务利润9.14亿元，占全行总利润的40.19%，比上年提高4个百分点，个金业务对全行的贡献度进一步提升。个人金融业务实现营业贡献16.19亿元，占全行总营业贡献的39.68%，比年初提高5个百分点，完成全年预算计划的108.51%。2008年第4季度个人金融业务专项考核排名第20位，比上季度提升三位，进入B类行。

（二）个人金融资产

全行个人金融资产新增255.62亿元，同比多增80亿元，完成全年任务的126%；新增同业占比36.34%，居同业首位，比建行、农行、中行分别高4、20、21个百分点。

其中，储蓄存款余额630亿元，同业占比31.45%，居同业首位；储蓄存款新增创历史新高达95亿元，若还原呼伦贝尔分行撤销网点移交的储蓄存款数，全年新增达115亿元，储蓄存款新增同业占比27.59%，实现同业新增第一。

理财产品销售160.66亿元，同比多销15.84亿元，完成全年任务的96.21%，理财产品销售同业占比52%，超过农、中、建三家总和，稳居同业首位。

（三）个人贷款业务

全行个人贷款累计投放38.31亿元、累计收回17.91亿元；个人贷款余额70.6亿元，同业占比29.42%，居同业第二位；个人贷款新增 20.4 亿元，增量同业占比 39.94%，居同业首位。个人贷款增长率 40.65%，增幅全国排名第一，高于全行平均水平 31 个百分点。

（四）个人中间业务

全行个人中间业务收入实现 2.58 亿元，同比少增 0.64 亿元，完成全年任务的 67.73%，占全行中间业务收入的 56.45%，中间业务收入完成率全国排名第 9 位。

（五）个人中高端客户发展情况

全行个人金融资产 5 万以上中高端客户为 33.35 万户，比年初增加 2.56 万户；个人中高端客户占总个人客户的 8.63%，比年初提高 1.1 个百分点，个人中高端客户金融资产 533 亿元，户均资产 16 万元，比年初增加 1.05 万元。

全行理财金账户客户 5.56 万户，比年初增加 2.29 万户，完成全年任务的 380.85%；理财金账户达标客户 10874 户，比年初增加 4520 户，达标率为 19.55%，比年初提高 0.16 个百分点。

（六）灵通卡业务

全行灵通卡累计发卡 267.79 万张，新增发卡 89.98 万张，同比多增 3.08 万张。其中，e 时代灵通卡新增发卡 75.6 万张，完成全年任务的 252%；灵通卡消费额 91.97 亿元，完成全年任务的 153.29%，灵通卡实现收入 4252.97 万元，累计收入增幅全国排名第 5 位，计划收入完成比例全国排名第 7 位、卡均收入全国排名第 11 位；牡丹灵通卡业务综合评价全国排名第 10 位。

（七）ATM 运行情况

全行 ATM411 台，投产 345 台，年内新增 87 台。ATM 当年累计交易量 2161.27 万笔，同比增加 442.32 万笔，增幅 25.73%。ATM 当年累计交易额 122.61 亿元，同比增加 57.51 亿元，增幅 88.34%。单机日均交易量 215 笔，单机日均交易额 12.78 万元，单机日均本代他交易量 12.56 笔，灵通卡本行 ATM 离柜占比 16%。

二、2008 年个人金融业务主要工作回顾

（一）年初早安排，年中有跟进，业绩稳提升

2007 年 12 月，及早召开了全区个人金融业务工作会议，明确了个人金融业务工作目标，分解下达各项指标计划任务，提出了 2008 年个人金融业务“一个中心、两个水平、三个精细、四个到位”的工作重点。8 月份又在全区召开了个人金融业务半年视频工作会议，结合上半年工作开展情况，提出下半年工作重点，明确工作思路和抓促方向，扎实推进各项工作，为全面完成年底目标任务奠定基础。

（二）全面推进“两化”改革工作

在“两化”改革试点行扩大到60%的基础上，今年在全部二级分行推行“两化”改革工作。分行加强组织领导，及时调整了“两化”改革领导小组，明确了改革领导小组工作规则。通过调研，结合两年以来的实践，不断的修改、完善实施方案。7 月份组织召开了“大个金”委员会暨“两化”改革领导小组会议，把零售银行业务作为全行的“饭碗工程”，全行上下给予高度重视。委员会就构建“大个金”经营格局和“两化”改革提出了一系列新的工作要求，为推动个人金融业务发展做阶段性指导。12 月份召开行长办公会议，专题就“两化”改革人员配备、薪酬待遇、个人住房按揭项目准入等问题做进一步明确，提出具体解决措施，推动个金业务顺利发展。

（三）进一步提高对储蓄存款基础地位的再认识，及时调整市场竞争策略

制定储蓄存款营销方案，加大业务考核力度，开展一系列劳动竞赛活动，召集当地储蓄存款新增同业排名落后的二级分行，集中来分行做专题汇报，不断跟进督导。下发了《关于加强旺季储蓄存款营销工作的通知》，制定储蓄存款增存计划，层层分解，将目标任务落实到网点、落实到人，加强考核和激励，逐旬、逐月盯住储蓄存款同业占比指标，提高每月新增储蓄同业占比。经过努力 12 月份实现增量同业占比排名第一（还原呼盟撤销网点移交储蓄存款数）。

（四）积极推进贵宾理财中心建设，提升网点运营管理水平

一是认真做好网点建设规划，加快改造步伐，网点布局得到进一步优化。经过深入细致的网点摸底调查，合理地做好各地区营业网点整体布局规划，重点确定贵宾理财中心数量和分布。二是网点建设实施统一设计、统一主材、统一施工、统一审查、统一验收的“五个统一”要求，规范装修改造进程。三是以贵宾理财中心为龙头，努力提升服务水平。根据年初的新建贵宾理财中心 28 家的工作目标，目前已有 20 家贵宾理财中心建设完成，其中投入运营的 15 家。及时制定贵宾理财中心经营管理办法和贵考核通报制度，加强贵宾理财中心运营管理考核，从核心业绩指标、客户发展指标和运营效率指标等三个方面评价，每月对贵宾理财中心进行考核通报。四是推广深化核心竞争力项目 4.0 版本。年初分行确定了核心竞争力项目推广目标 150 个，实际实施项目网点达到 145 个（另有 5 个网点迁址新建未完工），其中进行物理分区、配备客户经理的网点达到 79 个。通过加强多渠道协同，细化“识别引导、接触营销、业务处理、关系维护”服务流程，坚持不断地加强项目深化推广培训和督导工作，持续提高项目执行效果。

（五）提高市场反应能力及应变能力，加大个人理财产品营销

2008 年，积极应对市场变化，努力克服经济危机给基金销售工作带来的困难局面，在加强客户风险提示，引导客户理性投资的同时，继续加大了代理基金、保险销售力度和理财产品的营销工作。今年全行共代理销售基金 354 支，其中新发行基金 88 支。基金销售 47.71 亿元，同业占比为 48%，保持同业领先地位。全行累计发行了 66 期 126 款个人人民币理财产品 101.74 亿元，较去年同期增加 92.55 亿元，增幅达 1007%，其中累计销售“灵通快线”理财产品 68.30 亿元。全行累计代销保险产品 52356 万元，比去年同期增加33268 万元，增幅为 174%，完成总行销售任务的 218.15%，在四家国有商业银行中排名首位，比排在第二位的农行高 23 个百分点。

（六）加大个人贷款营销投放力度，提升市场竞争力

年初及早提出个人贷款营销指导意见，继续执行分类

管理，强化重点地区、重点业务的拉动作用，力促全区个人信贷业务的发展。全年共审查个人信贷合作机构560家，审批通过419家。其中：房地产开发企业304家、汽车经销商61家、房地产评估机构及担保公司等51家。根据统计，上述机构带来超过50亿元的个贷资源，为近几年的个贷业务提供了丰富的资源储备。深入推进“个人信贷营销标准化工程”项目，安排部署个人贷款中心的组建，做好个人信贷营销队伍建设。认真组织实施总行2008年度个人信贷人员上岗资格初、中级认证考试的工作，较好地完成了考试任务。加强开发贷款和个人住房贷款的经营联动，2008年全行投放开发贷款2.08亿元，相应带来的个人按揭2.17亿元，联动比率1∶1.04，基本上实现开发贷款与个人按揭的同比例增长。

（七）积极组织，开展了多项营销活动

1. 持续推动定向组合营销活动。全行累计开展定向组合营销活动290期，直接锁定营销目标单位440家，进一步增强了与客户间交流沟通。

2. 组织开展代发工资业务竞赛活动。制定了《2008—2010年代发工资业务营销竞赛活动实施方案》，成立代发工资营销工作领导小组，协同相关部门，有计划地联合开展代发工资营销工作。2008年全行新增代发工资单位559户，其中通过网上银行代发的单位有236个，新增代发工资单位职工人数12.49万人。全年代发工资业务实现手续费收入340.02万元，较去年同期增加63.69万元，增幅为23.05%。

3. 组织开展个人结算业务营销活动。8月份开始在全行开展个人结算业务营销活动。通过节假日集中营销、汇款积分活动、媒体宣传、联合营销等多种方式大力推广个人结算业务，增强市场竞争力，全行个人结算业务实现中间业务收入6081万元，同比增长807万元。

4. 开展灵通卡促销活动。开展财富积分主题营销活动，“刷银联标准卡，畅想激情中华”、“联动卡友心愿，祝福盛世中华”、“开心刷卡，双倍积分”等牡丹灵通卡刷卡促销活动。通过一系列丰富多彩的营销活动，有效地激发了广大消费者的刷卡热情，灵通卡消费额达到91.97亿元，同比增加37.68亿元，增幅69.4%，全行牡丹灵通卡月均消费额达到7.66亿元，卡均消费额达到3364元，较上年同期增加932元，增幅38.32%，消费额四行同业占比第一，灵通卡消费额增长迅速，发展速度创历史新高。

5. 扩大理财沙龙的举办次数和规模。进一步提高理财沙龙的影响力和客户层次，实现理财沙龙活动的常态化、制度化，提高在银行业个人理财领域中的地位和层次。全行累计举办理财沙龙活动153期，直接参与的客户8370人次，增强了与客户间交流，提升了工行的客户口碑。

（八）开展形式多样的分层次培训，积极构建高素质的个金人员队伍

1. 将个人客户经理配备工作纳入了2008年二级分行个人金融业务目标考核，各行按要求积极增配客户经理。按照总行的部署，在人力资源等部门的积极配合下，完成了全行80名营销客户经理的招聘。全行已配备到位个人客户经理719名（含个贷客户经理170名），较年初新增配个人客户经理161名。有6个二级分行经完成了客户经理的配备计划，但呼伦贝尔、巴彦淖尔、乌海、包头、阿拉善、满洲里和分行营业部等没有完成客户经理配备任务，其中分行营业部配备任务完成比例仅为42%。

2. 创新培训模式，注重实务技能培训，有针对性地开展了分层次的教育培训工作，提高人员综合素质。举办了客户经理培训班2期，新上岗的营销客户经理培训班1期，金融理财师（AFP、CFP）培训班3期，个贷培训班1期，支行行长培训班1期，培训对象共达到541人。其中支行行长培训班是近几年举办的首次基层干部培训班，郝行长、崔行长亲自到培训班讲话，参加座谈，通过外请内聘高级讲师授课、开展真实有效的问卷调查、闭卷业务知识测试、互动交谈等多种方式，培训班收效显著，学员反响强烈。

3. 以赛促训，掀起个人客户经理业务学习新热潮。举办了个人客户经理营销技能比赛，来自全区26名选手参加了比赛。通过赛前培训、层层选拔在全行范围内营造“技能大练兵、大比武”的良好氛围。比赛优胜选手代表内蒙行参加总行比赛，其中1名选手获得总行“特殊贡献奖”。

下一步，全行个人金融业务深入实践科学发展观，贯彻落实打造第一零售银行的战略要求，继续大力推进零售银行业务转型，“实施一个工程、提升两个能力、把握三个重点、强化四个建设”，全面提高客户服务能力，增强个人金融业务市场竞争力。

实施“一个工程”就是全面实施“个人客户服务精细化管理”工程。

提升“两个能力”就是提升个人金融业务执行能力和提升个人金融业务协同营销能力。

发展“三个重点”就是继续大力发展储蓄业务、全面均衡发展个人贷款业务、持续快速发展个人中间业务。

强化“四个建设”就是强化完善体制机制建设、强化渠道建设、强化队伍建设、强化内控建设等。

宁夏分行个人金融业务发展概况

一、主要经营业绩

1. 业务发展指标：

A. 个人金融资产销售额达143.5亿元。其中：人民币储蓄存款较年初增长24.1亿元，取得历史性突破；人民币理财产品销售107.9亿元，基金销售7.8亿元，保险销售1.2亿元，均为同业第一。

B. 个人贷款余额新增7848万元，其中个人住房贷款新增26170万元，占全部个人贷款新增额的333%。

C. 实现个人中间业务收入9211.9万元，其中个人保险业务收入581.7万元，较去年同期增幅858%；人民币理财产品销售收入1306万元，较去年同期增幅108%；国债与基金收入达4523.7万元，列全区同业领先地位。

D. 理财金账户客户达11617户，当年新增6101户。

F. 新增牡丹灵通卡？e时代卡13.7万张，借记卡消费额达17亿元。

2. 客户结构。全年新增个人中高端客户8317户，中高端客户占比率达5.74%，较年初提高0.76个百分点；中高端客户资产占全行个人客户资产比例的70%，较年初提高1.9个百分点。

3. 渠道建设。全年新建贵宾理财中心10家；新购置ATM40台，单机日均交易笔数达到291笔，交易额达16.2万元；新装修改造网点14家，其中贵宾理财中心9家。

4. 队伍建设。全行统一聘任个人客户经理289名，金融理财师达到57名，其中国际金融理财师（CFP）6名。

5. 内控管理。全年个人金融专业未发生内部经济案件。

二、主要业务经营发展概况

（一）以科学发展观为指导，保持领导班子思想先进性，重营销，抓管理，早推动，强落实

一是尽早制定科学有效的营销目标及方案，加快引导全行经营管理新理念，及时出台了《2008年宁夏分行个人金融业务工作要点》、《宁夏分行2008年个人金融业务市场营销方案》，明确工作目标，以实施金融产品组合营销战略为契机，打造新亮点，培植新客源。分季度、分产品确定季度营销策略，强化市场和客户需求对接，实现全年工作目标全面均衡的发展。二是建立科学、高效、适用的考核激励机制，引导和激励员工强化产品营销业绩，调动个金战线员工工作积极性，推动全行个人金融业务持续快速发展。

（二）配合扁平化改革，深入推进个人金融业务“专业化经营、系统化管理”改革

一是为全力实施“大个金”发展战略，深入推进“专业化经营、系统化管理”改革，进一步完善了“四个统一”的整体经营管理格局。二是建立了以流程为基础的分层次服务体系和价格为导向的绩效评价体系，全面加强营销和风险管理。三是积极配合分行扁平化改革，强力提升和塑造网点功能，初步形成个人金融业务“分行－支行/网点支行”新型两级经营格局。

（三）高度重视个人中高端客户和核心业务的发展，不断拓展中间业务盈利空间，创新整合产品营销渠道，实现营销目标最大化

一是加强个人理财产品的分类精细化管理，将理财产品的再销售与客户售后服务工作紧密结合，策略引导客户在流动性允许的范围内尽量保持日均沉淀，使个人理财产品销售业绩创历史最好水平。二是通过开展牡丹卡刷卡促销活动，进一步引导持卡人广泛使用牡丹灵通卡，全面做好牡丹灵通卡产品的升级工作，努力将灵通卡发展为高盈利、多功能、低风险的个人金融产品。三是继续规范网点保险业务合规经营，加快保险期缴业务的发展，以专题营销活动为衬托，突出与重点合作单位的旺季销售，形成代理个人保险的多元化销售模式。四是全力实施以理财金账户为依托的品牌营销战略，大力发展理财金账户签约客户，拓展20万元以上的优质客户，不断优化存量理财金账户的客户结构，提高理财金账户的达标率。

（四）重视存款的基础性作用，积极促进储蓄存款稳步增长

抓住宁夏五十年大庆的有利时机，及时调整经营策略，加大考核力度，实现了储蓄存款与个人理财业务互相促进和同步发展。

一是把握市场机遇，利用股市回调资金回流之际，采取有力措施，将阵地营销和户外营销有机结合，在各个重要时间节点为各类客户群体开展不间断的市场营销活动，协调处理储蓄存款与理财产品的共赢关系。二是深入开展代发工资业务，进一步加强公私联动，以有贷户、机构户和网银代发工资单位的营销为重点，加强挖掘营销力度，抓好源头揽储工作。三是由分行和支行两个层面深入开展定向组合营销活动，在全行掀起了团队营销新高潮，进一步巩固和提高个人客户资源，加大市场拓展力度。四是把握个人客户资金流转规律，切实做好客户资产类产品的资金回流引导和封闭运转工作，增强个人理财产品销售与储蓄存款之间的协同效应。

（五）积极推进个人客户经理队伍建设战略，强化对优质客户的差别化服务

一是完善个人客户经理分类管理体系，加强岗位资格认证及培训工作力度，逐步构建起初级、中级、高级三个层次的个人客户经理营销队伍。二是通过举办“全区个人营销客户经理技能大赛”，涌现出了一批个人客户经理业务技能标兵，起到了带头模范作用，同时有力的增强了行际间的交流与学习，有效提高了个人客户经理团队的整体业务素质与高端客户服务水平。三是分行重视对优秀客户经理的培养和提升，全年共组织四次金融理财师的培训及考试。培训人员45人，全力推进全行专家型个人客户经理队伍建设。

（六）大力推进个人理财核心竞争力项目取得实效，不断加快渠道建设步伐与提升运营管理质量，渠道服务体系进一步完善

一是加快贵宾理财中心建设步伐，明确功能定位、经营模式、分区策略、岗位设置和客户服务流程，全面提升优质客户关系管理和服务水平。二是在全行实施扁平化改革的推动下，全行着力打造了一批精品网点，通过整合优化资源配置，完善客户服务体系等，把营业网点建设成为符合现代化商业银行经营管理要求、功能强大的新型网点。三是加快我行超期服役自动柜员机更新速度，全年新购置ATM40台，用于超期运行设备替换的21台，超期运行设备占比降至24%，较去年同期下降19个百分点。加快离柜服务渠道建设步伐，自助设备、电子银行等电子渠道利用率持续提高，业务分流成效显著。四是继续深入推广个人理财中心核心竞争力4.0力版本，加强督导与培训力度，结合个人客户统一视图，实现了客户分层次管理。五是以奥运会为契机，强化网点办理个人外汇业务能力，规范网点中英文标识，加强自助机具的管理与检查工作，建立快速应急反应机制和投诉处理机制，确保奥运期间金融服务及风险管理工作不断加强。

（七）大力拓展个人贷款领域，促进个贷业务稳步增长

一是积极调整营销策略。逐步形成以一级支行为龙头，网点支行为依托相互促进、共同发展的全新营销架构；明确定位以开发贷款拉动按揭贷款为主的营销模式，深化和完善住房开发贷款与个人住房贷款的经营联动机制。二是完善个人贷款营销激励机制，增加开发贷款带动按揭贷款增长的奖励条款，以激励机制带动开发贷款的发展，为按揭贷款储备资源。继续深化个人信贷业务“行长”负责制，以个人信贷业务调节分值的考核机制约束各行行长切实承担起业务组织协调的职责。三是继续加大对纯按揭项目个人住房贷款和二手房按揭贷款的营销力度。对辖内无我行开发贷款支持的房地产开发企业进行逐一梳理，建立信息库，选择资信状况好的企业主动上门营销，建立纯按揭项目关系，努力扩大按揭资源。

（八）强化风险控制，加强个人金融管理业务风险管理

为加强个人金融业务操作风险管理，进一步完善内部防控制度建设，分行制定了《个人金融业务操作风险管理工作意见》及《内控暨操作风险检查制度》，初步实现事前预防为基础，事中控制为重点，事后监督与业绩激励为辅助的个人金融业务风险控制全流程管理。进一步加强对个人金融重要业务环节的风险管理和风险点的监控检查、督促整改力度，同时，将代发工资数据传输系统推广作为2008年一项重要工作来抓，认真组织实施新版代发工资业务数据传输系统推广工作，为防范宁夏分行代发工资业务案件的发生筑起了坚实壁垒。

青岛分行个人金融业务发展概况

2008年以来，在总行个人金融业务部门的正确领导下，在分行党委领导的信任下，在相关部室及各支行的支持配合下，青岛分行个人金融业务各项指标实现了跨越式发展，储蓄存款、个人理财产品、保险、理财金账户、中高端客户等指标均创历史最好水平。

一、2008年多项个人金融业务指标创历史最好水平

1. 储蓄存款飞速发展，振奋人心

截至2008年12月末，在全行员工的奋力拼搏和共同努力下，我分行人民币储蓄存款比年初增长60.25亿元，分别完成总、分行计划的430.36%、301.25%，同比多增55.1亿元，增长率为19.85%，日均比年初增长25.35亿元，完成市分行下达年度计划的126.75%。

2008年以来我分行储蓄定活期结构比例发生了较大变化。截至12月末，定期储蓄存款比年初增加54.05亿元，同比多增53.91亿元，占总增长额的89.71%；活期储蓄比年初增加6.2亿元，同比多增1.19亿元。定期储蓄存款日均余额较年初增长25.75亿元，较去年同期增长23.17亿元；活期存款日均余额较年初增长510万元，较去年同期增长7643万元，从结构来看，我分行人民币储蓄存款的稳定性逐步增强。

2. 个人贷款业务克服各种不利因素的影响，稳步增长

作为个人金融业务主要指标之一的个人贷款业务，在2008年上半年货币政策紧缩、房地产市场普遍处于观望的大背景下，积极组织发动，克服困难，努力抢占发展先机，努力开拓业务市场，使我分行的个人贷款业务取得了一定的进展。

（1）个人贷款余额达到104.38亿元，较年初增长2.65亿元，较同期下降19.44亿元，完成总行任务的30.11%，完成分行全年任务的21.2%；

（2）累计发放贷款25.27亿元，较同期下降19.59亿元；累计收回贷款22.61亿元；

（3）个贷业务实现利息收入7.22亿元，较同期增长1.76亿元；

3. 个人理财类产品销量翻倍，增速迅猛

2008年理财产品销量共377.46亿元，比去年同期增长290.28亿元，增幅333%，四行占比第一位，其中全年共组织销售人民币理财产品70期，实现销量18.5亿元，灵通快线超短期理财产品297.45亿元；累计销售基金21.69亿元，基金存量余额达47.45亿元，占个人金融资产的11.58%；全年新增认购基金87支，占全部基金数量的24.65%，目前代销基金数量达353支；个人寿险累计销售额为5.27亿元，较去年同期增长2.7亿元，增幅105.3%。

4. 中间业务收入结构优化，增长快速

2008年我行个人金融业务共实现中间业务收入12165万元，占我行全部中间业务收入的31.73%，较去年同期减少4192万元，减幅25.63%。其中，代理个人理财产品实现中间业务收入1224.46万元，较同期增长564.38万元，增幅85.5%；代理个人保险实现中间业务收入1473.52万元，较同期增长1058.38万元，增幅255.18%；代理个人外汇及其它业务实现中间业务收入278.64万元，较同期增长224.12万元，增幅411.1%。

二、全年工作措施

2008年，我行个人金融业务以科学发展观为指导，贯彻落实打造第一零售银行的战略要求，大力推进零售银行业务转型，增强客户服务能力、整合营销能力、风险管理能力和可持续的盈利增长能力，努力提高目标客户、储蓄存款、个人贷款及中间业务各项主要指标的市场占比，实现客户结构最好、品牌知名度最高、核心业务规模最大、创利能力最强，在新的起点上实现个人金融业务持续协调

快速发展。

（一）抓旺季抢市场，力促储蓄存款和理财产品快速发展

在首季开门红劳动竞赛活动中，我分行认真贯彻落实总行个人金融工作会议精神，通过全员抓储蓄存款、抓旺季营销、抓个人理财业务、抓中高端客户，开展专项营销竞赛和客户关系维护活动，实现了储蓄存款和理财产品快速、协调发展。

1. 借助理财产品销售，提高储蓄存款市场份额

今年我分行为不断增强市场竞争优势，进一步提高市场竞争力，扩大市场份额，巩固市场地位，我部认真贯彻落实总行个人金融业务工作会议精神，通过全员抓储蓄存款、抓旺季营销、抓个人理财业务、抓中高端客户，开展专项营销竞赛和客户关系维护活动，实现了储蓄存款和理财产品快速、协调发展，为全年储蓄存款增长目标的完成夯实坚实基础。截至年末，我分行人民币储蓄存款比年初增长 60.25 亿元，分别完成总、分行计划的 430.36%、301.25%，稳居四业第二位，同比提高 15%。在稳增储蓄存款的同时，代理个人理财产品累计销售额达 377.46 亿元，同比多增 290.28 亿元，增幅达 332.97%，四行占比位居第一，创历史最好水平。储蓄存款新增额与理财产品销售额比例为 0.6：1。

2. 通过抓中高端客户维护，推进储蓄存款增长

我分行牢固树立抓存款就是抓大客户的思想，2008 年初在全行开展了个人中高端客户专项考核竞赛活动，旨在树立我行在同业个人零售业务的市场地位，提高我行个人零售业务的市场份额、综合贡献度和服务效率。本次对中高端客户进行考核的目的是为了将我行现有中高端客户存量分配到人，管理到人、奖罚到人，在稳定老客户的基础上，不断拓宽新的服务领域，增加新的优质客户群体，通过本次活动，我分行的中高端客户群体日益壮大，结构趋好。截至 2008 年末，我分行中高端客户总数约 18.84 万户，较年初增加 2.76 万户，完成全年计划的 102.17%，增长率为 17.16%；其金融资产为 312.32 亿元，较年初增加 53.7 亿元，增长率为 20.76%，高于全行个人客户资产总增长速度 3.71%，且呈现出客户层次越高，增长率越高的趋势，其中，资产 1000 万元以上的私人银行客户较年初增加了 18 户，增长率为 120%，其资产较年初增长 3.28 亿元，增长率为 132.08%。

为进一步扩大战果，我分行在 2008 年三季度支行行长工作会议上又提出了争揽大客户的目标，各支行积极采取应对措施，抓紧抓实计划目标与客户目标的对接工作，迅速制定出抓“大客户”的营销方案，取得了阶段性成果。当月我分行即成功揽入 500 万元以上的大客户 15 户，金融资产达 9940 万元，其中储蓄存款达 7960 万元。

同时借助我行理财产品的优势，来加强对优质客户维护，并吸引和争揽他行的优质客户的现金流，从而达到增加储蓄存款目的；通过熟练掌握各类理财产品与储蓄存款之间的转换关系，根据客户资金周转的需要灵活推荐我行的产品，在月末或季末进行合理转移，通过组合实现理财产品和储蓄存款的双向增长。

3. 充分发挥第三方存管对增加储蓄存款资源，扩大中高端客户基础作用

2008 年以来，我分行通过实施“一手抓券商，一手抓客户”的举措，加大宣传，积极抢占证券市场资源，业务发展取得了明显成效。截至 12 月末，我分行累计新增第三方存管个人客户 31086 户，本年新增个人客户数位居直属分行第二位、本年净增客户数（新增客户数减去销户数）位居直属分行第一位。我分行第三方存管业务存量客户和今年新增客户都位居同业第一位。特别是今年上半年我分行开展的“第三方存管业务”专项营销活动，收到的效果更加突出，在活期期间，我分行面对资本市场低迷的不利局面，全行上下克服困难，精心安排，采取了一系列应对措施，在积极扩大客户规模的同时，有效提升了新发展客户的质量。活动期间，我分行营销证券资产在 100 万元以上第三方存管客户 235 户，并成功从他行挖转过来 100 万元以上的第三方存管客户 50 户，转移到我分行证券资产高达 2.3 亿元，从而为我分行储蓄存款增长奠定了坚实基础。

4. 开展首季代发工资专项营销活动，增加储蓄存款源头

2008 年代发工资专项营销活动自 2008 年 1 月 22 日开展以来，在分行领导高度重视和全行上下的共同努力下，取得了可喜的成果，截至 12 月底全行共实现新增代发工资单位 518 户，其中优质代发工资单位 415 户，占比 80.12%；新增代发职工人数 88475 人，其中优质代发工资企业职工人数 55629 人，占比 62.88%；新增代发工资笔数 461472 笔，新增代发工资金额 5.94 亿元。

我分行 2008 年代发工资专项营销活动，以积极竞争优质企事业单位代发工资业务为突破口，优化了我行客户结构，开辟了储蓄存款增长的源头，奠定了储蓄存款稳定增长的坚实基础，储蓄存款得到快速、稳定的发展，在同业中稳居第二位，并进一步拉开了与中行、建行的距离。同时也带动了灵通卡、信用卡、电子银行等业务的同步、协调发展。

（二）个人贷款业务多措并举，增强业务拓展力度

1. 强化工作责任，加强个人信贷业务营销的组织领导

一是坚持个人信贷营销指标的“一把手责任制”，把个贷增长指标作为个金业务主要指标以及拉动其他个人金融业务产品营销的指标来对待，提高重视程度，形成一个自我加压、奋勇争先的营销氛围。同时，借助分行实行的“告诫谈话”制度，提高完成营销指标的严肃性；二是加大对营销指标和营销活动的督导。个金部在全面掌握全行业务资源储备、区域环境、人员结构的基础上，统筹安排各项资源，积极协调相关部门有的放矢的开展督导工作，实施“重点支行、重点项目”的发展策略，做到部署在前、督导在前，发现问题及时跟进，不断提高业务营销的有效性和成功率。三是建立本部门的营销管理人员重点联系行制度，把个人绩效与岗位责任紧密联系起来，促使其参与营销、服务支行的主动性和积极性，进一步增强分行与支行对外营销的合力。

2. 加强开发贷款与按揭贷款的联动

积极推进房地产开发贷款与住房按揭贷款的联动制度

的有效落实。一是3月份分行制度出台了《开发贷款与按揭贷款联动考核办法》，给每一个由开发贷款的支行下达联动考核指标，并纳入支行绩效考核内容；二是积极推广部分支行在开发贷款按揭贷款封闭管理方面的有效做法，用文件形式明确支行公司与个金部门的职责分工，有效防范按揭资源的流失；三是加强与房地产管理部门的关系，通过有关渠道掌握我分行开发贷款项目的抵押登记情况，对资源流失的支行实行问责制。四是加强对开发贷款项目的跟进。做到对开发贷款项目的跟踪，及时掌握工程进度，及时开展对项目售楼人员的培训，增深感情，维护关系，从源头上保证开发贷款的封闭管理。

3. 积极推进纯按揭住房贷款的发展

针对2008年以来在我行开发贷款支持项目开盘数量少、已开盘项目销售缓慢的情况下，积极组织各支行营销纯按揭业务。特别是瞄准销售进度较好的楼盘，组织开展营销行动，取得了较好的效果。据统计，2008年我行纯按揭业务占到整个按揭贷款总量的50%以上，如即墨支行营销的义乌城、硕丰苑项目，按揭量均在亿元以上，对拉动个人贷款业务的增长起到重要的作用。

4. 加强二手房贷款和消费贷款的营销

2008年我行在巩固原有中介机构业务合作的基础上，又与“泛华金融服务集团”等多家中介机构建立了合作关系，同时，积极鼓励支行在二手房资源集中的“公积金中心”等机构开设延伸柜台的做法，积极推行和构建互利合作、长期稳固的合作模式，达到从源头上争揽业务的目的。据统计，2008年我行二手房贷款发放量在2.1亿元，占到住房贷款发放总量的10%以上，对按揭贷款起到了有效的补充作用。在消费和经营贷款业务的发展方面，2008年我行不断调整了产品价格及相关政策，并通过培训提高经办人员的业务素质和操作技能，进一步增强了此类产品的市场竞争力。

5. 理顺政策，加强培训，增强市场竞争力

一是对近些年来总、分行下达的个人贷款业务方面的政策、制度和办法积极会商相关部门，特别是对近些年分行下达的高于总行要求、政策要求重新进行了理顺，对不利于业务发展、与同业有较大差距的最大限度地剔出，以增强我行业务产品的竞争力；二是结合总行实施的个人贷款营销客户经理上岗资格考试制度，通过网上、面授等方式，组织客户经理进行培训，不断提高客户经理的综合素质。截至年末，我分行又分别有56名、31名客户经理取得了总行个人贷款专业初级和中级上岗资格。目前我分行个人贷款客户经理全部实现了持证上岗。此外，四季度我部还会同授信审批部、小企业金融业务部专门组织了个人经营贷款业务培训，通过政策讲解、案例分析、流程解析等方式全面系统的介绍了个人经营贷款操作的全过程，增强了支行相关人员从政策把握和感性两个方面的认识，为今后个人经营贷款业务的发展奠定了基础。

（三）采取综合销售策略，稳夺个人理财产品同业第一

1. 加强基金发行、销售督导，促进基金业务稳定发展

（1）今年以来在证券市场深度调整的形势下，为促进基金销售，先后组织开展了基金定投营销活动、《中国工商银行—工银瑞信基金“牵手共赢联合营销月”劳动竞赛》活动、“同舟共济　共创未来”基金营销活动、“重点债券基金营销活动”，以及“货币型基金冲刺营销”活动，先后与工银瑞信、招商基金、鹏华基金、富国基金、诺安基金、汇添富基金的多家基金公司组织开展多场客户讲座活动及投资者教育活动，为基金发行和销售奠定客户基础。

（2）为指导各支行、各网点及客户经理的基金产品销售，先后撰写13期《基金动态》，将正在发行的基金情况、重点营销的基金、在我行销售的基金净值及基金营销技巧、客户沙龙活动组织形式及要点和基金公司最新信息等进行整理，转发到各支行及客户经理，为一线营销提供参考。

（3）各支行在销售中，无法及时掌握各网点的基金销售情况，为此通过各方的支持及时统计各网点的销售情况，在分行网迅上及时发布《青岛分行代理基金业务销售情况排行榜》，使各支行、各网点及时掌握基金销售进度，形成各支行、各网点比学赶氛围，市南四支行、李沧一支行、四方二支行、阳光支行完成任务超过20%以上；李沧一营业部销售额超过1亿元，山东路支行营业部、市南四支行营业部销售额也超过5000万元。

（4）我行今年基金发行密度之大，加之市场竞争激烈、产品奖励机制滞后，媒体宣传不到位，给基金发行进度、任务完成率带来巨大困难，为促进基金发发行进度，加强基金发行督导，采取重点产品重点督导，及时督导，积极督导支行实现每个网点零销售进度，基本实现每支基金都有销售，在总行排行中的名次达到稳定。

2. 做好客户预约，抢占销售时间，银行理财产品实现快速增长

（1）组织“工喜发财”理财产品营销活动。2008年初，从资本市场发展形势及理财业务发展要求出发，我部推出了“工喜发财”理财产品营销宣传活动，通过赠送礼券的方式回馈我行理财产品的购买客户，一方面促进了理财产品销量的增长，另一方面吸引和留住了我行优质客户，为后续个人金融业务的发展奠定了基础，不仅进一步巩固了个人理财业务同业占比第一的地位，并且促进了个人储蓄存款等业务的共同发展。

（2）发挥短信平台宣传攻势，扩大产品宣传范围。为保证总行发行的每一期理财产品于第一时间告之客户，方便客户经理开展营销活动，提高营销成功率，我部自2008年下半年起即向总行申请开通短信平台进行理财产品信息宣传，将每一期理财产品的投资标的、预期收益率和投资期限等简要信息第一时间通过短信方式告之客户，以较低的成本取得了较好的宣传效果。

（3）重视客户预约，提高营销成功率。2008年理财产品的销售采取全国统一抓取额度的方式，不再单独为支行分配额度，这就存在客户意愿购买但由于产品额度不足而购买不成功问题。为解决这一困难，个金部要求支行提前做好客户预约工作，在产品发行前一天及时与目标客户预约，介绍产品特点，做好客户推介工作，并积极引导客户利用网上银行或及早购买相关产品，提高了营销效率，提

升了客户满意度。

（4）定期通报，鼓励后进学习先进。我部建立银行理财产品销售快报，定期对理财产品的销售情况进行全行通报，并评出十佳优秀客户经理，在全行形成比、学、赶、帮、超的竞争氛围，为产品销售创造了环境。

（5）缩短分、支行、客户经理信息接收渠道，提高信息传递效率。分行为每位客户经理设置邮箱，方便分行及时将产品信息告之客户经理，同时为防止客户经理无暇查看邮件，分行个金部通过个人短信直接发送到支行个人金融业务部经理及客户经理手机，使一线营销人员第一时间接收产品信息，做好客户预约工作。

3. 采取多项有效措施，积极推进保险业务

（1）组织“赢在工行”代理寿险业务营销活动。为促进我行代理保险业务的发展，扭转我行代理寿险业务的被动局面，分行联合12家寿险公司自2008年5月1日—12月31日在全行范围内开展“赢在工行”代理寿险银保产品推广营销活动。本次活动的主题是“银保牵手、合作双赢”。前期作了大量准备工作：一是、银保双方高度重视。通过活动启动会、支行巡讲培训等方式加大活动宣传力度；二是、精选产品。经过双方协商，有针对性选择各家保险公司“明星”保险产品展开重点营销推广；三是、加大激励。在5月至8月份旺季营销期内，设置优秀组织奖、优胜网点奖及营销明星奖三个单项奖励分别对支行、网点及先进个人进行培训奖励，充分调动全行上下的营销积极性。

（2）“银保合作”组织客户沙龙活动。充分利用保险公司的资源，通过组织形式多样的沙龙活动，增进我行客户对保险理财方式的了解，稳固银保客户的基础。例如，6月13日，与中国人寿胶州支行VIP客户理财沙龙成功举办。本次沙龙活动格调高雅、内容流畅、充实，富有强烈的知识性和时代感，吸引了19名来自胶州企业界成功人士参加，最终13名客户签约，签单保费共计150万元。

（3）开展寿险销售“单周销售状元”、“单月销售状元”评选活动。为调动员工对产品的销售热情，分行联合与我行合作的保险公司在全行范围内开展保险销售周状元、月状元评选活动。此项活动，进一步调动了全行员工营销的积极性和主动性，形成了争先恐后的销售局面。

（4）建立完善了通报、督导机制。为全面掌握各支行、各网点的保险销售动态，及时发现并分析保险销售过程出现的各种问题，分行完善了周、月保险产品销量通报机制及保险产品销售要点通报机制。通过此举，分行对全辖范围内的营销情况做到了时时了解，为调配资源，促进业务发展打下了基础。

（5）加强对优质产品的推动力度。适销对路的产品可以使工作事半功倍。为此分行2008年加强了对银保产品的研究。并通过及时与保险公司联系掌握最新的产品信息，早落实、早部署，从而掌控市场。例如，自11月份以来分行推动了恒安标准人寿保险公司福惠双赢两全保险的全面销售工作，由于本款产品适应客户需求得到了很好的市场迎合度，日均产能过百万，对后两个月我行业务的发展起到很轻的带动作用。

（6）加强了与优秀保险公司的合作力度。本着强强合作、互惠供应的原则，分行先后开展了与平安保险、新华保险、中国人寿等保险公司的合作力度。通过组织专项营销活动，建立专项督导机制，促使优质保险公司资源向我行倾斜，降低业务发展长期风险的同时，进一步了错进了我行业务的发展。

（7）加强风险防范意识，坚持合规经营。一方面，年初在充分分析资本市场环境和代理保险业务特性的基础上，我分行响应总行全年代理保险业务发展的方针，将全年代理保险业务的发展重点放到代理安全系数较高的分红险、万能险及期缴产品的销售上，从而有效防控了此项业务的发展风险，奠定了全年业务稳健发展的基础。

另一方面，通过组织代理保险业务风险管理学习，张贴《投保新型人身保险产品风险提示公告》，开展代理保险业务合规销售自查活动，颁布《关于加强代理个人保险业务依法合规销售管理通知》（工银青办发〔2008〕1145号），明确了代理保险业务合规经营、稳步促进保险业务健康发展的措施和要求。

4. 国债销售组织得力，市场反响良好

今年以来，由于股票、基金等投资产品均一路下跌，而国债这个在牛市中曾被人遗忘的稳健投资品，如今又重新赢得了岛城投资者关注的目光，今年以来，国债的销售一路回暖，尤其是下半年发行的凭证式国债、储蓄国债，开门不到20分钟我分行额度就销售完毕，尤其是储蓄国债越来越受到我分行中高端客户青睐，为更好满足我行中高端客户的需求，我部在接到总行国债发行通知后，立即协调各有关部室，并通知各支行和客户经理，做好对大客户的预约工作和组织好提前办理开户等相关业务的工作。今年我分行共计发行五期凭证式国债和三期储蓄国债，销售额为3.33亿元，其中凭证式国债销售2.16亿元，储蓄国债销售1.17亿元。

（四）加强风险控制，做到制度先行，切实实现业务发展与风险防控两手抓

1. 组织了个人理财产品大检查。

根据《关于进一步规范商业银行个人理财业务有关问题的通知》（银监办发［2008］47号）和《转发〈中国银监会办公厅关于2007年中国工商银行现场检查情况的通报〉的通知》（工银办发［2008］193号）要求，为配合银监会个人理财业务检查，贯彻落实总行依法合规销售理财产品的要求，自2008年4月21日起，在全行范围内开展个人理财业务专项检查。

本次个人理财业务专项检查总分行均给予了高度重视，分行特别成立了理财业务合规销售工作小组，由栾建胜行长任组长，时辉副行长任副组长，个人金融业务部、办公室、财务会计部、运行管理部、电子银行部和信息科技部负责人为成员。

检查采取支行自查与分行抽查相结合的方式，对全行理财产品的销售合规性和操作合规性进行了全面检查，梳理了客户风险评估、理财协议签订、产品风险提示等销售流程，为我行理财产品的依法合规销售打下了坚实基础。

2. 组织分行个人理财业务销售人员资格认证考试。

为贯彻落实总行依法合规销售理财产品的要求，确保

具有理财业务从业资格的人员销售银行理财产品，4 月 29 日分行个人金融业务部组织了分行个人理财业务销售人员资格认证考试。

全行一线营销人员积极响应，除个人业务从业人员外，柜面操作人员和公司业务客户经理也踊跃报名参加考试。最终全行 1000 余名一线营销人员参加了考试并成功通过此次资格认证，具备了银行理财业务从业资格，我行理财产品营销人员队伍进一步壮大。

自 2008 年 6 月 1 日起，我行所有个人理财从业人员，必须经过资格认证才能上岗销售个人理财产品。对通过资格认证考试的人员，我部采取了分、支行相结合的模式进行理财业务专项培训，加强对上述人员理财产品基础知识、操作规程、风险防范及客户投诉处理等方面的业务培训和指导，保证理财业务销售人员具备从业素质和知识结构，做到依法合规销售银行理财产品。

同时，我部加大了对这部分人员的考核力度，通过笔试考试、现场情景演示及客户反映等方面对通过此次资格认证考试的人员进行考核，如出现两次客户投诉或营销错误，将取消其个人理财业务从业资格。

3. 自 6 月份以来，我分行按照关于转发《中国银监会办公厅关于商业银行开展代理销售投连险产品自查工作的紧急通知》的通知要求，我分行组织了多次代理保险，尤其是代理投资联结寿险业务自查活动，要求各支行对保险收入管理、营销方式、宣传方式等方面进行了全面的自查，并且对自查结果定期进行检查。

4. 我分行自接到总行《关于配合监管机构做好代理基金业务自查及检查工作的通知》（工银个金〔2008〕276 号）后，分管行长重视，亲自部署，带领个人金融业务部相关人员认真学习，逐条推敲理解，并下发文件要求各支行首先展开基金业务自查工作，随后成立了青岛分行基金业务检查小组，就文件中所涉及的事项对我分行基金销售网点进行了检查督导。随后，我分行接受了由银行业监督管理委员会青岛监管局和证券监督管理委员会青岛证监局成员组成的检查小组来我行检查督导，我行的代理基金业务得到了检查小组的认可。

5. 加强个人反洗钱业务培训和检查力度。督促本部及各支行对检查发现问题的整改工作。做好检查的后续跟踪落实工作，督促各支行对检查发现的问题进行全面、及时的整改。

青海分行个人金融业务发展概况

2008 年，青海分行个人金融业务努力推进经营模式和增长方式的转变，全面拓展市场，努力提高占比，加强队伍建设，竞争优质客户，强化品牌建设，防范操作风险，各项业务保持了平稳增长，经营效益稳步提高。

（一）经营模式发生积极变化，经营效益持续提高

2008 年，青海分行个人金融业务积极应对急剧变化的市场环境带来的挑战，通过不断调整产品、业务及客户结构，强化市场营销和客户服务，积极拓展增储渠道，努力增加个人中间业务收入，各项业务实现了较快发展，部分业务指标创历史最好水平，在一些新兴或战略业务领域奠定了市场领先优势，个人金融业务综合贡献度逐步提升。截至 12 月末，个人金融业务实现营业贡献 25784 万元，实现的税前利润占到全行税前利润的 47.85%。

（二）储蓄存款基础作用认识进一步提高，推动了储蓄存款快速增长

2008 年，青海分行围绕增加存款，提高效益这条主线，将计划目标作为导向，把提高市场占比作为出发点和立足点，加强储蓄存款组织推动，积极开展市场调研，了解分析储源分布状况，努力寻求新的存款增长点。结合阶段性任务目标与各地区实际，通过走访优质单位、高端客户、改进服务等活动与手段，增揽存款。加大源头营销力度，下发《2008 年代发工资营销方案》，大力拓展优质代发工资单位。同时，利用汇款直通车、储蓄异地通、“速汇款”等产品吸引更多的资金，保障存款增加。充分发挥理财金账户、牡丹灵通卡 e 时代和个人贷款等业务在吸收储蓄存款方面的作用。大力发展中高端客户，持续优化客户结构，不断拓宽资金来源渠道，储蓄存款实现了增长强劲，增量创历史最好水平。截至 12 月末，储蓄存款余额达到 128.5 亿元，当年增加 29 亿元，是前 4 年增量的总和，同比多增 28.2 亿元，完成年度计划的 728.5%。

（三）强化市场营销，实现产品与个人中间业务协调发展

持续推进定向组合营销工作，下发《2008 年个人金融业务市场营销方案》，进一步发挥营销团队作用，着力针对各级党政机关、高等院校、事业单位、科研机构、医疗机构、国有和地方重点企业、外资企业、知名民营企业、企业集团总部、高档社区、金融同业等单位的目标客户展开定向组合营销和产品交叉销售，定向组合营销成功率达到了 60% 以上。截至 12 月末，实现个人中间业务收入 7507 万元，占全行中间业务收入的 68.91%，销售各类理财产品 21.4 亿元，其中代理销售保险同比多增 4058 万元；代理国债发行同比多增 14403 万元。一是加大对私营业主、事业单位职工、公务员、公司白领等中高端客户营销力度，个人结算业务收入同比增加 56.06 万元；二是加快营业网点保险产品销售由“1 对 1”向“1 对多”模式的转换。开展代理保险业务旺季劳动竞赛活动。实施保险专项奖励政策。实现代理寿险业务收入 176.81 万元，同比增加 105.48 万元，同业占比第一；三是加强理财产品宣传与风险引导。重视基金产品与银行产品的整合营销，狠抓新发基金、存期基金和基金定投营销，本外币个人理财产品收入同比增加 205.26 万元，实现代理基金收入 4421.2 万元；四是加大国债主动推介力度，构建国债主动营销机制，代理发行凭证式国债和记账式国债共计 54146 万元，巩固了我行同业代理国债第一的地位；五是持续开展牡丹灵通卡 e 时代刷卡促销活动，POS消费额同比增幅33.44%。

（四）努力拓展个人信贷业务市场

2008年，青海分行加强个人住房与住房开发贷款经营联动工作，以个人住房贷款为先导，努力推动个人贷款协调发展。深入分析目标市场资源状况和竞争环境，加强个人贷款市场调研工作。积极开展优质房地产开发企业的市场营销工作，主动谋求建立和加深战略合作关系。开展个人住房贷款“搜盘活动”，积极营销合作机构。完善和健全个人信贷营销中心机制建设，为业务发展提供了组织保障。开展多层面“幸福贷款”品牌营销宣传，市场影响力有所提升。加强个人住房公积金贷款的营销和管理，组织开展个人住房公积金组合营销。截至12月末，个人贷款余额25302万元，较年初下降957万元，累计投放个人贷款5180.35万元，个人住房贷款同比多投685万元。个人公积金贷款余额达到71609万元，当年新增6237万元。

（五）明确市场定位，个人客户结构持续改善

进一步明确“定位中端，竞争高端，培育潜力”的市场定位，将理财金账户和灵通卡打造为竞争主要目标客户的核心品牌，针对目标客户群开展全方位市场营销，客户结构得到了显著改善。深化理财金账户服务全面升级活动，着力构建“六专”优质客户服务体系，持续开展“财富驿站”市场营销工作，建立理财金账户客户分析与通报制度，引导全行大力发展目标客户。截至12月末，理财金账户客户同比多增2330户；个人资产5万元以上中高端存量客户同比多增8807户。组织开展三方存管“一、二、三”以及与券商联动的营销活动，第三方存管客户发展成效显著。以青年职业人士和具有较大发展潜力的大学生群体为主要目标，开展灵通卡进企事业单位、进校园营销活动，灵通卡品牌影响力逐步扩大，当年发卡12.23万张。

（六）渠道建设加速推进，经营成效明显提升

网点业态管理工作深入开展，分层服务体系建设加速推进，当年投入运行贵宾理财中心8家，总量达到14家，较上年提高了8.9个百分点。贵宾理财中心网均理财金账户新增客户数、各类理财产品销售额、储蓄存款增加额均高于全行网点平均水平，贵宾理财中心成为支撑个金业务加速发展的重要平台。自助渠道资源优化配置能力进一步增强，当年新增ATM 33台，ATM单台日均业务同比增加34笔，自助设备、电子银行等电子渠道对传统柜面业务替代率持续提高，业务分流成效明显。进一步加快个人客户经理培训工作，选拔能力较强、素质较高的客户经理参加AFP/CFP培训，金融理财师队伍建设进一步加快。组建理财支持团队，为网点前台提供个人理财信息、理财策划等服务。

（七）个人金融业务服务与社会影响力不断提升

青海分行个人金融专业结合奥运金融服务工作总体要求，从提高服务手段和增强网点应急能力入手，强化服务检查，开展大型宣传活动，通过多种媒介对我行多渠道服务网络、各种金融产品及服务展开全方位宣传推广和市场营销；对ATM中英文操作界面和外卡取现与查询功能、牡丹卡通存通兑等内容进行了重点营销推广。在全行营造良好金融服务环境的同时，我行格尔木支行营业室、城西支行古城台储蓄所和城中支行营业室等3家机构，在中国银行业协会启动的2008年度中国银行业文明规范服务示范单位评选活动中，荣获了中国银行业文明规范服务示范单位，进一步提升了我行网点的社会影响力。

（八）内控管理工作不断加强

2008年，青海分行个人金融业务在强化营销，拓展业务市场的同时，把个人金融业务操作风险管理作为重点，认真落实个人金融业务操作各项制度，狠抓个人客户经理操作风险、理财业务风险及内控评价工作。一年来，省分行和各支行按阶段开展个人客户经理检查工作，促进了个人客户经理风险意识及制度执行力的提高。积极引导代发工资单位使用客户端软件进行数据制作、加密和签名，进一步规范了代发工资业务操作手段。明确了网点个人理财产品销售环节，把代理保险业务纳入到个人理财业务合规销售中。在组织开展个人理财业务合规销售自查工作的基础上，举办了个人理财业务从业人员岗位资格考试，提高了销售人员的素质，为我行合规稳健销售理财产品奠定了良好的基础。

山东分行个人金融业务发展概况

2008年，山东分行认真贯彻总行工作部署，坚持以客户为中心，以提升占比重点，以提高效益为目标，集中全力抓好“七个坚定不移”，有力地推动了个人金融业务各项指标取得较快发展，经营管理水平稳步提高，个人金融业务核心竞争力大幅提升。

一、经营指标完成情况

截至12月末，储蓄存款与理财产品较年初新增584亿元，同比多增207亿元，四行占比第一，其中，人民币储蓄存款较年初增加288亿元，创历史新高，四行增量占比由去年同期的第四位上升到第二位。

二、2008年主要工作和成绩

（一）把握各阶段重点，开展多种形式专项营销活动，成效显著。一是认真开展旺季竞赛业务活动。为抢占市场先机，年初即召开了全省个人金融业务工作会议，对旺季营销做了总体部署和安排。在活动期间，省行加强日常通报监测，组建旺季工作督导小组，多次深入支行和网点一线，帮助基层行把握关键时机和关键环节，引导各行认真研究旺季客户需求，积极抢占目标客户市场，在旺季营销活动中取得了较好的成绩，为确保实现全年工作目标奠定了坚实基础。二是为保持一季度良好增势，实现个金业务可持续发展，4月份开始，在全省开展了“三分双百”专项营销活动。专门召开了由二级分行行长、主管行长、个金部总经理、支行行长参加的启动会议，对活动的内容进行了全面部署，并制定下发了《构建分层服务管理体系，实现个人客户“双百”目标专项活动方案》，明确了活动主题、活动目标、考核奖励办法，并对活动措施和要求做了详细阐述。6月底，省行组成检查组，逐行、逐个目标进行现场检查督导，有力地推动了各项业务目标协调快速发展。三是为提升我行代理业务市场份额，进一步促进个人中间业务稳步增长，从9月份至年底在全行开展了以“抢占客户市场，实现收入倍增”为主题的个人代理业务专项营销活动。省行下达了活动方案和具体措施，各行也出台了有力的推动措施，逐层分解目标，大力营销代理保险、基金定投、代发工资、第三方存管、灵通卡等重点产品，稳步扩大目标客户群。

（二）实施客户发展战略，强力推行个人客户分层服务。今年以来，全行个人金融业务紧紧围绕“坚定不移抓客户”这条主线，以实现“双百”为目标，加大目标客户市场拓展力度，按照省行下达的客户发展目标，在维护和深挖现有客户潜力的基础上，强化对他行优质客户的挖转，实现了个人客户质与量得同步提升。一是加快构建个人客户分层服务体系。相继制定下发了《关于建立个人客户分层服务管理体系的实施意见》、《个人客户经理管理办法》、《个人客户分层服务工作规范》，明确了各层次个人客户，各级行、各类人员的维护责任和服务内容、服务规范，并将其印发成册，人手一本，初步建立了以“网点分类、客户分层、业务分流”为内容的个人客户分层服务管理体系。目前已基本将金融资产5万元以上中高端客户逐一分解落实到每名客户经理。二是强化核心竞争力项目4.0版本推广。制定下发了《关于做好2008年核心竞争力项目4.0版本深化推广工作的意见》，对推广工作提出了具体要求，采取分步实施原则，今年以2007、2008年新建贵宾理财中心及省行确定的垂直管理骨干网点为主先期推广178家。各行集中力量开展了多期分层次培训，并选拔组建了项目督导员队伍，开展了多次项目推广现场辅导和跟踪指导。8月份，省行召开了个金部总经理、支行行长、网点主任、客户经理参加的项目4.0版本培训推广会议，有力地推动了该项工作的加快实施。三是加强个人客户经理队伍建设。为尽快打造一支具有一定规模的高素质个人客户经理队伍，切实提高优质客户服务和竞争能力。年初即下发了《关于下达2008年度个人客户经理配备目标计划的通知》，确定了2008年新增专职个人客户经理的目标。

（三）强化网点渠道建设管理，大幅提升多渠道服务能力。一是实施网点分类管理。根据网点规模、客户资源、经营状况等标准，将网点分为财富中心、贵宾理财中心、一般网点和金融便利店四层次，并下发文件，明确各类网点的经营定位和工作职能、目标客户、岗位配置标准和运营管理制度，进一步提高了客户分层服务水平。二是加快财富中心建设。下发了《财富中心功能分区和管理运营指导意见》，并多次到市分行进行建设规划现场指导。目前，省行营业部、潍坊、烟台、泰安财富中心正在紧锣密鼓准备中，力争年底前完工。三是强化今年78家贵宾理财中心建设进度的督导，已于7月份对各行贵宾理财中心建设进行了一次摸底检查。四是制定下发了《金融便利店管理办法》，已在省行营业部、潍坊、东营、泰安等分行进行先行试点。五是大力推进自助渠道建设，不断加大各类自助设备投入力度。

（四）加大个人金融业务从业人员培训力度，全面提升个金队伍综合实力。今年我部增设了培训科，由专人负责相关培训工作。并根据业务发展需要，初步拟定了个人金融业务培训工作三年规划，明确了各级行的培训职责，对各类人员的培训重点等细节进行了规范。一是创新培训方式，加大中高级管理人员培训力度。采取“走出去”实地考察学习的方式先后组织二级分行主管行长、个金部总经理赴广东、上海现场培训，取得良好效果。三是开展多层面员工培训。今年以来，相继举办了针对市分行分管行长、个金部总经理、支行行长、网点主任、客户经理等不同职务层次的面授和视频培训班，累计培训4000多人次，其中，举办了3期个人金融理财师AFP培训班，一期CFP培训班，全省参加过AFP/CFP金融理财师培训的已达641/172名。三是抓好客户经理岗位资格认证和业务技能比赛。举行了2008年客户经理岗位和理财类产品销售资格认证考试，全行个金员工踊跃参加，通过率达到81%。同时，认真做好省行第六届业务技术比赛和总行个人客户经理营销技能比赛的准备工作，力争取得好名次。

（五）扎实做好各项基础工作，为基层行提供有力支持。一是建立重点联系行制度。为准确掌握各行个人金融业务的发展情况，及时帮助二级分行解决工作中存在的问题，我部建立了重点联系行工作机制，由总经理带队定期对二级分行进行一对一现场督导，一行一策，因地制宜，为各行业务发展提供了必要支持。二是个人金融业务绩效考核评价系统（UAS）取得突破性进展，通过几个月紧锣密鼓的测试验证，目前直接到网点的考核，全省已投入运行，直接到员工的考核，正在部分行进行试点验证，为我行个金业务精确考核奠定了坚实基础。三是持续推动两化改革。年初，在全行推行了二级分行、支行个人金融业务专职副行长制度，负责分管所有个人金融业务，同时，在支行层面必须设立个人市场营销部并配备专人负责个人金融业务，确保支行层面个人金融业务的执行力和传导力的快速提升。4月份成功组织全国“专业化经营、系统化管理”座谈会。会上我行做了典型发言，总行对我行趟出的新路子、积累的新经验、取得的新成效给予了充分肯定。四是制定了一系列制度、办法、意见，有力地推动了业务发展。今年以来，先后制定下发了《关于建立个人客户分层服务管理体系的实施意见》、《贵宾理财中心管理办法》、《金融便利店管理办法》、《财富管理中心功能分区和管理运营指导意见》、《关于做好2008年核心竞争力项目4.0版本深化推广工作的意见》、《自助设备管理办法》《构建分层服务管理体系，实现个人客户“双百”目标专项活动方案》、《个人贷款优质客户授信管理办法》、《新股随心打人民币理财产品业务管理办法》、《直贷式个人汽车消费贷款业务发展意见》、《“抢占客户市场，实现收入倍增”专项活动方案》、修订了《2008年个人金融业务专项考核办法》

等，为基层行业务发展提供了有力支持。

（六）注重业务开拓创新，为业务发展提供动力源泉。一是在对市场进行调研分析的基础上，积极与总行及相关部门沟通，自行研发推出了新股随心打人民币理财产品，下发了《关于销售新股随心打人民币理财产品的通知》，丰富了我行个人金融业务产品，增强了市场竞争力，对增加我行中间业务收入和挖掘中高端客户资源起到了良好的促进作用。二是针对个人汽车贷款市场情况，及时出台了《直贷式个人汽车消费贷款业务发展意见》，大力推广直贷式汽车贷款，同时，下发了《个人贷款优质客户授信管理办法》，为优质个人客户贷款提供了便捷的绿色通道。三是创新个金业务发展思路。根据业务发展实际，在认真分析研究的基础上，提出了“探索‘零售业务批发化’之路，实现个人优质客户的批量发展”、“全力突破县域支行和批发市场零售业务”等创新思路，为大个金业务持续发展提供了保障。

山西分行个人金融业务发展概况

2008 年，个人金融业务部认真落实总行和省分行专业会议精神，贯彻打造中国第一零售银行的战略部署，积极应对日趋激烈的同业竞争，始终坚持以客户为中心，着力提高客户服务能力、整体营销能力、持续盈利能力，储蓄、理财、个人信贷等业务协调、快速、稳步发展，个人金融业务竞争力显著提升，市场竞争力进一步增强。

一、各项指标完成情况

截至 12 月末，人民币储蓄存款增加 316 亿元，同比增加 229 亿元，增长了 263%，完成全年营销计划的 452%，12 月末，同业占比 34%，位居四大商业银行第一，高出位居第二行 4. 34 个百分点；储蓄存款增量在总行排名第七，完成比例排第八；个人理财产品累计销售额 254. 3 亿元，其中：代理基金销售 108 亿元，同比少增 61 亿元，代理保险销售 25 亿元，同比增加 15 亿元，位居四行第一。

个人中间业务收入实现 35922 万元，同比减少 11014 万元；完成全年计划的 58%；占全辖中间业务收入的 44%；同业排名第一；个人产品营业贡献在三季度已超过去年全年；三季度，末系统内考核排名 11 位，较上年提高个 7 位次。

个人贷款净增 2. 97 亿元，同比增加 8230 万元，个人贷款净增同业第一。

新增中高端客户 136791 户，增长了 24%，完成总行计划的 171%；私人银行客户达到 478 户，较年初增加 312 户，增幅达到 188%；牡丹灵通卡 e 时代新增发卡 110 万张，同比增加 10 万张，完成总行计划的 274%，牡丹灵通卡消费额达到 121 亿元，同比增加 69 亿元，完成全年计划的 187%；ATM 单机日均业务量达到 247 笔，完成全年计划 101%。

二、主要工作措施及效果

（一）储蓄存款强劲增长，促进个人金融资产不断增加

2008 年，全行以储蓄存款新增同业占比第一为目标，通过强化竞争力考核，开展不同阶段旺季营销，充分发挥渠道和队伍优势，加强客户维护；以各种理财产品销售吸收优质客户资金带动储蓄存款增长，促进个人金融资产不断增加，确保了同业领先优势。

（二）个人产品线不断丰富，中间业务收入保持同业领先态势

截至 11 月末，个人中间业务收入同业占比 34. 38%，较年初增加 0. 11 个百分点，高于总行同业平均数 2. 55 个百分点。

1. 人民币理财产品大幅增加。一是针对优质客户不同偏好开展了“信托票据性”、“打新股”“工银财富”、“金账户理财”等品牌产品的高频率、多期次销售；二是针对第三方存管客户累计销售“灵通快线”180 亿元；三是创新区域性理财产品，实现了我行在临汾、晋城的理财产品成功销售。截至 12 月末累计发行银行理财产品 87 期 136 款，销售额达 90 亿元，实现收入 4134 万元，较同期增加 74 亿元，增幅 454%。成为我行今年产品销售最大亮点。

2. 代理保险业务快速发展。通过扩大与保险机构合作，丰富保险产品，保险合作机构新增 7 家，保险产品新增 35 种 58 款，推动保险代理业务销售大幅提升。截至 12 月末，保险累计销售额达到 25 亿元，较同期增加 138%，代理保费实现收入 7259 万元，位居同业第一。

3. 选择绩优基金产品，重点进行营销。今年以来，针对市场的不利影响，我行出台了基金业务考核方案和激励措施；调整产品结构，强化组合营销，引导客户经理重点营销债券型基金和货币型基金，大力发展基金定投，增强基金营销的持续发展能力，确保代理基金销售同业占比第一，实现中间业务收入 8129 万元。

4. 牡丹灵通卡发卡量年度首次新增突破 100 万张，消费额超过 100 亿元。通过发卡促销、营销竞赛、宣传推广、消费积分等活动，重点针对不同客户群开展与代发工资、基金、保险、理财产品、电子银行的捆绑销售，促进灵通卡的销售和消费，实现中间业务收入 3621 万元。

（三）个人信贷业务持续健康发展，新增同业占比保持第一

一是加大按揭资源储备丰厚的优质房地产开发项目，在评估时提前介入，及早跟进，促进按揭贷款的联动营销，为优质市场的占有赢得先机。二是将服务直接延伸至基层行，对优质项目客户经理就政策制度、风险识别、调查要点、申报流程等进行现场指导，促进申报质量的提高。三是加大对已批复按揭项目的潜在贷款客户营销，加快贷款投放进度，审查准入按揭项目 54 个。四是与新华保险公司合作开展个人保单质押贷款业务，拓展个贷业务领域。

（四）加快客户经理队伍建设，不断提高客户经理素质

年内，通过制定下发《个人客户经理队伍建设实施方案》、《个人客户经理岗位资格认证管理暂行办法》等，组织全行开展岗位资格认证考试，组织金融理财师培训，联合工会举办营销客户经理技能比赛等工作，促进了队伍建设和服务能力同步提高。当年新增个人客户经理315名，全行个人客户经理总人数达到1244人，其中通过培训、考试，取得国内金融理财师资格人数达到313人，取得国际金融理财师资格人数达到49人。

三、存在问题和不足

一是市场急剧变化，使基金销售遭到重创，仅基金销售收入同比减少1.9亿元，直接影响了个人中间业务收入全年计划的完成。

二是营销转型能力不强，业务素质有待进一步提高。

三是两化改革和核心竞争力项目推广力度不够。

2009年，个人金融业务仍以打造山西第一零售银行为目标，加快储蓄存款、理财、中间业务、个人贷款等业务的协调发展，确保各项业务在同业的领先优势，实现个人金融业务又好又快发展。

陕西分行个人金融业务发展概况

2008年，在总行个人金融业务部与省行党委的正确领导下，个人金融业务部深入贯彻优质客户发展战略，牢固树立打造陕西“第一零售银行”的战略目标，深入开展基于统一客户视图的定向组合营销活动，不断强化精品网点建设与精英客户经理队伍建设工程，持续推动个人金融业务经营转型，全面完成了个人金融业务各项经营目标，为全行改革发展事业做出了突出贡献。

一、各项业务指标高速增长，全行个人金融业务盈利能力显著提升

截至2008年末，全行个人优质客户数量占比7.66%，位列总行第10名。全行个人金融资产5万元以上的中高端客户达到54.50万户，较年初新增7.4万户；个人金融资产超过100万元的财富及私人银行客户达到6587户，较年初新增2383户。中高端客户金融资产占全部客户资产的比重已达75.09%，其中财富客户和私人银行客户金融资产占比已达到14.37%。理财金账户客户数达到10.70万户。

储蓄业务与理财业务实现协调快速发展，截至2008年末，全行个人客户金融资产余额达到1209.48亿元，其中：储蓄存款余额达到960亿元，非储蓄金融资产（基金、保险、国债及银行类理财产品）余额249.48亿元；人民币储蓄存款较年初新增187.95亿元，完成全年任务的335.63%，日均新增78.59亿元，完成全年任务238.15%。

个人信贷业务实现规模、质量和效益的同步提升。截至2008年末，全行个人贷款余额达128.78亿元，较年初新增16.03亿元，累计发放个人贷款50.75亿元；个人贷款不良率4.07%，资产质量保持较好水平；实现利息收入8.74亿元，完成全年任务的102%，同比多增3.06亿元。

个人理财业务市场领先优势进一步加强，个人中间业务逆市稳健发展。截至2008年末，全行累计实现个人中间业务收入40241万元，剔除受资本市场影响基金销售收入下滑的因素，全行个人中间业务收入实际增长9624万元，同比增长51.08%。累计销售各类个人理财产品226.89亿元，其中：银行类人民币个人理财产品100.99亿元（“灵通快线”以日均余额计算），同比增长141%，销售量系统排名第9位；代理保险27.88亿元，同比增长225%；代理国债销售13.56亿元；代理基金销售84.64亿元，基金销售额、代理基金业务收入、客户数量等主要指标上继续保持同业占比第一，系统综合考核列第11位；销售银行类理财产品、代理基金收入总量同列系统内第7位。

个人结算及代收代付业务保持平稳增长。截至2008年末，实现个人结算业务收7774.58万元，年复合增长率达到24.96%，增长幅度系统排名第4。同时，全行加大代发工资等代收代付业务发展力度，代发工资户数已经达到3819户，代发金额达到111.80亿元，促进了相关业务的捆绑营销和联动发展。

牡丹灵通卡和ATM离柜业务保持快速发展。截至2008年末，全行牡丹灵通卡发卡量已达424.3万张，当年累计新增127.77万张；牡丹灵通卡消费额134亿元，较上年增长42.55%，当年新增发卡与消费额均列同业之首。ATM交易迅猛增长，受理能力持续增强，全年累计交易额已达221亿元，单机日均交易量为282笔。

二、“以客户为中心，以市场为导向”的经营理念持续深化，优质客户服务质量显著增强

2008年，宏观经济形势的剧烈变化与自然灾害的频发，为全行个人金融业务的健康发展带来了巨大的挑战；全行上下以奥运金融服务为契机，积极适应市场变化，不断强化个人理财业务合规销售，抢抓储蓄存款，促进了客户结构的明显改善与个人金融业务经营贡献的进一步提高。

（一）以“存款保卫战”和代发工资业务营销活动为抓手，全力推动个人储蓄业务快速发展

2008年，面临流动性不断趋紧、资本市场人气低迷的不利因素，全行上下因势利导，紧抓居民资金由资本市场向存款回流的市场机遇，加大储蓄存款业务的同业竞争力度，推动储蓄业务高速发展，当年储蓄存款新增额较上年同期多增195.86亿元，超过过去四年新增额的总和，当年储蓄存款新增额是历史最好水平的2.6倍，取得了历史性的突破。

全行充分认识新的市场环境下，竞争存款对于增加流动性、降低筹资成本、巩固客户基础和开拓各项业务的重要作用；集中精力推动储蓄存款业务稳定、快速发展，实

现了储蓄存款新的突破。同时，深入分析影响储蓄存款增长的各种因素，逐项分析储蓄业务市场占比变动趋势和主要竞争对手，深入剖析原因，查找差距。围绕提高同业占比，制定详细的增存计划并层层分解、落实责任；全行以代发工资业务营销活动为着力点，通过扩大代发工资客户基础、深化代发工资客户关系、扩大代发工资业务合作领域、推动网银转化等工作，积极竞争代发工资客户群体，挖掘代发工资业务潜力，巩固我行代发工资业务的传统优势，推动个人储蓄存款快速增长，确保了我行储蓄存款业务的同业领先优势。

（二）适时调整理财业务产品结构，全面加强个人理财业务合规经营，推动个人理财业务持续、健康、稳定增长

全行积极应对资本市场持续暴跌的不利局面，紧紧抓住总行自营理财产品蓬勃发展的良好机遇，从一季度开始通过培训、会议等形式持续推动银行理财产品销售工作，从调整客户结构、开展同业竞争、提高中间业务、顺应市场形势等方面强化全行对自营理财产品的认识，推动全行主动调整理财业务营销重点，不仅有效规避了市场下跌带给基金客户的损失，进一步优化了客户结构，而且全面确立了自营理财业务的市场主导地位。

面对监管部门对于全行个人理财业务合规经营提出的更多、更新和更高的监管要求，全行上下通过准确把握市场波动，充分把握银行理财产品、保险等理财产品的销售机遇，以客户风险评估为前提，认真开展个人理财业务合规经营自查活动，有效地降低了各类操作风险事件的发生，不断提升全行个人理财业务的品牌美誉度，充分发挥银行理财产品优化客户结构的优势，快速提升全行优质客户服务质量。

全行按照银监会对个人理财业务合规经营的总体要求，认真组织了相关业务知识及规章制度的学习培训，落实客户风险评估，规范销售话术和流程，严格从业人员管理，分批、分层次开展个人理财业务自查工作，并对我行目前存在的风险暴露产品进行认真的梳理，逐一排查可能出现的风险点，确保我行个人理财业务依法稳健合规经营。为将检查监管对业务影响讲到最低限度，全行还统一下发了自查提纲和知识要点，在较短时间内完成了省行级客户经理从业资格认证工作，妥善解决了市场准入和从业资格问题，为个人理财业务长期健康发展奠定了良好基础。

（三）以奥运金融服务为契机，全面提升服务水平

随着北京奥运会、残奥会的胜利闭幕，我行以良好的工作状态、饱满的服务热情，全面完成了奥运前后各项个人金融的服务工作，取得了良好的经营效果与社会效应。奥运期间，全行不断加强组织协调及专业指导，及时成立了由行领导担任组长的奥运金融服务领导小组，在明确重点服务领域和重点工作的基础上，制定了详尽周密的奥运金融服务方案，逐一对奥运期间的金融服务进行动员和部署。为尽快落实各项工作、高效快速响应各类突发事件，全行建立全方位、多维度的奥运服务保障体系，通过启动重大突发事件日报告制度及时应对可能出现的影响全行安全稳定运营和社会形象的各类事件。省行、营业部和各二级分行、各网点相关岗位均建立明确的值班制度、业务受理流程和应急措施。奥运会、残奥会召开期间，各级领导干部以身作则，坚守工作岗位，各级行认真执行24小时值班制度，认真落实各项工作措施和应急预案，为保证奥运期间全行平稳运行奠定了坚实的思想基础和组织保障。

全行通过加强客户经理培训、加大网点改造投入、强化管理考核、完善网点标识、增设奥运服务绿色通道等措施，着力解决外汇业务及双语服务问题，不断提升客户服务水平。在各级行的正确指导和全行员工的共同努力下，全行涉外服务能力、突发事件应急处理能力明显提升，涌现出许多奥运金融服务的先进事迹，被中国金融网、西安晚报等省内外多家媒体报道，极大提升了我行的社会美誉度，展现了良好的社会形象，全行营业网点的服务基础得到进一步加强，业务办理效率明显提升。

三、全面强化制度、渠道、队伍与内控体系建设，不断夯实个人金融业务发展基础

（一）全面落实零售银行专职副行长制度，提升个人金融业务整合营销能力

2008年，为不断深化个人金融业务“专业化经营、系统化管理”改革，加快推进“打造陕西第一零售银行”战略，全面落实省行关于营业部、二级分行和营业部各支行零售银行业务专职副行长工作制度的相关要求，省行对营业部、各二级行及营业部各支行按季实现了零售银行专职副行长的考核通报制度，全面落实零售银行专职副行长工作职责及目标，科学评价零售银行专职副行长的工作业绩。各行全面树立“崇尚一流、勇夺第一”竞争意识，以个人业务主要指标是否同业第一作为业绩标准，推动零售银行业务整合营销力度，快速提升核心业务的市场竞争能力；个人金融业务协同营销能力进一步增强，以客户为中心的核心产品组合逐渐成型，市场竞争能力显著提升，有效地调动了全行各方面的资源力量，全力打造“陕西第一零售银行”。截至12月末，全行储蓄存款、个人贷款、中间业务、个人理财、灵通卡新增发卡等核心业务均位居陕西金融同业之首，为全行改革发展做出了重要贡献。

（二）网点建设及经营转型取得显著进展

经营网点硬件装修改造工作在全行各级业务负责人的坚决推动下取得显著进展。个人金融业务部作为此项工作的牵头部门积极协调，努力推动，通过拟定整体方案，按照客户分层、服务分类、业务分流、功能分区的总体要求，确定了工作重点，并根据总行批复拟定了全行40家贵宾理财中心的装修改造计划，全行上下通过对进场材料、施工工艺、工程进度、工程效果等进行全面、严格的跟踪监督审查，并针对存在问题及时修正设计方案和施工图纸，因地制宜地妥善解决存在的问题，有效保证了工程的质量和效果，确保了全行网点装修改造计划的顺利实施。

2008年，全行以网点硬件改造为契机，努力推动营业网点由交易受理中心和账务处理中心向客户服务中心和市场营销阵地的经营转型。全行先后完成近70家贵宾理财中心、财富管理中心，在网点服务流程优化、人员结构调整、业务分流等方面苦练内功，发挥网点面貌一新、功能升级

的优势，结合网点开业及节日庆典，努力开展阵地营销，渲染营销气氛，加强优质客户竞争，通过深入推进营销活动构建营销文化，强化营销职能。

四季度，为进一步深化网点分类管理工作，全行充分利用个人客户营销管理系统（PMBS），根据网点客户结构和功能定位，细化网点业绩评价，不断落实网点分类指导管理职责，为全行财富管理中心、贵宾理财中心提供专业化支持，并定期通报财富管理中心及贵宾理财中心建设及管理情况，全面提升了全行核心网点的赢利水平。

（三）客户经理培训工作持续深化

为了进一步壮大客户经理队伍，提高个人客户经理的专业性，提升个人业务主动营销能力，全行按照总行要求通过公开招聘、择优上岗的形式组建了专业化的个人营销客户经理队伍，124 名员工通过报名竞聘和岗前培训获得了个人营销经理上岗资格，个人客户经理队伍突破 1600 人。为持续提高客户经理综合素质、实战能力和整合销售能力，省行分层次举办了数十场上千人次参加的分岗位客户经理培训班，培训班以客户服务理念、政策法规与营销理念及实战能力锻炼为主要内容，全面强化了队伍的营销能力与客户服务能力。同时，结合监管部门对个人理财业务合规经营的监管要求，根据总行的统一安排部署，全行组织了首次省行级个人客户经理从业资格认证工作，全行 3625 名员工通过严格规范的考试获得省行级个人客户经理从业资格，个人理财业务合规经营能力和营销能力在实战中得到强化。

经过多年的持续努力，我行已经形成由国家认证、总行认证、省行认证构成的完整的个人客户经理认证体系，和由大堂经理、理财经理（含个贷客户经理）和营销经理构成的个人客户经理岗位序列，个人客户经理的培训体系、认证体系和聘任考评体系初步形成。全行专职个人客户经理已达到 1509 人，大堂经理 332 人，理财经理 261 人，非个贷营销经理 571 人，专职个贷营销经理 345 人，占网点人数的 23.17%；累计培训 182 名金融理财师（AFP）、37 名国际金融理财师（CFP），至此，我行已累计培训 AFP 学员 340 名、CFP 学员 85 名，累计有 250 人通过了金融理财师（AFP）认证，63 人通过了国际金融理财师（CFP）认证。个人客户经理队伍已逐渐成为全行中高端优质客户的专家理财队伍与全行个人金融业务营销推广的骨干力量。

（四）全面部署“精诚所至”系列营销活动，持续深化对网点和客户经理的垂直管理，全行个人客户营销管理系统（PBMS）应用水平快速提升

四季度，为有效应对市场调整带来的不利局面，全行开展了以“精诚所至”精确营销系列营销活动，旨在通过更加精心的营销策划、更加精细的过程管理、更加精准的目标客户定位、更加精确的业绩考核，潜心深化基于统一客户视图的定向组合营销工作，积极应对市场低迷形势下人气散淡的营销困局；因势利导，严格按照客户风险评估结果为客户提供理财服务。不断加强对网点和客户经理的培训、指导与管理，以更加细腻的情感关怀、更加贴心的金融服务、更加专业的投资建议，积极应对外围市场的不断变化，帮助客户重拾投资信心，制定有效的投资策略，合理配置客户金融资产，加快个人客户账户资金的系统内循环，有效提升个人中高端客户服务水平和核心市场竞争能力。

按照“精诚所至”系列营销活动统一部署，全行全面开展现有客户信息梳理和关系价值挖掘工作，明确各层级管理人员直接维护的客户类型和责任。切实做好 PBMS 系统的推广应用，定期总结通报 PBMS 系统应用情况，充分发挥系统对客户关系维护和客户经理考核的支撑作用。全行以网点为单位，对现存优质客户的产品覆盖率进行认真梳理，明确不同层级客户的对应的重点产品，利用 PBMS 系统对优质客户尤其是个人金融资产在 20 万以上的中高端优质客户进行名单式管理，充分利用节假日、黄金周等客户拜访的最佳时机，积极做好基于客户分层的维护活动，不断加强各级营销管理人员的联动，根据不同客户个性化心理偏好与各地风俗习惯，举办不同层次的客户答谢会，有效地提升了全行优质客户的维护水平。

（五）全面做好总行内控评价工作，不断提升个人金融业务风险管理水平

2008 年，以总行内控评价工作为契机，全行全面强化个人金融业务管理，完善内部控制，防范个人金融业务操作风险，促进个人金融业务健康有序发展。全行按照分级检查、逐级负责的原则，制定个人金融业务检查计划，通过建立起日常检查、季度检查、综合检查为一体的分层次、立体式检查监督制度，确立查前有方案、查后有报告的规范的检查流程，以使我行个金业务检查工作规范化、制度化。根据检查制度，加强个人客户经理、个人金融营销管理人员、PBMS 个人营销系统、自助设备、个人客户营销系统、个人反洗钱工作的操作风险分析及检查等重点业务的风险管理，不断加强检查监督，降低个人金融业务差错事故。

四、重点业务逆势上扬，个人金融业务综合赢利水平显著提升，系统排名继续前移，同业领先优势不断扩大

（一）积极应对市场挑战，中间业务收入稳健增长

面对股市持续下跌、震灾突袭、监管趋严等不利因素，全行个人金融业务部门继续坚持以优质客户发展战略为主线，以定向组合营销为主要形式，通过大力发展银行类理财及代理保险业务，努力应对基金销售巨幅下滑对我行个人中间业务收入带来的不利影响。全行敏锐捕捉市场信息，紧紧抓住客户风险偏好发生变化的时机，发挥我行自营理财产品安全稳健、收益高、创新能力强的特点，大力营销自营理财产品，引到客户做好资产组合配置、分散投资风险，将银行类理财产品作为核心配置纳入定向组合营销，推动销售业绩大幅度提升。及时满足了客户基金密集赎回后的投资需求，有效填补基金销售大幅度萎缩形成的市场空白，推动个人理财业务销售总量弱市下持续攀升。全行深刻领会行领导“1＋4”理财模式对代理保险业务的要求，将代理个人保险纳入个人业务统一客户视图和整合营销体系，抓住股市下跌后短期投资风险暴露、客户资产投资保值需求上升，震灾突袭、人们风险意识提高的有利时

机，大力拓展代理保险业务，调整营销管理体系和工作机制，加强员工培训与考核，加大组织推动的工作力度，个人理财业务实现快速增长，从而确保全年中间业务收入稳健上扬。

剔除基金收入同比大幅下降25945.79万元的因素，我行个人中间业务收入同比增长9624.33万元，增幅51.08%。事实上虽然我行代理基金收入同比大幅下降25945.79万元，降幅达到68.78%，但在总行2008年个人基金业务通报中，我行基金手续费收入及任务完成率排名仍名列前茅，其中收入总量排名第7位，任务完成率排名第9位。

（二）有效协调个人贷款业务市场开拓与风险防范，全面强化个人贷款业务综合赢利能力

2008年，按照省行确定的一个统一、三个抓手、六项举措的业务发展思路，全行全力组织推动个人贷款业务发展和各项目标的实现。一个统一：统一思想，全面理解和贯彻国家宏观调控政策，把握机会，坚定发展个人住房贷款业务的信念不松懈，不动摇。三个抓手：一是通过对个人信贷营销标准化工程项目的深化，推动个人住房贷款业务经营模式和增长方式的转变；二是通过系列“幸福指数”提升专项营销活动，推动个人住房贷款市场的开拓；三是通过对西安、各二级分行所在地经济发达城市（县）业务的突破，提升同业竞争力。六项举措：一是继续大力推行阶梯化的业务发展战略，形成业务有序发展；二是以打造“陕西第一按揭银行”为目标，积极调整个人信贷业务结构，大力发展个人住房信贷业务；三是完善和加强个人信贷营销体系建设，全面提升个人住房信贷业务营销服务能力；四是进一步加大个人住房信贷业务的营销管理和组织推动，持续深入开展“扫楼”活动；五是加强住房开发贷款与个人住房贷款的经营联动，在重点地区实施开发带动战略；六是加强个人贷款前台风险防范工作。

（三）快速提升灵通卡业务营销能力，不断扩大灵通业务收入综合贡献水平

2008年，全行深入开展银行卡营销活动，以“牡丹卡伴您同行”活动为主线，加强灵通卡新增发卡、POS消费及自助服务的促销工作，扩大媒体宣传渠道，树立牡丹灵通卡品牌形象，POS消费市场份额增长迅猛。通过新增发卡自助服务有礼、刷卡消费抽奖及财富积分活动的开展，加大对目标客户的营销工作，通过网点摆放X展架、客户经理营销推介，省内广播、电视、中心城市出租车车架广告，网上银行、电话银行等渠道进行全方位宣传，使大批中高端客户和潜力客户亲身体会到工行对客户的真情回报，以及刷卡消费、自助服务的方便、快捷、安全，进一步提高了牡丹灵通卡品牌的知名度和影响力，扩大了牡丹灵通卡刷卡消费市场规模。牡丹灵通卡有奖促销和长期积分回馈的有机结合，快速提升灵通卡交易额，增加卡片活跃度，培养客户用卡习惯，有效提升客户忠诚度，拉动牡丹灵通卡刷卡消费额持续攀升和业务收入的稳步增长。

在总行相关制度的基础上，省行研究制定了《中国工商银行陕西省分行自助设备管理实施细则》（工银陕办发［2008］210号），确定各级管理部门职责、落实各项责任，为自助设备的集中化、精细化管理提供制度保障。全行不断加大自助设备的投放力度，强化自助设备制度化管理，落实各项安全防范措施，加强设备维护工作，确保自助设备的正常运行及安全服务，自助设备的利用率持续提高，业务分流成效显著。

深圳分行个人金融业务发展概况

（一）夯实储蓄业务基础地位，储蓄存款业务持续增长

做好个人客户经理、大堂经理及柜面人员储蓄存款业务的账户基础服务和识别营销，加强储蓄存款账户管理。借助灵通快线、稳得利等理财产品销售，加强储蓄存款增存稳存工作。抓好代发工资、第三方存管、理财金账户等产品营销，加强储蓄存款源头性工作。实施缺口管理计划，推出阶段性揽存营销竞赛，加强网点储蓄存款业务推动督导。首次引入储蓄存款计价机制，调动个人客户经理营销存款积极性。开发投产大额资金异动监控系统，及时发现稳定储蓄资金。储蓄存款业务全年保持逐月增长态势，储蓄存款余额和增长额均创出新高，增量市场同业排名前列。

（二）做大理财产品销售规模，理财产品销售量又创新高

因势利导，主推稳得利、珠联币合等稳定收益型产品和国债销售，发挥“灵通快线”作为现金管理型产品的优势，有效抢占市场份额。针对中高端客户，共计推出11款“工银财富”和14款“理财金账户”专属理财产品，有效提升产品服务。

克服困难，以夺取优势市场份额为导向，坚定做好基金销售。开展“基金营销争先竞赛”、“同舟共济、共创未来”等基金专项营销活动，加强基金产品的营销推动工作。开展“财智行动”基金定投专项营销活动，做好一人多户、一批多户等基金定投产品集中营销。增设阶段重点基金产品任务指标，做好工银瑞信系列基金及重点股票型、混合型基金产品销售工作。

全面提升支行、网点各层面重视程度，强化岗位联动，重点做好高收益保险产品代销工作。开展“每人每月保险销售200万”、“倍增计划”、“激情营销、携手冲刺”等保险营销竞赛及业务冲刺活动，调动网点人员营销积极性。实行阶段性保险产品计价调整，有效引导保险产品销售方向。做好银保通系统的推广工作，加快提高银保通出单销售率。

（三）强化个人贷款营销力度，个人贷款业务稳步发展

建立周例会工作制度，加强住房贷款经营联动，推动支行与分行业务部门、支行公司业务与个人业务部门之间的共同营销。

通过增核个贷专项业务招待费、增发个人客户经理营销费用等方式，加大营销资源投入，全面提升个贷业务同业竞争力。定期通报各支行个人贷款月度达标率情况、当月余额比上月增长情况及个人客户经理月度达标率情况，加大支行业务推动督导力度。

按照个人信贷业务前中后台分离管理思路，扩大个人贷款集中审批试点范围，进一步提升贷款审批效率，目前共有四批14家支行实现了集中审批。加快总行PCM2003系统升级版的推广应用，不断完善配套个贷业务流程。投产了楼宇按揭现场营销支持系统，提升楼盘现场营销效率。投产“个人贷款确认书”系统，简化二手楼承诺函出具流程，有效防范操作风险。试点二手房“集中询价”，以专人询价专人服务提高交易服务效率。梳理移动POS机使用流程，推广二手房首期款离行式资金监管，出台二手房定金佣金监管流程，提升二手房资金监管效率。“房易网”二手房网上自主交易平台获深圳市金融创新奖。

（四）细化核心业务营销管理，四项核心业务有序开展

推动公司、个人、结算三条业务线业务人员分工协作、联动营销，提升代发工资营销效果。积极举办代发工资企业的理财讲座、沙龙、推介会等活动，加大五类优质目标客户营销力度。完善代发工资业务考核管理办法，开展代发工资营销竞赛活动，进一步调动网点营销积极性。落实代发工资单位的管户制度，加强代发工资个人客户的营销和维护。推广总行代理业务数据传输新系统，加大代发工资网银渠道代发宣传力度，进一步提高代发工资业务的安全性与高效性。

开展“银证选工行，财富伴您行”第三方存管客户营销活动，联合重点券商，做好定向营销活动，强化“存管选工行”品牌效应。开展“银证争先”第三方存管业务竞赛活动，调动支行、网点营销积极性。加强券商驻点管理，落实考核轮动机制。创新推出国信“金色阳光”联名借记卡，借助简化的开户流程，有效竞争目标客户。

启动“每人每日六产品”营销竞赛活动，有效带动了网点各岗位人员参与产品营销意识。通过联动营销，信用卡、网银等产品的渗透率稳步提高。

（五）推进渠道建设和业务培训，客户综合服务能力不断提升

落实理财中心建设发展规划，目前投入运营的共有69家贵宾理财中心、1家财富管理中心。组建私人银行部深圳分部，积极探索高净值客户服务模式。推进网点改造升级，对非理财中心网点落实“三个1/3”营业格局规划，推进网银体验区及低柜服务区建设，提高客户分流效果，确保全行各网点均具备用于优质客户营销服务的专属空间。在总行最佳个人金融网点的评选中，红围营业部、蛇口营业部分别获得理财中心类及非理财中心类最佳个人金融网点。

不断充实个人客户经理队伍，通过总、分行个人客户经理资格考试。

继续开展个人客户经理专业培训，积极参加总、分行举办的CFP、AFP培训，累计培训人员187人次。举办2期AFP业余培训班，扩大专业资格培训的覆盖面。截至12月末，共有120人获得AFP资格认证，30人获得CFP资格认证。组织总行个人客户经理任职资格考试，共有140人员取得任职资格。通过月度业绩分析会、专项业务培训会等方式，加大个人客户经理业务知识和营销技能培训。举办分行个人客户经理营销技能比赛，参加总行个人客户经理营销技能比赛，2名个人客户经理获得总行单项优胜奖。

通过推进渠道建设，加强业务培训，客户综合服务能力得到提高，带动个人优质客户的增长。目前，中高端客户数增长率超过10%，中高端客户资产增长率高于20%，排名均位居总行前列。

（六）持续品牌宣传，个人业务品牌影响力得到增强

连续推出欢乐中国年、健康理财季、幸福理财季、科学理财季等四季大型市场营销活动及跨年“缤纷欢乐年”大型主题营销活动，与主流报纸、电台、电视紧密合作，加强保险、基金、第三方存管、个人住房贷款等重点业务营销，提升品牌市场影响力。开展百余场投资理财讲坛活动及40多场假日巡礼活动，邀约吸引客户超过万余人次，产生良好的社会反响。举办“相约周杰伦，新春大灌篮——明星见面会”、首届“财富、钥匙与希望—工行理财训练营”、“理财金之夜”大型风情歌舞晚会等主题鲜明、极富特色的客户回馈活动，一致获得优质客户好评。组织参加深圳市春季、秋季房地产交易会、金融博览会，提升展会对品牌宣传促进作用。

通过短信、电梯广告、报纸、电台、地铁、网站、网讯、网点LED等多种方式，开展立体化、多渠道广告宣传。通过行内短信平台和外部手机短信回执发送代理产品销售信息千万条。发布社区电梯宣传看板近万块，覆盖深圳各片区近千个大中型社区，各宣传渠道合计覆盖人次超过千万。发布报纸平面刊登大篇幅促销文章百余篇，发布电台广告近千条。在网讯上发布“理财资讯”超百余篇。

（七）加强风险监测和压控工作，个人贷款质量保持良好水平

加强个人贷款日常监测，通过风险提示、质询函、核查通知书等形式，及时落实整改。对一人多贷、高风险客户群贷款、大额贷款、新生不良贷款进行全面排查和深入分析，形成专题分析报告。完善通报机制，坚持每日、每周、每月个贷资产质量情况通报。汇编不良贷款和假按揭典型案例，制定《催收操作规范》，不断加强贷后管理工作。每月坚持个人住房贷款压力测试工作，客观评估抵押物市场价值和风险状况，防患于未然。

实行个人客户经理谈话机制、执行助理工作汇报机制、催收律师双周例会机制、支行每周例会机制，完善不良压降工作机制。多次组织召开不良贷款压控工作会议，从不同层面推动不良贷款压降工作。建立律师所、支行、分行部门定期联系沟通工作机制，提高不良贷款处置效率。

通过还款宽限期等贷款重组办法，充分运用多种不良压降手段，缓解借款人暂时还款困难。定期下发不良客户扣收清单，督导支行落实不良扣收。编制宣传材料，推动支行通过仲裁方式加快不良贷款处置。对于符合核销条件贷款，积极组织上报资料，加快不良核销处置。

（八）加强内控管理，依法合规经营理念得到贯彻落实

以健康理财、稳健发展为宗旨，贯彻落实总行理财产品合规经营工作要求，强化理财产品销售依法合规经营意识。加强理财产品信息披露、风险评估、销售人员管理、营销宣传等工作，强化客户风险评估、风险揭示、定期自查等合规经营基础性工作。理财产品投诉事件与同业相比较，数量明显较少。

严格执行人民银行、银监会和总行的各项规定和政策要求，重点加强对“假按揭”“假车贷”“假首付”“假房价”的甄别防范，认真落实“双人调查”、“见客谈话”、“双人核保”等制度，防范道德风险。配合审计署做好审计工作，不断完善内控管理制度。加强贷后作业监督，确保贷款发放过程中合规性和贷款档案的完整性，做好个贷档案的及时归档和集中管理工作。

四川分行个人金融业务发展概况

2008年是我行十一五发展规划“跃上一个台阶，实现中期目标年”，也是全行“大个金”机制深化年和个金专业最具挑战年。面对特大地震灾害及资本、房地产两大市场低迷的严峻考验，全行个金专业发扬抗震救灾精神，以科学发展观为指引，克难攻坚、顽强拼搏、逆市而上，通过深度推进个金机制转型和结构调整，实施中高端客户核心发展战略，全力抓好渠道建设和团队建设，搭建全方位分层运营的营销服务体系，有效增强我行个金业务核心竞争能力和队伍协同作战能力，个金业务发展全面提速，经营效益持续提升，竞争实力明显增强，多项指标创历史最高水平。当年先后获得2007～2008个金产品和服务创新组织推动奖、2008年个人银行理财产品销售先进单位、2008年个人信贷业务发展突出贡献奖、2008年省分行抗震救灾先进单位等多项表彰。截至2008年12月末，全行储蓄存款新增270.54亿元，同比多增287.02亿元；个人其他综合负债销售854.02亿元，同比多增578.87亿元，双双创下历史最高水平。累计发放个人住房贷款67.84亿元，较年初增加37.94亿元，列全国第8位，同业增量占比达39.2%，连续12个月稳居同业市场第一。中高端客户净增量大幅提升，客户结构不断优化。

（一）以“大个金”业务营销活动为助推器，掀起全行“大个金”营销高潮，全力抢占市场份额

一是组织开展2008年“大个金”业务暨旺季营销活动，以“至尊专享篇、尊贵优惠篇、开心幸运篇和自由体验篇”四大篇章为主要内容在全辖开展旺季营销活动。二是在2008年下半年组织开展“大个金”业务营销推进活动，紧紧围绕外部金融环境、形势及市场变化特点，以储蓄存款、个人保险、幸福贷款、理财金账户、牡丹银行卡、工行信使等品牌为切入点，通过重点业务的发展带动全行“大个金”业务的加快发展。三是组织开展“工行理财，成就未来”理财大巡讲。四是在全辖开展代发工资业务专项营销活动。五是联合多家重点合作的寿险公司组织推动销售竞赛活动。六是在全行组织开展中高端客户专项营销活动。七是组织开展灵通卡境内、境外刷卡消费促销活动。

（二）以中高端客户维护与拓展为核心，不断提高个人金融业务创利能力与盈利水平

按照总行“定位中端、竞争高端、培育潜力”市场发展原则，强力实施中高端客户发展战略：一是严格落实客户名册管理，做好客户分层维护，强化客户关系维护；二是强化中高端客户关系管理维护指导。三是积极推行“五位一体”优质客户服务流程。四是通过实施差别化服务和产品定向组合营销。五是依托公司、机构客户资源，开展捆绑营销。六是探索推进客户经理考核管理模式。

（三）以营销渠道建设为依托，切实推进客户分层维护体系建立

一是组织推动网点分层营销服务体系建立，加大网点结构调整和装修改造力度，完成多家营业网点分区及布局调整，新建贵宾理财中心多家并实施理财金账户全面服务升级；指导营业部启动和实施了财富管理业务。二是强化客户经理队伍培训与资格认证，全年共组织举办各类业务培训班19期，培训人次达3160余人次。三是整体推进自助银行渠道发展。促进业务分流，提升营销服务质量和水平。

（四）以流程再造和内控管理为手段，不断提升个金业务精细化管理及服务水平

一是有序推进个人金融业务流程再造项目。全年先后完成72个柜面交易的优化、投产工作，个人客户营销系统的11个模块（功能）的优化及省分行层面解决的31个项目，有效提高了柜面业务处理效率及客户满意度。二是强化制度建设，夯实专业操作风险防范基础。全年针对个金专业操作风险防控重点和客户经理队伍管理制定和完善一系列制度管理办法。三是积极做好个人金融业务内控工作。认真组织全行开展辖内个人金融业务操作风险和个人反洗钱工作的检查工作，积极做好内控评价相关准备工作，及时建立、完善涉及我部指标的内控评价档案。四是强化各项业务的分类指导。全年先后起草个人住房贷款管理等各类意见、办法30余项。五是充分发挥系统指导作用，强化省分行对二级分行，二级分行对支行、网点的系统指导和督导作用。六是组织全行做好奥运金融服务相关工作，加大对各级行、网点的督导和检查力度，细化分解目标任务，层层落实责任，确保设备、人员、系统、环境、服务、应急机制等各项工作落实到位，有力地保障了奥运期间各项金融服务的正常开展。

（五）全力以赴，主动做好抗震救灾个金应急服务工作

一是及时制定下发个人金融业务应急业务处理方案，研究提出针对受灾地区客户在身份证件、凭证灭失情况下办理查询、取款、挂失等特殊业务的处理意见与流程及手续费减免办法。全省累计办理应急支付业务78笔、金额21.3万元，应急挂失业务1982笔、金额2816.93万元，灾区个人速汇款业务46801笔、金额9829.87万元，代发受灾补助、理赔等业务221笔、190.9万元，开立免费灵通卡19622张、活期存折1023个。二是加强对重灾行个人金融业务的恢复和客户服务指导。主动收集辖内分行尤其是重灾行紧急业务需求，加强对灾区个人金融服务的指导。三是认真做好渠道恢复重建工作。主动加强与相关部门配合，统筹安排分配总行因地震向我行追加的100台自动柜员机，并加大对重灾行营业网点恢复营业、搭建帐篷银行、板房银行及网点重建选址等工作的指导，促使我行营业网点尽快全面恢复对外营业，将灾害带来的损失及不利影响降到最低。四是加强震后个人住房贷款和按揭项目的管理，做好对灾区个人贷款客户的金融服务相关工作。

厦门分行个人金融业务发展概况

2008年，我分行以科学发展观为指导，认真贯彻总行、分行战略部署，贴近市场，客户服务能力、整合营销能力、风险管理能力和可持续的盈利增长能力进一步增强，实现了个人金融业务持续协调发展，经济效益持续提高，在储蓄存款增长、目标客户发展、个人理财产品销售等方面取得佳绩，2008年个人金融业务实现利润4.07亿元，占分行的40%以上，对分行的经营贡献度显而易见。具体表现在以下方面。

（一）抓住有利时机，全力拓展，实现储蓄存款增量历史性突破，市场竞争力提高

高度重视储蓄存款的基础性作用，积极推进储蓄存款业务经营模式和增长方式的转变，分行将储蓄存款工作摆在日常工作的首位，实施各种举措，促进了储蓄存款的快速增长。截至2008年12月底，我分行本外币储蓄存款比年初增加41.6亿元。其中人民币储蓄存款比年初增加41.47亿元，完成总行年考核指标的414.69%；外币储蓄存款实现正增长。

2008年底，我分行人民币储蓄存款在四家国有商业银行的存量占比是27.29%，比年初上升2.48个百分点，排名第二位；增量占比29.97%，比年初增加33.24个百分点，增长较快，排名上升到第二位。以此同时外币储蓄存款存量在同业占比达15.76%比年初增加0.27个百分点。

（二）个人贷款调整经营策略，努力降低外部因素的影响，收益增加

面对个人信贷市场上出现整体萎缩的情况，适时调整经营策略，以扎实做好业务发展基础性工作入手，出台一系列完善消费和经营贷款操作的规定，同时进一步加强与中介机构的配合，加大营销力度，实施个人贷款联动营销，推出将个人客户贷款利率执行标准与客户使用我分行产品及其贡献度相挂钩的办法，使我分行有限的个人贷款资源得到更充分的利用，并促进了我分行个人金融业务综合收益水平的提高。2008年实现个贷利息收入5.76亿元，比上年多收息3.99亿元，实收利率104.49%，不良贷款率0.68%。

（三）理财业务销售增长强势，结构更趋合理

2008人民币理财产品销售占比迅速提高成为我分行个人理财产品销售的主力军，同时各类理财产品的销售也比快速增加。2008年个人理财类累计销售折合人民币308.74亿元，完成总行年度指标的243.1%。其中个人理财类产品销售（分行版新股申购除外）76.94亿元，较上年增幅53.33%。其中灵通快线无固定期超短期理财产品累计销售47.76亿元，人民币理财产品累计销售16.26亿元，比上年增加9.84亿元；外币理财产品销售283万美元；销售保险1.2亿元，同比增加0.5亿元；代理发行国债2.31亿元，同比增加1.05亿元。

（四）强化优质客户的增值服务，中高端客户群体扩大

建设第2家财富管理中心和12家贵宾理财中心，进一步完善优质客户的专属服务渠道和专用服务设施；积极推荐营销总行针对优质客户的专属理财产品，挖转他行资产；加大财富会员卡营销，提升财富管理服务业务吸引力；借助高尔夫增值服务平台，积极拓展财富客户资源；积极开展银证营销合作，深度挖掘银证财富客户资源；抓好定向组合营销工作，实现零售产品对中高端客户的覆盖，也提升了我分行个人金融业务品牌在中高端客户中的影响力，推动了中高端客户数快速增长，促进了客户结构优化。2008年我分行个人中高端客户在全部客户中的占比较2007年末上升1.3个百分点，达到7.35%，在中高端客户内部结构也呈现高端化趋势，金融资产20万元以上的中高端客户增幅为33.49%，占全部中高端客户数由2007年的20.21%上升了1.65个百分点；同时中高端客户资产增幅也超过客户数增幅水平，其中100万以上高端客户资产占全行资产的比重从2007年的14.07%提高到18.21%，增加了4.14个百分点。在中高端客户快速增长的同时大力发展代发工资业务和第三方存管业务，从源头上做好客户的挖潜，2008年代发工资新增254户单位，人数为1.96万人；第三方存管客户开户新增16018户。

（五）抓住灵通卡等中间业务收入增长的重点产品，推进中间业务收入的平稳增长

受资本市场的影响，基金销售大幅下降，在这种形势下，抓好理财产品等重点产品的销售，个人理财收入是同比增加最多项目。全力营销灵通卡的发卡和消费促销，2008年牡丹灵通卡新增36.3万张，完成总行考核指标的242%；灵通卡成为个人中间业务收入的第一来源，收入额占个人中间业务的30.59%，保证了个人中间业务收入的平稳增长。

（六）加快离行式自助设备的投放，延伸和拓宽了银行服务

新增江头建材城、文屏、中山路等3个离行式自助银行和69台离行式自动柜员机，这样一来，我分行自动柜员机数量达337台，银行服务渠道的“触角”更广，服务能力不断增强。2008年自动柜员机业务量和交易额分别比2007年增长8.87%、24.05%。

（七）强化对二级支行的管理，支持、服务能力进一步提高

为推进我分行个人金融业务业务经营模式和增长方式的转变，进一步提升我分行个人金融业务市场竞争力，强化支行的管理和经营水平，制定相关考核、管理办法，并组织实施。一是制定《中国工商银行厦门市分行个人金融业务考核办法（2008年度）》，该考核办法是支行行长经营绩效考核办法的组成内容之一，考核指标有业务发展类、客户结构类和新业务客户增长等三大类12项指标，按一级支行和准一级支行、二级支行设置不同标准分。二是出台《中国工商银行厦门市分行二级支行管理办法》，该管理办法是为适应扁平化管理模式，加强对二级支行的绩效考核、业务支持和事务协调，进一步增强二级支行的市场竞争力，壮大二级支行的发展规模，提升二级支行的整体竞争形象，其基本原则是“以考核评价为手段、以业务支持和保障协调为基础，以提高竞争力为目的”。通过对二级支行的考核，充分调动支行拓展业务的积极性，达到持续稳定提升综合竞争力的目的。该办法也进一步强化个人金融业务部对二级支行的支持及协调工作。

云南分行个人金融业务发展概况

2008年在省分行党委的正确领导下，在总行个人金融业务部的指导帮助下，我部认真贯彻落实总行个人金融业务工作会议和全省二级分行长会议精神，切实落实“四争二保”的经营理念，以“百日迎新春劳动竞赛”为抓手，紧紧围绕全行经营目标，坚持“以客户为中心，以市场为导向，以效益为目标”的经营原则，认真贯彻落实打造第一零售银行的战略要求，大力推进个人金融业务转型，整合营销能力、风险管理能力和持续盈利能力，努力提高目标客户。全行上下团结一致，积极进取，奋力竞争，不断加大市场营销力度，努力改善客户服务，大力优化客户结构，稳步推进产品整合，努力防范个人金融业务各类风险，持续提高盈利水平，全力打造第一零售银行。经过全行个人金融业务战线全体同志的共同努力，初步实现了个人金融业务持续协调发展。

一、全年个人金融业务发展情况

2008年，全行按照总行和省分行党委要求，加强组织领导，加快业务结构调整，提升个人金融业务核心竞争力，推动资产、负债、理财及中间业务协调发展，个人金融业务对全行贡献进一步提高。

1. 储蓄存款增量创历史最好水平

截至2008年12月末，我行人民币储蓄存款余额593.10亿元，较年初净增109.36亿元，增幅22.60%，较去年同期多增134.99亿元。完成总行下达30亿元全年计划的364.53%，完成省分行下达40亿元计划的273.40%。

外币储蓄存款余额2，442万美元，较年初增加238万美元，增幅10.80%，较去年同期多增666万美元。完成总行（省分行）下达－160万美元全年计划的248.75%。

2. 个人贷款业务取得一定发展。截至2008年12月末，个人贷款余额153.68亿元，较年初净增8.56亿元，个人贷款实现利息收入10.91亿元，同比多增2.4亿元，占全行各项贷款利息收入的21%，同比下降2个百分点，收息率达99%。

3. 个人中间业务有所发展。截至2008年末，全行实现个人中间业务收入3.15亿元，完成省行年计划5.85亿元的53.24%，同比减少1.9亿元，下降39.18%。其中，实现个人结算收入4991万元，较去年同期增加760万元；实现灵通卡业务收入4235万元，较去年同期增加446万元；实现代理个人保险业务收入3089万元，较去年同期增加1991万元；实现个人理财业务收入2732万元，较去年同期增加1666万元；实现个人委托贷款收入716万元，较去年同期增加416万元。实现代理个人基金收入11525万元，较去年同减少22130万元。

4. 个人客户结构有所优化。截至2008年末，我行个人客户492万户，比年初增加21.97万户，其中，个人金融资产5万元以上的中高端客户36.16万户，比年初增加2.89万户。个人金融资产5万元以上的中高端客户占个人客户数的7.35%；金融资产20万元以上客户6.02万户，比年初增加0.75万户。

二、主要工作措施

（一）全面落实“大个金”战略，大力推动个人金融业务发展

2008年，个人金融业务市场随着资本市场的不断低迷等变化因素导致个人金融业务市场发生深刻变化。全行摒弃传统经营观念，树立负债、资产、中间兴业务并重发展的观念，在细分市场，分层服务，产品创新等方面满足多元化金融需求，推进整体营销和综合服务，依托多渠道发展，努力实现低成本、高收益，推动个人金融业务取得新进展。

一是全面落实“大个金”战略，加强对个人金融业务发展的组织领导。2008年我行个人金融业务在省分行党委的高度重视、全面组织推动下，省分行先后召开二次个人金融业务工作会议，召开一次个人信贷营销业务工作会议，以经营战略、组织领导、业务重点、发展方向、竞争策略等方面进行全面部署。认真分析研究、统一全行思想，明确工作目标，扎实有效地推进各项业务的发展。

二是认真贯彻落实总行个金会议精神，结合我行实际研究制定工作措施。一是及时制定并下发《2008年个人金融业务工作要点》，统一部署全年个人金融业务中心工作和营销重点；二是将任务指标分解下达各二级分行，定期对各行个人金融业务各项指标完成情况进行分析和通报，掌握全行发展情况；三是加强市场调研和业务督导工作，我部正副总经理适时带领业务骨干，组成工作组深入各二级分行开展“支、帮、促”工作，促进各二级分行对总行、省分行各项工作措施的贯彻和落实，推动业务发展。

三是高度重视传统业务，依托新业务积极竞争优质客户，促进个人金融各项业务联动发展。

（二）扎扎实实开展“百日迎新春劳动竞赛活动”，为完成全年各项业务指标奠定坚实基础

一是按照省分行的总体部署，开展个人金融业务专业“百日劳动竞赛”活动，制定个金专业劳动竞赛营销方案和工作措施，狠抓落实；二是强化实施督导工作，为使个金专业“百日劳动竞赛”活动取得好成绩，省分行个人金融业务部加大监测和考核力度，实行按日监测，按旬将全行个人金融业务百日劳动竞赛完成情况及时反馈各二级分行分管行长和个人金融业务部门，要求各行认真分析对比，查找工作薄弱环节，解决存在问题，保持工作力度，争取创造佳绩。

（三）抢抓市场机遇，促进储蓄存款快速稳定发展

2008 年全行各级个人金融业务部门按照省分行统一部署，准确把握宏观经济金融形势，紧跟市场变化，主动增强竞争意识，大力吸收储蓄存款，推动储蓄存款快速发展，储蓄存款实现了历史性突破。截止到 12 月 31 日，我行人民币储蓄存款余额突破了 593. 10 亿元，较年初净增 109. 36 亿元，增幅 22. 60%，较去年同期多增 134. 99 亿元。

1. 今年以来，我部要求各行高度重视储蓄存款业务作为全行经营发展基础的作用，始终将储蓄存款增存工作作为一项长期核心任务。结合当前同业竞争和市场现状，在总结前期工作问题和经验的基础上，进一步转变增存观念，通过坚定不移抓客户、全面实施客户发展战略、促进储蓄存款持续健康发展的工作思路，从过去的就存款论存款向抓客户促存款转变，为储蓄存款长期稳定增长提供有力支持，把储蓄存款业务作为一项重要任务抓紧、抓好，决不能放松、削弱。

2. 把握客户资金流向，顺势抢抓优质客户储源

紧紧跟踪市场变化，掌握市场资金流向，扩展储蓄存款来源。一是做好理财类产品资金回流稳存工作，抓住基金赎回的时机，关注赎回资金的周转情况，主动争揽基民存款，提高资金沉淀比例。二是加强银证转账资金的留存管理，在充分挖掘第三方存管客户存款潜力的基础上，筛选锁定高端客户，指定理财经理进行关系维护，跟踪客户银证转账资金流向，确保证券交易账户的资金不流失。三是拓展与保险公司的合作，掌握优质大额保单客户资源，争取保单分红资金以定期存款的形式留存我行。

3. 深化“代发工资”二次创业，确保批量揽存实效

重视代发工资业务对储蓄存款的源泉作用，省分行要求各二级分行对辖内代发工资客户进行认真调查，列出清单，责任到人，特别是将现有行内优质公司、机构客户作为营销重点，认真研究客户需求，制定针对性的营销方案和跟进服务措施，组织营销团队进行上门营销，积极争揽优质代发工资客户，不断拓展存款来源。同时强化代发后的资金流向维护，进一步提高客户资金的留存率。

4. 坚定不移抓客户，带动储蓄存款根本性增长

各级行牢固树立坚定不移抓客户的理念，深入开展“抢市场、争客户”持续营销活动。通过对客户的研究分析，结合本行实际，制定具体实施方案和措施，强化考核，将各类客户发展目标层层分解，落实到各个支行、网点和客户经理，细化分解到每月、每周，大力争揽基金定投、第三方存管、代发工资、理财金账户等优质客户资源。通过在全行营造“抓客户、促发展”的良好氛围，为储蓄存款的良性发展提供根本保障。

5. 对全行储蓄存款按二级分行实行按日监测、实时跟踪、按月通报储蓄存款进度和计划完成情况。对储蓄存款的异常变动及时用电话、电子邮件与二级分行加强联系和沟通。同时要求各二级分行认真制定具体营销方案，结合各地市场特点，分片包干，落实责任，加强对基层网点的指导，按月分解计划，层层落实，加快了全行储蓄存款稳步增长。针对不同时期我行储蓄存款发展过程中存在的新情况、新问题，我行及时调整工作思路，1 月份下发《关于加强储蓄存款工作的紧急通知》，制定抓好储蓄存款的七项工作措施；3 月份下发了《关于进一步加强储蓄存款的紧急通知》，同时对储蓄存款任务完成不理想的 2 个二级分行及时进行了支帮助，促使这 2 个行的储蓄存款的快速增长；8 月份又发了《关于加强储蓄存款揽储力度的通知》，11 月份下发了《关于加快储蓄存款业务发展的紧急通知》。加强对二级分行储蓄存款完成情况的通报及工作措施落实情况的督导。各行奋力增加储蓄存款，使我行储蓄存款实现了历史性突破。

（四）全力拓展优质个人信贷市场

2008 年全行坚持开拓市场与防范风险、结构调整与保证经营并重的原则，积极拓展优质市场。

1. 加强营销基础管理，强化组织推动力。

一是年初即制定个人贷款年、季、月净增目标，及时将任务分解到行，按日监测，按周通报，多次对计划执行进度慢的 8 个二级分行下发了业务预警通知书和提示函，对于营销进展不力的分行予以通报批评。二是拟定了相应的工作重点及措施指导各行开展工作。三是多次组成支帮促工作组，深入到各行帮助研究个贷业务发展重点、风险防控及结构调整等相关问题，走访并参与营销部分优质住房开发商、汽车经销商、私营企业主，对各行的个人贷款业务工作从营销重点及策略、客户的选择、风险的防控等方面结合各行实际有针对性地进行了分类指导。

2. 加大业务创新力度，提高市场竞争力。一是为适应个人住房组合贷款业务发展需要，加强与个人住房公积金管理中心的合作，进一步规范合同文本及其使用，制定了《个人住房公积金置换组合借款合同》，积极推动住房公积金委托贷款业务的发展，至于 11 月末公积金住房委托贷款余额达 27. 82 亿元，较年初增加 8. 6 亿元，实现委托代理业务收入 613 万元，较上年多增加 313 万元，增长 104%。二是在充分调研和论证的基础上，结合我省实际从注册资金、信用评级等方面修订下发了个人住房贷款管理办法，

扩大了合作机构的覆盖面，使之更加适应市场贴近客户，增强了按揭贷款的竞争力；三是在总行批复同意我行进行二手房贷款业务试点取得成效的基础上，积极向总行申请开办个人自建房、固定利率、直客式住房贷款，自开办以来的很短时间就发放了2.9亿元贷款，满足了客户需求，形成新的业务增长点。

3. 加强营销体系建设，全面提升营销能力。深入推广“个人信贷营销标准化工程”项目，完善营销组织构架，规范操作流程，在重点地区构建了“以客户为中心”的营销服务流程，提高了业务营销能力和风险管理能力。加快“个人贷款中心”建设，制订方案，指导基层行通过在全行资源集中地区组建个人贷款中心，充实人员，提高了我行个人信贷业务处理效率，进一步提升个人信贷业务的市场竞争能力，使我行的个人信贷业务形成多渠道、大范围营销，集中式、专业化处理的新型营销格局。

4. 创新了服务方式，拓宽了营销渠道。为全面提升全行个人金融业务服务理念及工作效率，显著提高客户对工商银行服务的满意度和社会赞誉度，增强个人信贷业务市场竞争力，在全行个人信贷业务专业建立了“限时办结制、一次性告知制、服务承诺制、首问负责制、否定备报制”五个工作制度，着力以高效、快捷的服务，提升我行个人信贷业务的品牌价值；在全辖推行了网点营销，即实行分散受理，集中办理的方法，将个人贷款营销延伸到了部分营业网点扩大了受理面，方便了客户，同时加快了网点功能转型及增强了竞争力；扩大了与中介机构的合作范围。组织全行对中介机构（住房开发商、汽车经销商、二手房经纪公司、资产评估公司）进行清理，对达到合作条件的近300户中介机构及时进行了审批并实施了深度营销，增加了营销载体和获取更多的客户资源，促进了业务发展。

5. 调整了信贷结构，突出了工作重点。按照总行及省分行要求，积极调整了品种结构，控制了个人经营贷款投放，个人经营贷款较年初减少3.8亿元；大力发展了个人住房贷款，个人住房贷款较年初增加13亿元，占增量的130%；适度增加了以住房抵押的消费贷款，消费贷款较年初增加1.1亿元，占增量的11%。结构调整已取得明显成效。

6. 加强了住房开发贷款和个人住房贷款的联动。为避免按揭资源流入他行，对我行已发放开发贷款的房地产项目，各级行逐户建立管理台账，逐个监测分析按揭贷款的营销发放情况，落实按揭贷款封闭管理措施，落实责任人，实施跟踪管理及封闭运行，组织好对项目的二次或多次营销，并实行责任追究制；5月份在文山分行召开专题会议，对住房开发贷款和个人住房贷款联动不力的8家二级分行的工作提出批评并进行业务指导；按季对联动情况进行通报。通过以上工作措施，完善了联动机制，经过不断努力，联动工作取得了一定成效，符合总行要求，最大限度地发挥住房开发贷款对个人住房贷款的拉动作用。

7. 加强部门协调，形成综合竞争优势。

一是强化前中后台捆绑考核，建立协作、高效的业务运行机制。前台营销部门按不低于40%的比例承担个人信贷风险控制和资产质量考核责任，信贷中后台管理部门要积极主动帮助前台部门解决营销过程中存在的问题，审批部门按不低于30%的比例捆绑考核营销任务，管理部门按10%的比例捆绑考核营销任务。通过捆绑考核，建立良性的责权利约束激励机制，促进个人信贷业务健康快速发展。二是加强了风险的防控。针对今年3月份个人贷款上升较快的情况，3月17日我部在与资产风险管理部、信贷管理部沟通形成共识后下发了《关于加大个人综合消费不良贷款清收处置力度的通知》（工银云发［2008］84号）、3月27日再次下发《关于切实加强个人贷款管理工作的紧急通知》（工银云办发〔2008〕150号）。多次召开会议专题研究个人贷款风险管理问题，并紧急下发了《关于进一步加强个人贷款管理工作的通知》（工银云办发〔2008〕249号），要求全行要高度重视不良贷款清收和关注类贷款压降工作，采取有力措施，坚决扼制不良贷款快速上升的势头，同时多次参与信贷管理部对曲靖分行的154个批量贷款制定了清收处置方案上报总行，争取了政策支持，解决了历史遗留问题。

8. 不断组织开展检查，促进业务健康发展。今年先后三次开展了个人贷款操作风险及政策执行情况检查。4月份组织开展了对8个二级分行的个人金融业务操作风险检查，其中专门提出了个人贷款的操作风险检查方案，组织专业人员从个人信贷中心建设、人员配备情况；贷款申请受理、调查、签批、办理贷款手续、贷后监测与检查、违约贷款催收；合作机构准入与管理情况等方面进行了全面深入细致的检查。5月份我部又配合信贷管理部对全省4个二级分行开展个人贷款担保抵押物的检查，重点检查了个人住房贷款、个人商用房贷款、个人汽车贷款、个人综合消费贷款和个人经营贷款合规性及担保抵押物是否存在风险隐患等情况。7月份又组织了全省二套房贷政策执行情况检查。通过以上检查提高了被查行防范个人贷款操作风险的能力，为个人贷款的持续健康发展奠定了良好基础。

9. 加强市场调查研究，提出解决问题办法。针对房地产市场低迷、我行个人信贷业务市场竞争乏力这一状况，多次深入各行了解市场及同业，完成了《红河分行个人贷款业务调研报告》、《关于我行个人贷款政策执行中突出问题的反映》，分析了我行与同业在竞争中的优劣势，有针对性地提出了解决问题的办法或建议。

（五）全力拓展个人中间业务市场，提升我行个人中间业务收入

1. 强化个人中间业务组织管理和推动。为充分全面地调动各行从业人员的工作积极性，促进我行个人中间业务持续健康发展，整体推进我行个人中间业务全面发展，对全行开办的个人中间业务的各个品种进行逐一分析，认真测算每个品种的成本效益情况，进一步完善考核激励机制，充分发挥省分行专业部门的指导、管理、协调和督促职能，制订确实可行的业务拓展规划，加强调研分析，对重点行、重点项目和重点环节实行重点调度和重点帮促。年内，我部组织支、帮、扶工作小组深入各二级行对保险、基金、人民币理财产品等业务进行现场培训，组织培训20余场，有利地推动了中间业务的快速提升。

2. 全面加强市场营销工作。2008年营销经理队伍充实的前提下，充分利用基层营销网络，上下联动，纵横向共同协作，主动实施市场营销，大力推行定向营销，迅速抢占当地市场。在产品营销上，进一步完善考核措施、加大考核力度，强化组合式营销，推动各项个人中间业务全面、协调发展，特别是突出抓好代发工资、灵通卡、个人理财产品等重点产品，努力提高这些产品在个人中间业务收入中的占比，提高这些产品在同业市场中的占比。

3. 抓住市场契机，大力营销理财产品。结合市场状况，积极培育客户个人理财观念，借助人民币理财产品滚动发行的机遇，全面加强“工银财富”、“理财金专属”、“稳得利”、“灵通快线”等品牌的营销宣传工作，使广大客户认知和了解我行灵通快线、短期票据型、信托型等各类超短期理财产品的特点和优势，提高了我行人民币理财产品的知名度和影响力。同时，全面加强对一线人员的营销指导，提升客户经理和一线柜员对产品的熟悉程度，提高产品的营销水平和能力，多措并举，快速扩大人民币理财产品的市场占比，下大力气推动该项业务的快速发展。

4. 加大基金业务的推广力度。在市场急转直下之际，相继下发了《关于开展“同舟共济 共创未来”基金存续期暨工行定投基金 助您享受人生营销活动的通知》、《关于开展重点基金持续营销活动的紧急通知》、《关于开展重点债券型基金存续期营销活动的通知》等文件。12月份为配合全行的年末“冲刺”工作，又紧急下发了《关于做好年末个人金融业务重点产品销售的紧急通知》，调动全行员工的积极性，奋战30天，强力冲刺。利用我行优势，大力开展进机关、学校、高档社区的宣传活动，扩大营销效果。

5. 因势而为，全力做好代理保险业务。针对市场变化，我部积极调整经营思路，把代理保险业务作为今年个人中间业务的发展重点，在全行范围内，全面推广代理个人寿险业务银保“1+1”合作模式，对网点资源进行合理分配，加强对各保险公司销售进度的监测和分析，建立保险公司网点准入退出机制，有效提高各保险公司的竞争压力，推动各保险业务的销售进度。

6. 大力推广第三方存管业务。第三方存管的营销工作取得了有效成果，截至10月末，在全国工行系统排名第四，我行充分认识到多银行第三方存管业务对我行个人业务可持续发展的重要意义，按照“内外结合、新老兼顾、交叉销售”的十二字策略，组织开展银证业务营销推广活动，进一步加强与各证券公司的联系，继续加快个人客户第三方存管业务营销推广。

7. 始终把灵通卡·e时代的发卡工作作为个人金融最基础的业务常抓不懈。今年以来，坚持“以卡先行，再办业务”的工作原则，严格按照《关于进一步加快牡丹灵通卡业务发展的意见》要求，以牡丹灵通卡营销活动和牡丹灵通卡境外刷卡促销活动为契机，充分利用网点、自助设备、网站、自办刊物等途径，结合电视、广播、网络等媒体，加强双倍积分和实物兑奖等活动的营销宣传工作，提高牡丹灵通卡·e时代品牌市场影响力和社会认知度。

（六）加强渠道建设，提升服务形象；推进流程再造，提高服务效率

加快构建客户分层次服务体系，全面提升服务形象，充分发挥网点的营销作用。一是积极配合财务会计部门，做好网点的装修改造工作。截至2008年11月末，总行级30个贵宾理财中心中的24个已完成装修改造，其余6个12月中旬也将相继完成，同时，全省还有70网点也将在年内完成装修改造，总计今年将有97个网点完成装修改造并投入使用，二是今年加大了网点机具设备的投入。从年初在全省各行部分网点配备，有110网点安装了多媒体发布显示系统150套、排队叫号机180台、三是加大对贵宾理财中心、核心竞争力网点ATM、自助终端等设备的投放力度，配备ATM70台，多媒体终端（简易）设备83套，并对部分网点旧的机具设备进行了更换，为全力抓好离柜业务做好硬件保证。

继续深入推广核心竞争力项目，根据识别引导、接触营销、业务处理和关系维护四个环节的流程要求，不断完善优质客户服务流程。2008年，我行实施理财中心核心竞争力项目4.0版本的网点已达114家。省分行加强了对各行核心竞争力项目实施情况的督导和PBMS系统的培训，提高系统运用能力，强化项目执行力。使核心竞争力项目网点整合营销能力和客户关系管理能力得到进一步提升，各项经营业绩有较大提高。

推进流程再造，提高服务效率。一是整合交易及取消部分交易授权，减少不必要的操作，提高柜面服务效率。上半年末，我行已圆满完成流程再造前两个阶段的工作任务，共解决问题89个，同时将106个交易整合为19个。通过抽取代表性网点的业务量的情况进行调查分析，流程再造后，极大缩短了大部分业务对柜面的占用时间，提升了客户满意度。二是加强了操作风险管理水平。进一步规范了挂失业务、授权业务、凭证、大额预约支取现金、代发工资业务、ATM加钞、网点保险柜、登记簿、客户经理等的管理，使得操作风险管理水平得到加强。特别是取消了部分个人金融业务的授权，减轻了网点员工工作压力，提高了业务办理速度，加强了对重点业务、重点岗位的事中控制和风险管理，强化了内部控制。三是创新劳动组合，再造业务流程。

（七）加快客户经理队伍的建设和培养，全面提升对中高端客户的服务能力

1. 完善制度建设，规范个人客户经理行为管理。今年年初，组织开展了个人客户经理管理工作现状的调研工作，深入研究和分析造成个人客户经理队伍建设进展缓慢的原因和个人客户经理风险防范工作的主要特点，针对目前管理上存在的薄弱环节，结合我行实际情况，制定印发了《中国工商银行云南省分行个人客户经理资质认证暂行规定》和《中国工商银行云南省分行个人客户经理岗位准入退出管理暂行规定》，在组织管理、认证考核、风险管理等方面提出明确要求，规范客户经理的管理，引导各二级分行个人客户经理队伍的稳步发展，在客户经理队伍建设和管理上取得实质性突破。

2. 强化客户经理岗位培训，提升个人客户经理营销服务水平。在4月份组织完成四期共计480人为期三天、七门课程的个人客户经理培训班；在8月份组织完成300人的营销客户经理培训。通过培训，客户经理在营销技巧、客户服务水平方面得到了很大的提高，培训收到较好效果。

3. 精心组织营销客户经理的考试、选拔、聘用、考核工作。按照省分行个人营销客户经理配备工作的部署，完成竞聘笔试的统一出题、判卷等工作。同时制定下发了《关于印发〈中国工商银行云南省分行个人营销客户经理绩效考核管理暂行办法〉的通知》、《关于对各行聘任的个人营销客户经理 大堂经理进行认定的通知》等一系列文件。截至2008年11月末，全行共配备到位282名个人营销客户经理。

4. 积极组织2008年个人客户经理营销技能比赛。我部组织人员按照总行客户经理比赛要求，制定比赛方案和比赛题目，于2008年9月在云南省分行金融培训学校成功举办个人客户经理营销技能比赛。同时选拔出的2名优秀选手在总行比赛中取得了优异的成绩。

5. 持续开展金融理财师队伍建设。在2006年、2007年的基础上，继续开展金融理财师培训，组织了一期共计61人的金融理财师（AFP）集中培训、三批共计18人的国际金融理财师（CFP）培训，并且组织参训学员参加标委会举办的金融理财师考试。目前我行共186人参加了金融理财师（AFP）培训，其中45人参加了CFP培训。通过AFP考试人员120人，通过CFP考试人员17人，在个人金融业务工作人员154人，在岗率85.79%。

6. 成立中高端客户维护中心，构建多层次客户关系维护纵向支持体系。为进一步明确个人金融业务部门指导、协助一线营销人员开展客户维护服务工作的职能，实现有效维护现有中高端客户。制定下发了《中国工商银行云南省分行客户维护中心工作制度（试行）》，要求七家重点二级分行成立个人客户维护中心，其他二级分行配备专职维护人员，按照客户维护中心工作的职能指导辖内支行、网点开展分层次客户服务工作，以构建优质客户的分层服务体系。目前各二级分行已按照省分行的要求陆续成立中高端客户维护中心，个人金融业务部门对客户的维护职能逐步得到体现。

7. 细化客户服务内涵，提升客户满意度和忠诚度，为提高优质客户对我行营销活动的参与度和认可度。今年以来各行采取举办多种形式的理财沙龙、理财讲座，通过邀请理财专家与客户进行面对面交流，引导客户理性投资，为客户提供专业金融服务等方式，不断丰富理财金账户服务内涵。与总、分行相关部门配合，在《才智青年》杂志和省内《经济日报》、《春城晚报》、《都市时报》、《生活新报》多家媒体，刊登理财文章，扩大我行金融理财师的社会知名度，扩大工行的影响。

（八）个人金融业务操作风险管理水平逐步提高

今年以来，我部全力加强个人金融业务操作风险管理，深刻吸取洪兴龙案件经验教训，以省分行“制度落实年”活动为契机，结合各项重要规章制度，认真对个人金融专业存在的风险点进行分析和梳理，积极开展操作风险检查，督促二级分行切实提高制度执行力，进一步强化内部控制和案件防范管理机制。积极配合总行推进业务流程再造，完善个人金融业务操作风险硬控制手段。日常管理着重抓好重点风险环节，严格规范个人客户经理任职资格，执行准入、认证、年检制度，反复重申各项禁令；加强个人理财业务风险防范，强调客户风险评估、定位，规范宣传渠道、内容，做好风险提示和售后服务，加强从业人员资格认证管理；积极推广代发工资新系统，逐步解决原有代发工资管理机制遗留问题，规范协议签订、批量开户、加密工资数据文件传递等操作流程；大力推进个人贷款营销标准化工程实施建设，密切关注相关政策动向，进一步加强个人贷款营销风险管理，积极配合有关部门做好个人不良贷款清收、转换；加强个人反洗钱管理，认真做好客户身份识别，积极规范联网核查，提高大额和可疑交易报告水平。通过严格执行上述措施，有力提高了个人金融业务操作风险、内部控制、案件防范管理水平，全年个人金融专业无重大案件事故发生，切实保障了全行各项业务的稳健发展。

（二）中国农业银行省市区分行个人金融发展概况

北京市分行个人金融业务发展概况

2008年，北京分行个人业务条线认真落实分行年中工作会议精神，积极推进以客户为中心的发展模式，大力推动网点转型工程，重点提升贵宾客户服务体验，重整个贷管理体系，协调发展负债、资产和中间业务，促进个人业务整体贡献度稳步提高。

一、主要业务指标完成情况

截至12月末，全行本外币储蓄存款余额927.29亿元，比年初增长218.12亿元，同比多增184.96亿元。其中人民币储蓄存款余额921.97亿元，比年初增加218.75亿元，年增量跨越200亿元大关，同比多增182.95亿元；代销开放式基金业务15.03亿元；代销凭证式国债5期26.55亿元，代发储蓄国债3期6.18亿元；销售"本利丰"人民币理财产品20期27.28亿元；银行卡总卡量已达到796万张，其中借记卡发卡量达748.3万张；贷记卡发卡量达到41.45万张，比上年末新增24.39万张；激活贷记卡10.77万张，比去年末新增6.88万张；银行卡消费额173.82亿元，人民币卡收单额达到205.99亿元，外卡收单额达到35268万元；自助设备单台日均交易笔数250笔；支付通新增20852台；特约商户总数已达到7591户（其中间联商户为2794户，直联商户为4797户），2008年新签约间联商户1997户；全行银行卡中间业务收入3.11亿元，比去年同期增长16.78%。全行个人类贷款余额为125.30亿元，其中全行个人住房贷款余额121.93亿元。全行个人优质客户（PCRM目标客户）达到683397户，比年初增加238058人。

二、主要工作措施及成效

（一）推进"五大工程"，紧抓奥运金融服务工作，促进网点转型工作深化及服务水平提升

北京分行将网点转型工作作为实现全行零售业务跨越发展的重点来抓，从网点的战略布局、发展规划、运营方式、流程再造入手，大力开展"五大工程"，以精品网点建设工程为中心，有效推动个人客户信息整合工程、客户服务差异化工程、专业人才队伍建设工程和业务流程优化工程，促进网点布局更加合理、业务流程更加便捷、客户分流更加有效，不断推进网点的小散业务向自助渠道分流、批零业务和大型公司业务向电子渠道分流、高端客户向客户经理一对一服务方向转变。

奥运金融服务工作是2008年首都金融业的重点工作，我行以"计划周密、培训到位、标识统一、监督全面，反馈及时"为工作目标，落实了《奥运金融服务责任书》，全力推进网点美化、亮化工程，完善网点服务设施，开设奥运绿色通道，采取延时服务，强化培训，提高服务能力，创建和谐的服务环境。

（二）实施全新的个人信贷业务运营与管理模式，促进个贷业务的健康、快速发展

北京分行大力推动个人信贷业务专业化管理、流程化运作、集约化经营，防范信贷风险，促进个人资产业务的有效发展。一是建立个贷运作中心，实现个人资产业务由支行负责营销拓展、贷前调查，中心负责审查、审批、贷后管理等工作，进一步理顺了业务发展与管理模式，为个贷业务的健康快速发展奠定了基础；同时实现了个人信贷业务网上作业。二是按照新的管理模式梳理业务流程与办法。三是制定有效的工作方案，做好市场分析，开展多项调研工作，为全行个人信贷产品推广奠定基础，促进了恢复开办个人生产经营贷款、个人综合授信贷款、个人汽车贷款等业务。

（三）加大个人优质客户的发展与管理力度，优化客户结构，做好客户精细化管理和优质客户分层服务工作

贵宾客户的发展和维护工作，是提高全行客户质量，优化客户结构，提升个人金融业务经营效率的关键。2008年，北京分行大力推广PCRM系统，深挖系统潜力，调动营销团队积极性，在花大力气拓展贵宾客户规模的同时，重点提升贵宾客户服务品质，提高贵宾客户忠实度。一是在全行范围内组织开展贵宾客户招募回馈活动，有效地促进了贵宾客户的发展；二是组织贵宾客户沙龙，增进沟通和联系，加强关系维护。沙龙活动邀请珠宝鉴定专家、形象设计专家、红酒品尝专家、基金理财专家做专题讲座，全方位地满足贵宾客户的投资理财和生活需要，客户反映良好。三是不断丰富贵宾客户增值服务内容，全方位满足贵宾服务需求。

（四）有效整合部门及外部资源，积极开展联动营销和综合营销工作，积极拓展个人业务营销新领域

2008年初，为推动全行个人金融业务的整体发展，我行组织了包括"春天行动"在内的各项综合营销活动，制定了16项个人业务发展目标，加大奖励力度，积极开展联动营销活动和综合营销活动。组织开展了百名金融理财师深入高等院校、优质企业、高档社区进行个人业务的宣讲营销以及中高档社区广告推广活动。加大媒体宣传力度，在中高档社区布放广告，取得了良好的营销宣传效果和社会经济效益。针对公司类客户，开展个人业务直营工作，采取个性化的营销措施。由于营销工作计划组织到位，激励了支行和各级员工的积极性，各项个人业务得到快速发展。

（五）加强业务管理，加大业务培训和自律监管力度，严控经营风险

一是加强自律监管力度，促进合规经营氛围．全年共组织自律监管及专项检查7次，并下发整改通知，督促支行进行整改。二是加强专项检查，促进新业务健康发展。

全年针对新业务的开展以及重点业务，共组织了包括理财产品销售、个人住房按揭贷款在内的五次专项检查。三是加大客户信息管理和检查力度，将个人客户经理的风险教育制度化（每季度），并进一步完善和落实相关制度办法，加强监督，确保客户信息管理到人、责任到人。四是及时总结自律监管检查情况和各专项检查情况，组织召开个人业务风险分析会，对全行个人业务存在的问题及风险隐患进行通报，为今后的业务发展夯实基础；五是加大培训力度，并对业务条线相关管理办法进行梳理，提高了相关业务人员对基础业务、操作流程和营销技巧的认识，规范业务操作，有效降低风险的发生；六是开展了个人业务从业人员上岗资格考试、大堂经理上岗资格考试、理财产品销售人员上岗资格考试等，提高从业人员的业务素质。

广西区分行个人金融业务发展概况

在总行党委的正确领导下，经过各级行共同努力，2008 年各项个人业务更上层楼。一是储蓄业务再创新高。年末全行人民币储蓄存款余额 873.21 亿元，比年初净增 104.86 亿元，首次实现当个年份内增量突破百亿元大关，余额创历史最好水平。二是个贷业务有效投放。年末个人贷款余额 147.82 亿元，比年初增加 14.94 亿元；不良贷款余额和占比“双降”实现个人贷款业务低风险运营。三是个人理财业务逆势而上。全年累计销售金额 33.52 亿元，实现手续费收入 5318 万元，销售凭证式国债 9000 万元，实现手续费收入 63 万元。四是银行卡业务持续发展。年末借记卡存量 1274.86 万张，比年初增加 277.78 万张，实现卡业务收入 3.81 亿元，卡存款余额、存款增量分别占全行储蓄余额和增量的 34.96% 和 53.29%。具体工作措施有：

（一）多策并举，促进储蓄存款稳步增长

一是精心组织“春天行动”，积极开展投资理财进县域百场巡讲活动，加大综合营销力度，赢得首季个人业务“开门红”。二是抢挖优质个人高端客户。大力推广应用个人优质客户管理系统（PCRM），做好高端客户的维护和拓展工作。三是抢挖储蓄源头。依托对公业务部门开展个人客户营销，跟进制糖企业蔗款兑付、征地款兑付等工作，把握住储蓄源头。四是开展联动营销。加强业务部门间的联动，通过营销银行卡、网上银行、存贷双赢理财账户等个人金融产品，发挥好产品载体对储蓄存款的促进作用。

（二）有效投放，促进个贷业务稳健发展

一是实施区域营销，确保营销实效。以最高额可循环个人贷款产品为切入点，在各地经济重镇、专业市场、富裕社区等个人优质客户资源集中区域举办产品推介会，重点投放最高额可循环贷款 6.29 亿元，带动了个贷业务持续增长。二是加快项目审批，提高住房按揭额度。在抓好开发贷款楼盘联动营销的同时，积极营销非我行开发贷款支持楼盘，特别是大力发展县域房地产市场，全年共审批准入县域非我行开发贷款支持按揭楼盘 73 个，合作按揭额度 26.69 亿元，大大拓展了我行按揭贷款源头。三是改造审批流程，完善决策机制。按照区分行信贷审批体制改革要求，在各二级分行组建个贷审查审批中心，上收经营行权限，原则上将 200 万元以下审批权限转授个贷中心主任，实行限时办结制度，实现“审查标准统一、审批层次提高、风险管理集中”，个贷经营模式逐步向专业化精细化转变。四是强化风险管理，持续改善质量。对超过 50 万元以上的大额贷款实行“双人调查”制度，严格把好客户准入关口。组织开展低风险业务、抵押担保真实性、不良贷款风险处置、虚假按揭贷款等专项检查活动，对个贷业务的重点环节、重点时段、重点产品进行严格治理，确保业务规范有序运营，不良贷款持续双降。

（三）逆势而上，全力做强基金业务

重点抓好“五到位”：一是实行“一把手”负责制，做到领导到位。二是强化激励机制，做到考评到位。明确将基金销售额按 1∶1 视同储蓄存款考核，将基金销售纳入综合经营考评范畴，并实行计价政策。三是明确营销重点，做到措施到位。以南宁、桂林、梧州、来宾、柳州等五个中心城市为重点区域；以风险较低的债券型、货币型基金和风险分散的基金定期定额业务为重点产品；以 AA 级以上贷款客户、一星级以上个人优质客户以及我行代发工资的单位和对公存款大户为重点客户，大力开展基金定投业务和实现批量销售。四是加强通报监控，确保督导到位。全年共组织了 20 多次督导组分赴全区各地指导基金销售，点面结合，及时跟踪，有效推动全辖营销进度。五是加强队伍建设，确保培训到位。全年培训客户经理、大堂经理和柜员达 1590 人次。先后举办了三期师资培训班，培训人员 108 人次，建立起一支专门的培训师队伍。

（四）群策群力，纵深推进零售业务转型

一是统一部署转型。通过召开动员会、视频培训等方式，加大内部的宣传培训，及时将转型理念传导到全行员工。二是制定实施方案。在总结试点经验的基础上，制定实施《关于加快零售业务发展的指导意见》，并出台《零售业务转型领导小组工作规则》、《零售业务产品联动营销方案》等 15 个配套办法来细化转型的各项工作措施。三是及时制定 3 年营业网点发展规划及 2009 年营业网点建设投资计划。四是开展现场督导。组织了 7 个督导小组按月分片赴 14 个二级分行开展现场督导，及时为各级行解决转型中遇到的困难和问题，有力地推进了转型工作。五是出台考核办法。先后制定了《2008 年零售业务转型工作考评办法》、《2008 年营业网点零售业务产品计价管理办法》和《营业网点星级管理办法》对转型的实施效果进行考核和激励。六是实施“赢在大堂”经营策略，构建网点主任、个人客户经理和大堂经理“三位一体”的营销体系。七是制定《营业网点工作人员行为与服务规范》规范网点服务，实施网点“清洁工程”、网点规范服务挂点责任制和督导工作制。

贵州省分行个人金融业务发展概况

一、2008年个人金融发展概览

2008年是农业银行股份制改革的关键年，为切实贯彻落实总行将农业银行发展为最大的零售商业银行的战略决策和省分行党委对个人业务工作的总体要求，全省农行2008年个人业务工作围绕营销及管理两条主线，以渠道建设和产品创新为切入点，以服务水平的提升和优秀人才的培养为依托，以联动营销和分级管理为手段，锐意进取，开拓创新，逐步加快实施经营战略转型，促进全行个人业务有效发展。2008年个人存款持续增长，为我行业务经营提供重要的资金保障；在全球金融危险机的背景下，个人贷款仍稳定增长，且贷款质量进一步提高，不良贷款余额和不良率“双降”；积极营销中间业务，基金定投营销初见成效，业务增长翻番。

二、各项个人业务经营目标完成情况

截至2008年12月末，全行本外币个人存款余额368.01亿元，较年初增长63.06亿元，其中人民币存款余额367.95亿元，较年初增长63.07亿元，完成全年计划的286.64%。在其他存款增长乏力的情况下个人存款的持续增长是全行业务经营重要而稳定的资金来源。四行比我行个人存款存量占比30.01%，较2007年末下降0.51个百分点，增量占比为27.78%，在四行中排名第三，位于工、建行之后。个人贷款余额47.42亿元（含剥离个人贷款2亿元），较年初增加4.78亿元，完成全年计划的122.56%。截止12月末，全行基金交易额达9.10亿元，其中销售额为4.08亿元；基金定投2527万元，较去年增长2.52倍，基金定投营销初见成效；新增基金TA账户开户18879户，完成全年计划的41.04%；实现手续费收入2235.54万元，完成年度计划的37.26%。完成五期国债的代销工作，销售国债1.51亿元，实现手续费收入182.25万元。小额账户管理费收入1252.22万元。

三、采取的措施

（一）制定规划，明确发展方向；整合职责，提高工作效率

一是以总行3510规划为指导，结合贵州实际制定了《中国农业银行贵州省分行2008～2012年个人业务转型规划》，用五年时间在全行实施以机制优化、网点转型改造、个人业务流程再造为核心内容的个人业务经营转型，以此推动全行个人业务由传统零售银行向私人银行转变，为全行零售业务战略转型奠定基础。规划明确了今后五年我行个人业务的发展目标及主要转型措施，是今后一段时间我行个人业务经营的行动指南。

二是根据总行要求重新整合部门职责，将个人住房贷款、网点管理集中划归个人业务部门管理，进一步理顺工作关系，提高办事效率。首先根据总行要求成立了网点管理与转型领导小组，负责各行网点建设与转型工作中重大事项的决策、协调、组织、推动工作，在省分行及各二级分行个人业务部门设立网点管理办公室，牵头处理网点建设与转型中的具体工作。同时将原来分散在人事、工会、计划财务等相关处室的网点管理职能划转至网点管理办公室，理顺了网点管理工作职责，为下一步实施网点转型，提高网点营销效率提供了组织保障。其次为统一归口管理全行个人信贷业务，加快个人信贷业务有效发展，根据总行有关要求，将个人房地产贷款业务从省分行房地产业务处划归个人业务处管理，在个人业务处设立个人信贷业务科，承担全行个人信贷业务（不含信用卡透支和农户贷款）前台管理及业务指导等职能。

（二）以“大行德广—伴你成长—金钥匙春天行动”为契机，旗帜鲜明的大力发展个人业务

按照总行全力推进建设国内最大个人银行的进程的经营思路，2008年我行个人业务发展面临从未有的机遇，但同时个人金融市场日益明显的多元化、个性化发展趋势，各商业银行日益明确的市场营销攻势，我行个人业务也面临着前所未有的挑战。逆水行舟，不进则退，为避免陷入被边缘化的被动局面，唯有奋力抗争，敢于拼抢。一是早部署、精谋划、快行动，抢占先机。早在2007年12月，省分行就成立了春天行动领导小组，制定印发了春天行动综合营销实施方案，配套相应的营销措施、考核办法，通过目标客户细分、重点产品组合、地区差异营销、上下联动营销、黄金时段促销、服务流程规范等方式，积极开展春天行动，实现春天行动首季开门红。二是抓重点、巧突破、促转变，积极营销。2008年省分行紧紧围绕“大行德广　伴你成长”的核心理念，以个人金融资产销售、拓展优质客户为主线，以理财业务为突破口，立足客户群体细分、确定目标市场、加强分层营销，由单一的产品促销向综合营销服务转变。三是巧借力、共团结、树形象，拓展客户。2008年，我省遭遇了50年不遇的特大凝冻自然灾害，一场以“抗凝冻、保民生”为主题的营销宣传活动也徐徐拉开帷幕。期间，各级行上下齐心，全方位、多方式地提升营业服务效率与提高营业服务水平，在电台、电视台、报刊和门户网站等传媒进行广泛宣传，提升我行经营服务理念，确保受灾地区营业网点的正常营业。

（三）大力提升个人存款业务的互补性和稳定性，为全行业务经营提供强有力的资金来源支持

2008年我行对公存款增长持续低迷，个人存款在一季度春天行动中实现开门红，而后一改往年存款下滑的走势，仍然保持了较快的持续增长，个人存款增长总量创出了历史新高。一是强化个人存款基础地位，大力抓好存款组织工作。个人存款不仅是我行最主要、最稳定的资金来源，也是我行盈利的主要增长点之一。2008年，我国资本市场发生较大波幅的震荡，股市资金向储蓄账户回流，社会资金流发生深刻变化，我行把组织存款工作放在十分重要的

位置，树立市场观念，不断提高市场占有率。二是通过产品组合营销，发挥资产、负债与中间业务的联动作用，大力营销第三方存管业务及基金定期定额业务，针对第三方存管客户间隙资金的理财需求，加强第三方存款资金与通知存款的系统联动功能。三是切实增加个人存款的回流渠道，把握资本市场调整的机会，积极争取客户资金回流储蓄账户，加大资金和储源的归集力度，维护客户资源，努力提高个人存款业务的竞争力。四是利用重点时段，抓好元旦、春节个人资金流量大的有利时机吸储，财务资源、营销宣传力度向个人储蓄存款工作倾斜，为全年个人存款工作任务目标的完成奠定坚实基础。五是以服务奥运为契机，拓宽服务渠道。通过“迎奥运”系列活动，从窗口服务规范、投诉处理机制完善、金融知识产品宣传等多个环节推进文明规范服务，提升我行对外形象，提高客户对我行的忠诚度，稳定存款来源。

（四）积极做好全省营业网点普查工作，初步建立全省营业网点电子档案，全面启动营业网点转型，着力打造营销渠道建设

一是完成网点普查工作，为网点转型建设奠定基础。4月份省分行组织开展了对全省423个营业网点的全面普查工作，并以网点普查成果为基础建立了全省营业网点电子地图档案，初步架构了全省营业机构管理档案，摸清了营业机构人员、设施、分布、业务发展的基本状况，为今后营业网点的规划、转型和发展提供第一手数据。

二是在省分行分管个人业务的杨明尚副行长的带领下，实地走访了部分二级分行的营业网点，通过现场勘查、面对面交流、问卷调查等形式更加真实、全面地了解我行营业网点的基本状况，对网点普查的数据进行修正和完善，为我行营业网点和业务经营的转型提供更加翔实的数据资料和决策参考。

三是建规立章，逐步建立完善网点管理工作制度。2008年先后出台了《中国农业银行贵州省分行2008－2012年网点转型实施方案》、《中国农业银行贵州省分行2008－2010年营业网点发展规划》和《中国农业银行贵州省分行2009年营业网点建设投资计划》，为全省营业网点转型与管理、规划与发展明确了方向，规范了操作流程，实现了个人业务的良性发展。在完成网点管理职能划转后，对相关规章制度进行认真研究、整合，起草了《中国农业银行贵州省分行营业网点管理办法（试行）》，待总行《中国农业银行营业网点管理办法（试行）》、《中国农业银行营业网点分类分级管理办法（试行）》及营业网点准入、建设、选址等各项操作指引正式下发后结合我省实际，在此基础上进一步完善《中国农业银行贵州省分行营业网点管理实施细则（试行）》后实施。

四是坚持“稳定乡镇网点、调整县城网点、优化城市网点”的发展思路，构建布局合理、形象统一、功能完善、服务高效、遍布城乡、重点突出的网点网络。累计实施了10个营业网点迁址，1个营业网点更名。设立、新增在行式ATM18台、在行式CRS13台、离行式ATM2台、在行式ATM迁址7台，设立自助银行1个、撤销自助银行1个。

五是借鉴农行浙江分行网点转型的先进经验，采取工厂化运作方式，统一全省网点转型标准，逐步有效实施网点转型工作。2008年，我行组织全省二级分行相关工作人员到农行浙江分行就网点转型进行实地考察，吸取经验教训，为我行营业网点转型工作提供参考。为规范全省转型网点的建设，对营业网点的转型类别、准入条件、申报流程、装修风格、设备配备等方面进行了统一规范，以逐步实现网点标识统一、外观形象统一、装修色调统一、内部设施统一。

六是在今年的营业网点转型项目申报审批中，我行高标准、严要求，对纳入申报范围的项目平面功能布局图进行反复修改，力求实现营业网点分区、分层、分流服务。截止2008年末，我行共启动了9个理财中心、24个营业网点的转型工作。

（五）积极探索个贷产品创新路径，推进个贷业务集约化、专业化经营，加快个人信贷业务发展

一是坚持实施差别化的个人信贷业务发展战略。根据经营行的业务发展能力、个人信贷资产质量、信贷管理水平采取差别化授权，以促进县域个人信贷业务发展为核心，完成对各二级分行个人信贷业务授权。对个人生产经营贷款等管理难度大的个贷业务实施经营行准入制度，提高个贷业务风险管控能力。

二是完成个贷业务流程清理工作。按照行领导指示，年初以来对个贷业务产品流程进行全面梳理，以图表化的形式将各种个人业务流程加以规范和明确，促进各项工作效率的提高。同时，在信贷管理处牵头组织下，参加总行个人贷款网上审批业务培训，并积极实施和开展个贷网上决策单轨运行试点和实地调研工作，在年内完成个人贷款的网上审批推广工作。

三是探索产品创新路径，以现有个贷产品为基础，根据目标客户群体职业、收入、风险特征设计贷款资料、业务流程，创新担保方式，使个贷产品更加贴近市场、贴近客户。先后完成了出租车经营权质押、双龙陶瓷城项目及基金份额质押三个新产品的业务调研，拟定操作方案，通过担保方式的创新，按照独立项目的方式根据具体群体、客户状况对业务流程进行个性化调整。推出了以信用担保机构保证担保方式办理贵阳市商品批发市场个人生产经营贷款。

四是依托行内的科技力量开发运用个人贷款短信服务系统、个人逾期贷款预警系统、个人质押贷款质押物核对系统，采用在线监管与实地检查结合的方式，加强个贷监管，加快不良贷款的清收。

五是进一步加强了按揭合作项目准入审查工作，有效推动了个人住房贷款业务的发展。2008年累计完成了80个楼盘的审查工作，其中，审查同意的70个，金额18.03亿元；否决的10个。

（六）进一步规范理财业务操作，逐步介入私人客户理财领域，切实加快优质客户管理系统二期和金钥匙理财专家支持系统上线进程，积极抓好个人理财业务

近年来，随着个人财富的增长，个人客户多元化的理财需求越来越多，个人理财业务市场如火如荼。为此，我行以理财业务为重点，不断整合理财产品，逐步强化综合理财，以实现理财业务的渐进发展。

一是针对高端个人客户，以个人理财业务为手段，积极开展投资理财服务，在优选各类个人产品、基金产品和个人贷款产品与其他个人金融产品的基础上，推荐差异化的理财方案和理财产品。2008 年 3 月，省分行成功举办了“2008 年金钥匙春天行动”理财沙龙，来自全省的近 60 名贵宾客户参加活动。

二是大力推行个人理财从业资格持证上岗制度。根据总行要求，组织了中国农业银行个人理财从业人员上岗资格考试，要求所有从事个人理财规划、理财产品营销、管理人员，以及柜台操作人员均须参加考试，共有 4405 名员工通过考试，取得了中国农业银行个人理财从业人员上岗证书。

三是按照《中国银监会办公厅关于进一步规范商业银行个人理财业务有关问题的通知》和《中国银监会办公厅关于部分银行理财产品有关问题的通报》要求，组织辖内每个网点加强学习，要求所有涉及个人理财业务工作的管理人员、客户经理都必须参加学习，要求各级行严格遵照《商业银行个人理财业务管理暂行办法》及《商业银行个人理财业务风险管理指引》开展个人理财业务。

四是根据银行业监管部门颁布的规范理财业务的若干规定，按照在风险揭示信息披露等方面对银行理财业务提出的具体要求，为促进我行理财业务顺利开展，防范风险，按照总行要求对理财业务相关制式文本进行了修订。

五是严格规范理财产品销售业务流程。在销售理财产品时，要求营销人员应先对客户风险承受能力进行综合评估，并将有关评估意见告知客户，向客户进行风险提示，然后再积极引导客户理性认购理财产品。在与客户签订合同时，要约定联络和信息传递方式，确保客户的知情权。

六是为加强我行个人理财产品信息披露管理，规范信息披露工作流程，保护客户合法权益。根据总行安排，印发实施了《中国农业银行个人理财产品信息披露管理办法（试行）》。

七是进一步加快个人优质客户系统二期和金钥匙理财专家支持系统的上线进程，为加强个人优质客户管理和开展理财业务提供系统支撑。积极研究解决个人优质客户系统二期中存在的问题，力求尽快完成个人优质客户管理系统二期的上线运行，确保数据的准确无误。并加快金钥匙理财专家支持系统推广工作，建立我行分层服务的系统平台。

八是积极做好基金代销系统升级联合测试和集中版理财产品销售系统培训工作，顺利完成全行 418 个营业网点基金代销系统的全面升级，为以后集中版理财产品销售系统的正式上线运行打下基础。

（七）不断完善业务管理，切实加强专项检查，有效防范风险，着力提高个人业务管理水平

一是进一步提升业务流程的运行效率和质量。着重抓好《中国农业银行个人金融业务操作规程》的实施，设计印制《中国农业银行贵州省分行个人金融产品手册》，加快推进业务流程的标准化和程序化。

二是全方面、多形式地开展专项检查，有效防范风险。首先，以个人贷款为重点，有针对性地实施检查。2008 年 4 月在全省开展了个人汽车贷款抵押情况核查，从外部操作环节控制贷款风险。2008 年 9 月在全行开展了以外部登记部门核查为主要方式的个人贷款抵押物权证检查工作。2008 年 10 月开展了以揭示和防治“虚假贷款”、“私贷公用”为重点的个人信贷操作风险专项治理活动。同月，对全行存在一定风险的个人质押贷款进行了核查。通过现场检查和外部调查，有效遏制了风险的发生，揭露了潜在风险。此外，以总行印发《信贷在线检查通报》为基础，全面排查和清理员工不良贷款及本行员工担保的不良贷款，逐户建立台账，逐笔落实清收责任，取得了一定成绩，员工不良贷款从年初的 621 万元回落至 10 月末的 291 万元，尚未清收完毕的贷款也已采取必要手段，控制风险。其次，以网点规范化管理为基础，切实提升营业网点服务水平。2008 年 8 月省分行组成了 4 个检查组对旅游服务重点城市所在地的贵阳、遵义、安顺、黔东南等四家二级分行的 39 个营业网点进行暗访，对我行奥运期间乃至今后的金融服务工作进行了一次全面的检验。最后，以理财业务为核心，切实做好理财业务工作。2008 年我行认真落实《中国银监会办公厅关于进一步规范商业银行个人理财业务有关问题的通知》中对商业银行理财业务暗访情况及《贵州银监局关于对辖内商业银行个人理财业务暗访调查情况的通报》中检查情况的自查、整改工作，组织了对辖内经营网点展开理财业务自查，并对检查中发现的问题进行了限期整改。

三是继续做好部门自律监管和大内控检查工作，不断提高监管检查规范化水平。组织开展了部门自律监管检查和内控大检查工作，对个人业务操作中不规范的行为进行整改，进一步规范业务发展。不断改进个贷监管检查手段，根据《个贷在线监测操作办法》做好日常监控。

（八）大力加强营业网点业务技能和营销管理培训，积极储备专业人才，为我行业务经营持续、健康、有益发展储备人力资源

一是召开 2008 年个人业务暨银行卡业务专业会议。会上，不仅就我行营业网点转型、个人优质客户管理系统二期及金钥匙理财专家支持系统进行了详尽的介绍，而且就部分行的先进经验进行了充分交流，取得了预期成效。

二是为进一步提高我行营业网点现场服务管理水平，提升业务营销技巧，增强网点综合营销能力，于 2008 年 1 月 15 日至 1 月 18 日举办了为期四天营业网点管理培训。全省各级行 110 名营业网点主任、理财经理参加了培训。之后，各二级分行又再进行了转培训，有效提升了我行营业网点的营销管理能力。

三是组织选拔人员，参加总行组织的国际金融理财师（CFP）培训，同时于 9 月份单独举办了一期金融理财师（AFP）培训班，共有 66 人参训。截至 2008 年末，全省参加 AFP、CFP 培训人数达到 172 人，其中通过考试取得资格人数达到 140 人，为今后我行理财业务的发展提供了人力资源保障。

四是完成了个人客户经理的续聘和增聘工作，并不断加强个人客户经理培训、管理，落实分级培训，切实保证个人客户经理综合素质的不断提高。同时，2008 年 9 月，我行还组织 432 人参加了基金从业资格考试。

海南省分行个人金融业务发展概况

一、个人金融业务发展概览

2008 年，面对政策与市场环境剧变的复杂形势和超乎寻常的工作压力，全行上下认真贯彻落实总行的各项工作部署和要求，紧紧围绕扭亏为盈的经营目标，认真践行省行新一届党委提出“转变观念，改革创新，精细管理，促进和谐，有效发展”治行办行方略，解放思想，扎实工作，全行业务发展实现新突破，一举实现扭亏为盈的经营目标。

2008 年末，我行储蓄存款增势强劲且贡献大，总量及增量均创历史最好水平，在四大行中位居第二；个贷管理基础不断得到夯实，主要个贷业务品种产生联动效应；个人中间业务平稳发展；营业网点布局不断得到优化，网点改造建设工作步入正轨；进一步强化业务培训，员工素质不断得到加强；财务状况明显好转，拨备后利润实现自 1995 年以来首次盈利。

二、个人业务经营目标完成情况

（一）储蓄存款业务取得历史性突破。截至 12 月底，我行本币储蓄存款余额 208.99 亿元，比年初增加 33.90 亿元，分别完成省行计划的 169.5% 和总行下达计划的 423.75%。在四大行中，我行储蓄存款存量市场份额和增量市场份额分别为 28.89% 和 26.11%，均位居第二。

（二）个贷管理基础不断得到夯实，主要个贷业务品种产生联动效应。2008 年，我行个贷工作重点主要放在了清收存量不良贷款和夯实个贷基础管理上。截至 12 月底，个人贷款余额 27160 万元，其中发放国家助学贷款 1120 万元，有效地支持了当地教育事业的发展，得到海南省政府和教育厅及社会上的认可与肯定。

（三）个人中间业务得到稳健发展。全年共代理发行、促销基金约 80 多只，代理销售额达 15229 万元；代理发行了五期凭证式国债，销售金额为 77800 万元；记账式国债交易 799 万元；基金销售收入 955 万元。

三、主要工作措施

一年来，我行围绕年初制定重点工作目标，着重做好以下几点工作：

（一）牵头做好“伴你成长—春天行动”营销工作及后续考核工作。一是结合实际，我行及时制定下发了《2008 年“大行德广—伴你成长—金钥匙春天行动”综合营销方案》，并于年初召开了全省农行 2008 年“大行德广—伴你成长—春天行动”综合营销活动动员大会，对活动进行全面部署，在全行掀起综合营销活动热潮。二是组织实施 2008 年“金钥匙春天行动”个人优质客户抽奖活动，加大优质客户维护力度。

三是完善考核措施，细化激励机制。

（二）认真做好储蓄存款工作，确保圆满完成全年任务。一是全力抓好 2008 年一季度“伴你成长—金钥匙春天行动”综合营销工作。二是认真做好奖励费用的核定工作。三是认真做好 2007 年度储蓄存款“双十佳”的评选及奖励工作。四是做好储蓄存款业务的定期监测分析工作。五是加强市场调研，为领导决策提供依据。

（三）积极做好个贷工作。一是做好个人不良贷款的清收压降和资产剥离工作。二是规范国家助学贷款业务，有效推动银校关联业务的发展。三是完善助学贷款基本信息补录，认真做好助学贷款违约客户统计工作。

（四）切实抓好个人中间业务工作。一是认真做好柜台开放式基金代销、国债业务、个人理财产品的营销工作。二是进一步做好基金定期定额业务。我行基金定期定额业务 2008 年累计交易 21887 笔，申购金额约 843 万元。12 月份我行充分利用行情变化时机，加大奖励力度，进行了基金定期定额业务促销活动，新增基金定期定额 1511 户。三是组织参加海南第二届金融理财博览会工作。6 月份组织我行金融理财师参加了海南省第二届金融理财博览会，进一步扩大了农行金钥匙理财业务的影响力。四是继续做好人民币活期小额账户收费工作。2008 年度小额账户收费约 946 万元，有效增加我行中间业务收入和减少我行有效资源的占用。

（五）认真做好网点建设的协调、督促和实施工作。一是积极实施网点改造，完善网点服务功能。二是制订营业网点发展规划，加大网点建设力度。三是做好网点安全隐患排查，加强安全防范措施。四是开展网点信息普查，为网点转型奠定基础。五是做好基础数据统计，为网点管理提供参考。六是积极实施机构管理工作。七是制定相关规章制度，提高网点管理水平。分别下发了《中国农业银行海南省分行营业网点服务环境规范化标准》、《基层营业网点大堂经理管理办法》、《中国农业银行海南分行营业网点准入管理操作指引（试行）》。

（六）以奥运金融服务为切入点，推进规范化服务的精细化管理。一是高度重视，认真做好奥运金融服务工作。统一制作和摆放网点中英文标识，方便境外客户办理业务，对奥运金融服务重点区域网点开展手语培训服务。二是积极参加 2008 年度中国银行业文明规范服务示范单位的评选活动。我行海口市富成支行、海口市海甸支行、万宁市红专支行获得了 2008 年度中国银行业文明规范服务示范单位，展示了我行良好的服务水平和社会形象。三是建立有效的营业网点规范化服务暗访检查制度。我行组织暗访检查小组分别对 10 家分支行的 46 个营业网点进行规范化服务暗访，并对暗访情况进行了全省通报，进一步推动基层营业网点规范化服务水平的提高。

今后，我们将按照科学发展观要求，全面贯彻落实农业银行3510战略发展规划，以客户为中心，以渠道为载体，以产品为抓手，以队伍为主体，以项目管理的方式全速推进零售业务转型，在新的起点上实现个人金融业务的持续协调快速发展。

河北省分行个人金融业务发展概况

2008年，河北省分行个人业务战线广大员工在总分行党委的正确领导下，认真贯彻落实年初全省农行工作会议精神，按照2008年个人业务工作安排，扎实开展工作，“金钥匙春天行动”取得显著成效，“迎奥运文明规范服务活动”获得圆满成功，个人业务各项指标稳步增长，网点建设取得新的进展。

一、主要经营指标完成情况

（一）储蓄存款。截至2008年12月末，全行人民币储蓄存款余额达2255.8亿元，比年初增长567.1亿元，同比多增加290.1亿元，完成全年增长计划205.7亿元的275.71%。在全省四大商业银行中，余额、增额占比分别为34.18%和37.13%，均居第一位。

（二）个人贷款。截至2008年12月末，全行个人贷款累计发放47.7亿元，余额144.8亿元，较年初下降9.2亿元。其中个人住房贷款余额124.9亿元，比年初增加5.3亿元；汽车贷款余额8.7亿元，较年初下降5.8亿元；个人生产经营贷款余额2亿元，较年初下降2.8亿元；个人质押贷款余额2.5亿元，较年初下降1.1亿元。个人不良贷款余额1.7亿元，较年初下降4亿元。

（三）中间业务。全年基金代销总量32亿元，实现手续费收入10836.5万元，居全系统第四位；发行凭证式国债5期，共计4.68亿元，实现手续费收入318万元。

（四）高端存款户。截至2008年12月末，全行10万元以上个人存款户283626户，比年初增加58667户，占个人存款总户数的4.19%，余额879.8亿元，占储蓄总量的39%。其中，500万至1000万的存款户577户，较年初增加206户，余额38.3亿元；1000万以上的存款户271户，较年初增加124户，余额64亿元。

二、主要工作开展情况

（一）积极组织开展“大行德广—伴您成长—金钥匙春天行动”

为把“春天行动”办成具有农行特色的大型营销活动，河北省分行制定了周密的活动方案，在全省统一安排了10项活动内容。一是2月2日集中开展声势浩大的现场宣传活动。二是以市分行为单位春节前分别举办个人优质客户联谊会，省分行1月18日在廊坊燕郊举办个人金融产品推介会暨个人优质客户联谊会。三是以各市分行为单位，在县域举办“面向三农”个人金融产品推介会。四是开展百名金融理财师宣传营销活动，农历正月十五前，各市分行在城市重点社区和县域开展了一次个人金融产品宣传营销活动。五是春节前后开展以出租车为载体的宣传活动。六是开展“撞福星”礼品派送活动。七是开展个人高端客户新春送福活动。八是开展向个人贵宾客户新春送健康活动。九是开展大学生窗口服务明察暗访活动。十是组织开展储蓄存款营销擂台赛活动，12天的擂台赛共增加储蓄存款76.7亿元，占一季度全部增量的49%。

经过三个月的努力，“金钥匙春天行动”取得了显著成效，在总行五月份召开的个人业务专业会议上，河北省分行获得了以一级分行为评比对象的“金钥匙春天行动”全部三个奖项。

（二）圆满完成奥运文明规范服务工作

按照总行迎奥运文明规范服务活动各项工作部署，河北分行分阶段深入细致地开展奥运金融服务工作，网点服务质量显著提高。

一是组织召开迎奥运文明规范服务活动启动会。为落实中国银行业协会要求和总行青岛会议精神，启动河北分行的迎奥运文明规范服务活动，4月8日召开了全省迎奥运文明规范服务活动启动会议，传达了总行在青岛召开的相关会议精神，公布了河北省分行《迎奥运文明规范服务活动实施方案》，对有关工作进行了具体安排部署，对各单位、各部门的工作任务进行了分解。

二是组织制定迎奥运“倒排工期”工作表。根据河北省分行迎奥运文明规范服务活动专题会议精神，河北省分行个人业务处协同秦皇岛分行对迎奥运文明规范服务活动各项工作逐项进行了梳理，最终确定了64项具体工作，明确了责任单位、责任人和完成时间，形成了“倒排工期”工作表，其他分行也根据本行实际制定了相应的“倒排工期”工作表。

三是召开了迎奥运文明规范服务再动员会议。6月5日，针对距奥运会召开时间较近，但各行迎奥运文明规范服务准备工作差距较大的实际，为进一步增强紧迫感，动员全行上下规范服务行为，提升服务水平，组织召开了“全省迎奥运文明规范服务再动员视频会议”。会上，河北省分行张虎副行长提出了领导重视、全员发动、倒排工期、落实责任等八点要求，对推动迎奥运文明规范服务深入开展起到了积极的促进作用。

四是加强监督检查，不断改进工作。为了增强各营业网点的紧迫感，督促其不断改进服务，省分行共组织了五次大规模的迎奥运文明服务明察暗访活动，好的予以表扬，差的予以处罚，从而有效促进了营业网点服务水平的提高。6月22日～25日，省分行个人业务处抽调12人，组成三个检查组，对秦皇岛和北京周边5个重点城市的46个网点进行了奥运金融服务暗访，采取事先不打招呼、不与当地行联系、发现问题现场拍照的方式开展工作，掌握了营业网点文明服务的真实状况。与此同时，全省还开展了借助社会力量的大学生窗口服务明察暗访活动，从客户的角度发现平时不为我们所注意的问题，为改进服务提供了有益借鉴。

（三）积极推动个人理财业务发展

一是贵宾客户服务体系建设取得积极进展。截至2008年12月末，已建成理财中心10家，除张家口分行以外的10个市分行开通了健康通道。11个市分行全部能够为贵宾客户提供免费的咨询服务。二是为进一步加强个人理财业务人员管理，落实个人理财从业人员持证上岗管理制度，促进个人理财业务持续健康发展，河北省分行组织了全省农行系统首次个人理财从业人员上岗考试，全省579名通过银行业个人理财科目考试的员工取得了上岗资格证书。三是举办了全省第二期理财师培训班。根据理财业务发展需要，10月份省分行个人业务部门与中国金融标委会联系，举办了全省第二期理财师培训班，各市分行选派63名业务骨干参加培训，其中62人通过了资格认证考试，高于全国平均水平19个百分点。

（四）加快网点建设与转型，加强网点服务管理

一是制定了网点建设及转型三年规划，加快推进步伐。按照总行的工作部署，制定了《中国农业银行河北省分行2008～2010年营业网点建设及转型规划》。以“网点分类、功能分区、业务分流、客户分层、产品分销”为总体思路，并达到品牌形象、操作流程、服务体验“三个一致”，围绕网点硬件设施的转型和统一规范服务标准、优化产品结构两个方面展开营业网点的转型工作。确定了未来三年全省营业网点装修改造目标。二是完善网点管理组织机构，建立统筹规划、通力协作、职责清晰、运作高效的网点管理工作机制。根据总行《关于网点管理职能调整的通知》（农银办发［2008］73号）要求，省市分行分别成立了网点管理与转型领导小组，负责网点规划及业务转型中重大事项的决策、协调、组织和推动工作。三是按照营业网点建设及转型三年规划，组织完成了全省营业网点购置、装修改造、擦亮牌子项目数据库建设，各行上报项目311个，预计投入3.96亿元。

河南省分行个人金融业务发展概况

一、个人金融业务发展概览

2008年，河南分行个人业务工作认真贯彻落实总行工作会议精神和各项工作部署，加快业务转型步伐，加大客户营销力度，努力做好优质规范化服务，较好地完成了年初确定的各项指标任务，全行个人业务保持了较好的发展势头。

在传统的个人存款市场，个人存款存量和增量市场份额均位居第一，继续保持四大行领先优势，2008年个人存款净增261.93亿元，增量再创历史新高，市场竞争力不断提高。在总行2008年春天行动评比中，被评为“全国个人储蓄工作突出贡献分行”。

在个人中间业务方面，2008年全省农行销售基金103.87亿元，在省内四大行位居第三位，较上年末提高1个位次，在全国农行系统位居第四位，较上年末提高3个位次；实现手续费收入9919万元，在省内四大行居第二位，较上年末提高2个位次。在农行系统位居第六，较上年末提高1个位次。发行“本利丰”人民币理财产品18款，累计销售8.63亿元，实现手续费收入661.80万元，在农行系统内排名第八，“金钥匙”品牌形象不断提升。在2008年总行“金钥匙春天行动”评比中，被评为“金钥匙理财杰出分行”。

在个人信贷业务方面，全年共举办个贷业务培训8期，累计培训2000余人次；编制了个人住房、个人汽车、个人生产经营贷款操作模板，制度建设不断完善；全年共批复12个楼盘按揭合作项目，金额6.83亿元，经营资格和楼盘项目准入稳步推进；编制并印刷了《个人信贷产品操作手册》下发各行，清查梳理了历年来个贷有关制度流程。各项管理工作的有序开展，为下一步个贷业务的良性发展奠定了较好的基础。

在网点建设方面，2008年全行已完工验收骨干网点41家，一般网点172家，成立金钥匙理财中心2家，有185个网点设立了金钥匙贵宾室，511个网点设立了贵宾窗口。新建网点均实行了功能分区，部分行开展了低柜业务，营销模式逐步由被动营销向主动营销转变。在2008年的“春天行动”中，我行安阳市区支行营业室、濮阳行政区支行营业室、驻马店平舆县支行营业部被总行评为“全国城乡个人金融百强网点”。

在规范化服务方面，全省各级行从环境卫生、服务态度、服务效率、服务质量和企业文化精神入手，狠抓优质规范化服务，服务水平不断提高。2008年全省农行有5家单位被中国银行业协会评为奥运服务先进单位，1人被评为先进个人；12家单位被省银行业协会评为先进单位；1家单位被总行评为奥运金融服务先进单位，1人被评为先进个人。

在个人业务队伍建设方面，2008年末，全省农行获得国际金融理财师（CFP）资格的有10人，金融理财师（AFP）资格的有144人，金融理财管理师有5人；有237人通过中国银行业协会组织的个人理财从业资格考试，3025人通过总行组织的农业银行个人理财资格上岗考试。与此同时，个人信贷专职从业人员也逐步得到充实。个人业务队伍综合素质的不断提高，为今后个人业务的快速发展奠定了有力的基础。

二、主要指标完成情况

（一）个人存款业务：2008年末，全行人民币个人存款余额为1518.13亿元，较年初增加261.93亿元，同比增加186.95亿元，完成省分行下达年度计划111.4亿元的

235.13%，完成总行全年计划60亿元的436.55%。

（二）个人中间业务：2008年末，全省农行共销售基金256只，销售金额103.87亿元，在省内四大行销售占比为14.26%，位居第三位，较上年末提高1个位次；实现手续费收入9919万元，在省内四大行占比19.51%，居第二位，较上年末提高2个位次。2008年末，全行累计发行“本利丰”人民币理财产品18款，累计销售8.63亿元，实现手续费收入661.80万元，在农行系统内排名第八，“金钥匙”品牌形象不断提升。共代销国债5期、累计销售8351万元。

（三）个人信贷业务：2008年末，个人贷款余额32021.38万元，剔除剥离因素，较2007年末下降10955.76万元（数据来源于CMS系统）。全年累计发放个人贷款688笔，金额14962.16万元。其中：个人住房贷款164笔，金额1315.6万元；非住房消费贷款524笔，金额13646.56万元。

（四）银行卡业务：2008年末，银行卡发卡量达到1617万张，较年初增加185万张。实现手续费收入47375万元，同比增加8459万元，增幅达到21.8%，完成全年任务的80.2%，银行卡手续费收入占全行中间业务收入的55.9%，同比提高7.2%，银行卡存款余额达到404亿元，较年初增加78亿元，同比多增21亿元。

全行贷记卡发卡达到21.7万张，较年初增加18.9万张，完成总行全年任务的105%。贷记卡实际透支余额8468万元，较年初增加7452万元。贷记卡业务收入（含透支利息收入）344.8万元，同比增加302.5万元，增幅715%。

全行惠农卡发卡量达到62万张，完成省分行全年任务的124%，惠农卡存款2.1亿元，惠农卡收入105万元，发放农户小额贷款9.5亿元。

全行ATM投产运行数量达到1030台，其中在行式926台，离行式104台；取款机962台，存取款一体机68台。台日均交易笔数达到265笔，同比增长20%。全年自助设备共发生成功交易7259万笔，同比增加2904万笔，增幅66.7%；金额519亿元，同比增加302亿元，增幅139.1%。全年自助设备实现手续费收入4613万元。

全行银行卡累计实现银行卡消费267亿元，同比增加115亿元，增幅75.7%。

三、采取的主要措施

（一）加大营销宣传力度，加快个人业务发展步伐

1. 精心组织，积极开展“春天行动”

按照总行的统一部署，自2007年12月以来至2008年3月末，在全省范围内组织开展了“伴你成长—大行德广—金钥匙春天行动”活动。全行成立了以行长任组长、行长助理郭斌任副组长，相关处室为成员的“春天行动”领导小组，明确了职责、营销目标和营销重点，量化了产品目标，明确了营销方式和适用对象，突出了每一阶段的营销主题。在省分行统一组织下，全省各地相应成立组织，制订具体营销方案，以专项资金开展了多种多样的宣传营销活动，迅速掀起了“春天行动”的高潮，提高了产品知名度，扩大了影响，树立了良好的大行形象。

通过活动的开展，使各项业务得到了快速发展。3月末，全行人民币储蓄存款余额为1377亿元，较年初净增121亿元，完成一季度省分行计划97亿元的125%，在全国农行系统存量排名第八，增量排名第七。在省内四大行增量市场份额为30.48%，增量和存量均位居第一。销售基金13.3亿元，在全国农行系统排名第四。销售“本利丰”3.8亿元，在全国农行系统排名第八。

2. 银基联手，加强理财业务的宣传与营销

省分行充分利用与我行合作的基金公司的营销和管理力量，银基联手，共同做好对基金产品的宣传营销和对客户的维护工作。今年以来，全省农行共与十多家基金公司联手开展了基金百日联销会，举办了数十场投资理财报告会，不仅宣传了农行的理财产品、普及了理财知识，而且培育了客户的投资理念。

3. 强化宣传，不断提高我行产品的知名度

一是省分行联合河南交通广播电台在黄金时段定期播出理财业务知识、我行代销基金产品、理财产品介绍等系列广告，使我行的理财产品走进千家万户。二是积极组织我行理财师、理财中心参加上海证券报、中国证券网联合组织的2008“上证风云榜”第二届中国精英理财师比赛，宣传了我行金钥匙理财业务，提升了我行社会形象。三是各二级分行利用当地电视台、报刊、杂志、互联网等宣传媒介广泛开展了个人业务产品宣传，提升了产品知名度，促进了个人业务的快速发展。

（二）召开三次个人业务专题会议，强力推动经营转型

一是于2月26日召开了由各二级分行主管行长和个人业务科长参加的个人业务座谈会，进一步强化一季度开门红各项任务，并对下一步工作提出具体要求。二是于6月5日召开全省2008年个人业务工作会议，从组织领导、理顺架构、机制创新、启动个贷、网点建设、优化服务和风险管理等方面出台了多项措施，强力推动个人业务经营转型。三是于9月28日在濮阳市召开了全省农行规范化服务现场会，明确了今后我行规范化服务工作的总体思路，充分肯定了近年来我行开展规范化服务工作取得的成效，深刻剖析了工作中存在的问题和不足，对下一步做好规范化服务工作提出了具体要求。

（三）积极引导，大力推动个人信贷业务的发展

按照总、分行发展个人信贷业务的总体思路和“积极稳健、分类管理”的发展原则，今年以来，省分行采取有力措施，积极推动个人信贷业务的发展。一是根据二级分行的申请和管理水平，对二级分行分别转授了个人贷款的审批权限。批复新乡市分行成立个人信贷业务审查审批中心，批复鹤壁市分行实行部门分离办理个人生产经营贷款，批准花园支行成立个贷中心进行集中审查办理个人生产经营贷款。同时对二级分行及经营行进行授权，对个人生产经营贷款的资格准入审批权限下发至二级分行，对三农试点行将部分个人贷款的审批权限下放至县级支行。二是建立个人住房贷款计划考核制度。对8家试点行下达2008年个人住房贷款业务营销目标计划，对各行的个人住房贷款

新增投放额按月进行考核。三是围绕“四个重点”积极开展营销工作。把重点区域、重点客户、重点项目、重点产品作为优化全行信贷结构、改善经营状况、提升经营效益的重要工作来抓，把百强房地产企业和总行优质客户作为目标客户，下达了河南省分行2008年第一批重点营销房地产类贷款客户和项目计划表，确定拟营销项目及营销责任人，要求各营销责任人根据客户实际情况和确定的主要营销计划制定切实可行的客户营销方案，有计划、有步骤、有策略地开展营销工作。四是加快对各行个人住房贷款按揭楼盘合作协议的审批进度。批复新乡亿隆“欧洲小镇”、“亿隆新天地”、“中央花园”三个项目按揭合作协议合计1.68亿元，批复安阳“御峰名苑”、“英民华园”、“安阳市针织厂住宅小区”项目按揭合作协议0.95亿元，批复省分行营业部“湖光新苑”项目按揭合作协议1.2亿元。五是印发了《个人信贷产品操作手册》，对个人信贷业务的各个品种的办理流程逐一明确，提高了可操作性。

（四）加大工作力度，积极推进网点转型及规范化服务工作

一是按照总行的安排对全辖1148个营业网点进行了普查，全面了解我行网点的营业面积、地理位置、设备配置等基本情况，并拍摄了照片。在此基础上，完成了全行2009年度营业网点LED显示屏需求统计。二是加强制度建设，规范网点管理。起草了网点建设管理流程和网点建设三年规划，为今后规范化管理网点奠定制度基础。三是做好网点的建设管理工作。网点办成立以来，直接管理的骨干网点建设项目92个，其中已经完工并验收的网点16个，正在施工的网点建设项目41个，处于设计阶段的网点项目35个，及时处理了15个网点中存在的棘手问题。在直接管理92个骨干网点建设项目的同时，还监督管理各二级分行实施的擦亮牌子工程，今年以来，擦亮牌子工程已经完工的项目85个，正在施工的项目78个。四是按照总行统一安排，组织了牵头组织了对郑州、开封、洛阳、新乡、安阳、焦作、商丘等重点行的奥运金融服务检查工作。8月下旬和11月下旬，牵头组织工会、银行卡、电子银行、国际业务、会计结算等部门对郑州、洛阳、焦作、安阳、新乡、商丘、开封、驻马店、信阳、南阳等10家二级分行42个支行85个网点的服务环境、服务设施、服务礼仪、服务行为、服务管理、客户满意度等6大项的41分项进行了规范化服务暗访，并起草下发规范化服务暗访通报。五是按照银行业协会的安排，组织推荐12个规范化文明服务示范单位的申报及验收工作，经银行业协会评议，我行安阳市区支行、濮阳范县支行、省分行营业部营业室、信阳直属支行、洛阳栾川支行、驻马店市行营业部等6个单位被评为“中国银行业文明规范化服务示范单位”。六是做好政风行风问题的整改工作。针对群众对全省农行系统提出的反映服务水平、服务质量的310条意见建议，及时采取措施进行了整改。

（五）加强培训，全面提高个人业务条线员工管理水平

一是于2008年5月在省分行干校举办了全省个人信贷业务培训班，邀请总、分行个人业务部及法律部门专家，对全省各二级分行和下辖县级支行个贷业务骨干人员共计200余人进行了培训，系统培训了个人信贷业务现行的制度框架，全面介绍国内外、系统内、同业的个人金融业务，并着重掌握个人住房贷款操作流程和调查、审查过程中的疑点和难点。二是在省农行干校举行了各个层面的基金从业人员操作业务培训班，系统地对我行基金业务规章制度、操作流程、风险点等进行了培训，使我行基金业务在规范管理的基础上稳步发展。三是充分利用基金公司的师资力量，对一线员工进行开展了基金投资业务知识的广泛培训，全面提高了员工的业务素质、操作技能和销售技巧。四是于3月份组织了75名同志参加中国金融理财标准委员举行的金融理财师（AFP）认证资格考试，有70人通过考试并获得金融理财师（AFP）执业资格，通过率达93.33%，高出全国平均水平20个百分点。五是在4月份再次联合中国金融理财标准委员会在省农行干校举行了71人的金融理财师（AFP）培训班，有58人通过了7月份的资格考试。六是按照总行要求，于5月份组织全省15914人参加了农业银行个人理财岗位上岗考试，其中3025人通过考试。通过以上多层次、多角度的培训，有力提高了个人业务条线从业人员的业务素质和管理水平，为个人业务的快速可持续发展奠定了充足的人力资源基础。七是加大规范化服务的暗访力度，由省分行个人业务处牵头，工会、会计等部门配合，每季开展规范化服务的暗访工作，对存在问题全省通报。

（六）严格管理，有效防范个人业务经营风险

一是实行日监测、旬督导、月通报制度。加强业务监测、督导业务发展、通报完成情况。二是按季下发风险提示，对于个人业务经营中存在的风险点逐品种进行分析，汇总后上报省分行监察室统一下发风险提示。三是加强理财业务的风险提示。通过各行在营业网点明显位置张贴“基金有风险、投资需谨慎”的提示及证券投资基金投资人权益须知海报，让投资者明白购买基金的风险及自己的权利义务。要求基金销售人员在销售基金之前必须对客户进行风险问卷测评，并将测评结果让客户签字确认。还配合银监会、证监会对我行基金业务进行了检查，并开展形式多样的投资者风险教育活动，从而使我行基金业务在规范管理的基础上稳步发展。四是认真开展2008年个人业务自律监管检查。为加大监督检查力度，防范个人业务风险，省分行于11月19日~23日，组织开展了对省分行营业部、信阳、新乡、洛阳、南阳、驻马店、三门峡、濮阳等八个二级分行的个人业务自律监管检查工作。

黑龙江省分行个人金融业务发展概况

一、个人金融业务发展概览

2008年，中国农业银行黑龙江省分行加强个人贷款业务拓展和风险控制，积极组织储蓄存款，大力发展个人中间业务和理财服务，稳步开展银行卡业务，有力推进网点转型工作。截至2008年12月31日，人民币储蓄存款余额为871亿元，比2007年增加145亿元，在省内四大商业银行中，储蓄存款存量占比居第二位。代销基金13.8亿元，实现手续费收入4880万元。投放个人贷款12191万元，其中：个人质押贷款8785万元，个人生产经营贷款2695万元。借记卡发卡量406.57万张，较年初增长47.4万张，实现借记卡中间业务收入1.67亿元。组建4个理财中心，完成266个网点的装修设计工作，装修完毕26个网点。

二、个人业务经营情况

（一）开展多种形式的综合营销活动，有力促进储蓄存款快速增长。1. 组织开展“春天行动”，个人业务综合营销活动成效明显。截止2008年3月31日，储蓄存款完成了全年计划。2. 组织开展“存款超千亿攻坚战”活动，采取业务处室包片督导，实施一把手负责制和问责制等措施，推动“攻坚战”活动取得较好效果，实现了各项存款余额超千亿、增额过百亿的目标。3. 加强优质客户的营销和拓展。一是全面推广应用个人优质客户管理系统，全省666个营业网点已全部推广应用PCRM系统，系统注册用户2007个。二是落实贵宾客户专享服务措施，在哈尔滨太平国际机场开通了贵宾客户安检快捷通道和贵宾室服务，对个人优质客户免费提供农行产品信息、金融资讯、祝福问候等增值服务。三是各二级分行积极落实医疗保健、道路救援、律师咨询等增值服务项目，截至2008年12月31日，发放贵宾卡2282张，优质客户数量比2008年6月30日增加1754户。

（二）加大营销力度，有效促进基金代销业务发展。一是开展基金业务宣传周等活动。在黑龙江省交通台等媒体进行广泛宣传，并组织基层行开展业务宣传营销，积极发动全员营销，推进基金销售工作。二是与基金公司联合在黑龙江省分行营业部和齐齐哈尔分行举办投资者见面会，分析市场走势，增强投资者判断市场和实际投资能力。三是开展“托管基金促销行”活动，加大奖励力度。活动期间基金销售量大幅提高，在全国名列前茅。四是改变营销策略。在柜台窗口向大众推荐债券型基金，面向中高端客户，营销股票型基金和理财产品。在理财室成功推出东方红三号、长江二号、长江三号、黄山二号四支券商集合计划理财产品，完成了营销渠道的转型。

（三）优化贷款程序，积极推进个人生产经营贷款业务。一是通过召开个人生产经营贷款业务座谈会，到经办行进行业务调研等方式，了解基层行业务发展中遇到的问题和意见，协商信贷管理部门共同研究解决限制业务发展的有关制度规定。二是制定下发贷款实施细则，进一步调整贷款条件、优化贷款流程、简化贷款手续，解决限制个人生产经营贷款业务发展的主要问题。三是在实地考察的基础上，选择区域经济环境好、私营经济繁荣、经营管理基础好的50个支行开办个人生产经营贷款业务，并转授个人生产经营贷款不良率较低的县支行一定额度的审批权，不断提高该项产品的办理效率和市场竞争力。

（四）努力拓展目标客户市场，强化借记卡使用率与业务管理。一是制定下发管理办法和营销方案，对拓展借记卡发卡市场，开展刷卡消费营销、加强收入管理等工作提出了具体思路和措施。每周举行刷卡消费即刷即送活动，每半年开展一次大规模刷卡消费有奖活动，带动了借记卡刷卡消费额大幅增长，提高了我行借记卡市场占有率。二是开展睡眠卡清理工作，对因历史原因形成的无效卡数据进行了集中清理，提高借记卡业务运营质量，大大降低了业务运行成本。三是强势推行特色产品和服务，2008年全省累计发行惠农卡29.03万张，大大超过总行20万张的计划量；牡丹江绥芬河支行试点开办借记卡境外代付业务，通过与俄方合作，实现我行借记卡持卡人在境外刷卡取现；省行营业部主办发行了第24届世界大学生冬季运动会联名套卡，有效促进发卡量的增长。

三、推动网点转型方面采取的措施和经验

（一）做实规划布局，做到“三个合理”。在坚持“好区位、大门面、高成长、可持续”原则基础上，结合当地金融总量、网点位置、区域优势及经济发展状况等对每个网点进行了布局规划调整指导。规划后的营业网点普遍位于高档社区、繁华商业区、中央商务区等金融资源丰富，具有较强发展后劲的好区位、好地段。对网点规划做到了“三个合理”，即网点数量合理、网点布局合理、网点类型合理。

（二）统一网点形象，分期分批改造。2008年在保证标识、形象、色调、风格统一基础上设计制作了《营业网点装修规范手册》，做到了“统一进行功能分区设计、统一招标施工队伍、统一实施装修改造、统一进行工程验收”的“四个统一”。省行分管领导和各有关部门负责人也经常深入工地现场指导，严格把关，保证了工程质量，2008年共完成了79个营业网点的视觉形象建设。

（三）打造转型试点，推广转型经验。按照总行理财中心标准，建成了四个功能齐、服务优的试点网点，建立了以贵宾客户为重点的客户关系管理与营销发展策略。在试点基础上，出台了《金钥匙理财中心建设实施意见（试行）》，制定了理财中心建设具体方案和实施办法，明确了理财中心组织架构、岗位设置、服务营销流程、管理制度等。

（四）建立分配机制，加大考核力度。2008年，省行重新建立健全了效益工资分配机制。在效益工资总额中，

先计量、计价到员工个人，后采取分摊进行分配，体现“多劳多得”。分配办法力求简单明了，易于操作，通过明确业务计量和产品计价标准，员工本人就可以直接计算应得效益工资。团队营销的，根据贡献度实行按比例分成。除以上各项指标外，在理财中心试点行还引入千分制，采用总分在1~1000分之间的考核方法，全面评价个人客户经理的各项工作表现，作为改善待遇、调配岗位、获得晋升的主要依据，极大地提高了广大员工的工作热情。

（五）加强队伍建设，提高员工素质。2008年举办了5期个人客户经理培训班，1期理财经理培训班，对全辖个人客户经理进行全面培训，共培训大堂经理、理财经理、营销经理等个人客户经理1100人次，较大地提高了个人客户经理队伍的整体素质。委托北京金融培训中心，举办1期金融理财师（AFP）培训班，培训金融理财专业人才65人，其中有53人一次通过资格考试，壮大了个人理财专业队伍。各理财中心试点行也采取“周学习”、“季培训”等多种形式进行学习和培训。

湖北省分行个人金融业务发展概况

2008年，湖北农行认真贯彻总行2008年行长工作会议和个人业务工作会议精神，紧紧围绕省分行党委提出的“树形象、抓发展、增效益”的经营方针和“三个确保”总体要求，力推经营转型，加大营销力度，强化基础管理，个人业务取得了明显成绩，为全行业务发展作出了积极贡献。

1. 个人金融资产超额完成任务。截至12月，湖北分行累计营销个人金融资产492.66亿元，全省农行个人金融资产营销完成全年计划的140.76%，16个行全部完成年度计划。

2. 个人存款增长创历史佳绩。12月末，湖北分行个人存款余额1351.83亿元，是我行历史上个人存款净增最多的一年；个人存款增量完成总行计划的447%，完成省分行计划的240.99%。个人存款增量在全国农行排名第10位，增幅25.79%，高于全国平均水平；在省内四大行中，农行个人存款余额和增量均居同业首位。

3. 个人贷款营销稳健发展。12月末，湖北分行个人贷款全年累计投放58.42亿元，累计收回48.72亿元，个人贷款比年初净增11.4亿元。

4. 基金销售跃至四大行首位。12月末，全行基金代销额171.93亿元，基金代销量在四大行中居第1位，较上年末上升了2位。

5. 贵宾理财服务稳步推进。在全省范围内推行了“全行共享、属地维护、规范服务”联盟商户维护管理制度，公布了现有战略联盟商户名单。在武汉天河机场、三峡机场、武昌火车站、襄樊火车站等场站建设了贵宾通道；与同济医院等5家医疗机构签订了健康医疗合作协议；同时与90家商户签订了战略联盟关系。

6. 管理水平明显提高。对3个各项存款6000万元以下的低效营业网点下达了预警提示函，确保了年底各项存款6000万元以下低效网点全面消灭；对个人贷款中出现新发生不良贷款的15个行下达了个人贷款风险提示函，相关问题已全部整改到位；对自律监管中暴露的问题下达了整改通知书。通过多点着力，使个人业务风险控制水平上了一个新的台阶。

2008年湖北分行个人业务主要工作重点是：

（一）突出转型重点，着力抓好网点转型工作

一是打造了一支高质量的网点管理团队。不仅按照总行要求迅速在省分行及各二级分行成立了网点管理与转型工作领导小组及网点管理科（网点管理办公室）。同时从相关部门及基层行抽调业务精英到相应网点管理岗位，锻造了一支高素质的网点管理团队。二是及时出台了网点管理和转型相关办法。督促各级行纠正转型中存在的问题，并进一步提高了网点转型工作效率；在全国农行系统内首次明确了网点主任、低柜柜员、大堂经理、个人客户经理、理财经理等五类营销人员的营销职责。三是大力推进了网点三分工作。大胆地提出了网点转型分类指导、分步实施的策略。即所有网点在现有基础上首先实现简易“三分”，再逐步推进网点战略转型。四是大手笔开展了网点装修改造及优化布局工作。对大部分营业网点进行了整体装修改造，较大地提升了我行整体形象；对10个营业网点进行了迁址新购，进一步优化了网点布局。

（二）组织大型营销活动，确保营销工作跨上新台阶

1. 成功组织了2008年金钥匙“春天行动”大型营销活动。做到了科学部署、合理激励、创新营销。一是召开三大专题会议，逐级推进“春天行动”有效开展。首次组织了全省农行零售业务工作会议，拉开我行零售业务转型序幕；针对年初个人理财产品营销艰难的局面，及时召开了个人理财产品营销工作专项推进会；同时在春天行动收官阶段，迅速召开了2008年度个人业务工作会议，为全年营销工作做出科学安排。二是在春天行动期间，我们在全省范围内广泛开展法人客户高管批发营销活动、“五进三扫”营销活动、金融理财产品营销集中推介会等各类活动，以媒体为载体，以产品为拳头，全面取得营销先机，逐步将“春天行动”做成了我行一个响亮的品牌。

2. 积极开展了个人金融资产“1+5”组合营销活动。一是及时下发了“1+5”综合营销活动方案。5月初，在及时总结了前期资本市场起伏不定的局面后，迅速行文下发了“1+5”综合营销活动方案，指导各级行在多变的市场形势下因势利导，积极开展产品营销。二是注重“1+5”综合营销活动的宣传。在经管网上开辟个人金融资产“1+5”组合营销活动宣传专栏，及时通报各行个人金融资产营销进度和宣传活动开展情况。三是进一步完善激励政策。为配合活动的开展，进一步完善2008年考评办法，突出对个人金融资产和中间业务收入的总量考核。到年底，基金代销额在系统内也由年初的第11位跃至第3位。四是有重点、有针对地开展了大量营销活动。该行进入武汉市南湖社区，送理财知识、送理财方案、送理财经验。该活动不仅取得了良好的社会反响，更是得到了省委、省政府的认可，赵斌副省长亲自带队观摩了此次活动。同时，成立了金钥匙理财专家团。汇集部分理财经验丰富的理财师，按期发布“金钥匙理财周刊”和“金钥匙每日快报”。

3. 全面实施基金营销“六个一”工程。针对2008年基金代销工作举步维艰的现状，省分行在全行所有营业网点开展了基金营销“六个一”工程，不仅为网点转型工作的顺利展开做了铺垫，也全面提升了全行员工基金营销的激情。到年底，全省农行一个基金专柜、一个基金营销经理、一个基金宣传专栏、一套网络系统、一个信息平台等“五个一”的网点普及率达到了100%。

（三）强化重点产品营销，提高农行产品市场竞争力

一是持续性抓好了稳储、增储工作。开年以来，湖北分行抓住存款持续回流契机，根据资金流向，主动出击，源头抓、中游堵、下游挖，同时督促各行开展营业网点存款“转正”活动，不仅保证了储蓄存款的强劲增长，也使全行储蓄存款增长全年稳居四大行首位。二是充分发挥了个人贷款“药引子”作用。在贷款规模有限的前提下及市场风险日益增大的背景下，分行要求下辖各级行要合理、有效地利用有限的个人信贷规模，提出了“积极发展中高端个人信贷业务”精神，以中高端客户为主要目标客户群体，以个人住房按揭贷款、个人生产经营贷款和个人汽车贷款为突破口，大力推进个人助学贷款，带动了院校金融市场拓展工作。针对信用好、收入高的客户实施优质客户目录式营销，在全省推行50万元以上客户由二级分行直接负责营销和管理，建立客户目录库。到12月末，全行50万元以上个贷客户投放贷款11.17亿元，占比18.57%。三是适势营销基金、本利丰等个人理财产品。不仅开展“1+5”综合营销活动和基金营销“六个一”工程刺激个人理财产品营销；也开展了“爱行活动”大力营销农银汇理基金，在系统内排名前10位；总行开展的托管8只基金促销活动湖北分行名列第2位。

（四）强化执行力，进一步夯实个人业务发展基石

一是风险控制到位。2008年，该行在加大业务营销的同时不忘狠抓风险控制。通过现场监管和非现场监管相结合，开展了2次个人理财业务自查自纠活动、1次个人贷款贷后管理检查活动、1次自律监管活动，配合湖北银监局、湖北证监局做好了基金现场风险检查，积极迎接做好了总行内控评价及德勤外部审计工作。同时采取了储蓄存款按季定期通报到网点，个贷按月在线监测到支行，重点业务风险提示到行等一系列精细化管理举措，把风险管理落到实处。二是激励机制到位。省分行全年切块专项费用、奖励工作用于零售业务发展；同时在全行范围内推行了全覆盖的产品计价体系；提高了个人业务相关考核分值。三是培训机制到位。2008年省分行共举办了大堂经理培训、个贷经理培训、零售业务讲师团培训、零售业务师资队伍培训及理财产品营销培训等5大类共计15场次大型培训活动，培训受众超过了2500人次。培训内容不再局限于产品、制度，而是集产品、制度、营销技巧、服务规范等多方面内容于一体进行培训。四是优质文明服务到位。一方面不断深化贵宾服务内涵。不仅重视“三优一增”工作，加大战略合作单位和联盟商户的拓展力度，同时要求各行尽快补齐贵宾客户相关资料；另一方面全面提升服务层次。不仅做好了奥运金融服务工作，确保了奥运期间服务0投诉；而且重点对存量客户和贵宾客户开展了个人金融产品服务征求意见函和贵宾客户体验易登机活动。五是科技支撑到位。省分行督促各级行狠抓“四大系统”上线工作，到12月末，全省农行经管网、PCRM系统网点上线率都达到了100%，分别有45个、15个网点上线了CFE和CRG系统。

江西省分行个人金融业务发展概况

2008年，江西分行以科学发展观为指导，紧紧围绕总行3510发展战略，制定了零售业务发展战略，并强力推进网点转型，积极推动储蓄存款、个人贷款、理财产品营销，精心组织了“金钥匙春天行动”、“基金红土地行”、“个贷大营销”等一系列营销活动，全行个人业务保持了稳健发展的态势：储蓄存款净增额和余额居工、农、中、建四行第一，个人贷款净增额四行份额提升10.9个百分点，代理基金销售额四行份额提升12.4%，借记卡保有量居四行第一，个人队伍建设取得长足进展，培养理财师76人，内部基础管理得到夯实，个人金融业务综合能力得到进一步提升。

2008年，江西分行在全行个人金融业务部门员工的共同努力下，较好地完成了各项个人金融业务目标任务：储蓄存款同比多增88.1亿元，完成目标任务209%，个人贷款完成目标任务100%，借记卡有效发卡209万张，完成目标任务175%，第三方存管签约客户净增4万户，完成目标任务175%，但由于资本市场低迷，受基金业务大幅下降影响，个人中间业务收入仅完成目标任务49%。主要目标任务在全国农行排名得到进一步提升，个人贷款增量列系统内第9位，比上年前移7位，个人中间业务列系统内第22位，比上年前移4位，储蓄存款增量列系统内第21位。

2008年，江西分行主要从以下几个方面做好个人业务工作：

（一）是活动促销，大力组织储蓄存款

紧密围绕联结城乡、服务“三农”的市场定位，开展了形式多样的综合营销活动。精心组织“大行德广　伴您成长　金钥匙春天行动”综合营销活动，2008年一季度储蓄存款净增75.59亿元，创历史最好水平。在二、三季度，以稳存增存工作为目标，以做好奥运服务为契机，紧抓网点柜台优质服务，做好第三方存管开户工作，打通资本市场资金回流通道，有力促进了全行储蓄的稳存增存。

（二）是强化管理，稳步发展个人资产业务

紧紧围绕有效发展原则，强化管理和风险意识，加大个人贷款工作力度。以加大营销为目的。一方面，加大产品投放力度，陆续推出个人客户综合授信贷款、经济适用房贷款业务，不断丰富了个人贷款产品，并且在三季度开展了个贷大营销活动，切出170万元效益工资专项考核个贷业务拓展，强力推动了全行个人贷款营销。另一方面，以提高效率和防范风险为目的，开展了个人贷款网上审批试点工作，组织了全行个人贷款业务大检查，个人贷款抵押物权证和质押物清查，进行了房地产中介机构风险排查，对检查出的问题及时进行了整改。

（三）是多策并举，全方位大力推进基金营销

以“争市场、抢份额”为目标，全方位推进基金营销。2008年1月份就召开了全省农行基金业务工作会议，2008年春节过后组织了“基金理财红土地行”大型宣讲活动，2008年6月份开展了“农行基金定投伴你行”活动，大力组织农银汇理基金和恒久增利债券型基金营销。建立了基金业务督导机制，每旬对各二级分行、排名前10名及后10名的支行进行通报，并对排名落后的二级分行进行了现场问责督导。

（四）是拓宽渠道，理财新产品销售平稳

为拓宽中间业务收入渠道，我行今年新推出了“个人实物黄金买卖”、“本利丰”和“金钥匙理财规划”等个人中间业务产品，为高端客户的投资理财需求提供服务。2008年，全行共销售实物黄金41.5公斤，销售“本利丰”理财产品1.68亿元，金钥匙理财顾问服务收入405万元。

（五）是积极探索，加快网点转型步伐

为加快网点改造工作进度，不断提升我行网点形象，2008年我行在网点转型方面开展了一系列工作：编制了2008~2010年营业网点三年发展规划与2009年营业网点建设投资计划；推动了精品网点大堂经理配置，实施“大厅制胜”战略；开展了“行长亲历大堂经理”活动及在全省农行个人业务系统开展“我是大堂经理”活动，增强行领导及业务部门对业务转型的感性认识；制定实施电子渠道业务分流考核办法，加快网点业务分流进度；建立了全行网点电子地图，完成辖属网点的标注，并将全辖网点标注信息统一导入软件，建立一级分行地图信息文件并上报总行；为服务高端个人客户提供系统支持。3月份在全省农行网点推广PCRM系统，11月底进行金钥匙理财支持系统（以下简称CFE系统）试点工作，制定了个人优质客户管理办法，有序推进客户分层服务。

（六）是夯实基础，提高精细化管理水平

加强制度建设，制定了《江西省分行个人住房按揭楼盘准入操作规程》、《网点转型指引》、《网点转型意见》等一系列制度文件，编写了《个人信贷产品操作手册》，为个人业务发展提供制度保证。加强员工队伍建设。一方面加大了业务培训力度，举办了本利丰、代理黄金、个人贷款操作规程、大堂经理等业务培训班；另一方面加强岗位培训，举办了个人理财从业人员资格考核等上岗考核，四千多人次取得上岗资格。同时还制定岗位职责及考核办法，明确处室员工履职要求。

辽宁省分行个人金融业务发展概况

2008年，在辽宁分行党委的正确领导下，全行认真贯彻总行专业会议精神和省行工作会议精神，按照总行建设国内最大零售银行的发展要求，树立科学发展观，突出市场营销，完善经营措施，强化风险控制，全行个人业务实现有效发展。

一、各项个人业务经营指标完成情况

（一）储蓄存款超常增长，增长额创历史新高。截至12月末，全行个人储蓄存款余额946.88亿元，较年初增加152.88亿元；其中人民币储蓄存款余额943.76亿元，较年初增加153.79亿元，完成省行全年计划的256.32%；外币储蓄存款余额4557万美元，较年初减少943万美元。

（二）个人贷款业务强化风险控制，规范发展。截至12月末，个人贷款余额33.15亿元，比年初下降45.69亿元，不良余额比年初下降34.09亿元。其中个人购房贷款余额29.90亿元，比年初下降18.84亿元，不良余额比年初下降11.27亿元；非个人购房贷款余额3.25亿元，比年初下降26.84亿元，不良余额比年初下降22.82亿元。

（三）个人中间业务因“市”利导，结构深化调整。截至11月末，代理销售开放式基金60余只，开通定期定额业务的基金205只，累计认购（申购）达71648万元，实现基金代理收入1784万元，完成总行计划12.39%，基金交易量为161753万元。代销国债5期，销售额3.1亿元，实现手续费收入301万元。实物黄金代理销售试点推出，销售黄金260克。截至11月末，收取小额账户管理费2342.46万元，已累计实现小额账户管理费收入6456万元。

二、2008年主要工作措施

（一）明确发展方向，加强对个人业务发展的战略指导

一是研究编制了辽宁分行个人金融业务3510发展规划。在科学分析当前个人业务发展现状和趋势的基础上，明确了辽宁分行个人金融业务未来3、5、10年的分阶段指导思想和发展远景，提出切实可行的发展举措。二是召开个人业务大型专业会议和板块联动工作会议。为认真贯彻落实总行党委提出的经营战略转型目标的实际步骤，辽宁分行分别于6月份和11月份成功组织召开了全省个人业务工作会议和个人业务、银行卡、电子银行三个专业联动的个人板块工作会议。提早谋划未来两年个人业务板块工作思路和发展方向，研究部署明后两年我行个人板块业务的工作目标、任务和发展举措。制定出台了《零售产品销售及客户营销计价考核办法》，推出了银行卡、电子银行、网点办、个人贷款四项业务的专题材料，进一步明确了网点转型的三年规划，确定了银行卡、电子银行、个人贷款的营销、发展指导意见。

（二）强化市场营销，积极开展“大行德广—伴您成长—金钥匙春天行动”综合营销活动

一是提早部署，自上而下积极推动综合营销活动的开展。提前召开全省“春天行动”动员工作会议，落实“春天行动”工作，布置活动方案。二是明确目标，自我加压。在总行全年经营计划未下达前，率先制订了辽宁分行的8项具体考核指标。三是强化资源配置力度，进一步加大“春天行动”各项激励措施。

（三）高度重视储蓄存款工作，推动存款持续快速增长

一是完善激励机制，在工资分配方案中明确万元存款增量的工资含量为40元，万元存款存量的工资含量为0.5元。培养并形成了全员揽存，争创佳绩的良好氛围。二是积极转变增存观念，引导各级行树立“抓存款就要抓客户，有客户就有存款”的理念，借助个人优质客户管理系统上线运行，拓展和培育一批高价值客户。三是实行存款按旬监测，及时分析，动态解决问题。

（四）制定发展规划，有序推进网点转型工作

一是认真开展全辖网点普查工作，对全辖网点基本情况进行了调查摸底。制定了网点建设三年规划（2008－2010）。二是建立健全网点建设的相关制度，成立网点购建及装修改造审批小组，加强网点建设项目的管理。三是加大网点建设投入，提高网点建设效率。通过置换、处置闲置固定资产等方式，解决了一批营业网点购建、租赁和装修改造资金需求。四是加强了网点服务管理，制定了《中国农业银行辽宁省分行营业网点规范化服务投诉处理程序》、《关于进一步明确网点营业时间的通知》等规章制度。

（五）围绕理财服务，积极营销中间业务产品

一是全力做好总行托管基金和农银汇理基金的销售工作。分行按基金销售额5%的专项奖励资金用于农银汇理基金的销售，激励一线销售人员超额完成发行任务。二是与基金公司联动，多次组织“基金公司与优质客户交流会”、基金培训和知识讲座，提高营销水平。三是动态调整国债的分配计划。将国债作为稳健型投资者理想的理财组合产品，较好地满足了市场需求与客户投资需要。四是推出个人实物黄金代理销售业务，丰富我行个人理财产品种类，满足客户多层次的投资需求。

（六）加强内控建设，保障个人金融业务可持续发展

一是强化自律监管。重新梳理了个人业务自律监管思路，按服务类别制定了自律监管检查方案，并结合现场检查落实自律监管工作。二是完成总行集中审计底稿的整改和责任追究工作。完成了审计部门分配的464份审计底稿的整改和个人贷款专题报告的核查工作。责任人处理和整改完成率100%。三是制定专项治理方案，对个人贷款业务的风险状况进行回顾与总结，提出了明确的风险防范措施。四是制定了基金和理财产品销售的风险应急预案，为预防基金销售中发生的各类突发事件做出快速、有效反应提供保证。

内蒙古区分行个人金融业务发展概况

2008年，农行内蒙古自治区分行（以下简称内蒙古农行）以提升个人金融业务综合营销能力和服务水平为重点，积极转变业务增长方式，加快经营机制转型，完善多层次营销服务体系，努力提高储蓄存款、目标客户、个人贷款、基金代销业务等各项核心指标的市场占比，做大做强城市和县域两个市场，在新的起点上实现了个人金融业务的持续、协调、快速发展。

一、个人业务发展基本情况

2008年是内蒙古农行个人金融业务迅猛发展的一年，各项业务取得长足进步，社会认可度进一步提高，各项金融业务发展态势持续向好，尤其是存款业务，更是成绩斐然。2008年7月22日，各项存款余额实现了1000亿元的突破，成为内蒙古农行增存工作发展史上的里程碑。2008年末，全区农行本外币储蓄存款余额达601.04亿元，比年初增加110.29亿元，完成总行下达全年计划的315.1%，完成区分行全年计划的200.53%，储蓄存款实现快速有效增长。从全区同业储蓄存款市场看，内蒙古农行个人存款余额市场占比为30%，位居第二位；储蓄存款增量市场占比达到27.80%，居第一位，在当地同业市场中继续保持了储蓄存款增量的优势地位。同时，内蒙古农行储蓄存款网均、人均水平较上年不断提高，全年增长率分别达到22.54%、22.4%，网点竞争能力进一步增强。另外，截至12月末内蒙古分行累计实现基金销售额3.7亿元，新开基金TA账户13859个；全行小额账户收费收入达到2146万元；代理发行5期国债，累计销售额达10500万元。

二、主要工作措施

一是唱响“春天行动”凯歌，全力打造农行品牌形象。2008年一季度“大行德广—伴你成长—金钥匙春天行动”综合营销活动中，内蒙古农行高度重视，统一启动时间，统一营销主题，统一品牌宣传，统一宣传形象，统一宣传用品，分阶段、分层次的展开“春天行动”，积极组织开展了各种形式新颖、效果显著的客户联谊会、产品推介会、理财沙龙等综合营销活动。按照提升农行零售银行形象的要求，加大了对“春天行动”和金钥匙品牌的媒体、户外广告投放力度，注重发挥新闻稿在宣传中的重要作用，持续组织媒体宣传和报道工作，在全区范围内营造宣传声势。截至3月31日，全行人民币储蓄存款余额达561.2亿元，比年初增加70.4亿元，同比多增16.1亿元，创历史同期增存最好水平。全区四大国有商业银行中，内蒙古农行人民币储蓄存款创造了连续六年稳居增量市场份额首位的辉煌篇章。中国城乡金融报、内蒙古日报、总行个人业务动态、内蒙古农行《员工文化》等报纸杂志报道了该行“春天行动”及增存工作。

二是转换工作思路，推动个人贷款业务稳健发展。按照总行2008年工作会议提出的“积极发展个人住房贷款业务”及我行年初制定的“规范发展个人汽车贷款、个人质押贷款，谨慎发展个人生产经营贷款，加大各类不良贷款清收力度”的总体要求，内蒙古农行个人资产业务继续保持了稳定、健康的发展态势。一方面在有效防范风险的前提下，稳步推动个人住房贷款业务持续健康快速发展。在其余种类个人贷款下降的趋势下，个人住房贷款业务一枝独秀，呈稳步发展态势，表现良好。另一方面进一步加强对经销商准入审批程序的控制，加大贷款在线监督检查力度，实现个人汽车贷款业务健康发展。按照对汽车合作经销商实行高标准、严准入的管理方式，进一步规范经销商准入和风险控制流程；针对优良客户群体，出台了优惠政策进行有差别引导。

三是切实强化措施，促进基金代销业务和个人理财工作有效发展。自2007年四季度以来，基金市场步入了一个十分困难的时期。为了扭转不利局面，内蒙古农行积极采取对策，组织了一系列的业务推动活动，开展了“百日托管基金促销行”活动，积极采取有效措施推动了农银汇理行业成长基金的代销工作，不断加大宣传力度，配合基金公司进行了一系列投资者教育活动。另外，2008年内蒙古农行继续贯彻以贵宾客户为重点的客户关系管理与营销发展策略，逐渐加快了理财中心建设、理财产品销售网络建设步伐，不断完善我行高端客户管理能力、逐步提升综合营销水平。

四是积极推进网点转型工作，打通营销渠道。对于零售业务而言，营业网点仍然是最为关键的分销渠道和服务平台。2008年为了积极解决问题，提升营业网点的核心竞争力，内蒙古农行积极转变观念，不断强化政策措施，实施“赢在大堂”策略，积极改造营业网点、电子渠道等零售业务产品销售平台，加快推进网点转型工作。按照总行的统一安排，对全区现有网点进行了认真筛选、分析，按照提升网点经济效益和金融资源匹配度、优化优势区域的网点布局、增加城区高端网点、清理城区低效网点的原则，制定出2008~2010年全行营业网点发展规划及2009年呼、包、鄂、赤峰等分行网点的具体发展规划。按照总行要求继续对全辖营业网点的各项关键信息进行了全面了解登记，作为今后网点整合、网点资源配置、网点转型、网点发展规划的依据。通过增加营业网点前台柜员业务量考核效益工资等措施，更好地发挥收入分配的激励作用，激发一线员工工作积极性，

五是努力转换观念，积极探索文明规范服务长效机制。内蒙古农行为使服务面貌得到根本的改观，积极探索服务长效机制，以全力打造客户首选银行为目标，实施“三优”战略，在一定程度上改善了设施陈旧、机具老化、环境差、效率低等服务水平的瓶颈问题，服务水平显著提升。2008年是内蒙古农行的“优质文明服务年”，全辖一线人员积极参与，从我做起，用心服务，推动了全行网点优质服务工作上台阶，促进了储蓄存款的增长。同时我行从3月上旬开始在全辖统一开展了迎奥运优质文明服务竞赛活动，在近期银行业协会组织的“迎奥运文明规范服务系列活动”评比中，我行有6个营业网点荣获了“迎奥运最佳服务窗口单位”的荣誉称号、有2个营业网点荣获“2008年度文明规范服务示范单位”的称号。

安徽省分行个人金融业务发展概况

2008年，在省分行党委的正确领导和总行个人业务部的有力指导下，安徽省农行认真贯彻落实总、分行年初工作会议精神，以加快有效发展为目标，大力实施客户分层经营，有效推进综合营销，强化基础管理和渠道建设，积极完善“大个金”经营模式，实现了个人金融业务的持续健康快速发展。

一、业务发展概况

一是个人存款创历史新高。截至年末，全行储蓄存款余额980.4亿元，较年初增加193.25亿元，同比多增109.04亿元。全省四大行中，我行储蓄存款增量市场份额33.14%，位居首位。

二是个人贷款业务稳步发展。截至年末，全行个人贷款余额79.92亿元，较年初增加8.29亿元，个人住房贷款较年初增加12.05亿元。个人不良贷款实现“双降”，资产质量进一步改善。

三是个人中间业务经营效益明显。2008年，全行基金交易量13.21亿元，实现代理基金业务收入4000多万元。代理发行凭证国债5.44亿元，取得国债手续费收入983万元。取得小额账户收费服务费收入2985.17万元。实现代理实物黄金手续费收入6.55万元。

四是个人客户结构持续优化。截至年末，全行个人高价值客户数达43.98万户，较年初增加11.6万户，占总客户数的3.61%，同比提高0.71个百分点。

二、主要工作措施

（一）紧盯目标市场，全力加强个人金融业务综合营销。一是强化旺季营销，深入推进“春天行动”。一季度，全行提前谋划，精心组织，紧紧抓住首季个人金融业务营销旺季，有效整合营销资源，深化联动营销机制，强势开

展了“大行德广　伴您成长　金钥匙春天行动”综合营销活动。二是做好奥运文章，大力开展百日竞赛活动。7月1日至10月10日，全省农行以“创优质服务　与奥运同行”为主题，深入开展了优质服务百日竞赛活动，围绕奥运做好个人金融业务营销文章，以优质服务为支撑，持续加大重点个人金融产品营销力度，实现了优质服务和业务经营的有机融合。

（二）落实科学发展要求，加快推进各项个人业务有效发展。一是有力做好储蓄存款组织工作。坚定实施储蓄存款“一把手”工程，围绕源头抓存款，不断优化储蓄存款结构。二是加快个人资产业务有效发展。确立个人信贷业务规模不受限制的优先发展战略。着力推进个贷业务集约化经营和专业化管理。突出重点，全面拓展房贷市场。三是积极推动个人中间业务有序发展。认真做好开放式基金销售。抓住低风险固定收益类金融产品回暖的有利机遇，积极做好凭证式国债目标市场拓展。继续提高保管箱出租率，力争将其作为高端客户增值服务手段，发掘了联动效用。紧扣高赛尔实物金回购便捷的优势，持续推进实物黄金代理业务发展。

（三）加强网点转型和规范化服务工作，提升渠道竞争力。一是整合管理职能。对全行营业网点建设与管理职能进行了整合，明确由个人业务处牵头组织营业网点管理与转型工作。成立了网点管理与转型领导小组，完善了相关工作机制。二是加快网点转型。加强硬件基础建设，加快骨干网点建设步伐，加大精品网点建设投入，大力改善网点营业环境和整体形象。遵循“整体设计、统筹规划、全面推进”的原则，制定了营业网点转型规划，推进完善保障措施，统筹部署实施，加快推动基层网点由“交易结算型”向“营销服务型”转型。三是扎实做好奥运金融服务工作。2008年是“奥运年”，全行通过大力开展“迎奥运文明规范服务”系列活动，进一步强化网点软实力建设，全力支持和参与奥运会，积极塑造了良好品牌形象。四是完善监督评价措施。坚持开展规范化服务检查，通过层层检查、督促整改，确保将文明规范服务创建各项要求落到实处。同时，聘请专业公司于下半年开展了服务质量测评，根据测评报告督促指导各行开展整改，促进了网点管理与转型工作的深入开展。

（四）强化合规管理和风险控制，保障个人业务健康发展。一是加强个贷业务规范管理，严控个贷风险。全行牢固树立质量效益观念，坚持积极稳健的个贷业务发展思路。继续加强CMS系统在线管理和监测，强化个人贷款的风险提示预警，实时跟踪掌握全行个人贷款的质量、规模变化。加大业务检查和整改力度，组织了多次个贷业务综合检查和专项检查工作，多维度、多环节对个人贷款业务进行规范。二是强化自律监管，实施全面风险管理。继续加强基金投资者风险教育，切实做好客户的风险承受能力测试，加强业务流程制约和岗位制约，防范交易风险。强化内控管理，组织开展了2008年全行个人业务专项治理暨自律监管检查活动，促进了个人业务风险控制能力和经营管理水平的提高。

（五）加强基础建设，稳步推动个人金融业务经营转型。一是加快金钥匙理财业务平台建设。加快推进金钥匙理财中心建设，2008年全行首家金钥匙理财中心已正式开业，并新批复筹建10家金钥匙理财中心。依托网点现有理财工作室或功能分区，积极推进理财贵宾理财室建设，推广金钥匙理财专柜，稳步完善金钥匙理财服务渠道。同时，抓细抓实，做好个人优质客户管理系统上线工作。二是打造高素质个人业务团队。积极开展员工培训，2008年省分行先后举办了集合理财、开放式基金、个人优质客户管理系统等多种培训班，并联合中国金融理财标准委员会举办了全行首届金融理财师培训班。持续加强条线队伍建设，积极组织条线认真开展深入学习实践科学发展观活动和企业文化建设大讨论活动，有力推动了各项工作开展。

宁波市分行个人金融业务发展概况

2008年，虽然受到国内经济增速放缓、资本市场和房地产市场持续低迷等影响，但是我行个人金融业务在分行党委的领导下，在总行个人金融部的指导下，以市场为导向，以客户为中心，积极进取，努力开拓，各项业务取得了较快发展。

一、个人金融业务发展概况

（一）人民币储蓄存款大幅增长，存量和增量连续五年位居四大行第一

到2008年12月底，全行人民币储蓄存款余额达到417亿元，比年初增长88亿元，同比多增79亿元，完成了全年计划增量的219%，增长绝对额创下了历史新高。在当地四大行中，我行存量和增量市场份额均达到了34%，比第二位的工行高出了近8个百分点。

（二）个人贷款业务继续平稳发展，风险管控能力进一步加强

受资本市场和房地产市场低迷的影响，个人贷款业务的绝对增长量较去年同期有所下降，到12月底，全行个人贷款余额为103亿元，比年初增加18亿元，占全行各项贷款增量的17.27%。在当地四大行中占比20%左右。个人不良贷款率仅为0.52%，在经济形势走势不容乐观、市场错综复杂的情况下，个人贷款的风险管控能力得到了初步考验。

（三）个人中间业务得到突破，各项业务取得长足发展

2008年，全行个人中间业务改变了以往单点发展的态势，各项产品均得到有效拓展，共计代理基金8.9亿元、发行理财产品1.56亿元，销售国债1.68亿元，销售个人实物黄金0.85亿元，共实现个人中间业务收入（基金、理财产品、国债、黄金）手续费收入2533.13万元。特别是我行在全国农行系统内率先推出了农行自主品牌实物黄金“传世之宝”，受到了市场良好的反响，在同业市场中占比达到了60%以上。

（四）银行卡业务有效发展，继续领跑当地同业

2008年，全行发卡总量达到431万张（其中贷记卡10.2万张），比年初增加85万张（其中贷记卡新增6.66万张），继续位居同业之首。全年累计实现银行卡消费86.3亿元，同比增加14.1亿元，增长19.5%。实现国际卡收单额5978万元。

到12月底，全辖共配备各类自助设备661台，其中现金类自助设备431台，全年存取款交易笔数2091万元，电子渠道交易占比43.95%，比年初增加15个百分点；受理跨行交易385万元，实现跨行业务收入1172万元，约占市场份额的15%，无论从机具数、业务总量还是跨行手续费收入均位居同业第一。全年实现银行卡各类收入14888万元，比去年同期增加3671万元。

二、主要工作措施

（一）坚持管理与营销并重，促进业务全面发展

一是通过严格准入条件，简化审批程序，开展专题营销等多种手段，全力发展个人贷款业务。二是重视储蓄存款在各项业务的基础地位和基础作用，大力提升储蓄存款的市场份额，抓住股市场震荡、部分投资者股市投资信心不足的有利时机，充分发挥网点网络优势，重点研究不同区域不同层次客户的储蓄意愿，抓好县域客户及老年人等资产保值需求较旺盛的客户群体的营销工作，促进储蓄业务的超常规发展。三是试点成立了个人贷款审查审批中心，实现了全行部分个人贷款产品的相对集中审查审批，有力控制了贷款风险。

（二）抓好理财、中间业务拓展，进一步优化业务结构

一是以“农银汇理”为契机，抓好基金销售工作。我行利用农银汇理基金公司产品发售的契机，积极研究形势，开展全方位的营销拓展，取得较好发行成绩。其中农银汇理行业成长股票基金发行额6039.97万元，完成总行计划的134.22%，农银汇理恒久增利债券基金发行额8016.11万元，完成总行计划的106.6%。在基金发行过程中，我部针对总行开展的每日“网点奋勇争先奖”评比活动，指导各支行合理安排营销时间，挖掘重点客户，使得北仑支行营业部、奉化江口支行等十个网点分别在两只基金发行中获得总行评选的“网点奋勇争先奖”，受到了总行的表彰。

二是做好“传世之宝”个人实物黄金和国债销售工作。针对资本市场震荡的有利时机，加大个人实物黄金销售力度。在充分调研基础上，实行捆绑营销策略，将个人实物黄金与个人贷款捆绑营销，实现了个人实物黄金跨越式发展。截至2008年12月31日，全市共销售“传世之宝”实物黄金342.23公斤，在四大行占比为61%，销售金额7552万元，预计实现收入213.17万元。此外，在全国农行系统中首次尝试了“传世之宝”实物黄金的购回业务，首次成功回购560克，使“传世之宝”品质有了切实的保证，品牌更加响亮。同时，做好国债代销工作。严格按照总行要求，及时部署、发动辖内支行做好国债代销工作。2008年，代理销售国债8期，累计代销金额达16824.77万元，其中凭证式国债5期，包销计划11700万元，储蓄国债3期，销售金额达5124.75万元。

（三）抓好私人银行试行，进一步提升贵宾客户服务能力

经过近半年精心筹备，私人银行于10月6日起开始试行办理私人银行业务。试营业以来，重点做好以下几方面工作：一是接待各方来宾。试营业期间，宁波市副市长苏利冕，总行副行长张云、个人业务部总经理李庆萍、审计局总经理等领导先后莅临私人银行并指导工作。在此期间，私人银行还先后接待了宁波市审计局、江东区、海曙区、中国移动宁波分公司等我行合作、支持单位以及建设银行、中国银行、市农信社等金融同业。来访客户对我行私人银行的硬件设施、服务理念等留下深刻印象，并对私人银行满足贵宾客户需求，打造个性化服务等方面提出了宝贵的建设性意见。二是积极进行营销拓展。私人银行立足现阶段服务能力，已同江北、海曙、江东支行及市分行营业部达成合作协议，并选定江北支行营业部等6个网点作为业务开展试点单位，制定了统一的电话营销、上门营销预案。通过参加宁波金融产品站、住博会等活动，以理财师坐堂的形式，现场解答客户理财咨询，介绍我行私人银行相关服务。三是贵宾客户活动有序开展。先后与中期期货、国泰君安合作，在私人银行沙龙屋举办了三期投资理财暨客户联谊活动。通过活动，客户直接体验和感受了私人银行优质服务，为下一步的营销拓展奠定了基础。四是切实提高理财师队伍素质。参加总行组织的金融理财师（AFP）、国际理财师（CFP）培训，并已有6人获AFP、1人获CFP资格。此外，于10月参加中国金融师会，与12月选派理财经理观摩在北京举办的“全国杰出财富管理师”评选颁奖典礼，解国内外银行理财业务发展最新动态、为下步业务发展获取宝贵的信息资源。

（四）加强辖内机构管理，进一步推进网点转型

2008年，全行上下围绕网点转型，在探索营业网点功能分区、服务分层、业务分流、产品分销，以及营业网点结构调整等方面，做了大量工作，取得了阶段性成果。全年共撤销效益不佳网点12个，全行网点数量从去年底的221个下降到209个，迁址网点16个，升格网点5个，网点结构和布局进一步优化；实施完成网点转型项目40个，完成了网点转型工作会议提出的目标；转型网点业务分流成绩显著，到12月底，全辖共配备各类自助设备631台，比年初增加376台，其中现金类自助设备增加176台、自助服务终端设备增加200台，已完成转型的40家网点的非柜面业务交易占比达到了50%，比转型前提高了11个百分点，比全行平均高出了6.55个百分点；转型网点的个人高端客户维护和营销能力有所提升，三星级以上个人客户的数量达到了8471户，比转型前增加了2358户，增长率达到了38.57%，比全行平均高出了近15个百分点；网点人员结构有所改善，12月底，全辖共配备大堂经理（大堂引导员）51个，客户服务能力和现场管理能力有所提升。

青海省分行个人金融业务发展概况

2008年，青海分行个人业务工作以股份制改革为中心，以科学发展观为统领，紧紧围绕总、省行2008年工作会议确定的各项工作目标，狠抓落实，积极营销，通过全行上下共同努力，个人业务工作得到了稳步发展。

至2008年末，全省储蓄存款余额为1204469万元，较上年末净增281601万元，同比多增170292万元，完成省行下达计划的256%。全省个人贷款余额59862.81万元。其中：个人住房贷款余额53492.41万元；个人生产经营贷款余额3589.61万元；个人汽车消费贷款余额3.83万元；个人助学贷款余额1905.79万元；个人一般消费贷款余额705.67万元；个人下岗失业人员小额贷款余额165.5万元。

一、重宣传、抓营销，促进个人存款和中间业务的发展

（一）组织全行大力开展2008年“大行德广—伴您成长—金钥匙春天行动”个人业务综合营销活动。一是活动期间，各级行紧紧围绕“伴您成长”的发展战略，以“金钥匙”品牌营销为主题，以个人优质客户为中心，以个人理财服务为手段，以精品网点为突破口，进一步完善市场营销机制、服务与产品创新机制和绩效考评激励机制，维护和拓展个人优质客户，经过全行上下的共同努力，使营销活动取得了显著成效，全行储蓄存款总量快速增加。截至3月末，人民币储蓄存款余额就达998154万元，比年初增加75286万元，增长率8.16%，同比多增32481万元。个人存款增量完成全年增量计划的68.44%，超额完成“春天行动”的个人存款增加计划目标；在省内四大国有商业银行中，我行储蓄存款存量市场份额27.31%，增量市场份额30.67%，市场增量份额位居第二。二是扩大宣传内容，营造增存声势。在“春天行动”活动中，省行及时征订活动宣传品，并分发全各行。同时，借助青海电视台、广场大屏幕等媒体，向公众献出新年贺词，并播放总行下发的个人业务宣传片。各经营行也积极利用当地新闻媒体开展“大行德广伴您成长”的核心理念宣传工作，从我行改革发展和经济金融新形势出发，采取向客户散发个人业务宣传资料，赠送纪念品等形式，开展了形式多样、各具特色的宣传营销活动，向客户推介农业银行的个人金融产品，从而营造了宣传声势，促进了“金钥匙”品牌的宣传，全面提升了农业银行金钥匙品牌的市场影响力。

（二）加强理财服务环境建设，做好理财人员的培训工作。一是委托总行培训理财师（AFP）20名，使我省金融理财管理人员达45人，为理财业务的开展储备了人才。二是抓好理财环境的建设，年内新成立理财工作室1个，目前全省共有理财工作室2个，理财中心（长江路支行）于11月正式对外营业，其他各经营行的营业室、分理处也设置了贵宾服务专用窗口和服务通道，在全省范围内初步建立起了为我行优质客户服务的服务体系。三是在全省范围推广个人客户关系管理系统（PCRM），为我行实施客户的分层次服务提供技术支持，通过（PCRM）系统的运行，区分客户，细分目标客户市场，给我行优质客户发放“贵宾卡”，从而有针对性地提供差别化服务，促进我行个人业务的发展。

（三）加快中间业务发展。一是进一步开拓基金代理销售业务，提高手续费收入。截至12月末，我省共代理销售开放式基金60只，累计开户数达48415户，实现基金交易量3.04亿元。其中：累计认购额0.33亿元，申购额1.12亿元，赎回额1.59亿元；实现手续费收入达966.37万元。二是根据总行《关于做好基金销售业务自查和现场检查工作的通知》，我省认真开展了基金销售业务的自查工作。各经营行也按照总行下发的各项检查内容开展了基金销售业务的自查、检查工作，并积极配合省银监局、省证监局对我行基金业务开展联合检查。通过自查、检查，对存在的问题进行了整改，从而提高了防范风险能力。三是按照总行的安排，经过业务部门和科技部门努力，新的基金代销系统于5月份正式上线，保证了基金代销业务的正常进行。四是努力拓展保管箱业务，提高出租率，出租率达21.49%。

二、加大市场营销力度，积极拓展个人信贷业务

一是省行与各经营行密切配合、加大对个人住房贷款和个人生产经营贷款等个贷业务的营销力度，全年累计发放个人住房贷款14350万元、个人生产经营贷款2026万元、助学贷款536万元、个人消费贷款561万元。二是按照相关制度审查房地产开发商准入条件，省行全年审批个人按揭贷款楼盘准入项目26个，审批按揭贷款额度总金额66238万元，建筑面积530810平方米。三是为提升全行从事个人信贷业务人员素质和业务技能，适应我行个人信贷业务发展的需要，打造一支高素质的个人信贷客户经理队伍，年内举办了个人信贷业务培训班。

三、积极开展营业网点的布局规划和转型工作

一年来，积极开展调研工作，完成了对西宁市城区行营业网点2008年至2010年三年布局、调整规划工作；为进一步优化网点布局，加快网点基础建设步伐，我们结合实际制定了青海分行网点建设与转型战略规划。并根据总行关于网点管理职能调整的通知精神，成立了中国农业银行青海省分行网点管理与转型工作领导小组，并在个人业务处增设了网点管理科。自7月份网点管理科成立以来，报经青海银监局审批网点升格4个、迁址2个、设立自助银行2个、增设ATM机7台，全年共装修改造网点18个。

四、狠抓优质服务，强化服务监督

响应银行业协会倡议，组织全行积极开展迎奥运文明规范服务系列活动及银行业协会举办的2008年度银行业文明规范服务示范单位评选活动。在活动中，辖属省行营业部等3个营业网点荣获“2008年度中国银行业文明规范服务示范单位”称号；辖属海西分行营业部等3个营业网点荣获“2008年度青海省银行业文明规范服务示范单位”称号。通过一系列活动的开展，使全行员工增强了诚信、合规的经营理念，提高了整体素质及职业道德，全面提升了服务水平，树立了农行良好的形象。

五、强化个人业务管理，积极防范个人业务风险

（一）制定了2008年个人存款、中间业务、个人信贷业务自律监管方案及监管计划，认真开展对个人业务自律监管检查，对辖属省行营业部等10个经营行的个人业务进行了自律监管，监管面达到40%。

（二）强化个人信贷管理，严格控制风险。建立CMS按月监测制度，随时跟踪监测各经营行个人信贷业务经营状况和风险状况。

（三）根据总行要求，开展了个人信贷业务及个人信贷业务抵押权证办理情况的专项检查，重点检查了个人信贷管理制度执行情况、审查审批及个人贷款放款执行情况、销售备案登记执行情况和有无虚假抵押权证、权利凭证是否入库保管等情况，对查出的问题向经营行发出书面整改通知，使存在的问题得到了及时整改，有效的规避了操作风险。

深圳市分行个人金融业务发展概况

2008年，全球金融市场动荡，个人金融资产大幅缩水；房市清淡，个人消费趋于保守。面临新的经营形势，深圳分行以“加快个人业务转型步伐，实现个人业务有意识、有目的、有管理地有效发展”为指导思想，稳步推进零售业务转型工作，加快专业化、集约化进程，个人主体业务市场份额逐步回升。“1＋N”个人金融资产经营引导取得显著成效。全年个人金融资产增量221亿元，其中，人民币储蓄存款增长超100亿元，增幅在四大行名列第二；实现个人理财产品销售122亿元，比2007年增长38亿元，增幅为45%，同业市场份额逐月提升。

（一）顺应市场，政策先行，引导个人业务经营

1. 把握储蓄持续回流的市场机遇，开展日均储蓄上台阶银鹰竞赛。今年六月份，我行针对储蓄市场份额有下滑态势，网点由于储蓄考核贡献不大对组织储蓄积极性不高的现象，开展储蓄日均增量上台阶银鹰竞赛，引导支行趁势发展。截至年末，储蓄余额较6月末大幅增长75亿元，下半年较上半年日均增长55亿元。

2. 因势利导，调整基金经营重点。大力拓展基金定投，从经营基金销售量转向经营基金投资客户。今年5月，我部联合华夏等9家基金公司，开展“轻松理财，成就梦想”基金定投推广活动。我行累计新增基金定投近4万户，基金定投逐步成为股票型基金代销量的重要增长点，数据显示，基金定投月扣款达607万元，占当月股票型基金销售总量的29%，中间业务效益贡献日趋明显。基金定投业务的发展，带动了基金TA有效账户的增长，新增TA有效户数量和完成率均列农行系统第一。

（二）完善高端客户服务体系，加强目标客户经营与管理

PCRM系统显示：目标客户较上年增长11.6万名，其中，三星级以上高端客户比上年增长4325户，目标客户经营与管理能力逐步得到提升。

1. 加大贵宾系列卡推广力度，提升对目标客户的识别和管理能力。设置贵宾系列卡专窗、专区，完善换卡交易，开展“开卡有礼”促销，引导客户换卡升级。贵宾系列卡在农行系统内存量份额与增量份额均名列第一。

2. 加快PCRM、CFE、ECRM系统推广，完善个人客户经理作业平台，支持目标客户拓展与维护。组织系统推广应用现场检查，协助支行树立示范网点，做实网点客户经理管户工作。根据支行需要，全年新增CFE系统外设200套，点均配备超2套，支持了全行个人客户经理低柜作业。

3. 开展“金钥匙”理财宣传推广，树立高端客户服务品牌。组织策划金钥匙“春天行动”贵宾客户回馈系列促销活动，被总行表彰为“个人金融综合营销优质服务先进分行”；推出了深圳电台“1062”农行理财师连线，持续开展金钥匙电影节、VIP俱乐部会员自驾游等活动。探索私人银行业务，成立了私人银行项目组，试点推出了第一期总额700万人民币的私人银行股权投资产品。

（三）系统推进网点转型，保障零售业务综合经营

1. 制定全行转型实施方案，细化量化转型目标。

年初制定了《分行网点转型实施方案》，明确网点建设、开放式柜台推广、营销服务队伍建设、落实服务规范、优化作业流程、提高客户识别率、提高客户经理作业水平和营销文化建设等8大方面重点工作35项改进措施。引入项目管理方法，明确项目进度要求，落实项目责任人、纳入绩效考核。

2. 做好“一点一策”指导，会审实施网点转型方案。

制定了网点转型规划样板，指导支行做实做细“一点一策”。组织会审网点转型方案，对13家支行110个网点转型方案下达了确认函，推进了全行网点由“大一统”经营向差异化经营分化。推动了网点功能升级与分区改造，全行85家网点在营业大厅建成规范的开放式柜台，开放式柜台网点推广率达75%，22个网点设立对公服务专柜，71个网点设立金钥匙理财中心。

3. 剖析网点服务效率难题，参与网点业务流程再造。

分行设立网点业务流程再造小组，梳理了网点业务引导流程，下发了《网点业务预处理服务操作指引》；参与了网点柜面业务的梳理，提出了卡、折业务流程改进建议；参与了分区作业下，前后台、高低柜作业范畴划分和劳动组合体系设置。

4. 充实并稳定营销服务队伍，推进专业化分工。

按照“总量增加、结构优化、梯队建设”的策略，推进了个人客户经理队伍调整充实，较上年新增26人；推进了个贷客户经理与理财客户经理的专业化分工，全行个贷客户经理达到133人；设置个人业务顾问，推进销售类业务与交易类业务分岗操作，促进柜员分化，培养营销服务骨干，全行指定个人业务顾问173人，平均每个网点1.5人；持续扩招大堂副理，全行大堂副理总数达到256人，平均每个网点2.2人。

5. 实施“大堂制胜”专题改进计划，提高网点服务质量，建设网点营销文化。

组织实施“大堂制胜”改进，提高客户体验。组织了全行营业经理“大堂制胜”专题培训，策划推出95599白金卡客户服务回访，组织起草《网点营销服务团队建设指导意见》。规范服务流程、倡导团队文化。客户回访满意度逐季提高，全行网点文明优质服务达标率达到97.3%。

6. 加强网点转型舆论宣导，及时检查通报督办。

开展了全行性的网点转型宣导，共举办辅导14场次，参训人员800人次，促进全行上下了解网点转型的目的、意义与路径。全年编制下发《转型简报》10期，通报分支行转型进展，加强转型经验交流。全年开展了两次阶段性转型效果评估，对13家支行下发了转型提示函、督办函。

（四）加强内控管理，提升队伍素质

1. 全面检视理财风险管理，牵头应对理财服务危机

全年牵头组织了三次理财业务专项检查，组织检视我行理财产品协议文本、销售流程、信息披露，严格规范了理财业务监督管理，牵头组织11期本利丰到期兑付客户服务工作，向分行提交了《个人理财风险管理报告》，提出了改进措施与建议。

2. 重视提高员工素质，创新培训方式

建立零售队伍营销峰会制度，全年共举办营销峰会9次，累计培训千余人次，搭建了零售业务沟通交流平台，在传达分行政策，收集政策执行效果和倾听基层心声、统筹分行部门培训起到积极的作用。开展上岗资格培训，全年组织AFP、CFP培训累计达126人，当年新取得AFP、CFP证书96人，976人取得理财从业人员上岗资格，219人取得CFE系统操作资格。

在新的一年里，深圳分行将围绕“3510”规划部署，充分发挥零售板块的整体作用，夯实我行个人业务管理基础，提高个人业务的营销管理水平，提升个人业务价值贡献。

厦门市分行个人金融业务发展概况

一、个人金融业务发展概览

近年来，厦门农行深入贯彻农总行关于经营转型的战略部署，按照“优先发展零售业务，加快推进经营转型”的总体思路，着重从更新思想观念、创新产品服务、再造管理流程、推进网点转型等方面入手，启动了个人业务经营管理模式的创新和转型。经过几年努力，该行个人业务进入加速发展的新阶段。各项个人业务经营成效显著，窗口服务质量显著提升，形象宣传、产品宣传有声有色，客户满意度提升，2008年厦门农行被推荐为福建省精神文明单位参评对象，该行零售业务转型的做法在2008年全国农行年中工作会议上作大会交流。

二、2008年各项个人业务经营目标完成情况

1. 储蓄存款稳步增长，市场份额进一步提升。2008年，全行储蓄存款逐月稳定增长，储蓄存款增量创历史最好水平，是全国两家连续三年增幅超过20%的分行之一。

2. 个人贷款稳健发展，贷款质量全国前茅。个人贷款当年增量居同业首位，不良率和个贷占全部贷款比例均居系统第一。

3. 理财产品热点频换，基金销售市场份额明显提升。理财产品销售屡创新高，基金销售额同业第一，基金销售额市场占比46.45%，居全国农行系统第一；国债代销计划完成率100%；实物黄金业务从零起步，为该行开拓黄金业务奠定基础。

4. 高端客户群逐步壮大，综合贡献进一步提升。贵宾客户综合贡献度不断提高，存款占全行储蓄存款36.4%，为该行储蓄存款增量的主力。会员客户的产品使用率持续提升，综合营销效果凸显。

5. 银行卡业务同业领先，卡业务收入高速增长。银行卡发卡量由原来四大行末位一举跃居为全市同业第二，卡均收入居全国农行系统第一；电子渠道金融交易占比82.25%，提高6.77个百分点，全国排名第一；全年个网新增户数完成总行任务的380%，个网动户率系统排名第四；手机银行户均交易系统排名第一；全行自助设备增量同业第一，存量同业第二，其中ATM增量和离行式ATM存量全市同业第一，ATM跨行取现、转账笔数和收入居同业第一。

6. 网点星级竞赛取得明显成效，社会形象不断提升。全行共有3个网点从2星上升为3星，11个网点从1星上升为2星，占全行88.52%的54个网点得到改造，窗口服务质量显著提升。

三、发展个人业务、推动网点转型方面采取的措施

（一）完善立体营销体系，深入推进业务经营转型

启动个人业务经营管理模式的创新和转型，在组织体

系、目标导向、资源配置、科技支撑和劳动组合等方面，力促个人业务实现“四个转变”，即从经营产品向经营客户转变、从简单的产品销售向综合理财服务转变、从高柜的交易服务向低柜的综合营销转变，从独立的物理网点服务向多渠道网络服务转变。完善多层次、分层次的营销服务体系，健全直面市场、直面客户、直面竞争的营销组织架构。强化理财经理服务团队建设，完善网点重点营销、电子渠道分销、个人业务理财中心及理财经理专业营销、公司类客户经理综合营销以及全行全员营销的营销服务体系，形成了一般客户标准化服务、目标客户跟踪服务、高端客户专人服务体系。

（二）强化贵宾客户维护拓展工作，抢占个人业务高端市场和个人理财业务市场

在全行建设了11个理财中心、49间VIP室，构建全行大个金的营销平台。推出机场贵宾登机通道、贵宾专家门诊、定期赠送《金钥匙理财》信息服务等高端特色服务，对VIP客户实行优先、优质、优惠服务；通过PCRM对全行个人类客户进行细分，把目标客户、VIP客户指派到网点主任、理财员及网点员工，实行人盯人的服务，高端客户统一由理财中心指派专人维护，实现客户开卡、理财、贷款、贷记卡、手机银行、网银注册等“一站式”服务。同时，我们还对网点、理财经理增加提升贵宾客户产品使用率考核指标。理财经理通过客户关系管理平台，掌握贵宾客户使用产品情况，引导客户使用该行贷记卡、基金、网银、手机短信、代收付、第三方存管等产品。

（三）网点分区，流程再造，大力推进网点转型

一是对网点进行分区改造。对全行54个网点减高柜、增低柜，一般网点保留2~3个现金高柜窗口，非现金业务集中在低柜处理。低柜柜员既办理综合性业务和复杂业务，又通过与客户面对面沟通交流的机会，深度挖掘客户需求，销售产品。二是狠抓大堂经理队伍建设。在54个网点设立了大堂经理，加强对客户分流的引导和业务指导，凡客户服务能在电子渠道上做的，不在柜台上做；凡能在低柜上做的，不在高柜上做。三是再造业务流程，实现柜面提速。坚持每年开展一次管理岗干部、员工到网点临柜活动和在全行范围内开展“金点子”有奖征集活动，收集员工、客户对产品、流程、管理层服务的意见和建议，合并、优化各类业务流程，为员工、为客户减负，提高服务效率。制定网点转型会计业务流程指导意见，梳理业务流程。四是强化软件建设，塑造优质服务品牌。该行引进客户满意度评价系统，开展星级网点管理、星级柜员管理，在全辖网点推行晨会、周会制度，引入“神秘人”按季开展检查评比。经过努力，该行网点服务水平和品牌形象显著提升，客户评价满意率由2004年的75%提高到2008年的95%。

（四）不断推进电子渠道建设，延伸该行金融服务的空间

该行不断推进自助银行、网上银行、电话银行、手机银行等电子渠道建设，发挥其在业务分流、分销的主渠道作用。一是加大电子渠道建设投入。四年多来，我们集中财力增加自助设备403台，其中ATM达353台。新建自助银行16家，安装离行式柜员机191台，物理网点的服务能力得到有效延伸。建立了95599客服中心，先后开通电话银行、手机短信业务、ATM无卡存款、公务贷记卡专用POS转账等业务，开发了网银落地集中业务批量处理等系统。二是强化电子渠道交易量考核。专门出台奖励政策，对网点从柜台分流到自助设备的业务量，按笔奖励给网点员工。同时把业务分流作为大堂经理的阶段性工作重点，将电子渠道分流率及其业务收入与网点考核挂钩，引导网点全力做好业务分流。

云南省分行个人金融业务发展概况

2008年是农行推进股份制改革的关键之年，也是农行实施“3510”发展战略的开局之年。为确保股改顺利实施，实现全行业务较快发展。云南分行个人业务工作按照总分行党委的工作部署，紧紧围绕“改革、发展、控险”三大主题及年初确定的目标任务，以提升个人金融业务综合服务水平为重点，切实采取措施，强化基础管理，加快经营转型，完善各层次营销服务体系，促进个人金融业务稳健发展。

截至2008年末，云南农行个人存款余额为867亿元，比年初增加146.5亿元，增长20.3%，完成年计划的183%；同比多增了116.8亿元。在四大国有商业银行中，云南农行个人存款增量份额36.1%，存量份额38.9%均保持第一的优势。

个人贷款余额为148.1亿元，比年初减少9，877万元，按基准日还原剥离贷款额，实际比年初增加3.4亿元，新增贷款投向了AA级以上优质客户，优质贷款占比为90%以上，个贷结构更趋合理。全年基金销售27.41亿元，实现手续费收入9，532万元，在全国农行系统中销量排位第11位，手续费收入排第7名，在西部12个省区均列第1位。全年共代销凭证式国债五期2.34亿元，其中三年期1.848亿元，五年期0.492亿元；兑付国债本息七期2.0322亿元，实现手续费收入218万元。

全年共实现中间业务收入7.78亿元，剔除代销基金手续费外，较上年增加1.6亿元，增幅达32.5%；银行卡、保险代理等业务继续保持良好的增长势头，其中：银行卡业务收入3.88亿元，增幅达22.5%，完成总行下达计划的102.1%；保险代理保费收入14.7亿元、手续费收入4799万元，分别完成总行下达计划的147%、120%，在云南省银邮代理渠道市场份额排名第一。

为加快发展个人业务，推动网点经营转型。2008年6月召开了全省个人业务工作会议，会上把强化基础管理，加快经营转型，完善各层次营销服务体系，促进个人金融业务稳健发展作为重点。提出云南分行网点转型三年规划，制定了《中国农业银行云南省分行营业网点调整及转型的实施意见》。一是分析全省网点基本现状及存在问题，指导全省营业网点逐步实现“网点分类、功能分区、业务分流、客户分层、产品分销”的目标。二是做好网点普查及建档工作。对全省农行663个对外营业网点的产权归属、人员配备、经营效益、网点贵宾客户数量、功能分区、中间业务收入、存贷余额、网点面积、电子设备配备等情况进行普查并建立相关文字、数据资料。三是建立网点变更、网点建设投资等情况的跟踪月季报制度。2008年上报了41个骨干网点建设项目，总行审批了39个，金额10，193万元。四是建立网点及自助设备的审批工作。2008年，共审查、审批撤销、升格、迁址、更名的网点34个；审批48个网点自助银行设立、自助设备配置，其中：18个网点设立自助银行，30个网点配置自助设备。

在抓网点“硬件”转型的同时，网点的“软件”转型也尤为重要。2008年以“奥运”为契机，狠抓优质文明服务工作。一是制定办法。印发了《中国农业银行云南省分行基层营业网点规范化服务实施细则（试行）》和《中国农业银行云南省分行基层营业网点规范化服务暗访办法（试行）》，金钥匙财富管理中心管理办法和金钥匙理财中心管理办法。二是制度落实。“奥运”期间从“三提前、五到位”入手，积极开展提升服务质量工程。组织三个明察暗访组对十个二级分行、60多个网点开展明察暗访，重点对昆明、大理、丽江、版纳等旅游行的20个网点进行跟踪督导，确保“奥运”服务工作顺利开展。在“奥运”服务年活动中，云南农行有3个网点评选为中银协文明示范单位，11个网点评选为省级文明示范单位。三是组织培训。举办了65名大堂经理培训，60名理财业务集中版理财产品销售系统培训，300名AFP培训及考试，419人通过基金销售从业资格。到目前云南农行已取得中国金融理财标准委员会认证的理财资格共计134人，其中EFP资格5人、AFP资格124人、CFP资格5人。四是渠道建设。与昆明机场签订合作协议，贵宾客户在省内均可享用机场贵宾通道，医疗、救助及高尔夫球等增值服务。五是系统运用。PCRM系统全省推广网点数量已达645个，占全省网点总数的97%，CFE系统试运行网点2个，推广机构完成了辖内相关角色用户的建立，并逐步熟练系统操作，将系统充分应用到客户分层、发现客户、营销客户的工作中，为网点转型奠定基础。

山东省分行个人金融业务发展概况

一、个人金融业务发展概览

2008年，农行山东省分行个人金融工作以科学发展观为指导，认真贯彻落实总行“3510”战略发展规划，按照省行“一二三四”的工作思路，紧紧围绕全行经营战略转型，积极转变发展方式，认真推进网点转型，不断提升综合营销能力、综合服务能力和市场竞争能力，个人金融业务实现快速、健康、稳健发展。

二、主要业务指标情况

（一）个人存款同业领先优势进一步扩大。截至2008年末，全行个人存款余额2018.36亿元，成为全省首家超2000亿元的商业银行；较年初增加435.42亿元，同比多增294.62亿元，完成年度计划的272%；增量、存量市场占有率均高居同业首位，存量市场份额比年初提高0.54个百分点。

（二）个人资产业务迅速发展。截至2008年末，全行个人贷款余额195.69亿元，较年初增加51.61亿元，同比多增27.82亿元，完成总行年度计划的114.67%；同业存量和增量市场份额分别较年初提高0.82和10.55个百分点。

（三）银行卡业务多项主要指标继续在省内同业保持明显领先优势。推出金穗银保卡、奥运题材国际旅游卡、预算单位公务卡、环保卡、慈善卡、爱车卡等贷记卡产品，实现贷记卡发卡量逾80万张；加大服务“三农”力度，面向农户户主推广发行集存贷款、消费结算、理财、代理业务功能于一体的金穗惠农卡近60万张；大力发展商户和自助设备收单市场，配备ATM总量超2000台，发展特约商户超1.2万户，配置POS机具1.4万余台。

（四）个人优质客户贡献度明显提高。截至2008年末，全行优质个人客户较年初增长148.04%，完成年度计划的252.17%；个人优质客户存款增量占比达60.61%，贡献度明显提升。

（五）网点转型工作进展顺利。2008年，共建成标准化自助银行258个、精品网点210个。全行共有529个网点按照“一点一策”的标准制定了具体转型方案，269个网点的转型工作全面启动，在631个网点配备了大堂经理。

三、主要工作措施

（一）加强业务发展规律研究，以体制和机制创新加快推进零售业务转型。一是在全行推行《重点零售业务产品计价考核办法》，建立零售业务持续发展的长效机制。将4大类16种重点零售产品纳入计价考核，综合各产品收益、发展前景和市场竞争度等因素确定计价标准，并根据营销情况按季兑现到人，提高了重点零售产品的市场冲击力。二是制定了《网点转型实施方案》，从网点功能定位、标准化建设、组织架构、流程再造、激励机制、企业文化等方面积极推进网点转型，提升网点价值创造能力。

（二）强化个人负债业务的基础地位，以稳定促发展。一是加大个人负债业务考核力度，通过激励措施有效的调动起各级行资金组织的积极性。在综合考评办法中对个人存款指标设置分值，按季考核，匹配相应的资源；在2008年费用配置中，切块专项费用作为个人存款发展费用考核匹配，在全行形成了增存增费用的良好机制。二是开展了以个人负债为主的“大行德广 伴你成长 金钥匙春天行动”综合营销活动，通过组织“客户大拜年”等活动积极打造“百姓银行”的良好形象。三是开展个人客户普查，借助客户关系管理系统和员工的“人缘、血缘、亲缘”关系，发现挖掘优质客户，促进个人存款集约化发展。

（三）优化业务流程，提升个人信贷业务市场竞争力。一是推广个贷业务集中经营模式。省行成立个人信贷业务二级部，对原房地产信贷部承担的个人住房按揭贷款和个人业务部承担的非住房个人贷款进行了集中归口管理；并在济南、烟台、潍坊、德州4行进行个人信贷业务集中经营试点，在二级分行城区和经济强县支行建立集营销组织、审查审批、贷后管理等前、中、后台于一体的个人贷款经营部，简化了个贷业务流程，提高了工作效率。二是按照“盯住城区、着力县域”的要求，重点瞄准政府机关公务员、事业单位员工、经营好讲信用的优质个体经营客户、优势行业员工和效益较好的大中企业中高级管理者等个人优质客户，大力营销个人住房贷款、个人自用车贷款等传统重点业务和个人客户综合授信贷款、个人综合消费贷款等新开办业务，稳健发展个人生产经营贷款、个人商用房贷款等经营类业务。

（四）大力发展个人理财业务，不断提高个人优质客户服务水平。一是按照“了解你的产品，了解你的客户”的要求，加强基金、国债、“本利丰”等理财产品的营销，提高产品综合效益。二加强理财业务软硬件建设。新建了一批财富管理中心、理财中心，在营业网点设立贵宾室、贵宾窗口，并在网点配备AFP、CFP金融理财师，提升了网点的理财服务能力。三是创新理财服务模式，细化差异化服务措施。按照《钻石客户管理办法》和《理财贵宾客户管理实施细则》要求，细化金钥匙理财贵宾客户优先、优惠、增值和个性化服务措施。设立理财服务专线，定制并派发高端客户专属理财刊物，建立高端客户诉求快速应答机制；在实施贵宾客户易登机加免费短信套餐的基础上，创造条件扩充服务内容，积极开通区域商业联盟单位商业折扣、律师咨询、医疗健康、道路救援等增值服务；充分发挥在金融研究、资讯和人才方面的优势，积极利用理财期刊、电子邮件、短信平台，定期实施新产品信息发布、金融信息、账户动账等重要提示类资讯服务和祝福问候等亲情服务，加强客户沟通和主动营销。

（五）加强网点管理，提高客户服务质量和效率。一是加强网点标准化管理。制定了营业网点选址评估测算标准，设计了网点购置和装修改造投资模型，使网点规划和投资管理有章可循、有据可依。推行了“统一规划设计、统一招标施工、统一设施配套、统一验收决算”的四统一工作标准，制定了营业网点视觉形象标准化手册，全面规范了网点形象和用材。二是优化网点结构。根据区域环境、客户群体和金融需求等条件，把全行网点划分为骨干网点、城区和农村精品网点、城区和农村普通网点等“三类五档”，按照“因地制宜、区别对待、分类指导”的原则，实施潜力网点的升格和低效网点的迁址撤并，优化了网点结构。三是抓好网点规范化服务。按照总行、省行和监管部门的部署要求，认真扎实地抓好奥运服务，保证了奥运期间全行网点服务工作平稳、有序、高效。

山西省分行个人金融业务发展概况

一、个人金融发展概况

2008年是我行个人业务发展经历深刻变化的一年，按照总行零售业务转型的要求，先后完成了网点管理归口、房贷业务整合和优质客户管理系统上线等工作。全年认真落实总行、省分行2008年个人业务工作会议精神，不断加大网点建设投入力度，加强零售业务条线队伍建设，提高规范化服务水平，加大个人信贷、中间业务营销力度。充分发挥我行在网点分布、网络覆盖、员工数量和客户规模等方面的优势，在巩固传统业务阵地的基础上，顺应市场经济发展规律，强化风险内控管理，拓展服务领域，使全省个人金融业务取得了较好的发展。

二、个人业务各项经营目标完成情况

1. 储蓄业务

2008年储蓄存款余额突破1000亿元，年末达到了1053亿元，较年初净增261亿元，同比多增168亿元，完成全年计划（115亿元）的227%，储蓄存款增长率为33%；在全国农行系统37个分支机构中，我行的储蓄存款余额、净增额和增长率等业务指标分别排在第11位、第10位和第2位。与同业相比，我行储蓄存款余额占比27.4%，较年初提高了0.23个百分点，居同业第2位；增量市场份额占比28.2%，居第2位；在全行各项存款中，人民币储蓄存款余额和增量占比分别为58.1%和71.1%，较年初提高了3.35和27.1个百分点。

2. 中间业务

2008年我行共实现中间业务收入4.29亿元，较上年增加0.21亿元。其中：银行卡实现收入2.48亿元，基金业务收入0.47亿元。全年我行基金业务的交易量为16.20亿元，累计销售各类基金产品7.75亿元，实现基金手续费收入4653万元，是我行第二大中间业务收入来源。

3. 个人贷款业务

截至2008年末，山西农行个人贷款余额为16.65亿元，不良贷款较年初下降了5.24亿元。全年共发放个人贷款2630笔、金额44218万元，发放品种主要以个人质押贷款、个人汽车贷款和个人住房贷款为主。个人贷款到期收回率为98.76%，较上年提高1.7个百分点。

4. 银行卡业务

截至2008年末，全省银行卡发卡总量达543.84万张，较年初净增87.24万张。其中：借记卡发卡量531.33万张，准贷记卡发卡量3.47万张，贷记卡发卡量8.02万张。

银行卡存款余额284.10亿元，较年初增加69.82亿元，同比多增15.73亿元，占全行活期储蓄存款的63.3%。实现银行卡消费204.16亿元，同比增加64.67亿元。

三、发展个人金融业务的主要工作

（一）加大组织营销力度，强化风险管控措施

一是全年我行先后组织开展了2008年“大行德广—伴你成长—金钥匙春天行动”、“福匙”抽奖活动和中国农业银行山西省分行2009年“金钥匙春天行动”启动仪式暨新年电影招待会等活动。活动期间，我行通过广播、报纸和网点等渠道加大活动宣传力度，得到了广大客户的积极响应和参与，吸引了来自省内山西电视台、黄河电视台、山西日报、山西青年报等省内主流新闻媒体的重点关注和深入报道，扩大了我行在优质客户群体中的影响力。仅“福匙”抽奖活动当月，个人优质客户数量增加了2996户（储蓄余额在100万元以上的账户增加了504户）。存款余额增长了20.82亿元，占到了当月全行储蓄净增总额的96.30%。

二是针对近年来个人信贷业务经营过程中暴露出的问题，对个贷业务的指导思想进行了重新定位和调整。不断加大个人信贷业务操作风险检查力度。将个贷业务在线监测工作制度化并不断加强现场检查力度，全年累计对7个二级分行的20多个重点支行进行现场检查（其中：突查支行8个），并对检查中发现问题的整改情况进行了后续跟踪检查。

三是以集中审计中发现的问题为重点，加大对问题贷款的综合整治力度。积极与审计部门配合，明确专人负责督促各行加快整改进度和保证整改质量，要求各行通过货币清收、规范制度和处理责任人等多种途径对个人贷款历史遗留问题进行综合整治。

（二）加快业务支持体系建设，努力推动网点转型

一是加快个人优质客户管理系统（PCRM）的推广工作。完成了全省324个骨干营业网点进行系统推广应用。

二是加快个人金融新产品、新业务的推广步伐。重点推广了个人实物黄金代理买卖业务，完成了系统的测试工作，并邀请总行业务人员、系统开发人员及山东招金公司的营销人员，对我行的客户经理进行了系统性培训。目前已在太原府西支行、省分行营业部等4个营业网点试点开办了黄金代理买卖业务。

三是不断完善营业网点服务制度建设。①制订了营业网点规范化服务104条具体要求。②在全省范围内推广了“网点负责人服务管理责任制”、“早晨会、晚点评制度”、“大堂经理站立服务制度”、“明星柜员评比制度”和“录像点评制度”。③建立并认真贯彻落实了网点服务突查制度。④定期开展服务好差典型的评选工作，2008年晋城市分行晋煤支行和大同市分行的前进支行分别被中国银行业协会评选为银行规范化服务示范单位。

四是加强个人客户经理队伍建设进度。2008年9月组织举办了我行首个金融理财师（AFP）培训班，目前我行获得理财师资格的人数已达69人，较年初增加50人。其中：金融理财师（AFP）59名，较年初增加45人，国际金融理财师（CFP）3名，较年初增加2人，金融管理师（EFP）7名，较年初增加3人。②基本完成了骨干网点专职大堂经理的配备工作。全省配备专职大堂经理的网点已达239个，有70%以上的营业网点都配备专职大堂经理。

陕西省分行个人金融业务发展概况

一、个人金融业务发展概览

2008年，陕西分行坚持以经营客户为中心，加大市场营销力度，全力推进网点转型，改进经营机制，提高了市场竞争能力，个人业务实现了持续较快发展。年末，人民币储蓄存款余额886.72亿元；非住房个人贷款余额37.84亿元，全年累计发放30.91亿元，收回38.9亿元；全年累计发行凭证式国债5期2.75亿元，代理销售基金93只14.09亿元，实现个人中间业务收入9584万元。

银行卡业务实现收入31654万元；国际卡收单额4434万元；发行贷记卡3154张，实现收入7万元；金穗卡总量674万张，借记卡贵宾卡卡量13190张；新增ATM 105台，自助设备台日均交易达到292笔；发行惠农卡261632张。

二、个人业务经营目标完成情况

年末，人民币储蓄存款余额886.72亿元，较年初增加189.9亿元，完成总行计划的316%，增量份额居四大行首位，在全国农行增量排第13位，比上年末前移3位；实现银行卡业务收入31654万元，同比增加5605万元，增幅21.52%，完成总行计划105.5%；发行惠农卡261632张，其中激活258515张，激活率达到98.81%，完成总行计划的130%。

三、发展个人业务的主要工作措施

（一）创新营销方式和手段，不断提高个人业务营销业绩

一是积极组织开展全行综合营销活动。2008年我们抓早动快，在全行开展了“大行德广—伴你成长—金钥匙春天行动”综合营销活动。二是细分客户市场，维护拓展个人高端客户群体。10月份完成了个人优质客户管理系统（PCRM），系统上线运行，11月中旬组织了系统应用培训，建立个人贵宾客户优惠服务标准，实行分层管理。与卡部联合发放〈金穗通宝〉金卡7169张，白金卡6007张，积极做好个人贵宾客户相关优惠服务工作。三是持续抓好储蓄存款和基金工作。印发了2008年储蓄存款指导意见，按月通报存款进度及存在问题，按季（日均积数）考核兑现，组织开展了以“改善服务、旺季增存”为主题的文明规范服务竞赛活动，评选储蓄双十佳先进单位和个人，巩固了储蓄存款增量份额的同业领先地位。印发了《2008 年基金工作指导意见》，联络基金公司开展基金讲座，并在全省行长会上邀请交银基金公司渠道总经理作〈中国资本市场及投资理念〉报告。做好代销系统升级测试，加大基金代销力度，不断巩固和扩大优质客户群体，增加中间业务收入。四是促进个人贷款稳定增长。以西安、各地级城市及经济基础好、市场规范的县域为重点，突出个人汽车、生产经营贷款和优质客户的营销，大力发展以抵（质）押担保方式为主的个人贷款业务。向总行推荐西安长安路支行等 45 个支行开办个人综合消费贷款业务；审批不良率低于 2% 的 132 家支行办理个人生产经营贷款。

（二）加快网点转型步伐，不断提升对外综合服务水平

一是理顺网点管理职能，省行成立网点管理与转型领导小组，并在个人业务处设立网点管理办公室，牵头组织和实施网点管理、网点转型工作。二是组织对全行营业网点基本情况进行了摸底调查，制定了《陕西省分行 2008 年 -2010 年营业网点转型三年发展规划》和《陕西省分行营业网点转型实施意见》，明确了全行网点转型目标、内容和步骤。三是组织对网点装修用材进行调查，制定了营业网点装修装饰规范，绘制了全行营业网点形象手册。四是制定了《中国农业银行陕西省分行营业网点装修建设管理办法》，对新装修、改造网点的申报、审批、验收等建设行为进行了约束和规范。面向社会公开招聘了 6 家装饰设计公司，统一了网点建设流程，确保网点装修质量。全年开工建设网点 32 个。

（三）加强业务管理，夯实经营基础，保障健康发展

一是先后组织对开放式基金业务风险排查，总行数据中心监测个人质押贷款情况核查、个人信贷业务抵押权证办理情况检查、个人贷款专项治理整顿等 4 次专项检查活动。二是严格问责制度。在全省个人业务工作会议上专门安排对延安、渭南、铜川分行进行了问责；停止了延安分行个人生产经营贷款业务，将铜川耀县、新区和榆林神木、大柳塔 4 个支行个人生产经营贷款审批权上收二级分行。加强个人信贷监测，下发了 18 期风险督查通知书；对汉中分行个人汽车贷款业务及时下达整改通知，对渭南潼关支行个人黄金质押贷款检查，停办并退出个人黄金质押贷款市场。三是抓好部门自律监管和检查问题的整改工作。制定 2008 年个人业务现场监管方案，组织对省行营业部、延安、榆林、宝鸡、咸阳分行和杨陵支行及下属 11 个支行的部门职责履行和经办业务进行检查，下发 6 份整改通知书。

（四）努力完善经营机制，切实提高市场竞争能力

一是组织召开 2008 年个人业务工作会议，总结了 2006 年以来个人业务工作，剖析突出存在的问题，安排部署了今后两年业务发展的指导思想、任务目标和工作措施。二是在做好对各行 2007 年个人业务发展考评的基础上，以计价考核为方向，完善了柜员业务量考核办法，在渭南、咸阳实行个人业务产品营销计价办法，调动了从业人员积极性。三是抓好文明规范服务。印发了《关于加强文明规范服务的指导意见》，在全行开展了“迎奥运”文明规范服务竞赛活动，重点解决服务考核、客户意见反馈、处理投诉等问题。四是加强理财经理队伍建设，在全行选拔 133 名业务骨干参加了 AFP 和 CFP 理财业务培训和资格认证考试，组织系统内个人理财从业人员资格试 5278 人，为理财业务开展提供了人力保证。

（五）多方协调，创造条件，努力推进贷记卡工作

一是细致做好贷记卡发行的资格准入工作。向总行报送了《陕西分行关于发行金穗贷记卡的请示》，并向陕西银监局履行了报备手续，完善了我省开办金穗贷记卡业务资格的资料。二是举办了全省贷记卡辅助管理操作平台培训班。三是初步建立了贷记卡独立审批人队伍。组织全省 13 人参加了总行第四批贷记卡独立审批人培训，取得了独立审批人资格，建立了我省贷记卡独立审批人队伍。四是细致搞好贷记卡业务系统中总、省行端的各项技术和数据准备。五是制定下发贷记卡相关制度。起草下发了《中国农业银行陕西省分行金穗贷记卡业务操作和风险管理实施细则》。六是营销系统性贷记卡客户。抓住西安在省级预算单位推行公务卡的大好时机，配合省财政厅完成了第一、二批省级预算单位公务卡培训的上机测试工作，协助省行营业部对省司法厅进行了公务卡的培训。七是开展贷记卡营销活动。下发了《关于开展贷记卡营销推广月活动的通知》，为全员营销打下基础。

（六）细致安排，认真分析，不断提高指导水平

一是总结错挂账清理工作，并上报工作报告。对 2007 年全省银行卡业务经营情况进行了综合考评，下发全年业务通报。二是分解下达业务计划。合理测算 2008 年全省银行卡业务计划，结合总行下达的计划指标，分解下达了 2008 年全省银行卡业务计划。三是起草下发了《陕西分行 2008 年银行卡工作要点》，明确了 2008 年全省银行卡工作思路和工作重点。四是抓好营销宣传活动。我行出资 9 万元，作为银联卡宣传和奖励的专项费用，参加由银联陕西分公司主办、各发卡行参加的“刷出精彩，畅想生活”的银联卡有奖消费百日活动。提高了金穗卡的品牌影响力。五是认真做好分析和通报。重点对季度、半年的银行卡业务进行分析，并下发业务通报，提出针对性地改进措施和工作要求，指导和引导卡业务有效发展。

（七）高度重视，多方并举，全力搞好惠农卡发卡试点

一是成立小组，召开专题会议推动。省行成立了以一把手为组长的领导小组，全面负责惠农卡试点发行工作的部署和推动，并召开行办会、专题行长会，具体研究部署惠农卡工作，安排发卡计划，明确了各项目标。二是进行业务培训。省行举办了两期惠农卡和农户小额贷款业务培训班。各二级分行也举办了相关的业务培训，确保基层业务经办人员了解、掌握和熟练操作惠农卡业务。三是扎实工作。发卡方面，各行多管齐下，实施强力营销。主要采取联动营销、项目营销、地毯式营销、专门团队营销等方式进行。四是省行进行专项工作督导。省行成立了三个督导工作组，分赴基层进行现场督导，并对发卡情况实行每日通报制度。同时，省行制定奖励办法，极大地调动了员工发行惠农卡的积极性，促进了发卡工作。

浙江省分行个人金融业务发展概况

2008年，在国际国内经济金融环境复杂、同业竞争日趋激烈的情况下，浙江分行认真贯彻落实总行工作会议精神，统筹城乡发展，加快经营转型，狠抓综合营销，强化贵宾管理，严格风险控制，以理财业务为纽带，以网点转型为依托，以队伍建设为基础，大力培育和拓展个人优质客户群体，持续保持全省农行个人业务又好又快发展。

一、经营目标完成情况

一是个人存款超常增长。截至2008年12月末，浙江农行本外币个人存款余额高达2222.8亿元，比年初增加499.5亿元，占同期本外币各项存款增量的82.93%。个人存款总量、增量继续保持四行首位，成为全省首家个人存款超2000亿元的国有商业银行。余额四行占比32.59%，比年初增加0.31个百分点。增量比工、中、建行分别多增116亿元、232亿元、169亿元，增量四行占比33.69%。

二是个人信贷业务风险可控发展有效。浙江分行通过明确市场定位，把握贷款对象，严格执行制度，坚持在风险可控前提下做强、做精个贷业务。年末，个人贷款稳健发展，连续四年实现个人信贷业务不良额和不良率的双下降。

三是理财产品销售取得新突破。浙江分行与华夏、广发、大成等44家基金管理公司合作，共代销266只开放式基金，占基金市场开放基金个数的62%。截至12月末，基金保有份额比年初增加22.08亿份，规模增长25%；累计销售基金66.43亿元；新发基73只、其中托管基金及集合理财产品13只，认购11.31亿元；实现基金业务收入10680万元；发行人民币“本利丰”19期，销售10.21亿元，增长33.27%；发行凭证式国债和储蓄国债8期，销售11.77亿元；代理销售实物黄金168.44公斤，销售3333.66万元。实现基金、黄金、本利丰、国债、小额账户管理等中间业务收入1.84亿元。

四是个人客户结构优化群体壮大。12月末，浙江分行个人目标客户比年初增加31.65万户，其中三星级及以上个人优质客户比年初增加10335户，完成年度增量计划的140%。有效基金账户数比年初增加5.52万户，基金定期定额客户比年初增长306.46%。全行第三方存管业务比年初增加12.5万户，完成总行计划的250%。

五是个人客户经理队伍建设稳步推进。2008年，组织了金融理财师（AFP）认证培训，共108人取得认证资格；组织CFP培训班，有53名员工参加了认证考试，其中有33名取得认证，通过率62.26；参与总行EFP培训班，3人100%认证通过。同时，还组织了基金理财、个人信贷等各类培训班3期共700多人次。有4949名员工取得个人理财从业人员上岗资格。

六是网点转型工作取得实效。2007年以来，全省农行达到浙江省分行验收标准并通过验收的有367家；共迁址网点140个，升格网点141个，撤销网点25个；批复建设项目490个、批复投资金额5.84亿元。转型网点中，财富中心4家，理财中心60家，精品网点237家。转型网点初步实现了客户分层、功能分区服务，达到了客户满意程度逐步提高，高端客户显著增加的目的。

二、主要工作措施

一是坚持个人存款为基础，旺季综合营销成效显著。2008年浙江分行旺季综合营销工作做到早安排、早动员、早落实，通过全行上下努力，取得显著成绩。一季度末，浙江分行本外币个人存款比年初增加158.14亿元，本外币个人存款增量在全国农行系统内排名第二位；个人贷款比年初增加5.87亿元，不良贷款、不良率实现“双下降”；新增第三方存管客户4.88万户；累计基金申购认购12.16亿元，新增基金定投户数1.67万户，营销“本利丰”产品6期5.71亿元，“汇利丰”销售195万美元；新增电话转账宝1.73万台，营销贷记卡12.89万张，财聚通147户；新增网上银行10.61万户，电话银行14.06万户，手机银行21.21万户；实现银行卡、基金、国债、本外币理财产品、代理保险、网银交易等各项个人业务手续费收入2.15亿元。浙江分行被总行评为2008年“金钥匙春天行动”个人金融综合营销优质服务先进分行、全国个人储蓄工作突出贡献分行、金钥匙理财杰出分行。

二是坚持有效发展为前提，抓好个人信贷业务规范发展。明确市场定位，突出发展重点，及时调整个贷政策，继续营销、维护和拓展个人优质资产客户。以个人住房、汽车、综合授信和生产经营贷款为主打品种的个人贷款占全部个人贷款余额的98.91%；全行个人贷款中抵质押贷款占比98.4%；把发展个人贷款业务与促进负债、中间等综合业务发展相结合，实现个人客户综合经营。

三是积极应对经济金融形势变化，强化理财产品营销。一季度联合8家基金管理公司开展基金定投促销活动，开展“签约有礼”、金钥匙“礼上加礼”、传世之宝“年度大奖”抽奖等营销活动。12月末，我行基金定投户数新增48452户，增长306.46%，总销售额达到1.25亿元。以农行托管基金和农银汇理基金公司基金为突破口，通过专题部署动员，签订责任状，制定激励方案等措施，农行托管的11只基金和农银汇理2只基金，基本完成总行销售计划，销售额9.47亿元，位居总行前列。联合业绩优良基金公司开展基金促销活动，促销基金销售突破5亿元。加快“本利丰”、黄金、国债等理财产品推广力度。2008年共销售本利丰10.6亿元，销售各类国债11.98亿元，实物黄金业务已拓展到金华、嘉兴地区。

四是强化科技支撑，完善优化贵宾服务。优化完善PCRM系统、CFE系统功能；开发了贵宾客户签约通知、跨机构迁移、贵宾室门禁识别系统等功能，完成了CFE3.0的开发、测试及试运行工作，增加了理财规划和资产管理模块，强化了系统的理财功能。同时加强系统日常维护，通过NOTES、QQ群等平台，保持与基层行、科技部门的密切联系，保证系统良好运行。制定下发了《中国农业银行浙江省分行贵宾客户服务体系建设方案》，明确了贵宾客户服务体系建设的总体思路、目标和主要措施。稳步推进通宝贵宾卡的发放，实现贵宾卡网点、网银交易部分业务自动优惠。继续做好贵宾通道建设，全省共有860个网点开设了贵宾室或贵宾窗口。开通了PCRM贵宾客户签约短信通知功能、贵宾客户跨机构迁移功能。做好萧山机场和温州机场贵宾服务。针对部分高端客户推出健康管理增值服务，重新修订《金钥匙理财产品组合套餐》，为基层行提供营销支持。

五是推进网点转型，提高整体素质。制定出台了《中国农业银行浙江省分行2008网点转型实施方案》、《中国农业银行浙江省分行网点转型指引》等办法，按实施方案中旗舰店建设财富管理中心、综合经营型建设理财中心、骨干网点型建设财富贵宾理财室、普通网点型建设贵宾室或贵宾窗口的要求，高标准定位，加紧加快建造理财中心物理体系，着力抓好理财师配备，特别是具有认证资格或经专业培训的理财师配备，使个人贵宾客户真正享受“一对一”个性化服务。起草了《理财师管理暂行办法》和《理财师绩效考核办法》，为下一步加强理财师队伍管理奠定基础。

广东省分行个人金融业务发展概况

2008年广东分行认真贯彻“3510”发展战略和总行个人业务工作会议精神，以积极的态度应对宏观经济和市场变化带来的困难和压力，以经营转型为主线，以精细化管理为手段，以个人高端客户为目标，大力推动网点转型，继续夯实经营基础，推进个人业务稳健发展。网点建设改造取得初步成效，储蓄存款快速增长，个人资产质量上升，业务管理基础工作继续加强。2008年，该行本外币储蓄存款余额4019.06亿元，比年初大幅增加704.6亿元，在省内四大行中增量排名第一。个贷余额477.19亿元，比年初增长34.72亿元。个贷增长结构逐步调整，贷款质量提高。基金业务收入和基金新增户数在全国系统内居于首位，基金销售量市场占有率同比提高了1.88个百分点，排名提高了1位。柜员机及电子银行收入也位列全国系统内之首。

一、大力推动网点经营转型

全面规划部署网点转型，完善组织架构。该行制定了《营业网点经营转型三年规划纲要》，明确了未来三年全行网点转型和渠道建设的总体思路和工作目标，明确网点定位，从组织管理到工作制度落实软硬件转型的具体内容及工作安排。搭建网点转型管理架构，实现了网点转型的归口管理。

统一建设标准，按新布局理念加快推动网点建设工作。统一网点形象，出台了网点建设改造VI手册，并将重点服务高端客户的功能分区理念贯穿网点建设改造，严格按照新建设标准推进网点改造。

合理规划，规范管理，加强对网点建设的全程监督。确立了各类网点的平面功能布局标准和设备配置标准。按统一标准及配置原则，制定各地区、各类面积网点的建设标准（单方造价），规范网点建设投入。

整合优化了网点业务处理流程。对网点综合应用系统的业务进行了梳理和整合，制定了详细的综合应用系统操作规程。优化业务处理流程，提高了业务办理效率。

完善网点业务功能。推动各项个人中间业务网点覆盖率的提高，促进网点业务功能不断提升。

经过一系列的措施，该行网点的整体形象、功能布局、服务能力、盈利能力取得的进步。网点服务环境不断优化，逐步形成功能分区、服务分层的良好格局。网点营业面积增大，全行网点的点均营业面积比06年底增加了63平方米，增长近30%。网点功能分区从单一化向多层次推进。2008年全行完成改造318个网点，其中228个按照新标准实现了功能分区，有效实现了对客户的分层服务。完成改造后的网点，形象清新宜人，布局合理，深获客户特别是贵宾客户的好评。渠道结构得到优化，业务分流效果显著。2008年全行柜台业务分流率达61.4%，比07年转型前提高了5.34%，渠道分流取得预期效果。

二、推进个人业务精细化管理

细化网点及基层人员管理，完善制度机制，夯实管理基础。制定了营业网点管理、网点建设管理、网点现场管理、网点人员岗位管理、网点业务学习管理和网点人员培训管理等6个管理办法；编印了网点负责人、会计主管、大堂经理、理财经理、个人客户经理和综合应用系统操作等6大手册；制定了营业网点转型工作指引、低柜业务操作指引等。规范网点人员考核，制定了营业网点转型考核办法和网点负责人、会计主管、大堂经理、理财经理、个人客户经理、柜员等6类人员的考核办法。

制定和完善多项个人信贷业务政策制度，保障个贷业务有效发展。规范全行个人住房贷款业务管理，适时调整了个人住房贷款首付款证明、还款能力认定等基本要素规定；制定《2008年个人购房贷款业务管理规定》，简化楼盘准入程序和放宽了个人房地产按揭的办理条件，扩大非交易转按贷款对象范围；更新修订个人贷款产品手册，维护政策制度的严肃性；完善个人贷款新业务操作。

实施个贷全流程业务监控。建立和推行个贷问责制度；在系统内率先完整地推行个贷网上作业单轨运行；加强个贷运作环节动态监控管理。

完善中间业务支持平台。实现了基金报表统计系统的开发与推广；实现了自助终端基金业务功能的验收和投产上线；出台了基金和个人理财产品等业务的专项计价考核办法，充分调动起各级市场营销人员的积极性、主动性。

三、调整个贷发展策略

2008年，面对逐步下滑的房地产市场，该行积极调整个贷业务发展策略，抓住个人住房贷款不放松，同时针对房贷市场萎缩情况，积极发展个人综合授信贷款等信贷种类，稳步扩大个人客户综合授信业务开办范围，改变了个贷业务增长主要依靠个人住房贷款的局面。加大新产品、新业务推广力度。推出存贷双赢房贷理财账户，分三批进一步扩大个人客户综合授信贷款业务开办范围，增强该行个人住房贷款竞争能力；推动个贷营销职能下沉，充分利用网点渠道来宣传该行个人贷款业务。

四、有抓有放，合理引导，充分激发各行开展个人业务营销活动积极性

抓住重点，保证中间业务稳健发展。面对2008年资本市场大幅下跌的严峻形势，该行有重点、有策略地紧抓基金和其他理财产品营销不放松，保证市场份额不下降。

抓个贷业务营销指导和业务考核。制订个人贷款业务的营销宣传计划，举办各种形式的个贷业务推介会，重点宣传该行个人住房贷款的优惠政策和新产品；加大考核力度，对个人贷款业务实行专项绩效考核。

广泛开展产品营销活动，搭建良好平台。积极开展销售竞赛等多种营销宣传活动。全年共组织举办了上百场的集中式营销活动和理财沙龙，并针对乡镇地区客户加大中低风险基金产品的推广。另外，还加强与优秀基金公司合作，分阶段有步骤地开展绩优基金的销售竞赛活动。

积极组织全省开展主题为“2008—财富·启航”春天行动综合营销活动，有力地宣传了该行新业务、新服务、基金、保险及理财产品。2008年该行被评为“全国个人金融综合营销优质服务先进分行”、“全国个人储蓄工作突出贡献分行”和“金钥匙理财杰出分行”，多个单位被总行评为“全国城乡个人金融百强网点”。

五、强化合规经营，防范业务风险

继续实施风险提示制度，采取风险信息提示函、风险贷款整改督办通知书、定期通报等形式，做好风险管理工作，降低贷款风险。运用个人贷款自动提醒催收功能，提高贷后管理服务水平。积极实施风险监管，实施个人住房贷款压力测试。积极防范理财业务风险，加强理财业务合规经营。及时开展各项检查工作，落实基层行个人业务风险防控工作执行情况，发现存在问题并及时加以纠正。

加大不良贷款清收。开展专项清收工作。先后开展了个人住房贷款、个人消费贷款、助学贷款、员工不良贷款等多项专项清收活动，以及落实假按揭楼盘“一户一策”的清收策略，有效降低房地产市场风险对该行住房贷款的影响，进一步落实了债权，及时化解个人信贷风险，个人不良贷款质量得到了进一步的提高。

六、加强营销队伍建设

加快网点营销队伍建设，推动持证上岗。2008年完成了对辖属二级分行大堂经理和个人客户经理的师资培训，并建立了各类人员考试题库；举办了多次个贷从业人员业务知识和专项培训，培训人数累计达到1200人；组织全行个贷从业人员考试，全年参加个贷考试人数累计达3579人，取得上岗资格共2021人；制定了《中国农业银行广东省分行个人信贷业务从业人员管理暂行办法》，规范队伍建设，同时，积极探索建立个贷从业人员星级管理制度；加大理财业务培训力度。全年累计举办10次以上基金业务专项培训班、3次本利丰产品培训班，全年培训人数达769人。至年底，全省金融理财师AFP708人，国际金融理财师CFP55人，金融理财管理师（EFP）4人，认证私人银行家（CPB）2人。

七、加大优质客户管理力度

2008年底，该行1707个营业网点全部正式上线运行PCRM系统，同时，将PCRM系统推广和贵宾卡发放工作有效结合，进一步加强了对优质客户管理。

加快了个人客户经理的配备力度。2008年底，该行各营业网点配备专职客户经理1246人，其中骨干网点配备了687人，占比达55.12%，已上线网点的客户经理都严格按照每位经理管户200户的上限标准分配了客户。2008年底，该行5088.78万户个人客户中，目标优质客户占比4.26%，其中三星级以上客户占目标客户9.57%。

吉林省分行个人金融业务发展概况

2008年，吉林分行个人业务工作按照科学发展观的要求，坚持适度有效的发展原则，进一步调整了经营思路和经营策略，把精细化管理和目标管理的理念贯穿到个人业务经营和管理的各个环节，加强优质客户的营销和开发，努力控制经营风险，个人业务呈现出良好的态势。截至12月末，个人优质客户增幅13.6%，创历史最好水平；储蓄存款完成省行年度计划的133.88%，增量“四行”占比29.72%，居第二位，净增额占我行各项存款净增额的87.64%，据总行提供的有关数据，这一比例在全国37家一级分行中处于第15位水平，在省内各家商业银行占比也是最高的；个人贷款继续保持“双降”趋势；基金销售额受资本市场影响大幅下降，收入完成年度计划40.1%；全年网点建设项目96个，迁址、升格和撤并网点79个。

（一）加强领导，强化措施，立足抢先抓早，有力地促进了储蓄存款的快速稳定增长

组织开展了2008年“春天行动”个人业务综合营销活动和“稳存攀升”竞赛活动，实施了存款“一把手”问责制，加强储蓄存款工作调度，采取每日监测、每旬电话督导的方式，及时通过农行信息、NOTES信箱等渠道指导各级行开展营销工作，督促各行调整经营思路，全力以赴

地抓好储蓄存款工作。

（二）以强化个人贷款风险控制为前提，以目标管理和精细化管理为手段，明确业务发展的区域、客户和产品重点，审慎地发展个人贷款业务

一是11月份以来全面启动了个人贷款营销工作，制定并下发了《2008年四季度个人信贷业务营销活动方案》，准入了58家支行开办住房贷款、生产经营贷款及综合消费贷款等项业务，开展了优质楼盘营销活动，使全省个人贷款营销工作全面启动；二是加大了个人贷款清收与督导力度。制定并下发了《关于加强非农户个人不良贷款清收工作的通知》，明确了清收重点、清收措施以及清收奖励，指导基层行加大不良贷款清收；三是加强了风险预警快速反应机制。根据各行贷款品种风险情况下发风险监控日报、督查通知书和实施现场督导和检查。

（三）加强客户关系管理，积极培育优质客户群体

为提高个人优质客户对我行的贡献度和忠诚度，加强对个人优质客户的精细化管理，提升经营网点的营销能力，省分行统一组织细化和量化VIP客户判定标准，科学区分VIP客户、成长型客户和普通客户，通过上门服务、组织客户联谊活动、及时提供金融产品信息等方式，开展了一系列卓有成效的综合营销活动，形成了主要领导带头公关大户，客户经理维护和营销中高端客户，客户部门和临柜人员做好售后服务的良好营销氛围。为了提高客户经理营销技巧和营销能力，省分行集中举办了两期客户经理培训班。组织开展了个人优质客户管理系统测试和上线工作，目前已经推广应用到全省100个网点，为各级行提高优质客户维护和拓展提供了技术支持。另外，为了调动客户经理营销积极性，组织制定下发了个人金融产品营销计价考核方案，科学合理考核客户经理营销业绩。

（四）加强基金代销业务指导，组织开展了多层次的营销活动

一是加强业务指导和营销指导。年初以来，省分行通过NOTES下发市场分析和营销指导材料100余篇，并按月编制下发基金产品推荐组合，及时指导各级行开展基金营销工作；二是组织开展了多层次营销活动。今年4月份，省分行联合大成基金管理公司、东北师范大学等单位，举办了“金钥匙·春天行动理财进校园”集中式现场营销活动，对东北师范大学师生进行基金理财业务综合营销。另外，我们还联合东吴基金管理公司、华夏基金管理公司、长信基金管理公司等单位，举办了多场投资者见面活动，宣传、推广我行代销的基金产品；三是加强业务督导，在农银汇理基金销售期间，省分行按日监控营销进度，对进展缓慢的行及时进行电话督导，部分行组成了督导组，及时督促各级行采取有效措施，农银汇理基金在弱势中取得了较好的销售业绩，其中农银恒久增利销售了1.14亿元，完成总行计划130%，计划完成率在全国排第4位，全省有7个网点获得总行奋勇争先奖；四是建立了有效的激励约束机制，调动各级行营销积极性。

（五）加大营销力度，提升银行卡市场竞争能力

2008年，各行积极抢抓银行卡业务发展机遇，有效结合当地经济热点，深度挖掘、科学细分市场和客户，有效配置人、财、物等资源，以借记卡、准贷记卡和贷记卡三大系列产品特色功能为卖点，有针对性地开展发卡、用卡市场营销和商户拓展，实现发卡和收单市场双丰收。截至2008年末，我行银行卡增长56.05%，增量居省内四大行第一位，银行卡消费额增长67.30%，实现消费及收单收入增长133.88%。

（六）理顺网点管理职能，加大网点建设力度

今年4月份，按照总行要求省行调整了网点管理职能，个人业务处统一负责网点建设、机构管理和规范化服务工作。职能调整后，我们进一步规范了网点建设流程，全年网点建设项目98个（含购置项目），完成投资总额为6515万元。同时加强机构管理，有6个网点进行了迁址，29个网点进行了更名，24个储蓄所升格为分理处，2个储蓄所升格为二级支行，6个分理处升格为二级支行，对34个储蓄所、8个分理处实施了撤并。加强了网点规范化服务管理，在奥运活动期间，多次下到网点以“神秘人”身份进行暗访，实现网点服务零投诉，同时利用奥运文明服务活动这一契机，强化了礼仪培训，改善了营业网点视觉效果，制定下发了网点服务缺陷改进意见。

福建省分行个人金融业务发展概况

2008年，福建分行认真贯彻落实总行的个人金融业务工作部署，努力树立“五种意识”，提升“五种能力”，坚持个人金融业务在发展中的战略地位，不断强化优质个人客户营销，强力推进网点经营转型，提升营业网点竞争力，有重点、分步骤推进“对公业务上收，对私业务下沉”，全行个人业务综合化、差异化经营步伐明显加快，综合竞争力得到不断提升。

一、经营目标完成情况

（一）储蓄存款实现大幅增长

至年末，人民币储蓄存款比年初增加183.52亿元，同比多增178.1亿元，完成总行计划183.52%，增量市场份额29.26%，列四行第一位。在储蓄存款增量中，定期存款增量占比62.44%，同比提高2.11个百分点，资金来源的稳定性进一步提高。储蓄存款稳定增长带来了丰富的低成本资金，引进了大量的个人优质客户资源，为促进全行各项业务的持续发展做出了积极的贡献。

（二）个人信贷业务良性发展

至年末，按全口径全省个人贷款余额211.73亿元，比年初净增加28.58亿元（含剥离约53115万元），增量全国农行排名第四。当年增量中，个人住房贷款增长9.65亿元，综合消费贷款增长10.96亿元，个人生产经营贷款增长11.58亿元，三项主导产品增量占个人贷款增量的127.75%。新产品个人客户综合授信贷款业务比年初增长3.21亿元，呈现良好的发展势头。

（三）中间业务营销取得成效

全年全行累计代销开放式基金105只，新增开立TA账户3.08万户，累计认/申购金额达到13.72亿元，各项手续费收入6025万元。代理券商集合资产管理计划4只，累计销售金额2236万元。发行"本利丰"人民币理财产品19期，募集资金17.02亿元，手续费收入221万元。承销凭证式国债5期，金额2.75亿元，柜台记账式国债新增交易量222万元，合计手续费收入510万元。理财产品销售总量位居全国农行第四位。

（四）银行卡业务稳步发展

我行坚持年初制定的"一体两翼"发展战略，走规模效益路线，银行卡各项业务收入37097万元，比上年增加5400万元，增长17.03%。其中借记卡手续费收入30995万元；贷记卡业务收入2667万元，比上年增加2212万元，增幅达486.15%，卡均收入108元，贷记卡卡均收入指标居全国农行第2位。电子银行业务收入2361万元（包括前三季度基金直销收入77.5万元），居全国农行第八位。银行卡发卡量1273.2万张，扣除睡眠户清理影响净增195.7万张，总卡量居省内同业第二位。

二、采取措施和成功经验

（一）推行"1+N"营销与捆绑考核，巩固存款业务基础地位

2008年以来，资本市场持续低迷，我行把握增存机遇，加强同业信息交流，建立四大行储蓄存款日报制度，及时掌握同业储蓄存款业务最新情况，适时召开存款业务推进会，提高主动应对市场变化的掌控能力。通过理顺存款和理财业务发展的关系，把理财产品销售作为强化客户关系的有效手段，推行"1+N"营销与捆绑考核，促进资金行内循环。发挥创新先导作用，发展跨市场负债衍生产品，如第三方存管、银期转账、银保通等，持续营销"本利丰"，实现产品型负债，锁定高价值个人客户。同时在细分客户基础上，健全个人金融产品功能与服务体系，瞄准中高端个人客户，努力拓展存款市场，

（二）强化营销与服务，推进个贷业务集约化、专业化经营

一是确保个人信贷计划专项使用，保证个贷优先发展。我行密切关注市场变化，认真把握市场热点，分析消费热点，抓住客户重点，确保贷款增量规模向城区行、重点支行、特色支行倾斜，努力推进个贷业务集约化、专业化经营。二是深入开展个贷业务普查，明确经营策略。认真组织开展对全省农行个贷区域投向、产品投向、业务比重、市场份额及风险状况等方面的普查，深入分析业务发展特点和存在的问题，提出加强个人贷款业务拓展及管理意见。三是加大营销力度，提高个人信贷市场竞争力。按照分类指导和差异化管理的原则，及时制定和细化"房贷新政"，明确我省农行个人住房贷款具体政策措施，全面建立开发贷款项目按揭资源跟踪管理台账，积极开展优质楼盘个人住房贷款专项营销活动，加强优质法人客户联动营销、交叉营销，成功营销了福建炼油化工有限公司个人优质客户综合授信贷款业务，进一步提升了我行个贷产品同业竞争力和社会影响力。四是建立和完善个人信贷业务考核激励机制，调动业务拓展积极性。我行认真落实《中国农业银行关于零售业务产品营销计价考核的意见》和《中国农业银行福建省分行个人金融产品营销计价指引》，优化资源配置，推动各行个人信贷产品计价考核的实施，提高经办机构、客户经理的主动营销能力。

（三）采取"10+1"营销模式，深入挖掘理财市场销售潜力

受全球金融危机影响，理财市场表现低迷。我行积极采取应对措施，通过实行"10+1"营销，即农行主托管的基金和自行开发的理财产品，每个产品每个网点销售10万元，每位员工销售1万元。大力组织好基金定期定额业务优惠推广活动，做大规模，培育长期稳定的客户群。积极做好保险代理、券商集合资产管理计划、本利丰、汇利丰结构性存款、第三方存管等理财产品的推广销售工作，推行产品营销计价考核，调动一线员工营销积极性，扩大个人金融资产销售份额。此外，还整合我行资源优势，借助理财师团队的专业优势，为福建炼油化工有限公司及下属改制企业、紫金矿业集团等大型优质企业提供量身定做的一揽子综合金融服务方案，带来了良好的经济效益和社会影响。

（四）全面推进网点管理转型，打好业务经营基础

一是组织开展营业网点普查，摸清辖内营业网点发展现状，研究制定《中国农业银行福建省分行营业网点2008~2010年转型规划》，分区域、分层次、分步骤地推进全行营业网点转型。二是推动"对公业务上收，对私业务下沉"，制定上收工作方案，举办现场推进会，加强专职大堂经理、个人客户经理配备。三是扎实推进个人客户开户流程优化项目试点工作，改善客户服务体验；制定下发《个人金融产品营销计价指引》、《营业网点个人业务岗位绩效考核指引》，引导经营行建立科学的网点组织管理体系，落实岗位考核评价和产品营销计价机制。四是加快物理网点调整与自助银行布放。五是建立营业网点建设、变更及投资建设报表制度，按月跟踪各行营业网点建设项目投资进度，加强对营业网点机构、营业用房装修、改造项目管理。

（五）不断创新个人金融产品，着力抢占高端市场

一是成功开发"本利丰·盛世华年·开放式新股申购信托理财计划"，取得应有市场份额，首次募集资金近16亿元。该产品营销策划被总行评为2008年"大行德广—伴您成长—金钥匙春天行动"个人金融产品营销优秀策划项目，福建分行荣获总行"金钥匙理财杰出奖"。二是对PCRM系统进行全面升级改造，新增了营销支持、贵宾卡发卡在线审批、与短信平台对接等核心功能，为各级行拓展维护优质个人客户、推进网点转型提供强有力的信息系统支撑。三是推出实物黄金代理业务，抢占高端客户市场。四是开发推广网点综合发布信息系统，统一全行网点的信息发布模式和管理流程。五是迎合高端客户的个性化需求，

推广个人客户综合授信贷款业务和个人客户循环贷款系统，结合信贷审批体制改革，上线个贷业务网上决策系统，实现调查、审查和审批等各个环节的专业化集中运作。

（六）强化自律监管工作，防控业务风险

一是强化个人贷款在线监测和风险预警，落实大额备案制度，及时提示和化解潜在的风险。二是组织开展各类专项检查，查找业务办理中存在的隐患和风险点，并抓好落实整改，堵塞漏洞，有效防范和控制风险。三是加强理财产品风险管理。成立了理财业务清理整顿规范领导小组，对全行理财产品进行全面的风险排查和清理整顿规范，制定应急预案，建立快速报告制度，保障理财业务平稳健康发展。

大连市分行个人金融业务发展概况

2008 年中国农业银行大连行分行顺应形势，抢抓机遇，大力发展个人负债业务，积极拓展个人资产业务，稳步发展个人中间业务，促进了全行个人金融业务协调健康发展。

一、主要业务指标完成情况

本外币储蓄存款余额 304 亿元，比年初净增 67 亿元，同比多增 57 亿元，完成全年计划的 335%，占大连市增量市场份额的 21%；

剔除不良资产剥离因素，个人贷款余额 24.4 亿元，比年初增加 6884 万元，其中：个人住房余额 21.4 亿元，本年累计发放 5.7 亿元，净增 2 亿元；个人贷款余额占比 9.9%，同比增加了 1.48 个百分点；个人不良贷款余额为 1946 万元，比年初减少 2741 万元，不良率 0.8%，同比减少 1.28 个百分点；

实现个人中间业务收入 5266 万元，完成全年计划的 42%；其中：代理基金收入 4371 万元，代销额为 9.7 亿元。

二、主要工作情况

1. 开展“春天行动”，促进零售业务发展。一季度我行采取多种有效措施，集全行之力，开展“伴你成长，金钥匙春天行动”，截至 3 月末，全行人民币储蓄存款比年初净增 15.9 亿元，同比多增 6.99 亿元，创历史最好成绩。同时春天行动的开展，也有力地促进了各项零售业务的发展，收到较好地效果。

2. 采取有效措施，保证储蓄快速增长。2008 年，我行面对资本市场巨幅动荡的局面，抢抓机遇，一方面理顺储蓄、理财、第三方存管等业务发展的关系，努力把理财产品和客户股票账户回笼的资金转化成储蓄存款，促进资金的行内循环；另一方面我行组织开展了“争创增量明星网点竞赛活动”，采取通报督导等多种有效措施，充分调动支行、网点、个人三个层面的积极性。截至 12 月末，全行共涌现“增量明星网点”131 个，净增存款 61 亿元，占全行增量的 92%。

3. 明确工作目标，促进个贷有效发展。我行先后组织召开个人信贷工作会议，个贷业务研讨会，经验交流会等会议，明确个贷业务发展目标和方向，制订下发奖励办法，研究解决各行在业务开展中遇到的问题和发展的瓶颈，调动全行发展个贷业务的积极性，促进了个贷业务的均衡、有效、守法、合规地发展。我行还推行了个人信贷业务网上审批，缩短了个人信贷业务档案在各部门流转的时间，加快了审批速度，增强了个贷业务的同业竞争力。

4. 增加代销品种，拓宽经营收入渠道。9 月份我行在大连市分行营业部推出了代销高赛尔金条的实物黄金业务，由于营销宣传措施得力，第一批 12 公斤金条，仅两天就销售一空。截至 12 月末，共代销金条 29.5 公斤，丰富了产品种类，满足了高端客户的多种金融需求，拓宽了经营收入渠道。

5. 转观念、订规划，提升农行外部形象。一是以硬件转型改造为经营转型铺路。年初，我行组织相关人员赴深圳分行学习网点经营转型的经验，并将学习体会向分行党委做了汇报，与各支行领导进行了交流，为开展以“网点分类、功能分区、业务分流、客户分层、产品分销”为原则的网点经营转型改造打下了良好的基础。二是制订网点建设三年规划。按照总行的统一要求，大连分行在做好调研、全面进行分析、充分征求意见的基础上，制定出《大连市分行 2008 年～2010 年营业网点 3 年发展规划》和《大连市分行 2009 年度营业网点装修改造计划》，为实现网点全部转型，确立了奋斗目标；三是高标准严要求把好装修改造质量关。在对营业网点装修改造过程中，严格按照市行领导小组的要求，严把设计装修改造质量关，设计方案按照十年不落后的高标准进行多次论证、研究从中选择最优方案。对平面图仔细研究，让设计单位反复修改，确定终稿后报行长审批。按照审批的方案出效果图和施工图，对效果图进行认真揣摩，使其达到最佳效果。对施工图进行仔细审查，使其严格按照设计方案的要求进行绘制。使网点装修改造达到规范统一、美观大方，提高了农业银行的内、外部形象。2008 年我行共完成 21 个营业机构的网点转型设计和改造，其中一级支行营业部 11 个，二级支行 4 个，分理处 6 个，网点硬件转型改造取得了初步的成果。

6. 打造特色服务品牌，推动网点软转型。一是一是树立形象，开展“打造特色服务品牌建设”活动。为建立优质服务的长效机制，配合网点全面转型，在网点硬件转型的同时，为了提升服务竞争力，市行在软件服务上大胆创新，制定了《大连分行打造特色服务品牌建设实施方案》、《中国农业银行大连市分行柜员服务形式格式化标准》、《中国农业银行大连分行晨会格式》，并在全行进行实施，进一步提高了全行抓好优质服务工作的积极性，提高员工服务技能，真正激发了员工自觉做好优质服务的热情；二是多策并举，细化措施，全面做好奥运服务工作。为了做好奥运金融服务工作，市行采取了加强员工培训，细化服务措施，优化支付环境，增加外汇兑换网点，开通客服电话人工坐席服务，及时安排各行开展应急演练等措施，确保了奥运金融服务到位、规范，进一步提高了网点优质文明服务的意识；三是做好银行业协会主办的文明规范服务示范单位评选工作。经过大连银协的验收，我行市行营业部、旅顺、甘井子、开发区4个支行营业部被大连银协评为文明规范服务示范单位，旅顺支行营业部由大连银协推荐参加全国银协的文明规范服务示范单位评选并获此殊荣。通过评选激发了全行提高优质服务的热情，带动了全行营业网点快速转型。

甘肃省分行个人金融业务发展概况

2008年，甘肃分行个人业务工作按照“3510”战略规划要求，坚持以科学的发展观统领全局，以实现个人业务又好又快发展为目标，上下配合，全面推进，个人业务得到了快速、规范、有序发展。其中，储蓄存款余额突破500亿元，达到516.34亿元，比年初净增101.6亿元，增幅达到24.51%，同比多增74.4亿元。完成总行计划的597.6%、省分行确保计划的406.4%、力争计划的338.6%；个人贷款（不含农户贷款）余额34.34亿元，剔除剥离因素后个贷实际增长2.22亿元，完成总行下达专项计划的317.06%。个人中间业务中销售基金及券商集合资产管理计划289只、10.64亿元（认购1.9亿元、申购8.7亿元），实现手续费收入6448万元，销售“本利丰”人民币理财产品3327万元。

（一）大力组织“大行德广—伴你成长—金钥匙春天行动”，储蓄存款实现“开门红”

一季度，紧紧围绕“伴你成长”品牌发展战略，加强组织领导、协调和推动力度，强化工作措施，整合力量，统一安排，综合计划，全方位统筹部署工作，大力开展各具特色的全行综合营销活动，取得了良好成效。

（二）深入调研，强化措施，推动营业网点转型工作

甘肃分行党委高度重视网点转型工作，积极开展调查研究，总结试点成果，部署网点转型工作，各级行深入推动网点转型试点工作，经过一年努力，取得实质性进展，无论从往网点形象建设还是在功能分区、资源配置、员工思想认识等方面均取得了很大的提高。

（三）真抓实干，坚持不懈做好网点规范化服务工作

甘肃分行以奥运服务为契机，立足城乡、服务三农，不断推进全行营业网点转型和规范化服务工作，努力创建社会公众满意、服务一流的商业银行，组织全行开展“迎奥运争第一文明规范服务百日竞赛”等全行性迎奥运文明规范服务活动，对柜台业务工作进行查访，分别对5个分行、12个支行、76个基层营业网点的规范化服务工作进行了明察暗访，在行内掀起了规范化服务的新高潮。

（四）健全考核机制，实行重点零售业务及中间业务产品计价考核制

组织召开重点零售及中间业务产品计价座谈会，下发了《考核暂行办法》，在全省各级行全面推行重点产品计价考核。同时，建立价格浮动调节机制，结合产品营销重点、经营战略调整等因素适时调整考核价格，促进了零售业务又好又快发展。

（五）明确重点、强化营销，积极推进个人信贷业务

一是将个人住房和个人汽车贷款作为重点产品，通过简化流程、提高效率等手段，强化业务营销。二是以重点行为切入点，开展重点督导，着力加强个人贷款风险管理，积极压降个人住房、一般消费和个人生产经营不良贷款，收到了良好成效。三是贯彻落实监管部门要求，做好助学贷款各项工作，督导省分行营业部和白银等行稳步推进助学贷款业务发展。同时，完成了2800多笔1056.66万元存量助学贷款的基础数据提取和239所相关高校附加信息的补录工作。

（六）认真做好基金销售工作，努力增加中间业务收入

一是推动个人优质客户管理系统顺利上线，为拓展个人优质客户群体提供了技术保障。二是开办“本利丰”人民币理财产品等业务，丰富理财产品集合，收入多元化步伐进一步加快。三是积极应对资本市场发展，大力开展基金营销，组织开展了“‘基金宝’定期定额业务推广活动”和“债券基金营销推广月”活动，在全省安装了227块LED显示屏，完成了新一代基金代销系统的升级测试、试运行和推广培训工作，取得了农银汇理行业成长基金计划完成率排名全国农行系统第一等优异成绩。

（七）加大业务培训，全力打造个人客户经理队伍

注重个人客户经理和理财专业队伍的培养，举办个人客户经理营销技能培训班，开展了多层次、专业化、标准化的培训；加快理财师队伍建设步伐，组织个人理财从业人员上岗资格考试。

（八）加强内控合规建设，保障业务可持续健康发展

围绕风险管理主线，不断提高业务管理与业务操作能力，打造合规、安全的经营环境。一是强化检查力度，多方位对全行个人业务发展情况进行自律监管，检查面达到了100%，所查单位部门自律监管工作质量稳步提高，规章制度执行力不断提升，有效地提高了个人业务内控管理水平。二是强化业务检查及问题整改，推动个人信贷业务规范发展。先后两次组织经营行对个人质押贷款逐笔进行了核查清理，对发现的问题逐一进行核实和整改；组织个人信贷业务抵押权证办理情况检查，对6家二级分行辖内12家支行的个人信贷业务进行重点抽查，对省分行营业部和白银分行2008年个人信贷业务进行了重点抽查，制订下发了《个人贷款风险监测管理办法（试行）》和《关于加强个人业务风险防范工作的通知》，进一步明确了个贷风险管理的部门职责、监测手段、监测内容和日常管理等，积极推进个人贷款风险管理工作实现规范化、制度化。

湖南省分行个人金融业务发展概况

一、业务发展概况

2008年以来，我行积极贯彻落实总行要求及湖南省分行年初工作会议精神，积极推进“五大转型”，推动了全行个人业务持续、健康、快速发展。

1. 储蓄存款实现超历史增长。至2008年底，本外币储蓄存款余额1074.84亿元，比年初净增186.45亿元，创我行历年增长新高，储蓄余额和增量份额均保持第二位。

2. 个贷业务有效发展加快。2008年，剔除剥离因素，我行非住房个人贷款累计发放12.68亿元，贷款比年初增加3.85亿元，完成年度增长计划162.44%，个人住房贷款余额24.69亿元，较年初净增6.47亿元，增长35.51%，是近5年个贷增长最快的一年。其中生产经营贷款增量列全国第五，汽车贷款列全国第四。综合收回率98.09%，同比提高2.32个百分点。不良贷款比年初减少1323万元，不良率比年初下降6.23个百分点，实现“双下降”。

3. 中间业务得到健康发展。全年实现基金收入2176万元。基金开户数比年初增加37313户，完成总行计划100.85%，完成比例居全国第二。发行本利丰理财产品17期，实现理财收入1060万元、国债收入582万元。

二、主要工作措施

（一）抓市场营销

2007年12月份，我行为做好一季度金钥匙春天行动综合营销活动，深入基层和同业，开展了专题存款业务和个人业务综合调研活动，写出了高质量的调研报告，及早制定了2008、2009一季度综合营销方案和考核方案，召开了全省2008年、2009年“大行德广—伴你成长—金钥匙春天行动”个人业务综合营销活动动员大会，春天行动综合营销活动均得了显著效果，为全年的业务计划实现奠定了坚实的基础。年中，又组织了个人资产业务、理财业务及负债业务市场调研，从2008年二季度到年末相继开展“迎奥运—超千亿—优质服务提升年”储蓄营销竞赛活动、个贷营销活动、理财业务竞赛活动，保持了储蓄、个贷、理财业务持续快速增长。

（二）抓网点转型

一是成立工作机构，快速履行职责。根据总行和党委的要求，我行在个人业务处成立了网点管理办公室。安排了三位同志专司其职，使网点管理工作迅速迈入运行轨道。

二是积极开展调研，摸清网点底数。撰写了《网点管理与转型工作调研报告》、《加快个人理财业务发展是营销高价值客户的必然选择》等调研报告。组织二级分行进行网点摸底，做好基础工作，保质保量做好《湖南分行营业网点电子地图》标注工作，向总行及时提交《网点普查信息表》、《网点变更情况表》、《网点建设投资进度表》等。

三是制定三年规划，编写配套办法。在基层调研的基础上，借鉴先进行的经验，制订了《中国农业银行湖南省分行网点转型三年规划2008－2010年》。制定网点转型相关配套13个办法，目前已行文下发二级分行的有《中国农业银行湖南省分行大堂经理角色管理办法》、《中国农业银行湖南省分行营业网点每日晨会与每周学习评议指引》。全面推广网点“6S”管理。

四是规范网点建设，指导网点改造。自去年4月份以来，网点管理办审查了14个分行送审的40个网点的平面图，提出修改意见42条，有力地支持了二级分行的网点转型工作。

（三）抓结构调整

1. 抓个人贷款发展。一是制定《个人贷款业务工作意见》、《关于加快个人住房贷款业务发展的若干规定》，为全行明确了个贷业务发展提速的指导思想和营销举措。二是以个人住房贷款、生产经营贷款为拳头产品，积极开展了“三进”（进市场、进社区、进机关）、“三定”（定责任、定目标、定奖罚）个贷营销活动，加大对高端客户市场的个贷营销力度。四是在全行推行个人信贷业务集中经营管理与网上作业模式。全面实施个贷CMS网上决策，实现个贷业务网上集中审查审批。配合信贷部门积极落实和推行个人贷款独立审批人制度。五是加强个贷专项计划管理与考核。建立个人住房贷款营销激励措施，优化个贷资源的优源配置，重点向管理能力强、发展决心大行倾斜。

2. 抓理财业务优化。坚持与“市”俱进、“银客”同赢、防范风险原则，从保护客户投资能力的角度出发，及时调整理财产品营销策略。由过去重股票基金营销，向重点营销总行托管基金和农银汇理基金产品和低风险的储蓄保本型、货币市场型、债券型基金产品及低风险本利丰理财产品、凭证式国债转变。调整基金投资方式。联合大成等五家国内品牌基金公司开展基金定投业务竞赛活动，全行基金定投增加1万户。

3. 抓客户结构调整。2008年新增目标客户12万户。一是全面推广应用个人优质客户系统。为筛选个人优质客户，实行差异化服务和针对性管理提供了最有力的工具。二是加强客户后续维护。在全行建立200多个贵宾室、贵宾窗口。实行优质客户指派，由客户经理一对一维护，开展各种形式的客户答谢活动，增进客户的满意度。

（四）抓优质服务

一是开发、推广服务评价系统。自主成功开发柜台服务评价系统，经过在长沙、湘潭试点后，将服务评价系统进行全面推广。目前，全行500个网点已安装和运行评价系统，实现了柜台人员服务由客户实时评价和管理考核功能。

二是认真开展迎奥运文明规范服务系列活动。举行了活动动员会议，开展了专业服务和个性服务培训，对重点行进行明察暗访，得到了银行业协会的充分肯定。

（五）抓机制创新

一是推行零售关联产品捆绑考核。在省分行综合考核办法中，对储蓄、基金、国债、理财产品、保险等客户金融资产实行总量捆绑考核，从机制上引导各行由传统负债业务主导的零售业务向综合理财转型。

二是细化网点人员考核激励。抓好覆盖所有零售人员激励考核体系建设，制定了涵盖保险、基金、电子银行、国债、储蓄、第三方存管等产品在内《个人金融产品营销计价办法》，开发了网点员工绩效考评系统，获得了湖南分行2008年产品创新大奖。

（六）抓风险管控

1. 强化个贷业务风险管理。一是进一步认真做好个贷风险预警和监控。在严格准入标准、强化贷后管理的同时，加强风险预警。坚持做到每季出具个贷业务风险分析报告，及时为行领导提供决策依据。二是加大监管检查力度，严控操作风险。对个贷业务的常规检查覆盖面必须达100%。组织了个贷业务专项检查，对新放贷款操作的合规性，以及抵押担保、贷后管理、风险控制等方面的情况进行全面掌控。三是强化不良个人贷款的清收工作。严格新放贷款形成不良的责任追究。去年9月，对不良贷款比例高2个的二级分行和5个县级支行负责人进行了问责。

2. 强化理财业务的操作风险控制。一是梳理制度。强化了管理和网点人员对银监会颁布的《商业银行个人理财业务管理暂行办法》、《商业银行个人理财业务风险管理指引》两个制度和总行关于理财业务管理等制度的学习和执行。二是严格执行风险揭示制度。全行各业务网点全面落实了风险提示和产品推荐风险揭示要求。三是做好业务自查和整改工作。2008年5月份开展了基金及理财业务风险检查，认真整理发出检查通报和整改通知，督促各行整改回复。四是积极化解理财产品市场风险。

（七）抓队伍建设

1. 加强以大堂经理为重点的营销队伍建设。建立了《大堂经理管理办法》，在全行选拔、考试、考核，新增120名大堂经理配置在骨干网点。

2. 多渠道、高频率开展队伍培训。一是加大业务培训力度。通过视频和现场培训方式，开展了14次累计参加人数4万多人的基金、理财业务、基金新系统、优质客户系统培训，实现了“新产品发行先培训，熟悉产品再营销”的要求。二是精心组织了个人业务综合培训。对全行200多名个人业务管理人员、客户经理、大堂经理培训零售业务转型、理财业务。三是开展团队意志和协作训练。挑选了50多名优秀个人客户经理开展了户外拓展训练。四是组织全行理财资格和基金从业资格考试。有9800多人取得了理财资格证书。组织1200多人参加2008年、2009年中国证券业协会的基金销售资格考试。

江苏省分行个人金融业务发展概况

2008年，江苏分行在总、分行党委的正确领导下，认真贯彻落实总行提出的零售业务发展战略，坚持“发展、转型、提质、增效”工作方针，进一步加强市场营销，加快网点转型建设，强化精细化管理，积极提升队伍素质和风险防控能力，全行个人业务继续呈现出良好的发展态势，个人业务经营贡献率得到新的提升。

一、个人金融业务发展概览

截至2008年末，江苏分行全辖共有营业网点1570家，其中县域网点906家，城市网点664家。按网点类型分类，全省已建成理财中心31家，精品网点502家，基础网点1037家，自助银行22个，离行式自助设备162台，附行式自助设备3919台；截至2008年末，营业网点在岗总人数15073人，其中专职大堂经理782名，客户经理1777名，理财经理261名，高、低柜柜员7651名，非临柜后台人员1683名。全省个人客户总数达3720万户。

二、个人金融业务主要经营指标完成情况

一是人民币储蓄业务持续增长，总量和增量继续保持同业第一。至12月末，全行人民币储蓄存款余额3399.67亿元，比年初增加815.41亿元。在四大行中，全行人民币储蓄存款总量市场份额为34.51%，增量市场份额为36.52%，总量和增量均位居同业第一。在全国农行系统中，全行人民币储蓄存款增量市场份额位居系统第一。二是个人资产业务平稳发展，资产质量稳中有升。至12月末，全行个人贷款余额497.6亿元，比年初增加30.96亿元。三是个人中间业务继续保持一定速度的发展。至12月末，全行共代理销售基金69只，累计完成认、申购基金为271.57亿元，同期多增37.54亿元；共代销凭证式国债五期21.2亿元；销售人民币理财产品“本利丰”19期，金额15.8亿元；代销实物黄金476.95公斤，销售金额9434.77万元。四是综合营销体系进一步完善，转型和基础建设工作取得一定成效。12月末全行取得金融理财师（AFP）374名、国际金融理财师（CFP）49名和金融理财管理师（EFP）7名。全省共配备个人客户经理2250名，其中专职个人客户经理1247名。全行7000多名从事理财产品销售相关人员获得“中国农业银行个人理财业务从业资格证书”。

三、主要工作措施

一是紧盯市场和客户，抢抓发展机遇，持续开展各类形式的市场营销活动。2008年一季度，根据总行统一布置，江苏分行全面开展了“大行德广—伴你成长—金钥匙春天行动”个人业务综合营销活动，并取得积极成效。获得总行授予的“个人金融综合营销优质服务先进分行”、“全国个人储蓄工作突出贡献分行”和“金钥匙理财杰出分行”荣誉；同时，苏州分行六个“一百”金钥匙理财节获得总行“个人金融营销策划优秀项目”表彰，江苏昆山

市支行获得总行“个人贷款发展管理优秀支行”表彰，苏州新区支行理财中心徐纯同志获得“全国优秀专职个人客户经理”荣誉，江阴市人民路支行、省分行营业部雨花台板桥支行、苏州张家港塘桥支行获得“全国城乡个人金融百强网点”称号。二是坚持“保、抢、挖”策略，全力推进主体业务的快速、健康发展。继续巩固储蓄存款在全行业务经营中的基础地位。进一步拓宽储蓄工作思路，加强市场细分，及时把握个人资金运动规律，以工具类产品营销为载体，切实抓好储蓄增存代发工资、转账电话、银证转账、个人账户（借记卡）等源头业务，确保了全行储蓄存款的同业第一的竞争优势。加快推进以个人住房贷款等业务为重点的个人资产业务发展。积极发挥个贷中心的营销龙头作用和集约化、专业化和规模化运作的优势，注重完善联动营销机制，继续加强与优质房地产开发企业的合作，实施全员营销，加强产品创新，强化考核激励力度，推进住房贷款跟进服务考核制度，坚持有所为，有所不为的方针，积极慎重的支持非住房类个人资产业务发展。三是从战略高度认清基金及理财产品销售对打造一流零售银行的重要作用，继续全力推进中间业务的发展。强化目标意识，完善考核机制，加大销售进度的指导力度，加大对基金及理财产品销售的激励力度，努力扩大个人网上银行销售，增加电话银行和自助设备的交易服务功能，提高各渠道销售能力。四是进一步强化零售业务 IT 系统支撑作用。全面推广了个人优质客户管理系统（二期）。加快客户信息系统整合和推广应用工作。对 CIF 项目增加了拓展信息、渠道信息和产品信息三个功能模块，形成了完整的客户信息视图，为高、低柜柜员发现客户、营销产品提供了技术支持。做好相关配套管理系统的对接，使个人客户关系管理系统的功能得到充分的发挥。自行开发的贵宾卡管理系统与贵宾服务系统与 PCRM2.0 关联；完成排队叫号系统与 PCRM2.0 的对接升级。强化基础建设工作，积极促进个人业务转型。加快网点硬件改造进度。实行理财经理持证上岗制度，进一步强化理财中心职能定位。五是进一步强化部门自律监管，切实防范化解业务发展风险。牢固树立“发展是第一要务，控险是第一责任”的长期意识，对个贷信用风险和市场风险、理财产品操作风险和营销风险、高价值个人客户流失风险等核心环节提前做好预期和预防工作。六是积极实施分层培训制度，不断提高个人客户经理队伍素质。着力组织好专题型、提高型培训工作。

上海市分行个人金融业务发展概况

一、个人金融发展概览

2008 年，面对同业在客户、产品、服务上的竞争优势，理财市场的急剧变化，上海分行上下通过努力创新、提高营销能力，加强对目标客户的维护，完善考核管理机制，着力提高个人业务的核心竞争力，实现了全行个人业务较快发展。

二、2008 年个人业务工作回顾

2008 年在个贷大幅度还款，理财产品收益不佳的情况下，全行人民币储蓄比年初增加 365 亿元，存款余额达到 1662 亿元，占全行各项存款余额的 51%，比 2007 年末提高 7 个百分点，占存款年度增量的 129%，对稳定农行存款市场份额起到突出贡献；外币储蓄存款余额 18234 万美元，比年初增加 1115 万元美元。全行累计发放个人贷款 8500 笔、贷款发放额 52.33 亿元。年末各项个人贷款余额 266 亿元，个人贷款不良率 0.69%。全行公积金委托贷款余额 42 亿元。

2008 年我行共发行 17 期本利丰人民币理财产品，总销售额 40.2 亿元，占总行总销售额的 21.69%，指标完成率 165%；销售手续费收入 2348.17 万元，与 2007 年相比增加了 2147 万元。全行共代理发行开放式基金 69 只，券商集合管理计划 4 只，销售量 21.87 亿，持续申购量 57.59 亿，合计 79.46 亿元；基金定期定额业务累计申购额 8705 万元，共取得基金代销业务收入 1.60 亿元。代理 5 期凭证式国债、3 期储蓄国债，累计发行量 10.65 亿元。在 13 期记账式国债柜台交易方面，累计代理买卖 273 笔，金额 1216 万元。

2008 年末，我行大堂经理和专职个人客户经理分别达到 244 人和 179 人，各比年初增加 64 人。年内共培训金融理财师（AFP）69 人，国际金融理财师（CFP）12 人，全行持证理财师人数达到 181 人，从事个人业务条线工作 147 人。已推广应用个人优质客户管理系统的网点 403 个，占全部网点的 97%。年末全行个人客户 1583 万户，星级目标客户达到 61.51 万户，其中五星级客户 1896 户，户均 305 万元，四星级客户 6506 户，户均存款 91 万元，三星级客户 29680 户，户均存款 40 万元，二星级客户 6.57 万户，户均存款 21 万元，一星级客户 48.5 万户，户均存款 11.7 万元。全行存款 100 万元以上客户有 7800 人，存款余额 166 亿元；500 万元以上客户 401 人，列总行第九。根据目前计价标准，通过 PCRM 系统的统计测算，一星级客户可以为我行带来 1500 元毛利润，二星级客户是 3000 ~ 6000 元，三星级是 6000 ~ 15000 元，四星级是 15000 ~ 35000 元，五星级客户是 35000 元以上。

三、主要工作措施

（一）创新方法，开展各类主题营销活动

1. 在 2008 年旺季期间，突出“回报客户”和“新年送福”两大营销主题，组织了全行性三大专项营销活动，提升了农行市场形象。一是在上海大剧院举办“金钥匙贵宾客户新年音乐会”，增强与客户的感情沟通。二是在新年期间，组织全行百名理财师开展了新年献礼活动——免

费向社会公众提供家庭理财方案，展现了我行的专业理财水准，树立了“金钥匙”理财良好的品牌形象。三是举行了个人优质客户抽奖活动，将80把象征开启财富、幸福和成功之门纯金钥匙——“福匙”，回馈给我行的优质个人客户，传递2008年为中国“祈福”、为农行“祈福”和为客户“祈福”的美好心愿。

2. 在日常营销中积极探索，组织了一系列主题营销活动。一是结合农行进城二十周年主题宣传开展“理财社区行”活动，从5月初启动，在分行统一部署下各支行制定了详细周密的工作计划，落实营销团队名单，分析周边客户的结构特点，准确定位目标客户群体，取得了事半功倍的效果。尤其是市区支行全面出击，走进高档社区，深入街道里弄，全力拓展优质客户关系，营销我行产品，争做区域主流银行。二是开展“产品营销方案设计大赛”活动，使得网点和一线营销人员理论联系实际，把学到的理财知识融入到日常产品综合营销和客户管理中去。此次大赛共收到参赛方案76份，其中很多方案就是营销案例的总结，较好地反映了网点一线员工的营销热情和技能。三是开展“我心目中的理财经理”评选活动，有130名理财经理参加了评选活动。并以此为契机，强化了客户对我行理财经理的认同感。四是开展“伴你成长·三业个人贷款”营销活动，通过平面媒体、电台等外部营销宣传及宣传折页、海报等形式使三业贷款产品快速进入市场，提高了社会大众对我行个贷产品的知晓度。

（二）严防风险，促进个人业务稳健发展

1. 加强理财产品销售的风险防控。根据总行、银监会的要求，全行开展了个人理财业务的检查工作，检查内容包括营销过程和操作过程的合规性等。针对检查发现的问题进行认真整改，进一步落实日常监管责任，并加强对营销人员和柜面操作人员的培训工作，努力防范风险。

2. 加强个贷自律监管检查、业务培训和不良贷款的管理。一是组织实施自律监管检查。重点检查抵押登记、他证管理、合规操作、不良贷款、假按揭等情况，并在全行通报和督促整改。二是组织个人住房贷款新制度、存贷双赢理财产品培训、二手房交易资金第三方监管业务、还款假日计划等新产品培训。三是严控全行个人不良贷款逐月跟踪监控和分析，督促支行加强不良贷款催收和诉讼。

（三）顺应市场需求，稳步推进新产品研发各项工作

一是加强产品经理队伍建设和管理，修订并下发了《中国农业银行上海市分行产品经理考核办法》。二是积极应对市场需求。针对2008年上半年宏观政策从紧，信贷规模紧缩、资本市场低迷和中长期理财产品销售困难等问题，我们认真研究市场热点，积极拓展客户，研究和设计上报了《票据投资理财计划》和《上汽通用汽车金融信贷资产证券化理财产品方案》，提高了我行市场竞争能力。为进一步推动分行城市业务的发展，制定了《中国农业银行上海市分行创业贷款管理办法》，并且与杨浦、张江、紫竹等3家科技中介签订《创业贷款合作意向书》。

（四）积极探索，全力推进网点转型工作

1. 加强培训。一是开展网点经理培训，引导网点经理向营销管理者、团队组织和管理者的角色转变，提高零售业务管理水平。二是对全行进行了PCRM系统的应用培训，目前系统注册用户达到1041个，其中客户经理707人，提高了全行对PCRM系统功能的认识。

2. 启动网点转型达标活动。加快渠道建设和网点功能转型，开展了营业网点转型达标工作。分行制定了网点转型达标标准，对达标的时间进度提出了明确的要求，并组织二批达标网点的验收工作。

3. 着力提升个人客户经理队伍的专业化水平。一是按照总行党委“打造专业理财师队伍和专职个人客户经理队伍”的要求，2008年组织了一期69人的AFP培训班，并从原有的AFP中选拔优秀者参加总行的CFP培训，加快理财师队伍建设。二是注重实战练兵，组织理财师参加2008年全国杰出财富管理师评选、第三届全国十佳理财师大赛等活动。分行有三位理财师入围2008年全国杰出财富管理师评选复赛，并最终获得三等奖。

4. 加快个人优质客户管理系统（PCRM）和客户财富专家系统（CFE）的推广应用。2008年分行牢牢抓住推广应用CFE和PCRM二期升级改造的契机，遵循“积极稳妥，循序渐进，先易后难”原则，逐步扩大系统的应用范围，最终完成个人优质客户管理系统（PCRM）全行范围的推广应用。目前全行97%的网点已运用了PCRM系统，通过系统的推广运用，网点加强了识别客户的能力，开展了有的放矢的营销服务，有效地促进支行网点功能的转型。

（五）加强管理，提升文明标准服务水平

1. 认真开展网点服务质量监测。2008年分行委托上海泰群市场营销咨询有限公司对全行所有网点实施网点服务质量实地监测，针对监测结果按季进行分析通报，并提出进一步的整改要求，网点规范服务水平有所提高。

2. 积极开展“迎奥运文明规范服务系列活动”。根据中国银行业协会和总行的有关要求，全行开展“迎奥运文明规范服务系列活动”，制定了《“迎奥运文明规范服务系列活动”实施方案》，召开了“迎奥运文明规范服务系列活动”动员大会。由于措施到位、责任明确、工作落实，在奥运金融服务期间，全行没有发生任何应急事件，得到了相关部门的好评，并相继在人民银行上海总部银行卡跨行交易质量竞赛中荣获“更快的事件反应”优胜奖和“更高的交易质量”优胜奖，ATM跨行业务评比运营综合奖第二名和业务受理量突出贡献奖；在总行组织的对奥运赛区城市部分网点进行的暗访检查中，上海分行得分第一。

3. 积极启动“迎世博”文明规范服务系列活动。为贯彻落实市委、市政府关于实施《迎世博600天行动计划》的指导意见，十一月全行召开动员大会，制定了“迎世博”文明规范服务实施方案，将各项任务具体分解到各个职能部门，通过加强支付环境建设、加快网点体系建设、加强窗口文明建设、扎实推进“迎世博”文明规范服务。

四川省分行个人金融业务发展概况

（一）个人金融业务发展概览

2008年，中国农业银行四川省分行个人金融业务条线加大市场营销力度，各项业务实现了较快发展，综合竞争能力不断加强。一是储蓄存款、个人贷款、基金销售等核心业务快速发展，贡献度提升。二是个人业务营销模式转型不断深化。成功组织了“金钥匙春天行动”综合营销活动。在所有网点推广了个人优质客户管理系统，建立了贵宾优先服务通道，强化了网点营销力量。三是积极推广个人金融新产品。先后推出了固定利率贷款、置换式贷款、个人综合授信贷款等个贷产品，推出了基金定投及代理黄金等理财品种。四是积极推进网点转型，促进了点均及人均业务和客户满意度的有效提升。五是不断强化个人金融业务风险管理，有效防范了各类风险发生。

（二）各项个人业务经营目标完成情况

1. 2008年我行储蓄存款创历史最好成绩，市场份额继续保持四大行第一。2008年12月末，我行本币储蓄存款余额达2126亿元，比年初净增449亿元，同比多增288亿元。

2. 个人贷款在主要房地产市场大幅萎缩和汶川大地震的双重影响下，仍实现了较好增长。2008年12月末，全行个人贷款余额271.55亿元，比年初净增17.14亿元。

3. 中间业务持续稳定发展。2008年12月末，全行基金交易额为41.23亿元；基金定投交易量达2亿元，开户数达63422户。

4. 个人贵宾客户营销维护得到加强，客户结构有所改善。

（三）转型措施与成功经验

1. 围绕客户价值挖掘，全面强化个人金融资产综合销售。

一是抓好“金钥匙春天行动”，及时分解下达任务，落实专项奖励，积极开展贵宾客户联谊、务工人员回乡座谈等活动，有效推动了个人金融产品综合营销，被总行评为“个人金融综合营销优质服务先进分行”和“全国个人储蓄工作突出贡献分行”。二是把握股市、房市调整机遇，做好灾后个人金融服务，储蓄存款超常规增长。在汶川特大地震发生后，我行克服重重困难在最短的时间内恢复网点营业，在第一时间收集灾区客户需求，制定应急处理办法，满足了灾区群众金融需求，有效促进了储蓄存款增长。三是抓好基金等中间业务的持续营销。在全省范围内开展了“百县百场”基金、理财知识大巡讲活动，同时组织开展了“基金业务青年营销明星竞赛活动”、“基金定投竞赛活动”，有效促进了低迷行情下的基金销售工作。四是抓住市场机遇大力营销黄金业务，全行销量位居全国第二。

2. 牢牢把握发展机遇，狠抓个人贷款营销和精细化管理。

一是及早下达全年个人信贷计划，先后召开了房地产信贷和个人信贷工作会议，提出进一步加强个人贷款营销和管理的意见，推动各行进一步加强风险管理，实现业务有效发展。二是有针对性地调整和细化个人贷款政策，增强了农行个人贷款的市场适应性和同业竞争力。三是通过积极的营销政策，建立了以个人住房贷款为重点的激励机制，及时兑现相关奖励，充分调动各行开办个人贷款业务的积极性。四是抓好重点产品、重点地区的业务营销。以二级分行及县域城区为重点，拓展以房地产抵押方式为主的个人生产经营贷款。五是完善个贷营销渠道，建立个人贷款营销中心，与个人信贷业务审查审批中心协同运作，实现营销服务流程标准化。全面推广个人信贷业务网上决策系统，提高业务处理效率。

3. 以理财业务为切入点，狠抓贵宾客户营销维护。

一是高度重视贵宾客户营销维护，分层次落实了贵宾客户营销维护职责，将贵宾客户营销维护成效纳入了二级分行绩效考评体系。二是加快了贵宾客户服务渠道建设，各类型网点落实相应的理财人员、客户经理，努力做好贵宾客户“一对一”服务。三是加快推广个人优质客户管理系统，为识别和营销维护贵宾客户提供了辅助工具。四是以贵宾客户联谊活动、抽奖活动、理财沙龙等各类活动为载体，实现对贵宾客户和成长客户群体的主动营销、定向营销、批量营销。五是切实落实贵宾客户优先服务，提升贵宾客户满意度。六是加强品牌宣传，在成都商报“2008中国成都东大街金融博览会暨首届成都金融街论坛”活动中，我行金钥匙理财品牌被评为“最佳理财服务品牌”，金穗贷记卡被评为“最受欢迎银行卡”，中国农业银行高新支行陈小娟荣获“中国农业银行最具人气明星柜员”，中国农业银行锦城支行汪珺被评为“年度金牌理财师”。

4. 切实抓好网点建设、灾后重建及网点转型工作。

一是加快网点建设进程。做好2008年全行网点建设规划工作，把好建设可行性准入关，积极主动做好与各部门的沟通、衔接等工作，理顺流程，提高效率。二是积极配合做好营业网点灾后重建工作。“5.12”汶川特大地震发生后，在第一时间收集网点受灾情况，及时对受灾网点项目进行分析调查和论证，并提出规划建议。三是加快网点软转型步伐。为进一步推动网点转型工作，确定了不同类型、不同地区的网点软转型重点联系网点，“一点一策”，就如何开展软转型工作进行了操作性的实践和探索。四是主动加强与银监局汇报沟通以及对下级工作指导，做好网点机构管理工作。五是抓好网点规范服务工作。先后参与了四川省银行业协会组织的全省银行网点规范化服务检查、成都银行业系统创全国文明城市活动网点检查，并抓好奥运金融服务前期准备工作，确保了奥运金融服务顺利开展。

5. 强化队伍和机制建设，激活个人业务发展动力。

一是强化重点工作、重点业务、重点人员的激励考评。制定了网点转型和贵宾客户营销维护工作考核评价办法，加大相关个人业务的权重设置，并结合实际积极推行了个人金融产品营销计价考核。二是做好工作督促、指导和调查工作。积极发挥信息交流作用，通过《个人业务信息》对各行春天行动进度以及各行先进经验进行推广介绍。坚持按月、按季通报有关工作，进一步强化了督促指导力度。三是抓好从业人员培训。全年先后组织开展了网点转型、个人信贷业务培训和个人客户综合授信贷款专项培训等近十次，开展了三期理财师培训班，考试通过率达87%，现四川省分行有近300人取得理财师资格证，为理财业务的发展打下了坚实基础。

6. 加强业务监管工作。一是及时组织开展2008年个人业务自律监管工作；二是认真落实基金销售风险提示和投资者教育工作，抓好存款、中间业务风险防范工作；三是加大了个人贷款在线监测和督导力度，狠抓到期贷款收回和不良清降。

天津市分行个人金融业务发展概况

2008年在分行党委的正确领导下，全行上下紧紧围绕"3510"战略目标，转变思想观念、转换经营机制，积极致力于业务流程再造、管理手段改进与队伍综合素质的提升上，各项业务经营稳步发展。在整体发展的大背景下，全行个人金融业务综合营销继续保持了发展的强劲势头，管理能力进一步提升。一年来，通过坚定推进网点转型战略，加快实施步伐，渠道建设进一步加强；完成了个贷业务管理的集中上收，进一步理顺和规范了业务流程；继续强化专业培训工作，理财师队伍进一步扩大；积极落实精细化要求，条线管理更加清晰，个人金融产品综合营销再上台阶。

一、2008年个人业务基本经营情况

（一）储蓄业务超常规发展，存量份额进一步扩大

截至12月31日，全行本外币储蓄存款余额833.4亿元，比年初增长183.7亿元，占四大行余额比重34.87%，较上年提升0.64个百分点；存款增量较去年同期多增107.2亿元，增量占比按11月末数据统计，在四大行中达到37.56%，存、增量继续保持同业首位。

（二）个贷业务完成不良剥离，资产质量进一步优化

在分行的整体部署下，认真做好个贷不良资产的剥离工作，截至年末，全行个人不良贷款余额2.92亿元，比年初减少1.78亿元，不良占比2%，较年初下降1个百分点。在个贷投放方面，多方面不利因素交织叠加，特别是自去年末以来宏观政策及市场环境的持续影响，房地产市场交易量大幅萎缩，经济环境的不明朗，催生提前还贷量增多，全年累计发放个人贷款24亿元，累计收回40.5亿元，年末余额132.4亿元，比年初减少18亿元，但其中的公积金贷款，在逆势中保持发展势头，全年累计投放5.52亿元，余额达到20.58亿元，比年初增加了2.06亿元，全年实现个贷利息收入10.16亿元，占全行利息收入14.64%，分别比上年增加1.43亿元和0.42个百分点。截至年末，个贷存量在农行系统内占比为3.5%，排系统内第11位；在同业四大行中比较，个贷存量占比为31.16%，继续居于首位，在农行系统内的市场份额占比排名中，位列第三。

（三）基金总体销量萎缩，本利丰理财产品销售同比增加

本年度在资本市场大幅下挫的影响下，全行基金代销结构发生变化，股票基金销量大幅锐减，债券及货币基金销量相对提升，占到总销售额的40%，混合型基金销售额占到总销售额的1/5。全年基金、理财类投资产品累计销售14.6亿元，其中本利丰理财产品销售16期，金额7.44亿元，与去年同期比较增加2.19亿元；代销基金7.16亿元，全年实现手续费收入2778万元，其中本利丰理财产品596万元，同比增加485.44万元；代销基金手续费收入2182万元。截至年末，全行共保有本利丰理财产品17期，保有客户4522户，金额5.77亿元。

二、采取的工作措施

（一）加快网点转型实施步伐，积极推进经营战略转型

一是以"迎奥运"开展优质服务活动为契机，加大对网点的建设与改造力度，强化了网点的服务功能；成立了分行首家财富中心，加快了推进网点经营转型的步伐；按照"功能分区、业务分层、客户分流"的原则，积极实施了对网点布局和业务流程的优化，合理调整服务窗口和柜台，实现窗口柜员配备到位、大堂经理配备到位、排队机等相关设施配备到位，并最大限度的发挥大堂经理、理财人员的营销职能，较好的缓解了排队压力。

二是认真落实分行党委"对公业务上收，零售业务下沉"的经营思路，围绕提高网点服务效率和价值创造能力的目标，制定了天津分行网点转型实施方案，明确了转型的9项措施35项具体工作，并在分行的统一部署下顺序推进网点转型的具体实施工作，撤并网点111家，并完成了对优化整合后的348家网点的五类划分，使营业网点更加突出了在组织储蓄、营销产品和提供结算三项核心功能上的作用，为进一步提升网点的市场竞争力奠定了基础。

三是成立了网点管理办公室，着手进行网点转型及管理工作，先后组织召开了四次网点转型审议会，对35个网点的转型项目进行审议并下发审议确认函；编制了天津分行2008～2010年网点规划，并在汇总各行网点建设需求的基础上，结合转型要求确定了今后3年的网点建设规划；组织进行了对同业15个商业银行的33个网点的观摩调研活动，从内外部形象、功能分区、业务流程、现场管理、人员配备等方面进行系统学习，并整理了相关网点建设意见，为今后加强渠道建设积累经验。

（二）加强营销队伍建设，提升队伍综合素质

一是针对加强个人理财队伍建设的需要，组织各一级支行主管行长、理财业务负责人、大堂经理和个人客户经理共782人参加了个人理财从业人员上岗资格考试，其中

727人成绩合格，并获得总行颁发的个人理财从业资格证书。与此同时，年内分行还积极组织参加了行业执业资格考试，组织选派人员参加了金融标准委员会认证的理财师资格培训，共有111人获得了该委员会颁发的AFP证书；组织参加了由劳动保障部认证的理财师职业资格考试，193人获得了理财师资格。二是针对规范基金代销业务的需要，开展了各类产品培训和基金业务讲座累计达64场，组织全行基金销售人员参加证券投资基金销售人员从业资格考试，172人取得从业资格。三是针对规范公积金贷款业务操作的需要，组织全行150余人次参加了2008年度公积金贷款经办人员上岗资格培训与考试，并配合公积金中心完成了操作员的注册。通过上述系列工作，进一步提升了全行营销与管理人员的综合能力与素质，从业人员的专业水平和业务技能得到提高。

（三）积极组织开展综合营销活动，促进个人金融业务发展

一是充分发挥系统营销合力。为带动个人业务的整体发展，分行积极把握市场动脉，提前动手抢抓市场时机，于去年12月1日正式启动“春天行动”综合营销活动。根据活动的统一部署，在充分结合活动期间不同时段市场特点的基础上，坚持面向市场、面向客户、面向基层，精心策划了主题鲜明、内容丰富、形式多样、连续系列的营销活动方案，主要以储蓄存款、基金、本利丰、个人住房贷款专项营销、贵客卡发放和突出双利丰、转账电话、网上银行等我行优势产品为主要内容多次组织现场营销活动，全行综合营销取得良好成效。各支行结合区域环境和客户特点细化分行营销方案，采取针对性营销措施，圆满地完成了各项目标。在“春天行动”旺盛的营销势头带动下，各行顺势而为，乘势而上，坚持抓好年内各项营销工作落实，至三季度提前完成了总行下达的全年储蓄计划，总量与增量持续保持本市同业第一。

二是努力推动基金、本利丰等理财业务发展。组织召开了基金业务专项推动会议、基金定期定额集中营销活动、完善自助渠道交易功能，进一步丰富个人代理业务的销售渠道。同时，结合新业务、新产品的推出以及市场营销需求，先后举办了基金新品种、基金定投业务、个人理财业务等培训活动，并以做好农银汇理基金的销售为契机，在全行范围内积极培育学习和销售基金业务的浓厚氛围。

三是积极致力于客户结构的优化。结构决定质量、结构决定效益、结构决定竞争力。在抓好综合营销工作的同时，将优化客户结构，提高优质客户比重作为推进业务经营转型，促进个人金融业务发展的重点。积极做好PCRM系统的上线及应用推广，至年末，各行主管部门和网点已经基本实现对该系统的推广使用，实现网点推广率达到91.33%；努力拓展增值服务渠道，完成了对机场贵宾厅服务的后续工作，编制了贵宾服务手册，与知名品牌公司合作，为贵宾客户提供优惠服务，年内全行新增贵宾客户增值服务渠道17家，累计达到37家。通过全行上下的努力，全行个人优质客户的比重进一步提升，通过二期PCRM系统显示，截至2008年12月末，我行共有星级客户478，254户，比2007年9月末一期个人优质客户系统显示星级客户数增长237，891户，增长198%，其中四星级以上客户比2007年9月末增长5391户，占全部星级客户比率1.93%，增加了0.34%。全行星级客户存款余额601.82亿元，占全部存款余额的72.22%，与上年9月末余额及占比相比，分别增加了257.5亿元和17.81%。全行星级客户的较快增长，特别是个人高端客户的快速增长，进一步体现了PCRM系统对我行维护和拓展星级客户的重要性。

（四）认真做好业务调研，有针对性地推动工作开展

一是先后围绕春节期间全行网点对外营业情况、各区域存款增长情况及节假日调整对储蓄存款的影响、黄金市场及同业发展情况、住房信贷业务发展状况等方面进行调研，根据调研结果撰写了《个人业务部对节假日全行储蓄存款增长情况的调研报告》、《2008年春节长假期间储蓄存款增长分析》、《天津农行拟开办个人实物黄金（自营）业务的调研报告》、《天津分行房贷业务调研报告》四篇报告，向分行党委提交工作建议，为领导决策提供必要依据。

二是针对VIP俱乐部的运营和贵宾客户精细化管理的需要，组成调研小组，先后采取电话询问、实地走访等形式，对工行、建行、光大、渤海、民生、兴业、招商等同业进行了为期5天的调研，总结同业先进经验，为后期工作积累管理素材。

新疆兵团分行个人金融业务发展概况

2008年，新疆兵团分行个人业务紧密围绕年初、年中工作会议和个人金融业务会议精神，加强基础管理，开展综合营销，个人金融业务呈现出“储蓄存款增幅加大，个贷余额持续萎缩，个贷不良余额、占比双升，基金销售持续回落、个人优质客户逐步增多”等特征，网点管理工作有序推进。现将2008年度新疆兵团分行个人业务发展情况概况如下：

一、个人业务经营概况

（一）个人负债业务迅猛增长，储蓄存款增量市场份额攀升

截至2008年末，储蓄存款较上年末净增42.08亿元，余额达238.2亿元，占各项存款存量的49.88%，完成总行年度增量计划2亿元的2104%，同比多增42.07亿元，增长率为18.08%。同业市场份额存量占比13.09%，增量占比13.23%，较同期上升13.26个百分点。

（二）银行卡业务稳步发展，惠农卡发展迅猛

2008年全行贷记卡发卡19628张，较年初增加15125张，完成年度计划的151.3%；惠农卡发卡269898张，完成计划的337.4%，激活266178张，激活率为98.6%；银行卡业务收入6961万元，较上年同期多增1589万元，完成年度计划的87.4%，占全行中间业务收入的55.3%。

二、主要工作措施

（一）积极开展“春天行动”综合营销活动，抢抓旺季增长机遇

根据总行文件精神，分行抢抓旺季增长机遇，精心组织、周密部署，结合当地实际组织了各阶段的个人业务综合营销工作，全面提升本行个人客户服务水平和综合营销能力，扩大了金钥匙品牌的市场宣传效应，各项经营指标执行情况良好，实现了个人金融业务营销工作“开门红”。截至2008年3月底，全行个人金融资产业务（含储蓄存款、国债、基金、本外币理财产品）净增246669万元，完成计划的123.33%。其中，储蓄存款净增215195万元，占全行个人金融资产净增额的87.24%；基金认申购额29774万元；凭证式国债销售1700万元。个人贷款余额86273万元，较年初下降3873万元，同比少降2227万元；代理保险保费收入（含寿险、财险）9284.03万元，完成计划232.10%；网银个人交易金额2293.18万元，完成计划114.66%。

（二）大力培育和发展优质个人客户，积极探索差别化服务模式

截至2008年年末，我行签约的个人优质客户达6953名，较6月PCRM系统上线初期增加了19.36万户，星级客户17.84万户，增加5.4万户，在个人客户中占比4.8%，增加了1.3个百分点。全行星级客户存款159亿元，占全行存款的66.7%，为存款的稳定提供了支撑。分行积极利用PCRM系统，将符合优质客户条件的客户进行挖掘，在全行范围内推广VIP贵宾服务，开设贵宾通道进行客户分流，按照客户类型进行差别营销，取得了较好的效果，在差别化服务方面迈出了一大步。

（三）加强基础管理、落实分类指导，推动个人资产业务有效发展

一是完善制度建设，强化规范管理。进一步细化、明确了相关实施细则，有效控制信贷风险。严格贷后管理制度，针对性地督促各行做好预期贷款的催收工作。狠抓清理整顿，开展了多次专项检查和清理整顿。二是加强产品整合和分类指导，按照不同产品、不同地区实施分类指导、分类营销，促进了业务的稳健发展。三是推进政策性贷款商业化经营。认真做好国家助学贷款工作，与省教育厅签订了合作协议，银校合作领域及内容不断拓宽和深化，稳妥推进下岗失业人员小额担保贷款工作。

（四）强化风险意识和自律监管，着力控制业务风险

一是实施全面风险管理。加强个贷风险监测，落实信贷风险预警制度，进一步加大检查力度，有效促进了个人信贷业务管理水平的提升。同时，不断强化风险意识，防范个人负债及中间业务风险。二是强化自律监管。严格落实内控制度，积极强化规章制度的执行约束力，建立有效的自律监管约束机制。并加强自律监管检查，构筑了有效的个人业务经营风险“二道防线”。

（五）启动网点转型工作，为经营战略转型奠定基础

一是做好网点转型的组织工作。完成了网点管理职能工作的交接，明确了各部门网点转型管理职能，确保了网点管理工作的有效开展。二是加快了网点转型步伐。根据网点功能定位和分类，一点一策，对网点进行科学布局，积极推进网点功能分区改造。到年末已批复了21个网点的迁址更名，184台自助机具的设立，91个网点的建设项目，实施物理转型网点85个，占网点总数的33%，其中建成理财中心1个、精品网点45个、基础网点38个，离行式自助银行1个，分别占网点总数的0.4%、17%、15%、0.4%。三是摸清了网点基础信息情况。深入基层对营业网点进行摸底调查，建立了全行营业网点数字影像档案和电子地图，掌握了网点一手资料，形成了兵团分行网点现状调查分析报告，提出了城市行网点优化布局的初步方案，明晰了全行网点建设布局。四是制定了网点建设总体策略和发展目标。按照“城市网点优先，自有网点优先，业务量大的网点优先”的三优先原则，制定了《兵团分行2008~2010年营业网点发展规划》。本着合理规划、集中资源、提高效益的建设原则确定了2009年建设投资重点，切实推动网点转型工作。五是加强网点的规范化管理。下发了《新疆兵团分行营业网点环境管理规范化标准（试行）》、《新疆兵团分行营业网点工作人员行为与服务规范化标准（试行）》，努力推进营业网点的规范化服务工作，一定程度上改善网点的服务环境。

新疆区分行个人金融业务发展概况

一、个人金融业务发展概览

近年来，宏观经济金融形势发生了明显变化，同业竞争日趋加剧，全行的个人金融业务也面临着加快调整和转型的艰巨任务。面对困难和挑战，农行新疆分行站在农业银行“面向三农、商业运作”的股份制改革高度，提高发展个人金融业务的战略认识，牢固树立“大个金”的营销理念，加快个人金融业务的转型步伐，积极创新经营管理模式，逐步实现了个人金融业务从“小个金”向“大个金”的营销方式转变。2008年，农行新疆分行个人金融业务各项工作取得了明显成效。管理水平不断提升，个人客户结构进一步改善，储蓄存款业务实现了超常规发展，个人贷款投放力度不断加大，中间业务取得了长足发展，网点转型工作稳步推进。

二、各项个人业务经营目标完成情况

2008年，农行新疆分行较好地完成了年初确定的各项个人金融业务指标任务。一是储蓄存款创历史新高。截至

12月末，储蓄存款余额较年初净增67.3亿元，完成总行年度计划的9.6倍，储蓄存款增量创五年来历史新高。二是网点转型全面启动。各行设立了网点管理及转型领导小组，网点管理职能部门的工作基本完成；全行积极配备专职个人客户经理、大堂经理；装修改造网点，使网点形象得到很大提升。三是个人客户结构调整初显成效。全行星级客户储蓄存款余额较年初增长101.58亿元，对全行存量储蓄存款的贡献度达74.7%，较年初提高15.7个百分点。四是个人贷款投放力度不断加大，累计发放个人贷款2.7亿元，不良贷款余额较年初下降2.9亿元。五是中间业务取得一定成绩。共代理发行和促销开放式基金84只，实现基金销售额6.85亿元。代理基金、国债和个人小额账户管理收入对中间业务收入的贡献率达22.9%。六是继续保持银行卡业务优势地位。银行卡实际发卡量净增73万张，完成年度计划的242%，贷记卡发卡量较年初增加20196张，完成年度计划的101%。惠农卡发卡完成计划的166%，激活率99%。银行卡业务收入较上年多增3059万元，占全行中间业务收入的71.1%。

三、个人业务发展和网点转型的措施和经验

一、全面启动网点转型工作，软硬件建设齐头并进。一是全面推进网点转型管理工作。为规范网点管理，指导全行开展网点转型工作，制定了一系列网点管理措施和办法，对各行网点转型工作起到了很大推动作用。二是以网点建设为突破口，以硬转型带动软转型。按照营业网点形象统一及功能分区规范化、标准化的要求，严格审核网点建设方案，确保营业网点建设按转型要求，高标准、高质量顺利推进。三是建立网点立体式信息档案，动态掌握网点发展情况。对全行营业网点现状以及今后网点管理与战略转型中需要解决的重大问题进行了深入调研分析，收集整理了全行网点的信息资料，并建立了网点信息数据库，为今后网点机构管理工作奠定了基础。四是大力推行网点5S管理，提升网点的营销服务能力。以开展迎奥运文明规范服务活动为契机，从设施配备、人员配备、服务规范、环境卫生等多方面强化营业网点现场管理，规范网点的服务行为，进一步提升农行的社会服务形象。

（二）积极开展个人业务综合营销活动，全力推进重点业务的快速发展。一是以“春天行动”为契机，大力开展个人金融综合营销活动，实现个人业务“开门红”。大力推动代理业务发展，做大中间业务市场。加快IT技术的开发和升级，进一步提高个人代理业务发展的科技支撑作用。二是电子银行业务收入稳步提升，市场占有率和同业竞争力均明显增强，电子银行注册客户数、交易金额再创新高，为全行业务发展提供了良好的电子服务和渠道保障。三是银行卡业务发展迅猛。银行卡业务规模继续稳居同业首位，业务管理和用卡环境有了明显的改观，自助设备运行质量稳定，交易量、手续费收入增幅迅猛。大力推广发行了金穗惠农卡，服务“三农”落到实处。

（三）加大个人贷款投放力度，树立了新的个贷品牌形象。全面贯彻执行新流程、新办法，切实提高工作效率。明确了个人业务运行模式，简化了个贷业务流程。切实做好风险防范工作，密切关注2008年国内部分城市房价下滑的不利情况，采取有效的管理措施，力求有效规避市场风险。

（四）加大人员培训，打造个人业务专业队伍。大力培养个人金融理财师（CFP、EFP），积极组织培训个人理财管理、理财产品销售人员及个人业务部门负责人和支行客户经理，个人金融业务专业人才队伍进一步壮大。

重庆市分行个人金融业务发展概况

2008年是农业银行改革发展的关键年度，重庆市分行在总行个人金融部及市分行党委的正确领导下，以科学发展观为指导，以推进零售业务经营转型为主线，紧紧围绕3510战略规划和“转型、试验、形象”三大主题，不断整合个人业务发展资源，着力推进市场营销、网点转型、科技支撑、产品创新和基础管理，促进了全行个人业务持续有效发展。

一、各项目标任务完成情况

1. 储蓄存款创历史新高，继续保持四大行“双第一”。年末我行人民币储蓄存款余额700.37亿元，占全行各项存款余额的67.87%；储蓄存款比年初净增136.71亿元，同比多增89.5亿元，完成全年计划的170.88%，占各项存款增量的68.62%。在四大银行排名中，储蓄存款存量、增量市场份额分别占35%和40%，继续保持“双第一”地位，当年新增分别比建行、工行、中行多51亿元、57亿元、96亿元。

2. 个人贷款平稳增长，资产质量不断提高。年末全行个人贷款（不含其他生产经营贷款，下同）余额104.94亿元，占各项贷款总额的15.32%。比年初增加10.28亿元（加上剥离因素实际增加12.06亿元），占全行各项贷款增量的10.28%，个人贷款增量在全国农行系统排第11位。不良贷款余额1.32亿元，比年初下降2.08亿元，不良贷款占比1.26%，比年初下降2.3个百分点，个人贷款资产质量在全国农行系统排第10位。

3. 突出基金销售重点，理财业务取得突破。截至12月末，我行代理基金销售收入1189.15万元，在基金销售中突出了农银汇理基金和我行托管基金的重点，共实现基金销售4.973亿元。在抓好农行“本利丰”理财产品销售的同时，承接代销重庆三峡银行统筹城乡1号、沙坪坝和荣昌政府的资金集合计划，渝涪信托二期及重庆危旧房改造项目人民币等理财产品共20期，金额13.5亿元，同比多增8.12亿元。

二、网点转型工作

2008年，我行大胆探索，积极推进营业网点转型工作，在网点建设方面取得了良好成效。

一方面，切实抓好营业网点建设与环境改造准备。市分行成立网点建设办公室，从总务、计财和基层行抽调干部和业务骨干集中办公，对基层行实施“交钥匙”工程。首先，聘请银行网点建设设计经验丰富的专业公司，参照同业先进作法，结合农行特点，制定了《营业网点建设视觉识别标准手册》；其次，分别在城区行和山区行选择江北和巫溪建设标准化网点，为辖内各行提供了学习样板；再次，配合计财、科技等部门，先后完成了5家设计公司、5家监理公司、5家咨询公司、15家装饰公司、2家家具公司和主材的入围招标；并牵头完成30个营业网点的综合验收；最后，在总行的支持下，先后批复我行32个骨干网点、14个地震受灾网点、64个擦亮牌子，共110个购置或装修改造项目合计21358万元的投资计划，完成了主城支行103个网点项目调查、立项批复及平面布局方案。

另一方面，积极探索营业网点转型。一是选择开县支行开展营业网点转型工作试点。二是在开展广泛调研的基础上，制定了《营业网点转型工作实施方案》（试行）和《营业网点转型工作推广方案》（试行），全面实施营业网点转型规划。三是组织人员编写了《营业网点转型工作指引》，为各行实施网点转型工作提供素质。四是制作全行营业网点的电子地图，为网点规划调整提供决策依据和信息支撑。五是引进欧顾德公司，对辖内新南路支行、龙骅支行开展营业网点转型理论培训和现场辅导，在行内塑造规范化服务样本。同时，制定营业网点的二年发展规划，逐步构建布局合理、功能完善、服务高效、形象统一的网点网络。另外，还撤销1个业务发展欠佳的网点，新增4个自助网点，3个网点更名，2个网点临时停业，27个网点升格为二级支行，对15个布局不合理的网点实施了迁址。

（三）中国银行省市区分行个人金融发展概况

北京市分行个人金融业务发展概况

2008年，北京市分行个金业务按照总行要求，坚持以发展理财业务为核心，以消贷业务为重点，着力推进网点转型。在理财业务发展中，坚持三级财富体系建设与客户总量发展和资产增长并重；在消贷业务发展中，坚持一手房业务和二手房业务并重，直客式发展模式和间客式发展模式并重；在网点转型过程中，坚持硬件转型（即网点建设）和软件转型（即队伍建设、流程整合）并重。在这一基本思想指导下，以及在全体员工的不懈努力和忘我工作下，北京市分行克服重重困难，不仅圆满完成了总行赋予的奥运金融服务重任，还努力提高了个人金融业务对全行利润总额的贡献比重，实现了个人金融业务的可持续性发展。

一是基金代销业务受冲击，本外币理财产品代销和VIP客户增长成亮点。由于资本市场大幅震荡，基金销售受市场形势影响较去年大幅下降。但理财产品销售量大幅提升，全年累计发售人民币理财产品较去年同期增长129.64%，外币理财产品较去年同期增长69.00%。VIP客户高速发展，截至2008年底，发卡VIP客户较年初新增39%；VIP客户资产规模新增20%。

二是个人中间业务异军突起，中间业务收益市场份额逐年提升。奥运特许商品和贵金属销售为中间业务收益市场份额的提升作出了巨大贡献。个人中间业务收益在北京地区市场份额与2007年同期相比提高了2.41%，北京地区排名第二。

三是本外币储蓄超额完成总分行任务指标，主动营销提高借记卡发卡量。人民币储蓄存款比年初新增220余亿元，创历史最好水平；外币储蓄存款比年初增长近9000万美元，扭转了近几年来外币储蓄存款持续下降的局面。全辖累计新增发行借记卡近100万张，超额完成了年初制定的计划任务。

四是消贷业务市场占有率提高，资产质量持续改善。截至2008年12月末，北京分行零售贷款余额在北京市场排名第三，市场份额12.36%，较年初提高了0.37个百分点，工农中建四大行中新增排名第一。

上海市分行个人金融业务发展概况

一、业务发展状况

截至2008年末，人民币储蓄存款较年初增加224.98亿元，全口径市场份额8.75%，较年初下降0.17个百分点。外币储蓄存款较年初新增1.36亿美元。全口径市场份额33.76%，较年初下降1.01个百分点。

截至2008年末，上海分行人民币零售贷款较年初新增11.69亿元人民币，零售贷款余额在中资银行的市场份额为19.25%，较年初下降0.13%，当地市场排名第一；全口径市场份额18.79%，较年初下降0.3个百分点。

二、重点工作

（一）负债先导，服务先行——狠抓储蓄业务发展

2008年初，上海分行行长室提出“负债先导，服务先行”、提升储蓄存款市场份额的战略发展方向，全行积极响应，实施多项举措加快储蓄业务发展速度。

1. 坚持不懈做好市场跟踪和分析，加强全行业务指导，根据储蓄业务市场变化情况，上、下半年及时制定储蓄业务发展指导意见，正确把握业务发展脉络，推动全辖储蓄业务的发展。2. 强化考核，狠抓内部渠道。强化营业网点储蓄存款业务考核。加强业务交流，及时总结和推荐网点、支行抓储蓄的先进经验。充分发挥理财中心专业优势，做好VIP客户储蓄存款维护。3. 打破定式，拓展外部渠道。积极通过业务合作、客户共享、渠道互换等方式延伸上海分行储蓄业务发展渠道。4. 提升服务水平，做好重点客户维护与营销。

（二）巩固消贷领先地位——重点客户重点维护

为进一步加强与总、分行级房地产开发企业的合作关系，同时便于上海分行深入理解房地产市场的发展方向，在认清市场发展趋势、充分听取合作伙伴的意见和建议的基础上，为其提供诚信、优质、高效的金融服务，确保上海分行零售贷款业务持续、健康、稳定的发展。

（三）业务集中管理，客户集中维护——提升财富管理竞争力

1. 推进、深化理财业务集中和直管工作

2008年初，上海分行将“理财业务集中管理和理财客户集中维护”确立为全行理财业务发展的体系管理目标，通过梳理、明确理财业务组织架构，指导支行根据理财业务的实际特点，因地制宜，深入推进开展理财业务集中和直管工作。

2. 理财队伍建设

制定、实施绩效考核新机制，强化条线管理力度。建立市分行层面对全辖理财中心、理财客户经理的考核评价机制。推进理财队伍考核模式创新工作。选择部分理财中心试行理财经理小组考核新模式。举办模拟交易大赛，增加理财客户经理投资实战能力。

3. 品牌营销

丰富品牌内涵，统一中银理财品牌形象。通过拓展行内、行外多种渠道形成了规范化、持续化、立体化的品牌宣传效应。深化子品牌，提升客户服务价值，通过丰富多彩的增值活动提升了签约客户的忠诚度和满意度。

（四）硬件、软件并进——把网点转型做实做细

加快网点硬件改造。按照总行年初下达的网点改造指标，分行制定了详细到网点的改造计划和台账，按月监控网点改造进度。深入推进网点流程整合，提高网点运营效率，提升销售服务水平。以奥运服务为契机，加大 ATM 设备投放，完善设备功能，提高设备使用率和手续费收益。进一步加强开放式柜台个人客户经理和大堂经理队伍建设。

江苏省分行个人金融业务发展概况

2008 年以来，在外部市场不利的严峻形势下，江苏省分行个人金融条线围绕高端客户发展战略，把客户拓展作为带动个金业务健康、协调、持续发展的关键所在，持续加强渠道建设、品牌建设和队伍建设，较好的保证了个人金融业务的竞争力，保持了在同业中的市场领先地位。

一、2008 年个人金融主要业务完成情况

1. 人民币储蓄存款抓住发展机遇，实现超常规发展

截至 2008 年末，全辖人民币储蓄存款余额较年初新增 465.47 亿元，全年计划完成率为 258.60%；人民币储蓄存款市场份额 11.28%，较年初新增 0.36 个百分点。

2. 外部储蓄存款利用市场机遇，止跌回升

截至 2008 年末，外币储蓄存款方面，全辖外币储蓄存款余额较年初上升 1.12 亿美元；全年计划完成率为 244.89%；外币储蓄存款市场份额较年初新增 1.59 个百分点。

3. 零售贷款增强市场应变能力，守住余额市场份额同业首位的位置

截至 2008 年末，全辖零售贷款余额较年初新增 83.21 亿元；全年计划完成率为 86.68%。其中，消费类贷款新增市场份额 21.96%，余额市场份额同业排名第一，新增市场份额同业排名第二。

4. 中间业务借助奥运效应，保持了整体较好的发展态势

截至 2008 年末，全辖个人中间业务收入市场份额 28.11%。其中，基金业务收入市场份额较年初新增 3.63 个百分点。

5. 中间业务借助奥运效应，保持了整体较好的发展态势理财业务坚持战略导向，中高端客户取得重大突破

截至 2008 年末，全辖总行标准 VIP 客户较年初新增 23209 户。

二、2008 年个人金融业务各项推动措施成效显著

1. 理财贵宾客户倍增式发展战略得到推行

一是中高端客户拓展成为个人金融业务均衡发展的工作核心和重心。二是理财运营工作全面推行，建立客户数据库和分析系统，发行理财贵宾专刊，成立私人银行，筹建 4 家财富中心，成功举办高尔夫名人邀请赛和网球精英赛。三是三级财富管理体系建设继续推进，投资类客户群、代发薪客户群、优质零售贷款客户和出国留学客户群成为中高端客户重点拓展对象。四是理财中心标准化运营成功试点，提高了理财中心运营的科学性和对客户的掌控能力。五是资源投入加大，制订详细的客户发展方案，调动多渠道积极性，专款专用，发挥资源的最大效能。六是适应实际拓展、升级中端储备客户，有力促进了中高端客户的增长。

2. 顺势顺市而为成为个人金融条线的共识

一是一季度全辖开展了以个人负债业务为主体的“开门红”活动，以“开门红”竞赛活动为契机，提升主动负债能力，个人负债业务完成全年目标的 203.07%，极大地鼓舞了全辖各级从业人员大力发展个人金融业务的积极性。二是在美元汇率变化时，发挥本行丰富的币种以及优惠利率的储种的作用，大力发展外币储蓄存款，外币储蓄存款市场份额较年初新增 0.45 个百分点。三是在资本市场持续震荡下跌的情形下，不等不靠，调整代销产品结构，引入债券型、保本型以及定期定投产品，组织召开大型投资报告会，定期编写《“基金精选专家”基金营销宝典》，扩大了“基金精选专家”的品牌影响力，基金业务收入市场份额较年初新增 4.5 个百分点。四是主动应对同业竞争，加强中银汇兑建设，组织合作机构答谢会，开展“中银汇兑”合作机构积分活动，加强与出国服务机构合作，出台出国留学贷款证明管理办法，组织出国金融优惠季专项推动活动。五是挖掘奥运商机。通过抓住奥运概念升温和黄金市场价格攀升的时机，在全辖大规模开展奥运商品的宣传和推介工作，并采用大型订货会、奥运冠军签售、部门联动等形式开展市场营销，先后组织 16 次奥运冠军销售活动，奥运期间又进行奥运商品巡展活动，大幅提升了奥运商品销售收入。六是“亮剑行动”活动发挥了一定的推动作用，本外币储蓄存款发展、人民币理财产品销售、网点改造工作等取得了突破。

3. 渠道软硬件建设同步推进

第一，按照“高中高”的建设目标，将资源重点向高产渠道配置，加强高产网点、理财中心、财富中心、自助渠道和电子渠道的建设，并通过各种形式，对低产、低效网点进行升级改造。第二，加强网点管理的标准化和制度化建设，制定网点标准化管理手册，对网点排班等进行统一规范，重点突出销售服务流程建设，并选择 6 家网点进行标准化管理试点，及时总结并改进不足，努力提升渠道软件建设水平。第三，建立渠道建设科学的选址模型，完善渠道开发数据库，加强管理，完善功能，构建自助渠道

运营监控网络平台。第四，加强市场调研分析，选择渠道建设领先的招商银行等为标杆，从软件、硬件、队伍建设、管理机制等方面进行对标，继续探索网点改革模式，建立网点投入产出核算体系，积极探索网点发展的新思路。

4. 板块联动和交叉营销稳步推进

在机制上，建立个人金融板块联席会议制度，加强板块内部的沟通、协调，在阶段性专项营销中整体联动，整合资源，互为支持，加强配合，营造综合竞争优势；在产品组合上，加强对不同种类的产品、不同期限的产品、自有产品与代理产品之间的组合，制定综合理财计划，捆绑营销；在资源整合上，加强对板块营销费用的统筹管理，提升费用使用的整体效率，在营销费用的下达过程中，按照专项费用下达，细分产品和时段，加强过程管理，全力提升费用投入的效率和有效性。

5. 产品创新工作持续开展

资产业务方面推出地区性产品目录“创业宝”；负债方面，开发七天电话银行转通知存款和“长城商户通”的产品；理财方面开发了“富享”系列等产品；中间业务方面，与信托公司、中银证券公司合作开发的以打新股为主要投资手段的“中银新股直通车”。

6. 专业化管理水平继续提升

一是加强产品、品牌、服务和系统的建设，为前台的销售实现提供支持。二是健全个金风险预警体系和风险预警分析报告机制，建立专业化的零售贷款发起核准机制，重点突出虚假按揭防范、完工风险的防范、权证办结的监控，保证了零售贷款的安全经营。三是在做好信用风险管理的同时，加强内控专业化队伍的建设，不断提高内控人员操作风险管理水平，实现个人金融业务风险管理专业化，初步建立起了个人金融业务条线内控合规体系。2008 年，重点突出了理财、网点风险以及防范奥运服务期间的风险防范。

7. 个金专业化队伍建设得到加强

在继续加强个人金融专业化队伍建设的同时，重点推动综合客户经理队伍的建设，提升客户经理综合素质和综合营销能力。

浙江省分行个人金融业务发展概况

2008 年，浙江省分行个人金融业务按照总行和省行确定的发展战略，坚持科学发展观，认真落实各项发展计划，在整体宏观环境趋紧的情况下，个人金融各项业务取得了较大的发展，板块效益显著提高。2008 年主要业绩如下：

（一）资产业务

2008 年零售贷款新增 954394 万元。在大力发展业务的同时也保持了较低的不良率。

（二）负债业务

2008 年人民币储蓄存款新增 2592183 万元。外币储蓄存款新增 92082 万美元，全口径市场份额 62.69%，比 2007 年末上升 1.19 个百分点。

（三）个人中间业务

2008 年个人中间业务收入（不含银行卡中间业务收入）在保持原有优势产品竞争力的同时，积极寻找新的发展点。2008 年紧紧围绕奥运主题，加大了对贵金属以及奥运商品的销售，成为个人中间业务产品崭新亮点。此外，即期结售汇作为个人业务条线中间业务收入的重点产品，2008 年收益额继续在中行系统内保持领先地位。

（四）个人中高端客户拓展

2008 年紧紧围绕中高端客户发展战略，个人中高端客户增长迅速。同时，中高端客户的三级服务体系建设也取得积极进展。2008 年已建成 1 家私人银行、6 家财富中心、54 家理财中心和 30 家理财工作室，三级体系架构初步建成。

（五）银行卡业务

2008 年基本完成银行卡各项指标。新增贷记卡量完成总行计划的 105.03%。人民币贷记卡直接消费额完成总行计划的 190%。实际收单任务完成总行计划的 172%，其中外卡收单额在四大银行中占比 58.63%，继续领先市场。银行卡不良率低于总行限定目标 3.37 个百分点。

广东省分行个人金融业务发展概况

2008 年，在市场形势复杂多变、挑战重重的情况下，广东省分行个人金融条线依托总行的大力支持，围绕省行党委“跑赢大市”的工作要求，积极应对不利影响，狠抓工作落实，在防范风险的前提下，个人金融业务实现较好较快发展。

个人业务平稳发展。零售贷款新增额和余额保持市场前列；人民币储蓄存款余额突破 3000 亿元大关；中间业务收入同比增幅为 20.95%，贡献度居中行系统首位。重要产品线收入在基数规模较大的情况下继续稳步增长，如个人结售汇业务、国内结算业务、代理业务、保管箱租赁业务等，贡献度进一步上升。

市场竞争力明显提高。零售贷款四行口径新增占比提升了 2.05 个百分点；外币储蓄存款市场占比上年末提升 0.03 个百分点；外币理财产品累计销量为上年同期的 1.4 倍，进一步巩固了外币理财市场第一的领先地位。

服务水平持续提升。连续蝉联 2006、2007、2008 年“广东省银行服务总体满意度第一名”的荣誉，为产品推广、市场营销和客户关系维护创造了良好条件。

队伍素质显著提高。坚持“以人为本”，通过持续组织高水平的培训提高队伍的业务素质，全年培训人次达23，000多人次，培训内容覆盖了个人金融业务各方面，专业队伍素质稳步提升。

三级服务体系逐渐完善。全年新增理财中心23家（总量57家），财富管理中心6家（总量7家），私人银行1家，初步完成三级财富管理的渠道建设。通过鲜明的分层服务，巩固和扩大中高端客户资源，提前完成全年理财客户新增任务。

网点转型凸显成效。2008年全年装修和改造网点200余家，新投入的自助设备为历年之最，进一步提升了一线工作效率和客户满意度。

因客而变创新服务。自主研发了“中银自助通”系统，将查询、挂失、缴费、汇款、转账等十几种柜台业务整合到自助终端，汇款转账功能中的“手写式”输入法更在同业首创，自系统推出以来，交易笔数迅速攀升，柜台压力有效缓解；因应客户需求，适时推出存贷理财账户、南航飞行员贷款、“安心宝”、“安易宝”、“车贷宝”、“黄金宝”、外汇保证金交易等新产品和服务，巩固了市场竞争力。

深圳市分行个人金融业务发展概况

2008年，深圳分行个人金融业务紧紧围绕总分行的战略部署，顺势求变，克服很多困难，在变化中抓住市场机遇，整体上保持了负债业务、理财业务和信用卡业务的快速增长，同时，继续加强三级财富管理体系建设、产品创新和系统整合等基础性工作，不断提升个人金融的中长期竞争力。

负债业务与理财业务抓住市场机遇，积极开拓思路，增长显著。截至2008年底，人民币储蓄存款余额继续保持同业第一，比2007年末增长了28%，为建行以来的最高水平，增量市场份额排名前列，市场领先地位得到一定巩固；外币储蓄存款扭转了近六年来逐年下滑的趋势，比2007年末第一次实现正增长；在储蓄存款快速增长的同时，以票据宝为核心的理财产品销售大幅上升，其中，人民币理财产品销售为去年全年的12倍。消费信贷业务在逆境中保持稳定增长，但资产质量压力逐步显示。在面临房价下跌、成交萎缩的不利形势下，人民币零售贷款全年投放增长较快，增量市场份额排名第二。另外，今年在个人汽车贷款、个人投资经营贷款业务上取得一定突破，投放量都达到去年的2倍以上。与此同时，房价的持续下降也给贷款资产质量带来很大影响。截至2008年末，不良贷款余额比2007年末增长，不良率比2007年末有所上升。银行卡业务坚持多元化发展策略，实现跨越式增长。截至2008年末，全年累计发卡比2007年增长200%，创历史最高水平；银行卡两卡消费交易额比2007年增长69%，市场份额上升5.3百分点，五大行排名第二；人民币收单比去年增长超过300%。个人金融业务客户基础进一步夯实。截至2008年末，各类口径个人VIP客户数量比2007年末增长20.41%。其中，VIP客户存款新增占全部新增额的2/3。

天津市分行个人金融业务发展概况

2008年，天津市分行一方面集中精力出色完成了奥运金融服务，另一方面注重狠抓业务发展，通过艰苦努力，取得显著成效：

（一）抢抓奥运服务契机，全面提升网点服务水准和经营收益

1. 根据奥运赛场区域等特征，天津市分行确定71家奥运重点服务网点，明确了29家奥运区域关键服务网点，抽调全辖主力精兵强将进行服务力量的充实。

2. 加速推进奥运“亮窗工程”，确保完成83家网点内部营销设施的配套、自助服务区的装饰以及新增20家网点穿墙式设备外部装饰工作，并为89家具备条件的网点配备了残疾人无障碍便利设施。

3. 实现全部网点提供外币兑换、外卡受理、旅行支票兑付等中银汇兑业务，兑换货币种类均达到14种。

（二）狠抓工作细节，圆满完成奥运三个阶段门票代售工作

天津市分行是全国为数不多的无错账、无空白门票票板差错、无客户奥运售票业务及服务投诉的省分行。在三个阶段的售票工作过程中，天津分行共组织150人以上的培训5次，30人左右的培训2次，各售票网点负责人及管辖行售票工作负责人座谈3次，各项售票系统测试工作500余次。成功为13万人次提供预定门票、购买门票、交付门票款及领取门票等服务。

（三）以业务指标为主线，积极推进工作

负债业务

天津分行抓住资本市场震荡下行的有利时机和一季度储蓄存款增长的黄金季节，加大激励和业务推动的力度，推出全员营销活动、借记卡竞赛、负债基金捆绑考核方案等措施，挖掘企业代发工资的增长、部分大客户赎回基金回流储蓄、吸揽农民拆迁款等增长点，有效推动储蓄存款一路走高，新增额达到了该行有史以来的最高峰。

同时，天津分行狠抓业务管理与检查，分阶段在具备条件的76家网点实行综合柜员制，实现了现金与非现金业务的分流，改变了天津分行多年以来的交叉授权问题，建立了事中岗，实现了前、中、后台分离，有效降低了操作风险。

截至2008年末，人民币储蓄存款时点余额较年初新增97.29亿元，新增额市场份额较去年同期提高了2.85个百分点。外币储蓄存款较年初新增4705万美元。

中间业务

天津分行紧抓“两节”时机，一方面整合外汇传统优势开展“每月之星结售汇竞赛”活动；另一方面加快“中银汇兑”网点建设，组建“出国金融服务中心”，为客户提供一对一、一站式专家服务。同时，通过报刊、电台等媒体开展广泛宣传，并深入外事办、留学中介机构、各大院校等机构寻找客户资源，取得显著成效，全年收入同比增幅达32.77%。

消费贷款

1. 认真开展市场调研，调整部分产品政策。一是对部分总行级合作伙伴采取优惠政策，增强竞争优势。二是调整散户住房贷款政策，提升市场吸引力。三是推出了经济适用房贷款政策，有效满足客户需求。

2. 实行有效激励，大力推进重点产品。一是对各支行贷款新增额、超过序时进度完成任务、直客式建设及重点产品推广（主要包括个人投资经营贷款）等方面实施有效激励措施。二是改进个人投资经营贷款办法，提高审批时效性

3. 积极拓展合作关系，扩大品牌知名度。一是积极推广“长城·理想之家房车卡”产品，搭建新型银企合作平台。二是举办了2008年中国银行“理想之家”京津冀地区重点房地产客户联谊会，进一步提升“理想之家”服务品牌在京津冀区域的知名度和渗透力。

4. 完成两大系统改造，有效提升同业竞争力。截至2008年末，天津市分行自营性零售贷款总余额914587.81亿元。

财富管理

1. 加快完善财富管理三级服务体系建设。全年完成25家理财中心的建设，同时完成首家财富管理中心的物理网点建设、内部组织构建和人力资源配置。

2. 在做好理财产品销售的同时，突出以快速发展理财客户数量及资产总量、提高理财业务对整体个金业务的贡献度为目标，通过完善考核奖惩机制，根据实际规范理财服务，理财客户经理的专业能力和服务水平得到提升。

奥运特许商品销售

借助奥运商机，天津市分行还组织开展了以“珍藏奥运，光彩永恒”为主题的奥运特许商品和贵金属销售推动月活动。通过全员营销激励、任务指标考核、专业队伍销售、定向目标销售、部门联动销售和产品交叉销售，实现了该行个金条线单一产品阶段性收益的历史性突破。

加大风险控制力度

一是加大督促辖内分支行开展不良贷款清收及核销的工作力度；二是组成专项检查小组对全辖不良零售贷款业务进行专项检查，督促支行开展不良贷款的清收保全；三是建立客户申请信息电话核查制度，从源头上防范贷款风险；四是组织开展了涉及资产、负债、中间、理财、渠道各业务条线全辖性的检查工作。

福建省分行个人金融业务发展概况

2008年是银行经营管理面临巨大挑战的一年。面对复杂多变的内外部环境和金融危机带来的种种困难，我行坚持以科学发展观统领全局，认真贯彻落实总行战略部署，准确判断形势变化，积极应对复杂局面，在保持稳健的前提下加快发展步伐。进入第四季度，随着宏观形势发生重大变化，我行党委提前作出准确判断，果断提出“决战十月，扭转大局，全员营销，东山再起”的口号，将新“三部曲”工作思路中的“稳健发展”调整为“加快发展”，在政策变化中把握机遇。在巩固优势业务的同时，深入挖掘新的增长点，促进个人金融业务的健康发展。

一、储蓄存款增势良好

我行密切关注资本市场调整及汇率变动对流动性的影响，加强业务督导和产品创新，大力拓展本外币资金来源。我行率先在系统内推出参与新股申购的“个人账户增值服务”，在低迷的市场环境下有力拉动了储蓄存款增长，受到总行肯定并在全系统予以推广。我行还力推“博弈”等理财产品，挖掘客户资源，争取人民币储蓄回流，并通过“黄金宝”、“春夏秋冬”等外汇理财产品稳定客户资源，实现了外汇储蓄存款超计划增长。特别是第四季度全员营销全面铺开以来，我行储蓄存款迅猛发展，市场份额明显扩大。截至12月末，人民币储蓄存款余额603.06亿元，新增121.54亿元，在总行综合评比中获得“优胜行”称号；外币储蓄存款新增11294万美元，市场占有率达62.16%，成为当地四大行中唯一市场份额上升的银行。

二、零售贷款收益稳步提升

过去的一年，福建省房地产价格和销售量持续下跌，对零售贷款造成很大冲击。我行密切关注市场变化，及时调整业务发展方向，加大非标类贷款拓展力度。同时注重提高贷款定价水平，对不同产品、客户群实施差异定价，不断提升业务收益率，全年零售贷款平均利率呈递增趋势，综合收益显著提升。全年零售贷款新增41.72亿元，完成计划的83.44%，在“一类行”中排名前列；零售贷款全口径余额市场占有率提高至12.457%，较上年末提升0.809个百分点，提升幅度在同业中排名第一；新增额市场占有率20.427%，在同业中排名第二，仅次于建行；零售贷款平均利率7.21%，居“一类行”首位；零售贷款不良率仅为0.39%，实现了健康快速发展。

三、中间业务保持增长

我行充分发挥奥运银行合作伙伴的独特优势，深入挖

掘奥运商机，积极开展奥运营销，销售奥运商品及贵金属商品4.46亿元，带来中间业务收入5915万元。银行卡业务以发卡与收单业务为重点，继续保持规模、效益、质量的均衡发展，实现银行卡中间业务收入9857万元，其中中银信用卡平均交易活动率和平均单卡消费额两项指标均稳居系统首位。完成代理保险手续费收入4253.3万元，同比增长145%。面对不景气的资本市场，我行加强基金业务逆势营销，基金业务累计实现手续费收入1.48亿元，居当地四大行首位，计划完成率列系统第一。

四、侨汇通业务成为新的亮点

侨汇通业务自开办以来，业务量和影响不断扩大，效益逐渐显现。我行的试点成效受到总行和兄弟行的关注，10月份总行专门组织粤、沪、浙、京四行代表来闽召开侨汇通业务研讨会，介绍福建经验，正式推广此项业务。我行还进一步优化侨汇通系统和解付流程，提高解付时效和单笔解付金额，市场竞争力显著提升，深受侨眷欢迎。全年累计解付侨汇通汇款10.29万笔，金额达2.31亿美元，收复了侨汇市场失地。

五、加快推进网点转型，夯实业务发展基础

我行持续加大财富服务体系建设和网点转型步伐，深入推进“理财革命”，通过强化渠道建设、提升网点功能、优化人力资源配置、完善组织管理架构，不断夯实业务发展基础，取得显著成效。

全年新建并开业总行标准的理财中心6家，与原有的15家理财中心共同成为营销和维护中高端客户的重要阵地，其本、外币理财产品销售量分别占全辖销售量的70.26%和86.60%。理财客户经理AFP证书获得率接近100%，专业技能和营销能力不断获得提升。福州、厦门、泉州三家财富管理中心和省行私人银行部已开张营业，高端客户服务迁移工作已正式启动。在第三季度考核中，我行名列一类行财富管理条线第三位。

完成网点装修改造103家，顺利实现党委年初提出的“百家网点改造计划”。继续做好低产低效网点撤并和重点地区网点增设、迁址工作，先后撤销6个低产低效网点，在厦门、福州增设3个网点，完成24个网点迁址。我行还根据总行关于重点地区发展战略和省会城市组织架构改革的思路对福州地区业务发展委员会的组织架构、管理模式进行改善，将台江、平潭、罗源支行重新划归福州市中、福清、马江支行管辖，有效提升了网点资源配置效率。我行还注重从流程优化、人员岗位配置、产品服务提升等方面加强软件升级。在充分调研基础上，制定了《10人以上网点岗位配置基本模式指导意见》，合理整合岗位，配足网点客户营销经理，确保网点营销人员占比达30%以上，提升网点销售“攻击力”。

针对网点人员紧张状况，我行在全辖启动三类县级支行本部岗位整合和人员分流工作。这次整合共撤销17家县支行的综合管理部，压缩分流支行本部工作人员106人，其中91人补充到一线网点。同时，通过人员调剂等方式，将人力资源倾斜配置到有发展潜力的一线网点，基本实现了全辖年内消灭7人网点的目标。对新设网点，我行原则上以不少于10人的规模进行配置，使网点营销功能得到基本保证。

六、围绕奥运服务要求，全面提升服务质量

我行将奥运金融服务作为综合检验文明优质服务工作、提升服务内涵的良好契机，专门成立奥运金融服务工作领导小组，先后制定了“2008奥运服务年系列活动实施方案”、“迎奥运岗位练兵竞赛活动方案”及“奥运金融服务检查内容和评分标准”，明确责任部门，统一检查标准，增强各级机构狠抓服务管理的积极性和主动性。同时采取有力措施，全面提升全辖网点的服务功能。目前，全辖367家网点均可提供外汇兑换服务，并在具备条件的网点开设了旅行支票兑换、外卡取现业务和残疾人无障碍通道；95566客户服务中心可支持中英文自动语音服务，提供多语种人工坐席服务；全辖ATM基本可受理国内各种银行卡及全球通用的外卡，增配安全监控设施，实现24小时排除故障服务，提高了设备开机率；各营业网点便民设备齐全，并通过增加服务窗口，梳理营业班制，简化业务流程，设置开放式柜台和理财工作室，有效缓解了客户排长队现象。我行还注重抓好奥运安全保卫各项预案演练和检查，并积极跟进分支机构的综合整治，增配安全监控设施，确保了“奥运服务年”不出安全事故。通过全行上下共同努力，我行奥运金融服务取得显著成效，得到总行奥运金融服务检查组的高度评价，并受到福建省银监局和银行业协会的表扬。奥运会闭幕后，相关服务举措转入常态化，全行客户服务水准再度迈上一个新台阶。

在抓好奥运金融服务的同时，我行继续深化服务内涵，开通了“福建省分行内部业务咨询专线”，有效解决一线网点柜员遇到的各种业务疑难问题；制定《福建省分行客户投诉处理和管理办法实施细则》，进一步优化客户投诉处理流程；结合“理财革命”和网点转型对规范服务的要求，制定“转型营业网点服务规范”，将规范化服务与网点转型有机结合。我行的文明优质服务继续得到社会各界和广大群众的高度评价。省政府纠风办、省委文明办、省银监局在分别组织了对服务行业的检查考评后均认为，我行文明优质服务工作走在当地服务行业前列。在全省第五届“创文明行业”活动和2008年民主评议行风政风活动中，我行均获参评金融行业第一名，并被评为全国精神文明先进单位。此外，我行全辖共有6个单位被省银行业协会推荐为中国银行业“文明规范服务示范单位”，省行营业部被推荐为中国银行业十佳“文明规范服务示范单位”，13名员工被评选为福建银行业“服务明星”。省行营业部先后接待了前来参观考察的总行营业部、澳门分行、国家开发银行女工委、台湾银行业公会和各兄弟行团组，成为福建银行业的一面旗帜。

河北省分行个人金融业务发展概况

2008年，在省行党委的正确领导下，河北省分行个金战线面对金融形势复杂多变、同业竞争日益激烈的形势，克服困难、紧密协作，个人金融各项业务获得长足发展，个金条线贡献度明显提升，可持续发展能力进一步增强，为2009年各项业务实现跨越式发展创造了条件，为实现网点根本转型奠定了坚实的基础。

网点建设

强力推动、动态考核，严格标准、统一形象，网点标准化建设取得重要成果。全辖11个中心城市、重点区域的网点形成了具有中行特色的强烈视觉冲击力，网点面貌得到根本改变，综合竞争力显著提升。储蓄存款

克服第三方存管系统未能如期上线、全辖200多家网点同期开工改造、130家网点歇业等减存80亿元因素的不利影响，通过设立专项人事奖励费用和营销费用，开展首季开门红、全员营销、超越标杆等活动，创下历史最高增长水平。截至2008年末，人民币储蓄存款新增额在总行排名第8位，外币储蓄存款同比多增1亿多美元。

零售贷款

积极发展重点区域，主动调整贷款结构，零售贷款稳步增长，不良贷款实现“双降”。截至2008年末，全辖零售贷款较年初增长11.02亿元，其中个人住房贷款较年初增长22.6亿元，个人购车贷款较年初下降11.34亿元。车贷规模进一步压缩，车贷占比较年初下降了8.19个百分点，贷款结构更趋合理；单一客户营运车贷款余额进一步压缩，集中性风险明显降低。全年实现利息收入同比增长19%。全辖零售贷款不良率较年初下降0.2个百分点。

中间业务

加大“中银汇兑”品牌建设力度，开展专业人才库建设和“区域经理”管理责任制，开展以“汇划通”和“中银汇兑”为主题的大型营销活动，个人中间业务取得显著成绩。截至2008年末，全辖个人中间业务实现收入同比增长35.98%。其中，个人手续费收入同比增长51.41%，即期结售汇收入同比增长10.11%。按照可比口径，对私国际结算业务和结售汇业务两项收入四大行排名第1位。此外，全辖已建成6个中银汇兑中心、10个中银汇兑专区、142个中银汇兑专柜；由30位专业人才组成的中银汇兑业务专家库也初步建成。

基金代销

克服困难、加强营销，统筹安排、精细管理，基金市场份额大幅提升。全年新发开放式基金58只，持续营销基金31只，累计销售各类基金131只。基金代销收入市场占比为20%，较上年提高2.54个百分点，创历史最好业绩。

财富管理

加强队伍建设，加大客户维护与拓展力度，中高端客户占比和贡献度稳步提升。截至2008年末，全辖个人理财客户资产同比增长16.61%。中高端客户对个金条线收入贡献度达13.63%，较年初提高3个百分点。

风险管理

以防范虚假按揭为重点，开展了全辖零售贷款风险大排查“回头看”活动，排查出20余个涉嫌假按揭项目；加大了对重点不良项目的清收力度，通过逐行汇报、逐户分析，清收工作取得积极进展。深入开展个人金融业务风险防范“奥运行动”及两大业务联查，对网点的检查触动率达到100%，对柜员的检查触动率达到50%。

奥运服务

认真开展“奥运服务年”活动，积极做好奥运支付环境建设、奥运门票销售、“六比六看”百日服务竞赛、“5S、6要素”服务达标等一系列工作，保证了奥运金融服务工作顺利完成。实现了无服务投诉、无设备机具故障、无系统网络故障、无媒体负面报道、无安保事件、无重大业务差错等“六无”目标，得到了总行及社会各界的高度评价，省行个人金融部被总行评为奥运金融服务先进单位。

山东省分行个人金融业务发展概况

2008年，中国银行山东省分行围绕总行、山东分行党委的战略发展部署和工作安排，坚持以科学发展观统领业务全局，增强应对复杂金融市场形势的能力，积极应对，努力工作，保持了各项个人金融业务持续、健康、快速发展。

一、2008年业务发展情况

存贷款持续增长，系统内贡献度明显提升。山东分行零售贷款计划完成率88.23%，人民币储蓄存款计划完成率146.28%，外币储蓄存款计划完成率228.09%。

市场竞争力有所增强，主要业务市场份额进一步提升。人民币储蓄存款、外币储蓄存款、零售贷款市场份额及银行卡五家同业市场份额分别较年初提升了0.06个百分点、0.26个百分点、0.96个百分点和3.4个百分点。

授信资产质量保持稳定。零售贷款不良率0.63%，较年初下降0.13个百分点；关注类贷款占比2.39%，较年初下降0.84个百分点；同时，不良额控制在总行下达的计划之内，较好地完成了总行指标。

银行卡业务保持系统内前列。新增中银信用卡发卡计划完成率142%，中银信用卡直销额计划完成率222%，均超额完成任务。实现收单业务创新，推出“仿真POS在线收单系统”和“见费出单”业务，加强对行业类客户的拓展力度，全年实现有收益的人民币商户收单量完成总行计划的138.29%。

理财业务获得新发展。理财客户数量计划完成率为135%。

二、工作措施及业绩

（一）积极应对市场变化，持续抓好传统的个人存、贷款业务

深入研究宏观经济运行和业务市场变化，及时调整发展策略，改革机制，优化流程，积极创新，并建立零售贷款、储蓄存款专项激励约束机制，加强对辖内机构的指导和引导，业务保持较快发展。2008年，山东分行主要个人存贷款业务系统内排名同比明显提升，市场地位也有所增强。

（二）全力推进财富管理体系建设和理财业务发展

加快推进财富管理三级建设，实施“理财服务内涵提升计划”和“理财专业形象提升计划”，推行理财中心直管模式，完善理财条线激励约束机制；投产“结构性理财产品交易平台”，为理财产品销售管理提供系统支持；加强中银理财品牌建设，组织全辖“财富与投资、健康、时尚”等系列主题活动。

（三）做好网点转型和渠道建设工作

加强网点转型的组织领导，改进完善网点改造审批流程，坚持以客户为中心的经营理念，推动销售服务流程整合，提高客户服务能力和水平，加快推进网点转型工作实施。

（四）认真组织落实奥运金融服务工作

山东分行以高度的政治责任感和使命感，从网点装修改造、自助设备管理和维护、个金业务奥运服务标准及流程、奥运门票销售、奥运特许商品销售、监管部门奥运服务检查的整改落实、员工培训、应急预案的制定和组织演练等多方面入手，圆满完成奥运服务工作，实现了零投诉、零差错、零曝光，山东分行个人金融部获得总行级奥运服务先进集体和奥运产品销售先进单位荣誉称号。

四川省分行个人金融业务发展概况

2008年，中国银行四川省分行个人金融板块在总行的指导和省分行党委的领导下，团结一心，奋力开拓，积极进取，克服汶川大地震及宏观调控等外因对个人金融业务发展的巨大影响，认真贯彻落实“2008年总行个人金融板块工作会议”、“2008年四川省分行工作会议”精神，以“提高核心竞争力”为主题，以“使业务发展能力和市场竞争能力大幅度增强，实现业务的大幅度增长”为目标，突出抓好“转轨换型，突出营销，强化基础，提升管理”四个重点，推动个人金融板块业务不断更好更快发展。全年主要业务完成情况如下：

2008年全辖个人金融板块业务整体发展较好，本外币储蓄存款、零售商业贷款、贷记卡发卡、个人中间业务收入、中高端客户新增等主要业务均完成总行任务指标，并在总行个人金融板块业务综合考核中名列前茅。

资产业务

零售贷款计划完成率为121.18%，全口径市场份额和四大行口径市场份额均有所提高。经营类贷款较上年提升0.37个百分点；个人购车贷款较上年提升1.78个百分点。

负债业务

人民币储蓄存款新增市场份额（按四大行口径统计）提升0.04个百分点；外币储蓄存款余额继续保持同业第一名。

借记卡业务

截至2008年底，累计发行借记卡完成总行计划任务的101.04%。

个人中间业务

截至2008年底，个人中间业务收入任务完成率109%。

理财业务

截至2008年底，50万元以上资产的个人中高端客户数完成总行全年计划的181.27%；20万~50万元资产的个人中端客户数完成省分行全年计划的255.64%。

银行卡

2008年新增中银卡完成总行任务数的126%，市场份额提升1.84个百分点；中银卡累计直销额计划完成率135%，较2007年增长108%；人民币商户收单计划完成率115%；代理外卡收单总交易额完成总行任务数的110%。2008年银行卡中间业务净收益市场份额提升0.59个百分点。

重庆市分行个人金融业务发展概况

（一）人民币储蓄存款年新增圆满完成总、分行全年任务

截至2008年末，全行人民币储蓄存款较年初新增405312万元，较年初增长16.90%。外币储蓄存款较年初新增830万美元，较年初增长5.90%。

截至2008年末，在重庆市金融机构储蓄存款余额、新增额排名中，重庆中行均列第四位。

（二）零售贷款业务超额完成全年任务，不良余额、不良率实现双降

截至2008年末，全辖零售贷款较年初增长20.40%。不良余额、不良率继续呈现较年初双降的良好态势。

截至2008年末，在重庆市金融机构零售贷款余额、新增额排名中，重庆中行均列第三位。

（三）个人中间业务较去年同期有较大增长

截至2008年末，个人中间业务收入较2007年增长44.35%，所包含的各业务类别（对私国际结算、对私国内结算、借记卡年费、其它零售中间业务）均有不同程度增长。

（四）渠道建设成效显著

截至2008年末，重庆市分行网点改造工作进展顺利，已完工网点数量55个；新版网上银行新增客户数26410户；电子银行交易量完成总行计划任务的134.26%。

（五）理财业务总体取得长足发展

截至2008年末，全辖新建1家理财中心和1家财富管理中心。全辖理财客户总量及资产额实现较快增长。

福建省分行个人金融发展概况

2008年是银行经营管理面临巨大挑战的一年。进入第四季度，宏观形势发生重大变化，分行党委提前做出准确判断，果断提出“决战十月，扭转大局，全员营销，东山再起”的口号，将新“三部曲”工作思路中的“稳健发展”调整为“加快发展”，在政策变化中把握机遇。在巩固优势业务的同时，深入挖掘新的增长点，促进个人金融业务的健康发展。

一、储蓄存款增势良好

福建省分行密切关注资本市场调整及汇率变动对流动性的影响，加强业务督导和产品创新，大力拓展本外币资金来源。率先在系统内推出参与新股申购的“个人账户增值服务”，在低迷的市场环境下有力拉动了储蓄存款增长，受到总行肯定并在全系统予以推广。分行还力推“博弈”等理财产品，挖掘客户资源，争取人民币储蓄回流，并通过“黄金宝”、“春夏秋冬”等外汇理财产品稳定客户资源，实现了外汇储蓄存款超计划增长。特别是第四季度全员营销全面铺开以来，储蓄存款迅猛发展，市场份额明显扩大。截至12月末，人民币储蓄存款新增121.54亿元；外币储蓄存款新增11294万美元，市场占有率达62.16%，成为当地四大行中唯一市场份额上升的银行。

二、零售贷款收益稳步提升

2008年，福建省房地产价格和销售量持续下跌，对零售贷款造成很大冲击。分行密切关注市场变化，及时调整业务发展方向，加大非标类贷款拓展力度。同时注重提高贷款定价水平，对不同产品、客户群实施差异定价，不断提升业务收益率，全年零售贷款平均利率呈递增趋势，综合收益显著提升。全年零售贷款新增41.72亿元；零售贷款全口径余额市场占有率较上年末提升0.809个百分点，提升幅度在同业中排名第一；新增额市场占有率20.427%，在同业中排名第二；零售贷款不良率控制在较低水平，实现了健康快速发展。

三、中间业务保持增长

分行充分发挥奥运银行合作伙伴的独特优势，深入挖掘奥运商机，积极开展奥运营销，销售奥运商品及贵金属商品4.46亿元，带来中间业务收入5915万元。银行卡业务以发卡与收单业务为重点，继续保持规模、效益、质量的均衡发展，实现银行卡中间业务收入9857万元，其中中银信用卡平均交易活动率和平均单卡消费额两项指标均稳居系统首位。完成代理保险手续费收入同比增长145%。面对不景气的资本市场，分行加强基金业务逆势营销，基金业务手续费收入居当地四大行首位。

四、侨汇通业务成为新的亮点

侨汇通业务自开办以来，业务量和影响不断扩大，效益逐渐显现。分行进一步优化侨汇通系统和解付流程，提高解付时效和单笔解付金额，市场竞争力显著提升，深受侨眷欢迎。全年解付侨汇通汇款较快增长，收复了侨汇市场失地。

五、加快推进网点转型，夯实业务发展基础

全年新建并开业总行标准的理财中心6家，与原有的15家理财中心共同成为营销和维护中高端客户的重要阵地。理财客户经理AFP证书获得率接近100%，专业技能和营销能力不断获得提升。完成网点装修改造103家，实现了党委年初提出的“百家网点改造计划”。在充分调研基础上，制定了《10人以上网点岗位配置基本模式指导意见》，合理整合岗位，提升网点销售“攻击力”。针对网点人员紧张状况，我行在全辖启动三类县级支行本部岗位整合和人员分流工作，使网点营销功能得到基本保证。

六、围绕奥运服务要求，全面提升服务质量

将奥运金融服务作为综合检验文明优质服务工作、提升服务内涵的良好契机，专门成立奥运金融服务工作领导小组，先后制定了多项规章制度，明确责任部门，统一检查标准，增强各级机构狠抓服务管理的积极性和主动性。在全省第五届“创文明行业”活动和2008年民主评议行风政风活动中，分行均获参评金融行业第一名，并被评为全国精神文明先进单位。此外，全辖有6个单位被省银行业协会推荐为中国银行业“文明规范服务示范单位”，省行营业部被推荐为中国银行业十佳“文明规范服务示范单位”，13名员工被评选为福建银行业“服务明星”。

（四）交通银行省市区分行个人金融发展概况

交通银行北京市分行个金业务发展概况

2008年交行北京市分行坚持以客为尊，加强创新力度，在金融市场变局之年持续推进个金发展和发展转型。人民币储蓄存款、理财产品、保险代理等业务获得了长足的进步。主要措施如下：

一、推进理财销售，优化资产配置

2008年，我行坚持以资产配置的思路推进理财销售，把理财销售重点放在理财产品、保险及债券基金和货币基金等低风险产品上。

一是争揽储蓄促增长。今年我行通过发展理财、第三方存管和代发工资业务争揽了大量有效客户，提升了储蓄存款，优化了资产结构，使储蓄增长、理财销售和客户挖掘得到有机结合。

二是转变思路争市场。2008年我行在理财业务上转变思路，促进销售，扩大了市场份额。在理财产品上，我行研发了创新型人民币理财产品，并推出分档报价的方法。在保险业务上，我行引进保障功能强的寿险产品，加大万能险、分红险和期缴保险销售力度。在基金销售上，我行加大债券型和货币型基金销售，并大力推广“智慧选基”品牌。

三是黄金交易避风险。2008年我行大力推进黄金业务创新，制定了相关管理制度和业务流程，从收藏、理财和增值服务的视角设计“沃德百年金”产品，并与中国国家博物馆积极洽谈，使第00001号“交行百年金”实物纪念金条通过捐赠方式得到中国国家博物馆永久收藏。

二、增强结算基础，扩大发展空间

一是推进代发溯源水。我行明确细分目标客户，整合业务资源，抓重点、分步骤积极拓展代发工资业务。并对公积金联名卡客户开展重点营销，激活联名卡客户。

二是紧抓收单把商机。2008年我行抓住北京奥运商机，大力拓展特约商户，通过铺设POS机具、开展各类营销活动，提高商户活跃度，扩大收单业务量和收入。

三是交叉销售促发卡。我行深度挖掘存量客户并开展交叉营销，同时加大培训力度和推广先进营销经验，推动双币信用卡发卡进程。

四是因私购汇促联动。2008年我行积极推广“交银通汇”品牌，重点营销旅行社和留学中介机构，把个人购汇、办理外币携带证、国际信用卡、预约代开海外账户、开立存款证明及留学贷款等业务整合在“留学通”品牌项下进行宣传，带动本外币业务综合发展。

三、深化细分营销，服务彰显特色

一是塑造品牌推私银。我行4月份举办了私人银行开业典礼并开办私人银行业务，成功研发出首款沃德财富私人银行客户专享理财产品。

二是深层服务稳沃德。我行尝试数据库和客户关系营销，开展多种形式的客户回馈活动，推出“EMBA体验”等新型增值服务。

三是多种方式拓交银。我行通过理财产品的差异化定价丰富交银理财品牌吸引力，尝试数据库营销拓展交银客户。

四、加强基础建设，致力长远发展

一是塑造团队固根基。提高个金销售队伍数量和质量，加强个金销售人员分层培训工作，完善个金销售队伍管理制度。

二是提升素质办教育。重点针对个金销售和个金管理队伍成员做好AFP/CFP/EFP资格培训工作，并组织客户经理、大堂经理、网点负责人核心课程等日常培训工作。

三是建设网点促转型。我行全年新建网点7家，迁址改造10家，建设沃德财富服务中心15家，使网点覆盖面扩展至包括顺义、大兴、通州在内的12个区，使我行的机构网点布局与首都发展建设步伐接轨。

四是渠道营销保服务。我行大力建设离行式自助银行并不断调整优化布局，并丰富电子渠道功能，加强与云网、掌上通等网上支付商户合作力度，发展网上支付功能。

交通银行天津市分行个金业务发展概况

按照“突出发展零售业务，积极拓展中间业务，打造财富管理银行”的发展目标，我行个金业务水平提升迅速，取得了优异的成绩。截至年末，个金业务各主体指标全部超额完成。中高端客户交叉销售率分别以115.29%和120.61%提前完成总行下达的计划；全年新增代发工资完成率144%；发放贷记卡完成率109.87%。

一是全力保障储蓄、扩大中高端客户群体。自08年初，分行坚持对储蓄存款考核日均余额，通过提供适应市场的更优理财投资方式，稳定本行储蓄、吸引行外资金。我行储蓄存款基本实现3年翻一番，实现快速稳定发展，在总行系统始终名列前茅，多次受到总行褒奖，并作了专题经验介绍。

二是积极采取措施，充分发挥考核激励的指引作用，通过多种方式，帮助支行实现业务全面发展。资本市场波动，极大地冲击了理财产品销售，我行面对不利局面，迅速调整思路：一方面加大对债券型、货币型基金的营销宣传力度，通过稳定而有收益的基金产品，刺激客户投资购买欲望；另一方面，充分利用总行政策，发挥公私联动优势，积极营销我行代发工资户、授信户及对公存款户在我行购买货币基金，迅速提升我行基金整体销量。同时分行开发的短期固定收益产品，以期限灵活、高收益、保本金等优势，迅速占领了本地市场，吸引了大量行外资金，有效的稳定了储蓄、提升了我行产品的社会影响力。分还通过全行动员、加大激励、高密度培训、公司驻点等方式积极推进保险业务发展。

三是发挥特色业务优势，提升银行卡业务整体水平。2008 年我行着力提升发卡数量、发卡质量，通过组织营销、宣传活动，提升客户用卡消费意识，通过特色业务增强银行卡品牌影响力。在总行开展的第三季度交叉销售 PK 赛活动中，连续 9 周排名 PK 赛分组第一名。最终获得“分行快速成长奖”、“PK 赛入围奖”，并且有一家支行和一名员工分别获得“优胜网点奖”和“十佳销售精英奖”。分行实施的“营销人员黑名单”和高比例电话核实有效控制了进件质量，我行欺诈损失额和损失率均低于全行平均水平，代理催收回收率达到 49.4%，位居交行系统第一。

近两年我行特色业务发展迅速。城市一卡通累计充值金额达到 5780 万元，华夏未来联名卡、公务卡在推动初期就成为了提升我行社会影响、树立品牌形象的重要渠道。在反复调研基础上开办的“直联商户收单”业务，使我行成为天津同业中第一家利用银联直联管理平台系统开展收单业务的银行，我行编写的相关业务规范和操作流程，得到了总行的认可。

四是加大分行营销支持、创新后台服务保障。08 年着力强化服务意识、责任意识，以“凡是能由分行个金部做的决不让支行做”的服务宗旨，全力保障一线营销工作。2008 年个金部组织全体员工与支行建立联系人制度，负责与支行及时沟通重要信息，通报业务进度，督促业务发展；分行主管行长在 5 月份，亲自组织全部支行长的个金业务推进沟通会，向支行明确个金业务发展的重要性和发展方向。面向一线销售人员，分行每周举办“个金学堂”培训，强化销售人员对总分行产品、业务、营销活动的学习和理解，实现总分行、分支行、支行间及时的信息交流和经验共享。

五是强化网点服务管理。分行精心组织对支行服务质量考核管理，2008 年取得更为突出的成绩。在总行服务考核中，多次获得普通网点、评价系统、综合排名第一。2 家支行被评为“中国银行业协会文明规范服务示范网点”、17 家支行和个人分别被评为“天津银行业协会文明规范服务示范网点和个人”。奥运期间更是以优质文明的服务形象获得了相关单位的表彰。

2008 年是充满机遇和挑战的一年，在总分行的大力支持下，天津市分行个金业务延续了快速稳定的发展，并在构建队伍和改善客户结构上为长远发展奠定了良好的基础。2009 年，天津市分行个金条线将继续加强部门内组织建设，坚持按照分行党委的要求一手抓发展，一手抓创建部门和谐。进一步提升部门战斗力，将个金部打造成为一个政治坚定、思路清晰、团结和谐、廉洁自律的集体。

交通银行辽宁省分行个金业务发展概况

2008 年辽宁省分行负债业务取得较好业绩，截至年底，实现人民币储蓄存款增幅 20.71%，完成全年计划指标的 423%，名列交行系统第一；沃德客户、交银客户、第三方存管客户、代发工资客户、流通贸易型客户平稳增长，其中前三类客户增幅分别为 16.03%、17.45%、15.16%（剔除整体下线客户影响）。辽宁省分行狠抓上述五类客户，夯实客户基础。具体措施包括：一是实现了沃德客户俱乐部活动的常态化管理，成功举办了 50 多场沃德客户会员沙龙活动；二是开展沃德、交银客户特惠商户活动；三是进一步加强与各证券公司的紧密合作；四是针对全省重点企事业以及授信客户进行了代发工资的营销；五是围绕各大商圈大力推广家易通业务。以上措施在夯实客户基础的同时极大地促进了储蓄存款的增长。

在重点业务推进上，及时将代销业务重点从基金销售转向保险，代理保险增幅 574%，完成率 138%，位列交行系统第五名。具体措施：一是按总行 2008 年保险业务工作部署及保险销售业务工作要求，结合分行近年保险业务开展具体情况，对全省各分行进行了认真部署和销售落实工作，做到保险销售业务的层层管理，销售人员的全面参与。二是根据总行保险公司合作要求，将总对总合作的保险公司定为今后合作的重点公司并进行业务合作，将分对分合作保险公司的销售份额及网点合作数量逐步过渡到总对总保险公司中，达到总行保险整体销售的协调性和能动性。三是在重点合作保险公司中筛选适合本地区客户保险理财的保险产品，开展有针对性的保险销售，提升了保险销售的成功率。四是制定有效的销售机制，考核奖励办法，推动保险业务持续发展。五是将以往保险的统一集中式业务培训，改变为以销售网点为中心单独一对一有针对性的业务培训方式，培训方式的改变大大提高了个人销售能力。除以上情况外，辽宁省分行还进一步加大了队伍建设的步伐。完善了网点销售链条，推出了柜员参与销售指导意见；探索出卓有成效的 OTO 网点管理考核模式等等。

交通银行大连分行个金业务发展概况

2008年，大连分行以科学发展观为统领，以财富管理为重点，顺应形势变化，积极拓展业务，使个金业务呈现良好发展态势。

一、努力克服不利因素，个金多项指标取得长足进步

1. 抓住储蓄存款回流机遇，加强理财产品销售吸引中高端客户并实施交叉销售的策略，使人民币储蓄存款大幅增长，并创历史最高水平，提前超额完成总行下达的年度计划和力争目标。年末人民币储蓄存款年度计划完成率236.6%，行内占比较年初上升了1.53个百分点。

2. 抓住客户理财追求资产增值、保值、抗御风险的意识，加大“得利宝”新型理财产品推广营销力度。连续推出新蓝、海蓝系列信托类理财产品，吸引了大量行外资金和优质客户，并积极拓展特大客户，为其上门量身定制理财方案，赢得了客户信任，使理财产品销售取得飞跃式发展。2008年得利宝人民币理财产品同比增加23.88亿元，增幅为488.34%。

3. 抓住中高端客户维护不放松，努力提高贡献度。在通过采取加快沃德财富中心建设、加快推进营业网点分区改造和加快大堂经理、客户服务经理和沃德客户经理配备等项措施，以及实施交叉销售策略，使中高端客户占比明显提高。截至年末，达标沃德客户占比较年初提高0.33个百分点；达标交银理财客户占比较年初提高2.48个百分点。

4. 抓住中间业务收入不放弃，努力加强销售增加收入。受资本市场低迷影响，基金业务收入大幅减少，完成中间业务收入难度增大，面临如此不利形势，认真分析中间业务收入结构，及时转变业务重点，加大保险和商户拓展力度，努力增收。通过组织重点合作保险公司营销竞赛活动，引进热销保险产品、动态调配网点资源等措施拉动保险销售快速增长。全力做好特约商户发展，共拓展特约商户465户，较年初增加348户。剔除基金收入外，其他个金中间业务收入较去年同期增长26.35%，其中，代理保险业务收入较去年同期增长318.57%，完成年度计划106.91%。

5. 抓住双币信用卡交叉销售不动摇，促进信用卡业务快速发展。改变以往信用卡发卡方式重点抓好柜面交叉销售，通过培训、深入网点辅导、讲解考核办法等做法，在全行营造交叉销售信用卡的良好氛围。在今年总行组织的各项卡业务竞赛中均取得了优异的成绩，同时连续四次喜获B类城市网点专项奖中“OTO客户销售明星网点”和“中端客户销售明星网点”殊荣。在10月末成功承办了“2008年交通银行太平洋信用卡业务知识竞赛”大连赛区复赛，我行成功冲出大连赛区，并在总决赛中获得“优胜奖”。截至年末，全行在册发卡量（净增）完成总行计划103.12%，消费额同比多增10.33亿元，完成总行全年计划129.16%。

二、加快人员配备，加强个金销售队伍建设，加大培训力度，提高整体素质

1. 加快个人队伍建设。一是个金条线人员中持有个金上岗证的接近100%，比去年提高了26%；二是金融理财师（AFP/CFP）持证人员较上年提高了2倍，基本覆盖了所有支行，使个金队伍建设初具规模。

2. 加强业务培训。分行个金部与基金公司、保险公司等机构联合为基层提供30余场培训，卡业务条线以网点为主阵地，巡回培训逾20场次，讲解营销技巧、交流成功经验，定位工作目标，加强售后服务，并邀请总行老师面对面讲解交叉销售技巧和进件规范，不断强化网点交叉销售能力。

3. 服务培训。分行组织大堂经理、大堂经理替班和沃德服务区服务人员开展专题培训，培训内容包括中高端客户服务流程、服务理念、服务规范等，进一步提高了我行线服务人员的服务技能。

三、加强全行提升服务质量工作

以“迎奥运”为契机，加大网点服务检查和整改力度，提升整体服务质量水平。根据网点实际情况先后为各网点完善液晶显示屏、各类服务设施，并加强大堂经理的人员配备，通过深入基层检查、督导，及时发现及时解决网点在服务中存着的诸多困难。同时，为加强管理，分行出台各类服务相关管理办法和奖惩机制，明确权责。在2008年大连市银行业协会文明规范服务示范单位评选中，我行有4家网点榜上有名，中山支行营业部、民兴支行入围24强并被评为“中国银行业协会文明规范服务示范单位”，为我行打造最佳服务品牌创造良好的公众宣传效果。

交通银行上海市分行个金业务发展概况

2008年，面临宏观经济形势的变化和同业白炽化的竞争，上海市分行认真按照总行整体部署，在分行行长室的正确领导下，以客户为中心，以创新谋发展，较圆满地完成了个人金融业务各项任务，实现了储蓄存款、产品销售、优质客户三驾马车的齐头并进、协调发展。

一、销售能力大幅提升，营销业绩屡获殊荣

上海市分行在总行开展的“2008年个金理财产品销售

攀登激励计划”中取得了全面丰收：在省直分行激励计划中获得4项大奖，有10家网点获得网点激励奖，3家进入系统前十名，并包揽冠亚军。在本年代销的11只新发基金中，有8只销售总额排名总行系统第一名，并有7只排名本地市场第一名，分行的销售能力在上海地区市场同业中已经受到了极大的关注。

二、创新营销模式，开设保险超市

2008年初，总行根据国内资本市场的变化，提出将保险代理销售业务作为今年个金销售的战略重点。上海市分行积极响应，深入探索，基于打造“基金超市”品牌的成功经验，决心从打造“保险超市”品牌入手，为保险销售找到突破口。

保险超市理念将原先一个网点只卖一至二家保险公司产品的做法，更新为在所有网点所有保险均可销售的超市模式，不仅大幅提高了网点保险产品的丰富度，也使客户通过对保险公司品牌的认知、产品特色的比较，找到适合和满意的产品。分行还建立了专业保险销售队伍，并制订了有效的激励措施，使保险销售走上正轨。

三、创新产品设计，紧跟市场需求

2008年，上海分行紧跟市场需求，个金产品创新能力不断提高。

年初，上海分行根据资本市场走势推出了“‘鼠’来宝”系列产品，将债券型基金、股票型基金、指数型基金以及得利宝理财产品、保险等，按照客户理财需求给出适度的资产配置建议。该举措不仅产生了“1+1>2”的销售效果，更在震荡行情中倡导了科学理财的理念，将基金销售与投资者教育有机结合，达到了“客户—银行”双赢的效果。

下半年，在资本市场震荡下行、货币政策从紧的宏观条件下，针对第三方存管客户需要提高短期存款收益的要求，在总行相关部门的指导和支持下，经多个部门密切配合，分行在系统内率先推出了期限灵活的3天、4天、5天、7天、14天等短期理财产品，为交行在理财产品市场上赢得了更大的竞争力。

从9月份起，分行根据市场形势发展和客户需求变化，精心设计了一系列的票据类理财产品：“荣臻系列”、“精英系列”、“丰沃系列”、“精挚系列”。该类理财产品设计定位准确，有针对性地满足了各类不同客户的需求，在回馈千万级超高端客户、密切合作企业高管、扩大沃德网点影响、快速提升中高端客户数量等等方面实现了协调发展。

四、推行销售策略，实施精细管理

自四季度起，我行精心设计的各类理财产品，受到市场高度认可，持续热销。分行及时推出了“精细化管理”的销售策略，紧紧围绕中高端目标客户群，从优化客户结构，夯实发展基础出发，加强销售过程管理，将有限的产品资源做到效益最大化，实现事半功倍发展。

一方面，分行加强了对销售过程如何精细化管理的指导，具体向支行提出“五项措施”。一是确保配套发卡：为客户及时办理沃德卡、交银卡等；二是开展交叉销售：为客户开通网银、办理双币卡等；三是做好产品配置，为客户配置基金、保险等产品；四是了解客户资产：尽可能吸引客户使用行外资金购买；五是建全信息档案：为展开后续跟踪服务和分析打下基础。

另一方面，在热销产品的额度配置上，分行还制定了资源分配的“三大原则”，促使支行向追求综合回报最大化转变。一是突出营销能力：向有能力拓展行外客户和资金的支行进行倾斜；二是突出交叉销售：对保险、基金、双币卡、网银等交叉销售情况好、综合效益高的支行进行倾斜；三是突出精细管理：对客户预约、办卡、资金到位等销售过程管理精细的支行给予倾斜。

五、创新客户服务，提高客户满意度

2008年，分行提出了“服务特色年”的口号，重点突出对目标客户的服务创新。

根据不同层次、不同偏好和需求的客户，分行设计了新年龙华好运撞钟活动、冠名交大CEO俱乐部年会、举办首届“沃德财富杯”高尔夫邀请赛等系列营销活动，进一步融洽了客户感情，增进了相互协作，为2008年的沃德客户发展打下良好的合作基础。尤其是下半年，分行针对资本市场持续震荡下行的现状，联合各大基金公司举办了“沃德财富关怀计划”——交银基金超市系列讲座活动。此次活动旨在通过于逆市中给予我行基民更多关怀，为其提供基金公司的操作思路、投资建议、市场前景分析等增值服务，提升客户满意度，并提高我行“沃德财富”品牌和“交银基金超市”品牌在上海市场的知名度及美誉度。

自从2007年7月分行推出“沃德客户华东医院就诊贵宾通道”以来，受到沃德客户的热烈反响。为了进一步提高“沃德财富”服务品牌效应，搭建并完善具备同业竞争优势的沃德客户综合服务体系，2008年分行又通过与名仕汇俱乐部的深度合作，拓展了第一人民医院、第九人民医院等共8家医院，打响了为沃德客户提供健康服务的品牌优势。

六、创新代发品牌，夯实业务基础

代发业务是一项重要的基础性工作，既是我行深化零售业务转型，优化客户结构的重要渠道，也是我行整合客户资源，实现公私联动的重要手段。总行给予此项业务高度重视，上海市分行积极响应总行决策，结合代发业务产品特点和业务优势，创新推出以“银企薪干线”为主题的代发业务服务品牌，

一是丰富了代发业务的功能和内涵：首创了同业中给予代发积分的做法，实行理财产品“定额、定向、优先”销售；二是梳理了代发业务的操作环节，优化了流程：针对转换代发银行开发了定向转账功能；三是加强服务：分行按照代发客户或代发企业的一定数量标准，相应配备了个人客户服务经理，并由其专职负责每个代发单位的后续服务，确保维护工作质量到位。

七、锲而不舍，攻坚银证业务

2007年上海市分行举全行之力发展第三方存管业务取得了丰硕的成果，然而随着2008年宏观形势发生变化，该业务遇到了空前的困难，受股指接连下挫影响，新客户开户数量急剧下降。面对资本市场的严冬，上海市分行没有消极等待，而是锲而不舍、积极主动地开展客户拓展工作。一是通过实地调研创新了券商网点营销模式，在我行对口近400家券商网点中选择客户量大、开户情况好、距离我行较近的券商网点作为营销主阵地，推介我行业务优势，有序引导客户来我行办理签约，有效增加了三方存管签约客户的规模；二是先后成功营销了部分大型券商总部，拓展了一大批批量预指定客户。

交通银行黑龙江省分行个金业务发展概况

2008年，黑龙江省分行以科学发展观为指导，以全力推进和深化零售业务战略转型为主线，采取多项措施，加强管理，强化营销，改进服务，有力地推动了个金业务快速健康发展，较好地完成了全年工作任务。

一、主要业指标保持良好的增长态势

多数指标发展速度远远超过2007年同期，超额完成全年任务，其中：人民币储蓄存款同比新增3894.57%；太平洋双币信用卡发卡量增长92.86%，完成考核计划的110.87%；代理保险手续费收入增幅成倍，超计划完成目标任务；沃德财富客户、交银理财客户均实现快速增长。

二、采取有效措施，促进个金业务发展

一是明确工作目标，提早安排部署，有效指导业务推进；二是把握关键时点，采取有效措施，精心组织个金营销活动。先后组织了“子鼠闹新春”开户赠礼活动、“刷双币卡，一元钱看电影”、“九月末储蓄存款冲刺”等个金营销竞赛活动，有效促进全年各项指标的发展；三是加大中、高端客户拓展力度，优化客户结构，深度挖掘个金业务增长点；四是做好服务基础工作，大力提升服务质量，形成“全员重视，齐抓共管”的局面；五是确定工作重点，全力推进对私代理保险、代发工资及理财产品销售业务的发展和突破工作；六是深入推进电子渠道建设，不断延伸个金业务发展平台，夯实业务发展基础；七是加强业务培训，提高专业素质，优化个金队伍；八是建立个金业务联系推进小组，加强与基层沟通，提高决策管理能力。

交通银行江苏省分行个人金融业务发展概况

2008年，江苏省分行个金业务严格按照总行的战略部署，紧密围绕分行“两轮驱动，三维比较”战略目标，转变观念，提高认识。在进一步夯实发展基础的同时，增强创新能力，加快转型步伐，努力推动个金业务又好又快发展。

2008年伊始，分行个金条线即提出了自己的奋斗目标。一是坚持高起点、高标准，提出“进二争一”的奋斗目标。江苏省分行是交行系统内的大行，位列三甲。在这样一个高起点上，个金业务发展站在巨人的肩头，因此给自己提出了“进二争一”的奋斗目标。经过一年的努力，各项指标位列系统内前位。二是瞄准新境界、新目标，强调全辖一体化管理。江苏省分行在系统内是一个辖属行、经营网点多的分行，在全辖一体化经营的指导下，通过实施片区经理制，分别对全省27家经营单位进行划分管理、业务指导等，形成片区内部你追我赶、片区与片区之间比、学、赶、超的良性竞争模式，实现业务可持续快速发展。三是争高效率、高质量，以架构再造提升工作效率。随着个金部部门架构的调整，形成了以市场推广为核心，销售管理、业务管理、服务培训及商户管理为支撑的链条式管理模式。仅仅以21人服务全行的个金业务转型，人均服务网点和人均绩效名列前茅。四是创优质、精技能，提升优质文明服务。首先，由市场推广服务支行的业务推动；其次通过引进第三方专业机构帮助支行改造和优化服务流程、改善服务状况；与培训机构合作，深入支行加以培训，服务支行销售能力的提升。同时，开展丰富多彩的客户活动和支行活动，服务业务营销，营造良好的氛围；通过争创“青年文明号”检验自己的服务水平。

回顾全年，在市场大幅波动的背景下，围绕以上工作目标，江苏省分行在个金业务领域开展了一系列富有成效的具体工作。

一、持续完善个金队伍建设

1. 强化全行个金销售人员管理

为了精细化管理客户，江苏省分行按个人客户数量的一定标准，以配备沃德客户经理、客户服务经理为主体，并由网点增加兼职人员维护客户的动态管理要求。同时对个金客户经理按季实施考评排序。该办法的实行极大的调动了客户经理的销售积极性，在全行形成了一个良好的销售氛围。

2. 加强个金销售人员专业能力训练

2008年分行深入进行个金销售人员的持证上岗培训和考试。进行了普及型和择优型提高型的各类资格认证，其中普及型的个金持证上岗、基金保险销售资格考试共计7场；择优提高型的“AFP/CFP”培训11场次，50人在全年取得了“AFP/CFP”的资格，全面提升了销售人员的整体素质。

3. 开展信用卡直销团队合作支持

首先，建立从分管行长到个金部人员与直销团队之间的多层级沟通机制；其次，对直销队内部工作流程及管理制度进行梳理，并提出改进建议并对直销队伍建设、广告宣传提供支持；再次，参与内部激励方案制定；最后，安排新入行的研究生深入直销队伍进行调研，完善业务管理制度。

二、改革全行业务考核方式

1. 实施客户号归属的新型考核机制

采取以客户号的归属方式加以考核，引导支行通过增加销售人员提升单位绩效、引导客户经理关注自己管理的中高端客户，实现主动定向销售，销售产品中的76%来自沃德财富客户和交银理财客户。

2. 开发个金业务发展统计系统

由于个金业务涉及的业务和产品较多，原有的很多数据和报表分散在很多系统中，为了提升工作效率和决策效率，分行开发了个金业务发展统计系统，目前一期系统已上线，实现了产品销售、中间业务收入和AUM按网点和客户经理由系统自动更新。

3. 实施交叉销售全辖综合排名

为进一步加强交叉销售工作，分行明确要求全辖各网点要按照“12345”即每日每个网点一份保险和理财产品、两张双币卡、三张交银或沃德卡、四个网银和基金开户、五十万销售额做好常态销售，并按季在全辖按全部网点、所有客户经理进行大排名。此举既起到基本达标的作用，又完成争先进位的目标。

三、开展个金业务专项活动

1. 开展多项营销激励竞赛

一是抓住春节前后的个金业务旺季，开展了“一季度开门红劳动竞赛”，主要针对储蓄存款、产品销售、贷记卡发卡等指标开展活动。开门红竞赛的成果为百年行庆献上了一份贺礼，也为全年指标的达成夯实了基础。二是为六月末储蓄存款、保险代销业务量和中间业务收入顺利过半的中考目标，开展了“储蓄存款及保险销售活动”的方案。三是为了力争提前达成年度计划，从8月至11月，个金部针对得利宝、保险销售和贷记卡交叉销售开展“寻宝夺金大行动”个金营销活动。在活动中，得利宝销售大放异彩，全辖累计销售量占到全年得利宝销售量的56%，推动了全年销售量指标的迅速提升。

2. 组织有丰富多彩的客户活动及理财沙龙

2008年度，分行共举办大型客户活动12场，理财沙龙38场。通过多渠道的客户活动，加快客户资产向我行转移，加强对客户的深度挖掘，提高储蓄、销售、信用卡等个金产品的交叉销售率，提升单一客户的综合贡献度。其中1月份，举行百年交行新年交响音乐会；3月份，花样年华经典交谊舞大赛；8月份，“全民欢腾 直击奥运”活动；11月份，“爱在深秋 交行经典音乐诗会”。

3. 推动全辖综合积分兑换活动

为体现客户的差异化服务，分行利用综合积分系统，开展全辖一体化营销活动。针对沃德客户，在保留原有停车、医疗、机场、高尔夫等沃德专享服务的同时，又新增了季度日常积分回馈、重大假日送额外积分、积分兑换特殊礼品等服务，保证客户享受到更多的沃德增值礼遇。对交银客户也新增了重大假日送积分的服务，此举提升了中高端客户的满意度，提高了沃德交银品牌的市场吸引度。

四、加强个金业务的合规经营

1. 规范全行产品销售流程及单据保管

在产品销售方面，必须让客户先做风险测评，根据客户测评出的结果推荐相应风险等级的产品，并出台《关于规范理财及保险销售档案管理》的办法规范相关单据的保管。同时要求销售人员签订责任状，强化合规意识。针对代理保险业务，统一制定了《加强保险代理业务管理》的办法，取消驻点销售，规范合作行为和销售行为，强化合规运作。

2. 加强银行卡收单业务风险管理

为实现质量和数量的同步发展，分行制定了《银行卡收单业务风险管理》的办法，明确业务管理、特约商户的准入和退出流程、账务处理流程及外包商应承担的责任和处罚制度。此办法的制定增加了收单商户和外包公司的质量掌控、提高了平均收单手续费率，加强了银行卡收单商户业务管理拓展，有效防范业务经营风险，优化太平洋卡及跨行银行卡受理环境，确保收单业务快速、健康、稳健的发展。

五、促进全辖文明服务质量提升

1. 进行服务营销流程推广

为实现网点转型，提升零售业务服务质量和营销水平，实施了体系化、具有指导性和实用性的个人客户服务营销流程，搭建了涵盖高中低端客户的服务营销体系，通过系列化的培训，促成观念转变、规范形成和技能掌握，从而全面提升了网点的服务水平，其中玄武、月牙湖支行还获得了“全国文明示范单位”的称号。

2. 开展分行神秘访客评测项目

为强化全行对网点优质服务的重视程度，扎实做好日常服务中的各项细节工作，提升服务质量，分行聘请第三方专业市场调研机构，以银行客户的身份对全辖所有经营网点进行“神秘访客”检查打分，个金部根据检查结果予以通报，并由分行分管行长组织召开点评分析会，促进各支行进行服务质量的整改和提升。

放眼2009年，分行将进一步深化个金业务全辖一体化的管理，围绕队伍建设、客户分层、产品分类、提升服务开展各项工作。在服务中以服务营销流程优化为基本原则，按照分行神秘人检查标准进行全辖统一考核。围绕服务流程固化推广、全网点服务检查和沃德品牌、交银品牌建设，推动服务质量继续提升。

交通银行浙江省分行个金业务发展概况

2008 年，浙江省分行个金业务围绕总分行党委确定的打造一流财富管理银行的总目标和实施业务战略转型的总要求，夯实基础、加快发展，整合资源、强化激励，培养专业团队，提升专业能力，呈现出良好的发展态势。

一、明确重点，统筹兼顾，储蓄销售两不误

1. 狠抓储蓄业务。采取了增加考核权重、加强过程督导的方式。每月关注储蓄变动情况，针对异常涨跌及时跟踪，调整工作举措。

2. 狠抓销售推进。今年 3 月力推交银保险超市，在行庆之际开展“亿元保险迎行庆”活动，岁末则先后与正德人寿、新华人寿联合推出银保业务的冲刺竞赛，营造出良好的保险销售氛围。理财产品上，加大对得利宝主动营销的力度，联合相关部门成立理财产品推进小组。

二、客户为本，分层营销，品牌宣传多样化

1. 始终注重高中端客户的营销。不断通过“春来早”、“2008 我们的长征”、“奥运销售五连环”、“沃德网点竞赛”等活动推进分行沃德客户和交银理财客户的营销。

2. 积极推进私人银行服务，完善高端客户的增值服务体系，不断强化分层营销。

3. 因季打造各类业务促销活动。配合总行每季度展开主题鲜明的大型贷记卡办新卡及刷卡促销活动。加强银期证合作，打包业务整合营销。巧用媒介，广为宣传。包括召开省市各一届理财博览会，组织实施“交行理财行”活动，配合各大超市环保宣传，联合专业公司和支行，举办社区文艺晚会，加大交行产品和品牌宣传等。

三、重点突出，及时兑现，内部激励常态化

目标明晰，专项激励。“春来早 – 2008，我们的长征”全辖营销活动贯穿全年，在全辖营造出良好的个金销售 PK 氛围。建规立制，落实激励。分行提出制定《零售条线客户经理考核办法》，规范了全行储蓄条线四支队伍考核.

四、结合实战，强化培训，个金销售队伍建设正规化

与某大型保险公司合作推出“星光计划”，通过保险销售人员与个金序列拓展人员的互动强化销售技能，加大个金人员专业技能训练、接受珠海分行零售业务发展经验巡讲团的现场指导等方式，提高了个金人员的营销水平。

交通银行河南省分行个金业务发展概况

2008 年，国际金融危机影响逐渐蔓延、国内宏观经济下行、市场竞争加剧、客户需求变化，对个金业务发展提出了严峻挑战。面对困难，交通银行河南省分行认真贯彻落实总行的各项方针政策，积极应对，加速调整客户结构、业务结构和收入结构，全力推动个金业务平稳发展。

一、建立营销管埋新模式，增强系统营销合力

重点建立了“以市场为导向确定发展任务、以重点指标配置各类资源、以绩效考核评价经营成果”为核心的条线管理模式，以此为基础强化了个金条线任务分配、资源配置、考核评价、队伍管理、营销策划及组织推进职能。同时，积极推进店长制营销管理模式的落实。

二、创新客户服务模式，建立多层次差异化服务机制

加强对目标客户族群的细化，通过系统平台、市场调研、客户调查等方式，定期收集和汇集客户的需求。根据客户类型、客户价值、客户层次、客户的需求对全行资源进行整合，对服务模式进行创新，建立分层次差异化服务机制。组建了专家理财服务团队，并且研发推出了多种专项理财套餐，落实了对顶级客户实行“多对一”的服务，提高个性化理财服务水平。

三、加强业务联动营销，大力促进交叉销售

积极探索和制定公私业务联动机制，从集团客户和零贷客户的源头上实行高端营销和组团营销，在拓展对公业务和零贷业务时一并设计推介和提供个人金融服务。

四、突出营销服务支撑，构建高效支撑体系

加强宣传策划，制定各项业务的宣传计划，整合全行资源，精心打造沃德、交银、基金超市、新股随心打、神通网等一批知名品牌，大大提升了我行的整体形象。同时，以员工上岗考试和资格考试为平台，以学习园地为依托，以业务培训为手段，大大提高了员工的业务技能和综合素质，并强化了员工的团队意识和协作精神。

在上述措施的推动下，河南省分行个金业务各项主要指标完成情况良好，河南省分行连续四次入选交通银行总行评选的个金条线赢利超亿元俱乐部会员；特别是代理保险销售成为河南省分行业务发展的亮点，收入任务完成率系统内排名第一。

交通银行湖北省分行个金业务发展状况

2008年是零售业务转型的关键之年，在分行党委的正确领导下，全行上下同心协力，紧扣发展是第一要务不放松，以市场为导向，以客户为中心，以业绩为目标，群策群力，抢早赶先，创新求变，业务发展、个金队伍、营销宣传、服务水平等都迈上了一个新的台阶。

一、主要业绩

全行人民币储蓄存款和产品销售同步增长，增量均创历史最好水平。在总行举办的信用卡知识竞赛中，分行以优异的成绩、良好的竞技状态和团队精神风貌获得了冠军。在总行举办的沃德客户经理风采大赛中，我行选手荣获三等奖。在2008年全国杰出财富管理师评选活动中，分行选手以优秀的成绩获得全国三等奖及优异奖。

二、主要工作措施

（一）以“龙腾计划”为伊始的系列营销宣传活动推动全行个金业务的快速发展

1. 实施“龙腾计划”，开局一举定乾坤。开局是金，年初龙腾计划迅速在全行铺开，使全行对零售业务转型的认识达到全所未有的统一高度，使“龙的精神”贯穿全年个金工作的始终。

2. 系列营销活动的层层推进，奠定业务发展的坚实基础。二季度以来的“攀登计划”、“冲刺计划”及“交叉销售竞赛”、“沃德客户经理竞赛”等集中及专题营销活动的开展，紧紧围绕“销售”及“储蓄”两大重心，带动全行销售人员坚持两手抓，两手都要硬，实现储蓄及销售的共促进同发展。

（二）充实人员、强化培训、理顺机制，全面提升个金销售队伍综合素质

1. 个金销售队伍人员得到进一步充实。分行已在全部经营单位设立了个金科（东西湖、开发区支行除外）；在全行OTO网点设置了6名OTO店长；新聘了44名沃德客户经理；在网点设置了大堂经理和迎宾员；精选人员到客户服务经理岗位上，专门从事交银理财客户的维护工作。通过人员的充实，全行个金销售服务力量得到进一步增强。

2. 强化培训，促进素质全面提升。针对不断完善的个金销售队伍，我们不断加大培养力度，让他们尽快胜任岗位要求。一是做好持续教育培训。早计划、早安排，积极组织全行个金条线人员参加E校园的各项培训。二是做好各项专题培训。结合网点服务营销流程改造，开展了服务心态、服务技巧和服务方式的培训，重点对个金条线人员进行系列化培训，累计培训达1000人次。

3. 理顺岗位职责，搭建高效个金管理体系。在深入沟通和交流中，逐步摸索形成了“条线分明与职责清晰并举、集中管理与分散配合互补”的个金管理新体系。一是条线分明和职责清晰并举。明确经营单位个金业务发展的主要负责人为分管行长；个金科长负责个金各项业务和指标的推进、达成，负责指导OTO店长、沃德客户经理、客户服务经理和大堂经理；OTO店长负责管理OTO网点沃德客户服务区和本支行的沃德客户经理；沃德客户经理、客户服务经理和大堂经理分不同的层面，对高中低端客户进行维护和服务。二是集中管理和分散配合互补。个金科长或OTO店长对沃德客户经理实行管理上的集中，通过晨会、晚碰头会及周例会制度，将工作情况、学习培训、经验交流等融入其中，起到督促、指导、提升的作用；网点负责人对客户服务经理、大堂经理进行直接管理，指导个金科或OTO店长对沃德客户经理进行日常管理，既体现了集中管理，又有分散协作。

（三）“以客户体验为中心”，逐步完善服务管理工作

一是建立服务管理体系。各支行建立了服务管理工作职责分工体系，分行建立了服务管理领导小组和服务检查组，定期和不定进行检查；二是逐步完善服务管理制度。三是服务检查制度持续开展。四是强力推进服务流程改造。借助专业公司力量，先后在10家中心支行和江大路支行实施服务营销流程再造项目，以点带面，培养了良好的工作习惯，达到有序销售。五是服务品牌得到了进一步提升。在2008年银行业文明规范服务示范网点的评选活动中，我行东湖支行等6个网点被评为湖北省银行业协会文明规范服务示范网点等多项荣誉，在省内进一步树立了交行良好的品牌形象。

（四）加大投入、统筹资源，搭建立体化的营销体系

1. 树立立体化的营销思路，推动个金业务的发展。一是大力拓展商户收单业务，在实现中间业务收入的同时增加客户结算资金在我行的沉淀量。经过近一年的发展，实现结算量是2007年同期的2.47倍。二是主动加大与基金公司、证券公司、保险公司的合作力度，在稳定并做大老客户的同时大力发展新客户，并增加我行的中间业务收入。截止12月末，代理销售保险及收入达到去年同期的4倍。特别是8月份后，面对不断下挫的资本市场，分行主动加强了与证券公司的联系，共同商讨对策，寻找目标客户群体，制定了切实可行的外出拓展对策，整合双方资源加大对客户的营销。

2. 加强先期策划，强化后期执行，有序推进全行个金业务宣传。通过在当地主流平面媒体上有计划、有步骤的刊登硬广、软文、采访稿等形式，形成持续不断的视觉冲击；同时在3个以上的电台投放对重点业务营销广播；投放车身广告，重点宣传“买基金，到交行”、“交行保险服务”“第三方存管”等品牌；与媒体联合主办理财专栏节目扩大我行理财服务的影响，如参加《长江商报》“理财会客厅”专栏节目，参加《武汉晚报》的市民热线节目等；在高尔夫球会、高档会所和高品位杂志上登载户外和平面广告，将宣传触角直达高端客户群体活动的场所；紧抓每个节假日消费热点，联合当地主流商场开展消费促销活动。

交通银行湖南省分行个金业务发展概况

一、抓好工作重点，2008年个金工作亮点频现

（一）个金销售业务方面

1. 抓重点：储蓄与代销联动发展

一是分阶段有计划通过业务活动推动储蓄增长，如6月份全行储蓄增存活动、三季度奥运向前冲·储蓄冲关活动等。二是洞悉市场变化，及时扭转思路，年初确定在推动保险代理的同时，把得利宝销售作为全年代销重点，并把每期产品按额度分配到各网点，行外资金优先认购，使各网点业务同步发展不掉队。10月份起分行自行组盘开展票据类理财业务，共发行5期票据类理财产品，分别针对代发工资客户、中高端客户、大众客户定向发售，有效带动储蓄、中高端客户增长。

2. 各项指标分阶段分步骤执行季度把贷记卡作为营销重点，并且取得很好成效，提前两个月完成全年任务，得到总行条线的表扬祝贺；4季度把代发工资、中高端客户拓展作为工作重点，全年增长情况良好。

3. 创新意识增强，2008年新项目开发上线

一是星城通9月份省社保基本代缴上线、10月份国安电视费代缴上线，扩大了中间业务范围。二是营销了供电局电费批量代扣业务，支持了太平洋卡有效卡量。三是大力发展收单业务。四是联合中国银联长沙分公司共同开发了新型电子自助终端—“家居通宝”，集合了我行家易通、银联支付易的多重功能，采用固定电话捆绑的方式，能有效锁定我行全国通客户资金流，稳定储蓄存款。

（二）零售信贷业务方面

在市场拓展上，积极“抓拳头”，努力形成“客户群”，在竞争中树立优秀品牌形象。为了促进形成全辖零售信贷业务百花齐放的良性竞争局面，分行鼓励经营单位走“特色化”、“集群化”发展道路，要求支行在工作中注重两点：一是从资源禀赋和管理能力出发，利用自身优势开发特色业务，形成“拳头”产品，并最终达到将先进经验推广全行、带动全行的目的；二是从区域经济特点和客户行业、地域特征出发，由一个客户带出一群客户，由一项业务联动系列业务，由点及面开展深度“集群”营销，充分发挥资源潜力。

在具体业务上，还注重发挥分行高位营销职能，不仅作为基层营销的司令部和参谋部，更充当重点攻坚的一只“拳头”冲锋在前。例如，在个人公积金贷款等业务上，由分行牵头成功取得长沙市住房公积金归集、公积金贷款开办资格，在存量房资金监管业务上，取得二手房存量资金监管业务开办资格，成为首批开办该项业务的本地银行。

二、贯彻战略转型要求，打造精英销售团队，有效提升服务质量

（一）制度保障动手早

制定了个人金融业务销售队伍管理办法，加强了个金队伍建设和人员管理，明确规定了个金人员按月履职考核、全行排序管理办法，加强了对零售重点业务的促进。

（二）严格执行不含糊

分行从2月份开始着手建立分行的绩效考核系统，已初步解决了个金储蓄、各类销售数据的采集、统计、计算等工作，为上述制度的落实打下了坚实的基础。每月按时将个金销售人员业绩完成情况通报全行，并进行全行排序，以排序结果作为个金人员等级评定的依据。对业绩优秀的人员在全行大会上公开表彰，并将获奖者照片登载在分行内网上。奖惩的公开、及时、透明有效激发了个金人员的荣誉感和奋进心。

（三）加强沟通勤疏导

执行铁的制度，更需要人性化的管理。对业绩屡屡不佳的员工、对销售服务一脸茫然的新兵……我们通过小范围的会议、面对面的谈话、手把手的指导等等多种沟通方式，由分行直接疏导到员工，少了一分层层传达、学习文件的刻板，多了一分人性的温情与对症下药的精准。帮助了一批希望做好却苦于暂时没有找对方法的员工。

（四）培训紧跟不放松

专业培训与素质教育相结合，专业培训方面今年4月份组织网点副行长和优秀个金人员开设了分行的AFP周末培训班，通过3个月的紧张培训与考前强化辅导，最后获取AFP资格证的通过率为78%。素质教育方面充分利用总行每半月一次个金大讲堂的机会，每次分行都单独准备几个专题培训，例如名车介绍、楼盘介绍、奢侈品介绍、金融基础知识、股票技术分析等等，既扩大了个金人员的知识面，又为客户经理与客户的沟通扩大了话题范围。个金部也定期组织员工进行产品宣讲，提高语言表达能力与营销针对性。

（五）明星效应重激励

为鼓励个金销售人员勇于表现自我，争当明星，有效激励大家的工作热情和创造力，分行不仅制定了年度销售明星的评选办法，还针对重点业务设置了“保险百万销售明星”、“沃德销售明星”、“交银销售明星”等。对优秀个金销售人员，通过不同的方式给予激励。

（六）提升服务质量

在检查地域范围方面，08年将神秘访客检查扩大到了岳阳分行，每季度对岳阳分行进行了一次神秘访客检查；检查员工范围方面，加大了对客户经理的检查力度和频率，将客户经理的表现纳入了每月的必查项目。在丰富各项检查方法上，从去年的单纯依靠神秘访客检查和实地检查，扩大到了神秘访客、远程监控、服务评价器、现场检查相结合。服务评价更科学、更全面、更准确。此外，树立服务明星示范效应。不仅在去年的基础上树立了一批个人服务明星，更通过紧抓银行业协会的“文明规范服务示范单位”评选活动，树立了一批服务明星支行，涌现了3家全国文明规范服务示范单位和5家湖南省文明规范服务示范单位，全辖44家支行中获奖支行占比达18%。

交通银行广东省分行个金业务发展概况

2008年，广东省分行采取针对性措施，抓管理、打基础、建机制，实现了个金业务的快速发展。

（一）高度重视人民币储蓄业务，确保市场份额稳步上升

1. 以个金产品为纽带，通过个金产品的强力销售带动行外资金和客户的持续增加，推动储蓄存款强劲增长。

2. 以“沃德财富”和“交银理财”品牌为抓手，通过细分客户、精细化服务，改善客户结构，积极拓展和维护我行的中高端客户群体。

3. 以重点指标为导向、以营销活动为契机，持续不断的调动支行的积极性，推动储蓄存款的持续增长。

（二）大力做好代销业务，提高中间业务收入

加大开放式基金和保险业务的代销力度，使之成为全行中间业务的重要增长点，保险销售跳跃式增长，推动了个金中间业务收入的有效增长。

（三）大力发展双币卡业务

将发卡作为日常重点工作来抓，以网点为主阵地，通过个金客户交叉销售，加强与直销办事处的联动销售，全员销售，日常动手，大力开展双币卡营销工作，提前完成全年任务。

（四）加快建立个金销售队伍

通过本部机构整合、人员定岗定编等方式，有效地充实了个金销售队伍，同时，通过多形式、多层次、多内容的培训，并辅之以考核激励，大大提升了个金销售队伍的工作热情。

（五）强化服务质量的提升

重点从改善网点服务环境、改善服务态度和提高服务效率上做文章，从提高人员的业务素质和服务意识入手，从头抓起，从基础抓起，推动服务质量的切实提高。

（六）采取灵活多样的推动方式，促进业务快速发展

保证每一项活动都有一个鲜明的主题，每一个方案都有一项明确的目标，每周一分析、每月一总结、每季一表彰。

（七）注重提高资源使用效率，层层做大蛋糕，推动业务增长

交通银行深圳分行个金业务发展概况

2008年是深圳分行个金业务大发展的一年。在总分行的正确领导下，在各业务条线的大力支持下，个金条线员工奋勇争先、顽强拼搏，个金业务取得巨大进步，多项指标在系统内名列前茅，市场份额逐步提高，金字塔型客户基础逐步壮大，个金销售队伍的凝聚力和战斗力逐步提高。

截至2008年末，分行管理个人客户总资产和个金产品销售完成率位居系统内第一名。实现个金盈利排第二名，个金网均盈利水平位列系统内首位。

截至2008年末，全行46个网点全部进行了流程改造，改善和提升了服务质量。对网点整体营销流程进行了再造，使日常个金业务运作流程更加理顺、更加高效，使中高端客户稳步增长、客户结构不断优化，促使各项业务稳步发展。全行拥有AFP、CFP资格的销售人员在沃德客户经理、客户服务经理中占比73.33%。

2008年分行以百年交行和沃德财富、交银理财品牌的建设为主，通过不同载体、媒体，逐步在深圳市场树立了零售中高端品牌的形象。深圳分行冠名了深圳交响乐团2007年至2009年的演出，以高雅音乐为载体，塑造了我行沃德财富品牌的非凡气质，已经演出41场。升级机场贵宾厅计划，给沃德客户提供更尊贵舒适的服务。11月15日举行沃德财富医疗贵宾服务启动仪式，全面推广沃德客户的健康服务，受到高端客户的普遍关注。私人银行服务取得长足进展

在宏观调控不断趋紧，市场竞争愈发激烈的情况下，深圳分行个金业务能够保持快速稳定健康发展，关键在于坚定不移地贯彻落实总行新一轮改革、发展战略的基础上，因时制宜、因地制宜地根据宏观经济环境、市场环境以及地域环境的特点与变化，发扬克难奋进、勇于拼搏的精神，积极地更新理念、调整策略，不断加大营销拓展力度，强化业务创新，完善风险控制，构建长效发展机制，从根本上提升了竞争力。

交通银行海南省分行个金业务发展概况

2008年，海南省分行个金条线认真执行总行和分行党委的各项决策，坚定战略转型不动摇，坚持客户推进不懈怠，内抓管理、外拓市场，努力开创个金业务改革发展的新局面。

一、坚持战略转型，内抓管理，外拓市场

（一）加强市场营销，成效显著

持续开展“百年行庆集中营销”、“个金产品销售劳动竞赛”等全行性集中营销活动，取得突出效果。先后举办

丰富多彩的白金沃德客户体检、沃德杯高尔夫邀请赛、理财博览会、理财讲座、三方存管客户抽奖等活动，密切客户关系。借助百年行庆举办专场京剧、话剧晚会等重大活动，大力推广我行个金品牌，在社会上取得良好反响。

（二）深入开展提升服务质量活动

狠抓营业网点提升服务质量活动，服务质量显著改进，交行品牌市场美誉度和社会形象大大提高。总行神秘人检查综合得分排名从一季度的33名提升到到第三、第四季度连续第1名。分行营业部在中国银行业协会组织的“2008年度中国银行业文明规范服务示范单位”检查验收中获得海南省得分第一名，并成为全国银行业十佳服务示范单位的候选单位。

（三）稳步推进渠道建设

快速构建了沃德网点服务网络，全行16个网点中，完成了11个营业网点的装修改造。到年底，80%网点实现了分区、分层服务，沃德网点由1家增至2家。机场、医院、高尔夫球场等增值服务渠道建设继续加强。

（四）加强个金销售队伍建设

在全行范围内选拔产生了大堂经理和客户服务经理。在开展业务技能培训的同时，积极开展涵盖诸多方面的综合素质培训。加速培养具备行业资质和市场竞争力的专业化高端人才团队，持有CFP、AFP和EFP资格人员数量快速增长。

（五）不断夯实个金业务基础工作

启动个金销售计价考核系统开发，提升基础工作电子化水平。按照轻重缓急设计矩阵式部门工作任务表等基础管理工具，提高基础管理质量；建立并规范部门和条线人员每日晨会和每周例会制度，加强对个金队伍的基础管理工作。

二、业务发展全面提速，个金战略转型取得新成效

（一）主要个金业务指标完成全年计划

2008年末，海南省分行个金主要指标均实现大幅增长，其中，人民币储蓄存款计划完成率200%；销售个人理财产品计划完成率160%；AUM增量计划完成率121%；沃德客户计划完成率151%。中高端客户群体壮大，成为拉动业务增长的主导力量，年末高端客户数量增幅64%，季度日均资产余额增幅65%；中端客户数量增幅16%，资产余额增幅9%。相关主体指标的市场份额和个金业务贡献度快速提升，战略转型成效明显。

（二）系统内排名争先进位

按照计划完成率排名，主要个金指标普遍较上年有所进步。其中，新增达标沃德客户、信用卡消费额和新增基金定投客户均名列交行系统第一；交叉销售双币信用卡名列第二；代发工资名列第三；AUM增量、理财产品、新增借记卡名列第五。在总行“2008年个金理财产品销售攀登激励计划”的评选中，夺得基金定投等两项激励奖和一项PK奖。在总行“2008年度信用卡业务优秀分行”的评选中，夺得交叉销售和服务质量两项大奖。

交通银行宁波分行个金业务发展概况

2008年宁波分行根据总行的要求，围绕分行确定的“坚持基础工作和重点业务推进并举的战略，努力实现‘两个坚持’和‘两个突破’”的零售业务战略转型工作精神，在分行行长室的正确领导和相关部门的通力合作下，通过全行个金人员的共同努力，个金业务取得了一定发展。

2008年宁波分行主要开展了四方面的工作。

第一，加强基础建设，推进业务发展。在网点改造上，宁波分行根据分行三年网点规划，2008年完成了8家支行的新建、迁址、改造工作，启动了四家支行新建、迁址、改造工作，开设了5个沃德财富中心，网点改造进程的加快，使客户分区服务体验得到了很好的实施。在队伍建设上，2008年分行继续充实个金销售服务队伍，扩大了个金队伍的阵容；为了提高人员素质，分行加大了对员工的全面培训，全年分行共举办了近40期的培训，近2000人次接受了培训。

第二，全面提升服务质量。为了提高我行服务管理水平，切实加强对各营业网点服务质量管理建设工作的督促检查，宁波分行2008年开展了神秘访客、礼仪培训、满意度调查等工作，通过这些措施使分行网点的服务质量上了一个台阶，在总行排名名列前茅。

第三，加大宣传力度，扩大品牌影响力。2008年分行围绕沃德、交银两个品牌和一系列产品，通过报纸和网站进行宣传共计200多次，同时用信函方式加强与客户的联系。分行还派出理财师参加了“宁波市十大财神”的评选活动，其中2名理财师进入了十佳。

第四，开展各项营销活动。为了促进个金业务的发展，08年分行举办了各种形式的营销活动，对外通过促销、联谊来提升客户对我行的信赖度，对内通过PK、争先进位来来推动支行各项业务的开展。

交通银行陕西省分行个金业务发展概况

2008年，在总分行党委的正确领导下，陕西省分行个金条线干部员工在市场形势逆转、产品销售遇到极大困难的情况下，坚持以客户为中心，以营销宣传、市场推广、交叉销售和提升服务为手段，以考核激励为动力，夯实发展基础，积极推动个金业务全面发展。

（一）大力开展各种主题营销活动、业务竞赛活动和广告宣传，积极推动业务发展

1. 精心准备，在一季度开展"个金开门红"大型营销活动。一季度开展了"迎新春积分换好礼"、"08好运来，红包当'鼠'你"、"银行卡联合营销"、"代理保险业务营销"、"基金交易账户和基金定投业务营销"和"交叉销售贷记卡冠军杯发卡竞赛"等营销竞赛活动，取得了人民币储蓄、各类理财产品销售、沃德客户、交银客户全面快速增长的好成绩，迎来了开门红。

2. 根据业务发展需要，在二、三、四季度继续开展各类营销和竞赛活动。二季度，开展了"迎奥运金融知识进社区"、"沃德财富体验之旅"、"刷太平洋卡抽奖免费看电影"和"个金业务PK赛"等活动。三、四季度开展了"缤纷沃德财富开卡奖上奖"、"转动精彩生活、乐享交银理财开卡奖上奖活动"、"突破计划、激情销售"、"交行服务校园行"、"好礼缤纷献，刷卡添惊喜"、"个金产品销售冲刺竞赛"等一系列活动。通过开展这些活动，有效提高了我行个金产品的市场影响力，充分调动了支行发展个金业务的积极性。

3. 通过报刊、电台、户外灯箱、短信平台连续投放广告，做到"报纸有字、电台有声、户外有画"，进一步扩大我行在社会上的影响力。拓宽宣传渠道，以有车一族为对象，与省、市电台合作开展广播广告、路况特约播报、广播理财讲座。户外广告主要投放为期三个月的"开门红积分换礼"、"沃德财富"、"交银理财"、"第三方存管"等。通过行内平台和媒体平台，向本行客户和潜在中高端客户开展点对点业务宣传，取得了良好的效果。

（二）全力推动中高端客户发展工作

1. 积极加快"沃德"品牌建设，扩大品牌知名度。在扩展沃德财富品牌内涵上下功夫，一是制定全年沃德财富沙龙系列活动计划，按月组织实施，连续举办了11次全行性大型沙龙活动；二是持续做好沃德客户机场贵宾通道、生日赠送鲜花等服务，使客户充分体会我行增值服务的内涵。

2. 从提升资产和新增客户两方面入手，以交叉销售带动客户发展，分支行联动共同做好客户发展和维护工作。一方面在不同时段，不失时机地分析政策、把控导向、引导支行，有所侧重地开展产品销售，满足客户的理财需求，并组织了3场大型投资者交流会促进交叉销售；另一方面深入支行，直接向高端客户提供理财规划服务，并协助支行开展40多场区域性理财沙龙活动，根据客户的特点和风险偏好，推荐适宜的产品组合，以满足客户的理财需求，提高客户的满意度和忠诚度。

（三）全力促进中间业务增收

1. 采取客户经理加产品经理的方式，引导、协助支行开展基金销售。分阶段分重点分别主推不同类型的基金品种，并加大基金定投拓展力度。

2. 启动代理保险业务，开辟新的中间业务增长点。提早动手制定保险业务发展计划，与保险公司深入接触，选择合作伙伴、洽谈合作方案，分片区召开支行保险业务发展现场会，组织业务知识和营销技巧轮回培训，督促业务发展，同时严格规范保险代销管理，既调动了支行和员工发展代理保险业务的积极性，又促进了代理保险业务迅速、健康发展。

3. 顺应客户需求的变化，积极尝试新产品的开发。组盘设计并销售得利宝"新蓝"系列票据理财产品共5期，既满足了客户的理财需求，也树立了我行"专业财富管理银行"的形象。

4. 促进银行卡收单业务发展。将特约商户收单业务推上专业化发展道路，进一步改善太平洋卡用卡环境，推动银行卡中间业务收入增长。

（四）积极推动贷记卡业务发展

1. 通过各种营销和竞赛活动，以交叉销售为重点鼓励支行开展双币卡的销售。对支行进行双币卡销售政策的培训，要求支行选准交叉销售的目标客户，严把进件质量关，个金部则做好初审工作，以提高总行核批率。与卡直销队伍密切合作，采取联合发卡方式，发挥双方的特长，在重点营销单位集中发卡，收效显著。

2. 努力发展特惠商户，制定了商户发展计划和奖励措施，调动全员发展特惠商户的积极性，同时严格审核，把好特惠商户准入关，全年共拓展特惠商户100多家。以"交通银行优质客户生活圈"为主题，以美酒佳肴、消费购物、健康美容、娱乐休闲、其他服务类五大模块为内容，发行了精美的《西安分行太平洋卡精选特惠商户手册》，进一步提升了太平洋卡的品牌知名度，优化了用卡环境。

（五）积极开展个金条线队伍建设

1. 大力推进个金条线组织架构的完善工作。理顺分行、中心支行、二级支行的三级管理体系，增设中心支行个金业务管理岗位；对支行实行一行一策，使在编的个金条线专业人员承担起专职工作，逐步与高柜人员分离。

2. 加强个金销售队伍管理。一方面通过培训加快提升队伍业务素质。为提高个金条线人员的专业知识、营销意识和能力，采取了集中培训、分片区培训、巡回检查辅导等不同方式，对业务和产品知识、业务操作规范、营销方式和话术进行深入讲解，共组织各种业务培训42场。组织了个金条线人员上岗业务培训、保险代理从业人员资格考试、AFP和CFP考试、零售支行行长职位序列培训等。另一方面加强个金销售服务人员的考核管理，每月公布考核排名结果，促进员工加强学习、做好服务和营销。

3. 认真开展激励机制建设工作。把建设个金绩效考核系统作为2008年下半年工作的重中之重，抽调专人组成绩效考核系统开发项目攻关小组，在做好各项业务的同时，加班加点、日以继夜地开展项目研发工作，确保了考核系统在10月初按期上线试运行。

（六）认真开展基础性工作建设，夯实业务发展的基石

1. 做好整章建制、规范业务流程的工作。先后完善了代理保险业务、商户发展、信用卡、营销管理等多项规章制度。

2. 认真做好风险防控工作。严格执行总行相关政策，积极配合监管部门，开展投资者风险教育活动，加强理财产品销售流程的风险控制，保证售前、售中、售后的合规合理，妥善处理客户意见，实现理财产品客户零投诉。开展太平洋卡违法犯罪专项整治工作，搜集、整理风险案件编制《银行卡风险案例汇编》和《信用卡销售风险控制要点》。规范网点营销行为，防范销售风险。

3. 积极推进财富管理平台上线工作。财富管理平台是总行今年确定的重点推广项目之一，根据“先试点，后分批上线”的原则，陕西省分行综合考虑网点地域位置、柜面业务量、理财产品销量、个金销售人员配备等因素，加快了支行上线速度。

4. 做好卡业务渠道创新和功能升级工作。完成了“家易通”业务和“公务卡”业务的调研、开发、测试和上线。根据市场需求进行卡支付结算的创新，推出“家易通”他行卡购货功能。改造医保卡业务系统，优化业务流程。

（七）认真做好提升服务质量和奥运金融服务工作

1. 制定了2008年提升服务质量推进工作方案和服务管理办法，由提升服务推进工作领导小组成员部门组成检查小组对全部网点进行督导，从网点内外部环境、硬件设施和员工统一着装、服务礼仪、行为举止等方面开展拉网式检查。聘请专业公司开展“影子客户”查访，以第三方的身份独立检查评价我行的服务，督促网点和员工认真接待每一位客户。按月兑现奖罚，每季度召开分行服务例会、不定期召开服务工作促进会，加强服务管理。

2. 制定下发了包括迎奥运文明规范服务活动方案在内的一系列方案以及活动分解表，组织和督促各项工作的落实，对工作进度按周通报，服务质量提升成效明显。分行营业部和大雁塔支行被评为“全国文明规范服务示范单位”，咸阳分行被评为省级文明规范服务示范单位。另有七名同志荣获“奥运金融服务标兵”称号，六名同志荣获“陕西省文明规范服务明星”称号。

交通银行甘肃省分行个金业务发展概况

一、2008年工作回顾

2008年零售条线认真执行总、分行的各项决策，内抓管理，外拓市场，打开个金业务改革发展新局面：基本实现了向“以客户为中心”经营模式的转变；客户结构优化，中高端客户成为业务增长的主导力量；新产品市场竞争力提高，市场营销成效显著；服务质量明显提升，品牌形象和市场美誉度有所提高；队伍建设取得新突破；主要业务发展指标取得了有目共睹的快速增长和不菲业绩。

二、2008年个金业务主要工作

（一）以奖促销，推进各项业务全面发展

年初，我行就个金业务发展做了全年的推广计划和专项奖励方案。先后推出了揽储竞赛、保险争霸赛、基金定投、双币卡交叉销售PK赛、重点基金的销售奖励以及个金条线每项产品的专项奖励方案。以奖促销，充分调动全行员工的积极性，发挥员工的业务拓展潜力。各项指标稳步增长，储蓄存款突飞猛进，提前完成了全年任务。

（二）建立系统的个金培训体系，加强专业资格的培育

2008年初，分行制定了《甘肃省分行个金条线培训计划》，以业务为导向，以质量为目标，突出产品知识和销售技能培训。通过持续、扎实、高效的培训，提高销售队伍的整体素质。年内完成了条线执业人员的保险、基金等专业资格认证的普及工作和专业理财师队伍的快速成长。人行员工主动参加专业学习和培训考试的氛围已蔚然成风，对客户的销售服务能力明显提升。

（三）提升对中高端客户的服务水平，增强品牌优势

为了对高端客户提供更好的增值服务，我行通过投资论坛、节日祝福、专场座谈等多形式客户活动，增进了与客户之间的关系，增强了我行的品牌优势，在当地市场反响较好。在总行开展的“沃德客户服务满意度调查”中，反馈信息表明沃德客户对我行的满意度较高，客户对我行销售人员的服务态度、服务方式以及服务效率都表示了较高的认可。

（四）及时把握市场动向，实现储蓄和产品销售双增长

在全年市场走势趋低、降息预期逐渐增强的环境下，大力推荐债券型基金和货币型基金、保险产品、低风险及期限短的得利宝产品，吸引了大批新客户，带动储蓄存款、中间业务收入持续增长。

（五）加大宣传投入，提高市场影响力

我行按照业务发展规划要求制定了相应的营销宣传计划，通过平面广告投放、广播电台宣传以及电视理财类访谈节目，突出我行零售产品及业务的优势和亮点，使当地媒体频频出现交行的声音。目前，我行持续在甘肃都市调频的《理财学校》中做节目中，已经40余期，听众反响良好，提升了我行的市场美誉度。

交通银行新疆区分行个金业务发展概况

2008年新疆分行个金业务以指标发展为中心，重点围绕客户队伍建设与拓展、个金销售队伍建设与优化、网点建设和优质服务等方面全面开展，具体如下：

一、重点围绕客户建设，以储蓄、双币卡、理财产品、保险产品、代发工资为抓手，树立沃德财富、交银理财品牌形象，进一步夯实中、高端客户基础

1. 储蓄存款顺势而为，超额完成计划，市场份额明显提升，进一步夯实了业务基础。分行通过各种途径宣传、积极引导支行稳存增存，顺势而为，积极拓展储蓄存款源头，增强存款的稳定性，夯实业务基础。

2. 双币卡发卡坚持交叉销售，倡导快乐交叉销售，在总行交叉销售竞赛中取得优异成绩。分行实施早部署、早动员的政策，加大双币贷记卡的交叉销售力度，从积极宣传交叉销售，对外加大培训力度，对内严把初审关，彻底扭转了前两年双币卡发卡难、授信客户资源缺乏的困难局面。在2008年，一是邀请总行卡中心的专家来我行指导、培训，提高我行销售人员的业务知识及销售技巧。二是加大双币卡交叉销售的宣传和奖励力度，结合分行“百年行庆”大型活动，加大对双币卡交叉销售业务的宣传。三是提倡快乐销售，要求各营业机构将双币卡的销售变成日常行为，每天销售一、二张卡，既避免了集中送卡，减轻了初审的压力，又提高了总行批核率。四是加强全行双币卡业务培训，特别是针对双币卡进件系统及双币卡申请表的初审进行了多次培训，增强了网点初审人员的业务水平，提高了双币卡的进件质量。截至12月末，我行双币卡批核率超过总行卡中心平均批核率9.23个百分点。发卡指标在今年一、二、三季度均超额完成总行要求计划进度，并在总行前三季度举办的交叉销售竞赛中均取得赛区第一名及多个交叉销售“明星网点”奖的优异成绩。

3. 面对金融海啸，迅速引导支行转变销售策略，突出产品“保本保收益”亮点，保障了客户收益，提高了中、高端客户的忠诚度，吸引行外大量资金。及时调整销售策略使分行提前近三个月完成了总行下达销售计划任务。主要做法是：一是推动我行员工销售产品热情，自内而外形成强大推动力，激发了广大一线销售人员的销售积极性。二是通过短信、电台、电话彩铃、报纸等多种途径大力宣传我行“保本保收益”产品亮点，并要求各支行对我行理财产品宣传折页摆放在大厅醒目位置，做到宣传铺天盖地。三是对支行负责人、大堂经理、对私客户经理加大了培训的力度与密度，基本上周周有培训，通过对支行一线销售人员销售理念的转变，带动客户投资理念的更新。四是产品有亮点、宣传有特点，使得在日益下挫的金融大环境下客户资产有了保障，产品的优异表现自然吸引了大量的优质客户的目光，受到客户极大青睐。五是认真自查，规范操作流程，防范风险，保障健康发展。

4. 保险业务为个人客户提供了更加广阔的投资渠道，个金代理保险业务实现了跨越式的发展。

代理保险是一个极富潜力的业务增长点，分行高度重视，指派专人负责保险业务的推进工作。全年我行代理销售保险产品计划完成率超过系统内平均水平17个百分点，取得了第11名的较好成绩，其中，“银保通”出单率始终位列系统内前5名。

主要做法是：一是在年初开展了“腾飞2008”保险竞赛活动，提供支行培训的机会，既开阔了销售人员的视野，也激发营销人员的积极性。二是与当地保险公司积极合作，建立灵活的准入、退出机制，认真梳理产品并确定重点保险公司为合作伙伴，取得了双方共赢的局面。三是倡导联动机制，与公司等条线联动，促进公司财险、商铺及个人流动资金贷款抵押物保险的销售，开创了全行员工努力发展代理保险业务的新局面。

5. 代发工资业务发展迅速，基础客户队伍进一步扩大。为夯实个金业务发展基础，加大我行中高端客户的拓展力度，全行销售人员形成合力，一户一户争取，圆满完成总行计划的141.6%，取得了在全行排名第12名的成绩，扩大了我行优质客户队伍群，为交银理财客户、沃德客户的发展奠定了基础。

6. 沃德财富和交银理财品牌逐步在市场中扩大影响，差异化服务已深入人心，中高端客户队伍进一步夯实。

由于今年资本市场持续下跌，分行积极探索新的业务推进途径，与总行及兄弟分行交流取经，在下半年将发展战略调整为夯实中高端客户基础，实行优化客户结构，在客户中树立品牌形象，扩大市场影响的战略上来。主要做法是：一是对各支行做了中高端客户“一行一策”发展分析，从优化客户结构入手，让支行明确本支行的客户结构及特点，了解分行发展方向，进一步促进了支行中高端客户发展，同时也得到了支行负责人的好评。二是加快交银理财客户拓展，优化客户结构。三是开展针对高端潜力客户群的营销活动，有效发现并发掘新的客户源。

二、紧紧围绕强化销售人员业务知识、提高销售人员工作技能和综合业务素质的培训展开，全力打造一支业务精、素质高的个金销售队伍

销售是2008年个金业务的关键，而仅依靠市场涨跌被动做销售是不能实现争先进位和跨越式发展的，必须依靠科学的组织管理支撑，必须依靠一支高素质的专业化队伍。

1. 通过聘用优秀人才，扩大销售队伍，落实每月检查考评制度，为全年的销售工作奠定了坚实的基础。

2. 加强培训和客户经理行的再培训，不断提高客户经理对产品的理解力，全力打造一支业务精良、服务专业的销售队伍。

3. 选派优秀人员参加总行培训，开阔视野，提高专业技能，推动支行整体个金业务的快速发展。

今年以来，共组织以沃德网点负责人、零售支行行长、沃德客户经理、客户服务经理、大堂经理及相关个金业务管理人员培训24批次，个金部也是本着将培训对象向一线人员倾斜的原则，推荐支行销售人员、支行行长、大堂经理赴上海、广州、北京等地学习、交流，全年参加总行培训交流的支行覆盖率达到50%以上。

个金部还先后邀请总行和兄弟行经验丰富的一批同事到分行为支行行长、大堂经理、对私客户经理等条线销售人员进行了理念转型、卡业务流程及销售、个金业务实战经验及技巧方面的培训。

三、探索区域销售经理之路、加强内控管理、加强销售管理、开展卡消费活动，更多深入细致的工作有效推动个金业务的快速、健康发展

1. 突出大客户服务品牌，探索区域经理之路，与支行合力营销促进个金业务发展。

为使沃德财富中心效用最大化，分行领导不断调整思路，转变观念，将支行与指定的客户经理进行捆绑考核，专职沃德客户经理积极推动所捆绑支行业务发展，在维护客户关系和推进网点片区工作方面取得了一定的进展，有了一些新的思路和建议。

2. 加大宣传及培训力度，在行内形成周周有通报，周周有培训，月月有分析。根据分行个金业务发展实际，收集分析各类个金业务发展数据信息，每周编写《个金业务周刊》，明确市场导向和市场定位，对每周个金业务发展情况分析，排龙虎榜等，将每周分行的重点理财产品、代理保险产品、同业理财产品比对分析等业务进行详细介绍，还开辟了营销经验交流园地，将销售的好的支行和个人的经验整理成材料供营销人员学习、交流。

3. 财富管理平台成功上线，有效推进销售水平及客户管理能力提升。根据总行统一部署，我行经过周密部署、精心安排，现有129人取得了财富管理平台上岗资质。各支行操作人员利用理财规划和理财工具，可以为客户客观地分析规划理财方案，不仅为客户形成“一条龙”的服务，也为客户经理搭建了很好的销售平台。

4. 刷卡消费活动有序开展，与知名商场携手开展大型刷卡消费活动，提高了我行市场知名度。

交通银行无锡分行个金业务发展概况

2008年无锡分行个金业务工作围绕总分行年度经营目标，以提升行外市场份额和行内利润贡献为工作目标，以客户结构优化为工作重点，加快发展个金负债、资产和中间三大业务，个金业务取得较为显著的成果，主要体现在以下几个方面：

一、个金中间业务收入进一步多元化

在2008年资本市场低迷情况下，我行努力寻求中间业务收入新增长点，大力拓展收单业务、家易通、代理保险、理财产品销售、个人实物黄金和世博金等业务，收入来源更加多元，其中，代理保险、理财产品手续费收入同比分别增长1193%、796%。

二、个金队伍建设成果明显

2008年无锡分行全力推进员工持证上岗工作，取得代理保险资格证书、基金从业人员资格证书、财富管理平台资格证书增长较快，持有金融理财师资格队伍迅速壮大，个金条线员工持证率大幅提高，个金高端人才队伍初具规模。

三、零售型网点建设成效明显

2008年无锡分行个金客户结构得到进一步优化，这与大力发展OTO网点建设密不可分，2007年分行开业的OTO网点为1家，而2008年分行新开业OTO网点为5家，实践证明OTO网点对发展中高端客户起到很大的促进作用。

交通银行云南省分行个金业务发展概况

2008年，云南省分行个金条线广大员工面对金融市场发生的严峻变化和激烈的同业竞争，迎难而上，积极推进落实科学发展观，紧密围绕总行的战略要求，以中高端客户为中心，以产品创新、品牌建设、队伍建设、服务渠道建设为手段，加快结构调整，转变发展方式，并抓住市场热点，奋发拼搏，使云南省分行的个金业务各项主要业务和经营管理均取得了一定成效。

一、2008年业务发展概况

虽然受市场大幅调整等因素的影响，但通过全行共同努力，云南省分行个金业务仍保持了较快增长，多数个金业务指标超额完成全年计划，保持或逐步扩大了市场份额，尤其是中间业务有较大发展和突破。在基金销售受阻的情况下，保险代理等业务收益贡献度持续增加。

截至12月末新增人民币储蓄存款增幅达到25%，完成总行下达指标的168.12%；新增日均存款增幅19.1%，完成总行指标121.99%，实现时点、日均存款同步上升的可喜局面。

各项个人中间业务快速发展。其中，全年销售个人产品在系统内排名第九位；特约商户数量较上年增长192%；

贷记卡消费额同比增幅177.6%。

二、主要工作措施

2008在全行的共同努力下，分行个金工作取得了一定的成绩。但是，伴随着国际国内金融环境的变化，对个金工作的要求也日益提高。云南省分行通过行内行外宣传推动、营销目标明确、考核倾斜、积极探索流程优化、管理跟进及时以及敢打硬仗等措施，着重从以下四个方面进行了工作落实：

1. 市场营销策划推进

行内行外宣传推动：分行广泛应用报纸、电台、电子屏、广告板等宣传媒介，举办丰富多彩的营销活动，有效扩大宣传影响。2008年分行个金部共计策划开展了多达340余场丰富多彩的营销活动，推出“一拖一”、“一加二”等竞赛活动方案逐步被全行认同。其中，富有吸引力的得利宝产品经分行统一设计与统筹，报纸、电台连续宣传推广，为稳定分行存款以及吸引中高端客户开户起到重要作用。

营销目标明确：根据市场形式，确定阶段营销目标，分阶段销售不同产品。根据今年市场形式，保险代理业务通过明确营销目标，积极开展媒体宣传，以一司一策重点合作、产品推介会、夺“保”大行动、保险销售激励方案等营销方式促进保险业务的快速发展。

2. 客户服务管理建设

客户服务管理建设通过丰富服务内涵、增加附加服务等多种途径，有效提升中高端客户满意度。08年，分行成功举办“沃德”高尔夫球巡回赛、新春答谢会等大型高端客户答谢活动，吸引媒体报道，获得高端客户赞誉；此外，医疗绿色通道、机场绿色通道、贵宾客户积分活动等增值服务让分行贵宾客户享受礼遇，提升贵宾服务质量。

3. 卡业务和商户拓展

卡业务和商户拓展以提高发卡量、提升消费额为切入点，携手“金格百货”“亿美居”、“家乐福”、“五星电器”等大型家电、生活超市，以刷卡抽奖以及赠送礼品方式成功实现业务快速增长。

4. 流程优化和风险控制

分行高度重视个金队伍建设，流程优化与个金业务风险控制工作。为加强个金队伍建设，落实流程优化，08年分行实现培训个金条线人员1000余人次，AFP培训覆盖率达80%。

此外，通过创新营销、服务模式，实现优化服务流程，确实将“一拖一”、“一加二”等营销方式落到实处。分行开展“神秘人”计划为提升服务质量，提高服务满意度起到积极作用。

（五）华夏银行省市区分行个人金融发展概况

大力培育客户基础　用心提升服务能力 促进个人业务全面发展

——华夏银行南京分行

2008年是很不寻常、很不平凡的一年。全球金融危机使我行经营管理经受考验。南京分行认真贯彻落实总行个人业务发展方针和工作要求，围绕“好字优先、确保领先”的指导思想，重点抓客户基础培育和销售渠道建设，全面提升客户服务能力，强化业务风险管理，个人业务在规模、结构和资产质量等方面取得成效，在总行个人业务综合目标责任评价中南京分行年度排名第一。

南京分行坚持“客户立行”，以发展基础客户群为重点，以推动产品销售为营销主线，完善五方面发展机制，重点拓展五类客户群体，从三个环节提升服务能力，促进分行个人业务全面健康发展。

一、加强营销管理，完善机制保障

分行党委高度重视个人业务营销工作，在考核激励上加大支持力度，在资源配置上予以倾斜，加强了人力资源优化和营销管理，以确保个人业务健康、快速地发展。

（一）加强考核引导机制

一是争取分行考核激励政策支持，加强考核引导机制。加大个人业务指标考核权重，增列营销费用，同时加大对个人业务运行的管理力度，对产品的培训与宣传、营销的计划与落实、分管支行长与客户经理的履责尽职等纳入考核体系，保证业务运行质量。二是调整个人客户经理绩效考核指标权重，将考核激励政策向业务发展重点和业绩增量倾斜，激发客户经理拓展客户的动力。

（二）强化营销牵引机制

一是坚持每周定期召开营销工作例会，建立支行每周营销工作计划上报制度和各支行个人客户部晨会制度。二是按照总行营销工作模版的要求，颁布新版个人业务营销工作日志。通过这一系列工作要求，规范支行个人业务的营销行为，促进支行个人业务营销工作的有序开展。

（三）建立授信客户合作机制

为促进储蓄存款持续稳定增长，充分挖掘银行业务资源，分行组织召开了储蓄营销工作会议，确立了授信客户个人业务合作机制。分行对每个授信客户单位都要求配套相应的个人业务合作方案，将其作为开展授信业务的前提予以落实。为保证合作方案落到实处，专门设立了个人业务合作方案档案库，由专人负责跟踪落实，形成对公、对私业务良性互动。

（四）落实人员保障机制

为解决我行个人业务营销人员相对不足、整体营销能力有待提高的问题，我行建立了以个人客户经理为主导、大堂经理为厅堂营销核心、助销员为业务拓展补充的营销队伍。总行个人业务产品助销员政策为营销工作的人员保障起到了重要作用。我行一方面加强人力资源投入，充分利用好总行助销员政策，调整充实分支行个人业务条线营销人员，并在完善考核激励机制、健全体系架构上有所突破，保证助销员充分发挥作用；一方面加强管理和培训，打造一支具有战斗力的营销队伍。通过实际销售演练，提供助销员营销技能；定期召开助销员会议，通报业绩，解决问题。

（五）搭建业务平台机制

为增加个人中间业务收入，延伸金融服务，扩大市场影响，我行积极发展自助业务。至2008年末，我行共布放各类取款设备124台，设立自助银行17家。2008年自助取款交易达228.8万笔，同比增长21.4%；其中本代他取款交易115.5万笔，同比增长26.6%。我行自助设备本代他取款交易笔数在南京当地股份制银行中保持第一。

一是苏果连锁超市、移动通信加强合作，有效增加了单点ATM选点资源，降低选点成本。二是加强对自助业务管理，对全行自助设备实行日监控、周分析、月考核，保证开机率，确保安全无事故。节假日和夜间保持对吞卡客户的及时响应，得到客户好评。

二、发展重点业务，培育客户基础

加强重点业务拓展，以贵宾客户、理财、个贷和信用卡客户开发为重点，加强交叉营销，大力组织开展代发工资营销活动、银证第三方存管营销活动以及个人按揭贷款和私营企业主贷款业务推介活动，推动个人业务不断发展。

（一）精心打造高端客户群

贵宾客户是对银行业务发展贡献最大的客户群体，我行将贵宾客户作为最重要的目标客户，加大营销投入，拼抢市场份额。2008年，我行开展多种形式的贵宾客户营销活动，有效拓展了客户；不断丰富增值服务内容，留住客户，贵宾客户总量在全行排名第二。

一是借助高端客户的裙带性特征，开展客户推荐客户和客户升级活动。在上半年和下半年分别开展“加油2008”和“宾宾有礼”两个活动，并通过多种媒体渠道进行大规模宣传，既拓展了贵宾客户群体，又提高了我行VIP业务的市场影响力。

二是挖掘潜力贵宾客户，开展有针对性的精准营销。我行对信用卡、储蓄、第三方存管等已有高端客户的资料进行分类整理，然后交由支行进行有针对性的交叉营销，还联系总行客户服务中心协助营销，实现部分客户升级为我行的贵宾客户。

三是不断丰富贵宾客户服务内容。继开通机场贵宾通道、高尔夫贵宾服务后，与爱康、国康多家健康医疗服务机构洽谈合作，又在江苏省最好的人民医院开通我行定点贵宾医疗服务。年终又为贵宾客户赠送了报纸和特惠商户礼册。通过更多更好的增值服务留住客户，不断积累客户。

四是开展私营企业主贷款业务营销，发挥个贷资源优势，拓展贵宾客户，带动个人业务整体发展。我行多次组织各地商会联谊活动，引导客户经理与优质私营企业客户接洽，有效促成了一批个贷业务。

（二）努力开发结算客户群

代发工资业务是个人业务稳定、扎实发展的基础性业务。据统计，近60%的银行卡有效客户是通过代发工资业务形成和积累的。而且，强化代发工资客户综合营销，可有效促进其他业务的发展。我行将拓展代发工资客户作为优化客户结构、增加结算型客户占比的重要举措，重点开展了专项营销活动，对支行布置了硬性任务。

一是加强银企合作。重点营销授信单位、对公业务合作单位，配套专项营销费用，发展了一批新的代发工资单位，夯实了个人业务基础和客户基础。对一时难以攻克的客户，争取先代发奖金、福利，慢慢进行渗透。

二是加强对现有代发工资户的综合营销，在对客户进行细分的基础上，组织形式多样的活动，重点挖掘优质单位客户资源。如组织“金秋品蟹高淳行”代发工资单位银企座谈会活动，以及组织支行开展代发工资单位理财讲座、第三方存管开户有礼、VIP客户升级有礼等活动，提高了交叉销售率，实现了结算型客户向理财型客户的转型，努力将代发工资单位中层以上管理人员发展成为我行贵宾客户。

三是通过产品营销、增值服务等活动，带动客户代发卡质量的提高。我行通过新增代发工资户营销、原有代发工资户低效户激活、工资卡代缴费业务签约抽奖和代发工资户支付宝卡通体验活动等形式开展营销活动，同时配合“刷卡赢积分，积分兑大奖”活动宣传，提高了代发工资户质量，使我行代发工资客户群体的规模和质量得到明显的提高。2008年代发工资有效客户增长了4.5万户，增幅达47.2%。

（三）大力拓展证券投资客户群

证券市场是个人资金的主要聚集地之一，大力营销第三方存管业务，是我行营销工作始终跟随主要资金流向举措的重要体现。我行与多家大型券商举办客户联谊活动，与南京证券联合开展“手机炒股”营销活动，充分借助券商渠道拓展客户。同时加强相互驻点管理，引导支行发挥营销主动性，与有合作关系的券商加强合作，发挥网点销售主渠道作用。去年四季度，按照总行“客户立行”活动要求，我行开展了大规模营销活动，发动国信、南京、中投、联合等券商的合作积极性。同时与国信证券合作开展系列投资理财大课堂营销活动，以支行为活动单元，配合以媒体宣传，加快了第三方存管营销进展。与南京证券联系驻点营销，将南京证券各营业部与各支行进行配对，安排人员驻点营销宣传我行活动。截止去年末，我行超额完成总行计划指标和“客户立行”目标计划，第三方存管客户总量保持总行系统第一。

（四）悉心培育潜在客户群

从我行目前的客户结构来看，中老年客户比重偏大，青年客户占比仅16%，而招商银行青年客户占比高达38%，四大国有银行青年客户平均占比也达20%。我行在这一具有较大潜力的市场占有率偏低，使我行客户平均资产增速较慢。

为尽快扭转这个局面，总行适时推出了华夏支付宝卡通业务，成为拼抢这一市场的有力产品。我行根据支付宝卡通产品的市场定位和特性，选择对网购较为了解的大学生为主要目标客户群，以学生关注度较高的创业、就业为主线，设计了一系列的活动，如创业论坛、专场招聘会、创业青年淘宝大型展卖会、华夏支付宝卡通现场体验活动等。在活动中嵌入了华夏支付宝卡通业务和联名卡业务宣传和体验，以丰富的内容、有趣的形式吸引大学生参与本次活动。仅一周时间，我行累计发放支付宝联名卡886张，展示了该产品巨大的市场空间。同时，也使大学生群体更多地了解华夏、认同华夏，在这个特殊的客户群体中树立了华夏银行良好的企业形象。

（五）积极营销信用卡客户群

信用卡营销是股份制银行拓展客户的有效途径。我行从发展优质客户群体的角度，在竞争激烈的信用卡领域加强营销创新，大力开展营销。至2008年末我行信用卡发卡量达49220张，实际有效卡余额在总行排名第二，又荣获了总行“2008年华夏信用卡市场拓展最佳分行”称号。

一是加强营销创新，努力寻求多元化的营销模式。采用“现有客户交叉营销”、“对公单位联动营销”、“分支行联动营销”、“异地拓展营销”、“现场驻点营销”、“全员发动营销”等组合模式，并结合产品亮点功能宣传、礼品实物展示等，整体推动信用卡业务发展。去年7月份我行召开信用卡对公联动营销推进会和客户见面会，邀请五十位公司客户代表参加会议，总行信用卡中心人员为客户代表讲解华夏信用卡的特色功能，进行面对面的交流。二是加强宣传，扩大品牌影响。以网点海报、报纸、广播、公交车厢广告、机场广告、高档楼宇电梯广告等多种形式全方位多角度地进行宣传造势，结合华夏信用卡特色功能及“多倍积分”、“分期有礼”等促销活动宣传，扩大品牌知名度。我行信用卡在东方卫报举办的第二届“南京市民喜爱的银行卡”评选中荣获“商务人士欢迎奖”，在江苏银联2008年度评比中荣获“银联标准信用卡产品营销奖”。三是开发分期付款特惠商户。在红星美凯龙南京卡子门店开业之际，联合推出了“免息、免手续费”的华夏信用卡分期付款促销活动。经洽谈，首批参加活动的即有52家国际及国内一线品牌商户，有效提升华夏信用卡品牌知名度，提高了市场竞争力，为今后增加中间业务手续费收入奠定了基础。

（六）不断积累理财客户群

在2008年不利的投资环境下，我行克服困难，加大营销力度，帮助客户树立正确的投资理财理念，拓展了一大批忠诚度较高的理财客户，并获得了良好的社会反响。一是加大低风险理财产品营销力度、加大营销宣传力度，抢占市场，拓展客户，树立保本理财品牌。2008年我行共发售各系列理财产品35期，销售金额13.95亿元，积累了一大批优质客户。二是抓好基金、黄金等理财业务营销，结合对市场趋势的判断加强相应产品营销，全年基金销售额在总行排名第三。我行采取“走出去”和“请进来”相结合的方式，针对代发工资等客户走出去定点营销，或者以“理财大课堂”的方式把客户请进来，取得了良好的营销效果，积累了大量客户信息资料。经过努力，我行理财业务品牌影响明显增强，创盈6号理财产品在“首届南京地区银行理财产品展评活动”中荣获“最佳创新理财产品奖”，年末我行获得金陵晚报评选的“南京地区最佳黄金服务奖”。

三、狠抓日常管理，用心提升服务

服务是银行开展各项业务的基础。我行对客户服务工作非常重视，在狠抓日常服务管理的同时，加大投入改善网点厅堂环境，加强网点服务检查和整改，用心提升服务能力。

（一）狠抓管理，提升基础服务

一是加强服务检查。全年共检查服务录像达1500小时，将服务录像中检查出的问题片断剪切。聘请神秘客户明察暗访，挖掘服务工作存在的问题。还开展现场检查督导20余次，重点辅导服务工作薄弱的支行，制定整改措施。将各种服务方面存在的问题汇总后，组织支行分管领导和员工观看讨论和分析点评，落实整改。

二是深入开展奥运金融服务工作。以做好奥运金融服务为契机，提升我行客户服务水平。我行开展“微笑大使”评选活动，改善服务形象；设立“奥运绿色通道”和残疾人通道，方便外国客户和残疾客户；制定和演练奥运应急预案，保证奥运期间各项业务运营正常、安全防范措施切实有效。2008年末我行荣获江苏省银行业协会“迎奥运文明规范服务系列活动组织奖”。

三是改善网点服务环境。我行努力打造“便民服务大厅”，给客户提供温馨、舒适的环境。根据服务功能的不同，重点打造“六区一室”——业务办理区、休息等待区、自助服务区、网银体验区、个人理财区、普及宣传区、VIP贵宾室。在服务设施配备上，大到自助服务机具、叫号系统、监控系统等，小到老花眼镜、便民伞、碎纸机、饮水机，都一应俱全。另外还请专业公司对大厅的服务标识、宣传架、指示牌、员工上岗牌等进行整体策划，推陈出新，还设立了95577直通热线，张贴“残疾人通道”标识等。

（二）重点培育，开展示范服务

一是组织两家支行参加“银行业文明规范服务示范单位”评选。对营业部和城北支行进行培育，在中国银行业协会举办的“银行业文明规范服务示范单位”评选活动中，两家支行双双荣获全国“银行业文明规范服务示范单位”称号，综合评分在江苏100多家参评单位中分列第一和第二名。

二是开展“礼在华夏”和“携手2008，文明、安全、规范服务在华夏”系列活动。通过网点自查、支行间的比较排名以及向同业学习，使网点服务人员树立全新的服务理念，提高服务意识。

（三）强化领导，做好售后服务

一是完善客户资料，做好跟踪服务。我行通过产品销售、组织活动等多种形式收集、完善客户信息资料，对客户进行后续跟踪营销服务，将其作为大堂经理日常工作内容进行管理。二是强化组织保障，做好理财产品兑付服务。去年下半年，我行收益不理想理财产品陆续到期。分行多次召开会议，成立工作小组，加强部门联动，严密组织安排，要求所有工作人员做到有礼有节、以诚待人、以情感人、以理服人，确保理财产品顺利兑付，不发生群体性事件和媒体负面报道。在兑付工作中，我行工作人员对客户打不还手、骂不还口。大厂支行某客户经理在一次理财兑付工作中，一位亏损客户情绪激动，一进门就扇了她一耳光，但是她仍然耐心向客户解释。最后客户也觉得理亏，向她赔礼道歉。汉中路支行由于对客户解释工作细致到位，还收到了一副大红纸的感谢信。经过全行上下共同努力，我行各理财产品均平稳兑付，共兑付客户6546户，兑付总额近20亿元，其中收益不理想产品兑付金额达13.4亿元。

2008年，我行在个人业务发展机制、客户营销拓展、服务能力提升等方面做了一些努力和尝试，也取得了一定的成绩。但是我们看到，与兄弟分行以及同业相比，我行在诸多方面还存在着不足。我们将坚定信心，再接再厉，开拓创新，扎实进取，推动我行个人业务持续、健康发展。

完善营销服务平台 推动支行业务转型 促进个人业务快速发展

——华夏银行青岛分行

华夏银行青岛分行坚持个人业务优先发展战略，不断完善营销服务平台，强力推动支行业务转型，保持了均衡快速发展的良好态势。储蓄、个贷、中间业务收入、理财产品、贵宾客户规模均排名系统内前六位。其中储蓄余额在一般性存款中占比29%，系统内列第三位。在青岛十家同类股份制银行中，个人业务综合实力排名第三。

一、个人业务发展思路

一是实施个人业务优先发展战略。青岛有39家金融机构，是银行业竞争最激烈的城市之一，其中居民储蓄占半壁江山，个人业务成为必争之地。分行确定了个人业务优先发展战略，力争在客户定位、产品打造和服务品质方面形成与五大行的错位优势，在环境建设、网点布局和队伍建设方面形成与同类银行的比较优势，通过形成错位和比较两个优势，取得局部领先。二是推动个人业务增长模式转型。针对个人业务发展的不足，分行提出“力争用三年时间，实现个人业务向有机增长转型”的目标，即从“拼关系、拼费用、拼授信”向依靠产品、服务、渠道、环境转变，努力成为依靠综合服务能力实现个人业务持续增长的股份制银行。

二、主要工作措施

（一）狠抓差异化服务，扩大优质客户群体

一是在营销方式上，利用“客户荐客户”、公私联动营销和推进客户升级，实现了由单户开发向批量开发的转变。二是在7＋N增值服务平台上，又丰富了健身、美容、送杂志、赠保险、洗衣登门收等服务项目，打响了特色服务的牌子。三是强化增值服务的宣传。分行在《半岛都市报》、《青岛早报》每月宣传特色服务项目，分批次邀请贵宾客户做增值服务体验，强化对贵宾客户的宣导。

（二）狠抓基础平台建设，拓宽营销服务渠道

加快了ATM和自助银行的布设速度。分行主要抓了几个环节。一是科学合理布点。选点时，遵循“预期跨行交易量大、弥补网点辐射不足”两个原则，实施就近布放、集中布放、重点布放。二是实行建设的标准化、流程化。三是强化ATM三方合作。布点数量迅速增加，质量不断提高。近两年，分行ATM新增110台，总数达到148台。跨行交易强度高于全市平均12笔，跨行交易本代他笔数较同期翻了一番。

代收代付业务功能不断完善。分行自主开发了缴费平台，成为当地收费种类最全的两家银行之一和唯一实现跨行缴费的银行。成为公用事业局的唯一合作银行，开发了联网代收费系统，布设了自助缴费终端，进一步扩大了服务覆盖面。

（三）狠抓服务和效率提升，增强竞争软实力

重新塑造服务面貌。分行引入并实施了专业化服务培训。安排前台员工分批进行半军事化脱产培训，从根本上解决服务意识和服务规范方面存在的问题。要求年内培训面超过50%。将经过培训的优秀员工进行集中，整体上岗，形成几家服务样板支行，带动全行服务层次提升。

剖析典型推动改进。为推动服务改进，我们采取了三步走。第一步是剖析典型，查找问题。分行组成工作组，对南京路支行业务流程和服务进行了深入剖析，发现待改进业务流程问题55项、服务问题85项。第二步是提供方案，系统整改。分行成立工作推进组，确定整改方案、责任人和进度，系统性加以解决。第三步是逐一剖析，分步推进。分行将逐步对支行进行剖析，导出并实施系统性管理与支持的措施，带动全行服务改进。

导入感动服务标准。分行尝试导入了感动服务理念，就是提供的服务要超出客户预期，核心是注重与客户的情感交流，选择了8项服务，按照标准化流程确定下来，形成了感动服务标准。从在即墨支行试点的情况看，取得较好的效果。

（四）狠抓产品组合营销，提升品牌竞争力

强力打造个贷品牌。一是召开大型推介会，加大个贷品牌宣传力度。分行举办了大型推介会，在主流媒体上掀起持续的宣传攻势，提高了产品知名度和美誉度。二是大力储备按揭贷款客户。已与11家开发商达成合作意向，储备按揭业务量超过14亿元。三是丰富贷款品种。开办了公积金贷款，提高了行员担保贷款额度，鼓励员工及亲属在本行办理按揭业务，探索公务员信用贷款和商户联保业务。

塑造丽人卡品牌。分行与《青岛早报》、《半岛都市报》联合开展了女性健康节大型公益活动和“最女人”公益评选活动，吸引了女性广泛关注。进一步整合了美容、健身、美食、娱乐等特惠商户资源，突出时尚、健康、知性的丽人卡个性特点，满足了岛城女性多元化需求。

大力开展代理保险业务。分行提出了“大力发展代理业务，代理保险业务上要有所突破”的措施。一是坚持合规销售，扩大份额。把代理保费收入作为新的效益增长点，在规范销售的前提下，努力扩大市场份额。二是深化合作，客户共享。深化了与华夏人寿、中国人寿的合作，适度共享客户资源，全方位挖掘高端客户需求，努力实现银行、保险和客户的共赢。

（五）狠抓营销队伍建设，充分发挥助销经理生力军作用

分行高度重视个人业务营销队伍建设。目前，全行助销经理达到86人，储蓄存款达到4.6亿元。助销经理已成为个人业务发展的蓄水池和生力军。分行具体做法是：一是把好队伍准入关。坚持“推荐为主，招聘为辅，重视素质，强调资源”的招聘原则。二是切实提高队伍素质。把员工行为规范和职业道德教育作为新员工第一堂课；每两周组织一次银行业务知识培训；定期外聘专业讲师培训营销技巧；与客户经理建立“师带徒”结对子关系，一起开展市场营销，提高实战能力。三是畅通队伍升降渠道。实行营销目标管理，以绩定酬，动态升降。对达到条件的助销经理及时转正，达不到最低标准的定期淘汰。

（六）狠抓典型引路，推动支行向个人业务转型

分行积极鼓励支行逐步向个人业务转型，做出特点，打造特色。

引导、鼓励支行探索并形成特点。分行积极鼓励各支行根据自身特点和优势，努力形成经营特色。闽江路支行积极探索社区营销模式，建立了街道办、居委会、楼长的链条式营销模式。香港中路支行从学生、教师两个群体入手，围绕校园联名卡、代收学费、代发工资、信用卡入手，全方位开展校园营销。威海路支行将理财销售和代理保险作为营销重点，销售理财产品占到分行的四分之一。

全力打造个人业务特色支行。分行针对即墨支行当地民营经济发达、发展个人业务环境优越的特点，将其明确定位为个人业务特色支行。导出支行“六个最”的发展目标，即努力成为当地营销渠道最多、特约商户最多、自助机具布点最多、感动服务最佳、私营业主贷款最便捷和最

具社会影响力的银行。在环境建设上给予系统性支持，自助银行已建成开业四家，ATM 布设 18 台。各项措施有力地推动了即墨支行特色化发展，支行建行 8 个月，创造了一般性存款 8.45 亿，储蓄存款突破 3 亿元的佳绩，业务规模居当地同类银行首位，超过了两年内开业的六家银行。

青岛分行将在总行正确领导下，继续探索青岛分行的发展之路、转型之路，努力将特点转化为特色，不断实现个人业务发展的新突破。

二、全国著名个人金融机构形象展示

（一）中国工商银行典型个人金融机构形象展示

春华秋实
——安徽省营业部长江中路贵宾理财中心

作为安徽省首家贵宾理财中心，安徽分行营业部长江中路支行贵宾理财中心系2007年4月18日由原单一储蓄所升格而成立的，在全行15名员工的共同努力下，经过近2年的发展，向社会展示了工商银行理财金账户专业服务的品质和内涵，掀开了贵宾理财中心服务体系的新篇章，走出了一条以服务和创新为特色的发展之路。

该中心2007年被营业部评为“十佳”优秀网点，在2008年一季度劳动竞赛中，取得“大个金”一等奖，荣获合肥市创建文明行业“文明窗口”荣誉称号，被安徽省分行评为“2008电子银行服务区明星网点”，2008年度内控评价“一级”支行，2008年度营业部运行质量达标竞赛一等奖，荣获总行第七届“最佳个人金融网点”荣誉称号。

一、一流的环境设施

该中心作为工行彰显客户尊贵，提升品牌价值的对外窗口，按照总行核心竞争力项目管理手册要求分上下二层（整体面积1200平方米）全新装修，为每一个贵宾客户提供高品质、多渠道和立体化的服务。存取款一体机、多媒体查询机、电话银行、网上银行等设备一应俱全；贵宾专属的理财室，独立的空间为客户提供面对面地个性化服务，让客户享受全方位的贵宾服务。

二、一流的精英团队

中心现有员工15人，平均年龄36岁，67%的员工具有大学本科以上学历，2名理财经理，1名营销经理，2名专职大堂经理，其中国际金融理财师（CFP）2名和金融理财师（AFP）2名，是一支既有丰富的从业经验，有深厚的专底、充满朝气与活力的团队，是安徽分行最高的专业水准和最优服务水平的代表。

三、一流的营销模式

中心位于合肥市中心商业区，周围有琥珀山庄、百大CBD、合肥一中、交警支队、税务局等优质客户较集中的单位和小区，具有一定规模的优质客户群体，为此该中心适时提出了“以理财金账户服务全面升级提高市场竞争力，以定向营销深度挖掘培育发展个人优质客户”的经营思路，以理财金账户、理财规划、理财产品、个人贷款、牡丹国际卡（白金卡）、网上银行等产品和服务作为各项工作开展的切入点，积极开展定向营销。如通过对省新华发行集团一名高管的营销吸引了该集团一批高管前来咨询理财业务，并以理财产品销售带动了理财金账户卡、U盾、电子银行等产品的销售，发展了多名优质客户或理财金账户客户。

此外，长江中路贵宾理财中心还利用系统挖掘、大堂经理/柜员推荐、优质客户互相推荐等多种渠道挖掘优质客户。首先在贵宾理财中心内部和外部积极开发优质客户资源，将个人客户细分为理财金账户客户与待跟进客户。对理财金账户客户，该理财中心通过充分挖掘其金融需求提升客户价值和满意度；对待跟进客户，则采取面对面交流的方式维护，注重培育和激发优质客户的理财需求，使其发展成为理财金账户客户。其次借助PBMS系统积极维护优质客户资源，建立优质客户电子档案，有计划、规范性地进行客户关系管理工作，特别注重发掘现有客户在个人贷款、投资理财等方面需求，通过电子邮件、短信、电话等方式每周和客户保持联系，利用PBMS系统对客户资产结构和行为特征、风险偏好进行分析，制定并提交个人理财策划方案，及时推荐相关产品和服务，提高了客户满意度和忠诚度。

该理财中心积极开展产品创新，如在六一儿童节期间设计推出了针对儿童的理财产品——“阳光宝贝”理财计划，为客户量身定制子女教育理财方案。产品投放当日就引起了很大反响，如一名客户当天为其子女购买了5年期基金定投1000元/月、国寿鸿丰两全保险5年期（附加医疗保障）4050元/年及8万元人民币理财产品。7月初，针对出国留学人员增多，该网点设计推出了《留学之途 工行相助》出国留学一站式金融服务，也取得了良好的市场反应。

四、一流的理财品牌

中心自成立以来，坚持打造“理财金账户”的专家、专业理财的品牌形象，使其成为个人高端客户的首选品牌和同业领跑者，同时提升我行贵宾理财中心在市场上的知名度和美誉度。

为了尽快提高社会知名度，中心在《合肥晚报》策划刊登了理财师专访文章。同时，每周编辑出版一期《长江理财周刊》，通过工行内部网络和合肥地区门户网站——《合肥论坛》、《合肥团购网》刊登，并以电子邮件方式发送给理财金账户客户和高端客户，目前已编辑88期，发送客户10万人/次。此外，还与安徽电视台、合肥电视台、《合肥晚报》、《今报》等多家新闻媒体保持良好的合作关系，自成立以来，中心先后在省市级报刊发表稿件 20 多篇，接受电视台各类理财专访 40 余次。通过这些活动的开展，该中心和理财金账户品牌的社会知名度进一步提高，深入人心，发展并稳定了一批优质客户群体。

五、一流的经营业绩

自 2007 年 4 月 18 日成立以来，截至 2009 年 2 月末，储蓄存款余额 43614 万元，较年初增长 4612 万元，较成立以来净增长 23046 万元；外币储蓄存款从无到有，余额 41 万美元，较年初增长 5 万美元，本外币储蓄存款较成立以来净增长 23324 万元。理财产品较年初增长 2483 万元，基金销售 3238 万元，累计销售理财产品、基金超过 5 亿元，个人资产增长约 8 亿元。

截至 2008 年底，目前维护客户总户数 2633 户，其中 5 万元以上客户 2420 户，20 万元以上客户 704 户，100 万元以上客户 145 户，私人银行客户 2 户，客户结构及质量得到明显优化和提高

按照安徽省分行营业部党委对该中心提出的“出业绩、出经验、出人才”的要求，中心除经营业绩在全行领先外，还担负着营业部理财师培训基地，去年 5、6 月份，营业部安排二批共计 20 名已取得金融理财师（AFP）资格的理财师到该中心进行为期 30 天的培训，同时，我中心还十分注重理财师的培养，理财师队伍更是人才辈出，2008 年 3 月份，中心理财师陈琪考入总行私人银行部，9 月份理财师江小丽被总行选派到澳门分行工作，理财师黄嘉被提拔到另一贵宾理财中心担任负责人。

经过一年多的春播夏耕，如今到了秋天收获的季节，安徽省分行营业部长江中路支行贵宾理财中心更是收获了秋天的累累硕果，真正的成为了安徽省银行业内中高端个人客户服务的排头兵。

深化服务内涵　打造精品窗口

——重庆市分行南坪支行贵宾理财中心

南坪贵宾理财中心是重庆分行首批“个人理财中心核心竞争力开发与管理”项目试点网点。现有员工 29 人，平均年龄 30 岁，其中 30 岁以下青年 16 人，占 55%，党团员 15 人，占 50%。有个人客户经理、大堂经理 9 人，其中取得 AFP 资格 5 人，营销人员占比达 31%，是一个朝气蓬勃，充满活力的集体。该贵宾理财中心位于金融机构林立的南坪商业繁华地段，是一个集本外币、存款、理财、代理业务为一体的多功能、大型网点，地理位置优越，业务发展迅速。近年来，在市分行和支行的领导下，南坪贵宾理财中心以客户为中心，实施分层管理，落实核心竞争力项目，更新服务理念，铸造服务精品，实现了经济效益、社会效益和人才效益的同步提升，从而促使南坪贵宾理财中心各项业务得到了迅猛发展。

——人民币储蓄存款稳定增长。2008 年以来，人民币储蓄存款余额达 93037 万元，较年初增长 9109 万元。完成全年计划的 182%，人均增存 314 万元。

——个人中间业务继续保持强劲发展势头，贡献度不断提高。代理保险、个人理财等品种继续保持稳定增长，“网上银行”、“灵通卡 e 时代”等个人结算业务已打造成我行具有较强市场竞争力、高质量、高效益的业务品种。截止 2008 年 9 月末，南坪贵宾理财中心新办理灵通卡 19698 张，信用卡新发卡 2120 张，共代理销售基金 10425 万元，销售各类理财产品 14309 万元，销售超短期理财产品 27867 万元，代理销售个人寿险 5785 万元，折合标准保费达到 7380 万元。办理个人电子银行 14643 户。ATM 单台日均交易为 416 笔，占柜台业务总量的 62%。

——客户结构进一步优化，客户质量大大提高。为优化扩展理财中心的优质客户结构，提升客户的忠诚度，南坪贵宾理财中心高度重视客户关系维护工作，通过大量细致维护工作，取得了不俗的成绩。截至 2008 年 9 月末，南坪贵宾理财中心 5 万元以上客户 8857 户，今年以来新增理财金客户 556 户，新增私人银行客户 2 户，高端客户 476 户，中端客户 1685 户。客户金融资产数量达 7.8 亿。

辛勤的汗水、艰辛的足迹换来一项又一项的荣誉桂冠，1996 年被评为“总行级达标储蓄所”，1999 年 12 月被中央金融工委、工商银行总行评为“青年文明号”，2000 年被总行评为“优质文明服务示范窗口”，2001 年被总行评为

"文明单位"，2003 被评为全国级"青年文明号"，2005 年被总行评为"全国优质文明服务示范窗口"，2005 年被重庆分行评为"十佳个人理财中心"，2006 年总行核心竞争力项目先进网点，2006 年被全国银行业协会评为"全国规范化服务示范窗口"，2007 年重庆分行"最佳理财中心及明星网点"。

南坪贵宾理财中心在当地同业强势竞争下奋力拼搏，一年一个台阶，以实际行动扎扎实实地在当地树立了工商银行高尚的品牌形象。

一、强化服务意识，不断优化网点服务功能

在银行业竞争激烈的今天，服务质量和服务环境成为客户选择银行的重要因素之一。南坪贵宾理财中心自 2007 年开始升级改造，2008 年对贵宾理财中心按新的标准重新进行了设计装修，改造后的营业厅上下分为两层，底层为普通客户服务区，上层为理财金账户专属服务区，环境宽敞、舒适、美观、各类便民设施齐全，进一步优化为一个综合化高、功能齐全的五星级服务网点。

在营业厅的底层，分为现金区、非现金区、大堂服务区、理财服务区、电子设备服务区和 ATM 自助服务区。现金收付区，开设窗口 11 个，其中包括一个外币窗口，满足客户外币结算的需求。非现金区，配备 2 名柜员，该区主要办理各类银行卡、电子银行开、销户业务；代理基金和保险、办理外汇买卖、因私售汇、开具存款证明；办理个人贷款等业务。大堂经理服务区，配备 2 名专职大堂经理和 3 名大堂经理助理，为引导和识别优质客户，加强柜台内外沟通，建立和维护优质客户良好关系打下了基础。客户经理理财区配备两名专职客户经理，更好地满足日益增长的中高端客户群的理财服务需求，自助银行服务区，增加机具配置，共配备 10 台自助服务机具。电子银行自助服务区，配备 2 台 PC 机和 1 部 95588 专线电话，进一步缓解了柜面的压力。另外将客户休息区与产品演示区整合在一起，既方便客户休息等候，又宣传营销了我行新产品。

营业厅上层为贵宾客户专属服务区，共开设 VIP 柜台 2 个，客户经理理财区 3 个，电子银行服务区 3 个，豪华会客室 1 间，客户休息区 1 间、沙龙区 1 间、迎宾区专设大堂迎宾 3 名。充分满足优质客户私密性和个性化服务的需求，彰显其尊贵身份。为了为优质客户提供更加贴心的服务，贵宾专属服务区全天安排大堂迎宾和客户经理值班（包括中午和周末节假日），优质贴心的服务得到了客户的广泛好评。通过调整，大大增强了理财中心的服务功能。据理财中心客户反映，他们到南坪贵宾理财中心办理业务时间明显缩短，而服务质量并未缩水，理财中心对他们的特别关注，对引导到优质、高效、安全的分区服务渠道上感到非常满意。

二、注重服务细节，创建服务品牌

服务是银行永恒的主题，南坪贵宾理财中心在服务工作中，想客户所想，急客户所急，根据优质文明服务的要求，为客户提供着各种贴心的服务。每天，理财中心全体员工提前一刻钟召开晨会，将地面、咨询台、柜面擦拭干净，营造良好的服务环境接待客户。工作中员工们始终牢记"细节决定成败"，在细节服务上精益求精。上班一律统一着装、佩带胸卡，言行举止标准、规范；保持以良好的精神面貌迎接客户。为更好地掌握服务技能，员工利用每天的晨会和每周例会对文明用语、服务礼仪加以演练，在理财中心始终坚持"三声服务"，服务态度热情、主动、耐心、从不怠慢客户，尽力为客户排忧解难。在奥运服务期间，配备专人负责双语服务，展现我行良好的服务形象。为方便客户监督，理财中心将服务承诺内容和投诉电话上墙公开，主动倾听客户意见。从统一悬挂行徽、时间、中英文对照利率显示屏、配备针线盒、保健箱、报纸书刊、纯净水和座椅沙发，到为客户提供一支笔、一张凭证、一个海绵盒、一个取款袋、一付老花镜、一台验钞机以及柜员娴熟的业务操作、亲切的语言无不昭示着人性化的服务管理。2008 年春节前，理财中心在激烈的同业竞争中争得一优质客户单位奖金代发，该单位共有 800 人，代发金额 3000 万元。但该单位财务人员直到放假前一天才把奖金计算好，且大部分人员当天要离开重庆回家过年，时间紧任务重。在得知这一情况后，理财中心迅速组成服务小组，全所员工共同配合，加班加点当天下午便将 800 份存单送到该单位，财务人员非常感动，对我中心的高效快捷的服务赞不绝口。

三、创新营销机制，加强客户关系维护

在市场竞争日趋激烈的情况下，南坪贵宾理财中心深刻领悟到，金融同业竞争的焦点永远是优质客户的竞争。为此，南坪贵宾理财中心在注重加强服务的同时，紧抓"客户结构优化"这条主线，把客户关系维护作为一项重要工作来抓，以稳定发展优质客户，最大限度地提升优质客户的满意度和忠诚度。今年以来，南坪贵宾理财中心一是注重提升个人客户经理 PBMS 系统的运用质量，加大了对优质客户的梳理工作，实现对潜在优质客户的深度挖掘，有力地推动了潜在优质客户向理财金账户客户的转换，加强了客户的后续跟进维护，真正让优质客户感受到我行贵宾理财中心的"六专"服务，达到把中高端客户群体做大做强的目的。二是制定中高端客户精细化维护措施，有效巩固和拓展了优质客户群体。针对资产在 50 万以上的客户，南坪贵宾理财中心委托专门的礼仪公司在客户生日时及时送上生日慰问和生日蛋糕，通过对这部分客户的维护，逐步实现由中端客户向高端客户的成长，提高客户的忠诚度和贡献度。在"三八节"，针对女性中高端客户开展了一系列的维护营销活动。同时与重庆现代女子医院合作，为我行中高端客户发放体检卡，通过这种贴心的温馨服务巩固客户的忠诚度。对今年以来出现的资本市场动荡，组织客户经理通过多种方式，结合客户的具体情况，分类别、分层次加强前期基金客户的后续维护，陪伴客户一起走过目前的困难时期，有效减少了客户的流失，稳固了客户群体。如针对部分客户在我行投资的基金账户出现亏损的情况，南坪贵宾理财中心对这部分客户进行了特别维护，稳定了客户的情绪。通过这种分层次个性化的维护营销，针对性大大增强，效果十分明显。三是在今年资本市场部不

稳定的情况下，结合我行的“六专服务”，南坪贵宾理财中心为增强客户的投资理财意识，加大优质客户的维护力度，筛选了一定资产规模的客户群体，邀请其参加南坪贵宾理财中心每月举行的“财富人生，工行相伴”投资理财沙龙。这些服务形式受到了广大客户的欢迎，成为了紧密联系优质客户的强有力纽带。四是坚持职场营销形式，充分挖掘所辖优质企业的优质客户资源。南坪贵宾理财中心利用职场营销的模式，根据不同客户的需求将我行产品进

行有机组合、推介。并委派专人将我行每期理财产品的宣传海报和基金的发行信息在各企业进行实时张贴，便于客户了解我行的产品信息和服务内容，同时支行市场部及前台部客户经理积极联动，到我行一些优质企业进行资产营销，推荐我行的个金产品。2008 年上半年以来，南坪贵宾理财中心共新增客户 1697 户，其中私人银行客户 2 户，高端客户 75 户，中端客户 1621 户。同时客户群体的稳固和优化，对支行经营效益的提升起到了强大的推动作用。在目前资本市场动荡，大量客户资金被基金深度套牢的情况下，南坪贵宾理财中心今年把重点放在了理财产品销售上，加强理财产品业务的培训工作，大力营销推介理财产品和基金定投业务，通过我行理财产品的优势，挖转和培育了大批新的优质客户，今年以来累计办理 1245 户。同时，理财中心还通过认真做好客户的售后服务，建立了理财产品销售台账，派专门的客户经理精细化的维护这部分客户，提高了客户对我行的忠诚度。今年以来理财中心实现的理财产品销售收入成功填补了基金销售收入的下降，实现了网点经营的可持续发展。

四、培养团队精神，营造和谐工作氛围

在市场竞争日趋激烈的情况下，充分发挥中心员工的工作积极主动性，提高团队的凝聚力，对于理财中心大力拓展市场空间，增强核心竞争力，显得越来越重要。

（一）强化思想教育，提高员工素质

南坪贵宾理财中心从提高青年员工职业道德入手，积极开展遵纪守法、爱岗敬业、文明服务的职业道德教育，同时针对不同阶段的员工思想动态，辅之以思想政治教育工作，教育和鼓励每个青年热爱本职工作，树立良好的敬业精神和职业道德；中心负责人经常与员工交心谈心，了解其思想动态，引导员工将做好“青年文明号”窗口服务与岗位成才结合起来；努力争当岗位能手、服务明星，力求在平凡的岗位上干出一番事业。理财中心定期在员工中评选“销售明星”、“服务明星”，明星们站出来讲述自己的成功经验，以先进带后进，实现共同进步，极大的调动了中心员工的工作积极性。

（二）做好岗位技能培训，提升服务水平

南坪贵宾理财中心坚持每日晨会和每周学习制度，定期组织员工学习新业务知识、新产品的营销和有关业务操作流程。客户经理还负责将与业务有关的专业知识和同行中报道的经典营销案例，在每月例会中与理财中心其他员工交流、学习，共同提高专业水平。通过岗位练兵和定期考试的形式，在网点形成了学业务、比技术的良好氛围，业务尖子不断涌现。柜员小张是2008 年才入行的一名新员工，她一来便感受到了南坪贵宾理财中心繁忙的工作氛围。于是，她虚心拜师请教，经常加班加点苦练业务。有一段时间，她业务处理速度老是提不上去，不仅自己着急，连营业经理也急得不得了。营业经理们认真帮助她分析原因，不厌其烦的手把手的指点，功夫不负有心人，小张的进步很快，现在已是南坪贵宾中心的业务骨干。

（三）充分发挥“传、帮、带”精神，营造和谐工作氛围

今年理财中心成立了两个营销小组，一个服务监督小组和内控监督小组，分别由资深客户经理及青年骨干担任组长，组员由全所员工共同组成，充分发挥客户经理营销技能上的优势，带动柜员实现营销技能的提高，实现自身综合素质的提升，同时员工也参与了网点的管理和监督，密切了员工之间的关系，打造出了浓烈的团队合作氛围，有力地促进了核心竞争力流程的执行。

（四）给员工以人文关怀，增强主人翁责任感

在日常工作中，理财中心还在员工生日当天送上生日蛋糕和生日慰问，在对员工传达人文关怀的同时，增强员工的归属感，提升员工的主人翁意识，激活了员工的服务热情，全力营造了以人为本，让员工安心、快乐、心情舒畅的良好氛围和环境，进一步增强了团队的凝聚力。员工的团队意识和团队精神得到发扬。员工深刻认识到“锅里满了，碗里才会有”的道理，只有网点的效益上去了，自己的收入才上得去。在这里，孕育涌现了总行级中间业务先进个人、服务明星、分支行先进工作者、营销明星等一个个先进代表。在今年重庆分行开展的“百日营销竞赛活动”中，我中心的客户经理已绝对的优势勇夺全行第一名。

五、加强内部管理，牢筑安全屏障

（一）加强内部管理，使各项工作形成规范化运行机制

长期以来，南坪理财中心注重严格遵守规章制度的贯彻执行，不断完善对员工的考核奖惩机制，并运用各种方式对员工进行教育培训。在执行过程中落实目标管理，特别是在开展扫雷活动和依法合规大检查中，针对金融系统易发案件的特点，重点学习各项规章制度，针对规范服务存在的问题，自查自纠，及时改进，使员工在工作中作到操作定型、工具定位、员工定岗、岗位定责，严把重要环节，不留隐患。

（二）加强员工风险意识教育

认真组织员工学习《工商银行员工违规违纪处罚条例行》，上级行下发的各类《操作风险提示》等，培养员工内控安防意识及依法合规的经营理念。理财中心还建立了员工谈话制度，及时关心员工的思想动态，工作学习情况，对有违规行为的员工进行警示谈话，做好深入细致的思想工作，帮助员工转变和提高。近年来南坪贵宾理财中心实现了无重大违规经营、无案件的安全目标，核算质量也得到较大的提高。截至2008年9月，理财中心已连续5个月无1～2类差错，网点在市分行排名中创了理财中心最好水平，进入了全行前50名的行列。严格的风险掌控，为理财中心各项业务发展提供了坚实的保障。

几分耕耘，几分收获。工商银行重庆分行南坪贵宾中心所取得的成绩并不是偶然的，这里凝聚着他们每一位成员的汗水和心血，铭记了他们所受的挫折、压力、拼搏、痛苦与欣慰；南坪贵宾理财中心在上级行的正确领导和支持下全体员工辛勤工作，无私奉献，不断改进服务手段，增添服务措施，不断创新业务品牌，发挥先进典型和团队精神，在转变经营管理模式、合理调配网点资源、优化客户结构、拓展业务市场等方面取得了一定的成绩。“雄关漫道真如铁，而今迈步从头越”。回首成就，更添几许信心；展望未来，犹感任重道远。他们深知成功的道路不会一帆风顺，在以后的工作中，我们将继续依托优质文明服务，坚定信心，团结奋斗，知难而上，为将工行重庆市分行南坪贵宾理财中心打造成为我行的精品网点而努力奋斗。

专业创造财富　诚信开启美好未来

——大连市分行营业部财富中心

中国工商银行大连市分行营业部财富中心（以下简称财富中心）于2007年11月投入运营，作为大连分行首批设立的两个财富管理中心之一，在总行提出的“打造中国第一零售银行”战略的指引下，在分行的大力支持和细心指导下，在全体员工的辛勤努力下，切实把握住了经济形势变化所带来的机遇，不断探索新的客户营销思路，完善内部管理，改善软硬件环境，加强队伍建设，着力打造核心竞争力，使大连分行营业部驶入了个人财富管理业务发展的“快车道”，实现了个人业务跨越式发展。财富中心成立当年即被大连分行授予了“2007年分行先进集体”荣誉称号。

截至2008年12月末，经营业绩如下：

储蓄存款额68823万元，较年初人民币储蓄存款时点净增16231万元，较计划任务净增14471万元，完成计划率为112.16%，年日均净增6226万，同比增加5829万元，同比增幅11%，个人理财产品销售额“N”高达98124万元。其中基金销售18219万元，保险销售3321万，国债销售3922万，理财产品销售73017万元，理财产品年初计划为5130万，完成率为1369.33%，远远高于市行平均完成率835.13%，位居全行首位。共实现个人中间业务收入576.02万元，全年牡丹灵通卡累计发卡4958张，理财金发卡310张。新增中高端客户3862户，同比增加289户，完成计划率为338.77%，名列分行第一。

如今，个人业务已支撑起分行营业部经营业绩的半壁江山，其间凝聚着分行营业部全体干部、员工的智慧，包含着他们辛勤耕耘和无私奉献。

一、完善硬件设施，夯实优势品牌服务基础

大连分行营业部财富中心的前身为贵宾理财中心，场地狭小、人员少、业务单一、设施落后，储蓄存款增长缓慢。由于地处大连金融中心的中山广场，周边装裱得富丽堂皇的外资银行和股份制银行等金融机构林立，竞争激烈，无论硬件设施还是服务环境较之前者都相形见绌，业务发展曾一度遇到过瓶颈。财富中心如何能在困境中走出创新发展的道路，成了营业部财富中心的最大难关。

“逆水行舟、不进则退”

营业部领导深知其中道理，于2007年5月，按照总行CI标准，对财富中心营业网点进行了大刀阔斧的装修改造、升级，力争改变往日一视同仁的工作环境，使客户分层得到进一步体现。

“蕴足底气、守牢阵地”

网点装修改造时正值资本市场活跃，网点客户数量成倍增加，客户投资意愿强烈。为避免存量客户流失，自年初起营业部就积极着手准备，大堂经理、客户经理和前台柜员通力配合，加大个人电子银行业务营销，离柜率大幅提高。临时营业厅虽然简陋和拥挤，并没有导致存量客户大量流失，为日后各项工作的开展奠定了基础。

“崭新面貌、创造辉煌”

2008年10月，财富中心以崭新的气象、全新的服务重新展现在大连市中山广场金融圈里。升级后的财富中心让所有前来办理业务的新老客户耳目一新，总面积800余平方米，大厅内宽敞明亮，整洁舒适，其中财富客户专属服务区面积达到260平方米，分为迎宾咨询区、休息区、财富管理工作室、洽谈室、现金区、VIP现金区、非现金区、自助银行服务区、电子银行服务区、多功能室等多个区域。特别在VIP现金区安装门禁，使客户更有安全感。“一花引来百花香”，改造后的财富中心在新一轮高端客户的争夺战中获取了主动权。仅装修后第四个月达标理财金开户就达到150余户，新增财富客户40余户，理财产品销售额、个人金融资产激增，个人中间业务大幅增长，形成多元化收入结构，传统业务与新兴业务均呈现新的亮点。

二、深化核心竞争力项目，优化财富客户服务流程

比起“硬件”建设，财富中心同样注重以差异化服务模式，形成难以复制的重要资产，打造竞争优质客户的

“软实力”。财富中心严格按照《理财中心管理运营手册》4.0版本要求，从识别引导、接触营销、业务处理、关系维护、投诉受理等五个环节，实施分层次服务。落实网点负责人、营业经理、大堂经理、理财经理、营销经理、非现金柜员、现金柜员的岗位职责，确保流程的有效衔接和岗位的相互配合，强化执行力度，加快促进客户服务标准流程形成制度规范。

一是加强大堂经理对客户的引导服务。在营业大厅设置了自助服务标识牌，设立服务咨询台。设两名大堂经理根据分层服务原则，引导客户到相关区域办理业务，注意识别优质客户，及时推荐给理财经理深度挖掘，并给予特别关注和优先服务；指导客户了解和使用各种自助机具、电话银行和网上银行等离柜服务渠道；为客户提供业务咨询服务，根据客户需求，主动宣传、推介我行的各项产品和服务，极大减轻了柜面压力。与改造前相比财富中心柜面小额业务占比降至30%，离柜率达到70%，位居全行第一。

二是完善理财经理接触营销环节。财富中心的理财经理摒弃了急功近利销售产品的不良心态，而是深度发掘、引导客户的实际需求，做到在充分了解客户需求的基础上，营销我行的各类产品。财富中心这种正直诚信、客观公正的专业精神不但赢得了众多客户的赞扬，也向社会充分展现我行理财工作人员的专业性。

三是优化人员配置，简化处理流程。财富中心装修后优化了柜面人力资源配置，选派服务热情、业务全面、熟练的柜员到VIP柜台，优先保证对财富客户的服务质量；实行客户经理全程引导、陪同服务，在业务办理的各个环节进行协助，确保为财富客户提供一站式优质服务；普通柜面实行弹性工作制，动态调配人员，人性化的服务大大减少客户等待时间。

四是加强客户经理中高端客户关系维护管理，落实精细化分层维护管理。

充分利用PBMS系统信息管理优势，建立“潜力客户、中端客户、高端客户”的动态管理梯次，客户经理及时跟进，有针对性地做好客户关系维护。通过每日到期提醒功能对客户进行温馨提示，加大存款每日监测力度，对系统内的大额异动及时关注并了解资金流向，为后续维护及挖掘工作提供资料，有的放矢的为客户提供产品和服务并且取得了很大成效。

2008年6月份财富中心对每日大额资金监测时发现，有一笔2000万资金从网上划入一陌生客户账上，并且几天未动，客户经理立即逐级上报，营业部主管总经理高度重视，立即安排客户经理以短信方式联系客户，很快客户回话提出见面。第一次接触后，客户就被我们的诚意以及专业能力打动，几次营销后客户终于将资金留在我行，并且成为我们的忠实客户。

三、探索营销新思路，丰富财富客户服务内涵

财富中心始终坚持“以优质客户为中心”的服务理念，充分发挥自身优势，整合资源，调整营销策略，深化财富客户营销，从而在大连“金融圈”激烈的角逐中脱颖而出。

“专注价值创造，践行财富管理”是财富中心对客户的承诺。面对高端客户首要的是为其“量身定做”全面财富管理规划。财富中心在综合评价客户财务状况的基础上，结合其人生阶段、个人发展潜力，根据客户需求，制定人生理财规划和阶段性理财方案，进而帮助客户财富保值、增值。

整合资源，开展定向组合营销，不断拓展财富客户增长渠道。财富管理中心走出办公室，积极主动拜访客户。惠普公司月代发工资总额为人民币1400万元，员工人均每年储蓄存款沉淀达人民币8万元，员工平均年龄在25岁。以代发工资业务作为媒介，成功将惠普公司转化为灵通卡、信用卡、电子产品以及代理产品的营销阵地。定向组合营销小组向惠普公司员工营销理财产品5000千万元，累计办理灵通卡2600张、信用卡1500张、电子银行800个。使得这些潜在的、极具成长性优质客户牢牢锁定在工行；优化了我部优质客户的年龄结构，也为未来个人业务发展储备了稳定的优质资源。

营销手段推陈出新，增强稳定优质客户能力。在传统的节日祝福、生日问候等感情维护的基础上，财富中心构建财富客户专属金融服务和增值服务体系。精心组织、策划了“美丽人生”、“健康相伴”、“品位生活”等客户活动，为优质客户提供了高层次的社交机会，同时架起了与财富客户顺畅沟通的桥梁。

四、内外兼修，成就精英理财团队

员工是经营战略的执行者、管理制度的落实者、品牌形象的传播者；是决定竞争实力的重要资源。财富中心在成立之初就把团队的建设作为第一要务，推出了“外树形象、苦练内功”的培训工程，重点开展分层次、系统化、有针对性的全员岗位技能培训。

“群雁高飞头雁领”，财富中心负责人率先于2006年通过了AFP、CFP的资格认证，并于2007年获得了总行知识型员工荣誉称号。在她的影响下，财富管理中心员工形成了良好的学习氛围，这个25名员工的集体，平均年龄29岁，已全部通过总行客户经理资格认证，其中具有CFP资格2人，AFP资格3人。

客户经理是实现营销成果的主力军。财富中心对客户经理倾力培养，摸索出“专业训练、实战演练、共同提高”的培养模式。克服一切困难为客户经理技能提高创造条件，先后安排7人次参加AFP、CFP学习，以及总、市行的各类脱产培训。财富中心还聘请专家教授社交礼仪、艺术修养、演讲技巧等。个人素养、综合能力的全面提高，为客户经理在理财课堂“唱主角”攒足底气。现在举办客户理财课堂，从课件的准备、客户的联络，到理财课堂的主持，完全放手由客户经理担任。客户经理还策划了“午休理财讲堂”，利用中午时间在营业大厅，分门别类讲解理财小知识，每周一期，每期一题，每题一人。如今“午休理财讲堂”已小有名气，听众渐成规模，成为工行个人金融业务的特色品牌。才华的展示为客户经理赢得了客户的信任与忠诚，也吸引更多的优质客户。

财富中心每日晨会为团队成员提供相互学习、共同进步的机会。对公客户经理、营业经理、柜员担任培训教员授业解惑；客户经理传授营销技巧，畅谈营销心得和投资感悟，分析经济形势。在交流和分享中，互通有无，增进团队的凝聚力和战斗力，造就了一支职业道德高尚、专业技能精湛、工作热情高昂、充满创造激情与活力的队伍。

财富中心通过服务标准化、亲情化建设，观摩同业、服务工作大讨论，以及“服务之星”评比等系列活动，不断拓宽服务渠道，改进服务方式，优化服务流程，深化服务内涵，提升服务品质，赢得了高端客户的信任和赞誉，提升了网点外在服务形象，各项业务实现了快速发展。

有付出，才有收获。2006 年取得大连市行牡丹卡知识竞赛团体第三名。2007 年是团队的丰收年，有一人被总行评为学习典型，获得市行客户经理技能比赛团体第三名、优秀大堂经理称号，个人业务营销竞赛中全体营销人员榜上有名。2008 年，财富中心的客户经理代表分行参加总行客户经理大赛获得多项殊荣

五、强化风险管理，为各项业务发展修“堤”筑“堰”

财富中心认真行使内控教育的职责，积极营造良好的内控文化氛围。加强制度建设和规范化管理，逐步建立和完善内控长效机制，达到了风险控制与服务效率的高度协调统一。尤其在客户经理管理上，把好客户经理准入关，严格执行“十个严禁”、“十不准”等有关规定，使员工懂得要珍惜自己的职业生涯。高度重视代理产品的销售管理，不滥用客户对工商银行的信任，实事求是地向客户提示风险，避免误导客户的倾向，使代理产品销售无一客户投诉。以规范经营、专业水准和诚信精神赢得客户的尊重与信任。

秉承“专业创造财富 诚信开启美好未来”的服务宗旨，凭借超凡的智慧、挥洒辛勤的汗水，大连分行营业部个人财富管理中心书写了浓墨重彩的过去；面对未来，将一步一个脚印、踏踏实实，以更加饱满的热情、追求卓越的勇气谱写更加绚丽的华彩乐章！

人本管理添活力　优质服务赢市场

——大连市中山广场支行益民储蓄所

“山不在高，有仙则名；水不在深，有龙则灵”。在滨城大连，一个面积不足百平方米，员工不足 10 人，权限相对较低、功能单一的工商银行金融便利店硬是凭着自身的努力，从人民路“金融一条街”，的行业激烈竞争中脱颖而出，满载丰硕的成果高速前进，再次印证和彰显了这一经典名句，它便是大连中山广场支行益民储蓄所。截至 2008 年 12 月末，该网点实现：

1. 新增个人金融资产 34794 万元，对支行的贡献度由去年的 2.03% 提升至 10.28%，在大连市分行同类别网点排名第一；

2. 新增优质个人客户 401 户，其中财富客户 17 名，在市场极不景气的经营环境中一举扭转几年来网点优质客户持续减少的状况；

3. 净增达标理财金账户 81 张，创近年来新高；同时也在支行全辖网点排名中名列前茅；

4. 连续 4 个考核周期在支行各部室及网点的绩效考核排名中名列第一。

骄人的业绩使该网点在支行的经营发展尤其是个人金融业务的发展中愈发显示出其重要的角色地位。而之前的益民储蓄所却是令支行头痛和担忧的一个网点，储蓄存款连续几年持续下滑、优质客户逐年流失，员工思想不稳，士气涣散，已濒于被淘汰的边缘，是什么力量使该网点在短短的一年时间内演绎出如此巨大的变化？探索该网点演变的轨迹，越来越感受到人本管理、优质服务才是推动各项业务快速发展的根本和源泉。

一、把脉问诊——积极寻求业务发展出路

益民储蓄所成立于 1950 年，历经 50 多年的竞争洗礼，应该说目前的经营环境与经营条件（面积不足百平方米，员工不足 10 人，权限低下、功能单一）在当前的市场境中已明显处于劣势，网点周边中信银行、中国银行、浦发银行、广发银行等多家银行一流的设施、一流的环境、超前的理念和服务都为网点的生存带来了很大的压力。是坐以待毙，还是迎难而上？在这一严峻的课题面前，中山广场支行果断的在 2007 年 8 月调整了网点的正副主任，将两名经过营销岗位锻炼，具备一定营销经验和能力的两名同志安排到网点管理岗位，希望能够掀起网点求生存、求发展的经营热潮。面对各项工作的不畅，新任命的两名网点负责人把脉问诊，积极寻求网点生存、发展的出路，通过网点连续多日周边情况的调研与网点自身经营特点的分析，通过向行领导、向员工等广泛征询走出经营困境的意见和建议，较为准确地把握了网点经营发展的特点即网点虽然有其面积狭小、设施陈旧、功能单一等硬服务上的不足和缺陷，但还拥有品牌优势、产品优势、区域优势以及深厚客户基础等优势，所以如何统一思想、坚定信心，下大气力在软服务上做精做细，成为网点求生存、求发展的当务之急。工作思路的明确，拉开了网点撇旧貌、迎发展的序幕。

二、以人为本——为管理注入人性化

追根溯源，问渠哪得清如许？该网点负责人清楚的意识到员工是服务的主体，员工的能动性与协作型直接影响网点的各项工作的开展，影响着网点“求生存、求发展”战略目标的达成。所以，该网点负责人决定从人的工作做

起，把涣散的人心拢起来，把流失的士气聚起来，网点负责人逐个谈心，逐个突破，让员工成为决定生存命运的主角，这一新鲜管理血液的注入，还真激活了员工近乎麻木的神经，大家纷纷献计献策，较好的将全体员工的思想统一到坚定信心，下大气力在软服务上做精做细这一工作思路。在此基础上，网点还注重于学习文化的养成，通过网点负责人与员工定期培训、教育、学习等形式的推动，着力提高网点负责人及前台员工的领导艺术、营销技巧、思想观念、业务技能等各方面素质，通过晨会制、晚会制的建立，较好的实现了工作学习化、学习工作化，创造了一个良好的文化环境，使员工有了更多学习交流的机会，对网点也产生了一定的归属感和依存感，激发了员工的工作积极性和创造性。

在益民所，您会看到一个漂亮的生日登记簿，这里清楚记载着所里所有全体员工及其家属的生日，每逢员工过生日，所里都会为其庆祝；每逢员工的家属过生日，所里都会为其准备一份精美的礼品，这简单的一幕也只是益民所人性化管理的一个缩影，更多地是在生活上，该网点能从各个角度为员工考虑，将员工们的心收到一处。谁家有什么困难，谁对工作有什么看法，都及时找员工谈话，尽己所能帮员工解决生活上、思想上的各种困难，决不让员工带情绪上岗；思想上，注重平时与员工的沟通与交流，帮助员工树立敬业精神，增强员工“今天工作不努力，明天努力找工作”的紧迫感及危机感，同时，该网点还注重考核，以考核激励人，约束人，将员工所有的工作，包括个人能力、行为规范、工作业绩及日常管理按照统一贡献度进行量化考核，考核结果直接与绩效挂钩，充分体现干多干少有差别，干好干坏不一样，通过这一公开、公平、公正的考核，既有利于优秀人才的脱颖而出，又大大激发了员工不甘落后的自尊，走进益民所员工休息室，您会看到墙上张贴的储蓄存款、代理保险、代理基金、理财金账户等各项业务指标网点全员的营销排行榜，现在的益民储蓄所“比、赶、超”的竞争以及“传、帮、带”的习惯已蔚然成风。

三、以客为尊——以精细化服务赢得市场

“做我们能做到的，改变我们所能改变的”，在益民所大家都清楚地认识到自身硬件环境的不足，但这并没有成为网点生存发展的羁绊，反而成为大家坚定信心，大步发展的动力与鞭策，大家深知在软服务上网点需付出更多的努力，才能弥补自身硬服务上的不足，才能在大浪淘沙中立足、前行。

为实践新的服务理念，网点提出了更为具体的服务宗旨：从自己一个动作、一个表情、一个眼神、一句言语等每个细微之处来审视对客户意味着什么；从一声问候、一个信封、一根皮筋、一张报纸、一杯茶水、一声提醒来传递对客户的关怀；从客户的投诉、异议中审视自省，不断完善网点客户服务体系。在新的理念的引导下，在这里，您会看到一张张亲切自然的笑脸，会聆听到一声声朴实真诚的问候，会感受到一丝丝关心与牵挂，在这种氛围的感受下，三尺柜台不再是分隔客户与银行的屏障，而是架起了客户与银行有效沟通的桥梁；狭小的网点面积也不再显得拥挤，而是充满了温馨与家的感觉。

“细节决定成败”，这是网点在服务方面所提出的口号，益民所在服务细节方面所下的功夫，使我们真正感受到“精细化服务”的力量与魅力；桌面物品摆放的严格细致的要求，如“电脑显示屏需呈45度，从左至右依次放置算盘、印台、笔筒等”，如“座椅背不能搭放任何东西”等，要求之严有过之而无不及，较好的从细节之处培养了员工严谨细致的工作态度，同时也为客户展示了一个自律有序地团队风貌。

在客户服务方面，益民所也是在细节上努力改进，一点一滴积累起客户对网点的信任。例如很多网点都给年纪大的人配备老花眼镜，一般都是放在柜台上，谁需要谁就自己拿，而益民所在其狭窄的柜台上却放置了两幅花镜，分别是100度与300度，以供客户按照自己的需要选择，正是这种更细致、更人性化的服务，给客户们送去了脉脉的温情。“尽力做好每一次的服务，让微笑留在客户心中”，这一直是他们开展服务的完美追求。益民所地处繁华的商业中心，大量的客户流动使车位成为很多车主客户遇到的难题，客户经理在与客户的交往中，有一个不成文的约定，只要是约好的贵宾客户，肯定会提前5分钟到门外的停车场为客户预留车位，而且是一直等到客户前来，有一次因为塞车，客户晚来了15分钟，寒风中，只穿着行服的客户经理一直瑟瑟的等到客户前来，体贴细致的服务为客户们口碑相传，也为网点竞争优质客户赢得了先机与市场。

四、上下求索——如何实现跨越式发展

经过艰苦细致的思想政治工作，员工的意识逐渐得到了统一；经过网点服务的改善与提高，网点的竞争力也明显增强，网点的各项业务都有了一定的改观，应该说“求生存”的问题基本解决了，下一步网点将面临的是如何实现网点跨越式发展的课题。为积极应对、解决这一课题，该网点一方面认真研究分支行关于阶段性业务发展的指导意见，结合网点具体情况，在分析研究的基础上明确阶段性工作重点，并写在在网点宣传板上，以使大家统一认识、明确目标。二是有效梳理了网点客户服务的流程，建立了顺畅的优质客户识别推介、接触营销、后续维护的服务链条，构建了网点立体化、全方位的客户服务模式，深度挖掘了网点的优质客户，截至9月末，成功净增（新增－销户）理财金账户79张；成功净增优质客户247户，成为支行两项业务的领军者。三是网点能够充分发挥区域优势，抢占市场先机，在储蓄存款、理财类产品销售各项业务指标前，不唯指标，突出快速的市场反应速度与较强的执行力，在代理保险、代理基金等业务方面都发挥了主力军的作用，网点理财类产品销售对支行的贡献度逐月攀升，已由去年同期的2.03%上升至10.28%，其在个人金融业务方面的产能已远远超过目前同类别网点，并多次在大连分行开展的营销竞赛中脱颖而出，成为2008年大连分行9级类别网点的一匹“黑马”。四是网点始终将优质客户的发展作为业务发展的基石。三尺柜台内，他们注重于网点内部资源的深度挖掘，方便、快捷、优质的服务成为网点一

道亮丽的风景线；三尺柜台外，经常会看到该网点的负责人带领员工利用休息时间走访周边企事业单位及私营业主的身影，客户在网点一次次真诚、执著的拜访中感知、感动……

“宝剑锋从磨砺出，梅花香自苦寒来”，我们期待着，益民储蓄所这支“小荷”在新的迈进中创造出更好的成绩，迎来更加辉煌的明天！

小网点勇创好业绩
——广东省惠州市分行麦地南支行

这在广东省分行辖区里，属于比较小的网点。但它的业绩倒不错，2008 年参加总行第七届“双佳”评选活动胜出，获评总行“最佳个人金融网点”荣誉称号。

麦地南支行是惠州分行首批实施理财金账户服务升级的一家贵宾理财中心，现有员工 9 人。支行行长、理财经理、大堂经理、营业经理各 1 人，综合柜员 5 人。今年以来，麦地南支行个人金融业务在上级行的正确领导下，深入贯彻上级行不唯计划唯市场，实行全产品营销，努力提高网点核心竞争力的指导思想，针对所处区域个金业务特点，积极转变观念，主动调整思路，个人金融工作取得了稳步发展，在惠州分行 76 个个人金融业务网点中起到了领跑者作用。

一、小规模创出大效益

麦地南支行位于惠州银行金融街，在约 1000 米的麦地南路，聚集了中国银行、建设银行、交通银行、广发银行、农信社信贷中心近十个营业网点。对外面临激烈的同业竞争，而在内部，麦地南支行 2007 年储蓄存款余额为 1.27 亿元，规模在其所处的惠城支行 11 个网点居第 8 位，属于轻量级营业网点。但麦地南支行全行却敢于在硬件、规模不如他行的情况下，通过核心竞争力项目的实施，用全产品营销的思路，树立了工商银行个人金融网点在金融街的竞争优势，取得了不俗的业绩。今年以来，麦地南支行储蓄存款余额 20318 万元，比年初增加 7592 万元，增长 60%，实现个人中间业务收入 181 万元，增长 57%，销售各类理财产品 3.25 亿元，比 2007 年增长 330%。灵通卡发卡 2970 张，配套信使 2250 户，网银 880 户。信用卡发卡 1540 张。理财金账户新增 310 户。优胜劣汰环境的积极竞争和核心竞争力项目的优化，带动了麦地南支行全体员工观念和行动的改变，使麦地南支行在存款增量、理财产品销量、中间业务收入三项核心指标跃居所处的惠城支行第 2 位，并在惠州分行四季度全辖 76 个网点的综合考评中名列第二名。

真可谓——小规模创出了大效益。

二、多元化实现多收益

麦地南支行通过多元化结构调整，积极稳定和扩大了个人中间业务收入。

针对今年市场的变化，麦地南支行一是改变过去重负债轻中间业务发展的思想，力求各项业务均衡发展，把中间业务放在今年个人金融工作的重要位置。二是将中间业务收入品种从去年以来过度依靠基金销售收入转到基金销售、代理保险、稳得利和银行卡上来，支行从年初以来就树立中间业务创收观念，全行员工在销售产品时形成良好的开口习惯，推行简单产品柜面加大销售，复杂产品专业销售的办法，营造了全行良好团队销售氛围，一点一滴把中间业务做了上去。由于结构调整做得及时，今年以来基金销售困难时期，麦地南支行在代理保险、本行理财产品上却得到较快发展，其中代理保险业务收入 45 万元，个人理财业务收入 40 万元，两类业务收入占了全部个人中间业务收入的 52%，有效地稳定和扩大了个人中间业务来源，避免了代理基金业务收入大幅下降的影响。

同时，麦地南支行结合城区支行网点的特点，开展了以柜面转化为基础的“轻松三宝”产品套餐柜面销售活动。克服了城市支行网点由于地理位置的局限性，在入厂区资源相对不足情况下，认真落实上级行两手抓的策略，在厂区居民区地毯式营销的同时，认真抓好柜面种“韭菜”营销，大力挖掘原有客户资源，通过存量存折户转化为灵通卡的做法，因地制宜地开展“轻松三宝”产品套餐柜面销售。在转化过程中，发挥了大堂经理的核心作用，大堂经理在做好引导识别服务外，将自助设备的分流和存折的灵通卡转化列为大堂经理的重要考评指标。同时在上级行的支持下，加强了自助设备的投放力度，今年投放了 2 台大堂 CDM 存取款机。通过采取柜面种“韭菜”的营销方法，麦地南支行共发灵通卡 2970 张，信使 2250 户，网银 880 户，灵通卡比去年同期增加 900 张，信使的配套率达到 92%。

与此同时，麦地南支行还因势而变，努力实现了存款和理财产品销售同步增长。从年初开门红工作伊始，麦地南支行就根据年初的市场变化，改变以往开门红工作中只重视存款增加的单一思路，采取了个人存款和理财产品并进的工作路子。认真分析研究我行各项理财产品，熟练掌握产品特色和卖点，积极落实各项揽储措施，坚定了大力销售理财产品的决心，经过实践，麦地南支行存款和理财产品均创历史最高水平。有力地证明了，做好理财产品的销售不但不会对存款造成冲击，相反通过理财产品的销售，以产品为传导媒介做好客户的关系维护工作，能够更好促进存款增长实例。

在产品销售中，麦地南支行主要做好了以下几项工作：一是支行 9 名员工目标一致，形成了集中精力抓好理财产品销售并通过产品销售带动存款增加的工作思路。二是通过每周例会制度专题分析上周产品销售情况及本周的销售计划，对销售中存在的困难及时解决。对支行每位同事的销售业绩实行每天用表格张贴通报，在支行里面形成你追我赶的销售氛围。三是支行大堂经理、理财经理、综合柜员各司其职，密切配合，在理财产品的销售中吸引客户更多资金，带来储蓄存款的增长。如支行对面建设银行一客户前来办理业务，支行柜员发现其活期存折上有20多万元存款，转介绍给行长后，通过营销成功购买了灵通快线超短期产品，客户使用后经过比较，发现了产品T+0优势，且收益接近活期的三倍，随后将其上千万元资金的第三方存管户从建行转到了我行，该客户在没有新股发行时，证券托管资金即转回我行购买灵通快线，我行还根据客户的资金情况，为其配置了国债和期缴保险产品，使该客户成为麦地南支行的财富管理级客户。

真可谓——多元化实现了多收益。

三、多渠道提升竞争力

麦地南支行积极推进网点核心竞争力项目的实施，通过常抓不懈，不断优化流程管理，明确客户经理，大堂经理，现金柜员的岗位职责，按照识别引导、接触营销、业务处理、关系维护四大流程协调各岗位的运作，多渠道强化了网点的核心竞争力：

一是发挥大堂经理作用，做好识别分流引导。麦地南支行注重了识别引导的基础分流做起。去年以来，随着银行代理业务的增多，网点的排队现象比较严重，造成大厅混乱，柜员压力过大，这样就很不利于项目流程的开展。支行强化了大堂经理的核心地位，在日常营业中，大堂经理首先要对排队的户都进行咨询和分流。主动对进入大厅的顾客询问、引导，能用自助设备办理的尽量分流到自助区，对高端客户就引导到理财金账户服务区。经过分流之后，有效减轻柜台负担。网点的离柜业务率也得到提高。

二是做好高端客户有效识别。年初以来，麦地南支行理财金账户开户数的大幅增加，大堂经理识别引导起到了重要作用。在日常的营业中，柜员会按照系统提示坚持填写《优质客户推介表》，客户经理按要求将每日柜员填写的《优质客户推介表》、网点开立理财金账户客户的资料录入PBMS系统，并根据系统提示作好服务跟进工作。支行行长定期审阅客户经理日志和优质客户档案并做好每日网点业绩记录。

三是建立了晨会制度。麦地南支行坚持列队早会制度，整理仪容着装，练习服务用语，交流营销经验，分享营销成果，形面团结的工作氛围。在客户关系维护方面，支行客户经理和行长在客户识别引导、接触营销的基础上，规范执行客户关系维护项目流程，避免因忽略客户关系维护而流失客户。要求客户经理要不断地挖掘和满足客户需求，并加强客户分析、需求引导。

四是做好客户的关系维护。在操作中，重点做好维护计划、电话预约、感情联络三件事，通过客户关系维护，避免客户流失，深度挖掘销售机会，提高客户对我行的贡献度。支行行长和客户经理，只有把客户维护工作做好了，才是一名合格的客户经理和行长，如果还停留在只会现场销售产品而忽略对客户需求进行有效配置个人金融资产的话，那只是一个成功的营销人员，并不是一名成功的客户经理和行长。在客户关系维护方面的另一个做法是，麦地南支行改变以往单一产品销售模式，强调通过客户资产的配置来维系客户，提升对工商银行的忠诚度。该行一个1000万元的客户，其资金运用具有不确定性，该行行长和理财经理为其资产进行了配置，300万元购买90天的票据型稳得利产品，使资金在保证收益同时，具有适当的流动性，500万元购买灵通快线产品，保证资金更好地流动性和相对较高的收益，100万元购买趸缴型保险产品，为其意外建立了三倍的保障，100万元存入定期存款，并用一年期利息收入作为期缴型保险产品的资金来源。通过配置，大大提高了客户对工商银行的忠诚度。

真可谓——多渠道提升了竞争力。

总结麦地南支行今年以来取得的成绩，因势而变，勇于竞争，坚定实施核心竞争力项目是关键，麦地南路金融街新的银行网点还会增加，竞争还会加剧，成绩已属于过去，麦地南支行将面临更大的竞争压力和发展机遇，麦地南支行有信心在上级行的正确领导下，围绕“紧抓储蓄存款、大力销售产品、稳增中间业务收入”的做法，注重全面发展，为惠州分行加快个金业务发展做出应有贡献。

荣誉、业绩、环境、团队、拼搏
——广东省中山市分行营业部

关于荣誉

中山市分行营业部一直是中山市分行对外服务的最耀眼的营业窗口，它拥有完善的电子设备、合理编排的硬件设施，它拥有优雅宽敞的办公环境，它更拥有一支优秀的员工队伍，它也是中山市分行近年来集总行、省行及中山市分行荣誉称号最多的营业网点之一：

2005年总行优质文明服务先进单位称号；

2005年省行五星级营业网点；

2005年省行百强支行、第六届“最佳个人理财中心”、“中间业务发展先进单位”、“兼业代理保险业务优秀营销网点”称号；

2006年度、2007年度省行个人贷款营销管理先进单位名单称号；

2007年度省行优质文明服务先进单位的称号；

2008年参加总行第七届“双佳”评选活动胜出，获评总行“最佳个人金融网点”荣誉称号；

2008年广东银行业文明规范服务示范单位。

关于业绩

在上述一连串引人注目的荣誉背后，我们看到的，是中山市分行营业部全体员工多年来用真诚与汗水浇铸出来的、令人瞩目的经营业绩：

截止到2008年底，中山市分行营业部实现拨备前利润14012.62万元，比2007年净增511.97万元；实现中间业务收入4130万元，其中个人中间业务收入1141.60万元；实现各项存款27.74亿元，比2007年净增2.22亿元，其中储蓄存款余额12.07亿元，比2007年增长1.78亿元；对公存款15.67亿元，比上年净增4368万元；实现贷款22.43万元，比上年净增2.04亿元，其中个人贷款13.09亿元，比上年净增7014万元；法人贷款9.33亿元，比2007年净增1.34亿元。

2008年以来，在全体员工的努力下，核心竞争力持续提升，中山市分行营业部的个人金融业务继续稳步快速拓展：2008年底，代理销售基金3.57亿元，实现基金业务收入277.76万元；代理保险趸缴6204万元，同比净增3402万元，期缴160万元，同比净增18万元，实现寿险业务收入193万元；代理国债4956万元；销售理财产品4.69亿元。新增信用卡2513张，；开立灵通卡13416张；新增个人网银2670户，其中个人证书1957个；新增个人电话银行1258户。

关于环境

不容置疑，环境也是竞争力。

在市场经济下，市民对金融服务需求趋向多元化，这就决定了现代商业银行个人金融业务的经营环境必须向多元化发展。中山市分行营业部对此有着深刻的认识。在中山市分行的统一规划下，他们通过深化推行核心竞争力项目，以“高标准、高起点、多功能”为目标，构建了现代商业银行个人金融业务的经营环境。凡到过中山市分行营业部宽敞明丽的营业厅的人无不为它优雅舒适的环境和温馨感人的场景赞叹：美丽盆景和绿色植物巧妙点缀的营业厅，令人仿佛置身于高雅的星级宾馆大堂；身着统一服装的员工紧张有序地办理着业务；一张张带着亲切微笑的脸迎着你，一句句礼貌、温馨的服务用语在您耳边萦绕；和谐融洽的环境，让顾客有一种宾至如归的感觉。为方便客户在网点内选购金融商品，该部按照省行一类网点的标准化建设要求，将营业厅细分成现金区、非现金区、自助服务区、个人理财区、贵宾区、客户等候区等六大区域。自助区配备先进的电子设备，电子利率显示屏、补登折机、自动取款机、电子回单箱、上网电脑、电话等为客户提供快捷方便的服务。充分体现了工商银行“以客户为中心”的服务理念，实现了从传统储蓄经营模式到现代化综合理财网点的成功转变。

而随之组建的财富中心，更进一步优化了个人金融分区服务，该中心以个人资产达百万元以上为准入条件，是集全行个人（资产达100万元以上）和19家企业（日均存款1000万元以上，）的优质客户为一体的服务区，安静舒适、保密性强；对公开放区承接全部的对公业务，服务企业客户多达2000户；个人业务区还分设个人理财金区、个人非现金区、个人普通区、个人贷款服务中心和个人自助区，目前拥有5万元以上的客户14072户，总资产达404109万元。客户差别化服务得到了进一步的发展。环境幽雅、私密性强、设备完善，品种齐全，除储蓄存取款业务外，还有代收代付代缴代划、牡丹系列卡、代理国债、基金、保险、个人外汇买卖、银证转账、电子银行、理财顾问、个人资信证明、存款证明、个人综合消费贷款、汽车消费贷款、系列个人住房按揭贷款等多项琳琅满目的金融产品，受到高端客户的一致赞许。个人理财中心为顾客提供多种投资组合的理财方案和综合性的投资理财建议，并根据顾客的实际情况为他们度身订做投资理财套餐，深受客户的欢迎。个人信贷服务中心解放思想、与时俱进、大胆创新，开创性地引入律师、评估、保险等社会中介机构进驻银行办公，形成个人信贷业务“一条龙”服务，在一个营业大厅实行“一站式”服务，极大地方便了顾客。

关于团队

团队，意味着什么？

中山市分行营业部的回答很明确：共同信念；共同打拼，共同成就！

目前，中山市分行营业部员工47人，大专学历的占总人数的99%，平均年龄在28岁，文化素质高，知识结构合理，年轻而有活力，能较好地应对现代金融业的挑战；设有正副经理2名、营业经理8名、理财经理5名、大堂经理2名。其中营销精英队伍中，理财经理驻守营业大厅的3名，财富中心2名，其拥有本科学历的4人，取得AFP认证资格的2人，取得CFP认证资格的2人，拥有培训师资格的1人。多年的锤炼，锻造了他们共同的信念：干好自己的工作，共同做好每一件事情。

发展新型复合型人才是银行发展个人理财业务的当务之急。他们鼓励员工积极参加中山市分行举办的客户经理公开选拔，获取个人客户经理资格认定，充实了自身的营销队伍。在客户经理的考核中，他们在中山市分行的统一考核的情况下，还制定了《2008年中山市分行营业部网点劳动竞赛方案》，其个人业绩与网点业绩挂钩，充分调动客户经理的营销积极性。另外，为了进一步发挥柜台员工资源，他们一直实行柜员考核制，全方位调动员工工作积极性，涌现了个人营销业绩一直居中山市分行前列客户经理谭玉兰、蒋丽佳，营销业务能手杨燕芬、廖慧娟等一批优秀的营销精英。为了促进营销业务的突破性发展，体现公平、公正的原则，中山市分行营业部还在员工日常的个人业绩的基础上，结合定性考核，以定量为主，评比年度的优秀客户经理和推荐业务能手。

与此同时，作为优秀团队的建设重点，中山市分行营业部一直坚持在全体员工中积极倡导文明服务理念，规范服务行为，着力提升营业部的整体素质和水平，树立良好的社会形象，务求利用“文明之花”的无形作用去创造绩效的硕果，把该部建设成为中山市分行为之骄傲的业务前沿阵地之一。

一是定期培训考评文明服务工作。为了进一步提高全体员工的服务素质，中山市分行营业部采取定期培训和考核的方式进行，形成了你追我赶的文明服务良性竞争圈。例如，参加中山市分行的窗口形象月度评比活动，针对评比结果和出现的问题，在网点间进行通报，达到学习先进，摒弃陋习的目的；另外还制定了文明服务月度的考核办法，根据中山市分行的评比结果奖励先进，激励员工。对新入行员工，中山市分行营业部除组织他们参加中山市分行的专业培训外，还通过编制文明服务小手册，规范员工的业务流程，开展对新员工的业务技能教育和考核，通过考核后才允许上岗，务求在正式上岗前掌握并熟练文明岗位要领。

二是优化业务操作和管理流程。为了统一窗口服务，中山市分行营业部利用人才优势编制了一套前台业务操作流程，从而规范业务手势和业务操作，使业务差错得到了有效的控制。平时，该部还要求总会计对业务情况进行月度总结后通报学习，以吸取经验教训；要求营业经理撰写季度工作报告，指出日常工作的存在问题，共享共勉；要求员工做好配合工作，如理财经理与员工之间、理财经理与网点经理之间、营业经理与网点经理之间、员工与营业经理之间、员工之间等等，以达到提高工作效率、提升业务办理的准确率，从客户的实际需求上不断满足客户的需要。

就是在这样浓厚的团队氛围里，中山市分行营业部的精英营销队伍迅速成长，使得个人业务营销业绩一直位居中山市分行前茅，近年来，《中山日报》、中山电视台等当地主流媒体曾多次采访报道其主要先进事迹，其特色建设也得到了上级行和兄弟行的肯定和赞扬，经常有同行前来参观指导，观摩学习其硬件设施、先进管理模式及优质服务。

关于拼搏

任务艰巨，困难重重，唯有拼搏！

对于这一点，中山市分行营业部的营销团队具备高度的共识。

2008 年以来，受大环境的不确定影响，中山市分行营业部的业绩相较于 2007 年受到了一定程度的阻碍，但是他们应难而上，迅速调整目标，利用各种行之有效的途径广开收入渠道。仅在一季度，中山市分行营业部就利用大本营的地理优势、以自发的形式举办了 18 场的理财沙龙，共成功营销保险趸缴 236 万元，期缴 64 万元，基金定投 121 笔，合计金额 7381 元，营销信用卡 786 张，理财金卡 66 张，基金 3165 万元；利用预制卡的形式成功营销信用卡近 600 张“送卡”口号抓住保管箱的一批优质客户……每一次营销活动的成功举办，都在见证着中山市分行营业部全体员工的奉献与拼搏。

2008 年的任务是艰巨的，但是，在任务和困难的面前，中山市分行营业部员工团队的任务完成能力是不可估量的。理财经理周奇就凭着诚信，成功为客户杨女士办理一笔高达 300 万元的保险业务；公司理财经理汪建标也凭着诚信，在开门红期间成功维护营销公司理财产品高达 4.2 亿元。中山市分行营业部处处体现着诚信经营的行为，也因诚信赢来了络绎不绝的客户！重点基金销售中，中山市分行营业部顶着沉重的任务压力，主动锁定营销客户，最后以超额完成了原以为不可能完成的任务，这样的例子枚不胜数。近期的债券基金销售中，个人理财经理谭玉兰已率先成功营销 2000 多万元基金，正在代表省行参加比赛的林超艺也以“远程遥控”的形式也成功营销了 1100 万元的基金。平时，为了互相取长补短，加大营销力度，客户经理们自发性的、坚持在下班后聚在一起，共同谈论当天的营销情况，既起到总结学习作用，又进一步凝聚团队的力量。

荣誉，证明了昨天！

业绩，纪录了奋斗！

环境，优化了服务！

团队，凝聚了力量！

拼搏，实现了进取！

中山市分行营业部将继续合 47 名员工之力，倚助网点的综合功能优势，为稳步提升个人金融业务业绩而努力不懈！

沧州分行华油支行营业室

沧州分行华油支行营业室是一个对公、个金业务兼办的综合网点，2007 年升级改造为贵宾理财中心。2008 年，该营业室积极落实大个金战略，认真运行核心竞争力项目流程，采取多种措施力促个人金融业务快速发展。将个人金融 1 + 4 产品（储蓄存款加基金、保险、理财、国债）

组合营销作为主攻方向，通过举办中高端客户理财产品推介会、针对性上门服务等形式，全力开展 1 + 4 产品销售；积极向客户推介新兴业务品种，拓展中间业务收入空间；在全行选聘了一批政治素质高、业务能力强、善于营销的员工充实营业室客户经理队伍，制定科学合理的考核办法，充分调动了全体员工的工作积极性；改变坐等客户上门的被动营销策略，实行进社区、进企业、进机关、进学校、进乡镇的“五进”营销模式，赢得了工作的主动权。2008 年，该营业室储蓄存款增长 1.87 亿元，个人理财产品销售 3.64 亿元，实现个人中间业务收入 680 万元，灵通卡发卡 6960 张，理财金账户新增 576 户，争揽代发工资单位 6 户，挖转他行中高端客户 55 户，个人网上银行新增 2809 户，个人电话银行新增 1924 户，个人手机银行新增 691 户，各项指标均列分行前茅。

河北省分行营业部长安财富管理中心

省行营业部长安财富管理中心自 2007 年 5 月成立以来，秉承“以人为本，以客为尊”的经营理念，以优质客户营销为工作重点，开展了多形式、多渠道营销活动，取得显著效果。2008 年，该中心争揽储蓄存款 5.3 亿元，新增中高端客户 440 户，营销基金 6.15 亿元，营销理财产品 5.39 亿元，保险 639 万元，信用卡 1.78 万张，新开电子银行 2093 户，对公开户 10 户，网上质押贷款 605 万元，销售实物黄金 23.49 公斤，纸黄金 275 户、12.18 公斤，实现中间业务收入 350.1 万元。一是全年深入政府、企事业单位、学校、部队和高档社区逐一走访 338 个重点目标客户，以财富中心的专业理财和优质高效服务吸引全市高端客户。二是创新营销方式，与省行 95588 客服中心合作，对 95588 接线人员识别的高端客户，由财富中心理财经理进行进一步接触营销；与大智慧软件公司合作，向股票投资客户推介利添利 - 灵通快线产品。三是开展对学校的重点营销，通过“办卡进校园”及“金融知识大赛”活动，营销我行牡丹运动系列卡、灵通卡及电子银行业务。四是积极与当地主流媒体合作，全年通过电台播出理财讲座 90 余期，通过电视台播出理财节目 20 余期，在报纸等平面媒体刊登理财文章及受访评论 30 余篇，极大的提高了我行及该财富中心的知名度。

邯郸从西支行

邯郸中华支行丛西二级支行是河北邯郸分行百余家个人金融网点中建筑面积最大、服务功能最全、设备最先进的单列二级支行，2008 年升级改造为贵宾理财中心，拥有员工 13 名，均为大学本科以上学历。2001 年 3 月 8 日开业以来，该行秉承“以实力开拓市场，以品位树立形象”的立行方针，始终坚持“客户至上，服务第一”和“以客户为中心”的服务理念，不断深化服务内涵，提升服务品质，多年来得到社会各界的广泛赞誉和首肯，先后荣获省、市级“青年文明号”、“巾帼文明示范岗”、市“三八红旗集体”、省“先进集体”、省银行业协会“文明规范服务示范单位”、省、市分行“先进集体”等多项荣誉称号。

2008 年该行深入贯彻省行党委“加快转型发展，打造区域强行”的战略指导思想，及时把握市场脉动，不断调整经营战略和战术，开展了形式多样的市场营销活动，在行内首家开辟了“财富快车专栏”，向客户倡导“规划财富就是规划您的幸福人生”，组织了多次针对中高端客户的理财沙龙活动，有力促进了个人金融业务的快速发展。2008 年该行储蓄存款增长 3120 万元，营销基金 7456 万元、保险 4547 万元、人民币理财产品 18424 万元，发放灵通卡 3036 张、理财金账户卡 304 张，为邯郸工行个金业务的发展做出突出贡献。

抓住机遇　勇于挑战　笑迎工行光明的未来

中心储蓄所地处黑龙江省东部小城佳木斯市中心，成立于 1957 年，有着悠久的发展历史，自从 2004 年网点核心竞争力项目实施以来，本着“追求进步，客户至上，努力打造现代化商业银行”的经营理念，35 名员工勇于创新、奋力拼搏，在经济落后的小城取得了令金融界瞩目的成就，成为三江地区第一大零售网点，闯出了一条独有的成功之路，2008 年实现存款余额 15.6 亿元、较年初纯增 2.2 亿元、销售基金 3.069 亿元、营销理财产品 1.1801 亿元、营销寿险产品 1412.4 万元、财险 246 万、人均综合创利 84 万元。成为三江地区百姓心目中服务种类最全，人员素质最高、服务质量最好、综合实力最强的大银行。先后被评为总行级达标所、省行级先进集体、省行五星级营业网点、国家级“青年文明号”，并被中国银行业协会命名为文明规范服务示范单位。

一、继承悠久文化、打造现代化银行

中心储蓄所历经数十年的风雨磨砺，历经了几代人的心血浇灌，从 1946 年早期革命领导人从事过革命活动的东北银行，到 1957 年的佳木斯人民银行储蓄专柜，再到 1984 年的工商银行储蓄网点，直至 2007 年的贵宾理财中心，中心储蓄所始终与时代同行，最先接受改革，最先接受洗礼，最先面对未知的挑战。这也使中心所铸就了勇于探索、勇于实践、勇于创新、永争第一的金融文化。在百姓心目中，

工行中心所是无可替代的“老银行”、“大银行”、“好银行”。

2003 年 8 月，为迎接网点核心竞争力改革试点，在省、市行领导的精心策划和运作下，中心所 350 平方米的服务环境进行了全面的改造，一个几代工行人梦想中的现代化银行展现在了众人面前。有充分体现现代商业银行特色服务的客户经理工作室、舒适考究的贵宾区、安全方便的自助区、宽敞明亮的现金区、与客户面对面交流的非现金区、银证通演示厅、充足的客户休息区。2007 年贵宾理财中心建设过程中，中心储蓄所再一次按照总行的模式进行了改造，营业大厅更显宽敞明亮，贵宾客户专署区实现了全封闭服务，网上银行演示、现金窗口、非现金窗口一应俱全；普通区又增设了全自动一米线，营业大厅秩序井然，各岗位职能凸显，运行流程顺畅。走进中心所的大门，客户总是能体会到现代化商业银行的气度，总是能感受到工商银行的人性化服务和舒适温馨的氛围，这种人文关怀成为佳木斯金融界的一个亮点。市长经常率领市政府各级

领导到中心所参观、指导和慰问，对中心所多年来在佳木斯的经济建设中举足轻重的作用，给予高度肯定，对中心所的发展前景寄予厚望。

二、奉行科学管理，激发员工潜能

中心所的主体精神是树立团队整体一盘棋的思想，全体人员全力协作、相互支持，自觉维护团队其他成员的声誉和工作成果，网点业绩重于个人业绩。为了发挥每名员工的优点和长处，在支行领导的支持下，将每一名员工放在他最想干、最能干好的岗位上去。让服务技能高超的员工临柜操作，让营销能力强的客户经理主攻营销，让表达能力强的客户经理负责攻关，让文字能力强的客户经理负责报道，各展所长，上下一心，里外配合十分默契。中心所通过科学地健全各项考核机制，使各岗位员工的积极性得到了充分的发挥，真正建立起具有自身特色的"岗位靠竞争，分配靠贡献"的科学、合理的经营模式。首先是按岗位职能考核的原则：现金岗位重点考核业务量，理财经理重点考核营销业绩，大堂经理重点考核分流推介，彻底打破大锅饭的格局，前台柜员中优秀员工的评选与岗位工资挂钩，客户经理按业绩进档升级同时与岗位工资挂钩，目前有10人的岗位工资列全市之首。二是个人目标与团队目标相结合的原则：各岗位员工密切合作，树立一盘棋的思想，大堂经理科学引导重点推荐，客户经理全力营销，柜员快捷办理业务，营业经理严格把关，确保在经营过程中，各岗位各司其职并与其它岗位通力配合，整个流程畅通无阻。三是定性指标与定量指标相结合的原则：以客户的满意度为标准，定性指标和定量指标有机的结合起来。要求员工规范服务，端正工作态度，将服务态度好、营销能力强的人员充实到理财金窗口，真正的让优质客户感受到一进入到VIP贵宾室就有耳目一新的感觉。四是物质奖励与精神激励相结合的原则：在日常工作中时刻奉行集体荣誉高于一切，职业生命高于一切的职业操守，教育员工不以物质利益为重，要时刻有舍小家，保大家的大局观念，珍惜自己的职业生涯。

三、强化员工素质，提高综合竞争能力

硬件环境可以效仿，但软件体现的却是一种精髓，一种阅历的积淀，任何人都学不去。而客户体验最深、最难忘的也恰恰是后者。中心储蓄所的35名员工，平均年龄31岁，他们深知没有过硬的业务技能做基础，创优质服务只能是一句空话，所以提高业务素质是个人金融业务发展的前提，中心所首先倡导再教育，鼓励员工走自学成才之路，业余时间学知识，考专业技术职称。几年来，大、中专以上学历的员工达到98%，有10人考取了中级专业技术职称。二是开展岗位练功，提高业务技能。采取"每日一题，每周一课，每季一考"的练功方案，营业经理主管每周三次组织员工学习新业务、新版本流程，为员工讲解各类业务的风险点，每季度将岗位培训内容进行考试，考核情况与绩效工资及双先评比挂钩，有力地调动了员工主动学习业务、苦练业务技能的积极性。王迎轩、王娟在省行举办的大堂经理业务比赛中获得团体第一，理财经理、营业经理、前台柜员在市行进行的业务比赛中均名列前茅。高超的业务技能，引来了八方宾朋，许多客户宁可打车、排队也愿意到中心所办理业务。他们说："到中心所办理业务又快又准，让我们放心又舒心！"

中心储蓄所面对金融市场日益激烈的高端客户竞争，全力打造了一支高素质的客户经理队伍。在这里涌现出一个又一个优秀的客户经理，其中徐芙客户经理在2008年营销业绩在全市行名列第一名，2008年她营销非货币基金4500万元、货币基金营销6000万元、理财产品营销4200万、保险营销270万元、揽存9500万元、由一个普通的客户经理在实践中不断完善的优秀客户经理，在这其中所经历的以及为此而付出的努力，都将成为她职业生涯以至整个人生当中不可或缺的财富，几年来的营销甘苦使她总结出来四个字，那就是"用心工作"，用诚心、细心做好各项营销和服务工作。

诚信是维系现代市场经济的基石，是与客户相互沟通的桥梁，才能赢得客户的一份信赖，换取客户的一份诚心。在细心工作方面，她深有感触。伴随着2008年股市的连续下跌，不少投资者已从2007年的乐观情绪中觉醒，取而代之的是对市场的迷惘和谨慎，深思熟虑后他们发现将钱存在银行才是最具规避风险、增值保值的有效方法。但是对银行产品的陌生和盲目选择又使得他们的投资收益和预期目标存在一定的出入，她就经历了一件这样的事情。7月的一天，一名客户来到现金区支取到期的稳得利理财产品，在一次朋友的婚宴上，她与一私营企业的会计相识。初次见面，便从交谈中得知该企业是从事酒类批发的，生意很大，且经常与外地有大额汇款往来业务。一个念头立刻从她的脑海里闪过：用什么办法让其成为我行的优质客户。第二天，她便来到这家企业，登门拜访了这位新结识的会计朋友。人家知道了来意后，一方面对她的敬业精神表示赞赏，但也同时对办理业务流露出了为难之情，因为他们长期在农业银行开户，而且对公账户也设在农行，婉言谢绝了。针对这位客户的第一次公关虽然以失败告终，丝毫没有动摇她的决心，因为她深知取得成功需要几次甚至几十次的失败来铺垫。从3月到6月，每逢休息，总要去这家企业"串一次门"，呆上几分钟，介绍介绍我行的理财或网上银行业务、识别假币的方法，拉拉家常，渐渐地成了这家企业财务科的熟客，也结识了企业的老总，以致他们常开玩笑说她不像是银行的员工，倒像是保险公司的营销员。"精诚所至，金石为开"，她的真诚打动了他们，老总亲自到我所办了理财金卡，将其在中行的400万元人民币和8万美元转入卡中，同时，又办理了48人的代发工资业务。目前，7位理财经理中，有1位通过国际金融理财师（CFP）认证，4位通过金融理财师（AFP）认证，他们能够很专业的为优质客户提供高层次、系统化的家庭理财服务，优质客户对中心所客户经理队伍的信任和钟爱有了最明显的体现，在高端客户群体中形成了无可比拟的竞争优势，贡献度日趋明朗，截至目前中心所新增优质客户10300户，理财金客户2915户，客户经理管理资产12亿、占网点总资产的70%以上，居全省第一位。

客户经理们凭借专业化的理财服务和精诚协作的团队

精神在个人理财市场的拓展营销方面创造了不俗的战绩。2008年4月份刚刚走到营销经理岗位的程林，半年的时间就挖掘它行优质客户30余人，累计吸收存款8000多万元，营销灵通卡1800张；2008年10月份，理财团队走进佳木斯市人民银行的一次高层次营销，是中心所的一次最大胆的尝试，100多人参加的理财知识大讲堂，人民银行行长的亲自参与，在佳木斯金融界引起了很大反响。本次职场营销活动共办理U盾136个、电话银行35户、理财金账户6户、牡丹信用卡76张、牡丹灵通卡46张。

四、特色服务暖人心，汇报社会展风采

优质服务是个人金融网点立足和前进的基石，也是赢得客户、实现经营业绩的源泉。中心储蓄所始终把服务放在第一位，用优质的服务创口碑、用舒适温馨的体验争客户、用每一次客户的满意打造整体的满意形象。本年度特制定了理财俱乐部章程，对持有我行理财金账户卡的核心客户，享有我行客户经理提供的最优质服务。由我行专职客户经理提供金融理财策划，使会员在我行的金融资产不断增值。并且每年定期召开俱乐部成员联谊活动，由客户经理王迎轩等提供金融知识的培训。并且俱乐部会员有权对我行的服务进行监督、对我行的金融产品提出建议。

中心储蓄所在注重自身发展的同时，始终没有忘记扎根三江大地、服务三江百姓、回报三江人民。多年来，中心所从内至外，全面肩负起社会责任。在历次网点改造的过程中，中心所一直保留残损币兑换窗口、哑语服务窗口、英语服务窗口和无障碍服务通道，为了更好的方便老年人办理业务，还增设了老年人窗口。并保持业务最全、服务最全面的标准，客户在其它银行无法处理的难题，到了中心所全部能得到解决。通过多年的努力，中心所已经成为百姓心目中最舒心、最放心、最省心的银行。

中心储蓄所把工商银行的关爱延伸到三江大地的每一个角落。节假日里，中心所的客户经理营销小分队经常组织街头巷尾的业务宣传，把最需要的金融知识传播给百姓，“送金融知识下乡”活动，让工行的形象走近乡村，社会影响更加深远；中心所的11位客户经理，个个都是个人金融和家庭理财方面的精英，所以也成了佳木斯市各家新闻媒体争相报道和邀请的焦点；佳木斯的时尚杂志《爱尚》将中心所的理财经理作为首期杂志“创刊号”的明星隆重推出，给杂志社和工商银行都带来了良好的社会影响；佳市的多家电台也争相邀请中心所的各位理财精英走进直播间，为三江大地的听众答疑解惑，如今已开辟长年固定的理财专栏，成为广播电台的一项明星节目。

几年来，中心所始终走在金融改革和发展的最前沿，通过不懈的努力，优质客户群体日益壮大，经营成果与日俱增，超强的综合竞争能力不断显现，真正的成为了佳城金融行业的佼佼者，由贵宾理财中心升格为财富管理中心，成为全省工行金融网点的领军人物。勇敢创新，勇于争先的中心储蓄所，不仅拥有光荣的历史，还有光辉的现在，也更加满怀信心的迎接光明的未来。

哈尔滨和兴路储蓄所

哈尔滨市和兴路储蓄所位于哈尔滨市南岗区和兴路108号（和兴路地区的中心地带），始建于1964年，隶属于中国工商银行股份有限公司哈尔滨和兴支行，是一个有着优良传统和光荣历史的多功能超大型储蓄所，多年来和兴路储蓄所坚持营造和谐氛围，以构建“和谐工行”为目标，以“团结、协作、奋进”为网点的服务理念，时刻牢记我行“以客户为中心、以市场为导向、以效益为目标”的经营理念，截至2008年年末，和兴路储蓄所人民币存款余额已达14亿多，外币存款余额200多万美元，拥有客户总数14亿多户，经营数十种金融理财产品以及代理业务，并先后赢得数个荣誉称号。

优质高效的服务工作是赢得优质客户的重要前提。和兴储蓄所在日常工作中严格遵守服务基本规范，做到“八要九不十做到”。在服务的过程中，和兴路储蓄所的员工坚持“二个形象”即注重工行在社会上的形象、员工在岗位上的形象；“三个创”即工作创一流、服务创最佳、安全创第一；“四个中”即脑中道德规范、口中文明用语、心中网点客户、手中熟练技术。将这些时时刻刻运用在日常的工作中并在网点开展“每周一星”的评选活动，进一步激发员工爱岗敬业、勤奋工作的热情。自成立以来，和兴路储蓄所不断深化优质服务工作。从最初的微笑服务、便捷服务发展到现在的以实践“科学发展观”重要思想为力量源泉，完善制度体系、规范服务程序、提高服务质量，从优化服务环境、拓展服务内涵，发展到提高队伍素质、实施诚信服务，确立了建设“学习型”、“创新型”、“奉献型”网点的经营思路，留下了不断在创新中发展的坚实足迹。在同业竞争激烈、储源严重分流的情况下，和兴所始终坚持外树形象、内强素质，为满足客户需求为目的，除了要抓星级服务拓展业务，还要抓内部管理，和兴路储蓄所认真制定目标客户营销策略，充分利用“四个产品包”组合（即工薪阶层群体、大中专院校学生群体、个体经营

商户群体和中高知识分子群体）、五级联动营销体系（即客户经理——客户经理小组——所主任——部经理——行长逐级联合营销）和四级维护体系（即行长、部经理、所主任以及客户经理分级别维护），有力地提高了整体的营销力度，使客户从心理上获得了满足感和重视感，正是以这种优质服务赢得了客户，赢得了存款。在得到广大客户的认同和满意的同时，和兴路储蓄所先后赢得了“全国百强所”、“青年文明号”等多项荣誉奖项。

2005 年和兴所经过全新的装修改造以来，面貌焕然一新，设施齐全、环境优美，突出了人性化特点；大厅音响系统，播放着轻柔的音乐，为客户提供温馨、惬意、愉悦的精神享受。自此储蓄所营业面积扩大到 660 平方米，升级为贵宾理财中心，进一步增加了服务功能，不再是以往单一的现金服务柜台，按总行 4.0 版本中“客户分层、网点分类、功能分区、业务分流”的原则，和兴路储蓄所贵宾理财中心细划为六个区，分别为贵宾服务区、理财服务区、自助服务区、现金服务区、客户休息区和电子银行演示区。目前和兴路储蓄所对外服务窗口 12 个，开办的业务种类齐全、品种繁多，目前可以办理本外币储蓄存取款业务、个人贷款业务、个人理财业务、个人资信证明业务、个人结售汇业务等业务。规划功能分区后，既能使贵宾客户得到优先服务的同时，又能满足普通客户的需求，既能够有效分流低效客户和低效业务，明显优化业务流程，又能集中精力为目标客户提供个性化、差异化服务。其中专属贵宾服务区内已具备了客户休息区、现金服务窗口、非现金服务窗口、两个贵宾理财单间，以及两个洽谈室，不仅为客户提供舒适的休憩空间，还摆放了影碟机和彩电，打造舒适、轻松的氛围。普通客户服务区设置了咨询区、现金服务区、非现金服务区、自助服务区及电子银行演示服务区。利用理财区和贵宾区为中高端客户提供优质高效增值服务，利用非现金区为客户办理无需现金的转账交易和咨询业务，利用电子银行服务区高速的网络和先进的设备轻松获取金融资讯，快速办理各项交易，利用自助区分流小额存取和转账、缴费等简单交易和低端业务，方便快捷，轻松惬意。

“工欲善其事、必先利其器”，和兴路储蓄所贵宾理财中心，拥有一支团结、敬业、求实、高效的理财师队伍。他们讲究诚信，经验丰富，业务精湛，其中有 5 人通过中国理财规划师（AFP）的资格认证，9 人取得基金从业资格证书，全员通过个人理财产品认证资格考试以及保险代理人从业资格证书。这样一支年轻而进取的团队，凭借和兴路储蓄所的专设理财场所，构建了高端客户的服务平台，本着专业、用心、规划美好人生的精神，秉承“尽心尽智，为您独享”的服务理念，实现客户的财富人生！

经过和兴人共同的努力，截至 2008 年 12 月 31 日，和兴路储蓄所人民币存款余额 147347 万元，外币存款余额 278.64 万美元，拥有客户总数 144423 户。实现人民币储蓄存款较年初纯增 14416 万元；实现个人中间业务收入 285.2 万元，代理基金 6156 万元，代理保险 1633 万元，代理人民币理财产品 24450 万元。

创建最优核心竞争力网点

——湖北省分行营业部硚口支行营业室

硚口支行营业室位于武汉市硚口区中山大道 3 号，地处两江交汇地，四通八达，交通便利，现有员工 33 人。自 2006 年 5 月成立以来，该网点以“创建最优核心竞争力网点，打造财富中心”为经营理念，立足自身地理、人事管理优势，着重营销体系的完善和队伍管理建设，始终把产品营销工作和优质文明服务工作摆在网点建设的首位，使得网点业务高质、快速发展，中间业务结构和客户群体不断优化，2008 年底正式升级为贵宾理财中心。

自成立以来，该网点先后被总、省行授予 2006 年度最佳个人理财中心、2007 年度理财产品“双赢”营销竞赛优胜网点，2007 年度“代理销售长城人寿保险先进单位”、2007 年度省级“青年文明号单位”、2008 年度“个人金融业务先进集体”、2008 年度太康“3＋2 保险理财计划”主体营销优胜网点等荣誉称号。2008 年末，全年净现金流量 8800 万元，其中储蓄存款净增 5500 万元，各类理财产品净增 3300 万元；新增理财金客户 843 户。2009 年 3 月末，该网点实现个人金融业务净现金流量 1.48 亿元，由年初的 27 位跃居营业部第一位；其中，储蓄存款余额达 6 亿元，净增 1.78 亿元，在营业部排名第一位。回顾该网点的经营历程，其个人金融业务的快速发展主要得益于以下几个方面：

一、明确业务重点，实现业务协调发展

明确业务重点，注重考核网点日均存款，做大做强个人理财产品，实现了业务的协调发展；加强公私业务协同营销，通过对公公务卡项目与单位代发工资项目协同营销，不断扩大信用卡和E通卡的发卡量，并从中发掘潜在优质客户，转化为理财金卡客户。2008年，通过对财政代发项目的协同营销，有效扩大了财政单位在我行的工资代发市场份额，稳定了我行与财政局良好的长期合作关系，该项目实现新增灵通卡近8000张，电子银行配套产品近4000户。

二、转变传统观念，扎实开展“全员办个金”

面对众多金融产品，该网点一方面强化客户经理营销技能培训，认真做好基础金融产品营销，特别是做好对稳得利、基金、保险、理财金卡、信用卡和U盾等产品的营销工作，同时，通过“晨会、周会、例会”等三会制度将营销理念扎根在每一位员工心中，实行高低柜间的轮岗制度，即在一个网点内，现金业务、会计业务、对公结算业务、财政国库业务轮岗学习，使一个综合网点的全面业务人人能做，人人是能手，真正做到人人敢营销，人人会营销，“全员办个金”的理念深入人心。

三、紧盯目标客户，不断提升市场竞争力

网点紧盯目标客户群，首先不断壮大存量客户规模，夯实业务基础。2008年，该网点个人理财金客户净增833户，牡丹灵通卡数净增11202张，个人电子银行客户净增5400户。其次细分客户，实现分层分类维护。支行充分利用个人客户信息系统，对客户进行筛选、分类，加强分析，制定个性营销方案，实行重点产品覆盖，今年以来，合计新增理财金账户客户762户，个人优质客户数量快速增，市场竞争力有效提升。

四、增强服务意识，切实提高客户的忠诚度

“谁能体谅站在柜台外面客户的心理，谁就赢得了客户”，这不仅是硚口支行营业室的服务箴言，更是硚口支行营业室的营销理念。秉承着这个原则，该网点全体员工“想客户之所想、急客户之所急”，在柜面服务中，用自己特有的热心、耐心、贴心服务感动了每一位前来办理业务的客户；在产品营销上，充分考虑客户实际需求，致力于客户资产的保值增值，致力于产品的合理搭配，获得了客户的认可，稳定了一批优质客户资源。

“泰山不拒细壤，故能成其高；江海不择细流，故能就其深。”硚口支行营业室就是这样一个在制度上严格把握、在发展中不断创新、在细节上精益求精，在平凡中不断闪耀着璀璨光芒的涓涓细流，而这条细流也必将汇入大海，成就壮丽的波澜！

不断发展壮大的“楚天第一所”

——湖北省分行营业部青山十九街支行

青山支行十九街支行地处武汉市青山区和平大道1538号，现有员工28人，是一个具有近50年历史，享有“楚天第一所”之誉的大所；是湖北省现金流量最大、业务品种最全、服务项目最多的综合性网点。2008年，青山支行将十九街坊储蓄所和支行营业室进行整合成为十九街支行，并由原来的贵宾理财中心升级为青山区财富中心。

自成立以来，该支行以每年增存超亿元的速度，跃为全省工行第一大所并跻身于总行百强所，并创造了建所以来无违规经营、无案件、无重大差错的“三无”记录。近年来，该网点先后被总行授予2001年度“全国百强储蓄所”、2002年度总行级“十佳营业网点”，被省分行授予2001年度“十佳储蓄所”，2008年度“最佳个人金融网点”，被营业部授予2006年度“营业部先进单位”，2007年度“个人金融业务工作先进网点”、2008年度“个人金融业务工作先进网点”等多项荣誉称号。2008年末，全年净现金流量3.01亿元，其中储蓄存款余额突破14亿元，净增达2.23亿元；各类理财产品累计销售10亿元，净增7700万元；新增理财金客户620户。该行各项主要指标均在全行200个营业网点中名列前茅。回顾该支行的经营历程，其个人金融业务的快速发展主要得益于以下几个方面：

一、加强业务培训，打造营销精兵强将

支行定期对员工进行多层次的培训，通过一系列金融产品知识培训、礼仪服务培训、业务操作流程的培训，不断提高员工的营销技巧，规范业务服务流程；致力于组建以大堂经理、理财经理、柜员组成的联合营销团队，真正做到“进门的客户一个都不放过，没进门的客户要给淘出来”；致力于建立专业化的理财团队，目前，已拥有一支由AFP和CFP组成的专职理财经理队伍，提升了支行整体竞争实力。

二、合理分层分区，创造一流服务环境

通过强化硬件设施，打造优雅温馨的服务环境。支行认真按照总、省行网点分层分类服务要求，着力打造“以人为本，细致入微”的五星级服务环境，将网点内部分为咨询休息区、现金服务区、非现金服务区、自助服务区、电子银行示范区、贵宾理财中心等区域，同时通过标示牌明示、大堂经理引导的方式对客户进行分流，真正实现了业务分区、客户分流。

三、紧盯目标客户，开展业务综合营销

支行始终坚持“以客户为中心”，通过对PBMS系统的客户群分析，锁定目标客户，密切关注客户资产变动情况，

制定定向组合营销方案，开展理财讲座及大型贵宾客户联谊会，充分发挥理财经理的专业优势，及时建议客户调整资产结构，为客户合理配置不同收益的理财产品，分散客户投资风险，赢得了客户的信赖，提高了客户贡献度。分析潜力客户，挖掘客户个人金融需求，加大对产品的分析与引导宣传，培养和激发其潜在的理财需求，逐步发展为优质客户。

四、强化品牌宣传，不断扩大市场影响

支行立足市场，主动营销，成立“走进社区，共创和谐”的营销宣传小分队，充分调动员工的积极性，走出柜台扩展市场。联合街道、社区、企事业单位、电视台进行上门整体营销宣传，举办理财讲座。架起一座银行通往社区的桥梁，满足现代城市生活中社区人个性化、多元化、网络化的金融需求，有效提升了支行市场知名度，获得了良好的社会效应。

“追求卓越、勇于创新”，青山十九街支行正是凭着“好风凭借力，扶我上青天”的豪情，在市场竞争日益激烈的形势下，充分发挥个人零售业务主阵地作用，用专业、高效、优质的服务赢得了客户、赢得了市场，并将在未来的发展中，继续秉承“永不言败”的精神，力争在竞争中立于不败之地。

湖北襄樊襄城支行营业部

中国工商银行襄樊襄城支行营业部位于湖北省襄樊市襄城区西街2号，地处襄阳古城中心商业区，成立于1986年，2000年由襄城南街8号迁至现址，是襄樊目前最大的综合性银行网点之一，首批总行级贵宾理财中心，现有员工31人。近年来，该部以贵宾理财中心为依托，以打造襄樊最佳银行网点为目标，不断加快硬件升级，优化服务流程，强化客户维护，深化内部改革，各项业务得到快速发展。至2008年末该部储蓄存款余额达46888万元，比年初净增7933万元，人均增存256万元；客户规模达57500户，其中中高端客户3600户，比年初增加698户；全年实现基金销售18573万元，理财产品销售4929万元，代理保险销售770万元，品牌金销售5.08千克，纸黄金销售71.4千克；储蓄存款净增额、基金销售额、理财产品销售额、品牌金储蓄额、中高端客户增长数均居襄樊市工行系统各网点之首。2008年还先后被评为“湖北省银行业文明规范服务示范单位”、中国工商银行湖北省分行“最佳个人金融网点”、中国工商银行襄樊市分行“个人金融业务十佳网点”。

践行科学发展观　加快经营转型　全面提升网点竞争力

——湖南娄底兴城支行营业部

兴城支行是湖南娄底城区扁平化改革后的一级支行，下辖一个营业网点，在岗员工36人。近年来，针对日趋激烈的金融市场竞争，紧紧围绕“以客户为中心”的经营理念，践行科学发展观，加快经营转型，提高核心竞争力，实现了各项业务的协调、快速发展；特别是个人金融业务，在2008年一季度娄底市分行个人金融业务竞赛中取得综合评比第一的好成绩。至12月末，各项存款67375万元，较年初增加18803万元，其中储蓄存款余额25864万元，较年初增加9837万元，增幅达61.4%；累计办理灵通卡11392张；净增理财金账户378户；开立个人网银4640户、企业网银80户；销售理财产品17162万元；发放个人贷款3701万元。荣获中国工商银行总行优质文明服务先进单位、全国银行业协会和湖南省银行业协会文明规范服务示范单位称号。

一、加快经营转型，增强可持续发展能力

（一）抓员工观念更新，树立转型意识

为掌握个金业务营销主动权，实现经营模式的战略性转变，从帮助员工转观念入手，采取正面引导、学习取经

等途径，帮助员工树立转型意识。一是工资收入的增长靠转型业务争取。扁平化改革后，内外竞争激烈，如果不进行业务发展转型，仅仅依靠原有的传统业务，员工的工资增长难有保障。二是向市场要收入。不进行业务发展转型，不走向市场就只会走向死亡，既然迟早要走这一步，与其被动适应不如主动面对。三是树立全员营销理念。不论是柜员、客户经理、综合员还是行级领导都是营销员，其工资奖金都得靠客户、靠市场。上述理念的灌输，对网点员工进一步树立转型意识起到了潜移默化的作用。

（二）拓展电子银行业务，抢占银行业务制高点

该行始终将拓展电子银行业务作为竞争客户的“撒手锏”，以营销电子银行抓来新生客户。利用网银优势，推广了烟草在线代扣、银税通、银证通、银财通、代发工资等业务。为努力扩大电子银行营销战果，谋求代理业务新的突破，利用网银代缴话费、批量代扣学费取得突破。积极争取电信、移动和联通三大电信营运商网银代缴话费的主要经办行。在网银代缴话费营销活动中，临街摆摊设点，发放宣传折页，上门演示网上银行业务，有力地促进了工行网银代缴话费业务，提高了电子银行的动户率。湖南人文科技学院的学费长期以来以收取现金为主，银联 POS 刷卡为辅，该行则把网银作为向该校营销的重要手段，行领导带领客户经理反复上门宣传和业务操作演示，消除了使用网银结算不安全的担忧，同意网银批量代扣学费，今年秋季新生学费代扣面达90%，金额2000 余万元。同时，以同样的营销方式吸引了其他一些规模较大的职业学院的学费批量代扣。今年以来新开企业网上银行 80 户，个人网银 4640 户。

（三）开展“预约”服务，适时营销理财产品

该网点理财金客户较多，资金流量大，但客户理财意识差。为充分发挥理财网点理财功能，平时在对大客户进行关系维护时，就特别要求对客户资金增值意识、投资风险偏好、资金流动规律等进行了解，建立理财产品销售预约制度。每当新产品面世，先对员工进行新产品培训，掌握产品的特点、优势和赢利评估，以卖点启发员工，然后通知预约客户到柜台或通过网上银行购买。通过一个产品一个方案，一个产品全员营销，理财产品营销潜力得到充分挖掘。如“灵通快线”产品销售不仅数量上取得大的突破，达到 12000 万元，更重要的以其流动性强得到了不少大客户青睐，既稳住了老客户，又发展了新客户。

（四）支持和培育优质客户，突出营销幸福贷款

为提升“幸福贷款”的品牌知名度，更进一步扩大资产业务，该行精心制订实施方案，组织市场营销；认真分析市场，有针对性地制定工作措施；确定营销第一责任人，找准市场定位，积极拓展优质客户群体。今年以来，瞄准市中心房地产开发优秀楼盘，着力营销个人住房按揭贷款，已建立合作关系正在发放个人按揭贷款的存量楼盘三个，发放个人按揭贷款 1600 余万元，正在审批的 500 万元，还有正在申请建立合作关系的纯按揭项目。其中一项目在他行开立基本结算户，总投资 7400 万元，预计按揭资源 6000 万元。通过该行坚持不懈的努力，开发该项目的房地产公司已从他行销户，与该行建立按揭贷款合作关系。今年以来共发放个人经营贷款、个人按揭贷款等 3701 万元，新增贷款不良率为零。

二、整合资源优势，推进个金产品一体化营销

（一）举办“理财沙龙”，招揽大客户

利用理财中心软、硬件设施的优越条件，广泛联系和发动客户举办“理财沙龙”活动，今年以来举办上规模的“理财沙龙”4 次，邀请国际理财师进行理财讲座，邀请基金公司的专业经理人士进行基金知识讲座。通过举办“理财沙龙”活动，不仅巩固了原有的理财金大户，且从涟源、双峰、新化等地和他行挖转如煤炭、建材、房地产等个金大客户 62 户，其中日均储蓄存款 1000 万元以上 2 户，500 万元以上 5 户，共揽存款 5200 余万元，销售理财产品 11000 万元。

（二）开展“上门演示”，向结算账户要个金效益

为有效地推介工行金融产品，该行把每一个企业、每个会场都作为重要的营销阵地，行领导带领客户经理到烟草公司、石油公司、移动公司（他行客户）、新一佳超市、湖南人文学院、娄底职业技术学院（他行客户）、国土局（他行客户）、文化局等行政、企事业单位，上门举办产品推介会，向结算账户渗透个金产品营销，今年以来场次达 30 多次。通过幻灯演示向参会人员重点介绍牡丹信用卡、网上银行、基金、灵通快线、纸黄金、品牌金等理财产品，网上代缴电话费，网上购物等快捷方便的网上付款方式，有利地促进了电子银行业务的发展。通过上门演示活动，争取了娄底仅有的两所高校大学生灵通卡、信用卡、个人网银业务，实现了公司业务、个金业务一体化捆绑营销和深度营销。今年大学生灵通卡开户 5600 余户，个人网上银行新开户 2010 户。同时，通过开展“千家万店进工行”挖转他行优质客户 50 多户，其中注册资金 1000 万元以上的 4 户，结算资金 4000 余万元。营销信用卡 1200 多张、个人网银 3400 户、新增代发工资 35 户。

（三）实施“联动营销”，争夺全市第一单“企业年金”

该行得知劳动部门企业年金政策和娄底烟草公司有建立企业年金意向信息后，行级领导与专职客户经理频繁上门了解各方信息，及时将公司有关动向上级行报告，争取上级行业务专家多次到烟草公司进行政策宣传和业务指导，专职客户经理则长驻公司主动积极协助做好前期准备工作。通过省、市、支行三级联动，成功争取了娄底第一家企业年金落户我行，进一步提高了烟草公司对我行的贡献度。

三、打造精品网点，提升个金产品核心竞争力

（一）科学布局，提升网点辐射功能

娄底是煤老板、建材老板集散地，这方面的理财金客户居多，为给他们提供一个良好的环境，同时吸引更多大客户。利用网点在市中心的地利优势，该行积极申请建设了贵宾理财中心，中心从满足客户需要进行设计，硬件设施完善。一是服务分为上、下二层结构，一楼承办普通客户业务，二楼办理大客户和理财金客户业务，保证了理财

金账户与普通客户的差异化服务。二是分别设有自助服务区、电子演示区、业务宣传区及室内、外电子显示屏，在自助服务区装有ATM机，存取款机；在电子演示区配备电脑，满足客户自助办理银行业务；在营业大厅安装有闭路电视，摆放了绿色植物。所有的布置彰显营业环境和谐、实用、温馨，成为当地一道亮丽的风景。理财中心营业后，不仅吸纳了娄底各县、市的大客户，还辐射长沙、邵阳等地，今年以来新开理财金账户400余户。

（二）优化业务流程，不断提高服务效率

为了吸引更多新的优质客户，一是实行行级领导坐班制，行长、副行长分期将办公室前移营业间，充当大堂经理，第一时间了解客户需求，第一时间解决服务问题。二是“一站式”、“全方位”服务，注意发挥客户经理、大堂经理和柜员联动服务作用，向客户提供“一站式”、“全方位”服务。三是建设服务绿色通道，认真地研究服务工作的特点和服务对象的个性，有针对性地为客户开辟结算、融资等金融服务绿色通道，贴近客户需求。四是岗位配置优化，上下二层楼分别配置了业务全面、服务质量和个人形象突出的员工为专职大堂经理，配置了AFP理财经理2名、职业理财规划师5名，CFP理财师1名（市分行挂点），各岗位员工整体素质较高。有效的关系维护，高层次的服务吸引了大量高端优质客户，使贵宾客户稳中有升。

（三）开展服务质量评价，服务好客户

为加强和改进服务质量，率先实行服务质量评价电子系统对员工进行考核评价，推进服务标准化建设。在活动中注重抓典型教育，凡获得客户好评的员工给予物资和精神鼓励，对反面典型，由行级领导进行谈心和警示教育，并密切注视整改情况，严惩重犯。活动的开展不仅推进了服务标准化建设，也着实增强了员工服务意识和责任心。

四、坚持依法合规经营，保持业务健康发展

（一）抓制度学习和技能培训，推动业务高质量发展

为在业务发展中实现零风险，该行认真开展学规定、促合规教育和业务技能培训。一是组织全行员工学习《员工违规行为处理暂行规定》，谈体会，写心得，提高案防意识和自我保护能力。二是坚持岗位练兵。定期不定期组织一线操作人员数钞、翻达传票、打字等技能，组织客户经理分专业交叉操练各自业务流程和营销宣传技能，以提高全员业务技能。三是鼓励员工参加银行的各种知识、技能比赛，对在比赛中取得名次的选手予以重奖，使之不断提高业务知识水平和解决问题的能力；营业经理在湖南省分行营业经理业务技能竞赛中再次获得2个单项第一和1个第三的好名次，我行的营业经理代表湖南省分行参加全国营业经理业务技能竞赛。通过加强员工技能培训全面提升员工业务素质，进而提升业务处理质量和效率，大大降低操作风险的同时提升了金融服务的专业水准，提高了银行声誉。

（二）强化履职，严把操作风险关

该行始终把实现零差错、零案件作为内控重点，进一步完善内控案防制度，层层签订案防责任状，确保实现“双零”目标。一是高度重视营业经理履职。要求营业经理对核算质量、操作风险点掌控进行全面管理，对营业经理的工作给予大力的支持，在绩效待遇上给予重点倾斜。二是建立“三位一体”监控体系。主管行长、营业经理加强监控，柜员自控和互控，作到公开管理，共同监督，保证了会计核算质量。三是强化内控管理奖惩考核，防止违规操作。根据《内控管理考核办法》，实施《零差错考核办法》，对违规人员加大处罚，对零违人员进行奖励，对提高核算质量效果显著，业务差错率在系统内最低。

（三）开好“三会”，及时解决问题

坚持每月召开由行级领导、营业经理、客户经理参加的“三会”，将员工思想动态分析作为重中之重，发现和掌握员工的不良倾向，从各个层面分析和解剖问题的根源，研究、部署解决办法和措施。对员工思想上存在的问题，视轻重程度由各组责任人和行级领导分别谈心，及时消除员工不良情绪。

加快转型，科学发展，娄底兴城支行将以此为新起点，用更高的标准、以更高的要求激励员工，用更好的服务回馈客户，取得更好的效益。

延伸中谋发展　管理中求突破

——湖南湘阴支行个人金融网点营业间

“5.17”世界电信日，网上代缴话费业务演示

湘阴支行营业间位于湘江之滨的湘阴县城繁华商业区，现有员工17人，平均年龄34.6岁。从2008年开始，这个连续三年各项存款出现负增长、连续五年综合排名处于市分行所辖网点下游、连续多年各项存款同业占比处于全县倒数第一位的营业网点，通过不断拓宽发展领域，加强内部管理，逐步摆脱严峻的经营困境，在短短一年时间内发生了翻天覆地的变化，各项业务不仅遏制了下滑局面，反夺取当地同业和分行同类网点增量占比的首位，以“存款最大、功能最全、服务最好、荣誉最多”的骄人业绩成为当地同业中的一面旗帜。至2008年四季度末，该网点实现营业总额38834万元，比去年同期增加28908万元；各项存款余额达45726万元，较年初新增15350万元，同比多增11298万元，储蓄存款新增8168万元，比去年同期增加6795万元，其中：营业间实现营业总额33397万元，全行占比86%；各项存款新增11052万元，全行占比72%；储蓄存款新增6208万元，全行占比76%；完成基金销售5736万元，全行占比96%；销售理财产品14704万元，全行占比91%；完成银保通3044万元，全行占比81%；新增个人网银2751户；新开银行卡5130户；新增理财金账户154户，新增信用卡客户1588户；累计发放个人贷款4132万元；签订理财服务协议22户；个金实现中间业务收入192万元；员工月均绩效收入比去年翻两番。这些鲜活的数字，良好的业绩，凝聚着全体员工的无数心血和汗水，也记载了湘阴支行营业间从慢到快，由弱到强的不同寻常的发展历程。

一、正视经营困境，凝聚发展合力

过去，营业间由于多种原因和矛盾的交织积淀，人心涣散，业务发展水平和综合竞争能力滞后，各项经营指标落后于分行其他同类网点，在湘阴县不敌其他商业银行，市场份额逐步萎缩，社会声望下降，公众形象走低。为了彻底扭转局面，支行新上任的刘应林行长多次召开个金业务发展专题会议，针对营业网点的薄弱环节，采取了一系列措施：

一方面，行长与挂点行长带领营业间负责人深入实际，通过与员工座谈，鼓励员工齐心协力、焕发斗志，抢抓机遇谋发展；与企业对话，传递双赢思想，承诺服务，密切银企关系；与政府沟通，增进相互理解，取得政府支持。通过了解员工所盼，企业所需，政府所望，支行经营理念从根本上实现转变和突破。另一方面在人力上加大对网点的支持力度，选派了业务能力强、工作认真负责、真抓实干的年轻行领导挂点营业间；通过全行公开招聘，聘任了一名业务素质高、工作能力强、责任心重的同志担任营业部主任；网点配备了两名专职个金客户经理和一名电子银行、信用卡专职客户经理。同时，营业间在合理安排、确保正常营业的前提下，组织一线员工到兄弟行学习取经，利用周末晚上开展丰富多彩的员工活动，既增强团队精神，激发斗志，也缓解了压力，放松了心情。此举不仅员工面貌焕然一新，同时该网点也不断加强对外宣传工作，提升网点竞争形象：营业大厅通过不断改造，常规的办理存取业务的区域成了偌大的一个“金融超市”，自助服务区、理财区、电子银行区、贵宾室、客户休息区等错落有致、井然有序，特别是电子银行区域成为该网点弘扬现代银行经营理念，展示高科技的重要窗口。为了进一步宣传推广引领金融发展的工行新产品，在该网点的外墙上，大幅的宣传文化墙醒目地介绍着工行产品，柜面摆放着宣传折书，走进网点，随处可以看到工行产品的相关介绍。该网点员工个个是工行的产品宣传专家，不仅能针对不同的客户采取不同的方法宣传推介，同时，一名电子银行专职客户经理，两名个金产品客户经理分别服务在电子银行服务区和理财区，随时将最适合的产品以最适合的方式，提供给每一位需求的客户。

二、实施延伸战略，拓宽业务领域

为了提升网点的综合竞争力，支行新的领导班子认真分析了金融同业和当地经济发展现状，提出了“在巩固县城业务发展优势的同时，跳出县城区域，致力拓展农村金融市场”的经营方针。“思路宽则天地广”，湘阴支行营业间在构建现代商业银行的经营理念指引下，跳出传统单纯增加存款的经营模式，从封闭的金融柜台里面走出来，在传承中拓宽了思路，以营销高附加值金融产品为重点，不断延伸和拓展业务领域，向提高综合效益与社会效益的经营方式迈进。

一是把握县域经济特点，实施乡镇争揽战略，延伸业务市场。湘阴是一个农业大县，随着农业机械化的推广和生产技术的提高，大量的农村劳动力得到了解放，纷纷外出务工，这些打工族，每年可为湘阴带来2亿多元的劳务收入。为了充分挖掘这份储源，营业间利用春节大量湘籍外地工作人员返乡探亲的大好时机，将目光瞄准农村金融市场，利用电子银行等业务在同业中的超前优势，广泛开展业务宣传活动，开展送电子银行下乡，抢占虚拟优质市场，进一步提高我行的知名度，并在营业场所为外出务工者提供快捷办理存、取款业务的绿色通道，争取到了这一潜力巨大的业务市场。

二是主动出击，有针对性加大对失地农民征地款、拆迁款、移民安置款的营销力度，延伸客户市场。近年来，由于湘阴城市发展的需要，部分农民因城市开发失去土地而得到补偿，这种补偿往往因为数额极大而成为各行积极营销的对象。今年4月份，湖南顺天房地产开发公司在湘阴静河乡投入30亿元开发房地产项目，向静河乡农民支付的征地拆迁款高达5000多万元，此笔拆迁款大都在中行开立了个人储蓄活期存单。为了挖转该笔存款，营业间采取了迂回作战的方法，加强同当场乡镇党政“一把手”的沟通，大力公关。由于此笔拆迁款是通过当地村委会发放到户，营业间主任和个人客户经理多次下乡，积极与村干部沟通，并由村干部带领到农户家进行营销，同时协助拆迁大户到中行办理存单销户，然后到支行办理存单开户的具体手续。“精诚所至，金石为开”，工行的服务和诚意终于获得了拆迁户的信任和赞赏，经过不懈努力，终于将该乡2000万元拆迁款转入了该行营业间。

三是依托公司业务发展个人金融业务，延伸客户资源。把重点企业的高管人员发展为理财金账户，提高理财金账户营销效果；产品营销走“传统+新兴”道路，把传统业务作为新兴业务发展的载体，组合融资顾问、财务顾问、现金管理、电子银行、保险、基金等产品，实现捆绑营销，增强新兴业务的营销效果。

四是实物网点营销与虚拟网点同步，延伸服务渠道。在发挥实物网点营销主力军作用的同时，大力发展离柜业务。营业间成立了电子银行业务营销演示小组，利用休息时间定期到企业开展营销演示宣传活动，宣传介绍工行电子银行的产品优势，并对产品的安全性进行详细的讲解，今年以来，共上门举办营销演示会十余次。如5月17日演示小组利用“世界电信日”的机会，借助电信、移动、联通宣传平台，设立业务宣传咨询台，宣传工行电子银行代缴话费业务、网上银行业务，并向前来咨询的市民进行宣讲和分发宣传资料，介绍工行个人网银的功能，并逐一演示了网银的操作，解答相关业务咨询，得到了客户的好评。

五是全面拓展信用卡业务。过去，支行在发展信用卡业务中，将银行卡业务主要定位在管理上，从而在一定程度上形成了“重管理，轻营销”的偏差，信用卡业务虽已历经十余年，但客户保有量很少，与其拥有的庞大优质客户群体形成强烈反差。鉴于此，今年来，支行按照省行信用卡“三进”的原则，一方面重新定位，变管理为主，为管理与营销并重，另一方面在对区域市场进行全面调查细分的基础上将全县财政拨付工资的公务员、教师、医务人员共18000人全部锁定为目标客户，同时突出重点，将农村基层干部、农村中、小学老师作为重点营销对象。为保证信用卡营销工作的顺利进行，部分员工放弃休假，深入农村上门服务，进行营销。同时营业间组织员工加班加点，进行信用卡的前台录入工作，有时加班到深夜，第二天又照常工作。由于全体员工的努力，信用卡营销取得了骄人业绩。1~9月份，新增信用卡客户988位。

三、推行功能创新，提高服务效率

服务工作关系到全行的经营发展，关系到每一个员工的切身利益。今年以来，营业间始终把优质服务作为主行、固行、强行之本，以客户为中心，加强服务管理与创新，努力提高服务效率，着力在提高客户满意度上实现新的突破。

一是强化服务硬件建设，搭建优质服务平台。今年该网点争取省市行的支持对24小时自助区进行装修改造，更新服务终端9台，新增自动存取款柜员机1台，登折机1台，壁挂式电视机1台，电子利率牌1块，设立了客户休息区，增加了服务项目引导机等，网点粉刷一新，窗口亮化美化，给客户营造了一种“舒畅、整洁、和谐”宾至如家的感觉。

二是着力解决客户排号等候时间长的问题。由于该行是湘阴支行的老网点，客户多、排队等一直是老问题，对此，该网点下大力气进行改革：一方面充分发挥大堂经理作用，多渠道分流客户，对一般存取款、登折、查询等业务引导其在自助区自行办理，同时，利用营业大厅网上银行演示设备，在广大客户中推广使用网上银行和95588电话银行，实现不同需求的客户分流，努力减轻柜面业务压力；第二是现场识别高中端客户，引导其到营业间贵宾专属服务区，享受我行贵宾至尊的优质服务；第三是合理调配柜面资源，做到分时段分配柜员午餐时间，在节假日前、代发工资等业务繁忙的时段，根据客流情况实行“弹性工作制”和“弹性窗口”。

三是加强对客户经理的营销管理。客户经理是工商银行各项业务营销的主力军和先锋队，客户经理队伍作用的发挥，直接影响到银行各项业务发展业绩的好坏。为充分调动客户经理营销积极性，营业间采取有力措施，加强客户经理队伍管理：第一是每周定期召开客户经理业绩分析会，由客户经理汇报上周工作情况，针对工作目标找出差距，提出本周工作目标及措施；第二是针对各客户经理之间营销业绩差距较大的状况，采取“激励先进、鞭打慢牛”的方法，明确规定客户经理每天要汇报营销业绩，使工作业绩较差的客户经理明显感受到压力，切实改变了个别客户经理工作作风散漫的问题；第三是营业间将存款在50万元以上的个人优质客户名单分发给个人客户经理，进行一对一的贴身服务，客户经理必须每周进行一次短信问候，每月进行一次上门服务。对存款100万元的个人优质客户，每周进行一次定期走访，并将他们的具体要求及时反馈到营业间。

四、健全管理机制，激发营销潜力

管理出效益。有效的管理工作是稳健经营和可持续发展的根本保证。该网点在抓业务开拓的同时，通过不断加强内部管理工作，确保了业务发展沿着有序的轨道不断推进。

一是规范服务管理，强化服务标准。营业间从员工的精神面貌，规范服务用语、仪表入手，制定服务工作考核细则，使每个员工接待客户“有礼、有节、有度”，让客户得到温馨的服务；为提高临柜员工的业务素质和服务水平，营业间开展了“五比五看”优质服务竞赛活动。把“比服务态度好，看客户满意率；比工作质量好，看业务差错率；比劳动纪律好，看违规占比率；比员工形象好，看着装带牌率；比环境卫生好，看舒适宜人率”作为竞赛内容，内部制订了“竞赛办法”和“考核细则”，成立了检查考核小组，做到了每周有检查、每旬有考评、每月有奖罚，奖罚款项每月兑现到员工绩效工资之中。

二是健全绩效考核机制，挖掘员工潜力。该网点先后制定了《一季度开门红劳动竞赛考核办法》、《“双过半”劳动竞赛方案》、《营业网点柜员绩效考核办法》等一系列的考核、考评措施，将市行下达的指标，层层分解落实到员工，并以市分行考核办法为基础，进一步细化激励机制和奖惩措施。将营销任务考核与员工的绩效工资及奖励紧密挂钩，实行重奖重罚。凡完成产品营销个人任务的，营业间按市行计价标准不折不扣奖励到个人外，还根据每月营销重点，对产品实行加价，如一季度突出储蓄存款旺季大会战，对个人揽储以市行产品价格标准的两倍兑现；凡未完成任务部分，按照产品价格的半额给予处罚。同时在考核中，讲求公开透明，每次计算的初步结果下发到每个员工，要求每位员工核对签名，有疑问的把情况收集上报，真正让员工安心工作，明白拿钱。通过考核，充分调动了员工工作主动性和积极性，为各项指标的完成提供了强有力的保障。

三是加强内控管理，为业务保驾护航。为有效控制和防范风险，提高内控管理水平，该网点要求每名员工在工作中严格遵守业务操作规程，熟悉每项业务和每个操作环节的风险点和操作要求，确保各项业务规章制度落到实处；同时坚持违规行为严格依照《中国工商银行员工违规违纪处罚条例》落实每项违规行为的处罚。使每位员工都自觉执行各项规章制度；第三是关注员工的思想行为动态分析。通过谈心等方式了解员工思想动态，将对员工思想行为的管理延伸到八小时以外，做到早发现问题，把案件隐患消灭在萌芽状态；第四是开展“学规定、促合规、强案防”的活动，把内控案防制度贯彻落实到实处，由于措施得力，营业间已实现连续16年无重大案件、差错发生。

“好风凭借力，扶我上青天”。随着省行大力拓展农村金融市场战略方针的逐步深入，工商银行鲜明品牌形象必将在更宽广的领域产生深远的影响，这也必将为湘阴支行营业间个金业务的持续发展添加新动力。在困境中重新站立起来的营业间也正以昂扬的斗志和务实的作风奋勇向前。可以预期，在不远的将来，湘阴支行营业间一定会驶向更加辉煌的彼岸。

内蒙古分行营业部锡林北路支行

一、锡林北路支行营业部概况

锡林北路支行营业部地处内蒙分行办公大楼。2007年4月升级为总行级贵宾理财中心，是业务品种最为齐全的网点之一。

锡林北路支行营业部有着充满朝气、充满活力的年轻队伍，共有员工39人，网点负责人3名，个人客户经理4人，其中具有金融理财师（AFP）资格的客户经理1名，大堂经理2人，营业经理3人，现金柜员14人，非现金柜员9人，其他人员4人。

锡林北路支行营业部有6个现金窗口，非现金柜6个，网点营业使用面积有1237平方米，分为自助区、普通区和贵宾区。

二、锡林北路支行营业部经营历程

1. 2007年4月18日成立锡北支行贵宾理财中心，秉承专业精神，借助中国工商银行强大的产品平台，为客户提供个性化专业建议，引导客户规避风险，并全程跟踪指导，确保理财规划的有效性和可操作性，帮助客户实现个人资产的最优配置与收益的最大化。

2. 加强员工培训，转变服务理念。贵宾理财中心利用晨会、例会时间，狠抓员工的服务理念意识转变和业务素质培训工作。要求网点全体员工牢固树立“以客户为中心”、“优质客户就是核心竞争力”的经营理念。同时开展具有针对性的教育配训工作，主要从营销理念、服务礼仪、营销技巧、商业银行发展方向等内容进行培训。逐步实现“以增加存款向以市场和客户需求转变；以产品为中心向以客户为中心、优质客户为重点转变；以单纯增加个人存款向提高整体经营效益转变”。

3. 细分市场和客户，推进实施核心竞争力项目。根据网点地理位置，细化客户层次，有针对性地开展营销和客户维护工作。大堂经理、客户经理、现金柜员严格执行识别引导、接触营销、业务处理、关系维护的流程，建立优质客户的详细档案，对客户实施分层次金融服务。客户经理充分利用营销系统完成客户资料建档，进行关系维护。贵宾理财中心还不定期举办投资理财沙龙，根据客户需求进行现场演示、营销推介、投资咨询、理财服务，同时采取上门营销的方式，多次对高端企事业单位进行组合定向营销，受到了客户的一致好评，从而提高了客户的满意度和忠诚度。

4. 建立激励机制，严格奖惩制度。贵宾理财中心制定并经全体员工讨论通过了《贵宾理财中心业绩考核方案》，将优质文明服务、劳动纪律、内控防范、业务技能和绩效考核挂钩，充分利用客户营销系统，对大堂经理、客户经理及全体员工的业绩进行考核，充分调动了全体员工的工作热情和营销积极性。

5. 维护工行形象，打造精品网点。该中心所处地理位置较为特殊，业务品种较为齐全，客户众多，周边网点解决不了的“疑难杂症”，因此造成了排队现象严重，使客户对工行的满意度下降。根据这一状况，支行、个金科及网点负责人在员工中做了大量的思想教育工作，使大家树立了“顾大局、识大体”的全局观念，一切从维护工行整体形象出发，不计小集体及个人的得失，在整个业务处理过程中耐心细致的解释，优质快捷的业务处理，受到了广大客户的好评。该贵宾理财中心除办理传统业务外，还充分利用保管箱、外汇买卖、黄金买卖、存款证明、国际业务、票据业务等特色业务优势，广泛接触客户群体，不断地发现客户、挖掘客户、维护客户，形成了各专业、各部门团结协作的工作氛围。

三、经营业绩情况

人民币个人存款余额48106万元，较年初存款增长12549万元。个人外币存款余额312万美圆，较年初存款增长109.91万美圆。实现个人中间业务收入224万元。个人理财类产品销售17584万元。个人理财类产品净增4204万元，实现个人资产新增16753万元。

5万元以上优质客户1124户，新增5万元以上优质客户359户；新增有效理财金账户206户，中高端个人客户中发展理财金账户量占比达76%；灵通卡发卡2127张；开立个人网上银行1012户，开立个人电话银行837户，开立手机银行371户。

2008年锡北营业大厅被内蒙分行评为“十佳贵宾理财中心”，今后我们将再接再厉，使贵宾理财中心的工作更上一层楼。

锐意改革　求新求变　创新发展

——宁夏分行信义支行

宁夏分行信义支行成立于2007年6月，位于美丽的塞上江南——宁夏凤城银川市商贸中心地带。2007年在宁夏分行扁平化改革中，银川信义支行率先成为改革试点支行，从单一储蓄网点打造成为一个业务品种多，综合效益好的多功能网点支行。

信义支行深刻领会分行党委推进网点支行扁平化改革的决策意图，以“服务与发展”为己任扎实推进各项工作，认真贯彻宁夏分行党委的决策部署，积极谋划经营策略，着力于加快把支行再造成为集约化程度高、分销能力强、辐射半径大、业务流程高效、具有较强竞争力的新型经营平台。经过仅两年的拼搏，信义支行历尽艰难，努力拓展市场，支行的体制优势已开始转化为良好的业务成长优势和竞争优势，综合实力明显提升。

信义支行现有职工25人，管理个人资产总额达8亿元，截至2008年末，各项经营指标系统内名列前茅：

1. 负债业务发展迅猛，两项存款达到2.8亿元，较改革前增长130%，其中储蓄存款2.2亿元。

2. 理财产品销售呈跨越式发展，成绩喜人，累计销售个人理财产品4.1亿元，其中：基金1600万元、保险1048万元。

3. 个人贷款余额达7200万元，较改革前增加6800万元，增幅达850%，贷款投向从单一的个人消费贷款转变为个人一手房按揭贷款、二手房按揭贷款、个人质押贷款和个人经营贷款等多品种的共同发展。

4. 个人网银证书版新增750户，个人网上银行1500户，电话银行1350户，手机银行1450户。

5. 理财金客户发展到1664户，个人账户余额15017.06万元；成为支行主要的利润源泉。

6. 2008年实现经营利润518万元，人均创造账面利润21万元。

7. 内控管理评价为一级；首批成为宁夏分行的“平安品牌支行”。

2008年被宁夏分行授予“个人业务综合贡献奖”。员工队伍涌现出一批优秀代表，其中：1名员工光荣地推荐为全国金融系统“五一劳动奖章”获得者；1名员工光荣地成为工商银行总行级服务标兵，并在宁夏消费行业开展的“和谐宁夏、微笑服务”服务明星评选中榜上有名；2人被宁夏分行授予“营销状元”；1名员工荣获宁夏分行“学习型员工”称号。

银川信义支行抓住“创新、激励、扩张、效益”发展的主线，支行党支部紧紧围绕发展主题，摒弃守旧的工作方法，大胆创新工作思路，以业务发展为主线，立足于工作创新，立足于员工队伍建设，全力开拓业务发展，认真开展业务营销，占领市场，实现业务的“跑马圈地”，夯实发展基础，扩张业务规模，做大做强市场，以业务发展带动效益的转变。

一、创新工作思路，谋划经营策略

信义支行新的班子组建后，及时确立了支行发展的总体思路，即：认真贯彻分行党委的决策部署，坚定改革必胜的决心，实施全员营销，加快“跑马圈地”，有效占领市场，努力实现各项业务的良性扩张；坚持以服务品牌推动产品促销，努力实现各项业务“齐步走”：一是牢牢抓住负债业务，拓宽各项存款的增长空间；二是积极开发中间业务市场，培育可持续发展的业务品种，努力提高中间业务收入；三是大力发展个人贷款业务，夯实主营业务的收息基础；四是开发网点支行的优势，创新服务理念，发展和维护优质客户群体；五是提高党支部的驾驭能力，加快建设一支能打胜仗、善于钻研的党员队伍，培育一支善于营销的销售队伍。

二、坚持以人为本的人文管理理念，激励员工的积极性和创造力

信义支行首先着手从人员思想观念的转变入手，动员员工深刻理解组建新机构的初衷和思路，掌握机构设立的重要意义，倡导员工创造性地发展业务、探索营销方案，各尽所能，努力扩大经营规模。其次，建立透明、公开的激励机制，充分调动员工的工作积极性。完善薪酬分配制度，打造薪酬激励文化。薪酬分配是银行最基本的动力机制，也是激发人力资源活力的有效手段。加快形成“以岗位贡献定薪酬”的激励机制，以业务发展为举出，建立健全了全面绩效考核体系和以科学、规范、精确的绩效考核为基础的薪酬分配体系。实行全员产品计价的绩效分配形式，全员自主营销，谁有客户、谁营销、谁受益，切实把产品的销售与绩效挂起钩来。对各类产品明码标价，构建“上岗靠竞争、收入靠业绩”的经营平台，极大激励员工的营销积极性。其三、整合人力资源，认真做好人员岗位配置工作。整合资源，实行“岗位兼职”和“弹性工作制”。既解决了网点支行人员紧张的问题，又兼顾了业务营销发展需求。同时，配齐了全职的大堂经理，有效地引导和分流客户，提高了电子机具的使用率，减轻了柜面压力。压缩操作岗位，充实了客户经理队伍。

三、念好“快、活、实”三字经，实现业务零突破，努力扩大产品辐射力

信义支行在改革前，个人消费贷款余额仅为898万元，住房按揭贷款余额为零，房屋按揭项目是空白点，支行认真开展“搜盘”活动．支行积极开展业务调研，积极捕捉贷款信息，银川二手房市场交易火暴，且中介交易机构众多，一些金融机构对于二手房手续繁杂、交易金额较小，不愿经受过多的投入。支行及时转变观念，一方面积极请专业人员进行讲解，安排人员学习二手房贷款操作流程；另一方面主动与中介公司洽谈，仅用1个月时间，先后签约中介机构36家，市场占用率达到75%左右，积极拓展个人资产业务客户资源，大力发展个人住房二手房按揭贷款，将二手房作为个人资产业务的突破口，实现了个人资产业务规模的良性扩张。

在工作中始终贯彻突出一个“快”字：对贷前调查、审查贷款资料、房屋评估、现场公证等一系列手续，集中办理，并提示客户补充提供的资料、注意事项等。体现一个“活”字：率先为客户提供不定时服务，根据客户时间安排自己的工作，极大地方便了客户。银川市属于宁夏首府城市，群众置业或投资集中，但贷款客户来自四面八方，异地购房或异地工作的客户居多。银行工作时间与客户时间冲突，经办人员采用预约客户在公休日前来办理相关手续，极大地为客户提供便捷服务。注重一个“实”字：加强对外宣传，就是做足功课，做好准备。深知业务宣传的重要，支行相关人员从网上下载贷款资料、自制利率表、自编贷款“小贴士”，深入商户、社区散发宣传资料，宣传支行业务。在2008年首届宁夏房屋博览会契机，信义支行是唯一一家金融机构现场宣传，为客户发放宣传册、解答客户咨询，并积极介入开发公司的宣传活动，收效明显。目前二手房按揭贷款占全行信贷资产的80%，余额高达7000万元，成为支行信贷业务的主打产品。

四、转变经营理念，构建内外联动，创新运营模式

信义支行坚持以“服务与发展”为主要任务，树立“锐意进取”的团队精神和创新意识，彰显发展主题，营造强势营销的经营氛围。对内加强业务人员的思想教育，坚持服务工作流程化，推行服务“星级考核办法”，强化员工服务意识，提高柜面效率；加强客户经理、大堂经理和柜员的服务管理工作，做好产品推介维护工作。对外加大业务宣传力度，找准目标客户，分析潜力市场。坚持走重点客户“分层营销、分级维护”的路子，强化了分类管理，对目标客户进行认真测评，按其资金实力、经营状况、金融需求进行分类，确定营销维护责任人员，努力实现营销精耕细作．并建立高管人员定期走访制度，健全客户经理日常维护机制。落实了客户责任包干管理制度，由客户经理密切关注资金流向、客户需求，适时提供金融产品，利用各种信息平台，为客户及时提供产品信息。目前，支行由行领导直接维护的个人客户36户；客户经理锁定的个人目标客户已达1600余户，资产总额约4.6亿元。

五、努力拓展中间业务，开发金融产品的附加值

信义支行大力实施组合营销策略，整合金融产品，把个人中间业务作为中心工作来抓，增强服务意识，主动贴近市场，强化售后服务，努力提高客户的认知度。精心制定营销方案，在高校、中学等教育系统，开展高知阶层的专业营销，主打“快捷、方便、安全”品牌，以信用卡、

牡丹灵通卡.e时代卡和网上银行、理财产品为核心品牌；在支行营业大厅组织“理财小课堂”，为客户宣传理财知识，讲解投资知识；发动专业客户经理设计理财方案，根据不同客户群提出不同的产品，将中间业务产品合理地嵌入客户理财方案，开展组合式理财产品营销，为客户提供多元化资产配置，更好地满足客户风险保障、财富管理等多方面需求。推动个人中间业务收入快速增长。

信义支行注重做好个人中间业务营销，对每款产品都会及时进行梳理，结合金融市场的特点，找准重点项目、重点产品，熟悉产品性能及时与客户经理交流，根据市场情况，分析产品“卖点”，2008年，资本市场经历了严重的金融危机，致使一些代理业务销售受阻，支行率先提出“以客户利益为主”的经营理念，以提高客户资产的保值增值为目标，大力推介代理保险业务和个人理财业务为主，以储蓄、国债和低风险的理财产品带进社区，为稳健型客户提供专业指导。同时大力推进网银、银行卡以及其它个人业务产品的营销。加快“跑马圈地”，积极引导客户利用网银办理业务，依托高效的交易服务平台，激活存量客户，提高网上银行交易量。2008年，仅个人中间业务收入约230万元，占支行中间业务收入的96%左右，成为支行利润的主要来源。

六、强化管理和内部控制，创新内控管理文化

信义支行在发展业务的同时，高度重视风险控制工作，按岗位对内控管理工作落实的责任制度，建立健全防范措施，严格按照“内控先行”的原则，处理好业务发展与管理的关系，一切以安全运营为基础，建立完善的内控制度体系，深入推进操作风险过程控制体系，有效地防范经营风险，堵塞管理漏洞，维护资产安全，为支行各项业务的稳健发展保驾护航。

信义支行积极贯彻分行集约化管理，缩短管理链条的创新之路，两年来，充分显现了网点支行“小而活”、“小而全”的特色，经营效益稳定增加，经营规模迅速扩大。不断筑固与提升核心竞争能力，构建起稳健而又进取，严谨而具创新，各项业务均衡发展的新平台。内控管理和案防工作得到加强，各项业务茁壮成长，成为宁夏分行改革试点的先锋，彰显了个人金融业务发展的活力。

高原古城理财品牌明珠
——青海分行中心广场支行贵宾理财中心

中心广场支行贵宾理财室坐落在高原古城西宁市中心，在他方圆不到1公里的区域内，坐落着工行、建行、农行三家省分行和西宁市商业银行总行以及10多家储蓄网点，同业竞争异常激烈。青海分行中心广场支行贵宾理财中心却以存款余额最大、储户最多、业务品种最全而独占鳌头，经营业绩名列全省同行业之首。

该中心是为适应个人金融业务多元化发展和工商银行总行核心竞争力项目实施的需要，于2004年在原工商银行青海省分行营业部储蓄专柜基础上组建的。现有员工18名，客户经理4名，其中具有AFP、CFP资格的理财经理各一名；设有现金柜5个，非现金柜1个，ATM自助区两处，贵宾理财室2个和电子银行演示区、咨询休息区等服务区域。近年来，该中心面对日趋激烈的同业竞争形势，积极转变观念，始终坚持“以市场为导向，以客户为中心”的宗旨，加快经营转型，不断创新业务品种、营销服务机制和内部管理机制，抢占竞争的主动权，赢得了客户，求得了自身发展。尤其是实施个人理财中心核心竞争力项目以来，以打造精品理财中心、提升核心竞争力为主线，在做好柜面服务的同时，把着力点逐步转移到对优质客户的差别化服务上来，以差别服务赢得客户，收到了显著效果，各项业务实现了均衡快速发展，大大提升了竞争能力。截至2008年12月末，储蓄存款余额达68757万元，占支行储蓄存款总额的46%，较年初净增20080万元，占支行新增储蓄存款的49%，人均揽存额1056万元；销售理财产品6416万元，国库券23072万元，营销三方存管1171户；发放灵通卡3956张，信用卡742张；发展个人网上银行826户，实现个人中间业务收入854万元，占全行个人中间业务收入的60%；中高端存量客户2892户，年内发展中高端客户891户，理财金存量客户983户，年内发展理财金账户352户，卡均资产36万元，名列全辖第一。先后荣获总行“储蓄规范化服务所”、“总行级达标所”、“省级文明服务窗口”、省分行“服务先进集体”等荣誉称号。

一、打造优质服务品牌，提高客户满意度

近年来，该中心以提高客户满意度为出发点，通过软硬件设施建设，积极打造优质服务品牌。首先按照“核心竞争力”要求，实行了分区服务，设置了咨询休息区、现金区、非现金区、自助服务区、电子银行演示区、理财服务区、贵宾室。前台现金区三合一对外窗口由4个增加到了7个，大大提高了客户接待能力；设立了“理财金账户”绿色通道，增设了大额取现专用窗口，理财服务区打破了封闭式柜台模式，全部采用低柜台，使客户在舒适的环境中享受“一对一”的零距离服务。在营业大厅增设了ATM、多媒体自助终端等自助设备。选拔业务技能全面、综合协调能力、公关能力强的员工担任专职大堂经理，负责客户业务咨询、疏导分流，并在引导过程中识别优质客户，尽量引导小、散户使用自助服务。以良好的服务环境和服务质量，稳定客户，赢得客户的满意。

其次，注重服务的软件建设。对内，实行员工统一着装和挂牌服务，树立统一规范的服务形象；对外，业务指导示范，公告提醒一应俱全，在客户等候区设立业务宣传栏，及时更换业务宣传材料，将银行新业务、新产品及时

介绍给客户，最大限度的满足客户的金融需求。在日常工作中，采取改善内部管理分配机制、合理调配柜员组合等多项措施，充分调动员工的积极性，保证员工保持旺盛的工作精力和充沛的服务活力。在具体服务中将“八要、九不、十做到”的规定落到实处，针对不同类型客户，采取相应的服务措施，突出特色服务。对年轻客户大力营销电子银行业务，有效拓展离柜业务；对老年客户耐心讲解、悉心关爱；对优质客户及时掌握客户信息、资金动向及需求，适时推介我行理财产品及新业务，不断提高市场竞争力。

二、践行差别化服务，提高客户忠诚度

该中心坚持以客户为中心，细分客户市场，实施客户分类管理，不断完善差别服务。对中高端客户实行分层次、“一条龙”服务，让客户体会到贵宾待遇和差别服务。优质大客户来行办理业务，由网点负责人或大堂经理陪同、引导，帮助解决办理业务过程中遇到的问题，直至业务办理完毕，满意而归；重点大客户来行办理业务，由营业室主任或客户经理接待，采取上下联动、急事快办、难事特办、协助理财等服务措施。在理财中心配备专职理财经理，为贵宾客户提供面对面、一对一的理财服务。同时加强网点服务的规范化、精细化管理，从服务语言、服务时间、服务质量等方面进行规范，为客户提供优质、高效、快捷的综合服务，有效提升了客户忠诚度。

将客户关系维护、发展与客户的长期合作关系作为一项重要工作来抓，高度重视与中高端客户关系的建立、维护和发展，建立了中高端客户服务档案，加强服务营销，通过高层公关、系列公关、个性化服务、套餐式服务等营销服务，重点培养合作型客户和伙伴型客户。采取电话联系、上门拜访等方式将工行金融产品、理财理念、优惠政策及服务功能融入客户心中。同时建立优质客户预约制和定期联络制，每位客户经理每天联系自己维护的客户不少于5名，通过分析客户需求，延伸产品功能，为客户量身定做理财方案，提供理财咨询。在第一时间将新产品、新业务、利率调整、基金发行、国债发行等金融信息告知客户，及时了解客户需求和资金动向，提高对市场发展的把握力；逢节假日、客户生日送上短信祝福；在客户有困难和需求的时候，力所能及的给予帮助；赢得了中高端客户群体的广泛认同，提高了优质客户对工行的信赖度，较好地培育、稳定、发展了优质客户群。

充分发挥个人客户营销系统，分析网点经营状况、分析客户结构、分析客户、管理客户，有的放矢培养优质客户，同时加强对他们的维护。运用个人客户营销系统了解优质客户资金变化情况和原因，及时提出解决方案和应对措施，促进本中心各项营销工作顺利进行。同时调动和挖掘员工的主动服务和客户识别、推荐意识，不放过每一位进入理财中心的客户，针对不同客户采取不同的服务方法。不定期举行大客户沙龙、产品推介会、座谈会等形式多样、内容丰富的活动，搭建与客户交流的平台。针对每一款产品制作简单的产品说明书，让客户一目了然，在交流中增进与客户的感情，不断通过老客户发展新客户，最大限度的挖掘、稳固、发展优质客户群体。

三、推行捆绑式营销模式，提高客户综合贡献度

该中心根据客户资产状况、风险偏好和不同需求由专职理财经理、大堂经理、个人营销经理设置合理化理财投资方案，以交叉捆绑销售方式，为优质客户推介“理财金账户+个人网上银行+理财产品”产品组合，积极营销电子银行、基金、基金定投、国债、本外币个人理财、银行卡及保险等业务产品。通过网上银行、电话银行等多渠道、全方位的金融服务，推动各项产品的均衡发展。实行柜台营销和客户经理营销结合的营销方式，充分运用我行网络资源优势，把代理客户理财、方便客户服务整体融入到产品营销中，让高端客户享受到高品质服务的同时，普通客户也可以享受到我们贴心的理财规划服务。由于营销目标明确、措施有力，提高了存量和增量个人和企业高端客户主动办理个人金融业务的意识，客户传播效应也正悄然升起，进而逐步建立起了稳定的优质高端客户群体，提高了客户综合贡献度，提升了综合竞争力。

四、坚持以人为本，强化一流管理

该行坚持“以人为本”的管理理念，为员工创造良好的发展环境，采取内部岗位轮换的方式，利用综合业务平台，使每个员工掌握不同岗位的业务技能。通过开展多种形式的实践活动，增强员工在不同环境下的适应能力。同时以建立民主集中、团结进取、和谐向上的团队为宗旨，以创建文明网点为目标，通过定期召开“员工思想畅谈会”“员工意见建议征询会”，引导员工畅谈体会、交流思想、增进团结，营造文明和谐团队氛围，有效提升了工作效率和服务水平。

该中心始终把加强内控管理这一主题贯穿于整个日常工作之中，坚持不懈地开展法律法规和规章制度的教育培训工作，把《业务操作指南》、《违规积分考核办法》等业务操作中的关键控制风险点作为日常学习的重点内容。教育员工严格遵守并执行国家各项经济金融法律法规和规章制度，遵纪守法，合规经营，增强风险防范意识和自我保护意识。牢固树立“规范操作，制度至上”，“程序至上，违规必纠”的内控理念，使员工对规章制度、岗位职责、服务规范、操作流程、员工违规违纪行处罚条例为等做到耳熟能详，执行统一，以良好的职业道德，职业纪律约束自己，以娴熟的操作技能，丰富的业务知识提高工作质量和服务水平，实现了无经济案件、无重大事故、无严重违规违纪行为、无重大投诉和新闻曝光的经营目标，确保了各项业务的健康运行。

一分耕耘，一分收获。几年来，该理财中心坚持与时俱进、开拓创新的精神，不断更新观念，勇于探索新思路、新途径，以一流的服务，良好的业务素质，赢得了客户、赢得了荣誉，打拼出了不俗业绩。如今这支生机勃勃、锐意进取的队伍正沿着总行“打造第一零售银行”的战略目标，继续迎接挑战、勇挑重担，争创高原古城个人理财第一品牌。

日照分行营业部营业室

一、基本情况

日照分行营业部营业室成立于2004年7月，现有员工21人，其中35岁以下的青年员工14人，占66%以上，具有大专及大专以上学历的人员超过90%，是一支年轻有战斗力的青年集体。2007年12月8日，日照分行营业部营业室装修后迁回办公大楼，从硬件设施、办公环境等方面达到了本地区金融系统一流的办公条件，按照规范化管理要求，重新划分了普通客户服务区、贵宾客户服务区、外汇交易区、个人贷款服务区，真正实现了大堂经理分流、识别、引导客户，理财经理为优质客户专人服务的标准化、分层次服务模式。

二、主要工作

日照分行营业部营业室始终坚持“以客户为中心”，牢固树立“以人为本、存款立行”管理理念，加大营销力度，强化创新意识，打造服务品牌，随着管理日益科学化和规范化，员工的素质不断提高，创业精神、敬业意识、服务水平逐步加强，对业务经营活动的开展起到了良好的推动作用，主要做法：一是通过抓执行力建设促进各项指标落实。营业室结合本部门实际制定了具体实施方案，使执行力建设与实际工作有机结合起来，保证各项业务和管理指标的完成。二是加强服务创新。以规范化服务为基础，加强贵宾理财中心建设，不断提高整体服务管理水平。三是严格执行《营业部服务管理考核办法》，积极参加“青年岗位明星”、“技术能手”、“双零网点”、“双零柜员”的争创，全面提升整体服务技能水平。四是加快推进学习型银行建设，努力提高员工素质，鼓励员工参加上级行和社会各行业组织的资格考试、技术比赛，大力实施人才强企战略，使全员素质明显增强。

三、主要成绩

截止到2008年末，营业室两项存款余额13亿元，较年初增长2.5，其中：储蓄存款余额30323万元，较年初增长10157万元；个人贷款余额3.2亿；国际业务结算量7.4亿美元，结售汇5.5亿美元；营业室为30个单位代发工资，合计4830户，其中12个单位实现了网上银行自助代发；当年营销银行卡2532余张，牡丹灵通卡7548多张，理财产品5963万元，新开个人网银4638户，电话银行3688户，企业结算账户158户，新开户三方存管731户，达标理财金89户。各项指标在全市行各网点名列前茅，促进了营业部整体全年计划的顺利完成，为营业部在全市绩效考核获得第一名做出了重要贡献。

2008年营业部营业室获得多项荣誉称号，如：被工商银行总行命名为总行级“青年文明号”；被省分行授予优质服务先进网点，文明建设先进单位；被市总工会授予“日照市十佳女职工建功立业标兵岗”、“五一劳动奖状”。

更新理念　创新服务　不断提升竞争力

——济南市中支行营业室

中国工商银行股份有限公司济南市中支行营业室成立于1984年（其前身为中国人民银行济南分行市中区支行）。经过25年的风雨洗礼，从“算盘+账本”到“鼠标+键盘”，从三尺柜台到电子化网络，营业室人才队伍、经营规模日趋壮大，金融产品日趋丰富，成能够为客户提供一揽子服务的综合“金融超市”。

在市场竞争日趋激烈、金融产品日趋同质化的今天，市中营业室不断更新经营理念、创新服务方式，丰富服务内涵，服务营销相得益彰，全面提升了网点核心竞争力。

按照上级行核心竞争项目及网点星级管理要求，营业室加强软硬件建设，全面实施流程再造和仪表规范、言行规范、环境规范管理，强化技能培训、提升服务质量。继2008年荣获山东省银行业文明规范服务先进单位荣誉称号后，2009年再上层楼，荣获中国银行业文明规范服务先进单位和工总行优质文明服务先进单位荣誉符号。

紧紧围绕上级行制定的客户分层、网点分类、业务分流的目标，深入调查周边市场、了解客户需求，以中间业务创收为特色创新服务品种，仅同业现金调缴一项每年实现中间业务收入就达260余万元；以开展“理财课堂节节开”的理财课堂活动和改革账务流程等创新服务模式，客户流量较去年同期增加了40%、优质客户占比提高了37%；业务量增加了25%；以合理调配劳动组合、推行弹性工作制创新服务手段，单笔业务处理速度提高了15%。

注重发挥每位员工的主观能动性，积极引导员工把个人目标、利益统一到全行的共同追求、共同价值和共同利益上来，使员工牢固树立“行兴我富，行衰我穷”观念，在全员中掀起不唯指标、不唯任务、克服困难、想方设法促营销的高潮，不断提升经营业绩。截至2008年末，实现各项存款44亿余元，较年初增长6.4亿元，实现四项理财产品营销1.8亿元，新增电子银行客户6000余户，电子银行覆盖率达100%，新增银行卡7000余张，达标理财金账户100余户，新增代发工资户1400余户。全年实现中间业务收入700余万元，经营利润1800余万元。

烟台莱阳支行营业部

莱阳支行营业部是一个大型综合金融网点，营业面积600平方米，拥有员工28人，业务涵盖了个人、对公、同业、国际业务、电子银行等。2008年装修改造后升格为贵宾理财中心，并对营业区域进行了科学划分，设置了客户咨询区、现金服务区、非现金服务区、自助服务区和专属服务区，其中贵宾区营业面积近300平方米；设置了专属的现金、非现金和电子银行演示区，同时设置了2个高端客户理财室，配备了3名专职客户经理（其中一名具有CFP资格）和2名专职大堂经理。

牢固树立科学发展观，以提高核心竞争力和效益为目标，努力在硬件设施建设、拓展业务范围、岗位管理、运营管理、创新客户服务和营销开拓等方面下工夫，坚持以发展优质客户为中心，进一步完善个人客户分层服务管理体系，在个人金融业务转型、竞争优势、经营业绩、服务技能等方面取得了突出成绩。2008年年末各项存款余额达到近11亿元，其中储蓄存款3.7亿元；贷款10亿元；对公结算500亿元；国际业务结算量近1.5亿美元。获得总行级“百强对公网点”、省级“优质服务营业网点50强”、“网上基金双70营销活动优胜网点”、省行“优质服务优胜网点”等荣誉称号。

储蓄存款2008年日均增长6700万元，人均和网均存款增长在当地市场排名第一，较去年同期增长56%。在资本市场低迷的情况下，基金、理财、国债销售2.8亿元，代理保险销售1600万元，四项产品销售量在当地四行占比55%，处于绝对领先位置。维护中高端优质客户达到了2300户，资产总额达到22350万元；年内新开理财金账户201张，户均资产56万元，达标理财金覆盖率达到47%，高于本行平均水平；5万元以上客户新增643户，资产新

增6200万元。个人中间业务收入367万元，占到总中间业务收入的42%，较去年同期增长5个百分点。个贷新增6456万元，四行占比达到第一。个人业务总体考核在分行排名榜首，达到了历史最好水平。核心竞争力项目的实施，使莱阳支行营业部的个人业务发展步入快车道。

小荷才露尖尖角　莲湖美誉传古城

——西安莲湖路支行财富中心

2008年3月19日，中国工商银行股份有限公司西安莲湖路支行财富中心（工总行级）正式隆重开业。作为以零售业务为主的总行级财富中心首现西安，标志着陕西省工行实施零售银行转型战略、实现服务转型升级的一个新的启航，是工行向零售业务领域纵深发展新的开端。

作为莲湖路支行的旗舰店，财富中心主要定位于为高端客户提供财富管理服务。它配备了专业团队，针对客户的全方位、高层次等金融需求，秉承“专业专心专为您”的服务宗旨，通过专业理财师和客户经理一对一的资产理财投资计划、保险保障策略、个人融资服务和家庭理财设计等，为每个目标客户实现财富梦想。

一、大力推进硬件建设，全面塑造工行形象

财富中心共上下两层，现有面积1600平方米，一楼为大堂咨询引导区、现金区、非现金区、自助银行区、电子银行示范区和后台区。现金区和非现金区分别设置5个柜台（其中VIP现金柜台1个），主要为大众客户和潜力客户提供现金业务、结算业务和理财产品的交易业务；自助银行区配备自动取款机3台，自动存取款机1台、多媒体机1台，将现金区与自助设备区域全部结合，满足引导多人同时存取款的需求。

二楼为贵宾理财服务区和个贷融资区，主要为中高端客户提供个人住房贷款、消费贷款和个人投资理财业务，内设5个贵宾理财室，2个理财助理室，3个个人贷款业务工作室，两个贵宾休息室，可以为客户提供一对一的理财服务，并在贵宾理财区内设立5个VIP专用现金柜台，直接为客户提供一站式服务，让客户在办理业务的过程中充分享受尊贵和便利。

二、放眼全局打造细节，专业专心服务客户

服务财富中心除在物理装修和分区布局上勇于创新外，在软件的配备上也精于细节，通过专业化、精细化、人性化和流程化运作，竭诚为客户提供了高品质、多层次、人性化的全方位金融服务。

1. 全新尊贵的客户体验

财富中心通过建立全真彩LED屏＋户外滚动产品广告视频服务系统，让客户在视觉上感受现代工行的全新气息；启用人性化音频动态播放系统，定时语音播报、特殊天气节气节日和高峰时段音乐场景、产品信息，专家活动信息发布，在听觉上让客户精神愉悦、耳目一新；以呼叫器、腕表和耳麦组成通畅的沟通系统，让服务更加高效、私密；咖啡糖果商务设施和无线网络开通，以及爱心站、专属VIP超值服务，让客户从各个方面体会到人性化、现代化的关怀；另外，还改变以往员工侧对客户的服务模式为正对客户以客为尊的服务方式（办公桌椅的改进），让客户更加体会到工行服务的温馨和亲切。

2. 高效快捷的跟进服务

根据分区，财富中心在各个区域均配备高素质大堂经理共六人，直接为客户提供业务咨询服务，实施分流引导和推介。全部大堂经理统一佩戴无线耳麦，客户经理配置腕式收发机，每个柜台配置精巧呼叫器等现代化高科技装备，加上大厅设立的分区叫号器和无线沟通系统，使一、二层和各区域上下左右呼应及时，分流有序，引导有方，服务到位，以高效、快捷的服务最大化的满足客户金融需求。

3. 专业私密的理财服务

在贵宾理财室，2位CFP国际金融理财师和2位AFP国内理财师，可为客户提供一对一、高质量的理财策划服务和个人资产增值套餐业务，在保证个人客户资产私密性的同时，彰显个性价值的理财服务。另外，由莲湖路支行的10名理财师共同组成的“理财师工作站”会定期为客户奉献理财课堂，为广大客户普及专业的理财知识、接受大众的理财咨询，彰显工行个人金融服务的专业、专心。

4. 全方位的营销服务

财富中心配备4名知识全面、经验丰富的客户经理，可向个人客户和各类中小企业提供全方位的金融服务咨询和产品营销；两名专业个贷营销经理可为有个人融资需求的客户，及时提供市场信息和方便快捷的消费贷款业务。

5. 人性化的品牌服务

走进财富中心一楼大厅，大堂经理真诚的微笑接待，转动的客户福缘柱上留存的客户姓名和祝福，各色糖果、茶品、饮品和《外滩画报》、《周末画报》、《商界》等高品质的杂志刊物，处处充满了对客户人性化的服务氛围；节假日版本服务指引，在校实习大堂经理和高峰应急设计，示范指南、卡及电子理财、产品温馨提示卡等，丰富了“以客户为中心”服务理念的内涵；客户等候时段专供的产品介绍动画、利率基金牌及引人入胜的短片使客户的等候时间成为享受。随手可取的“理财宝”、“产品介绍折页”，视线中富于美感的环境设计无不体现服务用心。按月举办的各种沙龙，为客户的理财提供向导，为客户的交流提供平台，处处体现出莲湖路支行财富中心是客户的财

富之家。

6. 特色化的服务运营流程

财富中心严格执行识别分流、售后和公私合一前后台分离的服务、运营流程；形成全岗位工作标准十四项服务工作细则和制度规定，分区责任到位功能衔接紧密，实现客户投诉实时接管，实现售后回访三日完成。

同时，莲湖路支行财富中心即将启动的全员五星级计划，通过对各岗位员工的星级评定，真正体现以能力和贡献定绩效的考核原则，充分调动员工工作热情，发挥每名员工的特长和优势，为财富中心的持续、快速发展夯实基础。

三、迎难而上做强业务，一心一意谋求发展

开业一年来，莲湖路支行财富中心通过完善各项规章制度、强化员工技能培训、迅速提升整体竞争力，截至2008年12月31日，各项经营指标有了很大变化。财富中心共增加存款24656万元；增加理财产品53640万元；增加保险1969万元；增加中间业务收入340万元；增加理财金账户687户；增加灵通卡、E时代卡3782张；增加牡丹信用卡291张；增加个人网上银行2051户；增加个人电话银行2068户；增加个人手机银行1605户；增加个人U盾证书714户；增加企业网银证书版89户；增加企业网银普及版14户；新增法人结算账户81户，新增个人优质客户3103人。各项任务指标完成进度和增量均列支行第一。

不仅如此，莲湖路支行财富中心凭借独有的优质服务、优异的经营业绩和领先的专业形象，先后获得了省行“巾帼文明示范岗”、营业部“金融先进单位”，中国银行业协会的“文明服务示范单位”和“2008年度陕西地区最具价值银行财富中心”等一系列殊荣。在新的历史时期，莲湖路支行财富中心将一如既往地坚持优良作风和先进服务理念，立足本职，服务客户，为中国工商银行个人金融业务的长足发展贡献出自己的力量！

追求卓越　崇尚一流　引领个人金融业务发展潮流

——咸阳分行个人金融服务中心

创新是一个民族、一个企业发展的动力，咸阳分行个人金融服务中心从十年前一个理想的“个人金融服务中心”变成了真正意义的、具有较高水准的个人金融业务的服务中心和中、高端客户的财富管理中心，这一过程充分印证了需求主导创新，创新推动发展的理念。通过十年来的不断创新，它昭示出了一个真理：银行业要不断顺应经济发展的要求，只有在准确预判客户金融需求变化趋势及同业竞争走势的基础上，不断寻求创新的优势和变革的价值，才能够不断提高核心竞争能力，引领金融业务发展的潮流。

咸阳分行财富管理中心是总行在全国首批成立的100家财富管理中心之一。自2008年2月22日成立以来，中心牢固坚持“以客户为中心、以效益为目标，引领个人金融业务新潮流”的经营理念，通过深化实施“三个模式”即渠道销售模式、精确营销模式、差别服务模式，加强“三支团队”即营销团队、运营团队和理财团队建设，经过一年的运作经营，中心无论是在管理制度建设、差别服务水平、精确营销能力，还是优质客户关系维护等方面都有了很大的提升，已经初步展示出作为高端客户服务的窗口和品牌形象，不仅得到了国内金融界和各级领导的高度评价，更受到了社会各界的广泛肯定和认可。2008年，中心先后被中央电视台、陕西电视台、咸阳电视台，以及金融时报、中国城市金融、城市金融报等多家媒体进行深入报道，总行纪委书记、省行行长惠平、省行副行长张海琳、咸阳市市委书记千军昌先后来到中心进行调研和指导。同时，中心也于2008年先后荣获中国银行业“文明规范服务示范窗口”、总行第七届“最佳个人金融网点”、省行“巾帼奥运服务明星岗”等多项殊荣。

一、以一流的管理机制为基础，经营效益大幅攀升

管理是基础，理念是指引。完善的管理机制既是对一个企业自身经营理念的诠释，又是企业生存发展的基础，而财富管理中心作为一个具有先进经营与发展理念的新兴事物，更需要一流的管理机制为其不断创新和发展提供重要的保障。

首先，及时转变思想观念，坚持走质量效益型发展道路。中心深刻认识到，利润最大化是一个企业生存发展的最终目标，“二八法则”的应用以至财富管理中心的成立和私人银行服务也都是各家金融机构为了快速提升经营效益、掌控高端客户主导市场地位而采取的有效途径。为此，中心牢固树立“质量效益型”的发展模式，以100万元以上个人客户作为客户定位基础，全力实施差别化服务模式和精确化营销模式，经过一年来的运营实践，中心无论是

在人均、网均等业务指标，还是成本收入等经营效益方面，均取得了显著的成效，也成功的体现了这一理念。截至2008年末，财富中心实现拨备前利润7438万元，较成立前增加了3681万元，人均增量利润达到了66.5万元，是分行平均水平的5.5倍多；实现中间业务收入1029万元，人均中间业务收入18.6万元，是分行平均水平的2.4倍；总资产净回报率达到了3.9%，较成立前提高了0.8个百分点，较咸阳分行网均资产回报率高出2.4个百分点；成本收入比为14.2%，较成立前下降了9个百分点，较咸阳分行网均成本收入比40.6%低了26.4个百分点。各项存款净增68408万元，占咸阳分行的23%，同比增幅1439%；发放个人贷款10983万元，净增4285万元，占到咸阳分行个贷发放总额的19%；销售理财产品42亿元，同比净增37亿元；销售品牌“如意金”38.22公斤，占到咸阳分行的72%。中心共维护个人优质客户11011户，较年初增加1858户，优质客户个人金融资产占到中心个人客户金融资产的77.58%。各项经营指标在分行遥遥领先，经营绩效考评名列全市第一。

其次，加快经营转型步伐，构建高素质的员工队伍。财富中心的经营转型，很大程度上取决于客户经理队伍的专业素质、营销能力的提升和考核管理机制的完善，因此中心充分挖掘人才潜力，严格管理，强化培训，着力建设“三支”服务团队，构建了员工队伍建设的长效机制。一是强化培训机制，提升专业技能。以财富中心成立为契机，按照运行管理、市场营销和理财服务三个专业，分岗位进行全员竞聘，从而组建出一流的营销队伍、运营队伍和理财队伍，实现“人尽其才”。坚持晨会学习和周三例会培训制度，并以奥运金融服务为契机，分别举办保险、基金、银行卡、电子银行等专业知识讲座及服务礼仪、英语哑语等服务技能培训，有效地提高了员工的服务水平和营销技巧。制定员工培训和学习计划，引导员工积极参加各类资格考试，仅去年一年，中心就有11名员工通过了财资管理师资格考试，有2名员工通过了基金从业资格考试。目前中心共有CFP国际金融理财师2名，金融理财师2名，通过各类资格考试人员占到全行员工的73%，极大的提高了中心员工的综合素质和战斗力。二是优化服务流程，强化考核管理。分别按照客户办理业务的流程环节和各岗位人员服务环节，制定出预约服务流程、迎客服务流程、送客服务流程、休息等候服务流程、理财工作室服务流程等一系列完整的服务流程规范。提出“引导需求、创造需求”的咨询理念，要求理财经理在进行理财规划时，实施一整套严格的需求分析—财务及风险分析—建立财富管理策略—计划资产负债方案—方案实施—效果分析的咨询分析策略，最大程度的保证银行和客户利益的“双赢”。制定并落实客户经理绩效考核管理办法，借助个人客户营销系统，对客户经理管理客户的资产、负债及贡献度实行动态管理，按周统计，按月考核，及时上榜公布，有效地促进了客户经理营销的积极性和主动性。三是加大营销考核激励力度。分别开展“金鼠贺春”营销竞赛、新产品营销竞赛、对公网上银行营销竞赛、国寿保险、合众保险专项营销竞赛等多种竞赛活动，设立营销业绩排行榜，将员工营销业绩上墙公布，每日统计，每周通报。同时，将员工绩效工资与中间业务产品营销相挂钩，并对分组营销突出的营销明星进行专项奖励，极大的调动了全行员工营销中间业务的积极性和主动性。截至年末，实现中间业务收入1029.37万元，在分行占比12%，人均中间业务收入18.7万元。

二、抓住三个关键，促进核心竞争能力全面提升

对于产品具有高度同质化特点的国内金融企业来说，核心竞争力最重要的就体现在“客户、营销、渠道”这三个关键点，中心正是通过全力实施优质客户发展战略，不断提高多渠道销售特别是自助销售的比例，不断提升精确营销效果，从而促进了网点核心竞争能力的快速提升。

首先，以客户为中心，客户结构得到进一步优化。一个网点的客户结构、产品结构和收入结构是相辅相成、协调发展的，而客户结构则是提高优质客户贡献度和网点经营效益的关键因素，为此，中心通过优化客户结构，不断提高优质客户中的产品渗透率和贡献度，从而实现了产品结构和收入结构的调整和优化。一是对优质客户进行架构划分，完善优质客户管理机制。在优质客户管理上，借助个人优质客户营销系统，实施优质客户积分管理，根据客户办理业务贡献度的大小制定积分标准，根据积分提供相应增值服务，并兑换精美礼品，进一步激发了客户使用金融产品的兴趣。同时，在原来对优质客户实行“三重划分、分层管理”的基础上，进一步细化分层标准，要求所有理财经理针对分管客户，分别按照客户的资产负债、风险偏好、金融产品覆盖情况甚至职业特点、兴趣爱好等进

行详细分类，从而建立起一套脉络清晰、层次分明的客户架构图层。二是完善推介考核机制，提高优质客户占比。制订了严格的优质客户识别推荐和跟进维护机制，并实行识别推荐现场奖励和绩效考核奖励双重激励机制，通过对柜员考核优质客户推荐率，对理财经理考核跟进成功率，有效地开辟了中高端客户发展的渠道，扩大了优质客户群。截至2008年末，中心新增中高端优质客户1858户，5万元以上优质客户占全行客户总数的2.9%，忽略零余额账户的历史性原因，中心5万元以上客户占比较开业前的4.2%提高到了6.9%；5万元以上客户资产总额68020万元，占到全行资产总额的77.58%，50万元以上优质客户达到299户，100万元以上财富客户达到111户，人均资产较开业前的16.8万元提高到了18.21万元，客户结构得到进一步优化。

其次，以营销宣传为手段，不断扩大优质客户群体。以财富中心开业为契机，举办盛大的开业典礼，在陕西电视台、咸阳电视台、咸阳日报等多家媒体进行深入报道，邀请高端客户体验专业理财规划，进一步提升了“六专”服务内涵。在2008年年末，以财富卡宣传推介为契机，成功策划组织了咸阳工行高端客户大型联谊会。及时根据资本市场的发展趋势及理财产品特点，分别以产品推介、健康咨询、艺术欣赏等不同主题，邀请基金公司、第四军医大学、分行CFP国际金融理财师等专业人士参与，开展了15场定向组合营销活动，不仅提高了理财经理精确营销的专业技能，而且通过鼓励优质客户“老带新、一带多”、进行财富规划体验等，快速扩大了中心的优质客户群体，提高了优质客户贡献度。截至年末，全行新增中高端个人优质客户1858户，新开理财金账户449户，对公结算账户新增114户。

第三，以渠道为媒体，快速提升核心竞争能力。“个金业务、渠道为王”，中心在发展过程中，充分借助自助银行、电子银行、定向营销、精确营销等现代营销模式的推广应用，使得网点销售渠道从以往单一的网点式营销向全方位的虚拟银行快速转化，有力的降低了网点的经营成本，节约了大量的网点资源，促进了核心竞争能力的提升。一是加大渠道分流力度。以网银代发工资为突破口，定期举办网银代发工资推介会，开展“三卡两银”营销推广活动。以网点为阵地，进一步完善电子银行“识别推介—业务受理—现场指导—售后服务”的绿色服务通道，发挥3台自动柜员机、1台存取款一体机全天候24小时的服务优势，对所有持卡客户的转账、查询、购买理财产品、缴纳话费，以及2万元以下的取款业务等，全面进行自助推广，加上个人网银贵宾版、网上代发工资等的专题营销，极大的促进了网点自助业务的快速发展，凸显了渠道分流的效果。截至2008年末，中心电子银行交易额达到174亿元，较成立前增加了58亿元，增幅33%；ATM单机日均交易量659笔，较成立前日均交易量增加271笔；网点成本收入比14.2%，远远低于分行40.6%的平均水平，人均收入、网均收入等各项指标均在分行名列前茅。二是以理财业务为重点，推动各项业务快速发展。2008年，面对面对资本市场的不断降温，支行充分发挥我行理财产品风险较低、业绩良好、产品线丰富的优势，明确以中高端优质客户为目标，将理财金账户、财富卡与网上银行等进行“打包”宣传，重点突出超短期理财产品、灵通快线、品牌“如意金”、保管箱等业务规避风险、价值增值的优势，并根据特定时期客户需求的不同，着重开展了品牌“如意金”、“灵通快线”、“财富卡”、“个人贵宾网上银行”、“超短期理财产品”等专题宣传，累计向彬长集团营销对公理财产品26.38亿元，向陕西煤化集团营销对公理财产品7.86亿元，向咸阳步长制药有限公司营销对公理财产品5500万元，使理财产品继续保持了飞速增长的发展态势。截至年末，累计销售各类理财产品42亿元，其中个人理财产品74329万元，对公理财产品35亿元，在分行名列前茅。

创一流佳绩　展最佳风采

——深圳分行红围营业部贵宾理财中心

红围营业部贵宾理财中心坐落于深圳市罗湖区，所在网点红围支行营业部最初设立于1985年，二十多年来在业务的发展同时也见证着深圳特区经济的飞速发展。2007年网点经过全面改造，升级成为红围营业部贵宾理财中心，网点总建筑面积1200平方米，其中贵宾客户服务区实际面积100平方米，自助银行营业面积30平方米，并拥有五台ATM机与自动存取款一体机，四台多功能自助终端，可充分满足各种层次客户办理业务的需求。

红围营业部贵宾理财中心长期以来秉承“创一流环境、创一流服务，创一流佳绩，展最佳风采”理念，坚持以贵宾客户为中心，以环境关怀和队伍建设为基本点，按照“经营业绩提升、业务素质提升、服务品牌提升”三个大幅提升思路开展各项业务拓展工作。2007年度被总行评为“巾帼文明示范岗”、“总行级学习型组织先进班组”和总行“百强对公业务网点”的光荣称号；2008年获得总行个人金融业务“双佳”理财网点称号。

截至2008年12月末，红围营业部贵宾理财中心实现营业利润3.52亿元；实现中间业务收入5263万元，综合经营效益在分行一直名列前茅。储蓄存款余额达到7.81亿元，比年初增长2.43亿，增长额在分行排名前列；个人贷款余额达到24.47亿元，今年新发放个贷8.21亿元；个人中高端客户7821户，理财金客户数1982户，其中今年新增理财金客户数216户，分行排名前列。

一、创造和谐氛围、优化贵宾服务环境

环境的好坏无疑映射着一种文化精神，红围营业部贵

宾理财中心成立之初就得到分行和支行领导的高度重视，对中心环境设计和布置精益求精，当走近理财中心门口，便有大堂引导员送上温馨的问候和关怀，理财室窗明几净，空气舒爽宜人，对于等待办业务的客户，大堂引导员会为客户配上需要的饮品和小食。只要走进理财中心，温馨愉悦的氛围定能使客户得到宾至如归的感受。理财中心分区明确，配备现金服务、非现金服务、配有供客户使用的电话银行专线与配备24小时自助银行服务设备的自助服务区，还有设立多台网上银行专用PC机的网银体验区；LED电子流动宣传屏、业务海报宣传栏，放置产品说明书与宣传折页的产品资料宣传架、多媒体宣传电视屏等一应俱全。

红围营业部贵宾理财中心业务范围广泛，包括本外币储蓄、代收付、汇款转账、个人外汇、银行卡、电子银行、投资理财、个人贷款、理财咨询、理财协议签订等业务品种。客户足不出区，真正能够享受到满意的一站式金融服务。

二、完善队伍建设，力争打造学习型团队

高质量的服务要靠高素质的服务团队作为坚强的基础。红围营业部贵宾理财中心岗位配备力争高标准、严要求，将网点业务骨干和能手向理财中心倾斜，营业部现有员工40名，其中硕士3人，本科13人，大专23人，大专以上学历占97%。近年涌现优秀员工13人、点钞能手1人、优秀团干1人、巾帼岗位标兵1人、明星网点行长1人、优秀营业主任1人、优秀大堂经理1人、柜员服务明星2人、青年岗位明星3人等多项获奖记录。中心目前配备理财客户经理三名、营销经理三人、专职大堂经理一人、大堂服务员一人，现金柜员三人、非现金柜员一人。网点还对贵宾理财中心服务人员设定A、B角，确保人员休息服务质量不减。

为了提升中心的核心竞争力，红围营业部贵宾理财中心不断加强队伍建设，努力打造学习型团队。系列的荣誉成为我们前进的动力，加快了我们前进的脚步，红围营业部贵宾理财中心全体成员一贯坚持“崇尚学习，优质服务”的目标，全面提高员工的学习能力、业务素质和服务水平，致力将员工培养成学习型、专业型、智能型、思考型、创新型、竞争型的人才，形成你追我赶，积极上进的良好学习风气。努力做到学以致用，相互促进，实现学习成果与工作成就的共享与互动。

长期的学习氛围使红围营业部贵宾理财中心逐渐形成了一套本网点健全的学习机制。一是坚持每天有晨会，每周有周会，每月有培训，每季有考试的学习运行制度，使中心各岗位员工始终保持不断学习的良好状态；二是建立了学习园地，极大方便了员工学习分支行文件与业务资料，从上到下营造出良好的学习氛围，有效提升了员工的学习效率；三是加强学习结果反馈，实现了“工作日志和业务进度每日上墙、工作小结每周报告、业绩评比每月开展、目标考核每季实施”的管理体系，建立畅通的客户、员工信息反馈渠道，不断总结并分析问题，分析并研究解决方法，从而不断提高理财中心服务与营销水平；四是引导员工岗位成才、自学成才，鼓励员工积极参加各类资格证书培训班、学历教育班学习，帮助员工在实践中不断完善自己，在竞争中不断提高自己；五是开展多种形式的学、练、考活动，开展岗位练兵和技术比武活动，改变目前不同岗位员工知识结构单一的问题。使员工在技能上从单一型向复合型转变，让大家优势互补，共同提高，成为“一精二会三学”的复合型员工；六是开展明星柜员示范窗口活动。结合各岗位实际情况，对每位员工的服务上水平、业务上等级、技能上层次制定明确的目标，力争人人皆知争创服务一流、操作精通、营销超群、富于进取和创新的服务标兵示范岗位；七是开展“六比四赛”竞赛活动，开展“比服务效率、比服务形象、比服务态度、比服务能力、比服务精神、比服务业绩；赛工作干劲、赛团队精神，赛管理能力、赛遵章守规”活动，力求实现“人人参赛，个个争先”的氛围，达到人人为实现新目标做贡献；八是倡导员工工作学习化、学习工作化，达到“三个转变”，即从“要我学”向“我要学”转变；从“一次性学习”向“终身学习”转变；从“个人学习”向“团队学习”转变，员工素质不断提高，中心竞争力、凝聚力不断增强，优秀人才、拔尖人才脱颖而出。

三、强化内部管理，规范服务流程

红围营业部理财中心严格执行总行核心竞争力项目4.0版本要求，将“识别引导、接触营销、业务处理、关系维护”服务流程有效运用到实际工作中。理财中心为员工设计制作了推荐纸条，柜台人员在优质高效服务客户同时，及时发现潜力客户，并第一时间将客户需求通过推荐纸条反馈给理财客户经理，理财客户经理及时跟进营销，取得显著成效，网点推荐率不断提高，理财中心业绩明显提升。此外，理财客户经理和负责人均能有效利用PBMS系统开展日常客户服务和维护和管理工作，提升了客户维护与跟进营销的效率。

在做好服务，勇创佳绩同时，红围营业部贵宾理财中心始终把强化内部管理作为工作的重中之重。他们深知健全制度、严密内控是搞好服务和发展好业务的基础，坚决贯彻执行党的路线、方针、政策，严格遵守并执行国家的各项经济、金融法规和规章制度，遵纪守法、合规经营。对各项规章制度常抓不懈，管理体制落实到位是他们一贯的工作作风。搞好政治思想工作是提高员工思想素质和工作水准的保证，作为金融工作者自身要时刻保持清醒的头脑，增强责任意识，为此认真贯彻总、分、支行的各项规章制度，制定实施细则，明确员工岗位职责，签订学习执行《员工违规行为处理暂行规定》承诺书，不断进行法制教育和案件分析，做到警钟长鸣，大大提升全体员工法纪观念和明辨是非的能力，近三年未发生经济案件、差错事故、媒体曝光等事件。

四、优质文明讲服务，服务工作结硕果

红围营业部贵宾理财中心始终将服务工作作为一项核心工作来抓。今年以来在贯穿总行关于优质文明服务要求、迎奥运文明规范服务要求、双佳评比的要求，理财中心迅速行动，统一认识，服务和业绩并举，取得显著成效。

2008 年被分行评为“优质文明服务先进单位”。

1. 强化服务观念、提升服务境界、达成服务共识

红围营业部贵宾理财中心高度重视服务工作，利用晨会、周会加强网点学习和培训，牢固树立银行经营的核心就是“服务好客户、经营好客户”的理念。银行的核心竞争力是“服务”，有了好的服务，就会有好的客户，有了好的客户，才会有好的业绩，有了好的业绩，才能使客户满意，股东满意、分行满意。

2. 加强服务渠道建设，全面提升服务水准

随着迎奥运文明规范服务的推进，积极完成流程再造和渠道建设，进行网点装修和改造，增加硬件设施和办公设备的投入，实现网银体验区、现金业务区和理财区各占三分之一，其中网银体验电脑已经增加到 13 台。网点宽敞明亮，布局合理，满足中、高、低端客户体验。同时加强员工队伍管理和服务水平的提升，从员工着装、礼仪、三声服务等进行严格的训练，精神面貌焕然一新，被分行列为服务标杆示范网点，综合竞争力明显提升。

3. 采取多种举措，丰富服务内容

举行“优质服务从我做起”的大讨论征文竞赛活动，围绕“客户需求与我们的差距”、“扬长避短与核心竞争力”、“服务水平与服务细节”等主题展开深入讨论。通过讨论，员工的服务意识得到进一步提升，服务水准明显提高。

五、锐意进取，积极开拓市场

红围支行营业部方圆两百米内共有金融机构七家，同业竞争十分激烈。理财中心根据分行由“坐商”向“行商”转变的要求，坚持“走出去、请进来”思路，采取多种有效措施，想方设法发展个人金融业务。

1. 定期举办理财大讲堂，营造营销氛围。理财中心每月会举办形式多样的理财大讲堂，邀请基金、证券、保险等行业专家为客户进行现场讲课，并互动交流。通过活动，既可以有效稳定存量客户，又带来新增客户。

2. 红围支行营业部是总行“百强对公业务网点”，拥有公安局等 100 多户政府财政单位、金地等 9 家房地产高端客户、沃尔玛等多家连锁企业。良好的客户基础为贵宾理财中心发展个人金融业务提供广阔的舞台。2007 年以来，中心一直坚持广泛开展核心联动营销活动，多岗位员工组成营销团队，对核心企业员工进行个人金融产品充分渗透，多次上门在大企业举行理财大讲堂和现场营销活动，使我行产品和业务深入人心，取得了良好社会效益，同时为中心带来了可观的个人业务收入。

成都市春熙路分理处

为加快个人金融业务的主动转型，提高网点创利水平，打造标杆网点，在上级行的关心和指导下，四川省分行成都锦江支行坚定不移地强力推进春熙路分理处网点转型工作。自 2008 年 10 月实施转型以来，锦江支行春熙路分理处各项业务指标发展增速明显，一是优质客户数量明显增加、客户结构不断改善。二是依托于客户发展的存款明显增长。三是中间业务单项产品营销能力持续提升。四是资产业务实现了突破。转型期间，共发放小企业贷款 1000 万元，生产经营性贷款 110 万元，个人综合消费授信 290 万元，实际发放贷款 150 万元。据统计，春熙路分理处现大部分指标已完成 2009 年春天行动目标任务，且在同级网点中名列前茅，网点转型取得显著效果。春熙路分理处的成功转型离不开观念的转变，以及认真落实各项工作措施的执行力，其具体措施如下：

（一）理清思路、突出重点

春熙路分理处围绕“以客户为中心”的服务理念，放眼永续经营的发展战略，坚持好字优先的指导思想，完成网点硬件和软件双改造。春熙路分理处以春熙路商圈中高端客户群体为市场定位，以个贷和理财咨询为切入点，强化客户价值主张，努力发展网点与中高端客户的长期客户关系，逐渐向“关系银行”转变。

（二）精心准备、稳健起步

为确保春熙路分理处网点转型成功，首先做好“五个到位”：一是设备到位，将部分取款机更换为存取款一体机，提升了春熙路分理处自助服务区功能。二是人员到位，按照转型要求及时调整春熙路分理处的主管，并落实专职大堂经理、专职客户经理、专职理财经理，为网点转型做好人员安排。三是培训到位，上级行各部室分别指派专人对其人员就个人生产经营贷款、企业简式贷款等业务进行辅导和培训。四是机制到位。春熙路分理处按照《中国农业银行四川省分行网点转型工作指引》，对其岗位设置、岗位职责、考核办法再次进行梳理和修改，重新制定了各岗位职责。

（三）积极攻坚，纵深推进

在上级行的关心和支持下，春熙路分理处网点转型工作不断深入推进。

1. 强化学习培训、转变思想观念。一是积极开展培训与演练，采取强化训练、逐个通关、情景模拟、先进典型教育方式提高员工综合素质，确保员工真正掌握网点转型的精髓。网点还积极利用外部资源，组织员工到保险公司参加训练活动，持续提高员工营销技能。二是利用晨会及时将上级行的转型精神、网点转型过程中员工个人的经验进行公布、交流；利用营销例会，与其他网点客户经理积极沟通，分享先进工作经验。

2. 强化现场精细化管理。一是强化大堂管理，实施大堂制胜服务。确定了大堂经理 AB 角并分角色明确职责，保证专职大堂经理周一到周日在岗率 100%。通过有效管理，实现引导客户、发现需求、分流客户、减少客户排队、提高服务效率的作用。积极引导客户使用各种电子银行渠道和自助设备，现春熙路分理处有自动取款机 4 台、自助存取款机3台，自助银行设备迁移率达93%。二是强化高柜柜员服务，通过组织柜员加强业务技能学习、严格执行内控制度和操作规程，提高单笔办理业务的速度，减少差错率，提高客户满意度。三是根据不同时段客户流量，实施弹性排班制，确保在网点生产力在客户流量大的时段满负荷运营。

3. 深化贵宾客户营销。一是强化客户经理服务。将业务技能全面、营销服务意识强的员工充实到专职大堂经理、客户经理和理财经理的岗位上，按照“走出去、请进来”的客户拓展思路，采取“保、挖、抢”的客户拓展和维护方式进行营销。二是实行贵宾客户分级维护制度，从网点主任到客户经理、再到柜员分别维护不同贡献度的客户，力争做到“一对一”贵宾维护模式。

专业铸就财富　服务创造效益

——四川金牛支行营业室贵宾理财中心

在工行成功股改上市，明确提出要将零售业务作为其战略发展重点，全力打造“中国第一零售银行”之际，金牛支行营业室贵宾理财中心作为省分行营业部第一批贵宾理财中心于2007年12月28日成立了。10个月以来，贵宾理财中心致力于为中高端客户提供更加尊贵、高效、周到、增值和个性化的服务，打造全新服务平台，凭借先进理念、卓越文化、贴心服务、骄人业绩，成为一颗迅速崛起的新星。

一、提升软硬件综合实力，创造一流网点一流业绩

1. 专属理财空间。金牛支行营业室贵宾理财中心按照工行统一的建设标准，建立起VIP客户专属服务的独立区域，采用上下分层的物理布局，真正实现优质客户和普通客户的分区服务。

2. 专家理财团队。贵宾理财中心共有员工10人，其中国际金融理财师（CFP）2人，金融理财师（AFP）3人。团队凭借工行雄厚的经济实力和专业水准，为贵宾客户提供全方位的理财规划和财富管理，使其轻松实现人生各阶段的理财目标和生活目标。

3. 卓越团队文化。贵宾理财中心以卓越的文化为核心，历练团队，感染客户，勇创佳绩。提出了“信誉铸品牌、服务创价值、管理促效益”的经营理念，建立了“开心理财、幸福人生”的团队价值观，明确了“携手客户、同创价值、共享财富”的服务宗旨，树立了“用心服务、铸造精品”的服务理念，形成了“开拓创新、锲而不舍”的营销精神，确立了“同业领先、服务一流”共同远景。

4. 骄人经营业绩。贵宾理财中心业务齐全，能够办理各类本外币储蓄、代收代付、银行卡、电子银行、投资理财、个人贷款等各类业务；能够提供理财咨询、签订理财协议等服务。从成立至今短短10个月时间，贵宾理财中心已实现骄人经营业绩：目前营业室贵宾理财中心储蓄存款余额达9.6亿元，其中2008年人均揽存1600万元，人均创造中间业务收入45.7万元。

二、提高市场冲击力，以强力营销开辟新的天地

1. 积极宣传，塑造品牌。贵宾理财中心开业当天举行了盛大的开幕仪式，并通过新闻媒体的宣传，在客户群中带来了极大的反响。贵宾理财中心抓住时机，开业当天精心筹划了第一期客户沙龙，旨在向客户介绍贵宾理财中心，宣扬服务理念，塑造品牌，为将来的工作的开展打下了良好的基础。

2. 细分产品，组合营销。贵宾理财中心集合团队智慧的力量，制作相关的产品宣传资料，摆放在营业大厅和柜台上，并向客户分发。并将理财产品方案进行打包营销，在分层次满足客户需求的同时带动其他产品的营销。

3. 把握市场，顺势而为。5.12汶川大地震发生后，客户保险意识增强。贵宾理财中心发挥团队作用，制作了《灾后金融小建议》提供多个保险产品投资组合供客户选择。短短两个月时间，贵宾理财中心实现保险销售560万元，保险箱32门。

三、打造专业理财品牌，提升优质服务内涵

贵宾理财中心明白营销是一时的，服务是永久的。要想把营销来的客户长久留住，必须靠一点一滴，如细水长流般的用心维护。

1. 梳理信息，分层维护。贵宾理财中心的客户分层不是单一呆板的，而是将客户在纵向和横向上分别进行分类和维护。

在纵向上，将客户按照资产规模分层，实行分类维护。

在横向上，根据客户风险偏好、工作性质、产品偏好等将客户进行多角度、多层次的分类管理，针对不同类型的客户提供不同性质、不同产品、不同类型的维护服务，真正做到投其所好，让客户满意。

2. 关怀客户，情感维护。每逢节日来临，贵宾理财中心客户经理们发送短信问候；同时他们还定期通过电话、上门等各种方式保持与客户的沟通联系，了解客户需求。通过日常情感维护，激活了系统内一大批不熟悉的客户，也让客户感受到工行的关怀和温暖。

3. 强化渗透，稳定客户。贵宾理财中心对客户信息进行全面梳理和筛选，不断丰富客户档案内容。对渠道和产品单一的客户，通过产品的组合搭配，强化了产品的捆绑及交叉营销，延伸产品组合营销内涵，使客户通过使用工行产品了解工行理念，提高中高端客户渗透率。

4. 理财沙龙，走近客户。迄今为止，贵宾理财中心已

经开展了大大小小共35次主题沙龙活动。沙龙形式多样，内容丰富，涵盖了基金股票投资，期货投资，企业年金，女性话题等多方面主题。

5. 专业理财，彰显水准。针对高端客户更全面更深层次的理财需求，贵宾理财中心为客户一一把脉，向客户建议科学的资金理财方法，量身订做理财方案和规划。

四、精益求精、追求卓越，不断提升团队整体战斗力

贵宾理财中心深知管理与发展是相辅相成的，在做好客户营销维护的同时，不断强化培训、狠抓内控、升华队伍建设，以精细化管理促业务发展。

1. 坚持学习，强化培训。“工欲善其事，必先利其器。”贵宾理财中心是一个积极进取，努力学习，保持旺盛工作面貌的团队。一是坚持例会制度。贵宾理财中心坚持每天早晨和营业终了后的例会，总结经验教训，宣扬好的工作方法，及时组织学习新业务、新制度。二是坚持客户经理团队互助学习。贵宾理财中心团队充分发挥每个人的专长，以交流学习、互助学习的方式，有效丰富知识，提高综合素质。

2. 和谐共建，凝聚有力。贵宾理财中心好比一个大家庭，每个成员都是家庭的一分子。为了增进大家的感情，贵宾理财中心会不定时的举办一些员工联谊活动，通过此类活动，加深员工之间的了解。同时通过丰富的团队文化建设，不仅为客户提供优质服务，也让员工工作愉悦、心理健康，更有凝聚力。

3. 精细管理，强化内控。贵宾理财中心深知要发展内控先行的道理，发展与内控二者相辅相成，相互依存，缺一不可。为了提高内控管理水平，贵宾理财中心全体成员树立了合规经营意识，严格遵守《工行员工守则》、《员工违规行为处理暂行规定》、《四川分行违规积分管理手册》、《业务操作指南》等各项规章制度，并制定了贵宾理财中心工作制度，规范了工作流程，保证合规经营。

“清风过处有细雨，春华诞尽结秋实”。金牛支行营业室贵宾理财中心将始终以同业领先、服务一流为目标，努力践行携手客户、同创价值、共享财富的服务宗旨，谱写更辉煌的新篇章。

求实进取　开拓奋进

——厦门分行前埔支行

厦门分行扁平化改革给地处厦门市东部新区的前埔支行带来无限生机。三年来支行坚持“以市场为导向，以客户为中心，以效益为目标”的经营原则，在全行员工的共同努力下，通过不断提升支行核心竞争力，各项业务取得了飞速发展，全行上下求实进取开拓奋进，取得了自前埔支行开业以来最辉煌的成绩。2008年在总行、市分行的各项评比和竞赛中分别获得了中国工商银行最佳个人金融网点称号、2008年度厦门行个人金融业务二等奖、2008年度厦门行电子银行业务三等奖、2008年度厦门行信用卡业务二等奖。2008年度分行支行行长绩效考核等级位列二级支行的第一名。

一、差异化服务吸引越来越多的高端客户

支行营业场所严格按照《中国工商银行企业形象手册》设计装修，采用上下分区的物理分层形式，为客户提供有针对性的差异化服务。一楼营业厅主要分为现金服务区、非现金服务区和自助服务区，网点设有4个普通窗口和1个独立的贵宾室，分别为普通个人客户以及对公单位提供金融服务，为中、高端客户提供专属服务。在大堂和自助服务区配备了包括网上银行专用PC机、存取款机、多媒体机、发票打印机和电话银行专线等设备，既满足了客户的不同业务需求又有效分流客户，减轻柜面压力。二楼设理财室、大户接待室和办公室，专为有理财、个人贷款等需求的客户提供咨询与服务。另外，网点门口提供多个免费停车位，大大方便客户停车需求。为方便客户开户提供身份证复印件需求，支行在营业大厅设立“爱心复印机”，并联系希望工程放置了一个捐款箱，由客户自行复印自愿捐款，这样一来，既方便了客户，又提升了支行的公益形象，通过这项行动，支行已累计为希望工程募集爱心款项近万元。除此之外，“5.12”汶川大地震我们第一时间组织员工捐资捐物，为灾区群众奉献一分爱心。

二、业务向多元化综合性发展

前埔支行的前身是一个储蓄所性质的网点，只为客户提供个人储蓄服务，存款仅6000万左右。2006年10月搬迁改造后，作为一个定位于金融便利店的网点，支行并不满足于仅为客户提供一般性的金融服务，而是根据客户的需要，不断强化内功，推出新的服务内容。2007年初，支行了解到一个重点个人客户准备开办一家公司，经营进出口业务，因支行为二级支行，没有对公外汇业务，该客户准备把所有存款和业务转到他行，支行领导得知这个情况后，十分重视，立即向分行请示，在分行各部门的积极配合下，仅用了不到一个月的时间，完成了外汇专柜人员的培训，并通过了外管局的现场审查，成为厦门市第一个开设了对公外汇业务的二级支行，为客户办理了本外币对公账户。在开户后，根据当时人民币不断升值的情况，向客户建议办理了远期结售业务，为客户锁住汇率风险，帮助客户规避了风险，提高了经营效益，客户对前埔支行的服务十分满意。年底，客户公司搬迁，新址离前埔支行有半个小时的车程，且周边银行众多，客户始终坚持将其账户留在支行。前埔支行现有员工12人，业务品种涵盖了个人、对公本外币存贷款、理财等。全行上下形成了一个共

识，客户的需求就是银行前进的动力，客户的满意就是银行的经营效益。

三、业务迅速发展经营效益日显突出

近两年来，前埔支行业务发展迅速，尤其在个人金融方面经营效益突出。截至2008年底，本外币各项储蓄存款20054.34万元，比年初增长9838.09万元。全年累计新发放个人贷款1715万元；销售各类理财品8780.78万元；新增灵通卡6347张；新增优质客户425户；新增个人网上银行客户1715户（其中证书客户552户），电话银行客户1491户；手机银行客户954户；办理信用卡1988张。截至2008年底个人金融业务综合考核列二级行第一，电子银行考核列二级行第二，信用卡考核列全行第一。在经营效益方面，截至2008年底，支行经济增加值为239.35万元；人均净回报25.51万元，人均净回报增量14.18万元，拨备后利润预算完成率为121.77%；人均中间业务净收入12.33万元。业务协调发展指标在二级支行列第一，支行等级考评从2006年的C级，上升为2007年B+，到2008年被评为A+。

四、抓内控、讲服务、促营销

前埔支行12名员工里，2006年后入行的员工就有9名，新员工一般风险意识淡薄、缺乏服务和营销技巧，给支行的经营管理带来了一定的困难，排队现象时有发生。面对困难，支行始终把“抓内控、讲服务、促营销”作为一项重要的日常工作常抓不懈。

1. 抓内控：支行从提高员工素质入手，一方面，鼓励员工参加各种文化学习，提高自身受教育水平，加强业务技术练兵，熟练掌握各项业务技能和营销技巧。另一方面，支行采取每日晨会、每周例会的形式，加强员工职业道德、规章制度和安全保卫学习。员工素质的提高带来职业修养的提高，依法合规经营的意识在支行内部蔚然成风。支行还制定了员工岗位职责，用以约束员工的行为，促进支行各项业务的健康发展。

2. 讲服务：优质服务是提高客户满意度的直接手段。支行定期召开服务工作分析会，对客户投诉案例逐一剖析，查找问题并提出相应的解决措施；定期评选服务明星，在员工中树立标兵榜样，形成优质服务赶超风气，支行服务水平得到明显提升。前埔支行所服务的区域较大，每到工资期，老年客户增多，由于老年客户大多不愿使用自助设备，造成排队现象非常严重，支行5个窗口满负荷运转仍无法解决，客户意见大，投诉多。为改变这种现象，支行要求工资期所有后勤人员，包括行长一律下到营业大厅，配合大堂经理，指导客户填单、使用自助设备，协助分流客户，维持秩序。经过一段时间的引导，客户渐渐地接受了自助设备的快捷服务形式，柜台的压力减小了，服务质量上去了。支行的优质服务并不局限在网点内、营业时间内，在推广网上银行业务初期，常有客户因不会在自家电脑上安装程序、下载证书无法使用我行的网上银行时，我行客户经理利用班后业余时间上门为客户服务。一方面为客户排忧解难，一方面有效地促进了电子银行业务的发展，得到了客户的赞许。

3. 促营销：面对金融市场激烈的竞争，支行充分意识到竞争优质客户的重要性，而作为二级支行，人员有限，专职客户经理只有一名，人少力微，只有发挥每位员工的主观能动性，调动大家的积极性，那么支行就有一支12人的“客户经理”队伍。通过建立健全产品销售激励机制，鼓励员工人人参与营销，主动了解客户需求，并积极向支行推介优质目标客户，由支行行长、客户经理负责对目标客户的营销，进一步扩大了营销目标并提高了对目标客户营销的成功率。

前埔支行是个团结而又充满朝气的集体，在成绩面前，它并不骄傲自满，而是本着踏实的作风，一步一个脚印，去迎接未来的挑战。

宝剑锋从磨砺出　梅花香自苦寒来

——云南分行营业部南屏支行营业室

工行南屏支行营业室是“云南省2007年银行业文明规范服务示范单位”，本着以创新为动力、以服务为宗旨、以转变发展方式为着力点，立足当地实际，突出营业室特色。积极探索优质服务工作的新途径，树立新形象，全面提升服务质量和服务内涵，以完善的硬件设施、优美的营业环境和全新的服务理念推动个人金融业务经营模式的转变，在团队协作、优质客户市场竞争、客户关系管理等方面取得了显著成效，个人金融业务综合竞争能力得到进一步提升。

“天道酬勤，惟坚忍者始能遂其志”。多年来，南屏营业室全体员工就是发挥这种不屈不挠的团队精神，群策群力业绩突出，连续3年荣获省行营业部“迎新春百日劳动竞赛”网点综合排名第一名，先后荣获总行文明服务窗口示范单位、2007年度总行级“青年文明号”、2006年“工行云南省分行服务免检单位”、2007年“百日劳动竞赛明星网点”、“云南省银行业协会文明规范服务示范窗口”中国工商银行云南省分行营业部先进集体、中国工商银行云南省分行营业部“巾帼文明示范岗”、等先进集体称号。客户经理刘燕玲在2007年“工行网上银行、您家中的银行”推广营销活动荣获总行先进个人、2007年“大师杯”个人理财产品营销精英赛活动中荣获总行先进个人；涌现出了张晓玉、赵艳玲、周丽芳等一批荣获省行营业部百日劳动竞赛的营销明星；所主任周以春荣获2007年百日劳动竞赛优秀共产党员；副所主任刘俊敏荣获2008年一季度总行“青年岗位明星”；目前该营业室维护私人银行客户一户、高端客户104户、中端客户2465户。南屏支行营业室

之所以取得如此骄人的成绩，与其始终坚持以客户为中心，大力倡导和谐服务的理念，规范落实精细化服务措施，通过服务赢得客户是分不开的。

一、奉守诚信经营，完善内控管理

南屏营业室以“信誉第一、优质服务、廉洁守法”为职业道德规范标准，严格自律，加强自我约束，确立和规范员工的服务意识和服务行为。一天，一位客户办完业务后因自身体质不好血糖过低昏倒在地，客户经理立即把客户搀扶到沙发上坐下，找来糖水让客户喝下，并积极联系他的家人，因他的家人不在昆明，客户经理和所主任马上打的把客户送到医院就诊，还为客户垫付了医药费，并多次到家里看望客户。客户身体痊愈后，来到营业室流着感激的眼泪向工商银行道谢，感谢工商银行培养了这么优秀的员工。后来他还动员做生意的儿子把流动资金 200 多万从建行转到了南屏营业室。正是这种“急客户所急、想客户所想”的服务思想，凝结了营业室永远“把麻烦留给自己，把方便带给客户”的服务理念，从而赢得了客户，赢得了市场。

南屏营业室认真执行银监会各项规章制度，开展以优质服务为主导的教育活动，引导营业室员工树立正确的服务价值观。推动企业文化建设，教育引导营业室员工发扬中华民族传统美德和新的时代精神，积极创新，提高职业操守，努力提高业务技能，探索服务技巧，不断提高自身服务水平，树立良好的对外形象。2008 年的汶川地震，牵动着全体营业室员工的心，他们自发捐款捐物，主动加班确保爱心人士的捐款及时到账，连续 10 多天没有一个员工休息，大家没有感到苦没感到累，他们只说了一句“地震无情，人间有情”。大堂经理闫旭辉已 46 岁，不顾疲劳到献血车前排队 3 个多小时直到献上自己宝贵的爱心血；柜员合同工崔建东母亲生病住院，正是急需用钱之际，但他仍多次把节省下来的钱汇往灾区。共产党员所主任周以春把本要为孩子购买电脑的钱毫不犹豫地了捐出来。

该营业室坚持依法合规经营，完善内控管理制度。坚决执行上级行内控外防制度的各项规章制度，树立一道严防操作风险的防火墙，教育员工自觉遵章守纪，以规范的竞争行为自觉维护金融市场秩序，坚持客观、公正、全面宣传业务，以客户的实际需求为出发点进行推介营销，严格的规章制度和规范的营销行为、受到了银监会的表扬与肯定。

二、优化网点建设，强化服务意识

南屏支行营业室地处昆明市最繁华的中心商务区—南屏步行街、三市街大商圈的中心地带，这里商户林立，商贾云集，人流量大，客人源丰富。一百多米的街道上汇聚了商业银行、建设银行、交通银行、农业银行、中国银行、中信实业银行等 6 家颇具竞争实力的国内一流商业银行，同业竞争异常激烈。南屏支行充分认识到：要在未来的竞争中取得优势，保持领先，必须不断求新求变。南屏营业室因地制宜，发挥优势，以完善的硬件设施、优美的营业环境和全新的服务理念分区个性服务，配备了 2 名大堂经理，5 名客户经理，其中，2 名客户经理取得了金融标准委员会认证 AFP、CFP 资格；设立了贷款营销区、客户休息区、理财服务区、电子银行区、自助服务区、现金区。自助区域设置了先进的自动存取款机、多媒体终端机、自动登折机等多种功能全面的设备，实行全天候自助服务，满足客户 24 小时的服务需求；理财区除办理一般的理财咨询及个人非现金业务外，还设有贵宾现金业务通道，三台 PC 机供客户网上冲浪，领略工行强大的服务优势，具备舒适宽松、个性化的个人金融服务环境。南屏营业室设立了贵宾接待室，在贵宾理财区专业的客户经理，为优质客户提供个性化一对一、二对一、多对一的多元化增值服务，专家理财团队为个人优质客户提供全面丰富的个人金融策划，提升服务内涵，优美温馨的个人理财环境吸引了越来越多的个人优质客户群体。

为强化员工的优质服务意识，努力提高员工业务技能和服务水平，南屏营业室注重根据业务发展和客户需求的变化组织员工学习新业务、掌握新知识，增强员工的服务能力，鼓励和支持员工参加支行组织的以“创新创效”为主题的演讲比赛、岗位练兵、技术比武、技能竞赛等活动，并取得了较好的成绩。同时南屏营业室还开展丰富多彩的创新创效活动，结合支行提出的“打造昆明地区第一零售支行”的战略目标，不断提高员工的岗位技能和创新能力，灌输新的服务理念。通过学习，迅速打造了一支营销能力强、服务水平高的电子银行专职营销服务队伍，使南屏营业室的电子银行业务节节攀升，捷报频传。现在，每天都会很多客户主动到该网点的电子银行服务区、自助区办理各类转账、查询、缴纳学费、网上购物等业务，成为南屏营业室办理个人金融业务的一大特色。一位客户在我们客户经理的帮助下通过网上银行在网上及时拍买到了自己心仪的电脑后高度称赞工商银行的科技手段先进，员工服务周到，代表了银行业的先进水平。

三、打造名流大所，提升服务水平

营业室内部实行垂直管理，服务客户时加强上下联动，柜台内外配合默契，相得益彰。在为优质客户提供优质服务的同时，并没有弱化对“小客户”的优质服务，通过实施分区管理，突出优质客户的服务和营销；通过大堂经理的分流引导和滚动温馨的提示语，引导客户到 ATM 自助设备、多媒体终端、95588 电话银行办理，减轻柜面压力，减少客户排队现象，尽一切力量方便客户。实行个性化的“差别化服务”后，服务的效率不断提升，服务的效果不断突出，客户满意度不断提高。优美温馨、整洁高雅的贵宾室和笑容可掬的客户经理吸引了很多客户前来办理业务，成为南屏支行优质服务窗口的典范，带动了其他中间业务的迅速发展，各类客户从柜台有效的剥离，得到了更为完善的个性化服务，客户满意度达 97% 以上。一位客户在享受到优质的服务待遇后，对大堂经理细心周到、优质快捷的服务发出由衷的感叹：你们真不愧为“总行级优质文明示范窗口”。一天，一位孕妇来营业室办理异地汇款，客户经理端来茶水问寒问暖并优先为她办理了业务，这位客户对客户经理的服务十分满意，在交谈中客户经理知这位客户的丈夫在外地做矿石生意，除了一些周转资金，她还有一些闲置资金存在农行。职业的敏感让客户经理对这位客户非常关心，第二天客户经理打电话给客户，为她推荐了昆明很有名的妇产科专家进行保健。就这样，客户经理和这客户成为了好朋友，这位客户从农行转款300多万元购买了理财产品200多万元，100万元存了定期。

南屏营业室加大优质服务工作的监督坚持每月开展两次以上优质服务自查，在检查中严格按照优质文明服务标准进行考核和检查，对查出的问题按规定进行处罚，并当场整改。在日常工作中，为避免因客户对工行制度的不理解，或因柜员忙于办理业务解释不到位而引发投诉，该营业室健全和完善了有关应急机制，一次发行国债，由于发行额度有限，一位老太太没能买到，引起了老人的不满，老人致电95588投诉，并要到媒体曝光。客户经理、工会主席及分管行长立即与老人取得联系，解释购买不到国债的原因，并上门为老人讲解理财知识，告诉老人国债并不是唯一的理财产品，同样也存在利率风险。通过耐心细致的解释，老人高高兴兴地购买了正在发行的稳健型理财产品，并表示还要介绍亲朋好友来工商银行购买理财产品。

奥运期间，为给各国嘉宾提供宾至如归的优质服务，南屏营业室专门指定了两位英语流利的青年团员作为柜面英语服务应急人员，负责针对外国客户的业务咨询、办理等工作。以“把方便让给客户”为服务宗旨，为奥运会胜利召开献出自己的微薄之力。随着北京29届夏季奥运会落下帷幕，南屏营业室也圆满完成了各项工作任务，经营考核指标名列前茅，谱写了一曲新时期工商银行南屏人改革创新的奋进之歌，以理财产品、网上银行、电话银行等产品营销名列营业部第一，安全运营正常、业务指标突出、服务效果明显的良好表现，网点优质客户营销、电子银行、理财取得优异成绩。截至9月末，南屏营业室各项存款达9.2亿元，1至9份存款净增5458万元，累计销售理财产品5759万元，销售基金2049万元，定投282户，保险1343万元，信用卡新增5339张，灵通卡新增8965张，新开个人网上银行6454户，证书921户，电话银行6702户，手机银行2983户，理财金账户新增788户，单项指标四个名列第一，两个名列第二，一个名列第三，“大个金”网点综合排名营业部第一名。

2001年南屏营业室被授予工商银行“总行文明示范窗口”后，已成为了宣扬南屏支行个人金融业务品牌的特色名片。营业室员工真诚的服务赢得了越来越多的客户，客户满意的笑容也成为南屏营业室一道靓丽的风景。“宝剑锋从磨砺出，梅花香自苦寒来”。南屏营业室在顺应改革潮流、服务客户的进程中，与时俱进，乘势而上、做大做强，已形成了具有一定经营规模和独具魅力的经营新优势。在日益激烈的金融市场竞争中，他们深知“临渊羡鱼，不如退而结网。长袖善舞，亦知利剑长悬。姹紫嫣红，总是春华秋实。”在新的征程上他们将依靠自身优势，扬帆远航，努力开拓进取，实现新的跨越。

（二）中国农业银行典型个人金融机构形象展示

春天奏鸣曲

——北京分行丰台六里桥支行

2009年，是农业银行发展关键的一年，我们将迎来更多的机遇和挑战。伴随着股份有限公司的成立，农业银行要成为一流的大型商业银行，必须实施“赢在大堂”策略，将我们的营业网点建设成为营销服务的堡垒和品牌展示的窗口，建设网点服务文化，营造网点营销氛围，提升网点标准化服务水平。

新年伊始，伴随着春天的脚步临近，北京市分行党委做出了今年个人业务发展的重大决策，提出打造“三个一”工程计划：一百个精品网点、一百个标杆网点、一百个转型网点。农行北京市分行的网点转型工作全面展开，揭开了“站在新起点、实现新跨越”春天奏鸣曲的序幕。

每个网点都随着转型工作的开展发生着前所未有的变化，独具农行特色的品牌服务为我们赢得了赞美，营销意识的提升使我们的业绩突飞猛进，接下来我带您走进北京市分行六里桥支行，让您体验一下我们转型后网点服务的贴心和员工的热情，六里桥支行为北京市分行网点转型工作打响了第一炮，为我行这次“全员大合唱”行动做到了“开门红”。

六里桥支行地处城乡结合部，物理环境陈旧、客户层次参差不齐，营销业绩低迷，在服务上，六里桥支行曾经因奥运期间“最差服务网点”受到分行批评，该网点一直处在努力追赶兄弟行的状态，随着网点转型工作的导入，显著的转型成效得到分行的表扬，该网点短短三个月的“雪耻”工程给了北京市分行一个极大的惊喜，从网点变化的点点滴滴我们都能感受到他们做出了超常的努力：

清晨，您怀着满腹新奇走进六里桥支行，柜台上的仙客来盆花争奇斗艳，点缀着整个的营业大厅，似乎向您招手：“您好，欢迎您光临农行六里桥支行”。到了晨会时间，整体的员工队列、饱满的精神面貌、规范的仪容仪表、振奋人心的激励口号、详细适时的业务分解、争先恐后的业绩公布，内容丰富的晨会在响亮的击掌声中结束，然后全体员工都在各自的岗位上鞠躬迎接第一批客户。看到这里，我想您会为我们农行的品牌服务而露出了满意的笑容。

微笑迎宾、引导客户、介绍业务，大堂经理严格按照岗位培训的要求，认真履行着语言、手势、神态的每一个细节，一丝不苟，洒脱自然，大堂经理不但引导客户应用机具设备，而且还耐心地为客户讲解有关的金融知识。与此同时，分理处主任也不厌其烦的指导着几位办理汇款业务的客户排队机取号，填写表单，在窗口办理业务。短短的十分钟之内，六名客户顺利的办理完业务，看着客户的背影，还能依稀听到“这里服务真好”的声音。这是在六里桥经过“基础服务”培训导入后，以统一的视觉形象、统一的服务规范在客户面前展示的一道道亮丽的风景线。在这里，欣喜赞叹随处可见，伴着赞誉声，网点业绩也如雨后春笋般的成长起来。

据了解，六里桥支行自网点转型之后，今年仅一月份各项存款增加3300万元，新增贵宾客户38户，其中钻石级客户9户，新增网银客户150户，收到了显著效果。随着大量民众的返程和周边农贸市场的开业，急剧增加的业务量对网点员工提出了更加严格的规范化优质服务的考验，在员工们对待工作的激情中，我们可以看到他们早已做好了迎接挑战的准备。

基础服务礼仪、标准服务动作、营业厅现场管理、营销技巧等方面基础性的专业化、系统化的学习、演练、交流使各项服务的要领深入到了员工的行动中。六里桥支行所有员工以浓郁的团队精神，协同奋进，力争以网点转型工作为契机，提升服务树形象、强化营销闯市场，争取实现各项业务发展新的更大的进步。

在诸多和谐融洽的服务现象背后，是北京市分行各阶层领导依托网点转型工作实现服务、营销大提升的鲜明工作思路和不懈的努力。在分行2009年工作会议之后，分行各阶层本着“不等、不靠、不要”，“早动手、早见效”的精神，全力推进分行网点转型工作，为加快分行有效发展，提升综合竞争力写下浓墨重彩的一笔，也为分行网点转型这首《春天奏鸣曲》唱响了最响亮的音符。

强化优质规范服务　着力零售业务转型
努力实现业务快速发展

——广西分行南宁航洋国际支行

农行南宁航洋国际支行为2007年10月成立、并直属区分行营业部管理的单点支行。成立以来，在上级行的正确领导下，牢固树立科学的发展观和正确的业绩观，以“完善功能分区、提高业务分流、服务实现分层”为零售业务改革的重点，建立健全各项规章制度，加大市场营销力度，在工作中运用注重实效和推动业务发展相结合，有力地促进了各项业务又好又快发展，凸显了广西农行零售业务转型的成效。

一、推进文明规范服务，夯实业务发展基础

（一）统一认识，奠定业务转型的思想基础

通过进行政治思想教育和敬业爱岗教育，把零售业务转型作为践行“一个基础、两个发展”的具体行动，要求全行员工要树立竞争意识、进取意识，增强紧迫感和危机感，自觉地、主动地投入到转型工作中。

（二）优质服务与主动营销相互渗透，促进业务发展

在工作中，注意把文明规范服务渗透到日常业务经营管理中，把提高服务质量、改善服务形象、增进客户满意度作为工作的突破口和重点，让“客户告诉客户，客户带动客户”的方式推动业务的发展，促进服务质量不断提高。在提升服务的同时，狠抓市场营销，注意从源头把控，跟踪营销：通过积极主动上门为客户服务和解决客户难题，拉近银行与客户之间的距离；通过实施客户分类管理，构建分层维护体系，牢固了客户与银行的关系。

（三）把零售转型规范服务建设与精神文明创建有效渗透，相辅相成

在精神文明创建活动中，我们把二者共性的内容融为一体，形成了零售转型优质规范服务建设和精神文明创建齐头并进、优势互补和协调发展的格局。2008 年 12 月我行被中国银行业协会授予 2008 年度“中国银行业文明规范服务示范单位”的荣誉称号。

二、加强精细化管理，推动业务的发展

（一）完善功能分区，打造“全能型”精品网点

将网点布局的调整与网点的功能分区建设相结合，建立现金区、非现金区、自助服务区和贵宾服务区等完整的功能服务区，加大对 ATM、CRS、自助终端及网银电脑等电子机具投入，发挥营业网点的营销平台作用，通过精细化管理和规范化服务建设，突出标准化、人性化、品牌化等服务特色。

（二）加强大堂经理管理，提高业务分流率

对大堂经理职位实行 A、B 角管理（大堂经理 - 个人客户经理），确保大堂经理在岗率达到 100%。通过大堂经理，有效分流客户，减少客户排队等候办理业务的时间，减轻柜台压力。同时，强化自助服务渠道的宣传、引导，使自助服务的业务规模快速上升。2008 年我行非柜面业务占总业务量的 62.37%，比 2007 年的 57.27% 提高了 5.10%，远远高于区分行营业部全辖 46.75% 的平均水平，业务分流率始终稳定在较高的水平。

（三）努力构建合理高效分层服务维护体系

通过利用 PCRM、绩效管理系统加强对存量贵宾客户信息的了解和掌握，并对贵宾客户实行“一对一”的服务。同时，尝试建立“大堂经理—网点主管”、“柜员—大堂经理”、“柜员—客户经理—网点主管”、“客户经理—网点主管”的全方位客户信息反馈的营销反应渠道，强化了柜员、大堂经理、个人客户经理的综合业务能力，提高他们对 VIP 客户识别和疏导能力。截至 2008 年 12 月末，成功地营销一星级以上客户 373 户，带来了储蓄存款 4142 万元。

三、拓展营销，成效凸显

开展团队营销联动，实现业务的快速增长。以大堂经理为核心，加强对营业厅内客户的营销，通过发挥大堂经理主动营销管理作用，实现“大厅制胜”；通过举办小型理财沙龙讲座、提供上门服务等方式，向客户推介零售产品；通过上下联动，对公批零，抓住对目标客户的选择和营销成效的追踪、落实，达到“零售业务批发做”的实效。截至 2008 年 12 末，我行各项存款余额达 16725 万元，其中储蓄存款余额达 10153 万元，人均存款达 1286.54 万元；实现经营利润 2330 万元，人均创利 179.23 万元，各项指标人均占比创全辖网点新高。

以规范化服务　促零售业务发展

——梧州大塘支行

梧州大塘支行作为中国银行业协会文明规范化服务示范单位，坚持以规范化服务赢取客户，以规范化服务促进零售业务发展。2008 年，人民币储蓄存款余额 1.08 亿元，日均增量 1912 万元，增量位居梧州市区网点第二位；营销代理保险 314 万元，个人网上银行增加 1159 户，个人优质客户增加 615 户，营销贷记卡 288 张，代理基金有效开户 813 户，借记卡发卡 3188 张，均超额完成计划，综合考评位居梧州市区前列。主要做法如下：

一、加强软硬件设施建设，为网点转型提供优良环境

2008 年是零售业务转型年，大塘支行坚持“网点转型，服务先行”的经营理念，加强软硬件设施建设，为网点零售业务转型提供优良环境。软件方面，主要是把提高工作效率、服务质量和员工的综合业务素质作为优化网点转型环境的重要措施，满足客户多层次的服务需要；硬件方面，主要是加大电子设备的投入力度，增加配置了存取款一体机、取款机、补登折查询机等 3 台自助设备，实现 24 小时自助银行服务；营业大厅宽敞明亮，物品摆放整齐、美观、有序，饮水机、液晶电视机、一次性口杯、便民设施等一应俱全，大堂经理服务周到，使客户真正感受到如在家般的亲切感觉。

二、创新服务方式，为客户提供规范化优质服务

作为全国金融机构文明规范化服务示范单位，起点高、要求高，大塘支行紧密围绕业务市场和优质客户，构建“超越柜台、超越时空、超越内容”的服务特色，成为同业竞争中的制胜法宝。超越柜台就是对客户服务不仅仅局限在柜台内，而是走出柜台，为客户提供上门服务，如“预约服务”、“到期电话提醒服务”、“代理业务送单上门”、“代收学费、代发工资”等；超越时空就是服务不受时间和空间的限制，不受8小时工作时间和地理区域的限制；超越内容就是急客户所急，切实为客户解决一些能够解决的事项。另外，员工在具体柜台业务操作中，严格执行规范化服务要求，为客户提供全方位、周到、便捷、高效的服务，做到操作标准、服务规范、用语礼貌、举止得体，给客户留下良好的印象，也因此赢得客户的好评和信任。

三、强化功能分区，实现“大厅制胜”

大塘支行充分发挥大堂经理在营业大厅的人员引导、业务分流、业务咨询、分层服务的作用，同时强化“敢于开口”的理念和引导客户的能力，强化分区服务。今年以来通过支行行长、专职客户经理每天抽取一定时间充当大堂经理，充分发挥大堂经理与客户的桥梁纽带作用，引导客户到自助服务区办理业务，全年业务分流率高达47.6%，柜台排队现象基本消除。

四、回访客户，使客户在我行的资金保值增值

在具体的零售业务拓展中，大塘支行把客户在我行的资金保值增值当作一项最重要的工作来抓，极大地促进了零售业务的发展。一是细分大客户，有效进行资料信息收集，实行台账管理。二是定期对优质大客户进行回访，汇总走访记录了解的金融需求，告知客户我行的各种业务品种、理财产品等信息，努力使客户在我行的资金保值增值。三是向中高端客户推介“双利丰”通知存款、转账电话、个人类贷款、贷记卡、理财等产品；四是向普通客户推介本外币一本通、外币兑换、电话银行、个人网上银行、代理业务等。

五、以榜样的作用，带动零售业务蓬勃发展

大塘支行的行长在具体的工作中处处表现出榜样的作用，以此来感染员工，共同为全行的经营指标而奋斗。在各项制度的执行上，行长首先身先垂范，严格执行。注重以人为本，构建和谐工作环境，调动员工的工作积极性，充分肯定员工的工作成绩，多表扬；也及时指出员工存在的不足，多提醒。通过这些方式方法，增强了员工们的“集体抱团”意识，共同为全行的各项任务指标出谋划力，带动了零售业务的蓬勃发展，为全行完成年度任务打下了坚实基础。

一心一意做服务　聚精会神抓管理

——贵阳市中北支行营业室

地处贵阳市盐务街，面对地处住宅区、地理位置较偏和周边同业机构较多的不利因素，中北支行营业室始终坚持以“提升服务，增加效益”的原则，做好柜面服务为核心，在中间业务，储蓄存款方面取得了很好的成绩。2008年完成各项任务指标：截至2008年12月31日，各项存款余额85523万元，较年初增长11282万元，其中个人存款56668万元，较年初增长10134万元，同比净增1038万元；各项贷款44981万元，较年初增加11023万元，其中个人贷款3342万元；中间业务收入481万元，同比多增7万元。经营利润为1426万元。中北支行营业室业务快速健康发展，竞争能力日益强大，经营效益不断提升得益于近年来实施的规范化服务、精细化管理及加快发展业务的经营战略。

一、以人为本，不断改革创新

中北支行营业室现有员工14人，其中主任1人、会计主管2人、专职大堂经理1人、柜员10人，共设立储蓄窗口3个，对公窗口2个，联行窗口1个，外汇窗口1个。人是生产力中最重要的因素，人力资源是任何一个企业或单位发展的首要资源，同业之间的竞争归根到底是人的竞争。如何有效地激发员工的积极性，使员工尽心尽力地完成工作是竞争的核心所在，农行中北支行营业室坚持以人为本，敢为人先、大胆创新，最大限度地挖掘出了全所员工的积极性。一是制定一套科学的政策办法，在全所树立起了“以效定酬、以效立行”的经营思想，并实施有效的奖惩制度，公开奖励标准，使员工了解奖励标准和其他人获得奖励的原因，激发每一位员工的工作热情。二是建立一个“业绩看效益，收入凭贡献”的分配机制。把每个人的绩效工资同业务发展和利润增长挂起钩来，员工之间的收入跟着业务量和创收的高低拉开了差距。

二、以客户为中心，提供优质服务

网点装修按照总行的要求进行了统一的形象标识；营业厅内环境整洁，卫生状况良好，光线充足，空气清新，温度适宜；网点有2台穿墙式自助取款机；营业厅内各类单据、凭条摆放整齐无空缺，宣传材料张贴有序，宣传内容符合有关规定，无损毁贬低他行或误导客户的内容；在客户填单台配备具有防伪功能的验钞机1台，供客户验钞；营业厅装有1快自动更新的利率牌；员工工作台干净整洁，无印泥渍，各种物品放置整齐有序；营业厅设置有“一米

线”，保证客户在办理业务时相关信息安全保密；在营业厅设置了大堂经理对客户进行咨询引导，负责解答客户疑问，业务熟练，形象端庄，态度和蔼。

银行是向社会敞开的一扇窗户，三尺柜台便是连接银行与社会的桥梁。要塑造银行的品牌形象，需要有没有一流的精品网点，没有一流的服务质量。为此，“让客户满意”成了我网点员工的服务准则，加大了对员工的优质服务教育力度，对客户的服务不仅仅局限在柜台内，要不受三尺柜台的约束，走出柜台，为客户提供服务。如上门为学校上门代收学费，为企业代发工资，为存款大户代办票据和存取款接送服务等等。通过一系列上门服务措施，拉近了银行与客户之间的距离，也提高了银行的办事效益。同时，服务不仅仅停留在银行的业务范围，大到为客户经营出谋划策，小到为客户帮忙处理日常琐事，客户的需要就是我们的服务内容。通过抓规范化服务，造就出了一支具有吃苦耐劳的优秀品格，服务意识、团队精神强，服务手段、营销技巧灵活，业务能力和拓展能力过硬的员工队伍。

三、强化营销，促网点的健康发展

客户是商业银行永恒的“上帝”，精品客户是现代商业银行争夺的焦点。为此，进行了客户分流，把吸引优质客户作为提高经营效益的“主攻点”，本着“贴近市场，贴近客户”的原则，积极完善营销体系，搭建起了重点客户直销平台。一是稳步发展储蓄存款，网点对储蓄大客户建立档案，定期进行回访，保证存款的稳定，大力拓展企事业单位代发工资业务，尤其是拓展系统性、行业性、集团性的代发工资业务，千方百计抢占代发工资市场。二是提高服务质量，据了解客户抱怨中只有10%客户可以有机会向网点明确表述出来；而剩下的90%是客户没有机会向网点表述出来的，这些抱怨只能反映到一些行为中，例如，对一线的人员不够礼貌等。因此，我们要在这个不愉快的事情发生之前快速解决，尽量给客户一个倾诉抱怨的机会，让他们有机会说出心中的不畅，为客户投诉提供便利，对这些投诉进行迅速而有效的处理。针对客户的不满，我们可以迅速做出反映和提高自身服务水平。

四、突出团队作用，搞好存款业务

内部良好的沟通协调也是形成一个优秀集体不可或缺的重要条件，使交流成为一个集体优先事项，并且让每个员工都知道我们所重视交流，建立信任的氛围。在塑造这样的集体文化时，就要把弹性以及创新能力塑造在集体文化内，使每一位员工都习惯于改变并清楚改变是任何改善的前提。有了一支优秀的集体，在具体工作中就大大增加了效率，成功地提高了我处的营业额。同时，营造公平公正的氛围，创建公平公正的机制，公平公正是集体凝聚力的源泉，一种精神的形成必须以一种积极健康的机制来维系，使遵从集体精神的成员能过上好日子，能得到更高的报酬。

五、严抓管理，确保规范经营

营业室努力围绕各阶段工作重点，自上而下定期组织开展了综合性、专业性业务工作大检查，检查的内容包括网点的劳动组合、岗位制约、柜员管理、授权控制、账户管理、联行结算、现金调拨等。针对排查出的风险点，有效构筑了内控制度体系新的“防火墙”，我网点工作员工的风险防范意识有了明显的提高，内控管理防线的监督职能得到了进一步巩固和加强，有效防范了责任事故、重大差错和经济案件的发生。

多年来，农行中北支行营业室以上级行各项方针政策为行动指针，同心协力，再创佳绩。要在纷繁激烈的竞争中勇立潮头，就必须知难而上，勇于争先。网点全体员工正以扎实的工作作风、崭新的精神面貌，推动各项业务全面、健康、快速发展，再谱中北支行营业室的华彩乐章。

明确目标　以网点转型促业务发展

——石家庄市广安支行

2008年，广安支行认识到加快网点业务经营转型的重要性，不断探索，推动网点向营销服务平台转变，综合竞争能力不断提高。2008年底，各项存款余额346831万元，比年初增加39573万元，各项贷款余额67279万元，其中个人住房贷款余额35503万元，新放9246万元，增量1836万元；实现中间业务收入1271万元，比上年增加255万元；全年实现账面利润8050万元，比上年增加2200万元。

2008年广安支行物理网点减少，但点均营销能力提高，柜台业务营销效果显著。2008年末储蓄存款余额171075万元，比年初增加38428万元，为历年来最高；代销基金2541万元，代销黄金165900克，代理保险7176万元，银行卡发卡3.2万张，新增企业网银118户，新增个人网银5400户。客户结构和业务结构得到优化，二星以上客户的存款占比达到56%，较年初增长5%；电子渠道分流率达到39%，较去年增长6%。

一、考核创新，促进全员思想转型

经营转型对基层行来说，主要是绩效考核的引导。省分行营业部实行的柜台产品计价，对网点的综合发展起到了明显的推动作用。以此为基础，广安支行制定了符合本行业务发展特点的考核办法和业务指标竞赛，强化员工的产品营销意识。

年初，广安支行制定业务发展计划，把个人业务、代理业务、银行卡业务作为网点发展的重点，调高部分产品计价标准。专门拿出部分效益工资，将12项主要业务指标分为四类，作为网点主任工资的考核依据，其中存款业务指标权重30%、银行卡30%、电子银行业务20%、代理业务20%的权重，每项指标完成率达到80%为起点，达不到80%的，该项不记分。这种方法促使网点把工作重点放到柜台营销和大堂维护上。产品考核提高了大家对产品的重视，也带来了思想的转变。从部门经理到普通柜员，都认识到网点转型对业务的提升作用，也与员工的切身利益密切相关。

二、营销创新，提高网点竞争实力

2008年，广安支行成立个人业务部、组建理财顾问团，作为网点营销和客户经理营销的技术支撑；选拔人员，为达到2亿存款的五个网点配备了大堂经理；部门联动、产品联合、大堂制胜的营销模式正在形成。

广安明确四个网点作为转型的试点，依据网点的区域特点，调整内部结构，并针对不同的客户群体，组织各具特色的金融产品推介活动。一年来，建南分理处依靠自身靠近医药市场的优势，网上银行业务发展迅速，2008年中间业务收入达到108万元，较2007年增长32%；育才分理处临近北国超市、怀特商城、建材市场、茶叶市场，把发展转账电话、POS作为重点，2008年实现中间业务收入达到108万元，较2007年增长37%，储蓄存款增长了7100万元。

2008年9~10月，广安支行借力营业部的网点转型评比活动，将优化服务流程、提高业务效率、拓宽服务渠道作为重点。在营业部的活动中，广安支行营业室综合评定为第二名。

三、格局创新，网点逐步成为新型营销服务平台

2008年，广安支行新建了一个营业网点、装修改造了一个营业网点、购置了一个营业网点、建成三个自助银行，合并了三个低效网点。网点调整初见成效。

广安支行以营业室为试点，细化不同类型服务的考核，增设特殊业务窗口、开放式个人业务柜台和综合理财区，调整营业格局，优化服务流程，营业网点正在完成从“交易型”向“营销服务型”的转变。

绥化庆安支行

在网点转型工作中，庆安县支行紧紧围绕“以网点改造带动网点转型，以网点转型带动业务转型，以业务转型带动经营转型”的战略部署，按照绥化市分行“改造硬环境，提升软实力”工作思想积极探索转变和发展之路。在加强环境建设、改善硬件设施的同时，以转变员工思想，提高服务和营销质量为抓手，全力推动网点转型工作的深入开展。

通过努力，该行各家网点的服务、工作环境得到明显改善，网点布局及功能得到了进一步优化，网点岗位设置、工作流程得到进一步完善，工作效率得到明显提高，初步形成了以网点改造带动软实力提升，以软实力提升推动网点转型的良性循环，有效地促进了业务经营发展。

一、整合网点，优化资源

随着网点转型工作的深入开展，网点布局和人员配置的不科学与业务发展的冲突在该行日益明显。为了解决这一问题，该行领导班子迅速调整工作策略，以“突出精品网点、充实前台员工、增强现场管理”作为网点布局和人员配置的首要原则，取得了良好的效果，为网点转型的深入开展创造了条件。

该行建立以效益为导向的动态的网点优化调整机制，改变过去单纯按照行政区划设置网点的传统做法，坚持效益优先，兼顾辐射半径、业务规模、发展前景等因素，对网点布局进行优化整合。对发展潜力小、环境差的分理处进行撤并，进一步加大了位于黄金地段的两家分理处的改造力度，突出对精品网点建设，形成了较为科学的网点布局。同时，加大自助设备的投入和使用。在增加两台自助设备的同时，加大对客户使用自助设备的引导，形成柜台和自助设备的有机结合，提高业务的离柜率，减轻柜台的压力，为中间业务更好的发展创造了空间。

二、功能分区，服务分层

网点布局科学化是网点转型的基础和前提。该行按照“功能分区、业务分流、客户分层”的要求，将营业大厅网点划分成现金区、非现金区、贵宾区、理财区、自助银行区、咨询引导等待区等6个功能区，每个功能区提供不同的金融服务和产品，客户根据自身所需的金融服务，经大堂经理引导后，进入相应的功能区，实现对业务的分流。对优质客户提供优质服务，增加客户尊贵感，对一般客户提供规范化服务，以方便和效率来满足客户需求，从而实现服务的“差异化”。不仅使网点设施和人员得到了更为合理的利用，还满足了不同客户的需要，达到了稳定普通客户，发展高端客户的目的。

三、发挥优势，以点带面

该行充分发挥营业网点转型优势，通过大堂经理、理财经理、营销经理和柜员之间的联动，针对不同层次客户，制定不同的营销思路。在现金区由柜员和大堂经理担任营销角色，小额中间业务的营销、办理均在柜台进行，突出了“短、快”的特点；在贵宾区由营销经理对客户进行梳理，发现有理财需求的客户，立即跟进营销，为其提供“专业、专家、专享”式的服务，并根据客户需要，制定

个性化的理财方案，实现了各类产品的批量营销；对于直接进入理财区的客户，由理财经理为其提供专业的咨询服务和高层次理财服务，充分满足客户的理财需求。

通过以上工作的开展，“大厅制胜”的经营理念深入人心，员工思想达成普遍共识，基层员工的服务、营销意识得到了极大的增强，转型工作初见成效。截止到2008年末，全行各项存款82640万元，较年初纯增21450万元；新发各类银行卡10479张；代销各类保险2141万元；新增优质客户79户，中间业务收实现220万元。

深化转型增活力 全面发展当标杆

——湖北省襄樊市谷城县支行营业室

中国农业银行湖北省襄樊市谷城县支行营业室认真贯彻上级行精神，积极落实支行转型方案，深入推进硬软结合、神形兼备式的网点转型工作，增强了网点活力，打造了服务品牌。2008年，营业室被中国银行业协会授予“文明规范服务示范单位”。与此同时，转型的深入推进极大地促进了业务的发展。2008年末，营业室各项存款余额达76656万元，当年净增19213万元。累计营销个人金融资产5000万元。拓展银行卡及电子银行产品9000多个，其中，网银750户、借记卡7732张、贷记卡290张，转账电话120部，POS40部。全年实现中间业务收入210万元。今年一季度，又净增存款6300万元，比去年11底净增10900万元，营销个人金融资产3000多万元，拓展银行卡及电子银行产品3800多个。实现中间业务收入126万元。高位点上快发展，以靓丽的示范形象和骄人的发展业绩阔步挺进在农行系统同类网点的前列。

（一）硬件转型打基础

谷城支行营业室是2006年装修基本竣工的。后于2008年在网点转型中，又加入分区要求。建设时，谷城支行高标准严要求，按分区标准规划设计，营业室总面积600m^2。咨询引导区、自助服务区、高柜区、低柜区、等候休闲区、展示体验区、贵宾服务区7大区块分隔鲜明、衔接自然。近两年，支行按照上级行加快转型的要求，进一步加大建设力度，加快“硬转”工作。咨询引导区大堂经理台、客户填单台配备到位；自助服务区设备齐全，两台自动取款机，一台存取款一体机，一台查询机；高、低柜区窗口充足，设有10个现金业务窗口，3个非现金柜台和2个贵宾窗口。从电子机具到办公桌椅全部设施新购新配。如今的谷城支行营业室，外部庄重气派，是谷城县的地标性建筑。内部宽敞明亮、环境幽雅、设施齐全、功能完备。为全行网点转型的全面开展和深入推进奠定了基础。

（二）服务转型创品牌

在加强硬件投入的同时，谷城支行营业室加强“软转”工作，狠抓优质文明服务。形神兼备抓转型。一是搞好规范化服务。统一服装仪表，规范文明用语。来有迎声、问有答声、走有送声已成全体员工的自觉行为。为推进优质文明服务工作开展，营业室细化了《优质文明服务实施办法》，制定了服务明星评选及奖励办法。每天班前例会讲评服务，每月评选一次服务明星，当选者上榜展示并加分奖励，推动了营业室规范化服务工作的深入开展。营业室还经常开展岗位练兵活动，提高操作水平和操作技能，提高工作效率，提升优质文明服务的内涵。二是搞好分层服务。配备两名大堂经理在大堂服务。第一时间接触客户，根据客户需求及时进行分流。一般客户分流到相应区域窗口（柜台）享受标准化服务。大客户引导至贵宾窗口享受优质服务，不让客户排队着急，确保贵宾客户来得急办得快走得早。营业室还因地制宜，固定一名大堂经理指导客户在填单台填单，把柜员填单程序分割，减少柜员压力，缓解排队难题。文明、优质服务工作的不断深化，提高了水平，提升了形象，争取了荣誉。2006年，营业室被襄樊市银监局授予“星级银行”称号；2007年被县委县政府授予“文明诚信市场”；2008年，先后被湖北省银行业协会授予“优质服务金融单位”，被中国银行业协会授予“文明规范服务示范单位”。成为襄樊市金融机构乃至农行系统的服务典范。

（三）营销转型促发展

分区、分层服务等转型工作的深入推进，分流了客户，提高了效率，缓解了柜面压力，让员工从疲于应付的门市业务中解脱出来，有时间咨询客户、推介产品，为从交易核算型向营销服务型转换创造了条件。在此基础上，营业室强化营销工作，提升服务的效能。一是抓好门市营销，赢在大堂。利用班前晨会和每周一例会时间组织员工学习产品知识，交流营销经验，让员工学得全记得牢讲得出。从主任到员工，从大堂经理到前台柜员，全面展开营销。利用接触客户的机会，了解客户信息，分析客户需求，伺机进行营销。对一般客户实施“1+6”标准化营销，即利用开户机会办卡、基金开户、开通手机银行、电话银行、短信通、福彩无纸化投注等业务，对星级以上客户进一步深度开发，扩大“1+N”营销，提升综合效应。二是开展展业营销，拓展市场。在配合支行宣传车抓好街道、社区及近郊村组宣传的基础上组织人员进行扫街式营销活动。区别对象分别开展个体户开户、POS、转账电话等重点产品突击营销活动。2008年开展了个体工商户结算账户开立活动，开立账户400个，把一批个人优质客户锁在了农行。今年又开展了转账电话营销活动，加快电子机具布放步伐。仅今年一季度就营销转账电话110部，安装POS20部，开发网银620户，手机银行450户，电话银行540户，短信通410户，福彩无纸化投注250户。各项业务持续快速发展，充分彰显了转型的综合效益。

网点转型创佳绩

——湖北分行营业部洪山支行营业室

湖北分行营业部洪山支行营业室以前装修是在1995年，经过十多年的风霜洗刷，已经是十分破旧。由于长期没有维修，电路设备老化，照明灯经常是坏了又修、修了又坏。灰暗的大厅里没有供客户等候的长凳，没有叫号系统，客户办理业务只能排长队进行，有时还有插队、扯皮现象。大厅里经常听到的是客户的抱怨声、吵闹声："你们农行的服务态度最差……"，"能不能让我们坐着等啊……"，"真慢，都来了几十分钟了!"至于投诉那就是常有的事。那时的客户对农行的服务是很不满意的。2007年末，洪山支行营业室储蓄存款余额12.5亿元，比年初还下降830万元。贷记卡发卡仅297张，优质客户数较年初下降116户，实现中间业务收入也只160万元。

2008年，全省实行了网点转型。网点进行分区、业务分流、客户分层，是当今商业银行服务现代公民的基本要求。省分行在经过充分调查研究后，作出了进行网点转型的决定。洪山支行在进行转型时，全面规划营业室设置，对营业大厅的功能分区进行了细分：专为银行VIP客户提供理财服务的金钥匙理财中心；个人贷款中心；非现金服务区；现金服务区；客户等候区；自助服务区等。并全面配齐网点五种人员。实现功能分区后，大堂经理对前来办理业务的客户及时进行分流，引导客户到相应的区域办理业务，以尽可能减少客户等候时间。

营业室于2008年3月装修竣工。现在，走进营业大厅，空气里满是沁人心脾的花香，明亮干净的大厅里整齐的摆放着供客户等候的长椅，着装整齐的员工，规范标准的服务话语。渐渐地，客户对我们的满意了，认同了！我们的耳边总可以听到这样的声音"谢谢你们啊!"，"你们的服务态度真好!"，"你们的环境改变很大呀!""这还差不多，这还像个大银行的样子……"

网点的转型、服务质量的提升直接带给网点经营业绩的提高。截至2009年2月末，洪山支行营业室个人存款余额19.3亿元，比装修前增加6800万元。代理基金7750万元，贷记卡发卡590张，新发银卡3020张，新发金卡客户160张，新增优质客户数560户，实现三方存管签约878户，中间业务收入270万元。

现在，该行网点坚持"服务先行一步"的宗旨；以严格的质量管理为保障，深化服务理念，规范服务行为，切实为广大客户提供"热情、规范、文明、高效"的优质服务。以网点转型，服务转型（总行打造标杆营业厅）为契机，用实际行动不断提升服务品质与内涵，力争打造区域一流社区综合服务型银行。

落实科学发展观　创新金融服务品牌

——江西新余市城北支行

2006年2月9日，中国农业银行新余市城北支行更名成立，属主营个人资产业务的单点支行，其前身为中国农业银行新余市分行金融超市（城北分理处），支行目前实现岗位责任管理，现有员工28人，其中行领导2人、个人客户经理13人、柜员13人。

2008年，该行紧紧围绕"做大做强个人信贷资产业务"发展战略，将个人住房贷款作为个人资产业务的主打产品，不断更新营销理念，整合营销资源，找准市场定位，创新营销机制，深化营销策略，加强信贷管理，个人住房贷款业务实现了规范化跨越式增长。截至2008年底，该行全年各项贷款累计发放895笔、金额25589万元、比上年底净增5936万元、余额为43585万元，其中个人住房贷款累计发放751笔、金额12945万元、比上年底净增9151万元、余额为27130万元，个人住房贷款余额占支行各项贷款余额的62.22%，占全市农行住房贷款的98.35%，该行个人住房贷款增量在新余市四大商业银行市场份额为41.26%，第一次居四行首位；不良贷款率仅为0.42%，到期贷款收回率为100%，在2008年度"大行德广—伴你成长—金钥匙春天行动"中，被江西省农行授予"个贷发展管理奖"，2008年8月，被江西省银行业协会评为"文明规范服务示范单位"。其主要做法和措施：

一、提高认识，更新观念

该行组织全行员工开展大讨论，通过分析研究全市个人住房贷款市场情况和我行所处落后位置，深挖思想根源，找出差距和原因，全行上下，从行领导到一般员工，都清醒地认识到要做大做强我行的个人住房贷款业务，只有齐心协力、同舟共济、奋力拼搏、加大营销、多策并举、迎难而上、大干快上，以超常规的速度发展个人住房贷款业务，才是夺回份额、赶上和超越同业其他行唯一途径，向市场要资源，与他行争份额，个人住房贷款业务越做越大，市场份额明显提高。

二、多策并举，深化营销

1. 建立营销团队，摸清市场情况。成立了以行领导和营销部门负责人为主、客户经理参与的个人住房贷款按揭项目营销工作组，经常到市建设局、规划局、房管局和土管局等部门调查了解全市土地拍卖，房地产项目规划、建设和房地产市场等方面情况，按月召开营销分析会议，对调查了解的情况和客户经理平时掌握的情况进行分析讨论，对近期即将开工建设的住房项目进行分类排队，确定按揭项目营销重点目录和营销责任人。

2. 做好住房按揭贷款项目的营销和维护。该行2008年成功营销住房按揭贷款项目11个，项目金额6.5亿元，以上住房按揭贷款项目只有一个该行发放了房地产开发贷款。该行主要有以下做法一是认真做好营销前准备；二是精心组织，做好营销；三是快速运作准入；四是及时维护。

3. 做好个人住房贷款受理、运作和贷后管理。一是仔细做好受理工作，将营销到的住房贷款按揭项目均衡地分配给9个客户经理，做好一站式服务工作；二是依法合规，高效办贷，做到令行禁止，严格把关，确保质量；三是强化管理，化解风险，全面落实个人贷款“三包一挂钩”制度，将贷后管理真正落到实处。

三、强化考核，及时兑现

1. 任务落实到人，按月分析通报。该行年初即将个人住房贷款营销任务落实到每个部门和客户经理，使人人身上有压力，肩上有担子。在每月召开营销分析会上，通报到每个客户经理任务完成情况，分析营销工作得失，总结经验教训，添加营销的动力。

2. 加大考核力度，及时兑现奖励。该行为改变过去信贷客户经理考核吃“大锅饭”的现象，2007年3月制定实施了《中国农业银行新余市城北支行客户经理绩效考核分配办法》，按考核结果兑现绩效工资；每年根据市分行的《产品计价办法》，制定《实施细则》，细化每个产品计价，认真执行。几年来坚持做到绩效工资按年兑现，产品计价按季兑现，拉开了收入分配差距，多干少干不一样，极大地调动了客户经理的营销积极性，深度挖掘了客户经理营销潜能，激发客户经理工作干劲。

“窗口服务”一道靓丽的风景线

——辽宁朝阳市分行营业部营业厅

朝阳市分行营业部营业厅位于朝阳市主干道朝阳大街中段，是朝阳市农行业务品种最全，业务规模最大，服务最好的营业网点之一，是朝阳农行展示经营效益、管理水平、服务质量的窗口，被当地客户亲切地誉为“朝阳地区的总行窗口”。几年来，营业厅通过强化服务管理，加大硬件投入，树立先进理念，增强员工素质，开展社会监督，服务水平大幅提高。在这里，以服务创造价值，以创新加快发展，已成为营业大厅最有力的竞争武器。

一、投巨资，美环境，建温馨之家

2006年，辽宁分行按照《中国农业银行金钥匙理财中心运作与管理指引》标准，投入300多万元对营业大厅进行了装修改造，为营业厅优质服务、规范服务、文明服务提供硬件支持。一是增加服务设施。此次装修改造，市行为营业厅购置了大型电子显示屏、等离子电视、自助存取机、查询机、取款机、叫号机等服务设施。同时，设置了饮水机、宣传栏和亲情板、休息椅、老花镜等便民设施、隐蔽式密码输入器、验钞器等安全设施。电子显示屏送达的亲切问候和最新金融产品信息，让客户温馨；等离子电视滚动播出的股市和基金行情，让客户称心；自助设备提供的方便快捷服务，让客户可心；隐蔽式密码输入器、验钞器等安全设施，让客户放心。二是设立服务功能分区，实现差异化服务，做到客户分级、业务分类，服务分流。一楼设有咨询引导区、现金业务区、非现金业务区、自助服务区，二楼设有开放式信贷办公区、贵宾区、理财区。三是美化营业环境，营业大厅常年摆放绿色植物、花卉，使营业大厅体现出一种蓬勃的生机和活力。

二、树理念，立制度，创精品银行

先进的理念打造优秀的团队，优秀的团队创造卓越的银行。营业厅树立了“服务无尽、追求卓越”的服务理念，积极探索以服务理念引导服务行为，以标准化管理提升服务水准的有效途径。一是建立班前晨训制度，营业厅每日早7：40进行晨训，学习本行经营理念、服务理念和发展目标，不断强化员工的职业价值方向；二是建立服务点评制度，对每天的服务情况进行点评，使大家能从中找差距加以改进；三是建立班后巡查制度，每日下班前10分钟营业部领导带队进行巡查，发现问题及时整改。不断强化营业厅员工的服务意识；四是建立定期学习制度，每周组织一次业务学习，反复学习优质服务文明用语及业务知识，纠正日常工作中不良服务习惯；五是建立激励制度，营业厅根据不同岗位不同分工，制定并实施《营业厅服务质量自检记录》、《营业厅服务应急预案》、《营业厅“5S”管理实施方案》等，将优质服务工作与等级评定、绩效考核、员工工资收入相挂钩，将荣誉、待遇、收入及资源配置的天平向服务优良、业绩突出的员工倾斜，从而有效激发了员工的服务热情。

三、人为本，强素质，做服务标兵

人是决定一切的根本性因素。培养一支过硬的员工队伍，必须坚持以人为本。营业厅从员工的思想动态入手，从员工的行为排查入手，以人推进服务。一是推进服务理念先进化。树立“领导为员工服务、后台为前台服务、员工为客户服务”和“服务永无止境”的理念，增强竞争意识、奉献意识；二是推进政治思想工作多元化。针对服务柜台多、业务品种多的实际，以召开座谈会形式组织开展了“走进客户心”等活动。针对营业厅业务量较大、业务繁忙的情况，改善营业窗口排长队现象，营业厅在“五一”、“十一”长假期间增设临时机动营业窗口，此举得到了朝阳市民一致好评。三是推进员工素质综合化。该行通过组织员工参观学习、观看礼仪录像、开展征文等活动，提高服务水准。通过多元化的教育与培训，员工精神面貌发生根本变化，使营业厅在朝阳农行各种优质服务检查中，成为全行排头兵。由于客户满意率的不断提升，给营业厅带来了前所未有的大好经营环境。

四、促经营，重监督，结文明硕果

实施有效地监督体系是实行优质服务的重要保证。营业厅成立了文明优质服务督察小组，确定了相关岗位的责任人，并把服务好坏作为评先选优的标准，实行一票否决制。向社会公开承诺，聘请了社会监督员，对大厅的文明优质服务情况进行监督。通过这些举措，强化了员工的服务意识，从思想上、制度上、管理上形成了完整的服务管理体系

数字印证耕耘者的足迹，成绩赢得不胜枚举的荣誉：自成立以来，营业厅先后被评为：总行“人民币十佳储蓄存款单位”、总行“规范化服务示范单位”、总行“青年文明号”，2008年度，营业厅被中国银行业协会评为“全国银行业规范化服务示范单位”，亦是辽宁省农行唯一获此殊荣的金融机构。

优质的服务永远是营业大厅赢得客户的制胜法宝。一句真诚的问候，一个温馨的提醒，一点细致的关怀，一份周到的关照，这是豪华的装修和先进设备无法替代的服务。面对荣誉，营业厅全体员工将不断推陈出新，优化服务再创新台阶，成为朝阳地区窗口服务中，一道永恒靓丽的风景线！

奋进的团队　骄人的业绩
——内蒙古赤峰松山区支行营业室

农行内蒙古自治区赤峰市松山区支行营业室（以下简称“松山支行营业室”）在上级行的正确领导和有关部门的关心支持下，全体员工以“三个代表”及实践科学发展观为指导，以“高效优质服务、创造辉煌业绩”为目标，紧紧围绕“服务兴行，服务立行，服务就是效益”这一中心，积极开展规范化服务，用真挚的笑容、热情的问候、周到的服务向外界传播农行新型服务理念。受到了广大客户的一致好评，有效推进了各项业务健康快速发展，取得了一个又一个显著的成绩。截至2008年12月31日，该营业室各项存款余额为94480万元，其中储蓄存款余额61071万元，较年初纯增24852万元，占全支行增量的48.3%，在全区营业网点增量排名中位列首位。12月末，实现中间业务收入182万元，占全支行26.1%。累计营销银行卡12681张，其中贷记卡256张；发展个人网银客户320户，法人网银客户4户；累计营销代理保险460万元，实现保费收入22万元。截至2008年末，营业室共有法人业务结算客户605户，优质客户占比达到80%以上；个人业务结算客户达20000多户，VIP客户达10000多户。2008年，该单位被农行总行授予“全国青年文明号”、“全国城乡个人金融百强网点”称号，又被内蒙古自治区农行评为“规范化服务示范单位”，“‘大行德广—伴你成长—金钥匙春天行动’活动三十强先进网点”等先进称号。

一、狠抓优质文明服务，塑造良好窗口形象

优质文明服务是一个永恒的话题，是一项长期的工作，是一个企业生存发展的根基、成败的关键。松山支行营业室把“一切为了客户”作为出发点，进一步提高优质文明服务水准，塑造松山农行良好形象。

一是加大服务设施投入，改善服务环境。营业室安装了ATM机和叫号机，设置客户休息区，安装了闭路电视及大屏幕，使客户在等待中了解更多农业银行金融产品；统一为柜员购买了放置传票的工具，使前台柜员桌面整齐划一，干净利索；设置了VIP室，确定一名业务熟练柜员专门为大客户进行一对一服务，使高端客户不必排号等待，得到了高端客户的一致好评；配备了大堂保安，保持营业环境卫生干净整洁，有效维持营业秩序，合理疏导客户；同时配备了一名业务素质高、精通理财的员工做专职大堂经理，不仅能够热情解答客户各方面的问题，还能主动为客户提供理财信息。营业区内窗明几净、一尘不染，走进营业厅，让人倍感温馨舒畅，赢得了公众的认可。

二是积极开展优质文明服务竞赛活动。松山支行营业室认真落实《松山区支行关于开展“强化文明优质规范化服务，推行使用文明用语评比活动方案”的通知》，充分利用晨会时间，要求每位员工从细节做起，使用文明用语，在服务过程中要做到简单的叮咛、温和的问候、柔和的应答。前台柜员在日常工作中做到八个“一点儿”即：微笑多一点儿，嘴巴甜一点儿，说话轻一点儿，理由少一点儿，业务精一点儿，效率高一点儿，工作细一点儿，服务热情一点儿。通过这一活动，使前台柜员与客户的关系更加亲密，像亲朋、像好友，服务评价满意率又上一个新台阶。

三是提高服务质量，争创星级柜员。认真贯彻落实该支行“金穗之星”考评奖励办法，号召员工积极争创支行级“金穗之星”。全年营业室被评选为支行“金穗之星”的柜员达38人次，极大地调动了前台柜员工作积极性，整体服务水平得到进一步提高。出现了“比着干，抢着办”的现象，掀起了“比、学、赶、超”的热潮，形成了“人人争先进，个个当明星”的良好氛围。为全行柜员树立了榜样，发挥了模范带头作用。同时也得到了客户的高度认可，客户评价满意率均在95%以上，在全市星级柜员评选中，最高级别柜员人数居全市首位。

二、完善激励机制，激发整体活力

为调动员工搞好优质文明服务的积极性，松山支行营业部在用人机制上进行了一系列改革，如实行柜员业务量考核、等级柜员考核、职业道德标兵评选等一系列激发员工工作热情的考核机制，使员工在竞争中不断提高综合素质。在效益工资分配上，他们区分会计主管、前后台柜员，根据岗位特点对其工作质量和业绩进行考核。会计主管由支行监管员考核，后台柜员按其实际经办的业务量和差错率考核，前台柜员则依据其业务量、客户服务评价满意率、差错率、投诉情况等进行考核，如与客户争吵或被客户投诉经查证属实的、经随机调阅录像发现有拒办或推办业务的，扣除当月效益工资，累计3次受到上述处罚的，责令其下岗培训。

三、强化员工培训，提高综合素质

2008年是农业银行股份制改革的关键一年，对员工的综合素质及服务水平提出了更高要求。为了顺应形势，赶上发展的步伐，松山支行营业室抓住关键环节，稳步推进“创建学习型企业、争做学习型员工”活动，树立“终身学习”的理念，努力形成“事业无止境、学习无穷期”的进取意识，竭力营造“人人学习、个个进步、比学赶帮超”的良好学习氛围。经过一年来的不断学习、培训，营业室职工业务能力、专业素质等都得到了极大的提高，为业务经营健康、快速发展奠定了基础。

抓住县域实情巧营销　推动综合业务快发展

——安徽省和县沈巷支行

2008年和县沈巷支行业务经营继续保持快速发展，截至年末，该行各项存款余额达36962万元，较年初净增9239万元，同比多增4005万元，其中储蓄存款较年初净增8858万元，同比多增4046万元，净增额全市排名第一；全年代理保险销售额1570万元，居全市第三；个人网银拓展1302户，个人电话银行拓展1264户，个人手机银行拓展454户；准贷记卡发行156张，借记卡发行4919张，其中惠农卡发行983张；转账电话拓展19户。该行主要做法是：

一、多层营销，赢在服务

沈巷镇是典型的务工经济强镇，常年在外务工人员有3万多人，其市场金融需求量十分可观。为此，该行制定了“到农村去”的服务策略，为农民、农村提供心贴心的服务，改变了过去业务发展围着乡镇转、员工围着柜台转的单一局面。行里每位员工，利用休息时间走村串户，开展多元化服务，进行揽存揽保推销银行卡。在惠农卡发行的初步阶段，该行采取了多种营销和宣传手段。一方面通过柜台加大业务宣传和产品营销工作，另一方面通过走出去的方式让广大农民朋友了解、熟知农行惠农卡的功能和优势。2008年9月下旬一天，该行得知第二天镇里将召开各行政村书记、主任以及会计参加的会议时，就立即向镇主要负责人建议在会议上挤出一点时间，向与会的各行政村负责人介绍惠农卡发行的有关政策和条件。获得同意后，该行随即向县支行汇报，得到相关部门的大力支持。由于准配充分，原本只给了半个小时的讲座，该行讲了一个多小时大家还听得津津有味。一番宣传打动了部分村干的心，当天下午就有多名村干带头申请了惠农卡，随后该行通过这些村干部迅速打开了惠农卡发行工作局面，截至年末，该行共营销惠农卡983张，占全县的1/6。

二、综合经营，赢在转型

沈巷支行多年存在着储蓄存款“一枝独秀”的局面，束缚了支行的整体发展和综合业绩的提升。大家分析认为要充分发挥二级支行的各项功能，依托市场，紧紧抓住镇域经济特色，在注重加强传统弱势业务的发展同时，全面加大中间业务的业务营销。一是对产品营销方式进行转型，由以往注重储蓄存款转型为存款、中间业务营销并重。该行因地制宜，深入周边小集镇、行政村以及农民居住地，进村入户宣传，在宣传中针对不同对象采取不同的宣传方式，遇到年龄较长的主要向其宣传保险和储蓄；对一些年轻或在外经商务工具有一定理财意识的，着重宣传基金、第三方存管等新型金融产品；对一些企业规模不大，又深处农村基层与集镇较远的企业主，就着重宣传网上银行、转账电话、手机银行等方便快捷的现代金融新产品。二是对服务方式进行转型，由以往只注重柜面服务转变为柜面服务和上门服务并重。该行组织人员，积极对本镇及周边较大规模的超市、连锁店和商店、农资门市部上门营销，为其量身定做一些金融产品。三是对宣传方式进行转型，由以往的自身门面宣传转变为门面宣传和外出宣传并重。该行利用传统节日和村镇逢集机会，在较偏小集镇设立宣传服务台，带上农行各种金融产品的宣传资料，进行现场宣传，并解答一些群众缺乏的金融知识，使客户增加金融知识，了解金融产品。经过努力，该行中间业务得到了迅速发展，改变了以往落后局面，各项业务呈现均衡发展态势。

三、以行为家，赢在队伍

俗话说：人心齐，泰山移。和县沈巷支行现有员工10人，其中有7名员工的家在和城居住，和城离沈巷有35公里的距离，早出晚归不现实，所以他们只能长期两地分居，有时遇到加班一个月只能回家一次，给生活带来不小的困难。但他们没有一句怨言，舍小家顾大家，放弃对亲人的牵挂，不计较个人得失，积极投身农行服务“三农”事业，默默无闻地将青春年华贡献在平凡的三尺柜台上。如2008年春节前后，百年未遇的特大暴雪，给员工回家和上班带来很大不便，当时又是业务最繁忙的时期。因此，自年初四开始，大家均坚守岗位，全行十名同志没有一个提出休息，一直坚持到正月结束。正是全行员工的忘我工作，无私奉献。仅去年二月份该行储蓄存款就净增5672万元，创造历史最高，同时当月营销寿险近695万元，借记卡发行2086张，为全年的各项业务发展打下坚实基础。

四、提高技能，赢在基础

随着业务品种的增加，内控管理的严格，新制度新业务的学习显得更为迫切。为此，全行员工通过坚持不懈地学习，不断提高自身的综合业务水平，提升服务质量和效率；通过实行轮岗制，为不同的岗位提供相关的培训机会；通过鼓励再学习，激励员工参加相关资格证书的考试，提高员工的自身素质，使人人都是多面手。同时，还采取走出去的方式，学习城市银行的先进服务手段和营销理念。08年夏天的相对业务淡季，该行组织员工分批到芜湖市相关商业银行走访学习，有效促进了服务水平的提高。该行在2008年的柜员等级考核评比中，取得了七名同志获得中级资格的好成绩。

一直以来，该行凭着一股韧劲，一股不服输的精神，一股敢争第一的理念，使业绩不断推升，荣誉和绩效取得双丰收。2008年该行在全省“春天行动”综合营销活动中被省分行确定为全省“县域十强网点”。成绩只能代表过去，在新的一年里，该行将进一步加快业务经营转型，继续加大产品营销力度，实现各项业务健康快速发展。

擦亮窗口树形象　规范服务促发展

——安徽省宿州分行营业室

近年来，农行宿州分行营业室以宽敞明亮的营业环境和高效优质的规范化服务，赢得了广大客户的关注和称赞，不仅实现了经营业绩跨越式、超常规发展，而且连续两年被安徽省分行、农总行授予“青年文明号”荣誉称号，成为规范化服务窗口示范网点，被中国银行业协会授予“全国银行业文明规范服务示范化单位”，被宿州市政府授予“宿州市十佳文明窗口单位”，实现了物质文明和精神文明的双丰收。

一、用先进的理念，打造优秀的农行品牌

农行宿州分行营业室2004年9月份正式对外营业，挂靠宿州市农行城中支行管理。当时共有员工9人，都是通过公开招聘层层选拔出来，其中全日制本科3人，全日制大专2人，80%的员工具有大专以上学历，平均年龄只有29岁。回顾成立几年来的道路，营业室客户从无到有，实力由弱到强与这样一个年轻、团结、进取、充满朝气与活力的积极向上的学习型团队是分不开的。在成立之初，为树立良好的窗口形象，营业室“以优质服务打造金融业名牌网点”的业务发展思路，将“争创全国文明规范服务示范单位”作为目标，内抓管理促服务，外强素质树形象，全力打造营业室的服务窗口品牌，并在广大员工中深入开展了金融从业职业道德教育和爱岗敬业教育，组织员工认真学习社会主义荣辱观，《银行业自律公约》、《中国银行业文明服务公约》和上级行各项文件，将“严格、规范、谨慎、诚信、创新”的十字行风融入到日常工作中去。同时，营业室围绕上级行发展规划和工作部署，制定了详细的文明规范服务实施细则，把有效发展作为工作主线，专门印制文明规范服务卡，发放到广大客户手中，聘请了社会监督员，成立了“文明规范服务检查小组”，定期对员工的服务情况进行品评和服务监督，将文明规范服务植根在每一名员工心中。

二、用优质的服务，赢得客户的信赖

产品可以模仿，服务却很难复制。要想在激烈的市场竞争中胜出，就必须将文明规范服务做新、做细，做出成效。为此，他们提出了将用“心”为客户服务与打造服务品牌网点有机结合起来。从细节做起，着眼于服务大局，以“客户的需求就是我们的追求”为经营理念，将被动服务向主动服务转变，热情服务向亲情服务提升，打造营业室的品牌形象。一是做好“双心”工程，在为广大客户提供标准化服务同时，不断完善服务设施。客户在进入宿州分行营业室时，不仅能听到热情洋溢的问候，宽敞明亮、整洁高雅的服务大厅、一应俱全的老花镜、验钞机，饮水机等便民设施和舒适的客户休息区，也让前来办理业务的客户感到暖心、舒心。营业室员工每天早上都提前一小时到岗，打扫内外部卫生，整理工作台，检查服务设施，持之以恒地抓好服务环境的维护。二是创新服务模式，将现金业务和非现金业务有机分离，非现金业务实行开放式办公，缩短员工与客户的距离，设立电子银行演示区，滚动式基金显示屏。许多客户感慨地说：坐在宽敞明亮的大厅里，听着你们热情而详细的金融知识讲解，在为自己做好理财规划的同时，也是一种休闲和享受。三是树立差别化服务理念，实现由大众化服务向分层服务转变。在服务工作中，营业室建立优质客户档案，对存款在20万元以上的个人高端客户根据不同层次由柜面人员、内勤主任、大堂经理和主任分别维护，提高了优质客户的满意度，进一步培植和挖掘了潜在优质客户。他们还针对特殊客户的特殊要求，详细记录，例如客户想买国债，他们就在发售前电话通知客户提前预定好购买计划；发售新的基金种类时，他们会把折页送到客户手中；节假日及大客户生日时，他们将鲜花和祝福送上门；客户召开产品推介会和订货会时，他们营销宣传上门，客户开办网上银行时，他们亲自上门安装、教会使用。

三、用良好的职业素养，赢得市场份额的提升

为了提高员工的业务技能，营业室注重对员工进行技能培训，不断提升员工业务素质和业务技能，开展了"创建学习型银行，争当知识型员工"活动，充分发挥员工年轻、知识层次高、业务素质强的特点，强化知本管理，做好知识营销，立足柜面服务，将文明规范服务工作做新，做亮。同时，经常性地开展岗位练兵和技术比武活动，实行一周一比试，一月一排名，在营业室内部形成浓厚的比、学、赶、超氛围。深入贯彻城中支行绩效考核办法，使每一位员工详细了解支行的考核办法，从而确定工作中的营销重点，根据各人特长和所在岗位特点，各尽其能。在支行举行的柜员业务技能等级测试中，营业室全部柜员取得了中级柜员资格，1 人在"我为农行添光彩演讲比赛"中获二等奖，在市分行举行的"新业务、新产品"知识竞赛和"个人客户经理业务知识竞赛"中，2 人拔得头筹；1 人被安徽农村金融学会评为通讯报道先进个人，2 人被省分行评为优秀电子银行产品经理，1 人被评为省分行规范化服务先进个人，1 人在总行操作性风险大检查中被评为先进个人，1 人被评为总行柜面营销先进个人。良好的业务素养和创新服务理念，使得营业室从基金到保险，从自助服务到电子银行，从银证转账到第三方存管，从汇利丰到集合理财都取得了优异的成绩，员工对每项新业务品种都能熟练掌握和操作。

宁波北仑支行营业部

一、机构简介

北仑支行营业部位于宁波市北仑区，区域经济较为发达，网点的定位是二级分行的郊区支行，位于商务区，营业厅面积约 900 平方米，员工总数 30 人，是整个北仑支行对外的一个形象窗口。

二、转型的措施及成果

北仑支行营业部按照总行及宁波市分行关于网点转型的工作要求，结合北仑区营业部的网点实际，制定了相应的转型计划。自 2008 年 2 月份起，有条不紊地落实各项工作，到目前已基本完成了转型工作并取得显著成效，具体如下：

北仑支行营业部在 2007 年下半年开始着手网点的硬件改造，在改造前的网点布局也是一字综合高柜，没有贵宾室。外厅小，内厅大，自助设备仅有 1 台使用了近 8 年的 ATM 取款机，没有大堂经理和引导员，保安仅仅是维持客户排队的秩序和打扫下卫生。整个大厅的人群熙熙攘攘，业务以小额的存取款、代收费业务和异地汇款为主，小散客户驱逐高端客户现象严重。当时支行和营业部认识到问题的严重性，但苦于全行对网点转型尚未有一套完整的思路及实施方案，行领导根据营业部的定位，提出了用自助设备及人员引导来进行业务分流，进而实现对客户分层服务的工作思路，减少低端客户挤占柜台，高端客户流失的现象。支行领导经过多方考察，结合网点实际，反复酝酿，把营业厅按的功能区域划分成贵宾区、高柜区、低柜区、自助区、引导区和等候区。在自助服务区增加配置了 1 台存取款一体机，在营业大堂配置了 1 台台式电脑，并申请了专线接入互联网，用来给客户作网银介绍和体验。在 2008 年初装修结束后，营业厅的面貌焕然一新，通过大堂经理和引导员的业务引导和客户识别，逐步开始业务分流，客户分层，各项业务取得了明显进展。

2008 年 4 月份，分行正式明确了网点转型的目标及具体措施，这与北仑支行的想法不谋而合，支行营业部更加坚定了转型的信心和方向，由于客户分流做的到位，营业厅出现自助区排长队的现象，营业部又增加投入了三台存取款一体机，1 台网银演示机和两台自助终端，逐步形成规模效应。有不少客户熟悉营业部的设备以后，存取款业务也不再赶着上班时间来排队，而是在其他空余时间来办理了，目前营业部的取款机和存取款机每月台均有 7 千多笔的业务量。

营业部在初步完成硬件转型工作的同时，积极贯彻分行的转型思想，开始着手进行软件转型的探索和尝试。在网点软转上，营业部在整个支行首次明确设立了专职的大堂经理、引导员、产品经理等角色，并在对业务进行引导分流中逐步摸索出一整套最合适的业务流程，基本实现了对客户的分层服务，与此同时，对适合柜面营销的产品推出了切实可行的计价办法，网点营销的功能逐步显现并强化。在个人理财业务方面，充分利用 PCRM 系统和经营考核系统平台，使网点初步具备了大客户的识别及营销能力，通过短信平台、QQ 群，建立支行业务部室与大堂经理、产品经理之间，产品经理与客户之间的固定联络，保证了信息的及时准确传递。营业部还通过举办多次的大堂经理的培训、理财产品的培训来提高网点员工对业务、产品的认识，为全员营销创造条件。通过上述的努力，营业部的各项业务均取得了非常好的成绩。

表 9－1　北仑支行营业部转型前、后业务对照

产品	转型前(2007 年)	转型后(2008 年)
个人存款增量（万元）	1463	10774
贵宾客户数（户）	421	639
新增个人网银	393	2125
电话银行	0	1210
国债、基金、理财销售（万元）	2863	4153
电子渠道业务占比	9.44%	44.33%

三、转型的经验

虽然营业部的网点转型工作已开展近一年，但目前更多的还是在优化阶段，尤其是作为转型精髓的软转环节，诸如相应的岗位职责、规章制度、考核办法等等，都还有精益求精的空间。若总结在转型中的经验和收获，主要有以下几点：

1. 网点负责人对转型成功与否有至关重要的作用

网点负责人对转型思想的贯彻落实程度与网点转型的节奏和效果成正比，那些负责人对转型有深刻认识的网点转型工作不仅开展得快，而且都比较成功，反之，对转型工作抱观望、迟疑的负责人，其网点转型工作则开展的缓慢，甚至毫无头绪。北仑支行营业部的徐晓光主任对转型的工作是倾注了大量的心血，从网点分区规划，设备布置，到大堂经理、引导员的配备，高低柜的职责分配，无一不是他亲力亲为。这样保证了各项转型工作的全面落实。

2. 网点员工在网点转型思想上统一认识是成功转型的保证

在转型初期，由于软硬件条件都不很成熟，客户也有适应过程，在这个期间，不少员工对网点转型也多少有消极观望，甚至抵触的情绪，但网点领导通过召开动员会、安排员工实地参观考察、观摩录像的一系列手段，经过近1年来的推进和落实，网点上下对网点转型有了正确地认识，实现了从要我转到我要转的转变。

3. 硬件转型的规划尽量做的长远

网点的硬转应根据市场来确定，并须带一定的前瞻性。类似于北仑支行营业部这么规模的网点，随着业务的增长，还是感到有硬件上的缺陷：自助区与高柜无直接通道，日常的维护不是很方便；贵宾室比较小，内部显得比较局促；无相对独立的理财室，影响客户的理财私密性等等，这些都是以后要改进的。若在网点设计规划时能考虑得再深入细致点，可能会有更好的实效。

4. 多种手段来加强网点的营销功能和团队精神

加强网点的营销是转型的一个重要目标，大堂经理、低柜柜员和贵宾区理财师都是营销团队的一部分，营业部在推动营销团队建设中，没有仅仅停留在布置任务上，除了制定业绩考核办法外，更多的是人性化的管理，打破员工的用工性质束缚，因才施用，选拔了几个营销能力强的员工来担任个人理财经理；同时根据产品计价办法，在网点树立了全员营销的观念，多劳多得，少劳少得，充分调动全体员工的营销积极性，各项产品销售业绩进步非常大。

营业部的网点转型工作在网点上下齐心，真抓实干，共同努力下取得阶段性的成果，但网点转型是一项长期而艰巨的工作，对北仑支行营业部来说依旧任重道远。

精品网点　优质服务

——宁波余姚支行营业部

走进余姚支行营业部的营业大厅，给人带来一种全新的现代化银行的感觉。呈现在大家眼前的是一个业务品种全、服务功能强的旗舰网点，高柜现金区、低柜非现金区、自助服务区、贵宾服务区、财富管理中心等功能分区一应俱全，营业大厅除设置3台自助存取款转账一体机、2台自助取款机、2台补登折机、2台网上银行终端助等自助设备外，还多处设置灯箱、海报、宣传栏、多媒体信息带等丰富的营销宣传用品，布局合理，客户即阅即取。营业大厅不断滚动显示利率、汇率、基金行情及多媒体视频产品服务信息的液晶电视替代了传统的宣传牌，墙外电子屏幕不断显示农行最新公告和产品。这为进一步提高金融服务水平提供了一个优越的平台，使越来越多的客户将在焕然一新的新网点享受到农行的最佳服务。

这正是余姚支行营业部通过网点转型带来的全新变化。网点是市场竞争的前沿，是经营的基础。因此为全面贯彻“以客户为中心”的经营理念，余姚支行营业部重新审视网点价值，以客户为中心，以主动营销和差异化服务为着力点，整合优化业务流程，最大限度释放前台营销潜能，提高前台服务效率，为客户提供最佳服务，从而进一步提升网点综合竞争力。2008年余姚支行在新大楼落成的时机率先全面推进网点转型，2008年储蓄存款增长13115万元，储蓄存款余额达到75701万元。主要采取的经验措施：

一、建立健全组织体系，为网点转型提供领导保障

营业部于2008年初及时召开了网点转型动员大会，在贯彻上级行精神的基础上多次调研，重点讨论了网点转型的步骤和做法，并成立了以营业部主任为组长的网点转型领导小组，由营业主任、会计主管具体负责监督网点转型工作，组织的成立为网点转型提供了领导保障。

二、认真学习先进经验，为网点转型打好坚实基础

为尽快将网点转型的理念，让员工做到对转型心中有数、为之有度，营业部网点转型领导小组组织临柜员工利用业余时间熟悉转型后的岗位业务，学习先进做法和经验，并对于今后如何加快转型步伐、增强竞争实力提出了积极可行的措施和建议。为更进一步地感受网点转型后的效果及工作流程，余姚支行领导还到温州农行等兄弟行的精品网点观摩学习，学习了他们的网点改造方法和流程，为网点转型工作的推进积累了宝贵的经验。

三、加强软硬件设施建设，为网点转型工作提供优良环境

营业部坚持“网点转型，服务先行”的经营理念，把提高服务质量作为优化网点转型环境的首要措施，通过提

倡微笑服务、起立服务、快速服务等服务方法和人性化、亲情化服务方式改善服务环境，满足客户多层次的服务需求。同时在硬件建设方面，营业部加大电子设备投入力度，配备了存取款转账一体机、自助终端、补登折机等10多台自助设备，实现了24小时自助银行服务，并在全行率先达到了现金业务区、非现金业务区和自助服务区的三区分离的标准。营业大厅内部鲜花盆景点缀，大堂经理、引导员服务周到，使客户在办理业务的过程中享受到农行服务的温馨。并在余姚金融同业中率先成立财富管理中心，在柔和的灯光辉映下，典雅、高贵的设计风格，静谧、舒适的环境，让人恍然以为走进了一个温馨的家庭。从VIP专用地下车库可以直达财富管理中心，里面设置专门的业务柜台，客户足不出理财富中心就能办理好所需的业务交易，2个理财室让客户可以在私密的空间安心与理财经理交流，还设计了客户专用的商务办公区，配备沙发、电视、网上银行设施，提供咖啡等各种饮料，在那里客户可以根据需要随时上网查询最新的资讯和基金行情，配套齐全的商务设施极大地方便了贵宾客户商务工作的需要，在当地独树一帜。

四、充分发挥大堂经理作用，加快业务分流步伐

通过对兄弟行网点大堂经理的工作流程及工作方法的现场观摩学习，营业部对大堂经理提出了“八大员”标准，即“迎宾员、引导员、指导员、管理员、调解员、营销员、咨询员和监督员”，在做好联系银行与客户的桥梁和纽带作用的同时，要担当起监督员的责任，即监督柜台工作人员的服务质量和工作效率，真正形成一种客户经理对外主动营销、柜员主内因需营销、大堂经理内外联通营销的三位一体式营销服务模式，实现一种大服务、大营销的格局，助推营业网点由交易处理型向营销服务型的转变。在大堂经理“八大员”的作用下，该部柜台业务量明显减少，电子渠道业务占比有明显上升。

内强素质　外塑形象　创造业务新高峰
——深圳分行龙华支行营业部

2008年是中国农业银行股份制改革最为关键的一年，股份制改革将使中国农业银行站在新的历史发展起点。深圳龙华支行营业部作为深圳分行储蓄存款总量最大的网点，谨记总行“3510”的发展目标，以“用心、专业、高效，全力以赴，做到最好”为服务理念，以竭力打造龙华地区最好的银行为经营目标。

一、2008年龙华支行营业部人民币储蓄存款业务得到跨越式发展，达到前所未有的高度，年末储蓄余额与当年储蓄净增额均为在分行113个网点中位居第一。这使龙华支行在全分行的人民币储蓄存款完成率遥遥领先其他12个支行。难能可贵的是，2008年龙华支行营业部在龙华地区的增量名列四大国有银行之首，并超过招商银行。具体数据如表9－2：

表9－2　龙华地区同业储蓄存款市场份额对比

机构	2008年12月末				2007年年末
	存款余额	比年初	2008年增长率	市场占有率	存款余额
中国银行	194302	36858	23.41%	30.94%	157444
农业银行	159714	38986	32.29%	25.43%	120728
建设银行	90050	16264	22.04%	14.34%	73786
工商银行	117477	24543	26.41%	18.71%	92934
招商银行	66483	34549	108.19%	10.59%	31934

二、全年共销售理财产品14578万元，其中：本利丰9216万元，基金3628万元，国债1715万元。

三、2008年获得的各项奖励：4月荣获深圳分行颁发的2008年“春天行动”银鹰个人客户金融资产增量优质奖、银鹰客户发展增量优质奖；7月荣获深圳分行颁发的第二季度夏日激情竞赛的“银鹰客户发展增量优质奖”、“银鹰个人贷款增量优质奖”、“银鹰个人客户金融资产增量优质奖”。年终获龙华支行金融资产增量领先奖。

四、采取的具体措施如下：

1. 加大考核力度，全员揽存。重视员工业绩，能力和培养全行员工的团队营销精神。在全分行113个网点中，我行全体行员工以热情，高效的团队服务，使营业部以长期的高客户忠诚度和低客户投诉率。

2. 充分利益用我行理财产品和电子产品，培养客户对我行的忠诚度，在横向拓展新客户的同时，从纵向深度挖掘客户资源，不断吸收客户在他行的储蓄存款，以市场份额为核心，以优质服务为基石，通过提高服务质量，提升农业品牌效应，打造效益与质量并举的银行。

3. 实行功能分区、业务分流、客户分层和产品分销服务，配备了专职的个人客户经理、大堂经理和个人业务顾问。龙华支行营业部，有理财专区，理财中心现金区，公司结算业务非现金区、中户现金区；同时利用公私联动，挖掘企业中的高端个人客户；专职客户经理3人，业务顾问2人；大堂副理5人；四、五星级的客户由客户经理及营业经理、经理双层管理，二至三星级的客户由客户经理管理；一至二星级的客户由业务顾问管理；理财产品全部由客户经理/营业经理/经理销售，柜员推荐营销；功能型产品由大堂副理及柜员联动营销；不同区域的柜员及大堂副理营销的产品不同，根据所在区域的客户特点进行分层级、分片区营销。这一系列措施使龙华支行营业部的客户结构不断优化，大大提高了储蓄存款的质与量。

4. 客户经理利用三大系统 PCRM、ECRM、CFE 时刻关注客户资金动向；对待客户如春风般温暖，不定时的电话回访，上门回访了解客户更深层的需求，在节日和生日时，为客户送上温馨的祝福和贴心的小礼物。通过给客户提供最优质的服务、最合适的产品，提高客户忠诚度、锁定高端客户储蓄存款。

5. 学习同业，赶超同业。龙华支行营业部频繁地以明察暗访的方式到片区同业、尤其是招商银行学习，将同业好的做法不断地引进、提高、固化；并组织员工以普通客户的身份到同业体验、借鉴同业的经验。

6. 严格执行国家经济金融政策及金融法律法规，具有完善的内部规章制度，成功堵截数起使用假证件挂失，开户的案件。深入开展案件专项治理，全面实施会计主管的委派和培训，着力开展内控和金库检查，严肃查处各类违规违纪案件。自觉维护中国农业银行的社会信誉和客户的合法权益，坚持农总行乐以天下、忧以天下的企业责任观。培养了客户对我行的高的认可感和归属感。

在2009年农行股改后的全新环境下，龙华支行营业部仍然坚持将自己建设成为龙华地区面向“三农”、城乡联动、融入国际、综合经营，致力于为最广大客户群体提供优质金融服务的现代化全能型银行。

强化精细化管理　促进业务迈向新台阶

——深圳分行罗湖支行营业部

2008年，罗湖支行营业部认真贯彻落实分行对支行营销体系整合的重要战略精神和分支行关于加快我行个人业务发展的指导意见，紧紧围绕二级支行“组织储蓄存款、营销个人贷款、销售零售产品、保障结算服务”的功能定位和“发展、管理、培训”的三大工作主题扎实开展各项工作，取得了一定成绩。

一、2008年度各项业务经营指标完成情况

截至2008年12月31日，支行营业部共实现经济增加值1746万元，人民币个人贷款累计投放7824万元，个人金融资产增加额为28287万元，贷记卡发卡1159张，国际结算量为108671万元，目标客户增量为1381户，全面完成综合业务经营计划的26项考核指标。二级支行经营管理目标考核在支行名列第一。

二、2008年度主要工作

在负债业务发展方面，坚持以高价值客户为中心，以个人“金钥匙”综合理财服务为重点，以精细化分层服务为手段，全力促进个人负债业务的持续、快速、有效发展

（1）在客户定位上，我部明确将账户余额3万元以上的个人高价值客户作为我们的服务重点，通过提升对个人高价值客户的服务质量和水平来提升客户价值创造力，依靠高端客户群体促进我部个人业务综合效益的提高。

（2）在客户管理上，我部逐步实现了精细化管理。首先组织营业经理、个人客户经理做好对现有星级客户的卡片式标准化建档工作，内容涵盖客户基本信息、客户账户信息、客户综合理财信息、客户意见与建议信息等模块。其次，按照分层次精细化管理的要求将高价值客户在行长、营业经理、个人客户经理间进行分户管理，明确管户要求，按周汇报管户情况，真正实现“一对一”专业化服务。通过个人高价值客户的关系管理来进一步扩大优质客户基础和抓好潜力客户的拓展和培植工作。

（3）在营销模式上，我部逐步实现了从单纯“拉客户、卖产品”的被动服务向“做客户、巧营销”的主动服务转变。在日常营销中，引导大家首先了解不同层面客户的个性化理财需求和金融产品消费心理，之后有效整合我行现有的金融理财产品，有针对性地提供理财服务，“把合适的产品整合营销给合适的客户”，帮助客户实现价值增长的同时实现我行的营销价值，真正实现“双赢”。

（4）在社区营销上，我部将根据地处向西社区的实际情况，认真做好“金钥匙理财进社区”的主动营销工作。面对向西村民、皇岗边检等特定客户群体认真组织了主题明确、形式新颖、针对性强的营销活动并逐次进行事后效果评估，有效扩大我行的营销服务辐射范围。

（一）在个人资产业务发展方面，我部坚持以个人住房按揭贷款业务为重点，全面推动个人资产业务的快速发展

（1）成立由行长、资产客户经理、资产助理和理财经理组成的个人资产业务联合营销团队统一负责个人资产业务的营销拓展工作，充分发挥资源整合、团队作战优势。

（2）针对周边高档社区业主的住房按揭贷款均为他行贷款的实际情况，充分利用我行住房贷款的转按、住房循环贷、假日还款、房贷理财账户等创新产品和物理网点的服务优势，加大社区业主的住房贷款转按营销力度，并通过个人资产业务的营销联动负债和中间业务的有效发展，实现综合营销。

（二）在理财产品和功能产品的整合营销方面，坚持以银行卡为载体，整合营销为手段，个性化服务为中心，价值增长为目的，全力做好零售产品的综合营销

（1）紧密依托主体业务，认真做好金穗贷记卡、金穗白金卡、金卡和银卡的有效发卡工作，拓展了一批收入稳定、职业前景良好、信用优良的团体客户群体，使银行卡业务真正成为联系资产、负债、中间业务三大主体业务的桥梁和纽带。

（2）对于渠道类和理财增值类的零售产品销售工作做到日常化、规范化。每一项产品销售按照“行长组织产品内部培训——营销人员寻找目标客户——营业经理督导销售——客户经理售后建档跟踪服务”的基本流程有序、高

效进行。

（三）在认真做好公司客户保障结算服务的同时联动拓展公司业务和国际业务，实现公、私联动，全面发展

充分发挥物理网点保障公司业务结算服务的功能，全面收集公司业务信息资源，充分挖掘中、小企业的潜在业务需求并与支行公司业务部形成良好互动，积极联动有效拓展公司业务和国际业务。

2009年，罗湖支行营业部在全体员工的共同努力下，将会在新的一年里立足新起点，以更高的目标、更强的合力、更有效的方法扎实开展各项工作，取得更好成绩！

厦门市江头支行营业部

中国农业银行厦门江头支行营业部在分行网点转型办公室的指导下，按照“功能分区、业务分流、服务分层”的原则，坚持软转与硬转两手抓，通过完善功能建设、加强渠道建设、改进人员配置、优化业务流程，推动网点从“结算交易型”向“交易营销型”转变，取得了显著成效。截至2009年3月，支行营业部储蓄存款比2007年底增长了31%，个人贷款也比2007年底增长了40%以上，个人金融产品营销业绩也走在了分行各营业网点的前列。

一、砍高柜、设低柜，完成功能分区

为了把网点建设成为拓展个人业务、维护和发展贵宾客户、营销个人业务产品的主要阵地，该行根据各种业务办理流程和各层次客户服务需求，对支行营业部进行功能分区改造，将该网点分为现金服务区、低柜服务区、自助服务区和贵宾理财区“四大区域”。原来的8个高柜减为3个，同时设置了6个低柜和2个VIP专柜，从而实现把非现金业务集中在低柜处理，低柜柜员既办理综合性业务和复杂业务，又通过与客户面对面沟通交流的机会，深度挖掘客户需求，销售产品。从一年多来执行的情况看，网点及柜员的综合营销能力明显提高。2008年，在人员不变的情况下，该网点的贷记卡发卡量、手机短信、基金开户数、基金销售、第三方存管等业务同比增长幅度都超过了50%。

二、增设备、添机器，推进业务分流

按照功能分区进行改造后，该行及时对营业部的“硬件”进一步完善，把不同业务服务需求的客户分流到相应的功能区。一是美化优化营业环境，添置了客户等候区，开通了2个贵宾理财室，安装了视频网，配备了填单台等便民设，尽可能满足客户的各种需要，减少等候客户的抱怨与牢骚。二是更新与完善自助设备。及时对自助设备中的“问题”机器进行更新，同时根据两个营业网点的实际业务量，增配了大堂式存取款机、自助终端、票据打印机以及自助汇款通等机器，以解决客户所需，减少客户排队等候时间。三是完善叫号机功能，及时把各类客户分流到现金服务区、低柜服务区、自助服务区以及贵宾理财区。为保证业务分流到位，该行通过业务骨干分析、网点员工讨论，对营业部所办的全部业务进行梳理、归类，做到凡是银行能做的不要客户做，凡是后台能做的不要前台做，凡是客户一步能完成的不分两步操作，凡是机具和系统能办理的不到柜面办理，凡是能集中的不分散办理。随着业务分流的推进，营业部的电子渠道分流率大幅度提升，目前已超过90%，比2007年底提高了10多个百分点，其中个人网银分流率高达25%。随着电子渠道分流能力的加强，营业部以往“排长龙”的现象也就没了，柜面人员的压力就少了。

三、定职责、配人员，实行服务分层

在加大网点改造力度，推进网点“硬转”的同时，该行还及时从人员着手，明确岗位职责，合理调配，不断推进网点“软转”，实行服务分层。一是明确大堂经理职责，实行大堂经理轮班制。大堂经理负责网点大厅的现场管理、客户识别、业务分流、产品营销、投诉处理等，使客户一进入网点就受到关注。目前，营业部配备1个大堂经理和1个大堂经理助理。在配备专职大堂经理的前提下，该行还安排了网点主任、理财经理参与大堂经理轮班，确保大堂经理在岗率100%。二是因岗位配人头，把合适的人员配备到合适的岗位上。按照业务复杂程度、业务发生频率和业务办理时间，根据每位柜员的业务能力与服务水平配置人员，综合业务素质较高的人员安排到低柜区和贵宾客户区，而业务能力较弱的员工就配置到操作相对简单的柜台，从而充分发挥每位员工的能动性与主动性。三是前后联动，做好各层次客户的服务工作。大堂经理把住大门入口，根据客户所办业务，及时将客户引导给高柜区、低柜区及理财区人员服务。服务分层后，低端客户对高端客户的挤占现象没了，客户的抱怨明显减少，对VIP客户的服务时间有了保证。该网点由于地处城乡结合带，客户人数多，群体杂，以前经常会出现客户投诉现象。但是2008年实现了“零”投诉，VIP客户呈现出了前所未有的增长态势，三星级以上VIP客户增幅超过80%，VIP产品使用率达90%以上，比转型前提高20多个百分点。

科技支撑　网点转型

——云南分行营业部北京市区金康支行

为推动我行网点转型工作，有效提升营业网点综合服务能力和营销能力，力促我行营业网点由传统交易型向营销交易型网点的转变，省分行科技处成立专题项目组，系统地推广应用个人优质客户系统（PCRM）、金钥匙客户财富专家系统（CFE）、多媒体自助终端、自助存取款机、95599直拨电话和网点视频发布等系统，努力打造全方位系统支撑平台，力促我行营业网点转型工作。

2008年7月10日，在前期系列准备工作的基础上，按照“网点分类、功能分区、业务分流、客户分层、产品分销”的网点转型原则，省分行营业部北市区金康支行网点转型试点工作正式启动。省分行项目组到现场进行了金钥匙客户财富专家系统（CFE）客户端、多媒体自助终端和95599直拨电话的安装调试，对各系统的日常维护和使用进行了现场培训，就网点功能区划分，客户指引等提出了合理建议，并安排技术人员密切关注系统运行情况，有力地支持了金康支行网点转型试点工作。

一、分角色、划区域，实现功能分区

参照全功能网点的标准功能分区，金康支行设置了：咨询引导区、客户休息等候区、现金服务区、非现金服务区、自助服务区、贵宾服务区等六个标准功能分区。

（一）咨询引导区：部署金钥匙客户财富专家系统（CFE）客户端和个人优质客户系统（PCRM）帮助大堂经理进行客户识别、引导分流，提供业务咨询、投诉受理等服务，使客户一进入网点就受到关注。

（二）客户休息等候区：安装网点视频发布系统以轻松的方式为客户提供产品宣传展示、金融信息资料等资讯服务，缓解客户排队等候的焦急心理，提升客户满意度。

（三）现金服务区：办理综合业务系统（ABIS）的传统交易，为客户提供现金存取款、现金缴费、汇兑、买卖理财产品、外币兑换等一般性现金交易服务。

（四）非现金服务区：通过金钥匙客户财富专家系统（CFE）客户端低柜柜员角色集合综合业务系统（ABIS）、个人优质客户系统（PCRM）、信贷管理系统（CMS）等系统，办理个人业务产品咨询销售和专业化复杂业务，与客户面对面交流接触，把握营销机会，深度挖掘客户，推荐销售金融产品。

（五）自助服务区：在相对独立区域，集中布放自助存取款机、多媒体自助终端、95599直拨电话，该区域兼有对外和对内通道（夜间关闭），为客户提供7×24小时小额存取款、转账、自助缴费、补登折、查询账户信息、修改密码等自助银行服务。

（六）贵宾服务区：通过金钥匙客户财富专家系统（CFE）客户端客户经理或理财角色集合综合业务系统（ABIS）、个人优质客户系统（PCRM）、信贷管理系统（CMS）等系统，为贵宾客户提供“一站式”综合金融服务，既可以办理现金业务，也可以办理非现金业务和一般理财业务，并由个人客户经理为贵宾客户提供信息咨询、金融交易、产品推介与销售、一般理财等系列优先服务和优惠服务。

二、丰富业务办理渠道，实现业务分流

客户分流是实现服务分层的有效手段，否则大量低端客户将长期挤占网点资源，排斥中高端客户。为此，我们在试点支行为大堂经理提供相应系统支持，协助大堂经理有效的识别、引导分流客户。

（一）设立温馨提示，将一定限额以下（如5000元以下）的小额现金存取款业务分流到自助服务渠道。

（二）自动识别客户，将营业网点叫号机、门禁等设备与客户信息管理系统联动，在客户刷卡后自动识别客户，一般客户直接自动快速的提示引导，贵宾客户提示大堂经理和客户经理主动迎接服务。

（三）主动引导分流客户。大堂经理在迎接客户时，主动询问客户服务需求，积极引导一般客户可自助的交易（如：小额存取款、转账、代缴费、补登折、查询账户信息、修改密码等）选择自助服务渠道办理，并辅导客户使用自助设备。对于一般客户的非现金个人业务、个人理财服务、个人代理业务（如：开销卡、个人存款证明、基金国债买卖、网上银行和电话银行注册、银保通产品、贷款等业务）引导至非现金服务区由金钥匙客户财富专家系统（CFE）支持的低柜柜员办理，对于贵宾客户则直接引导至贵宾服务区由相应的客户经理提供综合服务。多渠道有效分流业务，让有限的人力投入到更有价值的营销和客户关系维护工作。

三、提供客户识别资讯，实现客户服务分层

试点行金康支行合理完备的功能分区、有效的业务分流，为针对不同客户实行分层服务提供了可能。

（一）建立客户关系管理。客户关系管理是识别、分流客户的前提。试点行金康支行积极推广应用了个人优质客户管理系统（PCRM），建立健全了优质个人客户信息档案，为个人客户识别奠定了根本基础。

（二）在有效识别客户的基础上提供分层的差异化服务

1. 标准化服务。对一般客户和大众客户以提供制式产品和标准化服务为主，尽可能通过自助设备提高服务效率，缩短客户办理业务的等候时间。同时，结合金钥匙客户财富专家系统（CFE）为客户提供综合理财服务，推介和营销个人金融业务产品与服务。

2. 个性化服务。建立贵宾客户服务体系，打造贵宾服务品牌。一是为贵宾客户提供免排队绿色通道和贵宾区专属服务等优先服务；二是为贵宾客户提供一对一的客户经

理或理财经理服务，做到优质客户时刻有人维护；三是根据贵宾客户的贡献度，依托短信平台为贵宾客户提供短信资讯和客户关怀服务，在机场、医院、娱乐消费场所放置转账电话，贵宾客户直接刷卡即可使用积分获得健康服务、易登机、娱乐消费优惠等个性化服务，稳定和深化贵宾客户关系；四是建立“贵宾服务跟踪计划”，及时倾听贵宾的服务反馈，对贵宾客户的理财需求、服务需求进行登记，建立客户需求信息档案，并进行分类汇总，有针对性地改进服务。

四、全面的系统支撑平台已初步形成

在金康支行网点转型的试点工作中，个人优质客户系统（PCRM）、金钥匙客户财富专家系统（CFE）、多媒体自助终端、自助存取款机、95599 直拨电话和网点视频发布系统、优质客户服务等系统综合应用，共同构成了较全面的网点转型全省统一系统支撑平台。

（一）个人优质客户系统（PCRM）。通过翔实的交易数据提取和分析评价，提供综合客户信息服务，系统功能主要包括客户评价、客户管理、营销管理、业绩考核、决策支持等五个方面，具有较为全面的信息采集、分析能力，帮助客户经理实现开展客户细分与评价、客户管理跟踪，满足各级业务管理人员进行统计分析、绩效考核和决策分析等方面的管理需求。

（二）金钥匙理财专家支持系统（CFE）。依托于客户信息系统（CIF）和 PCRM，以现有作业系统和我行客户、产品资源为基础，形成了包含支持新一代综合应用系统（ABIS）的操作；支持客户信息（CIF）的维护；支持客户理财服务的受理；支持客户关系管理（PCRM）等业务系统的个人业务综合应用平台。它具有客户识别、营销支持、作业集成和综合理财等功能，能够满足网点低柜人员开展客户营销和非现金作业的需要，及时有效地发现客户、营销客户，促进业务分流、功能分区、客户分层。

（三）多媒体自助终端。省分行科技处自主开发的多媒体自助服务终端系统是以多媒体界面的表现形式，直接面向客户的自助服务系统。相比传统的银行柜台业务，多媒体自助服务终端覆盖了银行柜台的大部分常规个人非现金业务，主要功能有：银行卡余额、明细查询，银行卡密码修改，转账，补登折，个人账户口头挂失，代缴费（福彩预缴、体彩预缴），短信渠道业务开通，金融信息和农行宣传等，有效分流了柜台业务。同时，灵活的多媒体界面、简便的交易方式，节省了客户的时间，提高了客户的自主性和满意度，并且设备维护简便，基本上可做到无人值守，7＊24 小时提供服务。

多媒体自助终端和存取款机的综合使用，形成了我行功能完备的标准自助服务区。

（四）95599 直拨电话。结合我行现有自助产品功能和各自助渠道特点，省分行科技处开发推出了 95599 直拨电话，放置在自助区域，客户在需要办理业务或进行咨询时，拿起 95599 直拨电话，就自动接通我行的 95599 客户服务中心，自助操作办理业务或进行咨询。为客户带来更多选择性和便利性服务，进一步提高了客户自助服务满意度。

（五）网点视频发布系统。省分行科技处自主开发的网点视频发布系统，能实时查询获取 ABIS 等系统的相关数据，统一发布至网点终端设备，并向终端显示器（液晶电视）输出显示基金净值、利率、外汇牌价数据，以及播放农行宣传广告片等，在客户休息、等候时为客户提供丰富的金融资讯。

（六）优质客户服务系统（积分回报管理）。借助转账电话等电子渠道和后台基础数据建立优质客户积分回报管理系统，与机场、医院、娱乐消费场所等合作伙伴实时联网，为全省贵宾客户统一提供便捷的积分回报优惠及增值服务。

随着营业部金康支行的网点转型试点工作的逐步展开，10 月份版纳景洪广场支行也步入试点阶段。在省分行有力的财务支持下，全省 40 多套金钥匙理财专家支持系统（CFE）配套设备已部署到位，200 多台多媒体自助终端已采购完成部署到位，全省统一的较完整的系统支撑平台已初步形成。我们还将进一步认真分析、统筹规划，扎实推进网点转型工作；我们还将进一步探索，促进科技发展更快更好的转化为生产力。

山东省分行营业部率先推进网点转型

省行营业部党委高度重视网点转型工作，通过企业文化引领、工作会议部署、建立并落实考核机制，使网点转型从理论层面落实到实践层面。

（一）以先进的经营理念统领转型工作

在编写《网点转型指引》基础上，营业部在全辖开展了大规模的系统培训，使全员对网点转型的主要内容有了较为全面的了解，增强了角色认知。益虎总经理专门撰写了“网点转型决不能唯条件”、“上下同欲者胜”等四篇文章，全行研究转型、关注转型的热情空前高涨，思想得到迅速统一，为转型工作打下了坚实的思想基础。

（二）分步实施、梯次推进，确保转型工作有条不紊

倾全行之力，助推转型。在具体实施过程中，“成熟一个转型一个，成熟一项推行一项”，“先试点，后延伸，争取利用 2～3 年时间，实现全辖所有网点的整体转型”。2007 年有 54 个网点通过转型验收。2008 年将有 42 个网点转型，年末 80% 城区网点实施转型。

（三）重构绩效评价，通过科学考核引导转型工作

营业部围绕业务重点、角色定位以及服务管理等内容，先后修订了《营业网点综合竞争能力评价办法》，制定了《大堂经理、理财经理管理考核指导意见》、《网点高低柜分区工作意见》，编写了《“神秘人”检查工作手册》，通过完善考核机制，激发了全员参与网点转型的积极性与主动性。

（四）重点实施三项变革，做好转型基础保障工作

1. 实施组织变革

重新对网点的角色、岗位进行认定，使岗位分类达到7个，包括网点主任、三级主管、客户经理、理财经理、大堂经理、个人业务经理、综合柜员等，在人员结构上实现由“内向结算型”向“外向营销型”转变。目前，56个网点通过竞争上岗配备了大堂经理，53个网点还按照“1＋N”模式配备了大堂经理副理，71个网点实现低柜作业。

2. 进行业务流程再造

一是优化客户服务流程。客户一进入网点就受到关注，重要客户一开始就被发现，不同客户被引导到不同的区域，不良反应及时得到处置和化解。二是优化交易处理流程。将9大类51种非现金业务从高柜区分流出来，使复杂交易专业化处理。三是优化营销维护流程。建立起网点主任、大堂经理、个人业务经理和柜员一对一、多对一、分层次的营销维护体系，不断发现和创造销售机会。

3. 实行网点标准化管理

营业部把实施“净化、美化、亮化工程”作为网点转型的重要组成部分，成立了营业网点环境规范化管理中心。在硬件上，对硬件设施实行“五统一”；在软件上，编写了《营业网点服务标准化手册》，规范了员工行为，提升了服务层次。

（五）资源倾斜，调剂费用确保网点转型

为确保转型的顺利实施，营业部优先匹配与保障转型费用。一是按照“功能分区、业务分流”的要求，加大对全辖骨干网点的分区改造工作力度，全辖80余个网点实现五区分离。二是加大电子设备投入。设置投放ATM230台，完成了54个骨干网点的自助服务区的改造，城区网点自助银行覆盖率达到53.8%。增配了81台大堂经理专用微机、100余台液晶电视、51台排队机等，为分流业务、提高效率创造了条件。

（六）打造健康向上的网点文化，以文化引领转型

网点文化是网点转型的“灵魂”。网点文化的核心是以人为本，网点精神的核心是“尊重员工、激励至上、团队合作、追求卓越”。通过表扬奖励、建立文化墙、制定行为规范等方式来实施，激励员工在每一天面对每一个客户办理每一笔业务时，都能够提供卓越的服务，让客户获得最优的服务体验。

总之，通过网点经营向个人业务转型，网点功能向“大卖场式”产品营销转型，客户服务向理财差异化转型，网点文化向以员工为中心转型，服务手段向电子渠道转型，网点环境向标准化管理转型，营业部网点转型取得了明显的效果，个人业务在网点得到充分的重视，个人资产业务实现新突破，业务增量较去年同期提升9个位次；自助设备利用率明显提高，非柜台业务占比较转型前提高6.3个百分点；服务模式大为改观，客户满意度不断提高。

提高服务质量　规范服务手段
努力推动我行储蓄存款再上新台阶

——山西省朔州市分行营业部

截至2008年末，朔州市分行营业部储蓄存款余额94729万元，较年初净增长45415万元，该行现在岗员工24人，人均净增1892万元，年增长率为92%，2008年被省分行评为“人民币储蓄十佳单位”。朔州市分行营业部成立于1996年8月，位于朔州市的繁华地段，周边林立的政府机关及商业店铺，大量的流动人口决定了营业部服务对象的复杂性。为在新环境、新形势下提高客户满意度，优化服务流程，使文明服务水平向深层次推进，朔州市分行营业部全体员工从三个方面狠下工夫，取得了可喜的成效。

一、沟通了解需求

营业部在办理业务时，特别注重与客户的交流，休息时间里，他们还到周围的机关及店铺走访，保持与客户的联系，通过和蔼的态度、平实的语言，询问客户的理财及经营状况，从而有效地增进了和客户的感情，初步掌握客户的基本情况，了解了客户各自的爱好和需求。每当农行推出新产品时，第一时间将信息告诉有需求的客户。

二、真诚赢得信赖

工作中，营业部的员工随时站在客户的角度来思考问题，想尽一切办法给客户带来效益和方便，让客户享受最真诚的服务，用行动赢得了客户的信赖。由于地处商业区，现金流通相对较多，因此，营业部成为广大商家兑换零币和残币的首选。每当客户带着一脸的歉意、提着一袋或几袋零钱来到营业部里，员工们都是笑脸相迎，不厌其烦地为客户兑换。去年秋季有一名宾都超市经理需要5000元面值50元的人民币，恰巧当时零币紧缺，他走遍了各个储蓄所，最后来到营业部，营业部的同志们热情地接待了他，并留下了他的电话，第三天，他如愿以偿地拿到了零币，从此成为了营业部忠实的客户。

三、热忱换取忠诚

工作中，营业部始终把客户的利益放在第一位，树立以客户为导向的观念，急客户之所急，想客户之所想，帮客户之所需，用满腔热忱换取了客户的忠诚度。去年6月18日，来自宁武县的一名煤矿老板赵某在办理存款业务后，将1000元现金遗落在柜台上，柜员赵爱梅发现后汇报给营业部主任，经查看监控确认是赵某的，营业部通过当地公安局查找到客户家庭住址，多方努力却无法联系到失主，第二天一大早，营业部主任亲自开车，驱车600多华里山路赶到客户所在煤矿中，客户拿着失而复得的1000

元，感动得说不出话。这样的好人好事在营业部层出不穷，一年来营业部退还长款、失落款达20000多元，归还失落的证件及其他物品30多件（次）。正因为员工们的热忱，一些客户才成为营业部永不流失的客户群。

四、信息把握商机

在金融竞争日趋激烈的今天，建立良好的客户关系是营业部拓展营销业务的基础，通过这些关系，营业部能够及时掌握到有价值的信息，从而在第一时间里为客户提供服务，不断挖掘和提升客户价值。我行营业部就建立了这样的一张客户关系网，通过收集信息完成了各种营销任务。他们在教育界、房地产业、粮食收购企业、煤矿老板和个人都有着“内线”，每当自费高中收取学费、开发商售房、粮食大批量收购及煤炭销售旺季时，他们就积极行动起来，动员客户在网点结算或存在网点。

五、抓好技能培训

根据市场竞争和内部岗位对柜员采取技能比武、岗位练兵等多种形式，激励员工特别是一线员工提高了业务素质、专业技能和服务水平，使一大批岗位技术能手和业务标兵脱颖而出。

六、严格奖惩兑现

为了提高一线员工工作积极性，全面拉开一线和后台员工工资收入差距，按岗计酬，按业绩计酬，使工资一项前后台最大差距为800元。柜员每办一笔业务，除省分行给0.15元外，该行又另加0.1元，一线柜员收入比后台人员工资收入大幅度提高，充分调动了一线人员工作积极性。

积极推进网点转型　切实提高竞争能力

——陕西分行高新支行

陕西分行营业部网点转型工作强势推进后，高新支行把网点转型作为工作重点，不等不靠，快速行动，明确网点转型工作任务，先行在支行营业室进行试点。自启动网点转型工作以来，网点竞争力明显提升，服务质量和效率显著提高，有效化解了客户排队现象。现将具体做法报告如下：

一、转变观念，提高认识

网点转型首先转的是观念，是认识。为此，我行从“转脑”入手，层层进行动员，统一思想。

首先是统一领导认识。营业部网点转型工作推动以来，我行多次召开党委会、行长办公会和行务会，传达贯彻营业部的有关会议精神，部署全行的网点转型工作。结合网点转型工作，全行明确提出坚持三个不动摇：突出个人业务在全行业务发展中的主体地位不动摇；“网点抓个人业务，员工抓个人业务，多数人抓个人业务”的经营思想不动摇；全面做大、做强个人业务的信心和决心不动摇。

其次是转变中层干部观念。中层干部在网点转型中既是战斗员，又是指挥员，是网点转型的具体组织者、推动者和实践者，其认识是否到位，职责履行是否到位，事关网点转型成败。我们利用两个周六的时间，系统地学习讨论了山东分行营业部《网点转型指引》，使大家不仅明白了“为什么转”、“转什么”，而且明白了“怎么转”，争做网点转型的先行者。

三是进行全员发动。网点转型是一项系统工程，涉及网点、涉及部室，涉及每位员工和每个岗位，让每个人都能够在转型中找到自己的坐标和饰演的角色，转型工作才会转出效果。去年末，我行利用一个星期的时间，组织全行员工认真学习和讨论山东分行营业部的成功经验，每个人都结合本职岗位讲认识、谈体会。党委成员多次到支行营业室召开全体员工会议，进行动员和鼓劲，较好的激发了员工参与网点转型的热情和积极性。

二、成立领导机构，明确职责和工作进度

网点转型，机关先行。我行成立了支行网点转型工作领导小组，由行长任组长，副行长任副组长，各机关部室负责人为成员；成立了网点转型办公室（设在个人部）。具体负责网点转型期间各项办法、措施的制定和实施，执行情况的反馈等。同时，根据各行长分工和部室职责，将网点转型的具体措施和实施时间明确落实到各分管行长和部室。

支行各部门围绕网点转型，围绕为网点提供服务，扎实有效的开展工作。首先凡是涉及网点转型的事情，随时研究，随时拍板解决；其次由过去过多的通过会议、电话调度工作和任务，变成现在深入网点、深入现场调研和指导工作，促进了支行工作作风的转变。三是各部门都在研究如何才能让网点减轻压力，腾出时间用于网点转型和业务经营，主动承担起更多的工作和压力。公司部将网点管理的比较大的公司机构类客户上收集中管理；计财部、个人部、办公室对文件、重要空白凭证、纸张、报表、计算机耗材等网点日常需要的用品，以及需要上报的东西由支行指定专人集中配送，既减少了人力，又节约了物力。

三、细化工作措施，推进网点转型

（一）修改补充考核办法，发挥资源杠杆作用

围绕网点转型，围绕个人业务的发展，支行先后出台了《大堂经理考核办法》、《个人理财经理考核办法》等制度办法；修订和完善了网点综合考核办法，调整了网点有关任务指标，对柜台上能营销的产品加大任务计划，增加产品营销、中间业务考核的比重；完善自助设备使用考核

办法，明确业务量分流的任务目标，提出业务分流30%以上，自助设备业务量提高10个百分点。

（二）明确网点人员定位和岗位，切实履行岗位职责

一是发挥好网点主任的关键作用。明确要求网点主任转变观念和思路，把工作的重点真正转到个人业务上来，转到个人产品营销上来。网点主任主要精力用于三星以上客户的营销拓展和维护，营销拓展情况与主任的考核绩效挂钩，个人业务部门通过网点大客户档案检查三星以上客户的维护情况。网点主任的办公室从后台搬到一楼大堂，要求至少2/3以上的时间在大堂担任大堂经理角色，贴近员工、贴近客户、贴近市场开展工作。

二是充分发挥好柜员在产品营销中的作用。利用晨会和晚上的时间，组织学习新的业务知识，熟练地掌握产品的营销和操作，使更多的中间业务和产品实现柜台销售。同时，对柜员收入结构进行调整，严格贯彻执行营业部《个人业务产品计价考核办法》；从单一考核业务量转向业务量和产品并行考核，更好地调动柜员营销的积极性。

三是通过大堂经理公开竞聘，充分发挥大堂经理在网点转型中的核心作用。制定了大堂经理考核办法，规定了大堂经理分层次、重引导、循序办的服务方式。明确了大堂经理的定位及岗位职责，应具备的素质和条件，日常主要工作，日常行为规范，大堂经理业绩的考核等。员工积极踊跃参与，行党委根据竞聘成绩及评委推荐情况确定2名大堂经理人选。配合大堂经理制的实施，增设VIP窗口。将业务素质高、工作效率高、服务好的柜员作为VIP窗口柜员。

（三）软转先行，为转型工作探索经验

去年10月，我行在认真领悟转型精神，多次走访、考察周边股份制银行转型经验的基础上，决定先行在支行营业室、唐延路分理处、劳动南路二级支行三个有大户室的网点进行软转试水。对这三个分理处从主任到大堂经理、保安以及保险公司、基金公司、证券公司派驻人员进行了培训，对现有的高柜柜员重新进行了业务梳理，明确了工作职责，时刻保证大厅有3人以上疏导客户、分辩客户，要力争把高端客户挖出来引导到贵宾室，把普通客户引导到高柜、把低端客户引导到自助设备办理。通过一段时间的试行，网点主任、大堂经理等对客户的识别能力明显增强，能善于发现高端客户，并留住高端客户、初步解决了客户的分层问题，使优质客户享受到了优先和优惠。经过几个月的试验，效果比较明显，截至目前，我行营业室储蓄存款较年初增加10200万元，唐延路分理处较年初增加7500万元，劳动南路支行较年初增加4600万元。理财产品的营销也在支行前列。

（四）加强客户识别和引导，实现了“客户分层、业务分流、产品分销”

在软转的试验过程中，我们发现员工水平参差不齐，部分员工理财水平不高，营销意识不强，营销知识缺乏，制约了转型工作的开展。针对存在问题，我们提出：中距离关注客户、近距离向客户微笑、1米距离要主动问候客户；大堂经理（副理）必须对现有的三星级客户做到面熟（认识客户）、声熟（打电话能听出是谁）、业务熟（经常办什么业务），这些客户一进门就引导到贵宾区；其它客户要通过观察仪态容貌、打扮、首饰配件、提包等分析，并利用交谈的黄金30钞，以“询问客户需要什么帮助”、“告知客户什么事情”、“感谢客户给予支持”等言语获取客户好感和信任，从言谈中观察，从办理业务中发现潜力客户。能引导到贵宾室的引导到贵宾室，不能引导地也要留下客户联系方式，交给大堂经理或贵宾服务区等营销能力较强的柜员。通过柜员之间的紧密合作，取长补短，提升营销服务能力。推行分层服务，通过咨询区引导，将办理非现金业务的客户引导到低柜区，将三星级以上客户引导到贵宾室和理财室，将办理现金业务的中等客户引导到星级客户服务区，将办理不可分流现金客户引导到高柜区，将不可分流小额现金客户分流到自助服务区。通过近几周的实践，高端客户明显感觉到高效、舒适和尊贵的服务，普通客户等待时间也相应缩短，排队现象基本消除。

（五）规范分区、统筹安排，提升转型工作硬件设施

客户流量大、综合业务多但网点设施相对滞后是转型工作的又一难题，在营业部确定我行营业室为首批物理转型网点后。在摸清现有资源配置的基础上，在营业部领导及个人金融部的多次现场指导下，对营业室进行了分区改造，装修改造过程中注重解决实际问题，本着硬件投入绝对服从营销业务需要的原则，反复试验力求完善，按“六区分设，整体合一”的理念，我们将营业场所划分为贵宾区、高柜区、自助区、引导区、理财区、低柜区等六个区块，从灯光、室内摆设到服务设施，充分考虑了高端客户与低端客户的差别性服务。改造期间，组织了高柜人员转岗培训，咨询引导员岗前培训、理财经理强化培训、行领导每训必到，与员工同学习、同提高。

四、初步成效

自今年强势推进网点转型以来，经过制订方案、具体实施、部分调整，转型后网点综合竞争力不断提升，体现在以下几个方面。

（一）业务发展明显提速

截至3月9日，支行营业室储蓄存款余额52695万元，较转型前年初增长10200万元，比上年同期增长11000万元，理财产品销售2200万元，星级客户增加21户，网银开户135户，借记卡1050张，办理西联汇款85笔，增加中间业务收入100万元，网点业绩取得了阶段性突破。

（二）等待时间明显缩短

通过规范功能分区，合理设置窗口，高柜窗口由原来12个减少为现在7个，自助区增设3台自助设备，自助设备每天分流业务量约180笔，柜台压力减少，客等时间明显减少。

（三）客户满意度明显提升

据支行个人业务部满意度调查显示，我行营业室客户满意度由原来的60%上升到95%，居全行第一，今年来未发生一起服务投诉。在营业大厅内，虽人流如织，但秩序井然，高柜区、低柜区客户分流引导明显，差别化服务提高了客户接受服务的耐心。

（四）营销意识得到加强

通过对员工深度持续的沟通，开展营销技巧培训，使员工就如何做好柜面营销，树立大营销的观念，有了深刻的理解，同时开展员工间营销经验交流，使我行从最初的网点转型理念缺失到如今全员营销意识的提高，得到了充分转变。

五、几点体会

（一）领导重视是根本

网点转型涉及人力资源、财务费用、绩效考核等一系列问题，为了妥善解决好这些问题，营业部领导多次深入我行，现场与网点有关人员直接面对面的沟通，研究网点的功能分区、优化劳动组合、改造业务流程，加快网点转型的进程。同时，支行班子成员将网点转型工作作为当前的首要工作来抓，亲临一线组织、指导分层分流工作，带头做大堂业务引导员，全面细致地落实网点转型具体工作的实施。领导率先垂范，有力推动了网点转型工作的顺利开展。

（二）软件转型是关键

网点转型没有统一的模版，也无法照搬照抄。为了适应市场需求，切实解决现有网点的功能布局与业务发展的不协调性，我行在仔细分析自身网点的业务结构、客户结构、人员结构、所处地域的经济特点以及网点定位的基础上，按照岗位制约、授权操作等内控基本要求，制定了网点高、低柜人员配备标准和岗位职责规范，合理设置和配备网点人员，切实落实网点的会计操作风险控制。并在流程再造，观念转变、产品计价等软件方面积极探索，为网点的整体根本转型起到了事半功倍的作用。

（三）提高素质是基础

随着网点从交易型向营销服务型转变，临柜员工的职能发生了相应变化，对员工的素质也提出了更高的要求。为了夯实网点转型的基础，我行根据岗位职能需要有针对性地开展各项培训：一是开展法律法规和各项规章制度的培训，确保了柜员的合规、合法操作，预防了转型中的操作风险；二是定期开展业务知识特别是新业务的培训和岗位技能培训，确保了高低柜分离后业务有效开展；三是开展营销能力培训，确保了转型后产品分销的有效推行；五是开展服务礼仪和客户心理分析培训，有效提高了员工识别和分析客户的能力。通过各类培训，使网点员工的理财水平、营销技巧、应变能力和业务素质都得到了提高，从而快速、健康地推进了业务的有效发展。

以网点转型促进业务转型、服务转型

——浙江温州市分行

温州分行把网点转型作为创新发展和转型发展的第一要务，全面落实和推进“硬转”、“软转”各项措施，网点面貌，效益显现，客户排队现象有效缓解，客户满意度大幅提高。2008 年已完成整体网点转型项目 40 个，其中大型旗舰店 1 个、综合经营型 8 个，骨干型 27 个，一般型 4 个，此外还完成了 16 个网点的适应性改造项目。软件转型方面，在服务、流程、渠道、人员、考核、评价等各方面围绕转型广泛开展了创造性的探索尝试，有效促进了网点服务和营销能力提升。

一、主要工作措施

（一）加强组织领导，狠抓网点转型进度

成立网点转型领导小组和网点转型办公室，制定了网转工作流程，明确职责，把网转工作明确为一把手工程。市分行行领导和转型办同志多次深入基层，现场与支行、网点有关人员直接面对面沟通，研究网点的功能分区、优化劳动组合、改造业务流程，使设计方案能够在第一时间予以统一，在“硬转”同时加快推进“服务”、“渠道”、“业务”、“营销”和“人员”等“软转”工作。

（二）加大服务创新力度，深入推进服务转型

1. 创新推出大堂通、大堂经理移动工作夹和服务手语三大管理工具，推进网点“互动式”现场管理。用工具调动整个网点服务资源，用“互动式”现场管理，及时满足充分挖掘客户需求，提升客户满意度。

2. 推行员工礼仪服务规范、网点服务环境建设规范、网点服务流程规范、客户情景模式岗位四个行为服务规范，提升网点“人性化”服务体验。全年举办“职业形象与服务礼仪”巡回宣讲活动 35 场，全行 3200 人次参加培训，有效促进员工职业形象意识与礼仪修养提升。

3. 建立特殊状况服务应对预案模式、网点晨会模式、客户关怀提示模式、客户抱怨处理模式和柜员营销推荐语言模式五项服务模式，深化网点“精细化”服务管理。编写下发《特殊状况服务应对措施》、《可视化内部管理展板》等模版，提升网点应对特殊情况和服务营销能力。

（三）提升业务分流能力，深入推进渠道转型

拓展“离行式”服务能力，推进“集中化”维护管理。2008 年增加自助设备 189 台，总投资 3214 万元，新建离行式自助银行 8 个，网点布局趋于合理。提升“现场营销能力”，推进理财功能应用。个人网银运用营业场内“一天一点”营销，做好高、低柜与引导员、大堂经理的配合，提高现场营销成功率。对企业网银开展“一周一域”分层维护综合服务活动，对 14 家核心经济强镇二级支行各开展一周的企业网银客户维护 3 个月共维护了 671 户企业客户，带动对公业务柜面分流。重点抓好网点促进六百工程达标活动，最大限度地发挥电子银行在网点软转方面的作用。截至年底，全行电子银行质量指标得到大幅提升，其中星级客户覆盖率提升到 20.33%，本年新增个人网银有效率达 73.26%，企业网银有效率达 88.03%。网上银行、电话银行、手机银行全年交易笔数全省排名第一，电子银行交易金额达 4259 亿元，是 2007 年的 2.21 倍。

（四）抓好业务流程设计和再造，深入推进业务转型

通过蹲点调查及对不同类型网点各个时间段的业务量、业务类型的详细分析，对每一业务种类涉及的横向流转环节和纵向操作步骤经、纬度解剖，优化柜台业务办理流程。启动了利用OCR技术的集中事后监督系统项目，2008年已对市区行分批集中上线，2009年完成全市集中。完善理财中心业务流程。明确理财经理围绕做好贵宾客户管理和理财业务开展工作，理财中心负责人加强对理财经理的过程化考核和管理，并积极推行每周或每日理财晨会交流制；提高团队综合服务能力。大堂经理重点做好贵宾客户预约、上门接待、业务咨询引导、客户需求收集等辅助工作；提高高低柜员工客户识别和推荐能力。下发网点弹性排班指导意见，根据辖内网点业务量、客户分布及网点人员配备情况，确定网点弹性排班的实施范围。

（五）强化联动营销和交叉营销，深入推进营销转型

以目标客户为中心，加强公司、个人业务联动营销。指导基层网点加强个人、公司客户经理的客户资源共享，共同深入开发客户需求，挖掘客户潜力。以综合理财为手段，提高高端个人客户产品覆盖率。充分利用理财顾问服务，丰富理财手段，提高与客户谈判和沟通技巧，加强综合金融产品营销，提高高端个人客户产品覆盖率，全年完成个人理财收入6823万元。以系统应用为支撑，加强客户维护和营销能力。进一步推进PCRM、CFE、CRG系统的深化应用。抓好客户资料维护，夯实系统应用基础，并加强对管辖个人优质客户分析，把握大客户异常变动情况；在已转型骨干网点配备客户CRG识别导向系统，组织引导员、大堂经理学习，积极推广应用。

（六）加强员工培训和过程考核，深入推进人员转型

加快理财经理、客户经理、低柜员工队伍建设。增加客户经理、理财经理等营销型人员配备，加大AFP、CFP和公司理财经理培养力度，全年通过AFP认证92人，通过CFP认证9人。强化转型针对性培训，提高员工服务营销技能。全年共举办会计主管、监管员培训班3期，网点主任培训班2期，高效团队培训班14期，客户经理培训班5期，一线柜员培训班11期。

二、网点转型取得的成效

（一）网点整体环境明显改善

温州分行按照《营业网点视觉形象及装饰规范》，研究确定了网点整体外观建设标准和配套设施的制作标准，实行家具定点批量生产模式、设立网点物品配送中心等措施，推进网点转型标准化建设。以网点功能分区为重点，加强自助银行区、贵宾服务区、理财服务区、低柜业务区、高柜业务区等不同区域的标准化建设，对全市网点分别按大型旗舰店、综合经营型、骨干型和一般型网点模式分层推进转型，逐步实现了网点标识统一、外观统一、装修色调统一、内部设施统一，转型网点面貌焕然一新，客户评价反响良好，有力提升了全行网点环境整体形象。

（二）电子渠道建设效益显现

温州分行强力推进了电子银行"六百工程"的实施和立体营销维护的开展，业务分流能力显著提高。截至今年底，全行自助设备965台，其中取款机367台，一体机232台，自助通365台，全年完成总交易量14442万笔，金融性交易4177万笔，个人网银达30.73万户；企业网银达6120户，网银分流率达到13.91%。全行非柜面业务占比为81.94%，分流效果非常明显。

（三）人员转型取得明显成效

年末，全行客户经理达670人，比年初增210人，占比达21.3%，提高了4.16个百分点。客户经理、理财经理和低柜人员的加强，有效提升了全行客户维护和营销能力。年末，该行三星级及以上个人客户数和存款分别达到35301户和181.1亿元，比年初增加3542户和48.7亿元；签约率达到90.6%，比年初提高了5.3个百分点。

（四）服务品牌建设初见成效

在全辖推广了客户满意度评价系统，建立了支行、网点、员工分层服务管理和考核机制，推进了网点现场管理新模式的探索和高低柜互动机制的试点，开展了"满意100分"服务优秀网点、服务明星评选和员工服务礼仪巡回宣讲等活动，全行服务质量得到不断提升。重点抓好大堂经理、引导员队伍建设，加强对客户分流的引导，客户排队现象明显缓解，网点现场管理水平不断提高，客户满意度有效提高。从我行满意度评价系统数据看，随着转型的不断推进，全市服务投诉逐步减少，特别是转型网点，客户满意度提高明显。

东莞市虎门支行营业部

一、虎门概况

虎门位于珠江口东岸，作为南国重镇，虎门的交通相当发达，水陆空三路无不便捷通达。虎门也是一块英雄的土地。1839年，民族英雄林则徐率领虎门军民硝烟御敌，掀开了中国近代史的第一页；改革开放以来，敢为天下先的虎门人民抢抓机遇，团结拼搏，经济社会发展取得令世人瞩目的成就，先后被誉为"全国财政之星"、"全国乡镇之星"、"中国女装名城"、"全国千强镇之首"等称号。

二、虎门支行营业部概况

中国农业银行东莞市虎门支行营业部地处穗港经济走廊东莞市虎门镇商业中心区。多年来，虎门支行营业部围绕"以客户为中心"的发展思路，坚持"因势而变"的经营管理手段，结合当地经济发展走势及金融同业市场的变化，不断提高综合竞争力，先后获得"女职工文明示范岗"、"青年文明号"、"先进集体"、"先进职工之家"、"省行县域综合营销十强网点"、"总行全国城乡金融百强网点"等殊荣。

2008年，虎门支行营业部根据省行年度全行工作会议的精神，全体干部职工发扬“解放思想、实事求是、与时俱进”的创业精神，团结拼搏、奋发图强，取得了显著的成效。至2008年12月末，支行营业部人民币存款超20亿元，其中储蓄存款近14亿，对比上年大幅增加3亿多；销售理财产品过亿元，销售额在东莞分行排名第一；中间业务收入也超千万元。虎门支行营业部先后多次在市分行举行的“银鹰高飞”竞赛活动中获得奖项。以上数据表明，虎门支行营业部在虎门支行起着举足轻重的作用，是虎门支行业务发展的旗舰。同时，支行营业部业务种类齐全，服务层次广，是全国农行系统前25家储蓄机构，是东莞分行国际业务下移的支行之一，配合打造财富管理中心的目标，提升服务层次，虎门支行营业部未来将面临着更大的发展机遇。

三、各项工作开展情况

近年来，面对日益严峻的竞争环境，虎门支行营业部主要在如下方面作出了努力：

（一）不断加强网点硬件建设，提高综合竞争力

支行营业部在不设业务办理最低金额门槛的前提下，通过不断扩大营业面积装修改造的方式，充分利用收款易、汇款易、规模化的存取款机、回单箱、网上银行等自助设备，因地制宜的合理布置功能分区，根据客户办理业务的性质和种类，对客户进行合理的分流、分层服务。虎门支行营业部现有职工43人，营业部面积达2000平方米，开设20个窗口，包括贵宾室、中户区、小额汇兑区、非现金区、理财区、国际业务区、自助银行区，门前配有40多个车位的停车场，以良好的硬件设施为广大客户提供更优越的服务。

（二）致力于培养一批年轻、有活力的业务骨干，为支行不断输送人才

支行营业部积极营造“争先创优”的学习氛围，通过支行、分行的相关业务培训及利用业余时间进行自我进修学习，在不断学习业务知识的同时提高自身修养。员工45人中，平均年龄25岁，35岁以下员工占比98%。其中本科文化有12人，占比27%，大专文化29人，占比64%，党员有5人，占11%。员工持证率达100%，为支行发展壮大储备了大量人才。

（三）实行网点规范化服务，服务水平再上新台阶

支行通过对员工进行仪容仪表的专项培训、网点布局改造及设施的重新布置、5S专项活动的开展等规范化服务举措，从根本上进一步提高服务水平。至今，营业部不仅是上级行规范化服务示范网点，在为客户提供了舒适的环境的同时，服务更是得到许多新旧客户的充分肯定。

（四）积极推动企业文化建设，努力提高员工个人价值，培养员工无私奉献的优良品质

支行营业部响应上级行号召，组织员工对特困户进行慰问与物质资助，务求为这些家庭解决生活上的实际问题。除此之外，支行营业部还积极响应上级行抗震救灾活动的号召，通过组织员工自发捐款来募集资金支援灾区。另一方面，虎门支行营业部通过创建“青年文明号”、“巾帼示范岗”、5S示范网点、规范化服务评比等形式，在同业中率先掀起文明用语、仪容仪表、所容所貌热潮，提升员工的服务素质和网点的管理水平，不断的做好“软件”建设，受到了社会的一致好评。

（五）完善考核机制，调动全员营销的积极性

考核机制对指导员工的行为、调动全体员工工作的积极性发挥着核心作用。

1. 2008年，虎门支行营业部结合分行及支行分别制订了针对各个分区的业务考核办法。该套简单明了、以产品营销赋分制为基础的考核办法，极大地调动了全体员工营销的积极性。

2. 结合各项业务开展的实际情况，因时制宜的对考核方案进行调整，明确方向，确保营业部的业务发展与时俱进。

（六）努力发展理财业务，抢占零售市场

1. 推行“种子计划”。以投资理财为导向，进一步促进中高端客户数量的不断增长，从而促使网点的功能转型是我行孜孜不倦追求的目标。针对虎门镇中高端客户较多、投资理财意识较强的实际情况，虎门支行营业部于2007年下半年起实施“种子计划”。今天的一颗种子，就是明天的参天大树，虎门支行营业部全体员工致力于将农行的“理念、服务、形象、理财”洒向虎门大地，并将战略发展重点转移到理财业务上。同时，支行营业部向市分行推荐多名员工参加APF的培训考试计划，支行迄今已有3名员工取得AFP资格，为“种子计划”的推行奠定了基础。

2. 以考核激励员工举办理财推介会。支行营业部考核方案中对客户经理、柜员每月举办理财推介会的场数做了规定，通过员工每月为中高端客户举办理财业务推介会的形式，一方面，以此为切入点，充分发掘客户资源并向客户营销我行各项产品，努力寻求业务发展新亮点；另一方面，可以提高员工的综合能力，锻炼其向专业化水平迈进。到目前为止，支行营业部大大小小共举办100多场理财推介会，培养了一大批专业讲师，为支行的业务发展奠定了坚实基础。

市场经济遵循竞争规律，实行平等竞争，优胜劣汰。因此，企业要想在激烈的市场竞争中立于不败之地，必须能向社会提供优质的产品和一流的服务。企业的职工只有具备良好的职业道德和较高的职业技能，才能生产出有竞争力的产品和提供令客户满意的服务。服务也是银行业永恒的主题，虎门支行营业部正是以优质的服务令客户产生信任、产生归属、产生依赖，正是以优质的服务赢得客户、赢得成绩。在日后的发展过程中，虎门支行营业部必将该理念贯穿始终，不断完善和提升自我，争创更大辉煌。

战略营销 用心服务 走个人业务发展特色之路

——广东分行营业部流花西郊支行

西郊支行地处广州市著名的站西商业区，是目前全国规模较大的鞋材批发商圈，网点在2008年明确以“经营转型、规范管理，优化资源，积极创新”为工作重点，以“立足市场，辐射周边”为发展策略，结合网点地处专业市场的特点，集中有效资源对优质客户群进行精耕细作。2008年该网点在各项个人业务工作上取得了显著成效：储蓄存款余额12.57亿元，增量2.43亿，同比多增0.98亿元，存款余额和增量居于营业部前列；基金销售、优质客户户数和增量等指标在营业部网点中均列居榜首；中间业务等其他新业务种类全面开花，代理保险销售、中间业务收入、贷记卡开卡量、网上银行开户数等多项指标均取得较好的成绩。

一、“软硬兼施”，打造精品服务网点

为树立网点转型观念，进一步提升我行服务形象，打造高品质、高效率的金融服务网点，西郊支行落实以下几方面措施：一是在“硬件”方面，支行在2007年初对网点进行了整体装修，合理划分物理服务区域，进一步拓宽了贵宾客户服务区，设立了独立的贵宾服务室。二是在设置贵宾服务窗口的同时，特别注意做好白金卡以上客户的服务渠道，每天保持1~2个贵宾窗口，让白金卡以上客户可以随时办理业务。三是西郊支行紧紧把握网点转型这一契机，着力在“功能分区、服务分层”方面下苦功，于2008年进行了自助区改造，增加了3台存取款一体机、1台取款机、1台汇款易，有效缓解了柜台压力，为做好“散、小、差”客户的分流、节省人力资源做好优质客户服务工作奠定坚实的基础。舒适、优越的营业环境，不仅让客户感觉宾至如归，还大大地提升了我行对外宣传服务形象。四是重视团队建设，优质的服务源于优质的管理。为充分提高我行服务形象，支行倾斜调配了业务精湛、服务水平高的员工，组建网点服务团队。从网点负责人到网点柜员都一直秉承着“客户至上”的服务理念，全心全意为客户服务，将高品质的服务将为自己的“名片”、网点的形象，以真诚、贴心、周到的服务对待每一位客户。

二、科学管理，营造全员营销氛围

以管理促效益是西郊支行落实网点转型的重要着力点，通过对理财经理、大堂经理、前台柜员“三位一体”营销队伍建设，营造了网点全员营销的良好氛围。

一是加强理财经理的管理。由于理财经理担当着拓展、维护个人优质客户，营销各种理财产品的重要角色，因此在个人优质客户资源丰富的专业市场网点显得尤为重要。为此，支行增配了西郊支行理财经理人员数量，由原有的2名理财经理增加至目前的3名。同时，从提高优质客户管理水平和营销业绩的角度出发，西郊支行特别明确理财经理的工作职责，要求理财经理分类完善、管理贵宾客户信息资料档案，坚持每周、每月通过电话、手机短信或上门拜访等方式联系客户，逐渐形成了一套行之有效的办法。另外，在充分分析客户理财需求的前提下，该网点理财经理灵活组合运用我行代理的基金、保险等代理产品，以及期限长短不一、投资风险各有不同的本、汇利丰、集合理财等产品，为客户贴身设计资产保值增值的有效方案，通过多种产品的整合，提高客户的忠诚度。

二是加强柜员营销意识教育，积极推动全员营销。在金融产品日益丰富、客户需求不断深化的情况下，单靠网点负责人和理财经理的力量是非常有限的，要促进业务的均衡发展，就必须充分调动全体员工的积极性，实现全员营销。为了进一步提高一线员工的营销能力，网点负责人利用每天班前授话时间，通过情景演练、角色扮演、考核推动等方式加强前台柜员的营销能力，调动员工的营销主动性。同时，网点负责人将柜员分成三个小组进行中间业务营销竞赛，每周公布各组业务拓展情况，鼓励先进鞭策后进，逐步形成你追我赶的营销氛围，取得了良好的效果。

三是加强大堂经理管理，引导客户使用自助设备。网点负责人制订了《西郊支行大堂经理管理办法》，明确大堂经理作为网点营销体系的重要一环，一方面要主动了解客户业务办理需求，发现客户办理的业务能够通过自助设备或网上银行完成的，必须及时加以引导，不断提高客户使用自助设备、网上银行的业务分流率，减少柜台的工作压力。另一方面，通过营销流程的再造，明晰大堂经理的职责，在发现目标客户时要求将客户及时引荐给理财经理，由理财经理向客户进行深入营销。通过这种联动营销两步走的策略，有效激发了大堂经理的营销积极性。

三、完善激励机制，创造业务发展新形象

业务发展需要有一个完善的激励机制。一方面，西郊支行针对个人业务发展的特点，以日常服务质量、内控工作质量、任务指标完成情况等内容建立了“员工营销服务台账”，全方位考核每一位员工的工作质量。另一方面，每周公布各小组、各员工的业绩进行季度评比，明确员工考核直接与季度效益、年终考核挂钩，对每季度评出的优秀业务拓展柜员和拓展小组，相应进行奖励，对排名靠后的员工进行扣罚，营造出网点良好的业务服务经营氛围。方便快捷、细致周到的服务水平得到了广大客户的好评，也成为西郊支行牢固的业务基础，为积极拓展周边市场的中高端优质客户提供了有力保障。

业绩属于过去，西郊支行将全力拼搏，继续强化营销和优质客户拓展，争取在新的起跑线上创造更优异的成绩。

地利铸精品　人和造辉煌

——长春市人民广场支行

农行长春市人民广场支行是承担着省行营业部银行卡业务管理和支行自身业务经营双重职能的银行卡特色型支行，组建于2004年3月。5年来，该行在新一届领导班子的带领下，负重拼搏，锐意进取，建成了精品网点，取得了辉煌业绩。截至2008年末，银行卡业务收入名列全省农行第一。卡增量、消费额、卡存款、业务收入四项指标同比增长名列全省前茅，位居同业领先地位，储蓄存款净增额在全省城区网点排名第一，连续四年被省行营业部评为A级行。该行的主要做法是：

一、发挥优势，服务至上

该行地处长春市交通、商业的中心，得天独厚的地理位置成为其快速发展的重要客观条件。但这只是可以借助及发挥的优势，真正使该行实现跨越式发展的是内强素质，外塑形象的理念和优质高效、规范化的服务。服务赢得了客户，服务创造了价值。一是组织开展“服务是我行生命线”的主题教育活动。该行组织全行员工对本职岗位的服务态度、服务言行、服务效果进行审视，对照规范化服务细则查找不足，从思想上增强了对规范服务重要性和必要性的认识。二是成立了由行长任组长、各部室负责人为成员的规范化服务工作领导小组，切实把规范服务工作列为“一把手工程”。三是从2004年4月份起，率先在全辖实行了大堂经理值班制度，大堂经理解难答疑，引导客户，缓解了柜面压力。编制了《大堂经理应知应会二十题》和《大堂经理服务须知》，不定期地进行考核，提高了大堂经理的综合素质。四是开展规范服务培训。行长王显春同志亲自担任主讲教员，用班前和班后时间对员工进行规范服务的技能训练，使窗口服务做到了标准化和规范化。五是按月组织规范服务达标考核。编发了《人民广场支行员工思想道德和日常行为规范》，组织员工进行学习，按月组织规范服务达标考核，并将考核结果与绩效工资挂钩。六是进行经常性的现场演练。要求使用服务用语准确，不能以通俗语言代替，“规定动作”到位，不能走样。累计举行10场现场演练，从站立微笑、迎宾用语、递接单款到业务咨询等多个具体服务细节，柜员轮流扮演顾客进行演练，提高了规范服务的效果。七是全体柜员统一着装，衣着保持整洁，佩带工号牌上岗，物品摆放井然有序。八是实行“五心”服务准则，即待客诚心、服务热心、办事细心、解答耐心、奉献爱心，实现了由“用口、用手”服务向“用心”服务的转变，提升了服务层次，提高了客户满意度。九是向社会公布服务监督电话，自觉接受客户监督。十是以“大行德广　伴您成长，金钥匙春天行动”个人业务综合营销活动为载体，开展综合营销活动。与此同时，该行积极争取上级骨干营业网点改建资金，2006年5月份对营业室进行了改建与装修。改建后的营业室被誉为全省农行第一精品网点。

二、求真务实，争先创优

如果说天时、地利是人民广场支行得以快速发展的外在条件，那么人和则是内在根据。人和是该行制胜的法宝。一是有一个不说大话办实事、不打官腔办好事，深受员工拥护，具有强烈的感召力和亲和力的好班子。二是培养锻炼了一支具有爱岗敬业、拼搏进取危机感，行兴我荣、行衰我耻尊严感的团队。三是尊重商业银行的运营规律，尊重风险，确立了银行卡及电子银行业务的市场定位和发展战略，积极进行银行卡产品营销。2005年与长春市教育局联合举办“自主理财、奉献爱心”活动，成功推出了“长春市学生卡”产品；2006年创新开发了“金穗教师卡”，2007年初举行了“金穗教师卡首发仪式暨新闻发布会”；2008年又开发出“金穗白衣天使卡”。农行金穗特色卡产品在社会上产生了良好的影响，扩大了社会知名度，产生了农行、教师、医护人员、学生和商家共赢的效果。改善用卡环境，ATM的开通量从2004年初的8台增加到201台，自助银行也从原有的1个发展到了59个，能够提供24小时自助服务的ATM达到197台。四是成功营销各类存贷款业务、基金业务及保险业务，实现了本外币一体化经营和多元化发展。

吉林分行开发区支行加快网点转型步伐

2008年，为增强客户服务能力，提高客户满意度，吉林省分行营业部开发区支行（以下简称开发区支行）强势推进网点转型工程，目前开发区支行下大力气改造了共13个营业网点中的8个营业网点，网点转型工作已出入端倪。

一、紧跟城市规划，优化网点布局

开发区支行根据周边城市规划和人口分布变化的新趋势进行仔细研究，制定网点建设布局规划和网点转型规划，对网点选址布局进行优化，将明德路储蓄所迁址升格为世纪家园支行，使对应区块的居民和企业能够更加便捷地享受到农行的优质服务。

二、加大硬件投入，改善服务环境

`开发区支行以网点硬件设施改造为突破口，加大资源投入力度，通过装修改造，打破旧式网点的装修风格和物理布局，根据客户群体和银行产品功能的不同划分区域，以支行营业部为例，营业大厅划分为：自助银行区、现金业务区（高柜区）、非现金业务区（低柜区）、理财服务区和贵宾服务区五个功能服务区，为有不同需求的客户群体提供不同服务，改变了原先柜台功能定位雷同、客户随机分布在各柜台办理业务的相对无序状况，从总体上缩短了客户等待时间，提高了服务效率，提升了客户满意度。在改造网点布局的同时，开发区支行今年加大自助设备投入，新增ATM机19台、增加叫号设备、客户休息等待区等多种舒适性设施，并为客户提供饮水及报纸杂志服务，有效缓解客户等待时的焦急心情。

三、确立网点转型路线

转型路线是网点转型各项工作的导向标，是保证网点转型按计划有条不紊推进的稳定器。在路线的设计上要体现明确主次，循序渐进的基本原则和成熟一个转型一个的思想，既不能为转型而转型，也不能该转型而不转型。我行采取先理财中心后骨干网点、一般网点，先发达地区后欠发达地区、不发达地区，先城市后郊区的顺序分步实施，最终形成财富中心、理财中心、普通网点分层次的个人金融服务营销体系。在设计的内容上，定义转型的项目群，包括IT与非IT项目，摒弃把与客户接触的一线员工置于组织结构底层的传统做法，将一线员工视为“二阶客户”，形成一线员工直接为客户服务，其他员工为一线员工提供服务和支持的组织结构，使得客户与员工交流的信息以最低的失真程度传递给管理决策层，提高决策支持效果

四、改变经营模式，切实提升发展质量

推进零售银行业务转型，不断提升发展速度。零售银行业务是农行的战略发展重点。以“金钥匙”理财业务为纽带，大力开拓新型零售银行业务，切实提高业务贡献度和市场竞争力，努力为高端客户提供涵盖投融资、房产管理、子女教育、现金安排、税收筹划、风险管理等在内的私人银行服务，提升客户满意度和忠诚度。强势推进客户差异化服务，根据不同客户层次、区分不同业务类型，探索构建客户差别化服务价格体系，通过客户分流实现小散业务向批量业务和电子渠道分流、高端客户与个人客户经理服务对接。强化渠道建设与管理，构建集物理网点、网上银行、自助银行为一体的立体交互式服务网络。

五、优化中间业务结构，大力提升发展效益

继续保持电子银行业务的迅猛发展势头，围绕扩大网上银行注册客户数和电子银行业务收入实现统筹发展。大力推进电子商务、网上自助服务等各类电子银行业务，尽快发展电话银行、手机短信动账通知注册客户，为电子银行业务进一步收费奠定良好基础。提高对银行卡整体业务的重视，进一步提高卡业务对中间业务收入的贡献度。从业务规范和业务发展等方面对保险公司进行优选，拓宽银企合作的新领域。增进自主创新能力，努力培育发展动力。

展农行风采　实现人生价值

——吉林市临江广场储蓄所

中国农业银行吉林市临江门广场储蓄所是2007年2月新建储蓄所，现有员工5人，全为女性，平均年龄35岁，是一支名副其实的“娘子军”她们内强素质，外树形象，树立正确的世界观、人生观、价值观、道德观，牢记全心全意为人民服务的宗旨，以优美的环境、可靠的信誉、过硬的服务、创新的精神，赢得了广大客户的信赖，也取得了优异的成绩。在不到两年时间内该所的存款已超过一亿元，存款增幅在吉林地区同业中排名居首位。

为开展创建“文明规范化服务”活动，她们从服务语言、服务仪表、服务设施、服务质量等方面入手，以优化服务为环境，规范服务措施为目的，按照省行窗口服务管理办法，配齐服务设施，为广大客户创造了舒适、顺心、便捷的服务环境，让客户一进门就能享受到全方位的服务，柜员的良好社会形象和规范的服务行为获得好评，为了营造良好的岗位成才氛围，所主任从我做起，带头学习新知识、新技能，经常是工作到很晚。为了带动全所员工的学习积极性，她深入员工生活，关心了解她们的思想动态，以谈心、座谈、郊游、走访等形式，相互沟通，增进所主任与同事之间、同事与同事之间的感情，使人人坚定学习信心和信念，鼓励大家只有争当知识型职工，重视学习、不断上进，才有良好的发展前景，也才能立足农行。由此在全所激发了“我为人人，人人为我”的互助精神，营造出一种融洽和谐、积极向上的氛围，大家以饱满的热情投入到工作中，增强了全所的凝聚力和战斗力，自我修养提高了，好人好事层出不穷。在今年四川汶川大地震振灾中临江所组织了募捐活动。在本行系统内捐款600元，又向社会募捐500元。本所一名员工还资助了1名失学女孩继续读书，临江所的每一位员工都为需要帮助的人奉献了自己的爱心。今年我们一直积极倡导“遵守职业道德，爱心奉献社会”的行业精神，进一步完善优质文明服务工作，制定了经营指标、服务状况、员工素质、文明建设等目标，增强了团队的凝聚力，向心力，全所员工积极投入到创建活动中，有力地促进了各项业务的健康发展。

临江所的发展，凝聚着全所员工的聪明才智，不断创新突破，不断超越自我，积极探索，大胆尝试，时时事事力争在全行的前头。她们按照“规范化服务标准”严格自律，建立重点客户联系薄，实行对重点客户定期回访制度，对客户的意见和建议及时反馈和解答，她们还建立了信息

平台，不论生日还是节日，都会送上温馨的祝福，在重要的节日，她们还为客户送上具有代表性意义的礼物，她们始终坚持原则，保守储户存款秘密。不管生人熟人打听他人存款或查询他人存款账户，都需认真审查相关手续，并向储户耐心解释农行的制度规定，严格保守存款人的存款秘密，不该说的话不说，为储户管好储蓄“保险柜”，以真心换真心，用真诚的服务、真实的感情来拉近她们与客户之间的距离，让客户来到这里感到心情愉悦、踏实放心。

为了创建一支高素质、有创新能力、又能取得良好经济效益和社会效益的队伍，临江所把“立一等品格，求一等素养，成一等储蓄所”为目标。全所员工都有这么一个共识：学习是一项心智的劳动，只有强化学习观念，认同学习的重要性，形成学习的内驱力，才能在农行立足。她们认为：“学习好比机器加油、电池充电、设备保养，人不学习就会退化，就会被时代抛弃”。所以争当知识型职工是事业所需、自身所求。全所员工形成了紧跟形势不掉队，提高素质求发展的良好风气，人人以不同形式制订了自己的学习计划，岗位培训、岗位练兵，全面熟悉和掌握服务范围所涉及的内容，临江所的业务种类繁多，业务量大，这就要求每一位员工具备处理多种业务的能力，利用晨会时间，让每一位员工轮流将自己岗位上的工作经验跟大家进行交流学习，还充分利用业务时间学政治、学业务，培养职工立足本职，爱岗敬业，诚实工作，无私奉献的精神，使每一位员工都成为全能型人才。

临江所的成长注入了内在活力和勃勃生机，勤奋学习，努力工作，蔚然成风。2008年临江所被市行授予“网点规范化服务先进集体”，也正是她们的辛勤努力，赢得了客户的认同和社会的赞誉，也确立了临江所在吉林市农行的“排头兵”地位，但她们并不以此为满足，她们决心百尺竿头，更进一步，继续谱写争优创效的新篇章。

精品　集约　精细　品牌

——晋江支行网点转型之路

晋江是全国著名侨乡和台湾汉族同胞主要祖籍地之一。2007年，县域经济基本竞争力居全国百强县第6位、社会经济综合发展指数居全国百强县第17位，经济实力居福建省十强县（市）首位。晋江支行扎根于这片沃土之上，下辖20个网点，员工373人。多年来，我行发扬“爱拼敢赢”的精神，坚持从“网点精品化、经营集约化、管理精细化、服务品牌化”入手，先行先试谋发展，积极推动网点转型，客户满意度和综合竞争力不断提高，业务经营持续快速健康发展。

一、统一思想认识，寻找新的发展突破口

晋江素有“品牌之都”的美誉。各家商业银行在中心城区设立密集的分支机构，金融同业竞争异常激烈。晋江农行原有网点29个，点均利润只有259万元，不良占比高达16.85%。为实现新一轮有效发展，我行成立了网点战略转型领导小组，行长亲自担任领导小组组长，副行长担任副组长，相关部门负责人为小组成员，负责试点网点转型的组织协调工作，有针对性地组织开展系统性的调研和分析。通过调研访谈，发现我行与当地同业相比存在以下四方面差距：一是从客户结构看，数量庞大的外来务工人员多数持有农行卡，挤占了大部分柜面服务资源，经常出现排长队现象，成为社会持续关注的焦点，客户满意度不高。二是从员工素质看，不断增加的业务量与网点人员不足的矛盾日益突出，繁重的柜面工作负荷使员工倍感身心疲惫，员工主动服务意识不强；同时我行ABIS交易类型和产品多达上千个，且新产品、新业务不断推陈出新，柜员很难全面掌握，工作压力加大。三是从网点功能看，我行点多面广，但80%的网点小而破旧，布局不够明晰，客户分层、服务分区、业务分流不到位，业务流程不尽合理；网点配套设施不协调，服务窗口定位雷同。四是从发展趋势看，如果不能突破原来的网点发展模式，不仅无法满足客户需求，无法在竞争中胜出，而且潜在较大的风险隐患。因此，网点转型迫在眉睫，只有强势推进，才能充分发挥网点的营销功能和优质客户服务功能，才能有效减轻员工劳动强度和工作压力，才能积极提升农行的整体形象和市场竞争力。

在分析把握问题症结的基础上，我行结合实际，确立了“加快推进网点战略转型、走质量效益型发展道路”的经营思路，开始从网点功能改造、分区服务、服务流程优化、客户关系管理等方面，加快推进网点转型，实现从“交易核算型”向“营销服务型”转变，提升经营的集约度。

二、以“四化”为抓手，积极推进网点转型

（一）以“精品化”为目标推进网点服务功能转型

要确保网点转型工作取得成效，必须先解决思想问题，切实转变全辖员工的思想观念，支行党委对“为什么要转”、“往哪里转”、“怎么转”作了详尽的分析阐述，把全行员工的思想统一到支行的转型工作部署上。近年来，我行以支行营业部、池店分理处作为网点转型工作试点单位。一方面，按照“客户分层、功能分区、服务分流”原则，从功能区改造、设备设施更新、劳动组合优化、激励机制创新等方面对网点进行了全面整合再造，设立咨询引导区、客户等待区、贵宾服务区、现金服务区、综合业务服务区、自助服务区、理财服务区等七大功能区，同时辅以双向竞岗的人力资源整合、科学合理的柜员绩效考核，努力推进营业网点转型。另一方面，以“布局合理、功能规范、便利客户、高效运作”为目标，对网点布局进行优化，培育重点骨干网点和精品网点，拓宽可持续发展空间。先后对支行营业部、陈埭、内坑、英林、池店等12个网点进行了

改造，占网点总数60%，其他网点的改造也将逐步分阶段推进。到去年底全行终止网点7个，搬迁3个，正在上报终止网点2个，规划下辖网点总规模达20个。通过布局优化和服务功能改进，2008年末我行点均存款5.16亿元、贷款2.15亿元、利润1408万元，全辖网点综合竞争力不断提升。

（二）以“集约化”为目标推进经营模式转型

网点转型硬件建设必须与软件建设相互配套，才能发挥应有的效果。我行积极开展组织管理架构重塑和业务流程再造，营造具备流程银行特征的现代企业管理软环境。一是加强支行本部部门职能建设，提高整体运作效能。我行依据工作重心不同在部门内部设立不同的职能中心，如：在信贷管理部内设抵押登记中心，配套制定《关于统一办理抵（质）押登记的通知（试行）》，明确抵（质）押登记的方式、程序、人员分工等，由专人负责全程督导办理全辖信贷业务的抵（质）押登记工作，规范抵（质）押登记行为，缩短了客户办理抵押登记的流程时间，有效防范内外串通进行虚假抵押的风险，达到了“1+1>2”的效果。二是推行网点扁平化管理模式。2008年，我行将磁灶、紫帽、内坑三个信贷业务量较小的网点合并成一个片区中心，由支行前台客户部门指派一名客户经理负责该片区所有法人信贷业务，达到了集约化经营目的；同时将城区网点信贷业务集中至支行前台客户部门，客户经理实行派驻制，由支行客户部门指派一名客户经理负责城区网点的信贷业务，实现了基层一线网点与支行业务主管部门统一介入，联动营销，缩短了链条，工作效率明显提高。目前，我行正在实行这种管理新模式，有效推动“对公业务上收、对私业务下沉”工作。

（三）以“精细化”为目标推进业务管理规范高效

精细化管理理念正逐渐渗透到我行业务运营、财务管理、风险控制乃至日常工作的各个方面。实行网点分类考核，改变过去“一刀切”模式，区分区域经济特点和网点经营管理实际情况，分三类按不同指标和权重进行考核，提高网点的主动营销和风险控制能力。将“精细化管理”纳入综合考核体系按季考核，构建基础工作精细化、规范化与员工个人利益挂钩的机制，充分调动每一位员工自觉做好基础管理工作的积极性；制定《委派会计主管绩效工资考核办法》，将会计主管的绩效工资同派驻单位会计工作质量和内控管理水平挂钩；制定《柜员业务量考核办法》，将柜员绩效工资与业务量、工作质量挂钩，将风险与收入分配相联系，促进柜面操作的规范化和制度化；修订完善《客户经理考核办法》，重点考核客户经理产品营销、客户维护和风险控制情况，按绩计酬，分季兑现。坚持每半年开展一次信贷行业调查和企业风险排查，揭示主要行业的经营动态及风险，前瞻性地做好信贷风险管理；全面推行法人客户贷款追加公司董事会成员、股东和法人代表夫妻承担连带保证担保责任的举措，避免因企业逃废债而使银行债权悬空；组建“信贷业务落地审查中心”，全面引入落地审查模式，审核各项融资业务限制性条款落实情况。这些措施有效提高了我行信贷资产安全保值增值能力，至2008年末，支行不良贷款余额4171.54万元，不良占比仅0.97%。

（四）以“品牌化”为目标推进服务渠道优化

我行坚持以创建“晋江市辖内服务最好、客户满意度最高的银行”为目标，不断创新服务方式，实现服务品牌化，持续提升社会满意度和美誉度。

一是推广网点晨训晨会制度。为切实改变以往网点常开会、开长会现象，我行学习和借鉴麦当劳公司员工点评、保险公司团队理念和安利公司营销经验分享等形式，创造性地建立晨训晨会制度在全辖网点推广。制订《晨训制度实施方案》、《晨训制度必备内容》、《晨训制度量化考核评分标准》，基层一线网点利用班前半小时开展规章制度学习、业务工作讲评、工作任务分解、重大时政财经新闻通报、营销经验分享等项内容，增进全员沟通交流，增强队伍凝聚力，提升团队执行力和竞争力，真正达到了“立理念、亮精神、聚力量、树行风”的良好效果。我行是泉州分行首家推行晨训制度的支行，2008年4月举行晨训制度大检阅，每个网点都上台亮相、展示风采，相互交流、相互学习、相互促进，成效非常明显。二是切实加大自助机具投入，优化电子渠道建设。近年来，我行新增ATM18台、CRS21台。至2008年末，支行自助设备（含ATM、CRS）总量达到48台，自助设备业务笔数达331万笔，比上年增长90.23%，自助设备最高日台均交易量为826笔，单台月手续费收入最高为3.6万元；个人网银客户14941户，企业网银客户469户，网银交易量238万笔，累计交易金额717亿元。全辖非柜台业务占比52.78%，比上年提升14.02个百分点，其中电子渠道占比42.12%。非柜台业务量首次超过柜台业务量，成为客户办理业务的主要方式。大量自助设备的投入和电子银行业务的营销，有效分流了柜面业务，提高了业务办理速度，提升了网点服务层次。三是设置专职大堂经理，加强柜台内外联动营销。做好服务转型，离不开客户分层、分流服务，离不开大堂经理的引导。我行是泉州分行首家推行专职大堂经理制度的支行，于2008年开展岗位竞聘，从业务骨干和服务明星中选聘出20名业务熟悉、经验丰富的柜员担任大堂经理，制定《大堂经理服务规范》、《大堂经理量化考核评分标准》等，明确大堂经理履行迎宾服务、业务引导、营销推介、服务监督、矛盾调解、客户关系维护等职能，成为“客户服务第一站、现场管理第一人、主动服务示范点”，实现了柜台延伸服务。同时，我行量化考核大堂经理的基础上，对其实行岗位补贴，将其中优秀人员作为会计主管的后备人选，使大堂经理岗位成为锻炼协调组织能力、培养后备人才队伍的重要途径，大大提高了大堂经理的工作积极性和主动性。

通过推动网点转型，我行各项业务取得了跨越式发展。截至2008年末，本外币各项存款余额103.12亿元，比年初增加24.77亿元，成为全省农行系统首个存款超100亿元的县级支行；本外币各项贷款余额42.90亿元，扣除不良剥离因素，比年初增加5.81亿元；实现拨备前利润2.81亿元，蝉联全省农行县级支行创利第一名。荣获“2008年度中国银行业文明规范服务示范单位”、“中国农业银行奥运金融服务先进单位”等荣誉。

三、几点启示

（一）理念转变是推进网点转型的前提

“逆水行舟，不进则退”。面对激烈的市场竞争，必须积极响应市场发展趋势，主动转变经营理念，建立适应市场竞争的经营模式，才能立于不败之地，实现持续快速有效发展；同时，全行上下必须形成共识，齐心协力，才能更加扎实高效地推进营业网点成功转型。

（二）流程再造和精细管理是推进网点转型的关键

网点转型不能简单地停留在硬件设施的改造转型上，更重要的是必须注重业务流程和客户服务流程的整合优化，注重将精细化理念融入到客户服务、内部管理的全过程，见微知著，不断提升网点运作效率和质量。

（三）加强队伍建设是推进网点转型的重要手段

必须注重“人”这个软因素的建设，尤其是一线会计主管、柜员、大堂经理和客户经理队伍。通过创新管理方式，提高员工适应网点转型新要求的能力；同时，要注重引入经济手段，以绩效挂钩的方式，激励各层次员工转变营销方式与服务理念，激发网点的经营活力。

（四）实施集约经营是推进网点转型的重要方式

必须强化全局观念，合理摆布物理网点与电子机具，准确把握市场定位，深入推进“对公业务上收，对私业务下沉”，通过打造高效的网点扁平化管理模式，才能有效实现集约化经营、专业化运行，才能有效提高人均、点均单产效益水平。

转型带来机遇，创新推动发展。在农业银行股份制改革迎来新的战略发展机遇之际，我们坚信，在上级行的正确领导和支持下，在改革发展的道路上，我行仍将不断探索，努力实现新的跨越。

让农行 ATM 成为一道风景

——福建省分行营业部

福建省分行营业部坚决贯彻省分行党委决策，积极更新理念，科学选点布局，探索集中化维护模式，加快自助服务体系建设，使农行 ATM 逐渐成为福州街头以及大卖场、大学校区、高级社区、加油站等场所一道亮丽的风景，不仅树立农行崭新的社会形象，还形成了规模效益，有力推进经营转型，提高了营业网点的服务质量和综合竞争力，取得良好成效。截至 2008 年末，新增布放 ATM（CRS）109 台，使全辖 ATM、CRS 投入运行达 238 台，同比增加 29.35%，其中离行式自助机具 26 台，占比 10.92%；ATM 台日均交易笔数 365 笔，同比增长 5.49%，台均交易金额 7045.4 万元，同比增长 28.43%；累计实现手续费收入 1649.32 万元，其中跨行手续费收入 434.63 万元，异地卡交易手续费收入 813.08 万元，分别占 26.35%、49.3%，综合排名全省第一名。我部主要做法是：

一、理念先行，提速发展

近年来，农行 ATM 如何自我兑变、自我完善，让客户看起来赏心悦目，用起来得心应手，最终成为一个顶级品牌，成为一个核心竞争力，这个问题作为实施总行、省分行 3510 发展战略、推进经营转型的一项重要措施纳入了我部党委的重要议事日程。我部落实“经营理念、组织保障、督导检查”三个到位，在全辖上下确立了从战略高度对待发展与做优自助服务的思想认识，并使之成为引领与推进未来工作的强大思想动力。一是理念培育到位。我部认真贯彻省分行刘桂平行长重要讲话精神及“中间业务发展指导意见”，通过精算“发展前景账”、“成本收益账”、“无形收益账”，讲道理、察实情、比差距、消抵触，统一全行对加快自助服务发展的认识。经过反复动员、部署与灌输，有效改变部分支行领导成本高、收益少、管理难等落后思维，实现全行上下思想观念大扭转。二是组织领导到位。我部成立自助服务及网点转型工作领导小组，定期召开自助设备管理总经理办公会，并以会议纪要形式，明确加快自助银行发展阶段性措施，落实部门责任、办理期限等。制定自助设备发展规划，三年内投放自助设备 300 台以上，2008 年布放超过 100 台。研究出台《自助设备管理办法》，“统一规划、统一标准、统一配置、统一考核”，明确对自助设备的选点、规划、审核、考核评价、安装、运行、形象设计、安全管理、日常维护等分工安排。职能部门负责选点安装的指导和协调，保证自助服务网点布设高效运转；支行及网点负责做好日常管理维护，保证自助机具正常、安全运行。三是督导检查到位。实行布放进度旬报制度，定期召开总经理办公会及自助设备布放进度通报促进会，及时掌握情况、进行督导，确保目标按时保质全面落实。观念转变到位，信心足了，办法多了，工作成效突出。2008 年 6 月，我部曾创造用 13 天时间完成 4 个自助银行（ATM）选点、签约、装修、布放、运行等一系列流程的最快建成速度，圆满实现年中自助机具布放的阶段性目标。

二、贴近市场，科学布点

古人云：不谋全局者不足谋一域。ATM（CRS）作为展示形象、服务社会的重要窗口，在建设上必须以市场需求为出发点，立足实际，做好统筹安排、整体规划，实现机具最佳配置与布放。

一是因地制宜，科学分类。2007 年底，我部深入市场调研，分析当地自助服务的外部环境，根据福州经济金融及客户群情况归纳出六类区域，从中筛选锁定目标区域及客户。商业中心区域：老城区，地处闹市，电子渠道认知程度较高，使用程度较好，但居民储源有限，商店消费多采取刷卡，现金交易量减少，自助设备交易笔数趋于平均水平；商务中心区域：交易量大，资金流动量大，存、取款、转账平均单笔的交易金额大，客户对电子渠道认知程度较高，使用程度较好；学府区域：存、取款平均单笔的交易金额小，交易量较大，客户对电子渠道认知程度较高，使用程度较好；社区类：年龄大的客户对电子渠道的认知程度比较差，年轻一族在相应区域工作，一般在其工作区域办理相关业务，回家以休息为主；专业市场区域：由于地理位置比较偏僻，服务的客户群体专业性较强，交易量小，平均单笔的交易金额大，多数商家配了转账 POS，客户使用电子渠道人数不多；劳动密集型地区：一般来说交易量特大，且取款交易占有较大的比重，平均单笔的交易金额较小。

二是明确策略，加快布放。在调研、分析基础上，我部制定了布放策略与配置结构。第一批离行式自助设备布点重点区域，以劳动密集型地区、学府区域以及商务中心区域和农行网点未辐射的城乡结合部（该地段为外来务工人员租住集中地）为主，选择以上区域交通往来便利的位置；合理配比离行式与附行式自助设备，以布放离行式为主；虽然总行 VI 视觉形象模板未定，自助银行装修项目暂缓，但自助设备布放应先行，抢占市场制高点。通过投放、更新、整合、撤并多策并举，加快布放自助机具。2008 年共布放 65 台自助机具，其中离行式 ATM（CRS）23 台。我部还引入激励机制，鼓励各支行积极参与离行式 ATM 选点，对寻找离行式投放点并被营业部采用的，给予奖励 5000 元，今年起将加大奖励幅度至每有效投放离行式设备 1 台奖励 1 万元，离行式自助银行奖励 3 万元；调整了城区离行式 ATM 收益的分配比例，新增机具手续费收入由原来集中在营业部营业厅，调整为找点行占 2/3，营业部营业厅占 1/3。

三、集中维护，精细管理

积极探索集中化维护模式。随着 ATM 布放量增加，以及 ATM 取现金额大幅提高，离行式 ATM 维护与管理难度突显。我部积极推行精细化管理，探索集中维护新模式，从 2008 年 7 月起，组建了两个专业维护团队，设立两个分中心，分别对福州城区 8 个网点 12 台离行式、3 台附行式自助设备和闽侯县辖内大学城五个大学院校的 12 台离行式 ATM，进行集中维护与管理，专业维护团队分别挂靠营业部营业厅和闽侯支行，配备专门维护人员和车辆，进行强化培训，提高响应速度，缩短处理流程。团队人员全天候待命，接到故障信息，第一时间到位，及时处理卡钞、缺纸、吞卡等一般性故障，提高自助设备运行质量。合理匡算 ATM 的现金需求量，统一调拨现金，及时加钞，提高机具的运行能力。落实每日巡查和维护制度，及时清除周边其它及虚假告示、窥密器、读卡器、出钞口等外观附着物。特别是安防视频设施，发现故障，及时处理，保障机具的安全。通过六个月试运行，成效明显，为实现大集中管理与专业维护积累了良好的经验。

实施“亮灯工程”。原来福州不少农行 ATM 灯箱不亮、外打灯又没装，客户夜间摸黑操作，农行 ATM 口碑及形象均不佳。我部组织实施自助设备“亮灯工程”，在不到一个月时间内，16 个支行所辖的 ATM 灯箱、外打灯全部整改到位、亮了起来，防护罩更换到位、美了起来，自助设备形象呈现到位，“靓”了起来。统一制作、加装壁挂式灯箱，对新型自助银行的广告牌加装外大灯，彻底改变我部自助设备没有外带灯箱和新型自助银行广告牌无外大灯的现状，2008 年 6 月底亮灯工程全部实施到位，榕城街头多了一道亮丽的风景。同时，城区离行式自助设备采用电信全球眼系统，实行集中监控，方便维护团队监控自助设备运行的异常情况，确保自助设备正常运行。奥运期间，还取得公安部门支持，由公安部门每日增派人员对城区离行式自助设备进行高频率巡查，进一步保障设备的安全运行。

四、引导分流，提高效率

落实考核激励机制。我部制定出台《ATM 运行质量考核奖惩办法》，将自助设备交易量纳入网点业务量考核体系，对台日均交易笔数、正常运行率、外观保洁及案件防范等重点内容实施考核，按每台 ATM 的日均交易笔数分五个档次实行不同的绩效折算标准进行奖励，日均交易笔数高于 800 笔（含）按 0.10 元/笔奖励工资，日均交易笔数高于 600 笔（含）低于 800 笔按 0.08 元/笔奖励工资，日均交易笔数高于 400 笔（含）低于 600 笔按 0.05 元/笔奖励工资，日均交易笔数高于 100 笔低于 400 笔不奖励工资，日均交易笔数低于 100 笔的低效 ATM（不含因项目捆绑设立的 3 台 ATM）每台每月扣罚机具所属支行行长 200 元，挂靠营业网点主任 100 元。考核办法实施以来，共计发放考核奖励金额 28.3 万，充分调动了网点人员的主观能动性，引导柜面业务向机具分流。去年第四季度，我部 ATM（CRS）台日均交易笔数达 380 笔，同比增加 84 笔，增长 28.38%；ATM 正常运行率提高至 95% 以上。今年我部还将进一步加大奖励力度，ATM（CRS）交易笔数按柜台业务的 1.2～1.4 倍进行奖励，进一步引导柜面业务向机具分流。

加强人员引导分流。附行式 ATM 是营业网点手脚最麻利、最不可或缺的高级柜员，但由于缺乏引导使用，许多大堂式机具被纳入低效机具行列，成了摆设。这种情况下，人员的引导作用尤其重要。为了落实省分行提出的“三分三走”要求，加大对自助机具的引导利用，我部通过上收对公业务、实施社会化押运整合人员、重新发挥达到任职年限股级干部作用、推广鼓楼支行“兼职大堂经理”制等办法，加强大堂经理配置。目前，城区所有网点均已配备了大堂经理，其中专职大堂经理 63 人。通过大堂经理耐心讲解、现场演示，取得客户的认可，引导客户到机具上办理小额取款、查询、转账、改密等业务，既分流了柜面业务，提高 ATM 使用效率，又减少了客户排队等待时间及客户投诉，缓解柜员工作压力，还通过加强沟通交流，为客户解惑释疑，了解客户服务需求，进行了业务及产品宣传推介，达到了一举多得的目的。如，我部营业厅大堂经理在营业大厅内采取面对面讲解、手把手现场演示等措施，让客户熟悉操作程序，提高对设备的认同感，使原先大量占用柜台资源的公安罚没款缴费业务，通过大堂式自助缴费机办理占比由2月份10%迅速提升至5月份64%，营业厅原有以罚没款业务为主的服务窗口转变成兼办理代发工资、个人存取款业务等综合业务，大大提高了对外窗口服务质量和效率。

农行ATM已经成为一道靓丽的风景。我们坚信，在上级行领导的重视和支持下，有我们全行员工的群策群力、铁心拼搏，农行ATM一定能够成为客户的最爱，这一道风景也一定会绽放得最迷人。

甘肃省分行营业部东方红广场支行

2008年是农业银行股份制改革的重要一年，为尽快实现打造现代化零售商业银行的战略目标，总行全面启动营业网点转型、改造工作。转型伊始，我行通过省、市、县三级行实行联动，省分行营业部东方红广场支行作为首家转型网点，而该点的转型工作也走到了全行的前列，成为我行网点转型工作的一个特色。

一、东方红广场支行转型经验

（一）准确定位网点转型内容

1. 落实网点转型配套的各项制度，重建考核机制

东方红广场支行积极落实省分行下发的《中国农业银行甘肃省分行营业网点转型实施方案》等相关各类转型网点制度的要求，结合自身情况，依照“一点一策”的管理意见，有针对性的建立和完善该营业网点转型配套制度和办法。同时，按照“分类计价、比例分成”的原则，全面推行零售业务产品营销计价和业务量计价模式，将专项绩效工资按营销业绩全部分配到营销人员，充分调动了各岗位员工产品营销和开办的积极性，加快了营业网点转型的发展。

2. 改造网点功能，实现转型要求

按照全功能网点的转型要求，东方红广场支行转型过程中主要对三个平台进行了建设，一是建设网点物理平面。对网点内实施分区功能改造，设置咨询引导区、等候休息区、高柜服务区、低柜服务区、贵宾理财区；并针对优质大型、集团性客户相对集中的特点，专门设立对公服务区，配备专人直接服务客户。二是打造电子化平台。通过设立客户体验区，由大堂经理或营销人员引导客户了解并使用我行电子银行。三是继续推行自助平台的建设。由原来仅配备1台ATM取款机和1台多媒体查询机到现在的配备2台ATM取款机、1台多媒体查询机和1台存款机；派专人负责自助设备的运行和维护工作，确保自助设备7×24小时正常服务。

3. 重新打造网点业务流程，实现业务分流转型

东方红广场支行根据网点客户所需服务特点，重新对业务流程实施再造。一是实行客户分类分流。将公司和集团客户向网上银行及现金管理平台分流；将交易型商户向POS、网上支付分流；将现金业务和普通客户向自助及电子银行分流；高价值客户向贵宾服务区分流。二是实行业务分类分流。将各类挂失、查询、换卡、换折、转账、购买基金、保险、网上银行、电话银行等业务向低柜分流，减少客户排队等候时间。

（二）提升转型网点“软件”水平

1. 加强网点人员培训，提升员工业务素质

实施“一会两课”制，即网点每日召开晨会，每周召开服务案例警示课和制度产品学习课，塑造“尊重员工、激励至上、团队合作、追求卓越”的网点精神，不断加强员工风险防范意识和对新制度、新业务的掌握，提升网点专业服务能力。

2. 优化劳动组合，合理设置岗位并充足配备人员

按照科学合理、精简高效的原则，该营业网点配置21名员工并明确岗位职责。其中，网点主任1人，会计主管2人，1人负责网点会计管理工作，1人负责高、低柜区业务授权和管理；大堂经理1人，理财经理1人，对公服务区2人，低柜区客户经理、营销经理、非现金业务操作柜员3人，高柜区8人，负责办理客户日常现金业务，其中1人为VIP柜员，通过岗位人员的配备和职责的明显划分，优化了劳动组合，提升了服务水平

3. 推行分层服务，提升贵宾客户服务层次

一是推行公司客户与个人客户分层服务，对公司客户的普通结算业务由大堂经理引导到对公服务区办理，对集团客户专门配备客户经理，提供上门服务与维护；二是积极推动个人优质客户系统的试点上线，充分发挥该系统实施个人客户分层服务。通过资产数量进行分层次服务，并配备客户经理，实行“一对一”、“一对N”的专业服务与维护，并提供各项金融产品的优惠、增值服务。

二、网点转型后取得的成效

一是转型先转“脑”，取得员工思想意识上转型。深层次体会网点转型“硬”转“软”不转的弊端，而“软”转中人员转更是重点，全网点上下人员“转型”先“转脑”成为转型的首要工作。现在，东方红广场支行的员工能够从另一个角度分析客户投诉问题，明白客户投诉说明客户对于农业银行有依靠，愿意为我行找出问题，通过问题的“投诉”希望我们改进，寻找我行与同业的差距。这就是很明显的一个思想意识的转型。

二是设立大堂经理，实行营业柜台服务弹性工作制度，提高客户满意度。该点自转型工作开展以来，设立大堂经理岗位，由大堂经理全面负责营业网点大厅内管理工作。使客户在进入网点的第一时间就得到关注，对客户根据办理业务的需求加以合理的业务引导和咨询，使客户感觉自身能够得到重视。同时，实行营业柜台服务弹性工作制，设置弹性窗口。根据营业网点每月、日出现的营业高峰，灵活安排现金柜员的工作时间。通过设立大堂经理岗位、实行弹性排班等措施，东方红广场支行日均办理业务由转

型前的747笔增加到现在的1100笔左右。转型前后客户平均等候时间由原来15分钟/人缩短到现在5分钟/人，减少客户人均10分钟等候时间，而等候时间低于10分钟的客户占比为80%，较转型前提高45个百分点，等候时间低于5分钟间的客户占比为60%。

三是逐步转变客户“柜台办理”习惯为“自助办理”，提升电子自助设备的使用水平。长期以来，我行多数客户习形成一种习惯：网点转型后，为了改变客户不管什么业务，在柜台办理才放心的习惯，通过电子银行体验区，由大堂经理引导客户上机操作，体验通过电子渠道办理业务的快捷和方便。截至2008年末，该网点网银个人客户数172户，较转型前增加102户。2008年初，转型前该网点自助设备交易占比为35%，转型后至年底已上升为60%，2009年前三个月已升至65%；自助设备每日交易量近约780笔，交易金额60万元，比转型前有效提升近50%。

四是市场营销工作取得良好的发展。该网点转型后，大堂经理、客户经理及理财经理等各营销岗位设置完备，实施“大厅制胜”的营销策略，取得了一定的突破。截至2008年末，各项存款余额306256万元，较年初净增66299万元（其中对公存款余额270994万元，较年初净增60568万元；储蓄存款余额35262万元，较年初净增5732万元），各项存款净增额为省分行营业部辖属88个营业网点之首；全年中间业务收入145万元，转型后同比多增25万元；“本利丰”理财产品净销售1033万元，销售额居营业部各营业网点销售前列；营销信用卡68张，转型后同比多增45张；已拥有20万元以上个人优质客户185户，转型后同比多增120户。代理保险115万元，较上年同比多增115万元。

五是网点大厅营业环境得到明显改善。网点转型后，网点内客户得到及时的分流，大厅内客户等待人数明显下降，在大堂经理的规范引导下，客户能有秩序的办理各项业务，营业环境得到明显改善，有效的提升了我行的对外服务形象。

东方红广场支行转型工作开展以来，其外部形象得到了提升，分层服务体系的建立和逐步完善增强了网点业务营销水平的不断升高，客户满意度及忠诚度得到了提高，转型后的这些变化将支撑东方红广场支行各项业务持续稳定、快速发展。

公私联动　综合营销　促进个人业务可持续发展

——上海市分行奉贤支行

在分行的正确领导和支持下，在支行上下的共同努力下，我行的各项个人业务在过去的一年中取得了较好较快发展，至2008年末，我行人民币储蓄存款余额79.75亿元，比年初增加16.61亿元，同比多增16.88亿元，代理销售开放式基金7.28亿元，代理销售寿险36442万元，销售本利丰28272万元，汇利丰141万美元，其他集合理财产品1057万元，发展个人贵宾客户5164户，第三方存管开户6591户，贷记卡新增发卡27667张，新增个人网上注册20376户，企业注册1066户，短信通注册22984户，各项中间业务在分行系统中均取得了较好的成绩。下面向各位领导和同志们汇报一下我行个人业务的一些做法和体会。

一、统一思想，狠抓旺季工作

奉贤支行认真学习贯彻落实分行工作会议精神和各阶段的工作要求，把全体员工的思想统一到统一战线上来。一年之际在于春，我行狠抓工作落实，狠抓旺季营销，努力开创良好的个人业务发展局面。去年的旺季工作得到了支行领导和全体干部员工的高度重视与支持。旺季工作一开始，支行“一把手”亲自挂帅，成立旺季工作领导小组，全面负责支行旺季工作，支行个人金融部作为支行旺季工作的主管部门，在旺季中不断加大营销组织、督导的力度，精心组织，周密安排，将每个网点，每个员工都动员起来，使全行上下都知晓旺季营销活动的目标、任务，使每个员工都投入到这次活动中来，并结合实际制定出具体工作措施和考核目标，将各类计划落实分解到位，各单位、各部门一把手担负起旺季工作的第一责任人，迅速将支行旺季工作会议精神传达到每位员工，网点经理亲自抓落实，落实措施，使全行员工齐心协力，全力以赴。同时支行机关部门及基层网点的团结协作，积极配合，全面实施了个人业务发展计划，促进我行个人业务的发展。

二、强化考核激励机制，调动员工的积极性

我行中间业务的绩效考核有力推动了个人业务的发展。在业务发展过程中，不断强化考核激励，对阶段性的重点工作加大考核力度，并及时落实各项考核措施，为充分调动员工的营销积极性，我行对员工的收益与营销业绩紧密挂钩，根据分行的考核办法和我行的实际情况，针对各项业务细化了考核奖励办法，并采取灵活机动，有弹性有浮动的奖励方案，调动员工的营销积极性和主观能动性，较好地推动了各项个人业务的发展。同时兼顾公司客户经理、个人客户经理、前台柜员和后台柜员不同的岗位性质，既充分体现多劳多得的原则，又求得各岗位总体上的平衡，考核奖励做到公平、公开、合理，促进员工的主动营销意识和主人翁意识，让员工自觉地用真心去服务好每一位客户，并自觉去了解客户的多层次、多方面需求，及时抓住各种机遇，拓宽营销渠道，抓住客户资源，提高经营成效。其次是完善网点经理考核办法，最大限度地调动干部的积极性，建立起网点经理与员工之间合理的“利润分配”关系，调动各方积极性，重点发展中间业务。

三、以网点转型为契机，提升网点综合竞争力

加快渠道建设和网点功能的转型以此提升我行个人业

务综合营销能力和综合服务水平。我行积极贯彻“功能分区、客户分层、业务分流”的要求，因地制宜加快网点建设改造的速度，一批能满足未来业务发展需求的网点已完成改造并投入使用，为我行业务经营转型提供了渠道保证。在不断完善“硬转”的同时，我行也不失时机地加快“软转”的步伐。我行目前已建成了12家贵宾理财室，6家网点经过了网点达标验收，去年我行在人员较紧的情况下，增配了6名个人客户经理和12名大堂经理，进一步优化壮大了我行的个人客户营销队伍。这些都为经营业绩的提高创造了有利条件。结合每个网点实际，整合各种资源，切实提高网点竞争力，网点转型后，网点经理角色转换，明确角色定位，发挥好职责，全面负责网点各项工作，尤其是网点的营销管理和现场管理，同时要求明确所在网点的经营定位，了解区域内竞争对手，有针对性地组织营销活动，切实提高网点竞争力，通过市场调研、市场分析，再把指标分解落实到每个人，使大家明确自己的工作任务，明确目标客户，做好客户细分，实现客户关系营销服务的差异化，旺季期间，我行各单位加大对优质客户拓展力度，把优质客户的募集和客户关系维护工作当作个人业务发展的核心。

四、加强营销队伍建设，推进个人业务发展

近年来，奉贤地区经济快速发展，人口大量涌入的同时，财富也大量积聚，为我行开展个人理财业务提供了客户基础，但同业竞争日趋激烈，逼使我们要把业务做广做深，拓展工作思路，提升我行的经营能力。首先是加强营销队伍建设，个人客户经理营销能力的提高有效保障了我行个人业务的发展；同时也为我行优质客户发展提供了有力保障。其次，各网点紧紧抓住培育和发展我行长期稳定的个人优质客户，加强对个人贵宾客户关系的维护工作。个人优质客户是我行个人业务做大做强的基石，我行个人客户经理在发展个人业务的同时，注重客户资源的积累，加强客户投资喜好的分析研究，针对不同类型的客户提供差异的服务，深得广大群众的信赖，通过去年一年的努力，我行各网点已拥有了一批忠实的个人业务客户队伍，从而为今后的业务开展打下了扎实的基础。

五、公私联动，形成内外合力营销

对公客户经理在做好对公业务的同时，营销个人业务的意识有了明显提高，只有加强公私联动，形成内外合力，才能做大做强我行的个人业务。我行去年通过上下联动，公私联动，合力营销，逐步形成对公、对私和客户三赢的局面，开创了发展个人业务的新局面。对公客户经理在做好对公业务的同时，营销个人业务产品的意识和积极性有了提高。他们利用对公的渠道优势，积极拓展VIP客户，营销基金、贷记卡、第三方存管、“本利丰”、“汇利丰”、“QDII”境外代客理财产品等，为支行个人业务做大做强做出了较大贡献，同时也为对公客户带来了有形的理财收益。

六、细化措施，促进个人业务可持续发展

一是实行网点经理和个人客户经理工作例会制度，组织了大量的个人业务培训和调研及交流活动，交流会上反映沟通工作中出现的新情况、新问题，组织经验交流，这一方面体现了上级行对个人业务的高度重视，另一方面，对我们行如何卓有成效地开展个人业务启发帮助很大，收益也很大。做的较好的网点进行先进经验，较落后的网点进行表态性发言。同时实行行长对话制，支行一把手经常与网点经理谈话，此举鞭策了相对落后的网点。

二是采取切实有效的措施认真做好代理保险产品的销售工作，使客户借助保险公司产品优势，达到保值、增值目的。紧密依托保险公司的辅助销售，切实做好联动营销工作，促进保险代理业务量的持续提升。同时坚持在开展产品营销的同时做好风险防范工作，努力为明年资本市场可能出现的蓬勃发展局面做好前期的客户资源和资金准备。

三是继续做好储蓄存款组织工作。抓住近期资本市场动荡和旺季的有利时机，积极吸储，努力提高我行市场份额。同时正确处理好发展储蓄业务与推广理财业务的互动关系，以为客户价值增值作为唯一的出发点，改善贵宾客户的服务方式，提高贵宾客户的忠诚度和综合贡献度。要加强公私联动，抓好对公高端客户的代发工资业务，抓住旺季资金分配的高峰时机，从资产源头上抓住存款，稳住存款。

四是结合我行实际，全力维护、拓展培育优质个人客户，继续做好基金等理财产品的销售和客户关系维护工作，全力拓展以基金业务、本利丰为主体的个人理财业务，抓住资本市场特点做好基金等理财产品的营销工作，使客户借助专业理财，分享财富的增值效应，从而达到我们对客户的关系维护和长期锁定的业务发展目标，提高网点销售产量。旺季期间加大宣传营销，营造旺季氛围，加大个人业务的宣传力度，集中宣传我行各项个人业务产品知识，整合营销个人业务产品，在拓展VIP客户的同时，进行个人注册、发放贷记卡、签约第三方存款、推介基金、保险等，达到综合营销效果，推进各项个人业务发展

各位领导、同志们，尽管我们在近阶段取得了一定的成绩，我行清醒地认识到存在的问题和不足。如何保持我行个人业务可持续发展和在同业竞争中取得更好的成绩，需要我们进一步思考和全体员工的共同努力。我行将再接再厉，迎难而上，争取在2009年再创佳绩。

直面挑战　勇于开拓
在逆境中做大做强个人贷款业务
——上海市分行五角场支行

个人贷款业务领域，近年来始终是各家银行激烈竞争的业务领域之一。五角场支行的个人贷款业务在整个分行系统处于领先地位，连续几年贷款余额在分行名列第一，发放量名列前茅，而个人住房贷款的不良率也始终控制在较低的水平。通过这几年的发展个人贷款余额已占到我行贷款余额的1/3强，截止到2008年末，我行个人贷款余额为32.6亿元，其中个人住房贷款余额为31.49亿元，助学贷款1.09亿元；个人住房不良贷款余额为1682万元，不良率为0.53%。现就我行开展的个人贷款业务向大家作一汇报。

一、树立信心，排难而进，全力提升个人贷款市场份额

近年来，上海的房地产市场进入了调整期，但个人贷款作为商业银行的一块优质资产，各银行间房贷市场的争夺战却愈演愈烈。针对激烈的市场竞争和困难的市场环境，我行在年初工作会议上就提出，全行上下要统一思想，团结一致，在困难时期仍要保证个人贷款业务的健康发展，去抢夺更多的个人贷款市场份额。

首先，实行“全员营销”策略。我行发动全行员工营销该项业务，营造全行员工关心个人贷款业务的氛围，全行上下人人都是个贷业务的营销员，并制定了具体的奖励办法，如每笔营销的贷款按发放额的一定比率奖励，对营销的没有前期开发贷款的按揭楼盘则加大奖励力度，这大大激发了全体员工的积极性，取得了良好的效果。去年一年经我行内部员工推荐，共发放了个人贷款46笔，累计金额2720万元，并成功发展了两个无前期开发贷款的纯按揭楼盘“中星恬园”和“美地江湾城”，累计发放贷款近四千万元。另外，我行还结合农行的一些房贷特色品种，如置换式贷款、“三业”贷款等，组织员工利用休息时间向杨浦区31个住宅小区投送宣传广告3万份，宣传我行个贷业务特色，扩大我行个贷业务影响。

其次，进行战略转型，依托贷款中介进一步发展二手房贷款业务。近年来，由于国家对房地产市场的宏观调控，房地产开发贷款的政策日趋收紧。去年我行与房地产开发贷款配套的一手楼按揭贷款资源近乎枯竭，而在整个房产市场上特别是中心城区二手房的交易量却连连上升超过一手房，只有改变策略，才能适应新的形势。我行及时提出了进一步发展二手房贷款市场的战略性指导意见。首先，我们从原有两家有合作关系的中介公司入手。我行自2003年起办理二手房贷款业务，已有一定的市场基础，但二手房贷款市场的竞争却越来越激烈，为我行拓展该项业务带来了很大的困难，特别是中国银行投入了大量的人力和物力，原有的合作中介也把他们的重心转移到了中行，在最低谷期，有一家合作中介几乎要停止和我行的合作。面对这样的局面我们多次上门与中介公司沟通，了解他们的需求，并把这些情况及时反馈给分行，得到了分行有关部门的政策支持，加上我们周到的服务，及时留住了客户，去年原有的两家贷款中介在我行的贷款投放量达2.4亿元；另外，我行还积极拓展新的贷款中介资源。上海祥臻房地产经纪公司是一家去年刚成立的贷款中介，一开始没有银行愿意与他们合作，我们了解到该公司的人员是从我们原有的合作中介跳槽出来的，对其业务员的素质我们有一定的了解，且其有一批稳定的贷款资源，我行接纳了该公司。这一合作实现了双赢，该公司的业务得到了稳步发展，而去年我行发放的该公司推荐的贷款也达到2.2亿元。2008年，我行的二手房投放量首超一手房，达44914.1万元，占去年一年个人房贷总投放量的72%，为确保我行的个人贷款市场份额奠定了基础。

最后，我们以优质的服务去赢得市场。要抢占个人贷款业务市场一是靠产品，二就是要靠服务，我们紧贴市场需求，不断提高服务质量。对于有些楼盘要求我们在预售时即介入的，我们安排好人员，到场为客户提供贷款咨询，配合楼盘进行预售；对有些楼盘要求双休日提供上门服务的，我们的客户经理放弃自己的休息时间，到楼盘为客户办理贷款业务。原来部分中介公司的二手房贷款见证都集中到银行办理，去年我们改变模式，为争取更多的优质客户，对一些贷款金额大的个人优质客户也提供上门服务。我们的贷款客户比较分散，分布在本市各区，我们个贷中心员工克服人手紧，交通不便的困难，尽可能为客户提供优质的服务，有时一天要提供两到三次上门服务，最晚要到晚上九点才能签完所有的贷款合同，签完合同，为缩短一笔贷款的流程，尽早放款，后台的员工也经常加班加点。对我们的员工来说没有工作日和双休日之分，没有业务远近之分，只有质量和效率之分，许多员工长时间放弃休息，遇到困难不计较个人得失，默默地为我行的个人贷款业务的发展尽自己的一份力。我们以优质的服务、一流的效率受到了房产公司和中介公司的一致好评，我行的个贷中心也以出色的成绩两次被评为分行级先进集体。

二、加强管理，注重防范，有效控制个人住房不良贷款的上升

随着个人贷款规模的不断扩大，我行不良贷款的比率也有不断上升的势头，如何既要控制风险，又要确保投放，使我行的个人贷款业务在健康、有序的轨道上发展，这个问题摆在了我们面前，我行确定了两手都要抓的策略，主要从以下两方面着手，遏制不良贷款上升的苗头。

首先，加强管理，从源头上控制不良贷款的发生。一是在楼盘和中介公司的准入上严格按照分行要求操作。由于二手房贷款的风险远高于一手房，我行在对二手房中介

公司的选择上，更注重其资质和内部操作的规范性，特别是对其以往和其他银行的合作情况进行深入了解，对已签约的中介公司也明确双方的权利和义务，确保其向我行推荐的贷款合法、合规。去年开始，我行还对中介公司业务员建立了关联考核制度，将新增贷款和业务员登记挂钩，阶段性考核业务员名下新增贷款质量，若某业务员推荐的房贷业务出现多笔逾期，就将其列入黑名单并向中介公司及时反映。这一举措在一定程度上给贷款公司业务员施加了压力，促使业务员更积极主动地向我行推荐优良客户，同时对我行的信贷风险控制也产生了积极影响，形成了良性循环；二是要求信贷员前期调查中，注重从多方面了解借款人的资信。除用传统的电话核对方式核实借款人的收入证明外，还通过对借款人公积金和养老金交存情况的核实，二手房出售方信用情况的查询及共有人的情况等多方面因素来综合考查借款人的贷款资格，有效地把贷款风险挡在第一道防线外；三是加强贷款审核。信贷部门在贷款审核中，重点从两个主要方面着手，一是借款人的资质，二是房源情况。对借款人资质，重点倾向于国家公务员、事业单位工作人员、相关朝阳行业从业人员及注册资本达到一定规模的企业的管理人员等资质较好的人群。而在房源上，特别是二手房则从面积、房龄及所处的地理位置等综合因素去考虑，在审核中，信贷部门仔细认真地分析每一笔贷款存在的风险点，有疑点及时与前台部门沟通，要求他们针对疑点深入调查，把贷款风险锁定在贷款初始调查阶段。

其次，不断加强不良贷款的催收力度，把不良贷款率尽可能地控制在较低水平。由于前几年个人住房不良贷款的不断沉淀以及新的逾期贷款的增加，催收工作的难度也在不断加大，只有采取切实有效的措施，才能保证催收工作达到预期的效果。我行在个贷中心专门设置了一名副经理负责个人不良贷款的催收工作，另外还配备了专职的贷款催收岗。另外在实际的催收过程中，我们将各种方法交叉使用来控制不良率的上升。一是建立个人房贷不良贷款户台账，将每月新增的拖欠三期以上的不良贷款客户的基本情况做一详尽的分析，根据不同情况采取相应措施；二是电话催讨，通过台账筛选出有电话联系方式的不良贷款客户名单每周定期三次进行电话催讨，将电话催讨的内容详尽地输入台账之中，以便采取下一步的相应措施；三是上门催讨，台账中的联系方式只有通讯地址而无电话联系方式的不良贷款客户，我们通过中介公司或客户经理亲自上门催讨；四是寄信催讨：每月定期一次对所有的不良贷款客户进行寄信催讨；五是及时向法院提起诉讼，对所有的不良贷款客户进行仔细分析，凡是借款人有两套或两套以上住房的、抵押房屋面积较大且价值远大于贷款数额的个人住房贷款、个人商业用房贷款及借款人诚信度很差、逾期期数过长的不良贷款及时向法院提起诉讼并申请执行，拍卖抵押物。国家助学贷款则参照房贷的催收模式，采用寄挂号信和平信的交叉方式，并对部分学生进行了诉讼。通过以上的这些措施，使得我行的个人贷款的催收工作取得了一定的实效，08年一年，我行通过向法院起诉和执行收回不良贷款960万元，通过电话催收、发函催收及上门催收等手段收回不良贷款1096万元。

在新的一年里，我们要努力克服个人贷款因基数大造成年度还款压力重等不利因素，克服困难，采取切实有效的措施，增加有效投放，促进个贷业务的持续增长，我行将从以下几方面着手：

1. 狠抓开发贷款楼盘的按揭配比管理，通过强化公私联动、部门联动、上下联动等有效手段，确保按揭资源不流失。

2. 进一步深化“全员营销”意识，加大考核力度。今年我行除了继续执行去年对于个贷营销的奖励措施外，还把对个贷营销的内容加入了基层营销小组的百分考核内，并占相当分值。以营销小组为单位，每个营销小组都有相应的个贷指标，完成60%以上的可评分，完成计划指标的得基本分，超额完成的按比例加分。使个贷营销成为每个营销小组的一项常规性工作，并充分调动其积极性。

3. 努力改变以往等客上门的被动做法，主动出击，去营销更多的无前期开发贷款的纯按揭楼盘。今年我行将采用和开发商开展联谊活动、上门举行产品推荐会及广发宣传单页等多种形式进一步加大对区域内一手楼楼盘的营销，去争取更多的贷款资源。

4. 在风险有效控制的前提下，加大与房地产中介公司的合作力度，努力扩大二手房贷款发放规模，提高我行个贷业务的市场份额。

5. 以“金钥匙春天行动”为契机，大力发展个人优质客户，并以此为突破口，发展包括个人综合消费贷款在内的其他个人贷款业务。

经过这几年的发展，我行的个人贷款业务已成为我行重要的利润来源之一，期间也经历了盲目扩张带来的不良贷款上升的阵痛和加强风险防范后业务稳步增长的收获。在今后的工作中，我们要牢固树立“追求卓越，追求一流”的核心价值观，锐意开拓，排难而进，争取继续做大做强个人贷款业务。

铸造经典　赢在品质

——新疆兵团分行营业部建设路支行犁铧街分理处

加快推进营业网点转型是近年来兵团分行营业部提升网点综合竞争力的一个重要举措之一，按照总分行把精品网点打造成“银行中的银行”、实施“功能分区、业务分流、客户分层”的转型要求，对全行的40个网点进行重新改造和“软硬件”整合，努力推进基层营业机构的实质性转型，真正把网点由交易操作型向营销服务型转变，由业务受理、交易中心向产品营销中心和利润中心转变。在此理念的引导下，营业部对原建设路支行光明路分理处这一低效网点进行大力搬迁改造，塑造了一个具有现代气息的新型金融网点。

网点建成后更名为犁铧街分理处，并在乌鲁木齐金融各界的关注瞩目下隆重开业。这个占地面积近700平方米装修超前、格调高雅、分区合理、功能齐全、服务优质的营业网点一经面世，便成为银行业网点中的典范之作，以引领网点转型最新沿、高品质、新内涵的姿态，成为“精品”网点中的翘楚，并随着化外为内的现代科学管理，带来经营效益的高速增长——在不到一年的时间里，各项指标均较搬迁前实现大幅增长，充分彰显网点转型后的回报和魅力。

一、高度重视，精心设计

对犁铧街分理处，从选址时的市场效益论证到设计时的缜密布局构思，从装修时的方案细节把关到设岗时的选员优化组合，无不融入了各级领导的大量心血，尤其是装修设计方面，各级领导及相关职能部室通过借鉴他行经验，引入当代最新银行网点建筑装修风格、转型要求，最大化融入“以客户为中心”理念，并结合新疆人粗犷豪迈的人文性格和环保审美观点，进行精妙构思和科学布局，几易其稿，反复修改，并请权威部门评价，直到满意为止。

二、倾心投入，追求卓越

为体现“精品网点”的全新概念，从开始就按照“装备精良、布局合理、管理有序、运作高效”的定位来打造犁铧街分理处。首先在资源上优先倾斜，先后投入2400多万元用于购置网点、整体装修、完善设施和配备用品，使该网点拥有环境优美、服务不同层次客户的VIP客户专区、理财顾问室、贵宾私密窗口、客户休息区、非现金区和现金区；最现代自助设备、计算机设备、大尺寸的液晶宣传电视和全彩显示屏、新款高档沙发、座椅、茶几以及蕴含温馨气息的书龛、盆景、鱼缸和糖果等，每一处都蕴含了精细的追求，每一样都体现着品质的完善，让客户享受到无处不在的尊贵和舒适。其次，在人员配置上精挑细选，从网点主任、大堂经理、会计主管及普通员工均是在支行范围内优选的精兵强将，既有全国青年岗位能手、总行先进女职工、新疆银行业“金牌个人”，也有优秀党员和先进工作者，他们以成熟的管理、精湛的业务、年轻的朝气和美好的形象组成犁铧街分理处强大服务阵容。

三、强力营销，提速发展

一流网点和一流的团队势必要创造一流的效益。犁铧街分理处更注重软件转型，在日常管理中以客户满意度为出发点，制定了一系列有针对性的网点营销、管理、发展，特别是市场开发、客户营销、业务拓展等方案，将服务意识和营销理念等有机地渗透到业务中，形成长效良性互动机制，不断提升网点形象和服务品牌。成立初始，便大力营造宣传声势和口碑效益，在著名的腾飞大厦举办了高端客户见面会，联谊具有较高社会知名人士、财团负责人，企业总监、公司财务人员座谈，诚邀合作，推介产品，共谋发展，产生良好的社会反响；随后，组建由支行行长、客户部和网点经理组成的营销小组，对周边大中企业和高端客户进行“扫楼”式宣传营销，在不断延伸拓展范围的同时，跟进售后报务，努力提高营销实效性；再者，通过强化员工理念引导和网点现场管理，促进员工快速实现角色转变，在强化自身体验和紧贴客户需求的基础上，建立“大厅制胜、柜内推介、户外营销、电子渠道”四位一体的营销链，大幅提高营销效能。

在不断创造“人无我有、人有我强”的优势下，犁铧街分理处创造了显著的经营业绩：截止到2009年3月20日，各项存款余额18118万元，其中储蓄存款12430万元，对公存款5689万元，较搬迁前增幅分别达到83%、66%和136%；尤其是中间业务发展迅速，不仅实现电子银行业务、三方存管业务、基金销售业务质与量的突破，而且新增开办国际业务、西联汇款和黄金业务，创造了蓬勃的发展势头。

争优创先　一枝独秀

——新疆分行营业部黄河路支行

农行新疆分行营业部黄河路支行深刻领会总行的“转型战略、观念先行”的指导思想，在网点转型中努力打造先进的网点运行模式，提高网点差异化服务水平和主动拓展零售业务市场能力，通过不断摸索创新，该支行在营业部转型网点中一枝独秀。截至2008年末各项存款余额较上年增长1.14亿元，销售基金463万元，实现中间业务收入137万元，顺利完成了2008年各项工作任务。

一、提高思想认识，转变经营观念

网点转型工作开展以来，全行上下把网点转型工作作为当前工作重点，围绕总行提出的“3510”战略和分行“再造工程”，依托农业银行企业文化建设大讨论活动，强化员工思想教育。通过晨会、每周例会组织员工学习讨论，学习国内外成功企业文化建设案例，增强了员工服务意识，树立员工“以行为家，以行为荣”的责任心和荣誉感；加快了转化员工角色，使员工充分认识到网点转型应当以服务客户为重点，为客户提供“一致的、持续的和可预测”的服务，才是提升我行竞争能力的根本途径。

二、加强素质培训，强化服务管理

为全面提升转型网点员工的整体形象和服务水平，根据营业部下发的《分行营业部网点营业现场及窗口规范化管理实施细则》和《分行营业部客户投诉处理工作流程》，从细节上完善了规范化服务内容，聘请专业老师利用业余时间为员工进行规范的仪表仪容和礼仪礼貌的培训，黄河路支行在每天晨会中增加了5分钟规范服务强化训练，规范了服务语言和行为，确保为客户提供专业的服务。另外，还通过加强客户监督、评价，建立健全服务监督制约机制，在支行推行客户监督卡，让客户随时对一线员工的服务进行监督，同时还聘请义务监督员随时向支行反馈支行的服务信息。为提高员工工作效率，黄河路支行开展了岗位大练兵活动，从业务知识的学习到业务技能的训练，全方位的提高员工业务素质，使员工在文化和业务等方面的素质有了明显的提升。为有效激励员工，黄河路支行加强管理，创新了表彰模式，改变单一表扬的现状，采取员工业绩和工作业绩定期展示，并通过领导嘉奖等方式，通过按月推出业务绩效卓越的营销标兵、服务规范的服务标兵，以点带面，追求卓越，提高员工的认同感和成就感，营造了积极向上的工作氛围。黄河路支行整体形象的全面提升和人性化服务，得到了客户好评，成为零投诉网点。

三、营造差异模式，提供个性服务

网点转型的精髓在于从交易型向销售型网点的转变，员工的业务素质和营销能力成为制胜的关键，为此，黄河路支行针对各项中间业务产品、代理业务产品以及客户营销技巧对员工加强了培训，增强了员工营销意识，提高了员工综合营销能力。

黄河路支行贵宾理财区充分体现了“专署、私密、安全、舒适、尊贵”的特点，网点对现有贵宾客户进行梳理，建立详尽的贵宾客户档案，通过为客户提供“一对一”、“一站式”、“体验式”综合金融服务，得到了客户的认可，培育了客户的忠诚度和价值贡献，利用贵宾理财区不定期开展了客户理财沙龙和新产品、新业务的推介活动，为黄河路支行下一阶段的网点转型储备了一定的优质客户资源。同时，树立“大堂制胜”的营销理念，通过大堂经理、网点主任和低柜区柜员的分层次营销，深入发掘潜力客户，不到两个月的尝试中，黄河路支行在大厅就发掘了10余户极具潜力的优质客户。其中有一位其他银行的VIP客户，通过一次偶然办理业务的机会，被大堂经理发现，在充分认可黄河路支行全新的贵宾服务的前提下，逐步成为黄河路支行的优质客户，并有意向接受我行的理财服务。

四、优化业务流程，有效控制风险

根据网点转型要求，分行营业部各部门积极配合，认真分析了客户结构、业务量结构、人员结构等因素后，针对转型网点出台了《分行营业部高低柜分区柜面业务操作暂行办法》等实施细则，并在黄河路支行试点实行，基本做到了业务流程科学，内控措施有力，服务营销高效，为黄河路支行转型后的业务操作提供了可靠的操作依据。

（三）交通银行典型个人金融机构形象展示

交通银行北京亚运村支行

截至2008年年末，亚运村支行人民币储蓄存款增量较上年多增18%，达标沃德财富客户增长67%，达标交银理财客户增长412%。该行高度重视零售银行转型，采取了一系列措施推进个金业务发展：一是通过营销大力吸引行外资金和稳定客户资产。面对复杂多变的资本市场，突出以“期限短、固定收益”为主的人民币理财产品，吸引新增客户和行外资金，结合“百年交行”品牌，组织“百年交行百场理财讲座鼠与您”、“三八高端女性理财讲座回馈活动”等沙龙，组织理财产品进企业巡讲活动，为客户进行理财规划和产品宣讲，使理财产品销量同比增长5.4倍。二是从资产配置角度出发，抓住“定额定投”销售亮点，重点做好债券和货币型基金销售，宣传保险在资产配置中的作用，强化保险销售意识。三是细分客户服务，开展沃德、交银客户“掘金计划”，通过数据库资料，对客户进行深度挖掘和交叉销售，通过产品销售提升了服务品质；实施客户财富关怀计划，通过多种活动和方式，利用春节、三八妇女节、端午节、中秋节等特定时间，开展客户关怀活动，加强客户关系维护。四是抓住奥运商机促进收单业务发展。该行举全行之力拓展新增商户，分类组织商户开展多种促销活动。五是打造团队营销模式。不断夯实个金人员专业基础，突出网点团队长的带队职能，积极加强新客户经理的培养。

交通银行天津金厦支行

交通银行天津金厦支行成立于2000年6月，作为开业不久的支行，金厦支行积极创新金融服务理念，力求将个金业务工作向新的深度和广度推进，产生效益，创出品牌，打造精品服务，真正成为金牌服务网点。经过支行上下的齐心努力，支行服务质量迅速提升，得到有关方面认可，分别被中国银行业协会评为文明规范服务示范单位、天津银行业协会评为服务明星机构、天津金融工委评为文明单位称号。

在发展上该支行注重“一切从客户角度出发”，把销售服务工作做在实处。

一是以客户为中心，优化服务细节。该支行注重优化销售服务细节管路，规范营销服务话术，让客户在最短的时间内了解我行的新产品、新业务、新服务，从而促进个人金融业务的发展。在大堂经理桌上，添置了不同度数的花镜，并放置在一个精致的镜架上，充分体现了人性化服务为客户带来的便捷。为客户提供天气咨询、服务提示、周边公交车、地铁路线，周边公共设施、银行的分布信息等全方位的生活服务。利用客户取号凭条作为抽奖凭证，产生幸运客户奖励便携式验钞灯，此举既能普及人民币防伪知识，提高客户辨别伪钞的能力，同时改善了以往取号条随处放置，影响网点大厅环境卫生的现象，更能使客户在办理业务之余平添一份小小的乐趣。

二是加强与客户沟通，搭建金融服务平台。金厦支行为中、高端客户举办了新春客户答谢会以及财富管理报告会，以丰富多彩的形式为客户送上了一份理财健康大餐，更为客户搭建起以银行为平台，基金公司、证券公司、保险公司协同服务客户的网络，让客户在银行享受一站式服务、多元化服务，改变客户印象中银行业务的单一形象，增强了客户对银行的满意度和依存度。

在分行的支持指导下，经金厦支行全体员工的努力，2008年多项个金指标在分行名列前茅，个金各项业务发展均衡、成绩突出。该支行在管理上，全员精诚团结、发展思路灵活，多次在分行会议上介绍经验，成为分行内向零售转型的优秀支行典型。

交通银行鞍山分行营业部

交通银行鞍山营业部成立于1994年，现有员工45人，其中党员21人，35岁以下员工27人，占总数的76%，平均年龄33岁，是一支年轻而富有朝气的队伍。

成立以来，在鞍山分行的正确领导下，营业部领导班子践行办行宗旨，依法合规经营，各项业务指标稳步提高。特别是2008年，紧紧围绕“强力推进发展，严格精细管理”的主题实践活动，结合营业部的实际，在激烈的竞争环境中，不畏艰难，勇于开拓，把“内控优先，精细管理”贯彻于各项管理始终，建立岗位责任制，完善内控管理制度，加强监督制约机制，明确经营目标，大力开拓业务，不断提高服务质量等工作，取得了优异的成绩。

在“人员素质优、网点形象佳、管理规范化、经营有特色、在同业中处于先进水平”目标指引下，在创新服务手段上坚持以客户为中心，努力创办“精品银行”网点。坚持站立服务，微笑服务，双手递送服务；注意柜员的技能培训，从点钞、小键盘输入入手，组织柜员大练兵活动，以此提升柜员的工作效率。面对柜员新、业务品种多的情况，营业部努力加大对新柜员的培训，利用中午时间，选派业务能手对全体柜员进行专项业务培训，组建“一帮一”互助对子，以老柜员带动新柜员，互助对子每季度进行一次评比，将评比成绩公布于“员工天地”评比板上，以此提升员工比、学、赶、帮、超的意识，营造积极向上的工作氛围。

2008年，营业部先后获得省工会授予“个人先锋号”称号、省行优质文明规范服务先进单位，鞍山分行先进单位，并继续被总行认定为“总行级青年文明号”单位，在参加系统内一只重点基金销售排名中，取得第六名的好成绩；并入围总行“银保通”出单竞赛活动。

交通银行大连分行营业部

大连分行营业部组建于1987年5月23日。多年来营业部的管理层认真贯彻总分行经营指导思想，全面执行分行党委的决策部署，特别在总分行推进零售业务转型的指导思想下，营业部紧紧依靠全体员工，各项经营指标取得了较好的业绩。

2008年，营业部理财产品销售完成全年计划的114%，销售量分行排名第一；交银理财客户较年初增长33.44%；中高端交叉销售率分别完成分行全年任务的110%和111%；代理保险业务销量较上年增长253.59%；信用卡新增发卡数较上年增长371.92%。

2008年营业部分别获得总行第一、第三季度交叉销售信用卡冠军杯发卡竞赛月度明星网点奖；携手并进沃德客户销售明星网点、中端客户销售明星网点、个金理财评比三十强网点等称号。

大连分行营业部的主要做法是，年初确立了“以人为本，赢在激励”的工作方针，在分行的大力支持下，试点进行了计件、绩效考核办法，用公平竞争的方法激励员工，辅之以员工的职业生涯规划，对表现出色的员工及时进行肯定和提升，显著增强员工的自信心和成就感，有机地进行了物质激励、精神激励、目标激励、行为激励的相互协调，有效地激发了员工的积极性和工作热情，使各项工作取得了较好的成绩。

交通银行黑龙江省分行阿城支行

2008年，黑龙江省分行阿城支行按总分行的总体要求，更新理念，抢抓机遇，促进了各项指标快速发展。

主要措施：一是准确定位，抢前抓早，为完成全年指标奠定基础。年初，开展了“迎新春”首季营销活动，安排专人走访了周边客户、重点客户，确定了全年的营销目标，实现了首季开门红；二是强化激励机制，调动员工积极性。支行建立了较完整的考核体系，将各项指标、业务差错、学习培训、内控管理、服务提升等规范化管理分解到部门，落实到责任人；三是树立服务品牌，建立理财队伍。支行成立了理财室，抽出优秀的柜员充实到理财队伍，对客户实行一条龙服务。四是强化培训，提高素质，满足业务发展需要。按月组织前台各部门学习培训，每人均建立了学习笔记，按季考试，成绩纳入绩效考核，员工的业务素质和文化素质得到了提高。

交通银行江苏省分行月牙湖支行

月牙湖中心支行于2008年1月成立。经过1年的拼搏，小支行大发展，新平台高起步，在业务发展、管理深化和品牌建设上取得了较好的成绩。

（一）存款业务快速发展。截至2008年末，月牙湖中心支行人民币各项存款余额列全行第一；增幅34%，全行第三。

（二）综合业务全面发展。战略转型业务也多点开花，全面推进，在分行相关业务排名上不断争先进位，有些指标如沃德新增和AUM增量全行第一。截至年末，中心支行全年绩效考核平均得分不仅在新支行中率先，也不断赶超，进入中心支行考核第五的第一方阵，体现出中心支行业务发展的全面均衡性。

（三）品牌与管理同步深入。作为一家新成立的中心支行，新意味着不完善，从零起步，但新也意味着崭新的平台，可以兼收并蓄，博采众长。小支行要有大志气，新平台要求高水准，硬指标的开拓固然重要，管理深化、品牌创建软环境的打造更为深远。会计管理工作在获得“年中会计综合考评优胜单位”后，再上台阶，荣获首届省分行级“会计工作示范行”，并被推荐为总行级“会计工作示范行”候选单位；服务质量方央，中心支行自二季度起已连续荣获“优质文明服务先进单位”，并代表分行一举获得了江苏省级及2008年度“中国银行业文明规范服务示范单位”，支行的服务流程和有益做法也被分行下发全辖作为规范。

交通银行浙江省分行城西支行

2008年，是浙江省分行城西支行开业的第三年。这一年，在省分行总体要求指导下，城西支行秉持“以客户为中心”的发展战略，精耕细作，实现了支行私金业务跨越式发展，成功迈出了向零售型支行转型的第一步。

一、责任文化，以人为本

城西支行始终坚持以“责任文化建设”为抓手，在实践中凝练出“责任、团结、奉献、奋斗”八字真言，围绕岗位责任，团队责任和客户责任三个方面，提升员工的责任意识和服务意识。同时，在贯彻落实“科学发展观”的指导精神下，城西支行在日常经营管理过程中坚持“以人为本”的发展战略，实现客户、员工和业务的可持续发展。

二、立足客户，用心服务

城西支行始终坚信“客户乃业务发展不竭源泉”，以客户为中心，坚持“用心经营，用心服务”，通过“走出去营销”和“存量客户提升”两条途径，结合小区广告投放、电话营销、信件告知等多种客户维护方式，实现了2008年客户发展的战略性丰收，为个金业务的长远发展奠定了基础。

三、团队协作，三位一体

城西支行始终坚持“团队合力”建设，一方面为员工提供发展平台，形成“天生我材必有用”的良好氛围，有效发挥员工能力，另一方面通过有效的考核实现团队成员之间的优势互补。个金条线、对公条线、会计条线三个团队分工协作，内外配合，形成了三位一体的营销网络，使城西团队合力得到了高效发挥。

展望2009年，城西支行将继续本着“立足客户，发展业务”的战略发针，努力耕耘，争取2009年的业务发展再上一个台阶。

交通银行河南省分行百花路支行

交通银行河南省分行百花路支行成立于1992年。自成立以来，百花路支行准确把握日趋多样化的客户金融服务需求，在做好“三声服务”、“微笑服务”、“迎宾服务”等规范化服务的同时，不断丰富银行服务的外延和内涵，开展了有声有色的精细化、专业化、针对性营销，突出客户需求层次，逐步变被动发现为主动挖掘，力争为客户提供一流的服务。

在全面提升服务水平的基础上，百花路支行初步形成了稳定的优质客户群体，理财队伍趋于成熟并不断壮大，实现各项业务快速发展。此外，百花路支行在严格执行总分行各项规章制度的同时，强化内控，防范风险，完善服务，制定了一系列岗位责任制度、考核办法和文明优质服务措施，对营销工作起到了积极的推动作用。2007年，百花路支行被授予交通银行百家沃德中心评比二等奖，荣获河南省分行个金业务先进支行称号。

2008年，百花路支行各项业务再创佳绩。其中，储蓄存款任务增长完成率123.07%，产品销售任务完成率102.34%，保险销售任务完成率101.68%。百花路支行被授予系统内个金理财销售30强称号，百花路支行党支部被河南省分行评为先进党支部，员工洪亚辉获全国金融系统五一劳动奖章。

交通银行湖南省分行营业部

交通银行湖南省分行营业部成立于1990年4月，近年来营业部认真贯彻总分行战略部署和工作要求，坚持以客户为中心，尊重和关爱客户，为客户提供人性化的金融服务。2008年，营业部分别被中国银行业协会、湖南省银行业协会授予“全国级文明服务示范网点”、“省级文明服务示范网点”。

营业部个人金融业务的发展离不开团队中每一个成员的辛勤努力和无私奉献，通过完善服务机制、创建学习型组织、公司联动、交叉销售等卓有成效的措施，营业部在提振服务质量、提高团队素质、提升营销业绩等方面都取得了不俗的成绩：

第一，完善服务机制，加强服务规范化管理。倡导“把服务当作一门艺术，把营业厅当作舞台”的理念。营业部通过反复研探，比较学习其他支行和外行的先进经验，确立以大堂经理为抓手，通过大堂经理对客户的引导和对客户经理与柜员的监督，提高服务质量，提升服务内涵。

第二，以创建学习型组织为切入点，加强团队建设，提升团队综合素质。总经理室把建设学习型支行、学习型科室、学习型员工有机结合起来，提高支行整体水平和员工素质。截至2008年末，营业部沃德财富服务区拥有金融理财师6名。

第三，公私联动，互为资源，大力加强交叉销售。确定了以重点业务和重点单位为发展对象，制定有效营销方案，加快了个金中高端客户等多项指标的飞速发展。

交通银行广东省分行天河北支行

天河北支行坚决贯彻总行战略转型思想，在上级行领导的正确带领下，逐步向销售型网点转型。2008年，我支行出色完成多项个金指标，打了一场漂亮的个金销售战。

一、静思谋动，高度决定思路

鉴于支行处于广州市繁华、密集的高档写字楼商业区，有较优质的客户群体资源，支行通过优化客户结构，抢占市场。

以点带面、建立行业链条发展模式：支行领导班子理清发展思路，制定发展策略——成立攻坚小组，寻找“我的客户”。在维护存量客户的同时，实行以点带面，逐步建立中端客户为主体，普通客户为基础的客户结构局面。在目标明确的前提下，将客户分为化妆品行业、五金行业、电子行业和零售信贷类行业四大客户群体，然后主动出击，与其它机构合作，开展形式多样的联谊活动，合理安排人员，切实做到内外配合，及时沟通、跟踪服务。

二、全员营销、共谋发展，实行“两离开”工作方法

一方面，提高营业网点客户分流率，让客户“离开柜台”——使用电子银行渠道；另一方面，推动客户经理上门拜访，实现客户经理“离开办公室”——走向客户，更加贴近客户。凭着一股“不管营销工作多难，都不轻言放弃”的劲头，支行充分发挥凝聚核、主心骨、正气源和连心桥的作用，奠定了用业绩说话的厚实基础，在广东省分行组织的一系列竞赛中，支行先后获得沃德网点“双百竞赛”优胜奖、理财产品销售奖、储蓄存款优胜奖、个金营销大满贯奖，保险销售优秀网点奖……

以永攀高峰的精神面对未来；路，还长；山，还高；天外还有更高的天；支行将审时度势、抢抓机遇，在更高的起点上实现个金业务的快速、健康、持续发展。

交通银行深圳分行营业部

交通银行深圳分行营业部成立于 1996 年 4 月。从率先设立低柜实行分区服务到成立个金销售队伍，再到沃德财富服务中心的建成，一直是零售业务创新的基层先行者。多年来，营业部致力于个人金融业务的发展与突破，以服务为先导，以发展为主线，取得了业务指标连年翻红、经营规模和利润快速增长的骄人成绩，并形成了员工队伍建设齐整、团队氛围良好、客户服务质量良好的可持续发展态势。近两年来，深圳分行营业部先后获得多项集体和个人称号。

集体获得主要荣誉称号：2008 年获“深圳市银行业文明规范服务示范单位”荣誉称号、2007 和 2008 连续两年获分行“经营管理优胜单位”荣誉称号、2008 年荣获总行“个金产品销售 30 强网点”称号、2008 年荣获分行“会计业务示范行”称号、2007 年荣获总行“百家沃德网点百日营销竞赛网点优胜奖”。另有 3 名员工获得总行级“先进个人”称号。

交通银行海南省分行南海支行

2008 年，在分行的正确领导下，南海支行以创建区域最佳零售银行为目标，围绕合规经营、提高市场占比拓展业务，各项个金指标综合完成率继 2007 年度获得分行第一后，2008 年度再次排名首位，连续两年名列榜首。

一、坚持以人为本，构建和谐团队，营造阳光发展氛围

该支行注重营造快乐健康的销售氛围，积极在员工中树立快乐销售的理念，提倡快乐工作、积极向上的人生观和个人职业素质的提高。支行领导班子以身作则，赢得了员工的尊重和信服。

二、狠抓服务质量，强化业务培训，争创一流零售银行

支行响应分行号召，积极参加提升服务质量的系列活动，支行的形象和服务质量满意度得到提升，为业务稳步发展起到了保驾护航的作用，提高了经营管理能力和市场竞争能力。

三、找准市场定位，优化客户结构，努力实施战略转型

该支行注重公私联动和个性化服务，确立“以公司业务为纽带，大力发展卡业务和代发工资业务；以中高端客户为支柱，改善个金存款结构、提高交叉销售率、提升服务质量”的工作思路，确保个金业务的健康发展。

在业务发展的同时，支行员工亦得到成长，先后为分行培养了三名大堂经理和一名客服人员。个金客服经理唐太峰在分行举办的2008年度个金产品销售劳动竞赛中，先后3次当选月销售明星，并摘得三季度销售明星和年度双币卡单项冠军和交叉销售率冠军；同时有多名会计柜员当选月度销售明星，充分展现了该支行团队精诚合作、顽强拼搏创造的强大战斗力。

交通银行宁波分行慈溪支行

交通银行宁波慈溪支行成立于1992年12月28日，地处杭州湾跨海大桥南岸，县域经济列全国十强之内，是辖区内首家设立的股份制商业银行机构，2008年被交通银行总行授予“文明单位”和“青年文明号”荣誉称号。

近几年来，慈溪支行坚持以科学发展观统领全局，紧紧围绕“诚信永恒、稳健致远”的经营理念，始终把为客户“提供更优金融方案、持续创造共同价值”作为自己的终极责任，充分发挥慈溪良好的区域金融生态环境，不断完善服务网点，创新工作方法，精心打造优秀银行，各项业务实现快速发展。在个人金融业务方面，以“百年交行”为品牌，以“沃德财富”、“交银理财”为依托，通过公私联动、产品拉动、全员推动的发展策略，全面加快个人业务发展。截至2008年末，主要业务保持快速增长，人均创利连续三年处于先进水平。

交通银行新疆区分行天山支行

“宝剑锋从磨砺出，梅花香自苦寒来”。天山支行在分行指导下，全行员工共同努力，取得了各项业务的快速发展。截至2008年末，支行储蓄存款目标完成率109%，代理销售等中间业务也实现较快的增长。

天山支行对待个金业务超前预想，早做准备，组织实施，行动迅速。一是，按照每个阶段的完成情况迅速调整和制订下一阶段的工作计划，并确定了“既要抓指标更要重市场，既要顾眼前更要求长远”经营思路，及时组织全行人员对分行下发的业务推进方案进行认真学习。对于销售的产品，支行多次邀请专业人员前来为全行员工进行培训，使全行员工对个金业务发展观念得到进一步统一，员工整体销售服务意识和责任意识不断增强。二是针对不同的客户，采取“抓住一个重点、销售一个产品、增强一份信任、增加一个客户、争取一缕阳光”等措施，展开有针对性的销售服务，对中高端客户，按照资产总量、客户对资金的使用周期及承受风险的能力，量身制定相应的理财计划；对大众客户、风险承受能力偏低的高龄客户，适度推荐基金定投、国债等产品。三是改变以往等待客户来行办理业务时介绍产品的方式，转变为电话约访、登门拜访、短信营销等多样化的营销方式。四是在销售服务过程中，形成大堂经理、个金客户经理、柜员的团队协作，形成一个销售服务链，大大提高了客户满意度。

2009年的个金业务任重而道远，天山支行将以更加严格、扎实和高效的工作作风，乘势而上，乘胜前进，再创佳绩。

交通银行无锡分行营业部

交通银行无锡分行营业部成立于1987年10月。2006年末，营业部在分行的正确领导下，率先提出向“经营型、零售型、效益型”网点转型的工作目标，成为分行首家零售型网点。两年来，部门始终坚持以分行的经营思想为指导，以客户为中心，不断探索新理念、寻找新方法、开拓新思路来寻求转型之路，在个金产品销售、中高端客户拓展、服务质量提升、个人理财专业化水平等方面都取得了较好的业绩，在客户及同业中产生较好的影响。截至2008年末，营业部中高端客户两年增长14倍，带动存款、太平洋卡、个人贷款、中间业务的快速增长。

经过全体员工共同努力，付出的辛勤劳动得到了上级部门的肯定和鼓励，先后荣获以下荣誉：1999年至今，下属储蓄出纳科被中央金融工委、共青团中央授予“全国青年文明号”称号；2007年度“五一示范岗”（无锡市总工会授予）；2008年代发工资客户销售明星网点（总行授予）；2008年度江苏省银行业文明规范服务示范单位（江苏省银行业协会授予）；2008年度无锡市银行业文明规范服务示范单位（无锡市银行业协会授予）；另有2名员工分别获得总行优质服务先进个人、无锡市银行业服务明星称号。

交通银行云南省分行翠湖支行

2008年翠湖支行面对市场形势，及时调整工作思路，紧紧围绕“发展”这一主题，优化结构，强化管理，全面提升核心竞争力，保证了各项业务发展的良好势头。

主要做法是：一是抓客户，以客户为中心做大做实客户群体。以做客户为工作重心，把客户群做大，把客户质量做好，以全方位理财为业务发展契机，突出支行理财服务特点和优质服务水平，从阵地营销向外延伸，发掘新的目标客户群，达到增强客户满意度，扩大产品销售，提高品牌形象的目的，并以此吸引客户新增。二是抓市场，坚持以理财型网点为发展目标，抓紧理财服务，吸引客户以我行为主办行，形成良性循环。三是抓内部管理，大力提升服务质量。合理调整人员结构，打造和完善大堂经理、客户经理为主导的完整营销服务链，加强了营销力量，使人力配置达到了最佳效果。发挥柜面阵地营销能量，发掘客户，扩大营销面。明确责任，细化考核，调动员工积极性为支行业务发展注入了强劲的力量。

（四）华夏银行典型个人金融机构形象展示

打造个金品牌 争创星级网点

——华夏银行北京分行石景山支行

华夏银行石景山支行位于北京西部、经济不发达的石景山地区，紧邻厂区，周边没有商业区和居民小区，员工只有25名，客观条件并不占优。但支行班子经过深入调查研究，结合自身特点，建立了“深挖厂区客户，争取其他客户”的工作方针。深入厂矿、车间、班组，以代发工资为龙头，积极进行各类个人产品宣传营销，个人业务取得了较好的业绩，在华夏银行北京分行40家支行中排名第一，在石景山地区形成了良好的口碑，树立了精品银行的品牌形象。支行开展个人业务的主要做法如下：

一、全行高度重视，明确工作思路

个人业务是支行经营发展的基石，在战略层面，支行班子高度重视个人业务的发展，始终坚定贯彻总、分行对个人业务的各项工作部署，支行领导多次召开营销人员会议，强调个人业务对今后银行发展的重要性。在战术层面，支行领导不断摸索研究，找寻个人业务突破口。结合支行实际情况，提出支行个人业务的思路是：通过大力开发代发工资户，形成良好的储源。在此基础上，加强深度营销，提供优质服务，由此巩固客户基础，吸引新客户。

二、组织推动到位，工作落到实处

抓住业务龙头，开展深度营销。明确工作方向后，支行通过精心组织，细化实施了一系列工作方案，开展了“薪在华夏”营销竞赛活动，大力推动代发工资业务。同时要求营销人员建立规范细致的工作台账，留意每一位客户的资金变化，加强与客户的沟通，及时了解客户需求，适时向客户营销有针对性的个人产品，巩固和稳定客户。在支行领导和营销人员共同努力下，工作取得了显著成效：至2008年末，代发工资单位客户95家，个人客户42000家，至2009年7月新增单位客户5家，个人客户1520家，2009年7月末储蓄余额70926万元，其中定期35342万元。支行现有个人客户75%以上源于代发工资，形成了稳定的客户群，有效吸收了存款，奠定了个人业务发展的基础，代发工资真正成为支行个人业务的龙头。

突出业务亮点，强化产品宣传。有了储蓄存款的流入，如何留存和扩大成为关键和难点。支行领导贯彻总分行要求，通过积极宣传营销卡业务和理财业务，精心维护和深度开发客户。支行将营销任务落实到人，通过“四进”活动、媒体宣传以及客户联谊等多种形式，强化产品宣传，加大营销力度。在宣传中，根据客户关心的问题，突出我行产品的优势和特色，增强产品吸引力。营销人员不但在工作时间积极进行产品营销，还利用午间休息及周末时间，进厂区、进社区、进代发工资企业，进行卡业务、卡功能和理财产品宣传，对客户疑问进行详尽解答。很多企业职工对办卡、ATM机跨行取款以及手机短信等业务是否收费非常关心，而华夏银行各类卡在上述业务中很多都提供免费服务，这成为产品推介的一大亮点。

推介个人理财业务时，从企业领导、管理人员及办事员开始，推行理财尝试，金额从一万元起，通过精心选择产品使他们得到良好收益，加深了对支行的信任度，增进了友谊。再通过他们以点带面，一传十，十传百，形成了有效的宣传链。

支行客户群体大多为首钢职工，支行与首钢报和首钢电视台签订了合作协议，安排专人作为首钢电视台、首钢报及分行个人业务部联系人，及时在首钢报刊登总、分行各项理财业务和基金业务广告，并通过电视滚动字幕常年宣传，让客户有固定渠道直观了解华夏银行最新讯息，形成了支行业务的宣传阵地，取得到了良好的效果。

支行积极开展客户联谊活动，仅2008年上半年就组织了4次基金理财讲座，参加人数累计达500余人。目前支行有100多只基金产品在售，在分行大力支持下，支行请来多家基金公司经理和分行个人业务部专家讲解理财知识，普及金融常识，宣传个人业务产品。讲课人员与现场客户互动，解答各种疑问，客户反响热烈：几只基金单日销售份额达到500万份以上，创盈、增盈等理财产品也出现销售火暴局面。

通过上述宣传措施，客户更加了解和支持华夏银行，并自愿成为华夏银行的义务宣传员，通过口口相传的方式，进一步扩大了支行个人产品的营销宣传面，形成“成功一位，带动多位”的良好营销形势。支行2007、2008年均超额完成全年信用卡发卡任务，居分行第一，2008年支行累计上交信用卡进件1136张，其中成功核发889张，2009年上半年新增上交信用卡进件268张，成功核发197张。理财产品截至2009年6月末共售卖27期，售卖总金额4611万元，居分行第一。各类基金2008年末累计销售2504万元，截至2009年6月末已销售1173万元。

注重公私联动，获取综合成效。支行认为，个人业务要做广做深，必须和公司业务联动。在支行领导带领下，公司业务部和个人业务部密切合作，实现对公业务和对私业务结合开发：业务上资源共享、以点带面，人员上优势互补、共同协作，对客户进行综合营销，取得了明显成效。例如，对公人员开发公司客户同时进行代发工资营销，并向高管人员推介我行至尊金卡和个人理财服务，向企业员工介绍我行基金产品和理财产品等；对于私营企业主，结

合我行私营企业主贷款、个人消费履约保函等个人产品进行对公业务营销。我们发现，客户使用银行产品的种类越多，对银行的信赖和依赖程度越大。公私联动营销不仅可以拓展新客户，更能密切与老客户的合作，减少客户流失率，实现业务增长。

三、客户利益至上，细致贴心服务

支行在营销活动中，不盲目推销，不为推销而推销，始终将客户利益和客户信任度放在第一位。对所有理财产品以及托管和代销的上百家基金、保险等产品，支行领导都组织营销人员学习讨论，着眼客户服务，研究制定营销计划和方案。对发售的每一款理财产品，个人部经理都会先行购买、亲身尝试，在确保流程熟练、产品完善后才向客户推出。当发现产品设计、流程操作有欠缺时，第一时间向分行反映，待产品改进后再行营销推广。对不同客户，支行在推介产品前，都会进行风险偏好测试，以便有针对性地推荐产品。通过这些细致的工作，我行赢得了客户的信任，与客户建立了友谊，很多客户主动为我行介绍高端客户。

2008年下半年出现了全球性经济危机，股市全面下跌，给理财产品营销带来很大压力，我行发行的理财产品中少量产品受证券市场影响产生了不同数量的亏损。在理财到期兑付前，支行领导组织全体营销人员成立应急工作小组，指派专人协助理财经理在大厅对客户进行沟通解释，适时向客户介绍我行保本型基金及保本型理财产品，帮助客户在经济不佳的状态下力争取得最高的收益。遇到个别情绪激动的客户，理财人员将其带离大厅，进行一对一讲解和安抚，降低客户不满。以上举措不但得到广大客户的理解和信任，也将理财产品推荐有效地融入到安抚解释之中，很多老客户在理财产品兑付后又购买了我行其他产品。

支行将贵宾客户开发和维护放在重要位置，对贵宾客户信息进行了收集整理，鼓励客户经理对贵宾客户进行深度开发，为贵宾客户提供一对一的理财服务。通过电话营销或上门拜访的方式，定期对贵宾客户进行回访，及时了解客户的新需求，保持与客户的良好关系。支行专门设立了贵宾理财室，提供良好的理财咨询环境，提供最优质、最体贴、最专业的理财服务，提高了客户忠诚度，收到了良好的效果。2008年末贵宾数量达到340名。

为方便华夏卡客户办理业务，支行组织对石景山地区进行详细勘查，寻找适合安装我行取款机的地点，不断开辟新区域，增加ATM机投放，目前我行在石景山地区已投放了25台ATM机，客户用卡环境不断得到改善。

四、打造专业团队，夯实业务基础

从某种意义上说，营销人员对业务的熟悉程度直接决定客户开发的成败，员工熟悉个人业务不仅关系到营销和业务发展，更关系到客户对我行的信任。因此，支行对新产品、新业务都及时进行全员培训，并对培训效果提出明确要求：首先，要求全体营销人员，无论个人客户经理还是公司客户经理，都要熟知个人业务，并具备独立营销的能力；其次，支行设立了客服电话，要求行内人员无论谁接到客户咨询电话都能给予准确解释，即便对临时签约人员也不降低标准。由此支行形成了主动学习知识、共同讨论业务的良好氛围，目前支行7名营销人员中，获AFP资格的3人，正在学习报考AFP的2人。

支行注重团队作风和凝聚力建设，支行领导、个人客户部经理身先士卒，深入一线全力营销，成为员工学习的榜样和动力。理财经理每天在大厅站立服务7、8个小时，经常双腿站肿了，仍然耐心细致地向客户讲解介绍产品，协助客户办理业务。这些业务骨干以辛勤的汗水换来斐然的业绩，却都不吝于传授经验，培养员工。他们通过亲身示范、详细讲解等方式进行“传帮带”，使支行整体营销水平得到提升，塑造了专业团队的形象，夯实了业务基础，赢得了客户信任。

突出组织管理　完善深层次营销
推动个人业务全面发展

东昌支行是华夏银行济南分行聊城支行五家同城支行之一，现有16名正式行员。几年来，通过不断提升认识水平，丰富服务手段，强化组织管理，无怨无悔地工作，个人业务实现了持续、快速发展。按照上级行年初工作会议精神，以经营转型为契机，在确保整体业务稳步增长的前提下，在调整实现了个人业务快速、均衡发展。储蓄存款余额达到5.05亿元，较年初增长7646万元，占聊城支行储蓄增量的27%，完成计划的103%，储蓄日均达到4.72亿元，完成计划的101%，完成全年计划的96.3%；个贷余额时点5140万元，实现了稳定增长；新增借记卡有效发卡量1830张，占聊城支行增量的33%；第三方存管户新增161户，占聊城支行增量的64%。

一、强化管理，适时调整，为个人业务快速发展搭建良好平台

为促进个人业务持续协调发展，东昌支行在业务管理、业务开展方面探讨出了适合自己业务发展的路子。具体讲就是管理中做到了“四个到位”，业务安排做到了顺应变化及时调整。

（一）提高认识，思想观念到位

作为一个同城支行，业务发展快慢与否，一个重要因素就是要看员工士气高低，干劲大小，士气旺则百事兴。几年来，东昌支行一直把强化管理措施，凝聚士气作为重点工作来抓。首先，客观分析竞争环境，增强发展个人业务的紧迫感。个人业务是银行营销业务的重要组成部分，现在各家金融机构都在争夺这一领域。面对日趋激烈的同

业竞争，我行在理财产品、个贷营销、网点设置等与先进行存在较大差距的情况下，抢抓机遇，扩大个人业务市场份额已经成为紧迫任务。其次，通过员工内部比较，寻找差距，增强自我提高的紧迫感。针对员工与员工之间个人业务方面差距不断加大的情况，东昌支行的班子成员及时与差距较大的员工逐个谈心，因人施策，与他们一起分析和研究，制定突破方案。通过多次不同阶段的差距分析会，全员对面临的形势有了正确认识，思想认识到位了，工作积极性明显提高，员工与员工之间的差距逐步缩小。

（二）目标明确，组织协调到位

目标调动，活动推动等组织措施，是我行在营销过程中经常使用的管理手段。根据每个月工作重点的不同，我们结合每个人的工作特点制定相应的工作计划，用明确的工作目标时时调动员工的积极性。同时针对产品组合营销、储蓄增存、新开卡、新开户、卡消费等工作搞特色营销活动，奖优罚劣，用明确的目标考核、用专项活动促使大家业绩提升。到6月末，个人业务进展良好，产品组合营销工作取得明显进展，员工储蓄增量业绩突出。

（三）强化管理，具体措施到位

几年来，东昌支行持续推行了“三到位”管理措施。即业绩考评到户，就是对每个人的个人业务完成情况及时调度，点评个人业绩时分析到每一个大户，研究开发与维护措施，确保大户集中营销不流失；细化调度到人，就是对每一个人的情况进行细致分析，提出建议与措施，确保员工工作目标不偏离；过程控制到事，就是突出过程控制，一旦营销目标确立，行长与分管行长时刻关注员工营销进展情况，每日调度，每周总结分析，以便及时调整策略和确保工作效果。通过具体的措施推动，为员工不断增加新的工作压力和工作动力。也正是通过紧盯、勤管、狠抓促进了全体人员业绩的共同提升。

（四）扬长避短，组织推动作用到位

针对诸多的个人业务考核指标，东昌支行认真分析，积极应对。对指标任务不直接摊派，而是根据业务特点，集中到最有专项营销能力的一个或几个员工身上，成立突击小分队，带动大家快速营销。卡消费、集团结算客户签约、私营业主贷款、自助贷款、网上银行业务、外汇业务、储蓄时点等等，基本都是以集中优势兵力速战速决这种方式完成的。集中优势力量、资源优化配置、速战速决的个人业务的营销模式，既能使大家发挥优势“人尽所长”，又能优劣势互补，团结协作，消除员工对考核指标抵触情绪，利于保持高昂的士气积极营销。

（五）关注市场、及时调整，确保工作措施的指导性

由于个人业务的营销与发展和基金、股票、房地产的市场运行情况关联度较高，这几年个人业务的不断提升也经历了较多的变化。2005年以前证券业务收益不高，银行个业务发展平稳，2005年下半年随着证券投资业务开始复苏，大量储蓄存款开始流向证券市场，银行居民储蓄存款下降，基金、理财业务快速推出，2007年下半年伴随经济危机的到来，居民储蓄存款开始增加。针对不断变化的市场，东昌支行的领导班子与全体同志一起，总能因时而动，因事而变，根据不同的环境和变化，制定有针对性的营销方案，推动个人业务的持续增长。从几年的业绩增长情况分析，2006年，储蓄存款当年增长5802万元；2007年，储蓄存款增长7206万元；2008年，储蓄存款增长9184万元，业绩实现了连续、稳定发展。

二、抓住重点，强化措施，确保个人业务稳步开展

个人业务工作的开展涉及千家万户，服务对象千差万别，繁琐而具体。要想实现业务的持续稳步开展，既要靠员工持续细致的工作和服务的高效，又要靠集体的智慧、团队的力量。几年来，东昌支行在个人业务开展方面积累了 -些经验，主要体现在：

（一）抓关联客户，实施综合开发

通过个贷支持、帮助理财、代发工资等方式，加大与私营业主及民营企业合作力度，将其经营中暂时闲置的资金划入我行，这样，既扩张了存款规模，又提高了活期存款占比，降低了付息成本，在具体的营销中，我们巧妙地找准介入点，积极营销，使部分民营企业对投资者个人的分红资金在我行留存，带动储蓄增长。

（二）抓前台服务，实施亲情开发

提高综合柜员营销意识，强化柜面揽存稳存，作用明显。针对前台业务中储蓄业务居多，揽储机会多，柜员在做好核算工作的同时，自我加压，利用业余时间和柜面营销机会积极增储。通过柜员深入细致的工作，提高储蓄代发业务存款滞留率，他们记录下每个单位代发工资的时间，主动和客户进行电话联系，并安排客户经理上门服务，使客户感觉到既省心又方便，根据客户情况，采取有区别的服务方案，最大程度地满足客户需求。通过不间断营销，取得了较好效果。日前综合柜员储蓄存款总量为1.35亿元，占东昌支行储蓄存款的26.7%。

（三）抓大户挖潜，实施整体开发

聊城市人民医院经营稳定，员工收入高，每年在我行发放工资及奖金6000多万元，增存潜力较大。在支行领导的关心、指导下，我们明晰工作思路，调整工作措施，集中时间、集中客户经理进行整体营销，把服务做到细化、深化，采用节日发短信、生日送蛋糕、定期陪客户聊家常、身体不好登门看望、客户家中有事带车帮忙、帮助孩子入学等方式接近客户，将个人业务营销融入到客户的日常生活中，取得了较好成效。几年来，人民医院职工的储蓄存款余额高达到5000万元左右。

（四）抓营销活动，实施全方位开发

不间断的营销活动成为个人业务快速开展的有效方式。几年来东昌支行紧密结合市场特点与阶段个人业务指标，强化营销措施，奖惩结合，开展了多种多样的营销活动，以此推动存款增长。每年初开展首季“开门红”营销活动，抢抓年底及春节各种居民储蓄存款；每年5月12日与各大医院联手开展“5.12”国际护士节银企联谊活动，针对贵宾客户还会开展送健康讲座活动或户外拓展活动，另外每年还会组织3～4次“走进社区，服务市民”四进营销活动等等，新活动、新内容、新奖惩使大家保持了较高的积极性，促进了个人业务的快速开展。

（五）抓关系营销，实施以点带面开发

关系营销主要表现三方面：一是像营销客户一样营销亲戚朋友，“一人在华夏，全家是行员”，采取上门拜访、定期聚会、有目的地参加公务活动等多种方式，接近亲朋好友的朋友和关系网，在拉近关系的同时也营销了客户；二是利用客户发展客户，以点带面向外辐射业务，逐步延伸业务链。每个人的关系资源是有限的，巧妙利用成熟客户为基点，把客户的关系变成自己的关系，一生二，二生四，个人关系也就成了无限的，储源也就有了，用客户发展客户也成为我行增存的重要手段。比如我行的一名客户经理曾经依托成熟的 VIP 客户“挖”出两类客户群，一次性增存 200 多万元。三是利用金融同业人员关系到其他银行“淘金”，借助其他商业银行服务或营销措施的某些不足，及时了解客户的信息，突出我行的相对比较优势，开发和争取潜在客户在他行的到期存款，成为增储工作的有益补充。

三、统筹兼顾，齐心协力，促进个人业务全面发展

在快速扩张储蓄存款规模的同时，东昌支行也把发展其他个人业务列为一项工作重点。但由于经营中受到当地经济发展和客户资源、客户结构等方面制约，日常维护量大，营销人员展业时间紧，压力大，加之利益驱动，造成对公业务营销积极性高，而对个人业务指标的营销重视不够。面对这种形势，为了全面做好个人业务，采取了以下三项措施：

（一）抓信息快传，确保工作主动

对聊城支行下达到同城支行的各项个人业务经营指标，第一收到人负责快速向有关人员反馈，因为个人业务在营销过程中不同于对公业务，多变性因素多，信息的及时上传利于把握营销时机。

（二）抓合理统筹，确保指标落实

对个人业务的各项工作任务，不搞一刀切，大部分指标不是分配到人，而是集中决策，班子带动，共同制定具体措施，带领专项能力强的员工突击完成，这样既保证了同城支行的领导盯着目标干，能及时调整营销措施，也利于调动优势客户经理的积极性，同时也能给其他客户经理腾出更多的时间用于其他业务的营销，起到事半功倍的效果。

（三）抓事后总结，确保营销效果

对个人业务各项指标的完成情况，每周总结，便于查缺补漏，对效果不好的，及时调整措施，避免出现失误，对配合到位，工作成效突出的，予以表扬及奖励。使大家在工作上有重点，在时间上有保证，东昌支行的个人业务实现了全面发展。基金、网银、信用卡、支付宝、三方存管、理财产品等都能按时完成计划；其中新开卡、三方存管、个贷业务中私营业主贷款更是办出了特色，积累了经验，推动了聊城支行个人业务的顺利开展。

“雄关漫道真如铁，而今迈步从头越”。华夏银行有着广阔的舞台和美好的发展前景，让我们共同携手，勤奋努力，在上级行的正确领导下，争取在今后的工作中继续实现个人业务更好更快发展。

第十编

统计资料

一、综合统计

（一）人民币现行利率表

单位：年利率%

项　　目	利率水平	调整日期
人民银行对金融机构存款利率		2008．11．27
法定准备金	1.62	
超额准备金	0.72	
人民银行对金融机构贷款利率		2008．12．23
二十天	2.79	
三个月	3.06	
六个月	3.24	
一 年	3.33	
再贴现	1.80	
金融机构人民币存款基准利率		2008．12．23
活期存款	0.36	
三个月	1.71	
半 年	1.98	
一 年	2.25	
二 年	2.79	
三 年	3.33	
五 年	3.60	
金融机构人民币贷款基准利率		2008．12．23
六个月以内（含六个月）	4.86	
六个月至一年（含一年）	5.31	
一至三年（含三年）	5.40	
三至五年（含五年）	5.76	
五年以上	5.94	

（二）金融机构人民币贷款基准利率调整表

单位：年利率%

项　目	利率	
	2008年11月27日	2008年12月23日
一、短期贷款		
六个月以内（含六个月）	5.04	4.86
六个月至一年（含一年）	5.58	5.31
二、中长期贷款		
一至三年（含三年）	5.67	5.40
三至五年（含五年）	5.94	5.76
五年以上	6.12	5.94
三、贴现	以再贴现利率为下限加点确定	同前
四、个人住房公积金贷款		
五年以下（含五年）	3.51	3.33
五年以上	4.05	3.87

（三）金融机构人民币存款基准利率调整表

单位：年利率%

项　　目	利	率
	2008 年 11 月 27 日	2008 年 12 月 23 日
一、活期存款	0. 36	0. 36
二、定期存款		
（一）整存整取		
三个月	1. 98	1. 71
半 年	2. 25	1. 98
一 年	2. 52	2. 25
二 年	3. 06	2. 79
三 年	3. 60	3. 33
五 年	3. 87	3. 60
（二）零存整取、整存零取、存本取息		
一 年	1. 98	1. 71
三 年	2. 25	1. 98
五 年	2. 52	2. 25
（三）定活两便	按一年以内定期整存整取同档次利率打六折执行	按一年以内定期整存整取同档次利率打六折执行
三、协定存款	1. 17	1. 17
四、通知存款		
一 天	0. 81	0. 81
七 天	1. 35	1. 35

（四）关于储蓄存款利息计算若干问题的解答

1. 人民币各类储蓄存款适用什么利率？

答：人民币储蓄存款按储种可分为活期存款、整存整取、零存整取、整存零取、存本取息、定活两便、通知存款。随着利率市场化的推进，目前人民银行公布的是各类存款的基准利率，即各类存款利率的上限，开办储蓄业务的金融机构（一般指商业银行和城乡信用社，以下称“商业银行”）可在基准利率基础上实行下浮利率，但在客户存款时须告知具体存款利率水平，储户也可在商业银行营业厅、网站上查询该商业银行的存款利率。

2. 什么是存款计结息规则？

答：存款计结息规则，指商业银行在计算存款利息时采用何种利率、如何计算利息、在什么时间支付所计利息或转入存款账户等一系列原则。

3. 活期储蓄存款的计结息规则是什么？

答：目前，活期储蓄存款每季度结息一次，每季末月的20日为结息日，按当日挂牌的活期利率计息，商业银行在这一日将利息转入储户账户。如果储户在结息日前清户，商业银行将按当日挂牌活期利率计算利息并连同本金支付给储户。

4. 定期整存整取存款的计结息规则是什么？

答：目前，定期整存整取存款按存单开户日挂牌公告的相应的定期储蓄存款利率计算利息。如在存期内遇利率调整，不论调高或调低，均按存单开户日所定利率计付利息，不分段计息。如储户提前支取，全部提前支取或部分提前支取的部分，按支取日挂牌公告的活期储蓄利率计息，未提前支取的部分，仍按原存单所定利率计付利息。

5. 其他储种的计结息规则是什么？

答：目前，除活期储蓄存款和整存整取定期存款计结息规则由人民银行确定外，其他储种的计结息规则由商业银行法人（农村信用社以县联社为单位）以不超过人民银行同期限档次存款利率上限为原则，自行确定并提前告知客户。客户可向商业银行查询该行的计结息规则。

6. 人民币储蓄存款业务的年利率、月利率和日利率如何换算？

答：我国一般公布人民币存款年利率。由于存款期限不同，银行计算利息时需将年利率换算成月利率和日利率，换算公式为：

月利率（‰）=年利率（%）÷12

日利率（‱）=年利率（%）÷360

年利率除以360换算成日利率，而不是除以365或闰年实际天数366。依据惯例，我国按9的倍数确定年利率数据，年利率换算成日利率除以360，可除尽。中央银行或商业银行在确定利率水平时，已经考虑了年利率、月利率和日利率之间的换算关系。

7. 银行采用什么方法计算利息？

答：银行主要采用积数计息法和逐笔计息法计算利息。积数计息法便于对计息期间账户余额可能会发生变化的储蓄存款计算利息。因此，银行主要对活期性质的储蓄账户采取积数计息法计算利息，包括活期存款、零存整取、通知存款。而对于定期性质的存款，包括整存整取、整存零取、存本取息、定活两便，银行采用逐笔计息法计算利息。

8. 什么是积数计息法？

答：积数计息法就是按实际天数每日累计账户余额，以累计积数乘以日利率计算利息的方法。积数计息法的计息公式为：

利息=累计计息积数×日利率

其中累计计息积数=账户每日余额合计数。

例：某储户活期储蓄存款账户变动情况如下表（单位：人民币元），银行计算该储户活期存款账户利息时，按实际天数累计计息积数，按适用的活期储蓄存款利率计付利息。

银行每季末月20日结息，2007年3月20日适用的活期存款利率为0.72%。因此，到2007年3月20日营业终了，银行计算该活期存款的利息为：

利息=累计计息积数×日利率

=（320000+252000+120000）×（0.72%÷360）

=13.84元

日期	存入	支取	余额	计息期	天数	计息积数
2007.1.2	10000		10000	2007.1.2～2007.2.2	32	32×10000=320000
2007.2.3		3000	7000	2007.2.3～2007.3.10	36	36×7000=252000
2007.3.11	5000		12000	2007.3.11～2007.3.20	10	10×12000=120000
2007.3.20			12000			

9. 什么是逐笔计息法？

答：逐笔计息法是按预先确定的计息公式逐笔计算利息的方法。采用逐笔计息法时，银行在不同情况下可选择不同的计息公式。

（1）计息期为整年（月）时，计息公式为：利息=本金×年（月）数×年（月）利率

（2）计息期有整年（月）又有零头天数时，计息公式为：利息=本金×年（月）数×年（月）利率+本金×零

头天数×日利率

（3）银行也可不采用第一、第二种计息公式，而选择以下计息公式：利息=本金×实际天数×日利率，其中实际天数按照“算头不算尾”原则确定，为计息期间经历的天数减去一。逐笔计息法便于对计息期间账户余额不变的储蓄存款计算利息，因此，银行主要对定期储蓄账户采取逐笔计息法计算利息。

例：某客户2007年3月1日存款10000元，定期六个月，当时六个月定期储蓄存款的年利率为2.43%，客户在到期日（即9月1日）支取，利息是多少？

（1）这笔存款计息为6个月，属于计息期为整年（月）的情况，银行可选择“利息=本金×年（月）数×年（月）利率”的计息公式。

利息=10000×6×（2.43%÷12）=121.50元

（2）银行也可选择“利息=本金×实际天数×日利率”的计息公式，这笔存款的计息期间为2007年3月1日至9月1日，计息的实际天数为184天。

利息=10000×184×（2.43%÷360）=124.20元

由于不同计息公式计算利息存在差异，请储户在存款时向银行咨询计息方法的相关情况。

10. 为什么有时同一储蓄业务，在不同银行的利息存在差异？

答：随着利率市场化的推进，各商业银行在计算存款利息时，可能存在差异。利息差异主要来源于几个方面：一是商业银行在政策允许范围内可对存款利率下浮，各商业银行存款利率可能不同。储户在存款时应了解具体的存款利率水平，选择合适的银行；二是计结息规则不同，因复利因素造成利息差异；三是利息计算方法不同也会导致利息差异，如定期存款是采用整年整月加零头天数还是按存期实际天数计算利息即会导致利息差异。人民银行规定，商业银行应将存款计结息规则和计息方法告知客户，客户亦可向银行咨询相关信息，以便自主选择银行办理储蓄业务。

二、个人金融统计

(一) 中国工商银行个人金融业务统计

2007 年中国工商银行个人金融业务统计

单位：万元，%

		余额	同比增减额	同比增幅
个人储蓄存款	本币	319514974.52	-2200093.95	-0.68%
	外币	670292.12	-201621.15	-23.12%
	本外币合计	324411190.35	-4112387.30	-1.25%
个人贷款	信用卡	824000.96	307465.59	59.52%
	汽车贷款	1499091.81	152907.83	11.36%
	住房按揭贷款	53633095.14	12610248.42	30.74%
	其他	19255108.32	4529771.50	30.76%
	合计	75211296.24	17600393.33	30.55%
个人信贷业务利息收入	信用卡	79921.89	25047.97	45.65%
	零售贷款	4065334.49	1013321.07	33.20%
	其他	0.00	0.00	
	合计	4145256.38	1038369.04	33.42%
手续费和佣金收入	个人理财服务	117163.96	92127.32	367.97%
	汇款和结算服务	222188.47	33183.97	17.56%
	代收代付	30731.00	3181.23	11.55%
	与银行卡相关的服务	343331.69	91853.22	36.53%
	其他	1482944.59	1049194.30	241.89%
合计		2196359.71	1269540.04	136.98%

注：数据为境内分行合计。

2008年中国工商银行个人金融业务统计

单位：万元，%

		余额	同比增减额	同比增幅
个人储蓄存款	本币	396229716.39	76714741.86	24.01%
	外币	701542.93	31250.81	4.66%
	本外币合计	401024481.71	76613291.36	23.62%
个人贷款	信用卡	1709736.84	885735.88	107.49%
	汽车贷款	1690437.81	191346.00	12.76%
	住房按揭贷款	59737348.51	6104253.36	11.38%
	其他	19796601.10	541492.78	2.81%
	合计	82934124.26	7722828.01	10.27%
个人信贷业务利息收入	信用卡	109811.78	29889.89	37.40%
	零售贷款	5568014.97	1502680.48	36.96%
	其他	0.00	0.00	
	合计	5677826.75	1532570.36	36.97%
手续费和佣金收入	个人理财服务	236828.07	119664.11	102.13%
	汇款和结算服务	242435.51	20247.04	9.11%
	代收代付	29806.01	-924.99	-3.01%
	与银行卡相关的服务	496243.63	152911.94	44.54%
	其他	854744.16	-628200.43	-42.36%
	合计	1860057.37	-336302.34	-15.31%

注：数据为境内分行合计。

2008 年中国工商银行人民币储蓄存款

单位：万元

分行	储蓄存款合计	其中		比上月末增减	其中		比年初增减	其中		去年同期比上月末增减	去年同期比年初增减	完成全年任务%
		活期储蓄	定期储蓄		活期储蓄	定期储蓄		活期储蓄	定期储蓄			
全行合计	388700895	129353212	259347678	10895015	7180535	3714484	74936153	16996820	57939339	7585225	-3152747	374.68
北　京	41749045	11788170	29960875	1346952	805009	541942	9108686	1148494	7960192	964820	-490677	433.75
天　津	7679640	1963510	5716130	361751	189979	171772	1498418	173716	1324702	90821	-43652	624.34
河　北	18687822	5654346	13033476	838586	572206	266379	4043458	1186691	2856767	273237	534050	449.27
山　西	13463137	4400756	9062381	202464	93287	109178	3166953	1039557	2127396	110291	872179	452.42
内蒙古	6300148	3026663	3273486	55201	32203	22998	949555	483533	466022	-6521	307600	263.77
辽　宁	13453651	3294462	10159189	333460	178986	154474	1915876	291302	1624575	64198	-166569	252.09
吉　林	8132152	2492400	5639752	310509	192923	117586	1187235	194798	992438	82514	-257500	329.79
黑龙江	12085125	3256555	8828570	219092	141308	77784	1768830	389666	1379163	239984	-52097	315.86
上　海	30868244	8641860	22226384	986576	524319	462257	7005583	742931	6262652	1276296	-1633210	467.04
江　苏	23680180	6023601	17656578	628807	325427	303380	4765589	786813	3978776	818353	27547	410.83
浙　江	18738235	6393037	12345198	257172	265636	-8463	3789893	842006	2947888	783162	-45773	344.54
安　徽	10118758	2997607	7121151	88172	72505	15667	1670600	318184	1352416	69582	333457	298.32
福　建	7340810	2897215	4443595	398795	248809	149987	1662759	504140	1158620	230984	-266565	461.88
江　西	6332321	2822311	3510009	130016	148053	-18037	1097766	333280	764486	-14627	21119	304.94
山　东	16236930	4678424	11558506	266689	173798	92891	2884864	589118	2295746	158534	380834	379.59
河　南	13021548	4537488	8484059	27343	5687	21656	2233299	771374	1461926	-74415	-713351	319.04
湖　北	11101977	3868360	7233617	289555	221450	68106	2080409	527274	1553135	82680	-260707	371.50
湖　南	9193223	3650562	5542661	418974	346762	72213	1608451	527832	1080619	87037	241996	287.22
广　东	41425678	16870700	24554977	919786	644424	275363	7097642	1404346	5693297	1034885	-976734	322.62
广　西	6787718	3158378	3629340	244353	193424	50929	1178741	462603	716138	36036	-117688	327.43
海　南	2170160	1003908	1166251	26520	28664	-2143	414852	153260	261592	55572	79403	414.85
重　庆	5344913	1830733	3514180	115779	89990	25789	792736	231253	561484	95313	-80755	264.25
四　川	13280951	4321142	8959809	290688	227093	63595	2704671	891886	1812786	54063	-133523	355.88
贵　州	4523761	1895430	2628331	114418	96360	18058	758628	204378	554250	62162	124912	379.31
云　南	5931011	2282146	3648865	346021	257793	88228	1093620	341500	752120	42006	-256331	364.54
陕　西	9601239	3510520	6090718	308796	215362	93434	1879503	730652	1148850	113549	-79074	335.63
甘　肃	4563359	1538208	3025151	131392	95366	36027	854671	261412	593259	35113	5571	427.34
青　海	1285210	512668	772542	85222	59041	26181	291405	96114	195291	26446	9176	728.51
宁　夏	1145229	530369	614860	39195	25766	13429	241496	105444	136052	8870	11788	603.74
新　疆	5170993	1870405	3300588	251656	172914	78741	950174	239332	710843	146398	-185997	365.45
大　连	3990969	1009256	2981713	231938	115516	116422	886475	121663	764811	57850	-236001	633.20
宁　波	3224167	1060566	2163601	90483	56597	33886	675685	108437	567248	120110	-84386	482.63
厦　门	1769306	782761	986545	90303	62720	27582	414693	113336	301357	94794	-13430	414.69
青　岛	3378030	912001	2466029	80650	45381	35269	602508	61983	540525	85375	51504	430.36
深　圳	6925255	3876694	3048561	367701	255777	111924	1660429	618512	1041917	279753	-59863	296.51

注：报表中不包含信用卡部分

2008 年中国工商银行外币储蓄存款

单位：万美元

分行	储蓄存款合计	其中		比上月末增减	其中		比年初增减	其中		去年同期比上月末增减	去年同期比年初增减
		活期储蓄	定期储蓄		活期储蓄	定期储蓄		活期储蓄	定期储蓄		
全行合计	691345	230659	460688	15366	-2828	18195	30823	12283	18535	-29816	-201629
北　京	147956	45260	102696	5566	199	5367	7344	180	7164	-5663	-35588
天　津	11261	3141	8120	147	-90	237	185	-160	344	-1585	-2835
河　北	6381	2653	3729	-299	-364	64	736	1362	-627	-575	-577
山　西	5503	2084	3419	-334	-434	100	645	436	209	-12	254
内蒙古	3436	1274	2162	15	-74	89	595	467	127	-164	-784
辽　宁	8964	1809	7156	37	-125	162	-790	32	-822	-544	-2539
吉　林	9134	3214	5920	-91	-159	68	-1221	-234	-988	-305	-2453
黑龙江	7956	3895	4060	-229	-240	12	-2120	-1279	-841	120	-2092
上　海	140188	46197	93991	6893	741	6152	15602	5385	10217	-3984	-27768
江　苏	26574	8298	18276	313	-569	882	433	1023	-590	-1422	-11459
浙　江	36324	13867	22457	1163	1438	-275	11608	5754	5854	370	-8407
安　徽	4244	1582	2663	-249	-319	70	304	187	117	-418	-76
福　建	15635	5299	10336	-260	-396	136	-2018	99	-2117	-862	-7851
江　西	4975	2017	2958	-187	-265	78	570	322	248	-149	-822
山　东	11385	3833	7551	-393	-547	155	1134	1582	-448	-737	-2076
河　南	7399	2395	5005	178	102	77	576	937	-361	-476	-2033
湖　北	7047	1979	5068	28	-97	126	411	473	-62	-573	-2039
湖　南	5961	1404	4557	-311	-361	50	-197	229	-426	-366	-1669
广　东	141435	42258	99178	2572	-82	2653	-5415	-5882	467	-6822	-62831
广　西	3545	1754	1791	-241	-262	21	265	335	-70	-155	-378
海　南	2161	1098	1063	-42	-73	31	-10	-44	34	-32	-5
重　庆	2938	817	2121	-73	-123	50	-90	62	-152	-119	-799
四　川	7283	2284	4999	82	-179	261	132	366	-234	-324	-1371
贵　州	1364	772	591	-221	-221	0	312	374	-62	-61	87
云　南	2442	1350	1092	-445	-462	17	269	480	-211	-435	-427
陕　西	3489	1052	2438	-139	-187	48	-39	68	-107	-189	-370
甘　肃	1155	676	479	-203	-206	2	425	391	34	-167	-95
青　海	907	709	198	2	4	-1	540	560	-20	1	53
宁　夏	516	354	162	-15	-19	4	220	211	9	-76	-35
新　疆	2943	1505	1438	-200	-231	31	221	210	11	123	-51
大　连	10041	2449	7592	60	-140	199	-1090	-425	-665	-293	-4136
宁　波	3913	1210	2703	-138	-184	46	276	448	-172	-216	-874
厦　门	4592	1688	2903	43	-36	79	599	454	145	-152	-1264
青　岛	8123	1914	6210	176	-37	213	-89	77	-167	-529	-1629
深　圳	34175	18568	15606	2161	1170	991	500	-2197	2697	-3025	-16690

（二）中国农业银行个人金融业务统计

2007年中国农业银行个人金融业务统计

（截至2007年12月末）

单位：亿元、%

		2007年末	同比增减额	同比增幅
个人储蓄存款	本币	29657.27	1903.48	6.86%
	外币（美元）	26.34	-3.66	-12.20%
	本外币合计	29849.65	1861.61	6.65%
个人贷款	信用卡	44.55	18.81	73.08%
	汽车贷款	143.92	-40.47	-21.95%
	住房按揭贷款	2985.94	694.21	30.29%
	其他	1226.09	116.86	10.54%
	合计	4400.49	789.41	21.86%
个人信贷业务利息收入	信用卡	3.26	0.39	13.59%
	零售贷款	240.75	30.82	14.68%
	其他			
	合计	244.01	31.21	14.67%
手续费和佣金收入	个人理财服务	1.09	0.89	445.00%
	汇款和结算服务	3.65	-0.05	-1.35%
	代收代付	5.10	-0.02	-0.39%
	与银行卡相关的服务	98.73	20.09	25.55%
	其他	80.90	56.40	230.20%
	合计	189.47	77.31	68.93%

备注：

一、个人贷款统项中，“其他”统计口径为：个人一般消费贷款、助学贷款、个人生产经营贷款和个人综合授信贷款。

二、个人信贷业务利息收入中，“零售贷款”统计口径为：个人房地产贷款利息收入、个人汽车贷款利息收入、消费贷款利息收入、个人综合授信贷款利息收入、助学贷款利息收入和个人生产经营贷款利息收入。

三、手续费和佣金收入中，“汇款和结算服务”统计口径为个人电子汇划手续费收入加其他个人结算手续费收入，“其他”统计口径为：代理保险手续费收入、代理基金手续费收入、国债手续费收入、电子银行收入、存折小额账户管理费收入、个人存款证明收入。

2008年中国农业银行个人金融业务统计

（截至2008年12月末）　　单位：亿元、%

		2008年末	同比增减额	同比增幅
个人储蓄存款	本币	37227.63	7570.36	25.53%
	外币（美元）	23.21	-3.13	-11.88%
	本外币合计	37386.25	7536.58	25.25%
个人贷款	信用卡	79.01	34.46	77.35%
	汽车贷款	93.97	-49.94	-34.70%
	住房按揭贷款	3193.88	207.94	6.96%
	其他	1157.97	-68.12	-5.56%
	合计	4524.83	124.34	2.83%
个人信贷业务利息收入	信用卡	4.18	0.92	28.22%
	零售贷款	320.50	79.76	33.13%
	其他			
	合计	324.68	80.68	33.06%
手续费和佣金收入	个人理财服务	2.10	1.00	90.91%
	汇款和结算服务	3.13	-0.52	-14.25%
	代收代付	5.39	0.29	5.69%
	与银行卡相关的服务	128.23	29.49	29.87%
	其他	56.06	-23.94	-29.93%
	合计	194.91	6.32	3.35%

备注：

一、个人贷款统项中，“其他”统计口径为：个人一般消费贷款、助学贷款、个人生产经营贷款和个人综合授信贷款。

二、个人信贷业务利息收入中，“零售贷款”统计口径为：个人房地产贷款利息收入、个人汽车贷款利息收入、消费贷款利息收入、个人综合授信贷款利息收入、助学贷款利息收入和个人生产经营贷款利息收入。

三、手续费和佣金收入中，“汇款和结算服务”统计口径为个人电子汇划手续费收入加其他个人结算手续费收入，“其他”统计口径为：代理保险手续费收入、代理基金手续费收入、国债手续费收入、电子银行收入、存折小额账户管理费收入、个人存款证明收入。

（三）中国银行个人金融业务统计

2007 年中国银行个人金融业务统计

（截至 2007 年 12 月末）

单位：万元；%

		2007 年末	同比增减额	同比增幅
个人储蓄存款	本币	161770086	1515191	0.95%
	外币	17817697	-6019748	-25.25%
	本外币合计	179587783	-4504557	-2.45%
个人贷款	信用卡	532111	244049	84.72%
	汽车贷款	3426277	796289	30.28%
	住房按揭贷款	49417300	11924444	31.80%
	其他	5297778	1251662	30.93%
	合计	58673466	14216444	31.98%
个人信贷业务利息收入	信用卡	34525	10804	45.54%
	零售贷款	3154015	908507	40.46%
	其他	-	-	-
	合计	3188540	919311	40.51%
手续费和佣金收入	个人理财服务	8924	8873	17235.41%
	汇款和结算服务	70137	18524	35.89%
	代收代付	16810	3106	22.66%
	与银行卡相关的服务	229595	55857	32.15%
	其他	78363	19231	32.52%
	合计	403830	105590	35.40%

注：1. 个人理财服务的手续费和佣金收入包括委托理财、QDII 两项业务，不包括结构性理财的利差业务收入。其中的委托理财业务于 2007 年开展，2006 年无业务收入，故增长率较高。

2. 外币储蓄存款已折算成人民币。

2008年中国银行个人金融业务统计

（截至2008年12月末）　　单位：万元；%

		2008年末	同比增减额	同比增幅
个人储蓄存款	本币	202066978	40296892	24.91%
	外币	17554101	-263595	-1.56%
	本外币合计	219607178	40019395	22.28%
个人贷款	信用卡	1068890	536779	100.88%
	汽车贷款	3926619	500342	14.60%
	住房按揭贷款	54569599	5152299	10.43%
	其他	5955706	657928	12.42%
	合计	65520814	6847347	11.67%
个人信贷业务利息收入	信用卡	57683	23158	67.07%
	零售贷款	4253824	1099809	34.87%
	其他	-	-	-
	合计	4311507	1122967	35.22%
手续费和佣金收入	个人理财服务	29651	20727	232.26%
	汇款和结算服务	81332	11195	15.96%
	代收代付	20932	4122	24.52%
	与银行卡相关的服务	297087	67492	29.40%
	其他	212809	134446	171.57%
	合计	641811	237981	58.93%

注：1. 个人理财服务的手续费和佣金收入包括委托理财、QDII两项业务，不包括结构性理财的利差业务收入。

2. 外币储蓄存款已折算成人民币。

（四）中国建设银行个人金融业务统计

2007年中国建设银行个人金融业务统计

（截至2007年12月末）

单位：万元;%

		2007年末	同比增减额	同比增幅
个人储蓄存款	本币	228609867	12849667	5.96%
	外币	393840	-213360	-35.14%
	本外币合计	231486471	10986771	4.98%
个人贷款	信用卡	1004965	539767	116.00%
	汽车贷款	1016006	-195401	-16.13%
	住房按揭贷款	61145632	12770538	26.40%
	其他	9112723	765307	9.17%
	合计	72279326	13880212	23.77%
个人信贷业务利息收入	信用卡	51780	28269	120.00%
	零售贷款	4028174	1187693	41.81%
	其他	0	0	0.00%
	合计	4079954	1215962	42.46%
手续费和佣金收入	个人理财服务	34283	27919	438.77%
	汇款和结算服务	130751	-7197	-5.22%
	代收代付	11589	1038	9.84%
	与银行卡相关的服务	498370	136779	37.83%
	其他	1448191	1166132	413.44%
	合计	2123184	1324672	165.89%

2008年中国建设银行个人金融业务统计

（截至2008年12月末） 单位：万元；%

		2008年末	同比增减额	同比增幅
个人储蓄存款	本币	291089594	62479728	27.33%
	外币	363326	-30514	-7.75%
	本外币合计	293568386	62081914	26.82%
个人贷款	信用卡	2292364	1287399	128.00%
	汽车贷款	933212	-82794	-8.15%
	住房按揭贷款	68709314	7563682	12.37%
	其他	10155734	1043011	11.45%
	合计	82090624	9811298	13.57%
个人信贷业务利息收入	信用卡	110116	58336	113.00%
	零售贷款	5244417	1216244	30.19%
	其他	0	0	0.00%
	合计	5354533	1274580	31.24%
手续费和佣金收入	个人理财服务	117455	83172	242.61%
	汇款和结算服务	125962	-4790	-3.66%
	代收代付	11855	265	2.29%
	与银行卡相关的服务	678209	179839	36.09%
	其他	855917	-592274	-40.90%
	合计	1789397	-333787	-15.72%

（五）交通银行个人金融业务统计

2007 年交通银行个人金融业务统计

（截至 2007 年 12 月末）

单位：万元；%

		2007 年末	同比增减额	同比增幅
个人储蓄存款	本币	47423700	4062600	9.37%
	外币	1932030	-619072	-
	本外币合计	49355730	3443528	7.50%
个人贷款	信用卡	787814	584507	287.50%
	汽车贷款	453369	61210	15.61%
	住房按揭贷款	10124423	2692696	36.23%
	其他	4378647	1201975	37.84%
	合计	15744253	4540388	40.53%
个人信贷业务利息收入	信用卡	26987	16921	168.09%
	零售贷款	785600	225600	40.29%
	其他	-	-	-
	合计	812587	242521	42.54%
手续费和佣金收入	个人理财服务	198200	175841	786.44%
	汇款和结算服务	4454	3595	418.51%
	代收代付	2467	1765	251.42%
	与银行卡相关的服务	169152	56970	50.78%
	其他	2457	2124	637.84%
	合计	376730	240295	176.12%

2008年交通银行个人金融业务统计

（截至2008年12月末）　　单位：万元；%

		2008年末	同比增减额	同比增幅
个人储蓄存款	本币	58591300	11167600	23.55%
	外币	1620347	-187371	-
	本外币合计	60211647	10980229	22.30%
个人贷款	信用卡	2031412	1243598	157.85%
	汽车贷款	427028	-26341	-
	住房按揭贷款	11346303	1221880	12.07%
	其他	5279000	900353	20.56%
	合计	19083743	3339490	21.21%
个人信贷业务利息收入	信用卡	120858	93871	347.84%
	零售贷款	1140800	355200	45.21%
	其他	-	-	-
	合计	1261658	449071	55.26%
手续费和佣金收入	个人理财服务	139102	-59098	-
	汇款和结算服务	3454	-1000	-
	代收代付	2405	-62	-
	与银行卡相关的服务	213766	44614	26.38%
	其他	6502	4045	164.63%
	合计	365229	-11501	-

三、2007～2008 年全国商业银行个人金融机构排行榜

（一）中国工商银行 2007～2008 年储蓄机构排行榜

2007 年中国工商银行储蓄机构排行榜

单位：万元，%

名次	分行	储蓄机构名称	本币余额	外币（折美元）余额	本外币余额	员工人数
1	上海	徐汇华山路支行	281980.00	2770.00	302215.00	33
2	北京	翠微路支行公主坟支行	269377.67	4007.25	298649.02	60
3	北京	中关村支行东升路支行	272439.48	2559.70	291137.05	45
4	上海	分行营业部营业厅	273181.00	2258.00	289672.00	31
5	北京	朝阳支行	259223.29	1761.83	272092.77	63
6	上海	黄浦斜桥支行	259850.00	1180.00	268470.00	27
7	上海	静安南京西路支行	236411.00	2214.00	252583.00	29
8	北京	方庄支行东高地支行	234120.15	635.65	238763.31	42
9	上海	虹桥古北新区支行	222214.00	2034.00	237073.00	20
10	上海	黄浦南京东路第三支行	212497.00	2645.00	231818.00	27
11	北京	翠微路支行玉东支行	209503.47	1776.80	222482.26	43
12	北京	海淀支行北太平庄支行	210889.22	1102.11	218939.66	45
13	上海	静安静安寺支行	196280.00	1806.00	209468.00	31
14	上海	长宁延安西路支行	191903.00	1890.00	205707.00	19
15	北京	方庄支行营业部	191187.71	1935.48	205325.63	57
16	上海	杨浦鞍山路支行	193050.00	1396.00	203250.00	21
17	上海	徐汇陕西南路支行	179961.00	3117.00	202728.00	25
18	北京	南礼士路支行三里河支行	188786.98	1851.41	202310.79	36
19	上海	闵行莘庄支行	189201.00	1027.00	196701.00	36
20	北京	南礼士路支行百万庄储蓄所	180134.82	2243.96	196526.02	35
21	上海	徐汇田林路支行	182354.00	1669.00	194548.00	20
22	北京	翠微路支行永定路北支行	187338.73	804.07	193212.10	37
23	北京	新街口支行德胜科技园支行	174791.84	857.20	181053.36	27
24	上海	虹口曲阳路支行	168282.00	1478.00	179080.00	20
25	北京	东城支行营业室	171043.64	1077.55	178914.72	65

2007 年中国工商银行前 25 名储蓄机构简介

一、上海徐汇华山路支行

该网点本外币储蓄存款余额为 302215 万元，其中人民币储蓄存款 281980 万元，外币储蓄存款 2770 万美元，员工 33 名，该网点业务发展迅猛。

二、北京翠微路支行公主坟支行

该网点本外币储蓄存款余额为 298649.02 万元，其中人民币储蓄存款 269377.67 万元，外币储蓄存款 4007.25 万美元，员工 60 名，该网点规模较大。

三、北京中关村支行东升路支行

该网点本外币储蓄存款余额为 291137.05 万元，其中人民币储蓄存款 272439.48 万元，外币储蓄存款 2559. 7 万美元，员工 45 名，该网点业务发展速度较快。

四、上海分行营业部营业厅

该网点本外币储蓄存款余额为 289672 万元，其中人民币储蓄存款 273181 万元，外币储蓄存款 2258 万美元，员工 31 名，该网点业务较全面。

五、北京朝阳支行

该网点本外币储蓄存款余额为 272092.77 万元，其中人民币储蓄存款 259223.29 万元，外币储蓄存款 1761.83 万美元，员工 63 名，该网点外币业务发展迅速。

六、上海黄浦斜桥支行

该网点本外币储蓄存款余额为 268470 万元，其中人民币储蓄存款 259850 万元，外币储蓄存款 1180 万美元，员工 27 名，该网点业务发展迅猛。

七、上海静安南京西路支行

该网点本外币储蓄存款余额为 252583 万元，其中人民币储蓄存款 236411 万元，外币储蓄存款 2214 万美元，员工 29 名，该网点外币业务稳步发展。

八、北京方庄支行东高地支行

该网点本外币储蓄存款余额为 238763.31 万元，其中人民币储蓄存款 234120.15 万元，外币储蓄存款 635.65 万美元，员工 42 名，该网点主要办理人民币业务。

九、上海虹桥古北新区支行

该网点本外币储蓄存款余额为 237073 万元，其中人民币储蓄存款 222214 万元，外币储蓄存款 2034 万美元，员工 29 名，该网点外币业务增长较好。

十、上海黄浦南京东路第三支行

该网点本外币储蓄存款余额为 231818 万元，其中人民币储蓄存款 212497 万元，外币储蓄存款 2645 万美元，员工 29 名，该网点外币业务增势良好。

十一、北京翠微路支行玉东支行

该网点本外币储蓄存款余额为 222482.26 万元，其中人民币储蓄存款 209503.47 万元，外币储蓄存款 1776.8 万美元，员工 43 名，该网点人民币业务增势良好。

十二、北京海淀支行北太平庄支行

该网点本外币储蓄存款余额为 218939.66 万元，其中人民币储蓄存款 210889.22 万元，外币储蓄存款 1102.11 万美元，员工 45 名，该网点各项业务发展迅速。

十三、上海静安静安寺支行

该网点本外币储蓄存款余额为 209468 万元，其中人民币储蓄存款 196280 万元，外币储蓄存款 1806 万美元，员工 31 名，该网点人民币业务增势良好。

十四、上海长宁延安西路支行

该网点本外币储蓄存款余额为 205707 万元，其中人民币储蓄存款 191903 万元，外币储蓄存款 1890 万美元，员工 19 名，该网点各项业务增势良好。

十五、北京方庄支行营业部

该网点本外币储蓄存款余额为 205325.63 万元，其中人民币储蓄存款 191187.71 万元，外币储蓄存款 1935.48 万美元，员工 57 名，该网点各项业务稳定增长。

十六、上海杨浦鞍山路支行

该网点本外币储蓄存款余额为 203250 万元，其中人民币储蓄存款 193050 万元，外币储蓄存款 1396 万美元，员工 21 名，该网点各项业务增势迅猛。

十七、上海徐汇陕西南路支行

该网点本外币储蓄存款余额为 202728 万元，其中人民币储蓄存款 179961 万元，外币储蓄存款 3117 万美元，员工 25 名，该网点外汇业务增势迅猛。

十八、北京南礼士路支行三里河支行

该网点本外币储蓄存款余额为 202310.79 万元，其中人民币储蓄存款 188786.98 万元，外币储蓄存款 1851.41 万美元，员工 36 名，该网点本外币业务稳定增长。

十九、上海闵行莘庄支行

该网点本外币储蓄存款余额为 196701 万元，其中人民币储蓄存款 189201 万元，外币储蓄存款 1027 万美元，员工 36 名，该网点各项业务稳定增长。

二十、北京南礼士路支行百万庄储蓄所

该网点本外币储蓄存款余额为196526.02万元，其中人民币储蓄存款180134.82万元，外币储蓄存款2243.96万美元，员工35名，该网点外币业务规模较大。

二十一、北海闵徐汇田林路支行

该网点本外币储蓄存款余额为194548万元，其中人民币储蓄存款182354万元，外币储蓄存款1669万美元，员工20名，该网点各项业务发展十分迅速。

二十二、北京翠微路支行永定路北支行

该网点本外币储蓄存款余额为193212.1万元，其中人民币储蓄存款187338.73万元，外币储蓄存款804.07万美元，员工37名，该网点人民币业务规模较大发展迅速。

二十三、北京新街口支行德胜科技园支行

该网点本外币储蓄存款余额为181053.36万元，其中人民币储蓄存款174791.84万元，外币储蓄存款857.2万美元，员工27名，该网点各项业务平稳发展。

二十四、上海虹口曲阳路支行

该网点本外币储蓄存款余额为179080万元，其中人民币储蓄存款168282万元，外币储蓄存款1478万美元，员工20名，该网点各项业务发展十分迅速。

二十五、北京新街口支行德胜科技园支行

该网点本外币储蓄存款余额为178914.72万元，其中人民币储蓄存款171043.64万元，外币储蓄存款1077.55万美元，员工65名，该网点储蓄业务稳定发展。

2008年中国工商银行储蓄机构排行榜　　单位：万元；万美元;%；人

名次	分行	网点名称	储蓄存款			员工人数
			本币余额	外币余额	本外币合计	
1	上海	分行营业部营业厅	368894.00	2450.00	385638.77	32
2	上海	徐汇华山路支行	358264.00	2746.00	377031.81	33
3	北京	中关村支行东升路支行	338528.82	2418.33	355057.18	43
4	北京	翠微路支行公主坟支行	325445.00	3613.40	350141.13	62
5	北京	朝阳支行营业室	303425.51	1878.18	316262.15	65
6	上海	静安南京西路支行	294450.00	2349.00	310504.48	29
7	上海	黄浦斜桥支行	294397.00	1285.00	303179.46	25
8	北京	方庄支行东高地支行	282276.17	627.76	286566.65	45
9	上海	虹桥古北新区支行	264280.00	2813.00	283505.73	20
10	上海	闵行莘庄支行	260331.00	1356.00	269598.72	36
11	上海	杨浦鞍山路支行	254928.00	1551.00	265528.46	21
12	浙江	解放路支行营业部	256400.00	835.46	262110.03	42
13	广东	广州署前路支行	233428.87	3497.88	257335.48	38
14	北京	海淀支行北太平庄支行	245755.49	1197.33	253938.77	48
15	北京	翠微路支行永定路北支行	247570.40	901.53	253732.01	41
16	上海	黄浦中华路支行	242624.00	1008.00	249513.28	24
17	北京	翠微路支行玉东支行	236790.57	1761.20	248827.67	46
18	北京	南礼士路支行三里河支行	235675.31	1857.12	248367.99	39
19	上海	黄浦南京东路第三支行	230308.00	2462.00	247134.79	29
20	北京	方庄支行营业部	233339.33	1947.58	246650.24	60
21	广东	汕头分行营业部（大厦所）	240000.00	938.00	246410.85	45
22	北京	南礼士路支行百万庄储蓄所	225956.34	1929.22	239141.77	38
23	上海	静安静安寺支行	224133.00	1776.00	236271.25	30
24	上海	长宁延安西路支行	217567.00	2424.00	234134.07	22
25	上海	徐汇田林路支行	220930.00	1752.00	232904.22	20

2008年中国工商银行前25名储蓄机构简介

一、上海分行营业部营业厅

该网点本外币储蓄存款余额为385638.77万元，其中人民币储蓄存款368894万元，外币储蓄存款2450万美元，员工32名，该网点业务较全面。

二、上海徐汇华山路支行

该网点本外币储蓄存款余额为377031.81万元，其中人民币储蓄存款358264万元，外币储蓄存款2746万美元，员工33名，该网点业务发展十分迅猛。

三、北京中关村支行东升路支行

该网点本外币储蓄存款余额为355057.17万元，其中人民币储蓄存款338528.82万元，外币储蓄存款2418.33万美元，员工43名，该网点业务发展速度较快。

四、北京翠微路支行公主坟支行

该网点本外币储蓄存款余额为350141.13万元，其中人民币储蓄存款325445万元，外币储蓄存款3613.39万美元，员工62名，该网点规模较大。

五、北京朝阳支行

该网点本外币储蓄存款余额为316262.15万元，其中人民币储蓄存款303425.51万元，外币储蓄存款1878.18万美元，员工65名，该网点外币业务发展迅速。

六、上海静安南京西路支行

该网点本外币储蓄存款余额为310504.47万元，其中人民币储蓄存款236411万元，外币储蓄存款2349万美元，员工29名，该网点外币业务稳步发展。

七、上海黄浦斜桥支行

该网点本外币储蓄存款余额为303179.46万元，其中人民币储蓄存款294397万元，外币储蓄存款1285万美元，员工25名，该网点业务发展迅猛。

八、北京方庄支行东高地支行

该网点本外币储蓄存款余额为286566.65万元，其中人民币储蓄存款282276.16万元，外币储蓄存款627.76万美元，员工45名，该网点主要办理人民币业务。

九、上海虹桥古北新区支行

该网点本外币储蓄存款余额为283505.72万元，其中人民币储蓄存款264280万元，外币储蓄存款2813万美元，员工20名，该网点外币业务增长较好。

十、上海闵行莘庄支行

该网点本外币储蓄存款余额为269598.71万元，其中人民币储蓄存款260331万元，外币储蓄存款1356万美元，员工36名，该网点各项业务稳定增长。

十一、上海杨浦鞍山路支行

该网点本外币储蓄存款余额为265528.46万元，其中人民币储蓄存款254928万元，外币储蓄存款1551万美元，员工21名，该网点各项业务增势迅猛。

十二、浙江解放路支行

该网点本外币储蓄存款余额为262110.03万元，其中人民币储蓄存款256400万元，外币储蓄存款835.46万美元，员工42名，该网点各项业务增势迅猛。

十三. 广东广州署前路支行

该网点本外币储蓄存款余额为257335.48万元，其中人民币储蓄存款233428.87万元，外币储蓄存款3497.88万美元，员工38名，该网点外币业务增势良好。

十四、北京海淀支行北太平庄支行

该网点本外币储蓄存款余额为253938.77万元，其中人民币储蓄存款245755.48万元，外币储蓄存款1197.33万美元，员工48名，该网点各项业务发展迅速。

十五、北京翠微路支行永定路北支行

该网点本外币储蓄存款余额为253732.01万元，其中人民币储蓄存款247570.39万元，外币储蓄存款901.53万美元，员工41名，该网点人民币业务规模较大发展迅速。

十六、上海黄浦中华路支行

该网点本外币储蓄存款余额为249513.27万元，其中人民币储蓄存款242624万元，外币储蓄存款1008万美元，员工24名，该网点人民币业务增势良好。

十七、北京翠微路支行玉东支行

该网点本外币储蓄存款余额为248827.67万元，其中人民币储蓄存款236790.56万元，外币储蓄存款1761.20万美元，员工46名，该网点人民币业务增势良好。

十八、北京南礼士路支行百万庄储蓄所

该网点本外币储蓄存款余额为248367.99万元，其中人民币储蓄存款235675.31万元，外币储蓄存款1857.12万美元，员工39名，该网点外币业务规模较大。

十九、上海黄浦南京东路第三支行

该网点本外币储蓄存款余额为247134.78万元，其中人民币储蓄存款230308万元，外币储蓄存款2462万美元，员工29名，该网点外币业务增势良好。

二十、北京方庄支行营业部

该网点本外币储蓄存款余额为246650.23万元，其中人民币储蓄存款233339.33万元，外币储蓄存款1947.57万美元，员工60名，该网点各项业务稳定增长。

二十一、广东汕头分行营业部（大厦所）

该网点本外币储蓄存款余额为246410.8548万元，其中人民币储蓄存款240000万元，外币储蓄存款938万美元，员工45名，该网点外币业务增势良好。

二十二、北京南礼士路支行百万庄储蓄所

该网点本外币储蓄存款余额为239141.77万元，其中人民币储蓄存款225956.34万元，外币储蓄存款1929.21万美元，员工38名，该网点外币业务规模较大。

二十三、上海静安静安寺支行

该网点本外币储蓄存款余额为236271.24万元，其中人民币储蓄存款224133万元，外币储蓄存款1776万美元，员工30名，该网点人民币业务增势良好。

二十四、上海长宁延安西路支行

该网点本外币储蓄存款余额为234134.07万元，其中人民币储蓄存款217567万元，外币储蓄存款2424万美元，员工22名，该网点各项业务增势良好。

二十五、上海闵徐汇田林路支行

该网点本外币储蓄存款余额为232904.21万元，其中人民币储蓄存款220930万元，外币储蓄存款1752万美元，员工20名，该网点各项业务发展十分迅速。

（二）中国农业银行2007～2008年储蓄机构排行榜

2007年中国农业银行储蓄机构排行榜　　单位：万元；%；人

名次	储蓄机构名称	储蓄存款						员工人数
		本币		外币		本外币		
		本期值	同比增幅	本期值	同比增幅	本期值	同比增幅	
1	苏州市常熟招商城支行	209420.10	-1.94%	427.35	-32.02%	209847.45	-1.94%	56
2	广东省广州东山三寓支行	185789.55	24.87%	111.01	-5.28%	186600.00	24.62%	21
3	上海市南汇区惠南支行	177247.55	-9.28%	254.97	-15.68%	179110.03	-9.43%	66
4	上海市南汇区周浦镇支行	162128.99	14.65%	120.12	-13.22%	163006.45	14.39%	63
5	广东省广州北秀支行营业部	158255.03	27.75%	396.27	-9.91%	161150.00	26.46%	31
6	上海市川沙城中支行	154074.63	-13.02%	230.80	-9.95%	155760.50	-13.05%	44
7	上海市宝山区友谊支行	150061.21	-7.00%	307.15	-18.76%	152304.81	-7.31%	92
8	上海市五角场翔殷支行	121574.30	-17.20%	748.30	-19.77%	127040.32	-17.56%	79
9	广东省佛山顺德碧桂支行	121289.00	45.47%	338.00	-26.52%	123761.86	42.68%	18
10	天津北辰支行营业部	115253.00	5.72%	60.00	-20.24%	115690.00	5.59%	23
11	上海市嘉定支行营业部	109488.84	-10.79%	253.91	-5.46%	111343.54	-10.80%	68
12	苏州市张家港支行营业部	107861.79	5.14%	2778.05	-19.49%	110639.84	5.01%	42
13	上海市崇明县支行人民路储蓄所	104882.26	-8.62%	698.15	-24.79%	109981.97	-9.87%	22
14	广东省东莞虎门支行营业部	106769.00	3.86%	15.00	-34.78%	107439.89	3.49%	45
15	浙江省温州市分行金融超市	101468.16	2.85%	782.61	-25.97%	107301.97	0.36%	25
16	上海市浦东三林支行	105272.11	1.68%	127.46	-12.63%	106203.12	1.47%	22
17	浙江省金华市义乌福田市场支行	104978.00	34.26%	60.00	30.43%	105416.28	34.20%	25
18	苏州市吴江支行营业部	101922.13	-0.55%	456.65	-47.63%	102378.77	-0.55%	41
19	广东省广州西郊支行	101080.93	10.19%	51.44	-45.66%	101456.68	9.68%	21
20	上海市嘉定区南翔支行	101078.40	2.53%	47.77	6.82%	101427.30	2.52%	34
21	上海市金桥张桥支行	99255.81	2.76%	20.30	-14.30%	99404.08	2.72%	13
22	广东省南海黄岐支行营业部	96231.74	-8.30%	3009.26	-36.90%	99240.75	-8.93%	29
23	广东省南海兴隆支行	95929.00	-0.71%	2252.00	-23.60%	98181.01	-1.38%	10
24	广东省南海支行营业部	93322.00	-5.17%	3356.00	-35.43%	96677.82	-5.30%	41
25	上海市闵行区水清南路支行	95270.56	-1.80%	90.51	-26.77%	95931.68	-2.09%	77

2007年中国农业银行前25名储蓄机构简介

一、苏州市常熟招商城支行

常熟招商城支行坐落于常熟招商城之内，员工42人。常熟招商城是中国最大的服装经营专业市场之一，占地3.71平方公里，城内设有35个专业市场，拥有商铺2.8万个，8万多名来自国内外的经营者在此落户，日均客流量20多万人次。常熟招商城支行是农行系统内的“排头兵”，各项业务指标在系统内名列前列。多年来，该行获得了省级金融先进单位、省级百佳储蓄所、市级十强办事处、市级信用卡先进单位等众多的荣誉称号。截至2008年末，该行各项存款达28.42亿元，其中储蓄存款26.52亿元；当年电子业务结算额达280亿元；当年营销基金、信托等理财产品超5亿元；当年实现利润5650万元，人均创利135万元。

二、广东省广州东山三寓支行

农行广东省广州三寓支行成立于1994年11月，该网点位于农林下路商贸区旁三寓宾馆首层，营业面积231平方，截至2007年底网点人员21人（其中医保所13人），配备取款机、存取款一体机、自助终端和转账易各一台。网点客户多以周边政府部门、事业单位、企业单位员工和周边居民小区居民为主，存款稳定，其中存款余额20万元以上个人贵宾客户有约391户。网点位于繁华商贸区附近，中间业务营销意识较强：2008年网点个人优质客户增量80多户，个人网银开户700户，代理保费收入1400万元，新开贷记卡820户，新开借记卡5400个，以上5项指标排支行前三位。2008年，三寓支行荣获2008年第一季度省营储蓄存款“银鹰展翅”一等奖，保险销售“银鹰展翅”三等奖，贷记卡“银鹰展翅”二等奖；荣获2008年第二季度省营储蓄存款“银鹰展翅”一等奖；荣获2008年第三季度省营储蓄存款“银鹰展翅”一等奖。

三、上海市南汇区惠南支行

惠南支行地处惠南镇中心最繁华的十字街口，客流量较大。营业厅内功能区域分布明显，现有员工71人，其中大专以上学历员工55人，代理制员工13人，有理财经理2名，大堂经理1名，自助银行和本部大厅设有8台存取款机，3台多媒体查询机。

至2008年度末，该行储蓄存款余额22.1亿元，年净增4.1亿元，该行目前三星以上客户有730户。

该行突出建设理财中心，强化团队作用，树立分层服务理念，把更多资源配置到为个人优质客户提供服务，建立一个稳定、持续发展的中高端客户群体，最终实现各种产品销售和业务收入。

该行评为二〇〇七——二〇〇八年度基层先进党支部、上海市分行二〇〇八年度单位先进集体。

四、上海市南汇区周浦镇支行

周浦镇支行地处南汇区周浦镇中心最繁华的康沈路段十字街口，客流量较大。该支行现有员工63人，其中大专以上学历员工38人，代理制员工8人，有理财经理2名，大堂经理2名，自助银行和本部大厅设有8台存取款机，1台多媒体查询机。

至2008年12月31日，该行存款总余额36.8亿元，其中个人储蓄存款28亿元，2008年全年净增加5.2亿元。现有三星级以上客户465户。

该行以科学发展观为统领，牢牢抓住地方经济的重点和热点，在规范业务操作的同时，着力推进市场营销，并进一步完善风险管理机制，通过加强内部管理、强化考核力度，提高制度执行力，从而为本行各项业务的稳定健康地发展打下了扎实的基础。面对国际金融危机的严重形势，在全体员工的共同努力下，各项业务均保持稳定健康发展。

五、广东省广州北秀支行营业部

农行广东省北秀支行营业部位于广州市小北路133号，面积648.94平方米，设有普通服务窗3个，VIP窗2个，非现金窗4个，西联专窗2个。现有自助设备为存取款机2台，ATM1台，自助终端2台，缴款易1台。该网点近三年来个人储蓄业务和国际业务发展迅猛，这主要借助于物业维修资金业务的快速发展，另外，该网点所处的位置是越秀老城区省府和市委所在地，附近有大量有潜力的客户，区内银行众多。但不论从业务量还是业务品种来看，该网点都是广州市农行网点中最大最齐全的，除了有一般的银行业务以外，还有保管箱业务、零余额、西联汇款业务等特色业务。2008年里北秀支行营业部获得省营储蓄存款增量银鹰奖一等奖、代理保险银鹰奖一等奖。

六、上海市川沙城中支行

川沙城中支行地处浦东新区川沙镇，现有在册职工32名，人事代理工13人，其中14人主要从事储蓄工作。2008年以来，城中支行在“大存款”理念的指导下，认真开展储蓄存款吸收工作，通过“抓营销、抓服务、抓管理”的手段，结合资本市场的变化及储蓄存款的规律性变化，有重点的开展储蓄存款吸收工作，至2008年12月31日，该行汇总人民币储蓄存款余额达17.88亿元，比年初增长了2.31亿元。

七、上海市宝山区友谊支行

中国农业银行上海市宝山区友谊支行，原名为中国农业银行上海市宝山支行营业部，于2003年3月更名为中国农业银行上海市宝山区友谊支行，地址是上海市宝山区友谊路134号。至2008年底友谊支行职工人数为92人，干部人数为5人，占地面积为1380平方米。至2008年末，存款规模达66.69亿元，贷款规模达42.33亿元；附行式自助银行1个，离行式自助银行8个，自助设备达52台，是集本外币一体化经营，存、贷、汇一体化经营的多功能、现代化国有商业银行。以市场为向导，以客户为中心是我们的服务宗旨；以满足客户需要，为客户提供方便、快捷、全方位、多功能的金融服务是友谊支行的追求目标。中国农业银行上海市宝山区友谊支行将以一流的设施、良好的信誉、快捷的办事效率，竭诚为广大客户提供多功能、全方位的优质服务。

在友谊支行全体干部员工的共同努力下，2004年获得农行上海分行级金融先进单位，2005年获得农行上海分行级先进工会等荣誉。

八、上海市五角场翔殷支行

中国农业银行上海市五角场翔殷支行，原名中国农业银行上海市五角场支行营业部，地处上海市五角场核心商业圈。支行秉承文明、优质、诚信、创新的服务宗旨，团结进取，开拓创新，以创中国银行业文明规范示范单位及一流金钥匙理财中心为目标，不断地以新思路求新突破、以新举措创新局面，塑造着农行的良好形象。2006年被全国农业银行系统授予“精神文明建设先进单位”；2006年还荣获“上海市金融系统先进基层党组织”和总行“学习型先进小组”等称号。2008年连续十八年共九次荣获“上海市文明单位”称号；荣获首届“中国银行业文明规范示范单位”。截止2008年年底，各项储蓄存款余额达150799万元，比年初增长29225万元；企业存款余额达270148万元，比年初增长24021万元，取得骄人业绩。

九、广东省佛山顺德碧桂支行

农行广东省佛山顺德碧桂支行位于广东省佛山市顺德区北滘镇碧桂园办公楼5—10号，营业面积368平方米，员工18名，是服务碧桂园集团及碧桂园社区中高端客户的社区银行。借助于碧桂园集团2007在香港上市集资的契机，碧桂支行充分利用现金管理平台为碧桂园集团做好资金服务，更好地维系了这一总行级优质房地产客户。2007年末，碧桂园集团在我行存款余额达到14.42亿元。此外，碧桂支行还积极加强个人中高端客户服务，积极加强中间业务产品营销。2007年末本外币储蓄存款余额达12.38亿元，全年增长3.70亿元，实现基金销售7683万元，代理保险保费406万元，销售国债30万元。经过不懈努力，碧桂支行获得全国“青年文明号”、“巾帼文明示范岗”的称号。

十、天津北辰支行营业部

中国农业银行天津分行北辰支行营业部，地处北辰区京津公路东侧，北辰区政府旁，是北辰区的中心地段，一直以来该行坚持“服务立行，效益兴行”的指导思想，狠抓服务，勇于开拓，取得较好经营业绩。截止到2008年12月末，人民币存款余额达到270567万元，比年初增加13541万元，在北辰支行存款余额中的占比达到38%，增量占比达到102%；外币存款余额达到663万美元，在北辰支行外币存款余额中的占比达到96%；人民币贷款余额达到91274万元。新开银行卡11923张，实现卡存款11122万元；办理代理保险业务1400万元；本利丰销售267万元；代利基金销售4530万元；办理国际结算业务13503万美元；中间业务收入585万元，在北辰支行中间业务收入余额中的占比达到29%；实现经营利润6095万元，人均创利243.8万元。

该行现有员工25人，其中女员工21人。他们始终坚持“以服务促经营，以服务求发展，创农行品牌，树农行形象”的指导思想，利用小小的柜台阵地，积极开展服务与营销，多年来取得了非常突出的成绩：2002年度荣获分行级“明星分理处”称号；2004年度荣获分行级“青年文明号”和总行级“教育储蓄先进单位”的称号；2002、2003、2004年度荣获分行级“先进集体”称号；2006年度被评为总行级“先进基层党支部”的荣获；2004～2008年度天津农行“女职工双文明示范岗”称号。

十一、上海市嘉定支行营业部

中国农业银行上海市嘉定支行营业部成立于1979年2月。网点营业面积达1222平方米，配备附行式自助银行，设置自动存取款机5台，自动取款机4台，多媒体自助终端3台。是一家业务功能齐全、设施完善的大型综合型经营网点。

截至2008年12月31日，嘉定支行营业部共有员工68名，其中正副经理2名，个人客户经理（大堂经理、营销经理、理财经理）6名，个人客户经理中有一人拥有AFP认证证书，截至2008年12月31日，嘉定支行营业部本外币存款余额为54.29亿元，其中个人存款余额14.27亿元，本外币贷款余额为16.43亿元；2008年，嘉定支行营业部实现经营利润13945万元，销售各类本外币理财产品3840万元。

十二、苏州市张家港支行营业部

张家港市支行营业部位于张家港市杨舍镇人民中路105号，处于张家港市的行政、金融和商务中心，现有员工40名。该行是张家港支行系统内的“排头兵”，历年来，先后获得江苏省分行青年文明号、苏州分行先进团支部、张家港市文明单位、金融先进单位等众多荣誉称号。截至2008年12月末，该行本外币各项存款余额50.36亿元，其中人民币储蓄存款余额14.25亿元，个人星级客户4464户，当年实现经营利润10359万元，人均创利259万元。

十三、上海市崇明县支行人民路储蓄所

农行崇明县支行人民路储蓄所是崇明县内最大的储蓄网点，它位于崇明县城桥镇人民路58号，位于县城行政中心。储蓄所环境整洁，宽敞明亮，营业面积达333㎡，分上下二层，上层为金钥匙理财中心，底层为营业大厅；拥有三台BCRM存取款机、一台ATM存取款面机和一台多媒体机；现有员工22人，其中大专及大专以上学历有14人，占比70%；有两名AFP理财师和一名CFP理财师，是一支具有较好整体素质的队伍。截至2008年底，人民币储蓄存款余额达104120万元，并拥有三星级以上VIP客户462名。2008年，共销售各类理财产品达1100多万元。同时，

储蓄所十分注重加强精神文明建设，近年来先后获得总分行级“红旗文明岗”、“巾帼文明岗”、“双文明示范岗”和“双十佳”等荣誉称号。

十四、广东省东莞虎门支行营业部

农行广东省东莞虎门支行营业部地处穗港经济走廊东莞市虎门镇商业中心区，营业部面积达2000平方米，现有员工45人，开设20个服务窗口。网点致力于将农行的“理念、服务、形象、理财”洒向虎门大地，以投资理财为营销导向，促进中高端客户数量的不断增长，从而促使网点的功能转型。近年来，通过全体职工的共同努力先后获得“女职工文明示范岗”、“青年文明号”、“先进集体”、“先进职工之家”、“省行县域综合营销十强网点”、“总行全国城乡金融百强网点”等殊荣。

十五、浙江省温州市分行金融超市

农行市分行金融超市作为温州农行的窗口，一直以争创一流业绩作为自己的目标。在被称为金融一条街的温州小南路上，随处可见中国银行、交通银行、工商银行、建设银行、招商银行等标志，可谓是强手林立，如此的竞争环境，市分行金融超市依靠自身的优势，走出了一条成功之路。截至2008年末，市分行金融超市全年各项存款余额达到32.74亿元，其中，储蓄存款14.35亿元。

以优质服务赢得客户。面对不同的客户，要提供不同的服务，让每一位客户都觉得自己受到的是VIP的待遇。为了提高服务质量，金融超市实施每月技能考核制，形成了一股苦练业务技能的风气。中午休息时间、晚上下班之后，都能看见柜员们的苦练，在掌握好业务技能的同时，还要学更多的知识。

注重营销，是继续取得成功的手段。在办理业务的同时，金融超市的柜员们还仔细地发展新的优质客户，在每张新面孔中寻找优质的客源。

十六、上海市浦东三林支行

中国农业银行上海市浦东三林支行位于上海浦东新区三林路487号，南临交通繁忙的三林路，东近三林商业最繁华的灵岩路，地理位置优越。网点设有对公、对私业务区和VIP客户服务区。该网点共有员工23人，配备存取款机等自助设备8台。

截至2008年末，个人储蓄余额13.86亿元，企业存款3.16亿元，代理销售开放式基金、保险等各类产品8千万元，拥有个人VIP客户6600多名。在2008年的浦东分行旺季综合营销竞赛中取得了一等奖的良好佳绩。网点大堂经理陶海萍为总行优秀个人客户经理。

十七、浙江省金华市义乌福田市场支行

义乌农行福田市场支行成立至今仅五年多时间，从无到有，到2008年年末本币存款突破17亿元大关，达到了17.69亿元，比年初净增3.89亿元，其中储蓄存款达150905万元，当年新增45493万元，总量、增量名列全省各储蓄网点前列，2008年储蓄存款增长率为43.16%，人均新增3250万元，超额完成年初预定的目标，银行卡收费402万元，新增网银客户2684余户、新增短信7278户，总量达28412户。该行员工工作热情高涨，福田支行正努力向“资产质量优、存款规模大、员工精神风貌好”的强行目标迈进；在国际商贸城十余家金融机构中，各项指标均处前列。这些成绩的取得，与福田支行全体员工的共同努力息息相关，更离不开上级行领导的关心、指导、帮助。

2008年该行荣获了中华全国总工会“五一劳动奖状”、中国金融工会“五一劳动奖状”、“工人先锋号”等荣誉。

十八、苏州市吴江支行营业部

吴江市支行营业部坐落于吴江市松陵镇最繁华的商业街。松陵镇是吴江市市政府、吴江市经济开发区所在地，东临上海、北靠苏州、南接杭州，经济发展广泛接受上海的辐射，又是吴江市民营企业和外向型企业相对较多的区域，开发区拥有丰富的经济金融资源。吴江市支行营业部是吴江支行系统内“排头兵”，多次获得文明单位等荣誉称号，现有员工42人，平均年龄不到40岁，是一个相对年轻化的业务团队。截至2008年末，该行人民币各项存款余额29.09亿元，其中人民币储蓄存款余额12.86亿元；人民币贷款余额16.98亿元；个人星级客户26955户，星级客户金融资源10.25亿元；当年实现利润1.19亿元，人均创利2388万元。

十九、广东省广州西郊支行

农行广东省广州西郊支行位于广州市荔湾区环市西路101号首层，营业面积322.07平方米。目前网点员工人数21人，设备配置状况如下：4台取款机、2台存取款一体机、2台自助终端、1台汇款易。该网点近三年来储蓄存款不断增长：2006年储蓄余额为9.25亿，2007年储蓄存款余额为10.15亿元，2008年为12.57亿元，2008年余额和增量分居营业部第三和第四名；中间业务方面：贷记卡开卡量2007年为567张，2008年为710张；网银开户量逐年递增：2006年为594户，2007年为617户，2008年为2333户。西郊支行各项业务均堪称我行网点的领头羊，以奋勇争先，开拓进取的拼搏精神获得了一串串的硕果：分别荣获2008年三季度省行营业部银鹰展翅竞赛活动“优质客户增量银鹰奖”二等奖、“网点保险销售银鹰奖”一等奖、“网点基金销售银鹰奖”一等奖、“网上银行银鹰奖”二等奖。

二十、上海市嘉定区南翔支行

中国农业银行上海市嘉定区南翔支行成立于1979年2月，网点营业面积达432平方米，其中营业外厅面积达312平方米。网点配备了附行式自助银行，共设置自动存取款机2台，自动取款机2台，多媒体自助终端1台。截至2008年12月31日，嘉定区南翔支行共有员工34名，其中网点行长1名，个人客户经理（大堂经理、营销经理）2名。截至2008年12月31日，嘉定区南翔支行本外币存款余额为21.67亿元，其中个人存款余额为12.62亿元，本外币贷款余额为3698万元；2008年，嘉定支行营业部实现

经营利润6693万元，销售各类本外币理财产品4197万元。

二十一、上海市金桥张桥支行

中国农业银行上海市金桥张桥支行营业地址在浦东新区佳林路600号，地处浦东新区金桥镇所在地和金桥开发区。成立于1991年9月。截至2008年末，各项存款余额为16.84亿元，其中人民币储蓄余额达到11.92亿元，实现经营利润2079万元。

经营范围：人民币存款，贷款，结算业务，人民币储蓄业务，经中国人民银行批准的代理业务（外币储蓄、外币兑换、外币汇款、因私购汇、西联汇款、汇利丰、个人汇款、国债基金等）以及经中国银行业监督管理委员会批准并由其总（分）行授权的业务。

二十二、广东省南海黄岐支行营业部

农行广东省南海黄岐支行营业部位于佛山市南海区黄岐岐西路，营业面积1000平方米，目前配置人员29人，配备ATM柜员机5台，自助服务终端4台；内设金融超市财富管理中心，设置有VIP客户服务区、现金业务区、非现金业务区、自助服务区、休闲区等多个功能服务区，对客户实行分层服务。全年代理基金销售19200万元，代理保险785.21万元，被评为2006～2007年度中国农业银行保险代理业务（保费增幅最快奖）先进集体。

二十三、广东省南海兴隆支行

农行广东省南海兴隆支行位于佛山市南海区大沥兴隆大街25号，营业面积343平方米，目前配置人员10人；配备ATM柜员机2台，自助服务终端3台。内设VIP客户服务区、自助服务区。全年代理基金销售5135.8万元，代理保险535.93万元。

二十四、广东省南海支行营业部

农行广东省南海支行营业部位于佛山市南海区桂城南海大道北72号金汇大厦，营业面积756平方米，目前培别人员41人；配备ATM柜员机7台，自助服务终端4台。内设金融超市财富管理中心，设置有VIP客户服务区、现金业务区、非现金业务区、自助服务区、休闲区等多个功能服务区，对客户实行分层服务；全年代理基金销售31702万元，代理保险202.68万元。被评为2007年度中国农业银行基金及理财产品销售“双百优”单位。

二十五、上海市闵行区水清南路支行

中国农业银行上海市闵行区水清南路支行，成立于1989年10月25日，是农业银行在上海市闵行区最大的网点机构，占地面积1517平方米，营业厅面积500平方米，业务范围主要包括：人民币存款、贷款、人民币结算；外汇存款、外汇汇款、外币兑换及其他经银监会批准的或总（分）行授权的业务。水清南路支行先后多次获得上级行“金融先进单位”称号，连续6年获得区文明单位荣誉。

在“追求卓越、追求一流”的目标指引下，水清南路支行积极改变经营管理思路、不断优化经营体制和管理机制，努力提高全行经营水平，2008年，在年初储蓄存款余额95270万元的基础上，创造了储蓄存款净增30338万元，人均增长979万元的优异成绩，在主营业务实现重大突破的同时，新兴业务稳步发展，中间业务规模不断扩大，收入结构得到有效改善，经营利润稳步增长，该行各项代理业务发展迅速，2008年代理保险销售3470万元、基金4890万元、第三方存管开户649户，各项业绩系统内名列前茅。

“服务与营销并举”，水清南路支行在全行干部员工的共同努力下，努力提升营销层次与产品服务，不断调整优化客户结构，优质企业客户与个人高端客户的拓展工作取得新进展，业务发展基础进一步夯实。截至2008年底，该行个人高端客户数达到898户，存款余额总计85860万元，占总储蓄存款的68.3%，客户结构得到进一步改善。服务管理方面，该行深入开展网点规范化服务达标活动，全员服务意识和服务质量有了明显提高。

2008年中国农业银行储蓄机构排行榜　　单位：万元；%；人

名次	储蓄机构名称	储蓄存款						员工人数
		本币		外币		本外币		
		本期值	同比增幅	本期值	同比增幅	本期值	同比增幅	
1	苏州市常熟招商城支行	265240.89	26.65%	475.24	18.85%	265716.13	26.64%	50
2	广东省广州东山三寓支行	234454.91	26.19%	87.08	-21.56%	235050.00	25.96%	21
3	上海市南汇区惠南支行	219192.05	23.66%	270.45	6.07%	221040.44	23.41%	66
4	广东省广州北秀支行营业部	198469.15	25.41%	379.97	-4.11%	201066.00	24.77%	31
5	上海市南汇区周浦镇支行	195972.98	20.87%	153.17	27.51%	197019.80	20.87%	63
6	上海市宝山区友谊支行	194231.60	29.43%	292.39	-4.81%	196229.95	28.84%	92
7	上海市川沙城中支行	176854.62	14.79%	287.34	24.50%	178818.48	14.80%	44
8	深圳龙华支行营业部	159714.00	32.47%	200.00	32.03%	161080.92	32.03%	28
9	上海市五角场翔殷支行	150799.34	24.04%	806.63	7.80%	156312.32	23.04%	79
10	天津北辰支行营业部	153139.00	12.82%	66.00	35.00%	153588.00	12.98%	23
11	浙江省金华市义乌福田市场支行	150384.53	43.25%	76.10	28.05%	150905.00	43.16%	25
12	深圳宝安支行营业部	150157.00	31.50%	397.00	-10.90%	152870.00	30.00%	36
13	苏州市张家港支行营业部	142546.36	32.16%	2590.25	-0.35%	145136.61	31.39%	37
14	浙江省温州市分行金融超市	138121.69	36.12%	779.76	-0.10%	143451.07	33.85%	25
15	上海市嘉定支行营业部	140692.23	28.50%	296.10	16.62%	142715.92	28.18%	68
16	广东省东莞虎门支行营业部	139118.00	30.30%	16.00	6.67%	139812.95	30.13%	45
17	上海市浦东三林支行	138653.26	31.71%	152.96	20.01%	139698.68	31.54%	22
18	苏州市吴江支行营业部	128588.78	26.16%	391.26	-8.43%	128980.04	26.02%	42
19	浙江省乐清市柳市支行	127614.47	48.02%	30.14	52.07%	127820.49	48.01%	23
20	上海市闵行区水清南路支行	125608.11	31.84%	131.66	45.46%	126507.92	31.87%	77
21	上海市嘉定区南翔支行	125859.56	24.52%	47.91	0.31%	126187.02	24.41%	34
22	广东省广州流花西郊支行	125452.67	24.11%	36.03	-29.96%	125699.02	23.89%	21
23	深圳龙岗支行营业部	122644.00	22.38%	305.00	-15.74%	124400.00	21.60%	41
24	天津静海支行大邱庄营业部	122269.00	21.56%	6.00	-500.00%	122307.00	21.48%	23
25	上海市金桥张桥支行	119209.49	20.10%	25.27	24.48%	119382.18	20.10%	13

2008年中国农业银行前25名储蓄机构简介

一、苏州市常熟招商城支行

常熟招商城支行坐落于常熟招商城之内，员工42人。常熟招商城是中国最大的服装经营专业市场之一，占地3.71平方公里，城内设有35个专业市场，拥有商铺2.8万个，8万多名来自国内外的经营者在此落户，日均客流量20多万人次。常熟招商城支行是农行系统内的“排头兵”，各项业务指标在系统内名列前列。多年来，该行获得了省级金融先进单位、省级百佳储蓄所、市级十强办事处、市级信用卡先进单位等众多的荣誉称号。截至2008年末，该行各项存款达28.42亿元，其中储蓄存款26.52亿元；当年电子业务结算额达280亿元；当年营销基金、信托等理财产品超5亿元；当年实现利润5650万元，人均创利135万元。

二、广东省广州东山三寓支行

农行广东省广州三寓支行成立于1994年11月，该网点位于农林下路商贸区旁三寓宾馆首层，营业面积231平方，截至2007年底网点人员21人（其中医保所13人），配备取款机、存取款一体机、自助终端和转账易各一台。网点客户多以周边政府部门、事业单位、企业单位员工和周边居民小区居民为主，存款稳定，其中存款余额20万元以上个人贵宾客户有约391户。网点位于繁华商贸区附近，中间业务营销意识较强：2008年网点个人优质客户增量80多户，个人网银开户700户，代理保费收入1400万元，新开贷记卡820户，新开借记卡5400个，以上5项指标排支行前三位。2008年，三寓支行荣获2008年第一季度省营储蓄存款“银鹰展翅”一等奖，保险销售“银鹰展翅”三等奖，贷记卡“银鹰展翅”二等奖；荣获2008年第二季度省营储蓄存款“银鹰展翅”一等奖；荣获2008年第三季度省营储蓄存款“银鹰展翅”一等奖。

三、上海市南汇区惠南支行

惠南支行地处惠南镇中心最繁华的十字街口，客流量较大。营业厅内功能区域分布明显，现有员工71人，其中大专以上学历员工55人，代理制员工13人，有理财经理2名，大堂经理1名，自助银行和本部大厅设有8台存取款机，3台多媒体查询机。

至2008年度末，该行储蓄存款余额22.1亿元，年净增4.1亿元，该行目前三星以上客户有730户。

该行突出建设理财中心，强化团队作用，树立分层服务理念，把更多资源配置到为个人优质客户提供服务，建立一个稳定、持续发展的中高端客户群体，最终实现各种产品销售和业务收入。

该行评为二〇〇七——二〇〇八年度基层先进党支部、上海市分行二〇〇八年度单位先进集体。

四、广东省广州北秀支行营业部

农行广东省北秀支行营业部位于广州市小北路133号，面积648.94平方米，设有普通服务窗3个，VIP窗2个，非现金窗4个，西联专窗2个。现有自助设备为存取款机2台，ATM1台，自助终端2台，缴款易1台。该网点近三年来个人储蓄业务和国际业务发展迅猛，这主要借助于物业维修资金业务的快速发展，另外，该网点所处的位置是越秀老城区省府和市委所在地，附近有大量有潜力的客户，区内银行众多。但不论从业务量还是业务品种来看，该网点都是广州市农行网点中最大最齐全的，除了有一般的银行业务以外，还有保管箱业务、零余额、西联汇款业务等特色业务。2008年里北秀支行营业部获得省营储蓄存款增量银鹰奖一等奖、代理保险银鹰奖一等奖。

五、上海市南汇区周浦镇支行

周浦镇支行地处南汇区周浦镇中心最繁华的康沈路段十字街口，客流量较大。该支行现有员工63人，其中大专以上学历员工38人，代理制员工8人，有理财经理2名，大堂经理2名，自助银行和本部大厅设有8台存取款机，1台多媒体查询机。

至2008年12月31日，该行存款总余额36.8亿元，其中个人储蓄存款28亿元，2008年全年净增加5.2亿元。现有三星级以上客户465户。

该行以科学发展观为统领，牢牢抓住地方经济的重点和热点，在规范业务操作的同时，着力推进市场营销，并进一步完善风险管理机制，通过加强内部管理、强化考核力度，提高制度执行力，从而为本行各项业务的稳定健康地发展打下了扎实的基础。面对国际金融危机的严重形势，在全体员工的共同努力下，各项业务均保持稳定健康发展。

六、上海市宝山区友谊支行

中国农业银行上海市宝山区友谊支行，原名为中国农业银行上海市宝山支行营业部，于2003年3月更名为中国农业银行上海市宝山区友谊支行，地址是上海市宝山区友谊路134号。至2008年底友谊支行职工人数为92人，干部人数为5人，占地面积为1380平方米。至2008年末，存款规模达66.69亿元，贷款规模达42.33亿元；附行式自助银行1个，离行式自助银行8个，自助设备达52台，是集本外币一体化经营，存、贷、汇一体化经营的多功能、现代化国有商业银行。以市场为向导，以客户为中心是我们的服务宗旨；以满足客户需要，为客户提供方便、快捷、全方位、多功能的金融服务是友谊支行的追求目标。中国农业银行上海市宝山区友谊支行将以一流的设施、良好的信誉、快捷的办事效率，竭诚为广大客户提供多功能、全方位的优质服务。

在友谊支行全体干部员工的共同努力下，2004年获得农行上海分行级金融先进单位，2005年获得农行上海分行级先进工会等荣誉。

七、上海市川沙城中支行

川沙城中支行地处浦东新区川沙镇，现有在册职工32名，人事代理工13人，其中14人主要从事储蓄工作。08年以来，城中支行在“大存款”理念的指导下，认真开展储蓄存款吸收工作，通过“抓营销、抓服务、抓管理”的手段，结合资本市场的变化及储蓄存款的规律性变化，有重点的开展储蓄存款吸收工作，至2008年12月31日，该行汇总人民币储蓄存款余额达17.88亿元，比年初增长了2.31亿元。

八、深圳龙华支行营业部

深圳龙华支行营业部成立于1993年，上岗人员28人，其中柜员23人，客户经理3人，本外币余额41亿元，其中对公余额25亿元，储蓄15.97亿元。

九、上海市五角场翔殷支行

中国农业银行上海市五角场翔殷支行，原名中国农业银行上海市五角场支行营业部，地处上海市五角场核心商业圈。支行秉承文明、优质、诚信、创新的服务宗旨，团结进取，开拓创新，以创中国银行业文明规范示范单位及一流金钥匙理财中心为目标，不断地以新思路求新突破、以新举措创新局面，塑造着农行的良好形象。2006年被全国农业银行系统授予“精神文明建设先进单位”；2006年还荣获“上海市金融系统先进基层党组织”和总行“学习型先进小组”等称号。2008年连续十八年共九次荣获“上海市文明单位”称号；荣获首届“中国银行业文明规范示范单位”。截至2008年年底，各项储蓄存款余额达150799万元，比年初增长29225万元；企业存款余额达270148万元，比年初增长24021万元，取得骄人业绩。

十、天津北辰支行营业部

中国农业银行天津分行北辰支行营业部，地处北辰区京津公路东侧，北辰区政府旁，是北辰区的中心地段，一直以来该行坚持“服务立行，效益兴行”的指导思想，狠抓服务，勇于开拓，取得较好经营业绩。截止到2008年12月末，人民币存款余额达到270567万元，比年初增加13541万元，在北辰支行存款余额中的占比达到38%，增量占比达到102%；外币存款余额达到663万美元，在北辰支行外币存款余额中的占比达到96%；人民币贷款余额达到91274万元。新开银行卡11923张，实现卡存款11122万元；办理代理保险业务1400万元；本利丰销售267万元；代利基金销售4530万元；办理国际结算业务13503万美元；中间业务收入585万元，在北辰支行中间业务收入余额中的占比达到29%；实现经营利润6095万元，人均创利243.8万元。

该行现有员工25人，其中女员工21人。他们始终坚持“以服务促经营，以服务求发展，创农行品牌，树农行形象”的指导思想，利用小小的柜台阵地，积极开展服务与营销，多年来取得了非常突出的成绩：2002年度荣获分行级“明星分理处”称号；2004年度荣获分行级“青年文明号”和总行级“教育储蓄先进单位”的称号；2002、2003、2004年度荣获分行级“先进集体”称号；2006年度被评为总行级“先进基层党支部”的荣获；2004～2008年度天津农行“女职工双文明示范岗”称号。

十一、浙江省金华市义乌福田市场支行

义乌农行福田市场支行成立至今仅五年多时间，从无到有，到2008年年末本币存款突破17亿元大关，达到了17.69亿元，比年初净增3.89亿元，其中储蓄存款达150905万元，当年新增45493万元，总量、增量名列全省各储蓄网点前列，2008年储蓄存款增长率为43.16%，人均新增3250万元，超额完成年初预定的目标，银行卡收费402万元，新增网银客户2684余户、新增短信7278户，总量达28412户。该行员工工作热情高涨，福田支行正努力向“资产质量优、存款规模大、员工精神风貌好”的强行目标迈进；在国际商贸城十余家金融机构中，各项指标均处前列。这些成绩的取得，与福田支行全体员工的共同努力息息相关，更离不开上级行领导的关心、指导、帮助。

2008年该行荣获了中华全国总工会“五一劳动奖状”、中国金融工会“五一劳动奖状”、“工人先锋号”等荣誉。

十二、深圳宝安支行营业部

深圳宝安支行营业部成立于1985年，理财经理4人，柜员12人，本外币余额155亿元，其中对公存款139.8亿元，储蓄存款15.2亿元。

十三、苏州市张家港支行营业部

张家港市支行营业部位于张家港市杨舍镇人民中路105号，处于张家港市的行政、金融和商务中心，现有员工40名。该行是张家港支行系统内的“排头兵”，历年来，先后获得江苏省分行青年文明号、苏州分行先进团支部、张家港市文明单位、金融先进单位等众多荣誉称号。截至2008年12月末，该行本外币各项存款余额50.36亿元，其中人民币储蓄存款余额14.25亿元，个人星级客户4464户，当年实现经营利润10359万元，人均创利259万元。

十四、浙江省温州市分行金融超市

农行市分行金融超市作为温州农行的窗口，一直以争创一流业绩作为自己的目标。在被称为金融一条街的温州小南路上，随处可见中国银行、交通银行、工商银行、建设银行、招商银行等标志，可谓是强手林立，如此的竞争环境，市分行金融超市依靠自身的优势，走出了一条成功之路。截至2008年末，市分行金融超市全年各项存款余额达到32.74亿元，其中，储蓄存款14.35亿元。

以优质服务赢得客户。面对不同的客户，要提供不同的服务，让每一位客户都觉得自己受到的是VIP的待遇。为了提高服务质量，金融超市实施每月技能考核制，形成了一股苦练业务技能的风气。中午休息时间、晚上下班之后，都能看见柜员们的苦练，在掌握好业务技能的同时，还要学更多的知识。

注重营销，是继续取得成功的手段。在办理业务的同

时，金融超市的柜员们还仔细地发展新的优质客户，在每张新面孔中寻找优质的客源。

十五、上海市嘉定支行营业部

中国农业银行上海市嘉定支行营业部成立于1979年2月。网点营业面积达1222平方米，配备附行式自助银行，设置自动存取款机5台，自动取款机4台，多媒体自助终端3台。是一家业务功能齐全、设施完善的大型综合型经营网点。

截至2008年12月31日，嘉定支行营业部共有员工68名，其中正副经理2名，个人客户经理（大堂经理、营销经理、理财经理）6名，个人客户经理中有一人拥有AFP认证证书，截至2008年12月31日，嘉定支行营业部本外币存款余额为54.29亿元，其中个人存款余额14.27亿元，本外币贷款余额为16.43亿元；2008年，嘉定支行营业部实现经营利润13945万元，销售各类本外币理财产品3840万元。

十六、广东省东莞虎门支行营业部

农行广东省东莞虎门支行营业部地处穗港经济走廊东莞市虎门镇商业中心区，营业部面积达2000平方米，现有员工45人，开设20个服务窗口。网点致力于将农行的“理念、服务、形象、理财”洒向虎门大地，以投资理财为营销导向，促进中高端客户数量的不断增长，从而促使网点的功能转型。近年来，通过全体职工的共同努力先后获得“女职工文明示范岗”、“青年文明号”、“先进集体”、“先进职工之家”、“省行县域综合营销十强网点”、“总行全国城乡金融百强网点”等殊荣。

十七、上海市浦东三林支行

中国农业银行上海市浦东三林支行位于上海浦东新区三林路487号，南临交通繁忙的三林路，东近三林商业最繁华的灵岩路，地理位置优越。网点设有对公、对私业务区和VIP客户服务区。该网点共有员工23人，配备存取款机等自助设备8台。

截至2008年末，个人储蓄余额13.86亿元，企业存款3.16亿元，代理销售开放式基金、保险等各类产品8千万元，拥有个人VIP客户6600多名。在2008年的浦东分行旺季综合营销竞赛中取得了一等奖的良好佳绩。网点大堂经理陶海萍为总行优秀个人客户经理。

十八、苏州市吴江支行营业部

吴江市支行营业部坐落于吴江市松陵镇最繁华的商业街。松陵镇是吴江市市政府、吴江市经济开发区所在地，东临上海、北靠苏州、南接杭州，经济发展广泛接受上海的辐射，又是吴江市民营企业和外向型企业相对较多的区域，开发区拥有丰富的经济金融资源。吴江市支行营业部是吴江支行系统内“排头兵”，多次获得文明单位等荣誉称号，现有员工42人，平均年龄不到40岁，是一个相对年轻化的业务团队。截至2008年末，该行人民币各项存款余额29.09亿元，其中人民币储蓄存款余额12.86亿元；人民币贷款余额16.98亿元；个人星级客户26955户，星级客户金融资源10.25亿元；当年实现利润1.19亿元，人均创利2388万元。

十九、浙江省乐清市柳市支行

2008年是农行股改的关键年。面对外部宏观经济、金融环境的剧烈变化，乐清柳市支行领导班子的正确领导下，在全体员工的共同努力下，各项业务持续快速健康发展，综合发展能力得到全面有效的提升，实现全年账面利润22935万元，比上年增加4800万元，人均创利230万元；国际业务结算量达2.4亿美元；中间业务收入达到1830万元；全年营销网银14000多个，总存量超过25000个，贷记卡5912张，总存量超过12000张；年末人民币存款余额达到12.76亿元，比年初增加4.14亿元；超额完成上级行核定的各项经营指标。先后被总行评为“百强营业网点”，被省行评为“个人业务旺季营销活动优胜网点”，被市分行评为“四星级网点”和“优秀营销集体”，同时取得了“模范职工小家”和“先进基层党组织”等各种荣誉称号，为2008年工作画上了圆满的句号，交出了一份令人满意的答卷。

二十、上海市闵行区水清南路支行

中国农业银行上海市闵行区水清南路支行，成立于1989年10月25日，是农业银行在上海市闵行区最大的网点机构，占地面积1517平方米，营业厅面积500平方米，业务范围主要包括：人民币存款、贷款、人民币结算；外汇存款、外汇汇款、外币兑换及其他经银监会批准的或总（分）行授权的业务。水清南路支行先后多次获得上级行“金融先进单位”称号，连续6年获得区文明单位荣誉。

在“追求卓越、追求一流”的目标指引下，水清南路支行积极改变经营管理思路、不断优化经营体制和管理机制，努力提高全行经营水平，2008年，在年初储蓄存款余额95270万元的基础上，创造了储蓄存款净增30338万元，人均增长979万元的优异成绩，在主营业务实现重大突破的同时，新兴业务稳步发展，中间业务规模不断扩大，收入结构得到有效改善，经营利润稳步增长，该行各项代理业务发展迅速，2008年代理保险销售3470万元、基金4890万元、第三方存管开户649户，各项业绩系统内名列前茅。

“服务与营销并举”，水清南路支行在全行干部员工的共同努力下，努力提升营销层次与产品服务，不断调整优化客户结构，优质企业客户与个人高端客户的拓展工作取得新进展，业务发展基础进一步夯实。截至2008年底，该行个人高端客户数达到898户，存款余额总计85860万元，占总储蓄存款的68.3%，客户结构得到进一步改善。服务管理方面，该行深入开展网点规范化服务达标活动，全员服务意识和服务质量有了明显提高。

二十一、上海市嘉定区南翔支行

中国农业银行上海市嘉定区南翔支行成立于1979年2月，网点营业面积达432平方米，其中营业外厅面积达312

平方米。网点配备了附行式自助银行，共设置自动存取款机2台，自动取款机2台，多媒体自助终端1台。截止2008年12月31日，嘉定区南翔支行共有员工34名，其中网点行长1名，个人客户经理（大堂经理、营销经理）2名。截至2008年12月31日，嘉定区南翔支行本外币存款余额为21.67亿元，其中个人存款余额为12.62亿元，本外币贷款余额为3698万元；2008年，嘉定支行营业部实现经营利润6693万元，销售各类本外币理财产品4197万元。

二十二、广东省广州流花西郊支行

农行广东省广州西郊支行位于广州市荔湾区环市西路101号首层，营业面积322.07平方米。目前网点员工人数21人，设备配置状况如下：4台取款机、2台存取款一体机、2台自助终端、1台汇款易。该网点近三年来储蓄存款不断增长：2006年储蓄余额为9.25亿，2007年储蓄存款余额为10.15亿元，2008年为12.57亿元，2008年余额和增量分居营业部第三和第四名；中间业务方面：贷记卡开卡量2007年为567张，2008年为710张；网银开户量逐年递增：2006年为594户，2007年为617户，2008年为2333户。西郊支行各项业务均堪称我行网点的领头羊，以奋勇争先，开拓进取的拼搏精神获得了一串串的硕果：分别荣获2008年三季度省行营业部银鹰展翅竞赛活动“优质客户增量银鹰奖”二等奖、“网点保险销售银鹰奖”一等奖、“网点基金销售银鹰奖”一等奖、“网上银行银鹰奖”二等奖。

二十三、深圳龙岗支行营业部

深圳龙岗支行营业部成立于1993年，理财经理4人，柜员20人，本外币存款余额85亿元，其中对公存款73亿元，储蓄12亿元.

二十四、天津静海支行大邱庄营业部

中国农业银行天津静海大邱庄支行地处静海县大邱庄镇繁华的中心地带——黄山路，一直以来该行坚持“服务立行，效益兴行”的指导思想，狠抓服务，勇于开拓，取得较好经营业绩。截至2008年底本外币储蓄存款余额达92513万元，新开银行卡7098张，销售本（汇）利丰理财产品116万元，代理基金销售155万元，完成代理保险业务收入22万元，多项中间业务均超额完成了上级下达的年度任务指标。

该行现有员工25人，其中女员工14人。他们充分发挥吃苦耐劳、坚韧不拔和团结拼搏的精神，多年来取得了非常突出的成绩：2006年度被授予“天津市文明单位”称号，2008年度获得“先进集体”等荣誉称号。

二十五、上海市金桥张桥支行

中国农业银行上海市金桥张桥支行营业地址在浦东新区佳林路600号，地处浦东新区金桥镇所在地和金桥开发区。成立于1991年9月。截至2008年末，各项存款余额为16.84亿元，其中人民币储蓄余额达到11.92亿元，实现经营利润2079万元。

经营范围：人民币存款，贷款，结算业务，人民币储蓄业务，经中国人民银行批准的代理业务（外币储蓄、外币兑换、外币汇款、因私购汇、西联汇款、汇利丰、个人汇款、国债基金等）。经中国银行业监督管理委员会批准并由其总（分）行授权的业务。

（三）中国银行 2007～2008 年储蓄机构排行榜

2007 年中国银行储蓄机构排行榜 单位：万元;%；人

名次	储蓄机构名称	储蓄存款						员工人数
		本币		外币		本外币		
		本期余额	同比增幅	本期余额	同比增幅	本期余额	同比增幅	
1	辽宁省分行营业部	285547	1. 99%	22083	-19. 97%	446753	-7. 20%	70
2	上海分行营业部	217685	-7. 86%	28757	-21. 55%	414670	-16. 55%	110
3	深圳分行营业部	342492	9. 88%	7590	-32. 52%	397933	-0. 98%	40
4	黑龙江省分行营业部	243485	-8. 95%	17309	-25. 48%	364648	-17. 92%	47
5	广东省分行营业部	266440	-2. 61%	13036	-29. 57%	355476	-11. 03%	155
6	浙江温州市分行营业部	143637	-12. 67%	16493	-29. 18%	264112	-23. 74%	72
7	广东汕头分行营业部	225280	-1. 05%	3864	-25. 71%	251669	-4. 38%	34
8	辽宁沈阳分行营业部	165929	3. 01%	10809	-28. 39%	244884	-12. 21%	42
9	浙江青田支行营业部专柜	159275	16. 48%	11100	-25. 82%	240356	-5. 22%	48
10	广东珠江长堤支行	155475	-6. 50%	10355	-18. 68%	225889	-6. 68%	63
11	上海卢湾支行营业部	145478	-38. 42%	11561	-68. 46%	224674	-54. 78%	35
12	浙江省行本级	119486	3. 73%	10911	-19. 51%	193680	-6. 59%	40
13	上海天钥桥路支行	130754	-44. 65%	9157	-75. 02%	193479	-61. 06%	34
14	辽宁鞍山分行中银储蓄所	145819	6. 00%	6901	-32. 00%	192469	14. 00%	46
15	上海南京西路第三支行	129234	-45. 30%	8911	-75. 69%	190274	-61. 71%	33
16	广东中山分行营业部	160550	-1. 90%	3675	-13. 65%	185650	-3. 67%	80
17	云南省分行营业部	143087	-0. 12%	5907	-19. 50%	183255	-5. 13%	108
18	辽宁大连开发区分行营业部	146031	-1. 46%	4899	-13. 83%	181816	-5. 60%	45
19	南通通州支行营业部	168900	0. 90%	1555	-28. 21%	180200	-2. 22%	132
20	北京分行中银大厦支行	130022	1. 33%	6723	-15. 97%	179133	-6. 11%	65
21	无锡分行营业部	125259	-5. 52%	6393	-17. 23%	171957	-10. 85%	87
22	辽宁大连中山广场支行储蓄专柜	121408	-1. 26%	6801	-25. 21%	171087	-18. 75%	26
23	山东省中行营业部	134334	-5. 39%	3978	-22. 50%	163373	-8. 96%	40
24	福建省行营业部	114986	-13. 74%	6703	-15, 77%	160566	-14. 33%	125
25	广东越秀支行营业部	134100	-1. 46%	3433	-17. 40%	157547	-4. 21%	53

注：员工人数不含内退

2008年中国银行储蓄机构排行榜

单位：万元;%；人

名次	储蓄机构名称	储蓄存款						员工人数
		本币		外币		本外币		
		本期余额	同比增幅	本期余额	同比增幅	本期余额	同比增幅	
1	深圳市分行营业部	442800	29.29%	8355	10.08%	499900	25.62%	47
2	辽宁省分行营业部	348316	21.98%	20960	-5.08%	491569	12.62%	71
3	上海市分行营业部	226073	3.85%	31161	8.36%	437249	5.45%	110
4	黑龙江省分行营业部	267654	0.12%	15358	-0.56%	370553	1.62%	47
5	广东省分行营业部	285337	7.09%	10096	-1.86%	354293	-0.33%	163
6	北京市分行雅宝路支行营业部	241706	-12.01%	16127	-21.65%	351928	-19.50%	64
7	浙江温州分行营业部	163156	13.56%	18581	12.66%	290064	9.86%	78
8	辽宁沈阳分行营业部	210908	27.11%	10802	-0.06%	284743	16.28%	41
9	广东汕头分行营业部	251360	11.58%	3929	1.69%	278195	10.54%	34
10	浙江青田支行营业部	155589	-2.31%	17694	59.41%	276439	15.05%	49
11	江苏无锡分行营业部	198824	58.73%	7661	19.83%	251189	46.08%	99
12	上海卢湾支行营业部	166750	14.62%	9885	-14.50%	233740	4.04%	35
13	深圳市分行人民南支行	216086	53.78%	2394	8.47%	232451	48.40%	35
14	江苏南通通州支行	223600	32.39%	1229	-20.96%	232000	28.75%	142
15	辽宁大连开发区分行营业部	190739	30.62%	4197	-14.33%	219425	20.68%	49
16	浙江省分行营业部	150884	26.27%	9663	-11.43%	216882	11.82%	40
17	上海南京西路第三支行	153853	19.05%	9071	1.80%	215328	13.17%	33
18	上海天钥桥路支行	155501	18.93%	8744	-4.51%	214761	11.00%	34
19	广东中山分行营业部	191133	19.05%	3420	-6.93%	214493	15.54%	97
20	广东珠江长堤支行	156135	0.42%	8520	-17.72%	214071	-5.23%	58
21	北京中银大厦支行	163577	25.81%	7103	5.65%	212126	18.42%	70
22	浙江瓯海丽岙支行	123950	7.93%	12798	147.99%	211359	41.17%	30
23	福建省分行营业部	159551	13.09%	7092	5.80%	207777	28.31%	122
24	云南省分行营业部	165730	15.82%	6090	3.10%	207142	13.03%	114
25	辽宁鞍山分行中银储蓄所	159005	9.00%	6638	-3.00%	203877	6.00%	46

注：员工人数不含内退

2008年中国银行前25名储蓄机构简介

一、中国银行深圳市分行营业部

2008年末，中国银行深圳市分行营业部人民币储蓄存款余额达到44.28亿元，外币储蓄存款余额达到8355万美元，本外币储蓄存款余额折合人民币达到49.99亿元，在中国银行所有基层储蓄机构中排名第1。

深圳市分行营业部严格执行各项规章制度，认真做好工作指引和示范工作，确保了近年来各项业务平稳发展。积极以客户为中心抓好储蓄存款，不断拓展客户发展渠道，大力发展自助渠道，做好理财产品销售，做大做强客户基础，促进个人金融业务实现又好又快发展。

二、中国银行辽宁省分行营业部

截至2008年末，中国银行辽宁省分行营业部人民币储蓄存款余额达到34.83亿元，外币储蓄存款余额达到20960万美元，本外币储蓄存款余额折合人民币49.16亿元，在中国银行所有基层储蓄机构中排名第2。

近年来，辽宁省分行营业部通过创建“规范、亲情、高效、专业”的服务文化，实施精细化管理、科学化考核，健全和完善了考核激励机制。对网点业务流程进行了全面整合，达到了对内节省人员、减少流程，对外缩短环节、方便客户的目的。2008年，辽宁省分行营业部全面开展奥运金融服务工作，各项奥运服务得到监管部门好评，树立了良好的社会形象。

三、中国银行上海市分行营业部

截至2008年末，中国银行上海市分行营业部人民币储蓄存款余额达到22.61亿元，外币储蓄存款余额达到31161万美元，本外币储蓄存款余额折合人民币43.72亿元，在中国银行所有基层储蓄机构中排名第3。

多年来，该营业部积极开展中心城区中高端客户的开拓和维护，先后成立财富管理中心与中银汇兑中心。为克服网点数量少与城区改造的困难，积极实施“走出去”营销策略，倡导零售业务批量做，取得了优良的经营业绩。今年以来，该营业部研究制定了3年战略规划与经验策略，计划以高端客户开拓与维护为主，积极发展大众客户基础群，实现客户规模与质量的均衡发展。

四、中国银行黑龙江省分行营业部

截至2008年末，中国银行黑龙江省分行营业部人民币储蓄存款余额达到26.77亿元，外币储蓄存款余额达到15358万美元，本外币储蓄存款折合人民币为37.06亿元，在中国银行所有基层储蓄机构中排名第4。

几年来，黑龙江省分行营业部储蓄存款业务发展较好，主要得益于狠抓了如下工作：1. 加强内控管理，全面提高核算质量；2. 通过开展业务竞赛，促进储蓄存款大幅增长；3. 营销走访附近商业区，利用代发增加发卡量和网银；4. 认真梳理金融产品，向精细化管理要效益；5. 积极营销证券公司，占领第三方存管市场。

五、中国银行广东省分行营业部

截至2008年末，中国银行广东省分行营业部人民币储蓄存款余额为28.53亿元，外币储蓄存款余额为10096万美元，本外币储蓄存款合计为35.43亿元，在中国银行所有基层储蓄机构中排名第5。

今年来，该营业部充分发挥公私联动作用，在大力拓展客户基础、做大业务规模的基础上，重点推动高收益产品的发展，推动负债业务和中间业务实现了较好增长。2009年一季度，该营业部积极开展“开门红”工作，围绕拓展客户基础、促进中间业务这两大重点，兼顾银行卡、个人网银等业务协调发展，开展公私联动交叉营销，有序推进相关工作，使得个人金融业务继续保持稳步健康发展。

六、中国银行北京市分行雅宝路支行营业部

截至2008年末，中国银行北京市分行雅宝路支行营业部人民币储蓄存款余额为24.17亿元，外币储蓄存款余额为16127万美元，本外币储蓄存款合计为35.19亿元，在中国银行所有基层储蓄机构中排名第6。

雅宝路支行抓住立足使馆区雅宝路的优势，在加强维护已有VIP客户的同时，不断在雅宝路地区积极拓展新的VIP客户。同时，对支行已有公司客户积极营销代发薪业务，并通过一系列措施，不断优化对私储蓄存款结构，促进储蓄存款业务实现了较好发展。

七、中国银行浙江温州分行营业部

截至2008年末，中国银行浙江温州分行营业部人民币储蓄存款余额为16.2亿元，外币储蓄存款为18581万美元，本外币储蓄存款合计为29亿元，在中国银行所有基层储蓄机构中排名第7。

为促进个人金融业务较好发展，该营业部主要开展了如下工作：1. 以理财为手段，维护和拓展人民币存款目标客户；2. 发挥外汇专业优势，以外汇为源头带动本外币存款增长；3. 定期举办主题营销活动，开展丰富多彩的理财活动，真正实现对贵宾客户的增值服务；4. 加强出国留学客户维系工作，定期参加周末举办的各类以出国留学为主题银行卡、境外汇款等咨询服务活动；5. 加强公私联动，以企业、以新产品为契机营销优质目标客户群。

八、中国银行辽宁沈阳分行营业部

截至2008年末，中国银行辽宁沈阳分行营业部人民币储蓄存款余额为21.09亿元，外币储蓄存款为10802万美元，本外币储蓄存款合计为28.47亿元，在中国银行所有基层储蓄机构中排名第8。

该营业部近年来开展的主要工作有：1. 强化风险管理，合规经营，严格落实各项规章制度；2. 制定切实可行的绩效考核制度，科学管理，严格考核；3. 文明优质服务

常抓不懈，提高对客户的营销和服务水平；4. 大力开展“中银汇兑”业务，加强对留学中介、院校的营销工作；5. 完善中高端客户维护机制，为中高端客户提供合适的金融产品、全面、优质的服务；6. 加强各业务部门之间的整体联动，形成整体营销的局面。

九、中国银行广东汕头分行营业部

截至2008年末，中国银行广东汕头分行营业部人民币储蓄存款余额为25.14亿元，外币储蓄存款为3929万美元，本外币储蓄存款合计为27.82亿元，在中国银行所有基层储蓄机构中排名第9。

为加强拓展个人金融业务，该营业部主要做了如下工作，1. 积极做好中、高端客户资金的跟进工作，努力把握客户资金的使用节奏，尽可能为客户提供方便，引导客户在资金空闲时划回我行。2. 把握营销时机，主动营销，从服务细节着手，为中、高端客户提供个性化服务。3. 加强银行大堂管理工作，加大对客户的引导、疏导力度，努力提高自助设备的使用率，减轻柜台的压力。4. 围绕存款、网银、第三方存管业务等指标，分别制定了量化考核方案，奖勤罚懒，充分调动员工主动营销的积极性。

十、中国银行浙江青田支行营业部

截至2008年末，中国银行浙江青田支行营业部人民币储蓄存款余额为15.56亿元，外币储蓄存款为17694万美元，本外币储蓄存款合计为27.64亿元，在中国银行所有基层储蓄机构中排名第10。

近年来，青田支行营业部扎实做好业务发展、风险控制、优质服务三篇文章，形成了具有鲜明侨乡特色的核心竞争力。依托业务创新，为华侨客户提供全方位、高档次的金融服务，将营业部办成一家综合性的“金融超市”。该营业部的工作得到了上级行的高度评价与表彰，先后获得了“总行级文明优质服务先进单位”、“浙江省两级文明示范窗口”、“总行级巾帼示范岗”、“全国青年文明号”。

十一、中国银行江苏无锡分行营业部

截至2008年末，中国银行江苏无锡分行营业部人民币储蓄存款余额为19.88亿元，外币储蓄存款为7661万美元，本外币储蓄存款合计为25.12亿元，在中国银行所有基层储蓄机构中排名第11。

该营业部近几年开展的主要工作有：1. 认真探讨市场、分析产品，调整营销策略及产品策略，做好客户维护和业务发展工作，通过日常维护提高客户贡献度。2. 循序渐进加强培训，倡导合规内控文化。今年分行技能测试中，该营业部了取得了综合能手率100%、个金能手率100%的优秀成绩。3. 制定合理有效的考核方案，做好绩效沟通工作，全面提升员工绩效。4. 在加强员工技能训练的同时，加强员工服务礼仪的培训，增强员工服务意识，提高整体服务水平。

十二、中国银行上海卢湾支行营业部

截至2008年末，中国银行上海卢湾支行营业部人民币储蓄存款余额为16.68亿元，外币储蓄存款为9885万美元，本外币储蓄存款合计为23.37亿元，在中国银行所有基层储蓄机构中排名第12。

该营业部上海的商业繁荣地段，客户层次较高，为此，该营业部不仅依托卢湾支行开展业务，还积极通过主动的全方位营销争揽客户。连续数年坚持“走出去”开展营销工作，通过银行卡等产品的有效销售，成功带动储蓄存款业务快速增长。同时，不断加强服务质量与技巧，提高员工的销售能力与业务能力，加大理财中心建设投入，从而在激烈竞争中连续保持市场份额的领先地位。

十三、中国银行深圳分行人民南支行

2008年末，中国银行深圳分行人民南支行人民币储蓄存款达到21.61亿元，外币储蓄存款达到2394万美元，本外币折合人民币23.25亿元，在中国银行所有基层储蓄机构中名列第13。

该支行工作认真细致，严格执行各项规章制度，业务发展平稳。作为口岸支行，在合规经营的基础上，以客户为中心做好吸存工作，加强理财产品销售，成为网点储蓄工作标杆。

十四、中国银行江苏南通通州支行

2008年末，中国银行江苏南通通州支行人民币储蓄存款达到22.36亿元，外币储蓄存款达到1229万美元，本外币折合人民币23.20亿元，在中国银行所有基层储蓄机构中名列第14。

近年来，通州支行以实现市场份额、系统贡献和绩效水平“三大提升”为目标，全力以赴开拓市场，个人金融业务得到了迅猛发展。主要开展了如下工作：1. 加快网点转型，尽快将销售服务型网点和交易型网点发展成全功能型网点，提高网点单产的综合实力。2. 以提升负债业务市场份额为目标，进一步做大负债业务规模。3. 全力拓展零售贷款业务，扩大市场份额，增加对支行的贡献度。4. 以中高端客户为重点，发挥支行理财中心的作用，带动对个金业务的发展。5. 不断优化银行卡的功能和用卡环境，通过借记卡与信用卡的有效组合，促进金融业务的增长。

十五、中国银行辽宁大连开发区分行营业部

2008年末，中国银行辽宁大连开发区分行营业部人民币储蓄存款达到19.07亿元，外币储蓄存款达到4197万美元，本外币折合人民币21.94亿元，在中国银行所有基层储蓄机构中名列第15。

该营业部立足大连开发区，提供本外币储蓄、外币兑换、代理保险、代销基金、代缴话费、代发工资、网上银行等多种金融服务，并设立理财中心，为中高端客户提供更专业的服务。近年来，该营业部加快网点转型步伐，通过合理设置自助服务区、提高大堂经理配备率、加大网上银行的使用率等措施逐步实现客户分流，满足不同客户群体的需要，进一步提高了业务拓展能力和客户服务水平。

十六、中国银行浙江省分行营业部

截至2008年末，中国银行浙江省分行营业部人民币储蓄存款余额达到15.09亿万元，外币存款余额为9663万美元，本外币折合人民币21.69亿元，在中国银行所有基层储蓄机构中名列第16。

该营业部近年来开展的主要工作有：1. 落实基层内控要求，加强业务管理，做好相关业务培训。2. 以服务促发展，深入开展创建“全省金融服务第一窗”工作，努力实现标准化、规范化、精细化管理。3. 研究服务环节，改进业务流程，提供准确、快捷、高效的服务。4. 借助出国金融服一站式服务平台，大力宣传中银汇兑品牌旗下各类产品，发挥个人外汇业务综合优势。

十七、中国银行上海南京西路第三支行

截至2008年末，中国银行上海南京西路第三支行人民币储蓄存款余额达到15.39亿万元，外币存款余额为9071万美元，本外币折合人民币21.53亿元，在中国银行所有基层储蓄机构中名列第17。

为促进储蓄存款业务快速可持续发展，该支行主要盯住区域市场发展状况以及区域内同业竞争情况，不断开展卓有成效的营销活动和服务模式，例如：牛年属牛客户关怀活动、加大企业代发工资业务等等，促进了优质基础客户的快速增长，为各项个人金融业务增添了新的发展动力，促进了各项个人金融业务的综合增长。

十八、中国银行上海天钥桥路支行

截至2008年末，中国银行上海天钥桥路支行人民币储蓄存款余额达到15.55亿万元，外币存款余额为8744万美元，本外币折合人民币21.48亿元，在中国银行所有基层储蓄机构中名列第18。

该支行非常重视储蓄存款业务发展，紧密围绕储蓄存款经营目标设立分项指标与日常进度任务，让所有员工都能明确自身任务与要求，做到人尽其职，共同努力。同时，积极开展各项个人金融产品的专项营销活动，对储蓄存款业务增长起到很好的促进作用。在成功完成奥运服务任务后，该支行积极总结奥运服务的成功经验，进一步提高了工作效率和客户服务水平。

十九、中国银行广东中山分行营业部

截至2008年末，中国银行广东中山分行营业部人民币储蓄存款余额达到19.11亿万元，外币存款余额为3420万美元，本外币折合人民币21.45亿元，在中国银行所有基层储蓄机构中名列第19。

近年来，该营业部围绕跑赢大市战略目标，坚持业务发展和内控管理两手抓，制订实施计划与激励方案，充分调动员工的积极性和创造力。业务发展方面，提升服务质量，打造服务品牌，致力于理财客户的拓展和维护，全面带动存款提升，夯实客户基础；利用中银理财品牌优势，积极营销基金、寿险、汇兑、理财产品等多样化的投资工具，多点开花促进中间业务的稳步发展。进一步加强内控执行力，推动内控管理的精细化，落实问责制度，完善内控考核，把内控管理和业务发展相结合，相互促进提高。

二十、中国银行广东珠江长堤支行

截至2008年末，中国银行广东珠江长堤支行人民币储蓄存款余额为15.61亿元，外币储蓄存款余额为8520万美元，本外币折合人民币21.41亿元，在中国银行所有基层储蓄机构中名列第20。

围绕大力拓展个人金融业务，该支行开展的主要工作有：1. 加强对员工的业务考核，定期通报业绩。2. 加强资金监控，开展全员吸存。3. 积极推动中间业务发展，重点发展结售汇、基金、保险、两宝、贵金属等产品，并着力推动替他基础性业务发展。4. 积极加强中介合作，开展走社区等走出去的营销活动，拓展零售贷款；5. 大力发展银行卡和商户拓展业务，提升银行卡收益。

二十一、中国银行北京中银大厦支行

截至2008年末，中国银行北京中银大厦支行人民币储蓄存款余额为16.36亿元，外币储蓄存款余额为7103万美元，本外币折合人民币21.21亿元，在中国银行所有基层储蓄机构中名列第21。

近年来，该支行积极配合分行部署的各项工作，开展了形势多样的营销活动，并取得了一定成果。积极提高对VIP客户的服务水平，加大对优质客户的营销力度，深挖潜在资源，把个金任务指标分解到每个人并与绩效挂钩，推动个人金融业务实现了快速健康发展。

二十二、中国银行浙江温州分行丽岙支行

截至2008年底，中国银行浙江温州分行丽岙支行人民币储蓄存款达到12.40亿元，外币储蓄存款达到12798万美元，本外币储蓄存款达到21.14亿元，在中国银行所有基层储蓄机构中名列第22。

丽岙支行依托丽岙著名侨乡，加强维护国外汇入汇款和华侨客户，并以商银通、网银、信用贷款等新业务，大力营销拓展非华侨客户。主要开展了如下工作：1. 与丽岙侨联建立亲密关系，抓好存款的源头——汇入汇款工作。2. 通过亲情服务维系与发展中高端客户。3. 以中银理财一系列产品为依托，通过理财中心、低柜、大堂分层次维护、发展中高端客户。4. 鼓励员工“走出去”营销，积极发展商银通与信用贷款。

二十三、中国银行福建省分行营业部

截至2008年底，中国银行福建省分行营业部人民币储蓄存款达到15.96亿元，外币储蓄存款达到7092万美元，本外币储蓄存款达到20.78亿元，在中国银行所有基层储蓄机构中名列第23。

2008年，该营业部克服任务压力增大，资本市场持续低靡，全球性金融危机等不利因素，借助奥运服务商机和“全员营销”的良好氛围，积极寻找业务增长点，多层面开展营销，并加强风险控制，促进储蓄存款、零售贷款、中间业务实现了稳健发展。下一步，将继续落实全员营销机制，加强业务风险内控管理制度，保持文明优质服务的引领型地位，推动各项工作的全面开展和业务指标的全面

完成。

二十四、中国银行云南省分行营业部

截至 2008 年底，中国银行云南省分行营业部人民币储蓄存款达到 16.57 亿元，外币储蓄存款达到 6090 万美元，本外币储蓄存款达到 20.71 亿元，在中国银行所有基层储蓄机构中名列第 24。

近年来，该营业部从思想上、管理上、制度上不断深化文优服务工作，全面提升对外服务品质，秉承“以市场为导向，以客户为中心”的服务理念，不断强化风险合规意识，加强内控体系建设，以差异化和细节化的特色服务，打造领先同业的一流服务品牌，为客户提供全面、专业、高效、优质的国际化金融服务。在业务方面，通过对代发工资业务的大力发展和 VIP 客户的优质个性化服务，有效稳步的提升储蓄存款沉淀量，同时在开展各类营销宣传活动的基础上加大柜员技能训练的力度和对我行各类金融产品的学习了解，促进了中间业务的大力发展和中间业务收入的有效增长。

二十五、中国银行辽宁鞍山分行中银储蓄所

截至 2008 年底，中国银行辽宁鞍山分行中银储蓄所人民币储蓄存款达到 15.90 亿元，外币储蓄存款达到 6638 万美元，本外币储蓄存款达到 20.39 亿元，在中国银行所有基层储蓄机构中名列第 25。

为促进储蓄存款业务较好发展，该网点坚持以人为本，敢为人先、大胆创新，着力实施了“四个一工作法”，最大限度地挖掘出了员工的积极性。一是制定一套科学高效的政策办法，树立起了“以效定酬、以效立行”的经营思想。二是建立一个“优上劣下庸让位”的用人机制，逐步推行了岗位竞聘制、岗位工作责任制、责任追究制、末位淘汰制等。三是建立一个“业绩看效益、收入凭贡献”的分配机制，把每名员工绩效工资同业务发展和利润增长挂起钩来。四是建立一套全面的监督体系，确保规范化服务标准落实到每一个工作环节，树立网点优质、高效、快捷、安全服务的良好形象。

（四）交通银行2007～2008年储蓄机构排行榜

2007年交通银行储蓄机构排行榜　　单位：万元;%；人

名次	储蓄机构名称	储蓄存款						员工人数
		本币		外币		本外币		
		本期余额	同比增减幅	本期余额	同比增减幅	本期余额	同比增减幅	
1	上海市分行业务部	74987.52	11.85%	73783.76	-29.76%	148771.28	-13.55%	
2	北京市分行营业部	116997.46	34.10%	25931.33	1.89%	142928.79	26.82%	
3	鞍山分行营业部	116939.91	6.65%	4097.88	-26.80%	121037.79	5.03%	
4	北京市分行亚运村支行	93071.46	-5.89%	19342.58	-34.76%	112414.04	-12.55%	
5	江苏省分行营业部	97739.08	8.64%	12242.51	-11.79%	109981.59	5.91%	
6	大连分行营业部	78419.02	-3.23%	31249.08	-33.81%	109668.10	-14.49%	
7	河南省分行营业部	98135.13	20.67%	6676.40	-18.68%	104811.53	17.06%	
8	湖北省分行营业部	84764.03	10.79%	11387.87	-16.92%	96151.90	6.58%	
9	河南省分行铁道支行营业部	89693.40	33.94%	1533.97	14.73%	91227.36	33.57%	
10	徐州分行营业部	87543.22	19.24%	1687.36	-14.36%	89230.58	18.36%	
11	北京市分行西单支行	53574.84	2.73%	32943.75	-35.99%	86518.59	-16.50%	
12	深圳分行营业部	81539.45	38.31%	2176.77	-6.58%	83716.22	36.60%	
13	上海市分行陆家嘴支行	69348.27	5.46%	10766.98	-26.24%	80115.26	-0.30%	
14	无锡分行营业部	70487.09	18.32%	4755.29	-33.09%	75242.38	12.84%	
15	上海市分行虹口支行	62142.65	23.50%	9415.63	-17.07%	71558.28	16.03%	
16	上海市分行鞍山路支行	63012.86	-1.07%	8466.03	-24.07%	71478.90	-4.50%	
17	河南省分行百花路支行	68683.63	-8.27%	1957.63	-16.26%	70641.26	-8.51%	
18	上海市分行长宁支行	58697.44	40.05%	7852.45	-19.34%	66549.89	28.86%	
19	上海市分行莘庄支行	65285.01	20.42%	861.94	-5.78%	66146.95	19.98%	
20	北京市分行世纪城支行	54138.08	25.08%	2118.33	-7.85%	56256.42	23.42%	
21	上海市分行天钥桥路支行	46658.38	11.18%	6596.05	-19.12%	53254.43	6.25%	
22	深圳分行前进支行	47743.75	78.64%	1168.74	-3.57%	48912.48	75.08%	
23	广东省分行营业部	46670.71	10.09%	2125.64	-10.28%	48796.35	9.02%	
24	广东省分行白云支行	43966.89	0.48%	452.89	-12.24%	44419.78	0.33%	
25	上海市分行市南支行	32903.57	28.18%	6048.21	-11.09%	38951.78	19.95%	

备注：员工人数暂缺。

2008年交通银行储蓄机构排行榜

单位：万元；%；人

名次	储蓄机构名称	储蓄存款						员工人数
		本币		外币		本外币		
		本期余额	同比增减幅	本期余额	同比增减幅	本期余额	同比增减幅	
1	上海市分行营业部	178222.76	137.67%	70071.58	-5.03%	248294.33	66.90%	132
2	北京市分行营业部	206751.69	76.71%	23818.69	-8.15%	230570.38	61.32%	140
3	深圳分行营业部	192005.61	135.48%	1752.23	-19.50%	193757.84	131.45%	45
4	上海市分行虹口支行	143624.43	131.12%	16480.78	75.04%	160105.22	123.74%	114
5	鞍山分行营业部	151472.69	29.53%	3971.51	-3.08%	155444.20	28.43%	45
6	上海市分行市南支行	146087.01	343.99%	6470.84	6.99%	152557.84	291.66%	108
7	北京市分行亚运村支行	136253.86	46.40%	16020.40	-17.18%	152274.26	35.46%	105
8	河南省分行营业部	142702.22	45.41%	8576.83	28.46%	151279.05	44.33%	81
9	上海市分行莘庄支行	143244.43	119.41%	2212.65	156.71%	145457.08	119.90%	27
10	湖北省分行营业部	129535.72	52.82%	8671.92	-23.85%	138207.64	43.74%	65
11	江苏省分行营业部	122510.03	25.34%	13583.91	10.96%	136093.94	23.74%	57
12	深圳分行前进支行	131205.45	174.81%	915.21	-21.69%	132120.66	170.12%	26
13	上海市分行长宁支行	113883.27	94.02%	11969.65	52.43%	125852.92	89.11%	117
14	深圳分行车公庙支行	124919.30	661.21%	570.22	34.59%	125489.53	645.44%	27
15	徐州分行营业部	121926.34	39.28%	1847.87	9.51%	123774.21	38.71%	35
16	北京市分行西单支行	92162.24	72.03%	29470.20	-10.54%	121632.44	40.59%	76
17	深圳分行华强支行	116540.54	747.19%	213.18	12.25%	116753.72	737.18%	27
18	河南省分行铁道支行	111646.63	24.48%	2203.19	43.63%	113849.82	24.80%	38
19	北京市分行世纪城支行	109773.57	102.77%	2832.09	33.69%	112605.66	100.16%	38
20	大连分行营业部	84012.58	7.13%	27430.00	-12.22%	111442.58	1.62%	70
21	深圳分行宝城支行	110435.11	252.36%	596.01	-23.74%	111031.12	245.64%	27
22	上海市分行鞍山路支行	98555.85	56.41%	9379.77	10.79%	107935.62	51.00%	16
23	无锡分行营业部	101998.22	44.70%	5796.18	21.89%	107794.40	43.26%	40
24	上海市分行陆家嘴支行	95644.49	37.92%	10236.60	-4.93%	105881.08	32.16%	27
25	上海市分行天钥桥路支行	95406.39	104.48%	10201.13	54.66%	105607.53	98.31%	26

备注：员工人数为网点对私和对公人员合计（不含内退）。

2008年交通银行前25名储蓄机构简介

一、交通银行上海市分行营业部

交通银行上海市分行营业部现有员工132人，是交通银行重组后首批经营网点，2007年6月完成了营业部自身重组，实现了在经营业绩、内控管理、业务创新、人才培养、服务质量等多方位的全面提升。

重组以来，营业部强化管理体制，规范日常制度、长抓技能不懈，通过提高服务效率、提升客户体验，营业部在个金业务上取得了长足的发展。在建信优势动力基金、天蓝精选基金1号、交银增利债券基金等重点产品的销售上，分行营业部取得了分行销售第一。在公务卡净增发量、沃德，交银客户增量、理财产品销售总量和人民币储蓄增量完成率上亦取得分行第一的成绩。营业部先后获得总行“2008年度个金理财产品销售评比三十强网点第五名”；“2008年度个人外汇业务十佳明星网点”；获2008年度“交行杯”业务技能竞赛中个金业务营销知识项目比赛第二名，同时有1人获“2008年度分行‘十佳’零售信贷客户经理”称号。

二、交通银行北京市分行营业部

北京市分行营业部——沃德财富服务中心成立于2006年5月18日，作为北京分行直属的第一家沃德财富服务中心，经过近三年的发展壮大，客户群由最初的25人发展至目前的11359人，其中沃德客户6692人，交银客户4667人；客户资产总量由最初的不足千万发展至目前的25.74亿元，已成为交通银行北京市分行客户资产规模最大的沃德财富服务中心。2007年度网点荣获了“百家沃德网点百日营销竞赛”活动沃德网点优胜奖和最佳揽储奖，2008年又获得了个人理财产品销售评比三十强网点的荣誉。高效的贵宾客户服务、优质的客户经理团队和品种丰富的金融理财产品，使网点在个人金融服务领域树立了良好的品牌形象。

三、交通银行深圳分行营业部

深圳分行营业部成立于1996年4月，是深圳交行业务最全面的综合网点。2007年建成沃德财富服务中心，现有沃德客户经理4人，客户服务经理2人，大堂经理及助理3人，零售信贷客户经理1人。2008年底存款规模达到19.29亿元，实现存款增长逐年翻番，产品销售能力突出，2007年实现基金销售4亿元，2008年实现个金产品销售7.2亿，先后荣获总行百家沃德网点竞赛三等奖和全国个金销售30强网点称号。在客户服务方面，先后涌现了3人4次荣获总行级和市级服务明星称号，2008年荣获深圳市银行业服务文明示范单位称号。2007、2008连续两年获分行“经营管理优胜单位”荣誉称号、2008年荣获分行“会计业务示范行”称号。

四、交通银行上海市分行虹口支行

交通银行虹口支行成立于1996年，2007年3月15日成立沃德服务中心，沃德客户发展连续几年排名上海分行前三名。截至2008年底储蓄存款余额超过14亿，得利宝、基金、保险业务销量在分行也名列前茅，取得了存款、收入和客户的同步发展。

虹口支行先后获得2008年个人外汇营销明星网点；2008年个金销量分行第一；2008年汇丰晋信增利基金销售明星网点，2007年总行沃德网点竞赛优胜奖；2007年汇丰晋信基金销售明星网点；夏琳艳同志获得2007年“十佳”大堂经理，程颖同志获得2007年“十佳”路支行柜员。

五、交通银行鞍山分行营业部

交通银行鞍山分行营业部成立于1994年，现有员工45人，其中党员21人；35岁以下员工27人，占总数的76%，平均年龄33岁，是一支年轻而富有朝气的队伍。

2008年末，网点人民币储蓄存款余额达15.14亿元，全年AUM资产增量4.29亿元，人民币理财产品销售量达3.75亿元，其中代销保险业务量5784万元，基金销售量6205万元，人民币非结构性得利宝销售量21052万元，国债销售量4412万元。全年新增达标沃德客户329户，新增达标交银客户2273户，贷记卡全年净增发卡量3250张。

多年来，营业部秉承“一流的服务质量，一流的银行信誉，一流的工作效率”的办行宗旨，为客户提供优质服务。2008年3月份，营业部成立沃德客户中心，并做好沃德理财区与普通服务区的良好互动。OTO网点坚持每天一名理财经理到普通客户区值班制度，利用OCRM系统对中高端客户进行跟踪提升工作。2008年营业部先后获得总行青年文明号单位，省工会授予“个人先锋号”称号，省行优质文明规范服务先进单位。在参加总行组织的“交银增利债券基金发行竞赛”中，获得了网点销售量奖，同时在总行组织的“保险代理业务超级联赛（太保寿险战）”中获得了A组第五名的成绩。

六、交通银行上海市分行市南支行

交通银行上海市南支行营业部成立于1993年11月8日，发展至今对私存款规模达14.6亿的综合类沃德网点。近两年来，以不断夯实基础管理为切入点，以不断加强凝聚力建设为基础，以不断提升内控服务质量为抓手，扎实提高销售业绩。2008年网点各类产品销售位居分行各网点前列。

市南支行营业部先后荣获了“交银增利债券型基金十佳销售网点奖”荣誉称号，2007、2008两年蝉联分行“十佳明星网点”及“十佳大堂经理”两大奖项。最近作为分行唯一一家网点被推荐参加“上海市新长征突击队”评选。在上海市同业2000多家网点迎世博优质服务竞争中脱颖而出，成为21家首批即将挂牌的“上海银行业五星级优质服务网点”。

七、交通银行北京市分行亚运村支行

亚运村支行营业室成立于1990年，是交通银行北京分行最早成立的网点之一。亚运村支行营业部为当年召开的北京亚运会提供了高效优质的金融服务，树立了交通银行良好的金融品牌。营业部对私条线员工22人，30岁以下的青年员工占比达到了76%，造就了一支“朝气蓬勃、充满活力、积极乐观、团结奋进”的团队。经过近20年的稳健发展，人民币储蓄存款余额突破13亿元，客户数量约12万户，其中沃德客户1447名。

亚运村支行营业部连续两次获得北京市“青年文明号”称号。在奥运期间，亚运村支行营业室地处奥运核心区的网点，全员化压力为动力，化机遇为优势，以服务树形象，先后获得首都精神文明办公室颁发的奥运服务明星网点、青年文明号，分行级奥运服务优质网点等称号。

八、交通银行河南省分行营业部

河南省分行营业部成立于2000年9月，2006年10月率先成立了沃德财富中心，配备专职理财经理，开展“一对一”贵宾理财服务。

至2008年底，人民币储蓄存款达14.27亿元。2007至2008年两年时间，产品销售金额共计18.9亿元。其中基金销售8.6亿元，得利宝销售9.5亿元。

河南省分行营业部2006年被评为“个人贷款先进单位”、“先进党支部”；2007年被评为分行先进个金业务支行；2008年荣膺总行个金理财产品销售评比“三十强网点”称号，被当地媒体评为河南省最佳理财团队，同时被河南省银行业协会评为“文明规范服务示范单位”；在2009年又荣获河南省财贸金融工会评选的“工人先锋号”。

九、交通银行上海市分行莘庄支行

交通银行莘庄支行成立于1995年3月，网点现有员工27名，几年来，各项业务一直保持高速增长的态势。截至2008年底，本外币存款总额达到22.18亿元，销售产品近6.8亿元，获得分行2008年度网点pk赛第一名。面对严峻的经济形势和激烈的同业竞争，莘庄支行注重夯实业务基础，强化队伍建设，为各项业务的进一步发展奠定了良好的业务基础和客户基础。

近几年来，莘庄支行强化网点营销职能，全方位拓展业务，逐步发展成为功能相对齐全的综合网点，成为上海分行的旗舰网点，并多次被评为明星网点、明星团队、卓越团队。

十、交通银行湖北省分行营业部

营业部成立于1991年10月，于1999年11月搬迁瑞通广场新大楼，2008年9月8日，焕然一新的营业部沃德中心华丽登场并重新对外营业。

营业部有支年轻化、知识化、专业化的团队，现有个金业务人员29人，平均年龄约27岁，95%以上的员工学历均在本科以上，其中研究生2人；党员11人，团员13人，具有中级职称人员6人。

近两年以来，在全体员工的共同努力下，营业部各项个金业务实现了跨越性的发展，人民币储蓄存款增量、产品销售、中高端客户增长等多项个金业务指标考量中位居分行前列。特别是在营业部沃德中心开业后4个月中，荣登总行2008年度“攀登计划”个金产品销售量排行榜前40强，位次靠前，排行第26强，成为湖北省分行获此殊荣的2家沃德网点之一。

良好的经营业绩背后积淀和成就了营业部精神文明和物质文明比翼齐飞的辉煌。两年间，营业部在湖北省银行业文明服务月活动中，分别被湖北省银行业协会、湖北日报传媒集团授予2007年湖北省银行业文明服务优质服务示范网点，同时经武汉市民评选为湖北精品银行营业网点；同年9月，荣获武汉金融办评选为“交行思想远航理财工作室优质理财团队”称号；在2007年～2008年间被省分行和总行分别授予省分行和总行级“青年文明号”称号；连续多年被评为人行国债兑付先进单位。

十一、交通银行江苏省分行营业部

交通银行江苏省分行营业部成立1993年，现有员工57人，平均年龄26岁，大专以上学历占92%。截至2008年末，分行营业部储蓄存款余额12.25亿元，2008年该行基金产品销售43008万元，银保产品销售3364万元，理财产品销售44352万元，第三方存管签约1348户，全年高端客户净增170户，中端客户净增2519户，各项指标在全行名列前茅。在2008年单点产品销售中荣获全交行系统排名第二。

多年来，分行营业部一直坚持把规范服务和文明创建工作作为立业之本，发展之源。连续11年被评为全国级“青年文明号”、2000年荣获总行“五星级”柜所、2003年荣膺全国“五一”劳动奖状、在交通银行系统中多次被确定为“优质服务先进集体”。

十二、交通银行深圳分行前进支行

前进支行成立于1995年11月23日开业，历经风雨14余年，尤其在经历了2007、2008年的高速发展后，已然成为拥有26名员工，人民币储蓄存款规模逾13亿元的大型零售支行。

支行在个金业务发展中，紧密围绕分行制定的各项业务战略，强调个金条线团队建设和人员的合理配置，推进个金业务取得了长足发展，储蓄存款规模从8.1亿元迅速增长到13亿元；达标沃德理财客户增长到493户；达标交银理财客户达2008户。在2007年荣获分行全年个金营销竞赛第二名的好成绩基础上，2008年在基金、得利宝、信用卡等产品销售中奋勇争先，取得销售量名列前茅的优异成绩。

十三、交通银行上海市分行长宁支行

交通银行长宁支行营业部成立于1996年，截至2008年末，储蓄存款余额超过11亿，结合自身优势和特点，细分客户、细化产品、精细服务赢得了区域里客户的口碑，促进了各项业务的发展，锁定了较高的客户群体，取得了经济和社会的双效益。

2008年度长宁支行网点再次蝉联"全国青年文明号"，在总行2008年个金理财产品销售攀登激励计划中跻身全国30强、并先后在建信优势股票基金、交银施罗德债券基金以及汇丰晋信债券基金的销售中获得上海分行十佳销售网点的称号，另有二位员工分获总行优秀员工和分行十佳服务明星。

十四、交通银行深圳分行车公庙支行

车公庙支行成立于2004年，2006年10月成立沃德财富服务中心，支行个金团队中获得CFP和AFP资格证书各1人。

2006年至今，车公庙支行个金业务发展一直位居分行前列，储蓄存款、沃德卡等主体指标一路领先。特别是人民币储蓄存款，2008年一度新增6亿元，成为当年深圳分行储蓄存款完成量和完成率的两个"第一"。支行沃德客户经理也在2008年总行"沃德客户经理风采大赛"获得第一名的佳绩。车公庙支行一直坚持以客户为本，注重客户利益的服务理念，将服务用心落实到每一个细节，真正体现"客户是上帝"服务宗旨。

十五、交通银行徐州分行营业部

徐州分行营业部成立于1987年，现有员工35名，营业面积1000多平方米。2008年末储蓄存款余额达12.2亿，拥有个金客户12.5万户，管理客户资产18.55亿元，个金累计销售5.86亿元。

营业部拥有徐州市金融行业一流的硬件设施和最大的营业厅，服务工作始终名列当地金融界前茅，近年来分别获得2006－2008年共青团中央授予"青年文明号"，2008年度江苏省总工会授予"五一劳动奖状"，2006～2008年，银行业同业公会授予国家级规范化服务示范单位，2008年度徐州分行"行级先进集体"，2008年度党委授予"先进党支部"，2008年市总工会授予"模范职工小家"等荣誉。

十六、交通银行北京市分行西单支行

西单支行营业部成立于1998年7月8日，坐落于北京最繁华的西单商业区。支行营业室员工共计76名，资产总规模超过一百亿元、年创利能力逾两亿元。西单支行在北京分行率先开办24小时自助银行服务、保管箱以及外汇宝交易等业务，外汇买卖业务交易量更是在北京分行首屈一指。2007年8月18日，西单支行全新的沃德财富服务区盛大开业，渠道建设中突破了无外围营销人员的模式，尝试发掘公积金卡客户群体的营销模式，取得了初步的效果。

西单支行营业部先后荣获总行2007年百家沃德网点营销竞赛三等奖，2008年总行个金理财产品销售30强网点称号。

十七、交通银行深圳分行华强支行

华强支行成立于2001年1月，2007年支行抽调了业务素质高、营销能力强的员工组成了个金营销团队并制定了科学的个金业务管理及考核办法。支行利用电话营销，上门拜访，公私联动以及通过加强客户关系维系等方式提高了客户的忠诚度、贡献度，保证了个金业务快速健康发展。2008年个金业务取得了骄人的成绩，人民币储蓄存款余额达11.6亿元，销售各类产品累计约5亿。2008年支行个金业务荣获"金字塔"沃德劳动竞赛明星奖、零售信贷突出贡献明星奖、2名十佳个金客户经理、"得利宝"人民币理财产品销售完成率及绝对量冠军奖、储蓄存款新增完成率及储蓄存款新增绝对量冠军奖，个金综合营销竞赛奖三等奖8个分行奖项。

十八、交通银行河南省分行铁道支行

铁道支行营业部成立于1990年5月15日，是河南省分行第一家储蓄超亿元网点。截至2008年底储蓄规模已达11.16亿。2006年12月25日全国首批沃德财富中心在铁道支行营业部二楼开业。

铁道支行营业部1996年被评为省级青年文明号，1998年被评为全国级青年文明号。2007年被评为信用卡销售优秀支行，在同年"百家沃德网点百日营销竞赛"中，交银卡增量在全行122家沃德财富中心中名列第五名，2008年9月份被评为OTO客户销售明星网点。2008年实现客户无窗口投诉，全年转来总行95559来电表扬达6次。

十九、交通银行北京市分行世纪城支行

世纪城支行成立于2004年5月12日，成立之初只有10余人。经过近几年的快速发展，截至2008年底，行员已增长至38人，其中主要从事个金工作人员18人，成立4年来网点一直保持分行级"青年文明号"称号。

2008年4月支行建立了沃德财富中心，一年间沃德客户数增长331名，资产增加35616万；交银客户数增长1525名，资产增加13255万。在2008年中总行的沃德财富网点评比中排名第六，北京市分行排名第二，并在年末荣获"北京分行2008年个金理财产品销售三十强网点称号"。

二十、交通银行大连分行营业部

大连分行营业部成立于1999年，现有员工70人，2008年营业部紧紧跟随总分行零售业务的发展步调，勇于创新，开拓进取，较好地完成了分行下达的各项任务指标，年末总资产达58亿元，其中存款37亿元，贷款21亿元。理财产品销售7.5亿元。2009年营业部以"优质、持续、高效的服务为突破口，以提升服务质量为着眼点，向服务要效益"，制定了三年服务质量提升总体规划。第一年"打造大连分行服务质量一流营业网点"、第二年"建设大连分行服务质量旗舰网点"、第三年"将营业部塑造成为大连分行服务品牌网点"。2008年营业部获总行奖项：第一季度交叉销售信用卡冠军杯发卡竞赛月度明星网点奖；携手并进OTO客户销售明星网点；携手并进中端客户销售明星网点；个金理财评比三十强网点称号。

二十一、交通银行深圳分行宝城支行

宝城支行成立于1995年（原名西乡支行），从2006年

始支行个金团队逐步完善，现有3名沃德理财经理、2名客户服务经理、2名个贷经理、大堂经理和助理各1名。近年来，支行资产规模和利润也大幅提升，存款规模由2006年底的7亿发展到现阶段17亿，利润由2006年的700万提高到2008年的5000万。2007年、2008年连续两年个贷发放量居深圳分行第一名，总量第三名；连续两年获得基金销售绝对量和完成率第一名；连续两年获得分行经营管理优胜单位。2008年荣获深圳分行个金综合营销竞赛第二名、总行"个金理财产品销售三十强网点"称号。沃德客户经理赖俊英2008年荣获总行"十佳销售明星"称号，个贷经理邓永喜获总行的住房贷款发放"明星个贷经理"称号，客户服务经理黄显植连续两年评为分行"十佳客户经理"。

二十二、交通银行上海市分行鞍山路支行

鞍山路支行成立于1994年8月28日，共有员工45人，是一家综合性经营网点。截至2008年末，沃德客户新增169户，资产总额较2007年增长了17241.35万元，交银理财客户新增1166户，资产总额较2007年增长了12771.9万元，全年共实现得利宝产品销售35473.9万元，基金10726.37万元，保险销售2746.05万元，国债324.76万元，合计销售49271.04万元，同比增长150.96%。

1995年5月，鞍山路支行被共青团上海市委授予"共青团号"集体，1996年5月被共青团中央、中国人民银行总行命名为全国"青年文明号"集体。

二十三、交通银行无锡分行营业部

交通银行无锡分行营业部成立于1987年10月，目前共有员工40人，其中党员及预备党员15人，平均年龄32岁。2006年底，营业部在分行党委的正确领导下，率先提出向"经营型、零售型、效益型"银行转型的工作目标，成为分行首家零售型网点，并在个金产品销售、中高端客户拓展、服务质量、专业化水平等方面都取得了较好的业绩，在客户及同业中产生较好的影响。

截至2008年末，储蓄存款余额达10亿元，借记卡发卡33595张；不良贷款余额为零，中高端客户共2538户，两年增长2373户，基金销售7.6亿元。2006年四季度从柜面抽调优秀人员专职从事对中高端客户的拓展，成为分行首个建立专业理财经理队伍的网点；2007年5月设置"自动排队叫号"系统，设立客户等候区，安排大堂经理引导分流客户并进行厅堂营销；2008年6月25日成立沃德财富服务中心，配备四名专职理财经理（其中2名CFP，2名AFP,），对沃德客户进行一对一的理财服务，通过电话回访、短信发送、生日祝福、邮寄专刊等方式不断巩固和深化客户关系；2008年9月成立分行首家零售信贷服务中心，进一步增强了部门零售信贷业务的市场竞争力。

经过部门全体员工多年的努力工作，付出的辛勤劳动得到了上级部门的肯定和鼓励，并取得以下荣誉：

1. 1999年至今，下属储蓄出纳科被中央金融工委、共青团中央授予"全国青年文明号"称号。

2. 2007年度"五一示范岗"（无锡市总工会授予）。

3. 2008年代发工资客户销售明星网点（总行授予）

4. 2008年度江苏省银行业文明规范服务示范单位（江苏省银行业协会授予）

5. 2008年度无锡市银行业文明规范服务示范单位（无锡市银行业协会授予）

6. 部门员工胡婷芳：2007年度总行优质服务先进个人（总行授予）

7. 部门员工龚健伟：2008年度无锡市银行业服务明星（无锡市银行业协会授予）

8. 部门员工奚晶华：2007年度分行十佳行员（无锡分行）。

二十四、交通银行上海市分行陆家嘴支行

陆家嘴支行成立于1999年12月25日，网点位于陆家嘴金融中心，是区域内一家业务种类较全、硬件配置较齐、经营规模较大的综合型网点，网点共有员工27名，沃德理财室3个。

2008年末，网点人民币储蓄存款规模达95809万元，实现各类产品销售合计54712万元，沃德客户累计425人，交银理财客户累计1327人，实现个金中间业务收入952.58万元。陆家嘴支行先后被评为"交通银行2004~2005年度文明单位"，2006年被上海分行授予"交通银行上海分行2005年度青年文明号集体"等荣誉称号。

二十五、交通银行上海市分行天钥桥路支行

天钥桥路支行成立于2005年，坐落在繁华的徐家汇商业区内。天钥桥路支行一直致力于开拓金融创新，稳健经营管理、追求优质服务。早在2006年支行为服务客户推行了365天加晚间延时营业的特色服务。网点的26名员工组成了一支团结、朝气、奋进的队伍。截至2008年末，网点储蓄存款余额达9.54亿元，实现销售81580.03万元，在我行重点产品的销售工作中多次获得表彰。

2008年天钥桥路支行以优质的服务，良好的窗口形象圆满地完成了迎奥运的工作，并获得了上海分行"十佳"网点的称号。展望世博，天钥桥路支行必将以"创新的金融服务、和谐的城市生活"创最佳零售银行、树交行百年品牌。

附

录

一、全国个人金融学术活动和个人金融技术比赛活动

中国工商银行个人客户经理营销技能比赛优秀选手展示活动

2008年12月25日晚，总行在学术交流中心举办全行个人客户经理营销技能比赛优秀选手展示活动。杨凯生行长、赵林监事长、张福荣副行长、牛锡明副行长、李晓鹏副行长、刘立宪纪委书记，总行各部门主要负责人，各一级（直属）分行、省分行营业部个人金融业务相关负责人在主会场观摩了此次现场展示活动，各一级分行、直属分行，各二级分行相关部门负责人，全行网点负责人、个人客户经理以及一线服务人员通过视频直播观看了现场展示。

此次展示活动共分为团队组合营销和理财服务模拟两个环节，每个环节分别由四组优秀选手进行现场展示。团队组合营销主要模拟以个人客户经理为主体的营销团队，在营销活动中，针对目标客户群的特征和需要，设计营销服务方案，举办营销推介会和提供上门服务的工作场景，重点展示个人营销客户经理面向特定客户群进行营销推介的能力。理财服务模拟主要模拟个人理财客户经理的日常工作场景，重点考察理财经理与客户进行“一对一”式的深入交流，在交流中发现和引导客户需求，解决客户疑问，并提供个性化理财建议和服务方案，销售个人金融产品的能力。

此次展示活动从选题素材、表现形式、服务环节等方面都极力再现客户经理实际工作场景，不但体现了全行个人客户服务水平的不断提升，也体现了全行个人客户经理爱岗敬业、积极进取的精神风貌。

中国工商银行全行大堂经理业务技能比赛总决赛

中国工商银行大堂经理业务技能比赛总决赛于2007年11月6~8日在北京举行，这是我行自成立以来首次举办的全行范围的大堂经理业务技能比赛活动。本次大赛是在全行深入开展“优质服务年”活动、全面推进个人金融业务流程再造的背景下，举办的一次大规模的业务技能比赛活动，表明了总行党委对加强大堂经理队伍建设、提升全行服务水平的高度重视。

本次大堂经理业务技能比赛历时4个月，在全行广泛开展大堂经理业务知识技能培训、交流和切磋的基础上，经过层层选拔出，最终产生了参加全行总决赛的70名选手。选手们来自全行35个一级分行、直属分行，代表了我行大堂经理业务技能的最高水平。总决赛历时两天，共分为业务知识比赛、回答问题比赛、电子银行演示比赛、营销推介演讲比赛、现场情景模拟比赛五个环节。比赛项目以实战环境为主要背景，再现理财中心工作场景，展示出了大堂经理队伍扎实的业务知识和营销技能。

经过两天紧张激烈的总决赛，有10个分行获得了“中国工商银行首届大堂经理业务技能比赛优秀组织奖”荣誉称号，10名选手获得了“中国工商银行十佳大堂经理”荣誉称号，9名35岁以上选手获得了“中国工商银行大堂经理特别贡献奖”荣誉称号，20名选手获得“中国工商银行优秀大堂经理”荣誉称号，40名选手获得“中国工商银行大堂经理业务能手”荣誉称号。

这次比赛是我行个人金融业务进入新的发展阶段、面临新的市场环境下举办的一次大堂经理队伍大检阅，在进一步加强全行大堂经理队伍建设，改善服务网点质量，提高大堂经理队伍综合素质，倡导优质文明服务，推动服务流程再造，改进优质服务模式等方面将起到积极的推动作用。

二、全国个人金融先进集体和个人

（一）中国工商银行个人金融先进集体和个人

第七届“最佳个人金融网点”、“最佳个人金融员工”名单

最佳个人金融网点

1. 北京分行亚运村支行营业部
2. 北京分行朝阳支行三里屯网点支行
3. 上海分行徐汇支行华山路支行
4. 上海分行宝山支行大华支行个金专柜
5. 广东中山分行营业部
6. 广东惠州分行麦地南支行
7. 浙江分行营业部高新支行本级营业部
8. 浙江丽水分行青田支行侨乡支行个金专柜
9. 河北分行营业部桥西财富中心
10. 江苏分行营业部新街口财富管理中心
11. 深圳分行红围支行营业部贵宾理财中心
12. 深圳分行蛇口支行营业部
13. 天津分行大港支行迎宾支行
14. 安徽分行营业部长江中路支行贵宾理财中心
15. 山东分行营业部大观园支行营业室
16. 大连分行营业部财富中心
17. 重庆分行南坪支行贵宾理财中心
18. 山西大同分行魏都支行营业部
19. 黑龙江鹤岗分行向阳支行向秀丽储蓄所
20. 吉林分行营业部人民广场支行
21. 福建分行营业部鼓楼支行营业室
22. 云南分行营业部南屏支行营业室
23. 河南分行营业部新密支行贵宾理财中心
24. 河南洛阳分行栾川支行营业部
25. 陕西咸阳分行财富管理中心
26. 四川分行营业部金牛支行营业室贵宾理财中心
27. 湖北襄樊分行枣阳支行营业室
28. 青岛分行四方支行人民路第一储蓄所
29. 海南分行海口琼山支行迎宾支行
30. 厦门分行前埔支行

最佳个人金融员工

1. 浙江台州分行仙居支行贵宾理财中心 吴芳芳
2. 浙江分行营业部庆春路支行凤起支行 陈 妤
3. 天津开发区分行黄海路支行 葛 淼
4. 北京分行翠微路支行公主坟网点支行 李 静
5. 北京分行海淀支行双榆树西里储蓄所 张玉芬
6. 上海分行长宁支行延安西路支行 徐晓荣
7. 上海浦东开发区支行大同路支行 徐晓红
8. 广东汕头分行澄海支行 陈少玲
9. 广东湛江分行坡头支行 钟曼波
10. 江西分行营业部北京西路支行营业厅 周 霖
11. 山西长治分行汇通支行 杨 勇
12. 河北保定分行富源支行 梁卫江
13. 河北唐山分行赵庄支行 刘 鹏
14. 内蒙古赤峰分行红山支行 张志伟
15. 内蒙古分行营业部新城东街支行 李 莉
16. 苏州分行张家港支行营业部 袁亚芳
17. 深圳分行深圳湾支行梅林支行 邹晋辉
18. 山东烟台分行莱州支行 李瑞环
19. 大连西岗支行 房燕翔
20. 福建分行营业部长乐河下街支行 谢英琴
21. 黑龙江分行营业部革新支行 成丽丽
22. 重庆分行朝天门支行贵宾理财中心 陈 静
23. 贵州分行营业部贵溪支行文化路二级支行 温丽娜
24. 湖南常德分行三岔路支行 元 芳
25. 陕西分行营业部南大街支行营业室 高文博
26. 宁波分行奉化支行 庄红霞
27. 安徽淮南分行舜耕支行洛河分理处 张 建
28. 辽宁辽阳分行站前支行卫国路网点支行 肖玉颖
29. 广西柳州分行鱼峰支行营业部 林伟荣
30. 新疆哈密分行天山西路分理处 李旭梅

（二）中国农业银行个人金融先进集体和个人

中国农业银行 2006 ~ 2007 年度个人业务工作先进集体名单

序号	综合考评	个人信贷业务	个人理财业务	网点建设与转型
1	浙江省分行	浙江金华市分行	苏州市分行	江苏无锡太湖支行
2	江苏省分行	四川省分行营业部	浙江温州市分行	福建福清支行
3	广东省分行	福建泉州市分行	深圳市分行营业部	四川德阳分行
4	深圳分行	湖北荆州市分行	福建南平市分行	广东广州市东城支行
5	山东省分行	宁波宁海县支行	山东烟台市分行	深圳罗湖支行
6	上海分行	厦门市湖滨支行	江苏省分行营业部城南支行	天津河东支行
7	河北省分行	苏州分行昆山支行	广东佛山市顺德支行	山东分行营业部
8	云南省分行	山东威海市分行营业部	上海分行宝山支行	河北秦皇岛分行
9	湖北省分行	广东省分行营业部黄埔支行	湖北省分行营业 部东湖支行	北京海淀东区支行
10	四川省分行	云南德宏州分行瑞丽市支行	四川成都市锦城支行	浙江温州市分行财富管理中心

中国农业银行 2006 ~ 2007 年度个人业务工作先进个人名单

谷丰屹　北京分行科院南路支行理财中心
赵晓波　北京分行海淀支行苏州桥分理处
张　雯　北京分行科院南路支行
沈国玲　北京分行朝阳区支行个人业务部
赵　瑾　天津分行个人业务部
王　蕴　天津分行宝坻支行个人业务部
赵建国　天津分行武清支行业务发展部
刘云津　天津分行津南支行
王　保　河北分行唐山蔡园支行
刘博新　河北分行廊坊金光道支行
高　臣　河北分行保定白沟支行营业部
邓海青　河北分行沧州河间支行
孙景荣　山西分行个人业务处
田晓林　山西分行晋中市分行
张智君　内蒙古分行个人业务处
张　海　内蒙古分行营业部迎宾支行
陈　曦　辽宁分行个人业务处
冯积慧　吉林分行个人业务处
张润祥　黑龙江分行伊春市分行个人业务部
周　惠　上海分行南汇支行
陶海萍　上海分行浦东分行三林支行
张海萍　上海分行川沙支行黄楼分理处
姜扣玉　上海分行长白路支行
黄晓辉　江苏分行扬州市分行个贷中心
陆　炜　江苏分行镇江市分行个人业务部
雷　琴　江苏分行常州新北支行营业部
王美娟　江苏分行南通支行营业部
汤翠玉　苏州分行常熟新港支行
金枝俏　浙江分行营业部个人业务部
江　鸥　浙江分行温州市分行个人业务部
陈国强　浙江分行东阳市支行
傅佰春　浙江分行嘉善县支行陶庄支行
陆　飚　浙江分行杭州市解放路支行个人业务部
华　建　安徽分行个人业务处
吴　伟　安徽分行涡阳县支行
孙文革　安徽分行阜阳临泉路支行
盛建华　安徽分行枞阳县农行钱桥营业所
黄心田　福建分行个人业务处
陈家炳　福建分行营业部马尾支行锦洲分理处
江旭麟　福建分行邵武市支行城关分理处
朱水平　福建分行泉州市分行个人业务部
朱建清　江西分行个人业务处
李家进　山东分行个人业务部
张聿诚　山东分行潍坊市分行个人业务部
王宏毅　山东分行烟台市分行个人业务部
许文波　山东分行东营市分行个人业务部
连传会　山东分行泰安市分行营业部
张　敏　河南分行个人业务处科长
黄建华　河南分行驻马店分行个人业务部
黑小记　河南分行栾川支行市场营销部

彭　霏　湖北分行个人业务处
陈　林　湖北分行十堰市分行个人业务部
黄永胜　湖北分行三峡市分行个人业务部
李恒东　湖北分行黄冈市分行个人业务部
周娅琳　湖南分行邵阳市隆回县支行
莫绍洪　广东分行佛山分行个人业务部
王秋蓉　广东分行梅州城区支行
陈泽慧　广东分行番禺祈福新邨支行
曹健容　广东分行顺德支行个人业务部
张柳宜　广东分行珠海市分行个人业务部
郭　好　广西分行南宁秀安支行
陈彦源　广西分行柳南支行个人业务部
何　毅　广西分行来宾分行金融超市
张坚萍　广西分行梧州市分行营业室
符之琳　海南分行个人业务处
蔡　红　四川分行个人业务处
曾道蓉　四川分行成都暑袜街支行
林跃辉　四川分行绵阳涪城支行营业部
王泽均　四川分行泸州市分行个人客户部
赵　进　重庆分行云阳县支行
曾　勇　重庆分行渝中支行个人业务部
杨汉林　贵州分行凯里中兴分理处
黄永平　云南分行曲靖市分行
文金顺　云南分行楚雄州分行个人业务部
罗天逵　云南分行大理州分行巍山县支行
卓　雅　西藏分行个人业务处
车照宏　陕西分行榆林市分行个人业务部
高金凤　陕西分行彬县支行客户部
张雪红　陕西分行西安鹏豪支行
马贵贤　甘肃分行定西城关支行营业室
赵　芳　甘肃分行天水市秦州支行分理处
王海颖　青海分行个人业务处
李　辉　宁夏分行个人业务处
马永翔　宁夏分行银川金凤支行客户经理部
陈　军　新疆分行翻牌支行
陈　凯　大连瓦房店支行个人业务部
白瑞国　青岛分行平度支行营业室
翟明静　青岛分行北区第一支行
张丽华　青岛分行李苍源头路储蓄所
岑晓青　宁波分行慈溪市支行营业部
柳碧阳　宁波分行鄞州支行个人业务部
汤国蕊　宁波分行个人金融部
陈志胜　厦门分行江头支行营业部
郭素琳　厦门分行同安支行个人金融部
林顺卿　厦门分行海沧支行理财中心
吴　洁　深圳分行龙华支行个人业务部
杨钦山　深圳分行国贸支行个贷中心
吴文国　深圳分行龙翔支行个人业务部
罗金花　深圳分行香梅支行
戴林桥　新兵团分行伊犁兵团支行个人业务部

2007年本外币储蓄存款“双十佳”单位

天津市宾水西道支行
河北省迁安市支行蔡园支行
山西省大同市振华支行营业部
内蒙古自治区赤峰市松山区支行
辽宁省朝阳市分行营业部营业厅
江苏省分行营业部雨花台支行板桥支行
安徽省濉溪县支行
山东省烟台经济技术开发区支行营业部
河南省洛阳市栾川县君山路支行
湖北省分行营业部江北支行营业室
湖南省石门县楚江支行
广西柳州分行营业室
四川省温江支行新城花园分理处
重庆市江北石马河支行
云南省拓东支行凤凰支行
陕西省彬县支行营业部
厦门市农行湖里支行营业部
上海市浦东分行滨江支行
江苏省苏州市高新技术产业开发区支行营业部
广东省分行营业部城南支行江南大道中路支行

2007年本外币储蓄存款“双十佳”个人

伍焕英　河北省保定市高开区支行
宋　伟　吉林省吉林市西胜支行临江广场储蓄所
李维汉　黑龙江省哈尔滨市银河支行
傅恭康　浙江省义乌福田市场支行
周斌武　福建省南安市支行
刘振家　江西省吉安县支行油田营业所
陈　康　海南省乐东县支行客户部
彭天勇　四川省阆中市支行营业部
顾明慧　贵州省仁怀市支行茅台营业所
杨　娟　西藏昌都地区中心支行营业部西路分理处
张亚琴　甘肃省广河县支行营业室
索南梅朵　青海省玉树分行民主路分理处
周亚敏　宁夏分行营业部营业厅
程新芳　新疆和田分行营业部营业室
郭　松　新疆巴音郭楞蒙古兵团支行文化路支行
刘海燕　大连市中山岭前支行
王娜娜　青岛市高科技工业园支行同乐路储蓄所
方国平　宁波市分行慈城支行
张　诚　北京市宣武区里仁街支行
周君丽　深圳市国贸支行营业部

2008年度"大行德广—伴你成长—金钥匙春天行动"个人业务综合营销先进集体和优秀个人名单

个人金融综合营销优质服务先进分行

1. 江苏分行
2. 广东分行
3. 四川分行
4. 浙江分行
5. 山东分行
6. 湖北分行
7. 上海分行
8. 河北分行
9. 青岛分行
10. 深圳分行

个人金融营销策划优秀项目

1. 江苏苏州分行的六个"一百"金钥匙理财节营销策划项目
2. 上海川沙支行的公司与个人客户联动营销项目
3. 湖北分行的法人客户高管人员及单位员工个人客户营销项目
4. 山东烟台市莱山区支行大南山项目前期征地补偿款发放及理财等产品营销项目
5. 天津塘沽分行的"春风满桑榆"养老规划有奖营销策划项目
6. 陕西宝鸡市分行的投资理财迎新春综合营销项目
7. 甘肃嘉峪关分行的"服务三农"营销策划项目
8. 福建分行"本利丰—盛世华年"开放式新股申购信托理财计划营销项目
9. 宁波分行的传世之宝营销策划项目
10. 青岛分行的"相聚农行、财富起航"百名企业家综合营销活动

全国个人储蓄工作突出贡献分行

1. 江苏分行
2. 浙江分行
3. 河北分行
4. 四川分行
5. 广东分行
6. 山东分行
7. 河南分行
8. 湖北分行
9. 湖南分行
10. 安徽分行

金钥匙理财杰出分行

1. 江苏分行
2. 广东分行
3. 上海分行
4. 深圳分行
5. 福建分行
6. 北京分行
7. 河南分行
8. 浙江分行
9. 河北分行
10. 湖北分行

个人贷款发展管理优秀支行

1. 河北省分行三河市支行
2. 江苏省分行昆山市支行
3. 浙江省分行滨江支行
4. 福建省分行平潭县支行
5. 山东省分行邹平县支行
6. 湖北省分行新洲支行
7. 广东省分行塘厦支行
8. 广西区分行友爱支行
9. 厦门市分行营业部
10. 深圳市分行保安支行

全国优秀专职个人客户经理

1. 北京分行海淀东区支行 谷丰屹
2. 山西分行秀容支行 赵秀萍（女）
3. 四川分行成都市锦城支行 张海燕（女）
4. 辽宁分行辽中县支行营业厅 张国栋
5. 吉林市江北支行个人业务部 李 兵
6. 黑龙江分行香坊支行珠江分理处 苏 影（女）
7. 上海金山支行 董小法
8. 江苏分行营业部、国际业务部专职个人客户经理 徐 纯
9. 江西分行永丰县支行客户部 刘亚平
10. 广东佛山市分行营业部“金钥匙理财中心” 姜雪英（女）
11. 贵州分行新华支行 肖 阳
12. 云南祥云县支行祥城分理处 姬 健
13. 湖北分行个人业务处 伍晓彬
14. 陕西分行营业部 何军莉（女）
15. 青海分行营业部客户经理部 姚海勤
16. 新疆分行天池路支行营业部 万 苗（女）
17. 新疆巴音郭楞蒙古自治州支兵团支行文化路支行 郭 松
18. 重庆渝北支行个人业务部 夏 琳（女）
19. 大连解放广场支行 宋晶波（女）
20. 深圳分行营业部 踞 珊（女）

全国城乡个人金融百强网点

北 京 定福庄支行营业室
北 京 密云支行营业部
北 京 海淀支行苏州桥分理处
天 津 河东万新庄支行
天 津 金信围堤道支行
天 津 蓟县渔阳支行
河 北 唐山广场支行营业室
河 北 唐山市建设南路支行营业室
河 北 三河燕郊迎宾路支行
山 西 繁峙县支行营业部
山 西 大同市振华支行
内蒙古 赤峰市松山区支行营业室
内蒙古 鄂尔多斯绒城支行营业室
内蒙古 包头土默特右旗支行营业室
辽 宁 营口经济技术开发区支行营业部
辽 宁 新华支行
辽 宁 鞍山海城兴华支行
吉 林 白城市支行营业室
吉 林 宽城支行合隆分理处
吉 林 梅河口市支行中兴分理处
黑龙江 齐齐哈尔农行营业室
黑龙江 宝清农行营业室
黑龙江 东宁县支行丰汇分理处
上 海 奉贤区南桥支行
上 海 浦东三林支行
上 海 南汇区惠南支行
江 苏 江阴市人民路支行
江 苏 雨花台板桥支行
江 苏 苏州张家港塘桥支行
浙 江 温州市鹿城支行营业部
浙 江 杭州市浙大支行营业中心
浙 江 乐清市柳市支行
安 徽 枞阳县支行钱桥营业所
安 徽 亳州分行利辛县支行阚疃支行
安 徽 蚌埠市新城支行营业部
福 建 永安市支行营业部
福 建 泉州安海支行
福 建 福州市鼓楼支行营业厅
江 西 省分行营业部象南支行营业部
江 西 上饶广丰洋口支行
江 西 樟树市临江营业所
山 东 济南市文苑支行
山 东 淄博石化支行
山 东 烟台市开发区支行营业部
河 南 安阳市区支行营业室
河 南 濮阳行政区支行营业室
河 南 驻马店市平舆县支行营业部
湖 北 东西湖支行吴家山支行
湖 北 省分行营业部直属支行营业室
湖 北 黄冈市分行浠水县支行营业室
湖 南 长沙市先锋支行营业部
湖 南 岳阳巴陵支行营业部
湖 南 常德市分行澧县支行营业部
广 东 番禺祈福新邨支行
广 东 佛山华达支行营业部
广 东 佛山顺德芙蓉支行
广 东 东莞分行虎门支行营业部
广 西 北海市分行营业室
广 西 农行南湖支行营业部
广 西 融水县支行营业室
海 南 三亚分行营业部
海 南 万宁市支行红专支行
四 川 成都青龙支行
四 川 高新支行芳草街分理处
四 川 西昌市支行营业部
贵 州 贵阳市青云支行
贵 州 贵阳市甲秀支行营业室
贵 州 金沙县支行营业室

云　南　红河州分行个旧市支行营业部
云　南　大理州新桥支行
云　南　麻栗坡县支行营业室
西　藏　拉萨市城西支行
西　藏　那曲地区中心支行营业部
陕　西　渭南分行营业部
陕　西　咸阳彬县支行营业部
陕　西　榆林分行长城支行营业室
甘　肃　酒泉分行敦煌支行阳关西路分理处
甘　肃　张掖分行城关支行
甘　肃　平凉分行静宁支行营业室
青　海　青海省分行营业部
青　海　黄河路支行营业部
宁　夏　分行营业部营业厅
宁　夏　中卫支行营业部
新　疆　乌鲁木齐和平桥支行
新　疆　洛浦县支行营业部
重　庆　渝中区上清寺支行
重　庆　北碚区蔡家支行
重　庆　璧山县丁家支行
大　连　庄河支行金都分理处
大　连　西岗支行营业部
大　连　大连市甘井子大连湾支行
青　岛　青岛市南区第三支行营业部
青　岛　香港西路支行
青　岛　平度市支行营业室
宁　波　余姚泗门支行
厦　门　厦门市分行营业部
厦　门　江头支行营业部
厦　门　同安支行营业部
深　圳　龙岗支行营业部
新疆兵团　石河子兵团分行金穗支行

中国农业银行奥运金融服务先进单位和先进个人名单

一、先进单位（20 个）

北京分行　亚运村支行
天津分行　宾水西道支行
河北分行　省分行个人业务处
辽宁分行　沈阳南湖科技开发区支行华阳分理处
上海分行　徐汇支行
江苏分行　江阴要塞支行
浙江分行　省分行营业部
安徽分行　黄山市分行黄山区支行云中分理处
福建分行　晋江市支行营业部
山东分行　泰安市分行
河南分行　范县支行
湖北分行　武汉市梅岭分理处
湖南分行　长沙市先锋支行营业部
广东分行　佛山分行
广西分行　区分行个人业务处
四川分行　峨眉山市支行
云南分行　昆明市盘龙支行营业室
大连分行　甘井子支行
青岛分行　市南区第三支行
深圳分行　分行营业部营业室

二、先进个人（66 个）

鄂　莹　北京市朝阳支行营业部
赵亚萍　北京市海淀东区支行营业室
秦　岭　北京市亚运村工体路支行
杜　娟　天津市第二大街支行
张锡光　天津市分行银行卡中心
王韶云　天津市分行信息电脑中心
王跃荣　河北省秦皇岛分行副处长
朱彦芬　河北省分行科技处
张春朝　河北省银行卡部
常宏亮　山西省分行个人业务处
杨美姝　呼和浩特市青城支行
谷凤权　辽宁省分行个人业务处副处长
孙　洋　沈阳市南湖支行华阳分理处
孙文超　辽宁省分行银行卡部处长
刘喜江　吉林省分行营业部个人业务部副处长
王大勇　黑龙江省农行个人业务处
陈　咪　上海市黄浦区支行城隍庙分理处
陈　艳　上海市虹口支行营业部
龚　燕　上海徐汇漕溪支行
沈　雷　常熟市分行营业部
王珊珊　杭州市西湖支行
沈志胜　安徽省池州市九华山支行
黄秀彬　福州市鼓楼支行
游更生　江西省分行高安市支行营业部
孙伟光　山东省分行个人业务部
郭琳琳　洛阳市分行营业部
李　敏　三峡分行城中支行
梁佳宇　湘潭县支行营业部
林　澎　珠海市吉大支行营业部
庞国军　南宁航洋国际支行
符之琳　海南省分行个人业务处
杨　杰　遵义湘山支行
李　敏　红河州分行个旧支行大屯分理处
张　芳　陕西分行营业部太华北路分理处
阎　青　甘肃分行营业部高新支行
肖　燕　青海省分行黄河路支行
牛自华　宁夏回族自治区分行南郊支行
古力先·买买提明　喀什地区分行帕依那甫分理处

秦　俭　重庆市渝中支行
李聿华　大连分行个人业务处副处长
刘　琳　青岛市分行营业部
刘　苇　青岛香港西路支行
肖淑琴　青岛市市南区第二支行
古育金　深圳罗湖支行
夏　敏　伊犁军垦路兵团支行
李　慧　总行个人业务部
熊　凯　总行个人业务部
尚　征　总行个人业务部
殷　伟　总行电子银行部副处长
庞　博　总行电子银行部
向　宇　总行电子银行部
侯凯涛　总行信息技术管理部
黎祖强　总行信息技术管理部
李同勋　总行信息技术管理部
方　琦　总行银行卡部
崔燕军　总行银行卡部
蒋继光　总行保卫部
王华伟　总行保卫部
张小菊　总行办公室
沈露露　总行办公室
王　汐　总行国际业务部
张兆杰　总行国际业务部
马永强　总行法律事务部
孙　慎　总行法律事务部
陈志平　总行工会工作部处长
金世华　总行工会工作部